中国特色社会主义思想
全力打造湾区都市品质东莞

东莞名片

- 全国文明城市
- 国家森林城市
- 全国绿化模范城市
- 国家环境保护模范城市
- 中国优秀旅游城市
- 全国质量强市示范城市
- 全国科技进步先进市
- 全国“两基”教育先进市
- 国家卫生城市
- 全国体育先进市
- 游泳之乡
- 举重之乡
- 全国篮球城市
- 龙舟之乡
- 广东历史文化名城
- 国家公共文化服务体系示范区

东莞年鉴

DONGGUAN NIANJIAN

2019（总第19卷）

东莞年鉴编纂委员会　编

·广州·

图书在版编目（CIP）数据

东莞年鉴. 2019 / 东莞年鉴编纂委员会编. —广州：
广东人民出版社，2019.8
ISBN 978-7-218-13790-2

Ⅰ. ①东… Ⅱ. ①东… Ⅲ. ①东莞—2019—年鉴
Ⅳ. ①Z526.53

中国版本图书馆CIP数据核字（2019）第176894号

东莞年鉴·2019

东莞年鉴编纂委员会 编

地　　址：广东省东莞市鸿福路99号行政办事中心主楼5楼
邮　　编：523888
电　　话：0769-22885205
邮　　箱：szb@dg.gov.cn
网　　址：http://www.dg.gov.cn/dfz/

出 版 人：肖风华
责任编辑：钱　丰　黄炜芝

出版发行：广东人民出版社
地　　址：广东省广州市海珠区新港西路204号2号楼
邮　　编：510300
电　　话：020-85716809（总编室）
传　　真：020-85716872
网　　址：http://www.gdpph.com

排　　版：东莞市正本电分制版有限公司
印　　刷：东莞市翔盈印务有限公司
开　　本：787mm × 1092mm　1/16
印　　张：44　**字　　数：**1700千
版　　次：2019年8月第1版　2019年8月第1次印刷
印　　数：1—3000册
定　　价：260.00元

编辑说明

一、《东莞年鉴》根据《地方志工作条例》和《广东省地方志工作规定》“以县以上行政区域名称冠名的地方志书、地方综合年鉴，分别由本级人民政府负责地方志工作的机构按照规划组织编纂，其他组织和个人不得编纂”的规定，由东莞市人民政府地方志办公室组织编纂。

二、《东莞年鉴》编纂坚持以马克思列宁主义、毛泽东思想、邓小平理论、“三个代表”重要思想、科学发展观和习近平新时代中国特色社会主义思想为指导，坚持以“记载历史、传承文明”为宗旨。

三、《东莞年鉴》于2001年创刊，每年出版一卷。《东莞年鉴》2019年卷主要记载2018年东莞市发生的大事要事、基本情况，力求客观、全面、系统地记述全市经济建设、社会建设和各行各业的发展历程，为各级领导、社会各界及广大民众提供地情服务，并为编修地方志书奠定基础。

四、《东莞年鉴》2019年卷正文采用分类编辑法，以类目、分目、条目组成主体，条目为基本形式，其标题以黑体字加“【】”表示。正文设“纪念改革开放40周年、改革开放再出发、争当排头兵、大事记（2018年）、概览、中国共产党东莞市委员会、东莞市人民代表大会、东莞市人民政府、中国人民政治协商会议东莞市委员会、东莞市纪律检查委员会·东莞市监察委员会、民主党派·工商联·人民团体、外事·侨务·台港澳事务、区域合作·扶贫开发、开发园区、法治、军事、城乡建设、生态环境、交通·邮政·通信、开放型经济、农业·农村工作、工业、建筑业·房地产业、商贸流通业、旅游业·餐饮业、金融业、财政·税务、经济监督管理、科学、教育、文化、体育·卫生、社会生活、镇街、人物、附录”等类目。

五、《东莞年鉴》2019年卷采用全彩色印刷，配置丰富多彩的图片，力求形象生动、鲜明直观地体现东莞风采，以达到图文并茂的效果，增强信息量和观赏性。

六、《东莞年鉴》2019年卷的数据采用法定计量单位，分别由各单位和各镇街提供。若与统计部门公布的数据不一致，使用时应以统计部门公布的数据为准。

七、《东莞年鉴》2019年卷稿件作者署名，除“撰稿人员”栏目中刊列外，“附录”类目正文的作者在标题下方标明，其他类目的作者则在条目文末标出，图片在该图片下方标明。

八、《东莞年鉴》2019年卷配有双重检索系统。前有目录，后有索引，方便读者检索。

《东莞年鉴》编纂委员会

《东莞年鉴》编辑部

《东莞年鉴》撰稿人员

（按姓氏笔画为序）

目　录
CONTENTS

图片专辑
SPECIAL SELECTION OF PHOTOS

纪念改革开放 40 周年
40TH ANNIVERSARY OF REFORM AND OPENING-UP

改革开放再出发
REFORM AND OPENING-UP START OVER

争当排头兵
FIGHT FOR THE LEAD

大事记
（2018年）
CHRONICLE OF MAJOR EVENTS IN 2018

概　览
PROFILE

中国共产党东莞市委员会

DONGGUAN MUNICIPAL COMMITTEE OF THE COMMUNIST PARTY OF CHINA

东莞市人民代表大会

DONGGUAN PEOPLE'S CONGRESS

东莞市人民政府

DONGGUAN MUNICIPAL PEOPLE'S GOVERNMENT

中国人民政治协商会议东莞市委员会

DONGGUAN COMMITTEE OF THE CHINESE PEOPLE'S POLITICAL CONSULTATIVE CONFERENCE

东莞市纪律检查委员会·东莞市监察委员会

COMMISSION FOR DISCIPLINARY INSPECTION OF CPC DONGGUAN · MUNICIPAL COMMITTEE, SUPERVISION COMMISSION OF DONGGUAN

民主党派·工商联·人民团体

DEMOCRATIC PARTIES ·FEDERATION OF INDUSTRY AND COMMERCE · PEOPLE'S ORGANIZATIONS

外事·侨务·台港澳事务

FOREIGN AFFAIRS · OVERSEAS CHINESE AFFAIRS · TAIWAN, HONG KONG AND MACAO AFFAIRS

区域合作·扶贫开发

REGIONAL COOPERATION · POVERTY ALLEVIATION AND DEVELOPMENT

开发园区

DEVELOPMENT ZONE

法 治
LEGAL SYSTEM

军 事
LOCAL MILITARY AFFAIRS

城乡建设

URBAN—RURAL DEVELOPMENT

生态环境

ECOLOGICAL ENVIRONMENT

交通·邮政·通信

TRANSPORTATION · POST · COMMUNICATION

开放型经济

OPEN ECONOMY

农业·农村工作
AGRICULTURE · COUNTRYSIDE

工 业
INDUSTRY

建筑业·房地产业

CONSTRUCTION · REAL ESTATE

商贸流通业

COMMERCE

旅游业·餐饮业

TOURISM · CATERING

金融业

BANKING

财政·税务

FINANCE · TAXATION

经济监督管理

ECONOMIC SUPERVISION AND MANAGEMENT

科 学

SCIENCE

教　育

EDUCATION

文 化
CULTURE

体育·卫生

SPORTS·HEALTH

社会生活

SOCIAL LIFE

镇　街

URBAN AND TOWNSHIP

人　物
FIGURES

附 录

APPENDIX

索 引

INDEX

莫屋
拔蛟窝
鲤鱼门海鲜街
万江农机加油站
万江酒店
石美
石美学校
梅树埔
万江第二中学
成安制衣厂
严屋
顺风加油站
石美酒家
振业纸厂
环城车站
华凯手袋厂
居民
万江加油站
农行
万江公安分局
翅家庄酒家
万江加油站
万江中学
江都酒店
万江街办
万江粮所
鸿昌管材厂
裕辉油库
万江机关幼儿园
国税分局
牌楼基
水蛇涌小学
水蛇涌
大莲塘卫生站
大莲塘
大莲塘小学
新瑞华大酒家
江滨花园
金泰花苑
金泰
金泰小学
金泰派出所
金泰幼儿园
运输公司转运站
豪侠宫
共联商业区
共联
共联市场
绿邑园艺
共联影剧院
市汽车总站
曲海小学
曲海
晨晖幼稚园
东莞市海事局
博夏食品厂
城区食品公司
坝头
坝头小学
坝头派出所
讯通水泥电杆厂
加油站
市种子研究所
胜利
官桥滘
官桥滘小学
利民市场
塘溪酒家
建华卫生巾厂
宏远外国语学校
新科电子厂
新基水闸
篁村老人活动中心
中心小学
篁村
篁村派出所
皇朝酒店
黄金花园
雀巢有限公司
电化集团
简沙洲
简沙洲小学
中森集团
光裕五金厂
新和卫生站
新基
新基酒店
治安队
全元化工有限公司
新基街卫生站
周溪
黄金大厦
绵纺公司
广东彩色显象管有限公司
缉私分局
袁屋边
高新综合市场
诺基亚有限公司
BP加油站
白马
精英名都
南城汽车客运站
南城社保局
新能源有限公司
晨光公司
丰田汽车
南方物流
南城供电公司
加能橡胶工业公司
铁和公司
汽车展场
南国名都大酒店（筹备处）
长城机电设备公司
市慢性病防治院第五门诊部
南城石材市场
东莞五金机电广场
万江自来水厂
鼎扬电子厂
贯诚楼
万江
市人民医院
天龙美食
梨川
东盛大厦
敬老院
工商银行
虾头
东正派出所
东莞粉厂
北隅
西隅
博厦
文化广场
莞城街办
市桥路
东门广场
东莞中学
东湖花园酒店
博物馆
人民公园
商业银行
老干活动中心
东城文化站
东联汽车修理厂
市税务局
莞城分局
洪运汽车修理厂
福民广场
建行
荔城花园
金叶酒店
市化肥厂
丽晶酒店
新华书店
市公路局
加油站
东莞体育运动学校
幼儿园
市人民检察院
市人民法院
市司法局
工商银行
红山停车场
东莞体育中心
东莞海关
城区汽修厂
电脑城
华丰酒家
胜和
市委
市政府
行政办事中心
南城街办
东莞市地方税务局
展示中心
会议大厦
元美
加油站
亨美
歌剧院
图书馆
群众艺术馆
东莞国际会展中心
三元里
科学技术博物馆
阳光小学
青少年科技活动中心
火炼树综合市场
火炼树
加油站
海关大厦
东泰
加油站
西平
第三门诊部
大荣鞋材厂
永兴贴纸厂
永城药材厂
雅园卫生站
利光电子

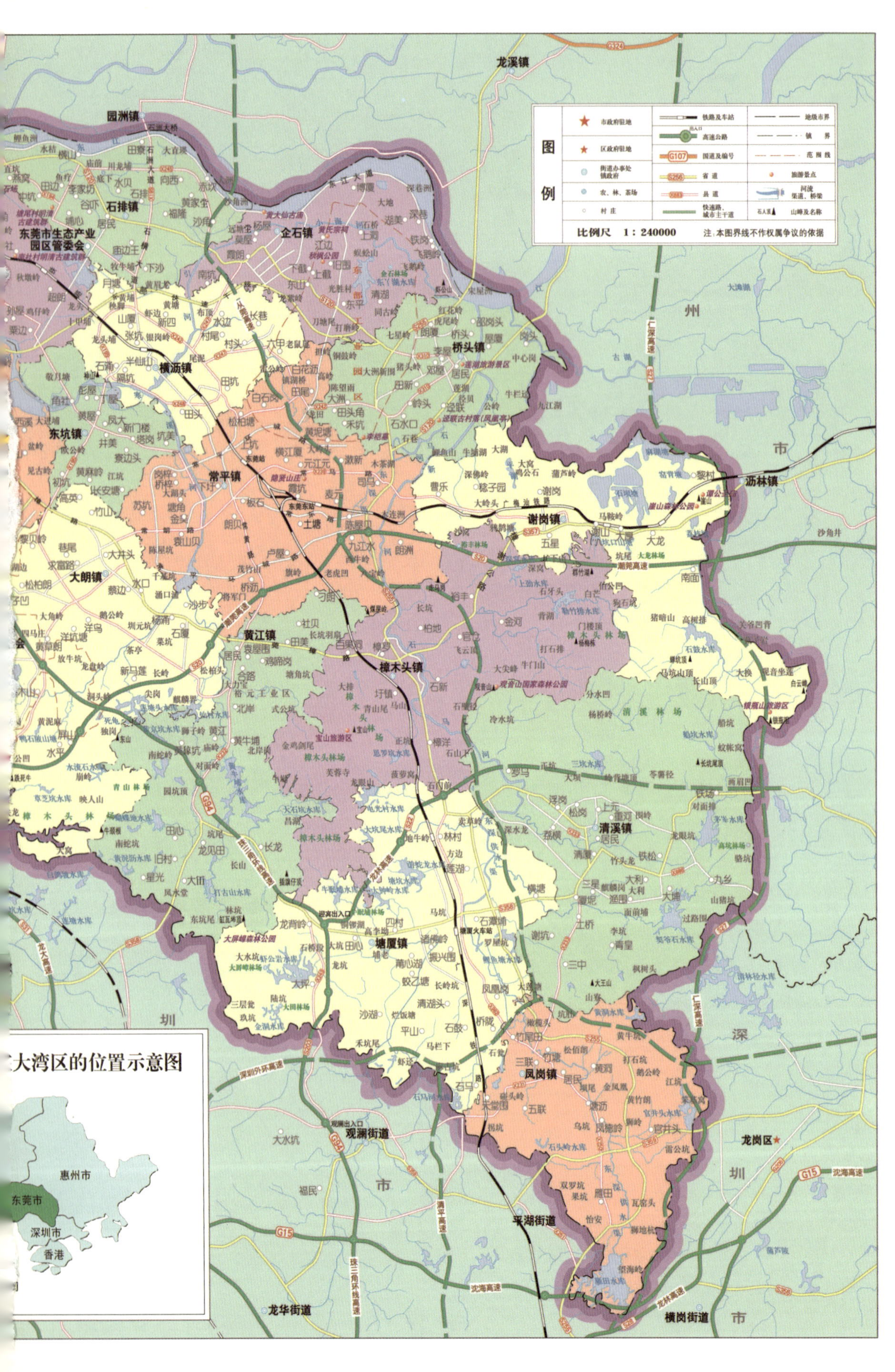

图例
市政府驻地
区政府驻地
街道办事处 镇政府
农、林、茶场
村庄
铁路及车站
高速公路
国道及编号
省道
县道
快速路、城市主干道
地级市界
镇界
范围线
旅游景点
河流 渠道、桥梁
山峰及名称
比例尺 1：240000
注：本图界线不作权属争议的依据
龙溪镇
园洲镇
石排镇
东莞市生态产业园区管委会
企石镇
桥头镇
横沥镇
常平镇
东坑镇
谢岗镇
沥林镇
大朗镇
黄江镇
樟木头镇
清溪镇
塘厦镇
凤岗镇
龙岗区
观澜街道
平湖街道
龙华街道
横岗街道
州
市
深
圳
仁深高速
潮莞高速
深圳外环高速
沈海高速
珠三角环线高速
清平高速
龙大高速
龙林高速
大湾区的位置示意图
惠州市
东莞市
深圳市
香港

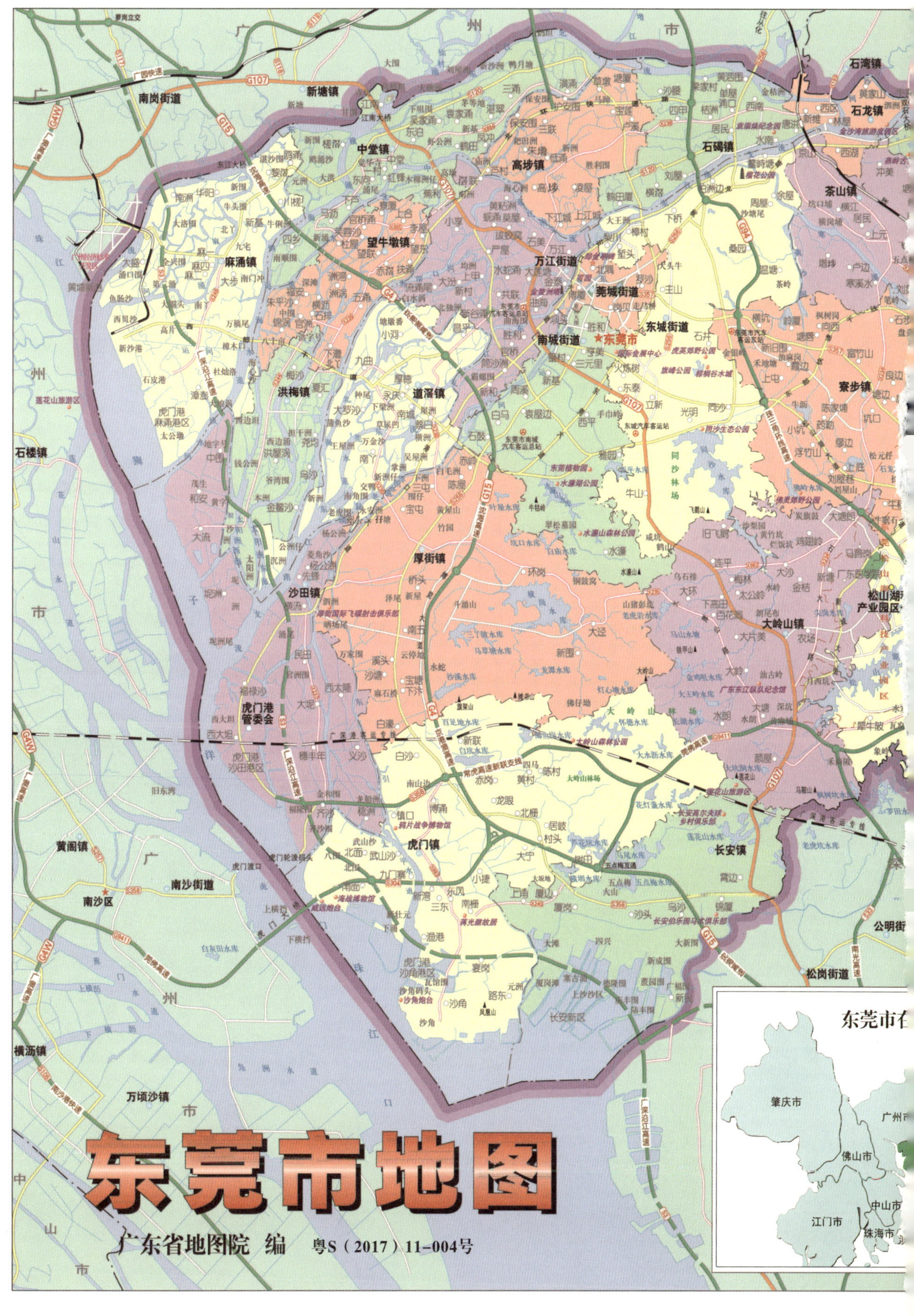

东莞市地图
广东省地图院 编 粤S（2017）11-004号
南岗街道
新塘镇
石湾镇
石龙镇
中堂镇
高埗镇
石碣镇
茶山镇
望牛墩镇
麻涌镇
万江街道
莞城街道
东城街道
南城街道
东莞市
洪梅镇
道滘镇
寮步镇
厚街镇
沙田镇
大岭山镇
松山湖产业园区
虎门港管委会
虎门镇
长安镇
石楼镇
黄阁镇
南沙街道
南沙区
横沥镇
万顷沙镇
公明街
松岗街道
东莞市在
肇庆市
广州市
佛山市
江门市
中山市
珠海市

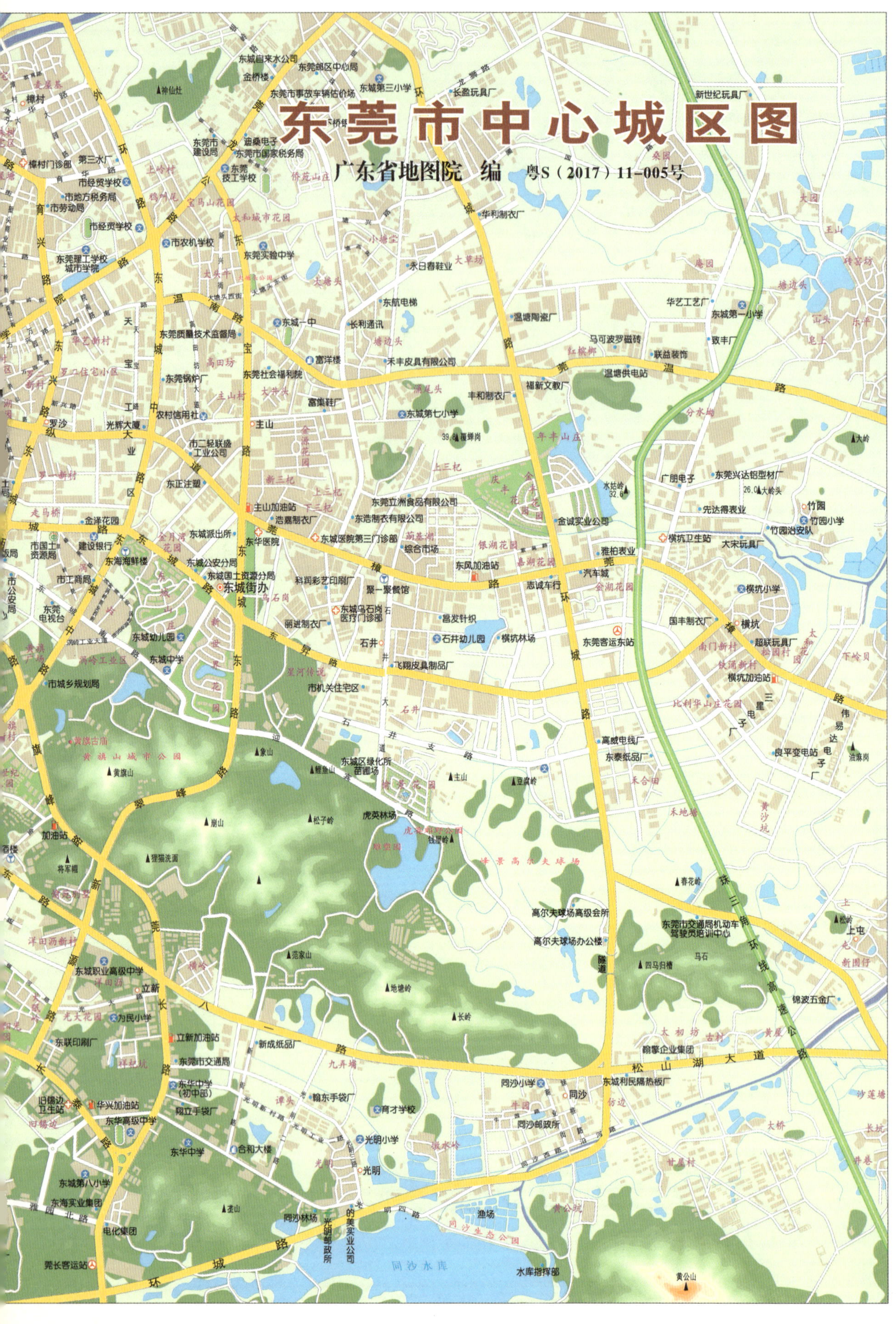
东莞市中心城区图
广东省地图院 编 粤S（2017）11-005号
东城启来水公司
东莞邮区中心局
金桥楼
东城第三小学
长盈玩具厂
新世纪玩具厂
樟村
樟村门诊部
第三水厂
市经贸学校
市地方税务局
市劳动局
市经贸学校
东莞理工学院城市学院
市农机学校
东莞实验中学
东莞市建设局
油桑电子
东莞市国家税务局
东莞技工学校
华利制衣厂
永日春鞋业
东航电梯
长利通讯
东城一中
东莞质量技术监督局
东莞锅炉厂
农村信用社
光辉大厦
主山
市二轻联盛工业公司
东正注塑
主山加油站
浩嘉制衣厂
东城派出所
东华医院
东城公安分局
东城国土资源分局
东城街办
东城医院第三门诊部
综合市场
科辉彩色印刷厂
聚一聚餐馆
东城石岗医疗门诊部
丽进制衣厂
石井
飞翔皮具制品厂
市机关住宅区
东城区绿化所苗圃场
虎英林场
温塘陶瓷厂
马可波罗磁砖
富洋楼
禾丰皮具有限公司
东莞社会福利院
富集鞋厂
丰和制衣厂
东城第七小学
福新文教厂
温塘供电站
联益装饰
华艺工艺厂
东城第一小学
致丰厂
东莞立洲食品有限公司
东浩制衣有限公司
东风加油站
志诚车行
金诚实业公司
雅柏表业
汽车城
昌发针织
石井幼儿园
横坑林场
东莞客运东站
广朋电子
东莞兴达铝型材厂
先达得表业
竹园
竹园小学
竹园治安队
横坑卫生站
大宋玩具厂
横坑小学
国丰制衣厂
横坑
超联玩具厂
横坑加油站
良平变电站
高威电线厂
东泰纸品厂
东莞市交通局机动车驾驶员培训中心
高尔夫球场高级会所
高尔夫球场办公楼
锦波五金厂
翰擎企业集团
东城利民隔热板厂
同沙小学
同沙
同沙邮政所
育才学校
光明小学
光明
合和大楼
东华中学
东城第八小学
东海实业集团
电化集团
莞长客运站
同沙林场
光明政所
美实业公司
渔场
同沙水库
水库指挥部
黄公山
东城职业高级中学
立新
为民小学
东联印刷厂
立新加油站
东莞市交通局
东华中学（初中部）
翔立手袋厂
华兴加油站
旧镇边卫生站
东华高级中学
新成纸品厂
翰东手袋厂
市国土资源局
建设银行
东海海鲜楼
市工商局
市公安局
东莞电视台
东城幼儿园
东城中学
市城乡规划局
加油站
将军帽
狸猫洗面
黄旗山
象山
鲤鱼山
松子岭
主山
豆腐岭
钱堀岭
春花岭
四马归槽
马石
地塘岭
长岭
范家山
大岭
大岭头
油麻岗
上屯
松山湖大道
莞樟路
东城路
温南路
东纵路
石井支路
八一路
环城路
珠三角环线高速公路
黄旗山城市公园
泽景高尔夫球场
同沙生态公园

东莞

国际制造名城

现代生态都市

旗峰山森林公园 （曹永富 摄）

贯彻落实习近平新时代

2018年7月2日，“信念永恒——凝聚奋进力量”东莞党建主题展揭幕仪式在东莞展览馆举行

（郑琳东　摄）

东莞市中心广场　（张顺祥　摄）

中国特色社会主义思想

2018年3月21日，东莞市传达贯彻习近平总书记重要讲话精神暨全国“两会”精神大会举行　　（郑琳东　摄）

2018年7月3日，中国共产党东莞市第十四届委员会第六次全体会议举行　　（市委办公室供图）

2018年12月27日，中国共产党东莞市第十四届委员会第七次全体会议举行　　（市委办公室供图）

推动经济高质量发展

2018年5月18日，在东莞市召开的深入推进企业高质量倍增发展现场会上，市委书记梁维东（左一）等市领导为企业代表授牌

（郑琳东　摄）

抓好产业谋划招引和项目落地建设　2018年，东莞市着眼于推动产业长远健康发展，出台重点新兴产业发展规划，确定五大新兴领域和十大重点产业，规划“一核三带十区”，布局经济发展新增长点。组建市级新型招商机构，建立市镇联合、资源统筹、跟踪洽谈等新机制，出台“重特大项目招商十条”、“高质量利用外资十条”、促进总部经济发展、扶持企业上市等新政策。召开全市规模最大、规格最高的招商大会，集中签约重特大项目29个，涉及金额超过4000亿元。13名市领导挂点服务22个5亿元以上项目，推动加快落地。全市新引进亿元以上内资项目172个，协议金额2052亿元；引进千万美元以上外资项目102

2018年11月12日，巨正源丙烷脱氢项目产品分离塔吊装仪式在沙田镇立沙岛举行　（郑志波　摄）

个，协议金额36.5亿美元。成立建设工程总指挥部，开展“百日攻坚”大会战，完成重大项目投资631.4亿元，比上年增长22.9%。

2018年3月7日，市长肖亚非（左三）到vivo公司总部调研并了解滨海湾新区规划建设情况 （市档案局供图）

推动企业倍增发展 2018年，东莞市出台“高质量倍增十条”，调整确定市级试点企业286家，选定协同倍增企业910家，创新推出全流程诊断、“倍增卡”等举措，解决问题700多个，新增用地指标38公顷，倍增企业主营业务收入增长16%以上。着力打造智能制造全生态链，建立资源服务池，建成示范线109条，资助改造项目311个。推动中小微企业做大做强，全市新增“四上”企业3800家、“小升规”企业2784家，增量均为全省第一。完成规上工业增加值3900亿元，比上年增长6.5%。其中，先进制造业、民营工业占比升至52.3%和49.6%。单位GDP能耗下降6%。

优化非公经济发展环境 2018年，东莞市强化对企服务意识，市镇领导班子挂点服务企业，设立首席服务官，实施政策告知推送机制，主动向企业推送政策、服务和举措。召开非公经济代表人士座谈会，听取企业呼声，邀请700多名企业家参加全市非公经济大会，围绕减轻企业负担、促进企业转型、拓展企业发展空间等方面，出台50条160项扶持政策。举办世界莞商大会，1200多名海内外莞商，共谋发展。成立上市莞企发展投资基金，为上市企业协调化解各类债务风险20亿元。全年为企业减免税收248亿元以上。

2018年5月18日，东莞市召开深入推进企业高质量倍增发展现场会 （郑琳东 摄）

建设国家创新型城市

2018年2月27日，位于东莞市的材料科学与技术广东省实验室揭牌。图为市委书记梁维东（左三）等出席揭牌仪式 （郑家雄 摄）

推进区域创新 2018年，东莞市全面启动广深港澳科技创新走廊（东莞段）建设，加快实施133个沿线环境品质提升项目，出台实施空间规划，筛选出260个总投资3600多亿元的入库科技项目，努力在对接广深港澳创新资源上占得先机。散裂中子源通过国家验收，填补国内脉冲中子应用领域的空白。全面启动中子科学城建设，省政府同意将其上升为省级发展平台，并以中子科学城和深圳光明科学城、港深落马洲河套地区为核心载体创建综合性国家科学中心。与中科院高能所共同谋划建设南方光源，松山湖材料实验室和粤港澳交叉科学中心建设取得进展。举办粤港澳大湾区院士峰会暨第四届广东院士高峰年会，为发展院士经济打下坚实基础。

聚集创新要素 2018年，东莞市狠抓“技能人才之都”建设，实施劳动力技能素质提升三年行动计划，建设知识型、技能型、创新型劳动者大军。实施高企“树标提质”行动计划，高企总量5798家，居全省地级市第一。新增博士后、博士工作平台30家。入选省创新科研团队6个，获省财政资助金额1.8亿元，创历史之最。专利申请量和授权量分别比上年增长20%和40%。PCT国际专利申请量跃居全省第二。获中国专利奖银奖4项。R&D投入占比2.55%。

推动科技、金融、产业“三融合” 2018年，东莞市强化财政和国有资本对创新的引领，设立规模100亿元以上的产业投资基金和并购基金，整合成立科技创新金融集团，贴息发放“三融合”贷款68亿元。强化金融对实体经济的支撑，制造业、小微企业贷款分别突破1000亿元、2000亿元，“倍增计划”和高企贷款均突破300亿元。专利权质押融资金额规模居全省第二位。强化对资本市场发展的扶持。新增境内外上市企业2家、上市后备企业33家。东莞成为全省唯一齐备港澳台资银行的地级市。

2018年7月31日，国家基因检测技术应用示范中心在松山湖高新区举行揭牌仪式　　（郑志波　摄）

2018年11月3日，东莞市发展战略院士咨询委员会2018年会召开　　（市档案局供图）

2018年11月2日，粤港澳大湾区院士峰会暨第四届广东院士高峰年会在东莞市举行。图为院企项目合作签约仪式　　（郑琳东　摄）

位于东莞市的中国散裂中子源，是广东省正在建设的国家科技产业创新中心的核心单元　（郑志波　摄）

争创改革发展新优势

2018年10月25日，2018广东21世纪海上丝绸之路国际博览会在东莞市开幕　（郑琳东　摄）

抓好重点领域改革　2018年，东莞市把改革作为推动发展的关键一招，坚持问题导向、结果导向，谋划推进一系列重大改革，有效破解一大批制约发展的历史遗留问题。深化不动产登记改革，抵押和转移登记从原来的数月分别缩短到3个和5个工作日办结；深化项目审批制度改革，推行告知承诺信任审批模式，项目审批从162项压缩到60项，从8月起审批时间减少一半以上；深化代建制改革，推动深度市场化、专业化代建，提升财政投资项目建设水平和速度；深化新型产业用地改革，出台工业大厦分割销售、5年税收奖励等工改M0特惠政策，促进新型产业发展；深化招投标改革，改进施工招标项目中标方式，提高招投标效率和择优力度；深化商事制度改革，以构建“一平台、三工程”市场监管体系为牵引，创新事中事后监管方式，实现开办企业便利度连续三年居全省地级市第一位；深化市属国企改革，整合组建新的交投和水务集团，发挥其引领发展和服务城市的功能；创新统筹开发模式和利益平衡机制，妥善解决东部工业园（企石辖区）历史遗留问题，434.67公顷土地纳入松山湖统筹。

提升对外开放水平　2018年，东莞市出台促进外经贸稳定发展20条举措，应对国际贸易形势变化，全年进出口比上年增长10%以上，帮助企业在严峻形势下稳定生产经营。东莞连续两年位列“外贸百强城市”第三位。培育新模式、新业态，跨境电商进出口350亿元，比上年增长1.2倍，总量居全国第一位。保税物流进出口2300亿元，比上年增长15%。广东（石龙）铁路国际物流基地启用多式联运业务。东莞始发中欧班列货运量比上年增长42%。开拓国内外市场，搭建“莞货全国行”平台，开展“乐购东莞”等促消费活动，举办海丝博览会、加博会、漫博会、智博会、台博会，社会消费品零售总额比上年增长8.1%左右。

推动重大平台建设　2018年，东莞市松山湖实现生产总值630亿元，比上年增长13.9%；完成固投

182.2亿元，增长22.6%；协议引资150亿元，增长29.3%，对片区带动作用进一步增强。滨海湾新区建设纳入大湾区国家战略，发展总体规划、城市总体规划通过审议，“二横五纵”骨干路网加快推进，两个滩涂开发项目实质性动工，沙角电厂两台燃煤机组关停，紫光芯云产业城、OPPO智能制造中心等项目加快推进。水乡新城片区生产总值增速快于全市0.3个百分点。水乡新城控规完成公示，启动区项目加快推进。银瓶新区完成海绵城市规划编制，粤海产业园一期建成开园。

提升合作发展水平　2018年，东莞市加强对口帮扶。援疆援藏工作扎实推进，图木舒克市草湖产业园纺织项目高效建设运营，支持当地设立规模8亿元的产业发展基金；打造出林芝市巴宜区布久乡小康示范镇等精品项目，7个镇街与巴宜区7个乡镇结对；新增16个镇街对口帮扶云南省昭通市6个县区，捐赠清洁能源公交车200辆；与黑龙江省牡丹江市缔结友好城市，推动20.7亿元的21个产业合作协议落地；完成对口帮扶韶关市十大行动计划，多项工作排名全省前列；落实韶关市、揭阳市精准扶贫精准脱贫资金4.68亿元，推动323个贫困村集体经济收入比上年增长51%，预脱贫1.41万户4.03万人。加强对内合作。推进深莞惠经济圈（3+2）和穗莞深化合作系列事项，并就轨道互通、环保共治等与广州市、深圳市进行协商。举办近年来规模最大的莞港产业合作推介会，签订项目39个，金额350亿元。全方位加强对外交往。汤加国王到莞访问，美国利百伦市、韩国牙山市、德国乌波塔尔市等友城代表团来莞交流，友好关系持续深化。

2018年8月16日，广东东莞中欧班列运邮首发测试举行　（中国邮政东莞分公司供图）

2018年11月21日，东莞市商事制度改革体验馆开馆。图为在自助办理终端通过人脸识别办理营业执照

（程永强　摄）

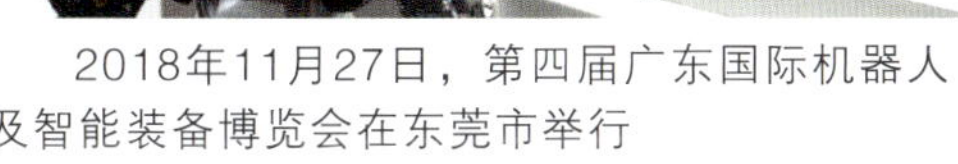
2018年11月27日，第四届广东国际机器人及智能装备博览会在东莞市举行

（郑志波　摄）

东莞市援疆项目——图木舒克市草湖产业园纺织厂现代化生产车间　（郑志波　摄）

提升城市品质和内涵

2018年10月22日，东莞市市长肖亚非（左三）到三八河巡河 （市水务局供图）

松山湖高新区 （程永强 摄）

推进城市基础设施建设 2018年，东莞市实施城市品质三年提升计划，全面启动总投资1689.9亿元的582个重点项目，完工200个。东莞城市总体规划（2016—2035年）报国务院审批。推进轨道交通建设，争取将广深第二高铁纳入大湾区近期建设项目，2号线三期、3号线一期工程前期工作进展顺利。协调广铁集团在虎门站新增20多趟列车停靠，市民无需辗转便可直接乘高铁至北京、上海。推进高快速路建设，环莞快速二期、虎门二桥主线桥全线贯通，环莞三期华为段动工。莞番高速、深圳外环高速东莞段等加快建设。更新改造供水管网433.2千米，新建天然气管道约300千米，完成电网投资30亿元。

推进环境污染治理 2018年，东莞市成立污染防治攻坚战指挥部，出台三年行动计划。狠抓水污染治理。新建截污管网1525千米，通水1427千米。完成102条污染河涌整治，推进6家污水厂新建扩建、35家提标改造。开展河湖管护三大专项行动，全面铺开入河、入海排污口整治。清理整治砂场182个。茅洲河、石马河流域水质好转，综合污染指数分别下降55.5%和19.7%。7个国省考断面水质总体改善。狠抓大气污染治理。淘汰整治“散乱污”企业13073家，治理VOCs（挥发性物质）企业4870家，压减煤炭消费量118.8万吨。更换纯电动公交车2920辆。$PM_{2.5}$年均浓度下降2.7个百分点。狠抓固废处理处置。开展“利剑一号”行动，严厉打击固废偷运、非法跨市转移等行为。完成10座垃圾填埋场综合整治，建成东南部卫生填埋场（一期），建筑垃圾资源化实现零突破。狠抓土壤污染防治，完成三个修复治理试点示范工程。

推进“两违”治理 2018年，东莞市坚持露头就打、出土就拆，对新增违建、“小产权房”实行“零容忍”“零增量”。全市拆除（整改）新增违建98.9万平方米，治理违建1060万平方米，超额完成省下达任务。建立历史遗留违法建筑信息数据库，完善324.53公顷用地手续。盘活存量土地691公顷，处置闲置土地283.4公顷，复耕复绿土地233.33公顷，有效拓展发展空间。

推进城市更新改造 出台关于深化改革全力推进城市更新提升城市品质的意见，梳理出总面积1266.67公顷的30个更新单元向外推介，打造长安科技商务区、东城牛山钟屋围、厚街楷模家居等亮点。全年投入208亿元，完成“三旧”改造458.67公顷，新增实施改造655.8公顷，力度历年最大，受省奖励用地指标256.27公顷。推进轨道交通TOD综合开发，调整优化在库储备土地规划。松山湖北站推出首期出让地块，虎门高铁站用地补偿基本完成，45个站场TOD综合开发规划编制抓紧推进。

提升城市精细化管理水平 2018年，东莞市成功抵御40多年来影响最严重的台风“山竹”，最大程度降低灾害损失，迅速恢复生产生活秩序。重视群众反映强烈的交通拥堵问题，设立综合交通运输联席会议，完成治理第一批交通拥堵节点12个，新建人行天桥13座，全市交通拥堵状况有所改善，虎门大桥疏堵保畅成效明显。开展城市精细化管理考核，查处城市“六乱”28万宗。整治易涝点15个。黄江、樟木头、麻涌、洪梅、望牛墩成功创建省森林小镇。东莞植物园一期建成开园，市民亲近自然、感受绿色更加便捷。

实施乡村振兴战略 2018年，东莞市出台“1+1+N”政策体系，围绕农村环卫、基础设施建设等重点，高标准推进63个亮点项目建设，全部村（社区）基本完成“三清理”“三拆除”等环境整治任务。农村集体产权制度改革试点任务完成。农村土地承包经营权确权登记颁证率94%。次发达镇生产总值平均增速快于全市1个百分点。70个次发达村（社区）经营性纯收入比上年增长14.7%。

南城街道鸿福路商圈 （郑志波 摄）

2018年9月23日，广深港高铁开通 （郑琳东 摄）

2018年5月25日，虎门二桥坭洲水道桥合龙（2019年3月虎门二桥更名为“南沙大桥”） （程永强 摄）

满足市民群众日益增长的美好生活需要

2018年5月8日，《时代交响——献给产业工人之歌》在玉兰大剧院上演　（郑志波　摄）

节日期间市民读书汲取知识营养　（郑琳东　摄于2018年）

推进教育扩容提质　2018年，东莞市编制实施新一轮学校建设规划。新增中小学幼儿园53所、学位近7万个，组建教育集团7个，规划建设未来学校3所。新招收随迁子女入读公办学位和补贴学位15.6万人，比上年增长1.29倍。向民办学校发放教师从教津贴、普惠性幼儿园补助等1.8亿元。给予困难学生助学减免1.16亿元。高考本科上线率65.4%，创历史新高。12所中职学校实行中高职贯通培养。东莞理工学院获得硕士学位授予资格，实现零突破。

加大优质医疗资源供给　2018年，东莞市选定5所医院建设区域中心医院，常平医院、塘厦医院、麻涌医院纳入市属管理。完成200所社区卫生服务机构标准化建设，诊疗量占比升至28%。实施家庭医生签约服务，签约258万人。推进“医药分开”改革，实施药品零加成政策，为群众减负6350万元。开展健康讲座2300多场，“说医不二”微视频点击量突破1000万次。东莞公立医院综合改革成效明显，获得国务院办公厅督查激励。

加强公共安全防控体系建设　2018年，东莞市开展“扫黑除恶”专项斗争，打掉涉黑社会犯罪组织6个、恶势力犯罪团伙440个。社会治安实现“三降三升”，“两抢”立案数下降近八成、“飞抢”警情下降九成。组建公安铁骑，在交通疏堵、快速处警、震慑犯罪等方面成效明显。开展整治制毒物品非法流失问题专项行动，获公安部高度肯定。完成“二标四实”基础信息采集，基本摸清全市实有人口、房屋、单位及设施等情况，为长治久安和精细化管理打下坚实基础。推动安全生产“四个全覆盖”，开展建筑施工安全、有限空间作业、道路交通安全等专项治理行动，生产安全事故宗数比上年下降14.8%，未发生重大及以上安全事故。实施消防安全“个十百千万”工程，完成消防部队改制转隶。启动国家食品安全示范城市创建。做好非洲猪瘟防控。“智网工程”进入常态化运作、制度化管理，发现、处置各类隐患120.2万个。集中开展信访矛盾化解攻坚，维护社会和谐稳定。

推动文化体育社保等各项事业繁荣发展　2018年，东莞市基层综合性文化服务中心实现全覆盖。举办“时代交响”音乐会、“时代印记”图片展，组织开展“看东莞”系列活动，营造庆祝改革开放40周年良好氛围。亚运会上获5项金牌，省运会东莞金牌总数居地级市第一，首届市民运动会成功举办。出台新的社会医疗保险办法，实行工伤和失业保险浮动费率管理。71所定点医院实现跨省异地联网结算。为特困、低保、困难群众发放各类救助1.5亿元。推进住房保障体系建设，解决6998户困难群众住房需求。做好房地产调控，推动平稳健康发展。“四经普”单位清查圆满收官，多项指标名列全省前茅。十件民生实事43项任务全面完成，兑现对市民的承诺。市妇女儿童活动中心动工建设，市老年大学投入使用。圆满完成省国防动员演习任务和征兵工作，大学生兵源占比提升至88.1%。完善军民融合制度，双拥创建不断加强。工青妇幼、档案方志、防震减灾、残疾人、红十字会、打私人防、民族宗教等工作有效推进。

2018年10月4日，东莞市公安局直播铁骑女队员上路执勤情况，获众多网友点赞。图为3名铁骑女队员在莞城街道金沙市场路段执勤 （蓝业佐　摄）

2018年10月8日，东莞市南城阳光第九小学落成并开学 （张顺祥　摄）

2018—2019中国男子篮球职业联赛（东莞赛区）场馆——东莞市篮球中心 （市文化广电旅游体育局供图）

纪念改革开放40周年

东莞市中心区 （曹永富 摄）

东莞市举行市委、市人大、市政府挂牌仪式

1978年12月18日，中共十一届三中全会召开，东莞从此踏上改革开放和社会主义现代化的伟大征程。1988年1月7日，国务院批复将东莞市升格为地级市。至2018年，东莞迎来改革开放40周年、升格地级市30周年。

改革开放40年来，特别是升格地级市30年来，东莞灵活运用国家对外开放政策，发挥毗邻港澳，港澳乡亲、海外侨胞众多的地缘、人缘优势，创造性地执行中共十一届三中全会以来的路线、方针、政策，以“三来一补”(来料加工，来样加工，来件装配，补偿贸易)为突破口，发展外向型经济，闯出一条切合当地实际，通过工业化、城市化，最终实现现代化的发展道路，形成独特的“东莞模式”。

从全国第一家对外来料加工企业，到“东莞智造”“机器换人”；从全国首创“集资建桥，收费还贷”的

升格地级市30周年

高埗大桥，到虎门大桥、南沙大桥，再到纵横贯通的轨道交通、城际铁路；从城市新区建设，到国家森林城市、全国文明城市创建，再到城市品质提升；从外来务工人员来莞创业圆梦，到积分入学、异地中考、入户东莞；从“游泳之乡”“举重之乡”，到“篮球羽球共转,大球小球齐飞”，再到承办各类国际性体育盛事。

20世纪80年代中期的东莞市委、市政府旧址

改革开放40年来，特别是升格地级市30年来，东莞的经济、社会、文化面貌，发生翻天覆地的变化，产业结构、城市结构、人口结构，乃至文化结构，都发生历史性蜕变。东莞由一个农业大县发展成为经贸大市，由鱼米之乡脱胎成为新兴工业城市，完成从农业文明到工业文明、从乡村社会到城市社会的“惊人一跃”，创造举世瞩目的“东莞奇迹”，被誉为“广东改革开放的一个精彩而生动的缩影，也是中国改革开放的一个精彩而生动的缩影”。（资料来源：《东莞日报》）

制造立市　铸就辉煌

1978年9月15日，全国第一家对外来料加工厂——东莞县太平手袋厂开工。图为太平手袋厂员工向客户推介刚加工生产出来的手袋

20世纪80年代初，石龙镇是香港服装工业转移的重要承接地之一，服装加工成为当时的支柱产业。图为1983年石龙某服装厂工人在生产衬衫　　（《城市画报》供图）

1978年8月30日，全国首家对外来料加工厂——太平手袋厂在东莞县诞生。此后，东莞市（县）成为中国改革开放的前沿阵地。改革开放40年，特别是升格地级市30年来，东莞从来料加工做起，沿着一条超常规的路子发展，从一个农业大县，成为制造业名城。东莞市（县）的工业发展史可以划分为四个阶段：起步阶段（1978—1993年）、成长阶段（1994—2000年）、腾飞阶段（2001—2008年）、转型阶段（2009年起）。

在20世纪90年代，东莞市制造业迎来蓬勃发展期，尤其是以IT制造业为代表，“东莞制造”享誉全球，标志着一个国际性加工制造基地的诞生。进入21世纪，“东莞制造”依然保持着强劲发展态势，建立完整而门类齐全的工业体系。

2009年起，“东莞制造”的创新基因不断得到优化和彰显。在产业版图上，东莞市制造业不仅仅只有传统产业，而是逐步形成传统产业和新兴产业齐头并进的发展格局。

经过产业结构调整和转型升级，智能手机产业成为“东莞制造”的新名片。截至2018年底，全球每5部智能手机就有1部产自东莞市。以华为、OPPO、vivo等手机行业巨头为代表，一条庞大而蓬勃的手机产业链颇具规模，“东莞制造”迎来新的发展期。

2014年起，东莞市又掀起“机器换人”浪潮，将智能制造等新兴产业推向“风口”，互联网和物联网等新兴技术的融合，为“东莞制造”注入新的动力，助推“东莞制造”向中高端领域探索和迈进。截至2018年底，东莞市先进制造业、高技术制造业增加值分别占规模以上工业增加值的50.5%和39.0%，达到从量变到质变的转变。

截至2018年底，处于转型突围“攻坚关口期”的东莞市，再次开始重新定位，积极进行产业新谋划，东莞市将发力重点新兴产业领域，谋求构建现代产业体系新突破。

（资料来源：《东莞日报》）

20世纪80年代，东莞市吸引大批来自全国各地的打工者。图为1989年前后的一处招工点

（《城市画报》供图）

2007年10月13日，东莞龙昌数码科技有限公司展示其生产的“全球最小机器人”（张村城 摄）

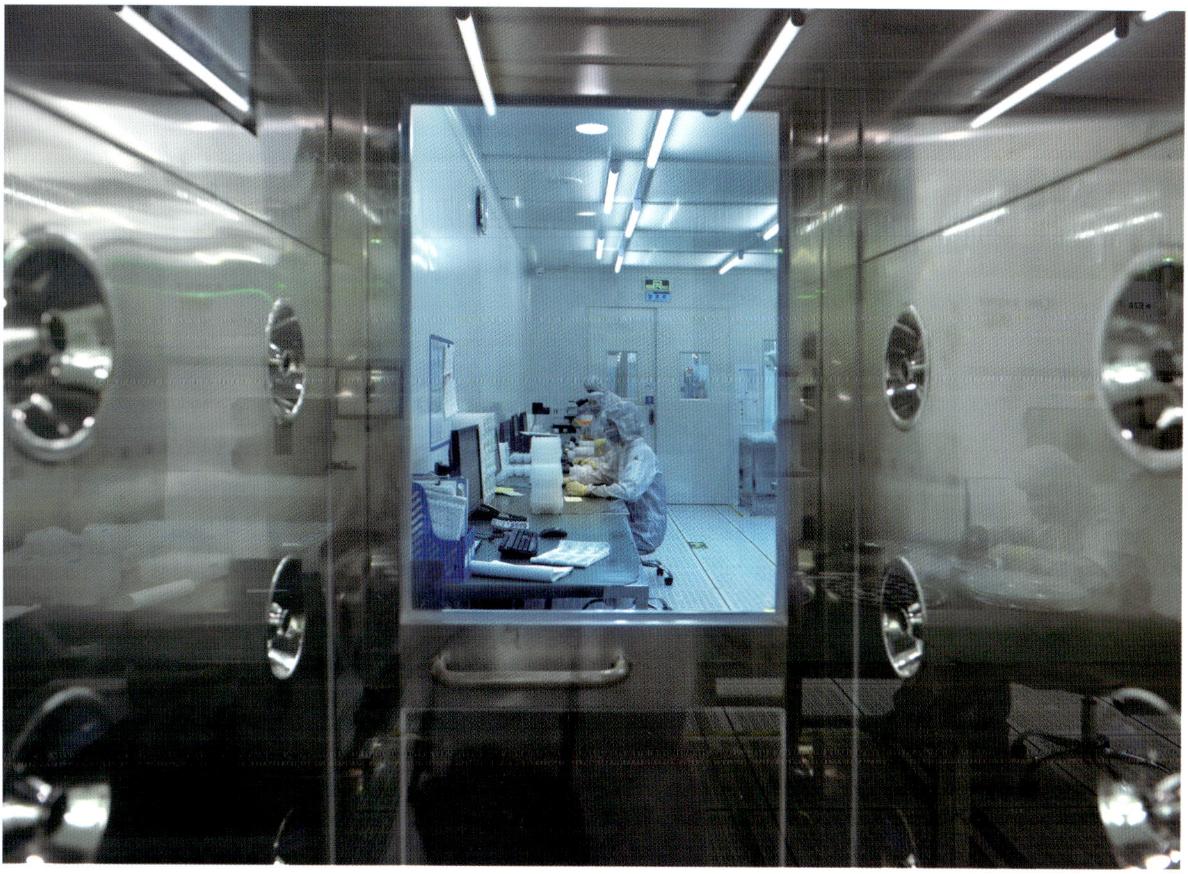

东莞市中图半导体科技有限公司（曹永富 摄）

1997年，国务院批准东莞沙田港与太平港合并，建设国家一类口岸；2016年3月，经交通部同意更名为“东莞港”。图为夜色下的东莞港
（曹永富　摄于2012年）

开放合作　融入全球

1988年，雀巢公司和东莞市糖酒集团有限公司携手建立东莞雀巢有限公司，成为首个入驻东莞市的世界500强企业。图为1991年东莞雀巢有限公司生产厂区
（张洪波　摄）

1978年8月，东莞县创办全国第一家对外来料加工厂——太平手袋厂，拉开东莞市（县）改革开放大幕，逐步奠定“世界工厂”的地位。1986—1995年，东莞市推进农村工业化和城乡一体化，大规模开展基础设施建设，外来投资大幅增加，经济总量连续跃上几个台阶。

1996—2008年，是东莞市外向型经济的提升阶段。东莞市大力促进经济从数量型向数量型与质量效益型相结合转变，从劳动密集型向劳动密集与资金技术密集型相结合转变，以IT产业为代表的现代制造业和高新技术产业迅猛发展，民营经济在与外资企业的协作配套中逐步成长。

2008年国际金融危机暴露出代工企业没有品牌和技术的短板，2009年起，东莞市企业开始创品牌、搞研发，向“微笑曲线”两端延伸，启动转型升级的步伐。东莞市企业不再满足“生产—出口”

运行模式，开始在海外建厂，进军全球市场。

2012年，由东莞市华坚集团在埃塞俄比亚设立的工厂投产，截至2018年底，该厂成为埃塞俄比亚最大的出口企业。2017年4月，东莞市唯美集团投资1.5亿美元在美国田纳西州建设的工厂投产，截至2018年底，该厂成为全球最先进的陶瓷工厂。它们是东莞市不断开创外向型经济新格局的缩影。

2016年5月，东莞市成为全国构建开放型经济新体制综合试点试验城市之一，也是广东省唯一试点试验城市。截至2017年底，东莞市有“走出去”企业超370家，投资总额超11.6亿美元，海外投资年均增长超10%。东莞市企业在境外设立驻外机构28个。“走出去”的东莞市企业分布的行业超过20个，超30%的项目设立海外研发中心或销售子公司，中国香港、欧美、非洲等发达地区和新兴市场最受东莞市企业欢迎。截至2018年底，东莞市连续跻身海关总署评选的“中国外贸百强城市”前三位，一个自主性更强的开放型经济和国际化水平更高的开放新格局加速形成。（资料来源：《东莞日报》）

2017年6月28日，全新一代高精度综合地质地球物理钻探船“海洋地质十号”科考船在东莞市麻涌镇出坞下水
（林宝琨　摄）

OPPO广东移动通信有限公司生产车间
（占有兵　摄）

东莞本土企业炜光集团炜光礼品有限公司获国际足联官方授权，设计生产销售2018俄罗斯世界杯足球赛商品
（张村城　摄）

创新驱动 砥砺前行

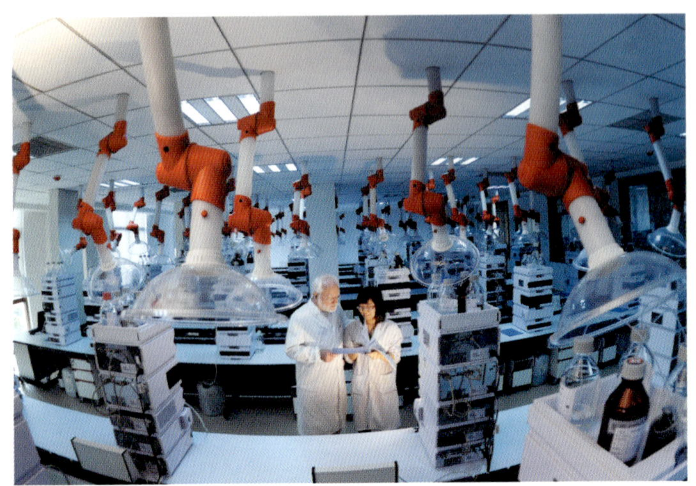

广东东阳光药业有限公司实验室 （刘大伟 摄于2012年）

改革开放40年来，特别是升格地级市30年来，东莞市（县）发扬改革创新精神，实现快速发展，尤其是在2008年国际金融危机后，东莞市推动产业转型升级，加强创新驱动，促进高质量发展。

创新驱动，产业转型。2008年，东莞市被确定为全省加工贸易转型升级试点城市，在全国首创来料加工企业不停产转法人企业模式。一批加工贸易企业生产实现向产业价值链高端转变，并催生一批自主品牌。

东莞市相继实施创新驱动发展战略，实施“科技东莞”工程，推动经济发展由要素驱动转向创新驱动。企业则通过加大科技创新、树立自主品牌等路径，逐步实现从原来的OEM（贴牌生产）到ODM（原始设计制造）再到OBM（自有品牌生产）的转型。

智能制造，加速升级。2014年，东莞市又提出实施“机器换人”，2016年继续聚焦发展机器人智能装备产业，2017年提出智能制造全生态链，东莞市以智能制造为主攻方向，出台转型升级版政策，供给侧改革红利

在东莞市企业的“无人车间”，“机器人”成为生产线主角 （郑志波 摄于2015年）

逐步释放。

东莞市智能制造装备形成较为完整的产业链，涌现出拓斯达公司、李群自动化公司等知名企业。截至2018年底，东莞市连续举办4届智博会，展会“以展引商”“以会引智”功能显著增强。

东莞市抢抓新一轮新兴产业发展机遇，以智能手机为代表的电子信息制造业不断发展壮大。先进制造业、高技术制造业等优势产业占比大幅提升，产业结构改善。2017年，东莞市先进制造业占规模以上工业增加值比重首次超过50%；2018年，东莞市先进制造业占比52.5%。

创新资源，全面汇聚。东莞市推进国家创新型城市建设，打造创新驱动发展升级版，以国际化高标准建设中子科学城，争创人才资源新优势，推动东莞市向创新型一线城市迈进，实现科技创新能力从量的积累向质的飞跃、从点的突破向系统提升转变。推动中国科学院高能物理研究所与东莞市签署合作协议，共同推进南方光源项目规划建设。推动重大科技基础设施落地，东莞市以中国散裂中子源项目建设为核心，高标准规划建设53.3平方千米的中子科学城。

2018年，东莞市国家高新技术企业5798家，高新技术企业总数稳居广东省地级市第一位。截至2018年底，东莞市人才总量突破195万人，各类高层次人才12.6万人。（资料来源：《东莞日报》）

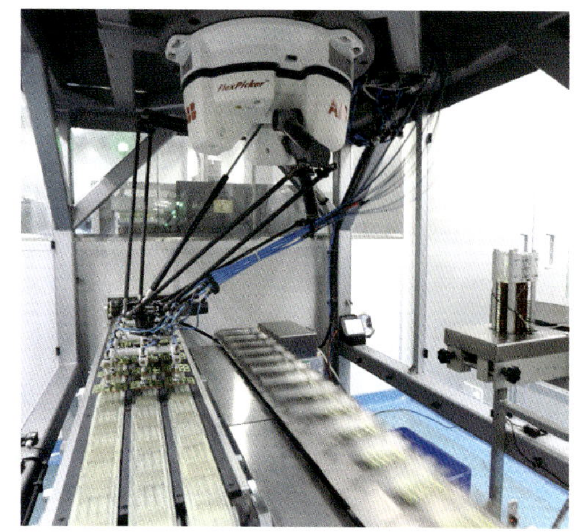

众生药业公司的符合国际一流标准的药品生产基地（叶惠棠　摄于2017年）

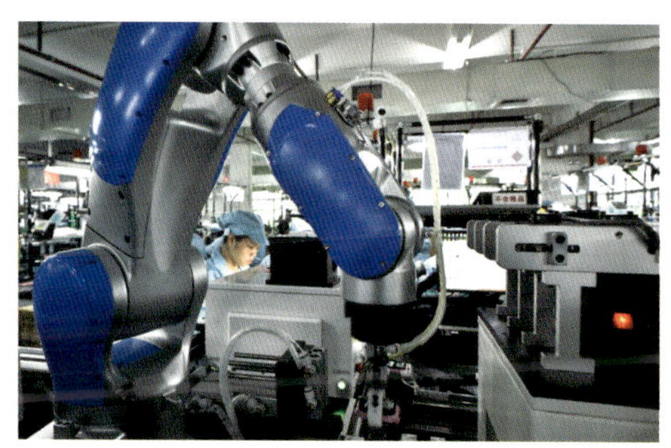

全球手机看中国，中国手机看东莞。图为长安镇的现代化智能手机生产线（曾必君　摄）

2018年8月23日，中国散裂中子源项目通过国家验收并投入运行。该项目位于东莞市大朗镇，是国家“十一五”期间重点建设的大科学装置，有着“超级显微镜”之称的“国之重器”（蓝业佐　摄）

改革开放后，东莞市虎门镇逐步形成规模庞大的产业集群、配套完善的产业链条、成熟发达的市场体系，成为享誉国内外，以女装、童装、休闲装为特色的中国服装服饰名城。图为虎门服装交易会模特“走秀”

（郑家雄　摄）

会展行业　树起品牌

东莞市会展业起步于20世纪90年代，依托雄厚的制造业基础，截至2018年底，会展业规模不断扩大，每年举行的大小展会有数百场，平均每6天就有1个成规模的展会，涌现出中国（虎门）国际服装交易会、中国（大朗）国际毛织产品交易会、中国加工贸易产品博览会、广东海上丝绸之路国际博览会、广东国际机器人及智能装备博览会等知名展会。

东莞市推动会展软硬件不断完善升级，会展业与其他优势产业相互促进。除中国加工贸易产品博览会、广东海上丝绸之路国际博览会等国家级、省级专业展会外，各镇街专业展会快速发展。1996年11月，虎门镇举办第一届中国（虎门）国际服装交易会，并涌现出中国（长安）国际机械五金模具展览会、中国（大朗）国际毛织产品交易会、大京九农副产品食品（常平）交易会、塘厦高尔夫球博览会、广东东莞（横沥）模具制造及机

1999年10月8日，第一届东莞电脑资讯产品博览会开幕　　（张洪波　摄）

2009年12月30日，首届中国国际影视动漫版权保护和贸易博览会在东莞会展中心举行

（林　清　摄）

2016年4月21日，中国加工贸易产品博览会在厚街广东现代国际展览中心开幕。该博览会创立于2009年，2012年升格为“中国加工贸易产品博览会” （郑志波 摄）

械展览会等一批特色展会。会展业由工业展领域扩大到文化类、消费类领域，带动众多产业发展，惠及商业、酒店业、旅游业等，成为城市转型升级的重要引擎，为东莞市进一步发展和转型提供支撑。

东莞市会展业保持平稳健康发展，其中2014年、2015年举办展会数量增长最快，发展势头良好。2018年，东莞市举办展览规模在3000平方米以上的展览会65场，总展出面积超过300万平方米（包含专业卖场和专业市场），总参展商超过1.8万家，参展产品涉及电子机械、纺织服装、家具、造纸印刷、五金模具、食品饮料、动漫、汽车、文化等行业。

2015年10月，根据《东莞市人民政府关于促进会展业发展实施意见》，东莞市拟用5年时间，打造“华南工业展览之都”和“广东国际会议之都”。东莞市还出台一系列引导会展行业健康发展的政策措施，优化会展业环境，会展业竞争力不断增强。2015—2018年，在中国会展经济研究会主办的“中国城市会展业竞争力指数年度发布会”上，东莞市各项指标综合指数位居全国省会城市和地级市前列，连续获得“中国最具竞争力会展城市”称号。

（资料来源：《东莞日报》）

2018年8月11日，第四十届东莞国际名家具展在广东现代国际展览中心举行 （厚街镇供图）

2018年10月26日，广东21世纪海上丝绸之路国际博览会现场。图为泰国馆的文艺表演 （郑志波 摄）

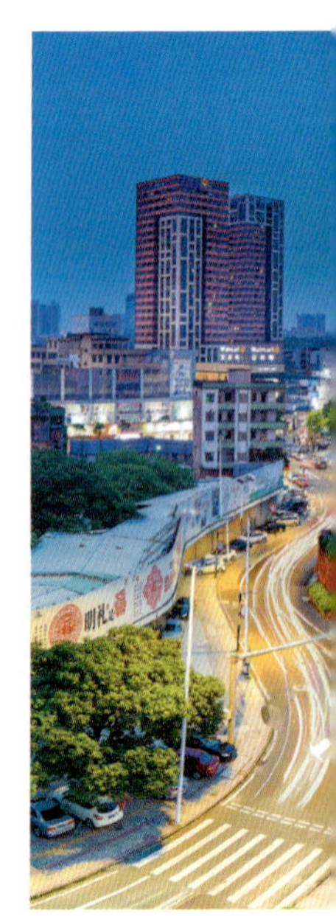

1994年，从华侨大酒店远眺莞城迎恩门城楼一带 （苏建东 摄）

城市发展 沧桑巨变

改革开放40年来，特别是升格地级市30年来，东莞从一个香飘四季的农业县成为“国际制造名城，现代生态都市”，城市建设日新月异。

改革开放初期，位于县城的东方大酒店、华侨大厦是东莞县标志性建筑。1988年1月，东莞市升格为地级市，开始按照中等城市格局规划基础设施建设和城市建设。2001年，东莞市确立“五年见新城”发展思路，掀起城市建设热潮。随后，市行政办事中心、会议大厦、展览馆、科技博物馆、图书馆、玉兰大剧院、青少年活动中心等一批标志性建筑相继建成，东莞大道、东江大道、松山湖大道、东部快速干线、常虎高速公路、环城路等骨干道路簇拥在新城市中心区，大城区初步形成，依山傍水格局基本成型。

2017年起，东莞市提出全面提升城市品质，以中心城区强化、魅力小城建设、交通设施提升等领域为重点，选定580多个城市品质提升第一批次项目，打造综合承载能力强、文化内涵丰富、城市特色鲜明、宜居宜业宜游的国际制造名城，现代生态都市。 （资料来源：《东莞日报》）

2018年，繁华的东莞市城市中心区 （巫业通 摄

2018年，莞城街道迎恩门城楼一带　（巫业通　摄）

立体交通 连通八方

1981年，东莞县高埗大桥兴建，1984年1月建成通车。作为全国第一座征收过桥费的地方公路桥梁，高埗大桥首创“农民集资建桥，过桥收费还贷”模式 （何煜球 摄）

广深高速公路被称为“中国最繁忙的高速公路”。图为2009年广深高速东莞段车流 （张村城 摄）

改革开放40年来，特别是升格地级市30年来，在交通基础设施建设上，东莞人以“敢为人先”的精神，不断刷新全国乃至世界“第一”的纪录。

1979年，万江大桥建成通车，桥长456.5米，横跨东江南支流，这是中国第一座用“顶推法”施工技术建造的公路桥梁。1984年通车的高埗大桥，是全国第一座由农民集资兴建的大桥，并开创全国地方公路桥征收过桥费以桥养桥的先例。

20世纪90年代，东莞市公路桥梁数量和总长度不断增加，横水渡口逐步被取代，新建桥梁多为规模较大、技术标准较高的大桥或特大桥。其中，1997年通车的虎门大桥，完全由中国人设计、施工、监理和科技攻关，全长15.8千米，主跨度888米，是当时全国跨度最大的钢箱梁悬索公路桥；同年兴建的莞深高速公路，是全国第一条由地级市自筹资金、自行规划、自行建设的高速公路。

进入21世纪，东莞市路桥建设再创辉煌。2007年，东莞水道特大桥获得铁道部行业最高奖项——“火车头”奖二等奖。该桥全长744.84米，是中国建筑面积最大的悬链线自锚中承式钢管系杆拱桥，并创下荷载最高等级、双幅规模最大、首次采用百米塔吊整体滑移、首次将张拉体系由空中移到地面等4项国内建桥史“第一”；2009年，东江大桥竣工运营，成为国内第一座双层公路桥；2011年，虎门高铁站投入运营；2016年，轨道交通2号线通车；2018年，虎门二桥完成合龙（2019年3月命名为“南沙大桥”，于4月通车），创下多个世界和国内“第一”：2座超千米级特大跨度悬索桥同时建设属世界首次，其中坭洲水道桥以1688米跨径列钢箱梁悬索桥世界第一位；8车道钢箱梁全宽49.7米，是世界上最宽的钢箱梁悬索桥；完成世界最大规模的地下连续墙桥梁基础施工和桥梁史上最大规模的单次连续混凝土浇筑及质量控制；主塔高260米，为国内悬索桥第一高度；锚碇地连墙外径90米、壁厚1.5米，规模居国内第一位。

（资料来源：《东莞日报》）

虎门大桥于1997年通车 （黄 生 摄）

莞深高速公路是全国第一条由地级市自筹资金建设的高速公路，于2000年9月通车

（张村城 摄）

2015年5月27日，东莞轨道交通2号线电客车开始动态调试 （郑家雄 摄）

东莞大道 （巫业通 摄于2017年）

2018年7月1日，在东莞市东城街道周屋社区创意稻田示范基地，台湾“优人神鼓”剧团在蓝天、白云、稻田的映衬下，敲响《听海之心》

（郑家雄　摄）

以文兴城　异彩纷呈

2006年7月30日，市民在莞城街道观看露天电影

（程永强　摄）

莞产音乐剧《蝶》于2007年7月破茧而出，先后在中国北京、上海和韩国首尔等城市演出

（程永强　摄）

东莞市作为岭南文明的重要发源地、中国近代史的开篇地和改革开放的先行地，自古人文荟萃，无数英烈先贤铸就爱国爱乡的情怀、兴学重教的传统以及敢为人先的气魄。多种文化在此碰撞与交融，形成极具特色的莞邑风情。

20世纪90年代起，东莞市陆续建成一批高水平文化设施。1994年，科学馆、图书馆、博物馆新馆落成启用。1996年，投入3.6亿元兴建东莞文化广场。进入21世纪，又投资17亿元，先后建成中心广场和展览馆、图书馆、科技馆、群众艺术馆、青少年宫、玉兰大剧院、可园博物馆、岭南画院、东莞文学艺术院。

21世纪的第一个十年，东莞市实施文化新城战略，着力建设“图书馆之城”“博物馆之城”“广场文化之城”，东莞图书馆、玉兰大剧院、东莞展览馆等一批高标准的文化设施拔地而起，成为新的文化地标。

2010年，东莞市吹响建设文化名城的号角，努力打造全国公共文化服务名城、国家历

2012年3月16日，道滘镇南城村的榕树下搭起临时舞台，村民欣赏本地曲艺社的粤剧表演 （曹永富 摄）

2013年8月12日，第八届望牛墩七夕风情文化节。图中七夕贡案被广东省博物馆收藏

（曹雪琴 摄）

海战博物馆是爱国主义教育基地的重要组成部分，是全国三大禁毒教育基地之一（郑志波 摄）

史文化名城、全国现代文化产业名城、岭南文化精品名城“四个名城”。截至2018年底，“四个名城”建设成果丰硕：公共文化服务体系日益完善，提档升级，走在全省、全国前列；文化遗产保护利用加强，深厚的历史文化底蕴、文化特色得以全面凸显、传递；文化产业发展态势良好，创建成为“全国版权示范城市”；文艺创作百花齐放，文艺精品迭出，频频拿下国家级、省级重要奖项。东莞市文化活力迸发，市民文化获得感大为增强。

（资料来源：《东莞日报》）

2018年6月26日，中堂龙舟文化节激情上演。图为龙舟竞渡场面

（郑志波 摄）

圆梦东莞 筑梦未来

2006年4月23日，“4·23”世界读书日系列活动——中国东莞启动仪式之诗书雅韵朗读会举行

2017年5月25日，进驻寮步镇香市一号物业小区的《东莞日报》阅报栏启用

（程永强 摄）

改革开放40年来，特别是升格地级市30年来，东莞经济、收入水准不断提升，经济发展实现“低通胀、适度快速增长”，居民收入水平大幅提高，人民生活进一步改善。

1996年，东莞市城镇居民人均可支配收入10824元，首次突破万元大关，比1985年的791元增加10033元，年均增速26.9%。2000年左右，东莞市经济继续保持平稳健康快速发展，各项社会事业全面进步，城镇就业形势保持稳定，人民生活水平继续提高。2004年，城镇居民人均可支配收入20526元，踏上2万元台阶，比1997年的11032元增加9494元，年均增速9.3%。

2005—2008年，东莞市人民生活持续改善。2008年，城镇居民人均可支配收入30275元，步入3万元行列，比2005年的22882元增加7393元，年均增速9.8%。

2009—2017年，东莞市城镇居民人均可支配收入稳定增长。2012年，城镇居民人均可支配收入42944元，站上4万元台阶。2017年，城镇居民人均可支配收入46739元。

2018年2月3日，桥头镇新春赏花行活动启动仪式举行。图为市民在油菜花景区游玩 （郑琳东 摄）

“共建外来员工温馨之家”活动在长安镇举行

2018年10月，国家统计局东莞调查队发布改革开放40年东莞市城镇居民收支情况报告。报告显示，人民生活水平实现从温饱向富裕小康的跃变。东莞市城镇居民人均可支配收入从1985年的791元增加至2017年的46739元，年均增长13.6%。东莞市城镇居民恩格尔系数进入富裕区间。（资料来源：《东莞日报》）

东莞市民艺术中心

宜居家园——图为东城街道迎宾路两侧风貌（王　鑫　摄）

1979年4月16日，泳乡——道滘镇群众在江河上游泳

1984年，东莞籍运动员曾国强、陈伟强在洛杉矶夺冠后凯旋，受到石龙镇市民夹道欢迎 （石龙镇供图）

运动之城　活力绽放

1986年，东莞市第一届运动会开幕 （体育局供图）

改革开放40年来，特别是升格地级市30年来，东莞作为改革开放的前沿地，体育事业在改革的大潮中获得多项荣誉：先后获“全国游泳之乡”“举重之乡”“龙舟之乡”“龙狮运动之乡”“斯诺克冠军的摇篮”“全国篮球城市”等荣誉；继新中国第一个打破世界纪录的运动员陈镜开后，先后孕育中国奥运会举重冠军曾国强、陈伟强，中国“桌球神童”丁俊晖，成就全国第一家民营篮球俱乐部——宏远男篮8次夺得全国篮球甲级联赛总冠军，东莞世纪城羽毛球俱乐部问鼎羽超联赛冠军。

东莞市在亚运会、省运会上表现出色。1982年，游泳运动员叶润成实现中国在亚运会游泳比赛中金牌零的突破。2018年雅加达亚运会，8名东莞健儿在各自比赛中全部夺冠，为中国贡献5枚金牌，其中黄文威、曾冰强、肖海亮夺得亚运会历史上首枚三人篮球项目金牌，为东莞市这座“全国篮球城市”再添殊荣。另外，2018年东莞体育代表团在广东省第十五届运动会上获99枚金牌、88枚银牌、84枚铜牌，代表团团体总分8069.05分，金牌总数居全省第三位，团体总分居全省第四位。

2012—2013赛季CBA总决赛，宏远男篮第八次夺得总冠军　　（东莞日报社供图）

2015年苏迪曼杯世界羽毛球混合团体锦标赛比赛现场
（张村城　摄）

国内外大型体育赛事举办。2014年起，东莞市成功承办“姚基金”篮球慈善赛、苏迪曼杯世界羽毛球混合团体锦标赛、亚洲马拉松锦标赛暨东莞国际马拉松、欧亚乒乓球明星对抗赛等高级别国际赛事，并启动篮球世界杯筹备工作。其中，世界羽联主席保罗·埃里克·霍耶用“无与伦比”来点赞莞版苏迪曼杯；第16届亚洲马拉松锦标赛暨2017东莞国际马拉松获评中国田径协会“金牌赛事”。

2017年11月26日，第16届亚洲马拉松锦标赛暨2017东莞国际马拉松比赛举行
（郑家雄　摄）

先进的体育设施建设。改革开放40年来，特别是升格地级市30年来，东莞市的体育场馆和体育设施在数量、质量上均取得质的飞越。根据第六次全国体育场地普查统计数据，截至2013年底，东莞市体育场地总数1.32万个。2018年，东莞市继续将体育设施升级改造纳入市政府十件民生实事，新建70个足球场、100条健身路径、升级改造40片篮球场，市体彩公益金投入1600多万元完善群众身边的体育设施。

在国家倡导全民健身的背景下，2018年，东莞市举办首届市民运动会，不断扩大全民健身覆盖面。篮球、羽毛球、足球、乒乓球、广场舞、跑步等体育运动深受市民喜爱，运动逐渐成为市民的生活方式。

（资料来源：《东莞日报》）

2018年12月23日，“莞邑春晓”2019东莞草坪新年音乐会在市中心广场东草坪举行

友善东莞 温暖城市

莞城街道“文化周末”晚会

改革开放40年来，特别是升格地级市30年来，东莞市开启关爱贫弱群体、关爱农民工、全民慈善、志愿服务、市外帮扶等行动。

老有所养，住有所居。2000年12月，东莞市在全国率先推行农（居）民基本养老保险制度。2014年4月，在雅园新村举行保障房抽签选房仪式。幼有所长，病有所医。2018年10月1日开始，非东莞市户籍学生可在莞参加医保，至此，医疗保险覆盖全体在莞就读的学生。越来越多的普通市民，加入志愿者队伍，截至2018年底，全市注册志愿者超98.34万人，志愿服务组织及团体8400多个；志愿者志愿服务时长超2113万小时，累计开展志愿活动数超13万个。在对口帮扶新疆、西藏，东西协作帮扶云南昭通，省内市内定点帮扶等，东莞市做足“造血文章”，让当地老百姓改善生活。东莞市的众多企业展现社会责任感，为有需要的人提供帮助，为营造共建共治共享的社会治理格局发挥力量。（资料来源：《东莞日报》）

2010年10月17日，第16届亚洲运动会火炬传递活动在东莞市举行，图为“农民马王”李振强骑马穿过迎恩门城楼 （张村城 摄）

2012年7月7日，外国友人跟着师傅学舞麒麟

文明引导 （罗智勇 摄）

2018年2月1日，东莞志愿者服务春运“暖冬行动”启动仪式在东莞东火车站广场举行 （郑志波 摄）

地区生产总值（亿元）

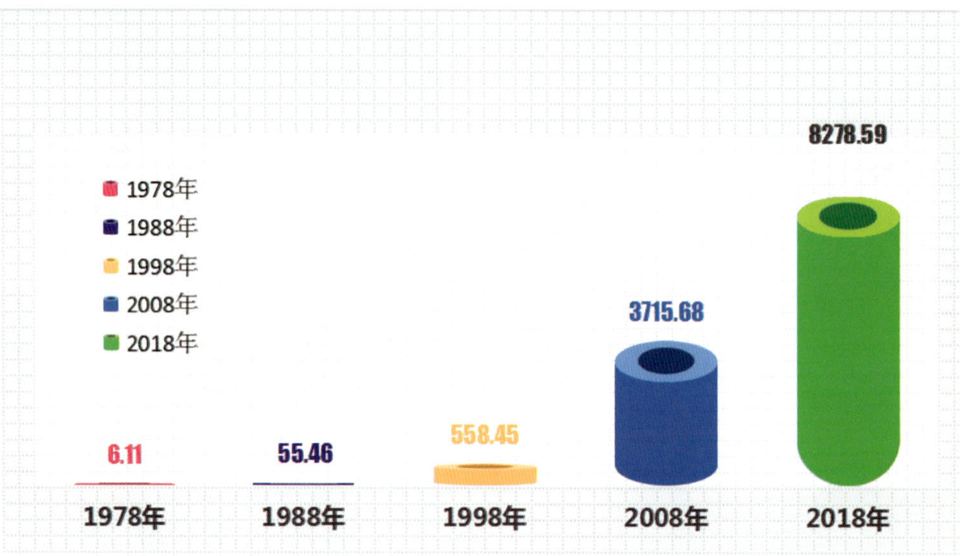

地区生产总值产业构成（%）

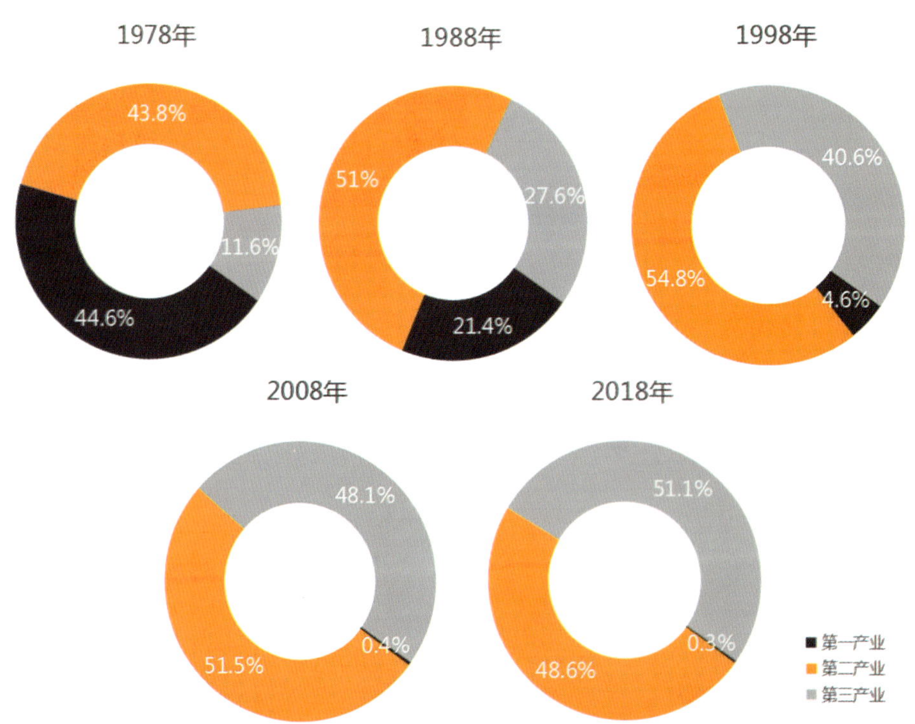

农林牧渔业总产值（亿元）

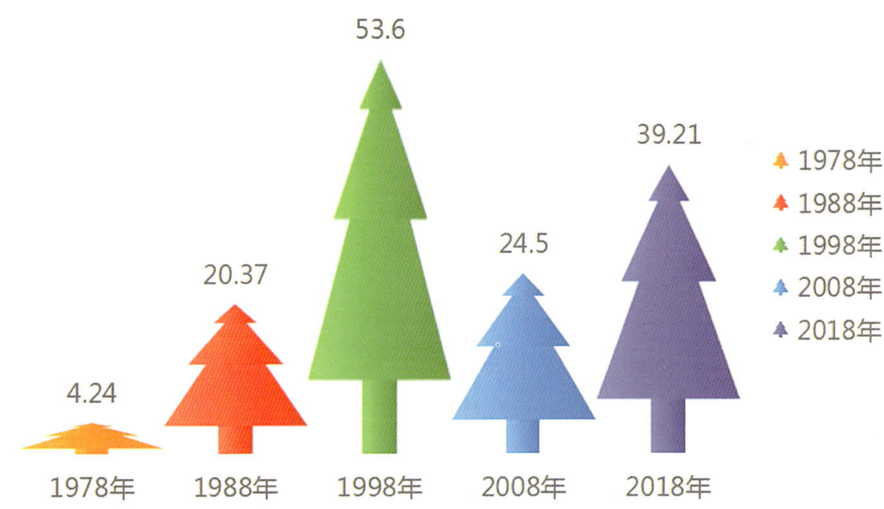

工业增加值及固定资产投资总额（亿元）

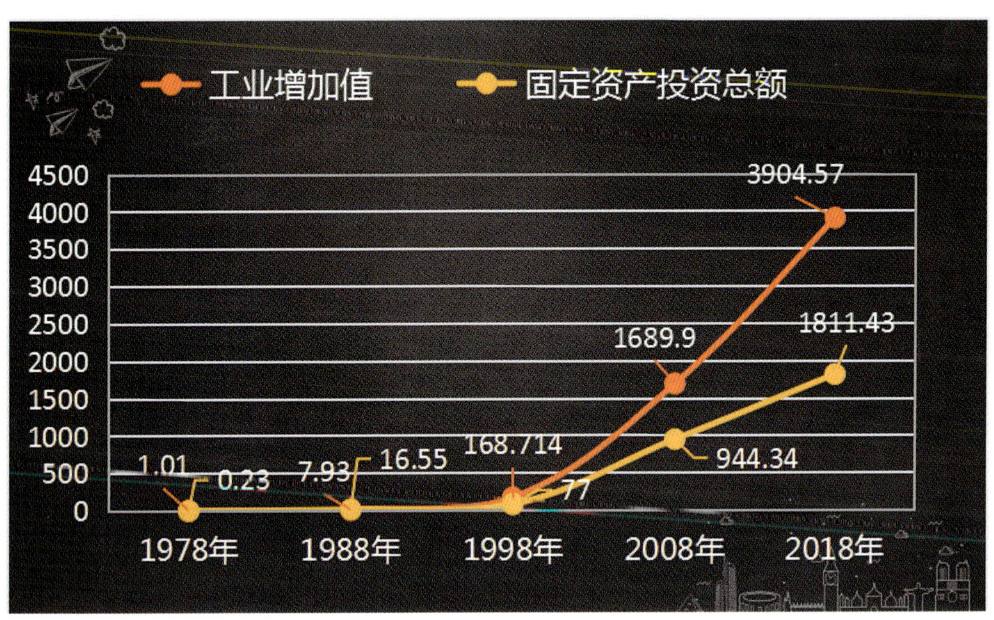

客运量（万人）、货运量（万吨）

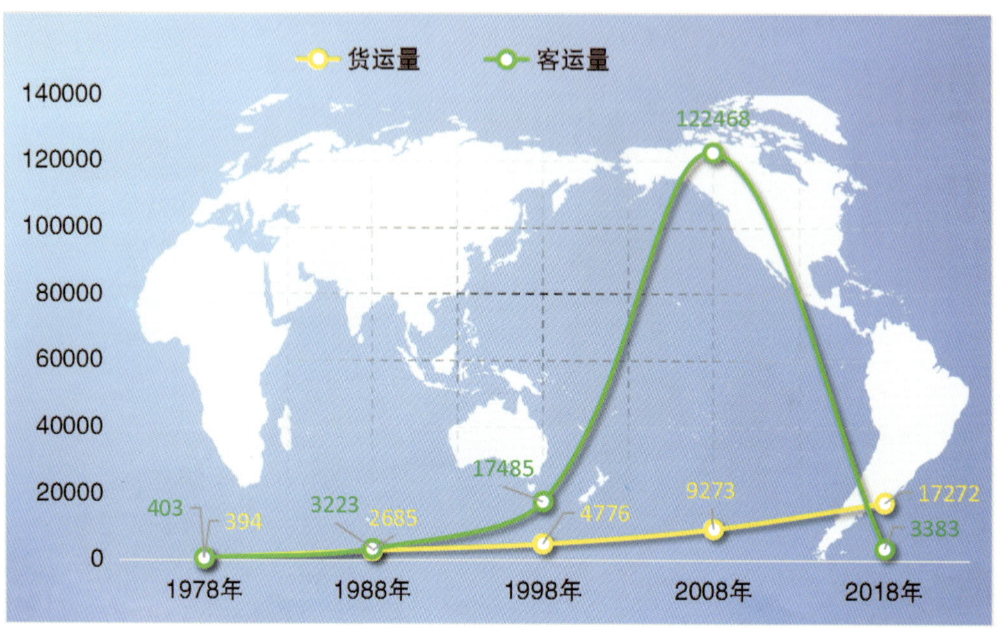

注：2014年起，客运量和旅客周转量不含城市客运量，数据与往年不可比。

公路通车里程（千米）

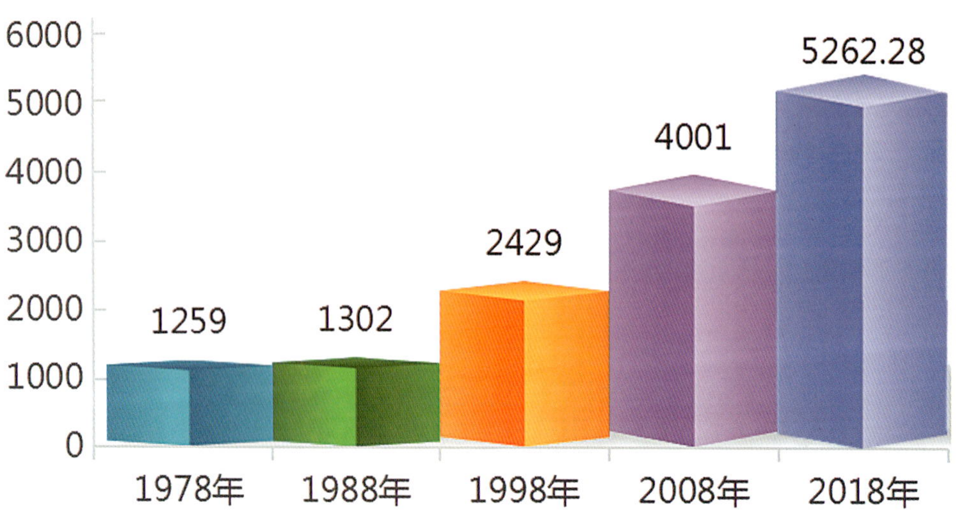

本地电话用户及移动电话用户（万户）

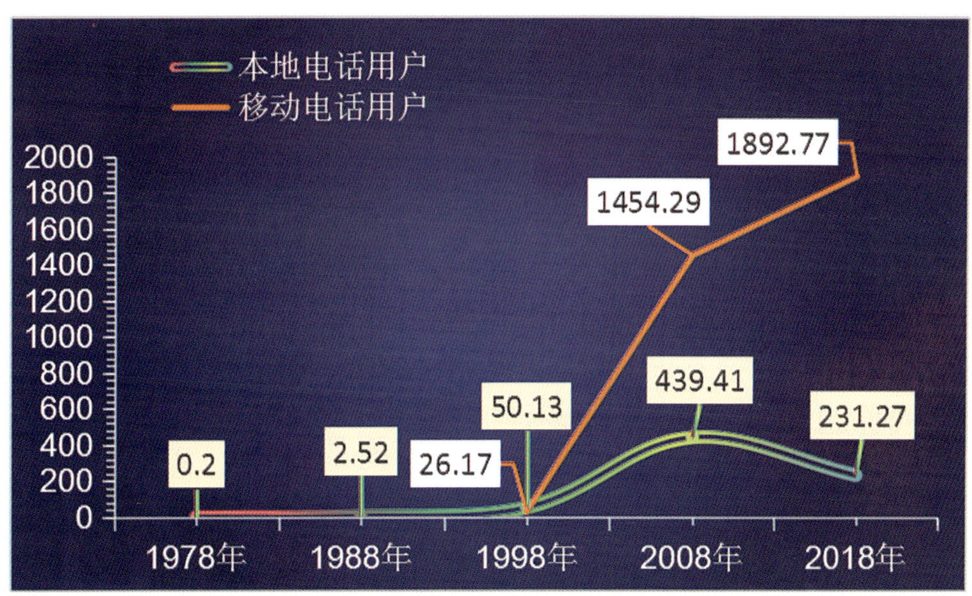

社会消费品零售总额（亿元）

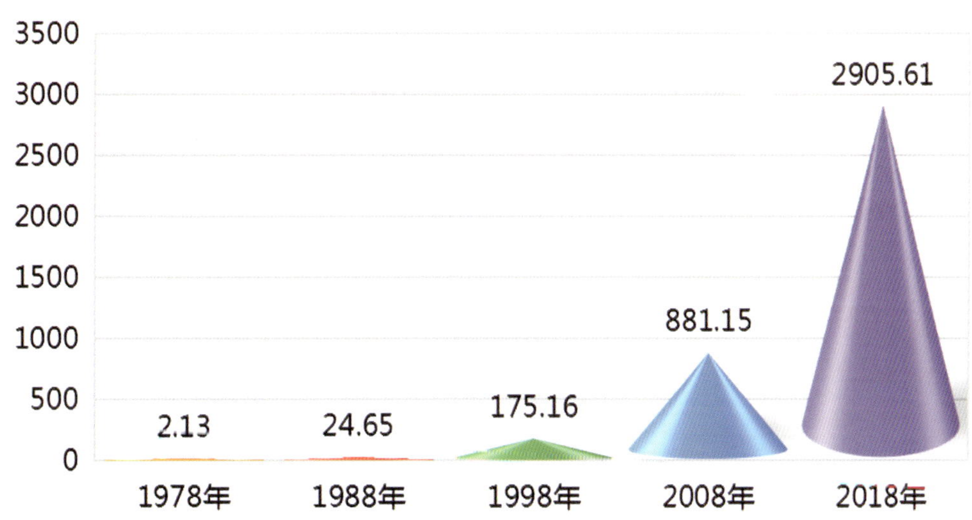

进出口总额（亿美元）

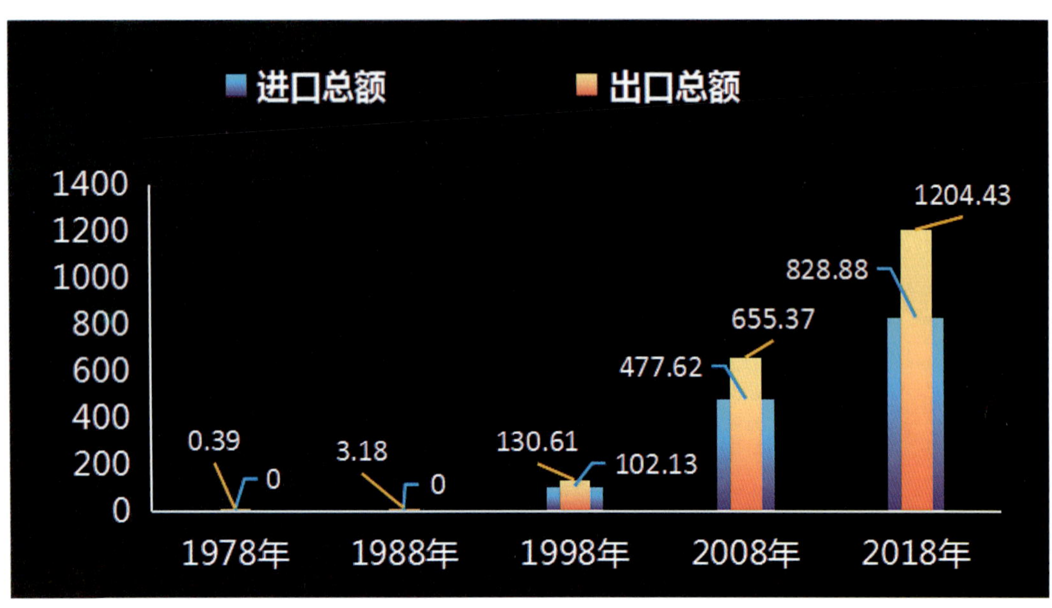

累计实际利用外资（亿美元）

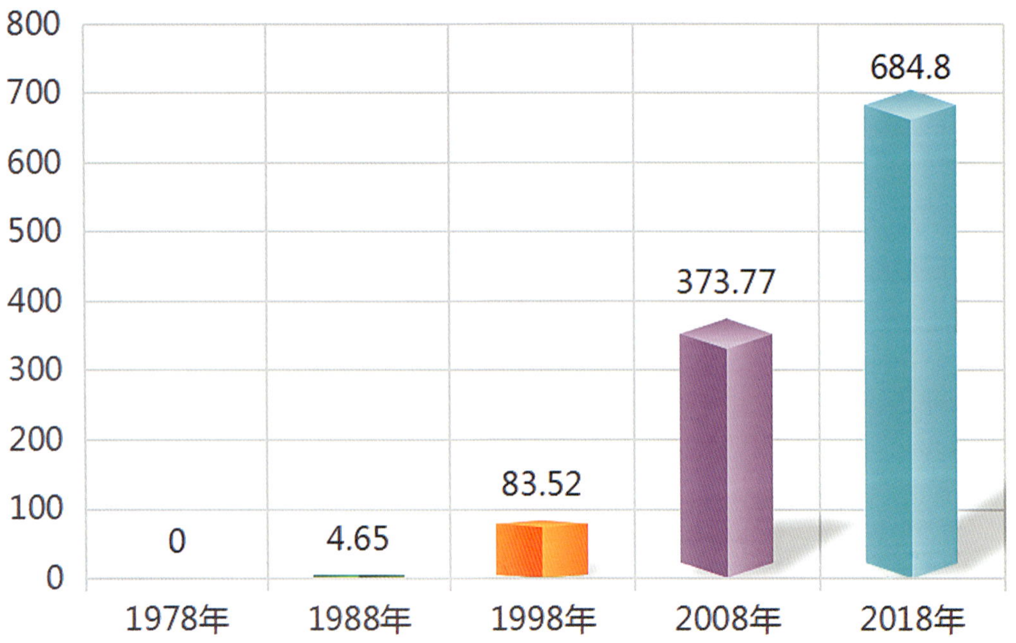

一般公共预算收入（亿元）

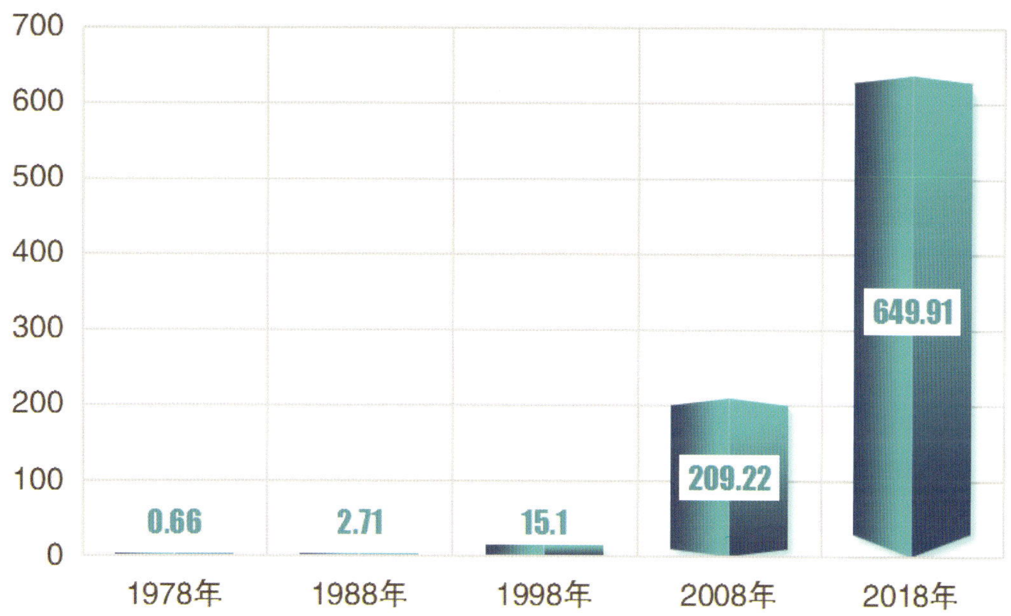

人民币存款余额及各项贷款余额（亿元）

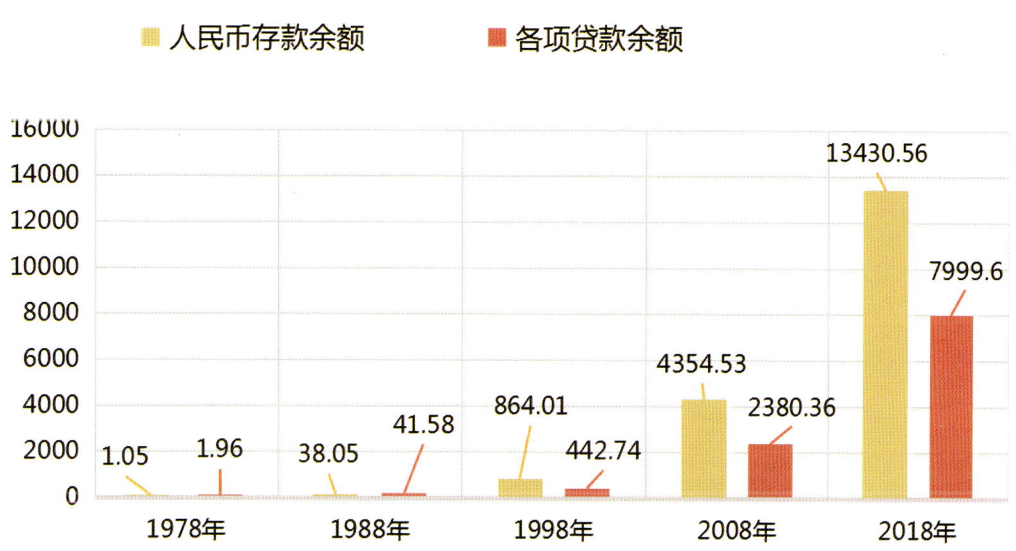

敢闯敢试 敢为人先

- 1978年8月，东莞开办全国第一家“三来一补”企业——太平手袋厂。
- 1978年9月，东莞成立来料加工装配办公室，在全国首创招商引资“一条龙”服务方式。
- 1984年1月，全国第一座由农民集资兴建的大桥——高埗大桥通车，开创全国“集资建桥、收费还贷”的模式。

东莞市中心广场 （南城街道供图）

东莞市中心区 （郑志波 摄）

编辑：李俊玉

东莞模式：中国改革开放一个精彩而生动的缩影

——改革开放40周年东莞市经济社会发展概述

改革开放40年来，东莞市探索出“东莞模式”，成为中国改革开放一个范本。东莞从1978年开办全国第一家“三来一补”企业，迈开改革开放的步伐，工业经济实现历史跨越，经济社会成功转型。

2016年以来，东莞市深入实施更高水平发展“十大行动计划”，推进重点企业规模与效益倍增计划、打造创新驱动发展升级版、构建开放型经济新体制、园区统筹组团发展、城市品质三年提升计划、水污染治理等重点工作，推动经济、政治、文化、社会、生态文明和党的建设协调发展，全市经济社会发展稳中有进、进中向优。亚洲马拉松锦标赛、中国城市规划年会、两岸青年就业创业研讨会、中国音乐学院全国考级大赛总决赛等活动开展，加博会、海丝博览会、台博会、漫博会、智博会、高层次人才活动周、国际科技合作周科创会等展会成果丰硕。首次获得综治工作最高荣誉“长安杯”，获得“宽带中国”示范城市最佳实践奖，成为全国第九个版权示范城市、中国十佳会展城市、国家森林城市、国家节能减排财政政策综合示范城市、国家公共文化服务体系示范区。东莞市充满活力的经济形象、生态宜居的城市形象、和谐友善的文明形象，得到进一步提升。

一、改革开放40年来东莞市经济发展历程

改革开放以来东莞市经历的发展历程大致可以划分为四个阶段：

1978—1985年，起步阶段。东莞县发展商品农

业，同时以“三来一补”为切入点发展外向型经济。1978年，创办全国第一家“三来一补”企业——东莞县太平手袋厂，从此拉开改革开放序幕。

1986—1995年，腾飞阶段。东莞市推进农村工业化和城乡一体化，大规模开展基础设施建设，外来投资增加，经济总量连续跃上几个台阶。1995年，全市进出口总额1285.31亿元，GDP总量296.29亿元，外向依存度433.8%，为历史最高值。

1996—2008年，提升阶段。东莞市促进经济从数量型向数量型与质量效益型相结合转变，从劳动密集型向劳动密集与资金技术密集型相结合转变，以信息技术产业为代表的现代制造业和高新技术产业快速发展，民营经济在与外资企业的协作配套中逐步成长。

2009—2018年，转型阶段。东莞市在国际金融危机冲击下，经济增速从两位数放慢到个位数，在2009年一季度出现负增长，随后逐步调整恢复。创新发展模式、环境和能力，加快推进经济社会双转型，抓住新一轮新兴产业发展机遇，以智能手机为代表的电子信息制造业逐步发展壮大，民营经济成长，支撑东莞市工业快速发展，经济逐步迈入平稳发展期。先进制造业、高技术制造业、民营经济等优势产业占比提升，结构改善。

二、改革开放40年东莞市经济社会发展成就

改革开放40年，东莞市经济总量稳步提速、经济实力不断增强。1978年，东莞是一个农业大县，全县有户籍人口111.23万人。工业基础薄弱，只有传统五金机械、烟花爆竹、草织、腊肠等加工厂，地区生产总值6.11亿元，财政收入0.66亿元。2018年，东莞市常住人口839.22万人，户籍人口231.59万人，经济总量8278.59亿元。东莞市实现农村工业化和城乡一体化，成为全国综合经济实力百强城市。

改革开放40年，东莞市对全省、全国的贡献突出。40年来，东莞市经济快速发展，以全国0.03%的土地和全国0.6%的常住人口，创造出全国0.9%的GDP，贡献全国1.6%的税收，吸纳全国0.9%的就业人口，创造全国4.6%的外汇收入，储蓄全国0.7%的存款，全国所有指标权重贡献均分别超过占地面积20倍。

2017年，东莞市实现税收总额突破2000亿元，成为全国第二个国税收入超千亿元地级市。2018年，全市税收总额2263.69亿元。

镇域经济实力更加雄厚。40年来，东莞市镇街经济快速发展，实力更加雄厚。2018年，全市32个镇街经济规模均超过70亿元，平均规模超200亿元。经济总量500亿元以上的镇街有虎门、东城和长安3个，400~500亿元的镇街有厚街、塘厦和南城3个，300~400亿元的镇街有大朗、常平2个，200~300亿元的镇街有凤岗、寮步、清溪、大岭山、麻涌5个，100~200亿元的镇街有15个，100亿元以下的镇街有4个。

改革开放40年，东莞市经济产业结构发生深刻变革。产业结构优化，所有制结构从单一向多元化发展。由以第一产业为主的传统模式向以第三产业为主、二三产业协调发展的模式转变，建立起适应现代社会生产力发展的产业结构体系。1978年三大产业比例为44.6：43.8：11.6，2018年三次产业比例为0.3：48.6：51.1，服务业成为全市第一大产业，东莞市经济迈入现代产业门槛。商贸、住宿餐饮、交通运输等生产性服务业不断壮大，现代金融、文化创意、会展经济等新兴服务业竞相发展，逐步形成以金融业、房地产业、信息服务业、科技服务业等现代服务业为主的发展模式，服务业结构进一步优化。2018年现代服务业增加值2561亿元，现代服务业带动效应明显。

改革开放40年，东莞市由鱼米之乡发展为现代制造业名城。1978年，东莞县引进全国第一家“三来一补”企业——东莞县太平手袋厂，在全国率先设立对外加工装配办公室，接纳来自中国香港乃至亚太地区的经济辐射和产业转移，发展“三来一补”业务，逐步确立以工业立市的目标。2018年，全市规模以上工业增加值3904.57亿元。40年来，东莞市实现由传统农业向现代工业转变，通过实施“东莞制造2025战略”、“机器换人”、全面推进智能制造等措施，形成以电子信息制造业为支柱，以出口为主的工业经济结构体系，成为国内智能手机及移动终端的重要生产基地，全市智能手机出货总量约占全球的1/5。截至2018年底，东莞市智能手机产业链趋于完整，产业配套能力和龙头自主品牌实力不断增强，产业发展环境日益优化。现代制造业蓬勃发展，达到从量变到质变的转变。主营业务收入1000亿元企业实现零的突破，东莞企业做大做强，“星月同辉”的格局逐步形成。

改革开放40年，东莞市城市面貌发生翻天覆地变化。东莞市坚持高起点规划、高标准建设、高效能管理。截至2018年底，虎门高铁站、东莞新火车站、地铁2号线、莞惠城际轨道常平至惠州段、沿江高速、博深高速等交通基础设施建成，市篮球中心、市民艺术中心、市文化馆、植物园等公共服务设施投入使用。2018年，全市固定资产投资1811.43亿元。全市公路通车总里程5262.28千米，公路密度213.91千米/百平方千米。城市供水、供气等公益设施日臻完善，城市整体功能不断增强。截至2018年底，全市公交线路452条，公交运营车辆5830辆。全市固定电话用户231.27万户，移动电话用户1892.77万户，互联网用户187.64万户。

改革开放40年，东莞市消费品市场走向成熟、商贸流通逐步畅旺。改革开放初期，市场商品凭票供应，消费品市场以公有制经济为主。1978年，全县社会消费品零售总额2.13亿元。经过40年发展，东莞市消费品市场形成民营经济为主体，国有经济、外商及中国港澳台投资经济并存的共同发展局面。2018年，全市社会消费品零售总额2905.61亿元。商品供应丰富，新型业态崛起，消费结构不断优化，建成天虹商场、星河城、万达广场、民盈国贸城等城市商贸综合体，提升城市商业水准。东莞市被称为“便利店之都”，美宜佳、天福、上好等全国知名连锁便利店品牌均诞生于东莞。全市每1012人就拥有一间便利店，全国排名第一。东莞市是全国星级饭店最密集的城市之一，截至2018年底，全市拥有31家星级酒店，其中五星级酒店14家。会展业竞争力强，是“中国最具竞争力会展城市”。加博会、海丝博览会、台博会、漫博会、智博会、高层次人才活动周、国际科技合作周科创会等重要展会每年都在东莞市轮番上演，平均每6天就有一个成规模的展会。

新兴业态蓬勃发展，汽车保有量创新高。2018年，东莞市电子商务交易额4801亿元，比上年增长14.3%。快递业务量13.39亿件，快递业务收入166.9亿元，全市国际小包出口业务量7652万件。东莞市汽车保有量294.69万辆。

改革开放40年，东莞市对外开放不断突破。1978年，东莞县利用地理优势和政策优势，以“三来一补”为突破口，加强经济技术交流与合作。40年来，东莞市利用外资规模不断扩大，对外贸易水平不断提高，形成全方位、多层次、多形式的对外开放格局。1979年，东莞县签订来料加工项目140个，实际利用外资173万美元。2018年，全市合同外资金额23.83亿美元，实际利用外资13.61亿美元。对外开放扩张量的同时，着重引进技术含量高的项目，投资规模不断扩大，从劳动密集型向资本密集型和技术密集型转移，不少设备和产品达到世界先进水平，在国内外市场有较强的竞争力。世界500强外资企业中有86家在东莞市投资办厂，如沃尔玛、麦德龙、雀巢、日立、三星、可口可乐、杜邦、三菱、三洋、飞利浦等国际性大公司在东莞市投资办厂或进行技术合作。

对外贸易总值居全国前列。改革开放之前，东莞市出口商品以烟花爆竹为主，其次是水草（草织品）、干鲜果菜、活猪、牛、禽、蛋品、大米、竹木制品、荔枝干、腊味等农副土特产品。1978年，全县外贸出口总额3938万美元。1979年以后，东莞县逐步扩大和发展与中国香港、中国台湾、日本和欧美等地区的贸易关系。截至2018年底，与东莞市通商的贸易伙伴超过200个，实现进出口总值1.34万亿元。全市贸易方式发生变化，贸易主体不断多样化。2018年，全市加工贸易进出口5546.37亿元，其中加工贸易出口

东莞大道 （胡克嘉 摄）

3571.3亿元。一般贸易出口4094.57亿元，机电产品出口6008.98亿元，高技术产品出口3440.34亿元。

改革开放40年，东莞市不断创新推动高质量发展。2018年，东莞市专利申请量9.7万件，授权量6.6万件。东莞市推进科技进步，完善科技创新体系，运用高新技术改造提升传统产业，打造松山湖产业园区成为“中国最具发展潜力的高新技术产业开发区”，高新技术产业发展较快。2018年，东莞市拥有高新技术企业约5800家，新型研发机构58个；科技企业孵化载体111个。高新技术产品主要集中在电子信息技术、生物技术、新材料技术、光机电一体化技术以及新能源高效节能技术等技术领域。

改革开放40年，东莞市各项改革全面推进。商事改革、财税改革、农村税费改革、劳动和社会保障制度改革、政府机构改革等稳步实施。截至2018年底，全市工商登记注册户数114.68万户。民营经济逐步向科技化、外向化、集团化、品牌化方向发展，民营企业逐步成长为拉动经济增长的生力军。创建松山湖工业园区、虎门港、东部工业园和东莞生态园，开展全方位、多层次、宽领域招商引资活动，促进利用外资水平提高、经济结构调整、科技水平发展。

改革开放40年，东莞市人民生活水平和质量提高。1978年，全县城乡居民储蓄存款余额0.54亿元，农民人均纯收入149元。40年来，人民生活水平和生活条件发生较大变化，东莞市居民家庭生活水平经历从摆脱贫困—解决温饱—奔向小康—迈向富足的过程，消费支出投向趋势经历从奢望—拥有—饱和—富有选择性的进程。居民收入稳步增长，2018年全市居民人均可支配收入4.9万元。

2018年，东莞市城镇常住居民人均可支配收入5.07万元，城镇常住居民人均生活消费支出3.37万元。舒适、发展型消费成为主流。

农民收入不断增加，城乡收入差距进一步缩小。2018年，东莞市农村常住居民人均可支配收入3.23万元。改革开放以来，农民收入结构变化明显，以农业收入为主的单一结构成为历史，收入多元化格局逐步形成。农村居民收入快速增加，生活质量随之提高，消费结构不断优化。

改革开放40年，东莞市社会各项事业和谐发展。40年来，东莞市先后确立图书馆之城、博物馆之城、广场文化之城、音乐剧之都建设目标，构建公共文化服务设施，形成市、镇、村三级文化设施网络体系。投资逾15亿元打造市级文化设施，建成玉兰大剧院、东莞图书馆、科学技术博物馆、东莞展览馆、群众艺术馆、青少年活动中心、工人文化宫等先进文化场馆，其中东莞图书馆建筑面积4.5万平方米，规模在全国公共图书馆中名列前茅。1978—2018年，公共图书馆由1个增加到607个，博物馆由2个增加到48个。新闻出版和广播电影电视事业取得新成就，2018年，发行报纸7157.47万份，公共广播节目42套，公共电视节目40套；电影放映161万场次，观众2400万人次，观影成为东莞市民群众休闲方式。全市有各类体育运动场地1.54万个（座），其中体育场570个，体育馆181座，灯光篮球场5705个，健身路径1464条，室外羽毛球场1419个。广东宏远篮球俱乐部10年夺得8次CBA联赛总冠军，擦亮东莞“篮球城市”名片。

素质教育全面提升，教育水平稳步提高。2018年全市有小学328所，普通初中198所，普通高中42所，中等职业教育学校28所，普通高等院校9所。普及九年制义务教育，免除东莞户籍义务教育阶段学生学杂费。户籍小学学龄儿童入学率和小学毕业生升学率均达100%。普通高中教育持续提高。2018年，东莞市初中毕业生升学率98.41%。获得“广东省教育强市”称号，2015年被评为教育现代化先进市，实现广东省教育强镇全覆盖。

医疗服务水平不断提高。2018年，全市有医疗机构2681个，三级甲等医院6所，门诊部、诊所、医务室、卫生站、社区卫生服务机构等基层医疗机构2576个。拥有卫生技术人员5.43万人。疾病预防控制工作持续发展，全面开展以预防控制传染病为重点的卫生防疫工作，强化计划免疫和预防接种工作，法定传染病得到有效控制，急性传染病发病率和死亡率下降，突发公共卫生事件应急能力提高。1953年以来无鼠间鼠疫和人间鼠疫疫情发生；1994年以来维持无脊灰状态；2001年消灭丝虫病，霍乱、痢疾、伤寒、感染性腹泻等肠道传染病，麻疹、百日咳、脊髓灰质炎、乙型脑炎等计划免疫疾病大幅减少；连续9年无在莞感染疟疾病例，达到消除疟疾标准。（资料源自《改革开放40周年东莞系列课题研究报告》）

从农业大县到“世界工厂”

——改革开放40周年东莞市工业发展概述

改革开放40年来，东莞市充分利用毗邻港澳的地理优势，主动承接港澳台地区产业转移，以“三来一补”为突破口，发展外向型经济，以加工贸易为切入点参与国际分工，形成外源型经济发展模式，并快速成为国际性加工制造业基地。在金融危机来临时，东莞市通过快速转换经济发展方式，以内源型经济为带动，实现产业转型升级。东莞市工业经济在40年来，呈跨越式发展，从而实现从农业县发展为现代工业城市，成为举世瞩目的国际制造业名城，号称“世界工厂”。

一、不平凡的40年风雨历程

改革开放以来，东莞从一个传统农业县，变成一个全国乃至全世界知名的工业大市、制造业名城，这是一个令人惊叹的奇迹。

1978年，在自有工业基础十分薄弱的情况下，东莞县抓住国际制造业产业转移的历史契机，通过大量引进外商投资，逐步走出一条具有东莞特色的外源型经济发展道路。改革开放40年，东莞市工业经历从传统农业走向农村工业化的起步阶段，大力发展外源型经济、打造加工制造业基地的成长阶段，扩大发展规模、打造主导产业、延伸产业链条的腾飞阶段。截至2018年底，东莞市正进入从资源主导型经济转向创新主导型经济、初级城市化社会转向高级城市化社会的转型阶段，通过科技创新推动产业升级，实现工业的可持续发展。东莞市工业发展史大概可以分为以下几个阶段：

起步阶段（1978—1993年）。1978年，中国第一家来料加工厂——太平手袋厂在虎门成立，标志着东莞县外向型经济起步。通过“三来一补”方式完成原始资本积累，并吸收国外的技术、管理和销售经验，大力发展商品农业，同时以“三来一补”为切入点发展外向型经济。1984年，东莞县实施“向农村工业化进军”的发展战略，使外资快速进入，开始从农业社会向工业社会跨越。全力发展能源、交通、通信等基础设施，兴建标准厂房及配套设施，利用外资方式从“三来一补”发展到“三来一补”与“三资”并举，形成纺织、服装、电子、食品、机械等行业的外资企业群体，各类利用外资企业遍布城乡。到1993年，东莞市实际利用外资累计达10.49亿美元。在外源型经济的带动下，东莞市工业化进程迅速推进，工业企业单位数由1978年的1290家增加到1993年的1.24万家，工业总产值由1978年的4.2亿元增加到1993年的267.67亿元。

太平手袋厂生产车间

成长阶段（1994—2000年）。1994年，东莞市实现农村工业化，投资环境日趋完善，引进外资质量提高，工业结构得以优化，从劳动密集型向劳动密集与资金技术密集型相结合转变；新兴产业比重不断上升，以IT（电子信息）产业为代表的现代制造业和高新技术产业迅猛发展，民营经济在与外资企业的协作配套中逐步成长；传统产业比重相应下降，形成门类比较齐全的工业体系。在工业化期间，纺织业、食品制造业、工艺美术品制造业、电力等能源工业、电子通信设备制造业和电气机械及器材制造业先后占据主导地位。即支柱产业从前期的生活资料工业（属轻工业），中期的能源工业，转变为后期的生产资料工业（属重工业），东莞市工业呈现重工业化倾向。到2000年，全市工业企业数增加到1.7万家，工业总产值1519.79亿元。此时，东莞市经济结构已经发生根本性变化，生产总值中农业比重下降到3.2%，工业比重达到52.5%，工业经济成为国民经济重心。而“第二次工业革命”带动东莞市加工制造业蓬勃发展，尤其是IT制造业，世界95%的IT配套产品都可以在东莞市配齐，“东莞制造”响誉全球，标志着一个国际性加工制造基地诞生。

腾飞阶段（2001—2008年）。进入21世纪，东莞市工业由粗放式增长向集约式增长转变，进入转型阶段，产业结构由传统产业向新兴产业升级，由产业链低端向中高端升级，逐渐形成以电子信息制造业为龙头的比较完整、门类齐全的工业体系。以通信设备、计算机及其他电子设备制造业为代表的一批技术密集型的高附加值的行业渐成为龙头产业。东莞市工业大力创新发展模式、创新发展环境、创新发展能力。2008年，全市规模以上工业企业5954家，比2000年增长2.6倍，完成工业增加值1689.9亿元，比2000年增长5.5倍。

转型阶段（2009年起）。经历金融危机洗礼，东莞市开始谋划产业突破，先后发布推动产业转型升级的“21条”和“新21条”政策，指导产业结构调整，加快由市场调节的“无为而治”向“市场政府双管齐下”转变。2009—2012年，东莞市规模以上工业增加值增速分别为-6.4%、19.0%、7.5%和5.6%，工业经济止住跌势并企稳回升，转型升级取得突出成效。在经过机器换人、智能制造设备更新、互联网渗透工业流程、商事制度改革激发创新热情，东莞市工业逐渐从低端向中高端转变。

长盈精密技术有限公司自动化生产车间　（郑琳东　摄）

2013—2018年，东莞市坚持稳中求进、工业经济提质提速，规模以上工业增加值增速分别为11.3%、8.8%、5.3%、7.0%、10.0%和6.4%，发展动能增强。东莞市主动适应经济发展新常态、推动高水平崛起、综合实力稳步提升，同时打造创新型经济、转型升级步伐加快、发展质量效益提高。2018年，全市规模以上工业增加值3904.57亿元，其中规模以上先进制造业增加值2043.77亿元，比上年增长8.6%；高技术制造业增加值1520.62亿元，增长11.0%。现代制造体系基本形成。

二、耀眼的40年发展轨迹

改革开放初期，东莞作为农业县，以大胆创新的发展思路引进中国首家对外来料加工企业，创造出"三来一补"的发展模式。正是这种模式创新，让"两头在外、大进大出"的外向型发展模式一度成为中国沿海地区经济发展的基本模式。40年来，东莞市抓住国际产业转移机遇，从一个农业大县一举跃升为国际闻名的制造业基地。经过多年产业结构调整和转型升级，智能手机产业成为东莞市最重要、最具代表性的产业。截至2018年底，全球知名的华为、OPPO、vivo等大牌手机均产自东莞市。此外，东莞市还拥有宇龙、金铭、金卓等国内知名品牌企业，华贝电子、航天电子等大型整机代工企业，以及三星视界、迈科、海科泰、劲胜精密等一批配套企业。"品牌+代工+配套"的产业生态模式日趋成熟，产业发展环境日益优化，自主创新研发能力显著增强。

（一）工业趋于适度重型化

改革开放初期，东莞县的传统工业以食品加工、烟花爆竹、建筑材料、纺织服装等轻工业为主。1978年，在工业总产值中，轻工业占75%，重工业占25%；到2018年，轻工业约占三成，重工业约占七成。40年来，东莞市工业结构逐渐趋于重型化，并且逐步加快，基本符合工业化过程轻重工业发展的一般规律，与工业化优先发展重工业的要求相吻合，为下一步发展高附加值的重型工业奠定基础。

（二）支柱产业的主导地位凸现

改革开放40年，随着改革开放不断深入，以及工业行业结构不断调整，东莞市逐步形成电子信息制造业，电气机械及设备制造业，纺织服装鞋帽制造业，食品饮料加工制造业，造纸及纸制品业等五大支柱产业。2018年，规模以上五大支柱产业完成工业增加值2706.73亿元。

（三）所有制结构实现转变

1978年，东莞县工业以国有工业和集体工业为主。改革开放以来，随着思想认识和经济体制转变，东莞市工业所有制结构发生深刻变化，逐渐形成以中国港澳台商、及外商投资为重点的，多种经济成分共同发展的多元化格局。在2008年金融危机后，民营企业实力不断增强，东莞市以外源型经济为主的格局逐步向内外源型经济同步发展的格局转变。到2018年，在规模以上工业增加值中，国有集体经济比重最小，民营经济和外资经济比重相当。

（四）现代制造业发展迅猛

2014年起，东莞市大力发展先进制造业和高技术制造业，巩固提高电子信息、电气机械等优势支柱产业，发展数字通信、电子材料、新型显示器件及消费电子产业，不断优化产业结构。2018年，先进制造业实现增加值2043.77亿元；高技术制造业实现增加值1520.62亿元。先进制造业和高技术制造业的发展快于全市规模以上工业平均水平，比重不断加大，转型升级初见成效。

（五）行业门类较齐全

改革开放40年，东莞市工业形成比较完整、门类齐全的工业体系。在41个工业大类中，除部分自然资源开采业和烟草加工业外，其他34个行业都有涉及，工业行业分布相当广泛。其中以计算机、通信和其他电子设备制造业为代表的一批技术密集型的高附加值的行业成为龙头产业，成为拉动工业快速增长新的增长点。（资料源自《改革开放40周年东莞系列课题研究报告》）

从农业县到“国际制造名城，现代生态都市”

——改革开放40周年东莞市基础设施建设概述

改革开放前，东莞是一个农业经济占据主要地位的农业县，经济基础相对薄弱，社会投资和城市建设发展缓慢。改革开放40年来，东莞市创造一个个经济奇迹。从引进外资到内资为主、从加工贸易到一般贸易、从基础设施到软环境建设、从经济发展到社会和谐，东莞市在许多方面都走在全国城市发展的前列。2018年投资规模1811.43亿元，是1978年的7875倍。

一、改革开放以来东莞市固定资产投资成绩斐然

改革开放40年来，东莞市坚持以经济建设为中心、以改革开放为动力、以重大项目建设为抓手，推动固定资产投资规模不断扩大、投资结构不断优化、投资质量不断提高、投资环境不断改善。

（一）投资规模不断扩大，投资结构持续优化

改革开放40年，东莞市固定资产投资支撑经济向更高质量发展。1978年，东莞县固定资产投资仅0.23亿元，到2018年全市固定资产投资1811.43亿元。从投资结构上看，1978年，全县投资主要集中在化学工业和农、林、水利、气象等一、二产业，几乎没有第三产业投资。经过40年改革开放，东莞市第三产业蓬勃发展，成为支柱产业，第三产业投资规模不断扩大，投资结构持续优化。2017年，东莞市第三产业投资首次突破1000亿元，占全市全社会投资比重62.2%，第三产业投资在全市固定资产投资中占据最大席位。2018年，东莞市第三产业投资1201.14亿元，比上年增长12.8%。

（二）民间投资发展欣欣向荣，激发投资新活力

改革开放前，东莞县绝大部分投资由全民所有制和集体所有制单位完成，民间投资力量相对薄弱。改革开放后，东莞市主动放宽民间资本市场准入，不断加强和改善政府服务，推动民间资本进入实体经济、公共服务等更多领域。相继出台《进一步促进民营经济发展的若干意见》《实施民营企业经营管理者“111工程”的意见》等政策文件，实行投资项目准入负面清单管理模式，深入推进商事登记制度改革，实施重点企业规模与效益“倍增计划”，大力实施城市品质提升三年行动计划，推广PPP、BOT等合作模式，推动教育医疗等领域的民间投资，有效激发民间投资潜力和活力。2006—2018年，东莞市民间投资累计完成9028.13亿元，其中2016年首次突破1000亿元，占全市固定资产投资比重从2006年的34.2%提升至2012年的56.4%，之后比重一直保持50%以上，2018年达到64%。民间投资逐步占据主导地位，为东莞市民营企业发展拓宽空间，有效促进经济持续健康发展。

二、改革开放以来东莞市基础设施建设在国民经济和社会发展中发挥重要作用

改革开放前，东莞县经济基础较为薄弱，基础设施建设发展缓慢。改革开放后，东莞市确立以城市总体规划为龙头、基础设施建设为先导、旧城改造与新区开放并举的城建策略，提出以提升基础设施服务保障能力为导向，统筹推进交通、水利、信息、电力等重大基础设施建设，形成便捷、高效、安全的基础设施网络。通过40年大规模投资建设，东莞市基础设施服务水平大幅度提高，城乡面貌极大改善，人民生活质量显著提高，经济运行基础更加牢固，经济发展潜力不断增强。

（一）交通建设突飞猛进，城市公共交通翻开新篇章

改革开放以来，东莞市坚持以基础设施提升区域优势，进一步加快道路交通等基础设施建设，推进全市综合交通运输体系建设，区域枢纽地位不断提升。

轨道时代开启新纪元。东莞市全面推动轨道交通系统建设，伴随着穗莞深城际和佛莞城际铁路动工、虎门高铁站建成通车、东莞市轨道交通2号线（东莞火车站至虎门火车站）和莞惠城际铁路通车，东莞市实现高铁、城际铁路、地铁三大轨道网络零的突破，步入高铁时代。

公路网络持续优化升级。改革开放后，东莞市着力推进高快速公路建设和主干公路，镇际、村际联

网路改造，交通基础设施建设飞跃发展。2018年，公路通车里程5262.28千米，密度213.91千米/百平方千米，公路密度居全省第一位。其中高速公路建设作为重点建设之一，相继建成广深沿江高速、博深高速东莞段和常虎高速虎门港支线一期以及从莞高速；高快速路13条386.61千米，较十年前翻近一番，东莞市“五纵四横六连”高速公路骨架网络基本构建完成。东莞市着力整体路网优化升级、加快主干公路和农村公路改造升级，加强道路养护和重要节点整治，改善路容路貌，提高公路通行能力和安全系数。

港口航运跨越式提升。东莞市充分发挥紧靠货源腹地优势，加快港口建设，推动航道改造升级，完善集疏运体系，全面提升港口航运运行效率，进一步推动临港产业集聚发展以及珠三角新兴物流城市建设。随着东江下游航道整治工程开展以及虎门港支线、疏港大道等道路建成通车，东莞市港口航道优化升级和集疏运体系不断完善，东莞港整体集疏运效率得到进一步提升。2013年，东莞港成为广东省继广州港、深圳港、湛江港之后，第四个跨入亿吨大港行列的新星。2018年，全市港口货物吞吐量1.64亿吨。

（二）水利建设投资不断加强，推动水生态文明建设

供水保障能力稳步提升。东莞市推进“放心水”工程建设，优化水资源配置，加强水质管理。2015年，东江与水库联网供水水源一期工程通水，实现多水源互通互济和联合调度；启动石马河河口东江水源保护一期工程，推进水厂升级整合、管网更新改造；编制出台《东莞市生活饮用水二次供水管理办法》《东莞市城市供水管理办法》等规章，完成全市二次供水设施普查及供水管网普查工作。

防洪排涝系统不断完善。“十二五”期间，东莞市四批次513宗城乡水利防灾减灾工程完工投入使用463宗，全市主要江河防洪减灾体系基本形成；市区一、二、三期内涝整治工程完成。提升排涝应急管理水平，进一步提升东莞市应对内涝突发事件指挥协调能力和实际处置能力。

水污染治理常抓不懈。2015年，东莞市制定《加快推进全市水污染治理工作（2015—2017年）行动计划》。2017年，全市新建截污次支管网767.81千米，是2011—2016年建成总数的1.5倍。2018年，新建截污管网1525千米，通水1427千米。完成102条污染河涌整治，推进6家污水厂新建扩建、35家提标改造。开展河湖管护三大专项行动，全面铺开入河、入海排污口整治。清理整治砂场182个。茅洲河、石马河流域水质好转，综合污染指数分别下降55.5%和19.7%。

（三）信息化建设快速发展，城市现代化建设不

东莞市中心区夜景　（姚泽林　摄）

断推进

东莞市坚持把信息化建设作为推动城市现代化建设重要战略举措，大力推进全市经济社会各领域信息化建设，发布《东莞市2004—2010年国民经济和社会发展信息化规划》以及《东莞市国民经济和社会信息化规划（2012—2020年）》，信息化基础设施整体能力不断完善和提升。进一步发挥信息化的支撑和带动作用，推进信息化与经济发展、社会进步、城市管理深度融合，带动战略性新兴产业发展，提升城市综合水平和竞争力。

2015年，东莞市在广东省率先进行全市范围光纤宽带改造，至2017年，全市电信网络实现100%光纤到小区，行政村100%光纤到村，广播电视网络实现100%光纤到楼，基本实现城乡100%光纤覆盖，宽带传输网络建设保持全省领先地位。无线信号覆盖全部市区、郊区、乡镇中心、重要交通干道及重要旅游风景区，4G网络覆盖率100%。

（四）启动电网升级行动，助力打造国际制造中心

2014年起，东莞市在广东省率先启动实施电网规划建设“大会战”，加快电网建设步伐。全市电网运行更安全可靠，输电能力明显增强，变电站布局更趋合理，电网供电能力和安全运行水平大幅提高。解决21条线路电力供应不畅问题，电网满载过载、电网风险不断减少，为轨道交通2号线、莞惠城轨松山湖牵引站、国贸中心、华为终端总部、中集集团、中国电子产业园、东城万达等一批重大项目提供可靠供电保障。2017年，东莞市启动“电网升级行动”，印发《东莞市电网升级行动计划（2017—2020年）实施方案》。2018年，完成电网投资30亿元。（资料源自《改革开放40周年东莞系列课题研究报告》）

从单一型消费模式到多元化消费结构

——改革开放40周年东莞市消费品市场发展概述

改革开放40年来，东莞市消费品市场快速发展，改变计划经济下流通单一、商品短缺的局面，实现流通方式的转变，市场经营多元化，商品供应丰富，多业态并存，新型业态崛起。全市消费品市场规模进一步扩大，消费结构不断优化，对国民经济贡献不断增

东莞民盈国贸中心　　（程永强　摄）

强，2018年规模达到2905.61亿元。

一、消费品市场40年发展历程

1978年，改革开放起步阶段，东莞县消费品市场以公有制经济为主，商品既定，凭票供应。当年实现社会消费品零售总额（以下简称“社零总额”）2.13亿元，商品零售类别局限于食品、衣服、手表等生活必需品。八十年代后，随着改革开放的深入推进，国家实行物价改革，逐步放开商品价格，同时放开生活和生产资料的供应，商品流通逐渐从计划经济向市场经济进行跨越。1986年，社零总额突破10亿元，到1988年，社零总额达24.65亿元，是1978年的11.6倍，年均增长27.8%。九十年代，东莞市商品市场基本放开，外来人口不断增加以及消费群体持续扩大，消费品市场运作空间继续拓展。1995年，社零总额突破100亿元，到1998年，社零总额175.16亿元，是1978年的82.4倍，年均增长24.7%。2000年以后，东莞市消费品市场变化巨大，形成多元化经营格局和多样化流通模式，居民消费观念由基本生活消费向高档消费、出行消费、假日消费、绿色消费、网络消费过渡，居民消费心理趋于成熟，消费行为趋于理性。

二、消费品市场40年辉煌成就

改革开放40年来，东莞市商贸体制发生巨大变化，从计划分配型到商品自由流通、自主经营，消费品市场迅速发展，为经济和社会发展作出贡献。

（一）消费品市场规模实现巨大突破

1978年，东莞县主要处于计划经济时期，消费品市场实行国有独家经营的封闭式、低效率的流通体制，规模小，渠道单一，货源紧缺。40年来，东莞市消费品市场在改革开放中总量不断提升，规模迅速扩大。1995年，东莞市社零总额首次突破百亿元，达到113.01亿元；2009年，突破1000亿元，达到1029.04亿元；2015年，跨上2000亿元台阶，达到2184.70亿元。消费品市场规模跨越不同量级使用的时间越来越短，发展质量和效益越来越高。2018年，全市实现社零总额2905.61亿元，对全市经济贡献进一步加大。全年批发和零售业、住宿和餐饮业实现增加值1079.46亿元，占全市GDP比重13.04%。40年改革开放，东莞市经济快速发展，消费品市场实现从量变到质变飞越。

（二）消费品市场呈现多元化格局

20世纪八、九十年代，在商贸流通体制改革中，东莞市实行企业承包制，建立一系列现代企业制度等措施，转换商业企业经营机制，打破国有企业垄断局面；私营企业开始在市场中产生，外资和中国港澳台资逐渐进入东莞市商品市场。40年发展，东莞市消费品市场形成以民营经济为主体，国有经济、外商及中国港澳台商投资经济并存的发展局面。随着美国沃尔玛进驻，家乐福、华润、百佳等一批零售商先后在东莞市设点，并带来全新经营模式和现代经营理念。流通格局的多元化，进一步完善东莞市消费品市场，增强商贸领域竞争性，促进经济发展。

（三）收入水平提高促进城乡市场共同繁荣

2018年，城镇居民人均可支配收入5.07万元，城镇居民人均消费性支出3.37万元，农村居民人均可支配收入3.23万元。收入提高，为居民消费创造条件，并推进城市化进程，城乡两级市场得以快速成长。2018年，全市城镇市场实现零售额2478.57亿元，比上年增长4.9%，占社零总额85.3%；乡村市场实现零售额427.04亿元，增长31.6%，占社零总额14.7%。

（四）商品市场成交规模不断扩大

20世纪90年代初，专业市场开始成型，以虎门富民服装城为代表的专业市场逐渐出现在市内各镇街。2016年以来，东莞市加大商品市场建设力度，扩大市场规模和网点覆盖面，商品市场迅速发展，由简单的集贸式市场发展成专业化程度高、功能齐全、辐射范围广、商品种类丰富的交易市场体系。

（五）商品消费结构跃上新台阶

40年来，东莞市消费品市场从短缺、限量逐步向商品丰富、品种繁多、供给充足发展，消费需求实现由卖方转向买方。商品消费结构不断升级，从手表、自行车，到彩电、冰箱、空调，最后升级为手机、电脑、汽车、住房。消费热点的变化，展示消费结构由满足基本需求型逐步向高档型和享受型消费阶段转移。2018年，东莞市新建商品住宅销售面积506.83万平方米。截至2018年底，全市移动电话用户1892.77万户，互联网用户187.64万户，宽带接入用户181.52万户；汽车保有量294.69万辆。

（六）新兴业态蓬勃发展

网上商品零售增长迅速。网络零售作为飞速发展的新业态、新模式，改变着消费品市场整体发展格局，东莞市传统实体积极转型调整，线上线下加速融合发展，创新驱动成为消费品市场发展新动力。2015年，大型网购平台京东分网点落户东莞市，进一步扩大东莞市电商发展规模，拉动全市限额以上网络零售额直线上升；同时，沃尔玛、天虹、苏宁云商、盛世商潮等传统大型企业打造线上线下融合营销模式，网上销售份额逐渐扩大，促使东莞市网上消费市场加快发展。

城市商业综合体异军突起。东莞市新型商业模式不断涌现，城市商业综合体作为其中之一，聚合零售、餐饮、娱乐、文化、教育等多种服务功能，面向各类消费人群、提供综合性服务，逐步成为商贸流通业发展新模式、零售渠道新生力量。（资料源自《改革开放40周年东莞系列课题研究报告》）

物价从波动起伏到平稳温和

——改革开放40周年东莞市市场物价运行情况概述

改革开放40年，是国家经济腾飞的40年，也是东莞市经济社会发展转型升级的40年。改革开放以来，东莞市市场物价运行发生巨大变化，居民消费价格指数（CPI）呈现从波动起伏到平稳温和的走势。

一、改革开放以来东莞市CPI价格主要运行情况

自1984年开展物价调查以来，东莞市CPI价格大致经历3个阶段，运行轨迹从起伏波动向平稳转变。其中，1988年CPI涨幅最大，高达36%；出现负增长的年份有7个，1990年与2001年位于最低点，均下降3.4%。

（一）第一阶段（1984—1996年）：以涨为主，起伏波动大

1984—1996年，东莞市物价经历两次价格高位攀升，CPI走势起伏波动大，累计上涨154.2%，年均上涨11.9%。第一波大幅上涨出现在1987—1989年，年涨幅均超过10%。1988年，中共中央决定广东省为综合改革试验区，东莞市放开大部分商品的价格，物价飞涨，CPI大幅飙升36%；当年底，为抑制高物价，国家整顿经济秩序、治理经济环境，实行宏观调控，削减基本建设投资，大幅提高银行存款利率，1989年CPI涨幅收窄，上涨22%；1990—1991年飞涨的物价得到抑制，CPI指数出现明显回落。

第二波大幅上涨是1992—1994年，为进一步深化改革，政府逐步放开农副产品、工业消费品和大部分生产资料价格，整体经济转热，出现高投资膨胀、高工业增长、高货币发行的局面，物价随之上扬，继1992年CPI上涨9.2%之后，1993年和1994年涨幅继续扩大，上涨幅度突破20%，分别为21.8%和23.5%。面对高涨的物价，东莞市推出新一轮调整，对不合理价格进行调控，1995年CPI涨幅收窄至13.9%，1996年涨幅进一步收窄至6.8%。

（二）第二阶段（1997—2007年）：波动趋缓，价格走势向稳

1997—2007年期间，东莞市市场价格受亚洲金融危机及经济“软着陆”后有效需求不足影响，前期走低，总体走向平稳。

1997年，东莞市CPI小幅上涨1.5%，1998年和1999年受亚洲金融危机影响，分别下降0.1%和2.1%。1999年东莞市建立价格监测体系，市场秩序更完善，至2000年东莞市CPI止跌回升，较上年上涨1.5%。受经济结构调整影响，有效需求不足，2001—2002年

CPI再次走低，分别下降3.4%和1.9%。2003年经济回暖，东莞市CPI略涨0.7%，2004年CPI随着经济发展上涨3%，之后涨幅逐年收窄，2005年、2006年分别上涨2.4、1.2个百分点，受结构性价格上涨因素影响，2007年上涨3.1%。

（三）第三阶段（2008—2018年）：深“V”探底后温和上涨

受全球性金融危机影响，2008—2011年，东莞市CPI价格总体呈“V”型走势。2008年大幅上涨5.5个百分点，后急转直下，2009年下降3.1个百分点。为保障经济稳定发展，政府推出宽松财政和货币政策，经济开始回暖，物价随之上涨，2010年和2011年东莞市CPI止跌回升，分别上涨2.8%和4.9%。

2012年以来，东莞市CPI走势呈逐年温和上涨态势。其中，2012年涨幅最大，较上年上涨2.9个百分点，2015年和2017年价格位于相对低位，均小幅上涨1.4个百分点。2018年比上年上涨2.5%。

二、改革开放以来东莞市食品类价格基本情况

1984年以来，东莞市食品类价格与CPI价格走势基本一致，但波动幅度略大于CPI，其价格波动是影响CPI变动的重要因素。

改革开放以来，东莞市食品类价格总体呈波动运行走势且以上涨为主，下降年份有9年，出现过两个上涨高峰。第一个上涨高峰出现在1988年、1989年，分别上涨33.9%和27.5%；1993年、1994年是另一个上涨高峰，分别上涨23.7%、26.4%。受亚洲金融危机及有效需求不足影响，东莞市食品类价格自1997年开始连续三年下降，其中1997年下降0.6%，1998年下降0.5%，1999年降幅继续扩大至4.3%。2000年起，东莞市进一步深化价格改革，取消甘蔗财政补贴、取消三级稻谷收购保护价，食品类价格在2000年小幅上涨后再次进入负区间运行。2003年食品类价格开始止跌回升，上涨3.5%，2004年涨幅扩大至8.6%，后涨幅收窄，2006年涨幅收窄至0.1%。2007年受猪周期影响，涨幅再次扩大，重新攀上8%高位，2008年继续高位攀升至15.1%。受全球性金融危机影响，2009年经济发展低迷，食品类价格急速下滑，小幅下降1.9%。2010—2018年，除2017年下降1%之外，其他年份均有不同程度的上涨，且在2011年涨幅高位攀升，大幅上涨11.1%。（资料源自《改革开放40周年东莞系列课题研究报告》）

服务业从比重最小到经济增长主动力

——改革开放40周年东莞市服务业发展概述

改革开放40年来，东莞市通过对内改革、对外开放，不断推进产业结构转型升级，服务业从改革开放之初的比重最小产业一跃成为全市的第一大产业。40年来，东莞市服务业蓬勃发展，新业态、新模式不断涌现，规模持续扩大，结构不断优化，在创造税收、

塘厦镇三正半山酒店

吸纳就业、新增市场主体等方面发挥越来越重要的作用，成为拉动东莞市经济增长的主动力和新引擎。

一、服务业总量突破4000亿元，实现超常规跨越式发展

改革开放之前，东莞县服务业发展落后，1978年全县服务业增加值7106万元。改革开放以后，东莞市大力招商引资，为服务业发展奠定良好基础，服务业实现超常规跨越式发展。1987年突破10亿元，1995年突破100亿元，2006年突破1000亿元，2018年东莞市服务业增加值突破4000亿元，达到4226.34亿元。

二、服务业领先GDP快速发展，跃升为全市第一大产业

全市服务业领先GDP快速增长。1978—2018年，随着服务业快速增长，服务业占经济总量的份额持续提高。1978年，东莞县三次产业比例为44.6∶43.8∶11.6；其中，农业占比最大，第二产业其次，服务业占比最小。到1986年，服务业占比27.7%，超过农业，但仍低于第二产业，三次产业比例为27.1∶45.2∶27.7。自2012年开始，服务业连续六年超过工业，跃升为东莞市第一大产业。到2018年，东莞市服务业占比51.1%，成为拉动经济增长主动力。

三、服务业是新增市场主体主力军，占比超七成

随着东莞市商事登记制度改革全面推进，全市市场主体快速增长，服务业成为新增市场主体主力军。截至2018年底，全市工商登记注册户数114.68万户，其中，服务业中的住宿和餐饮业，租赁和商务服务业，交通运输、仓储和邮政业，信息传输、软件和信息技术服务业，科学研究和技术服务业等行业户数占比大、增速快，是拉动服务业市场主体快速增长的主要领域。

四、内部结构持续优化，生产性服务业和现代服务业“双轮驱动”

改革开放以前，东莞县服务业以交通运输业、商业饮食业等传统服务业为主。随着东莞市加快产业结构升级调整，服务业内部结构持续优化，生产性服务业和现代服务业加快发展。一是现代服务业快速发展。2018年，全市现代服务业实现增加值2561亿元，增长9.1%。2008—2018年，现代服务业各行业均实现快速增长。2018年，金融业实现增加值511.45亿元，比上年增长6.9%。二是生产性服务业占比超五成。2018年，全市生产性服务业实现增加值2177.92亿元，增长10.5%，增速快于服务业增速2.6个百分点，占服务业的比重超过五成。

五、从业人员持续增加，服务业成为吸纳就业主渠道

改革开放初期，东莞县从业人员以从事农业为主，1978年服务业从业人员6.37万人，占全部从业人员的11.6%。随着服务业加快发展，特别是网店、微商、“互联网+”、分享经济等新业态涌现，服务业吸纳就业能力进一步增强，成为东莞市吸纳就业主渠道。

东莞留学人员创业园

六、服务业税收突破1000亿元，对税收贡献不断增强

随着服务业快速增长，服务业对税收贡献显著增强。2008年，服务业缴税额248.45亿元，占全部税收总额的46.3%，低于同期服务业占GDP的比重（48.1%）。到2018年，从总量来看，服务业缴税额突破1000亿元，服务业对税收贡献不断增强。

七、服务业新业态蓬勃发展，新旧动能转换明显

随着东莞市产业转型升级不断推进，以“新技术、新产业、新业态、新模式”为代表的新经济，成为东莞市经济增长新引擎，尤以智能手机相关行业贡献突出。在华为、OPPO、vivo等三大手机制造企业带动下，东莞市智能手机行业相关服务业蓬勃发展。互联网和相关服务业、软件和信息技术服务业持续高速增长，成为东莞市经济增长新动力，推动东莞市新旧动能转换。

八、服务业实际利用外资增长明显，覆盖面越来越广

40年来，服务业利用外资日益壮大。改革开放初期，外商直接投资几乎为零。随着改革开放深入，外商投资力度逐渐加大，覆盖面越来越广。1990年，全市服务业实际利用外资1041万美元，占全部实际利用外资的10.4%。到2018年，服务业实际外资投资涉及批发和零售业，交通运输、仓储和邮政业，租赁和商务服务业等行业。

改革开放40年来，东莞市扩大对外开放，吸引外资，服务业发展取得明显成效，服务业总量不断壮大，比重不断提高，质量不断提升，结构不断优化，新业态不断涌现，成为东莞市经济发展新引擎和主动力。（资料源自《改革开放40周年东莞系列课题研究报告》）

民营经济从一片空白到占据生产总值“半壁江山”

——改革开放40周年东莞市民营经济发展概述

改革开放以来，东莞市民营经济呈现从无到有、从有到优的发展态势。从开办全国第一家“三来一补”企业，再到社会主义新时代下给民营经济发展创造历史机遇，东莞市民营经济在社会主义市场经济中的地位不断提高，成为拉动经济增长的重要力量。

一、民营经济发展主要历程

改革开放40年，东莞市民营经济主要经历四个发展阶段：

1979—1989年是东莞市民营经济孕育积累的孵化期。20世纪80年代，东莞市主要引进发展以“三来一补”为主的外资经济。外资经济率先发展，带动配套基础设施等物业建设，推动集体经济初步发展，同时为民营经济孕育和发展创造巨大空间。1988年，私营经济被写入宪法，受到保护。首次确定法律地位，理论和制度的突破为非公有制经济发展注入动力。

1990—1999年是东莞市民营企业崛起的十年。10年间，东莞市民营企业快速发展并初具本土特色。在20世纪90年代初，特别是1992年邓小平南巡后，以外资经济配套服务和技术引进为载体，东莞市民营企业开始一股创业潮，涌现一批以餐饮、服务、零售、酒店等服务为主的民营企业以及以加工、代工为主的中小民营企业。

2000—2008年是东莞市民营企业稳定发展时期。经历原始积累、艰苦创业和快速发展之后，东莞市民营经济逐步保持较长时间稳定增长。随着劳动力、原材料等生产要素成本上升以及人民币升值，民营企业面临一定压力，但东莞市民营企业依然保持较稳定增长。2008年，东莞市民营经济实现增加值1203.34亿元，占全市国内生产总值的32.5%，民营企业从改革开放之初的龙套角色转变为重要角色。

2008—2018年是东莞市民营经济历经全球金融危机后蓬勃发展阶段。由于对国际市场和加工贸易深度依赖，产业结构单一，2008年以来面对国际金融危机冲击，东莞市民营企业经历前所未有的阵痛期。东莞市民营企业变压力为动力，创新发展、抱团发展、向外发展等新发展趋势逐渐凸显。民营企业成为东莞市转型升级、科学发展主力军。

二、改革开放以来的主要成就

（一）民营企业数量快速增长，单位规模逐步壮大

1978年，东莞县经济以国有经济为主，大部分为国有集体企业和城镇合作个体工业，民营企业基本空白。改革开放以来，民营经济不断发展。2001年，在旧口径统计下，民营登记注册户数12.96万户，2010年发展到49.18万户，年均增长14.2%。从2011年开始，民营经济在新口径下（由于从2011年开始，民营经济在新口径下进行统计，与之前的数据不具有可比性，下文数据主要从2011年之后开始分析）进行统计，2018年增长到112.11万户。同时，民营单位规模也呈现不断扩大的趋势。

（二）民营经济占据全市生产总值的“半壁江山”

1978—2008年，东莞市受改革开放影响，国内生产总值处于高速增长阶段。2008年，全球性金融危机爆发，东莞市作为一个外贸依存度较高的城市受到一定影响，2009年，东莞市国内生产总值增速5.3%。

东莞大道鸿福路口。图左一为建设中的东莞民营经济总部大厦——民盈国贸中心　　（程永强　摄）

2010年之后，东莞市经济进入中高速增长的新常态模式。同时，东莞市加大转型升级力度，出台各项有益民营经济发展的优惠政策措施，民营经济进入重要发展机遇期，增速长期高于国内生产总值增速。2018年，东莞市民营经济完成增加值4105.49亿元。民营经济占国内生产总值比重逐年提高，从2011年37.5%提高到2018年49.6%。

（三）民营“三驾马车”占全社会比重逐年提高

民营固定资产投资成为东莞市投资增长重要动力，对民营经济发挥重要拉动作用。2018年，东莞市民营经济固定资产投资完成1167.13亿元，占全市固定资产投资的64.4%。2011年以来，东莞市民营经济消费品零售额占全社会零售额八成以上，2018年，东莞市民营经济消费品零售额2448.13亿元，占全社会消费品零售总额的84.3%，在拉动全社会消费品增长上起最重要作用。改革开放以来，东莞市逐步成为对外依存度较高的城市，出口对经济拉动较大，民营经济出口逐渐呈现重要作用，发展势头超越外资经济出口，民营经济出口比重逐年提高，民营出口比重逐年快速提升，2018年民营出口比重48.5%。

（四）民营税收占东莞市税收比重七成

改革开放以来，东莞市民营经济纳税情况良好。2011年，东莞市民营经济纳税总额314.41亿元，2018年纳税总额1633.26亿元，比上年增长16.9%，占全市税收总额的72.2%。其中，私营企业税收收入424.36亿元，增长18.6%，个体工商户税收收入121.81亿元，增长5.0%。民营经济税收占全市税收比重七成，远超国有经济和外资经济，为东莞市税收作出最大贡献。（资料源自《改革开放40周年东莞系列课题研究报告》）

从千年古邑到文化名城

——改革开放40周年东莞市文化事业、产业发展概述

东莞于东晋咸和六年（331年）立县，截至2018年底，有近1700年历史，是岭南文明的重要发源地，人文资源丰富。改革开放40年以来，东莞市坚持文化事业、文化产业并重，公共文化服务不断发展完善，文化产业综合实力不断增强。

一、构建公共文化服务体系

1979年，东莞县有群众艺术馆1个，文化馆1个，公共图书馆1个，博物馆2个，文化站33个，电影放映

东莞展览馆（曹永富　摄）

东莞图书馆（张超满　摄）

东莞市玉兰大剧院（张超满　摄）

东莞市青少年活动中心（张德全　摄）

单位157个，影院5座。电影放映4.19万场次。1991年2月，东莞市被评为广东省第一批历史文化名城。改革开放40年以来，东莞市先后确立图书馆之城、博物馆之城、广场文化之城、音乐剧之都“三城一都”的建设目标，构建公共文化服务设施，形成市、镇、村三级文化设施网络体系；投资逾15亿元打造市级文化设施，建成玉兰大剧院、东莞图书馆、科学技术博物馆、东莞展览馆、群众艺术馆、青少年活动中心、工人文化宫等先进文化场馆，其中东莞图书馆建筑面积4.5万平方米，规模在全国公共图书馆中名列前茅；镇、村两级文化设施投入资金40多亿元，在全省、全国处于领先水平。2013年11月，东莞市获首批“国家公共文化服务体系示范区”称号。截至2018年底，东莞市建设有文化馆1个，文化站33个，公共图书馆607个，公共电子阅览室582个，博物馆48个，文化广场755个，电影放映单位140个。2018年，全市公共广播节目42套，公共电视节目40套，发行报纸7157.47万份，电影放映161万场次。

二、文化产业快速发展

（一）1978—2011年，东莞市文化产业进入自发启动阶段。改革开放初期，加工制造业大量转移，带来众多玩具厂、印刷厂、视听设备加工厂等文化产业企业。这些企业组成的行业在文化制造业当中占据重要地位。随着改革开放的推进，人们生活方式改变，越来越多文化娱乐方式进入东莞市，如电影、歌舞娱乐等，是文化服务业在东莞市萌生、发展的一部分。

（二）2011—2017年，东莞市文化产业进入政策引导发展阶段。面对国内外日益复杂的经济形势，东莞市加快推动产业结构调整和转型升级，发展文化产业是加快推进转型升级的重要抓手之一。东莞市先后出台《东莞市建设文化名城规划纲要（2011—2020年）》《东莞市建设全国现代文化产业名城实施意见（2011—2020年）》《东莞市加快文化产业发展的若干意见》以及《东莞市文化产业发展专项资金管理暂行办法》等系列政策文件，决定以5年投入16亿元来支持文化产业发展，从财政、税收等多方面对文化产业进行扶持。所设立的文化产业发展专项资金，以补助、贴息等方式对符合条件的优质文化产业项目给予实质性扶持。

（三）2017年以后，东莞市文化产业进入主动发展阶段。截至2018年底，东莞市蝉联“中国最具竞争力会展城市”称号，是中国加工贸易产品博览会、广东21世纪海上丝绸之路国际博览会等国家级、省级展会的举办地；有市级文化产业园区、基地和重点文化企业47家，其中获得国家高新技术企业认定文化企业8家，登陆“新三板”文化企业8家；电影票房收入7.6亿元，排名广东省第三位。（资料源自《改革开放40周年东莞系列课题研究报告》）

节能降耗成效显著
环境质量稳中趋好

——改革开放40周年东莞市生态文明建设概述

改革开放40年，东莞市不仅在经济、文化上发展为全国先进地级市，还在节能减排、低碳发展、生态文明建设等方面取得较好成绩，成为“国家生态文明先行示范区”“国家水生态文明试点市”“国家节能减排财政政策综合示范市”，居民生产生活环境逐渐优化。

一、能源基础设施建设上新台阶

（一）高效绿色智能电网加快建设

20世纪80年代中期起，东莞市全面开展110千伏输变电工程建设，各镇都为实现1镇1个以上110千伏变电站而筹资办电。2000年，东莞市电网拥有110千伏变电站58座，主变125台，110千伏输电线路119条，供电网络遍布全市各个镇街。同时，东莞市220千伏输变电网络开始成型，成为广东省电网受电的主网架。2014年，500千伏纵江输变电工程首期投产，这是全市第五座500千伏变电站。同年，东莞市在省内率先启动实施电网规划建设“大会战”。截至2016年底，“大会战”建成110千伏及以上电网项目49个、开工44个、储备22个，解决21条线路电力供应不畅问题。2017年，东莞市启动电网升级行动计划。2018年，东莞市全社会用电量806.64亿千瓦时。

（二）天然气供应设施更加完善

2006年起，东莞市推进燃油改为使用天然气工程，使用天然气用户不断增加，天然气消费量增大。特别是5家燃油发电企业，逐步完成燃气发电机组改造。2008年，5家发电企业合计消费70.38万吨燃料油、1.2亿立方米天然气；2011年，改为全部消费天然气，天然气消费量合计7.31亿立方米。2016年，东莞市管道燃气建设形成“多气源，一张网”供气格局，管道天然气居民用户约65万户，工商业用户4000多家。2018年，东莞市天然气供应量11.5亿立方米。

（三）热电联产项目初见成效

2008年起，东莞市实施热电联产规划，开展工业园区和产业集聚区集中供热工作，启动一批项目建设，取得初步成效。截至2017年底，全市建成投产热电联产项目4个，建成蒸汽管网约80千米，蒸汽供应能力约1346吨/小时。在建及改造项目2个，蒸汽供应能力约640吨/小时，涉及管网主干线约20千米。

（四）太阳能发电逐步发展

2011年起，东莞市逐步开发利用太阳能等新能源。在创建国家节能减排示范市期间，东莞市推出分布式光伏发电资金补助等政策。2016年，东莞市完成光伏备案项目98.6兆瓦，实现建成并网43.43兆瓦，备案、并网数量比上年增长均超100%，发放市级财政资金补助771万元，全年分布式光伏项目合计并网发电量3675万千瓦时。截至2018年底，东莞市工业企业太阳能光伏发电初具规模。

二、节能降耗工作屡创佳绩

2006年起，东莞市加大力度推进节能降耗工作，“十一五”和“十二五”期间单位生产总值能耗分别下降20.04%和25.2%，单位工业增加值能耗分别下降36.4%和38.8%，2013年入围第二批国家节能减排财政政策综合示范城市，并超额完成2014—2016年连续三年的国家示范城市建设节能目标。2016年，东莞市单位生产总值能耗比2010年累计下降28.7%。截至2018年底，东莞市能源利用效率大幅提高，非清洁能源（煤炭、燃料油）消费量比重大幅下降，经济发展对能源消耗依赖程度有所下降。

三、绿色低碳发展全面推进

（一）绿色低碳成为新发展理念

2011年，东莞市确立“加快转型升级、建设幸福东莞、实现高水平崛起”发展战略，要求以绿色低碳发展理念，作为发展转型重要支撑，推动实现绿色崛起，着力打造松山湖、生态产业园、虎门港、长安新区、东莞水乡特色经济发展区、粤海银瓶合作创新区等绿色转型示范平台，率先探索生态与产业协调发展之路。“十二五”期间，东莞市实施“碧水、蓝天、绿地、宜居、绿色GDP”五大工程，在产业结构、能源效率、低碳交通、绿色建筑、林业碳汇、废弃物处理等领域的低碳化发展取得显著成绩。

（二）产业低碳发展趋势明显

2018年，东莞市生产总值8278.59亿元，三次产

华为小镇 （松山湖高新区供图）

业比例为0.3∶48.6∶51.1，第三产业比重比1978年提高39.5个百分点。规模以上工业增加值中，先进制造业和高技术制造业增加值比重分别达到52.3%和38.9%。以高新技术产业、先进制造业、现代服务业为主体的低能耗、低排放、高附加值的现代产业体系日臻完善。产业升级加快，智能装备、智能手机、新能源汽车、云计算、物联网等战略新兴产业快速发展，低碳产业呈现良好发展态势。

四、生态环境状况良好

2018年，东莞市环境质量总体稳中趋好：城市空气质量平稳向好；城市饮用水源年度平均水质类别达Ⅲ类，主要江河水质基本平稳；城市声环境质量有所好转；辐射环境状况正常；生态环境状况良好。

东莞市大力投入绿化环境建设，成为国内公园最多、绿化率最高的城市之一，先后获得“全国绿化模范城市”“国际花园城市”“国家园林城市”“国家森林城市”等称号。截至2018年底，东莞市建成区绿地率47.19%，绿化覆盖率53.59%，拥有森林公园19个，湿地公园19个，自然保护区6个，自然环境面貌焕然一新，生态承载力提高，居民生活和休闲环境越来越好。（资料源自《改革开放40周年东莞系列课题研究报告》）

人口快速增长 从业人员结构优化

——改革开放40周年东莞市人口和就业发展情况概述

改革开放40年，东莞市凭着独特的地理优势和政策优势，在经济、教育、文化、科技等各方面取得瞩目成就。东莞市总人口和就业人口增长迅速，结构也发生巨大变化。

一、人口快速增长

改革开放40年，东莞市经济高速发展，就业需求剧增，大量外来人口流入。1982年，东莞县常住人口115.3万人，2018年全市常住人口增长至839.22万人。随着改革开放深入，东莞市经济开始腾飞，1990年与1980年比较，国民生产总值增长8.37倍。由于经济发展，需要吸纳大量劳动力，不仅消化全市原有30万农村剩余劳动力，还吸收60多万外来劳动力。1982—

工地上的婚礼　　（聂新建　摄）

1990年，东莞市常住人口由115.3万人增加至175.62万人，年均增长5.4%；户籍人口由116.19万人增加至131.85万人，年均增长1.6%；外来人口由1759人增至70.98万人，年均增长111.7%。

20世纪90年代，东莞市工业化和城市化发展步伐加快，经济持续高速发展，2000年与1990年比较，国内生产总值翻三番。东莞市经济结构决定经济发展需要大量劳动力作为支撑。1990—2000年，东莞市常住人口由175.62万人增加至644.84万人，年均增长13.9%；户籍人口由131.85万人增加至152.61万人，年均增长1.5%；外来人口由70.98万人增加至540.99万人，年均增长22.5%。

2000—2010年，东莞市经济又快又好发展，常住人口由644.84万人增加至822.48万人，年均增长2.5%；其中，户籍人口由152.61万人增加至181.77万人，年均增长1.8%；外来人口由540.99万人增加至638.53万人，年均增长1.7%。

2008年全球性金融危机后，东莞市推进经济社会双转型，常住人口发展渐趋平缓，由2010年的822.48万人增加到2018年的839.22万人。户籍人口从2010年的181.77万人增加至2018年的231.59万人。

二、就业规模不断扩大，从业人员结构持续优化

改革开放以来，东莞市经济发展创造大量就业机会，不仅容纳农村剩余劳动力，还吸引大量外来务工人员，从业人员规模迅速扩大。1978年，东莞县全社会从业人员55万人。其中，城镇在岗职工8.2万人。40年来，东莞市就业人员总量保持增长态势。从各发展阶段来看，“十五”时期就业人员规模扩张最快，2005年比2001年增长287.6%，年均增长40.32%。“十一五”时期增长速度快速下降，增长45.6%，年均增速9.85%。“十二五”时期，就业人员增长速度放慢，达到各个时期最低点。

随着产业结构调整，从业人员就业结构进一步优化。1978年，从业人员主要分布在第一产业。2018年，从业人员以从事第二产业为主。40年间，第三产业吸纳的从业人员越来越多，第一产业从业人员持续减少。

按经济类型分，1978年全社会从业人员中，全民职工4.8万人，城镇集体职工3.4万人，农村劳动力46.8万人。除农村劳动力以外的从业人员，几乎都集中在国有或集体企业就业。随着经济体制改革，东莞市非公有制经济发展迅速，非公有制经济就业队伍从几乎没有到不断壮大成为就业人口主力军。2018年，从业人员主要集中在港、澳、台商投资企业，私营、

个体经济和其他经济类型。

三、工资收入明显提高，各行业不同程度提升

2018年，东莞市城镇非私营单位就业人员年平均工资6.96万元，名义增长13.4%，扣除物价因素，实际增长10.7%。其中，在岗职工年平均工资6.99万元，名义增长13.5%，扣除物价因素，实际增长10.7%。全市职工年平均工资5.87万元，名义增长9.9%，扣除物价因素，实际增长7.2%。与1978年相比，均有大幅增长。

从分行业来看，1978年，城镇在岗职工年平均工资474元，平均工资最高的三大行业分别为科学研究和综合技术服务业1157元；卫生、体育和社会福利事业863元；房地产管理、公用事业、居民服务咨询业633元。2018年，城镇在岗职工年平均工资较高的行业为金融业，农、林、牧、渔业，教育业。其中，农、林、牧、渔业大部分为农、林、牧、渔业服务业，区别于传统农业。（资料源自《改革开放40周年东莞系列课题研究报告》）

从温饱到富裕小康跃变

——改革开放40周年东莞市城镇居民收支情况概述

改革开放40年，东莞市经济社会快速发展，成为广东省重要的经济引擎、交通枢纽和外贸口岸，居民收入水平、消费水平逐年提高，人民生活水平实现从温饱向富裕小康的跃变。

一、城镇居民收入水平大幅提高

（一）收入水平实现大跨越

改革开放以来，东莞市经济实力逐步壮大，城镇居民收入持续稳定增长。东莞市城镇居民人均可支配收入从1985年的791元增加至2018年的4.93万元，跨过“万元、两万元、三万元、四万元”四道大关。

第一大关1985—1996年，东莞市城镇居民收入呈快速增长态势。东莞市凭借改革开放后形成的生产能力，国民经济实现“低通胀、适度快速增长”态势，居民收入水平快速提高，人民生活进一步改善。1996年，东莞市城镇居民人均可支配收入1.08万元，首次突破万元大关，比1985年增加1万元，年均增速26.9%。

第二大关1997—2004年，东莞市经济继续保持平稳健康快速发展，各项社会事业全面进步，城镇就业形势保持稳定，人民生活水平继续提高。2004年，东莞市建立全市统筹的农（居）民基本医疗保险制度，全市参加农村合作医疗的人口覆盖率达80%以上，社会保障制度不断完善。2004年，东莞市城镇居民人均可支配收入2.05万元，踏进两万元台阶，比1997年增加9494元，年均增速9.3%。

第三大关2005—2008年，东莞市深化改革和扩大开放，稳妥转型、稳中求进，经济发展保持较快增长，人民生活持续改善。2008年，东莞市城镇居民人均可支配收入3.03万元，步入三万元行列，比2005年增加7393元，年均增速9.8%。

第四大关2009—2018年，东莞市坚持稳中求进，统筹做好稳增长、促改革、调结构、惠民生的目标，城镇居民人均可支配收入稳定增长。2012年，东莞市城镇居民人均可支配收入4.29万元，迈入四万元新台阶。2018年，东莞市城镇居民人均可支配收入4.93万元。

（二）东莞市城镇居民收入远高于全省、全国平均水平

1988年，东莞市城镇居民人均可支配收入1778元，比全省平均水平高195元，比全国平均水平高597元。1988—2018年，东莞市城镇居民收入持续高于全省、全国平均水平。2018年，东莞市城镇居民人均可支配收入4.93万元，其中，城镇常住居民人均可支配收入5.07万元，农村常住居民人均可支配收入3.23万元，城乡收入差距进一步缩小。

（三）收入渠道拓宽，来源呈多元化

东莞市城镇居民收入渠道来源呈现多元化，从1985年单一工资收入，转变成1990年后以工资性收入为主，以经营净收入、财产净收入为补充的多元收入结构，收入结构持续改善。

1.工资性收入稳步提高，仍为增收主体。东莞市城镇居民人均工资性收入从1985年的603元增加到2018年的3.59万元，是居民收入的首要来源。改革开放以来，国家不断完善各项劳动保障制度，积极的就业政策及适时调整最低工资标准为工资收入持续增长提供有力保障。2018年，东莞市企业职工最低工资标准上调为1720元/月，仅次于广州市、深圳市。

2.个体私营经济迅速发展，经营净收入成为增收重要增长点。改革开放以来，人们就业观念逐渐转变，个体户、私营企业发展迅速。1990年，东莞市城镇居民人均经营净收入46元，1995年上升到1210元，开始迈进千元时代。2013年以来，国家一系列创新创业政策相继实施，推动个体私营经济迅速发展。2018年，东莞市城镇居民人均经营净收入突破5000元。

3.投资渠道不断拓展，财产净收入成为增收新动力。1990年，东莞市城镇居民人均财产净收入30元。随着生活水平持续提高，居民理财观念不断增强，居民投资领域逐步拓宽，投资房地产、股票、债券、基金、保险等财产性收入实现大幅增长。2018年，东莞市城镇居民人均财产净收入8766元，占人均可支配收入比例由1990年的1.2%上升到17.8%。

虎门镇　　（虎门镇供图）

二、城镇居民生活质量显著提升

2018年，东莞市城镇居民人均生活消费支出3.32万元，高于全省、全国平均水平。

（一）东莞市城镇居民恩格尔系数进入富裕区间

1985—2018年，东莞市城镇居民恩格尔系数呈现逐渐下降趋势，从1985年的71.6%降到2018年的31.9%。1992年，东莞市城镇居民恩格尔系数为47%，开始跨过温饱迈向小康生活；1999年降到40%以下，生活进入富裕阶段；2000—2018年，东莞市城镇居民恩格尔系数在30%上下徘徊，恩格尔系数变动幅度不大，城镇居民消费结构显著改善，消费水平不断提高。

（二）交通通信类、居住类占消费支出比重大幅提升

1985—2018年，八大类消费占总消费支出比重呈现“5升3降”，衣着类、居住类、医疗保健类、交通通信类和教育文化娱乐类所占比重呈现不同程度上升。其中交通通信类增幅最大，其余依次增长较快的是居住类、教育文化娱乐类、医疗保健类和衣着类，食品类消费支出比重下降幅度最大。2018年，在八大类生活消费支出中，居住、衣着及教育文化娱乐支出同比增幅较大，分别为14.9%、8.0%和6.6%。

（三）耐用消费品从无到有，并不断丰富变化

改革开放初期，城镇居民收入仅够用于生活基本消费，商品供给贫乏，购买消费品选择余地少。1985年，东莞市城镇居民家庭每百户拥有电冰箱、洗衣机和彩色电视机耐用品数量分别是22台、56台和22台。20世纪80年代中后期，城镇居民收入增加，购买力提高，多数家庭实现从电冰箱、洗衣机、收录机和电视机的“三单一黑”转变为“三双一彩”（单门冰箱变为双门冰箱，单缸洗衣机变为双缸洗衣机、单卡收录机变为双卡收录机、黑白电视机变为彩色电视机）的消费升级。进入21世纪，家用汽车、计算机、互联网设备逐渐普及。2017年，东莞市城镇居民家庭每百户拥有空调174台，每百户接入互联网的移动电话拥有量为176部，每百户家用彩色电视机、计算机产品数量分别为97台和89台，每百户家用汽车拥有量为59辆。2018年，东莞市城镇居民家庭每百户拥有主要家电数量稳步增长，中高档乐器、健身器材、智能家居等享受型消费品逐渐走进百姓家庭，不断丰富百姓生活。（资料源自《改革开放40周年东莞系列课题研究报告》）

从小市场到大市场蜕变

——改革开放40周年东莞市市场主体发展概述

改革开放40年来，东莞市市场经济逐渐发展壮大，市场主体数量持续增多。2018年，东莞市GDP总量8278.59亿元，按可比价格计算，比上年增长7.4%，增速高于同期全国（6.6%）、全省（6.8%）平均水平，总量在全省21个地级以上市中排第4位，增速排第5位。

改革开放之初，东莞县市场主体较少。1978年，全县工业企业单位数1290家。1979年，东莞县商业机构（批零贸易及个体户）2459家，全县登记各类企业和个体工商户规模较小。

截至2018年底，东莞市工商登记注册户数114.68万户（其中企业工商登记数50.22万户），市场主体总量和企业数量均位居广东省地级市首位。东莞市作为改革开放前沿阵地，从40年发展过程看，市场主体的发展经历几个阶段：

一、1978—1985年，计划经济为主、市场调节为辅阶段

这一时期主要是在农村推行以联产承包责任制为主的改革以及对部分工业企业实行扩大自主权的改革。从工业企业单位数来看，1978—1985年，企业数从1290家增加到4187家。批零贸易和个体户发展迅速，从1979年的2459家，激增到1985年的1.69万家。

二、1985—1992年，有计划商品经济阶段

1984年前，东莞县工业未有外商投资企业。到1985年外商投资企业实现零的突破，达到79家。1992年达到936家。

1978年后，东莞市“三来一补”（“三来一补”指来料加工、来样加工、来件装配和补偿贸易，是改革开放初期尝试性地创立的一种企业贸易形式）企业逐渐增多，工业企业数从1985年的4187家，增加到1992年的1.16万家。

东莞天安数码城　（张顺祥　摄）

三、1992—2008年，社会主义市场经济体制建立和发展阶段

1993年，东莞市工业企业数1.25万家，2008年增加到2.64万家。工业经济发展从简单的加工制造业发展到门类齐全的工业体系。2001年，东莞市借助中国进入WTO机遇进行“二次开放”，提升对外开放层次，通过优先引进高技术和知识密集型企业，形成以电子信息产业为支柱、以出口为主的IT产业大市。

四、2009年起，依靠外资时代结束，内资经济逐渐发展壮大阶段

受全球性金融危机影响，2009年东莞市外贸受到冲击较大。1990年，东莞市外贸依存度64.4%，随着改革开放深入和“世界工厂”地位逐步壮大，外贸依存度急速飙升，1995年达到峰值的433.8%。随后逐步回落，2009年下降到168.8%，东莞市外贸依存度降低。

全球性金融危机后，东莞市推进产业转型升级，实施经济“腾笼换鸟”。一批企业开始探索转变，东莞市智能手机产业优势逐步凸显。华为、OPPO、vivo等一批东莞制造和东莞品牌开始产生，逐渐发展为龙头企业，发展势头强劲，有力带动工业经济发展，智能手机产业成为东莞市经济支柱型产业。

截至2017年底，东莞市个体工商户数58.69万户，比2009年增加18.36万户，年均增长4.8%。2017年底注册资本总额（出资数额）180.63亿元。2018年，东莞市个体工商户登记64.4万户，比上年增长9.7%，注册资本总额稳步增长。

截至2017年底，东莞市私营企业数37.63万家，比2009年增加30.21万家，年均增长22.5%。2018年，私营企业登记户数增长较快，比上年增长22.3%。2018年，全市民营经济增加值突破4000亿元，达到4105.49亿元，占地区生产总值比重为49.6%，比上年提高0.1个百分点。规模以上民营工业增加值1938.29亿元，民营工业增加值占规模以上工业增加值比重49.6%。民营社会消费品零售总额2448.13亿元，增长7.6%，占社会消费品零售总额的84.3%。民营经济缴税总额1633.26亿元，增长16.9%，占全市税收总额的72.2%；其中私营企业缴税424.36亿元，增长18.6%。（资料源自《改革开放40周年东莞系列课题研究报告》）

旗峰山下　（东城街道供图）

编辑：李俊玉

粤港澳大湾区建设三年行动计划（2018—2020年）推进

2019年5月30日，《东莞市推进粤港澳大湾区建设三年行动计划（2018—2020年）》印发。行动计划明确东莞市推进粤港澳大湾区建设九大重点领域88项任务的内容和责任分工。具体方案如下：

一、优化提升空间发展格局

建设湾区重要节点城市。融入大湾区极点带动、轴带支撑的网络化空间格局，对接香港—深圳、广州—佛山、澳门—珠海的极点带动，加快提升城市综合实力和竞争力。按照“多中心、分片区、网络化”的发展理念，加强中心城区、松山湖、滨海湾新区“三心”之间的交通、市政等基础设施网络联系，实现城市功能有机疏散、错位发展。开展全市国土空间规划编制工作。构建以高速铁路、城际铁路和高快速路为主体的快速交通网络，强化与大湾区主要城市的高效联通。

打造东西两岸协同发展示范区。贯彻落实省构建“一核一带一区”区域发展新格局，促进全省区域协调发展的决策部署。加快推进交通基础设施互联互通，加快深茂铁路、莲花山过江通道等跨珠江口通道建设，强化与广州、深圳的地铁对接联通，加强珠江口东西两岸全方位合作发展，推进滨海湾新区和广州南沙、深圳大空港的对接和协同发展，努力打造成为东西两岸协同发展示范区。争取将广州地铁22号线、深圳地铁20号线接入滨海湾新区。携手广深港等城市，串联从香港西部经济走廊、北部经济带延伸到深港科技创新特别合作区，经深圳前海、大空港，至东莞滨海湾新区、广州南沙新区等核心区域，共同谋划共建环珠江口内湾经济廊带。加快建设沿海都市带、产业集聚带和休闲旅游带，促进沿海经济带高质量协同发展。推进“深莞惠+汕尾、河源”新型都市圈建设和穗莞深化战略合作。探索规划建设深莞惠区域协同发展试验区。

构建区域协调发展新格局。完善园区统筹组团发展体制机制，提升六大片区功能布局，健全完善市级统筹主导开发机制、片区组团协同机制和区域间利益共享机制。进一步优化市直管镇体制改革，探索在条件成熟的地区先行先试，赋予片区中心在统筹区域经济发展、城市规划建设和城市品质提升等核心发展权方面的市一级职权，推动提升统筹能力，形成科学职责分工，提高机构运转效率，最大程度激发市直管镇体制活力。深入推进简政强镇事权改革，赋予镇街更多的管理自主权，切实提高基层执行力。

促进城乡融合发展。编制实施乡村振兴战略规划，推动产业、人才、文化、生态和组织全面振兴发展。统筹推进次发达镇加快发展，用好用足产业发展资金池，完善市直职能部门共同帮扶次发达镇机制，力争到2020年GDP全部突破百亿元。编制市域乡村建设专项规划和镇域乡村建设规划研究，分批次推进单村或连片村庄建设规划，到2020年底基本实现乡村地区规划全覆盖。培育发展魅力小城、特色小镇和美丽幸福村居。支持次发达村改善基础设施建设水平，提升公共服务设施建设标准。推广集体资产网上交易，建立健全镇村统筹发展利益分配机制。

二、深度参与国际科技创新中心建设

创建国家创新型城市。印发实施《关于贯彻落实粤港澳大湾区发展战略　全面建设国家创新型城市的实施意见》，加快构建源头创新体系、技术创新体系、成果转化体系和科技企业培育体系。实施“百强创新型企业”培育行动计划，推动高新技术企业“树标提质”。成立新型研发机构发展联盟，推动新型研发机构“提质增效”。加快出台支持企业强化技术创新的配套政策。提升高校研发机构水平，加快推动东莞理工学院建设新型高水平理工科大学。到2020年实现高新技术企业数量超过6000家，新型研发机构数量50家以上，每万人发明专利拥有量35件。

规划建设中子科学城。组建中子科学城管理局，成立中子科学城规划建设专责小组。加快编制中子科学城发展规划等系列规划，推动上升为省级重大发展平台。推进南方光源预研和测试平台项目建设，争取纳入国家重大科技基础设施建设“十四五”规划。编制《松山湖材料实验室建设运行实施方案》，落实首期400亩（26.67公顷）用地征收。推进散裂中子源二期建设，升级加速器束流和靶站。推进中子科学城与深圳光明科学城协同发展，携手共建综合性国家科学中心。

加快推进松山湖自主创新示范区建设。实施《东莞市国家自主创新示范区建设实施方案（2017—2020年）》，将松山湖及周边镇作为自创区辐射发展区域，构建区域协同创新体系。积极拓展高新区发展空间，在创新人才集聚、关键技术研发、支柱性新兴产业培育上强化核心引领作用。推进大学创新城建设，引入国际顶尖大学研究院和科研人才。

高品质规划滨海湾创新链走廊。以滨海湾新区为龙头，依托穗莞深城际轨道、深茂铁路、东莞轨道交通2号线、东莞轨道交通3号线等复合型交通要道，打造滨海湾创新链走廊。以滨海湾站以及沙田、厚街、虎门高铁站、虎门商贸城、长安厦边、长安金沙六大站点为圆心，集中布局各类产业要素和创新资源，加快创新链走廊产业载体建设，布局特大企业总部和创新型企业，引进行业龙头、世界500强等总部基地项目和创新性强、成长性高的“独角兽”企业，连成产业联动、空间联结、功能贯穿的创新经济带。

推动军民融合创新发展。编制东莞市军民融合深度发展规划，完善军民融合发展运行机制，积极参与创建国家军民融合创新示范区。加强东莞信大融合创新研究院、东莞北京航空航天大学研究院、东莞同济大学研究院、东莞市三航军民融合创新研究院等创新平台建设，推进军民技术和重大科技成果在东莞的研发和产业化。

推进广深港澳科技创新走廊东莞段建设。推进《广深科技创新走廊（东莞段）空间规划》落地，建立广深科技创新走廊（东莞段）重大项目库，出台广深科技创新走廊项目库管理办法，布局实施一批重点产业核心技术攻关项目。加快推进长安科技商务区等一批省级创新节点的建设。加快广深高速公路沿线景观整治，抓好麻涌、长安两个门户以及中心城区出入口等重要节点的景观提升。推进“中子科学城—光明科学城”主通道规划建设，共同打造新型科技体制改革先行区。

加快集聚国际创新资源。积极参与中外科技伙伴计划，加强与美国、欧盟、以色列等科技发达的国家和地区合作，加快集聚国际高端创新要素和高层次创新人才。推进新型研发机构提质增效，鼓励港澳高校来莞设立新型研发机构。鼓励中国港澳地区和外籍创新人才创办科技型企业，争创外籍创新人才创办科技型企业享受国民待遇试点。依托松山湖材料实验室，联合中科院、北京大学、清华大学、香港大学、香港科技大学、澳门大学等多家机构，共建粤港澳交叉科学中心。依托省级实验室建设，共建粤港澳大湾区大数据中心和国际化创新平台。

实施关键核心技术攻关行动。支持东莞企业、科研机构在创新型国家和“一带一路”国家建立国际联合研发中心和创新孵化中心等平台，支持跨国企业、大型龙头企业在莞设立研发中心。支持对接美国硅谷、德国慕尼黑科学园等国际先进科技创新园区，共同打造国际科技特别合作区。深化莞港澳科技合作，支持东莞理工学院与香港城市大学合作建设散裂中子源多物理谱仪等重大科技基础设施，吸引国际一流科学家访问、合作研究，建设高水平、长期稳定的学术交流和合作研究平台。加强与港澳开展基础研究、应用基础研究和核心技术攻关合作。

共建国家科技成果转移转化示范区。争取国家支持开展科研成果转化创新试点，创新科技合作体制，推动港澳以及国际先进技术成果在莞转化和产业化，建设国家科技成果转移转化示范区。强化科技孵化育成体系建设，建设面向港澳的科技企业孵化器。成立东莞市国际技术转移中心，推动跨国技术转移服务机构聚集东莞。到2020年，力争实现全社会研究与开发（R&D）投入占地区生产总值（GDP）比重达到2.8%左右，全市科技进步贡献率60%以上，科技企业孵化器（加速器）130家以上。

实施港澳联合培优计划。实施《东莞市莞港澳台科技创新创业联合培优行动计划（2016—2020）》，引进港澳创新创业人才，建立港澳台科技创新创业联合培优示范基地、莞港澳台技术转移工作站。搭建莞港澳台联合培优服务平台，共享创新创业政策措施和动态资讯。成立东莞市科技创业学院，强化港澳青年来莞创新创业培训。

建设国家知识产权示范市。高标准建设国家知识产权示范市，推进松山湖知识产权示范园区和广东省知识产权服务业集聚发展示范区建设。充分发挥广州知识产权法院东莞诉讼服务处等重点机构作用，强化知识产权司法保护。争取设立知识产权保护中心。

促进创新资金便利流动。研究出台实施莞港澳科技创新合作发展计划，鼓励港澳高校、科研机构和企业参与东莞科技计划项目。探索研究支持港澳高等院校、科研机构参与市财政科技计划的政策措施，允许港澳符合条件的高校、科研机构申请科技专项资金。推动实施香港、澳门在东莞设立的研发机构同等享受市各项支持创新的政策。

推动科研仪器设备跨境便捷使用。探索大科学装置、设备仪器共享共用，建设一批科研设施和仪器共享平台。落实科研仪器设备在莞港澳异地购置使用，以及进口科研仪器设备税收优惠政策。争取支持莞港澳科研合作项目需要的医疗数据和血液等生物样品在符合国家规定下跨境使用。简化研发设备、样本样品通关手续。

三、打造现代化基础设施网络

优化国家铁路布局。配合国家和省编制实施粤港澳大湾区基础设施互联互通专项规划、粤港澳大湾区城际铁路建设规划，同步编制《东莞地区铁路总图》。加快推进赣深客专、佛莞城际东莞段建设，开通穗莞深城际。配合推进深茂铁路、中南虎城际等项目前期工作。积极争取广深第二高铁纳入粤港澳大湾区城际铁路建设规划近期建设项目，并开展前期研究工作。

加快完善城市轨道交通骨架。加快轨道交通1号线一期、2号线三期、3号线一期和松山湖有轨电车规划建设。加强城市轨道交通1号线支线、1号线南延线和西延线，2号线南延线、3号线支线等与广州、深圳等城市轨道交通的对接。加快推进第二轮建设规划（调整）报批，完成第三轮线网规划，启动第三轮建设规划。开展主城区通勤城市轨道交通普线研究，加强轨道交通与常规公交、慢行系统等其他交通方式的有机融合。出台完善轨道交通建设系列政策文件，有序推进TOD开发，启动虎门高铁站、东莞西站、东莞火车站、东莞东站、松山湖北站、黄江北站等TOD综合开发试点工作。

完善高快速骨架网络。编制东莞市区域路网衔接规划，完善与周边城市路网对接。加快推进莞番高速一期建成通车，配合省开展莲花山过江通道、狮子洋跨江通道等项目前期研究。加快深外环高速东莞段规划建设。加快东平东江大桥、金龙路、恒心路（科研路—平大路段）、长安海堤路、东江大桥复线工程、新槎大桥等与穗深惠对接道路桥梁项目建设。

改善城市交通出行。推进国省道快速化改造，加快改造环城路等拥堵节点，实施道路微循环改造，到2020年实现交通通行能力明显提升。推进《东莞市打通“断头路”工作实施方案》，加快打通新源南路、银龙路、松水路等一批“断头路”。推进长安振安路、道滘大桥等道路桥梁升级改造。

优化东莞港集疏运能力。积极参与广东省港口资源整合，推进东莞港与大湾区其他港口的合作发展。加快虎门港综合保税区规划建设，确保按时保质完成验收工作，对接复制推广自贸试验区制度，打造全面开放新高地。推进西大坦沙田港区驳船泊位项目、新沙二期14号泊位项目规划建设，启动西大坦沙田港区1~4号泊位项目报批工作。完成太平水道等清淤工作，提升东莞港深水航道通航能力。合理布设覆盖全市的内河驳点和无水港（国际陆港）。完善东莞港内河水铁、水陆联运及集疏运体系，推动东莞港与广东（石龙）铁路国际物流基地联动发展，实现东莞港内外贸航线和石龙国际铁路专列充分对接。

完善对接航空枢纽设施建设。开展通用航空规划研究，争取将通用机场规划建设方案纳入省通用航空发展规划。完善城市候机楼布局，在高快速路出入口和高铁、城际轨道、城市轨道交通站点增设城市候机楼功能，加强与香港、广州、深圳、惠州机场的交通联系。

提升客货运输服务水平。推进赣深客专东莞南站、广深港客专虎门高铁站和深茂铁路滨海湾站等重要枢纽站建设。推动水上客运项目的码头规划建设，发展水上客运。推进城际客运公交化运营及市内公交一体化运营，配合省推广“一票式”联程和“一卡通”服务。完成轨道交通2号线售检票系统和配套终

地铁2号线　　（程永强　摄）

端升级改造，全面支持岭南通和全国交通一卡通标准票卡刷卡应用。鼓励第三方服务平台发展“一票制”客运服务。

建设新一代信息基础设施。全面布局基于互联网协议第六版（IPv6）的下一代互联网，推动5G基站项目建设，实现5G商用。建设超高清互动数字家庭网络。支持公共WiFi建设，实现主要公共区域WiFi全覆盖。推动新建住宅区、商业建筑建设同步实现光纤到户，大力发展100M以上高速宽带用户。加强与湾区其他城市推进电子签名互认、电子支付系统互联互通。到2020年底，光纤入户数累计达351.8万户，光纤入户率达111%，100M以上光纤接入用户达276.7万户，占比提升至101.1%。大部分宽带网络达到4K超高清电视节目传输标准，全市基本实现“千兆到小区、百兆进家庭”目标。

建设智慧东莞。出台《智慧城市顶层设计》，建设物联网与智慧城市应用示范区，打造智慧城市运营平台。推进智慧交通信息化建设。推动智慧社区信息平台建设，推进社区服务信息资源集成。

构建能源安全保障体系。完善与周边城市送电通道等主干电网建设，实施东莞电网升级行动，加快电网基础设施建设与改造，推动东莞500千伏变电站建设，高质量建设“三个一批”主网重点项目和“升级一批”配网关键项目，到2020年升级改造配网项目4378个。开展中心城区“1小时特征电网”、松山湖综合能源示范区及滨海湾新区智能电网规划建设。建设一批天然气高压主干管网，统筹推进新建液化天然气（LNG）储气库和扩大已建LNG储气库储转能力。

优化能源供需结构。研究编制全市能源结构优化调整专项规划，推进能源供给侧结构性改革。制定煤炭减量替代方案，重点推进沙角电厂退役关停和替代电源项目建设，实施燃煤自备电厂煤改气，大幅降低煤炭消费总量。推进工业园区、大型能源消费企业、大型物流企业、大型公共建筑物屋顶分布式光伏发电项目。加快建设东城、高埗、虎门燃气电厂集中供热改造工程、谢岗华能热电联产、中电立沙岛热电联产等项目。推广应用新能源汽车，加快充电基础设施建设。

加快水资源设施建设。实施《东莞市创建国家节水型城市实施方案》，申报创建国家节水型城市，力争2020年完成国家级节水型城市创建工作。修编《东莞市地表水功能区划报告》，科学划定水库水功能区划。配合省加快推进珠三角水资源配置工程，研究新建扩建水库的可行性，推进江库联网工程建设。加强东江干流、东江北干流、东江南支流等重要饮用水源地安全保障达标建设及环境风险防控工程建设。实施东江与水库联网工程的水库及石马河河口水源保护工程。实施《东莞市镇村供水资源整合工作方案》，加强水质监管，调整我市供水资源布局，实现全市供水城乡一体化。

完善防灾减灾体系。完善防洪（潮）排涝体系，全面推进易涝点整治，建立易涝点整治备案销号工作

东莞众创金融街 （李 群 摄）

机制，力争到2020年基本完成市区内涝整治应急三期工程（新开河系统）南侧分流工程。推进海绵城市试点建设，印发实施《东莞市海绵城市专项规划》《东莞市海绵城市试点区建设工作方案》《东莞市海绵城市规划建设管理暂行办法》，完成黄沙河海绵城市试点项目——黄沙河东城段河道整治工程建设。按国家、省要求，加快推进东莞市“互联网+现代水务”规划编制工作，逐步实施三防险情灾情速报平台，进一步完善沿海水乡片风暴潮水文自动测报系统。重点推进石马河、东引运河、寒溪河、挂影洲流域防洪体系建设，提高防洪基础设施标准。配合省建立气象防灾减灾协同机制。

四、构建以先进制造为核心的现代产业体系

配合国家和省编制并实施粤港澳大湾区构建现代产业体系专项规划。

增强智能制造核心竞争力。实施“东莞制造2025”战略，推动广东劲胜、广东长盈、东莞华贝、东莞瑞立达等国家智能制造示范试点项目竣工落地。建立智能制造全链服务，协调重点企业对接专业机构、团队，推动企业开展智能化诊断、实施项目改造、技术攻关等工作。继续实施万名智能制造人才提升工程，加快建立技术培训政校行企多元合作制度。大力培育系统解决方案服务商，扩充专业服务资源池内机构数量。

发展壮大电子信息产业集群。加快电子信息产业“芯屏机核”等关键技术突破，打造以智能手机为代表的高端电子信息产业集群。实施智能终端产业生态系统建设计划，加快推进华为欧洲小镇、OPPO总部、紫光芯云城等重大项目建设，补强核心芯片、高端显示屏等关键配套。支持龙头企业在5G、半导体、手机电池、高端电子制造装备及智能集成系统等领域加快技术突破，增强电子信息产业的配套支撑能力。

推动传统制造业转型升级。推进“数字+”“品牌+”“标准+”“文化+”为代表的“4+”行动。从“基础上云、核心上云、创新示范”三个层次，实施“筑云惠企”工程，培育市级工业互联网协同创新示范项目，积极创建国家级工业互联网示范基地，争取到2020年推动500家工业企业信息技术基础设施与管理系统上云、50家工业企业实现核心业务信息化、数字化和云端迁移。到2020年，先进制造业增加值占规上工业增加值比重达到52%。建立质量品牌重点培育对象企业库。

实施制造业高质量倍增计划。深入实施重点企业规模与效益“倍增计划”，支持更多高质量企业纳入扶持范围，推动更多制造业企业实现创新能力与规模协同倍增。优化政府服务平台机制、建立服务专员工作机制，提高服务水平和效率。强化问题诉求协调机制，切实解决试点企业用地需求、产权补办和其他问题。

培育壮大战略性新兴产业。组织实施《东莞市重点新兴产业发展规划（2018—2025年）》，进一步制定完善全市产业空间布局规划，积极发展新一代人工智能、新一代信息通信、智能终端、工业机器人、高端智能制造装备、先进材料、新能源汽车、高性能电池、生物医药和高端医疗器械等十大重点产业，加快培育形成若干个千亿级产业新支柱。强化在资金、土地、人才、招商等方面的支持力度。制定符合全市产

业特点和社会发展情况的数字经济政策措施，推动实体经济和数字经济融合发展。大力发展海洋经济，积极培育海洋电子信息、海洋工程装备、海洋生物医药等海洋战略性新兴产业。

加大市级统筹招商力度。强化全市招商引资产业项目管理和经济效益审查，把有限土地资源优先满足重大产业项目落地需求，完善和落实“招商引资重特大项目十条”“高质量利用外资十条”等招商引资政策，加强产业发展布局规划，发挥市产业发展基金撬动作用，招引一批重大标志性项目、平台型项目以及产业链关键缺失环节的龙头企业，推动新兴产业集聚。积极引进国内外集团总部和区域性总部，发展一批区域竞争力和辐射带动力强的总部企业，大力发展总部经济。

构建多层次产业金融服务体系。支持推动地方法人金融机构通过增资扩股、改制上市方式增强资本实力，有序将经营区域向粤港澳大湾区扩展，着力打造成为总部型金融旗舰企业。建设全省上市公司引领产业发展示范区。用好用活促进股权投资基金业发展的扶持奖励措施，重点将众创金融街、松山湖基金小镇打造成为错位发展、功能性强的基金业集聚区。发挥产业投资母基金、产业并购母基金的引导撬动作用，促进金融资源加速向初创科技企业、高成长企业和“倍增计划”试点企业配置。争取国家投贷联动试点地区资格，支持科创金融集团探索设立市级天使投资母基金。支持香港私募基金参与东莞国家高新技术企业融资，鼓励符合条件的创新型科技企业、上市后备企业到香港上市融资。探索筹建丝路信用保险公司，为“走出去”企业提供信用保险服务。

优化提升现代服务业。加强与港澳物流合作发展，搭建综合性、专业性物流公共信息平台和货物配载中心，推动供应链创新与应用试点城市建设，大力发展第三方物流和冷链物流。推动莞港澳联合举办展会，培育发展一批知名品牌展会和交易中心。做大Did Award（东莞杯）国际工业设计大赛平台，加强莞港澳设计合作。推动融资租赁服务智能制造加快发展，推动新型供应链金融服务产业链竞争力提升。

构建现代农产品加工物流体系。重点推进以深粮、中粮、中纺等麻涌、沙田辖区内的粮油加工流通大项目建设，打造沙田—麻涌沿江粮油产业集聚区，力争到2020年产值超过500亿元。加快粤港澳大湾区（泉海）国际水产交易中心建设，力争到2020年底前主要功能区基本建成并投产运营。

五、推进生态文明建设

加强生态环境保护。配合国家和省编制实施粤港澳大湾区生态环境保护专项规划。依法划定生态保护红线，实施生态保护红线管控制度，建立完善自然生态空间用途管制体系。完成“三规合一”试点和生态文明市场化机制等改革任务。深入推进国家生态文明先行示范区建设。落实《东莞市创建生态文明建设示范市实施方案》，全力创建国家生态文明建设示范市。

深入实施森林进城围城计划。探索省市合作共建森林公园，新建红花油茶和宝山两个市级森林公园。连片规划利用省属樟木头国营林场优质的生态资源，加快推进银瓶山森林公园三期项目建设和大岭山、大屏嶂、同沙等其他市级森林公园的品质提升，到2020年东莞全市森林覆盖率保持37.5%。在麻涌、滨海湾新区等沿海地区适宜地块开展红树林种植，到2020年完成红树林种植200亩（13.33公顷）。

全面实施湿地保护措施。参与开展粤港澳滨海湿地跨境联合保护，共同建设粤港澳大湾区水鸟生态廊道。开展湿地保护与利用规划修编。开展东莞银山、银瓶湖、东清湖等湿地公园建设。到2020年，全市建成湿地公园不少于25个。

统筹陆海水环境综合整治。强化海岸带整治修复，对污染严重的海洋环境功能区和退化严重的海洋生态系统进行综合整治，在生态退化严重的岸线实施生态修复工程，建设高品质海岸带。实施海岸线精细化管理，落实岸线占补制度，严守自然岸线保有率底线。严格落实海洋功能区划，建立健全海岸线动态监测机制。加强海岸线保护，推进珠江口近岸海域综合整治，大力整治水质劣V类或不达标的入海河流。开展污染物排放总量控制，推进茅洲河、石马河等流域综合整治。加快建设茅洲河河岸带状休闲公园，并在茅洲河长安段设计建造标志性景观。配套建设船舶污染物接收、转运和处置设施以及船舶溢油应急设施。

坚决打赢水污染治理攻坚战。全面落实考核断面水质保障联动工作机制，持续实施水质保障措施和“八大专项行动十项整改工作”。建立健全长效机制，推进黑臭水体整治。全面实施截污管网工程建设，加快推进污水处理设施建设，加快厂网一体化进程。到2020年底，在2018年基础上再完成不少于100条河涌水环境综合整治，全市建成配套污水管网5500千米，新、扩建生活污水处理设施6座，新增处理规模32万吨/日，完成提标改造生活污水处理设施项目35个，建成分散式污水处理设施42座，城镇生活污水处理率达到95%。

坚决打赢蓝天保卫战。落实区域大气污染联防联控，开展工业废气、机动车尾气和城市扬尘专项整治行动，从产业、能源、交通三大源头上根治大气污染顽疾，持续改善空气质量。完善空气质量监测网络，实现全市空气质量自动在线监测全面覆盖。推进燃煤锅炉、生物质成型燃料锅炉和气化炉淘汰或清洁能源替代，推进重点行业“煤改气”。2019年9月底前基本完成全市“散乱污”工业企业（场所）综合整治工作。推进车油路港联合防控，提前实施机动车国六排放标准。加快船舶岸电建设，严格区内码头建设项目的大气环境准入标准，将不符合岸电使用等船舶排放控制区要求的码头建设项目列入大气环境准入负面清单，大力推广使用岸电，推进东莞水域船舶排放控制区工作。到2020年，空气质量优良天数比例达到90%，$PM_{2.5}$浓度年平均值不超过35微克/立方米。

扎实推进净土防御战。开展农用地土壤环境质量详细调查、重点行业企业和工业园区土壤污染状况调查，将建设用地土壤环境管理要求纳入国土空间规划和供地管理。实施化肥、农药零增长行动，开展受污染土壤的治理与修复示范。到2020年，受污染耕地和地块安全利用率均不低于90%。

推进固体废物处理处置。结合垃圾分类收集机制，推动绿化垃圾的资源化利用。加快虎门港立沙岛危险废物综合处置项目、东南部卫生填埋场项目等固体废物处理处置设施建设，推进东莞市海心沙资源综合利用中心绿色工业服务项目、环保热电厂项目建设。探索建立固体废物协同处理合作机制，落实固体废物进口管理要求。健全完善再生资源回收体系建设，加强再生资源回收行业的监督管理，推动工业固体废物再制造、再利用。推进生活垃圾无害化处理和分类回收，与湾区内各城市协同探索垃圾焚烧处理机制。到2020年，危险废物处置能力达到60万吨/年，工业固体废物资源化利用率75%以上、新增生活垃圾100%实现“全焚烧、零填埋”。

强化生态环境保护合作和环境监管能力。完善环保交流合作机制与平台。实行排污许可“一证式”管理。开展部门联合执法、交叉执法，依法从严从重查处环境违法行为，严厉打击非法转移倾倒固体废物行为。落实环境违法“黑名单”、环保信用评价、信息强制性披露、严惩重罚等制度。建设环保大数据信息系统，配合建设大湾区气象灾害监测预警平台。

大力发展循环经济。建设以节能投融资、能源审计、节能技改、循环化改造、清洁生产审核、节能评估等为主体的循环经济服务体系。制定实施循环经济发展激励政策，提高固体废物资源综合利用水平。建设国家绿色供应链环境管理试点城市，落实松山湖绿色生态城（园）区试点任务，加快构建绿色制造体系，逐步实施重点工业园区和行业的全产业链绿色化改造。推动海心沙资源综合利用中心申报国家级资源循环利用基地。推广装配式建筑，完善与装配式建筑发展相适应的管理标准和服务机制，规模化发展绿色建筑，打造若干装配式建筑示范项目，培育一批服务地方的装配式建筑设计、部件生产及装配施工的现代化企业。推动公共机构节能，提高能源利用效率。落实粤港清洁生产伙伴计划。

推进低碳发展。加快低碳园区建设，打造近零碳排放示范工程。推进碳普惠试点城市建设，开展节能低碳宣传活动，建设碳普惠小区和开展碳普惠校园等试点。推广绿色消费，规范快递业、共享经济等新业态、新消费的绿色标准。配合省研究建立资源环境承载能力监测预警机制和绿色低碳发展指标体系。推广绿色消费，倡导绿色居住、出行。

六、携手共建优质生活圈

实施城市品质提升工程。推进城市品质三年提升项目建设，建立城市建设项目统筹平台和实施机制，推动城市品质实现跃升。充分发挥中心城区山、水、城共融的空间资源优势，以“一心两轴三片区”为抓手，重点推进东莞国际商务区、三江六岸历史文化区、黄旗南生态科创区规划建设，切实提升中心城区发展品质。推动魅力小城建设，各园区、镇街至少

华阳湖湿地公园　　（麻涌镇供图）

建设一条示范街道，全市10个示范片区建设初见成效，打造一批以产城人融合为特征的魅力小城。加快美丽幸福村居建设，建成美丽幸福村居连片示范区3个以上，80%以上村（社区）建成文明美丽村居。实施城市更新、土地收储整备专项行动，高水平编制城市更新专项规划和重点更新单元规划，推动土地利用方式由增量扩张向存量盘活转变，加快推进东城33小镇、常平科技加速园（国际创新港）等项目建设，力争空间拓展攻坚战取得实质性成效。围绕平安、干净、有序、安全的核心目标，以“绣花”功夫推进城市精细化管理。制定历史“两违”分类处理办法与整治计划，严控新增违法用地和违法建筑，力争到2020年累计完成存量违法建设治理量1000万平方米以上。

高标准筹建大湾区大学。加快推动建设大湾区大学，以新理念、新体制、新机制、高起点建设以理工科为主的开放型创新型综合性大学。围绕构建覆盖“前沿基础研究、应用基础研究、产业技术研究、成果产业转化”的全融通全链条的科创人才培养体系，突出新工科办学特色，努力打造高素质科技型创新创业人才培养基地、粤港澳科技创新和成果转化合作平台、大湾区高质量发展关键核心技术攻坚阵地，并为推进基础研究开辟通道，力争建设成为融合粤港澳大湾区科教资源、服务国家创新驱动发展战略和“一带一路”建设的国际一流大学。

推动莞港澳高校合作办学。推进东莞理工学院国际合作创新区建设。支持港澳高水平大学到东莞独立办学或合作办学。大力推广粤港机器人学院办学模式，联合共建优势学科。探索建设职业教育国际合作专区，构建适应东莞产业需求、具有东莞特色的技能人才国际化合作培养模式。

鼓励港澳学生到东莞学校就读。积极鼓励港澳学生到东莞市学校就读，研究探索莞港澳幼儿园缔结“姊妹园”，推进莞港澳三地中小学结为“姊妹学校”。争取国家和省支持东莞市制定接收港澳籍学生政策指引，赋予在东莞市工作生活并符合一定条件的港澳居民子女与内地居民子女同等接受义务教育和高中阶段教育的权利。支持港澳投资者在莞设立港澳子弟学校。争取省支持东莞市有条件的民办学校举办港澳学生班。充分发挥东莞市教育基金会作用，做好符合条件港澳学生的资助工作。

创新教育培养模式。争取国家和省的支持，推进莞港澳高校探索开展相互承认特定课程学分、实施更灵活的交换生安排、科研成果分享转化等方面的合作交流。在省的统筹下，探索建立莞港澳三地职业资格互认制度，开展在培养培训、师生交流、技能竞赛等方面的合作。

加强教师队伍合作建设。落实国家关于开放港澳居民在内地申请中小学教师资格的相关工作，根据国家和省的部署，落实港澳居民在莞申请参加教师资格认定和考试的相关政策。积极探索以校管市聘方式聘用已取得中小学及幼儿园教师资格的港澳居民。每年选派50名优秀青年教师进入港澳高校进修访学、合作研究，或进入港澳中小学进行教学研修，打造一批理念先进、视野宽阔、创新能力强的青年教师队伍。

建设技能人才之都。实施“十百千万百万”人才工程，研究出台人才引进和培养政策，举办招才引智活动，推进“技能人才之都”建设。实施劳动力技能晋升培训政策、万名国际化技能人才培养计划和在职劳动者学历提升计划。鼓励各镇街园区加大财政投入，实施“一镇一品”人才培养项目，引导企业和机构自主培养研发工程师、高级技工等紧缺人力资源。实施“工匠精英”引领计划，培育“莞邑工匠”“首席技师”并给予一定补贴。强化各类高层次人才贡献奖励，对经认定的特色人才、高管，给予一定份额的个人所得税奖励和补贴。

打造特色旅游品牌。打造虎门“中国近代史开篇地”文化旅游品牌。推进林则徐销烟池与虎门炮台旧址周边环境整治，开通串联销烟池、沙角炮台、威远炮台之间的水上旅游巴士，推进滨海旅游公路东莞段建设。开展鸦片战争虎门遗址文化旅游景区旅游项目概念策划，引进具有国际影响力和市场竞争力的重点旅游项目。

发展全域旅游。出台实施《东莞市全域旅游发展实施意见》，推进麻涌、樟木头、清溪、寮步创建省级全域旅游示范区，从统筹扶持、产品打造、品质提升、宣传推广等方面，统筹推进旅游业发展，打造“西有麻涌、东有清溪”的全域旅游发展格局。

打造特色文化品牌。扩大东莞非遗墟市城际联盟合作，推进跨界重大文化遗产保护，共同推广粤曲、龙舟、麒麟舞、醒狮等民俗文化品牌。加快建设东莞市博物馆新馆等一批标志性的公共文化设施。依托东莞玉兰大剧院、东莞篮球中心等演出平台优势，组织区内跨界文艺精品展演。推动莞香产业开发以及莞香文化建设，将莞香打造成东莞城市标识和粤港澳大湾区特色文化标识。依托松山湖粤港澳文化创意产业园、东莞广美文化创意研究院，加强与湾区各城市文化创意产业合作，共同推动时尚文化产业集聚发展。

拓展就业创业空间。鼓励港澳人员来莞创业，落实全面取消港澳人员就业许可的相关政策。实施“展翅计划”“粤港、粤澳暑期实习计划”，开发市内高质量的实习岗位，为港澳青年提供实习见习机会。高质量建设东莞松山湖港澳青年创新创业基地，推进滨海湾青创城、常平“香港城”等建设，争取到2020年认定市级创业孵化基地50个。支持港澳台科技创新创业人才来莞创业成立公司，按商改政策办理登记注册手续，并提供“绿色通道”服务。持续承办中国创新创业大赛港澳台赛，为港澳创业者提供更好的市场化的资源和服务对接。

加强粤港澳青少年交流。持续办好“莞香传情”莞港澳青少年成长营、莞港澳青少年“同珍杯”羽毛球邀请赛、莞港澳青少年科技教育交流活动、“邹振先杯”粤港澳大湾区（东莞）青少年田径邀请赛等特色品牌活动。支持各镇街、园区结合传统节日及特色节庆，组织开展各类莞港澳青少年交流活动。开展青少年研学旅游合作，依托市青年人才成长促进会平台，促进莞籍青年赴港澳交流交融。加强对港澳青年兴趣爱好的研究，加大三地青年交流频率，结合岭南文化、民族历史、国情教育等主题，以研习班、交流会、考察团等形式开展各类交流活动。到2020年底，莞港澳青少年交流规模三年累计达到1.2万人次。

完善区域公共就业服务体系。依托市、镇（街道）、村三级公共就业服务平台，深入实施就业创业“互联网+”行动，为港澳劳动者提供更加便捷高效的公共就业创业服务。支持港澳青年和中小微企业在莞发展，将符合条件的港澳创业者纳入创业补贴扶持范围。

加强医疗卫生合作。推进5所区域中心医院和医联体建设。支持港澳医疗卫生服务提供主体在莞按规定以独资、合资或合作等方式设置医疗机构，到2020年争取有1家以上港澳高端医疗机构或医养结合机构进驻东莞。推进威远岛国际医疗健康合作区建设。支持市第五人民医院打造为高标准高水平的滨海湾片区中心医院，建设干细胞库和大湾区干细胞研究中心。建立疾病预防和控制的联动机制，开展重症传染病人联合会诊。鼓励港澳医务人员到东莞市开展学术交流和私人执业医务人员短期执业。开展莞港联合培训全科医生，探索在东莞市建立大湾区全科医生实训中心。

深化中医药领域合作。推进粤港澳大湾区（东莞）中医药健康产业园区建设，加强与东莞市中医院、东莞市中医药研究所和珠海横琴“粤澳合作中医药科技产业园”的合作，促进协同发展。进一步推进粤港澳大湾区毫火针疗法培训推广中心建设。加强与佛山等城市的中医药合作，推动中医医疗技术、中医体检、中医养生与康复等标准化建设。

完善供港澳农产品溯源管理体系。参与构建大湾区食品安全监管联动机制，进一步完善农产品质量安全检测监控信息系统等信息化食品安全监管体系建设，建立食品安全案件协查联查、信息互通发布、风险交流合作等机制。推进石碣镇国家级供港澳蔬菜质量安全示范区建设，力争尽快启动粤港澳大湾区农产品（石碣）配送产业园项目建设。推动举办2019中国创新食品大会暨粤港澳大湾区食品博览会。

提升社会保障水平。进一步完善在莞就业港澳人员参加企业职工养老保险待遇领取地和继续缴费地有关政策。落实港澳居民在莞参加社会基本养老保险、社会医疗保险措施。积极争取在东莞开展使用港澳医保直接支付医疗费用试点。

加快推进医养结合。推进国家级医养结合试点工作，将符合条件的港澳居民纳入医养结合保障范围。支持港澳投资者来莞投资建设养老服务机构，推动落实与内地民办养老机构享受同等待遇。积极引进港澳高端医养结合服务机构，更好满足港澳居民来莞养老服务需求。

深化社会治理合作。参与建立大湾区社会治安治理联动机制，加强警务交流合作，联合打击跨境犯罪活动。完善突发事件应急处置机制，不定期开展应急联合演练，提高应急合作能力。强化综治中心建设效能，完善“中心+网格化+信息化”工作体系，推动排查防控违法犯罪、排查化解矛盾纠纷、排查消除公共

东莞港　　（郑志波　摄）

安全隐患三大任务落实到位。

七、加快形成全面开放新格局

推进营商环境综合改革。开展营商环境综合改革试点，实施《东莞市营商环境综合改革试点实施方案》，完善改革配套政策。全面实施《东莞市建设工程项目审批制度专项改革试点方案》，全力实现建设工程项目办理事项和流程审批时限均减少50%以上。推进数字政府建设，推广“一门式、一网式”政务服务。到2020年，所有政务服务事项纳入综合窗口受理，使用一体化平台进行全过程流转，实现“一窗受理”“一网通办”。

深化商事制度改革。加快建设商事制度改革综合试验基地，全面推进“多证合一”和“证照分离”改革，实行“照后减证”，提升开办企业便利化水平。推行商事登记全程电子化，实现一站式审批、24小时全天候服务。

加强法律服务业交流与合作发展。加强莞港澳法律服务交流与合作，共建多元化纠纷解决机制。探索设立东莞仲裁委员会，完善国际商事纠纷解决合作机制。推动成立服务“一带一路”建设法律类社会组织。

开展信用联合奖惩。加快社会信用体系建设，完善公共信用信息归集共享机制，建立信用联合奖惩信息系统。借鉴港澳信用建设经验，加强与大湾区城市联动实施守信激励和失信惩戒措施。

推进投资便利化。落实对港澳在金融、教育、建筑及相关工程等领域的开放措施，积极争取上级部门支持，进一步取消或放宽对港澳投资者的资质要求、持股比例、行业准入等限制。深化外商投资体制改革，全面实行外商投资准入前国民待遇加负面清单管理制度。实施“非公经济50条”，完善扶持非公有制经济工作联席会议制度。

促进贸易自由化。完善电子口岸平台建设，建设具有东莞地方特色的国际贸易单一窗口。落实贸易自由化改革，加快推进东莞跨境电子商务综合试验区建设，以及入境维修产品监管、海关特殊监管区域间保税货物流转等监管模式改革。落实国家放宽港澳人士执业限制的政策措施，推动金融、建筑、兽医、导游、社工等服务业职业资格互认。

促进人员往来便利化。研究制定东莞市赴港澳从事商务活动的相关签注工作规范，报省同意后实施，提供更加便利的签注安排。全面实施外国人来华工作许可制度。复制推广广东自贸区有关出入境政策措施，落实外国人144小时过境免签政策。合理配置口岸电子自助查验通道，推广人员自主通关模式。加快常平口岸（东莞铁路客运口岸）环境改造和功能优化。

促进货物通关便利化。推进通关一体化改革，优化货物通关流程，落实中央口岸提效降费工作要求，推行更加便利的货物通关查验模式。推动海关特殊监管区向内外贸一体化转型，争取在全国率先开展海关特殊监管区内外贸货物的电子化一体化监管改革，实现码头电子围网取代现有内外贸隔离物理围网，积极推动混合仓储等业务的落地。重构和优化检验检疫通关业务流程，加快集中查验中心建设。

深度参与“一带一路”建设。推进广东（石龙）铁路国际物流基地建设，推动“中欧班列”“中亚班列”等跨境班列高质量发展。推进企业跨境投融资金融服务，引导银行建立多元化跨境投融资渠道。

提升国际产业合作水平。研究制定“走出去”发展规划，建立“走出去”产业联盟。加强与港澳驻海外机构的交流合作，联合赴海外开展投资贸易环境推介、品牌技术收购和“走出去”投资。

八、推进特色合作平台建设

高标准开发建设滨海湾新区。加快完善滨海湾新区发展总体规划，争取尽早获得省政府审批。谋划打造具有国际水平的滨海湾创新链走廊，培育建设国家科技成果转移转化示范区。构建高端电子信息发展轴、现代服务业产业发展轴和战略性新兴产业发展轴“三轴”联动核心产业空间，打造兴业宜居智慧湾区新城。打造法治化国际化便利化营商环境新高地，带动商贸物流等传统产业转型升级。推进紫光芯云产业城等重点产业项目建设和滨海湾大道、东湾大道等重要骨干路网建设。争取支持与香港合作开发建设滨海湾新区，打造粤港澳协同发展先导区。争取支持滨海湾新区创建为自贸区新片区，争创相应的金融、税收、产业、人才等政策红利。

推动松山湖高新区扩容提质发展。深化松山湖片区统筹组团发展，赋予松山湖管委会市级统筹发展的行政职权，更好发挥核心引领作用。推进港澳青年创新创业基地建设，靶向引进海内外高层次领军人才和科研团队，打造创新创业高地。推进松山湖北站TOD、松山湖人才大厦等重大项目建设，提升园区公共服务供给水平。优化产业政策体系，布局发展战略性新兴产业，夯实先进制造业基础，构建新时代具有松山湖特色的现代化产业体系。积极争取高新区扩容提质。

加快建设水乡新城。强化水乡管委会机构职能设置，完善水乡新城开发建设顶层设计，赋予市级统筹发展的管理权限。加快东莞西站启动区和麻涌站启动区统筹开发，推动水乡新城首期产业项目建设。加快完善水乡大道、望洪路、望沙路等重要骨干路网。加大内河涌治理力度，推动高污染高排放企业淘汰整治，建设一批岭南水乡特色湿地公园和滨水岸线。健全水乡新城片区统筹招商引资机制，完善招商资源信息共享平台建设，强化可建设土地、闲置厂房信息共享。

深入推进粤海银瓶创新区建设。加快建设粤海银瓶创新区，积极探索政企合作开发新模式。加强与深圳、香港合作，探索共建“园中园”。借助香港国际化优势，以智能装备、汽车制造、机器人等重点产业为纽带，推动大型跨国企业集团设立生产中心、研发中心和区域总部。引入港澳资本参与园区基础设施、市政配套设施等开发建设。

九、保障措施

加强组织领导。发挥东莞市推进粤港澳大湾区建设领导小组的统筹领导作用（以下简称“领导小组”），加强对《规划纲要》实施工作的统一领导、统一指挥、统一协调。明确市推进大湾区建设工作机构，负责落实领导小组的决策部署、加强统筹协调、督促任务实施。在市领导小组的框架下，分领域成立若干专项小组，负责对接推进重点领域专项工作。制定东莞市推进粤港澳大湾区建设年度工作要点，稳步有序推进具体工作。配合国家和省编制科技创新、基础设施、产业发展、生态环保、民生等领域专项规划，积极争取有利条件，并推动贯彻落实。建立向党委报告《规划纲要》贯彻落实情况工作的制度，将《规划纲要》贯彻落实情况列为领导干部政绩考核和党政机关绩效考核事项。

创新体制机制。全面梳理需要国家和省支持东莞推进粤港澳大湾区建设的具体政策和措施，形成政策诉求清单。鼓励开展政策创新和先行先试，加强与省和国家有关部门沟通协调，积极争取工作支持。落实省推进粤港澳大湾区建设各项体制机制创新政策。

防范化解风险。围绕金融、政府债务、房地产等领域，切实加强风险防范，坚决守住不发生系统性风险的底线。建立健全金融监管协作机制，配合做好跨境金融风险监管处置，坚决打击违法违规金融活动。积极争取政府债券额度，稳步消化政府存量债务，有效防范地方债务风险。加大财政约束力度，有效抑制不具有还款能力的项目建设。

推动社会参与。加强与大湾区智库机构的联络合作，不断健全市决策咨询顾问委员会的运作机制，围绕破解体制机制障碍加强改革调研，前瞻性开展重大改革课题研究，加强改革政策储备，提高改革决策的科学性和精准度。配合国家和省建设粤港澳大湾区门户网站，扩大公众参与渠道，畅通意见反馈通道，支持各类市场主体共同参与大湾区建设发展。

深化机构改革

2018年12月27日，中国共产党东莞市第十四届委员会第七次全体会议召开，对全市深化机构改革进行动员部署、推动落实。要求2019年1月15日前，完

松山湖高新区　（汤智民　摄）

成新组建部门领导班子配备、人员转隶、挂牌工作。2019年1月31日前，基本完成市级机构改革任务。改革后，共设置市级党政机构49个，其中，市委机构16个、市政府机构33个。具体方案如下：

一、对应中央和省级机构改革，调整优化相应机构和职能

（一）建立健全和优化市委对重大工作的领导体制机制

1.组建市监察委员会，不再保留市监察局、市预防腐败局。

2.组建市委审计委员会，办公室设在市审计局。

3.组建市委教育工作领导小组，办公室设在市教育局。

4.市委全面深化改革领导小组改为市委全面深化改革委员会，办公室设在市委政策研究室。

5.市委全面依法治市工作领导小组改为市委全面依法治市委员会，办公室设在市司法局。

6.市委网络安全和信息化领导小组改为市委网络安全和信息化委员会，办公室对外加挂市互联网信息办公室牌子。

7.市委外事工作领导小组改为市委外事工作委员会，市委外事工作委员会办公室与市外事局合署办公。

（二）加强市委职能部门的统一归口协调管理职能

1.市委组织部统一管理市委机构编制委员会办公室，市委机构编制委员会办公室归口市委组织部管理；统一管理公务员工作，对外加挂市公务员局牌子。

2.市委宣传部统一管理新闻出版和电影工作，对外加挂市新闻出版局（市版权局）牌子。

3.市委统战部统一管理民族宗教和侨务工作，对外加挂市民族宗教事务局、市侨务局牌子。

（三）新组建和优化职责的机构

1.组建市自然资源局，加挂市海洋局牌子，不再保留市国土资源局、市城乡规划局。

2.组建市生态环境局，不再保留市环境保护局。

3.组建市农业农村局，加挂市扶贫开发办公室牌子，不再保留市农业局（市海洋与渔业局）。市委农村工作办公室设在市农业农村局。

4.组建市文化广电旅游体育局，不再保留市文化广电新闻出版局、市体育局、市旅游局。

5.组建市卫生健康局，不再保留市卫生和计划生育局。

6.组建市退役军人事务局。

7.组建市应急管理局，不再保留市安全生产监督管理局。

8.重新组建市司法局，不再保留市法制局。

9.优化市审计局职责。

10.组建市市场监督管理局，加挂市知识产权局牌子，不再保留市工商行政管理局、市质量技术监督局、市食品药品监督管理局。

11.组建市医疗保障局。

12.重新组建市林业局，由市自然资源局统一领导和管理。

13.理顺市档案局（市档案馆）职责。市档案局调整为在市委办公室挂牌，市档案馆作为市委直属事业单位。

14.组建市政务服务数据管理局，不再保留市政务服务办公室。

15.按照中央有关部署，配合做好国税地税征管体制改革。

（四）不再设立的机构

1.不再设立市社会治安综合治理委员会及其办公室、市委维护稳定工作领导小组及其办公室，有关职责交由市委政法委员会承担。

2.将市委防范和处理邪教问题领导小组及其办公室职责交由市委政法委员会、市公安局承担。

二、与中央和省级机构基本对应的其他机构和因地制宜设置的机构

（一）与中央和省基本对应的其他机构

1.优化市发展和改革局职责，将市粮食局更名为市粮食和物资储备局，仍在市发展和改革局挂牌。

2.优化市科学技术局职责。

3.将市经济和信息化局更名为市工业和信息化局。

4.优化市民政局职责。

5.组建市人力资源和社会保障局，不再保留市人力资源局、市社会保障局。

6.优化市住房和城乡建设局职责。

7.优化市交通运输局职责。

8.将市政府国有资产监督管理委员会由在市财政局挂牌调整为市政府工作部门。

9.将市政府金融工作局更名为市金融工作局，由在市政府办公室挂牌调整为市政府工作部门。

10.将市信访局由在市委办公室挂牌调整为市政府工作部门。

（二）因地制宜设置的机构

1.组建市委国家安全委员会，办公室设在市委办公室。

2.组建市委军民融合发展委员会，办公室对外保留市人民防空办公室牌子。

3.组建市委台港澳工作办公室，对外加挂市台港澳事务局牌子，归口市委统一战线工作部管理，不再保留市委台湾工作办公室、市外事侨务局。

4.组建市推进粤港澳大湾区建设领导小组，办公室设在市发展和改革局。

5.将市委老干部局由在市委组织部挂牌调整为市委工作机关，归口市委组织部管理。

6.组建市委机要和保密局，对外加挂市国家保密局、市密码管理局牌子，归口市委办公室管理。

7.将市城市综合管理局更名为市城市管理和综合执法局。

8.组建市投资促进局。

9.组建市轨道交通局。

10.不再保留市社会工作委员会。

三、统筹推进其他各项改革

人大、政协、群团、事业单位、行政执法体制改革、基层政权建设和审批服务便民化改革、机构编制管理刚性约束。

（一）深化市级人大、政协机构改革和群团组织改革

人大：组建市人大社会建设委员会；将市人大内务司法工作委员会更名为市人大常委会监察和司法工作委员会。

政协：组建市政协农业和农村委员会。

群团：贯彻落实中央和省关于群团改革部署要求，继续推进群团组织改革创新。

（二）深化市委、市政府直属事业单位改革和承担行政职能事业单位改革

将承担行政职能的事业单位的行政职能回归机关。

除行政执法机构外，不再保留或新设承担行政职能的事业单位。

改革后保留设置的事业单位，名称不再称“委、办、局”。

（三）深化综合行政执法改革

1.推进市场监管、生态环境保护、文化市场、卫生健康领域行政执法体制改革，继续完善交通运输、农业、城市管理等领域行政执法体制改革。

2.建立健全综合执法主管部门、相关行业管理部门、综合执法队伍间协调配合、信息共享机制和跨部门、跨区域执法协作联动机制。

3.推进执法力量向基层和一线倾斜。

（四）深入推进基层政权建设和审批服务便民化改革

1.深化镇街行政管理体制改革，充分发挥镇街党委（党工委）领导核心作用，加强党的全面领导，强化党组织统筹协调功能，夯实党在基层的执政基础。镇街工作重心要转到加强党的建设和公共服务、公共管理、公共安全上来。

2.继续推进强镇放权工作，压减政府部门权责清单事项数量，进一步下放经济社会管理事项，尽可能将资源、服务管理放到镇街。

3.以市镇权责清单管理为抓手，理顺市镇职责关系。

4.优化事业站所管理体制。

5.推动机构编制资源向镇街倾斜。

6.持续开展“减证便民”行动，减少盖章、审核、备案、确认等各种繁琐环节和手续。

7.推进供水、供电、供气等人民群众经常打交道的公共事业部门便民化改革。

（五）强化机构编制管理刚性约束

1.强化党对机构编制工作的集中统一领导。

2.规范机构设置。

3.强化编制总量控制。

4.统筹使用各类编制资源。

5.加大机构编制违法违纪行为查处力度。

四、改革后的东莞市党政机构

（一）中共东莞市委机构设置

纪律检查委员会监察委员会机关、办公室、组织部、宣传部、统一战线工作部、政法委员会、政策研究室、网络安全和信息化委员会办公室、外事工作委员会办公室、机构编制委员会办公室、军民融合发展委员会办公室、台港澳工作办公室、直属机关工作委员会、巡察工作领导小组办公室、老干部局、机要和保密局。

（二）东莞市人民政府机构设置

办公室、发展和改革局、教育局、科学技术局、工业和信息化局、公安局、民政局、司法局、财政局、人力资源和社会保障局、自然资源局、生态环境局、住房和城乡建设局、交通运输局、水务局、农业农村局、商务局、文化广电旅游体育局、卫生健康局、退役军人事务局、应急管理局、审计局、国有资产监督管理委员会、市场监督管理局、统计局、医疗保障局、金融工作局、城市管理和综合执法局、信访局、政务服务数据管理局、林业局、投资促进局、轨道交通局。

重点领域改革推进

一、重点领域改革概况

2018年，东莞市把改革作为推动发展的关键一招，坚持问题导向、结果导向，谋划推进一系列重大改革，破解一大批制约发展的历史遗留问题。深化不动产登记改革，抵押和转移登记从原来的数月分别缩短到3个和5个工作日办结；深化项目审批制度改革，推行告知承诺信任审批模式，项目审批从162项压缩到60项，从8月起审批时间减少一半以上；深化代建制改革，推动深度市场化、专业化代建，提升财政投资项目建设水平和速度；深化新型产业用地改革，出台工业大厦分割销售、5年税收奖励等工改M0（利用旧城镇、旧村庄、旧厂房资源建设新型产业用地项目）特惠政策，促进新型产业发展；深化招投标改革，改进施工招标项目中标方式，提高招投标效率和择优力度；深化商事制度改革，以构建“一平台、三工程”（“一平台”指市场监管协同创新平台；“三工程”指智慧监管、协同监管、信用监管三大工程）市场监管体系为牵引，创新事中事后监管方式，实现开办企业便利度连续三年位居全省地级市第一位；深化市属国企改革，整合组建新的交投集团和水务集团，发挥其引领发展和服务城市的功能；创新统筹开发模式和利益平衡机制，妥善解决东部工业园（企石辖区）历史遗留问题，434.67公顷土地纳入松山湖高新区统筹。

二、建设工程项目审批制度专项改革

2018年，东莞市起草《东莞市建设工程项目审批制度专项改革试点方案》，制定《东莞市优化建设工程项目审批流程实施办法（试行）》和《东莞市财政投资建设项目代建制管理办法（试行）》两份配套性文件。按照精简审批事项、优化审批流程、创新审批机制、完善审批服务、加强审批监管、强化审批保障等原则，将建设工程项目办理事项减少50%以上、项目全流程审批时间减少50%以上，并明确提出28项改革工作任务以及具体牵头部门和完成时间、组织领导、督查考评等保障措施。实施企业投资项目告知承诺制等措施，将涉及企业投资建设工程项目的办理事项由162项精简为60项，企业投资项目从取得土地到取得施工许可的审批时限由92个工作日压缩到26个工作日；通过对政府投资项目审批涉及的前期工作计划、立项、论证评审、招标核准、代建等不同阶段进行流程优化，优化实施政府投资项目审批管理，提高政府投资项目审批效率；通过建立承诺责任追究机制、部门联合惩戒机制等加强项目事中事后信用监管。推进市财政投资建设项目代建制改革工作，起草《东莞市财政投资建设项目代建制管理办法（试行）》。

三、价格改革深化

2018年，东莞市贯彻落实《广东省定价目录（2018年版）》，缩小政府定价范围，减少40%具体定价事项。落实供给侧结构性改革降成本行动，全年降低企业用电成本9.04亿元，降低工商企业（不含电厂）用气成本约5800万元。推进清费减负工作，重点检查2017年取消16项、停征25项、降低8项行政事业性收费执行情况，全年为企业减负约20亿元；出台货物港务费减免政策，免除货物港务费地方政府留存部分，每年为企业减负约5000万元；对全市行政事业性收费、政府定价的经营服务性收费进行清理，截至2018年底，开征的10项涉企行政事业性收费全为国家制定项目，并且绝大部分为资源环境补偿类项目，广东省定涉企行政事业性收费项目全面实现“零收费”。深化医疗服务价格改革，研究制定《东莞市公立医疗机构医疗服务价格改革方案》，按照“总量控制、结构调整、有升有降、逐步到位”原则，在医保基金可承受、群众总体负担不增加的前提下，通过全面取消耗材加成、降低大型设备检查检验项目价格、提高体现医务人员劳动价值的诊查、手术、儿科及传统中医项目价格，理顺医疗服务价格内部比价关系。推进水价、管道天然气、环境、停车服务等价格改革，开展供水、供气、电信以及涉企、教育、停车费等重点领域价格检查。全年办理各类违法违纪案件涉及财产价格认定1.8万宗（全国地级市排第一位），涉及金额3.6亿元，办结率100%。实现灭失物案件（1.4万件）价格认定“服务不见面，办事零跑腿”、有实物案件价格认定“最多跑一次”。

四、粮食储备管理体制改革

2018年，东莞市制定《东莞市粮食储备管理体制改革实施方案》，按照“不新征地、拆旧建新、增加仓容、集中储备”的思路，整合全市32个镇街粮所储存的粮食，实行集中统一储备，以及调减动态储备比例相应调增静态储备比例，提高粮食安全保障能力和水平。（市发展改革局）

乡村振兴战略实施

2018年，东莞市把乡村振兴战略与城市品质提升、美丽东莞建设有机结合起来，搭建起“1+1+N”（第一个“1”指一个乡村振兴实施意见；第二个“1”指一个乡村振兴推进工作方案；“N”指生态宜居美丽乡村实施方案、集体经济监管、农村人居环境等一批重要专项文件）乡村振兴战略体系，明确46项重点任务和17项重要配套文件。对乡村振兴工作实施项目建设、项目化运作，让项目成为乡村振兴的“总抓手”“主战场”，推进63个实事项目。

一、加强乡村振兴组织领导

2018年，东莞市召开全市乡村振兴工作会议、全市乡村振兴工作推进会议，并先后5次召开市委常委会、专题会研究推进乡村振兴。将乡村振兴重点任务纳入市委、市政府重点工作督查考评范围。组织开展市直部门和各镇街“一把手谈乡村振兴”集中采访活动。对全市“三农”（农村、农业、农民）干部开展乡村振兴专题培训，学习有关理论知识，解读政策文件。建立市直部门和各镇街联络员机制。

二、发展富民兴村产业

1.优化农业经营体系。2018年，东莞市新增4家省级农业龙头企业、新认定5家市级农业龙头企业、21个家庭农场。

2.推动农业转型升级。实施农业供给侧结构性改革，发展特色农业、休闲农业。依托13个市级农业产业园和7个小型农业园，构建现代农业发展平台。全市有农业休闲场所120多个，年接待游客550多万人次。有2人获得“广东十大荔枝种植匠”称号，4个荔枝品种在“2018年全国优质荔枝擂台赛”评比活动中分别获得金、银、铜奖。

3.发展壮大集体经济。全市村组两级集体总资产突破1700亿元，比上年增长7.6%；经营纯收入首次突破150亿元，增长14.6%，全市村组两级集体总资产、净资产等多项指标创历史同期新高；农村居民人均可支配收入3.23万元，高于城镇居民人均可支配收入增幅2.5个百分点。

4.完善集体资产经营管理制度体系。出台《关于进一步强化农村集体资产有效监管的意见》等制度文件，建立健全监管体系，农村土地承包经营权确权登记颁证工作基本完成。

5.强化农产品质量安全监管。有效应对非洲猪瘟防疫形势，全年出动执法人员7万多人次，省级种植业、畜禽产品质量安全例行监测总体合格率98.8%，全年没有发生农产品质量安全事故和重大动植物疫情，全市生猪定点屠宰场总数由28家减少至24家。

三、优化改善乡村人居环境

1.全域推进农村人居环境整治。2018年，东莞市制定13个村（社区）生态宜居美丽乡村示范试点建设方案，全市乡村建设规划和镇域乡村建设规划研究编制指引初步成果形成，并确定首批60个规划试点村庄名单。

2.整治农村人居环境。对全市39个重点垃圾填埋场开展整治，其中24个填埋场完善环境监测等设施，全市城乡生活垃圾无害化处理率基本达到100%，基本建成生活垃圾“村（社区）收集、镇街转运、市处理”的三级管理网络。完成重建（新建）公共厕所63座，升级改造公共厕所117座，全市农村卫生厕所普及率99%。发现并整治“六乱”（乱搭乱建、乱堆乱放、乱设摊点、乱拉乱挂、乱贴乱画、乱扔乱吐）和市容环境违章广告29.4万宗，整治违法建筑面积1060万平方米。望牛墩、洪梅、麻涌、黄江和樟木头五镇被认定为“广东省森林小镇”。

3.先行推进美丽幸福村居建设。截至2018年底，全市389个美丽幸福村居单村建设任务中有373个村（社区）完成；有111个村（社区）被列入国家第一批绿色村庄名单；建成114个“小山小湖”社区公园，174个村（社区）先后获得“广东省宜居社区”“广东省宜居示范村庄”“广东省名村”等称号。市镇两级财政投入3.6亿元，建设6个美丽幸福村居市级特色连片示范区。

4.创新开展魅力小城建设。在全市选择32条示范道路和10个示范片区，推进镇街、园区魅力小城建设。截至2018年底，完成9条示范道路建设，8个魅力小城示范片启动项目建设。

四、巩固加强乡村治理能力

1.实施“头雁”工程。2018年，东莞市启动新一轮35个软弱涣散村（社区）党组织整顿工作，从市直有关单位选派35名“第一书记”驻村开展整顿。举办4期培训班，对村（社区）党工委书记培训实现全覆盖轮训。加强后备队伍建设，按照1：2的比例配齐592个村（社区）党工委书记储备人选。

2.明晰基层三大组织职能边界。制定印发《村（社区）党工委、村（居）委会、经联社职责清单》等3份村级小微权力清单，规范和明确村（社区）各组织及其干部的职责。

3.推进基层社会协同共治。拓宽外来人口参与社区治理渠道，全市选配非户籍村（居）党支部委员会和村（居）民委员会成员102名，其中非户籍村（居）委会委员79名。选取39个村（社区）开展城乡社区协商试点，讨论协商议题867项。

4.推进基本公共服务能力提升。全市32个镇街和松山湖园区、592个村（社区）全面建成基本公共服务平台，打造一站式便民服务平台。开展民主法治宣教服务，建成市、镇、村三级公共法律服务平台网，实现一村（社区）一法律顾问工作全覆盖，全市村（社区）基本达到市级“民主法治村（社区）”创建标准。

五、弘扬传承乡村优秀文化

1.推进文明美丽村居试点建设。2018年，东莞市加快“文明积分进万家”试点村创建，以中堂潢涌村、石碣桔洲村、凤岗雁田村等3个全国文明村为试点，探索构建文明积分体系和积分兑换平台，建立市民文明档案。培育一批家庭文明建设试点，弘扬以孝德文化为核心的优秀家风。

2.实现基层综合性文化服务中心全覆盖。全市所有村（社区）均建成综合性文化服务中心，并通过验收评估。

3.加强乡村文物保护利用。推荐申报第十一批市级文物保护单位8个，开展茶山寒溪水罗氏宗祠等一批乡村文物修缮工程。

4.丰富文化惠民活动供给。推动公共文化活动向村（社区）下沉。截至2018年底，全民艺术普及行动计划举办精品演出294场，镇街自主演出335场，开办公益文艺培训班183个。（黄椿颖）

2018年11月20日，东莞市秋收仪式在东城街道举行　（市农业农村局供图）

争当排头兵

FIGHT FOR THE LEAD

东江梨川大桥　（高埗镇供图）

编辑：姚少华

世界、亚洲之最

【世界第一跨径钢箱梁悬索桥合龙】 2018年5月25日，世界跨径量最大的钢箱梁悬索桥广东虎门二桥合龙，该桥由176片钢箱梁拼接而成。

【全球速度最快的小型六轴工业机器人获创新产品奖】 2018年7月3日，在中国国际机器人展览会上，东莞市的广东天机机器人TR8获得“创新产品奖”。天机机器人TR8在全球同等规格的小型六轴工业机器人中速度最快、防护等级最高，是小型轻量化六轴机器人领域的创新和突破。

【全球第二台新一代月球车等比例车模在东莞市凤岗镇公开亮相】 2018年8月22日，新一代月球车等比例车模在东莞市公开亮相，并由东莞企业获得独家生产授权。该车模全球只有2台，第一台于8月15日在北京探月工程发布会上亮相，第二台在东莞市凤岗镇公开。

【东莞市运动员在第十八届亚洲运动会上获冠军】 2018年9月1日，在印度尼西亚雅加达举办的第十八届亚洲运动会上，东莞市运动员惠子程（男子50米步枪三姿），黄文威、曾冰强、肖海亮（男子3人篮球），王凯华（20公里竞走），赵睿、董潮麟（男篮），李月汝（女篮）8名选手获冠军，为中国摘取5枚金牌。

【东莞市企业研发的分散染料污水连续染色技术达到国际领先水平】 2018年11月6日，《羊城晚报》报道称：东莞市企业研发的分散染料污水连续染色技术及装备获中国纺织工业联合会、中国环境保护产业协会等行业专家学者认可，该技术实现99.5%节水率，基本实现无废水排放，整体技术达到国际领先水平。

【世界最大水下铁路盾构——佛莞城际铁路狮子洋隧道施工获得突破】 2018年11月30日，世界最大水下铁路盾构——佛莞城际铁路狮子洋隧道“狮子洋号”盾构完成1800米狮子洋中段掘进，标志着作为佛莞城际铁路全线控制性工程的狮子洋隧道取得阶段性施工成果，也标志着“狮子洋号”超大断面盾构施工技术取得重大突破。

全国之最

【东莞市在全国最先实现市镇两级人大代表身份信息全覆盖】 2018年1月4日，东莞市2352名市镇人大代表全部通过室外（内）宣传栏、代表服务联系卡、微信公众号等多种方式公开身份信息，让村（社区）群众形成“有事代表沟通零距离”氛围，率先在全国实现市镇两级人大代表身份信息公开全员覆盖。在此基础上，东莞市人大常委会于7月全面实施人大代表身份信息公开工作，至年底，440名市人大代表通过代表工作室、选区公告栏、代表服务联系卡、微信公众号等多种方式，公开代表身份信息。

【东莞市成为国内唯一出台“无理由退房”政策的城市】 2018年1月11日，东莞市发布《关于推广使用〈东莞市商品房认购书（范本）〉的通知》，规定：买家在楼盘认购后，2天内可无理由退定。该规定从3月1日起实施，东莞市因此成为国内唯一出台“无理由退房”政策的城市。

【中国首个“智能制造全产业链应用解决合作创新平台”】 2018年1月18日，东莞市举行“升级中国智造——2019中国智能制造全产业链应用大会”。会上推出中国首个“智能制造全产业链应用解决方案合作创新平台”。

【东莞市入选国内城市政商关系排行榜首位】 2018年2月26日，中国人民大学国家发展与战略研究院发布国内首份城市政商关系排行榜——“中国城市政商关系排行榜（2017）”，东莞市政商关系健康指数排名居首位。

【唯一获全国第四批“全国法治县（市、区）创建活动先进单位”——东莞市长安镇】 2018年6月5日，东莞市长安镇被全国普法办公室授予第四批“全国法治县（市、区）创建活动先进单位”称号，是全国唯一获此殊荣的镇，是东莞市继石龙镇之后第二个获此称号的镇街。

【东莞市当选2017—2018年度转型升级智慧城市】 2018年7月31日，中国网刊发《2017—2018中国新型智慧城市建设与发展综合影响力评估结果出炉》，东莞市当选2017—2018年度转型升级优秀智慧城市。

【全国第一个拥有全自动机器人设备的分拣中心】 2018年9月4日，21·京东BD研究院发布《洞察无界零售未来之城：潜力无限粤港澳大湾区城市群》报告，全面展示无界零售下的粤港澳大湾区城市群图谱。京东在东莞市麻涌镇设立的分拣中心是亚洲建筑规模最大、自动化程度最高的现代化智能物流项目之一，也是全国第一个拥有全自动机器人设备的分拣中心。

【东莞市获全国“纺织行业创新示范集群”称号最多的城市】 2018年9月15日，在河北省举行的全国纺织产业集群工作会议上，东莞市大朗镇因在产城融合、织交会转型和推动“互联网+”等方面不断创新，被授予全国“纺织行业创新示范集群”称号，虎门镇亦获得这一称号，在全国12席创新示范集群榜单中，东莞占2席。

【东莞市16岁女孩王淑仪获全国射击总决赛女子10米气步枪冠军】 2018年9月23日，在全国射击总决赛女子10米气步枪决赛中，东莞市虎门镇16岁女孩王淑仪以24枪，249.4环成绩夺得冠军。

【东莞市获全国“综合实力千强镇”排名最多的城市】 2018年10月8日，2018年中国中小城市科学发展指数研究成果发布，其中“2018全国综合实力千强镇”榜单中，东莞市15个镇跻身全国综合实力千强镇前100名，长安镇、虎门镇连续4年进入百强镇前10名，其中长安镇排全国第七名，虎门镇紧随其后列第八名。此次广东省有120个镇登上千强榜，东莞市占据28个，数量居全省之首，并且全部位于前400强。

【国内公园最多、绿化率最高的城市】 2018年10月10日，东莞

京东华南智能机器人分拣中心（麻涌镇供图）

水濂山森林公园　　　　（南城街道供图）

市统计局发布改革开放40年东莞节能降耗和绿色数据发展研究报告。报告显示：2017年规模以上工业企业光伏发电接近7000万千瓦时；空气优良天数比2013年增加55天，灰霾天数减少48天；“十一五”“十二五”时期东莞市单位工业增加值能耗分别下降36.4%和38.8%；东莞成为国内公园最多、绿化率最高的城市。

【东莞市获评“2018‘中国会展之星’”品牌展会金奖】 2018年11月8日至12月18日，第十五届中国会展行业高峰论坛暨改革开放40周年中国会展之星颁奖盛典在苏州市举行，其中在东莞市举行的广东21世纪海上丝绸之路国际博览会被评为2018“中国会展之星”品牌展会金奖。

【全国首个商事制度改革体验馆】 2018年11月21日，东莞商事制度改革体验馆开馆，动态展示东莞市作为全国首批商事制度改革试点城市取得的成果。该馆面积1500平方米，开办企业在智慧政务体验厅仅需1个工作日即可完成。这是全国首个商事制度改革体验馆。

【全国首个以政府向律师事务所购买矛盾纠纷调解服务方式的地级市】 2018年11月30日，全市进驻专职人民调解员的13个公安分局同时举行“驻所人民调解”揭牌仪式，率先在全国地级市全面铺开矛盾纠纷调解新模式，以政府向律师事务所购买矛盾纠纷调解服务方式，选派552名法律专业人员到125个公安派出所充当人民调解员。

【国内首宗特大新型勒索病毒破坏计算机信息系统案】 2018年12月5日，东莞市网警24小时内侦破“12·5”特大新型勒索病毒破坏计算机信息系统案，抓获病毒研发制作者1名，缴获木马程序和作案工具一批。该案为国内首宗该类型案件。

【全国首笔通过“虚拟账户”领取执行款】 2018年12月21日，全国首笔通过“虚拟账户”领取执行款的交易在东莞市完成。东莞市第一人民法院在全国首创执行款“虚拟账户”领取模式，申请执行人无需到法院领取执行款，只需带资料去银行即可，领到钱时间缩短半个月。

粤港澳大湾区之最

【首届粤港澳大湾区电竞产业发展与合作论坛举办】 2018年10月27日，首届粤港澳大湾区电竞产业发展与合作论坛在东莞市举办。该论坛以大湾区电竞产业发展之路为主题，旨在加快电子竞技项目体育产业化、规范化、产业化进程，促进中国电子竞技产业与传统智力密集型产业的交流和合作，进一步推广和普及“竞技+娱乐”模式在互联网上网服务行业的落地应用，并对如何打造集赛事、场所、培训和服务于一体的具有中国特色的电子竞技全产业链体系作深入探讨。

【首届粤港澳大湾区生态文明建设高峰论坛举行】 2018年11月27日，首届粤港澳大湾区生态文明建设高峰论坛在东莞市举行。该论坛以生态文明建设为主题，坚持绿色发展理

2018年11月27日，首届粤港澳大湾区生态文明建设高峰论坛在东莞市举行　　（市科协供图）

念，发挥粤港澳大湾区的区位优势和桥梁纽带作用，发展循环经济、保护生态环境，助推生态文明发展。论坛上，中国科学院院士、中国科学院生态环境研究中心研究员傅伯杰在论坛上作题为《生态系统服务与生态文明建设》的专题报告。在圆桌论坛环节，中国环境科学学会副理事长、博士张世文，中国农业科学院农业资源与农业区划研究所研究员、博士马义兵，清华珠三角研究院固体废物处置与土壤修复研发中心博士杜伟，香港环保回收业总商会主席罗耀荃，澳门环保产业协会创会常务理事、副理事长，澳门绿色环境学会创会理事长、博士陈荣等，结合实际，就开展水、土壤、空气的修复治理，以及开展环保宣传教育、提高人的环保意识等方面进行交流。东莞市副市长刘炜在致辞中介绍东莞通过产业转型升级，对水、大气、土壤的治理全面提升生态文明建设水平等方面做出的努力。东莞市环境科学研究所邓杰帆介绍“综合生态修复技术原理和系统构建研究”进展。

2018年6月15日，东莞市举行“警保联动·保险引导员”交通巡查便民服务启动仪式 （程永强 摄）

广东省之最

【全省首个成立网络安全和信息化机构的地级市】 2018年1月11日，中共东莞市委网络安全和信息化委员会办公室揭牌成立，为全省首个成立网络安全和信息化机构的地级市。

【全省首个高速公路充电服务全覆盖的地级市】 2018年1月25日，东莞市麻涌充电站举行“电力·擎动未来”高速公路（东莞）充电站全覆盖启动仪式，标志着东莞市成为全省首个高速公路充电服务全覆盖的地级市。

【全省唯一上榜“公立医院综合改革成效较为明显”的城市】 2018年5月3日，国务院办公厅发布《关于对2017年落实有关重大政策措施真抓实干成效明显地方予以督查激励的通报》，东莞市为广东省唯一上榜“公立医院综合改革成效较为明显”城市。

【全省首个推出“警保联动·保险引导员”交通巡查便民服务措施的城市】 2018年5月15日，东莞市推出“警保联动·保险引导员”交通巡查便民服务措施，是广东省首个推出该措施的城市。是日起，骑着微型电动车的保险引导员会在早晚高峰期沿街巡查，发现交通事故，主动为事故各方车主提供拍照取证、指引车辆移离、协助报案、现场查勘、损失评估、指导责任划分、组织调解、现场理赔、协助施救、后续索赔指引和协助换胎等服务。

【全省首个电网负荷突破1500万千瓦的地级市】 2018年5月23日16时18分，东莞市电网负荷创历史新高，达1504.05万千瓦，比上年最高负荷增长0.53%，成为广东电网首个突破1500万千瓦的地级市。

【全省首个乡镇人大工作示范点——东莞市大朗镇】 2018年6月21日，广东省首个乡镇人大工作示范点——东莞市大朗镇人大工作示范点揭牌，广东省人大常委会主任李玉妹参加揭牌仪式。

【全省首个横渡英吉利海峡的挑战者——东莞高埗镇体育运动员陈苏伟】 2018年8月3日，东莞市高埗镇运动员陈苏伟历时11小时8分钟横渡英吉利海峡，成为广东省第一个、国内第三个成功横渡英吉利海峡的挑战者，并刷新中国史上用时最短的挑战纪录。

【东莞市连续4年蝉联省男子篮球联赛总冠军】 2018年9月11日，广东省男子篮球联赛总决赛在东莞落下帷幕。东莞队获2018广东省男子篮球联赛总冠军，连续4年赢得省联赛总冠军。

【东莞市服务业增加值连续14年居全省地级市第一位】 2018年9月30日，东莞市统计局发布改革开放40年来东莞服务业发展情况报告。报告显示，40年来，东莞服务业增加值从1978年的7106万元增加到2017年的3964.65亿元，连续14年居全省地级市第一位。

【东莞、韶关对口帮扶在建项目位列全省第一位】 2018年11月30日，“2018年（东）莞、韶（关）产业共建项目集中动工暨招商项目集中签约仪式”在广东省韶关市曲江经济开发区举行，全部85个项目计划投资额超280亿元。东莞、韶关在全省8对对口帮扶市中，在建项目位列第一位。

大事记（2018年）

CHRONICLE OF MAJOR EVENTS IN 2018

旗峰公园　（东城街道供图）

编辑：姚少华

1　月

3—5日　受商务部和国家发展改革委员会委托，由北京大学国家发展研究院组织的评估组对东莞市构建开放型经济新体制综合试点试验工作进行终期评估。评估组对东莞市试点试验工作给予肯定。市长梁维东接见评估组一行。

4日　东莞市政府常务会议审议通过《东莞市发展学前教育第三期行动计划（2017—2020年）》。根据计划，到2020年，东莞市学前教育毛入园率99.8%；各镇街（园区）至少办有2所镇办幼儿园，其中市一级以上幼儿园1所。

5日　东莞市政府与中国冶金科工集团有限公司签署战略合作协议，双方将在片区综合开发、基础设施建设、生态环保等六大领域展开全方位合作。

7日　“2018东莞市民摄影周开幕暨《乌颜色》新书首发活动”在同沙生态公园举行。摄影周推出30多个摄影展，在同沙生态公园、市文化馆、市规划展览馆、东莞展览馆、东莞图书馆、市行政办事中心、东城展览馆、泰库文化创意产业园等8个场馆（地）同步展出。

△　广东省公安厅通报，东莞等11个地市公安机关在13个省区市同步开展“安网20号”打击手机APP新型网络诈骗专案收网行动，打掉涉案公司21家，其中东莞警方将某易科技有限公司诈骗团伙全部抓获。

8日　东莞市政府常务会议审议通过《2018年东莞市“倍增计划”试点企业遴选工作方案》。全市拟遴选试点企业250家，名誉试点企业N家（不限数量）。

9日　“2018年昭通·东莞扶贫协作工作联席会议”在东莞市召开，总结部署扶贫协作工作，共商昭通脱贫攻坚计划。

△　世界最宽钢箱梁悬索桥——广东虎门二桥大沙水道桥合龙。

2018年1月7日，2018东莞市民摄影周开幕暨《鸟颜色》新书首发式在同沙水库举行 （市委宣传部供图）

10日 中共东莞市第十四届委员会第五次全体会议召开。会议明确2018年重点工作：突出深化供给侧结构性改革，突出打造创新型一线城市，突出构建开放型经济新体制，突出实施园区统筹组团发展战略，突出加强生态文明建设，突出促进社会和谐善治；推动全面从严治党向纵深发展。

12日 中共东莞市委常委会会议审议通过《关于创新体制机制加快轨道交通建设发展的若干意见》及相关配套文件。东莞市将进一步突出轨道交通在中心城区的通勤作用，突出“以地筹资”和TOD综合开发，最大限度发挥轨道交通在城市品质提升的综合效益。

△ 东莞市机器人技术服务平台揭牌，未来3年东莞将投入6000万元全力打造全省首个工业机器人市级创新平台，为东莞智能制造业发展提速。

△ “2018粤港澳大湾区农特品牌新零售节暨东莞对口扶贫成果博览会”大型电商活动在万江街道举行。

13日 “莞香花开——2018东莞文化年历启动暨百名书法家挥春送‘福’公益活动”在东莞市文化馆举行。

△ 东莞市统计局被人力资源和社会保障部、国家统计局评为“全国统计系统先进集体”。东莞市统计局是此次全省唯一获奖的市级统计局。

15日 “2017年‘松湖杯’创新创业大赛总决赛暨颁奖仪式”在东莞理工学院举行。东莞赛微微电子有限公司、术康医疗国际分别获企业组和团队组第一名。

16日 东莞市政府与中国建设银行广东省分行签署战略合作框架协议，共同推动租购并举住房制度在东莞落地。

△ 东莞市产业基金签约仪式在市行政办事中心举行。签约项目包括市产业投资母子基金、粤莞科技创新股权投资母基金、镇街（园区）合作基金、产学研投一体化基金等，基金总规模超150亿元。

△ 东莞市发布《东莞市建设区域中心医院行动计划（2018—2022）》。按照计划，

2018年1月13日，“莞香花开——2018东莞文化年历启动暨百名书法家挥春送‘福’公益活动”在东莞市文化馆举行 （市文化广电旅游体育局供图）

到2022年，东莞市东部中心医院、东莞市东南部中心医院、东莞市水乡中心医院全部达到三级甲等综合医院水平。

17—19日 政协第十三届东莞市委员会第二次会议在市会议大厦召开，439名政协委员出席会议。市政协副主席、党组副书记邓流文作政协第十三届东莞市委员会常务委员会工作报告，市政协副主席蒋小莺作关于提案工作情况的报告。

18—20日 东莞市第十六届人民代表大会第三次会议召开，市长梁维东作政府工作报告。会议选举戚优华为市监察委员会主任；表决通过《关于东莞市人民政府工作报告的决议》等6个决议。

△ 中国家具产业互联网创新大会在东莞市举行。

△ 东莞市政府发布“2018年10件民生实事”，内容涵盖医药改革、交通整治、社会治安、污染治理、食品安全、优化教育、养老服务、促进就业、市民安全、文明创建10个方面。其中医药改革首次登上10件实事之首。

20日 东莞市政府召开新闻发布会，发布《关于推动美丽东莞建设 满足人民日益增长的优美环境需要的若干意见》。力争2020年底前“美丽东莞”建设重点项目基本完工，全方位提升东莞市城市综合承载力和区域竞争力。

25—26日 第三届全国社会治理创新经验交流会在北京市召开，东莞市第三次被评为“全国社会治理创新优秀城市”，《东莞创新推进平安建设促进会 不断完善基层治理新格局》入选“全国社会治理创新典范案例”。

25日 “2017年第四季度‘东莞好人’”名单发布。全市有13人上榜，其中助人为乐类3名、见义勇为类6名、敬业奉献类3名、孝老爱亲类1名。

27日 东莞市援疆纺织项目——投资近10亿元的新疆东纯兴集团二期东恒兴30万锭全面达产。该项目从2017年3月10日开工建设，到全面达产比原计划提前18天。该项目达产后可创造就业岗位1600个，年产量4.75万吨，年产值14.39亿元。

30日 东莞市首次在香港举办“人才东莞”推介会，宣讲东莞市创新创业环境。

2 月

2日 中共东莞市委常委会会议审议通过《东莞市推动非户籍人口在城市落户实施方案》，取消从2010年10月开始施行的积分入户政策，实施参加城镇社会保险满5年且办理居住证满5年的“两个五年”入户条件。

6日 东莞市扫黑除恶专项斗争工作会议召开，全面贯彻落实中共中央和广东省扫黑除恶专项斗争部署。

8日 东莞市政府常务会议审议通过《东莞市2018年度水污染防治工作方案》《东莞市打通“断头路”工作实施方案》。计划到2018年底，全面消除城市建成区黑臭水体，用5年时间打通一批跨镇区的“断头路”。

△ 东莞市环莞快速路二期建成通车。环莞快速路二期从厚街镇博览大道到长安镇莲湖路，途经厚街、虎门、长安3个镇及大岭山森林公园，全长22.3千米。

22日 市委副书记、市长梁维东先后到望牛墩镇魅力小城示范区、水乡新城、穗莞深城际东莞西站走访调研有关项目进展情况。

23日 “2019男篮世界杯预选赛”在东莞市进行焦点战，中国男篮以73比82负于新西兰队。

24日 广东省省长马兴瑞率队到东莞市调研，先后考察中国散裂中子源园区、材料科学与技术广东省实验室、华为机器有限公司，主持召开广东省实验室建设工作座谈会，听取广州、东莞等市和省科技厅相关情况汇报。

△ 第九届中国篮球协会工作会议在东莞市举行。

27日 东莞市深化创新驱动、推进高质量发展工作会议召开。

△ 东莞市政府与英国诺丁汉大学在东莞签订研究生联合培养合作意向书，东莞理工学院与诺丁汉大学签订“联合培养博士计划”。

2月 梁维东任中共东莞市委书记。

2018年2月27日，东莞市召开全市深化创新驱动、推进高质量发展工作会议

（郑家雄 摄）

3 月

1日 东莞市实施用人单位失业保险浮动费率制度。该政策实施后，将为企业减负超10亿元。

4—5日 麻涌镇和大朗镇同时举行“我要上奥运”全国3人篮球擂台赛暨2018年亚运会、亚洲杯及U18亚洲杯国家队选拔赛。

5日 东莞市中外运石龙码头外贸海运业务启动，“宝丰333”号启航途经中国香港地区驶往欧洲。标志着东莞石龙口岸水运外贸航线开通。

6—7日 全国技术性贸易措施研究评议基地运行机制现场会在东莞市举行，来自全国17个省市的研究评议基地人员就基地建设、存在问题、推进措施和建议进行研讨。

7日 全国人大代表、东莞市唯美陶瓷董事长黄建平参加第十三届全国人大第一次会议，并作题为《以党建文化引领民营企业文化建设，打造高质量可持续发展的核心竞争力》发言。

9日 松山湖青少年活动中心由东莞市青少年活动中心托管，分中心以公益为发展定位，实施普惠性。这是东莞市首个公益性校外教育托管。

10—11日 “2018年中国龙舟公开赛（东莞·麻涌站）”在东莞市麻涌镇举行，来自全国30多支顶尖队伍展开角逐。麻涌镇漳澎村海昌龙舟队包揽甲B组4项冠军。

13日 东莞市中级人民法院与东莞市妇联联合举办家事调查员受聘仪式，首批84名家事调查员持证上岗。

15日 世界最大跨径钢箱梁悬索桥的虎门二桥坭洲水道桥，实现主跨首节钢箱梁吊装。

△ 东莞（北京）协同创新中心（点栈创业工场）在北京市清华同方科技广场揭牌落成。首批14家公司（项目）举行入驻授牌仪式，并为来自北京和东莞两地的12名创业导师颁发聘用证书。该协同创新中心是开放式、协同式、跨区域全要素融合的创新创业合作平台，以全国高端创新创业核心区和发源地的北京为支点，依托东莞强大的加工生产能力和产业集群基础。

16—20日 第39届国际名家具（东莞）展览会在东莞市厚街镇举办。展览面积77万平方米，吸引美国、意大利等国家和地区1275家品牌家具企业参展，来自150多个国家和地区的13万名专业观众入场参观洽谈。

19日 由广东省河长制办公室、省东江流域管理局主办的首届东江流域河长制、湖长制工作联席会议在东莞市举行。广州、深圳、东莞、韶关、惠州、河源六市河长制办公室负责人现场就建立东江流域河湖管护区域联动机制，协调解决跨界河湖管理保护问题进行交流。

△ “2018海外金融科技创新投资峰会（东莞站）”在东莞市松山湖举行。松山湖基金小镇与美国马萨诸塞州资本合作中心签订战略合作协议。

21日 中共东莞市委常委会（扩大）会议召开，传达贯彻中共中央总书记、国家主席习近平重要讲话精神和全国两会精神，研究贯

2018年3月15日，虎门二桥坭洲水道桥实现主跨首节钢箱梁吊装
（程永强 摄）

2018年3月16日，第39届国际名家具（东莞）展览会在厚街镇广东现代国际展览中心开幕
（厚街镇供图）

彻意见。

△ "2018年俄罗斯、阿根廷商品展推介大会"在东莞市商务局举行，来自俄罗斯和阿根廷的展会主办方邀请东莞企业参展。

23日 东莞市滨海湾新区规划建设工作领导小组会议召开，审议通过滨海湾新区概念性规划总体思路、发展总体规划和城市总体规划日程安排。

26日 市委副书记张科率队到香港，与相关行业协会、企业以及香港特区政府部门交流对接，并签署系列协议。

28日 中共中央政治局委员、广东省委书记李希到东莞市高埗镇、大朗镇、东城街道、南城街道和松山湖高新区，深入企业、科研机构、水污染治理现场，就深入学习贯彻中共中央总书记、国家主席习近平参加广东代表团审议时的重要讲话精神进行调研。

29日 广东省人力资源和社会保障厅与东莞市人民政府联合举行东莞市（第九届）校企合作洽谈会。东莞市1100多家重点企业携带近9万个岗位需求，与来自全国260多家院校对口帮扶地区、公共就业服务机构洽谈对接。

△ 全国妇联党组书记、副主席、书记处第一书记宋秀岩率队到东莞市天安数码城"妇女之家"开展调研。

29—30日 东莞市第十六届人民代表大会第四次会议在市会议大厦开幕。经大会选举，梁维东当选为市人大常委会主任，肖亚非当选为市人民政府市长。

4 月

3日 东莞市推进美丽东莞建设工作会议召开。中国散列中子源周边道路升级改造、清溪"古韵铁场村"等10个项目集中签约，投资总额1118亿元。

4日 东莞市政府常务会议审议通过《〈东莞市热电联产规划（2018—2025）〉（2018年修编版）的请示》等事项。

2018年4月19日，第十届中国加工贸易产品博览会在广东现代国际展览中心举行 （厚街报社供图）

8日 东莞市人大常委会首次召开新闻发布会，通报市人大常委会2018年立法、监督以及讨论决定重大事项等工作计划情况。

△ 东莞理工学院与东莞市社会保障局签订战略合作协议书，双方将共建"智能医疗大数据工程实验室"，共同培养智能医疗领域优秀应用型人才。

9日 东莞市"小个专"（小微企业、个体工商户、专业市场）党建工作专题片《串起散落的红珠》，被中央组织部评为"第十四届全国党员教育电视片观摩交流活动"二等奖。

10日 东莞市政府常务会议审议通过《东莞市研究生联合培养（实践）工作站实施管理办法》等事项。

12日 "2018外国专家组织海外高层次人才项目（广东·东莞）对接洽谈会"在东莞市举办。邀请近50个有影响力的外国（境外）专家组织代表与项目需求单位进行现场对接，交流研讨如何加强和改进海外人才引进工作。

△ 市委书记梁维东、市长肖亚非到市工商联、世界莞商联合会宣传贯彻中共中央总书记、国家主席习近平参加第十三届全国人大一次会议广东省代表团时的讲话精神，并与企业家代表座谈交流。

16日 滨海湾新区3个专项规划工作领导小组会议召开，审议通过《滨海湾新区产业发展等三个专项规划工作推进方案》。

17日 "2018广东（东莞）——欧洲科技商贸文化合作洽谈会暨中科信息港开园及国际科技商务平台"进驻仪式，在东莞市石龙镇举行。

△ 全长1145米的穗（广州市）、莞（东莞市）、深（深圳市）城际轨道中堂站特大桥贯通。

18日 东莞市蓝天保卫战动员大会召开，下发《东莞市蓝天保卫战行动方案》，明确7个方面32项具体行动任务。

19—22日 "2018中国加工贸易产品博览会"在东莞市厚街镇广东现代国际展览中心举办，来自24个省市698家企业参展，接待观众10.3万人次，达成商贸合作项目8150个，意向成交金额超1000亿元。

20日 香港立法会大湾区访问团到东莞市考察，市长肖亚非会见访问团一行。

△ 国际（东莞）智能终端产业知识产权保护论坛在东莞市举行。业内专家在论坛上共同探讨、交流智能终端产业发展态势和知识

产权保护情况。

28日　东莞市发布《关于调整我市个人住房公积金贷款部分政策的通知》。自5月1日起在东莞市使用公积金贷款购买首套自住住房的，最高贷款额度由80万元提高至120万元，二套房最低首付比例由三成提高至四成，最高贷款额度为80万元。

△　中共东莞市委全面深化改革领导小组会议审议通过《东莞市推进中小学校集团化办学实施方案》。

5　月

3日　东莞市召开全面深化改革工作会议，印发《中共东莞市委关于加快推进新时代全面深化改革的意见》征求意见稿，为深化重点领域改革列出时间表和路线图。

4日　中共东莞市委常委会议召开，传达贯彻全省乡村振兴工作会议精神和全省农业工作暨现代农业产业园、农业供给侧结构性改革基金推进会精神，传达贯彻全省党内法规备案审查工作会议精神，审议通过《关于我市深化人才发展体制机制改革的实施意见》。

△　“2018年东莞青年艺术家圆梦行动暨土一豪视觉艺术展”在东莞市举办。

5—7日　为期3天的第三届全国基础教育信息化应用展示交流活动在北京闭幕。东莞市作为广东唯一地市级代表参加活动，以“东莞慧教育 · 莞式慕课构建教育新生态”为主题，展示通过“互联网 + 教育”在促进教育公平、均衡、优质发展方面所取得的成果。

7—9日　“2018华南国际电线电缆展览会”在东莞市虎门镇举行，来自美国、德国、秘鲁等海内外187家企业参展。

8日　东莞市举行庆祝改革开放40周年系列活动之大型声乐组歌——《时代交响——献给产业工人之歌》，500多名产业工人代表观看演出。

△　由广东省动漫行业协会等机构主办“我们不一样——动漫食品发展论坛”在东莞市举行，来自全国众多行业大咖齐聚一堂，围绕动漫食品（休）闭环（境）生态链条打造、动漫食品行业新机遇、把握动漫食品发展趋势进行深度探讨。

8日　东莞市印发《东莞市“散乱污”企业专项整治实施方案》，推进“散乱污”企业淘汰整治工作。

8—10日　广东省人大常委会副主任王衍诗率队赴深圳、东莞、惠州三市开展重点跨市域河流污染整治情况调研督办。

8—11日　第23届北京 · 埃森焊接与切割展览会在东莞市举办。

9日　中共东莞市委常委会会议审议通过《关于进一步促进有效投资增长的实施意见》。

△　东莞市发布《关于进一步加强和完善新建商品住房销售价格备案管理的通知》，对原限价政策进行调整。

△　IFWT2018国际焊接论坛——“创新智造、焊接切割”在东莞市举行。该论坛是广东省科协2018年《岭南科学论坛》系列活动之一，以“创新智造、焊接切割”为主题。来自国内外焊接界专家、学者、科研人员、大专院校师生200余人参加。

10日　东莞市召开乡村振兴工作会议，贯彻落实中共中央总书记、国家主席习近平“三农”（农业农村经济发展战略、农业农村经济发展要富裕农民、农业农村经济发展要靠深化改革）思想和参加广东代表团审议时的重要讲话精神，以及中共中央政治局委员、广东省委书记李希到东莞市调研指示要求、中央农村工作会议、全省乡村振兴工作会议精神，对全市实施乡村振兴战略进行全面动员部署。

△　国务院学位委员会印发《关于下达2017年审核增列的博士、硕士学位授予单位及其学位授权点名单的通知》，东莞理工学院增列为硕士授予单位，设计算机科学与技术、工程硕士2个授权点。

11日　东莞滨海片区园区统筹组团发展第二次联席会议在东莞市厚街镇召开，审议通过《滨海片区组团参加全市产业招商大会工作方案》。

12日　东莞市茶山镇“茶园游会”祈愿纳福大巡游、广东省非物质文化遗产展示系列活动之东莞市首届非遗亲子嘉年华上演。

12—13日　东莞市启动校外培训机构专项治理，检查校外培训机构76家。

13日　东莞市第十六届人大常委会第十四次会议召开，审议通过《东莞市出租屋治安与消防安全管理条例（草案修改稿）》。

14—16日　江西省学习考察团到广东省考察交流。其间，考察团一行到东莞市了解中国散裂中子源项目、智能机器人研究院等情况。

15日　东莞市召开生态环境部门约谈问题整改工作会议、河涌水环境综合整治工作推进会。

△　由东莞市商务局主办、波士顿科技创投中心承办的“中美智能制造产业合作交流会（中国东莞）”举行。交流会期间，广东站成研创科技有限公司与加州机器人初创公司OhmniLabs、特拉华C股份有限公司Robilis签署《智能城市综合城战略合作意向书》。

16日　东莞市政协第十三届第八次常委会议召开，市政府通报广深科技创新走廊（东莞段）建设进展情况。

△　东莞市妇幼保健专科联盟成立。该组织是东莞市规模最大、涉及面最广、参与医疗机构最多的医联体。

△　东莞市召开企业信用体系建设联席会议第二次会议，部署推动信用信息共享应用，完善守信激励和失信惩戒机制等。

△　以“全域旅游，美好生活”为主题的2018年“中国旅游日”东莞主题活动在东莞市清溪镇启动，启动仪式上对一批农旅融合

试点项目授牌。

17日 “2018中国记协‘走转改’（走基层、转作风、改文风）活动”一行抵达东莞市，来自中央及各省、市主流新闻媒体资深编辑记者前往中国散裂中子源园区与松山湖国际机器人产业基地进行采访调研。

△ 东莞市政府常务会议审议通过《深入推进企业高质量倍增发展助力构建现代化经济体系工作方案》等事项。

△ 东莞市2018年第一季度“东莞好人”发布仪式在黄江镇举行，为8名“东莞好人”颁发证书和纪念品。

17—20日 “2018年全国盲人柔道锦标赛”在东莞市举行，13个省（市、自治区）代表队87名盲人运动员参加比赛。

18日 东莞市召开深入实施商标品牌战略工作会议，发布《关于深入实施商标品牌战略服务更高起点上实现更高水平发展的意见》及相关配套措施。

19日 中科院高能所第十四届公众开放日期间，东莞首次免费向公众开放“中国散裂中子源”园区，活动吸引各行各业1500人参与。

21日 东莞市启动环保专项执法“利剑一号”行动，对非法转移、倾倒、处置固体废物及各类环境违法行为进行打击，对群众反映强烈、环境污染严重、长期得不到解决或屡禁不止重点环境污染问题实行挂牌督办，定期向社会公布挂牌督办事项整治进展情况。

△ 东莞市公布《东莞市促进互联网租赁自行车规范发展的指导意见（征求意见稿）》，加强共享单车服务领域信用管理。

22日 30集电视连续剧《新外来妹的故事》在东莞市举行开机仪式，并在东莞拍摄部分外景。该剧是东莞改革开放40周年文艺创作工程的主打项目、广东省改革开放40周年重点题材剧目和国家百部重点电视剧规划项目。

△ 以东莞市高埗大桥为主线的微电影《桥》开拍。该片讲述20世纪80年代高埗大桥首创“农民集资建桥，过桥收费还贷”模式，体现东莞人敢为人先精神。

22日 东莞理工学院与广东高鑫信息股份有限公司签订科技成果转化合同，完成“一种自适应型风力驱动户外全方位信息展示方法、设备及控制系统”国际专利权转让交易，专利权转移金额150万元。

22—23日 国家最严格水资源管理考核组一行到广东省开展2017年度考核工作。考核组认为：广州、东莞两个第一批水生态文明试点城市全面完成试点任务，形成一套可复制、可推广的经验，对广东省乃至全国水生态文明建设具有示范引领作用。

23日 东莞市政府常务会议审议通过《东莞市生猪定点屠宰场整合方案》等多个文件。

△ 中国连锁经营协会发布《2017中国城市便利店指数》，东莞市名列全国第四位，每1012人拥有一间便利店。

△ 福建、江西、湖南、广西、海南和广东6省区跨省、市际公安特警专业交流活动在东莞市举行。十市200余名特警开展多项战术交流演练。

△ 东莞市公布《关于调整〈东莞市城市规划管理技术规定〉停车配套要求的通知》，上调小区、商业等建筑物汽车配建停车指标。

23—27日 东莞市22名医护人员组成“最美天使志愿者服务队”赴韶关市开展医疗帮扶活动。4天时间内接诊患者1500余人次。

24日 广东省“实体经济十条”（降低企业税收负担、降低企业用地成本、降低企业社会保险成本、降低企业用电成本、降低企业运输成本、降低企业融资成本、降低企业制度性交易成本、支持工业企业盘活土地资源提高利用率、支持培育制造业新兴支柱产业、支持企业开展技术改造）土地扶持政策经验交流现场会在东莞市召开。

25日 “2018年中集智谷杯赢在东莞科技创新创业大赛”在东莞市启动报名。该赛事是东莞市最高规格创新创业赛事，总奖金高达1800万元。

26日 东莞市大岭山镇大沙村一鞋材公司发生气体中毒事故，造成4人死亡。

△ “2018中国城市大会暨中国城市品牌评价排名”发布，首次对全国地级市城市品牌进行评价排名，东莞市名列全国第六。

27—30日 德国商报驻中国首席代表弗朗克·泽林随城市国际传播媒体学者团到东莞市调研。

28日 国贸城杯·东莞第二届非物质文化遗产创意产品大赛启动。

△ 东莞市召开促进莞港澳科技人才交流合作座谈会，来自港澳科技界和产业界22名代表出席。

30日 广东省副省长许瑞生率队到东莞市调研黑臭水体整治和垃圾处置工作，并对中央环保督察指出的环境问题整改情况进行检查督导。

6 月

1日 第十一届东莞国际茶业博览会暨第三届中华爱茶嘉年华在东莞市开幕。

2日 东莞市举办“守护绿水青山，我是行动者”环保志愿者守护家园系列活动，推进环保基础设施向公众开放。

3日 广东省“6·3”虎门销烟纪念日活动在东莞市虎门镇举行，活动通过全息投影技术，用3D光影特效演绎虎门销烟历史场景和全民禁毒工程成效。

△ 以“美丽中国，我是行动者 绿色发展·链动南粤”为主题的广东省纪念环境日公益宣传活动在东莞市举行。

5日 广东省副省长黄宁生率队到东莞市调研广深科技创新走廊建设工作，了解东莞市贯彻落实省委、省政府决策部署，加快推进广深科技创新走廊建设工作有关情况。

△ “美丽东莞你我同行”——2018年“6·5”世界环境日第二届东莞市环境文化节开幕，并公布《2017年度东莞市环境状况公报》。

6日 中共东莞市委常委会会议审议通过《中共东莞市委关于加快推进新时代全面深化改革的意见》和《广深科技创新走廊（东莞段）空间规划》。

△ “不忘初心，重走东纵路”红色旅游活动在东莞市东江纵队纪念馆启动。

7日 市委书记梁维东到长安镇实地督导乌沙社区垃圾填埋场整治工作、人民涌黑臭水体治理工程、茅洲河界河段整治工程。

△ 东莞市召开推动滨海湾新区建设工作协调会，商讨滨海湾新区规划、建设、体制机制方面的问题。

11—13日 市委副书记张科率队到澳门开展交流对接、合作洽谈活动，与澳门经济财政司、澳门基金会、澳门出入口商会、澳门城市大学签署系列合作框架协议。

△ 广东省人大常委会副主任王学成率队到深圳市、东莞市开展自主创新促进条例实施情况执法检查。

12日 东莞市政府常务会议审定《东莞市违法用地、违法建设治理工作方案》，成立东莞市“两违”治理工作领导小组。

△ 东莞市首个市属人才安居项目——“莞寓”汇众项目对外招募。

13日 “2018年东莞市公共机构节能宣传周系列活动暨市行政办事中心充电桩启动仪式”举行。该充电桩是全市最大的示范充电站。

△ 市委书记梁维东会见由

2018年6月5日，“美丽东莞·你我同行”——2018年“6·5”世界环境日第二届东莞市环境文化节开幕（市环保局供图）

加拿大不列颠哥伦比亚省议长达瑞尔·普拉克斯率领的省议会代表团一行，双方就经贸、科技、教育等领域加强合作开展交流。

14日 广东省人大常委会主任李玉妹率队到东莞市麻涌镇华阳湖、东城街道黄沙河同沙段、南城街道白马大氹等地开展黑臭水体整治专题调研。

15—19日 第九届中国（道滘）美食文化节暨名优食品展在东莞市道滘镇举行。

16日 东莞市举办2018年全市安全生产咨询日活动。

18日 《东莞市招商引资重特大项目认定管理办法》和《东莞市招商引资重特大项目奖励办法》出炉。符合条件的项目，最高扶持近2亿元。

19日 东莞市出台《关于促进总部经济发展的若干意见》，新迁入的综合型总部企业最多可获1亿元奖励。

△ 东莞市技师学院中德·校企合作项目签约仪式在东莞市举行，广东省人力资源和社会保障厅与德国联邦劳动局国际部签署《关于中德合作培养高技能人才的备忘录》。

21日 东莞市举行产业招商大会，海内外商界1200人齐聚东莞共谋商机。会上29个重特招商项目签约，协议投资金额超4000亿元。其中，重大产业项目19个、科技创新平台项目5个、城市更新项目5个。

22日 东莞天安数码城“2018年园区创新节暨独角兽倍增论坛”在东莞市举行，来自香港、台湾、北京、广州等20多个城市与地区的400多名企业家，中国电子商会等10多家商会参加活动。

△ 中国社会科学院和《经济日报》社共同发布《中国城市竞争力报告No.16：40年：城市星火已燎原》报告，称：东莞市综合经济竞争力、城市宜居竞争力、可持续竞争力指数分别位居全国第13名、第25名和第29名，较2016年均有提升。

23日 “庆祝改革开放40周年系列活动——2018驻穗领团看东莞”活动在东莞市举行，来自伊朗、巴基斯坦、柬埔寨、苏丹、埃塞俄比亚、韩国等30个国家驻穗领馆198位领事官员及家属齐聚东莞，体验岭南特色人文活动。

△ “2018广东省男子篮球联赛常规赛”第六轮开赛，东莞队以78分赢球分差击败茂名队，创联赛最大赢球分差纪录。

△ “第八届冰心散文奖”

在四川省眉山市揭晓，东莞作家王散木撰写的《好大一棵树——重读吴伯箫散文兼谈散文创作的传承与坚守》获理论奖。

23日—12月29日　东莞市第一届市民运动会举行。运动会以“让运动成为生活方式”“全民健身、健康东莞”为主题，设27个比赛项目，开展650多场配套活动，20多万人参与，实现月月有擂台、周周有活动、天天有比赛。

27日　自然资源部中国地质调查局“海洋六号”船从东莞市东江口海洋地质专用码头起航，执行中国地质调查局深海地质调查第6航次和中国大洋第51航次两项科学考察任务。

28日　南方电网广东东莞纵江变电站配套500千伏线路二期工程竣工投入运营。

△　全市重污染河涌整治工作会议召开，市委书记、市人大常委会主任梁维东出席并讲话。

△　东莞市第一届无人机应用技能展示发布会在市高技能公共实训中心举行。会上，中国航空器拥有者及驾驶员协会（AOPA）设立东莞首个无人机认证考核鉴定场地。

29日　中共东莞市委常委会会议召开，传达学习贯彻中共中央总书记、国家主席习近平对脱贫攻坚工作的指示，传达中央政治局常委、中央纪律检查委员会书记赵乐际在“贯彻落实《中央巡视工作规划（2018—2022年）》推进会”上的讲话和中共中央政治局委员、广东省委书记李希关于环保督察整改工作的批示精神，以及全省生态环境保护暨污染防治攻坚战工作推进会等会议精神，研究东莞市贯彻意见。

△　“2018年广东扶贫济困日暨东莞慈善日”活动启动，市委书记梁维东、市长肖亚非出席启动仪式。

△　东莞市第九人民医院动工建设。总投资3.06亿元，建筑面积6.8万平方米，将于2020年投入使用。

29—30日　“2018广东国际科技商贸文化合作洽谈会暨欧洲多国机构入驻中科信息港揭牌仪式与国际商品体验城启动仪式”在东莞市石龙镇举办。活动以“中欧融合发展新时代　创新实践合作新模式”为主题，欧洲14个国家代表团和东莞市政府领导、企业家代表近250人参会。

30日　副市长喻丽君到黄江镇督导环保工作，重点检查中央环保督察“回头看”案件处理进展情况。

△　“党旗高扬风帆劲，平安东莞谱华章——庆祝建党97周年活动”在黄旗公园举行，东莞市25个商会、协会党支部近千名党员参加。

7　月

1日　中国台湾表演艺术团体“优人神鼓”在东莞市东城周屋创意稻田示范基地敲响《听海之心》。这是《听海之心》在广东省第一次户外演出。

2日　《东莞市举报涉黑涉恶线索奖励办法》发布，对涉黑涉恶举报范围、奖金发放及保密制度等进行介绍，规定对提供涉黑涉恶犯罪线索，涉及的案件被依法定性为犯罪集团或黑社会性质组织犯罪，起直接作用的可奖励20万元。

△　《东莞市教育局关于进一步推进高中阶段学校考试招生制度改革实施意见》印发，拟通过建立健全初中学业水平考试制度、健全初中学生综合素质评价制度、改革招生录取模式、加强考试招生管理等方面内容，全面推动中考改革。

△　国际电气和电子工程师协会（IEEE）宣布，松山湖国际机器人产业基地创始人、教授李泽湘获得2019IEEE机器人与自动化大奖，学生——大疆创新科技有限公司创始人汪滔一同获奖。他们是首个获该奖项的中国学者和企业家。

3日　中共东莞市委第十四届六次全会召开，贯彻落实中共中央总书记、国家主席习近平参加第十三届全国人大一次会议广东代表团审议时讲话精神和广东省委第十二届四次全会精神。会议审议通过《中共东莞市委关于深入学习贯彻落实习近平总书记重要讲话精神争当全省实现“四个走在全国前列”排头兵的意见》《中国共产党东莞市第十四届委员会第六次全体会议决议》。

6—8日　莞、澳两地经贸合作论坛和中国澳门及葡语国家与地区产品推广活动在东莞市举行。

7日　中共广东省委常委、宣传部部长傅华到东莞市调研宣传思想文化工作，实地调研东莞展览馆、华为终端总部、广东东江纵队纪念馆、海战博物馆、麻涌镇华阳湖水环境整治工程等。

9—10日　中共广东省委常委、省纪委书记、省监察委员会主任施克辉到东莞市调研，主持召开惩治涉黑涉恶腐败工作座谈会。

10日　广东省省长马兴瑞到东莞市调研废品污染防治工作，实地调研东莞市医疗废物处理中心、海心沙资源综合利用中心、黄江镇生活垃圾集中压缩中转站建设运行情况。

△　“2018东莞投资人峰会暨企业创新活跃度指数发布会”在东莞市松山湖大学创新城举行，主题为“科技创新、资本赋能、抓住机遇、共赢未来”，吸引广州市、深圳市和东莞市67家投资机构105名投资人参会。这是东莞市首次举办大型投资人峰会。

△　国家税务总局广东省税务局曝光东莞市骏卓制衣有限公司虚开增值税专用发票案，依法追缴骏卓公司税款9900多万元。

11日　“海洋地质八号”科考船在东莞市东江口海洋地质专用码头启航，广东海洋创新联盟首次

2018年7月10日，广东省省长马兴瑞到东莞市调研废品污染防治工作，图为马兴瑞（中）在黄江镇生活垃圾集中压缩中转站调研

（黄江镇供图）

海上联合科学考察活动启动。

12日 东莞市“警医邮”首个服务网点在松山湖揭牌，实现驾驶证换证“一站式”办理，改变以往跑医院、照相馆和交警部门更换驾驶证的方式，驾驶员在邮政网点办理完成即可回家坐等收件。办理时间从1天缩短至10分钟。

△ “2018年赢在东莞全球大数据创新创业大赛”在松山湖启动，吸引全球大数据行业相关创业团队和人才同台竞技，遴选优秀大数据行业高端人才。

△ 东莞市印发《东莞市支持新一代人工智能产业发展若干政策措施》，规定人工智能行业领军人才（团队）带项目入驻东莞，最高可获3000万元资助。

△ 东莞市第四届专项规划与环境艺术委员会审议通过《东莞市历史城区及周边整合策略》等8个项目。

13日 国务院常务会议决定在东莞市等22个城市新设一批跨境电商综合试验区。

14日 “学习杯”全民经典朗读活动广东省决赛在东莞市举行，来自广州市、深圳市、东莞市等地125名选手登台朗读经典。

△ “2018东莞文化四季之‘I Love Art’青少年艺术季”在东莞市文化馆星剧场开幕。其间，将推出12大主题、100项公益文化活动。

17日 东莞市发布《东莞市重点新兴产业发展规划（2018—2025年）》，提出东莞市将发力新一代信息技术、高端装备制造、新材料、新能源、生命科学和生物技术五大重点新兴产业领域。

18日 东莞市政府常务会议召开，传达广东省第三季度防范重特大生产安全事故工作电视电话会议精神，审议通过《东莞市高新技术企业树标提质行动计划（2018—2020年）》《东莞市生活垃圾强制分类工作方案》。

19日 《广东省深化公立医院综合改革行动方案》出台，东莞等5个地级市被列入薪酬制度改革专项试点。

19—20日 广东省政协副主席林雄到东莞市调研，督导市政协开展中共中央总书记、国家主席习近平关于加强和改进人民政协工作的重要思想理论学习研讨活动情况；考察东莞市唯美陶瓷有限公司。

20日 东莞市召开生猪定点屠宰场整合工作动员会，全面部署屠宰场整合工作，落实整合期间肉品质量安全监管责任。

△ 中共东莞市委全面深化改革领导小组第八次会议召开，传达中共中央全面深化改革委员会、广东省委全面深化改革领导小组会议精神，审议通过《关于深化改革全力推进城市更新提升城市品质的意见》《关于实施百万劳动力素质提升工程打造技能人才之都的意见》《东莞市文联改革方案》等文件。

△ 东莞市全面实施企业名称自主申报改革，是全省企业名称申报改革的8个试点地级市之一。实施后，申请人可通过网络自主查询、申报企业名称，系统实时反馈结果。

23日 东莞市出台《失能老年人护理补贴实施方案》，给予失能老人每人每月100元到600元不等的补贴，补贴对象为具有东莞市户籍、评定为1～3级四类失能老年人。

24日 广东省防汛防旱防风总指挥部在东莞市召开全省视频会议，部署进一步做好下半年全省防汛防台风工作。

△ 东莞市推进城市精细化管理新闻发布会召开，通报《东莞市城市精细化管理暂行办法（试行）》实施情况。

26日 东莞市第三人民法院依法对李某等5名被告人参加黑社会性质组织案作出一审判决，分别判处有期徒刑5年6个月至1年8个月不等，并处罚金。

28日 “2018年东莞莞城图书馆第九届晒书大会”开展。

29日 《近代民族英雄》纪念邮票首发暨庆祝改革开放四十周年集邮文化展在东莞市虎门镇海战博物馆开幕。

△ 庆祝中国人民解放军建军91周年暨东莞市公安消防支队成

立30周年成果展举行。

30日 东莞松山湖莞榕生技医疗产业论坛暨“莞榕计划”企业产品发布会在松山湖举行，东莞市政府顾问、松山湖管委会委员以及“莞榕计划”企业负责人、相关企业代表等近100人参会。

△ “东莞—香港”邮路出口邮件业务开通。东莞市出境邮件的清关点延伸至香港机场，实现邮件更快流转。

7月 东莞市东城街道东泰社区和大朗镇松柏朗村被司法部、民政部授予第七批“全国民主法治示范村（社区）”称号。

30日至8月10日 东莞市对用人单位遵守劳动用工法律法规情况进行专项检查，派出检查人员656人次，检查用人单位2479家，涉及劳动者27.72万人。查处违法违规案件238件，其中多数为劳动合同签订不规范以及违反工时、休息休假规定等。

△ 《东莞市集体办幼儿园生均定额经费补助实施方案》印发，明确生均定额经费补助标准为每生每年300元。

△ 东莞市印发《东莞市开展产品质量提升行动实施方案》，提出到2020年全市工业产品质量监督抽查合格率94%以上，重点行业产品质量达到国际先进水平，工业产品质量在全省位居前列，并率先建成广东省乃至全国领先的工业互联网产业示范基地的目标。

8 月

1日 市委书记、市人大常委会主任、东莞军分区党委第一书记梁维东主持召开市委常委议军会议，专题讨论加强“双拥”工作、支持部队建设等有关问题。

2日 国家发展和改革委员会批复同意，珠江三角洲水资源配置工程可行性研究报告。该工程从西江水系向珠三角东部地区引水，其中东莞分干线长3.5千米。

3日 东莞市妇幼保健院引入10台会唱儿歌、跳舞的人工智能机器人。机器人通过“逗笑疗法”，缓解患儿紧张情绪。

△ 东莞市政府常务会议审定《特色人才目录（2018—2019年）》《东莞市全民健康信息化建设三年行动计划（2018—2020年）》等事项。

6日 东莞市出台《东莞市倍增企业全方位全流程诊断服务工作指引》。按照指引，东莞市将向市级“倍增计划”试点企业和协同倍增企业提供智能制造、技术研发、管理提升、资本利用等领域全方位全流程诊断服务，帮助企业实现关键技术突破或解决生产、改造、管理、资本利用等全流程领域问题。

9日 中共东莞市委常委会会议召开，传达贯彻全省打好防范化解重大风险攻坚战工作推进会、全省实施乡村振兴战略工作推进会、全省建立政府向本级人大常委会报告国有资产管理情况制度座谈会、全省推进县乡人大工作座谈会精神，审议通过《中共东莞市委、东莞市人民政府关于进一步加强城市规划建设管理工作的实施意见》《中共东莞市委、东莞市人民政府关于推进安全生产领域改革发展的实施意见》。

△ “2018东莞第十四届读书节”“南国书香节”东莞分会场启动仪式暨“经典品读与文化传承”专题报告会，在市图书馆举行。

△ 市长肖亚非会见香港特区政府财政司司长陈茂波一行，并参观散裂中子源基地和松山湖国际机器人产业基地。双方围绕粤港澳大湾区莞港新一轮合作进行交流。

10日 东莞市召开创建国家节水型城市动员大会，明确将南城、莞城、东城、万江街道和松山湖高新区纳入国家级节水型城市创建范围。

△ 东莞市“友善之城”建设暨“友善企业”创建工作现场会召开，邀请“友善企业”创建单位分享经验，并为首批友善企业授牌。

△ 由中国家具协会和东莞

2018年8月9日，2018东莞第十四届读书节·南国书香节东莞分会场启动仪式暨“经典品读与文化传承”专题报告会在东莞图书馆举行

（市文化广电旅游体育局供图）

市人民政府主办的第二届中国家居制造大会在厚街镇举行。大会以“前哨——行业风标 创新——制造动力”为主题；围绕聚集资本·投资与制造、前沿设计与制造、互联网应用与制造、数字化与制造四大主题举行论坛。

11日 第40届国际名家具展览会在东莞市厚街镇开幕，海内外1205家家具企业参展。

14日 市政府常务会议审议通过《关于进一步推动企业上市发展的扶持办法》等事项。

△ “2018年广东省十大书香企业评选活动暨颁奖仪式”举行。东莞裕盛鞋业有限公司等10家单位被评为广东省十大“书香企业”，东莞市第三人民医院等10家单位被评为广东省十大书香企业提名单位。

15日 东莞市2018年第二季度“东莞好人”发布仪式在常平镇青少年宫举行，对评选出的助人为乐、见义勇为、敬业奉献类等12名“东莞好人”表彰。

△ 首届“最美莞乡”摄影大赛启动发布会举行，大赛以“最美莞乡”为主题，时间1个月。

△ 东莞首例人保救援直升机起航。该直升机仅用15分钟即飞抵广州南方医科大学南方医院，为15岁少年搭起“生命绿色通道”。

16日 “2018先进制造链创新发展大会暨东莞跨境电商采购峰会”在常平镇会展中心举行。300家东莞制造企业现场与跨境电商采购人员进行对接，超4000名买手进场采购。

17日 东莞市第二人民法院依法对宋某斌等29人组织、领导、参加黑社会性质组织案作出一审判决，主犯宋某某、刘某某分别被判处有期徒刑15年和12年，并处没收个人全部财产。

△ 中共东莞市委常委会会议审议通过《关于推进乡村振兴战略的实施意见》。

△ 市委书记、市人大常委会主任梁维东，市委副书记、市长肖亚非会见市台商协会代表一行，听取台商发展意见和建议。

19日 东莞市举行“中国医师节”暨2018东莞市“最美医生”“最美护士”发布仪式。市委书记、市人大常委会主任梁维东出席，并接见“最美医生”“最美护士”代表。

19-23日 “深度融合 创新发展”——粤港澳青年文创艺术特展在东莞松山湖开展，该展由粤港澳文化创意产业实验园区——松山湖生产力大厦、香港青年自助服务平台共同主办的公益性活动，征集粤港澳三地油画、时装设计、摄影、陶瓷、装置艺术等优秀文创艺术作品52件参展。

20日 市长肖亚非带队督导东莞市重污染河涌整治示范项目，实地检查“筷子河重污染河涌整治示范项目”“连平河下游+梅林支流重污染河涌整治示范项目”。

△ 广东省第十五届运动会在肇庆市肇庆新区体育中心落幕。东莞市体育代表团获99金88银84铜，金牌总数位居全省第三，团体总分位居全省第四，获团体总分奖、2015—2017年度突出贡献奖、体育道德风尚奖，有3人次破大赛纪录。

21日 东莞市人民政府出台实施《关于实施百万劳动力素质提升工程，打造“技能人才之都”的意见》，从体制机制、培训政策、人才引进、培育载体以及工作保障6个方面提出27条举措，明确“十百千万”具体目标，力争到2020年，全市技术工人比例提升10%以上，开发认定100个技能培训规范标准，建设100个技师工作站，向社会提供1000门以上培训课程，培养1万名国际化技能人才，引进培养1万名急需紧缺“工匠精英”，推动100万人提升学历技能素质。

△ 东莞市召开“提升开办企业便利度”新闻发布会，发布出台《关于持续提升开办企业便利度的若干意见》。

21—23日 省人大常委会副主任王学成率“水污染整治”调研组到东莞市调研，实地察看东莞市茅洲河、人民涌等地。

23日 位于东莞市大朗镇的国家重大科技基础设施——中国散裂中子源项目通过国家验收，投入运行。

24日 东莞市召开城市品质3年提升工作现场会，市委书记、市人大常委会主任梁维东主持会议并讲话，市委副书记、市长肖亚非作工作部署，要求全市上下进一步加大推进力度，掀起城市品质提升的新热潮。会议发布城市品质提升工作第二批次项目库（征求意见稿），涉及中心城区强化、魅力小城建设、美丽幸福村居建设、交通设施提升、市政设施完善、公共服务设施完善、城市更新、TOD综合开发、森林公园和湿地公园建设、城市管理提升十大类353个项目。

△ 东莞市政府召开实施百万劳动力素质提升工程打造“技能人才之都”工作推进会，市长肖亚非出席会议并发表讲话。会议通报并解读东莞市人民政府出台实施的《关于实施百万劳动力素质提升工程，打造“技能人才之都”的意见》。

25日 “2018广东省非物质文化遗产青年麒麟舞邀请赛”在东莞市樟木头镇举办。

26日 “在转型升级背景下推动工业文创设计理念”主题活动在东莞市举行，来自香港的文创设计师与东莞制造企业代表进行交流合作。

27日 东莞市企业家代表华坚集团董事长张华荣参加在北京人民大会堂召开的推进“一带一路”建设工作5周年座谈会。

△ 东莞市心血管专科联盟在市人民医院成立，包括东莞市人民医院、东莞市中医院、东莞市第五人民医院、康华医院等全市32家医疗机构加入全市联盟。

28日 东莞市举行轨道交通——首列电客车架修开工仪式，标志着东莞地铁继深圳、广州后，成为国内第三家具备自主开展120千米/小时快线地铁车辆架修业务能力的城市。

29日 《南方日报》报道，广东省新闻战线第五届“好记者讲好故事”演讲比赛决赛日前在广州举行，东莞市寮步镇文化广播电视服务中心胡晓丹等15名一线采编人员获“优秀演讲人”称号。

△ 政协第十三届东莞市委员会第三次会议召开，会议选举骆招群为政协第十三届东莞市委员会主席，选举王建周为政协第十三届东莞市委员会副主席。

△ 东莞市第十六届人大常委会第十六次会议召开，会议审议通过《东莞市人民代表大会常务委员会关于〈东莞市工业保护线专项规划〉的决议》《东莞市人民代表大会常务委员会关于批准东莞市2017年市级决算的决议》《邀请华侨列席东莞市人民代表大会会议试行办法》等事项。

△ 广东省公安厅召开新闻发布会，宣布110项公安政务服务上线“粤省事”小程序、“百项服务”创新推出境外人员服务模块及治安户政服务上线的23项户籍办理服务事项，均在东莞试点。

△ 市长肖亚非率队到东莞市疾病预防控制中心实地督导检查疫苗使用管理情况。

29—30日 暴雨袭击东莞，造成经济损失862万元，受灾人口5129人，转移人口1685人，解救内涝积水围困人员80人。

30日 中共东莞市委常委会会议召开，传达学习贯彻中共中央总书记、国家主席习近平在全国宣传思想工作会议上的讲话精神，审议通过《关于中央巡视反馈意见整改落实情况的报告》和《关于加强党领导立法工作的实施意见》。

△ 广东省人大常委会副主任吕业升到东莞市厚街镇湖景社区开展联系群众活动，实地考察当地人大代表工作室及社区综合服务中心，并与省、市、镇人大代表以及选民座谈交流。

△ 市政府常务会议审议通过《东莞市住房公积金缴存管理办法（草案）》。

30日 国家发展改革委员会发布全国中小城市综合改革试点典型经验案例，其中“放管服”改革典型经验案例，包括广东省东莞市长安镇“智慧治理”。

9 月

1日 公安部推出提升交通管理服务便利化20项举措。其中跨省异地检验等3项举措在东莞等15个试点城市之间推行。

△ “2019年国际篮联篮球世界杯倒计时一周年”启动仪式在北京举行。该项赛事将分别在北京、东莞等8城市进行。

3日 中共东莞市委党校举行建校60周年纪念大会暨2018年“一校两院”秋季开学典礼。市委书记梁维东出席大会并讲话，强调要坚持以习近平新时代中国特色社会主义思想为指导，坚持党校姓党，不断提高办学水平，努力开创新时代东莞党校事业发展新局面。

3—7日 第8届“杨官璘杯”全国象棋公开赛在杨官璘家乡东莞市凤岗镇开赛，来自15个国家和地区170名高手参赛，东莞棋手王天一、陈幸琳、曹岩磊、赵殿宇分别获男子专业组、女子专业组、海外组、公开组冠军。

4日 中共东莞市委常委会议召开，学习贯彻新修订《中国共产党纪律处分条例》精神，听取省委第二巡视组反馈意见整改落实情况和听取市委第三轮巡察情况汇报。会议审议通过《关于加快推进我市生态文明建设的实施意见》《东莞市新型产业用地（M0）管理暂行办法》等。

△ 《人民日报（海外版）》08版刊发《森林公园 让城市深呼吸》，报道称：东莞创建“国家森林城市”，成为加强城市生态建设，提升城市品位，构建和谐城市的重要载体。

△ 深圳、东莞、惠州、河源、汕尾五市食品安全综合协调和监管工作紧密合作机制签约仪式在深圳举行。五市将全面落实合作机制协议，建立食品安全联合行动机制，提升食品安全水平。

5日 广东省第三批第四环境保护督察组进驻东莞市开展环境保护督察工作，主要督察市委党委、市政府及有关部门生态环境保护工作开展情况。

6日 东莞市召开创建国家食品安全示范城市动员部署电视电话会议，拉开创建示范城市序幕。东莞将用3年时间，围绕67项任务，全面提升食品安全治理能力和保障水平，保障人民群众“舌尖上的安全”。

2018年9月3日，东莞市委党校建校60周年纪念大会暨2018年“一校两院”秋季开学典礼举行。图为市委党校新时代讲习所揭牌仪式（郑琳东 摄）

△　由香港科技大学教授李泽湘领衔打造的世界级机器人产业园区在东莞市松山湖科技产业园区开建。该园区将在两年内建成，可容纳100多个创业团队进驻孵化。

△　东莞市商务局组织企业申报“东莞市加工贸易转型升级示范企业”，在全市遴选15家企业，每家企业可获30万元奖励。

7日　东莞市举行庆祝2018年教师节茶话会，在莞高校、全市中小学、幼儿园负责人及教师代表500多人参加，会上还为获南粤优秀教师、南粤优秀教育工作者、广东省特级教师称号的代表颁奖。

△　东莞市政府常务会议审议通过《关于全域推进农村人居环境整治建设生态宜居美丽乡村的实施方案》《东莞市全面推行湖长制实施方案》等事项。其中《美丽乡村实施方案》提出，选取13个条件较成熟的村（社区）建设生态宜居美丽乡村示范点，2025年全市所有村（社区）达到美丽宜居村标准。

8日（当地时间）　西欧莞商联合会成立仪式在德国杜塞尔多夫举行，市委书记梁维东出席并致辞。该会的成立，将加强西欧、东莞两地的联系沟通，推动两地经贸科技合作。

8—9日　由商务部、国台办共同主办的“第十三届两岸经贸合作与发展论坛”上，宣布东莞等8个城市和地区为第三批“两岸冷链物流产业合作试点城市”。

10日　东莞市举行首个“河湖保洁日”活动。之后，将定期开展活动，对全市纳入河长制范围内的669条河流进行保洁。

11日（当地时间）　中国·东莞—德国·法兰克福经贸科技合作交流会在德国法兰克福举办“粤港澳·东莞智能制造创新谷”等3个项目现场签署合作框架协议，实现投资和意向投资金额超过20亿欧元。

△　美国米尔肯研究所在北京发布《2018年度中国最佳表现城市》报告，对中国260个一、二、三线城市进行排名，重点强调1年和5年期增长衡量指标，包括就业、工资、人均地区生产总值和外国直接投资增长率等方面。其中，东莞因大力发展高附加值产业，尤其致力于发展机器人产业，并在调整经济结构等方面成效显著，获小城市组第一。

2018年9月10日，东莞市举行首个“河湖保洁日”活动。图为志愿者在东引运河石步水闸段参与河道保洁活动　　（郑志波　摄）

△　东莞市警方打掉企石镇博夏村黄某某犯罪团伙。该犯罪团伙聚众阻挠企业正常经营数月之久，煽动村民拦路围堵、恐吓司机进行敲诈勒索等，主要成员被警方依法逮捕。

△　东莞市“最美天使志愿者服务队”前往云南省昭通市鲁甸县，为当地群众进行义诊。

13—17日　第五届中国非物质文化遗产博览会在山东济南市举行。东莞市的千角灯、莞草编织技艺、高埗镇矮仔肠制作技艺、清溪镇荔枝蜜制作技艺在博览会上亮相。

14日　“2018首届广东东莞公共文化产品采购会”开幕，有203家文化企事业单位提供涵盖文艺服务、运营管理、传媒技术3大文化领域14个类别超2000种类的文化产品参加展销。

△　东莞市政府常务会议审议通过《东莞市社会医疗保险办法（草案）》，大病保险最高支付限额提高到上年度全市职工年平均工资的10倍。该办法实施后，2018年最高支付限额将从30万元提高至53.45万元。

16日　第22号台风“山竹”（强台风级）登陆广东省江门市，受台风影响，东莞市出现强风大浪及风暴潮，为做好防御工作，及时启动三防应急I级响应，安全转移14.7万人，妥善安置12.27万人。

19日　东莞市举行“河湖治理大家谈”论坛暨水污染治理工作情况发布会，介绍全市水环境综合整治工作情况。全市669条河流设立河长918名，建成877千米截污次支管网。计划至2018年底完成1300千米截污管网建设及100条污染河涌治理，2019年底累计完成淘汰整治“散乱污”企业7181家。

△　首届华为安全商业联盟峰会在东莞市松山湖举办。峰会上，华为等企业现场分享信息安全领域的措施经验，致力于SDSec（软件定义安全）解决方案的架构建设，帮助用户在实际应用中防御任何可能出现的安全威胁与风险。该联盟于2018年3月成立，包括360企业安全集团、深圳市腾讯计算机系统有限公司在内的11家会员

单位。

19—20日 “粤韵满中堂”——广东省（中国）“曲艺之乡”曲艺精品展演在东莞市中堂镇举行。参加展演的21个节目包含粤曲、小调、说唱、快板、木鱼歌等多种曲艺形式。由中堂镇文广中心选送的节目《龙舟结良缘》获曲艺精品展演金奖。

19—23日 第二十届中国国际工业博览会在上海举行。东莞松山湖片区内近20家机器人企业集体出击、抱团亮相，成为博览会一大看点。

20日 由广东省立中山图书馆、东莞市莞城图书馆共同主编，东莞文史专家杨宝霖担任总顾问的《东莞历史文献丛书》在莞城图书馆首发。该书收录历代东莞作者84人著作199种。

21日 “2018年莞港产业合作联合推介会”在香港举行。推介会以“携手共迎粤港澳大湾区新机遇”为主题，由东莞市人民政府和香港投资推广署联合主办。现场签约莞港合作项目39个，其中重特大招商合作协议签约项目3个，城市更新意向投资签约项目7个，重点在创新科技园、TOD开发、特色小镇建设等方面开展合作；莞港全面深化合作签约项目8个，重点在经贸合作、人才交流、创新创业等方面全面深化莞港两地合作；产业投资合作签约项目21个，投资金额350亿元。

22日 东莞市交通运输局、东莞市轨道交通有限公司携手东莞市轨道交通电视传媒有限公司在旗峰公园举办“搭地铁，‘趣’徒步”世界无车日主题活动，倡导市民优选公共交通、步行等低碳出行方式，争做绿色出行的践行者。该活动吸引近1000名市民参与，分别挑战5千米和10千米徒步行。

23日 东莞各镇（街）举行形式多样的庆贺“首届中国农民丰收节”。其中东城街道举办“首届中国农民丰收节”主题晚会暨“畅游东莞·四季如歌”秋季农业旅游活动，茶山镇举办“金色莞邑幸福满园”中秋游园暨“美丽乡村庆贺丰收”活动等。

24—27日 驻东莞的南方科技大学和东莞理工学院公布硕士研究生招生章程。这是两所高校首年招收硕士研究生。

25日 东莞市统计局发布《改革开放40周年东莞经济社会发展综述》，报告显示改革开放40年来，东莞工业经济呈跨越式发展，从一个农业县到经济总量突破7000亿元大关的全球制造业名城，经济实力实现大跨越；从以第一产业为主的传统模式到以第三产业为主，二、三产业协调发展的现代产业结构体系，经济结构发生深刻变革；从落后基础设施到环境优美、功能完善的美丽城市，城市面貌日新月异；从摆脱贫困到迈向富足，人民生活水平稳步提高。

26日 德国《商报》以两个对开整版的篇幅刊登该报驻中国首席代表、著名中国问题专家弗兰克·泽林的署名文章《中译名：荷花海洋上的无人机》，从生态治理、智能制造、创新发展以及技能人才教育等方面阐述东莞近年来的新发展、新变化。文章认为，作为中国15个新一线城市中的佼佼者，东莞的巨变折射中国产业升级之路。

27日 东莞市重大项目建设“百日攻坚”大会战现场会暨首批项目集中开工仪式在松山湖举行。全市首批集中开工项目28个，总投资169.1亿元，力争在10月底前开工。第二批27个项目力争在12月底前开工。两批项目力争完成总投资250亿元。

△ 市政府常务会议审议通过《东莞市推进公共交通纯电动化工作方案》等事项。计划2018年底前实现全市60%公交车纯电动化，2019年底前实现全市100%公交纯电动化。

28日 珠三角汽车博览中心召开麻涌汽车产业股权投资基金首期使用情况新闻发布会，东莞市首个汽车供应链产业基金——麻涌汽车产业股权投资基金首笔募集资金完成有效投放，67天带动贸易额近9000万元，预计全年带动贸易额超过3.6亿元。

28—30日 广东省第十三届人大常委会第五次会议召开。会议听取东莞市人大常委会关于《东莞市生态文明建设促进与保障条例》《东莞市出租屋治安与消防安全管理条例》审查报告和说明。

28日至10月1日 全国皮划艇（静水）青少年锦标赛（U16）广东分区赛、2018年东莞麻涌粤港澳大湾区水上嘉年华在华阳湖举行。锦标赛吸引全国各地优秀皮划艇选手参赛，东莞市民参与肥仔

2018年9月29日，东莞庆祝改革开放40周年大型图片展在东莞图书馆开幕
（程永强 摄）

艇、桨板、航海模型等项目的免费体验。

29日　东莞市企业高质量倍增成长沙龙在道滘镇举行，逾150家倍增企业齐聚一堂，共探莞企倍增成长密码。2018年上半年，东莞市在286家市级“倍增计划”试点企业和910家协同倍增企业带动下，前6个月地区生产总值比上年同期增长7.8%，规模以上工业利润总额增速排名珠三角第二。

△　由市委宣传部、市文广新局主办，东莞报业传媒集团承办的“时代印记”东莞庆祝改革开放40周年大型图片展开展。展览综合运用新旧对比、组图、VR体验、视频播放等形式，全面立体展示东莞改革开放40年来的辉煌成就。

30日　由市委宣传部、市文广新局指导，市文联、岭南画院主办的《“潮涌东江”——东莞市改革开放40周年书画专题创作展》在岭南美术馆开幕。该展推出40件书法作品和40件美术作品，从不同题材、角度、用不同艺术手法，表现东莞的改革历程、发展变迁。

△　市统计局发布改革开放40年来东莞服务业发展情况报告。报告显示，40年来，东莞服务业增加值从1978年的7106万元增加到2017年的3964.65亿元，连续14年居全省地级市第一位。服务业从改革开放之初的比重最小产业跃升为全市第一大产业。

30日至10月5日　“魅力常平　醉美世界”——第十届广东国际啤酒节在东莞常平举行。

10　月

2—4日　市委书记梁维东到虎门、长安、常平等镇街，检查国庆节期间群众交通出行和水污染治理情况。

8日　东莞抗日模范壮丁队成立80周年纪念活动在东城街道榴花公园抗日纪念亭前广场举行。参加纪念活动的有市委宣传部、市委党史研究室、东江纵队纪念馆等代表。

△　东莞市住建局发布《东莞市人才安居办法（试行）（征求意见稿）》，提出：对不同人才实行相应实物配置和货币补贴。其中，新入户人才可享受入住公共租赁住房或6000元/年租房补贴，保障期限最长不超过3年。对政府投资筹集建设的产权型人才住房，实行先租后售方式。自配售人入住之日起租住满5年，按不高于届时市场价80%的价格购买并登记产权。

△　广东省旅游局发布2018广东旅游国庆大数据报告。广州、深圳、东莞、佛山和中山位居接待游客数量前5位，总占比超过65.3%。据东莞国庆旅游出行报告显示，国庆7天假期中，乡村田园、古村落、森林公园等“原生态”目的地最受游客欢迎。其中，东城街道周屋稻田、茶山镇南社成为旅游热点；其间，全市十大森林公园接待游客186.03万人次，平均每天有26.5万人次走进森林公园享受“森呼吸”。

△　东莞市公示2018年名师特殊津贴名单，其中广东省教学名师4人、广东省校（园）长工作室主持人4人、广东省教师工作室主持人11人、广东省名班主任工作室主持人2人、东莞市中小学名校长（园长）工作室主持人25人、东莞市中小学（幼儿园）名师工作室主持人74人、东莞市中小学名班主任工作室主持人18人。根据《东莞市名师、名医、名家特殊津贴管理试行办法》，获评名师将不同程度获得特殊津贴。

9日　东莞市生活垃圾强制分类工作动员大会召开，会议涉及生活垃圾强制分类标准及收运处理要求，建设分类配套体系以及部门职责分工等内容，提出将进一步推进全市生活垃圾分类工作，提高新型城镇化质量和生态文明建设水平，至2020年底，确保生活垃圾回收利用率35%以上。

△　东莞市召开全域旅游工作会议。会议部署东莞发展全域旅游，推进旅游产业化、品牌化、高端化，实现从旅游输出地到旅游输出地与旅游目的地并重的转变。会议印发《东莞市全域旅游发展实施意见（征求意见稿）》，提出到2020年，力争省级以上全域旅游示范区5个以上，旅游总收入500亿元以上，旅游业增加值占GDP的比重5%，乡村旅游接待人数3000万人次，推动全市全域旅游工作打开新局面。

△　珠三角乡村振兴工作片区推进会在惠州市召开，东莞市负责人详细介绍东莞市坚持以项目化做实乡村振兴工作进展情况。

9日至11月27日　第六届中国·东莞音乐剧节在东莞市举行。演出来自国内外的22部音乐剧，包括堪称音乐剧史上的里程碑之作、百老汇经典名剧《芝加哥》，以及曾获托尼奖最佳原创音乐奖、由七幕人生出品的音乐剧《近乎正常》和粤港两地合作剧目原创戏曲音乐剧《一代天娇》等33场演出。音乐剧节还将用新颖音乐剧形式，结合粤曲小调叙述还原红线女一生的传奇。

11日　市政府常务会议审议通过《东莞市市场主体住所（经营场所）登记管理办法》和《东莞市企业集群注册登记管理办法》。市场主体申请登记注册、许可审批及备案时，实行住所信息申报。申请人向登记机关、许可审批及备案部门申报住所信息作为其住所使用证明，无需提交不动产权属证明、租赁合同、村（居）委会证明等住所使用证明材料。

△　东莞市滨海湾水上巴士试航，以水上观光延展旅游业态，串联起东江北干流、东莞水道、太平水道等水系。水上巴士拟推出4条航线：滨海湾爱国主义旅游航线、东莞水道航线、倒运海中堂水道航线、滨海沿岸航线，助力打造“中国近代史开篇地”文化旅游品牌。

12日　“2018‘赢在东莞’大学生科技创新创业大赛决赛”在广东科技学院落下帷幕，全市100个科技创新创业项目参加比赛。

△　广东携手新疆工商联开展的援疆扶贫项目“新疆好馕”（面食之一）东莞示范店开业，这是新疆在内地开设的首家“馕”连锁示范店。

15日　东莞市从即日起实施稳定居住就业入户新政。凡持东莞市有效广东省居住证且累计满5年，在东莞市参加社会养老保险累计满5年的外来人口（即“两个5年”），可申请入户东莞。

△　东莞市食品药品检测中心举行“你送——我检”实验室开放日活动，市民可自行携带需要检测的样品到实验室现场亲测。

△　中共东莞市委常委会议召开，传达学习贯彻中共中央总书记、国家主席习近平在十九届中央政治局第八次集体学习时的重要讲话精神以及珠三角六市乡村振兴工作推进会精神；传达中共广东省委十二届五次全会精神，研究东莞贯彻意见；审议通过《中共东莞市委关于建立市政府向市人大常委会报告国有资产管理情况制度的意见》。

△　第124届广交会在广州开幕，东莞有193家企业参加广交会，展位569个，其中品牌参展企业18家，“倍增计划”企业25家。

15—17日　四川省党政代表团来广东考察交流。其间，该团到东莞松山湖生态城市科普馆考察交流。

16日　市委宣传部会同市人大常委会召开《东莞市生态文明建设促进与保障条例》《东莞市出租屋治安与消防安全管理条例》颁布施行新闻发布会。两部条例将分别于2019年1月1日和2018年12月1日施行。

△　东莞市望牛墩、麻涌、洪梅、黄江、樟木头镇被省林业厅认定为“广东省森林小镇”。

16—18日　第12届中国授权展在上海举行。为推广东莞品牌授权资助计划资助项目，项目运营方松山湖博泰创意服务中心携“嘻哈”小队等品牌及东莞企业组团赴上海参展。

17日　全国供应链创新与应用试点会议在上海召开。全国55个城市和269家企业入选为试点城市和试点企业，东莞市为试点城市之一，有3家企业获选为全国供应链试点企业。

18日　东莞市召开推进粤港澳大湾区建设领导小组第一次会议，贯彻落实中共中央和省粤港澳大湾区建设领导小组全体会议精神，讨论审议有关文件，研究部署下一阶段工作。市委书记梁维东指出：建设粤港澳大湾区，要提高政治站位，抢抓历史机遇，主动对接国家战略，进一步增强责任感和使命感，举全市之力携手港澳和珠三角其他城市共同做好这篇大文章。

△　市发改局公布市重大建设项目增补名单，包括松山湖华为东莞台科园云数据中心项目、华为终端松山湖总部园区出入口工程等。涉及新能源保障、现代产业、现代服务业以及交通运输等多个领域，这些项目将获得审批“绿色通道卡”。

△　市社保局针对保险办法待遇调整细则进行解释：是月起，在校非莞籍学生也可以和户籍学生一样参加社会基本医疗保险。在东莞累计实际参保缴费满10年以上的非本市户籍人员中断就业，可由个人续保。

△　市政府与华侨城集团签订全面战略合作框架协议。双方将以“文化+旅游+城镇化”为切入点，以岭南文化及水乡文化为载体，依托东莞天然区位及市场优势，重点打造一批大型综合文化旅游项目以及乡村振兴示范项目，共同塑造粤港澳大湾区文化旅游新高地。其中，水乡道滘特色小镇是此次合作的重要建设项目。

18—19日　东莞市计划成立“上市莞企发展投资基金”，这是由政府引导设立的首只面向东莞上市公司基金，旨在缓解上市公司的流动性问题。19日，为基金而设立的企业——东莞市上市莞企发展投资合伙企业（有限合伙）在东莞市工商行政管理局登记，5大合伙人亮相，其中包括东莞金融控股集团和松山湖控股两家国有独资企业。

19日　“放逸品十家——岭南国画百家第一回展”开幕式暨学术研讨会在东莞岭南美术馆举行。该展览展出“放逸品十家”国画作品60余幅。

△　东莞莞城街道举行重点项目集中签约暨发布仪式，现场

2018年10月19日，牡丹江市与东莞市对口合作座谈会暨签约仪式举行
（郑琳东　摄）

签订6个项目框架协议，发布13个设计方案，涉及产业发展、科技创新、城市更新、环境改造、民生事业、社会管理等方面。

△ 黑龙江省牡丹江市·广东省东莞市对口合作座谈会暨签约仪式在东莞召开，两市缔结友好城市，市长肖亚非和牡丹江市长高岩见证签约。两市在产业合作、经贸往来、干部挂职、商务考察、镇县交流以及教育、卫计、旅游、工商等多个领域取得阶段性成效。

△ 由广东省社会科学院主办的“乡村振兴与新型城镇化论坛”召开。论坛主办方还为获评“广东明星小镇”的10个小镇颁奖，其中东莞市横沥镇获评“产业类明星小镇”称号。

△ 广东省工商联发布“2018广东省百强民营企业”榜单，东莞市玖龙纸业（控股）有限公司、东莞华贝电子科技有限公司、搜于特集团股份有限公司、广东宏川集团有限公司、东莞农村商业银行股份有限公司5家企业上榜。

20日 东莞市启动“2018年‘对外文化交流季’”。对外文化交流季涵盖演出、展览、讲座和非遗交流等文化交流活动，策划粤港澳大湾区城市影像联展、粤港澳大湾区城市非遗项目等12项文化交流活动，推动粤港澳城市文化交融。

22—26日 东莞市开展以“服务国家重大战略，推动全民终身学习”为主题的全民终身学习活动周公益培训活动。该活动覆盖510多个岗位、社区和培训机构，囊括1300多个教育咨询和课程项目，有15万个免费培训名额供市民选择。

24日 东莞市政协召开第十三届常委会第十一次会议，公布关于园区统筹发展、城市更新五大议题（如何做强实体经济、优化营商环境、提升开放层次、加强区域统筹）专题调研成果，并提出建议。

△ 原东莞县虎门人民公社龙眼生产大队党支部书记张旭森作为广东省改革开放方面代表，受到中共中央总书记、国家主席习近平的接见。张旭森带领村民开办广东省农村第一家港资企业——龙眼发具厂。

25日 由陈镜顺主编的《遇见莞香》举行首发式。该书集视频资料、精美图文于一体，融合历史人文，结合互联网文化电商平台立体化讲述东莞市与沉香的故事。内容包括“在沉香的历史见证地东莞，遇见沉香”“在历史的长河里领略沉香魅力”“结合传统与时尚品鉴沉香”“如何把沉香文化传播出去”四部分。

△ 市政府新闻办、市教育局联合召开东莞市中考改革政策解读新闻发布会，对《东莞市教育局关于进一步推进高中阶段学校考试招生制度改革实施意见》做出详细解读，东莞中考迎来近年来力度最大改革，“全科开考”引导学生全面发展。

25—28日 “2018广东21世纪海上丝绸之路国际博览会”在东莞市举行。来自国内及境外57个国家和地区的1732家企业参展，其中法国、葡萄牙、比利时、荷兰、菲律宾等国家属首次参展。展会安排展位2560个，吸引25.5万人次入场观展采购。

26日 市政府常务会议审议通过《东莞市关于形成全面开放新格局的行动方案》等事项。

△ “第十届中国国际影视动漫版权保护和贸易博览会推介会”在东莞市召开。该展会以“新时代、新动漫”为主题，采用产业集中展示交流和专业高端对接活动等方式，促进影视动漫版权推广保护与授权交易、加强虚拟现实产业的内容开发与应用发展、引导动漫创新设计产业集聚与成果转化，打造国内外版权产业交流和对接平台，推动版权产业的繁荣发展。

△ “松山湖生物技术产业投融资发展论坛暨两岸生物基地生物产业基金启动大会”在松山湖高新区举办。会上，东莞市生物技术产业发展有限公司与深圳鼎锋明道资产管理有限公司签订合作协议，双方将共同发起设立两岸生物基地生物产业基金。两岸生物基地生物产业基金首期规模5亿元，将利用社会资本和基地的产业集群优势，投资并引进优质医疗健康项目，整合产业上下游资源，促进行业技术创新，实现产业发展与资本的合作共赢。

29日 “2018年第三季度《广东21市政务新媒体榜》”发布，东莞进入榜单前10名。其中，“莞香花开”微信公众号进入爆款号榜单，产出单篇最高阅读量10万多的热门文章。

30日 东莞市召开全市干部大会，传达贯彻中共中央总书记、国家主席习近平视察广东重要讲话精神，对全市学习贯彻落实工作进行动员部署。

△ 市政府新闻办举行新闻发布会，介绍全市“夏季攻势”专项整治行动最新进展、亮点举措和成效。2018年8月至10月，东莞市开展为期3个月的道路交通安全“夏季攻势”专项整治行动。从8月以来，全市一般道路交通事故死亡人数，比上年同期减少25人，下降15.06%。

31日 广东省庆祝改革开放40周年宣讲报告会东莞市专场暨“百姓讲、讲百姓”活动首场报告会举行。会上，5位东莞市改革开放的亲历者、见证者、建设者讲述改革开放以来东莞市所发生的巨变。

10月 国务院下发《国务院关于同意设立东莞虎门港综合保税区的批复》。虎门港综合保税区是东莞市首个综合保税区，也是东莞市获批的第二个国家级开发区。虎门港综合保税区规划面积2.237平方千米，四至范围：东至广深沿江高速、南至进港南路、西至港口大道、北至进港中路。

11 月

1日　中共中央总书记、国家主席习近平在北京主持召开民营企业座谈会并发表重要讲话。来自东莞市的华坚集团负责人张华荣作为民营企业家代表参加。

△　市委书记梁维东会见中国国民党副主席郝龙斌一行，双方就进一步加强合作展开深入交流。

△　由广东省司法厅党委书记、厅长曾祥陆率领的省“七五”普法中期检查第二组到东莞市，开展“七五”普法中期检查。

1—3日　第十二届广东东莞模具制造·机械展览会在东莞市横沥镇举行。展会设230个展位，60家企业参展。同时，举行广东·横沥模具产业峰会以及东莞市现代制造技术职业技能竞赛。

2日　中共广东省委常委、组织部部长邹铭到东莞市东城街道东泰社区、道滘镇大岭丫村，实地了解基层学习宣传贯彻中共中央总书记、国家主席习近平视察广东重要讲话精神，考察党群服务中心、驻点联系群众工作室和乡村振兴项目。

△　“2018‘动感金羊’优秀作品扶持计划终评会议”在东莞市举行。评出扶持作品44个，其中11个最佳作品每个获2万元奖金，总奖金31.9万元。

△　“2018年东莞市基层新闻采编业务骨干培训班”开班，以“严守底线把好导向关　坚持创新提升传播力”为主题，来自市直媒体和各镇街（园区）基层媒体平台150多人参加培训。

2—3日　“2018年粤港澳大湾区院士峰会暨第四届广东院士高峰年会”在东莞市召开。会上，东莞市人民政府与广东院士联合会签署战略合作协议；3个院士团队分别与3家企事业单位签订合作协议；上百名来自国内外的院士、高端专家参会，相关院士和专家应邀作大会特邀报告。

3日　第五届互联网与国家治理智库论坛暨“2018年互联网治理创新案例”颁奖典礼在安徽大学举行。东莞市委宣传部主创的“强化网络主阵地意识，积极构建同心圆”获评为十大创新案例。

3—5日　第17届中国（大朗）国际毛织产品交易会在东莞市大朗镇举行。该展会设毛织贸易中心主会场、机械专业展馆、环球贸易广场分会场，首设新型纱线区和毛织纱线区。总展览面积超20万平方米，展位数2000个。

5日　东莞市开展“利剑三号”专项执法行动，出动19个清查小组100名检查人员，对3个区域开展地毯式清查，清查污染源164个，其中涉水污染源32个，涉气污染源78个。

6日　东莞市非公有制经济代表人士座谈会召开。市委书记梁维东等市领导与全市非公有制经济代表人士深入学习贯彻习近平总书记民营企业座谈会重要讲话精神，推进非公经济高质量健康发展。

7日　虎门二桥开始钢桥面铺装作业。至11月20日，最后一片节段箱梁架设，标志着虎门二桥主线铺装完成。虎门二桥全长12.89千米，起于广州市南沙区，经番禺区穿越虎门港进入东莞市沙田镇，与广深沿江高速公路相接。预计2019年5月通车。

△　第三届中国（广东）国际家具机械及材料展在东莞市厚街镇举行，智能家具制造机械成为该展会亮点。

△　全球人工智能高峰论坛暨智能飞行器教育研讨会在东莞市松山湖高新区举行。会上，世界无人机联合会与东莞市企业签署合作协议，向各成员国输出由东莞市企业研发的青少年无人机教育课程体系，并联合承办国际无人机大赛。

8日　东莞市举行庆祝第十九个记者节暨第十一届东莞新闻奖颁奖礼活动。

8日至12月18日　“东江春暖”第二届东莞全民尚艺节举行，设6大板块150多项活动，直接参与演出的艺术家超300人，观看并参与活动观众数万人。

9日　东莞市召开欠薪治理联席会议，部署年底欠薪治理相关工作。

10日　东莞市台商协会在厚街镇举行以“乡情互动、传承凝聚”为主题25周年庆典系列活动。

11日　东莞市在“2018天猫‘双11’全球购物大狂欢购物节”中，一天成交额26亿元，比上年同期多近6亿元，在广东省排名第三。

12日　“2018年东莞市文艺名家推广计划成果展演”在玉兰大剧院上演。

12—13日　市委书记梁维东率队赴揭阳开展新时期精准扶贫、精准脱贫工作专题调研。

13日　东莞市水务集团有限公司举行揭牌仪式。

14日　东莞市召开非公经济工作会议，为贡献特别突出的50位非公企业授予“东莞市非公有制企业纳税贡献奖”；印发《东莞市人民政府进一步扶持非公有制经济高质量发展的若干政策》，推出“非公经济50条”政策，预计2018—2020年为非公企业减负近300亿元，为非公企业提供增值服务约500亿元。

15日　东莞市政府常务会议审议通过《东莞市人民政府2019年规章立法计划》《东莞市2019年地方性法规立法计划建议》《东莞市打好污染防治攻坚战三年行动计划（2018—2020）》等事项。

15—18日　第十届中国国际影视动漫版权保护和贸易博览会（简称漫博会）在东莞市广东现代国际展览中心举办，来自美国、日本、韩国、法国等国家，中国港澳台地区以及中国内地20多个省、市、自治区有关政府机构、协会组织和企业（包括200多家国内知名动漫企业和机构）7万多人参会观展。该漫博会还吸引来自好莱坞、迪士尼动漫大师带最新作品助阵。

15—18日　“2018（第九届）东莞台湾名品博览会”在

2018年11月22日，（第十届）塘厦高尔夫球博览会在东莞市塘厦镇举行　（程永强　摄）

东莞市广东现代国际展览中心举办，以“聚焦文创　助推电商”为主题，设5大展区近1000个国际摊位。有169家企业参展，参观、采购人数15.3万人次，总交易额23.83亿元。

16日　广东省人民政府召开茅洲河流域污染整治工作推进会，要求深圳、东莞两市和省有关部门确保实现2020年消除茅洲河劣V类的攻坚目标。

△　“莞邑潮涌”——2018年东莞市非公经济大会专题文艺晚会举行。

18日　市委书记梁维东主持召开市委书记专题会议，深入贯彻落实习近平总书记视察广东重要讲话精神，落实中共中央政治局委员、广东省委书记李希和省长马兴瑞督导检查茅洲河污染治理指示要求及省政府有关会议精神。

△　中国科学院高能物理研究所和东莞市签署合作协议，共同推进南方光源项目规划建设。该项目是继东莞市引进中国首台散裂中子源后另一重大科技基础设施。

20日　滨海湾新区城市总体规划及城市设计成果汇报会举行。

21日　东莞市政府常务会议审议通过《东莞城市形象提升三年行动计划（2018—2020年）》，力争通过3年时间，树立“国际制造名城、现代生态都市”形象。

22日　“2018（第十届）塘厦高尔夫球博览会”在东莞市塘厦镇举行。设塘厦塘龙广场主会场和观澜湖东莞球会分会场，650个展位，云集国内外130多家高尔夫企业参展，参观参展8.5万人次，其中专业采购商9000多人，现场成交额1.2亿元。

△　莞香文化博物馆在东莞市东城街道开馆。

22—25日　中国虎门国际服装交易会在东莞市虎门镇举行。该展会主会场设在虎门会展中心，展览面积1万平方米，有520个标准展位。另在全镇服装、面辅料商场、电商产业园等设近20个分会场。展会包括开幕式、高端论坛及11场时装秀表演等。

23日　东莞市举行学习贯彻中共中央总书记、国家主席习近平视察广东重要讲话精神宣讲报告会，广东省委宣讲团成员、省委宣传部副部长王桂科作专题辅导报告。

△　东莞市举行紫光芯云产业城项目规划方案汇报会。会议透露，紫光集团将尽快完成华南云和智能汽车两个总部在东莞市的注册工作，两家公司注册资本金将达10亿元以上。

24日　松山湖材料实验室粤港澳交叉科学中心在东莞市松山湖高新区揭牌。

△　“‘创新与大湾区发展’国际学术研讨会”发布《粤港澳大湾区创新能力评估报告》，从投入、软硬环境、产出等层面进行评估，测算“广东九市+香港+澳门”的创新指数。报告显示，东莞市位居前五名。

△　“东莞·这座城”2018东莞视觉艺术季暨“东莞作用”大型展览在东莞市莞城街道鳙鱼洲工业遗址举行。该展览运用历史图片、实物场景和艺术装置等手段和元素，展出超过2000件东莞制造记忆主题实物和老图片，突出展示东莞改革开放40年来人民生活发生的变迁。

25日　东莞市人民政府与中国非公立医疗机构协会、日中医疗·介护技术交流协会及中国平安保险签订战略合作框架协议，合作共建国际医疗健康合作示范区（威远岛）项目。

26日　“东西协作奔小康，便民出行共发展”东莞市举行捐赠昭通市公交车发车仪式，200辆清洁能源公交车将分批驶向昭通市。

27日　东莞市举办民营企业家座谈交流会，中国工商银行东莞分行分别与市工商联合会、东莞市金融控股集团有限公司及民营骨干企业签署战略合作协议。中国工商银行东莞分行未来3年将提供不低于1000亿元融资，支持东莞民营企业发展。

27—30日　“2018广东国际机器人及智能装备博览会”在东莞市举行，设8个展馆，面积13万平方米，展位7182个，吸引来自日本、韩国、德国等国家和中国香港地区的1675家企业参展，新设自动化装备展及产业园区展示、三维打印香港馆及工业4.0智能生产线等展览。超过13万名中外观众入场参观，其中专业买家比例高达95%。

28日　东莞市印发《东莞市环境空气质量达标规划（2018—2025）》，提出2020年实现空气质量全面达标。

28日　东莞市浙江商会人民

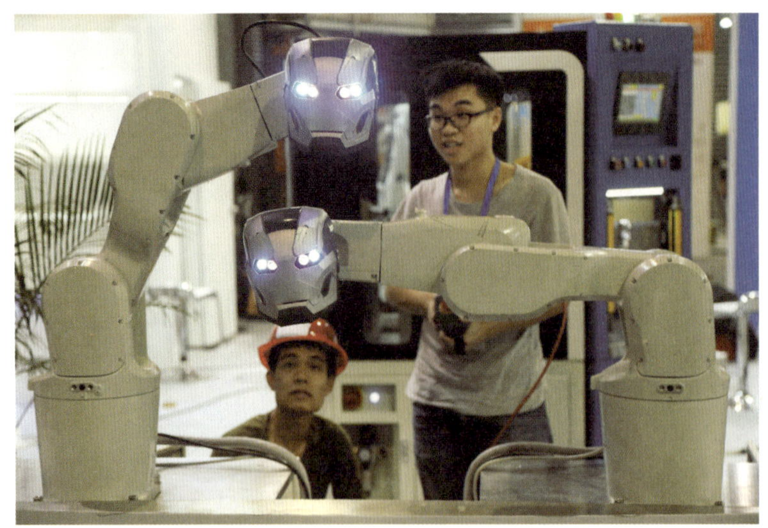

2018年11月27—30日，2018广东国际机器人及智能装备博览会在东莞市举行。图为工作人员调试“会跳舞的机器人”技术参数　（郑志波　摄）

调解委员会成立，为全市首个商会组织人民调解委员会。

29日　山西省党政代表团在山西省委书记骆惠宁率领下，到东莞市参观松山湖高新区生态城市科普馆及广东省智能机器人研究院，考察东莞市高新技术产业和园区发展情况。广东省委常委、常务副省长林少春和东莞市委书记梁维东参加活动。

△　广东省人民政府官方网站发布珠海市、东莞市两个跨境电子商务综合试验区实施方案。其中提出：到2020年，东莞市纳入海关统计的跨境电子商务进出口额突破450亿元，打造3～4个示范带动园区，形成东莞市跨境电子商务进出口新增长极。

△　东莞市向社会公示首批乡村（社区）规划师60人名单及选派情况。

30日　广东省副省长陈良贤率省有关部门负责人到东莞市调研实体经济和民营企业发展情况，并召开企业工作座谈会。

△　珠三角城际铁路佛（山）、（东）莞项目狮子洋隧道“狮子洋号”盾构完成1800米掘进，标志着佛莞城际铁路控制性工程——狮子洋隧道取得阶段性成果。

△　市委书记、市人大常委会主任梁维东会见到东莞访问的德国乌波塔尔市政府代表团约翰内斯·斯拉维奇一行。双方就进一步加强经贸、医疗、教育、环境、人文合作等进行交流。

11月　东莞市大朗镇与东城街道被司法部、民政部授予“全国民主法治示范社区”称号。

11月　在中国纺织品进出口商会、中国出口信用保险公司举办的全国纺织服装外贸转型升级基地工作会议暨基地授牌仪式上，大朗镇通过复评，再次获得“国家外贸转型升级基地（服装）”称号。

12　月

1—2日　第四届中国青年志愿服务（简称“中国志交会”）项目大赛暨2018年志愿服务交流会在四川省德阳市举行，东莞市取得1金3银成绩。会上播放东莞1分钟宣传片，并宣布第五届中国志交会将在东莞市举办。这是中国志交会首次在粤港澳大湾区城市举办。

1—6日　东莞市举办“2018年‘宪法宣传周’”系列活动，全市近500名律师现场宣誓。宣传周期间，以“尊崇宪法、学习宪法、遵守宪法、维护宪法、运用宪法”为主题，举办200余场系列宣传活动，内容包含法治情景剧、法治歌曲、法治文艺晚会、普法剧、宣誓活动、网上竞赛等。

2日　市长肖亚非到位于麻涌镇海心沙岛的东莞海心沙资源综合利用中心及广州市港新沙港进行调研。

△　东莞市举行社会工作发展十周年暨社会工作服务汇报展示会。会议指出：至2018年10月底，全市社工开展小组工作2.7万个，开启个案6.09万个，即时辅导67.38万次，完成家访及探访185.63万次，组织志愿者参与服务85.43万人次，举办活动10.46万场次。会上发放《社会工作发展经验丛书》，播出《社会工作发展十周年》纪录片，为49位社工、10个社会工作服务项目、5家热心企业颁发奖章。

△　由中共中央宣传部、中央广播电视总台联合制作的电视纪录片《我们一起走过——致敬改革开放40周年》在央视播出。第一集《弄潮儿向涛头立》介绍东莞市从世界工厂到创新高地的升级过程中，通过户籍制度改革、简化证照办理流程等举措，大力服务外来务工人员。

3日　12集《海外东莞人》系列专题节目在中央电视台CCTV—4频道《华人世界》栏目首次向世界播放。

△　市委书记梁维东、市长肖亚非会见香港工商界代表及香港理工大学博士生交流团一行。

4日　东莞市政府常务会议审议通过《关于稳定工业厂房租赁市场秩序的指导意见》《东莞市市镇联合招商示范基地认定管理办法》等重大事项。

△　东莞市组织中央、省直重点媒体进行“庆祝改革开放40周年基层行走进长安集中采访活

动”，还原长安镇“智能手机小镇”成长路径。

5日　市委书记梁维东、市长肖亚非率党政代表团到深圳市考察，推动两市务实合作。广东省委常委、深圳市委书记王伟中，市长陈如桂参加座谈。

6日　东莞、广州、深圳等六市河长制办公室负责人在河源市召开东江流域河长制湖长制工作第二次联席会议。东莞市与惠州市现场签订《东岸涌水面漂浮物治理合作协议》和《谢岗涌水面漂浮物治理合作协议》，合作治理跨界河。

7日　市委书记梁维东、市长肖亚非率党政代表团到广州市考察，深化合作促进区域协调发展。

△　东莞市岁末年初促消费专项行动启动。活动以“东莞‘购’意思，全民‘惠’生活”为主题，持续至2019年3月。市政府整合各类文体活动、送温暖活动和采购投放，通过向市民、旅客派赠电子消费券、奖励商家让利促销等方式促进消费。

7—10日　第四届东莞农产品博览会在东莞市厚街镇广东现代国际展览中心举行。有338个商家参展，近千种特色农产品亮相，入场参观人数累计超13万人次，销售额超5000万元。

7—12日　国家副主席王岐山在广东省调研，其间，到东莞市考察。

8日　“2018年中国传统杂技（魔术）交流大会暨惠民演出”在东莞市清溪镇举行。来自广东省文联、河北省文联多位绝技绝活表演艺术家、非遗传承人、魔术大师联袂演出。

10日　东莞市“优秀青年莞商”评选结果出炉，10位青年莞商获此称号。

△　“城乡互融，共享家园　东莞乡村建设规划论坛”在东莞市石排镇举行。

10—12日　“2018东莞高层次人才活动周”举办，设10个项目19场活动。

11日　“2018中国（广州）国际纪录片节‘广东日’活动之‘南派纪录片’优秀作品评选结果发布会”在广州市举行。东莞题材纪录片《制造时代》获评最佳作品。

△　东莞市黄江镇公安分局与深圳市光明公安分局举行联合打击整治跨区域违法犯罪专项行动启动仪式，分别在两地边界重点区域开展联合整治行动。

13日　云南省党政代表团到东莞市考察对接扶贫协作工作，先后参观考察市规划展览馆、华坚集团公司、东莞市轻工业学校、松山湖高新区华为终端总部、华为机器有限公司等，了解城市建设、民营企业发展、科技创新、智能制造等情况，对接产业扶贫、智力扶贫等工作。

14日　“2018世界莞商大会”在东莞市召开。参会人员及在莞经商的世界各地企业家代表逾1200人。12个项目现场集中签约，其中企业总部和产业投资项目规模275亿元、股权基金投资项目35亿元、中小企业金融服务授信额度200亿元。

15日　“第十五届中国旅游发展北京对话·广州论坛——大数据视野下的旅游目的地城市建设”在广州市举行。论坛发布国内首份基于大数据的最佳旅游目的地城市榜单，东莞市位列第19名。

△　东莞市举办第二届非物质文化遗产创意产品大赛“国贸城杯”获奖作品展。该展自5月28日启动以来，通过线上征集主题为“城市礼品”非遗创意作品348件（套），参赛作品类别有平面装帧设计类、工艺产品类、影视短片与动画作品，评选出68件获奖作品。

17日　广东省住房和城乡建设厅组织召开全省城市供排水、污水处理、黑臭水体整治、海绵城市建设工作会议。会上指出：东莞市实现镇级污水处理设施全覆盖，东莞华阳湖在中央环保督察期间在督察公众号上作为城市黑臭水体治理典型经验获得肯定。

△　市委书记梁维东会见莞籍抗日名将蒋光鼐女儿蒋定粤一行。

△　广东省林业局与东莞市签署合作协议，双方共建东莞市红花油茶森林公园和东莞市宝山森林公园。

18日　庆祝改革开放40周年大会在人民大会堂举行，习近平总书记发表重要讲话；市委书记梁维东、市长肖亚非等市几套班子领导在东莞分会场收看收听大会盛况。

19日　广东省市场监管局调研组一行到东莞市商事制度改革综合试验基地调研。

△　东莞市首个建筑垃圾资源化利用项目——虎门建筑垃圾资源化利用项目投产，总投资1.2亿元，其中一期投资4800万元，设计处理建筑垃圾能力100万吨/年。

△　“2018第六届广东互联网政务论坛”举办，“莞香花开”“东莞市公安局”“荔香大朗”“东莞交警”4个东莞政务新媒体获6个大奖。其中东莞市政府官方微信公众号“莞香花开”获政务新媒体舆情应对特别奖。

19—20日　国务院发展研究中心调研组一行到东莞市调研城乡融合发展等情况。

20日　《科技日报》报道，称：由南方电网广东公司东莞市供电局自主研发的激光清障仪，可直接远距离及时、快速、安全清除线路飘挂物。在用于融冰试验中，通过超远距离激光聚能，在8分钟内切除导地线覆冰最严重区段整体厚度12厘米冰层。

△　东莞市政府常务会议召开，集中学习《中华人民共和国土壤污染防治法》，审议通过《关于进一步提高困难人群重大疾病医疗待遇的通知》《关于阶段性降低社会基本医疗保险及住院补充医疗保险缴费费率的通知》等事项，其中：决定于2019年阶段性降低社会医疗保险缴费费率，全年预计为企业减负超22亿元。

△　东莞市举办松山湖机器

2018年12月19日，东莞市首个建筑垃圾资源化利用项目——虎门建筑垃圾资源化利用项目投产（郑琳东　摄）

人与智能装备产业促进大会，400多家机器人与智能装备产业项目落户松山湖。现场集中签约及在建项目22个，总投资近140亿元，投产后预计产值170亿元。

△　东莞市印发《东莞市社会福利中心成年孤儿安置工作实施方案》，规定从2019年1月1日起，对具有独立生活自理能力、年满18周岁成年孤儿，一次性补助安置费13万元/人；成年孤儿按照政策回归社会后，户口由安置镇（街道）解决，为成年孤儿提供良好社会成长环境。

21—24日　“2018第九届中国（东莞）国际沉香文化产业博览会”在东莞市寮步镇举行。展会以“汇世界沉香，绽香市芬芳”为主题，展出面积超5万平方米，吸引参展商300多家、专业观众超10万人次，成交额逾亿元。

22日　“2019‘莞邑春晓’新年系列文艺活动”启动。该活动包括新年舞会、全国获奖舞蹈精品演出，展示交响乐、合唱、国标舞等现代艺术；邀请百名书法家为市民免费挥春送“福”以及东莞市粤韵音乐艺术团专场、星星儿童剧场之传统文化专场、市民文化游园活动、“一起做冬团”亲子体验活动、东莞民俗嘉年华、东莞非遗墟市等10多项。

25日　东莞市全面推行河长制工作领导小组第一次会议召开，传达学习广东省全面推行河长制工作领导小组第一次会议精神，审议通过相关文件和设立茅洲河、石马河市级第一河长有关事项。根据有关方案，市几套班子28位领导挂点督办全市28条重点河涌治理。

26日　广东省副省长张光军到东莞市调研东江供水、石马河旗岭断面及市生态建设项目第五期工程。

△　东莞市启动以“平安返莞，温暖相伴”为主题送温暖活动，对符合条件在莞务工人员开展返莞车票补助，每人补助现金不超过150元。

27日　中共东莞市第十四届委员会第七次全体会议召开，学习贯彻中共中央总书记、国家主席习近平关于深化党和国家机构改革的重要论述，贯彻落实广东省委第十二届五次全会精神和《广东省关于市县机构改革的总体意见》。市委书记梁维东就《东莞市机构改革方案》作说明。全会审议通过《中国共产党东莞市第十四届委员会第七次全体会议决议》。改革后，全市设置市级党政机构49个，其中，市委机构16个、市政府机构33个。

△　东莞市环莞快速路三期龙大高速至莞深高速段、市第六人民医院改造、市妇女儿童活动中心等路网8个项目动工建设。

28日　东莞港务集团有限公司发布“东莞港产业服务创新体系”，同时举行东莞港三期码头开港、湾区快线2号和3号线开航及15个重点项目签约仪式。

△　东莞市第二人民法院对邱某某恶势力犯罪集团案进行宣判。该案多名被告人为达到垄断汽车修理业务目的，多次以暴力或威胁手段，长期反复实施强迫交易。法院分别对邱某某等9人判处有期徒刑1年9个月至6年不等，并处罚金2～35万元不等。

29日　东莞市政府常务会议审议通过《东莞市进一步促进就业若干政策措施实施意见》等事项。

△　“中国美术家协会水彩画艺术委员会年度提名展2018”开幕式在东莞莞城美术馆举行，展出18名艺术家80幅水彩精品。

△　市委书记梁维东到挂点村企石镇深巷村，督导软弱涣散党组织整顿工作，并到东莞市机动车驾驶人考试中心企石深巷子考场考察，深入广东朝阳电子科技股份有限公司车间一线，了解企业生产经营情况，询问面临困难等。

30日　第四届加强和创新社会治理成果交流会在北京市举行。东莞市被授予“2018全国社会治理创新示范市”称号，东莞市“平安文化建设”相关经验入选“全国加强与创新社会治理典型案例”，并围绕“以人民为中心　以文化促平安”主题作经验介绍与交流活动。

概 览

PROFILE

东莞运河两岸　（南城街道供图）

编辑：李俊玉

市情综述

【境域】　东莞市位于广东省中南部，珠江口东岸，东江下游的珠江三角洲。因地处广州之东，境内盛产莞草而得名。介于东经113°31′～114°15′，北纬22°39′～23°09′。最东是清溪镇的银瓶嘴山，与惠州市惠阳区接壤；最北是中堂镇大坦乡，与广州市黄埔区和增城区、惠州市博罗县隔江为邻；最西是沙田镇西大坦西北的狮子洋中心航线，与广州市番禺区、南沙区隔海交界；最南是凤岗镇雁田水库，与深圳市宝安区相连。东莞市处于广州市至深圳市经济走廊中间，西北距广州市中心区59千米，东南距深圳市中心区99千米，距香港中心区140千米。东西长70.45千米，南北宽46.8千米，全市陆地面积2460.1平方千米，海域面积82.57平方千米。

（编辑部　自然资源局）

【建置沿革】　东莞于东晋咸和六年（331年）立县，初名宝安县，隶属东官郡。唐至德二年（757年）更名东莞县，县治从莞城（今宝安南头）移至到涌（今莞城）。南宋绍兴二十二年（1152年）分东莞县的香山镇立香山县（今中山市）；明万历元年（1573年）将东莞县守御千户所、编户五十六里立新安县（今深圳市），东莞县地域随之缩小。清沿明制。民国期间，先后隶属广东省粤海道、粤中行政区、第一行政区和第四行政区。1949年10月17日，东莞县全境解放。初期隶属东江行政区管辖。1950年3月，东莞县隶属珠江专区。1952年，撤销珠江专区，东莞县隶属粤中行政区。1956年2月，撤销粤中行政区，东莞县隶属惠阳专区。1958年11月，东莞县短期隶属广州市。1959年1月，撤销惠阳专区，东莞县划归佛山专区。1963年6月，复置惠阳专区，东莞县又隶属惠阳专区。1985年9月，国务院批准撤销东莞县，设立

东莞市（县级），仍属惠阳地区管辖。1988年1月7日起，国务院批复将东莞市升格为地级市，直属广东省管辖。（刘念宇）

【行政区划】 2000—2018年，东莞市行政区划主要变更有：2000年1月，附城区街道办事处更名为东城街道办事处；2001年11月，篁村区街道办事处更名为南城街道办事处；2002年11月，万江区街道办事处更名为万江街道办事处；2002年12月，撤销城区人民政府筹备组，改设为莞城街道办事处。（民政局）

【地质·地貌】 东莞市地质构造上位于北东东向罗浮山断裂带南部边缘的北东向博罗大断裂南西部、东莞断凹盆地中。地势东南高、西北低。截至2018年底，地貌以丘陵台地、冲积平原为主，丘陵台地占44.5%，冲积平原占43.3%，山地占6.2%。东南部多山，尤以东部为最，山体庞大，分割强烈，集中成片，起伏较大，海拔在200米～600米，坡度约30°，银瓶嘴山主峰高898.2米，是东莞市最高峰；中南部低山丘陵成片，为丘陵台地区；东北部接近东江河滨，岗地发育，陆地和河谷平原分布其中，海拔30米～80米，坡度小，地势起伏和缓，为易于积水的埔田区；西北部是东江冲积而成的三角洲平原，是地势低平、水网纵横的围田区；西南部是濒临珠江口的江河冲积平原，地势平坦而低陷，是受潮汐影响较大的沙咸田地区。（编辑部）

【河流】 截至2018年底，东莞市处于东江下游，96%属东江流域，东江干流自市东北部桥头镇与惠州市博罗县交界入境，沿北部边境西流至石龙镇石龙头分流为北干流和南支流，东江干流境内长度35千米，北干流继续西流至麻涌镇大盛口注入狮子洋，境内长度42千米；南支流由石龙头经峡口斜向西南，至沙田镇泗盛口注入狮子洋，

清代东莞县图（载康熙《广州府舆图——东莞县图》）

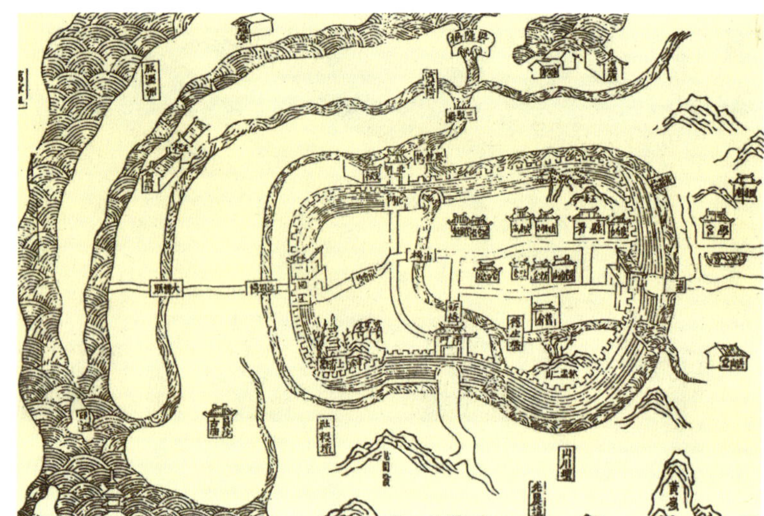

清代东莞县城图（载嘉庆《东莞县志》卷首）

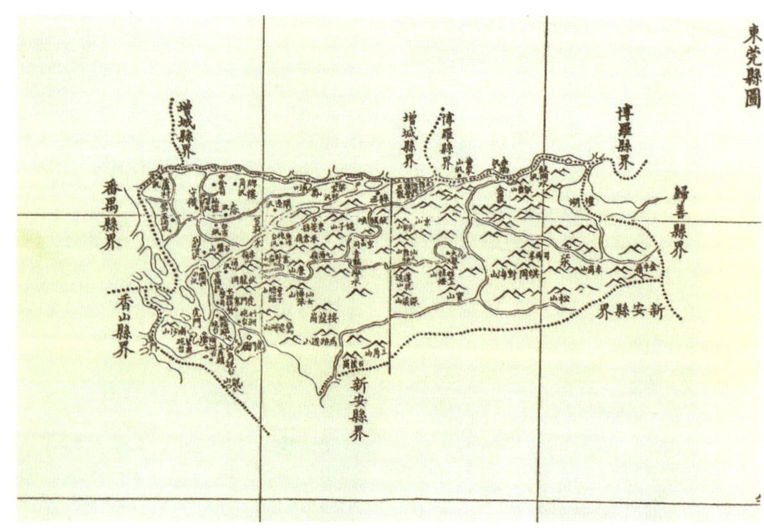

清代东莞县图（载《广州图志》卷四，同治三年刻本）

长度39.5千米。北干流与南支流之间，形成以石龙镇为顶点的东江三角洲，面积319.5平方千米。境内较大的河流有石马河、寒溪水及东引运河等。石马河发源于深圳市宝安区大脑壳山，北流至塘厦镇沙湖村附近入东莞境内，继续北流汇合雁田水、观澜水、契爷石水、清溪水、官仓水等水系，至桥头镇新开河口注入东江，境内长度64千米。寒溪水源于市中南部大屏障山至观音髻，北流有仁和水、梅塘水、松木山水、东坑水、寮步水、黄沙河水等水系汇入，至峡口注入东江南支流，主流河道长59千米。东引运河于1970年建成，以原有的东莞运河和沙田引淡渠为基础，上延下伸连接而成，在峡口处连接寒溪水，于仁和水上游横沥、石排镇地段开凿人工河抵企石镇与旧石马河连接，沿河经15个镇（街道），最后在独墩汇入茅洲河，全长102千米。（水务局）

【海洋】 截至2018年底，东莞市海域集中分布于狮子洋、伶仃洋东北部，海域面积82.57平方千米，海岸线长112.2千米，拥有海岸线的有中堂、麻涌、洪梅、道滘、厚街、沙田、虎门和长安8个镇。有威远岛、泥洲岛、木棉山岛、涌口沙、虾缯排5个海岛，海岛岸线长34.67千米，海岛面积25.86平方千米。东莞海岸线紧靠狮子洋、伶仃洋的深槽，深水岸线资源突出，境内拥有虎门水道和川鼻水道，且岸线内侧陆域土地较为平坦宽广，建港资源优越，建成国家一类口岸——东莞港。东莞地处南亚热带浅海区，水域生境多样，生物区系复杂，是多种经济鱼、虾、藻类的繁育场，有鱼类88种。东莞海域属伶仃洋经济鱼类繁育场保护区，并设立全国唯一的黄唇鱼自然保护区。东莞滨海旅游资源特色明显，以历史名胜古迹等人文旅游资源为主，有鸦片战争遗迹纪念地，也有海战博物馆。2018年，全市海域水质均劣于第四类海水水质标准，海水中主要污染物为无机氮、活性磷酸盐，未发生较大海洋环境污染事故，未发生赤潮和咸潮。（自然资源局）

【植被】 东莞地带性森林植被类型为南亚季风常绿阔叶林，组成种类多样而富于热带性，主要由壳斗科、樟科、山茶科、大戟科、桃金娘科、杜英科、山矾科、梧桐科等种类组成，其中大多数是热带亚热带分布种，较常见的有樟树、阴香、铁冬青、华润楠、浙江润楠、假柿树、银柴、土蜜树、鸭脚木、蒲桃等。东莞主要植被分为：常绿针叶林，林下植被常见有桃金娘、椭圆叶豺皮樟、岗松、纤毛鸭嘴草、乌毛蕨、鹧鸪草、蜈蚣草等；针阔叶混交林，林下植被主要有野漆、椭圆叶豺皮樟、三桠苦、山乌桕、鬼灯笼和乌毛蕨等；典型常绿阔叶林，常见种类红花荷、蕈树、黄樟、黄杞、青冈栎、网脉山龙眼等；季风常绿阔叶林，常见种类鸭脚木、乌榄、樟树等；常绿灌丛，常见种类鸭脚木、银柴、鼠刺、豺皮樟、九节、梅叶冬青、桃金娘等。其中山地、丘陵及未经开垦的岗地现状植被以人工林和次生林群落占优势，林下以灌木、蕨类植物或草本为主，沟谷等较为阴湿的山地多见攀缠植物。现状植被反映出由热带向亚热带过渡而热带性较强的特征，与南亚热带气候特点相适应。（林业局）

【气候】 东莞市属于亚热带季风气候，长夏无冬，光照充足，热量丰富，气候温暖，温度变幅小，雨量充沛，干湿季明显。2018年，东莞天气气候主要特点是：年总降水量1766.1毫米，比常年平均值1831.7毫米略偏少3.6%，属正常年份；年平均气温23.1℃，比常年平均值偏高0.5℃；年日照时数1906.8小时，比常年平均值略偏少0.3%，属正常年份。年内降水分布不均匀，月降水极端化明显：有5个月降水量偏少30%以上，有2个月降水量偏多50%以上。5月7日开汛，10月15日汛期结束，均比常年偏晚；汛期总降水量为1302.7毫米，比常年平均值偏少12.2%。年平均气温偏高，各月气温波动较大：全年高温（≥35℃）日数为15天，年内日极端最高气温为36.8℃；全年低温日数（≤5℃）3天，年内最低气温为3.7℃。（气象局）

【矿产资源】 东莞市矿产种类少，矿产地不多，金属矿产十分短缺；非金属矿产中建筑用花岗岩、盐矿、芒硝较为丰富；矿泉水水质良好，具备一定储量，有较好的开发潜力。截至2018年底，发现矿产24种，矿产地（含矿点，下同）73处，其中能源矿产2种，矿产地5处；金属矿产8种，矿产地32处；非金属矿产13种，矿产地24处；水气矿产1种，矿产地12处。查明资源储量的矿产16种，勘查程度满足工业开采的矿种有盐矿、芒硝、建筑用花岗岩、矿泉水等。其中盐矿查明资源储量5907万吨，芒硝321.1万吨，矿床规模达到中型；建筑用花岗岩主要分布在樟木头镇、厚街镇、大岭山镇一带，查明资源储量272.2万吨；矿泉水主要分布在清溪镇、樟木头镇等地，允许开采量1458立方米/日。（自然资源局）

【动植物资源】 东莞植物组成具有由热带到亚热带的过渡性质。截至2018年底，记录有高等维管植物1630种，本土珍稀植物100多种，包括广东五针松、三尖杉、穗花轴榈、短萼仪花等。东莞植物以双子叶植物纲为主，占总数的83%。草本种类丰富，仅禾亚科有90种；在物种组成中，被子植物占绝对优势，蕨类植物和裸子植物种类则较少。

东莞动物记录有爬行动物41种，隶属于2目8科30属，龟鳖目淡水龟科1种，其余40种为有鳞目，其中蜥蜴亚目鬣蜥科1种，壁虎科5种，石龙子科5种；蛇亚目蟒蛇科1种，游蛇科22种，眼镜蛇科5种，蝰科1种。其中国家一级

鸦片战争博物馆 （虎门镇供图）

保护动物1种，即蟒蛇；国家二级保护动物2种，即三线闭壳龟和大壁虎。列入IUCN（世界自然保护联盟）《世界自然保护联盟濒危物种红色名录》的极危等级物种1种，即三线闭合龟；易危等级物种3种，即蟒蛇、舟山眼镜蛇和眼镜王蛇。属于CITES（濒危野生动植物种国际贸易公约）附录II的物种有5种：三线闭壳龟、蟒蛇、滑鼠蛇、舟山眼镜蛇和眼镜王蛇。两栖类18种，隶属2目7科13属，包括有尾目蝾螈科1种，无尾目角蟾科2种，蟾蜍科1种，蛙科3种，叉舌蛙科4种，树蛙科1种，姬蛙科6种。鸟类151种，隶属于13目41科，占全省已记录鸟类的24.1%，其中雀形目91种，鹳形目10种，其他鸟类11目50种；个体数超过1000只的种群有树麻雀、红耳鹎、白头鹎和暗绿绣眼鸟，在市域广泛分布。其中国家II级重点保护动物11种，有黑耳鸢、普通鵟、蛇雕、游隼、领角鸮等；被列入CITES附录I的有1种，即游隼，附录II的有蛇雕、红隼、普通鵟、画眉、红嘴相思鸟等11种。兽类30种，隶属于食虫目、翼手目、鳞甲目、食肉目、偶蹄目和啮齿目等6目15科，其中食虫目包括鼩鼱科1种；翼手目包括狐蝠科2种，菊头蝠科1种，蹄蝠科1种，长翼蝠科1种，蝙蝠科4种；鳞甲目包括鲮鲤科1种；食肉目包括鼬科3种，灵猫科2种，猫科1种；偶蹄目包括猪科1种，鹿科1种；啮齿目包括松鼠科2种，竹鼠科1种，鼠科8种。 （林业局）

【旅游资源】 东莞市是岭南文明的重要发源地，中国近代史的开篇地和改革开放的先行地，是“中国优秀旅游城市”“中国最具投资价值旅游城市”“中国十大特色休闲城市”。既有滨海、水乡、森林、湿地等自然风光，也有林则徐销烟池旧址、虎门炮台旧址和蚝岗贝丘遗址等历史人文景观。截至2018年底，东莞市境内有国家A级旅游景区25个，其中有鸦片战争博物馆、松山湖景区、广东观音山国家森林公园、东莞市科学技术博物馆、龙凤山庄影视旅游区、粤晖园旅游景区、东莞市香市动物园、东莞展览馆、东莞市广东东江纵队纪念馆、东莞市清溪银瓶山森林公园、南社·塘尾明清古建筑群、可园博物馆、东莞市逸颐艺社博物馆、寮步香市文化旅游区、常平隐贤山庄等15个国家级AAAA旅游景区。2018年新增华阳湖国家湿地公园、大王山森林公园、牙香街文化旅游区、鑫源食品文化体验区、黄大仙公园等5个国家级AAA旅游景区。东莞市是联合国环境署认可的“国际花园城市”，全市建成开放森林公园14个、湿地公园16个，其中东莞市面积最大的森林公园——银瓶山森林公园被评为“全省十大最美森林”、广东省四星级森林公园，主峰银瓶嘴海拔898.2米，为“东莞第一峰”，素有“小九寨沟”之美誉；被评为广东省四星级森林公园的还有大岭山森林公园、大屏障森林公园。除此以外，东莞市还有珠三角地区首个国家城市湿地公园——东莞生态园湿地景区；有企石镇江边村、茶山镇南社村和超朗村、石排镇塘尾村、寮步镇西溪村、塘厦镇龙背岭村等中国传统村落；有林则徐销烟池与虎门炮台旧址、却金亭碑、大岭山抗日根据地旧址、蚝岗遗址、广九铁路石龙南桥等国家级重点文物保护单位；有石碣檀香岛乐活生态农场、麻涌菇菇花果园、东坑农业园、中堂百香岛等国家级、省级休闲农业与乡村农业示范点。还有东莞千角灯、龙舟制作技艺、樟木头舞麒麟、木鱼歌、“赛龙舟”、莞香制作技艺、寮步香市等国家级非物质文化遗产。主要节庆活动内容丰富，有东坑“二月二卖身节”、桥头“荷花艺术节”、道滘“美食节”、寮步“香市旅游文化节”等，有200多年历史的“康王宝诞”活动是广东省非物质文化遗产项目；有东莞碌鹅、东莞腊肠、蚝皇蟹饼、道滘肉丸粥、虎门麻虾等地道美食。 （文广旅体局）

【人口】 2018年，东莞市常住人口839.22万人，其中户籍人口231.59万人；城镇常住人口763.86万人，人口城镇化率91.02%。2018年出生户籍人口4.1万人，出生率18.35‰；死亡人口1.03万人，死亡率4.60‰；人口自然增长率13.75‰。 （统计局）

2018年，东莞市有流动人口453.4万人，其中男性240万人，女性213.4万人，总人数比上年增长3.38%。按流动人口来源地分析，广东（除东莞市外）、湖南、广西、湖北、四川、河南、江西等7个省（区）在东莞市流动人口352.3万人，占总人数的77.7%；按居住原因分析，务工、投资经商、服务、就读等行业402.3万人，占总人数的88.7%；按主要居住地分析，虎门、长安、塘厦、厚街、大岭山、寮步、大朗、凤岗、常平等镇和松山湖（生态园）流动人口269.3万人，占总人数的59.4%。 （公安局）

【民族】 截至2018年底，东莞市常住人口839.22万人，以汉族为主，常住少数民族人口约50万人，55个少数民族齐全。其中少数民族户籍人口2.7万人，有41个民族。常住少数民族人数最多的是壮族，数量近19万人。

东莞市少数民族主要分布在塘厦、长安、凤岗、虎门、寮步、大岭山等镇，其中塘厦镇少数民族人数最多，有4万多人，其次是长安镇，有3万多人，而凤岗、虎门、寮步等镇人数均超2万人。其余镇街少数民族人数均在1000人以上，1万人以下。少数民族人口以外来务工人员为主，人口流动性大，分布广泛。东莞市外来少数民族人员来自全国各地，其中45.3%来自广西壮族自治区，18.7%来自贵州省，14%来自湖南省，8%来自云南省。 （民宗局）

【语言】 东莞市境内流行粤方言和客家方言。粤方言区面积、人口均占全市大部分。在32个镇街中，纯粤方言镇街有石龙、长安、沙田、洪梅、道滘、麻涌、万江、中堂、望牛墩、石碣、高埗、大朗、寮步、茶山、企石、石排、常平、横沥、东坑、桥头等20个。莞城、东城、南城、厚街、虎门、大岭山、塘厦、黄江、谢岗等9个镇街大部分甚至绝大部分讲粤方言（莞城只有1个300多人的罗沙上岭村讲客家话）；清溪、凤岗2个镇大部分讲客家方言；仅樟木头镇是纯客家方言镇。 （文广旅体局）

【民俗】 东莞市为岭南古邑，是广东省历史文化名城，岭南文化的发源地之一，节庆民俗贯穿全年。截至2018年底，比较有代表性的民俗有赛龙舟、粤曲粤剧、茶园游会、客家山歌、舞狮（龙、麒麟、凤）等。

端午节赛龙舟 东莞市民间流传近300年的习俗。水乡片及东江沿岸地区各镇街或乡村，从每年农历五月初一开始，举办为期近1个月的传统龙舟赛，并根据当地潮汐大小，定出各自固定竞渡或趁景的日子，故又称“龙舟月”。其间，凡是举办赛龙舟的镇街或乡村，都会广邀周边乡镇前来游龙趁景，招呼附近前来观景的乡亲好友吃“龙船饭”、浸“龙舟水”。

粤曲粤剧 东莞市戏曲文化历史悠久，是粤剧艺术的重要发源地之一，是著名的“粤剧曲艺之乡”，涌现诸多粤剧名伶：何非凡、陈天纵、丁公醒、陈笑风、陈小茶、楚岫云、卢启光等。粤剧在东莞市有着深厚的群众基础，“粤韵金声”“粤剧黄金周”是东莞市传承和发展粤剧艺术的两大品牌活动。

茶园游会 东莞市茶山镇的民俗悠久，在明正德九年（1514年）就记载有“茶园游会”。每年农历三月二十五至二十七日，茶山镇居民及四方香客、游人来到东岳庙举行祭祀活动，并抬出东岳大帝和民间吉祥神到镇内各地进行巡游，祈求风调雨顺、国泰民安。

客家山歌 东莞市清溪、凤岗、樟木头等镇的客家人唱山歌由来已久，流传下来的山歌，可分为放牛歌、割草歌以及四六联、白口联、平山民歌等，词曲不固定，一般都是即兴编唱。

舞狮（龙、麒麟、凤） 在东莞市历史悠久，源远流长，每逢新春及喜庆日子，人们喜舞狮以示吉庆，深受群众喜爱，其中长安镇被国家体育总局命名为“龙狮之乡”。舞麒麟则以清溪镇、樟木头镇较为出色。大朗镇、长安镇有舞龙，道滘镇有麒麟引凤等习俗。

各镇街还有一些特色的民俗风情，其中有沙田镇、中堂镇等地咸水歌，东坑镇的“二月二”卖身节，石排镇康王宝诞，望牛墩镇乞巧节，横沥镇牛墟等。

（文广旅体局）

2018年东莞市行政区划情况表

镇（街道）	村、社区（个）	村名称	社区名称
莞城	8		东正　市桥　北隅　西隅　罗沙　博厦　兴塘　创业
石龙	10	西湖　忠维　林屋　蒲溪　新维　王屋洲　黄家山	中山东　中山西　兴龙
虎门	30		虎门寨　东方　则徐　大宁　树田　白沙　沙角　怀德　博涌　镇口　村头　新联　九门寨　居岐　金洲　南面　北栅　小捷滘　北面　陈村　东风　武山沙　黄村　南栅　龙眼　宴岗　赤岗　路东　新湾　民泰
东城	23		岗贝　花园新村　东泰　温塘　桑园　周屋　余屋　鳌峙塘　峡口　柏洲边　上桥　下桥　樟村　梨川　堑头　主山　石井　同沙　光明　牛山　立新　火炼树　星城
万江	29		万江墟　万江　石美　莫屋　拔蛟窝　黄粘洲　蚬涌　谷涌　小享　滘联　上甲　新村　新谷涌　共联　水蛇涌　大莲塘　牌楼基　严屋　大汾　流涌尾　金泰　曲海　坝头　胜利　官桥滘　简沙洲　新和　新城　坝新
南城	18		鸿福　宏远　胜和　元美　亨美　三元里　篁村　新基　周溪　袁屋边　白马　石鼓　蛤地　西平　雅园　水濂　新城　宏图
中堂	20	潢涌　三涌　湛翠　凤冲　袁家涌　吴家涌　鹤田　中堂　一村　东向　蕉利　槎滘　下芦　马沥　四乡	中心　斗朗　红锋　东泊　江南
望牛墩	22	李屋　望东　扶涌　赤滘　五涌　下漕　上合　聚龙江　望联　洲湾　洲涡　杜屋　寮厦　芙蓉沙　官桥涌　横沥　福安　石排　官洲　朱平沙　锦涡	望牛墩
麻涌	15	麻一　麻三　麻四　大步　东太　新基　川槎　鸥涌　华阳　南洲　大盛　漳澎　黎滘	麻涌　麻二
石碣	15	石碣　唐洪　黄泗围　西南　单屋　梁家村　沙腰　刘屋　水南　四甲　鹤田厦　涌口　横滘　桔洲	城中
高埗	19	冼沙　卢溪　宝莲　塘厦　草墩　护安围　保安围　三联　横滘头　低涌　朱磡　新联　欧邓　芦村　高埗　凌屋　上江城　下江城	新创
洪梅	10	洪屋涡　新庄　梅沙　氹涌　黎洲角　夏汇　尧均　乌沙　金鳌沙	洪梅
道滘	14	南城　南丫　闸口　大鱼沙　小河　永庆　北永　昌平　厚德　九曲　大罗沙　大岭丫　蔡白	兴隆

续表

镇（街道）	村、社区（个）	村名称	社区名称
厚　街	24		竹溪　厚街　珊美　宝屯　三屯　陈屋　赤岭　河田　寮厦　汀山　环冈　大迳　新围　桥头　南五　新塘　涌口　双岗　溪头　沙塘　宝塘　下汴　白濠　湖景
沙　田	18	中围　和安　大流　泥洲　杨公洲　福禄沙　阇西　民田　先锋　西大坦　穗丰年　大泥　齐沙　稔洲　义沙　西太隆	横流　滨港
长　安	13		长盛　涌头　霄边　咸西　锦厦　新安　乌沙　新民　沙头　上沙　厦岗　厦边　上角
寮　步	30	西溪　凫山　石龙坑　石步　良边　富竹山　塘唇　向西　霞边　上屯　下岭贝　竹园　上底　药勒　刘屋巷　浮竹山　陈家埔　井巷　小坑　长坑	寮步　塘边　横坑　岭厦　新旧围　缪边　牛杨　泉塘　坑口　良平
大岭山	23	太公岭　大塘朗　下高田　连平　鸡翅岭　马蹄岗　金桔　大沙　百花洞　大塘　水朗　杨屋　矮岭冚　颜屋　大片美　梅林　元岭　大岭　新塘　旧飞鹅　大环	大岭山　农场
大　朗	28	高英　洋乌　洋坑塘　松柏朗　黎贝岭　松木山　犀牛陂　水平　宝陂　石厦　杨涌　沙步　新马莲　佛子凹　蔡边　水口	大朗　佛新　巷头　屏山　竹山　巷尾　求富路　长塘　黄草朗　大井头　圣堂　长富
黄　江	7		新市　田美　三新　梅塘　宝山　北岸　长龙
樟木头	10		圩镇　樟罗　百果洞　樟洋　石新　柏地　官仓　裕丰　金河　樟新
凤　岗	12	雁田　官井头　油甘埔　凤德岭　塘沥　黄洞　竹塘　竹尾田　三联　五联　天堂围	凤岗
塘　厦	21		塘厦　林村　石潭埔　四村　振兴围　大坪　莆心湖　平山　诸佛岭　桥陇　龙背岭　石鼓　田心　横塘　蛟乙塘　凤凰岗　莲湖　沙湖　石马　清湖头　塘新
谢　岗	12	黎村　窖山　南面　大龙　大厚　赵林　稔子园　五星　曹乐　谢岗　谢山	泰园
清　溪	21	浮岗　上元　清厦　铁松　铁场　谢坑　青皇　大埔　长山头　三中　九乡　三星　渔樑围　厦坭　大利　土桥　重河　松岗　罗马　荔横	清溪
常　平	33	岗梓　塘角　苏坑　袁山贝　金美　还珠沥　朗贝　桥沥　卢屋　九江水　朗洲　陈屋贝　司马　霞坑　漱旧　漱新　黄泥塘　元江元　横江厦　沙湖口　白石岗　松柏塘　上坑　木棆　下墟　板石　田尾　白花沥　桥梓　麦元　土塘	常平　新民

续表

镇（街道）	村、社区（个）	村名称	社区名称
桥　头	17	田头角　李屋　朗厦　岗头　屋厦　禾坑　邓屋　邵岗头　东江　山和　石水口	莲城　田新　桥头　大洲　迳联　岭头
横　沥	17	石涌　隔坑　半仙山　田头　田坑　横沥　村头　长巷　田饶步　六甲　村尾　水边　新四　山厦　月塘　张坑	恒泉
东　坑	16	东坑　坑美　角社　塔岗　黄麻岭　初坑　凤大　黄屋　寮边头　长安塘　新门楼　井美　彭屋　丁屋	草塘　骏达
企　石	20	铁岗　深巷　湖美　博夏　上洞　江边　旧围　清湖　东平　上截　下截　东山　莫屋　杨屋　新南　南坑　铁炉坑　企石　霞朗	宝石
石　排	19	石排　福隆　庙边王　下沙　沙角　黄家坣　赤坎　向西　水贝　田寮　横山　埔心　谷吓　塘尾　李家坊　田边　中坑　燕窝	太和
茶　山	18	上元　茶山　下朗　横江　增埗　卢边　寒溪水　南社　塘角　博头　冲美　粟边　孙屋　超朗　京山　刘黄	茶山圩　茶溪
合　计	592	350	242

（民政局）

经济建设和社会发展

【经济建设和社会发展概况】 2018年，东莞市经济运行总体平稳，经济结构不断优化，内生动力不断增强，经济质量持续提升。全年实现生产总值8278.59亿元，比上年增长7.4%，增速分别比全国、全省快0.8个和0.6个百分点，经济总量名列全国第21位，人均地区生产总值9.89万元。三次产业比例为0.3∶48.6∶51.1。其中，先进制造业、高技术制造业增加值分别比上年增长8.6%和11%，分别占规模以上工业增加值的52.3%和38.9%。全市税收总额2263.69亿元，比上年增长14.1%，增速在珠三角九市中排第二名。实现一般公共预算收入649.91亿元，比上年增长9.8%，增速在珠三角九市中并列第二名。全市进出口总额1.34万亿元，比上年增长9.5%，总量排名居全国各大城市第五位、全省第二位，增幅在珠三角九市中排第一名；其中出口总额7955.6亿元，增长13.3%。28个镇全部入围全国综合实力千强镇前400强，百强镇增至15个。村组两级纯收入突破150亿元，比上年增长14.5%。东莞市被评为“全国社会治理创新示范市”，首获中国法治政府奖。在中国人民大学、社科院等权威机构发布的相关报告中，东莞的政商关系健康指数、“互联网+”指数、综合经济竞争力分别排名全国第一位、第八位和第十三位，民生发展指数排名全国地级市第三位。东莞市经济社会发展保持稳中有进、进中向好的良好态势。

【经济高质量发展】 推进招商引资和项目落地　2018年，东莞市召开全市规模最大、规格最高的招商大会，集中签约重特大项目29个，涉及金额超4000亿元。引进亿元内资项目183个，协议投资2522.99亿元，比上年增长59.6%；新增超千万美元外资项目102个，协议投资金额36.5亿美元。开展“百日攻坚”大会战，完成重大项目投资631.4亿元，比上年增长22.9%。

优化非公经济发展环境　2018年，东莞市出台实施“实体经济十条”“外资十条”“非公经济50条”“促进就业九条”等政策措施，为企业减免税费248亿元以上。强化对企业服务意识，召开非公经济代表人士座谈会。举办世界莞商大会。成立上市莞企发展投资项目，为上市企业协调化解债务风险20亿元。

实施重点企业倍增计划　2018年，东莞市出台“高质量倍增十条”政策，调整确定市级试点企业286家、选定协同倍增企业910家，创新推出全流程诊断、

"倍增卡"等举措。是年，市级试点企业实现主营业务收入3730.07亿元，比上年增长17.5%；完成工业增加值758.95亿元，增长8.8%。"2018年广东企业500强榜单"中，东莞市有14家企业入选，其中11家是市级试点企业。

打造智能制造全生态链　2018年，东莞市推荐6家企业项目获认定"2018年广东省智能制造试点示范项目"。开展智能制造专业诊断服务，超过100家专业服务机构在"智造东莞"网站备案，资助269个智能制造诊断服务项目。扶持16个首台（套）重点技术装备项目，智能装备企业超260家，增加值90多亿元。

【国家创新型城市建设】　推进区域创新　2018年，东莞市启动广深港澳科技创新走廊（东莞段）建设，实施133个沿线环境品质提升项目，筛选出260个总投资3600多亿元的入库科技项目。散裂中子源通过国家验收并投入运行，全面启动中子科学城建设。南方光源前期预研工作全面启动，松山湖材料实验室首批10个科研团队落户，粤港澳交叉科学中心揭牌成立。

聚集创新要素　2018年，东莞市参与广深港澳科技创新走廊建设，获批建设国家创新型试点城市。全年投入研发经费占比2.55%，高企数量5798家，居全省地级市第一位。发明专利申请量和授权量分别比上年增长20%和40%，PCT国际专利申请量增长47.5%，居全省第二位。新增博士后、博士工作平台30个。

推动科技、金融、产业"三融合"　2018年，东莞市实施人才工程，设立规模100亿元以上的产业投资基金和并购基金，贴息发放"三融合"贷款68亿元。制造业、小微企业贷款分别突破1000亿元、2000亿元，"倍增计划"和高企贷款均突破300亿元。专利权质押融资金额规模居全省第二位。新增境内外上市企业2家、上市后备企业33家。成为全省唯一齐备港澳台资银行的地级市。

【对外开放水平提升】　推动对外贸易创新发展　2018年，东莞市出台促进外经贸稳定发展20条举措，连续两年位列"外贸百强城市"第三位。深化构建国家开放型经济新体制综合试点试验，形成3批40项具有良好示范效应的改革做法。虎门港综合保税区获批成立，并获批成为国家跨境电子商务综合试验区。是年保税物流进出口2325.4亿元，比上年增长16.9%；跨境电商进出口总额增长1.33倍，总量居全国第一位。邮政发出国际小包7651万件，日均24.6万件。

推进"一带一路"倡议　2018年，东莞市推进中俄贸易产业园先行启动区建设。开通石龙—中国香港航线。东莞始发中欧班列货运量比上年增长42%。对"一带一路"沿线国家进出口2632.89亿元，比上年增长25.4%。全市新签外商直接投资项目1400个，比上年增长51.4%。合同外资比上年增长14.4%。举办2018海上丝绸之路博览会，57个国家和地区、3.4万名专业采购商参加，均为历年最多。累计组织超过1000家企业参加28场境内外展会。

打造良好营商环境　2018年，东莞市构建市场监管体系，创新事中事后监管方式，实现开办企业便利度连续三年居全省地级市第一位，获选全国"改革开放40周年经典案例"。全市新登记市场主体26.49万户，比上年增长18.71%，总数115.08万户，居全省地级市首位。

【区域协调发展水平提升】　加强对口帮扶　2018年，东莞市推进援疆援藏工作，支持当地设立规模8亿元的产业发展基金；打造林芝市布久乡小康示范镇等精品项目，7个镇街与巴宜区7个乡镇结对；新增16个镇街对口帮扶云南昭通6个县区；与黑龙江牡丹江市缔结友好城市，推动20.7亿元的21个产业合作协议落地。完成对口帮扶韶关十大行动计划；落实韶关、揭阳精准扶贫精准脱贫资金4.68亿元，推动323个贫困村集体经济收入比上年增长51%，预脱贫1.4万户4.03万人。

推进镇村均衡发展　2018年，东莞市落实产业发展专项资金（资金池）补助，实行项目共引共建、共同帮扶等机制。8个次发达镇生产总值821亿元，比上年增长9%，高于全市平均水平1.6个百分点；全市70个次发达村（社区）村组两级经营性纯收入达5亿元，增长14.7%，比上一轮帮扶期末2015年的纯收入增长46.6%。

加强内外合作　2018年，东莞市加快推进深莞惠经济圈（3+2）和穗莞深化合作系列事项，并就轨道互通、环保共治等与广州市、深圳市进行协商。举办近年来规模最大的莞港产业合作推介会，签订项目39个，金额350亿元。全方位加强对外交往，汤加国王到莞访问，美国利百伦市、韩国牙山市、德国乌波塔尔市等友好城市代表团来莞交流，友好关系持续深化。

（市委政策研究室）

【城乡环境优化】　推进城市基础设施建设　2018年，东莞市实施城市品质三年提升计划，全面启动总投资1689.9亿元的582个重点项目，完工200个。东莞城市总体规划（2016—2035年）报国务院审批。推进轨道交通建设，2号线三期、3号线一期工程前期工作进展顺利。协调广铁集团在虎门站新增20多趟列车停靠，市民可直接乘高铁至北京、上海。推进高快速路建设，环莞快速二期、虎门二桥主线桥全线贯通，环莞快速三期华为段动工。莞番高速、深圳外环高速东莞段等加快建设。更新改造供水管网433.2千米，新建天然气管道约300千米，完成电网投资30亿元。

推进环境污染治理　2018年，东莞市成立污染防治攻坚战指挥部，出台三年行动计划。水污染治理方面，新建截污管网1525千米，通水1427千米。完成102条污染河涌整治，推进6家污水厂新建扩建、35家提标改造。开展河湖管护三大专项行动，全面铺开入河、入海排污口整治。清理整治砂场182个。茅洲河、石马河流域水质好转，综合污染指数分别比上年下降55.5%和19.7%。7个国省考断面水质总体改善。大气污染治理方面，淘汰整治“散乱污”企业1.31万家，治理VOCs（挥发性有机物）企业4870家，压减煤炭消费量118.8万吨。更换纯电动公交车2920辆。$PM_{2.5}$（指环境空气中直径小于等于2.5微米的颗粒物）年均浓度降低2.7个百分点。

加强固体废弃物处理处置 2018年，东莞市开展“利剑一号”行动，打击固体废弃物偷运、非法跨市转移等行为。完成10座垃圾填埋场综合整治，建成东南部卫生填埋场（一期），建筑垃圾资源化实现零突破。完成3个土壤污染修复治理试点示范工程。

推进违法建筑治理 2018年，东莞市对新增违法建筑、“小产权房”实行“零容忍”“零增量”。全市拆除（整改）新增违法建筑98.9万平方米，治理违法建筑面积1060万平方米，超额完成省下达任务。建立历史遗留违法建筑信息数据库，完善324.53万平方米用地手续。盘活存量土地面积691万平方米，处置闲置土地面积283.4万平方米，复耕复绿土地面积233.33万平方米，拓展发展空间。

推进城市更新改造 2018年，东莞市出台推进城市更新提升城市品质的意见，梳理出总面积1481.2万平方米的30个更新单元向外推介，打造长安科技商务区、东城牛山钟屋围、厚街楷模家居等亮点。全年投入228亿元，完成“三旧”（旧城镇、旧厂房、旧村庄）改造555.8万平方米，新增实施改造725.1万平方米，力度历年最大，受省奖励用地指标152.67万平方米。加快推进轨道交通TOD（以公共交通为导向的开发）综合开发，调整优化在库储备土地规划。松山湖北站推出首期出让地块，虎门高铁站用地补偿基本完成，45个站场TOD综合开发规划编制推进。

提升城市精细化管理水平 2018年，东莞市成功抵御40多年来影响最严重的台风“山竹”，最大程度降低灾害损失，迅速恢复生产生活秩序。重视群众反映强烈的交通拥堵问题，设立综合交通运输联席会议，完成治理第一批交通拥堵节点12个，新建人行天桥13座，全市交通拥堵状况有所改善，虎门大桥疏堵保畅成效明显。开展城市精细化管理考核，查处城市“六乱”（乱搭乱建、乱堆乱放、乱设摊点、乱拉乱挂、乱贴乱画、乱扔乱吐）28万宗。整治易涝点15个。黄江、樟木头、麻涌、洪梅、望牛墩等镇创建成为广东省森林小镇。东莞植物园一期建成开园。

实施乡村振兴战略 2018年，东莞市围绕农村环卫、基础设施建设等重点，推进63个亮点项目建设，全部村（社区）基本完成环境整治任务。农村集体产权制度改革试点任务完成。农村土地承包经营权确权登记颁证率94%。次发达镇生产总值平均增速快于全市1个百分点。70个次发达村（社区）经营性纯收入比上年增长14.7%。

【民生事业发展】 *推进教育扩容提质* 2018年，东莞市编制实施新一轮学校建设规划。新增中小学幼儿园53所、学位近7万个，组建教育集团7个，规划建设未来学校3所。新招收随迁子女入读公办学位和补贴学位15.6万人，比上年增长129.1%。向民办学校发放教师从教津贴、普惠性幼儿园补助等1.8亿元。给予困难学生助学减免1.16亿元。高考本科上线率65.4%，创历史新高。12所中职学校实行中高职贯通培养。东莞理工学院获得硕士学位授予资格，实现零突破。

加大优质医疗资源供给 2018年，东莞市选定5所医院建设区域中心医院，常平医院、塘厦医院、麻涌医院纳入市管理。完成200个社区卫生服务机构标准化建设，诊疗量占比升至28%。实施家庭医生签约服务，签约258万人。推进医药分开改革，实施药品零加成政策，为群众减负6350万元。开展健康讲座2300多场，“说医不二”微视频点击量破1000万次。东莞公立医院综合改革获得国务院办公厅督查激励。

加强公共安全防控体系建设 2018年，东莞市开展“扫黑除恶”专项斗争，打掉涉黑社会犯罪组织6个、恶势力犯罪团伙440个。社会治安好转，抢夺和抢劫立案数下降近八成、飞车抢夺警情下降九成。组建公安铁骑，有效疏堵交通、快速处警、震慑犯罪。开展整治制毒物品非法流失问题专项行动，获公安部肯定。完成基础信息采集，基本摸清全市实有人口、房屋、单位及设施等情况，为长治久安和精细化管理打下基础。推进安全生产工作，开展建筑施工安全、有限空间作业、道路交通安全等专项治理行动，生产安全事故宗数比上年下降14.8%，未发生重大及以上安全事故。实施消防安全工程，完成消防部队改制转隶。启动国家食品安全示范城市创建。做好非洲猪瘟防控。“智网工程”进入常态化运作、制度化管理，发现、处置隐患120.2万处。集中开展信访矛盾化解攻坚，维护社会和谐稳定。

文化体育社保等各项事业繁荣发展 2018年，东莞市基层综合性文化服务中心实现全覆盖。举办“时代交响”音乐会、“时代印记”图片展，组织开展“看东莞”系列活动，营造庆祝改革开放40周年良好氛围。亚运会上获5项金牌，省运会东莞金牌总数居地级市第1位，首届市民运动会举办。出台新的社会医疗保险办法，实行工伤和失业保险浮动费率管理。71所定点医院实现跨省异地联网结算。为特困、低保、困难群众发放各类救助1.5亿元。推进住房保障体系建设，解决6998户困难群众住房需求。做好房地产调控，推动平稳健康发展。第四次全国经济普查单位清查完成，多项指标名列全省前茅。十件民生实事43项任务全面完成。市妇女儿童活动中心动工建设，市老年大学投入使用。（根据《东莞市政府工作报告》编写）

中国共产党东莞市委员会

DONGGUAN MUNICIPAL COMMITTEE OF THE COMMUNIST PARTY OF CHINA

东莞市中心广场　（曹永富　摄）

编辑：陈国雄

市委重要会议

【中共东莞市委十四届五次全会】　于2018年1月10日召开。东莞市委书记吕业升代表市委常委会作工作报告，总结2017年工作，部署2018年工作。会议强调，以习近平新时代中国特色社会主义思想为指导，全面贯彻党的十九大、中央经济工作会议、中央农村工作会议和省委十二届三次全会精神，按照“三个定位、两个率先”和“四个坚持、三个支撑、两个走在前列”的要求，坚持稳中求进工作总基调，坚持新发展理念，牢牢把握高质量发展的要求，统筹推进“五位一体”总体布局和协调推进“四个全面”战略布局，坚持以供给侧结构性改革为主线，突出提升实体经济发展、创新驱动发展、开放合作、统筹协调发展、城市环境、人民生活质量，坚持全面从严治党，加快推动更高水平发展，努力在全面建成小康社会、加快建设社会主义现代化新征程上走在前列。重点做好突出深化供给侧结构性改革、突出打造创新型一线城市、突出构建开放型经济新体制、突出实施园区统筹组团发展战略、突出加强生态文明建设、突出促进社会和谐善治等六项工作，牵引带动全局工作，推动高质量发展。会议要求，按照新时代党的建设总要求，突出把政治建设摆在首位，坚持用习近平新时代中国特色社会主义思想武装党员干部，抓好意识形态工作，加强新时代干部队伍建设，推动基层党组织全面提升组织力，深入推进正风反腐，推动全面从严治党向纵深发展。

【中共东莞市委十四届六次全会】　于2018年7月3日召开。东莞市委书记梁维东代表市委常委会作讲话，就进一步深化学习贯彻习近平新时代中国特色社会主义思想和党的十九大精神、落实习近平总书记参加十三届全国人大一次会议广东代表团审议时重要讲话精神、

东莞市致力于打造现代生态都市。图为东莞大道　（郑琳东　摄）

贯彻省委十二届四次全会精神、推动工作落实进行全面部署。会议强调，坚持以习近平总书记重要讲话精神统揽东莞工作全局，贯彻落实省委全会精神，开创新时代东莞工作新局面；狠抓落实谋突破，在增强创新发展能力、建设现代产业体系、提升开放合作水平、拓展城市发展空间、推动区域协调发展、打造现代生态都市、推动文化繁荣兴盛、创新社会治理格局等方面实现新突破，奋力争当全省实现“四个走在全国前列”排头兵；扎实推进党的建设新的伟大工程，推动全面从严治党向纵深发展，为新时代东莞改革发展提供坚强政治保证和组织保证；全面加强执行力建设，切实推动习近平新时代中国特色社会主义思想在东莞落地生根、结出丰硕成果。会议审议通过《中共东莞市委关于深入学习贯彻落实习近平总书记重要讲话精神争当全省实现“四个走在全国前列”排头兵的意见》和《中国共产党东莞市第十四届委员会第六次全体会议决议》。

【中共东莞市委十四届七次全会】　于2018年12月27日召开。东莞市委书记梁维东代表市委常委会作讲话，并就全市深化机构改革进行动员部署。全会审议通过《中国共产党东莞市第十四届委员会第七次全体会议决议》。会议强调，深入学习贯彻习近平总书记关于深化党和国家机构改革的重要论述，进一步提高政治站位，增强“四个意识”，坚定“四个自信”，坚决做到“两个维护”，自觉把思想和行动统一到习近平总书记重要论述上来，统一到党中央和省委决策部署上来；找准机构改革的着力点突破口，构建系统完备、科学规范、运行高效、符合东莞发展需要的机构职能体系，推进治理体系和治理能力现代化；坚持统筹兼顾，增强机构改革的系统性、整体性和协同性；加强组织领导，确保深化机构改革任务高标准高质量按时按质完成；全面推进体制机制创新，用改革创新的思维进一步优化治理体系，切实以更优的机构设置，推动治理能力再上一个新台阶，不断开创新时代东莞工作新局面。

【市委中心组学习会】　2018年，东莞市委组织召开16期市委中心组学习会。其中，市委中心组学习讨论会11期，分别为：1月15日，邀请省委宣传部讲师团团长杜新山作“为新时代中国特色社会主义谋篇布局的大文章”辅导报告；4月10日，市委书记、市人大常委会主任梁维东以“谈东莞改革”为题，作学习贯彻习近平总书记重要讲话精神辅导报告；4月12日，邀请省委宣讲团成员、省人大财政经济委员会主任委员幸晓维作“解放思想改革创新　新时代开创广东新局面”辅导报告；5月31日，邀请中国社会科学院法学研究所副所长、中国宪法学研究会常务副会长莫纪宏作“结合党的十九大精神，学习领会宪法修正案要义”辅导报告；8月9日，集体学习研讨《正确认识妥善应对中美经贸摩擦》学习材料；8月17日，邀请省委宣传部讲师团副团长张应祥作“深入学习领会习近平总书记关于意识形态工作系列重要讲话精神——贯彻落实好意识形态工作责任制”辅导报告；9月28日，邀请国务院发展研究中心副主任、党组成员、研究员王一鸣作“粤港澳大湾区建设与东莞高质量发展”辅导报告；11月9日，集体学习研讨《深刻认识美国对华贸易新动向　扎扎实实做好自己的事情》学习材料；11月23日，邀请省委宣讲团成员、省委宣传部副部长王桂科作“改革不停顿、开放不止步”辅导报告；12月19日，集体学习习近平总书记关于深化改革开放重要论述；12月20日，邀请广东省发改委副主任、省大湾区办常务副主任曹达华作“凝心聚力　承担使命　高质量推进粤港澳大湾区建设”辅导报告。

全年举办东莞学习论坛5期，分别为：5月10日，邀请华南师范大学计算机学院副院长、教授、博士生导师赵淦森作“发展新一代信息技术　领跑数字经济”辅导报告；7月2日，邀请国家安监总局原党组副书记、副局长王德学作《地方党政领导干部安全生产责任制规定》宣讲报告；9月19日，邀请科技日报社总编辑刘亚东作“用科学精神引领创新”辅导报告；11月16日，邀请中国工程院院士邬贺铨作“数字产业化与产业数字化”辅导报告；12月28日，邀请清华大学新闻与传播学院教授、博士生导师、国家形象传播研究中心主任范红作“城市品牌塑造与品位提升”辅导报告。

市委重要决策

【“大学习、深调研、真落实”活动开展】 2018年，东莞市委组织开展“新时代·新征程·新东莞”专题调研和学习贯彻习近平总书记视察广东重要讲话精神专题调研两轮深度调研，形成务实管用的工作思路、举措，把习近平总书记对广东重要讲话和重要指示批示精神落到实处。2月12日，市委副书记、市长梁维东主持召开市委十四届第56次常委会会议，研究深化“新时代·新征程·新东莞”专题调研有关工作，强调突出推动高质量发展深化专题调研，做好工作协调和成果汇总，共同推动东莞经济社会高质量发展。2月22日，梁维东带队到望牛墩、穗莞深城际东莞西站，开展“新时代·新征程·新东莞”专题调研，并召开广深高速创新带（东莞段）建设专题调研座谈会。4月25日，市委书记、市人大常委会主任梁维东主持召开市委十四届第67次常委会会议，听取“新时代·新征程·新东莞”关于滨海湾新区、美丽乡村的第一批专题调研成果汇报，强调深入学习贯彻习近平总书记重要讲话精神，把专题调研引向深入，坚持问题导向，推进专题调研成果转化，在认真梳理、积极采纳、充分吸收调研成果的基础上，抓紧制定《关于深入贯彻落实习近平总书记重要讲话精神 加快推动高质量发展争当“四个走在全国前列”排头兵的意见》和推动经济高质量发展、建设现代化经济体系、打造全面开放新格局、营造共建共治共享社会治理格局4个行动方案。7月12日，市委印发《中共东莞市委关于深入学习贯彻落实习近平总书记重要讲话精神 争当全省实现“四个走在全国前列”排头兵的意见》。11月20日，梁维东主持召开市委十四届第96次常委会会议，审议并原则同意《关于开展学习贯彻习近平总书记视察广东重要讲话精神专题调研的工作方案（征求意见稿）》，部署深入推进两大综合性课题和六大领域44个重点专题研究。会议指出，该次专题调研是深入学习贯彻习近平总书记视察广东重要讲话精神和习近平总书记对广东的一系列重要指示批示精神，落实省委“1+1+9”（第一个“1”指坚定不移加强党的领导和党的建设；第二个“1”指以新担当新作为不断把改革开放推向深入；“9”指扎实推进9个方面重点工作）重点任务的重大举措，是在2016年“八大调研”和前期“深调研”基础上的深化、拓展和提升，调研成果将转化为市委全会报告、政府工作报告和2019年市委、市政府1号文等重要文件，谋划部署2019年及未来三年的重点工作，奋力推动习近平新时代中国特色社会主义思想在东莞落地生根、结出丰硕成果。

【新时代党的建设推进】 2018年2月9日，东莞市委副书记、市长梁维东主持召开市委常委会扩大会议，听取32个镇街党委书记抓基层党建的工作述职并进行评议，书面审议滨海湾新区党工委等6个工委书记和63个市直单位党组书记的述职报告。3月23日，市委书记梁维东主持召开市委十四届第62次常委会会议，传达全省市委书记抓基层党建述职评议会精神，通报全市镇街党委书记抓基层党建述职评议工作情况，研究贯彻意见。4月13日，市委书记、市人大常委会主任梁维东主持召开市委十四届第65次常委会会议，审议并原则同意《中共东莞市委关于贯彻落实新时代党的建设总要求不断提高党的建设质量的意见（送审稿）》及政治建设、思想建设、组织建设、作风建设、纪律建设等5个配套实施方案。4月21日，市委印发《中共东莞市委关于贯彻落实新时代党的建设总要求不断提高党的建设质量的实施意见》。《意见》要求，贯彻落实新时代党的建设总要求，以党的政治建设为统领，全面推进党的政治建设、思想建设、组织建设、作风建设、纪律建设，把制度建设贯穿其中，制定镇街党委、市直单位党组（党委）抓党建责任50条清单和系列村级微权清单，全面压实基层党建工作责任，推进反腐败斗争，为东莞在更高起点上实现更高水平发展提供坚强的政治保证。6月29日，梁维东主持召开市委十四届第78次常委会会议，传达全省新时代激励干部新担当新作为暨加强改进选调生工作座谈会、全省加强基层党组织建设工作会议主要精神，研究全市贯彻意见。7月10日，梁维东主持召开全市加强基层党组织建设工作会议，传达贯彻落实省委十二届四次全会和全省加强基层党组织建设工作会议精神，部署全市基层党组织建设工作，推动全市基层党组织全面进步、全面过硬。8月31日，东莞市召开全市组织工作会议，研究部署新时代党的建设和组织工作，梁维东参加会议。10月31日，梁维东主持召开市委十四届第94次常委会会议，审议并原则同意《中共东莞市委关于深入推进新时代新担当新作为全面加强执行力建设的意见（送审稿）》，强调构建“1+N”（“1”指贯彻执行《中国共产党纪律检查机关监督执纪工作规则》的办法；“N”指系列配套制度，是具体条款的操作性办法）制度体系，确保全市加强执行力建设工作取得实实在在的成果。10月31日，梁维东主持召开市直机关加强党的政治建设推进会，研究部署推进市直机关党的政治建设和模范机关创建工作。12月26日，梁维东主持召开市委十四届第100次常委会会议，传达全省抓党建促乡村振兴暨红色村党建示范工程现场会精神，研究东莞市贯彻意见，强调坚持以党建引领助推乡村振兴，全面提升农村基层党建质量，推动党建工作与乡村振兴共同提升。

【全面深化改革推进】 2018年4月13日，东莞市委书记、市人大常委会主任梁维东主持召开市委十四届第65次常委会会议，传达全省全面深化改革工作会议精神，研究东莞市贯彻意见。4月19日，梁维东主持召开市委十四届第66次常委会（扩大）会议，传达学习习近平总书记在庆祝海南建省办经济特区30周年大会上的重要讲话、在博鳌亚洲论坛2018年年会上的主旨演讲、《中共中央、国务院关于支持海南全面深化改革开放的指导意见》和省委常委会（扩大）会议精神，研究东莞市贯彻意见。5月3日，梁维东主持召开全市全面深化改革工作会议，对新时代东莞全面深化改革工作进行再动员再部署，动员全市上下以习近平总书记全面深化改革重要思想作为改革的根本遵循和行动指南，全面推进新时代东莞深化改革工作。6月6日，梁维东主持召开市委十四届第75次常委会会议，审议《中共东莞市委关于加快推进新时代全面深化改革的意见（送审稿）》。6月11日，市委印发《中共东莞市委关于加快推进新时代全面深化改革的意见》。2018年，全市积极打造改革品牌，成效显著。其中，公立医院综合改革获国务院办公厅通报表扬，成为全省在该领域唯一上榜的城市；“一平台三工程”市场监管体系建设改革获第五届“中国法治政府奖”；获批广东省营商环境、建设工程项目审批制度、基础教育资源均衡配置、公立医疗机构薪酬制度等4项改革试点任务，营商环境综合改革等相关改革经验被省委改革办复制推广并上报中央改革办。

【粤港澳大湾区建设推进】 2018年3月23日，东莞市委书记梁维东主持召开滨海湾新区规划建设工作领导小组工作会议，听取新区各项工作情况汇报，研究部署下一步重点工作，强调把滨海湾新区作为融入粤港澳大湾区建设、推动更高水平对外开放的重大平台，加快构建全面开放新格局。6月4—5日，市委书记、市人大常委会主任梁维东会见香港特别行政区全国人大代表一行，交流粤港澳大湾区规划建设有关情况。9月4日，梁维东主持召开市委十四届第88次常委会会议，学习《中共中央、国务院关于印发〈粤港澳大湾区发展规划纲要〉的通知》以及省有关会议精神，研究东莞市贯彻意见。9月17日，市委成立东莞市推进粤港澳大湾区建设领导小组。10月18日，梁维东主持召开东莞市推进粤港澳大湾区建设领导小组第一次全体会议，听取东莞市推进粤港澳大湾区建设进展情况汇报，研究部署下一阶段工作。11月2日，2018年粤港澳大湾区院士峰会暨第四届广东院士高峰年会在东莞开幕，梁维东表示东莞将举全市之力深度参与粤港澳大湾区建设。11月20日，梁维东出席滨海湾新区城市总体规划及城市设计成果汇报会，强调要站在东莞未来发展的战略高度，坚定不移推进新区开发建设。12月12日，梁维东主持召开东莞市推进粤港澳大湾区建设领导小组第二次全体会议，审议通过《中共东莞市委 东莞市人民政府关于贯彻落实〈粤港澳大湾区发展规划纲要〉的实施方案》《东莞市推进粤港澳大湾区建设三年行动计划》等有关文件。12月25日，东莞市推进粤港澳大湾区建设领导小组成立5个专项小组，统筹协调东莞市推进大湾区建设重点领域专项工作。

【经济高质量发展推动】 2018年1月12日，东莞市委印发《中共东莞市委关于深入贯彻习近平新时代中国特色社会主义思想进一步加快经济转型推动高质量发展的意见》。2月27日，市委书记梁维东主持召开全市深化创新驱动、推进高质量发展工作会议，动员全市上下全面落实市委“一号文”要求，深入实施创新驱动发展战略，努力走出一条东莞高质量发展之路。会议强调，全面贯彻高质量发展的根本要求，以深化创新驱动为主动力，大力提高实体经济发展质量，着力打造创新驱动发展升级版，加快打造高质量发展的良好环境。3月29日，梁维东主持召开市委十四届第64次常委会会议，传达全省科技创新大会精神，研究贯彻意见，强调牢牢抓住科技创新这一关键抓手，推动以制造业为主的产业体系向全球价值链高端攀升，加快建设创新为引领的现代化经济体系。4月13日，梁维东主持召开市委十四届第65次常委会会议，研究成立东莞市招商引资创新工作领导小组有关事项。5月18日，梁维东主持召开东莞市深入推进企业高质量倍增发展现场会，总结部署“倍增计划”。6月20日，梁维东主持召开东莞市产业招商工作会议，部署推进新一轮产业招商工作任务，加快构建现代化经济体系，推动东莞经济高质量发展。6月21日，梁维东参加东莞市产业招商大会，强力推进全市新一轮的产业招商。9月20—21日，梁维东参加2018年莞港产业合作联合推介会，推介会达成莞港签约项目39个。

【城市品质提升】 2018年1月5日，东莞市委书记、市人大常委会主任吕业升主持召开市委十四届第51次常委会会议，审议《关于推动美丽东莞建设满足人民日益增长的优美环境需要的若干意见（送审稿）》。4月3日，市委书记、市人大常委会主任梁维东主持召开全市推进美丽东莞建设工作会议，动员全市上下把推进美丽东莞建设作为贯彻落实习近平总书记重要讲话精神的具体行动，作为提升城市综合承载力和区域竞争力、推动东莞高质量发展的重要抓手，加快构建与高质量发展相适应的城市发展格局。8月24日，梁维东主持召开东莞市城市品质三年提升工作现场会，动员全市上下深入推进城市品质三年提升工作，推动各项工作取得更大成效。11月28日，梁维东到东坑镇调研经济社会发展情况时强调，全市上下要深入学习贯彻习近平总书记视察广东重要讲话精神，牢牢把握粤港澳大湾区建设机遇，加快提升城市品质和内涵，将城市品质和内涵提升的能量释放出来，努力转化为加快推动经济高质量发展的强大动力。

市委重要工作

【习近平总书记在参加广东代表团审议时的重要讲话精神暨全国“两会”精神传达贯彻】 2018年3月5—20日，第十三届全国人民代表大会第一次会议召开，东莞市委书记梁维东随广东代表团参加会议。3月9日，受在北京参加全国“两会”的市委书记梁维东委托，市委副书记、代市长肖亚非主持召开市委十四届第60次常委会（扩大）会议，传达学习习近平总书记在参加广东代表团审议时的重要讲话精神以及省委学习宣传贯彻的《通知》精神，对全市学习宣传贯彻工作作具体安排。3月10日，市委印发《中共东莞市委关于认真学习宣传贯彻习近平总书记在参加十三届全国人大一次会议广东代表团审议时的重要讲话精神的通知》。3月21日，梁维东主持召开市委十四届第61次常委会（扩大）会议，传达全国“两会”精神，研究全市贯彻意见。7月12日，市委印发《中共东莞市委关于深入学习贯彻落实习近平总书记重要讲话精神 争当全省实现“四个走在全国前列”排头兵的意见》。《意见》要求，率先在构建推动经济高质量发展的体制机制上走在全国全省前列，率先在建设现代化经济体系上走在全国全省前列，率先在构建全面开放新格局上走在全国全省前列，率先在营造共建共治共享社会治理格局上走在全国全省前列，着力优化城市发展格局，始终用好全面深化改革“关键一招”，全面落实新时代党的建设总要求，为争当全省实现“四个走在全国前列”排头兵提供坚强政治保证。

【习近平总书记视察广东重要讲话精神传达贯彻】 2018年10月29日，东莞市委书记、市人大常委会主任梁维东主持召开市委十四届第93次常委会（扩大）会议，传达学习习近平总书记视察广东重要讲话精神，研究东莞市贯彻意见。10月30日，梁维东主持召开全市传达贯彻习近平总书记视察广东重要讲话精神干部大会，对全市学习贯彻落实工作进行动员部署。会议强调，把学习宣传贯彻习近平总书记重要讲话精神作为头等大事和首要政治任务抓紧抓实，迅速在全市掀起学习宣传贯彻热潮，切实增强贯彻落实习近平总书记重要讲话精神的政治自觉、思想自觉和行动自觉，做到“四个深刻领会”“四个坚持不懈”，推动习近平新时代中国特色社会主义思想在东莞落地生根、结出丰硕成果。系统谋划开创东莞改革开放新局面的思路举措，以习近平总书记视察广东重要讲话精神为指引，结合全省深化“大学习、深调研、真落实”工作，深入开展专题调研，根据调研成果，提炼形成东莞市贯彻落实习近平总书记重要讲话精神的总体思路和方案文件。10月31日，梁维东主持召开市委十四届第94次常委会会议，深入学习领会习近平总书记视察广东重要讲话精神，对全市学习宣传贯彻工作进行谋划部署。10月31日，市委印发《关于认真学习宣传贯彻习近平总书记视察广东重要讲话精神的通知》。11月9日，梁维东主持召开市委十四届第95次常委会会议，审议并原则同意《关于全面深入开展习近平总书记视察广东重要讲话精神学习培训工作方案（送审稿）》《习近平总书记视察广东重要讲话精神宣传工作方案（送审稿）》，把学习贯彻习近平总书记视察广东重要讲话精神持续不断引向深入。

【习近平总书记系列重要讲话和重要指示批示精神传达贯彻】 2018年，东莞市委通过召开常委会议等多种形式，深入学习贯彻习近平总书记系列重要讲话和重要指示批示精神。1月5日，市委书记、市人大常委会主任吕业升主持召开市委十四届第51次常委会会议，传达学习习近平总书记在《寻乌扶贫调研报告》上的重要批示精神。2月12日，市委副书记、市长梁维东主持召开市委十四届第56次常委会会议，传达学习习近平总书记在新进中央委员会的委员、候补委员和省部级主要领导干部学习贯彻习近平新时代中国特色社会主义思想和党的十九大精神研讨班上的重要讲话精神、习近平总书记在第十九届中央纪律检查委员会第二次全体会议上的重要讲话精神。3月23日，市委书记梁维东主持召开市委十四届第62次常委会会议，传达学习习近平总书记在十九届中央政治局第四次集体学习时的讲话精神，研究全市贯彻意见。4月19日，市委书记、市人大常委会主任梁维东主持召开市委十四届第66次常委会（扩大）会议，传达学习习近平总书记在庆祝海南建省办经济特区30周年大会上的重要讲话、在博鳌亚洲论坛2018年年会上的主旨演讲精神，研究全市贯彻意见。4月25日，梁维东主持召开市委十四届第67次常委会会议，传达习近平总书记对中国游客在朝鲜发生重大交通事故重要指示精神，研究东莞市安全生产工作。5月4日，梁维东主持召开市委十四届第69次常委会会议，收听收看纪念马克思诞辰200周年大会，传达学习习近平总书记重要讲话精神，研究全市贯彻意见。5月29日，梁维东主持召开市委十四届第74次常委会会议，传达学习贯彻习近平总书记在全国生态环境保护大会上的重要讲话精神和省委常委会会议精神，研究全市贯彻意见。6月29日，梁维东主持召开市委十四届第78次常委会会议，传达学习贯彻习近平总书记对脱贫攻坚工作的重要指示精神，研究全市贯彻意见。7月20日，梁维东主持召开市委十四届第81次常委会会议，传达学习习近平总书记对防汛抢险救灾工作的重要指示精神和李希书记批示精神，研究全市贯彻意见。8月2日，梁维东主持召开市委十四届第84次常委会会议，传达学习习近平总书记在中央政治局第六次集体学习时的重要讲话精神，习近平总书记在全国组织工作会议上的重要讲话精神，习近平总书记对吉林长春长生生物疫苗案件重要指示精神，研究全市贯彻意见。8月17日，梁维东主持召开市委十四届第86次常委会会议，传达学习习近平总书记在中央政治局常务委员会听取关于吉林长春长生公司问题疫苗案件调查及有关问责情况汇报的重要指示精神、习近平总书记在同团中央新一届领导班子集体谈话时的重要讲话精神，研究全市贯彻意见。8月30日，梁维东主持召开市委十四届第87次常委会会议，传达学习习近平总书记在全国宣传思想工作会议上的重要讲话精神、习近平总书记关于山东寿光洪灾的重要批示精神，研究全市贯彻意见。9月11日，市委副书记、市长肖亚非主持召开市委十四届第89次常委会会议，传达学习习近平总书记在中央全面依法治国委员会第一次会议上的重要讲话精神，研究全市贯彻意见。9月18日，梁维东主持召开市委十四届第90次常委会会议，传达学习习近平总书记对信访工作的重要批示精神，研究全市贯彻意见。10月29日，梁维东主持召开市委十四届第93次常委会会议，传达学习习近平总书记视察广东重要讲话精神，研究全市贯彻意见。11月20日，梁维东主持召开市委十四届第96次常委会会议，传达学习习近平总书记同中华全国总工会新一届领导班子成员集体谈话时的重要讲话精神、习近平总书记同全国妇联新一届领导班子成员集体谈话时的重要讲话精神，研究东莞市贯彻意见。12月6日，梁维东主持召开市委十四届第97次常委会会议，传达学习习近平总书记在中央政治局第九次集体学习时的重要讲话精神、习近平总书记在会见香港澳门各界庆祝国家改革开放40周年访问团时的重要讲话精神，研究全市贯彻意见。12月19日，梁维东主持召开市委十四届第99次常委会会议，传达学习习近平总书记在庆祝改革开放40周年大会上的重要讲话精神和广东省庆祝改革开放40周年大会精神，研究全市贯彻意见。12月26日，梁维东主持召开市委十四届第100次常委会会议，传达学习习近平总书记在中央经济工作会议上的重要讲话精神，研究全市贯彻意见。

【中共中央政治局委员、广东省委书记李希到莞调研讲话精神传达贯彻】 2018年3月28日，中共中央政治局委员、广东省委书记李希率省委调研组到东莞市高埗镇、大朗镇、东城街道、南城街道和松山湖高新区，深入企业、科研机构、水污染治理现场，并就深入学习贯彻习近平总书记参加广东代表团审议时的重要讲话精神进行调研。3月28日，东莞市委书记梁维东主持召开市委十四届第63次常委会会议，传达贯彻李希到莞调研讲话精神，研究东莞市贯彻意见。会议强调，贯彻落实李希到莞调研讲话精神，把学习宣传贯彻习近平总书记重要讲话精神持续引向深入；提振干事创业精气神，奋力开创东莞改革开放新局面；努力走出一条高质量发展之路，为广东实现“四个走在全国前列”贡献东莞力量、发挥东莞支撑作用；坚持不懈推动全面从严治党向纵深发展，为东莞市推动高质量发展提供坚强政治保证。3月29日，梁维东主持召开全市领导干部会议，传达学习李希到莞调研讲话精神，推动各级各部门深入学习宣传贯彻习近平总书记在参加广东代表团审议时的重要讲话精神，不断开创东莞改革发展新局面。3月30日，《中共东莞市委办公室关于学习贯彻李希书记来莞调研讲话精神的通知》印发。

6月11—12日，中共中央政治局委员、广东省委书记李希到莞调研水污染治理、企业经营、基层党建和社会治理、近代史发展等情况。6月13日，东莞市委书记、市人大常委会主任梁维东主持召开市委十四届第77次常委会会议，传达李希到莞调研指示精神，研究全市贯彻意见。会议强调，围绕贯彻落实李希到莞调研指示精神，重点抓好六方面工作：全面深化学习贯彻习近平总书记重要讲话精神；深入推进生态文明建设，推动环境质量根本性改善；着力打造创新驱动发展升级版，进一步增强创新发展能力；切实保障和改善民生，不断满足人民群众对美好生活的向往；深入推进基层精神文明建设，凝聚团结奋斗的强大合力；加强企业党建工作，推动企业“心中有党”。

【省委十二届三次全会精神传达贯彻】 2018年1月5日，东莞市委书记、市人大常委会主任吕业升主持召开市委十四届第51次常委会会议，传达省委十二届三次全会精神，研究东莞市贯彻意见。会议强调，深刻领会省委十二届三次全会精神，始终把习近平新时代中国特色社会主义思想作为指导思想和行动指南，统领东莞一切工作，重点抓好以高质量发展统领经济工作，全面深化改革和扩大开放工作，持之以恒推动联动协调发展，坚持不懈推动全面从严治党向纵深发展。会议提出，认真贯彻落实省委全会精神，紧锣密鼓、善始善终做好各项工作，切实抓好民生保障工作，坚决维护社会大局稳定，切实开好市委全会、市“两会”等重要会议，统筹做好春节前各项公务活动安排，精心谋划好是年重点工作。

【省委十二届四次全会精神传达贯彻】 2018年6月11日，东莞市委书记、市人大常委会主任梁维东主持召开市委十四届第76次常委会会议，传达省委十二届四次全会精神，研究全市贯彻意见。会议强调，学习领会省委定方向、把大局、抓根本、谋长远的远见卓识，坚持以习近平总书记重要讲话精神统揽东莞工作全局，科学谋划当前和今后一个时期东莞重点工作，以改革开放再出发的新担当新作为，奋力开创东莞工作新局面。认真学习领会省委求真务实、真抓实干的过硬作风，继续抓好“大学习、深调研、真落实”，精心组织本地区本单位学习宣传活动，切实把省委全会精神最大范围传递到基层。学习领会省委勇于担当、敢闯敢试的精气神，坚持问题导向，大胆探索创新，全面提升执行力，以闻鸡起舞、日夜兼程的勤奋，落实好各项重点工作，努力争当全省实现“四个走在全国前列”排头兵。

【2018年省“两会”精神传达贯彻】 2018年2月2日，东莞市委副书记、市长梁维东主持召开市委十四届第55次常委会会议，传达2018年省“两会”精神，研究全市贯彻意见。会议强调，深刻领会省“两会”的精神实质，坚定不移以习近平新时代中国特色社会主义思想统领东莞一切工作。牢牢把握高质量发展的根本要求，加快推进东莞转型，重点抓好创新驱动发展、制造业转型、加工贸易转型等工作；坚持不懈全面深化改革，着力推进治理体系和治理能力现代化，打造共建共治共享的社会治理新格局；扎扎实实保障和改善民生，不断增强人民群众的获得感和幸福感；把政治建设放在首位，深入推进新时代党的建设新的伟大工程。同时，主动谋划各项工作，全力维护社会安全稳定，扎实做好民生保障工作，严格落实中央八项规定精神，确保清廉节俭过节。

【巡视整改推进】 2018年1月12日，东莞市委书记、市人大常委会主任吕业升主持召开市委十四届第53次常委会会议，听取首轮巡察工作情况汇报，研究进一步做好全市巡察工作。3月2日，市委书记梁维东主持召开市委十四届第59次常委会会议，传达学习十二届省委第二轮巡视工作动员部署会主要精神，研究全市贯彻意见。3月12日，省委第二巡视组巡视东莞市工作动员会召开，受市委书记梁维东委托，市委副书记、代市长肖亚非作表态讲话。4月25日，市委书记、市人大常委会主任梁维东主持召开市委十四届第67次常委会会议，听取市委第二轮巡察情况汇报。5月4日，梁维东主持召开市委十四届第69次常委会会议，学习《中央巡视工作规划（2018—2022年）》，研究全市贯彻意见。7月19日，梁维东主持召开市委十四届第80次常委会会议，审议《中共东莞市委巡察工作领导小组关于进一步规范巡察整改工作的意见（试行）（送审稿）》。7月25日，市委副书记、市长肖亚非主持召开市委十四届第83次常委会会议，传达全省推进巡视整改工作动员电视电话会议精神、全省纪检监察系统推进中央巡视整改工作会议精神、全省党委办公室系统巡视整改工作动员会精神、全省组织系统巡视整改工作推进会精神、全省宣传文化系统推进巡视整改工作专题会议精神，研究全市贯彻意见。7月31日，省委第二巡视组向东莞市委反馈巡视情况，巡视组组长林俊达传达中共中央政治局委员、广东省委书记李希关于巡视工作的讲话精神，代表省委巡视组分别向市委书记梁维东和东莞市委反馈巡视情况。8月2日，梁维东主持召开市委十四届第84次常委会会议，听取省委第二巡视组巡视东莞反馈意见有关事宜，研究全市整改落实工作。8月3日，梁维东主持召开全市推进巡视整改工作动员会，深入贯彻习近平总书记关于巡视工作的重要讲话精神，研究部署推进全市巡视整改落实工作。8月15日，梁维东主持召开中央（省委）巡视反馈意见整改落实工作领导小组会议，听取全市巡视反馈意见整改落实有关情况、市委巡察工作整改情况，党的建设、做好选人用人等整改情况、落实意识形态工作责任制整改情况汇报。8月17日，梁维东主持召开市委十四届第86次常委会会议，传达学习十二届省委第三轮巡视工作动员部署会精神，研究全市贯彻意见。8月20日，梁维东主持召开市委、市政府领导班子巡视整改暨全面彻底肃清李嘉、万庆良恶劣影响专题民主生活会，深入贯彻落实习近平总书记关于巡视工作的重要讲话精神，全面落实新时代党的建设总要求，围绕中央、省委巡视反馈意见，结合肃清李嘉、万庆良恶劣影响，全面对照检查，认真查摆剖析，开展批评和自我批评，推动整改落实。11月9日，梁维东主持召开市委十四届第95次常委会会议，审议《中共东莞市委巡察工作实施意见（送审稿）》《关于全市村级党组织巡察全覆盖的实施方案（送审稿）》，制定《中共东莞市委巡察工作规划（2018—2021年）》等文件。2018年，东莞市开展四轮常规巡察，对21个镇街、12个市直单位、48个村居党组织开展巡察；成立专题调研组，选取长安、大朗、望牛墩3个镇进行“解剖麻雀”式调研，针对存在问题，从体制机制上研究解决的政策举措，并对管党治党不力的2个镇，严肃追究党委主体责任和纪委监督责任。

【乡村振兴战略推进】 2018年5月4日，东莞市委书记、市人大常委会主任梁维东主持召开市委十四届第69次常委会会议，传达全省乡村振兴工作会议精神和全省农业工作暨现代农业产业园、农业供给侧结构性改革基金推进会精神，研究全市贯彻意见。5月10日，梁维东主持召开全市乡村振兴工作会议，深入学习贯彻习近平新时代中国特色社会主义思想特别是习近平总书记“三农”思想，落实习近平总书记参加广东代表团审议时的重要讲话精神和中共中央政治局委员、广东省委书记李希来莞调研指示要求，以及中央农村工作会议、全省乡村振兴工作会议精神，全面动员部署全市实施乡村振兴战略，推动乡村振兴开好局、起好步。8月9日，梁维东主持召开市委十四届第85次常委会会议，传达全省实施乡村振兴战略工作推进会精神，研究全市贯彻意见。8月21日，市委印发《中共东莞市委 东莞市人民政府关于推进乡村振兴战略的实施

2018年9月18日，全市乡村振兴工作推进会议召开（郑琳东　摄）

意见》。9月18日，梁维东主持召开全市乡村振兴工作推进会，贯彻落实全国、全省实施乡村振兴战略工作推进会精神，研究推进全市乡村振兴工作，动员部署全域推进农村人居环境整治建设生态宜居美丽乡村工作。会议强调，突出规划引领，推进农村"三旧"（旧城镇、旧厂房、旧村庄）改造、土地整理；紧盯"五个振兴"（产业振兴、人才振兴、文化振兴、生态振兴、组织振兴），做实区域协调发展；释放农村文化活力，营造文化氛围，2025年底前全市全部村（社区）达到美丽宜居村以上标准。

【生态环境治理和保护加强】
2018年2月12日，东莞市委副书记、市长梁维东主持召开全市水污染治理工作会议，总结全市40条重污染河涌示范整治项目治理情况，动员部署2018年水污染治理工作。4月13日，市委书记、市人大常委会主任梁维东主持召开市委十四届第65次常委会会议，审议并原则同意《东莞市蓝天保卫战行动方案（送审稿）》。4月18日，梁维东主持召开东莞市蓝天保卫战动员大会，以前所未有的力度，坚决打赢蓝天保卫战，实现"东莞蓝"常态化。5月15日，梁维东主持召开生态环境部约谈问题整改工作会议，贯彻落实生态环境部约谈会精神，动员全市上下坚持问题导向，切实抓好生态环境部约谈反馈问题整改落实，全面解决环境保护突出问题，加快补齐生态环保短板。5月28日，梁维东主持召开东莞市环境保护督察整改工作领导小组第三次会议，强调按照整体工作部署，加大力度开展污染治理工作，确保东莞市整改工作取得显著成效。6月5日，在收听收看中央第五环境保护督察组对广东开展"回头看"工作动员电视电话会议后，梁维东主持召开东莞市环保督察整改工作领导小组第四次会议，贯彻落实全省会议精神，研究部署全市迎接中央环保督察"回头看"工作。6月7日，梁维东前往长安镇实地督导茅洲河水污染整治工作。6月11日，梁维东主持召开市委十四届第76次常委会会议，传达中央环保督察"回头看"广东协调联络组第三次全体会议精神，研究全市贯彻意见。6月11—12日，中共中央政治局委员、省委书记李希到深圳、东莞调研，现场检查茅洲河污染治理情况，研究推进重点河流治污工作，梁维东参加有关活动。6月14日，广东省人大常委会主任李玉妹到东莞开展黑臭水体整治情况专题调研，梁维东陪同调研。6月28日，梁维东率队督导茅洲河、人民涌水污染治理工作，召开全市重污染河涌整治工作会议。6月29日，梁维东主持召开市委十四届第78次常委会会议，传达中共中央政治局委员、广东省委书记李希关于环保督察整改工作的批示精神以及全省生态环境保护暨污染防治攻坚战工作推进会精神，通报央视报道全市黑臭水体情况及重污染河涌整治工作情况，研究全市贯彻意见和整改措施。7月4日，梁维东率队督导重污染河涌整治工作，先后巡查东城街道老围河、黄沙河，万江街道高基涌、牌楼基河，了解河涌整治进度。8月28日，梁维东主持召开东莞市生态环境保护大会暨污染防治攻坚战现场推进会，深入学习贯彻习近平生态文明思想，贯彻落实全国、全省有关会议精神，落实中央、省委巡视整改要求，对打好全市污染防治攻坚战、深入推进生态文明建设进行再动员、再部署。9月5日，广东省第三批第四环境保护督察组督察东莞市工作见面会召开，梁维东代表东莞市委、市政府表态。11月20日，梁维东主持召开市委十四届第96次常委会会议，传达中共中央政治局委员、广东省委书记李希到深圳督导检查茅洲河流域污染整治情况以及到虎门调研时的指示精神，强调把茅洲河流域污染整治作为全市水污染治理工作的头号工程，坚决打赢茅洲河流域污染治理攻坚战、歼灭战。12月25日，梁维东主持召开市全面推行河长制工作领导小组2018年第一次会议和全市河长工作视频会议，强调压实责任，发挥河长制这一新时代治水"创新招数"对全市水环境改善提升的作用，实现河长制从"有名"到"有实"，打赢打好水污染治理这场攻坚战。

【扫黑除恶专项斗争开展】
2018年2月2日，东莞市委副书记、市长梁维东主持召开市委十四届第55次常委会会议，传达中央政法工作会议、全国全省扫黑除恶专项工作会议精神，研究全市贯彻意见。会议强调，进一步提高政治站位，自觉把扫黑除恶专项斗争作为重大政治任务抓紧抓好，将中央提出的威胁政治安全、把持基层政权、欺行霸市、操纵经营黄赌毒、跨国跨境等十类犯罪作为打击重点，强化责任担当，加强对政法工作的领导，确保扫黑除恶专项斗争落到实处。4月24日，市委书记、市人大常委会主任、市扫黑除恶专项斗争领导小组组长梁维东主持召开东莞市扫黑除恶专项斗争领导小组第一次全体成员会议。7月19日，梁维东主持召开市委十四届第80次常委会会议，审议并原则同意《东莞市扫黑除恶专项斗争工作总体方案（送审稿）》，要求全市上下深刻领会以习近平同志为核心的党中央部署开展扫黑除恶专项斗争的政治意义，切实提高政治站位，增强“四个意识”，始终把扫黑除恶专项斗争作为一项重大政治任务来抓，全力推动扫黑除恶专项斗争不断取得突破性进展。9月11日，市委副书记、市长肖亚非主持召开市委十四届第89次常委会会议，传达全省配合中央扫黑除恶专项斗争督导工作推进会暨省扫黑除恶专项斗争领导小组第六次全体成员会议精神，听取全市扫黑除恶工作情况汇报，研究全市扫黑除恶工作。

【金融风险防范化解】 2018年8月9日，东莞市委书记、市人大常委会主任梁维东主持召开市委十四届第85次常委会会议，传达全省打好防范化解重大风险攻坚战工作推进会精神，研究全市贯彻意见。会议强调，切实提高政治站位，进一步增强防范化解重大风险的责任感紧迫感。突出重点精准发力，紧盯互联网金融风险、信贷风险、非法集资等重点领域和关键环节，加强风险预警与处置，坚决守住不发生系统性金融风险的底线。制定《东莞市2018年涉众金融领域矛盾纠纷专项治理工作方案》等文件，起草和完善P2P网络借贷机构、资管及跨界等领域整改验收工作方案和应急处置预案，稳步推进互联网金融风险专项整治，持续约谈重点风险机构，多举措核查机构风险底数，组织机构开展合规自查和对机构开展行政核查工作。成立东莞市上市公司稳定与发展工作领导小组，对27家境内上市莞企开展摸底调查，提供近14亿元资金支持，协调化解各类债务风险20亿元，使用地方金融稳定专项资金累计为38家企业提供17.3亿元转贷资金，化解或开展重组有望化解的大中型企业银行债务风险超80%，银行不良贷款率降至1.48%。

【脱贫攻坚、对口帮扶、对口支援工作推进】 2018年2月12日，东莞市委副书记、市长梁维东主持召开市委十四届第56次常委会会议，传达省对口支援西藏新疆工作领导小组第八次会议精神，研究全市贯彻意见。4月27日，东莞韶关两市对口帮扶工作第十次联席会议暨新时期精准扶贫工作会议在东莞召开，市委书记、市人大常委会主任梁维东参加会议。6月1—2日，梁维东率东莞市党政代表团赴西藏林芝市学习考察对口援藏工作。6月6日，梁维东主持召开市委十四届第75次常委会会议，通报省市党政代表团赴西藏自治区考察对口支援工作有关情况，强调精准发力，推动对口支援工作取得新的更大成效。6月29日，梁维东主持召开市委十四届第78次常委会会议，传达学习贯彻习近平总书记对脱贫攻坚工作的重要指示精神，通报随省党政代表团赴新疆考察对口支援工作有关情况，研究全市贯彻意见。7月19日，梁维东主持召开市委十四届第80次常委会会议，传达全省打赢脱贫攻坚战工作推进会精神，研究全市贯彻意见。8月8日，梁维东主持召开市扶贫工作领导小组专题会议，审议精准扶贫、东西部扶贫协作、对口帮扶韶关等工作。8月9日，梁维东主持召开东莞市打赢脱贫攻坚战暨对口支援工作推进会，对脱贫攻坚、对口帮扶、对口支援工作进行动员部署。11月12—13日，梁维东率队赴揭阳开展新时期精准扶贫精准脱贫工作专题调研，双方召开东莞·揭阳脱贫攻坚工作座谈会。11月20日，梁维东主持召开市委十四届第96次常委会会

2018年6月29日，东莞市2018年“广东扶贫济困日暨东莞慈善日”活动举行。图为爱心企业代表展示捐赠支票 （郑琳东　摄）

议，通报随省党政代表团赴云南考察对接扶贫协作工作有关情况，研究全市贯彻意见。

【“两违”治理开展】 2018年8月9日，东莞市委书记、市人大常委会主任梁维东主持召开全市“两违”（违法用地、违法建设）治理工作动员大会，全面贯彻党的十九大精神，以习近平新时代中国特色社会主义思想为指导，落实习近平总书记重要讲话精神，按照省委巡视反馈问题整改工作的要求和省关于开展违法建设专项治理三年攻坚行动的部署，动员全市力量集中开展“两违”治理工作，促进经济社会健康可持续发展。会议强调，切实提升站位，把“两违”治理作为一项重要政治任务和全局性工作来抓；积极探索创新，确保实现遏增量、减存量的目标；加强执行力建设，全面落实各项工作措施。2018年，全市治理违法建设面积超千万平方米，基本实现新增违建零增长。

【非公有制经济发展推动】 2018年11月6日，东莞市非公有制经济代表人士座谈会召开，传达学习贯彻习近平总书记视察广东重要讲话精神以及习近平总书记关于非公经济发展的一系列重要指示精神、省民营企业座谈会精神，听取非公经济代表人士对推动全市非公经济发展的意见建议，研究推动全市非公经济发展，市委书记、市人大常委会主任梁维东出席会议并讲话。11月14日，梁维东主持召开2018年东莞市非公经济工作会议，研究部署全市非公有制经济发展工作。

【安全生产领域改革发展推进】 2018年8月9日，东莞市委书记、市人大常委会主任梁维东主持召开市委十四届第85次常委会会议，审议并原则同意《中共东莞市委 东莞市人民政府关于推进安全生产领域改革发展的实施意见（送审稿）》。会议强调，深化思想认识，深入推进安全生产领域改革发展；完善制度体系，以改革创新筑牢安全生产根基；抓实重点任务，推进安全生产监管检查巡查全覆盖。9月3日，市委印发《中共东莞市委 东莞市人民政府关于推进安全生产领域改革发展的实施意见》。

【东莞市党政代表团学习考察活动】 2018年5月24—25日，东莞市委书记、市人大常委会主任梁维东率东莞市党政代表团赴珠海市、佛山市考察交流，推动东莞市与珠海、佛山共同抢抓粤港澳大湾区建设机遇，在更大范围、更高层次加强交流，深化合作。7月23—28日，梁维东率队赴斐济、汤加二国开展外事城建农业交流活动。9月6—15日，梁维东率东莞代表团赴英国、德国、乌克兰开展系列科技经贸外事活动。12月5日，梁维东率东莞市党政代表团赴深圳市学习考察，贯彻落实习近平总书记视察广东重要讲话精神，学习深圳市先进经验和做法，深度参与粤港澳大湾区建设，推动莞深合作再上新台阶。12月7日，梁维东率东莞市党政代表团赴广州市学习考察，贯彻落实习近平总书记视察广东重要讲话精神，推动加强与广州市的交流合作。

【市委书记接受采访和发表署名文章】 2018年1月26日，东莞市委书记吕业升在省十三届人大一次会议东莞代表团举行媒体开放日活动上接受人民网、中新社、《南方日报》等10余家重点媒体采访，介绍2018年东莞将着力推动经济发展质量变革情况。3月5日，市委书记梁维东接受《南方日报》《羊城晚报》《南方都市报》全国“两会”期间专访，介绍东莞高质量发展、打造“技能人才之都”、构建全面开放新格局等工作情况。3月19日，梁维东在全国“两会”期间接受中央电视台《新闻联播》栏目采访，介绍东莞经济社会发展亮点。4月12日，市委书记、市人大常委会主任梁维东接受香港《经济日报》专访，介绍粤港澳大湾区建设、推动创新驱动发展等方面情况。5月12日，《南方日报》刊发梁维东署名文章《争当学习实践习

2018年中共东莞市委机构设置表

市直机关	正处级	纪律检查委员会机关（监察委员会），巡察工作领导小组办公室，市委办公室，组织部，宣传部，统一战线工作部（民族宗教事务局），民主党派办公室（不定级），政法委员会，政策研究室（全面深化改革委员会办公室），台港澳工作办公室（市台港澳事务局，归口市委统战部管理），网络和信息化委员会办公室（归口宣传部管理），外事工作委员会办公室（外事局），直属机关工作委员会，机构编制委员会办公室（归口组织部管理），老干部局（归口组织部管理），军民融合发展委员会办公室，机要和保密局（归口市委办公室管理），市委第一、二、三、四、五、六巡察组（不定级）
	副处级	无
事业单位	正处级	市委党校（市行政学院、市社会主义学院），东莞日报社，广播电视台，党史研究室，接待办公室，粤桥山庄管理处，社会科学院（未定级别），档案馆

近平新时代中国特色社会主义思想排头兵——奋力走出一条高质量发展之路》。6月25日，梁维东接受《南方日报》书面采访，介绍东莞参与粤港澳大湾区建设、产业招商大会、城市优势特点及党的建设等情况。7月22日，梁维东接受广东广播电视台专访，介绍东莞落实省委十二届四次全会部署要求情况。8月2日，梁维东接受《凤凰周刊》专访，围绕城市投资价值与机遇的主题，介绍东莞产业、企业、人才等方面情况。8月16日，梁维东接受南方报业集团书记刘红兵一行采访，介绍东莞贯彻落实省委十二届四次全会精神情况。11月6日，梁维东接受《南方日报》书面采访，介绍学习贯彻落实习近平总书记视察广东重要讲话精神情况及体会。11月22日，梁维东接受广东广播电视台专访，介绍东莞学习贯彻落实习近平总书记视察广东重要讲话精神体会及思路。

附：2018年中共东莞市委书记、副书记、常委、秘书长、副秘书长名录

市委书记：吕业升（任至2月）
梁维东（2月到任）
市委副书记：梁维东（任至2月）
肖亚非（2月到任）
张　科
市委常委：吕业升（任至2月）
梁维东
肖亚非（2月到任）
张　科
戚优华
骆招群（任至7月）
白　涛
郑　琳
杨晓棠
黄少文（据2019年11月15日南粤清风网：接受纪律审查和监察调查）
杨东来
张冠梓（挂职）
钟友国（7月到任）
陈志伟（7月到任）
市委秘书长：陈志伟（任至9月）
吴志刚（9月到任）
市委副秘书长：
谢小薇（任至12月）
黄荣峰
叶淦奎（任至11月）
陈庆松（6月到任）
李汉年（12月到任）
陈东成（任至6月）

综合协调服务

【文件制发】　2018年，东莞市委办起草、审核、制发市委（办）文件300多份，向省报备市委规范性文件35份，审查下级党内规范性文件810余份，党内规范性文件备案工作考核位列全省地级以上市第一名；办理各类文件电报6086份（含密件），其中处理市领导批示件3423份（含密件）。

【会务服务】　2018年，东莞市委办统筹制定市委文件年度计划，编发市委重大会议会务活动年度、每月、每周、每日安排表588份；全年组织完成全市性重要会议46场、市委常委会会议49次、市委书记专题会议32次，统筹安排重大公务活动78场次、市委主要领导赴基层调研45次，市委副书记专题会议、调研活动近80场次。

【文稿起草】　2018年，东莞市委办高质量做好文稿起草、信息编报、综合调研工作，全面提高经略参谋、决策服务水平。全年起草领导讲话、工作汇报、政策文件等重要文稿1100余篇，高质量完成学习贯彻习近平总书记视察广东重要讲话精神、市委全会、乡村振兴工作会议、滨海湾新区开发建设等方面重要文稿写作任务。累计向中办、省委办报送信息610余篇，编报领导参阅和综合调研材料20余万字，编发信息刊物70余期，获省市领导批示40余条次，报省信息采用总分居全省地级以上市第三位。完成全面加强执行力建设、政务服务、“三旧”（旧城镇、旧厂房、旧村庄）改造、智能手机产业等多个专题调研，形成针对性政策建议，获得市委主要领导批示肯定。

（冯　翀）

【保密工作】　2018年，东莞市国家保密局在党管保密、保密宣传教育、保密技术创新等方面取得新的成绩。年内，开展密点标注试点，选定10个单位为密点标注试点单位；印发《东莞市国家秘密载体管理规定》，加强涉密载体管理；开展保密宣传培训，加强保密工作监督。全年全市无发生重大失泄密案件。东莞市国家保密局党支部创建全市党支部标准化示范点。

保密教育　2018年5月16日，东莞市委书记梁维东，市委副书记、市长肖亚非带领东莞市省管干部，前往广东省（广州）保密教育实训平台，参观保密教育展览，参加保密知识测试，接受保密教育培训，截至2018年6月底，东莞市省管干部全部完成赴省实训平台接受保密教育培训任务。

保密工作会议　2018年5月9日，东莞市委书记梁维东召开市委十四届第70次常委会，传达省委保密委员会全体（扩大）会议精神，研究东莞市贯彻意见。5月16日，东莞市召开市委保密委员会全体会议，传达贯彻省委保密委员会全体（扩大）会议精神，总结2017年东莞市保密工作情况，审议《市委保密委员会2018年工作要点》，部署2018年工作。

密点标注试点　2018年6月12日，东莞市被省国家保密局确定为密点标注试点市。东莞市选定中堂、塘厦2个镇和市委统战部、市委台办、市保密局、市民宗局、市外事侨务局、市国税局等作为开展密点标注试点单位。10月16日，国家保密局在东莞市召开“密点标注试点”调研工作座谈会。

涉密载体管理　2018年，《东莞市国家秘密载体管理规定》印发。优化涉密载体管控平台，采用二维码和RFID电子标签标识载体，实现对涉密载体全生命周期智能化管理。

保密宣传培训　2018年7月11—13日，东莞市国家保密局联合东莞市密码管理局举办保密干部忠诚教育培训班，组织学员参观中共三大会址纪念馆，邀请省保密局和省密码管理局相关处室负责人现场授课。9月18—21日，东莞市国家保密局在武汉大学国家保密学院举办保密干部培训班，市有关部门办公室负责人和有关镇街党政办负责人参加培训。这是东莞市国家保密局首次在省外举办保密教育培训班。推进保密宣传教育常态化，全年组织保密法宣讲队为52个镇街、单位保密培训班授课，培训机关工作人员6400人。

保密工作考核　2018年，东莞市国家保密局根据《机关、单位保密自查自评标准》对各镇街、各单位保密工作进行目标管理考核，评选出62个保密工作先进单位和62名保密先进工作者。

保密监督　2018年，东莞市国家保密局先后联合多个部门开展信息安全保密检查、教育系统保密专项检查、金融系统保密专项检查、保密资质资格单位专项检查、突击检查等共6次。　（曾水明）

【市委督查工作】　2018年，东莞市委督查室围绕市委中心工作、主要领导指示要求和办公室各项工作部署，履行督促、检查、落实、反馈职责，突出重点、健全制度、创新方法、提高效能，推动各项中心工作落实。推进中央巡视、省委巡视反馈意见整改落实工作，牵头起草巡视反馈意见整改方案2份，分解整改措施402条，撰写整改落实情况报告2份。承办各级领导批示95件，跟进22项市委书记直接指派、交办的事项。全年开展58项专项督查，形成报告62篇。形成督查调研报告5篇，市委书记梁维东、市长肖亚非等市领导肯定批示6次。制定《中共东莞市委关于深入推进新时代新担当新作为全面加强执行力建设的意见》。

巡视整改工作推动　2018年，东莞市委督查室做好省委第二巡视组巡视工作，向巡视组提交各类报告16份；推进中央、省委巡视反馈意见整改落实，牵头成立中央巡视、省委巡视整改落实工作领导小组办公室，连续作战70多天，推动全市巡视整改工作取得阶段性成效。起草落实中央、省委巡视反馈意见整改方案2份，分解整改措施402条，撰写整改落实情况报告2份；协助召开市委整改落实工作领导小组会议4次、召开市委整改落实工作领导小组办公室会议4次，做好各项会务工作；召开市委整改办4个工作小组碰头会33次，加强统筹协调，凝聚各方整改合力；更新汇总中巡、省巡整改台账319页近30万字，向省上报整改工作简报36期，对全市41个责任部门、32个镇街、3个园区开展全覆盖实地督导，约谈单位2个，推动巡视反馈意见整改落实。

决策督查　2018年，东莞市委督查室紧扣工作要点以及重大决策部署等，形成6篇《督查专报》报省，其中2篇获省委督查室采用，并有1篇获省领导批示。制定《市委常委会2018年工作要点任务安排表》，明确84项重要部署责任分工；联合市政府督查室4次反馈《市委、市政府2018年重点工作进展情况表》。跟踪市委常委会决定事项和全市重大会议决定事项，学习贯彻习近平总书记系列讲话精神、落实中央八项规定等重要决策部署贯彻落实。

专项督查　2018年，东莞市委督查室加大专项督查力度。开展“一竿子插到底”的专项督查，提升服务决策、推动落实的水平。开展党的建设、环莞快速三期等58项专项工作，深入一线督进展查问题，形成报告62篇。加强和改进实地督查。全年多次采用“四不两直”（不发通知、不打招呼、不听汇报、不用陪同接待，直奔基层、直插现场）的方式，对加强党的建设、落实中央八项规定精神、环境保护、基层治理、城市更新等多个专题事项开展实地督查。如联合市环保局、市水务局、市府办督查室等部门，对东莞市茅洲河流域治理、截污次支管网建设等开展实地督查，直指问题，督促改进，持续跟踪，提升工作实效。

督查考评　2018年，东莞市委督查室发挥督查考评“指挥棒”的作用，把市委、市政府系列文件重要决策部署融入考评事项，如增加“全面从严治党”“蓝天保卫战”“交通拥堵治理”等重点工作和重大事项的内容与比重，助推市委重要决策全面落实、取得实效。创新年中巡查工作方法，通过《工作落实动态》通报中期巡查结果，并对完成进展情况较好和滞后的镇街点名通报，提升巡查工作的针对性和实效性。

批示办理　2018年，东莞市委督查室优化领导批件办理程序，强化联系协调，注重跟踪督办，及时呈送办理报告，每月汇总办理情况，全年办理各级领导批示95件，办结95件。定期呈报《市委主要领导交办事项进展情况汇总表》，跟进22项书记直接指派、交办的事项，每月均获得市委书记批示，为领导决策部署提供参考。对突发、紧急或重大的领导批示或交办事件，第一时间进行核实，确保领导批示交办事项事事有着落。对一些办理难度较大的事项，多次召集有关单位进行督促协调。

督查调研　2018年，东莞市委督查室与市委组织部、市纪委监委等11个部门组成调研组，在全市开展加强执行力建设专题调研，向市委提交调研报告，并形成《中共东莞市委关于深入推进新时代新担当新作为全面加强执行力建设的意见》。围绕中心工作的关键环节、针对主要领导关注的重要事项开展系列专题，先后对产业类政府投资基金、散裂中子源项目和中子科学城建设、“散乱污”企业整治、全市推进“智网工程”建设、城市精细化管理等专题开展调研督查，形成督查调研报告五篇，获市委书记梁维东、市长肖亚非等市领导肯定批示6次，有关建议直接转化为市委市政府决策，以文辅政能力提升。其中梁维东在《东莞市“智网工程”推进情况、存在问题及相关工作建议》上批示，市委督查室会商市委政法委逐条推进工作建议落实到位，助推“智网工程”再上台阶。（市委督查室）

【接待工作】 2018年，东莞市接待办接待内宾、重要港澳台侨宾客558批2.1万人次，批数比上年增长24.55%，人次增长7.94%。其中副国级以上领导20批，比上年增长11.11%；省部级领导158批262人，批数增长9.72%，人数增长25.36%；其他来访客人380批1.35万人次，批数增长32.87%，人次下降6.16%，其中商务接待146批，增长71.76%。全年接待的党和国家领导人有：国家副主席王岐山，中共中央政治局委员、广东省委书记李希，全国人大常委会副委员长丁仲礼，全国政协副主席何厚铧、卢展工、梁振英、李斌，全国人大常委会原委员长张德江，全国人大常委会原副委员长田纪云、李铁映、热地，全国政协原副主席杨汝岱、王忠禹，中央政法委原书记孟建柱。

大型活动、会议接待 2018年，东莞市接待办统筹协调大型活动、会议接待工作，主要有东莞市产业招商大会、2018年粤港澳大湾区院士峰会暨第四届广东院士高峰年会、2018年莞港产业合作联合推介会、2018世界莞商大会等，以及2018海丝博览会、2018加博会、2018台博会、第四届智博会、第十届漫博会等常规性活动的接待工作。

重要团队来访及市领导外出保障 2018年是改革开放40周年，东莞市作为中国改革开放的一个缩影，吸引外省市党政代表团来莞调研考察。省级党政代表团有四川省、云南省、山西省、江西省、黑龙江省；地级党政代表团有新疆维吾尔自治区图木舒克市和五家渠市、贵州省贵阳市，江苏省张家港市，湖南省长沙市，江西省南昌市，河南省漯河市，河北省保定市，四川省眉山市和凉山州，云南省昭通市，黑龙江省牡丹江市，内蒙古自治区满洲里市和鄂尔多斯市，广西壮族自治区梧州市，广东省肇庆市和韶关市等。全年到东莞的专项工作组比上年增长约30%，有国务院督查组、中央环保督导组、省委巡视组、省环保督察组、省委调研组等。做好市领导赴香港特别行政区和广东省广州市、深圳市、珠海市、佛山市、揭阳市及西藏自治区林芝市、云南省怒江自治州、河北省保定市等地考察的后勤保障和服务工作。

公务接待管理规范化 2018年，东莞市接待办树立“品质接待”理念，强化目标导向、结果导向，推动接待工作执行力的提升。以中央八项规定实施细则出台及中央、省委巡视整改为契机，承担全市公务接待管理部门的主体责任和监督责任，倒逼制度机制完善及问题整改。严格督促，针对巡视中发现部分镇街及单位存在的接待操作不规范、经费管理不到位等问题，督促全市各接待部门结合自身情况，细化完善公务接待制度，找准风险点，堵塞管理漏洞。加强指导，选取接待工作规范度和配合度较高的麻涌镇作为示范点，召集周边6个镇街座谈，着重对公函接待执行情况、公务接待流程、软硬件设施、考察点储备培育等问题进行摸查调研，搭建交流平台，带动业务提升。规范管理，财务制度落实到位，经费支出下降幅度明显；严格约束机制，在规范管理和提升质效上精准发力。规范商务接待的登记审批，改版来电记录登记表，确

2018年12月14日，2018世界莞商大会在市会议大厦召开（郑志波 摄）

保信息登记全面细致，审批程序合理合规。升级改版接待任务每日预报表，信息更新更及时，参考价值更高。档案管理持续提升，升级档案系统，提高检索效率，通过“省特级档案综合管理达标单位”复评。（梁在烽）

附：2018年中共东莞市委办公室主要领导名录

市委办主任：谢小薇（任至12月）

附：2018年东莞市国家保密局主要领导名录

局　长：袁鸣春

附：2018年中共东莞市委督查室主要领导名录

主　任：翟婷莹

附：2018年东莞市委、市政府接待办公室主要领导名录

主　任：梁　燕（任至3月）
　　　　钟海波（6月到任）

组织建设

【党组织概况】　截至2018年底，东莞市有党的基层组织10137个（含“两新”组织党组织3506个），其中党委258个，总支部604个，支部9275个。全市有党员176572名，其中“两新”组织党员44058人（含流动党员17432人），女党员58555人，占33.16%；35岁及以下党员68053人，36～45岁党员47240人，46～55岁党员27037人，56～65岁党员13512人，66岁及以上党员20730人。大专及以上学历126347人，占71.56%，其中研究生及以上学历8520人；中专及以下学历50225人。农村党员53943人，占全市党员总数的30.55%。

【党员学习教育】　2018年，东莞市委组织部对全部市管干部进行全覆盖轮训，培训全市科级以上领导干部9600余人次，并督导镇街自主举办各类专题培训班595场次，培训2.48万人次。组织全市17.3万名党员利用市“一台一网”“两微一端”（微博、微信及新闻客户端）“云课堂”等平台开展专题学，推动学习形式的多元化。坚持用习近平新时代中国特色社会主义思想指导组织工作，牵头制定贯彻落实新时代党的建设总要求意见和加强政治、思想、组织、作风、纪律“五大建设”系列配套文件，形成“1+5”文件，系统提出东莞市加强党的建设的整体思路。

【三年行动计划落实推进】　2018年，东莞市委组织部以“规范化建设”为主题，推动全市基层党组织规范建设、组织生活规范开展，组织4轮调研督导。整顿软弱涣散基层党组织，从市直机关选派35名优秀干部挂任驻村“第一书记”，坚持一村一策，精准开展整顿工作。坚持常态化开展驻点联系群众工作，全市各驻点团队走访75.8万户，收集办理群众意见2.17万条。落实扫黑除恶专项斗争工作任务，重点整顿有涉恶案件或干部的村（社区）6个。推动镇街党校建设，32个镇街党校在10月底前全部挂牌运营，并建设“党建专题馆”，开馆4个月接待党员群众1.7万人次。

【机构改革推进】　2018年，东莞市委组织部对市管干部进行全覆盖谈心谈话、调查摸底，审慎制定机构改革总体方案和49个党政部门机构改革人事安排建议方案，保证机构改革平稳有序推进。

【干部队伍建设】　2018年，东莞市委组织部按照精准培训原则，围绕多个专题，举办4期处级正职领导干部培训班，1期市直单位党组织书记培训班，实现对正职领导干部的全员轮训。以“城市品质提升”为主题，围绕“粤港澳大湾区战略与东莞城市定位研究”等专题，轮训干部约4000人次。在国有企业中探索实施职业经理人选聘制度，提升国有企业管理专业化水平。注重在解决实际问题中提升专业能力水平，选派干部69人次到基层、扶贫协作地区、对口支援和对口帮扶地区等挂职锻炼，磨砺品质、增强本领。

【人才服务体系建设】　2018年，东莞市出台深化人才发展体制机制改革的实施意见，围绕人才管理、培养、引进、评价、激励、保障等环节，从五个方面提出23条改革措施。重磅出台“十百千万百万”人才工程和打造“技能人才之都”（引进10个国际一流水平的战略科学家团队，选拔培养100名博士专业人才进入党政机关和企事业单位，引进培养1000名重点领域的领军人才，引进培养1万名硕士研究生以上学历名硕士研究生以上学历和中级以上职称的创新人才，推动100万人提升学历技能素质）计划。突破人才发展“卡脖子”的痛点难点，帮助人才解决好住房、医疗、社保、子女教育等方面的实际问题。是年，市财政统筹超过1.1万套人才住房，为2100余名人才发放购房租房货币补贴6179万元，为人才的义务教育阶段随迁子女提供积分入学和优惠政策学位15.16万个（含民办学位补贴）。举办2018东莞高层次人才活动周，首办“人才之夜”，吸引超过5000人次参加各项活动，达成项目合作意向43项。（王康伟）

附：2018年中共东莞市委组织部主要领导名录

部　长：郑　琳

思想宣传

【思想宣传概况】　2018年，东莞市思想宣传工作紧扣学习宣传贯彻习近平新时代中国特色社会主义思想和党的十九大精神这一主线，做大做强理论舆论，厚植厚培文化文明，加强党的建设和人才队伍建设，筑牢意识形态安全“护城河”和“防火墙”，为东莞加快推动高质量发展提供思想舆论支持和精神文化支撑。

【意识形态工作】 2018年，东莞市结合意识形态巡视整改，加强和改进意识形态工作，健全工作机制。印发意识形态工作检查考核方案，将意识形态工作纳入市委巡察重点内容，压实各级党委（党组）意识形态工作责任制，完成意识形态巡视整改任务。落实意识形态工作联席会议制度，每季度定期召开集中分析研判例会，强化各系统单位主体责任，形成齐抓共管工作合力，掌握意识形态工作领导权管理权主动权。

【“大宣讲”活动】 2018年，东莞市组织开展“大宣讲”活动，组建专家学者宣讲团、领导干部宣讲团、百姓宣讲团等，推进习近平新时代中国特色社会主义思想进企业、进农村、进机关、进校园、进社区、进网站，开展各类主题宣讲2100多场次。其中，开展党的十九大精神“百场宣讲进基层”700多场，直接听众15万人次；开展《习近平谈治国理政（第二卷）》宣讲100多场、《习近平新时代中国特色社会主义思想三十讲》宣讲300多场、习近平总书记重要讲话精神宣讲100多场，“学讲话、讲故事、谈感受”百姓宣讲活动700多场；启动庆祝改革开放40周年百姓宣讲，推动新思想“飞入寻常百姓家”。

【重要主题宣传报道】 2018年，东莞市将学习贯彻习近平新时代中国特色社会主义思想和党的十九大精神的宣传报道作为全年宣传工作的重点。利用全媒体传播渠道开展庆祝改革开放40周年、粤港澳大湾区建设、“扫黑除恶”专项斗争、创新驱动发展、乡村振兴战略、打赢蓝天保卫战、美丽东莞建设、“非公经济50条”等60多个重要主题和活动的宣传报道，邀请组织近200批次重点媒体来东莞开展正面采访调研，展示东莞经济社会发展成效亮点，营造昂扬和谐的舆论氛围。中央及省直各重点媒体全年通过各传播平台刊播涉莞正面报道1.3万篇。

【新闻发布工作创新】 2018年，东莞市举办30场市级专题新闻发布会。探索“互联网+新闻发布”新模式，依托网络新媒体平台让更多市民群众走进新闻发布现场。在新闻发布会中引入网络直播和视频发布等形式，并在直播前提前发文预热，提高市民的关注度和参与度。指导各园区（镇街）、各部门加强自主性和常态化的新闻发布制度建设。深化新闻发言人培训“1+N”（“1”指贯彻执行《中国共产党纪律检查机关监督执纪工作规则》的办法；“N”指系列配套制度，是具体条款的操作性办法）机制，举办2期全市新闻发言人培训班，提升全市新闻发言人队伍的综合素质和业务能力。

【媒体融合发展】 2018年，东莞市落实推动传统媒体和新兴媒体融合发展实施方案，开展市直媒体发展主题调研，提升全市各级媒体融媒体水平和发展动力。市政府新闻办官方微博、微信“莞香花开”（东莞发布）先后获“广东政务新媒体年度最具传播力奖”“融媒创新优秀案例奖”“广东省政务新媒体舆情应对特别奖”等奖项；“i东莞”App被评为“2018全国地市网络媒体最具影响力的十强客户端品牌”；东莞时间网被评为“2018全国地市网络媒体最具创新力十大品牌”。

【舆情处置】 2018年，东莞市启用舆情督办管理系统，将全市各园区（镇街）、40余家单位纳入其中，强化全市舆情信息工作的监测、转办、指导、督办，健全舆情处置快速联动机制。全年处理东莞市多镇定点屠宰场牛肉注水、高埗三联村棚架倒塌事故等突发或敏感事件300余宗。创新互联网宣传管理工作，“强化网络主阵地意识，构建同心圆”案例获评为全国“2018年互联网治理十大创新案例”、2017—2018年度“粤治—治理现代化”政府治理创新优秀案例。

2018年9月29日至10月28日，东莞庆祝改革开放40周年图片展览在东莞图书馆举行 （郑琳东 摄）

【文艺精品打造】 2018年，东莞市以庆祝改革开放40周年为主线，组织策划大型交响组歌“时代交响”、大型图片展“时代印记”、大型书画展“潮涌东江”、美术创作工程《人民叙事》等庆祝改革开放40周年系列活动。推进本土题材文艺精品创作，实施东莞改革开放40周年系列文艺创作工程，签约创作长篇小说《东江春暖》、电视剧《新外来妹的故事》等25件精品。东莞市作家丁燕的《沙孜湖》、塞壬的《奔跑者》入选第七届鲁迅文学奖提名作品，阿微木依萝的《土命人》、陈启文的《命脉：中国水利调查》等10件作品获第十届广东省鲁迅文学艺术奖。

【公共文化服务水平提升】 2018年，东莞市完成基层综合性文化服务中心建设任务，实现全市村（社区）全覆盖。推进文化馆总分馆体系建设，建成启用一批多功能新形态“城市阅读驿站”。在全省率先举办“2018首届广东东莞公共文化产品采购会”，搭建现代公共文化产品供需对接平台。实施全民艺术普及行动计划，全年举办文艺演出672场，开办公益文艺培训班205个。举办“2018年东莞文艺名家推广计划”系列活动、第六届中国·东莞音乐剧节、第十六届“粤剧黄金周”、第五届东莞市合唱节、第二届全民尚艺节、第二届东莞市群众戏剧曲艺花会等群众性文化活动，丰富市民精神文化生活。

【文化遗产保护利用】 2018年，东莞市印发《关于加强东莞市红色革命遗址保护利用工作的实施意见》，加大文化遗产保护利用力度。开展红色革命遗址普查，推出4条红色旅游线路，打造系列主题教育阵地，策划举办纪念东江纵队成立75周年暨东莞抗日模范壮丁队成立80周年系列活动。实施全市域文物保护利用工程，建立全市不可移动文物展示数据库。举办“发现东莞非遗之美”影像展等系列活动。莞城街道出版《东莞历史文献丛书》，传承地方历史文化；东莞图书馆整理出版《伦明全集》，首次公开集结发行中国近代著名东莞籍藏书家、学者伦明的存世文献。

【文化产业发展】 2018年，东莞市开展文化产业调研，完成文化产业发展“十三五”中期评估。截至年底认定市级文化园区（基地）、重点文化企业43家，其中8家文化企业获得国家高新技术企业认定、8家登陆“新三板”。组织一批文化企业参展第十四届深圳文博会和第七届中国国际版权博览会。举办第十届中国“漫博会”。黄江镇以创新设计服务为特色、总投资6亿元的文化产业园区“灵狮小镇”开园。

【城市外宣精品打造】 2018年，东莞市推出中英文城市主题图书《鸟颜色》，在全国发行并参加伦敦书展；邀请著名文化学者王鲁湘撰写《记忆东莞——王鲁湘走读东莞》，以文化名人视角解读东莞历史文化。联合《世界遗产地理》杂志社策划推出专刊《质朴东莞》，面向海内外发行，讲述东莞人文故事。联合中央电视台及其纪录片联盟团队，摄制东莞题材纪录片《制造时代》，以“东莞制造”的转型升级呈现中国制造业的发展现状和转型探索，获得2018“南派纪录片”最佳作品奖。联合纪录片导演陈晓卿及其团队策划拍摄东莞美食主题纪录片。制作《美丽东莞》中英文城市宣传折页、城市形象推广视频汇编U盘、城市文化衍生品等宣传资料宣传推介东莞。

【境外宣传】 2018年，东莞市以中非合作论坛、G20峰会、庆祝改革开放40周年大会等重大活动为契机，在南非、英国、新加坡等多个国家主流媒体推出东莞深度报道，通过全球通讯社联盟传播到亚太和欧美地区，在海外引起较大反响。在中国香港《凤凰周刊》推出“砥砺东莞，向现代化启航”和“美丽东莞”两个大型系列报道，向政商界高端人群全面解读东莞转型发展路径。联合央视策划摄制并向全球播出《海外东莞人》系列节目，展现12位海外东莞人进取的奋斗故事和精神风貌。邀请德国《商报》驻中国首席代表泽林来莞采访，并在德国《商报》推出系列专题，以西方主流媒体视角介绍东莞近年转型升级的新发展、新变化。

【主题宣介活动策划】 2018年，东莞市结合莞港产业合作联合推介会、海丝博览会、漫博会、世界莞商大会等重大涉外活动策划城市主题推广活动，借助活动传播东莞正面形象。策划举办“影享·自然”市民摄影周，吸引12万人次参与，在同沙生态公园创新推出户外生态展，生动呈现东莞现代生态都市形象；举办第10届东莞市英语口语大赛、“今日东莞”英文网十周年系列活动，吸引社会广泛参与；举办《近代民族英雄》纪念邮票首发暨庆祝改革开放40周年集邮文化展，用邮资票品讲述东莞故事。

【全域文明创建】 2018年，东莞市印发《关于推进新东莞文明美丽村居建设　深化全域文明创建三年行动实施意见》，启动新东莞文明美丽村居建设“五大工程”，从“硬环境”和“软环境”两方面同步提升乡村品质。试点推进文明美丽村居“十个一”建设和“文明积分进万家”行动，营造人人参与文明创建的浓厚氛围。加强常态化创文督导，定期开展全市文明创建督导检查，并由市直媒体向社会公布，提高全域创建覆盖面。开展社会主义核心价值观“六进”行动，全市发布相关标语3.5万条，各类主题宣传广告4.2万个，户外大型广告牌1700块，总面积11.7万平方米。

【友善之城建设】 2018年，东莞市以创建“友善企业”为抓手，弘扬友善精神。印发《关于推进东莞市“友善企业”建设工作方案》，在每个镇街建设3个“友善企业”示范点，召开东莞市“友善之城”建设暨“友善企业”创建工作现场会，对全市首批10家“友善企业”进行授牌。开展春运“暖冬行动”、文明交通公益巡讲等系列志愿服务活动，开展“益苗计划”志愿服务项目大赛；加强对志愿服务组织的孵化培育，全市注册志愿者总数超过100万人，志愿服务组织及团体8400个。深挖东莞好人好事，强化标杆典型选树，2018年全市获评“中国好人”3名、“广东好人”2名，“广东新时代好少年”2人，并评选出“东莞好人”47名、“最美莞邑少年”27名。

【希望之城建设】　2018年，东莞市推进文明校园创建活动，抓好公办小学学校少年宫建设，合力打造一批特色品牌项目。承办全省文明校园创建暨乡村学校少年宫建设推进会，展示东莞经验。举办第二届童谣创作大赛及获奖精品展演。支持鼓励各园区（镇街）创造条件开办青少年活动中心、培训基地、拓展基地等各类校外教育实践阵地。开展“我的中国梦”“扣好人生第一粒扣子”“清明祭英烈”“童心向党”“向国旗敬礼”等系列主题教育实践活动，促进未成年人健康成长。　（吴建勋）

附：2018年中共东莞市委宣传部主要领导名录

部　长：杨晓棠

统一战线

【统战工作概况】　2018年，东莞市统一战线系统围绕省委、市委中心工作，推进各项统战工作开展，促进全市政党、民族、宗教、侨务、阶层和海内外同胞关系更加和谐。东莞市获全省统战信息工作一等奖，获全省统战理论政策研究创新成果二等奖1篇，优秀奖2篇。

【统战系统思想政治建设】　2018年，东莞市统一战线系统通过召开专题宣讲会、学习研讨会、情况通报会、党外人士座谈会，举办各类培训班、政治教育活动和纪念“五一口号”发布70周年系列活动等，组织各级统战干部和统一战线成员学习贯彻习近平新时代中国特色社会主义思想和党的十九大精神，牢固树立“四个意识”，坚定“四个自信”，坚决做到“两个维护”。落实东莞党建文件精神，突出以党建带动统战业务工作，推进中央、省委巡视整改工作，确保全面从严治党有效落实。

【党对统战工作的领导加强】　2018年，东莞市委统一战线工作领导小组做好中央和省委宗教工作专项督查整改工作。市委常委会会议多次听取统战工作专题汇报并提出具体意见，市委主要领导发挥示范带动作用，到统战部门调研指导，主持召开党外人士座谈会和政党协商会，带头参加统战领域重要公务，亲自督办党外代表人士的人大建议和政协提案，多次对统战工作作出批示指示，有效带动全市各领域统战工作开展。各镇街党委书记切实履行统战工作第一责任人职责，主持研究统战工作重要问题，加大统战工作的支持保障力度。协调指导镇街统战办开展工作，分别举办全市统战业务、基层统战办主任和统战信息员培训班，提升统战干部的业务技能，推动基层统战工作。

【民族宗教领域统战工作】　2018年，东莞市完善处置民族问题工作方案及指引，妥善调处涉民族领域矛盾纠纷30起。组织培训少数民族人员600多人次，提升少数民族遵纪守法意识和协助政府工作的能力。推进民族团结进步创建，市纺织服装学校被评为全国民族团结进步创建示范单位，东城东泰社区、朝晖学校、常平土塘村被评为全省民族团结进步创建示范单位。以“体育文化和新疆历史文化”为主题组织开展民族团结进步宣传月活动，营造民族团结良好氛围。组队参加全省第六届少数民族传统体育运动会，获奖牌35枚，团体总分排名全省第五，均创历届新高。新修订《宗教事务条例》学习宣传培训并抓好贯彻落实，推动宗教活动场所开展“四进”活动，引导信教群众依法依规开展宗教活动。开展宗教领域专项整治，维护正常宗教秩序。

【多党合作事业发展】　2018年，东莞市支持党外代表人士参政议政、履行职能，协助市委制定《2018年中共东莞市委同市各民主党派、无党派人士政治协商计划》并召开4场专题协商会议，落实市委领导与党外代表人士联系交友制度。组织市各民主党派、市知联会和市新阶联，围绕东莞破解五大格局发展难题、推动四个根本性提升、实现八大领域新突破等问题开展专题调研和联合大调研，形成10多份高质量建言报告，其中《关于东莞发展高端装备制造业，培育经济增长新支柱的研究》和《关于尽快推进基于大科学装置的BNCT高端医疗的建议》得到市委主要领导的批示肯定。在2018年全市已立案政协提案和列入书记、市长、政协主席重点督办提案中，由各民主党派、无党派人士提交的提案分别达到169件和14件，占比均接近一半。加大镇街党委对民主党派基层组织的支持力度，发挥民主党派对镇街发展的作用。加强党外知识分子平台载体建设，指导市知联会完成换届，推动成立市知联会松山湖分会。

【新的社会阶层人士统战工作】　2018年，东莞市推动全市新的社会阶层人士统战工作省级实践创新基地建设，指导市新阶联成立5个工作委员会，建设5个实践创新示范基地，搭建5条参政议政渠道，在虎门镇成立全省首个乡镇级新的社会阶层人士联合会，举办政治教育、国情考察、行业论坛、主题沙龙、专题讲座、社会服务、实践锻炼等系列活动，初步形成可供复制推广的经验参考。10月，东莞市被中央统战部确定为全国新的社会阶层人士统战工作实践创新推广城市。

【非公有制经济健康发展和非公有制经济人士健康成长】 2018年，东莞市支持非公经济发展，市委、市政府连续召开全市非公有制经济代表人士座谈会、全市非公经济大会，出台《进一步扶持非公有制经济高质量发展的若干政策》。举办2018世界莞商大会，参会嘉宾超过1200人，现场签约金额超过300亿元，均创历届之最，搭建凝聚莞商力量、推动非公经济高质量发展的交流合作平台。支持“莞民投”总部项目建设，推动“莞民投”与市政府和有关金融集团联合成立东莞倍增计划产业并购母基金，引导民间资本投向全市实体经济和重大基础设施建设。搭建政企交流平台，组织企业家参与市委、市政府主要领导和有关职能部门召开的座谈会，并就优化营商环境、促进企业转型、“东莞非公经济50条”等提出意见建议。举办系列思想政治教育、理想信念教育实践和光彩事业行活动，提高非公经济人士政治素质。组织非公企业和非公经济人士通过资金帮扶、产业帮扶等形式，参与云南昭通、韶关对口帮扶等扶贫济困活动和社会公益事业，助力脱贫攻坚。

【港澳台统战工作】 2018年，东莞市加强与港澳代表人士的联系交流，支持爱国爱港爱澳力量不断发展壮大。支持港澳莞籍社团建设，指导有关镇街香港同乡会完成换届，推动长安等6个镇街成立澳门同乡会，推动香港莞籍社团健全完善“六支队伍”建设。创新开展港澳青年工作，推动筹组飞跃香港青英荟，组织港澳青年开展爱国主义教育、回莞创业就业考察和寻找粤港澳大湾区商机活动，引导莞籍港澳青年到韶关开展扶贫活动。落实中央“惠台31条”、省“粤台48条”，出台“莞台77条”，鼓励支持台企台胞扎根东莞发展。举办2018台湾名品博览会，吸引15.3万人次进场参观采购，总交易额23.83亿元。吸引台湾青年来莞创业就业，松山湖海峡两岸青创基地和青创示范点分别落户企业101家、创业团队32个，青创基地获批港澳台科技创新创业人才联合培优示范基地，相关经验交流材料得到中央统战部和省委统战部微信公众号的推送报道。

【侨心侨力凝聚】 2018年，东莞市举办海外侨团中青年骨干研习班、海外华裔青少年文化交流夏令营以及海外青年才俊聚东莞等主题活动，开展华裔新生代爱国主义教育，夯实海外统侨工作基础，推动海外侨胞在“一带一路”和粤港澳大湾区建设中发挥独特作用。开展侨政服务工作，为侨胞做好华侨回国定居审批、华侨华人子女入学、三侨生证明办理、信访等涉侨政务工作113宗，得到侨胞的赞誉肯定。市侨联被评为“全国侨联系统先进组织”、获第十九届世界华人学生作文大赛组织优秀奖，凤岗镇被评为“全国为侨公共服务体系示范单位”。

【纪念中共中央发布“五一口号”70周年座谈会】 2018年4月27日，东莞市委召开纪念中共中央发布“五一口号”70周年座谈会。市委常委、统战部部长骆招群出席会议并讲话，市各民主党派主委、副主委、秘书长，无党派代表人士30余人参加座谈会。骆招群在讲话中指出，纪念“五一口号”发布70周年，回顾历史，总结经验，对于缅怀各民主党派和无党派人士与中国共产党团结奋斗的光辉历程。各民主党派、无党派人士要围绕中心，服务大局，推动全市多党合作事业取得新成效、再上新台阶，为推进东莞高质量发展、争当“四个走在全国前列”的排头兵作出更大的贡献。

2018年5月16日，“全国为侨公共服务体系示范单位（凤岗镇）”揭牌仪式举行

【粤港澳大湾区经贸交流活动】 2018年12月15日，粤港澳大湾区经贸交流团一行20余人到东莞参观交流，分别考察松山湖国际金童创新园、滨海湾新区，并与企业青年代表进行座谈，了解东莞支持青年创业的有关政策，并就部分项目合作的可行性进行探讨。市委常委、统战部部长陈志伟会见考察团一行。

【世界莞商大会】 2018年12月13—14日，由东莞市委、市政府主办，市委统战部、东莞市工商联指导，世界莞商联合会承办的

2018世界莞商大会在市会议大厦召开。省政协副主席、党组副书记林雄，香港中联办原副主任黎桂康，省委统战部副部长李阳春，省工商联主席苏志刚，以及梁维东、肖亚非、骆招群等市几套班子领导出席大会，市委常委、统战部部长、2018世界莞商大会组委会主任陈志伟主持会议。市委书记、市人大常委会主任梁维东在致辞中肯定莞商在东莞经济社会发展中举足轻重的地位，形容“莞商是东莞十分宝贵的资源”。并对全球莞商表达殷切期望，寄语莞商坚定信心，振奋精神，抢抓粤港澳大湾区建设的机遇；练好内功，创新转型，顺应高质量发展的要求，坚持发展实业不动摇，聚焦主业，增强技术创新能力和品牌的运作能力；希望广大莞商秉持携手前行、同舟共济的发展理念，发挥遍布全球的海内外联系密切的优势，凝聚海内外莞商群体的活力。　（曹凤野）

附：2018年东莞市统一战线主要领导名录

部　长：骆招群（任至9月）
　　　　陈志伟（9月到任）

政策研究

【政策研究概况】　2018年，东莞市委政策研究室牵头组织起草重大政策文件、重要参阅报告等文稿300多篇，编印《东莞调研》《政务建议》《改革前沿》等刊物308期，得到市领导直接批示209件（次），其中市委主要领导直接批示的129件（次），被评为2018年度工作优秀市直单位、2018年度市直机关党支部标准化建设示范点。

【市委学习贯彻习近平总书记重要讲话精神文件起草】　2018年，东莞市委政研室围绕市委坚持以习近平中国特色社会主义思想统领东莞一切工作的决策部署，推动学习贯彻习近平总书记重要讲话精神深入开展。推动“新时代新征程新东莞”专题调研成果转化，牵头和参与起草市委十四届六次全会报告和《中共东莞市委关于深入学习贯彻落实习近平总书记重要讲话精神争当全省实现“四个走在全国前列”排头兵的意见》，梳理提出奋力争当全省实现“四个走在全国前列”排头兵的目标；筹备和推进学习贯彻习近平总书记视察广东重要讲话精神专题调研，提出两大综合性课题和六大领域44个专题研究建议，推动调研成果转化，牵头和参与起草2019年市委一号文、市委十四届八次全会报告等重要文件，协助市委进一步明确东莞改革发展思路举措和重点工作；根据市委工作部署，参与起草《中共东莞市委关于认真学习宣传贯彻习近平总书记在参加十三届全国人大一次会议广东代表团审议时的重要讲话精神的通知》，掀起学习宣传贯彻习近平总书记重要讲话精神热潮；贯彻落实党的十九大和中央经济工作会议有关精神，聚焦研究东莞推动高质量转型发展问题，起草2018年市委一号文《中共东莞市委关于深入贯彻习近平新时代中国特色社会主义思想　进一步加快经济转型推动高质量发展的意见》。

【粤港澳大湾区建设政策研究】　2018年，东莞市委政研室开展基础研究和起草有关文稿，推进全市参与粤港澳大湾区建设。会同市发改局等有关部门、镇（街）园区开展调研，起草形成《东莞参与粤港澳大湾区建设的调研报告》，提出东莞市参与粤港澳大湾区建设“打造一中心，强化三功能”的发展定位。打造一中心，就是要打造粤港澳大湾区先进制造业中心。强化三功能，就是要强化科技创新成果的转化功能、强化扩大开放合作的示范功能、强化现代优质生活的服务功能。将“把握粤港澳大湾区机遇推动高质量发展”作为全市学习贯彻习近平总书记视察广东重要讲话精神专题调研两大综合性课题之一，推动形成具体工作举措。

【改革开放40周年经验和启示总结】　2018年，东莞市委政研室组织开展全市庆祝改革开放40周年系列活动，总结东莞市改革开放40年经验和启示。筹备市委理论学习中心组（扩大）“谈东莞改革”专题党课，全面回顾东莞改革开放发展历程，分析全市改革面临的挑战与机遇，从六个方面提出东莞改革发展的方向与重点，提振全市领导干部队伍干事创业的精气神；以改革开放40周年为契机召开全市性的全面深化改革工作会议，牵头组织起草《中共东莞市委关于加快推进新时代全面深化改革的意见》等“1+4”改革系列文件，为全市深化重点领域改革列出时间表、路线图；推进改革开放40年经验启示调研和宣传，起草形成东莞改革开放四十周年调研报告，委托《南方日报》进行专题研究梳理出十大成就40项改革大事，推动在《人民日报》刊发《促进高质量发展　营造高品质生活——东莞，扎实走好转型升级之路》文章，展示东莞市经济社会发展的巨大变化和突出成就。

【全面深化改革政策研究】　2018年，东莞市委政研室协助市委全面深化改革领导小组召开3次会议，审议改革文件17份，调整增加专项小组至12个；牵头制定《关于落实党的十九大精神实施重大改革任务的通知》《市委全面深化改革领导小组2018年改革工作安排》等，对中长期重大改革任务进行谋划，对年度重点改革工作作出安排；争取优化营商环境改革等4项试点并推动方案出台，抓好49项国家、省级改革试点（示范、试验）任务督察落实。创新改革工作量化考核管理，研究出台东莞市年度优秀改革项目考评方案，对全市改革任务进行量化考核管理，并将结果纳入全市年度工作考评体系。围绕改革重点难点问题深入调研，会同有关部门探索推动通过强化功能区统筹优化市直管镇体制改革，明确和细化改革整体设计和重点任务等；牵头开展历史遗留违法建筑分类处理办法起草工作，用好改革手段破解发展难题。

【政策研究资讯服务】 2018年，东莞市委政研室根据市委点题创新编印《政务建议》，形成政务建议13期，围绕人工智能、基层治理、二手房东、党政机构改革等问题开展深入调研；全年编辑出版《东莞调研》10期、合订本2部；按照市委办工作部署，起草《关于加强调查研究提高调查研究实效的实施意见》，加强全市调查研究工作指导。

【2018年东莞决策咨询顾问委员会座谈会及相关咨询活动】 2018年，东莞市委政研室围绕“粤港澳大湾区建设与东莞高质量发展”主题，组织筹备2018年东莞市决策咨询顾问委员会座谈会及其相关咨询活动。国务院发展研究中心副主任王一鸣、国务院参事汤敏等委员、嘉宾为东莞深度参与粤港澳大湾区建设和实现高质量发展建言献策，东莞市委书记梁维东给予高度评价并提出殷切希望。市委政研室协助邀请顾问委员王一鸣在市委理论学习中心组（扩大）专题学习会上为全市领导干部作辅导报告，统筹协调多位委员、嘉宾在全市开展调研、建言献策，广纳各方智慧，汇聚东莞高质量发展的强大动力。 （谭棣之）

附：2018年中共东莞市委政策研究室主要领导名录

主　任：叶淦奎（任至11月）
　　　　陈庆松（11月到任）

机构编制

【市级机构改革】 2018年，东莞市落实中央、省对机构改革的部署，成立市委深化机构改革工作领导小组，制定印发《东莞市机构改革方案》，12月27日召开市第十四届委员会第七次全体会议部署实施市级机构改革。改革后，全市设置市级党政机构49个，其中市委机构16个、市政府机构33个。

【政府职能转变】 2018年，东莞市对接国家和省有关改革文件，出台公布3个批次的改革事项调整目录，取消各类事项93项；对照省政府令248号调整由东莞实施的省级职权事项，依法纳入市政府部门权责清单，完成上级改革事项落实工作。

清理规范行政审批中介服务事项　出台第四批清理规范的行政审批中介服务事项目录，涉及事项22项；在全省率先出台行政权力中介服务事项指导目录，率先更新调整中介服务事项目录。

开展复制推广“证照分离”试点改革　在松山湖高新技术产业开发区开展复制推广“证照分离”改革，对129项改革事项分类实施

2018年4月18日，东莞市复制推广“证照分离”改革试点工作推进会议在松山湖高新区召开

（市委编办供图）

取消审批、审批改备案、告知承诺、优化准营管理，加强事中事后监管。

推进“减证便民”行动　出台《东莞市取消的证明事项（第一批）》《东莞市取消的证明事项（第二批）》，涉及29个市级用证主管部门，取消各类证明事项261项。

编制市级行政权力目录清单　组织市直部门梳理市级地方性法规、规章和规范性文件设定的事项，编制形成全市范围内通用的《东莞市行政权力目录清单》，涉及17个部门100项事项，其中行政处罚13项，行政检查3项，行政奖励7项，其他类别77项。

更新市级行政许可目录　对接省市县三级行政权力事项目录清单、《广东省行政许可事项目录通用目录（2018年版）》、《东莞市行政权力目录清单》，更新形成《东莞市行政许可事项目录（2018年版）》，涉及41个单位412项事项。

动态调整市政府部门权责清单　出台《东莞市人民政府部门权责清单（2018年版）》，涉及48个部门6763项权责事项，其中行政许可412项，行政处罚4842项，行政强制239项，行政征收44项，行政给付47项，行政检查398项，行政确认70项，行政奖励56项，行政裁决5项，其他类别事项650项。

扩大市级事权下放范围　两批次推动市住房和城乡建设局、市海洋渔业局、市交通运输局等12个部门向滨海湾新区下放事权332大项385子项。

【事业单位改革】　2018年，东莞市推进从事生产经营活动事业单位改革，新增完成市市场服务中心转企改制。新增选定广东东江纵队纪念馆、东莞粤剧发展中心、东莞展览馆、岭南画院和袁崇焕纪念园5家事业单位作为试点，在文化领域全面推开事业单位法人治理结构建设。加强事业单位信用信息共享，将事业单位法人登记事项、年度报告、抽查工作情况、异常情形等信用信息无缝对接到东莞公共信用信息管理系统、信用东莞网、行政事项双公示平台和广东事业单位登记管理网。

【机构编制管理】　2018年，东莞市在教育系统探索推进中小学校“市管校聘、镇管校聘”管理模式，统筹调剂全市公办学校编制资源，支持实验幼儿园雅园新村园区开办，新设松山湖第一小学、南城宏图小学、东城实验小学。

（黎兆杰）

附：2018年东莞市机构编制委员会办公室主要领导名录

主　任：祁达洪

机关党建

【机关党建概况】　2018年，东莞市直属机关工委直管党组织86个，其中党委54个、党总支12个、党支部20个；所辖基层党组织1073个，其中党委66个（含二级党委12个）、党总支50个、党支部957个，机关党员1.88万名。市直机关以开展“强引领提质量促跃升”年度党建主题活动为抓手，提高机关党的建设质量，强化管党治党政治责任、提升基层党组织组织力、增强党组织政治功能和服务功能，在服务东莞争当全省实现“四个走在全国前列”排头兵、发挥机关党组织和党员的堡垒先锋作用。

【市直机关“大学习”活动】　2018年，东莞市直机关贯彻省市“大学习、深调研、真落实”要求，开展“学习贯彻十九大　齐心践行新思想”机关党员大学习活动，全市1.88万名机关党员参加，实现学习全覆盖、全参与、常态化。组织党员参加省市机关学习贯彻党的十九大精神知识竞赛获省决赛二等奖。开展“联支部促学习，强落实树品牌”党建主题调研活动，市直单位党组建立支部带学督学联系点256个。

【机关党建日常管理“四个一”】　2018年，东莞市直机关用好“四个一”（一账、一本、一档、一系统）机关党建工作日常管理载体，规范机关落实“三会一课”等基本组织生活制度登记管理。开展固定主题党日活动优秀案例征集活动，引导机关党组织进一步深化组织生活内涵、创新形式。以机关党建联系协作组为单位，聚焦“规范化建设”主题，组织开展“提升基层组织力　贴近一线听声音”“规范组织生活　筑牢战斗堡垒”等专题组织生活、主题党日活动观摩交流会20场，示范带动机关党支部强化政治功能，开展固定主题党日活动3000余次，参与党员超过6万人次，抓实机关党员践行“四个意识”、提高政治觉悟、发挥先锋模范作用的方法载体。

【“共产党员先锋岗”创建活动】　2018年，东莞市直机关围绕“四个根本性提升”和“八大新突破”，梳理加工贸易转型升级、水污染防治攻坚、打造共建共治共享社会治理格局等重点难点问题300余个，约2600名党员设岗攻坚，创建岗位226个，经单位自评推优和市直工委组织复评验收，其中52个创建岗位被评为“共产党员先锋岗”示范岗。

【机关“阳光热线”工作】　2018年，东莞市直机关探索优化“阳光热线”长效机制，全年安排47个单位参加上线，平均满意度98%，处理问政平台咨询投诉件2.95万宗，群众满意度86.5%，推动机关作风建设和效能提升的平台作用。

【机关纪委工作】　2018年，东莞市加强机关纪委建设，推进市直机关党委结合换届、班子调整同步成立机关纪委，除涉及机构改革单位外，实现市直机关单位纪检组织建设的全覆盖，首次举办市直机关纪委书记（纪检委员）业务知识培训班，为实现全面从严治党落实监督责任提供坚强的组织保证。实践运用“四种形态”，履行好监督执纪问责职责。市直机关纪工委深入授权管理单位开展调研工作，压实队伍教育管理责任，助推“两个责任”落实到位，完成谈话提醒170宗，其中处级干部41人、科级97人、党员干部32人。（陈泽鑫）

附：2018年东莞市直属机关工委主要领导名录

书　记：黄　薇

党校工作

【党校概况】　中共东莞市委党校（东莞市行政学院、东莞市社会主义学院）是直属市委、市政府管理的公益一类事业单位，正处级。主要职能是负责全市市管干部、公务员、事业编人员以及民主党派和无党派人士的培训轮训工作，宣传中国特色社会主义理论和党的路线、方针、政策，开展理论和资政研究。市委党校实行校委会领导机制。2018年有科（室、部、中心）11个，分别为办公室、教务科、科研科、总务科、培训部、党建与统战理论教研部、经济学教研部、政法教研部、文化与社会教研部、市情研究中心和信息网络中心。根据市编委文件，核定党校编制数62个。2018年，实有在职在编教职工58人。专兼职教师29人，其中专职教师17人。专兼职教师中有教授6人，副教授11人，其他副高职务3人，讲师5人，其他中级职务3人，助教1人。

【干部培训】　2018年，中共东莞市委党校针对不同级别、不同岗位和不同类型的党员干部，开设市管领导干部进修班、中青年干部培训班、公务员任职班和粤港澳大湾区建设专题研讨班等各类培训班。重点开办4期市管干部学习习近平新时代中国特色社会主义思想专题研讨班、11期习近平总书记视察广东重要讲话精神专题研讨班。全年完成班次176期，培训1.86万人次。其中，计划内班次144期1.45万人次，包括：培训市直处级领导干部2223人次，镇街领导干部1152人次，科级干部6980人次，一般干部4178人次。

【党校教学改革】　2018年，中共东莞市委党校坚持问题导向、结果导向，把深化教学改革作为提升办学质量的重要抓手，突出重点难点问题，开拓思路，创新举措，提高教学针对性有效性。坚持主业主课，推动习近平新时代中国特色社会主义思想和党的十九大精神进课堂、进教材、进头脑。推动领导干部和专家学者来校授课，邀请市委书记梁维东、市长肖亚非等市领导、镇街部门领导，省委党校常务副校长杨汉卿等上级党校领导，以

2018年9月3日，中共东莞市委党校建校60周年纪念大会暨2018年“一校两院”秋季开学典礼举行

（市委党校供图）

及中国人民大学教授王向明等专家来校授课。加强教学专题创新，新设《全面推进党的建设新的伟大工程》《供给侧改革与东莞实践》等专题课41门。制定《核心课程体系建设实施方案》，确定核心课程111门，形成完整的课程体系基本框架。推动现代教学方法运用，开展现场教学、案例教学、结构化研讨、模拟实训等互动式教学38场，受到学员好评。加强教学质量管理，举行精品课讲坛3场，举办公开课4场，完善集体备课、新课试讲和“一课一评”，规范“三个带来”，加强教学督导，学员在校学习管理，教学水平有新的提升。

【党校科研资政】　2018年，中共东莞市委党校开展理论创新和资政研究。全年取得科研成果212项，其中专著2部、课题78项、科研文章98篇，在核心期刊发表文章9篇。开展“大学习深调研真落实”活动，校领导围绕党校改革发展重点问题，分别牵头开展课题研究5项，为党校事业发展提供有力指引。科研资政取得新进展，《粤港青年创新小镇（创业区）》《东莞市实施建筑业“倍增计划”的对策建议》《落实总书记粤港澳大湾区讲话精神、推动建设粤港青年创业区的建议》等3项研究成果获得国家部委、省委部门和市委、市政府领导的肯定性批示。开展学术交流，举办“深入学习习近平总书记在纪念马克思诞辰200周年大会上的重要讲话精神座谈会”和“风云激荡四十年：东莞改革开放的发展历程与启示”专题文化沙龙，组织开展“庆祝改革开放40周年”等校内征文活动，选派教师参加各类校外学术活动，学术氛围日益浓厚。结集出版《探路——东莞全面深化改革系列问题研究（四）》和《莞邑论坛》4期，编印《2017年度论文集》。办好东莞社会建设研究院，开展课题研究9项，推动研究成果转化应用；举办东莞市各镇街（园区）网格管理中心主任专题培训班；出版第六辑《社会建设研究》，其中刊登具有东莞特色元素的文章6篇，进一步宣传推广东莞经济社会建设重点亮点工程。

【党校理论宣讲】　2018年，中共东莞市委党校发挥理论武装优势，面向基层广大党员干部群众积极宣传党的路线、方针、政策和省委、市委重大决策部署。选派教师参加市委宣讲团，开展“习近平新时代中国特色社会主义思想”“习近平总书记视察广东重要讲话精神”等主题宣讲；根据基层需要，开展送理论下基层活动；全年开展各类宣讲活动170余场次。发挥主流舆论引领作用，安排教师撰写理论文章、接受媒体采访。廉政教育基地全年接待205批次约5400人次前来参观学习，引导党员干部强化党性修养和纪律意识。

【镇街党校建设】　2018年8月，中共东莞市委党校与东莞市委组织部出台《关于进一步加强镇街党校建设的实施方案》，推动全市镇街党校建设。截至年底，32个镇街全部重新揭（挂）牌运作，实现镇街党校全覆盖。协助市委组织部推动镇街党校建设发展，市委党校组织力量到镇街开展调查研究，为指导和帮助镇街党校业务工作打好基础。

【党校建校60周年纪念活动】
2018年是中共东莞市委党校建校60周年华诞，为回顾60年来的发展历程，谋划新时代发展新篇章，市委党校举办系列纪念活动。召开建校60周年纪念大会，市委书记梁维东出席大会并作讲话，对党校提出新要求新期望，期望党校坚持以习近平新时代中国特色社会主义思想为指导，坚持党校姓党，不断提高办学水平，努力开创新时代东莞党校事业发展新局面。组织召开“纪念建校60周年暨教师节座谈会”，启用新校史馆，在《东莞日报》作专版宣传，推出专题宣传片和校刊专集，展示建校60年的光辉历程。　（麦添媚）

附：2018年中共东莞市委党校主要领导名录

校　长：郑　琳

老干部工作

【老干部工作概况】　2018年，东莞市有离休干部（市直单位、镇属、转制企业、未转制企业）245人，其中中央省属离休干部25人、易地离休干部12人、市属离休干部61人、镇属离休干部33人、市委老干部局直接管理的转制企业和差额拨款事业单位离休干部114人。直接管理的转制企业副处以上退休干部79名。全市1949年前参加工作老工人23人，享受东莞市离休干部办事员级生活和医疗待遇。

【老干部政治待遇落实】　2018年2月6日，东莞市委副书记、市长梁维东，市委副书记张科，市人大常委会常务副主任潘新潮，市委常委郑琳，市政协副主席邓流文等市领导在新春佳节来临之际参加2018年东莞市老干部新春茶话会，与老干部座谈，通报东莞市经济社会发展情况。坚持落实老干部的政治待遇，组织副厅级以上老领导参加全市重大会议7次、举办学习贯彻习近平总书记重要讲话精神和全国“两会”精神调研读书班。搭建学习平台、拓宽学习渠道，为镇街、社区开展“送学上门”活动3次。推进离退休干部党组织建设。2018年1月，中共东莞市委离退休干部工作委员会成立，协助市委组织部负责全市离退休干部党组织和党员队伍建设的具体指导。举办中共东莞市委离退休干部工作委员会成立仪式暨2018年离退休干部党支部书记培训班和东莞市离退休干部党支部书记学习班，约300名党支部书记参加培训；进行2次数据摸底，召开10场离退休干部党支部建设调研座谈会，和64名支部书记进行座谈交流，推进全市离退休干部党支部的思想政治建设和组

2018年11月8日，东莞市老年大学落成并举行揭牌仪式

（市委老干部局供图）

织力建设。

【老干部生活待遇】 2018年，东莞市做好对1949年初参加革命工作的部分退休干部照顾。全年为51名照顾对象发放生活补助381.54万元；为87名照顾对象发放医疗补助27万元；为4名照顾对象发放护理补助3.7万元。推动全市离休干部医疗费管理制度改革，从解决“就医难”入手，为离退休干部开通就诊绿色通道、医疗费挂账服务、义诊服务和送医上门服务，牵头做好离休干部、1949年前参加革命工作的退休老工人2019年医疗费直接在社保系统实报实销的资料整理、社保卡发放、政策解释等工作。引入专业社工服务和志愿者服务，联合社工机构、大学生志愿者开展“外孙计划”“家爱行动”等专题活动，为独居、空巢和行动不便的离退休干部提供结对入户探访关怀服务。

【增添正能量活动开展】 2018年，东莞市引导和组织老同志开展为党和人民的事业增添正能量活动。以“学”为领，拓展影响。创新学习方式，在老干部局微信公众号开设“学思想”“学党章”“学宪法”模块，丰富学习内容、提供学习便利。以“看”为导，增强信心。每季度开展“我看改革开放新成就”专题调研活动，组织市直单位和中央、省属驻莞单位离退休党支部书记、局机关党委离退休干部党支部等老同志800余人次，体会东莞镇街、美丽乡村、转型发展在改革开放中的新变化、新成就、新发展。以“展”为媒，大力弘扬。每季度组织“送文化 下基层”活动，在塘厦、厚街、松山湖联合举办文艺演出。联合企石镇举办“翰墨增添正能量 齐心共筑中国梦”主题书画展暨“习近平用典”书法现场创作活动，举办“翰墨凝聚正能量 齐心共筑中国梦”——东莞市离退休干部网上书画展。以“谈”为径，树立模范。围绕百岁离休干部祝寿、记录离退休干部日常学习生活等内容，制作“三学三谈三为一展”主题活动之“忠诚不改 永不褪色”纪实片；组织谈初心使命、谈改革开放、谈人生价值”交流会，收到学习心得和建言献策100余份；学习贯彻习近平总书记视察广东重要讲话精神，收到情况汇报60多份。

【学习活动阵地建设】 2018年11月，东莞市老年大学落成，用地面积1.56万平方米，总建筑面积3.26万平方米，总投资1.31亿元。设有课室34间，活动室12间，并配备会议室、400个停车位及可容纳500人的礼堂。2018年，市老干部大学两个校区开设课程82门，教学班203个，在校学员6432人次，深受全市老干部（老年人）欢迎。东莞市老干部活动中心设立各类活动团体15个，日常参加活动老干部约1300人。2018年，组织老干部参加全国、省市文化体育比赛、送文艺下基层、联谊等活动280余场，获奖60余次，其中全国性奖项13个。

【关工委工作】 2018年，东莞市有关工委组织1972个，其中镇（街）关工委32个、社区（村）关工委589个、居民小组454个、市属部门关工委101个、市普教系统关工委605个、高校4个、市公安系统34个、医院关工委11个、企业关工委142个。6月，联合举办“大手牵小手·开启新征程”书画作品展开幕式，市委书记、市人大常委会主任梁维东，市委常委、统战部部长骆招群，市关工委名誉主任郑锦滔、李汉松，市关工委主任刘树基等出席活动，为青少年成长成才提供广阔平台。11月，市委副书记、市长肖亚非到市关工委看望老同志并召开座谈会，要求推动关心下一代事业发展，营造全社会关心爱护青少年健康成长的氛围。

（刘豫鑫）

附：2018年中共东莞市委老干部局主要领导名录

局　长：王建周（任至9月）
　　　　陈荣武（9月到任）

东莞市人民代表大会

DONGGUAN PEOPLE'S CONGRESS

松山湖高新区 （陈建成 摄）

编辑：陈国雄

人大工作综述

【人大工作概况】 2018年，东莞市十六届人大常委会坚持党的领导、人民当家作主、依法治国有机统一，依法履职、锐意进取、积极探索，完成市第十六届人民代表大会第三次会议确定的各项目标任务。立法工作实现重大突破，颁布地方法规3部，为上级人大提供立法意见54件；听取和审议专项工作报告7项，审查批准专项工作报告8项，开展执法检查7项、专项视察5项；讨论决定重大事项4个；任免本级国家机关工作人员233人次；开展专题调研55项，配合上级人大调研23项。全年市委主要领导对人大工作批示13次，市政府主要领导批转人大文件7次。形成党的领导和党的建设全面加强、工作作风持续向好、工作质效不断提升、机关活力明显增强的新局面。

【人大常委会政治建设】 2018年，东莞市人大常委会把政治建设摆在首位，深入学习贯彻党的十九大精神、习近平总书记在十三届全国人大一次会议广东代表团审议时的重要讲话精神、习近平总书记视察广东重要讲话精神，把学习贯彻习近平新时代中国特色社会主义思想作为党组会议的第一议题，全年召开常委会党组会议40次，完成学习议题36个。开展常委会党组理论中心组学习11次。深入推进“两学一做”学习教育常态化制度化，肃清李嘉、万庆良恶劣影响，落实中央和省委巡视整改任务，促进机关全体党员干部树牢“四个意识”，坚定“四个自信”，做到“两个维护”。严格执行重大事项向市委请示报告制度，常委会党组全年向市委书面请示报告26次。落实市委加强党的建设系列文件，制定实施市人大实施方案和任务清单。落实党组意识形态工作责任制，做到守土尽责。

【人大机关生机活力激发】 2018年，东莞市人大常委会积极创建模范机关，加强执行力建设，建立“比学赶超”机制，组建市镇人大微信矩阵，即时发布工作信息，实行“时时比”；组建“东莞市&镇街人大”、“市人大代表”、“镇人大代表”微信工作群，促进“天天学”；落实市人大机关共性工作月度统计通报机制，推动“月月赶”；年中和年底分别召开市人大机关工作总结会，力争“年年超”。机关党委工委第四支部创建为党支部标准化建设优秀示范点和党员先锋岗示范岗；“人大党园”获评市直机关党员讲学课堂优秀学习品牌；机关党委《学习新条例展示新作为》主题党日，被评为市直机关优秀案例。老干部工作、信访、工会、妇女、机关信息化建设、市内外对口帮扶等工作有效推进。

【镇街人大建设】 2018年，东莞市人大常委会落实省人大“推进县乡人大工作年”部署，推进镇街人大工作规范化建设，基本达到“八有八好”标准。大朗镇率先创建省级乡镇人大工作示范点，受到省人大常委会高度评价；虎门等8个镇街创建为市级镇街人大工作示范点；其他24个镇街人大规范化建设全部通过市人大常委会的检查验收。市人大常委会机关获评广东省推进县乡人大工作和建设贡献奖，茶山、大朗、虎门镇人大主席团获评广东省县乡人大工作和建设先进集体，东城街道、高埗镇人大获评广东省县乡人大工作创新案例。

【人民代表大会制度创新探索】 2018年，东莞市人大常委会坚持和完善人民代表大会制度，按照“总结、继承、完善、提高”的原则，开展多项探索性工作，具体表现为“15个首次”：首次将国有资产管理纳入市人大监督，首次开展市人大对市属园区、街道预算审查监督试点，首次成立教科工委咨询专家委员会，首次实现代表联系方式等身份信息公开全覆盖，首次实现代表履职登记全覆盖，首次推进代表向选民述职试点，首次组建市人大代表专业小组并开展活动，首次集中选编代表为民办实事优秀案例,首次建立市人大机关共性工作月度统计通报机制，首次建立市镇人大微信矩阵，首次举行“一要点三计划”新闻发布会，首次举行立法成果新闻发布会，首次开展法规及规范性文件专项集中清理工作，首次听取和审议备案审查工作报告，首次邀请华侨列席市人代会。

【人大工作影响力扩大】 2018年，东莞市人大常委会加强人大制度和人大工作宣传，联合各级媒体讲好东莞人大故事，全年国家级媒体刊发7篇次，省级媒体刊发228篇次，市级媒体刊发930篇次，东莞人大微信矩阵发布信息1141条，阅读量超过21万人次，传播权力机关的声音，展现代表机关的风采。常委会办公室获评广东省人大新闻宣传工作先进单位，东莞市有3件作品获第27届广东人大新闻奖。

人大重要会议

【东莞市十六届人大三次会议】 于2018年1月18—20日在市会议大厦举行。会议听取、审议和批准东莞市人民政府工作报告，审查批准东莞市2017年国民经济和社会发展计划执行情况与2018年计划草案的报告及2018年国民经济和社会发展计划、东莞市2017年预算执行情况和2018年预算草案的报告及2018年预算草案，听取、审议和批准东莞市人民代表大会常务委员会工作报告、东莞市中级人民法院工作报告和东莞市人民检察院工作报告。会议选举戚优华为东莞市监察委员会主任。大会表决通过《关于东莞市人民政府工作报告的决议》《关于东莞市2017年国民经济和社会发展计划执行情况与2018年计划的决议》《关于东莞市2017年预算执行情况和2018年预算的决议》《关于作报告的决议》等6项决议。

【东莞市十六届人大四次会议】 于2018年3月29—30日东莞市十六届人大四次会议在市会议大厦举行。会议选举梁维东为市人大常委会主任，肖亚非为市人民政府市长。

人大依法履职

【立法工作】 2018年，东莞市人大常委会加强重点领域立法。高效优质完成年度立法工作计划，制定出台《东莞市饮用水源水质保护条例》《东莞市出租屋治安与消防安全管理条例》《东莞市生态文明建设促进与保障条例》，为东莞市保障饮用水安全、保障出租屋治安与消防安全、促进经济与生态协调发展提供坚实法治保障。

完善立法工作机制 制定实施《东莞市人大常委会基层立法联系点工作制度》，在32个镇街设立基层立法联系点。成立东莞市地方立法研究评估和咨询服务中心，拓宽社会参与立法渠道。

做好备案审查工作 落实规范性文件电子平台报备制度，实现备案审查工作信息化。成立市人大代表规范性文件备案审查专业小组，提高备案审查工作质量。备案审查市政府规章和规范性文件26件，协助审查市委规范性文件63件。完成法规及规范性文件专项集中清理工作。

【人大监督工作】 2018年，东莞市人大常委会拓宽财经监督渠道。听取和审议决算草案报告、预算执行情况报告、预算调整报告、审计工作报告、审计整改情况报告。协助制定《中共东莞市委关于建立市政府向市人大常委会报告国有资产管理情况制度的意见》，听取和审议市属金融企业国有资产管理情况报告，审议国有资产管理情况综合报告。推进市属园区、街道预算审查监督试点，为全面铺开奠定坚实基础。完成人大预算联网监督系统（二期）升级。出台《东莞市人大常委会专项提前介入预算编制监督暂行办法》。开展防范金融风险专题调研。视察东莞市商标品牌战略实施情况。

助力污染防治攻坚战　听取和审议东莞市年度环境状况和环境保护目标完成情况报告。聚焦环保督察“回头看”指出的问题，突出黑臭水体治理和国考省考断面水质达标等重点，实施精准监督。连续第二年督办《加快推进水污染治理持续改善东莞市水生态环境的议案》，推动治污体制机制进一步健全，截污管网建设成效显著。开展《大气污染防治法》执法检查，积极参与蓝天保卫战。

开展司法监督　连续两年持续监督东莞市法院“基本解决执行难”工作，助力该项工作进入全省前列。开展东莞市法院“案多人少”问题调研，得到市委充分肯定。听取和审议开展民事行政公益诉讼工作情况报告，增强公益保护效果。开展《律师法》《禁毒法》《广东省禁毒条例》执法检查，完成“七五”普法中期检查，保证法律法规正确有效实施。

发力乡村振兴战略　开展精准扶贫精准脱贫专题调研。听取和审议东莞市农村（社区）集体资产管理工作专项报告，开展农村集体经济可持续发展、提高农用地效能促进生态都市农业发展等专题调研，多途径推动乡村振兴战略实施。

促进保障和改善民生　视察基层综合性文化服务中心全覆盖建设情况，所提意见得到市委市政府重视。开展《义务教育法》执法检查，督办缓解公办中小学学位紧张的建议，推动更多随迁子女入读公办学校或享受公办学位补贴，新设公办学校建设速度加快。听取和审议区域中心医院建设情况报告，推动医院加快建设进度。第三次监督《农产品质量安全法》落实情况，保障市民“舌尖上的安全”。开展交通治堵视察，为合力补齐公共服务短板、加强城市精细化管理出谋划策。视察森林公园品质提升工作，助力城市品质三年提升计划。听取和审议东莞市老年人权益保障工作报告，开展妇女儿童工作调研，维护弱势群体合法权益。

【重大事项讨论决定】　2018年，东莞市人大常委会重新修订《东莞市人民代表大会常务委员会讨论决定重大事项规定》。落实市委举全市之力参与粤港澳大湾区建设的部署，审议通过《东莞滨海湾新区发展总体规划》。审议通过《东莞市工业保护线专项规划》，保障工业用地供给，助力产业立市、工业强市。听取和审议“十三五”规划纲要实施中期评估及部分指标调整报告。作出确定基层人民法院人民陪审员名额的决定。

【人事任免工作】　2018年，东莞市人大常委会坚持党管干部与人大依法任免相结合，行使人事任免权。坚持常委会预备会议制度，就重要人事任免等事项作充分说明、及时沟通，保障常委会组成人员的知情权、参与权、表达权、监督权，保证组织意图得到贯彻落实。

依法开展代表资格审查和届中补选，全年对13名代表进行资格审查。接受4人辞去代表职务的请求，确认4名代表资格终止，决定补选5名代表，许可对3名代表采取强制措施。

人大代表工作

【人大代表活动】　2018年，东莞市人大常委会丰富代表活动内容。开展“更好发挥人大代表作用”主题活动，组织全国、省、市、镇四级代表2400余人，集中开展大接访、大调研、大视察、大联动。组建12个代表专业小组，开展活动39次。以代表工作室（联络点）为平台，开展代表学习、座谈、接访、联系选民等活动1599次。全市代表工作室（联络点）增至334个，全年有2818人次代表入室进村收集意见2547件，办结率68.5%。邀请代表63人次列席人大常委会会议11次，邀请各级代表300人次参加全国“两会”宣讲、建言座谈会等活动。举办市人大代表培训班，组织全体市人大代表参加宪法宣讲专题报告会，组织全国、省、市三级代表集中视察东莞市园区统筹组团发展工作进展情况，组织省代表专题调研散裂中子源、珠三角各市参与粤港澳大湾区建设情况等。

【代表建议办理】　2018年，东莞市人大常委会及时交办市十六届人大三次会议收集的176件建议，常委会领导牵头督办其中10件重点建议。加强与各承办单位沟通联系，持续跟踪办理进度，所有代表建议均在法定期限内办理完毕并答复代表。代表评价满意152件，基本满意24件，实现满意率100%。重新修订“约请代表日”活动制度，常委会领导全年约请代表67人，收集、交办代表建议72件，做到件件有回音。

【人大代表工作创新】　2018年，东莞市人大常委会率先全面铺开人大代表联络方式等信息公开工作，市镇两级代表身份信息公开实现全覆盖；全面开展市人大代表履职登记工作，实现市镇人大代表履职档案“一人一档”全覆盖；选编代表为民办实事优秀案例，激发代表履职热情。以上3个做法均得到省人大常委会主任李玉妹的肯定和推广。以大朗镇、塘厦镇作为试点，黄江镇、道滘镇、清溪镇、寮步镇等镇积极行动，探索开展代表述职工作，拓宽代表接受选民和群众监督渠道，代表主体作用进一步发挥。

附：2018年东莞市人大常委会及其机关领导名录

市人大常委会主任：
吕业升（任至3月）
梁维东（3月到任）
市人大常委会常务副主任：潘新潮
市人大常委会副主任：周楚良
李满堂　陈锡江　何跃沛
黄耀成
市人大常委会党组成员：黄庆辉
市人大常委会秘书长：朱斌华
市人大常委会副秘书长：梁少虾
周玉佳　吴　强

附：2018年东莞市人大常委会各工作委员会主任名录

法制工作委员会主任：陈俊荣
财政经济工作委员会主任：
叶绍波
城建环资与资源保护工作委员会
主任：何伟光
农村农业工作委员会主任：
李雄华
教科文卫华侨外事工作委员会
主任：成洪生
选举联络人事任免工作委员会
主任：孙爱平
内务司法工作委员会主任：伍志鸿

2018年东莞市人大常委会机构设置示意图

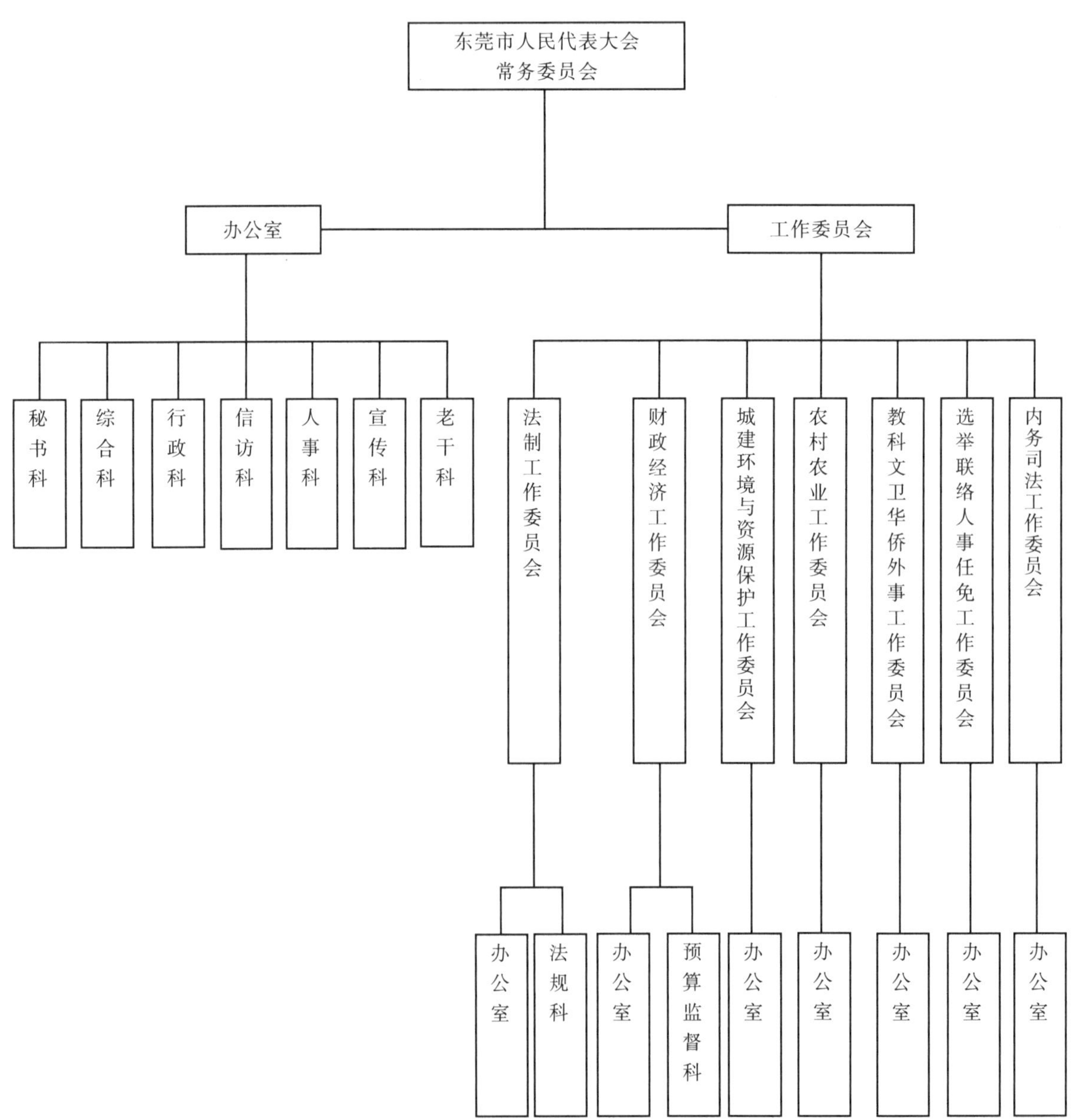

2018年东莞市人大常委会重点督办的市第十六届人大三次会议代表建议情况表

案号	建议题目	领衔提出人	提出代表团	牵头督办领导	跟进部门	协办部门
20180021	关于加快同沙水库水污染治理工程进度的建议	陈　剑	第3代表团（东城）	潘新潮	综合科	环资工委
20180093	关于加强我市金融监管、防范金融风险的建议	卫三芳	第1代表团（莞城）	周楚良	财经工委	
20180059	关于加快推进沙田镇、虎门镇与滨海片区区域道路建设的建议	贾贵斌	第15代表团（沙田）	李满堂	内司工委	环资工委
20180073	关于推动我市次发达村经济发展的建议	苏庆中	第29代表团（东坑）	陈锡江	农村工委	
20180118	关于缓解我市公办中小学学位紧张现状的建议	徐容芳	第10代表团（石碣）	何跃沛	教科工委	
20180129	关于协调解决工业垃圾处置的建议	王志明	第16代表团（长安）	黄耀成	环资工委	
20180152	关于加强我市工业垃圾处置的议案（议案转建议）	叶沃昌	第7代表团（中堂）			
20180163	关于加强工业垃圾处理的议案（议案转建议）	刘学聪	第31代表团（石排）			
20180172	关于工业垃圾处理的议案（议案转建议）	吴润玲	第8代表团（望牛墩）			
20180162	关于加快规划建设石排镇轨道交通的议案（议案转建议）	刘学聪	第31代表团（石排）	朱斌华	秘书科	环资工委

2018年东莞市人大常委会主要工作情况表

序号	主要工作	时间
	一、常委会听取和审议专项工作报告	
1	市人民政府《关于东莞市2017年度环境状况和环境保护目标完成情况的报告》	3月
2	市人民检察院《关于民事行政公益诉讼工作的报告》	5月
3	市人民政府《关于东莞市农村（社区）集体资产管理情况的工作报告》	7月
4	市中级人民法院《关于东莞市法院落实基本解决执行难工作的情况报告》	7月
5	市人民政府《关于东莞市老年人权益保障工作的报告》	8月
6	市人民政府《关于东莞市2017年决算草案和2018年上半年预算执行情况的报告》	8月
7	市人民政府《关于东莞市2017年度市级预算执行和其他财政收支情况的审计工作报告》	8月
8	市人民政府《关于东莞市区域中心医院建设情况报告》	10月
9	市人民政府《关于东莞市友好城市有关工作的情况报告》	10月
10	市人民政府《关于办理市十六届人大三次会议代表提出的建议、批评和意见的情况报告》	10月
11	市人民政府《关于东莞市“十二五”规划纲要实施中期评估及部分指标调整草案的报告》	12月
12	市人民政府《关于东莞市2017年市属金融企业国有资产管理情况的报告》	12月
13	市人民政府《关于2018年市级财政预算调整方案的报告》	12月
14	市人民政府《关于2017年度市级预算执行和其他财政收支审计查出问题整改情况的报告》	12月
15	市人民政府《关于〈加快推进水污染治理　持续改善东莞市水生态环境的议案〉办理情况的报告》	12月
	二、常委会讨论、决定重大事项	

续表

序号	主要工作	时间
16	审议市人民政府《东莞市工业保护线专项规划》	8月
17	审议市人民政府《东莞滨海湾新区发展总体规划》	9月
18	审议市人大常委会主任会议《关于提请市人大常委会确定基层人民法院人民陪审员名额》的议案	10月
	三、常委会立法审议	
19	审议《东莞市出租屋治安与消防安全管理条例（草案修改稿）》	5月
20	审议《东莞市生态文明建设促进与保障条例（草案修改二稿）》	5月
21	审议《东莞市生态文明建设促进与保障条例（草案修改三稿）》（四审）	7月
22	审议《东莞市出租屋治安与消防安全管理条例（草案修改二稿）》（三审）	7月
	四、执法检查	
23	检查《中华人民共和国义务教育法》实施情况	6月
24	检查《中华人民共和国律师法》实施情况	9月
25	检查《中华人民共和国大气污染防治法》的实施情况	10月
	五、专项视察	
26	开展基层综合性文化服务中心全覆盖建设情况专项视察	9月
27	开展东莞市实施商标品牌战略工作专项视察	11月
28	开展森林公园品质提升工作专项视察	11月
29	开展东莞市园区统筹组团发展工作进展情况专项视察	12月
	六、专题调研	
30	围绕防范金融风险专题开展调研	7月
31	围绕东莞市精准扶贫情况开展调研	8月
32	围绕推动东莞市农村集体经济可持续发展开展调研	9月
33	围绕推动东莞市都市农业发展开展调研	10月
	七、跟踪监督	
34	跟踪监督东莞市法院“基本解决执行难”问题	全年
35	跟踪监督《加快推进水污染治理　持续改善东莞市水生态环境的议案》及中央环保督察反馈意见整改落实情况	全年
36	跟踪监督《中华人民共和国农产品质量安全法》执法检查落实情况	全年

东莞市人大建议十六届三次会议建议办理情况表

案号	建议标题	建议人	主办单位	办理情况	沟通情况	代表满意度
20180001	关于加强城市建设规划中预留社区卫生服务机构用房管理的建议	汤松涛	市规划局	B	电话	基本满意
20180002	关于落实倍增计划原地倍增用地的规划技术指标调控及审批程序的建议	梁杰文	市规划局	B	电话	满意
20180003	大力发展镇村两级连片产业园，共建产业发展有效载体	梁杰文	国土局	B	电话	满意
20180004	关于新洲岛尾历史遗存垃圾全部清运离岛并无害化处理的建议	马广云	市城管局	B	电话	满意
20180005	关于解决东莞西站周边交通拥堵问题的建议	黄启光	市规划局	B	电话	满意
20180006	关于修复钱公洲岛生态环境的建议	刘学东	洪梅镇	B	电话	满意
20180007	关于建设虎门港立沙岛化工园区危化品运输车辆专用停车场的建议	郭　旺	沙田镇	C	电话	满意

续表

案号	建议标题	建议人	主办单位	办理情况	沟通情况	代表满意度
20180008	关于加快推进望沙路升级改造的建议	张志江	交通局	B	电话	满意
20180009	关于支持银瓶创新区工业大道东截污主干管网选址改迁的建议	胡毅峰	环保局	B	电话，信函	满意
20180010	关于建立跨市协作机制，大力整治泥头车违法行为的建议	胡毅峰	交通局	B	电话	满意
20180011	关于进一步规范我市工业垃圾处理工作的建议	胡毅峰	环保局	B	电话，信函	满意
20180012	关于推动美丽东莞建设的建议	陈焕明	市规划局	B	电话	满意
20180013	关于进一步加快中子科学城建设的建议	陈焕明	松山湖管委会	B	电话，信函	满意
20180014	关于推动我市教育优先发展的建议	陈焕明	教育局	B	电话，座谈	满意
20180015	关于加大执法力度　营造良好交通秩序的建议	刘妙云	交警支队	A	电话	满意
20180016	关于加大对偷倒余泥渣土违法行为打击力度强化耕地和生态保护的建议	黎　红	市城管局	B	电话，电话	满意
20180017	关于规范我市共享自行车管理的建议	黎　红	交通局	B	电话	满意
20180018	关于推进我市医疗健康信息平台和电子病历资源共享的建议	曾艺东	卫生和计生局	B	电话	满意
20180019	关于市财政适当补助社区管理经费的建议	祁树基	财政局	A	电话	满意
20180020	关于进一步化解民事“执行难”的建议	廖　京	中级人民法院	B	电话	基本满意
20180021	关于加快同沙水库水污染治理工程进度的建议	陈　剑	环保局	B	电话，信函	满意
20180022	关于加强东莞市输配电线路保护的建议	袁桂彬	东莞供电局	B	电话	满意
20180023	关于加强市政设施建设管理的建议	何惠娴	市城管局	B	电话	满意
20180024	关于加快启动中心区新城大道跨环城路立交工程的建议	谭全河	市规划局	B	电话	满意
20180025	关于积极落实我市城镇养老服务设施的建议	张燕妹	民政局	B	电话	基本满意
20180026	关于提高事业单位专业技术人员待遇的建议	张燕妹	人力资源局	B	信函	满意
20180027	关于多措并举、畅通就医“最后一公里”的建议	叶毅桦	卫生和计生局	B	电话	满意
20180028	关于扩宽万江金泰桥的建议	杜应春	市规划局	B	电话	满意
20180029	关于建立《东莞市普通高中学生综合素质评价信息管理系统》的建议	胡毅超	教育局	B	座谈	满意
20180030	关于帮扶农村集体经济发展的建议	尹志强	农业局	B	电话	满意
20180031	关于大修环城路谷涌立交至东莞大道立交段的建议	庾敬钦	市城管局	B	电话	满意
20180032	关于提高东莞市残疾学生中考体育免考成绩计分比例的建议	陈锦辉	教育局	C	电话，座谈	满意
20180033	关于简化供电、供水业务手续的建议	黄柱林	水务局	A	电话	满意
20180033	关于简化供电、供水业务手续的建议	黄柱林	东莞供电局	A	电话	满意
20180034	关于对高龄孕妇实行免费无创染色体非整倍体疾病产前筛查的建议	杨红星	卫生和计生局	A	电话	满意
20180035	关于缓解鸿福西路交通微循环压力的建议	李　娌	市规划局	B	电话	满意
20180036	关于改善坝新路简沙洲路段交通混乱状况的建议	庾伟洪	万江街道	B	电话	满意

续表

案号	建议标题	建议人	主办单位	办理情况	沟通情况	代表满意度
20180037	关于法院不能随意裁定终结本次执行程序的建议	董　康	中级人民法院	B	电话	满意
20180038	新时代全面推进科学市场监管体系建设的建议	陈锡稳	工商局	A	电话	满意
20180039	关于大力提高管道燃气普及率的建议	邱　刚	市城管局	B	座谈	满意
20180040	关于如何打造南城石鼓片区省级创新节点的建议	李永凯	南城街道	B	电话	满意
20180041	关于强化我市科技创新驱动，实现新旧动能的转换和转型升级的突破的建议	杨瑞芳	科技局	A	电话，座谈，视察	满意
20180042	关于提高独生子女家庭福利待遇的建议	张月华	卫生和计生局	B	电话	满意
20180043	关于向医院提供成人剂型破伤风疫苗的建议	梁婉红	卫生和计生局	A	电话	满意
20180044	关于拓宽新兴青年群体社会参与渠道的建议	谭少梅	团市委	B	电话	满意
20180045	关于加强运河边三街道交界处城市管理的建议	姜　旻	市城管局	B	电话	满意
20180046	关于进一步加快推进河长制工作实施的建议	郭陈明	水务局	A	电话	满意
20180047	关于弘扬中医文化传承中医精髓的建议	黄珍宜	卫生和计生局	A	电话	满意
20180048	关于改善我市法院案件执行难的建议	陈毅川	中级人民法院	B	电话	满意
20180049	关于加快中堂镇牛羊定点屠宰项目建设进度的建议	伍月莲	国土局	B	电话	满意
20180050	关于尽快完善我市居家养老服务实施方案的建议	袁家安	民政局	B	电话	基本满意
20180051	关于加大对欠发达镇内河涌综合治理工程扶持力度的建议	陈叶强	环保局	B	电话，信函	满意
20180052	关于处理好镇级公立医院债务问题的建议	姚铸锐	卫生和计生局	A	电话	满意
20180053	关于切实减轻教师非教育教学负担的建议	萧穗玲	教育局	B	电话	满意
20180054	关于提高无缴交过养老保险退休人员养老津贴的建议	温泽旋	社保局	B	电话	基本满意
20180055	关于同步推进截污工作“最后一公里”，提升水污染治理效能的建议	叶有广	环保局	B	电话，信函	满意
20180056	关于加强对泥头车管控，提升城市品质的建议	叶有广	市城管局	B	电话	基本满意
20180057	关于解决东部快速拥堵问题的建议	莫灿梁	市规划局	B	电话	基本满意
20180058	关于启动沙田镇与厚街镇联网路建设的建议	贾贵斌	城建工程管理局	B	电话	满意
20180059	关于加快推进沙田镇、虎门镇与滨海片区区域道路建设的建议	贾贵斌	城建工程管理局	B	座谈调研	满意
20180060	关于建立城乡居民养老保险金额递增机制的建议	郭锦成	社保局	B	电话	满意
20180061	关于支持创业创新，保障改善民生的建议	袁国良	人力资源局	A	电话，信函	满意
20180062	关于解决我市交通拥堵问题的建议	叶锦锐	市规划局	B	电话	满意
20180063	关于加强我市截污次支管网系统质量管理和提升污水治理效益的建议	陈泽深	环保局	B	电话，信函	满意
20180064	关于进一步提升我市城市品质工作的建议	罗定龙	市规划局	B	电话	满意

续表

案号	建议标题	建议人	主办单位	办理情况	沟通情况	代表满意度
20180065	关于进一步提升我市各镇街综合服务中心服务工作效率的建议	梁伟忠	政务服务办	B	电话	满意
20180066	关于优化连马路交通组织的建议	陈福坤	交通局	B	电话、其他	满意
20180067	关于优化TOD发展模式　助推重大优质项目发展的建议	陈福坤	轨道办	B	电话	满意
20180068	关于推进水乡经济区公交发展的建议	蔡月艳	交通局	B	电话	满意
20180069	关于强化农产品质量安全监管的建议	黄兆科	农业局	A	电话	满意
20180070	关于出台城市品质三年提升计划配套政策的建议	杜建军	市规划局	B	电话	满意
20180071	关于将发展文化创意产业作为东莞城市发展战略的建议	周汉标	文化广电新闻出版局	B	电话	满意
20180072	关于加快整合旧厂房的建议	卢桥光	国土局	B	电话	满意
20180073	关于推动我市次发达村经济发展的建议	苏庆中	农业局	B	电话	满意
20180074	关于加大公办学校公用经费拨款的建议	曾素文	教育局	A	电话，座谈	满意
20180075	关于尽快改革完善我市行业协会管理制度建设及进一步简政放权加快转变政府职能的建议——以东莞市公共安全技术防范协会为例	徐　波	民政局	B	电话	满意
20180076	关于把加强一线医疗服务和治安管理能力建设作为城市品质提升工作的重点内容的建议	田　野	卫生和计生局	A	电话	满意
			市委政法委	B	电话	基本满意
20180077	关于进一步支持清溪加快对外交通建设的建议	范燕彬	交通局	B	电话、其他	满意
20180078	关于有关部门加强对企业在职员工职业技能培训的建议	赖庆香	人力资源局	B	电话，信函	满意
20180079	交通出行安全与顺畅的建议	安玉红	交警支队	A	电话	满意
20180080	关于樟木头镇樟洋社区高架桥设立隔音板及桥底安装护栏的意见建议	赖庆香	公路局	B	电话	满意
20180081	关于加强东江水环境污染治理的建议	姚灼轩	环保局	B	电话，信函	满意
20180082	关于加快推进农村旧村改造的建议	黄金福	国土局	B	电话	满意
20180083	关于推行“路长制”，缓解交通拥堵的建议	汤超荣	交警支队	A	电话	满意
20180084	关于我市应继续严格执行禁止摩托车、电动自行车上路行驶规定的建议	刘文念	交警支队	A	电话	基本满意
20180085	关于提供不动产登记便民服务的建议	古志勇	房管局	A	电话	满意
20180086	关于东莞尽快实施“限牌”等措施缓解交通拥堵的建议	洪　茜	交警支队	C	电话	基本满意
20180087	关于大数据时代改进社会发展的建议	周汝彬	政务服务办	B	电话	满意
20180088	关于将可园片区整体改造纳入我市城市品质提升重点项目，打造城市文化新名片的建议	崔　建	市规划局	B	电话，座谈	满意
20180089	关于增设大岭山森林公园配套观光车的建议	陈　军	林业局	C	电话，座谈	基本满意
20180090	关于建设银瓶山森林公园观光缆车的建议	陈　军	林业局	C	电话，座谈	基本满意
20180091	关于建设东莞市华侨博物馆的建议	陈　军	文化广电新闻出版局	B	电话	基本满意
20180092	关于防范石马河-东引运河-寒溪河流域排洪对东江水源污染，保障饮用水安全的建议	陈　军	水务局	A	电话	满意
20180093	关于加强我市金融监管、防范金融风险的建议	卫三芳	金融工作局	A	电话，座谈，信函	满意

续表

案号	建议标题	建议人	主办单位	办理情况	沟通情况	代表满意度
20180094	关于东莞市创建健康城市的建议	温家慧	卫生和计生局	B	电话	满意
20180095	关于加强快递包装材料管理的建议	温家慧	市邮政管理局	B	电话，信函	满意
20180095	关于加强快递包装材料管理的建议	温家慧	环保局	B	电话，信函	基本满意
20180096	关于规范共享单车管理的建议	尹锦培	交通局	B	电话	基本满意
20180097	关于在莞城中心区域设置轨道交通站点的建议	张建均	轨道办	C	电话	基本满意
20180098	关于东莞市建立长期照护保险制度，促进医养结合有效运行的建议	洪　茜	社保局	B	电话	基本满意
20180099	关于理顺社区集体物业证明不齐问题的建议	方活力	房管局	A	电话	满意
20180099	关于理顺社区集体物业证明不齐问题的建议	方活力	国土局	B	电话	基本满意
20180099	关于理顺社区集体物业证明不齐问题的建议	方活力	农业局	B	电话	满意满意
20180100	关于废旧电池回收处理的建议	詹文光	环保局	B	电话，信函	满意
20180101	关于有效改善我市公共停车环境的相关建议	林　飞	市规划局	B	电话	满意
20180102	关于推进“公厕革命”的建议	陈嘉希	市城管局	B	电话	满意
20180103	关于加强市政公园配套设施建设的建议	陈嘉希	市城管局	B	电话	满意
20180104	关于优化轨道沿线站点土地开发的建议	陈伟基	轨道办	B	电话	满意
20180105	关于进一步巩固东莞会展优势的相关建议	方健强	商务局	A	电话，座谈，电话	满意
20180106	关于加强我市镇区居家养老服务的建议	陈添辉	民政局	B	电话	满意
20180107	关于设立关键技术岗位稳岗津贴制度的建议	方植麟	人力资源局	B	电话，信函	满意
20180108	关于解决疫苗缺货的建议	陈笑珍	卫生和计生局	A	电话	满意
20180109	关于扶持智能家居产业发展的建议	方志文	经信局	A	电话，电话	满意
20180110	关于加强对共享单车公共治理的建议	王锦强	交通局	B	电话	满意
20180111	关于开放和共享公立优质教育资源的建议	吕琦玲	教育局	B	电话	满意
20180112	珍爱生命，分秒必争！——建议我市普及心肺复苏术（CPR）等急救技术	吕琦玲	市红十字会	A	电话	满意
20180113	关于在我市进一步推广充电桩建设的建议	吕琦玲	发展和改革局	B	电话	满意
20180114	关于在我市大型公共场所人员密集处安装自动体外除颤仪AED报警箱（或AED）的建议	吕琦玲	市红十字会	A	电话	满意
20180115	公共交通收费引入第三方平台收费建议	吕琦玲	交通局	B	电话	满意
20180116	关于进一步加强对共享单车规范管理的建议	钟伟宏	交通局	B	电话	满意
20180117	关于活化中心城区靓丽北大门的相关建议	黄锦田	石碣镇	B	电话	满意
20180118	关于缓解我市公办中小学学位紧张现状的建议	徐容芳	教育局	A	电话，座谈	满意
20180119	关于社会主义核心价值观教育须从小抓起的建议	梁佛江	教育局	A	电话，座谈	满意
20180120	关于加快我市旅游产业发展的建议	谢柱成	旅游局	B	电话	满意
20180121	关于实施“一镇一策”推进人才公寓建设的建议	汤锡祥	市委组织部	A	电话	满意
20180122	关于多措并举，管好政府“钱袋子”的建议	王嘉怡	财政局	A	电话	满意
20180123	关于大力支持实体经济发展的建议	潘结俭	经信局	A	电话	满意
20180124	关于建设东莞市文化传播产业中心的建议	温祝秀	文化广电新闻出版局	B	电话	满意

续表

案号	建议标题	建议人	主办单位	办理情况	沟通情况	代表满意度
20180125	提请审计监察部门对财政投资审核中心进行监管的建议	龚道松	财政局	A	电话	基本满意
20180126	关于提请修改完善《东莞市财政性资金投资基本建设项目工程价款管理办法》的建议	龚道松	财政局	A	电话	满意
20180127	关于进一步加强基层医疗卫生服务能力建设的建议	谭静晶	卫生和计生局	B	电话	满意
20180128	关于加快建设虎岗高速滨海湾新区支线的建议	郭荣新	交通局	B	电话	基本满意
20180129	关于协调解决工业垃圾处置的建议	王志明	环保局	B	电话	满意
20180130	关于东莞市生活垃圾处理问题的建议	蔡国栋	市城管局	A	电话	满意
20180131	关于加快推进“暖心工程”，留住我市医疗人才的建议	张长河	卫生和计生局	B	电话	满意
20180132	关于推进融合教育，加快普校资源教室建设的建议	王辉敏	教育局	B	电话，座谈	基本满意
20180133	关于增加教师编制的建议	卢艳娴	教育局	B	电话，座谈	满意
20180134	关于进一步规范不动产抵押登记的建议	朱国平	房管局	A	电话	满意
20180135	关于缓解东部快速干线交通拥堵问题的建议	朱国平	市规划局	B	电话	满意
20180136	关于帮扶低保家庭和贫困残疾家庭人员	丁浩权	人力资源局	A	电话	满意
20180137	关于对寒溪河北岸横沥段开展堤路结合整治提升工程的建议	叶婵当	水务局	A	电话	满意
20180138	关于加快出台“三旧”改造相关政策的建议	方灿芬	国土局	B	电话	满意
20180139	关于将莞深高速带纳入广深科技创新走廊示范建设的建议	方灿芬	科技局	A	电话	满意
20180140	关于进一步发挥临深区位优势，提升临深片区承接深圳科技产业转移能力的建议	方灿芬	发展和改革局	B	座谈	满意
20180141	关于石龙镇不动产统一登记工作及历史遗留问题处理的建议	张绍日	国土局	B	电话	基本满意
20180142	关于整治跨境大货车的建议	陈建钦	交通局	B	其它	满意
20180143	关于加强东莞火车站周边噪声整治的议案	周炜茹	发展和改革局	A	电话	满意
20180144	关于莞龙公路石龙南二桥段治堵工程的议案	陈德成	交通局	B	其他	满意
20180145	关于推进水污染治理、改善我市水生态环境的议案	陈焕明	环保局	B	电话，信函	满意
20180146	关于调整我市教育用地生均用地标准的议案	罗文洲	教育局	B	电话，座谈	满意
20180147	关于加快推进东城东部污水处理项目建设的议案	邓　涛	环保局	B	电话，信函	满意
20180148	关于科学调整同沙水库饮用水源保护区划的议案	邵宏武	环保局	B	电话，信函	满意
20180149	关于加快推动中心城区过江通道建设的议案	黄贵洪	市规划局	B	电话	满意
20180150	关于加快轨道一号线汽车总站站点TOD规划的议案	陈榴基	轨道办	C	电话	满意
20180151	关于在市区进行灯光亮化工程的议案	陈桂明	市城管局	A	电话	满意
20180152	关于加强我市工业垃圾处置的议案	叶沃昌	环保局	B	电话，信函	满意
20180153	关于推进麻涌镇与中堂镇交界河涌综合整治的议案	江　琳	环保局	B	电话，信函	满意
20180154	关于解决望牛墩跨界大气污染问题的议案	陈建枝	望牛墩镇	A	电话	基本满意

续表

案号	建议标题	建议人	主办单位	办理情况	沟通情况	代表满意度
20180155	关于设立中国（东莞·智能终端）知识产权保护中心的建议	罗　诗	市编办	C	电话，信函	满意
20180156	关于行车礼让斑马线，保障群众生命安全的议案	朱国和	交警支队	A	电话	满意
20180157	关于修复凤清路旁山体滑坡地质灾害的议案	朱国和	凤岗镇	B	电话	满意
20180158	关于加快规划建设我市东部产业园区至深圳光明新区快速路的议案	刘裕昌	交通局	B	电话	满意
20180159	关于加快完善我市六大片区跨区域公交系统建设的议案	刘裕昌	交通局	B	其它	满意
20180160	关于加快道路升级改造　推动城市品质提升的议案	陈福坤	公路局	B	电话	满意
20180161	关于设置广深铁路樟木头站至莞惠城际樟木头东站轨道连接线的议案	周伟森	轨道办	B	电话	满意
20180162	关于加快规划建设石排镇轨道交通的议案	刘学聪	轨道办	B	座谈	满意
20180163	关于加强工业垃圾处理的议案	刘学聪	环保局		信函、其他	满意
20180164	关于坚定文化自信，做大做强东莞文化产业的议案	袁　斌	文化广电新闻出版局	B	电话	满意
20180165	关于推动东莞市养老服务体系建设的议案	尹锦培	民政局	B	电话	基本满意
20180166	设立专门学校对罪错未成年人进行教育矫治	来向东	市委政法委	B	信函	满意
20180167	关于加快推进水污染治理持续改善我市水生态环境的议案	严继宗	环保局	B	电话，信函	满意
20180168	关于加快推进虎门高铁站白沙南路建设的议案	叶孔新	城建工程管理局	B	电话	满意
20180169	关于全市统一规范共享单车管理的议案	孙景森	交通局	B	电话	满意
20180170	关于推动太平水道东引运河治理电话电话助推美丽东莞建设的建议	邓卫洪	水务局	A	电话	满意
20180171	关于望洪路（广深高速望牛墩出入口—广深沿江高速洪梅出入口段）升级改造的议案	吴润玲	市交投集团	B	电话	满意
20180172	关于工业垃圾处理的议案	吴润玲	环保局	B	电话，信函	满意
20180173	关于做好环城路“治堵”工作的议案	吴润玲	市规划局	B	电话	满意
20180174	关于研究建设滨海湾新区经长安至松山湖快速连接通道的议案	何绍田	市规划局	B	电话	满意
20180175	关于高标准推进茅洲河沿岸建设发展的议案	何绍田	财政局	A	电话	满意
20180176	关于升级振安路的议案	何绍田	公路局	B	电话	满意

说明：

1.表中的“办理情况”是：A、所提问题已经解决或基本解决；B、正在解决或已列入计划解决；C、因条件限制或其他原因目前暂不能解决

2.表中的“沟通情况”分别是见面沟通、座谈研讨、现场视察、上门走访、电话联系、信函、其他

3.表中的“代表满意度”反映三种情况，分别是满意、基本满意、不满意

东莞市人民政府

DONGGUAN MUNICIPAL PEOPLE'S GOVERNMENT

松山湖高新区　（松山湖高新区供图）

编辑：陈国雄

政府重要会议

【市政府常务会议】　2018年，东莞市政府召开市政府常务会议33次，讨论有关事项448项，主要包括：审议《关于推动美丽东莞建设　满足人民日益增长的优美环境需要的若干意见》；审议《关于进一步扶持非公有制经济高质量发展的若干政策》《东莞市创建国家生态文明建设示范市实施方案》《东莞市支持新一代人工智能产业发展的若干政策措施》《东莞市住房建设规划（2017—2020年）》《东莞市住房体系建设实施意见》《东莞市违法用地、违法建设治理工作方案》；审议《东莞市科技创新走廊创新项目库管理办法》《东莞市创建国家食品安全示范城市工作实施方案》；审议《东莞市2018年深化供给侧结构性改革工作要点》《2018年东莞市土壤污染防治工作方案》《2018年东莞市“倍增计划”市级试点企业挂点领导和责任部门工作方案》《第四批清理规范市政府部门行政审批中介服务事项目录》《东莞市“十百千万百万”人才工程行动方案》及部分配套政策；审议《东莞市全民健康信息化建设三年行动计划（2018—2020年）》《东莞市企业投资建设工程项目告知承诺管理办法》《东莞市新型产业用地（M0）管理暂行办法》；审议《东莞滨海湾新区发展总体规划》《关于全域推进农村人居环境整治建设生态宜居美丽乡村的实施方案》《成立东莞市金融稳定发展基金的工作方案》《东莞市工业保护线管理办法》《东莞市社会医疗保险办法》《东莞市推进公共交通纯电动化工作方案》《东莞市市场主体住所（经营场所）登记管理办法》《东莞市企业集群注册登记管理办法》《东莞市海绵城市试点区建设工作方案》；审议《东莞市重大项目管理办法》等3份市重大项目文件；审议《东莞市危险化学品重大危险源安全监督管理办法》

《东莞市降低制造业企业成本 全面推进实体经济高质量倍增发展实施方案》《东莞市促进中小微企业金融服务工作方案》；审议《东莞市城市道路占用、挖掘管理办法》；审议《东莞市2018年河涌水环境综合整治工作实施方案》《东莞市建设项目差别化环保准入实施意见》《东莞市生态环境损害赔偿制度改革实施方案》《中共东莞市委 东莞市人民政府关于贯彻落实〈粤港澳大湾区发展规划纲要〉的实施方案》《东莞市推进粤港澳大湾区建设三年行动计划（2018—2020年）》。

【全市性重要专项会议】 2018年，东莞市召开的全市性重要专项会议，主要包括：全市深化综合医改动员大会；全市交通运输工作会议；全市国省考断面水质保障工作会议；全市安全生产和消防安全工作会议；全市水污染治理工作会议；全市深化创新驱动 推进高质量发展工作会议；大气污染防治工作推进会；全市推进美丽东莞建设工作会议；全市安全生产工作会议；全市蓝天保卫战动员大会；2018年全市食品安全工作会议；全市第一季度经济形势分析会议暨市政府廉政工作会议；全市河涌水环境综合整治部署推进会；深入推进企业高质量倍增发展现场会；全市招商引资工作会议；全市教育扩容提质推进会；全市上半年经济形势分析会议；全市“两违”治理工作动员大会；全市建设工程项目审批制度改革动员会议；全市城市品质三年提升工作现场会；实施百万劳动力素质提升工程 打造“技能人才之都”工作推进会；深化全流程控规调整审批改革会议；全市生态环境保护大会暨污染防治攻坚战现场推进会；全市全域旅游工作会议；全市前三季度经济形势分析会议；2018年东莞市非公经济工作会议；全市打赢脱贫攻坚战暨对口支援工作推进会。

【市政府工作会议】 2018年，东莞市政府召开并形成会议纪要的工作会议462次，研究部署主要事项包括：研究轨道站点周边土地作价出资工作；研究高水平理工科大学建设工作；研究推进中子科学城规划建设工作；研究设立东莞市产业升级发展基金有关问题；研究茅洲河流域综合整治工作；研究东莞西站站前广场及配套设施项目有关问题；研究市重大项目建设服务保障工作；研究全市现代化产业体系规划建设工作；研究市政务服务工作；研究关于土地作价出资、TOD综合开发问题；研究城际轨道征拆工作；研究全市集中供热项目建设推进工作；研究“三旧”改造有关工作；研究赣深客专东莞段征地拆迁工作；研究全市城市建成区黑臭水体整治工作；研究全市煤炭消费减量和自备电厂煤改气工作；研究污水处理厂进水问题；研究加快公交纯电动化及公交充电设施建设工作；研究虎门高铁站TOD综合开发土地收储有关问题；研究全市教育工程项目；研究东莞“数字政府”建设工作；研究南城国际商务区综合管廊建设有关问题；研究推进纯电动公交车充电桩建设工作；研究全市饮用水水源保护区划分工作；研究河长制工作；研究市属重点企业派出监事会薪酬标准工作；研究深化市镇事权划分改革工作；研究推进穗莞、深莞战略合作专题工作；研究节能减排推进工作；研究人口发展与基本公共服务工作。

重要决策

【经济高质量发展推动】 2018年8月，东莞市印发《构建推动经济高质量发展体制机制的行动方案》。11月，印发《进一步扶持非公有制经济高质量发展的若干政策》，发布减轻企业负担、促进企业转型、拓展企业发展空间等共50条160项扶持政策，促进全市营商环境持续改善，推动非公经济实现更大发展。全年为企业减免税收248亿元以上。

抓好产业谋划招引 6月，印发《东莞市招商引资重特大项目奖励办法》及《东莞市招商引资重特大项目认定管理办法》。7月，印发《东莞市重点新兴产业发展规划（2018—2025年）》，确定五大新兴领域和十大重点产业，布局经济发展新增长点。2018年全市新引进亿元以上内资项目172个，协议金额2052亿元；引进千万美元以上外资项目102个，协议金额

2018年11月2日，2018年粤港澳大湾区院士峰会暨第四届广东院士高峰年会开幕。图为省、市领导会见与会院士、专家 （程永强 摄）

36.5亿美元。

抓好项目落地建设　5月，印发《东莞市人民政府关于进一步促进有效投资增长的实施意见》。9月，印发并实施《全市重大项目建设“百日攻坚”大会战行动方案》，成立建设工程总指挥部，开展“百日攻坚”大会战。全年完成重大项目投资631.4亿元，比上年增长22.9%。

推动企业倍增发展　5月，印发《深入推进企业高质量倍增发展　助力构建现代化经济体系工作方案》。调整确定市级试点企业286家，选定协同倍增企业910家，创新推出全流程诊断、“倍增卡”等举措，解决问题700多个，新增用地指标超过38公顷，倍增企业主营业务收入增长16%以上。推动中小微企业做大做强，全市新增“四上”企业3800家、“小升规”企业2784家，增量均为全省第一。

【国家创新型城市建设】　2018年1月，东莞市印发《东莞市建设国家自主创新示范区实施方案（2017—2020年）》，全面促进东莞创新驱动发展。散裂中子源通过国家验收，全面启动中子科学城建设，省政府同意将其上升为省级发展平台，并以中子科学城和深圳光明科学城、港深落马洲河套地区为核心载体创建综合性国家科学中心。与中科院高能所共同谋划建设南方光源，松山湖材料实验室和粤港澳交叉科学中心建设取得扎实进展。

加快创新要素集聚　8月，印发《东莞市高新技术企业树标提质行动计划（2018—2020年）》和《关于实施百万劳动力素质提升工程　打造“技能人才之都”的意见》。2018年全市高企总量超过5790家，居全省地级市第一。新增博士后、博士工作平台30个。入选省创新科研团队6个，获省财政资助金额达1.8亿元，创历史之最。PCT国际专利申请量跃居全省第二。R&D投入占比达2.55%。

推动科技、金融、产业“三融合”　1月，印发《东莞市促进股权投资基金业发展实施暂行办法》。强化财政和国有资本对创新的引领，设立规模100亿元以上的产业投资基金和并购基金，整合成立科技创新金融集团，贴息发放“三融合”贷款68亿元。强化金融对实体经济的支撑，制造业、小微企业贷款分别突破1000亿元、2000亿元，“倍增计划”和高企贷款均突破300亿元。

【改革开放深化】　2018年，东莞市审议《贯彻落实〈粤港澳大湾区发展规划纲要〉的实施方案》《东莞市推进粤港澳大湾区建设三年行动计划（2018—2020年）》。7月，印发《广深科技创新走廊（东莞段）空间规划》，筛选出260个总投资3600多亿元的入库科技项目，实施133个沿线环境品质提升项目，在对接广深港澳创新资源上占得先机，推动建设粤港澳大湾区国际科技创新中心。滨海湾新区建设纳入大湾区国家战略，发展总体规划、城市总体规划通过审议，“二横五纵”骨干路网加快推进，紫光芯云产业城、OPPO智能制造中心等项目稳步推进，成为粤港澳大湾区城市群发展规划的重大发展平台。

抓好重点领域改革　3月，印发《东莞市市属国有企业重组整合总体实施方案》。7月，印发《东莞市2018年深化供给侧结构性改革工作要点》。8月，印发《东莞市企业投资建设工程项目告知承诺制审批管理办法（试行）》。谋划推进一系列重大改革，破解一大批制约发展的历史遗留问题。抵押和转移登记从原来的数月分别缩短到3个和5个工作日办结。深化项目审批制度改革，审批项目从162个压缩到60个，从8月起审批时间减少一半以上。深化商事制度改革，创新事中事后监管方式，实现开办企业便利度连续三年全省地级市第一。9月，出台《东莞市新型产业用地（M0）管理暂行办法》，深化新型产业用地改革，包括工业大厦分割销售、5年税收奖励等工改M0特惠政策，促进新型产业发展。

提升对外开放水平　6月，印发《东莞市高质量利用外资提升开放型经济水平的若干措施》。11月，印发《东莞市关于形成全面开放新格局的行动方案》《关于进一步扩大开放促进外经贸稳定发展的若干措施》。构建全面开放新体制，打造全面开放新高地，形成覆盖全球的经贸合作网络，应对国际贸易形势变化，社会消费品零售总额比上年增长8.1%，进出口总额增长9.5%。培育新模式、新业态，跨境电商进出口额350亿元，比上年增长120%，总量居全国第一位。

提升合作发展水平　4月，东莞韶关两市对口帮扶工作第十次联席会议召开，商讨落实对口帮扶具体事宜。7月，印发《东莞市鼓励优质企业项目落户莞韶产业园暂行办法（修订）》。完成对口帮扶韶关市十大行动计划，多项工作排名全省前列；落实韶关市、揭阳市精准扶贫精准脱贫资金4.68亿元，推动323个贫困村集体经济收入增长51%，预脱贫1.41万户4.03万人。新增16个镇街对口帮扶云南省昭通市6个县区。推进援疆援藏工作，图木舒克市草湖产业园纺织项目高效建设运营，支持当地设立规模8亿元产业发展基金；打造林芝市巴宜区布久乡小康示范镇等精品项目，7个镇街与巴宜区7个乡镇结对。与黑龙江省牡丹江市缔结友好城市，推动20.7亿元的21个产业合作协议落地。

【美丽东莞建设】　2018年1月，东莞市印发《推动美丽东莞建设满足人民日益增长的优美环境需要的若干意见》，加快推动美丽东莞建设实现跃升，构筑人与自然和谐发展的现代化建设格局。

提升城市品质　2月，印发《2018年度水污染防治工作方案》。4月，印发《蓝天保卫战行动方案》。7月，印发《土壤污染防治工作方案》和《东莞市创建国家生态文明建设示范市实施方案》。12月，印发《东莞城市形象提升三年行动计划（2018—2020年）》和《东莞市财政性资金基本建设投资评审管理办法》。全年深入实施城市品质三年提升计划，全面启动总投资1689.9亿元的582个重点项目，完工200个。轨道交通2号线三期、3号线一期工程前期工作进展顺利。环境污染治理进展良好，完成102条污染河涌整治，提升河湖管护水平，7个国省考断面水质总体改善；实现煤炭消费量压减118.8万吨，$PM_{2.5}$年均浓度比上年降低2.7个百分点；完成3个土壤污染修复治理试点示范工程。

推进“两违”治理、城市更新改造 7月，印发《东莞市违法用地、违法建设治理工作方案》。8月，印发《关于深化改革全力推进城市更新提升城市品质的意见》。全年全市拆除（整改）新增违建面积98.9万平方米，治理违建面积1060万平方米，超额完成省下达任务。梳理出总面积0.13万公顷的30个更新单元向外推介。全年投入208亿元，完成“三旧”改造458.67公顷，新增实施改造655.8公顷，力度历年最大，受省奖励用地指标256.27公顷。

提升城市精细化管理水平 8月，印发《东莞市防汛防旱防风应急预案》，明确应急管理指挥及各项职责分工，详细说明各级别应急响应工作要求，确保应急工作及时有效。9月，全市上下众志成城，各级领导干部靠前指挥，抵御40多年来影响最严重的台风“山竹”，最大程度降低灾害损失，迅速恢复生产生活秩序。设立综合交通运输联席会议，完成治理第一批交通拥堵节点12个，新建人行天桥13座，全市交通拥堵状况有所改善。12月，印发《东莞市城市精细化管理暂行办法》，开展城市精细化管理考核，查处城市“六乱”28万宗。整治易涝点15个。

实施乡村振兴战略 2月，印发《东莞市农村（社区）集体资产管理实施办法》。10月，印发《关于进一步强化农村集体资产有效监管的意见》。全年农村集体产权制度改革试点任务完成。农村土地承包经营权确权登记颁证率94%。次发达镇生产总值平均增速快于全市1个百分点。70个次发达村（社区）经营性纯收入比上年增长14.7%。审议通过《关于全域推进农村人居环境整治建设生态宜居美丽乡村的实施方案》，推进63个亮点项目建设，全部村（社区）基本完成“三清理”“三拆除”等环境整治任务。

【民生保障强化】 2018年1月，东莞市印发《东莞市建设区域中心医院行动计划（2018—2022年）》《东莞市深化医药卫生体制综合改革实施意见》。5月，印发《东莞市推进中小学校集团化办学实施方案》《东莞市增加中小学幼儿园学位和优质教育资源供给的实施意见》。8月，印发《东莞市住房建设规划（2017—2020年）》。9月，印发《东莞市社会医疗保险办法》。全面推动医疗卫生、教育、住房等各项民生事业发展。推进“医药分开”改革，实施药品零加成政策，为群众减负6350万元。编制实施新一轮学校建设规划，新增中小学幼儿园53所、学位近7万个，组建教育集团7个，规划建设未来学校3所。实行工伤和失业保险浮动费率管理。全年为特困、低保、困难群众发放救助1.5亿元。

加强公共安全体系建设 5月，印发《东莞市深化“二标四实”工作总体方案》。7月，印发《东莞市推进安全生产监管检查（巡查）全覆盖工作方案》。8月，印发《东莞市创建国家食品安全示范城市工作实施方案》。完成“二标四实”（二标：标准地址库、标准作业图；“四实”：实有人口、实有房屋、实有单位、实有设施）基础信息采集，基本摸清全市实有人口、房屋、单位及设施等情况。开展“扫黑除恶”专项斗争，打掉涉黑社会犯罪组织6个、恶势力犯罪团伙440个。开展整治制毒物品非法流失问题专项行动，获公安部高度肯定。开展建筑施工安全、有限空间作业、道路交通安全等专项治理行动，生产安全事故宗数比上年下降14.8%，未发生重大及以上安全事故。

【高效便民行政服务体系构建】 2018年1月，东莞市印发《东莞市关于加快推进政务服务改革的实施意见》。3月，印发《东莞市政务信息系统整合共享工作实施方案》《东莞市政务部门简化证明材料的实施办法（试行）》和《东莞市行政许可和服务事项证明材料共享目录》。5月，印发《东莞市网上中介服务超市建设工作方案》。推动市民服务中心的改建，整合跨部门办理事项，启动一体化政务服务平台建设，编辑全市统一的办事指南，公布1462个“最多跑一次”事项清单，简化证明材料200项。推进优化市直管镇体制改革，设立松山湖、水乡新城2个统筹政务服务的功能区。将直接面向人民群众、量大面广的事项依法下放至镇街，基层积极性得到进一步发挥。市镇村三级政务服务体系基本形成。

重要政事

【重要政事活动】 2018年，东莞市政府举行的重要政事活动主要有：“人才东莞”创新创业环境推介会；2018海外金融科技创新投资峰会（东莞站）；东莞市2018年大学生征兵工作启动仪式；第十届中国加工贸易产品博览会；东莞市促进莞港澳科技人才交流合作座谈会；2018年赢在东莞全球大数据创新创业大赛；2018莞港产业合作联合推介会；2018年市重大项目建设“百日攻坚”大会战现场会暨首批项目集中开工仪式；第十届中国国际影视动漫版权保护和贸易博览会；2018年广东21世纪海上丝绸之路国际博览会；2018年粤港澳大湾区院士峰会暨第四届广东院士高峰年会；2018年东莞台湾名品博览会；国际医疗健康合作示范区（威远岛）项目签约仪式；第四届广东国际机器人及智能装备博览会；2018世界莞商大会。

【市政府“十件实事”落实】2018年，东莞市政府十件实事涉及43项具体工作中，10项超额完成，33项全面完成。

全面深化医药卫生体制综合改革，提升医疗服务水平 全市41所公立医院、33所社区卫生服务中心和其他医疗卫生机构在深圳药品供应平台采购药品，实现全市公立医院药品收入占业务收入的比例下降至26.2%。全市156所社区卫生服务机构完成升级达标改造。全市公立医院和社区卫生服务中心设立老年人优先就医窗口，50%以上的养老机构能以不同形式为入住老年人提供医疗卫生服务。建成全市预约服务统一平台，41所医院上线，预约270万人次。分级诊疗信息平台在市第三人民医院、市第八人民医院、石龙和松山湖社区卫生服务中心开始运行；升级社区卫生服务信息系统，新增家庭医生签约服务系统，建立居民健康档案1159万份。全市90多个医疗机构参与组建医联体，建成医联体74个，公立医疗机构参与率100%；33所镇街医院与辖区内社区卫生服务中心建立医联体。建成市儿童医院，新增床位600张。茶山医院与广东医科大学合作共建附属医院工程住院楼装修及扩建3间手术室工程项目完工并投入使用。

加大拥堵治理和路网等基础设施建设力度，改善交通出行条件 全市200名交警铁骑人员投入路面，提高路面交通事件处置效率，快速疏导交通。在市区部分路口路段实施微改造微创新，其中体育路—莞太路口借道左转弯改造、博夏桥路段借道左转弯改造、旗峰路潮汐车道及可变车道改造完成。建成疏港大道延长线（洪梅望沙路至南大大桥段）、黄朗路并通车。建成沿江高速立沙岛互通工程。建成南城街道海关大厦、南城汽车站等一批人行天桥。

强力打击各类违法犯罪活动，提高精准化社会综合治理服务水平，提升警务办证效率 截至2018年底，全市刑事犯罪立案总量比上年下降9.1%；抢劫抢夺违法犯罪警情数下降76.8%，立案数下降77.6%。33个镇街（园区）政务服务中心配备公安出入境、户政自助办证“一体机”至少各1台。建成全市统一标准地址库，完成全市7.2万条道路地名的审批和信息采集工作；完成184.1万条门楼牌的编制工作；基本完成二维码门楼牌制作安装工作；采集、入库标准地址873.2万条，实现全市所有道路街巷地名和既有建筑物门楼牌采集率、规范率“两个100%”的目标。

加强水环境污染治理，推进截污次支管网建设和河涌整治 全市新建成1525千米截污次支管网。推进全市重污染河涌整治示范项目，39条重污染河涌基本消除黑臭。完成东引运河下游石鼓水闸至虎门水闸段河道清淤清障应急工程。

提升食品安全保障水平，推进食品安全设施建设 全市新增107家农贸市场开展食用农产品快速检测工作，实现全市农贸市场快检室建设全覆盖。推进全市“明厨亮灶”（餐饮服务提供者向顾客和公众展示后厨）建设工作，持证企事业单位食堂建设“明厨亮灶”4815家，完成率86%；持证中型餐馆建设“明厨亮灶”3779家，完成率86%；全部学校食堂、大型餐馆及其食品安全示范街“明厨亮灶”建设完成率100%。全市33个镇街（园区）建成25家食品小作坊集中加工中心，基本实现食品小作坊集中管理。东城街道全面开展省食品安全示范区创建工作，建成示范农贸市场9个，推进38条社区商业街开展食品安全规范化、示范化创建，基本完成登记造册、持证亮证、信息公开等工作；全年食品抽检合格率97.6%。

增加学位供给，扶持民办学校发展，加强教育基础设施建设 全年为义务教育阶段随迁子女提供积分入学学位和优惠政策学位15.2万个（含民办学位补贴），比上年增长91.1%。全年对东莞市翰林实验学校等63所民办中小学拨付710万元的扶持专项资金；对2.47万名符合各类津贴条件的教师发放从教津贴7678.7万元；对735所符合条件的集体办幼儿园和普惠性民办幼儿园发放奖补资金7600.3万元。南城中心小学分校（宏图小学）投入使用，提供学位1600个。松山湖第一小学投入使用，提供学位2200个。东城八小分校投入使用，提供学位1350个。建成万江中心小学金丰分校，提供学位2400个。

优化养老服务供给，提高养老保障水平 从2018年1月1日起，城乡居民基本养老保险基础养老金标准提高至每人每月378元。出台《东莞市失能老年人护理补贴实施方案》，并建立失能老人护理补贴制度；截至2018年底，累计发放失能老年人护理补贴427万元，受惠4481人。出台《东莞市养老机构资助办法》，鼓励和扶持社会力量在东莞市兴办养老机构，全年依法批准民办养老机构4家，新增养老床位512张。建成市老年大学新校区。

促进就业创业，提升劳动者就业技能素质 全年完成城镇新增就业9.5万人，推动和帮扶1.98万名登记失业人员实现就业。全市登记128名困难家庭高校毕业生实现100%就业。推动松湖华科产业孵化园等孵化基地建设，全年促进创业13632人。开展劳动力技能晋升培训和“一镇一品”技能人才培训，全年开展资助性劳动力技能培训19.15万人次。

提高市民安全意识和应急救护技能，开展生活安全和应急救护知识培训 推进“平安家庭”建设，全年开展“平安家庭”知识讲座1215场、“四自”精神讲座456场次、“平安家庭”实践工作坊

松山湖第一小学 （松山湖高新区供图）

870期、生命体验馆教学活动177期、儿童心理健康小组258期，跟进心理健康问题家庭个案342个；93.4%在校中小学生观看学习“四防”安全知识短片。全年完成普及性应急救护培训5.2万人次，帮助市民掌握心肺复苏、创伤急救和中毒等最基本的应急救护知识技能。全年通过微信、微博、天气短信、电视气象节目、报纸等多种方式开展气象灾害应急知识宣传；举办防灾减灾日、公众开放日等气象科普专场活动，提高市民防灾减灾意识；市气象天文科普馆免费开放70余次，接待公众近2万人次。全年完成安全生产“七进”系列安全生产宣传教育活动58场，通过“东莞安监”微信公众号发送推文500篇，开展线上活动8场，出版《安全生产导刊》24期，发行96万份，深入群众普及安全生产知识，全年活动参与人数50万人次。打造市、镇、村、社会单位四级消防安全宣传阵地，在《南方日报》“南方+”手机客户端开设“东莞消防”频道，设置地铁宣传专列，开展12期火灾隐患曝光行动，组建34个消防安全“讲师团”和170个“进村入企”培训组，联合邮政部门组织40家快递企业开展志愿宣传服务，在快递包裹上黏贴500万份消防安全提示标签进行派送；通过“打通生命通道”等专项行动开展消防安全宣传教育。

深入持续推进精神文明创建，更好满足市民日益增长的优质公共文体服务需要 实施全民艺术普及行动计划，全年完成全民艺术普及活动1920场，其中精品演出337场，镇街自主演出335场，惠民培训（镇街教学点）1248场；举办公益文艺培训班183个，学员超过5500人。完成道滘、大岭山、东坑、樟木头、莞城、塘厦、石碣、南城等8个镇（街）市文化馆总分馆建设和验收工作。东莞植物园建成名树名花园、岩石园、荔枝园等12个植物专类园，并对市民开放，通过科普牌、树牌和微信公众号向市民普及植物科学知识。全市新建70个足球场、100套健身路径，升级改造40个篮球场。全市新增50余个公共体育场馆设施免费或低收费向市民开放。全年完成开展公益体育培训活动1万余人次。

（市府办）

附：2018年东莞市人民政府市长、副市长、党组成员、秘书长、副秘书长名录

市　长：梁维东（任至3月）
　　　　肖亚非（3月到任）

副市长：白　涛
　　　　张冠梓（挂职）
　　　　黎　军（10月到任）
　　　　刘　炜（5月到任）
　　　　喻丽君
　　　　万卓培
　　　　郭向阳
　　　　李德喜（挂职，任至3月）

市政府党组成员：
　　　　严小康
　　　　黄少峰（8月免职）
　　　　邓志广（任至3月）
　　　　吴志刚（任至9月）
　　　　陈仲球
　　　　梁杰钊
　　　　邓　涛（9月到任）

市政府秘书长、副秘书长：

秘书长：吴志刚（任至10月）
　　　　邓　涛（10月到任）

副秘书长：冼冠华
　　　　梁志刚
　　　　张春扬（任至6月）
　　　　卢汉彪
　　　　温颂钧（任至12月）
　　　　赖少瑜（6月到任）
　　　　赖健伟（任至12月）
　　　　陈志军（12月到任）
　　　　陈东成（6月到任）
　　　　钟　彬
　　　　陈庆松（任至6月）
　　　　周婉虹（挂职，任至9月）

附：2018年东莞市人民政府办公室主任名录

主　任：吴志刚（任至9月）

应急管理

【突发事件处置概况】 2018年，东莞市应急委各成员单位和各镇街（园区）履行应急管理职责，加强安全防范，完善突发事件处置机制，妥善处置“高埗镇坍塌事故”“大岭山镇安全生产事故”“寮步镇交通事故”“桥头镇溺水事故”，全市启动防风Ⅰ级应急响应“台风‘山竹’来袭”，全市启动疫情Ⅰ级响应“防控非洲猪瘟来袭”，妥善处置“‘3·15’虎门高铁站部分旅客滞留”事件、涉“麻涌镇新基村部分村民因土地权益等问题聚集”事件、“常平镇1名精神异常男子抢劫运钞车案”等一系列影响较大的突发事件，保障人民生命财产安全和社会稳定。

【突发事件风险隐患排查】 2018年，东莞市政府召开4次突发事件隐患评估与防范工作季度会商会，分析全市突发事件的特点，研判突发事件隐患和态势，提出科学防范和积极应对的措施，组织各镇街（园区）、各单位按照“一隐患，一方案”的要求定期对本地区内的突发事件风险隐患进行全面自查，有效预防和减少突发事件发生。

【应急平台体系建设】 2018年，东莞市应急综合管理平台（二期）完成竣工建设，提升与省委应急指挥中心、省政府应急平台及市“三防”、气象、公安、消防、国土等部门专项平台的互联互通能力，建立标准统一的应急大数据系统，推动全市各级各类应急数据的动态管理和实时更新，建设“跨平台、跨部门、跨区域”应急平台“一张图”。2018年下半年，东莞市应急综合管理平台（二期）工程完成项目竣工。建设内容主要包括东莞市应急综合管理平台（二期）系统、镇街应急平台系统、部门应急专项数据对接系统等三个方面，通过信息化和管理变革的深度融合，提高预防预备、监测预警、应对处置等能力。

【应急预案体系完善】 2018年初，东莞市为完善应急救援体系建设，增强应对突发事件能力，组建飞行应急救援队伍。经市人民政府同意，将广东达成通用航空股份有限公司、上海金汇通用航空有限公司的飞行救援队纳入东莞市应急救援队伍体系，在广东省内率先形成“水、陆、空”三位一体的应急救援队伍体系。下半年，举办东莞市第三届应急管理专家推荐评聘工作，在全市范围优选各类突发事件应急管理专家，建立东莞市突发事件应急管理专家库、成立应急管理专家组。专家库成员139名，涉及5大类26个领域。8月，中国科学院心理研究所、东莞市汉德紧急救援科学技术研究院共同合作发起成立“应急心理行为应用研究中心”，建立东莞市社会心理服务体系，推进新型应急体系建设。是年，修编全市33个镇街（园区）的总体应急预案，24个专项应急预案，15个部门应急预案。开展各类应急预案桌面演练、“双盲”演练。全年全市开展各类应急演练8370次，其中市突发事件应急委成员单位演练1580次、镇街演练4462次、村（社区）演练2328次。提高各应急队伍的应急处置和救援抢险能力，检验各类预案的实用性和可操作性。

【应急知识宣传普及】 2018年，东莞市通过多种方式、多种途径向公众宣传应急知识。委托东莞电视台、阳光网、电台、邮政等各大媒体广泛播放应急系列小短片，增强市民对各种应急知识的了解，提高其自救自助能力，利用微信公众号等新媒体传播各类应急救护知识，通过市政府应急办公众号向市民每周推送至少3篇实用性强的应急知识科普文章，《东莞市应急知识宣传手册》《你准备好了吗》等应急书籍向市民免费发放2万余本。开展每年一次的气象应急知识宣传月活动、“5·12”防灾减灾日系列宣传活动、安全生产月活动等一系列活动，提高全民应急意识与自救互救能力。是年，免费进行应急救护培训6.02万人次，其中普及性应急救护培训4.65万人次；救护员培训9236人次；救护培训讲座7956人次。年内，整合气象、三防及移动、联通、电信等通信公司资源，做好气象监测预警预报和信息发布服务工作，通过电视台、电台、“12121”电话、微博、微信、网站、手机短信等渠道，第一时间发布预警信号及时对全社会发布气象灾害预警信息，加强元旦、春节、中考、高考等重大节假日、活动期间的精准预警服务，增强各类气象灾害的预警响应能力，提升公众防御极端天气警觉性。　（李伟彬）

附：2018年东莞市政府应急管理办公室主要领导名录

主　任：张勇军

机关事务管理

【机关事务管理概况】 2018年，东莞市机关事务管理局树立新发展理念，强化机关事务统筹管理职能，促进服务质量和工作效能全面提升，为推动高质量发展提供后勤保障，获国家公共机构能效领跑者及2018年度工作优秀市直单位称号。年内，市机关事务管理局党支部升格为党总支，形成1个党总支、6个党支部的格局。市机关事务管理局第三党支部创建为市直机关党支部标准化建设示范点。推进省定贫困村南雄市坪田镇长坑村对口帮扶任务，落实到村帮扶项目15个，42户108预脱贫人口“八个有”情况得到全面落实。

2018年6月13日，市机关事务管理局在市行政办事中心举办“2018年全国低碳日暨东莞市行政办事中心充电桩启用仪式”系列活动

（市机关事务管理局供图）

【节约型机关建设】 2018年，东莞市机关事务管理局贯彻落实中央八项规定及实施细则，以及《党政机关厉行节约反对浪费条例》《党政机关办公用房管理办法》《党政机关公务用车管理办法》等党内法规，推进机关事务工作规范化管理，加快节约型机关建设。从严把控办公用房管理。协调理顺全市党政机关办公用房管理体制，对市直机关合署办公场所进行功能布局优化改造，对机构改革中涉改单位办公用房进行重新调配使用，确保党政机关办公用房使用面积符合标准，政府物业资源集约高效利用。规范开展公务用车管理。承接全市公务用车主管部门职能，建设市公务用车管理信息平台监控中心，铺开公务用车车载卫星定位终端的安装以及车辆上线，统一喷涂“东莞公务”标识，实现“高效用车、透明管车、有效督车”的管理目标。加强财务经费管理。强化预算执行力度，严格规范代管单位“三公经费”［因公出国（境）经费、公务车购置及运行费、公务招待费］支出，有效降低机关运行成本。

【机关服务保障】 2018年，东莞市机关事务管理局落实《东莞市物业管理办法》，加强机关物业管理社会化改革，以及日常监督管理和设施设备维护整修等保障工作，保障机关高效有序运行。升级改造市行政办事中心会议系统，提高会议电子化水平，实现市、镇远程召开视频会议，有效提高政府部门办公效率。提高机关安全工作站位，制定有效措施防范突发事件，构建市直合署办公场所消防工作机制，升级改造来访登记系统等硬件设施，为干部群众提供安全、有序的办公办事环境。实施干部职工身心健康关爱工程，加强机关食堂等设施建设，营造良好工作环境。

【公共机构节能管理】 2018年，东莞市公共机构“十三五”新能源汽车推广应用及充电基础设施建设、公共机构生活垃圾强制分类等工作方案编制印发，指导督促市直单位、各镇街组织实施。指导推动全市5个公共机构创建成为第二批国家节约型公共机构示范单位，市行政办事中心遴选为“国家公共机构能效领跑者”。推进38个公共机构餐厨垃圾专业化处理，推动建设1556个新能源汽车充电桩，夯实公共机构节能工作基础，完成全市公共机构节能工作任务。

（温陈龙）

附：2018年东莞市机关事务管理局主要领导名录

局　长：黄伟青

政务服务

【政务服务概况】 2018年，东莞市政务服务办以“互联网+政务服务”为引领，推进政务服务改革，重点在政务服务统筹、政务服务平台建设、政务服务流程梳理、数字政府改革建设、营商环境综合改革和信息技术保障等方面攻坚发力，筹建市民服务中心办事大厅，提升全市政务服务效率和形象。

【政务服务改革】 2018年，东莞市政务服务办深化“最多跑一次”改革。加快东莞市民服务中心建设，组织召开市民服务中心办事大厅筹建动员大会，印发《东莞市民服务中心办事大厅建设实施方案》。完善基层综合服务中心建设，全市34个园区、镇（街道）实体办事大厅全部建成并投入使用，588个村（社区）建成综合服务中心。启动一体化政务服务平台建设，基本建成建设工程项目网上审批服务平台。建设广东政务服务网东莞分厅，统一身份认证、事项目录、申办受理系统等，提升网办率。政务服务跨城通办。初步实现东莞市工商局、东莞市发改局、东莞市房管局等3个部门12个事项和广州市工商局4个事项实现跨城通办。

【“数字政府”改革】 2018年，东莞市政务服务办起草《东莞“数字政府”改革建设方案》，加强政企合作工作机制，启动《东莞“数字政府”建设总体规划（2018—2022年）》工作。印发《东莞市政务信息系统整合共享工作实施方案》，完成对“僵尸”信息系统的清理工作，建成市政务信息资源共享平台。建设东莞市政务数据服务平台。推行电子证照、电子签章等新技术应用，发布“莞政签”微信小程序，提供“刷脸签名”服务。市智网工程建设，做好市智网工程信息系统运行维护工作，保障系统的正常高效无故障运作和持续优化；开展智网信息系统续建工作，完成二期项目招标，确定项目建设内容和合同条款。协助落实“二标四实”（“二标”：标准地址库、标准作业图；“四实”：实有人口、实有房屋、实有单位、实有设施）工作，包括协助制定“二标四实”信息数据标准规范、提供“二标四实”工作数据支撑、在市政务外网建设“二标四实”数据库、提供“二标四实”工作计算能力支撑、协助做好群众宣传答疑工作等。

【营商环境综合改革试点推进】 2018年，东莞市政务服务办落实营商环境综合改革试点，制定《东莞市营商环境综合改革试点方案》，并于9月以省委全面深化改革领导小组名义印发实施。加快工程建设项目审批制度改革落地，起草《东莞市建设工程项目并联审批工作规程》，推动建设工程项目审批制度专项改革松山湖市级试点专区于8月31日对外开放。开放中介服务超市平台，制定《东莞市网上中介服务超市建设工作方案》，截至2018年底有72家中介服务机构入驻。

【政府信息公开】 2018年，东莞市政务服务办推进政府信息公开和依申请公开工作，加强政府网站管理工作，完善市“12345”政府服务热线运行管理。经第三方评估平台（D3方）对全国31个省（市）的334条“12345”政府热线的服务质量进行监测，东莞市在评比中获服务水平排名第十。

【政务信息技术保障】 2018年，东莞市政务服务办统筹协调政务信息化项目。印发《东莞市政务云平台统筹建设工作方案》《东莞市财政投资电子政务建设项目管理办法》。做好基础设备和业务系统的运维管理。中心机房设备日常运维管理和电子政务云平台、数据库支撑服务平台、政务数据存储系统等应用系统的运行维护管理。做好市网上行政办公系统（OA系统）维护管理，为全市OA用户提供直接的技术支持与服务。提升政务网络安全保障能力。优化全市电子政务外网质量，启动全市电子政务外网5年规划。 （黄瑞娴）

附：2018年东莞市政务服务办公室主要领导名录

主　任：李志军

驻京、驻穗联络

【驻京联络】 2018年，东莞市人民政府驻北京联络处（简称“市驻京联络处”）在招商引资、招才引智、信息搜集、联络部委、政务接待、信访维稳、凝聚乡情等方面做出大量工作，努力服务东莞城市发展。年内，促成美国GTI公司AI数据中心等一批项目到东莞考察，增加带项目专家资料127名，使高端人才智库专家400人；编报《驻京信息》30期、《驻京专报》2期、《专题汇编》3份、《国家产业政策月度报告及对东莞市经济发展建议》11份。协助驻北京信访工作组完成各项任务，受到省、市有关领导的表扬。

招商引资 2018年，东莞市驻京联络处拓宽招商引资渠道，

2018年3月31日，市驻京联络处组织北京学生参加祭奠袁崇焕诞辰434周年活动 （王哲庆　摄）

挖掘北京优质资源，服务东莞经济发展。组织北京企业家参加“2018东莞市‘6·21’产业招商大会”；关注北京校办企业管理体制改革、对接首都医疗资源；促成美国GTI公司AI数据中心、启明星辰网络安全运营中心、德国模具服务中心、创维光电科技（深圳）有限公司产业项目、金风投资控股有限公司污水净化项目、中国节能环保集团公司环保项目等与东莞相关部门对接；促成英国CATAPULT集团、以色列Mesila、美国ECM Medical、德国CBC、芬兰商会南萨沃商会等公司到东莞考察。

招才引智　2018年6月，东莞市驻京联络处组织10名博士以上东莞籍青年与东莞市委常委、副市长张冠梓在北京协同创新中心召开“在京莞籍优秀青年人才座谈会”，促成莞籍高层次人才与市领导面对面互动交流。6月14日，举办北京科促会年度科技报告会，会议邀请专家、博士介绍《“白石墨烯”六方氮化硼纳米片的制备与应用》等课题的研究成果及当今科技发展的最新信息。报告内容涵盖力学、医学、生物学、新材料、新能源等多学科。7月25—26日，市驻京联络处和市委组织部等部门组织23名新材料、新能源、生命科学和生物技术、新一代信息技术等领域有意向在东莞落地的专家与海内外高层次人才带项目到东莞开展对接。经统计，2018年，东莞市驻京联络处增加带项目专家资料127名，使高端人才智库专家达400人。同时通过多途径发动联络，完善东莞籍在京博士以上人员资料档案，建立长期联络机制。

乡情联络　2018年3月，东莞市驻京联络处组织北京学生参加祭奠袁崇焕诞辰434周年活动。5月27日，举办北京高校东莞籍大学生毕业欢送座谈联欢会；5月28日，举办第六届东莞籍大学生篮球赛比赛；6月8日，第五届“粤韵满京城”北京市大学生粤语歌唱大赛在人民大学举办；8月1日，建军九十一周年茶话会活动在人民大学举办，邀请60多名莞籍在京的军队离退休干部、革命伤残军人、转业退伍军人和军烈属等人士参加，畅叙鱼水情谊，共话东莞发展大计。8月中旬，对原华南军区独立某团、中国工程院院士毛炳权和东江纵队老革命军人杜鹃等行动不便的老退伍军人及军属进行家访慰问。10月14日，举办2018年北京高校东莞学子迎新会。同时，支持中央戏剧学院东莞籍学生罗文卿团队拍摄旨在反映在京莞籍人士的工作和生活现状以及热爱家乡回报家乡的记录短片。

信息报送　2018年，东莞市驻京联络处有针对性、有重点地进行信息挖掘和调研，及时、准确、全面地向东莞市领导报送信息。编报《驻京信息》30期，《驻京专报》2期，《专题汇编》3份，《国家产业政策月度报告及对东莞市经济发展建议》11份。与专业信息机构《中国科技投资》杂志社、中宏国研研究院、北京东方蓝鼎科技发展有限公司、新华通讯社、中国经济信息社等专业信息机构保持紧密联系，收集整理重要国家政策信息，编辑《驻京信息》，提供决策参考。（赵　唯）

附：2018年东莞市人民政府驻北京联络处主要领导名录

党组书记、主任：蔡俊文

【驻穗联络】　2018年，东莞市人民政府驻广州办事处完成信访维稳、信息协作、政务服务等工作。全年报送《信访快报》约200期，报送《信访专报》12期，编发《驻穗信息》17期、《东莞信息》26期、《东莞动态》9期，提供各类名优企业招聘信息约200条，完善人才信息库和专家库、发展会员300余人。配合市、镇部门，完成特别防护期信访专项任务，获省人大表彰，被评为2018年度全市“单打冠军”。

信息协作　2018年，东莞市人民政府驻广州办事处编发《驻穗信息》17期。根据不同阶段的工作重点，编发“广深经济走廊对我市的影响”“各地市小产权治理”“全国各省市城市品质提升对东莞的借鉴”“广州南沙及佛山市融资租赁经验做法”等专刊信息，获得信息主管部门好评。依托全国各地驻穗机构信息协会等平台，编发《东莞信息》26期、《东莞动态》9期，宣传东莞市充满活力的经济形象、生态宜居的城市形象及和谐友善的文明形象。

人才凝聚　2018年，东莞市人民政府驻广州办事处借助“东莞市青年人才促进会广州分会”和“东莞社会经济发展研究会”两个平台，做大人才服务。大学生服务方面，为大学生提供信息咨询，联系市科技局、松山湖管委会等单位，提供约200条各类名优企业招聘信息。组织大学生回莞参观考察，2月，组织在穗大学生参加大学生灯光节及青年人才推介会，4月，组织在穗大学生代表赴东莞同济大学研究院考察学习，10月，组织广东警官学院莞籍大学生篮球比赛，11月，组织广东警官学院和东莞理工学院开展校际辩论赛、组织前往东江纵队纪念馆开展爱国主义教育活动。穗莞籍人才服务方面，10月，组织研究会部分老同志回莞参观中国散裂中子源基地暨庆祝改革开放40周年大型图片展，12月，组织研究会部分老同志参观晶怡情暨改革开放40周年大型书画艺术展；完善人才信息库和专家库，截至2018年底发展会员300余人，主要为高校教师、医学专家等方面人才，汇聚有利因素为东莞经济社会发展服务。

政务服务　2018年，东莞市人民政府驻广州办事处做好与省直单位、广州市有关部门及各级驻穗机构的沟通联系，为东莞市到穗公务人员在广州开展公务活动提供周到工作保障和便利后勤服务。

（廖剑锋）

附：2018年东莞市人民政府驻广州办事处主要领导名录

党组书记、主任：曾庆云

中国人民政治协商会议东莞市委员会

DONGGUAN COMMITTEE OF THE CHINESE PEOPLE'S POLITICAL CONSULTATIVE CONFERENCE

道滘镇　（道滘镇供图）

编辑：陈国雄

政协重要会议

【政协第十三届东莞市委员会第二次会议】 于2018年1月17—19日在东莞市会议大厦召开。中共东莞市委、市人大、市政府、市纪委、东莞军分区、市中级人民法院、市人民检察院、东莞理工学院、广东医科大学、东莞职业技术学院等有关领导应邀出席会议。住莞省政协委员、市政协特邀人士、市高层次人才代表应邀列席会议。社会各界代表146名旁听人员旁听会议。市政协副主席邓流文作政协第十三届东莞市委员会常务委员会工作报告，副主席蒋小莺作政协第十三届东莞市委员会常务委员会关于十三届一次会议以来提案工作情况的报告。大会表彰2017年度市政协26件优秀提案、39件表扬提案和18个办理提案先进单位。委员们列席东莞市人民代表大会十六届三次会议开幕大会，听取并讨论市政府工作报告和有关报告。会议选举安连天为政协第十三届东莞市委员会秘书长。会议审议通过提案征集情况报告、会议决议等。

【政协第十三届东莞市委员会第三次会议】 于2018年8月29日在东莞市会议大厦召开。中共东莞市委、市人大、市政府、市中级人民法院、市人民检察院、广东医科大学、东莞职业技术学院等有关领导应邀出席会议。住莞省政协委员、市政协特邀人士应邀列席会议。会议审议通过市政协十三届三次会议决议，选举骆招群为政协第十三届东莞市委员会主席，选举王建周为政协第十三届东莞市委员会副主席，增补黎达潮为政协第十三届东莞市委员会常务委员。

【东莞市政协十三届六次常委会议】 于2018年1月18日召开。会议审议关于免去吴润玲市政协秘书长职务的决定（草案）；听取市委常委、市委组织部部长郑琳关于增补市政协秘书长候选人协商名单情况的说明；审议通过增补市政协秘书长候选人建议名单；审议政协第十三届东莞市委员会第二次会议选举办法（草案）、政协第十三届东莞市委员会第二次会议监票员名单（草案）、政协第十三届东莞市委员会第二次会议决议（草案）。

【东莞市政协十三届七次常委会议】 于2018年2月5日召开。会议传达学习省政协十二届一次会议精神，审议通过有关人事事项，以及《2018年市政协常委会工作要点》和《2018年市政协常委会和专门委员会工作计划》。

【东莞市政协十三届八次常委会议】 于2018年5月16日召开。会议听取副市长喻丽君代表市政府作关于东莞市推动广深港澳科技创新走廊（东莞段）建设的情况通报，审议有关人事事项。会后，市政协常委会分成5个视察组，赴长安、虎门、万江、厚街、南城等镇街开展专题视察，实地视察广深港澳科技创新走廊（东莞段）建设情况。

【东莞市政协十三届九次常委会议】 于2018年8月24日召开。会议听取市政协深入学习贯彻习近平总书记关于加强和改进人民政协工作的重要思想的情况通报，审议关于召开市政协十三届三次会议有关事项，审议通过有关人事事项，审议通过《关于召开政协第十三届东莞市委员会第三次会议的决定》，审议《政协第十三届东莞市委员会第三次会议议程（草案）》，审议通过《政协第十三届东莞市委员会第三次会议日程》《政协第十三届东莞市委员会第三次会议秘书长、副秘书长名单》《政协第十三届东莞市委员会第三次会议编组和小组召集人名单》《政协第十三届东莞市委员会第三次会议闭幕大会特邀、列席人员名单》《政协第十三届东莞市委员会第三次会议闭幕大会邀请上主席台就座人员名单》。会议还审议通过委托政协第十三届东莞市委员会主席会议在筹备第三次会议期间代行常委会职权，处理其他需要解决的重要问题等事项。会议决定，市政协十三届三次会议于8月29日召开。

【东莞市政协十三届十次常委会议】 于2018年8月29日召开。会议听取市委常委、组织部部长郑琳关于增补市政协主席、副主席、常务委员候选人协商名单情况的说明，审议通过《政协第十三届东莞市委员会主席、副主席、常务委员候选人建议名单》，审议《政协第十三届东莞市委员会第三次会议选举办法（草案）》《政协第十三届东莞市委员会第三次会议监票员名单（草案）》《政协第十三届东莞市委员会第三次会议决议（草案）》。

【东莞市政协十三届十一次常委会议】 于2018年10月24日召开。会议听取副市长黎军代表市政府作关于东莞市高质量发展的情况通报，并就“助推东莞高质量发展”作专题议政。政协各专门委员会代表结合前期调研成果，围绕“创新

2018年1月17—19日，政协第十三届东莞市委员会第二次会议在东莞市会议大厦召开　（谭志东　摄）

利益共享机制，推动园区统筹组团发展”“推动城市更新提速，拓展城市发展空间”“加快城乡融合发展，促进乡村全面振兴”“以基层党建引领基层治理，营造共建共治共享社会治理格局”“高标准推动滨海湾新区开发，积极参与粤港澳大湾区建设”等5个专题就如何助推东莞市高质量发展建言献策。

【东莞市政协十三届十二次常委会议】　于2018年12月29日召开。会议听取市委副书记、市长肖亚非代表市政府作关于《政府工作报告（征求意见稿）》的起草情况说明，协商讨论《政府工作报告（征求意见稿）》；会议传达学习习近平总书记在中央经济工作会议上的重要讲话精神和省委、市委的有关部署；会议听取市中级人民法院2018年有关工作情况通报；会议听取市政协关于《中国人民政治协商会议第十三届东莞市委员会常务委员会工作报告（草案）》和《中国人民政治协商会议第十三届东莞市委员会常务委员会关于十三届二次会议以来提案工作情况的报告（草案）》的起草情况说明，讨论通过上述两个报告并确定报告人；审议通过《关于召开政协第十三届东莞市委员会第四次会议的决定》《市政协十三届四次会议日程》《市政协十三届四次会议秘书长、副秘书长名单》《市政协十三届四次会议编组和小组召集人名单》《市政协十三届四次会议开幕、闭幕大会特邀、列席人员名单》《市政协十三届四次会议开幕、闭幕大会邀请上主席台就座人员名单》《市政协各专门委员会工作报告（书面）》，审议《市政协十三届四次会议议程（草案）》《政协第十三届东莞市委员会常务委员会关于增设农业和农村委员会的决定（草案）》及有关人事事项等。会议决定，政协第十三届东莞市委员会第四次会议于2019年1月15—16日召开。

【政协主席会议】　2018年，东莞市政协召开主席会议19次，讨论有关事项89项，主要涵盖以下内容：传达学习习近平总书记系列重要讲话精神和中央、省委有关决策部署，以及市委有关重要会议精神等；审议《2018年市政协常委会工作要点（草案）》《2018年市政协常委会和专门委员会工作计划（草案）》《2018年市政协协商工作计划》和有关人事事项；听取市政协十三届二次会议筹备工作情况汇报、政协第十三届东莞市委员会第二次会议提案分析报告等有关工作情况汇报；研究确定《市政协领导分工方案》、市政协领导联系镇（街道）政协小组及政协委员的安排等事项；研究重要会议会风会纪监督组事宜、“智慧政协”服务平台建设方案等；审议通过市政协十三届三次会议和十三届四次会议的筹备方案，十三届八次至十二次常委会议召开方案，以及审议相关会议材料；审议通过《市政协2018年度重点提案及督办分工安排方案》《市政协常委会关于“助推东莞高质量发展”专题调研工作方案》等。

【东莞市政协系统加强党的建设工作会议】　于2018年11月7日召开。会议传达学习《关于加强新时代人民政协党的建设工作的若干意见》精神和学习贯彻全省政协系统学习贯彻习近平总书记视察广东重要讲话精神暨加强党的建设座谈会精神，对加强市政协系统党的建设进行动员部署，动员广大干部和政协委员牢记使命，明确履职方向，全面推进东莞市政协系统党的建设工作再上新台阶。市政协机关党委、市工商联党组和委员代表分别作发言。市政协主席、党组书记骆招群，市委副书记张科分别作讲话。

【“利用大数据技术推动全市食品安全溯源体系建设”专题协商座谈会】　于2018年6月20日召开。会议通报市政协经济委员会联合《东莞经济》编辑部于2018年2—6月开展的“利用大数据技术推动我市食品安全溯源体系建设”专题调研情况。与会人员围绕如何利用大数据技术推动全市食品安全溯源体系建设建言献策。会后形成调研报告，得到市领导批示。

【“全面推进垃圾分类体系建设”专题协商座谈会】　于2018年7月18日召开。为推进垃圾分类工作，东莞市政协社会法制和人口资源环境委员会组织开展为期4个月的“全面推进垃圾分类体系建设”专题调研，与市城管局等9个职能部门召开多场座谈会，赴南城、道滘等镇街调研。组织政协委员赴浙江金华、绍兴、嘉兴以及江苏苏州学习借鉴先进经验，并召开专题协商座谈会。会上，政协委员、提案者、专家与镇街、部门负责同志进行沟通协商，提出意见建议。会后形成调研报告，得到市政府领导批示。

【“打造莞港澳青年创新创业平台，助推粤港澳大湾区建设”专题协调座谈会】　于2018年9月5日召开。会前5—9月，东莞市政协港澳台侨外事委员会走访多个部门和机构了解情况，约请部分香港青年代表座谈，听取意见和建议，并征集有关部门、镇街、提案者意见和建议。会上，市政协委员、专家学者及港澳青年代表等围绕协商议题，就强化莞港澳信息互联互通，解决港澳来莞青年居住出行问题等建言，市有关部门负责人作回应。会后形成专题报告，相关意见建议得到党政部门的采纳。

【东莞市政协领导与市各民主党派、工商联负责人和无党派人士代表座谈会】　分别于2018年6月20日、12月21日召开。6月20日的座谈会上，会议通报东莞市政协上半年工作情况和下半年工作计划，与会人员围绕加强彼此交流合作、优化提案办理流程等进行交流。12月21日的座谈会上，会议通报市政协2018年工作情况和2019年工作设想，与会人员围绕市政协2018年工作情况、2019年工作设想、

2018年3月16日，东莞市政协提案办理协商座谈会召开　（郑家雄　摄）

《市政协常委会工作报告（征求意见稿）》、《提案工作报告（征求意见稿）》提出意见和建议。

【东莞公共外交报告会】 于2018年10月26日举行，邀请国务院外事办公室原副主任、中国驻英国前大使、中国国际问题研究所原所长马振岗，主讲“当前国际形势与我国对外工作”。报告会上，马振岗结合多年外交工作的亲历感悟和独特见解，深入剖析当前的国际形势以及中国面临的外交形势，并对如何开展好公共外交工作提出建议。

【东莞市政协2018年重点提案办理工作座谈会】 于2018年11月2日召开，东莞市政协在会上集中督办6类22件重点提案。松山湖管委会、市科技局、市规划局、市金融工作局、市商务局、市城管局、市卫生和计生局、市文广新局等提案主办单位分别汇报重点提案办理情况，市发改局等会办单位就办理情况作补充说明，相关提案者和提案办理单位进行深入交流。2018年重点提案全部办结，政协委员所提意见和建议得到积极采纳和较好落实。

【东莞市政协提案办理协商座谈会】 2018年，东莞市政协围绕“推动共享单车健康有序发展”“推动特殊儿童接受融合教育”“品牌东莞建设”等专题组织召开20多场次提案办理协商座谈会，30多个职能部门负责人、100多名政协委员参与。协商形式有会议座谈协商，现场调研协商和提案办理“回头看”协商。通过协商，承办单位和提案者增进思想共识，推动提案办理取得实效。

协商议政

【推进“医养结合”养老模式的专题协商调研活动】 2018年4—8月，东莞市政协教科卫体委员会开展推进“医养结合”养老模式专题协商调研活动，先后3次组织界别小组、提案组、有关专家学者和政府职能部门进行座谈，4次赴有关医疗场所、养老机构实地考察，形成专题报告报送市政府作决策参考。

【“东莞非物质文化遗产保护与利用”专题协商调研活动】 2018年5—11月，东莞市政协文化文史和民族宗教委员会开展“非物质文化遗产保护与利用”专题协商调研活动，组织部分委员走访市非物质文化遗产保护中心，赴河源、梅州、潮州等地调研，形成《关于开展我市非物质文化遗产保护与利用的调研报告》报送市政府决策参考。

【东莞市政协常委会专题视察东莞市全面深化医药卫生体制综合改革实施情况】 2018年6月22日，东莞市政协常委会就“东莞市全面深化医药卫生体制综合改革实施情况”组织专题视察。视察前，听取副市长喻丽君代表市政府作关于东莞市全面深化医药卫生体制综合改革实施情况的通报，会后由市政协领导带队分别前往寮步、沙田、东坑、石龙、谢岗等五镇实地视察全市全面深化医药卫生体制综合改革实施情况。

【东莞市政协深入学习习近平总书记关于加强和改进人民政协工作的重要思想理论研讨会】 于2018年7月19日召开。会前，东莞市政协制定工作方案，组织形式多样的学习活动，向政协有关参加单位、专门委员会、镇街政协小组和政协委员征集论文70篇，其中29篇被省政协评为优秀论文。广东省政协副主席林雄到会督导并作讲话，市政协汇报学习贯彻情况。市政协副主席、市各民主党派、人民团体和论文作者代表等8人分别发言，围绕学习贯彻习近平总书记关于加强和改进人民政协工作的重要思想进行研讨交流。

【东莞市政协班子领导走访联系企业家委员】 2018年，东莞市政协发挥助推非公经济发展的优势和作用，由班子领导定期带队走访联系企业家委员，宣传《东莞市人民政府关于进一步扶持非公有制经济高质量发展的若干政策》精神，了解委员企业的发展情况，及时反映企业的意见和诉求。全年走访企业109家次。

【市委书记、市长督办政协重点提案】 2018年9月17日、10月24日，东莞市委书记、市人大常委会主任梁维东，市委副书记、市长肖亚非分别就督办《关于加强我市大气污染治理的系列提案》《关于全力推进东莞市粤港澳大湾区机制体制改革创新、深度参与大湾区国际科技创新中心建设的建议》重点提案召开调研座谈会，听取提案办理单位关于提案办理和相关工作进展的情况汇报，与委员共商良策。

【2018东莞公共外交沙龙】 于2018年10月25日举行。活动由中国公共外交协会与东莞公共外交协会联合举办，以“讲好东莞故事与公共外交”为主题，邀请国务院外事办公室原副主任、中国驻英国前大使、中国国际问题研究所原所长马振岗作主旨演讲，邀请国内资深外交官以及东莞本地社会团体、企业家和文化界人士代表到场交流研讨。

【东莞市政协学习贯彻习近平总书记参加十三届全国人大一次会议广东代表团审议和视察广东重要讲话精神】 2018年，东莞市政协以学习习近平新时代中国特色社会主义思想和党的十九大精神为主线，以党组会议、主席会议、常委会会议为牵引带动，系统学习习近平总书记参加广东代表团审议和视察广东重要讲话精神，组织22次党组会议学习会、7次党组理论学习中心组学习会、7次专题讲座，并分层次分区域分专委会组织全体政协委员学习习近平总书记重要讲话精神，推动学习贯彻覆盖到整个政协系统，推动重要讲话精神传达到每一名政协委员和党员干部。

【《政协议政厅》电台节目】 2018年，东莞市《政协议政厅》电台节目举办17期，市政协办公室组织政协委员、各民主党派成员、职能部门负责人等40余人次参加节目。其中，举办《焦点关注》13期，邀请委员围绕“东莞市儿科医生队伍建设”“有效推进垃圾分类收集与科学处理”等热点问题进行访谈交流；举办《党派之声》2期，邀请民建东莞市委会、民进东莞市委会代表介绍党派参政议政等情况；举办《委员访谈》2期，邀请政协委员代表讲述履职心得、创业故事，展现履职风采。

【《东莞政协》编辑出版】 2018年，《东莞政协》编辑出版6期，设有《卷首语》《特别报道》《封面策划》《专题报道》《履职资讯》《党派之声》《基层传真》《委员风采》《东莞映像》《艺苑风景》《文史天地》《莞邑茶座》等10多个栏目，并策划出版以“助推东莞高质量发展——市政协2018年履职回顾”特刊，记述履职重点工作、选登优秀建言成果、展现委员履职风采。

政协专门委员会工作

【市政协提案委员会工作】 2018年，东莞市政协提案委员会征集提案539件，经审查立案373件，其中已经解决或被采纳的111件、列入计划解决或拟采纳的235件、留作参考的27件，经市党政主要领导和市政协主席会议确定的重点提案8类30件。加强学习，召开党派团体镇街政协小组提案工作会议，传达学习全国政协第七次提案工作会议精神，研读《政协全国委员会提案委员会关于提高提案质量的意见》。推进提案办理协商，组织召开20余场次提案办理协商座谈会，有政协委员100余人次，与30余个职能部门负责人面对面协商议政。推动提案工作基础理论研究，组织动员提案承办单位参与省政协提案工作理论与实践研讨会论文征集工作。做好提案宣传工作，完善“东莞政协提案”微信公众号功能，及时在“东莞阳光网”上公开提案内容和答复。全年编印《政协委员重要建议专报》4期。

【市政协经济委员会工作】 2018年，东莞市政协经济委员会开展关于“利用大数据技术推动我市食品安全溯源体系建设”专题调研，召开协商座谈会，深入研究大数据技术在食品安全溯源方面的政策法规和其他城市先进经验，调研报告得到市政府领导批示。根据市政协常委会“助推东莞高质量发展”专题议政安排，联合农工党市

2018年东莞市政协重点提案情况表

序号	案号	提案题目	提案者	督办领导	具体负责
1	20180273、20180359 20180005、20180138	关于加强我市大气污染治理的系列提案	陶瑾等	梁维东	市委督查室
2	20180233、20180309 20180212、20180354	关于全力推进东莞粤港澳大湾区机制体制改革创新、深度参与大湾区国际科技创新中心建设的系列提案	叶向明等	肖亚非	市政府督查室
3	20180311、20180263 20180195、20180134 20180218	关于推进东莞中子科学城规划建设的系列提案	民进市委会等	蒋小莺	提案委员会
4	20180162、20180228 20180255	关于进一步推动我市慢行系统建设的系列提案	王晓蔚等	邓流文	港澳台侨外事委员会
5	20180234、20180358	关于进一步推动金融业发展的提案	张敬智等	罗军文	经济委员会
6	20180173、20180196 20180090、20180032 20180053、20180110	关于全面推进垃圾分类体系建设的系列提案	农工党市委会等	李光霞 陈树良	社会法制和人口资源环境委员会
7	20180055、20180267 20180298	关于加强我市医疗机构信息网络建设，方便患者就医的系列提案	九三学社市委会等	梁佳沂	教科卫体委员会
8	20180357、20180289 20180327	关于加强我市文博事业发展的系列提案	夏显辉等	程发良	文化文史和民族宗教委员会

委会和民建市委会开展关于“推动城市更新提速、拓展城市发展空间”子课题调研。召开全体委员会议学习贯彻习近平总书记视察广东重要讲话精神，组织调研市政府《关于进一步扶持非公有制经济高质量发展的若干政策的通知》落实情况。协助分管领导联系镇街政协小组及委员，开展农业、商贸小组活动，全年联系委员150余人次。组织委员提交提案36件，其中列入重点提案2件，获评优秀提案5件、表扬提案5件。组织委员参与市直有关部门开展的民主评议活动14次。组织委员参加《政协议政厅》电台节目3期。协助全国和省政协在莞开展“推动人工智能与实体经济深度融合”“以数字经济为抓手推动我省实体经济高质量发展”“进一步强化企业技术创新主体地位，着力提升粤港澳大湾区先进制造业国际竞争力”“推进我省乡村振兴战略落实”等专题调研。

【市政协教科卫体委员会工作】 2018年，东莞市政协教科卫体委员会加强理论学习，分批组织委员参加履职培训。加强与中小学、本土高校等教育机构的联系交流，先后5次组织界别委员走访东华小学、东莞一中和部分高校及职业教育机构，向院校赠送政协出版物。走访市青少年活动中心，了解镇级青少年活动中心建设情况，收集意见建议。开展“医养结合”协商调研活动，先后3次组织界别小组委员、提案者、有关专家学者和职能部门负责人进行座谈，4次赴有关医疗场所、养老机构实地考察，召开专题协商座谈会，形成专题调研报告。协助市政协常委会开展调研视察工作，组织委员围绕“东莞市推动广深港澳科技创新走廊（东莞段）建设情况”“助推东莞高质量发展”“加快城乡融合发展，促进乡村全面振兴”等开展视察调研。

【市政协社会法制和人口资源环境委员会工作】 2018年，东莞市政协社会法制和人口资源环境委员会开展“全面推进垃圾分类体系建设”专题调研和协商座谈会，形成调研报告报送市委、市政府决策参考，分管副市长对调研报告作批示。开展“水污染治理工作”和“基本解决执行难”专题视察，组织委员建言献策，推动相关问题解决。协助全国政协、省政协在莞开展“中长期人口变动与经济社会发展”“关于推进珠三角港口与船舶大气污染防治的提案”等调研视察。参与政府规范性文件制定和立法工作，组织委员完成25份文件的征求意见工作，参与政府部门邀请的履职活动16次。安排政协委员担任公安、法院、检察院、司法、社会保险等单位特约监督员。组织提交集体提案1件，本委委员提交提案41件。

【市政协港澳台侨外事委员会工作】 2018年，东莞市政协港澳台侨外事委员会开展为期4个月的“打造莞港澳青年创新创业平台，助推粤港澳大湾区建设”调研，邀请市有关职能部门、镇街分管领导、部分提案者，以及市外商投资企业协会和香港青年代表参加专题

2018年5月16日，东莞市政协到万江街道开展广深科技创新走廊（东莞段）建设情况专题视察

（万江街道供图）

协商座谈会，共同协商研究港澳青年到莞创新创业情况，并形成专题协商报告，相关意见建议得到党政部门采纳。开展“高标准推动滨海湾新区开发，积极参与粤港澳大湾区建设”专题调研，形成专题报告，推动有关问题的解决。委托外交学院举办第二期“公共外交”专题培训班，组织33位理事会成员和单位会员代表参加培训。联合市外事侨务局举办海外领事保护图片展，宣传海外领事保护知识。协助东莞公共外交协会联合中国公共外交协会举办沙龙活动和专题报告会。组织香港东莞政协（港澳）委员联谊会学习贯彻习近平总书记视察广东重要讲话精神。协助全国政协、省政协在莞开展专题调研，接待澳门政协委员考察团。组团赴香港、澳门参加各莞籍社团活动，加强与港澳同胞的沟通联系。

【市政协文化文史和民族宗教委员会工作】 2018年，东莞市政协文化文史和民族宗教委员会开展培训活动，分批组织委员参加履职培训。助推全市文化建设，提交的《关于加快东莞市博物馆新馆建设，提升城市品质的建议》提案被评为重点提案。推进文史资料整理工作，做好文史资料的抢救性征集工作，走访东莞粤剧发展中心，开展东莞粤剧有关史料的征集整理出版工作。组织整理《东莞历史文化专辑》之《回忆臭湰钦》、《逐梦十五年》、《东莞学人文丛》叶渭渠卷和李式金卷、《李国基书画集》，并交付出版。加强与宗教界人士的沟通，前往大岭山观音寺、黄旗山观音寺开展调研，听取意见建议，促进宗教和睦、社会和谐。开展“非物质文化遗产保护与利用”协商调研活动，走访市非物质文化遗产保护中心，前往河源、梅州、潮州等地调研，形成专题调研报告。开展交流合作活动，走访中共东莞市委党校、市方志办、东莞一中、市青少年活动中心及东莞部分高校，开展7次赠书交流活动，赠书2600余册。 （莫庆君）

附：2018年政协东莞市第十三届委员会主席、副主席、秘书长、副秘书长、办公室主任名录

市政协主席：骆招群（8月到任）

市政协副主席：蒋小莺　邓流文　邓浩全　罗军文　李光霞　梁佳沂　程发良　陈树良　王建周（8月到任）

市政协秘书长：安连天

市政协副秘书长：张小聪　梁丽江（8月到任）　赖少瑜（任至8月）　张莉明

市政协办公室主任：张小聪

附：2018年东莞市政协各专门委员会主任名录

提案委员会主任：吕小华

经济委员会主任：莫淑华

农业和农村委员会主任：空缺

教科卫体委员会主任：空缺

社会法制和人口资源环境委员会主任：黎达潮（5月到任）

港澳台侨外事委员会主任：陈国良

文化文史和民族宗教委员会主任：李炳球（8月到任）

东莞市纪律检查委员会·东莞市监察委员会

COMMISSION FOR DISCIPLINARY INSPECTION OF CPC DONGGUAN · MUNICIPAL COMMITTEE, SUPERVISION COMMISSION OF DONGGUAN

水濂山森林公园　（南城街道供图）

编辑：陈国雄

纪检监察重要会议

【东莞市监察委员会成立大会】

2018年1月20日，东莞市监察委员会成立大会暨揭牌仪式在市行政办事中心北楼举行，市委书记、市人大常委会主任吕业升主持会议并讲话。市人大常委会常务副主任潘新潮宣布市监委主任、副主任、委员名单。市委书记、市人大常委会主任吕业升，市委副书记、市长梁维东，市人大常委会常务副主任潘新潮，市委常委、市纪委书记戚优华为市监察委员会揭牌。市监委主任戚优华作表态发言。

【中国共产党东莞市第十四届纪律检查委员会第三次全体会议】

2018年2月7日，中国共产党东莞市第十四届纪律检查委员会第三次全体会议在市行政办事中心北楼举行。市委副书记、市长梁维东主持会议并讲话。全会审议通过市委常委、市纪委书记戚优华代表市纪委常委会所作的工作报告，并通过《中共东莞市第十四届纪委第三次全体会议决议》。高埗、石排、洪梅、长安、常平、樟木头镇党委书记，市民政局、市交通局、市社保局党组书记以及东莞信托有限公司党委书记向市纪委全会作述责述廉报告。

【纪检监察专题工作会议】

2018年3月12日，东莞市党风廉政建设、反腐败工作和作风建设专题汇报会在市行政办事中心主楼召开。3月14日，全市扶贫领域监督执纪问责座谈会在市行政办事中心主楼召开，市经协办、市委农办、市财政局、市审计局、市发改局、市民政局、市人力资源局、市人民检察院、市公安局、市信访局分管领导参加会议。3月14—16日，市纪委监委综合业务培训班在市会议大厦举行。3月28日，广东省扶贫领域监督执纪问责和惩治涉黑涉恶腐败工作电视电话会议召开，东莞市在市行政办事中心主楼收看收听会议。3月29日，东莞市纪律检查体制改革专项小组工作会议暨市深化监察体制改革试点工作小组办公室会议在市行政办事中心主楼召开。

4月2日，全市扶贫领域工作座谈会在市行政办事中心主楼召开，广东省第五扶贫协作工作组、新疆驻草湖工作队、市人力资源局、发展和改革局、民政局、农业局、经济协作办公室主要负责人参加会议。4月12日，2018年党风廉政建设分片座谈会（第一场）在大朗镇政府召开，石龙、寮步、大朗、石排、茶山镇党委书记参加会议。4月13日，第十四届市委第三轮巡察工作动员部署会在市机关二号大院召开。4月16日，全市重点市属国有企业纪委书记集体谈话会在市行政办事中心主楼召开。4月17日，2018年党风廉政建设分片座谈会（第二场）在莞城街道办事处召开，莞城、东城、万江、南城、石碣、高埗镇（街道）党委书记参加会议。

5月15日，镇街党委书记巡察工作专题会在市行政办事中心主楼召开。5月22日，2018年全市镇街纪委书记座谈会在市行政办事中心主楼召开；2018年全市派驻纪检组组长座谈会在市行政办事中心主楼召开。

6月11日，市委反腐败协调小组会议暨追逃追赃工作会议在市行政办事中心主楼召开。6月20日，全市纪检监察信访举报工作会议暨信访举报业务培训班在市行政办事中心主楼召开。6月21日，全市“官商”不分、扶持家族企业经商问题专题会议暨村（社区）“两委”换届中的拉票贿选问题专题会议在市行政办事中心主楼召开；全市镇村“三资”领域腐败和作风问题专题会议在市行政办事中心主楼召开；全市基层干部违反中央八项规定精神问题暨办公用房整改问题专题会议在市行政办事中心主楼召开。6月25日，全市土地交易问题专题会议在市行政办事中心主楼召开；全市工程项目招投标问题专题会议在市行政办事中心主楼召开；全市违建问题专题会议在市行政办事中心主楼召开；全市环保追责问题专题会议在市行政办事中心主楼召开。6月26日，全市涉黑涉恶腐败和“保护伞”问题专题会议在市行政办事中心主楼召开；全市扶贫领域腐败和作风问题专题会议在市行政办事中心主楼召开；行政执法领域“为官不为”问题暨公共服务行业“吃拿卡要”问题专题会议在市行政办事中心主楼召开。6月27日，市委巡察工作领导小组第三次全体会议在市行政办事中心主楼召开。6月28日，市委书记、市人大常委会主任梁维东一行到市纪委监委开展调研工作。

7月5日，2018年党风廉政建设分片座谈会（第三场）暨环保和安全生产督导会在道滘镇政府召开，洪梅、道滘、望牛墩、中堂镇党委书记参加会议。7月9—10日，省委常委、省纪委书记、省监委主任施克辉一行到东莞开展惩治涉黑涉恶腐败和“保护伞”工作专题调研，并在长安镇召开部分地市及派驻纪检监察组座谈会。7月11日，市委第四轮巡察工作动员部署会在机关二号院召开。7月18日，2018年党风廉政建设分片座谈会（第四场）暨环保和安全生产督导会在横沥镇政府召开，横沥、常平、桥头、东坑、企石、黄江镇党委书记参加会议。7月26日，2018年党风廉政建设分片座谈会（第五场）在厚街镇政府召开，虎门、厚街、沙田、大岭山镇党委书记和麻涌镇镇长参加会议。

8月6日，全市纪检监察系统推进巡视整改工作会议在市行政办事中心主楼召开；全市纪检监察系统监督检查和审查调查安全工作会议在市行政办事中心主楼召开。8月7日，2018年党风廉政建设分片座谈会（第六场）在市行政办事中心主楼召开，樟木头、凤岗、塘厦、谢岗、清溪镇党委书记参加会议。

9月18日，东莞市第二期新提任市管领导干部集体廉政谈话教育活动在市行政办事中心主楼举行。9月26日，全市纪检监察工作会议在市行政办事中心主楼召开。

10月18—19日，东莞市第十六期领导干部党章党规党纪教育培训班在市行政办事中心北楼召开。市委书记、市人大常委会主任梁维东作开班动员讲话及辅导报告，市委副书记、市长肖亚非传达“广东省第十七期领导干部党章党

2018年1月20日，东莞市委书记、市人大常委会主任吕业升（左二），市委副书记、市长梁维东（右二）等为东莞市监察委员会揭牌

（市纪委供图）

规党纪教育培训班”精神并作专题辅导报告，市委常委、市纪委书记、市监委主任戚优华作专题辅导报告暨总结讲话。培训班还组织参训学员集中观看警示教育片。10月19日，全市纪检监察干部警示教育会议在市行政办事中心北楼召开。10月24日，市委常委、市纪委书记、市监委主任戚优华在市委党校报告厅作专题报告。10月29日，全省纪检监察系统传达贯彻习近平总书记视察广东重要讲话精神电视电话会议召开，东莞市在市行政办事中心主楼收看收听会议；全市纪检监察系统传达学习贯彻习近平总书记视察广东重要讲话精神会议在市行政办事中心主楼召开。

11月6日，市委巡察工作领导小组会议在市行政办事中心主楼召开。11月25日，全省纪检监察系统警示教育大会电视电话会议召开，东莞市在市行政办事中心北楼收看收听会议。

12月10日，廉政音乐剧《青天之端》在市文化馆群星剧场演出。

监督执纪问责

【从严治党】 2018年，东莞市层层压实管党治党责任。东莞市委组织制定提高党的建设质量“1+5”系列文件，对管党治党考核排名靠后的10名镇党委书记进行专门约谈，带头开展谈话提醒。完善党风廉政建设考评机制，将各级党组织主动发现问题、处置问题、整改问题情况作为评价指标。严把选人用人政治关、品行关、作风关、廉洁关，市纪委监委办理党风廉政情况回复5677人次。组织10个市有关单位和镇街党委（党组）书记向市纪委全会述责述廉。市纪委书记6次分片集体约谈镇街党委书记31人次，12次专题约谈市直单位、市属国有企业党委（党组）书记39人次，个别约谈处级以上领导干部88人次，督促落实管党治党政治责任。健全谈话提醒常态化机制，全年开展谈话提醒3.15万人次，其中对处级及以上领导干部谈话提醒1160人次，切实抓早抓小。以问责压实责任，查处领导干部问责案件101件101人。对管党治党不力的凤岗镇、樟木头镇，严肃追究党委主体责任和纪委监督责任。建立市管干部问题线索活页本和廉政档案资料库、问题线索处置结果数据库，协助市委整体把握政治生态状况。

强化政治监督。加强对党的理论路线方针政策和党中央决策部署贯彻落实情况的监督检查，确保中央政令畅通。加强扶贫领域监督执纪问责，立案查处扶贫领域腐败和作风问题4件，处分4人。加强生态环保领域监督执纪问责，立案查处生态环境损害责任问题8个，问责27人。严惩涉黑涉恶腐败和“保护伞”，立案查处涉黑涉恶腐败和

2018年12月10日，廉政音乐剧《青天之端》东莞市巡演活动举行 （市纪委供图）

“保护伞”82人，给予党纪政务处分42人，移送司法机关13人。

严肃政治纪律和政治规矩。坚决全面彻底肃清李嘉、万庆良恶劣影响。配合中央巡视组、省委巡视组工作，坚决配合市委开展中央巡视、省委巡视反馈意见的集中整改工作。中央巡视移交线索全部办结，立案27人，给予党纪政务处分11人；省委巡视移交线索办结806件，立案162人，给予党纪政务处分103人。把集中整改与严肃党内政治生活、净化党内政治生态结合起来，制定或协助市委制定文件19份，推动构建长效机制。

2018年9月18日，东莞市第二期新提任市管领导干部集体廉政谈话教育活动在市行政办事中心主楼举行　（市纪委供图）

【纪检监察体制改革】　2018年，东莞市加强党对反腐败工作的集中统一领导，一体推进纪律检查体制改革、监察体制改革和纪委监委内设机构改革。东莞市委主要负责人主动担当“施工队长”职责，纪检监察机关履行改革专责，市监委如期成立、顺畅运转。对转隶人员和原纪检监察干部交叉编成、统筹使用，开展两轮全覆盖谈心谈话活动，推动合编、合心、合力。举办综合业务培训班、纪检监察学堂，组织到试点地区学习调研，搭建交流平台，推动干部队伍整合、纪法业务融合和工作流程磨合。优化内设机构设置，实行监督检查和审查调查职能分离、部门分设。加强对调查措施使用的审批监管和案件质量的审核把关，内部制约机制更加完善。深化“分片制”管理，提高监督合力。

推动纪法贯通、法法衔接。依法行使监察职权，制定实施《东莞市纪委监委机关监督执纪监察工作规程（试行）》等13项制度，全面审慎、积极稳妥探索实践12项调查措施，依法运用谈话等调查措施3000多人次，留置14人。规范和加强监察建议工作，发出监察建议书13件，推动有关党委（党组）进一步增强主体责任意识。制定落实《执纪监督部门工作内容及流程要点（试行）》，推动执纪监督工作规范化。制定《关于明确派驻（出）机构监察权限的意见（试行）》，明确派驻（出）机构监察权限和工作程序。全面梳理检察机关移送的线索471条，分批分类提出处置意见，确保工作不断。推进留置专区建设，高标准建设谈话室，升级监督检查和审查调查设备，适应新时期纪检监察工作要求。

【作风建设】　2018年，东莞市坚决纠止各种隐形变异的“四风”（形式主义、官僚主义、享乐主义、奢靡之风）问题。坚持暗访、查处、追责、曝光“四管齐下”，把监督检查中央八项规定及实施细则精神贯彻落实情况作为重点任务和经常性工作，坚决防止“四风”反弹回潮。以落实中央巡视组、省委巡视组反馈意见整改要求为契机，推动有关职能部门开展专项治理，规范津补贴发放、公务接待、公车管理、办公用房配用及调研工作。全市查处违反中央八项规定精神问题案件40件40人，对13起违反中央八项规定精神的典型问题进行通报曝光，形成有力震慑。

开展形式主义、官僚主义问题集中整治。提出5大方面21项具体措施，把发现和查处形式主义、官僚主义典型问题作为监督检查、审查调查、巡察等工作重点，坚决查处贯彻党中央决策部署打折扣搞变通、漠视群众利益、慵懒怠政、文山会海等问题。2018年全市查处形式主义、官僚主义问题102件102人，其中市管干部12人，通报曝光典型案例3次4件。

【纪律建设】　2018年，东莞市运用监督执纪“四种形态”，切实抓早抓小。全市纪检监察机关运用“四种形态”处理2063人次。其中，第一种形态1465人次，占比71%；第二种形态313人次，占比15.2%；第三种形态210人次，占比10.2%；第四种形态75人次，占比3.6%。全年谈话函询35件次，督促被谈话函询的党员干部在民主生活会上作出说明。制定实施市纪委监委诫勉工作指引，诫勉74人次。

开展纪律教育，举办纪律教育学习月活动和东莞市第十六期领导干部党章党规党纪教育培训班以及东莞市第二期新提任市管领导干部集体廉政谈话教育活动。更新升级“东莞市反腐倡廉和预防职务犯罪教育基地”接纳参观教育活动

212批次，开展旁听庭审警示教育活动9期，接受教育6500人次。印发《东莞市党员干部纪律建设“问题清单”》，组织全市7272个党组织近8万党员开展“自查自省自律”活动。开展党员干部和公职人员纪法测试活动，有12.79万人参加考试。编发《镜鉴——2018年东莞市党员干部正风反腐警示录》，让党员干部引为警戒。组织廉政音乐剧《青天之端》展演，加强对党员干部的廉政文化教育。

【正风反腐】 2018年，东莞市纪检监察机关受理信访举报2155件，比上年上升10.3%；处置问题线索2285条，上升76.3%；立案739件，上升29.9%，结案599件；给予党纪政务处分581人，增长6.6%，移送司法23人。立案市管干部58人。做好信访接待工作，疏导化解矛盾162件（次），解决群众反映的信访举报问题。推进追逃追赃工作，追回1名外逃人员。首次运用通缉措施通缉犯罪嫌疑人。提升防逃工作合力，确保外逃零增长。规范监督检查和审查调查安全制度，强化安全监督检查，开展安全自查自纠，确保安全“零事故”。

开展基层正风反腐三年行动，集中整治群众身边的腐败和作风问题。制定实施《东莞市基层正风反腐三年行动实施方案（2018—2020年）》，严厉惩治发生在民生资金、生态环保、“三资”管理、征地拆迁、教育医疗等领域违纪违法行为。全市排查出基层正风反腐违纪违法线索2212条，立案555件，结案441件，党纪政务处分427人。

【政治巡察】 2018年，东莞市坚守政治巡察职能定位，把“两个维护”作为巡察工作的根本政治任务。协助制定《中共东莞市委巡察工作实施意见》《中共东莞市委巡察工作规划（2018—2021年）》等纲领性文件，明确巡察工作“路线图”和“任务书”，规范巡察工作开展。

优化巡察全覆盖的方法路径，全年开展四轮常规巡察，对21个镇街、12个市直单位、48个村居党组织开展巡察，前三轮巡察发现问题282项，梳理出反映领导干部问题线索108条。抓好巡察成果运用，印发《关于进一步规范巡察整改工作的意见（试行）》，以钉钉子精神抓好巡察发现问题的整改督办。对3个镇街组织开展“回头看”，检查整改落实情况，做好巡察“后半篇文章”。制定实施《关于全市村级党组织巡察全覆盖的实施方案》，打通全面从严治党最后一公里。开展扫黑除恶专项巡察，压实市交通局等12个市直单位党组织扫黑除恶重大政治责任，巡察监督的深度和广度不断拓展。

【纪检监察队伍建设】 2018年，东莞市纪检监察系统加强队伍政治建设。班子成员落实抓党建“一岗双责”，落实班子成员对分管干部约谈制度。坚持机构组建和党支部组建同步推进，按照“一室一支部”的原则组建23个党支部，包括委领导在内的242名党员全部编入相应支部。加强党支部规范化建设，开展党支部标准化建设示范点、共产党员先锋岗、模范机关创建活动，各党支部书记向机关党委述职。推进“两学一做”学习教育常态化制度化，推动学思践悟、知行合一。落实意识形态工作责任制，强化意识形态建设。加强思想政治教育工作，建立健全常态化谈心谈话制度，营造讲政治、有活力、能战斗、守纪律的良好氛围。

加强作风和能力建设。制定实施《东莞市纪委监委机关关于切实改进工作作风的实施办法》，召开全市纪检监察系统警示教育大会，以更高标准、更严要求抓好队伍作风建设。深入学习贯彻新党章、新修订的纪律处分条例、监督执纪工作规则，学习贯彻宪法和国家监察法，强化干部教育培训，提高干部依纪依法履职能力。

强化内部监督。贯彻落实《中共广东省纪委、广东省监委领导干部和工作人员九条禁令》。成立机关内审工作委员会，提高委机关物资采购和财务开支的公开度、透明度。强化内部监督，严防“灯下黑”。2018年处置反映纪检监察干部问题线索59条，处理15人次。

【纪检监察机构设置】 2018年，中共东莞市纪律检查委员会和东莞市监察委员会合署办公，履行纪检、监察两项职能，实行一套机构，两个机关名称。机关内设20个内设机构：办公室、组织部、宣传部、党风政风监督室（市人民政府纠正行业不正之风办公室）、信访室（举报中心）、案件监督管理室、第一至第十一纪检监察室、第十二纪检监察室（反腐败国际追逃追赃工作办公室）、第十三纪检监察室（纪检监察干部监督室）、案件审理室。2018年有派驻（出）机构33个。下属1个正处级事业单位：东莞市粤桥山庄管理处。

（廖清平）

附：2018年中共东莞市纪律检查委员会书记、副书记、常委名录

市纪委书记：戚优华
市纪委副书记：吴才华　曾广华　鲁　罡　陈　钊
市纪委常委：戚优华　吴才华　叶柏茂（任至3月）　曾广华　鲁　罡　陈　钊　邓炳华　黄　键　叶鑑波　张卫红　古健康　吴汝涛

附：2018年东莞市监察委员会主任、副主任、委员名录

主　任：戚优华
副主任：吴才华　曾广华　鲁　罡　陈　钊
委　员：邓炳华　黄　键　叶鑑波　黄贵新　温志强　马克刚

民主党派·工商联·人民团体

DEMOCRATIC PARTIES · FEDERATION OF INDUSTRY AND COMMERCE · PEOPLE'S ORGANIZATIONS

松山湖高新区 （袁隆斌 摄）

编辑：苏淑娴 张德全 郭佩文

民主党派·工商联

中国国民党革命委员会东莞市委员会

【民革概况】 截至2018年底，中国国民党革命委员会东莞市委员会（简称民革东莞市委会）有12个支部（其中新成立长安支部），设4个专门工作委员会，党员207人（其中新发展党员8人），主要为医卫、教育和文艺、司法界的中高级知识分子，其中具有中高级职称者159人，占比76.8%，有省人大代表1人，省政协委员1人，市人大代表3人（其中市人大常委会委员1人），市政协委员9人（其中市政协常委2人），市"特约监督员、监察员"4人。

虎门支部被民革广东省委会评为组织工作先进支部，刘蕾被民革广东省委会评为优秀基层组织工作者。

【民革组织宣传】 2018年，民革东莞市委会开展理论研究并参与各项纪念活动，其中《懂政协会协商善议政》《不忘合作初心，继续携手前进》《努力实现中华民族伟大复兴的中国梦》等多篇征文获省市主办单位表彰，何智辉在民革广东省委会纪念中共中央发布"五一口号"70周年和民革成立70周年演讲比赛中获二等奖；探索共建共享、自筹自建等建家之路，建成4个东莞民革党员之家；完善和健全支部年度考核制度，全面开展达标支部、示范支部创建工作；加强人才培养举荐力度，推荐郑祖任为省民革孙中山书画院第五届副院长，沈晨光、谭伟、钟贤春为书画院理事，推荐曾红玲、李湘莹为省民革孙研会第七届理事会理事；开展企业家联谊会筹建工作，制定《民革东莞企业家联谊会章程（草案）》；发布党派工作信息120多期。市委会工作得到民革广东省委

2018年4月8日，民革、农工党东莞市委会联合举办2018年参政议政能力提升班（民革东莞市委会供图）

会的肯定。

【民革参政议政】 2018年，民革东莞市委会征集提案66篇，被市政协立案集体提案14篇，政协委员个人提交提案10余篇，其中《关于城市垃圾分类收集与处理问题的建议》被评为重点督办提案和优秀提案，《关于继续大力发展我市学前教育，积极鼓励普惠性幼儿园发展的建议》被评为优秀提案，《关于推动我市老年卫生保健体系建设与发展，促进健康老龄化逐步实现的建议》《关于加速完善智网建设，鼓励推行“共享停车”的建议》被评为表扬提案；开展课题征集工作，收集调研报告25篇，其中《关于在东莞建设粤港澳大湾区进口快消品交易中心的建议》《关于建立独生子女父母养老政策的建议》等被采用为民革广东省委会提案；参与市委统战部牵头开展的联合大调研活动，由副主委蓝光明带领市各民主党派、无党派人士联合调研组赴松山湖管委会就高端装备制造业发展状况进行调研；暑期座谈会上，主委郑国洪在《加快深莞产业合作，助推粤港澳大湾区建设》发言中，提出加快土地资源整合，提升项目落地能力等措施，得到市领导高度重视。

【民革社会服务】 2018年，民革东莞市委会探索和创新社会服务模式，拓展社会服务范围。开展精准扶贫，每月向病患困难户拨发2000元，派遣民革界别医生为2名患者提供一对一定期诊疗服务；开展助学兴教，赴韶关市为15名贫困学生捐赠助学金和生活、学习用品，为1名先天性白内障女童提供助视器；开展慈善捐助，向党员征集11幅书画作品捐赠虎门慈善会；开展医疗义诊，携手市委统战部在滘联社区举办“保健精准服务、同心帮扶行动”主题活动；与市总工会联合举办系列分享会，由副主委蓝光明担任第一期主讲嘉宾，现场分享医疗急救常识和心肺复苏知识。民革党员投身社会公益，郑耀南带领都市丽人公司捐资5000多万元，纳税22亿元，获“东莞市非公有制企业纳税贡献奖”，刘彦慧被评为东莞市优秀业务技术骨干。

【民革祖统工作】 2018年6月和9月，民革东莞市委会副主委徐波带领祖国统一工作委员会一行先后与厚街台商分会及东城台商协会开展座谈交流，在帮助台商台企解决问题的同时引导他们参与扶贫开发等社会公益活动；7月，主委郑国洪带领祖国统一工作委员会走访厚街台商分会，了解台商台企在新时期转型升级过程中遇到的新问题并提出应对举措，助力台商打破在莞发展瓶颈，寻求新的突破；理工学院支部邀请校内台湾籍教师代表开展联谊交流活动，着重宣传介绍国家、省、市各层面出台的一系列惠台措施，得到校领导肯定。

（林宗辉）

附：2018年中国国民党革命委员会东莞市委员会主要领导名录

主　委：郑国洪

中国民主同盟东莞市委员会

【民盟概况】 截至2018年底，中国民主同盟东莞市委员会（简称民盟东莞市委会）有总支6个，支部20个，专门工作委员会4个，盟员416人，其中新发展盟员35人。盟员中教育界235人，医卫界37人，其他界别144人。担任市政协委员10人（其中市政协副主席1人，市政协常委3人），市人大常委会委员1人，市特约人员6人。

被民盟中央评为“民盟思想宣传工作先进集体”，被民盟广东省委会授予2017年度组织发展工作先进集体一等奖。

【民盟参政议政】 2018年，民盟东莞市委会向市政协十三届二次会议提交集体提案17件，委员提案23件，其中1件被定为市长重点督办提案，3件被定为市政协副主席重点督办提案，获评优秀提案5件，表扬提案1件；参与政协议政厅电台节目1期；向市委统战部、政协报送专题征文7篇，其中1篇获评省政协三等奖，3篇获评优秀征文，2篇获刊登；挑选盟员参与市委统战部组织的市各民主党派、无党派人士联合调研，先后参与市内多场关于《东莞发展高端装备制造业　培育经济增长新支柱》的子课题《城区高端装备制造业的发展状况》的调研。民盟东莞市委会获2017年度民盟广东省参政议政工作优秀成果奖，和反映社情民意信息工作先进集体三等奖。

【民盟社会服务】 2018年，民盟东莞市委会举办9次助学活动，支助贫困学生258人次，在连州慧光中学创建天福爱心图书室；动员盟员响应广东扶贫济困日号召，累计捐款527.3万元；开展1场环保宣传活动进东山小学；为东城朝天实验小学师生送去“创意航模”等科普节目；举办2场写春联送祝福活动；召开多场综合便民活动，推进莞盟“环保行”“普法行”“健康行”社会服务品牌活动，为群众提供法律、医疗咨询和义诊服务等，树立党派形象。

（王雪萍　简锐娅）

附：2018年中国民主同盟东莞市委员会主要领导名录

主　委：程发良

中国民主建国会东莞市委员会

【民建概况】 截至2018年底，中国民主建国会东莞市委员会（简称民建东莞市委会）有总支1个，基层支部9个（其中新成立黄江支部），成员201人，会员主要分布在经济界、教育界和公务员队伍。有民建广东省委会副主委1人、委员1人，有市人大常委会副主任1人、市人大常委会委员2人、市人大代表4人，有市政协常委3人、市政协委员12人。完成东莞理工学院总支部、东莞职业技术学院支部换届工作；莞城、松山湖、金融等支部补选支部主委和委员。

【民建参政议政】 2018年，民建东莞市委会围绕市中心工作参政议政、深入调研、建言献策。关注实体经济发展，开展“我市高端装备制造业发展情况”“跨境电商”“违法用地和违法建设”等多个专题调研，提出意见和建议，供市政府决策作参考；1篇提案、2篇信息被民建中央采用；2篇信息被民建广东省委会采用，2篇提案被评为市政协优秀提案；1篇被采纳为提交省政协大会发言；1篇被全国人大代表和全国政协委员采用；1篇被省政协委员采用。连续第7年被评为省民建参政议政先进集体，7人被评为省参政议政先进个人。

【民建社会服务】 2018年，民建东莞市委会实施社会服务工作品牌战略走向深入。坚持开展“建华课堂”培训活动；打造“同心·思源·环保行”社会服务品牌，开展垃圾分类宣讲；举办“美丽东莞　我是行动者”主题活动，引导社会各界投入垃圾科学分类回收等环保活动，助力美丽东莞建设；市委会主要领导10多次走访会员企业，为会员企业解决困难，给企业带去温暖和鼓励。组织企业家会员13人次参加民建中央“风险投资论坛”和“非公经济论坛”；做好政策宣讲服务，邀请市经信局等职能部门和专业机构为企业详细解读东莞市出台的《进一步扶持非公有制经济高质量发展的若干政策》，为东莞企业加油鼓劲，传递信心。社会服务工作突出，被评为省民建社会服务先进集体。（罗建锋　叶尧斌）

2018年6月28日，民建东莞市委会举行学习贯彻习近平总书记重要讲话精神演讲比赛

（民建东莞市委会供图）

附：2018年中国民主建国会东莞市委员会主要领导名录

主　委：周楚良

中国民主促进会东莞市委员会

【民进概况】 截至2018年底，中国民主促进会东莞市委员会（简称民进东莞市委会）有支部9个（其中新成立长安支部）、专委会7个，有会员178人（其中新发展会员18人）。会员中，教育界96人（高等教育界16人，基础教育界80人），政府及党派机关22人，企业家16人，医卫界11人，法律界7人，文化艺术界6人，出版传媒界3人，公有制经济5人，其他界别12人。具有中高级职称的会员占73.6%。担任市政协副主席1人，市政协常委2人，市政协委员5人，市人大代表3人。

【民进参政议政】 2018年，民进东莞市委会开展参与各类调研近20次，参与会员人数超过60人

2018年1月20日，民进东莞市委会联合松山湖高新区宣传文体局、东莞市开明美术馆在松山湖图书馆西门举行2018“福至松湖，万户迎春”民进艺术家挥春送福活动 （民进东莞市委会供图）

次。向市政协提交集体提案18件，个人提案13件。其中集体提案《关于将东莞打造成粤港澳大湾区科技转化中心的建议》被列为市长督办重点提案，《关于深入推进东莞中子科学城规划建设，参与广深科技创新走廊建设的建议》以及委员个人提案《关于加快慢行系统建设促进城市品质提升的建议》被列为市政协主席会议督办重点提案；5件提案被评为市政协年度优秀提案。3月，主委梁佳沂参加党外人士新春座谈会，就推动东莞高质量发展提出大力推动“三旧”（旧城镇、旧厂房、旧村庄）改造实现城市提升、补齐产业发展短板实现产业提升、优化创新平台化解制约因素、结合民主党派实际发挥党派智库作用等四点建议；5月，中共东莞市委召开党外代表人士座谈会，主委梁佳沂就东莞市的创新发展、产业结构优化以及在松山湖、水乡、滨海湾新区等片区成立统战工作机构等方面提出建议；6月，主委梁佳沂参加市政协领导与市各民主党派、工商联负责人和无党派人士代表座谈会，提出完善镇街政协机关的建议；8月，主委梁佳沂参加市各民主党派负责人暑期座谈会，代表市委会就东莞市参与粤港澳大湾区建设、加快培育新的经济增长点提出建议。12月，主委梁佳沂参加市政协领导与市各民主党派、工商联负责人和无党派人士代表座谈会，对市政协的工作发表意见建议。向民进广东省委会、市政协、市委统战部提交建言献策、社情民意信息43件，被民进广东省委会采用15件，被市委统战部采用7件，其中《关于迅速成立国有控股基金，防止我市民营科技上市公司股票质押风险和控股权旁落的建议》被中共东莞市委办公室采用。4月，民进东莞市委会被评为“2017年度全市统战信息工作良好单位”，会员刘川被评为“2017年度全市统战信息工作先进个人”。

【民进社会服务】 2018年，民进东莞市委会以东莞开明美术馆为社会服务工作品牌，先后在松山湖、寮步镇、塘厦镇、长安镇等镇街、园区举办“庆祝改革开放40周年　走进新时代——民进艺术家走进塘厦系列展‘瓷之意’2018中国·景德镇陶瓷艺术展”“‘浓墨重彩　吾国吾家’2018民进艺术家王穗英　曾光伉俪画展”“跨海长虹——陈许港珠澳大桥主题油画展”等10场展览，并举办多场艺术讲座，在基层营造良好的社会主义文化氛围。加强会外资源整合，与东莞市博士创业促进会共同举办博士论坛、大学生创业论坛、东莞创新论坛等活动，邀请多位专家、学者、企业家在东莞市开设“激情创业”“项目管理实战”等系列讲座，为创业者、大学生提供经验指导，启发创业思维，提高创业能力，为东莞留住人才，助力转型升级作出贡献。 （黄建英）

附：2018年中国民主促进会东莞市委员会主要领导名录

主　委：梁佳沂

中国农工民主党东莞市委员会

【农工党概况】 截至2018年底，中国农工民主党东莞市委员会（简称农工党东莞市委会）有支部委员会4个、基层支部10个、工作委员会2个和专门委员会5个，有党员294人（其中新发展党员25人）。党员中，医药卫生界有162名、人口资源和生态环境界有18名、教育界有45名、其他界别有69名。担任省政协委员1名、市人大代表8名、市政协委员11名（政协常委3名）、镇人大代表4名。

【农工党参政议政】 2018年，农工党东莞市委会完善《市委会参政议政工作委员会工作规程》；将专委会数量从3个增加至5个；与民革东莞市委会联合在复旦大学举办骨干党员参政议政能力提升班；举办题为《撰写高质量提案的思考与探讨》专题讲座。牵头开展各民主党派联合调研课题“关于东莞发展高端装备制造业，培育经济增长新支柱的研究”，调研报告得到市委、市政府高度重视，得到市委书记批示；在市委十六届全会一次全体会议报告征求意见座谈会上，建议报告增加“健全中小企业人才评价机制”“全面推行垃圾分类”等表述，所提建议得到不同程度采纳。在各民主党派负责人暑期座谈会上，作“大力推进城市更新，助推城市品质提升”的建议发言。在市政协全会上，提出“以‘质量强市’为抓手，促进我市供给质量提高的建议”的大会发言，并通过“抢唛（话筒）发言”，呼吁由市委、市政府主导AED（自动体外除颤仪）的推广普及。党员政协委员参加政协议政厅，围绕提案“关于改善公共卫生服务，打造‘健康高地’”与职能部门一起探讨提案办理。向市政协提交集体提案16件，个人提案11件，向省政协提交个人提案1件，向市人大提交代表建议11件。集体提案《关于引进藏医药诊疗服务的建议》，个人提案《关于加快推进我市VOCs治理的建议》和《关于成立东莞市老年护理院的建议》获市政协优秀提案表彰。集体提案《关于加强东莞市雨水资源利用的建议》获市政协表扬提案表彰。向省委会、市政协、市委统战部提交动态类信息122件，建议类信息56件。建议类信息获广东省委会采纳5件。市委统战部采纳的建议类信息7件，报省委统战部4件。其中《关于打造国际性高水平期刊的建议》被广东省委会采纳为提交全国政协的个人提案。被评为“全市统战信息工作优秀单位”，获全市统战系统信息工作先进个人称号2人。在广东省政协理论文章评选中，获三等奖1篇，优秀奖2篇。

【农工党社会服务】　2018年，农工党东莞市委会开展“同心助医”品牌活动。与中共东莞市委统战部联合前往万江街道滘联社区为村民开展“广东扶贫济困日暨东莞慈善日”义诊咨询活动，组织医疗专家参与市委统战部联合各民主党派共同开展“保健精准服务，同心帮扶行动”。在莞城中心小学为六年级学生开展青春期生理卫生知识讲座。在东城敬老院试点开展“提高长者安全照护项目”宣讲活动等。开展疼痛专科义诊宣传活动。联合举办心理健康团体辅导活动以及口腔保健、“科学孕育，快乐分娩”等健康讲座。参与上级农工党组织的“大方县同心圆博爱家园精准扶贫项目”和同心圆工程援建基金的筹措工作。开展“环保东莞行”服务活动。参与举办“东莞职业技术学院第一届环保文化节”，内容包括“环境污染与保护”专题讲座以及“爱回收——环保在身边”废旧物品回收竞赛。开展“关爱地球，保护生态环境”“美丽中国，我是行动者”徒步宣传活动等。开展“法律讲堂”服务活动，在东莞理工学院设立“法律讲堂”社会服务基地，举行讲座6场，2000多人参加。

【第一届环保文化节】　2018年11月5日至12月5日，“东莞职业技术学院第一届环保文化节”在东莞职业技术学院举行。活动由东莞职业技术学院、农工党东莞市委会共同发起，由东莞职业技术学院崇德书院、农工党东莞职业技术学院支部、农工党东莞理工学院支部承办。开展“爱回收——环保在身边”废旧物品回收竞赛、环保知识竞赛、手绘环保袋活动、环保知识讲座等一系列环保活动，得到全校师生热烈响应。全校有242名志愿者、958个宿舍参与，有4020名学生报名参加活动，回收废旧物资3.5吨。（余润熹）

附：2018年中国农工民主党东莞市委员会主要领导名录

主　委：李光霞

中国致公党东莞市委员会

【致公党概况】　截至2018年底，中国致公党东莞市委员会（简称致公党东莞市委会）有基层支部14个，党员205人（其中新发展党员26人）。党员中有归侨7人，侨眷侨属25人，港澳台属16人，留学及访问学者15人，其他有海外关系的72人。党员中界别分布以科教文卫为主体，其中教育界62人，新社会阶层42人，医疗卫生界37人，政府机关干部26人。具有中高级职称的人数142人。有市政协副主席1人，市政协常委2人，市政协委员8人，市人大常委会委员1人（河南南阳），市人大代表2人。

【致公党参政议政】　2018年，致公党东莞市委会组织开展多次专题教育活动，6月，赴泉州华侨大学开展第三期“致泉州，探海丝”培训；7月，组织开展党章、党史知识竞答比赛；8月，组织骨干党员到福建龙岩新罗区委党校开展专题培训；11月，开展“学习十九大，弘扬好传统”致公讲堂活动，邀请致公党广东省委会原专职副主委谢慈庭为全体党员进行授课。在市政协十三届二次会议期间提交党派提案12件，个人提案14件。其中，5件被评为优秀提案，4件被评为表扬提案。向致公党广东省委会申报调研课题13篇，全部获得立项。《关于加快推进珠三角内河航运发展、助力粤港澳大湾区建设的建议》《关于积极推进沙角电厂产业扶贫转移，助力粤港澳大湾区建设的建议》《建议进一步推进粤港澳大湾区政务服务互联互通》被致公党广东省委会评选为参政议政优秀成果，《关于加快我省网络空间安全产业发展的建议》以社情民意信息的形式被致公党中央采用。向市委统战部申报3篇统战调研课题。课题《构建亲清新型政商关系的内在要求和边界研究》获评为东莞市统战理论政策研究创新成果三等奖。开展专题调研，学习先进经验，协助致公党广东省委会专职副主委黄小彪一行到麻涌镇开展“乡村振兴”专题调研；协助致公党广东省委会机关厅级领导、原专职副主委吴毅带队的“粤港澳大湾区重大科技基础设施协同”专题调研；参与调研座谈会，向由全国政协常委、港澳台侨委员会副主任、原安全部部长耿惠昌带队的“如何发挥华侨华人在国家海外利益保护中的作用”调研组建言献策等。作为子课题负责单位，在2018年市各民主党派、知联会联合调研中，通过组织参政议政骨干到洪梅镇、望牛墩镇走访当地企业，掌握相关材料，并形成相关报告，为调研报告《关于东莞发展高端装备制造业，培育经济增长新支柱的研究》的完成作出贡献。调研成果获得市委书记梁维东等市领导高度评价，为东莞争当全省实现“四个走在全国前列”排头兵发挥新型政党制度的优势和作用。向致公党广东省委会报送工作信息47条，向市委统战部报送工作信息64条，其中建言献策类信息20条，向市政协报送工作信息42条。

【致公党联谊工作】 2018年1月，致公党东莞市委会携手市侨联、世界东莞社团联合总会等，在东莞市体育中心举办“东侨智谷杯”四地足球友谊赛。促进海内外莞籍乡亲及社团的交流联谊，团结海内外莞籍乡亲，增进广大海外莞籍乡亲对东莞市改革开放以来所取得成果的了解，更好地服务于国家“一带一路”建设。致公党海南省委会、中山大学总支先后到东莞市参观交流；东莞理工学院城市学院支部与华南理工大学支部结成友好支部；广东致公书画院创作基地在东莞市挂牌，有效拓展对外联络的途径和方向。

【致公党社会服务】 2018年，致公党东莞市委会以社会服务工作委员会为平台多次组织开展各类探访自梳女活动，了解老人们生活近况及诉求，主动搜集自梳女相关资料、物件，从中发掘、保护自梳女文化，指导、协助常平镇政府组建东莞自梳女陈列馆。11月8日，自梳女陈列馆开馆仪式在常平镇举行，市侨联党组书记、主席陈志超，常平镇党委书记刘裕昌等出席开馆仪式。

以东莞市侨联（致公党）法律顾问委员会为平台在东坑镇开展侨法下乡活动，通过现场派发侨法宣传资料、提供法律咨询服务、接受侨界群众来访等方式，为当地的侨眷和侨属普及《归侨侨眷权益保护法》，增强维权意识，营造学侨法用侨法氛围。12月4日，与市委统战部开展“12·4”侨法宣传，受到群众欢迎，获中央电视台新闻频道的专题报道。

1月，在虎门镇新湾开展“迎新春，送春联”活动，为当地老人送春联，并走访当地贫困户，传达致公品牌的关心和祝福，受到群众欢迎。8月，组织骨干党员、党员子女开展莞乡情社会实践活动，通过参观科普教育基地——松山湖生态科普馆和中国散裂中子源以及本土代表性企业，增进对东莞本土优秀企业的了解和对东莞本土的归属感。 （王文青）

附：2018年中国致公党东莞市委员会主要领导名录

主任委员：陈树良

九三学社东莞市委员会

【九三学社概况】 截至2018年底，九三学社东莞市委员会有支社11个，其中年内在南城街道、东城街道、莞城街道成立支社；专门工作委员会6个。社员215人（其中新发展社员30人、转入社员1人、转出社员2人），社员中科学技术界67人、医药卫生界63人、高等教育界38人、新的社会阶层22人、其他界别25人。有省人大代表1人；省政协委员1人；市人大代表3人，其中市人大常委会委员1人；市政协委员7人，其中市政协常委2人；市政协特邀人士2人。

【九三学社参政议政】 2018年，九三学社东莞市委会社员参与省两会、市两会，向市政协十三届二次会议提交市委会提案12件、委员提案18件，其中被列为重点督办提案4件，被评为优秀提案5件，被评为表扬提案1件。参加有中共东莞市委领导出席的政党协商会4次，东莞市委常委、市委宣传部部长杨晓棠与周爱军主委面对面交流1次。8月，暑期座谈会向中共东莞市委提出建议《关于全面加强执行力建设的建议》，推动市委出台《中共东莞市委关于深入推进新时代新担当新作为　全面加强执行力建设的意见》。参与东莞市民主党派联合调研《东莞发展高端装备制造业　培育经济增长新支柱的研究》。承接完成社省委深调研课题《发展民宿经济建设美丽乡村研究》。向社省委提交参政议政课题8份。承接完成社省委思想建设课题《新时代中国特色社会主义参政党的历史使命认知研究》。向市政协提交报告《发挥政协在推进精准扶贫、精准脱贫中的作用》，获省政协系统“深入开展习近平总书记关于加强和改进人民政协工作的重要思想学习研讨活动”论文评选优秀奖。向市委统战部提交统战理论调研课题6份，3份获奖。反映社情民意，先后就大湾区建设、产业升级、科技创新、交通规划、城乡统筹、医疗卫生、文化教育等社会热点发表评论，提出应对方法或建议，向市委统战部提交建议类信息23篇，其中被市委统战部采用7条，经市委统战部报省委统战部7条，被市委办采用1条，获2018年全市统战信息工作优秀单位。

【九三学社社会服务】 2018年4月17日，九三学社东莞市委会在莞城中心小学分校举行“东莞市环保科普公益行”活动；8月29日，在市科技馆举办《水与生活》科普讲座；10月23日，赴虎门镇成才实验学校举行“保护环境　从我做起”环保知识讲座，并组织环保游戏活动；12月5日，在科学技术博物馆举办“大气与人类”科普讲座。推进基层医疗服务，先后10多次到企事业单位、小区等开展“中医文化与四时养生”讲座；与中国

2018年1月17—20日，九三学社东莞市委会社员参加东莞市“两会”（九三学社东莞市委会供图）

科学院云计算中心健康产业研究院合作开展“健康专题系列讲座”6期；4月22日，在“美丽东莞共建共享”文化环保公益徒步活动上提供免费健康咨询服务；11月4日，在第二届东莞市中小学生观鸟比赛活动中提供免费健康义诊服务；12月11日，赴虎门镇东方明珠幼儿园举行“学龄前儿童常见体质及膳食调理”讲座。助力精准扶贫，参与东莞市各民主党派和市知联会对口帮扶滘联社区疾病困难家庭活动，协助对口帮扶疾病困难家庭2户，每月资助每户医药费1000元，安排2名医生社员与困难病患结对帮扶；12月25日，参与统战部“保健精准服务、同心帮扶行动”到困难病患家中慰问；5月11日，联合其他民主党派前往粤北山区贫困村——乐昌市黄圃镇应山村开展扶贫助学活动。（卢力森）

附：2018年九三学社东莞市委员会主要领导名录

主　委：周爱军

东莞市工商业联合会

【工商联概况】　截至2018年底，东莞市工商联（总商会）有团体会员155家，其中镇街商会32家、异地商会73家、行业协会50家，比上年增长16%，会员3.5万名。会员中，有全国人大代表1人；省工商联副主席2人，常委3人，执委8人；市人大代表43人；市政协委员118人。

【光彩事业】　2018年，东莞市工商联（总商会）开展理想信念教育光彩行活动。6月，组织企业家赴韶关考察莞韶产业园，开展莞韶对口帮扶活动。8月20—23日，组织20多家镇街商会会长赴广西壮族自治区平南县、广东省信宜市开展扶贫和光彩事业活动；发动企业参与“广东扶贫济困红棉杯”申报工作；开展市内扶贫帮困工作，重点帮扶对象是石排镇田寮村，春节、中秋等传统佳节前组织人员开展帮扶送温暖慰问活动，支持田寮村进行唐卡厂加建工程项目，发动各基层商会、企业家参与市扶贫济困日活动。

【政企交流】　2018年，东莞市工商联（总商会）发挥桥梁纽带作用，畅通政企沟通渠道。3月，市委副书记、代市长肖亚非率队到市工商联召开改善营商环境座谈会。4月，市委书记梁维东、市长肖亚非一行再次到工商联召开调研座谈，就企业家反映的问题形成书面报告上报市委、市政府及各职能部门。11月，协助市委、市政府召开全市非公经济代表人士座谈会及全市非公经济工作会议。12月，由东莞市委、市政府主办，市委统战部、市工商联指导，世界莞商联合会承办的以“砥砺前行四十载·匠心筑梦续辉煌”为主题2018世界莞商大会在广东东莞召开，国家、省、市领导和嘉宾，海内外莞商、莞籍华侨代表，省内外工商联、商协会代表，以及知名企业代表1200多人参加会议，大会表彰10名“优秀青年莞商”。组织企业家分别与发改局、科技局、环保局等职能部门座谈，听取东莞市具有代表性的大型企业集团对东莞市制定扶持总部经济发展相关政策的意见和建议。各基层商会发挥桥梁纽带作用，组织会员企业开展大量政企沟通活动。

【对外交流】　2018年，东莞市工商联（总商会）组织会员企业参与各类博览会、洽谈会，如五家渠市投资环境推介会和喀什地区招商引资推介会、第二十三届澳门国际贸易投资展览会、西藏林芝参加“林洽会”、第十五届中国—东盟博览会电力能源展、海博会、青年莞商精英交流会，为企业交流联谊和“走出去”牵线搭桥。

【会员服务】　2018年，东莞市工商联（总商会）组织成立一支专业的法律顾问、专家团队，与司法部门合作，为遭遇法律问题的会员企业靠前服务，组织开展法律维权工作。11月，揭牌成立东莞市浙江商会人民调解委员会，协助商会调解企业间争议。多次组织商协会参加各类法律培训与法务论坛，加强与各商协会联络员沟通，进一步畅通维权信息收集渠道。

【参政议政】　2018年，东莞市工商联（总商会）组织数十名大企业参与改善营商环境的调研，将企业家的相关意见建议整理上报；完成民间投资政策第三方评估调研，亲清政商关系及中美贸易摩擦对东莞企业的影响等调研工作并形成调研报告；按照省工商联要求，推动建立全市民营企业调查点工作，发动近百家企业注册入库；上半年开展上规模民营企业调研排序工作，推荐上规模民营企业参与“中国民营企业500强”“广东省百强民营企业”评比活动。

【基层商会建设】 2018年，东莞市工商联（总商会）组织召开东莞市、清远市、肇庆市三地工商联基层组织建设交流座谈会，组织100多名企业家参会。在开展“五好”镇街工商联建设的基础上，开展广东省“四好”商会评比创建工作，推荐指导5家商协会参与申报，其中1家在开展全国工商联“四好”商会申报工作。加强工商联信息工作及信息员队伍建设。起草《关于建立工商联信息员队伍的工作方案》和《东莞市工商联信息员工作考评和奖励办法》，8月底召开市工商联系统信息员工作会议，扩大基层信息员队伍覆盖面，提高信息质量，明确信息工作考评奖励机制。（林玉婷）

【世界莞商联合会】 截至2018年底，世界莞商联合会有会员993名。

西欧、夏威夷分会相继成立 当地时间2018年9月8日，西欧莞商联合会成立仪式在德国杜塞尔多夫举行。祖籍东莞市塘厦镇莞商叶森担任西欧分会会长。成立仪式上，中国驻杜塞尔多夫总领事冯海阳，东莞市委书记梁维东，市委常委、副市长张冠梓，世界莞商联合会会长尹洪卫，西欧莞商联合会会长叶森、副会长Helmut Schwesig共同为西欧莞商联合会揭牌。

当地时间10月26日，美国夏威夷莞商联合会成立仪式在夏威夷檀香山市举行。美国夏威夷莞商联合会有创会会员50余人，会员行业组成丰富，祖籍东莞市虎门镇王抗生担任夏威夷分会会长。该会是太平洋地区首个成立的莞商分会。

2018年9月8日，西欧莞商联合会成立仪式在德国杜塞尔多夫举行
（世界莞商联合会供图）

第九次会员大会召开 12月13日，世界莞商联合会第九次会员大会召开。莞商会会员以及来自澳大利亚、加拿大、美国旧金山湾区、西欧、马来西亚、夏威夷等分会莞商代表700多人参加。市委常委、统战部部长陈志伟到会指导作讲话。会议审议通过《东莞世界莞商联合会2018年度工作报告》《关于东莞世界莞商联合会2018年度财务决算的报告》《关于东莞世界莞商联合会2019年度财务预算的报告》《关于〈东莞世界莞商联合会章程〉的修订案》《关于东莞世界莞商联合会第二届理事会增补、调整成员及团体会员的议案》等系列文件。

莞民投集团 莞民投成立一周年，充实人才，加强团队建设，深入研究战略，拓展项目投资，寻求各方面合作。响应市委、市政府的产业发展战略，引领会员企业聚力发展，分别在南城街道、常平镇、凤岗镇、茶山镇、石排镇等镇街布局产业投资项目；与市政府合作投资15亿元，成立40亿元的倍增计划产业并购母基金；成立东莞民投产城投资集团有限公司，承载莞民投在产业发展、产融建设方面的发展，并与金融投资板块叠加优势、协同发展。（莫柳婵）

附：2018年东莞市工商业联合会（总商会）主要领导名录

党组书记：梁应昌
主　　席：莫浩棠

附：2018年世界莞商联合会主要领导名录

会　　长：尹洪卫

人民团体

东莞市总工会

【工会概况】 截至2018年底，东莞市工会组织有镇（街道）总工会33家、市直属工联会32家、市直属单位工会35家、省属单位工会30家，全市各级工会组织6.13万家（其中基层工会2.12万家），工会会员378.26万人。

【工会改革】 2018年，东莞市总工会紧扣改革主线，深入基层一线开展工会干部队伍建设、工会经费收缴等七大调研，对照35项改革事项和65项重点任务，推动工会改革逐项落实，为加强全市工会干部队伍建设提供决策依据。召开市总工会十五届四次全委会，增补多名来自基层一线的委员和常委，市总工会增设兼职副主席3名和挂职副部长3名，镇街总工会增设兼职副主席2名，拓宽工会干部来源渠道，为工会工作注入新活力。

【建会攻坚行动】 2018年，东莞市总工会推进百人以上企业建会集中攻坚行动，成立专项行动领导小组及专项督导小组，建立市、镇街、村（社区）三级工会联动机制，联合市、镇街两级税务、人社、政法、商务、经信等部门，形成部门密切配合建会工作合力，推动企业依法建会。截至年底，攻坚行动取得明显实效，全市492家百人以上企业中，完成建会企业472家，占任务数的96%，正在建会企业2家，占任务数的0.4%，有意向建会企业7家，占任务数的1.4%，进一步提升企业特别是规模以上企业工会组织覆盖面，建会率在珠三角九市中名列第一。

【工会基层建设】 2018年，东莞市总工会开展“三新”（新技术、新业态、新模式）领域从业群体专题调研，推进货车司机、快递员等重点群体入会工作，实现工会更大范围的组织覆盖。推进“三个一批”（建成一批、开工一批、储备一批）建设，新建成10个省级示范点，轨道交通综合体、华为终端总部等4个省重点工程项目通过“建设者之家”验收。开展争创模范职工之家、争做职工群众信赖“娘家人”活动，推动工会组织的规范化建设，全市创建市合格职工之家330家，望牛墩葛天那等4家工会被评为全国模范职工之家。

【工会维权主业】 2018年，东莞市各级工会突出主责主业，做好新形势下的职工维权维稳工作。

建立“法院＋工会”诉调服务平台 联合市中院开展诉调对接工作，建立移送调解、特邀调解、协助调解的一站式服务平台，把调解合力覆盖到劳动争议全过程。

完善源头预防机制 牵头召开“三方四家”构建和谐劳动关系商讨会，落实劳动关系三方协商机制，协助各级党政做好职工就业培训、劳动关系处置、社保转续等“稳就业”工作，从源头上预防和化解劳资矛盾。

依法推进企事业单位民主管理 推进企业民主管理工作，加强职代会规范化法治化建设，承办全省民主管理经验交流会，东江水务被评为全国民主管理先进单位，京滨汽车电喷装置有限公司、虎彩印刷有限公司被评为全省民主管理突出单位。

加强工会法律服务 派驻工会律师到各级先锋号值班，通过法律咨询、代写文书、代理仲裁等形式，为3000多名职工提供法律援助，挽回经济损失398万元。深入企业开展法律宣讲会110场，向13万名一线职工及基层工会干部普及劳动法律法规，引导广大职工遵法守法，营造共建共治共享社会治理格局。

【“先锋号”职工服务网络建设】 2018年，东莞市总工会推进工会基层阵地建设，指导验收11个镇（街）、10个村（社区、工业园区）和13家企业先锋号职工服务中心完成建设。截至年底，全市建成各级先锋号职工服务中心145个，其中市级1个、镇级31个、村（社区、工业园区）级28个、企业级85个，完善市、镇、村、企四级服务网络。各级“先锋号”上下联动，开展技能培训、心理关爱和“小候鸟”等活动547场，服务职工41万人次，东城健康直通车、横沥爱心阁、常平职工家庭成长等项目“工”味突出，深受职工好评。建立志愿者服务分队43支，开展志愿者培训8场，有志愿者1952人，比上年增加635人。心灵驿站跟进开展心理健康讲座76场，惠及人数6645人。各先锋号活动累次服务职工2.29万人次。

【工会“送温暖”系列活动】 2018年，东莞市总工会以“春送技能、夏送清凉、金秋助学、冬送温暖、心理关爱”等工会品牌服务活动为载体，做好职工帮扶工作。成立城市困难职工解困脱困工作领导小组，为707户困难职工建档立卡，筹措资金185.8万元，用于大病、助学、生活等帮扶救助。拓宽工会互助保障覆盖面，新增近10万职工参加互助保障计划，为1600多名住院职工发放保障金265.1万

2018年4月25日，东莞市庆祝“五一”国际劳动节大会在市会议大厦举行。图为市委书记梁维东（前排右一）、市长肖亚非（右二）等领导会见受表彰的先进个人和先进集体代表 （市总工会供图）

2018年11月24日，2018年“安康杯”安全生产知识竞赛在高埗镇举行 （市总工会供图）

元，工会救助帮扶呈现常态化、长效化新局面。

【劳模精神弘扬】 2018年，东莞市总工会召开庆“五一”大会，表彰33个国家级、省级先进集体和个人，动员和激励全市劳动者以劳动模范为榜样。争取市委、市政府支持，明确恢复市劳模评选，劳模协会完成换届，劳模管理服务工作取得新进展。刘台芳劳模创新工作室被评为省级创新工作室，杨晓光、何玉成被评为省“南粤工匠”，劳模品牌、工匠品牌进一步叫响做实。

【工会劳动竞赛】 2018年，东莞市总工会贯彻落实《新时期产业工人队伍建设改革方案》，围绕转型升级和“倍增计划”，市、镇两级工会举办电工、叉车、电子商务等各类劳动竞赛34场，直接参赛人员达3500人。挖掘行业人才组队到香港参加粤港澳大湾区首届职业技能劳动竞赛，勇夺3金3银成绩。

【职工安全生产】 2018年，东莞市总工会在全市范围内组织工伤预防及职业病防治知识培训班33期，对各级工会主席和企业安全专管员进行轮训，培训5000多人次，发放培训资料5000多份，有效提高职工安全意识。各级工会发动和组织企业开展竞赛活动，向省总工会推荐竞赛活动组织积极、开展效果好的代表性企业，参加全国“安康杯”竞赛活动。组织全市2656家企业开展“安康杯”竞赛，参赛职工人数66.32万人，参赛企业、参赛职工人数排全省前列。

【文化宫服务品牌】 2018年，东莞市工人文化宫全年接待服务职工群众超过36万人次（电影院19万人次、书城8万人次、其他场馆9万人次），比上年增长133%；近11万名职工群众参加各类文化体育活动，各类公益惠民活动得到社会好评。

文化宫品牌活动 开展各类公益培训班，全年举办培训5期，吸引5.6万名职工参与报名，超过1.3万名职工及职工子女受惠。举办“职工素质提升分享会”，引入市文联、民革东莞市委会、人民医院、东华医院等新合作伙伴，提高活动内容的广度深度，举办分享会32期，比上年增长220%，7140名职工参与活动。举办“壮阔东江潮·奋进新时代”“中国梦·劳动美”“虎门风·翰墨情”等主题的职工书画展览、东莞名家书画创作教学活动和书画鉴赏分享会等系列活动，丰富职工群众的文化生活。举办暑期职工亲子培训班，吸引1100多个职工家庭参与。通过工人书城举办读书分享会、新书发布会、读书沙龙和作家见面会等各类活动35期，吸引近4000名职工群众参与。深化职工书屋建设，推动职工读书活动进基层进班组，市工人书城、东城温塘先锋号被评为全国职工书屋示范点。

“莞工社”公益项目上线 创新推动“莞工社”（即“东莞工会职工服务社团”）项目建设，筹建和培育一支“莞工社”下属志愿服务团队，通过由企业工会协助选拔，由文化宫有针对性地将企业中一些综合素质比较好、有意参与公益活动的职工培育成为在各自企业开展职工文化活动的骨干力量，并通过他们培育孵化出职工的兴趣小组和活动小组开展职工活动。通过“社—队—组”三级的架构，利用社会服务和志愿服务的管理模式，有效激活工会服务职工的自我造血功能，近4万名职工参与其中。

（陈颖芝）

附：2018年东莞市总工会主要领导名录

党组书记、主席：陈锡江

中国共产主义青年团东莞市委员会

【共青团概况】 2018年，东莞市有共青团员22.46万人，其中学生团员16.72万人，占全市共青团员总数的74.44%；有基层团委242个，其中一级团委93个（镇街团委32个，厂局团委35个，市属一级学校团委26个），二级团委150个［学校团委97个，村（社区）团委8个，其他45个］，基层团总支774个，团支部1.13万个。

共青团东莞市委被共青团广东省委评为广东共青团先进单位，全市获团中央、团省委表彰的先进集体15个、先进个人55名。

【基层团组织建设】 2018年，共青团东莞市委以"命脉工程"为抓手，整治软弱涣散基层团组织。推动"智慧团建"工作，在系统上录入已建团组织1.24万个、团干2.11万人，完善组织树生态，初步实现对团支部和团干部的全覆盖。联合市委组织部开展2018年全市村（社区）团组织集中换届，村（社区）"两委"成员兼任团组织书记占63%，比换届前增加143名。推动东莞市13所省级"红领巾示范校"成立学校少工委，初中和民办学校100%建立少先队，全市少先队标准化建设达标率82%。推动《东莞市贯彻落实〈广东共青团改革方案〉实施意见》在基层落地落实，在专职团干部配备上，配备镇街专职团干部157名；各镇街基本保证配备2名或以上的团属社工，基层团组织的工作力量得到增强。

【习近平总书记系列重要讲话精神学习宣传贯彻】 2018年，共青团东莞市委推动各级团组织深入宣传贯彻落实习近平总书记"7·2"重要讲话精神和习近平总书记视察广东重要讲话精神，开展"不忘初心、牢记使命"主题教育，邀请中央团校教授开展专题培训班，对全市近200名专职团干部进行专门培训。全市全面常态开展"青年大学习"主题活动2570场次，全市团干部讲党团课3000多场次，在高校、中学团校平台开展专题团课400多场次。深入市青联、市青企协、青年志愿者组织中开展专题宣讲会，覆盖团员青年3.1万人次。通过微信、微博、"青年之声"等网络阵地发布主题宣传259条，全网阅读量80多万人次。

【"网上共青团"建设】 2018年，共青团东莞市委与东莞阳光网、东莞市网络文化协会等9家互联网企业签订东莞青年网络新媒体框架合作协议。建立以"青春东莞"为核心的东莞共青团网络新媒体矩阵，45个基层团委加入矩阵。"青春东莞"全年阅读量288万人次，数次在全国地市级团组织微信公众号影响力周榜、月榜中排名前十，在全省年度考核中排名第二。

【青年思想引领】 2018年，共青团东莞市委以改革开放40周年和东莞升格地级市30周年为契机，宣传展示改革开放的历史进程、伟大成就和宝贵经验。结合东莞市"技能人才之都"建设战略，推出"莞青·匠心"东莞优秀青年技能人才专访系列活动，专访原创文章及视频全网点击量18万人次；结合"3·5"学雷锋纪念日，举办"美丽东莞·我是雷锋"线上体验活动，参与人数近9万人次。推进网络舆论引导，结合热点话题、敏感事件发出共青团声音、体现共青团态度、展现共青团作为。

【团/队干部教育管理】 2018年，共青团东莞市委推动全市中学（中职）全面建立团校，选树11所"东莞市中学示范团校"。推动学校团队干部培训纳入市教育局师资培训体系，出台东莞市团校教学指引。举办第二届少先队辅导员技能大赛，对全市130多名少先队辅导员骨干进行培训，提升学校团队干部素质能力。

【青年就业创业促进】 2018年，共青团东莞市委举办"东城杯"东莞市青年创新创业大赛，发动莞港澳约500个青年创业项目报名参赛，协助推进全市港澳青年创业基地建设，吸引香港、澳门等地青年来莞创业。深化"展翅计划"行动，开发高质量实习岗位近4000个，举办岗前培训班、交流会、座谈会110多场。

【青年人才服务】 2018年，共青团东莞市委联合市委组织部、市人力资源局出台《东莞市青年人才启航计划实施办法》，建立青年人才引进培育机制，打造青年人才"蓄水池"。擦亮市青年人才成长促进会品牌，新发展莞籍青年人才服务基地8家，深化莞籍青年灯光会、迎新会等品牌活动，开展大学生社会实践活动300多场次，举办大学生社会实践活动项目大赛，选树一批新时代基层社会实践精品项目。

【新生代产业工人学历技能提升】 2018年，共青团东莞市委持续开展东莞市"圆梦计划"，报名人数8800多人，继续资助2000名新生代产业工人读大学，报名人数、资助人数位均居全省第一。举办政策宣讲会33场，入驻企业开展实地宣传200多场次，通过与腾讯合作开展朋友圈定向推送等方式创新渠道宣传，"圆梦计划"信息宣传量达100万次，扩大项目覆盖面和影响力。

【莞港澳青少年交流】 2018年，共青团东莞市委加强与港澳青年社团的长期合作交流，推动莞港青年交流促进会完成换届，开展莞港青年交流项目30多个，"鼓动星扬""信暖工程""同根同心"等系列活动影响力不断提升，联系服务青年1500多人，凝聚港澳地区青年投身粤港澳大湾区建设。

【青年文明号创建】 2018年，共青团东莞市委围绕“创建新时代，莞青新作为”主题，创建申报国家级青年文明号2个、省级青年文明号6个、市级青年文明号29个，推动以创建促管理、以创建促服务、以创建促创新、以创建促团建，创建工作经验获上级肯定。

【青少年权益维护】 2018年，共青团东莞市委协同市预青组相关成员单位开展“百名青年律师百场青少年法律服务”活动500多场次、青少年毒品预防教育300多场次，覆盖青少年9万多人次；依托“莞香花”和“12355”热线推进线上线下青少年服务，通过“青少年驻所帮扶计划”、社区矫正青少年帮教行动，全年累计开展法律维权、心理辅导、志愿服务等专业社会工作帮教活动3500多场次，“12355”线上服务1万多人次。

【精准脱贫攻坚】 2018年，共青团东莞市委整合资源，开展“以爱结盟·大爱援疆”助学活动，向新疆图木舒克市捐赠医疗、体育文娱物资37万元。发动100名青联委员与新疆图木舒克市100名贫困学子结对“认亲”；开展“涉农产业合作交流会暨揭阳市农村青年致富带头人领头雁综合培训”，落实“千校万岗·大学生就业帮扶”工作，助力打赢脱贫攻坚战。

【关爱困境青少年群体】 2018年，共青团东莞市委围绕“美丽乡村”建设，对口帮扶高埗镇三联村。创新开展“微心愿”活动，为百名在莞家庭经济困难少年儿童实现愿望。承办省第九届留守少年儿童东莞市福彩夏令营活动，开展福彩育苗计划、“南粤会亲”、希望工程助学公益行等，精准帮扶600多名在莞困难学生和弱势少儿。

【东莞“志愿之城”建设】 2018年，共青团东莞市委首次承办2018年“益苗计划”——广东志愿服务组织成长扶持行动暨志愿服务项目大赛，推动中国志交会落地东莞。全市100个志愿服务项目踊跃报名参加，25个项目获省级示范项目或重点培育项目，数量居全省第一；全市多个项目入围中国青年志愿服务项目大赛，取得1金3银1铜成绩。推动各类志愿服务组织围绕生态文明建设、助力脱贫攻坚、弘扬时代新风等多种主题开展志愿服务活动。推广应用“i志愿”系统，全市注册志愿者总数101.8万人，志愿服务组织及团体8300个，全市志愿者志愿服务时长超过2400万小时。完善志愿者培训激励体系，加强志愿服务讲师队伍建设，提升志愿服务水平。

【第三届“最美南粤少年”活动】 2018年3月20日至6月1日，共青团广东省委联合举办以“践行核心价值观 争当南粤好少年”为主题的第三届“最美南粤少年”活动。东莞市活动由共青团东莞市委、市文明办、市学联、市少工委联合举办，全市494所学校1.03万名学生参与。经学校、镇级、市级评审，评选出27名“最美莞邑少年”，推荐57名品学兼优的中小学生参加省级评选。熊俊淇、龙俊霖、黄文娟等3名学生获第三届“最美南粤少年”称号，丁俊希、许楚婕、梁家杰、石头、赖声洋、秦菲悦6名学生获第三届“最美南粤少年”提名奖。 （李诗韵）

附：2018年中国共产主义青年团东莞市委员会主要领导名录

书　记：李亚鹏

东莞市获“2018—2019年度广东省优秀共青团员、优秀共青团干部、百佳团支部书记”名单

获评名称	姓名	工作单位、职务
广东省优秀共青团员	彭易傲寒	东莞市财政局虎门分局科员
	卢静怡（女）	东莞市东坑镇妇联社工
	李琪雅（女）	广东创新科技职业学院艺术设计系服装设计专业2017级1班学生
	李彩燕（女）	东莞市樟木头镇政府办事员
	梁创豪	东莞理工学院教育学院（师范学院）社会体育指导与管理专业2015级3班学生
	陈　冲（女）	东莞理工学院城市学院外语系商务英语专业2016级5班学生
	曹舒瑶（女）	广东科技学院财经学院财务管理专业本科2016级1班学生
	陈满成	东莞市虎门镇南栅社区农林水利办副主任
	苏晓雅（女）	东莞市乐雅社会工作服务中心一线社工
	张沛英	东莞市税务局谢岗分局办事员
	丁文卿（女）	东莞市樟木头镇政府党政办科员
	黄佳俊	北京师范大学东莞石竹附属学校体育教师

续表

获评名称	姓名	工作单位、职务
广东省优秀共青团员	李梓君（女）	东莞市茶山医院护师
	吴　煜	广东创新科技职业学院财经学院市场营销2017级3班学生
	李　俊	东莞理工学院生态环境与建筑工程学院工程管理专业2016级2班学生
	郑润廷	东莞理工学院计算机与网络安全学院计算机科学与技术专业2016级5班学生
	黄　萍（女）	东莞市光明中学高二2班学生
	陈嘉和	东莞市东莞中学高二17班学生
	吴沛坚（女）	东莞市东莞外国语学校高二7班学生
	孙　蕾（女）	东莞市清溪镇清溪中学初三16班学生
	苏　希（女）	东莞市东莞实验中学高二12班学生
	黄锦锐	东莞市第六高级中学高二6班学生
	刘靖曦	东莞市松山湖实验中学初三1班学生
	刘　畅（女）	东莞市沙田实验中学初三8班学生
	李学森	东莞市东莞中学高二18班学生
	郭珊珊（女）	东莞市厚街镇竹溪中学初三8班学生
	张柳长	东莞市第七高级中学初三8班学生
	林泽鹏	东莞市第七高级中学初二1班学生
	曹子昕（女）	东莞市万江中学高一8班学生
	林浩楠	东莞市经济贸易学校电子商务专业2017级13班学生
	刘国邦	东莞市技师学院东城学院汽车钣金2016级201班学生
	李蕙妤（女）	东莞市东莞市商业学校学前教育专业2016级3+2班学生
	徐千淇（女）	东莞市经济贸易学校电子商务专业12班学生
	张晓荷（女）	东莞市技师学院东城学院汽车营销2017级201班学生
	田贵川	东莞市商业学校艺术专业2017级动漫1班学生
	郑淑芬（女）	东莞市东莞理工学校财经专业2017级电子商务1班学生
广东省优秀共青团干部	姚惠发	团东莞市委组织部部长
	向萍萍（女）	东莞市科学技术博物馆团总支书记
	刘淑娴（女）	东莞市道滘镇团委副书记
	叶小敏（女）	东莞市东城街道团委书记
	刁帅敏	国家税务总局东莞市税务局税团总支书记
	卢夏儿（女）	东莞市公安局团委书记
	朱银杰	广东省东莞监狱团委书记
	范　军	东莞职业技术学院校团委副书记
	王文然	东莞市东莞中学松山湖学校团委书记
	陈伟峰	东莞市公安局厚街分局团支部副书记
	邓国鸿	东莞市石排镇团委副书记
	吴滨松	东莞市塘厦中学团委书记
	叶剑钊	东莞市石碣镇水南村团支部书记
	李　瑶（女）	东莞理工学院城市学院团委书记
	冯　欢（女）	广东唯美陶瓷有限公司营销团支部书记
	胡鹏飞	东莞市南城阳光实验中学团支部书记
	莫静雯（女）	东莞市第五高级中学团委书记

续表

获评名称	姓名	工作单位、职务
广东省优秀共青团干部	谢　妍（女）	东莞市樟木头镇团委团干
广东省百佳团支部书记	郑小文（女）	东莞市商业学校团支部书记
	曾栩杰	东莞市石碣袁崇焕小学团支部书记

东莞市获“2018—2019年度广东省五四红旗团委（标兵）和五四红旗团支部（标兵）”名单

获评名称	获评单位
广东省五四红旗团委标兵	东莞市东城街道团委
广东省五四红旗团委	东莞市厚街镇团委
	东莞市樟木头镇团委
	东莞市凤岗镇团委
	东莞市常平镇团委
广东省五四红旗团支部标兵	东莞市石排镇下沙村团总支
广东省五四红旗团支部	东莞市滨海湾新区机关团支部
	东莞市交通运输局中堂分局团支部
	东莞华晶粉末冶金有限公司团支部
	东莞市石排镇下沙村团总支部
	东莞市大岭山镇水朗村团支部
	东莞市麻涌镇大步村团总支
	东莞市大朗镇社区卫生服务中心团支部
	东莞市塘厦镇石潭埔社区团支部
	东莞市常平镇常平科技园团支部
	东莞市第六人民医院团支部
	东莞市税务局石排税务分局团支部

东莞市妇女联合会

【妇联概况】　截至2018年底，东莞市妇女联合会（简称东莞市妇联）有镇街妇联32个、园区妇联1个、村（社区）妇联592个。全市建有妇女维权与信息服务站6个、基层“妇女之家”777个、白玉兰家庭服务中心（室）116个，白玉兰创业就业服务中心32个、妇女创业孵化平台15个、白玉兰家事人民调解委员会32个。

10月30日至11月2日，东莞市妇联党组书记、主席卢英，广东法制盛邦（东莞）律师事务所管委会委员、高级合伙人叶小玉，东莞市天安数码城有限公司总经理助理、公司工会主席、东莞市天安数码城妇女联合会主席包昕等3名妇女代表赴北京市参加中国妇女第十二次全国代表大会。12月27日，东莞市妇女儿童活动中心新校址举行动工典礼。

【妇联改革深化】　2018年，东莞市妇联全面落实《东莞市贯彻落实〈广东省妇联改革方案〉实施意见》的改革部署，完成19项改革任务，其中镇街妇联区域化建设、市妇联机关部门职能调整、专兼挂干部队伍建设等4项工作走在全省前列。打造旗帜鲜明、服务丰富、互动融合的“网上妇女之家”，建设一支8333人的专业化网宣员队伍，“东莞女性”稳居全国地市妇联微信公众号排行榜前十名。

【大学习大宣讲深调研活动】　2018年，东莞市妇联通过班子带头“领学”，举办镇街妇联主席（执委）培训班、基层妇联干部培训班，依托“东莞女性讲坛”，组织市直机关妇委会干部集中开展《党的十九大报告》《习近平谈治国理政》等五个专题学习等，引导广大妇联干部旗帜鲜明讲政治，自觉用新思想武装头脑、指导实践、推动工作。依托基层“妇女之家”，举办“莞邑巾帼大宣讲”200多场，结合改革开放40周年，组织开展“说说我家这些年”征文、“白玉兰微电影”大赛等形式多样的活动。围绕充分发挥妇女代表作用，在全国率先建立“妇女代表工作室”32个，常态化为妇女群众排忧解难办实事，推动解决妇女实际困难249宗，全国妇联《妇工要情》专题推介东莞市经验做法。率先探索“妇女之家”进小区。围绕加快新领域新阶层妇联组织建设，在天安数码城、大朗毛织市场率先建立新领域妇联。

【党建引领作用突出】 2018年，东莞市妇联坚持把政治建设摆在首要位置，突出党建引领，强化党建带妇建。市妇联党总支机关党支部（组联发展部党小组）被市直工委评为2018年市直机关共产党员先锋岗示范岗。市妇联党总支机关党支部被市直工委评为2018年市直机关党支部标准化建设示范点。市妇联党总支部（妇联机关党支部）的巾帼心向党讲学堂被市直工委评为“机关党员讲学课堂”优秀品牌。市妇联党总支部的“童心成长 温暖同行”爱心父母大联盟案例和市妇联党总支部（机关第二幼儿园党支部）的“我心向党”案例被评为2018年市直机关主题党日优秀案例。

【妇女创业创新】 2018年，东莞市妇联连续第二年举办庆“三八”全市各界妇女代表座谈会。参与粤港澳妇女创业创新大赛。实施“倍增计划巾帼行动”，组织女企业家赴佛山市、江门市等地开展考察学习活动。女性法人企业入选市“倍增计划”35家、入选镇街“倍增计划”116家。举办妇女创业技能培训班425期，参训妇女1.54万人次。举办“妇女创业集市”63场，推介妇女创业成果1844个。推广妇女小额创业贷款，帮助4827名妇女及家庭获得9.12亿元贴息贷款。实施精准脱贫妇女之家“金点子”项目，推动46个项目落地实施，帮助贫困妇女增收216万元。培育妇字号示范基地，国方医药东坑铁皮石斛种植基地获评省“巾帼创业示范基地”，全市省级“巾帼创业示范基地”增至9个、市级示范基地43个。全市新增省巾帼文明岗12个。

【家庭文明建设】 *参与平安东莞建设* 2018年，东莞市妇联连续第二年推动“平安家庭”建设纳入市政府民生十件实事。开展平安文化宣传教育进机关、进社区、进学校、进企业活动，举办平安知识讲座934场、平安家庭工作坊504期、生命体验馆教学活动128期。制作儿童“四防”教育视频，全市86.84%在校中小学生集中学习“四防”安全知识。将儿童心理健康教育纳入“平安家庭”建设项目，实施家暴目睹儿童干预计划，开展儿童心理健康培训158期，直接受益儿童3082人。与公安、法院、司法等部门建立“民转刑”命案防范联动机制，深入排查婚姻家庭纠纷，及早化解重大矛盾隐患。走进戒毒所开展关爱戒毒妇女活动。

家庭文明建设试点 联合市文明办推动64个村（社区）全方位建设家庭文明示范社区。常态化开展寻找“最美家庭”活动，举办各类“最美家庭”分享活动1000多场，设立“最美家庭”光荣榜573个，寻找出“最美家庭”4271户，其中15户入选全国、省“最美家庭”。开展家庭文明进机关巡展，引导机关干部在家庭文明建设中发挥模范带头作用。在东莞地铁2号线打造“家庭文明专列”，向广大乘客宣传展示东莞好家风好家训。

家庭教育工作推进 连续第8年开展“千场家庭教育大讲堂进社区”活动。推广“家长持证上岗”项目。举办“书香飘万家”亲子阅读活动，选树市级“书香家庭”52户、省级“书香家庭”1户。深化儿童友好社区建设，创建省儿童友好示范社区4个、广东十大“最美儿童之家”1个。

【妇女儿童合法权益维护】 2018年，东莞市妇联落实妇联主席定期接访制度，举办基层妇女民生座谈会。联合综治、公安、法院建立反家庭暴力联动机制，制定《东莞市家庭暴力案件联动处理实施意见》，形成反家暴工作合力。与市中级人民法院建立家事调查员制度，组建首批84名家事调查员队伍，协助法院开展家事案件调查24件。举办“三八”维权周活动，编撰《东莞市妇女儿童维权案例评析》，开展全媒体多渠道宣传普及，引导广大妇女运用法律武器维护自身权益。举办维权业务培训班，提升妇联干部依法维权能力。全市妇联系统处理维权信访案件2777件。

【妇女儿童规划实施】 2018年，东莞市妇联对妇女规划4个指标、儿童规划8个指标目标进行调整，确保妇女儿童发展与全市经济社会发展协调同步。开展中小学性别平等教育试点工作，确定东莞中学、莞城中心小学等8所中小学校为试点学校，莞城街道、寮步镇为试点镇街。推动儿童乳牙龋病综合干预项目实施，免费为13.4万名小学生进行口腔检查，为8.41万人实施窝沟封闭，为8.22万名幼儿园儿童进行口腔检查和局部涂氟。开展村（社区）“两委”女性后备培养对象摸底调查，推荐女性后备培养对象1167人。

【关爱妇女儿童社会力量凝聚】 2018年，东莞市妇联投入261万元扶持公益创投项目84个，带动社会组织参与巾帼关爱工作。筹集28.74万元，精准帮扶困境儿童及单亲特困母亲家庭304户。开展“爱心父母大联盟”品牌活动，发动4609名爱心父母与3932名困境儿童结对助学助教助养。实施“小福象阳光计划”，联合广东小飞象艺术剧团邀请1000名困境儿童走进影剧院免费观看儿童剧。联合市科技博物馆举办“免费周”活动，让2260名儿童免费参观科学知识展览。连续第12年开展关爱东莞女工系列活动。

【妇联交流】 2018年，东莞市妇联相继应邀参加香港各届妇女联合协进会2018春茗联欢大会、澳门妇联第十六届“妇女体育嘉年华”系列活动、香港各界妇女庆祝三八国际妇女节酒会、香港“巾帼耀香江”庆祝三八国际妇女节暨成立十周年会庆音乐会、香港岛妇女联会庆祝三八国际妇女节本会成立13周年及第五届委员就职典礼暨“开心同行”活动启动礼、香港深圳社团总会妇女委员会庆祝香港回归21周年暨香港深圳社团总会妇女委员会第二届优秀父母颁奖典礼、澳门纪念“改革开放40周年暨粤港澳大湾区妇女组织发展论坛”等活动。四川省妇联、阳江市妇联、广州市南沙区妇联、山东省德州市妇联、新疆生产建设兵团妇联、四川省凉山州妇联等到莞交流考察，加强互学互鉴。 （龙江波）

附：2018年东莞市妇女联合会主要领导名录

党组书记、主席：卢 英

东莞市科学技术协会

【科协概况】 东莞市科学技术协会（简称东莞市科协）下辖东莞科学馆、东莞科技进修学院、东莞市科技咨询服务中心（东莞市科普中心）、东莞市翻译服务中心（东莞市对外科技交流中心）等4个事业单位。截至2018年底，东莞市科协九届委员会委员181人，所属组织包括78个学会（协会、研究会）、33个镇（街、园区）科协、226家企业科协、2家高校科协。

【创新驱动助力工程】 2018年，东莞市科协利用中国科协“创新驱动助力工程示范市”的优势，加大与国家级科技社团和科研机构的对接，加强引进院士团队等高端智力资源和技术项目资源。组织院士专家企业行活动，收集全市30余家高新企业的技术支持需求资料，与广东院士联合会合作，联系对接6名院士走访5家企业。组织学会、企业代表前往北京、西安、成都、武汉对接多家全国学会和有关科研机构，促成科技项目的合作与优秀人才的引进。指导市水产学会与中国水产学会开展技术服务合作，中国自动化学会与广东佳禾科技股份有限公司建立吴澄院士工作站，中国电子学会与市电线电缆协会设立科技服务站和培训基地。

【“科技东莞”工程项目评审】 2018年，东莞市科协升级“科技东莞”工程项目专家评审系统，优化评审流程。其工程项目专家评审二期系统的评审专家邀约采用语音系统邀约为主、人工为辅的方式，实现系统无纸化操作。新增专家566人，在库专家5659人。完成31个专项36轮次2361份申报材料的评审任务，为市倍增办、市经信局、市科技局等部门推荐专家9批383人。

【院士咨询委员会工作】 2018年，东莞市科协推动以市政府办公室文件印发《东莞市发展战略院士咨询委员会总体实施方案》，明确院士咨询委员会组织架构，确定委员会办公室放在市科协。举办2018年院士咨询委员会年会，何镜堂、陈和生、方滨兴等13名院士及3名院士代表参加，市长肖亚非，副市长黎军出席。肖亚非为第二批9名院士委员颁发聘书，至2018年底，院士咨询委员会院士委员增至29人。举办2018年东莞市院士专家科技创新成果展，共展出22项院士及专家团队在莞落地的科技成果。

【院士工作站建设】 2018年，东莞市科协根据修订的《东莞市院士工作站建设管理暂行办法》，对第四批院士工作站开展评审，并启动第五批东莞市院士工作站的申报和材料初审，同时组织开展前三批院士工作站的绩效考核。经市政府同意，新建东莞市院士工作站6家，由副市长黎军在2018年院士年会上授牌。

【海外引智】 2018年，东莞市科协开展以引智为目的的对外科技交流活动，组织相关人员随省科协赴德国、荷兰、比利时开展科技交流，赴日本开展海智引才活动。走访广东长盈精密技术有限公司等50家本地企业，对接韩中科学技术合作中心等20多家外事机构。新建东莞市海智工作站2个，协助东莞松山湖中集智谷产业园、东莞市优赛诺知识产权服务有限公司申报广东省海智工作站。

2018年12月28日，东莞市科学技术协会第九次代表大会在东莞市会议大厦召开 （市科协供图）

【学术交流】 2018年，东莞市科协聚焦产业发展的瓶颈问题，组织举办2018智能终端产业论坛、2018移动终端产业高峰论坛暨亚太区智能手机智造技术及结构件展览会等高层次学术交流活动，争取中国国际复合材料科技产业大会落户东莞，为学术研讨创造良好条件。邀请行业专家、海内外学者讲授国内外先进技术理念及可借鉴的经验，指导开展创新论坛10场，新建科技服务站9个。

【科技工作者服务】 2018年，东莞市科协资助188名科技工作者职称晋升，其中晋升正高24人，副高164人。开展2018年东莞市优秀科技工作者评选工作，收到符合要求的申请52份。继续开展科技人才健康检查资助服务，为2300名符合条件的科技工作者提供此项服务。开展“全国科技工作者日”活动，深入7个镇街7个企业基层科协组织开展慰问，与一线科技人员座谈交流。

【企业科技服务】 2018年，东莞市科协在全市企业一线科技工作者中推广新技术新方法，开展创新方法普及培训班4期，培训人数250人次。举办9期专业技术人员公需课培训，培训人数3700人次。组织开展2018年优秀科技论文、优秀科技建议、优秀金桥工程评选。组织各学会及镇街科协推荐第二十一届中国科协求是杰出青年成果转化奖候选人等项目。出版《东莞科技》杂志4期，通过多种途径扩大科技工作者学术交流平台。

【科协组织建设】 2018年，东莞市科协召开第九次代表大会，省科协，市几套班子领导，市直有关单位、镇街负责人，兄弟科协主席，大会代表、嘉宾等约500人参会。大会选举产生市科协新一届领导班子。制定《东莞市科协进一步完善提升基层科协组织力“3+1”工作实施方案》，并督导有关镇街科协完成机制健全工作。对市科协所属学会进行分类管理和指导。与社会组织管理局保持积极沟通，明确业务主管单位管理对象范围、职责内容、审批事项等，发挥业务主管单位作用，做好学会的统筹和调研。 （叶志洪）

附：2018年东莞市科学技术协会主要领导名录

党组书记、主席：李文峰

东莞市归国华侨联合会

【侨联概况】 截至2018年底，东莞市归国华侨联合会（简称东莞市侨联）有镇街侨联32个、下属新侨组织2个、侨联法律咨询机构1个、村（居）侨联小组592个、侨留会分会8个，有会员6000余人；东莞市侨界省人大代表1人，市人大代表12人、市政协委员13人（常委3人）。

东莞市侨联党组书记、主席陈志超当选第十届中国侨联委员会委员。东莞市侨联获“全国侨联系统先进组织”称号，陈志超获“全国侨联系统先进个人”称号，李忠红、罗梓少、张文军、赵淦森等获“全国归侨侨眷先进个人”称号。

【组织建设】 2018年2月7日，东莞市委办印发《东莞市贯彻落实〈广东省侨联改革方案〉实施意见》。4月11日，东莞市委常委、统战部部长骆招群，市侨联党组书记、主席陈志超等接待安徽省侨联调研组，双方围绕着“党建带侨建”、基层侨联建设等方面展开讨论。4月17日，召开“党建带侨建”工作具体布置和讲解会议，全市各镇（街道）、村（社区）三级侨联全体基层干部640多人参加会议；截至6月30日，32个镇街侨联和592个村（居）侨联小组完成挂牌，28个镇街及80多个村社区挂上“归侨侨眷活动中心”牌匾，全市“党建带侨建”组织架构完成。6月9日，东莞市侨联归国留学人员联谊会在东莞市行政办事中心召开三届一次理事会，会议选举产生第三届会长会成员。6月10—14日，组织全市镇街侨联干部40多人在上海交通大学举办全市侨联干部综合能力素质提升培训班。7月20日，东莞市侨留会厚街分会成立。洪梅镇、东城街道、塘厦镇、万江街道、谢岗镇、寮步镇等镇街侨联先后完成换届工作。

【经济建设】 2018年3月15日，广东省侨联党组成员、副主席戴文威等领导到东侨智谷产业园调研新侨创新创业基地建设发展情况时，对东莞市侨联参与东侨智谷产业园的建设，为新侨创新创业搭建平台，给予高度评价。11—12月，在全市各镇（街道）开展侨资企业情况摸查核实工作，为东莞市各级侨联精准服务侨资企业提供可行性资料；12月8—9日，联合市侨留会邀请香港青年考察团来莞，开展主题为“寻找湾区商区大湾区重点城市东莞考察”的活动，引导港澳青年社团合作参与粤港澳大湾区建设。

【为侨服务】 2018年3月，东莞市侨联促成香港爱国乡贤何耀棣博士签订“2019年度东莞籍实践毕业生升读高中何泽芸先生奖助学金”和“2019—2021年度东莞市初中联考何耀棣先生优才奖”等2个奖助学金，奖助金300万元。7月3日，联合市直工委、市侨联党支部送法下乡，与东坑镇侨联开展侨法宣传活动暨市侨联“两学一做”党员服务活动。推荐1名青年侨眷为省人大代表。

【宣传联络】 2018年，东莞市侨联建立海外社团信息基本数据库。其中可联系国外莞籍社团47个，国外非莞籍社团28个，联系港澳社团66个。

1月27—28日，在东莞市体育中心举办“东侨智谷杯”足球友谊赛，来自马来西亚和中国香港地区、中国澳门地区的莞籍青年球队参加比赛；6月28日，专门召开侨联海外顾问、荣誉主席座谈会，共商侨联发展大计。春节期间，联合今日东莞英文网、东莞阳光网举办主题为“四海莞邑情，同庆中国年”2018莞籍华侨华人及海外友人网络大拜年活动；4月20—21日，中国侨联副主席康晓萍一行4人在广东省侨联秘书长曹堪宏等陪同下到东莞市，就东莞侨界文化建设、东莞侨联基层组织建设和改革落实情况、东莞侨界科技人才工作情况进行调研，市委副书记张科，市委常委、统战部部长骆招群，东莞侨联党组书记、主席陈志超陪同调研；暑假期间，组织全市各中小学校参加第十九届世界华人学生作文大赛，推荐作品中有243篇征文获奖，东莞市侨联获得第十九届世界华人学生作文大赛组织优秀奖；11月8日，由市侨联、致公党东莞市委会和常平镇联合多个镇街侨联一起筹建的“东莞自梳女陈列馆”对外开放；12月15—16日，市侨联协助广东省侨联和东莞市政府联合举办“2018海峡两岸暨港澳”客家山歌（东莞·凤岗）邀请赛暨第六届客侨文化节。

（潘伟强）

附：2018年东莞市归国华侨联合会主要领导名录

党组书记、主席：陈志超

东莞市文学艺术界联合会

【文联概况】 2018年，东莞市文学艺术界联合会（简称东莞市文联）开展东莞文艺名家“送欢乐、下基层”系列展演文艺活动，“文艺志愿服务”百名书家进校园公益活动，“送欢乐、下基层”曲艺专场、民间文艺专场、朗诵专场、音乐专场、舞蹈专场等系列活动，文艺轻骑兵摄影、曲艺活动走进社区、企业、学校和军营，以及“粤剧欢乐周”巡演送戏下乡活动等。组织开展第二届“袁崇焕杯”全国书法大赛、东莞市第二届“东莞好”诗书画印创作大赛、“大美东莞”系列采风写生活动；组织举办新中国成立70周年东莞原创歌曲征集比赛、第十三届文化名城征文比赛、“可园杯”东莞市青少年硬笔书法大赛、广东省客家新民歌征集比赛；组织协调第三届“魅力东莞”影视作品征集，“发现东莞非遗之美”凤凰摄影双年展，莞城优秀摄影作品展，第八届“魅力南城”摄影大赛，“风雅南城”第八届文学征文，“大美石碣”袁崇焕诗词书法创作邀请展，“旗峰论诗”系列讲座，大沙田诗歌沙龙，万江龙舟文化、祠堂文化文学创作采风，市楹协名园景观楹联创作（华阳湖、松山湖等），企石千年秋枫文化节，凤岗兴贤诗会，麻涌《莫伯治传》文学采风活动，“爱我黄江”散文大赛。

【文艺创作】 2018年，东莞市文联组织举行国内文艺名家系列互动交流活动，举办第二届东莞校园文学创作大赛，推进东莞名作家进校园、东莞校园文艺作品征集等活动，推动校园文学的普及和提升。协调组织第七届东莞“荷花文学奖”评审、《一抹沧桑》广播剧创作录制活动，组织东莞劳动者文学现象研讨会、东莞青年文学理论家艺术沙龙、中国作家第一村文学论见（第二季）、松湖名家文化沙龙、名家书画作品展等。

【文艺培训】 2018年，东莞市文联实施常态化的文艺培训工程，策划实施东莞青年文艺英才培育计划、东莞青年作家训练营、第八届全国名刊改稿会、东莞青年美术书法培训、松山湖文艺人才交流周、东莞粤剧曲艺艺术讲堂、长安青少年摄影训练营等活动。

【文艺传承】 2018年，东莞市文联为东莞文艺门类编史（含文学史、艺术史），筹备编辑《东莞美术史》，启动编辑《东莞书法史》《东莞篆刻史》，开展东莞历史人文研究调查，组织首届东莞市剪纸艺术作品展、“粤韵飘香”粤剧专场演出、东莞传统美食评选、寻找东莞最美宗祠活动等。

【文艺惠民】 2018年，东莞市文联组织开展文艺惠民活动，重点组织文艺采风和志愿服务，如“诵读经典传承文明”经典名篇朗诵会进校园活动，樟木头镇文艺轻骑兵走进广东省儿童救助中心、迎国庆二十三乐坊红歌快闪系列活动，桥头镇诗歌进校园、中小学生小小说培训活动，万江小作家培训以及凤岗客家山歌进课堂等。

【文艺基地建设】 2018年，东莞市文联鼓励国家级会员到乡村设置工作室，组织第二批东莞文艺名家工作室、“东莞人民艺术讲习堂”和东莞文艺家“到人民中去”服务基地的申报认定工作。启动“中国文艺名家驻创计划”，探索建立中国文学名家驻创基地（中心），发挥樟木头中国作家第一村、中国（东莞）劳动者文学创作基地等本土文艺创作机构在弘扬区域文艺优势、打造特色文艺品牌、培养基层文艺人才、推动基层文艺繁荣等方面的重要作用，推动文联各类文艺创作基地和东莞文艺名家工作室等平台发展。（许晓雯）

附：2018年东莞市文学艺术界联合会主要领导名录

党组书记：潘朝明（任至9月）
　　　　　陈　玺（9月到任）
主席、文学艺术院院长：周汉标

东莞市残疾人联合会

【残联概况】 2018年，东莞市加强残疾人组织建设，召开东莞市残疾人联合会第七次代表大会，大会选举产生新一届领导班子，为东莞市残疾人事业发展奠定更加坚实的组织基础。建成32个镇街残疾人康复就业服务中心（简称康就中心），对康就中心发放运作经费补贴、学员补贴，同时通过督导和评估，引导康就中心扩大服务量和提升服务质量；发放康就中心运作补贴1534.59万元和学员补贴315.9万元，就近就便为5222人次残疾人实现辅助性就业，帮助123名残疾人实现支持性就业；组织专家对民办康复机构进行评审，对26个符合条件民办残疾人康复机构发放补助285万元；组织82天特教老师培训，培训人员2974人次，提升民办康复机构的服务能力；组织全市500多名专职委员及工作人员开展培训活动，完成对全市4.24万名残疾人基本服务状况和需求的动态更新调查工作，为残疾人工作提供有效的数据支撑。

【残疾人基本生活保障】 2018年，东莞市聚焦民生保障，改善残疾人生活状况，落实各项补助政策。为3.64万名非低保残疾人发放元旦春节物价补贴3203.64万元，为3.63万名残疾人发放临时价格补贴319.82万元；为4.49万名持证户籍残疾人发放残疾津贴1.01亿元；为2.36万名残疾人发放医保补助1469.56万元；为3402户“一户多残”困难家庭发放一次性生活补助1020.6万元；为42名户籍困难残疾人提供大病、重病医疗救助27.8万元。

【残疾人康复】 2018年，东莞市加强残疾人康复，制定并出台《东莞市残疾人精准康复服务定点机构管理工作办法（试行）》，建立长效工作机制，完善精准康复机构的规范化管理；为827名残疾人提供3.43万人次居家康复服务；对全市1.4万名精神病患者进行监护，为5206名精神病患者提供免费服药、辅助检查和随访等服务，对781名发病精神病患者及时送院进行治疗；实施残疾人精准康复服务行动，有康复服务需求的人数12534人，其中有12514人获得康复服务，康复服务率99.84%，辅助器具适配率99.74%，建档立卡贫困人口服务率100.00%，因病致（返）贫服务率100.00%，所有四项指标均全省排名第一。市康复医院接诊门诊患者1.69万人次，收治住院康复患者430人次，为全市7410名残疾人进行免费体检；为2280名残疾人适配2566件辅具，为262户困难残疾人家庭进行无障碍改造，为100多名盲人提供定向行走训练；为258人次残疾人提供寄宿制托养服务。

2018年6月15日，东莞市残疾人联合会第七次代表大会召开

（市残联供图）

【残疾人教育扶贫】 2018年，东莞市加强教育和扶贫力度。为383名残疾学生及残疾人家庭子女发放教育资助140.2万元；30家民办残疾人康复机构为1000多名残疾儿童开展康复教育服务，为625名符合条件的在民办康复机构接受康复服务的特殊儿童少年发放补助1240万元；市玉兰实验幼儿园为包含15名特殊儿童在内的157名儿童提供融合教育服务；市康复实验学校高中职业教育开办；市特殊幼儿中心举办孤独症儿童教育教学研讨会，吸引来自全国各地500多名残疾人事业工作者参加学习；做好残疾高考学生的申报、跟踪服务工作，帮助16名残疾考生被高校录取。落实市定点帮扶资金30万元，帮助五星村南园幼儿园加强基础设施建设；定期组织单位中层干部到五星村走访慰问低保困难家庭，帮助4户帮扶家庭实现脱贫。

【残疾人培训与就业】 2018年，东莞市依法保障残疾人劳动就业权益，有4609家用人单位按比例安排残疾人就业1.16万人，组织残疾人专场招聘会19场，为残疾人提供就业岗位367个；举办市、镇技能培训班74期，培训残疾人2138人次。

【残疾人文化体育活动】 2018年，东莞市大力宣传残疾人事业，各类媒体刊登残疾人事业相关新闻报道50多篇，市残联网站发布信息848篇；《东莞新闻》播出电视手语新闻104期；播出《爱心有约》残疾人专题节目52期；出版《东莞残疾人》内部刊物6期。注重丰富残疾人文体生活，开展东莞“心目影院”志愿者讲电影活动21场；组织开展东莞市第二十八次全国助残日活动，首次采用网络直播的形式把活动的开展情况传递出去，吸引10.1万名市民通过手机网络观看；组织开展第二次全国残疾预防日户外徒步活动，营造全社会重视残疾预防、防范致残风险的氛围；开展东莞市残联成立三十周年征文

2018年8月30日，在广东省第八届残疾人运动会自行车男子H5级70千米大组赛中，东莞市残疾人运动员刘强利（前）与王广会（后）分别获得该项目中的第一名和第二名 （市残联供图）

活动；组织开展第六届残疾人风采大赛，吸引600多名残疾人参加。在广东省第八届残疾人运动会上以1270分的成绩夺得团体总分第一名，并获得130枚奖牌，位居金牌榜第一名、奖牌榜第一名，9人次打破14项省残运会纪录，巩固和延续第七届省残运会的优异成绩；在第三届亚洲残疾人运动会上获7金6银4铜，刷新东莞市参加亚残运会历史成绩，彰显东莞市残疾人竞技体育发展的新高度；在全国第十届残疾人运动会自行车比赛中获得19金3银；承办2018年全国盲人柔道锦标赛，获2金1铜；举办东莞市第五期残疾人体育健身指导员师资培训班，累计培养340名基层指导员。

【残疾人权益维护】 2018年，东莞市维护残疾人权益，接待处理来信来访120多人次，接待处理电话信访3500多人次；启动新办证系统，办理残疾人证4463个，新办、补办残疾人爱心乘车卡811张；落实45名户籍残疾人驾驶证市财政补贴4.68万元，残疾人合法权益得到保障。 （王辰晨）

附：2018年东莞市残疾人联合会执行理事会主要领导名录

理事长：冉红宇

东莞市红十字会

【红十字会概况】 截至2018年底，东莞市红十字会设办公室、赈济部、事业发展部、培训中心；核定编制5名，有工作人员26名；红十字志愿者总人数超过5400名。履行《中华人民共和国红十字会法》赋予职责，开展“三救三献”（救灾、救助、救护，无偿献血、造血干细胞和遗体、人体器官捐献）与志愿服务核心业务，完成应急救护培训10.4万人次；募集捐款41万余元、物资价值17万余元。召开第一届理事会四次会议，审议通过《2017年工作报告》及《2017年度接收捐赠款（物）使用情况报告》，优化理事会结构，增补、更换部分理事成员，新增6名来自企业界理事成员。

【应急救护培训】 2018年，东莞市连续第五年把普及性应急救护培训纳入“市政府十件民生实事”，全年完成应急救护培训10.4万人次，历年累计51.4万人次，其中经红十字专职师资培训有36.5万人次，按全市人口834.3万人计算，约占4.4%，远高于全国1.2%平均水平。推广自动体外除颤仪（AED）工作，在市老干部活动中心、东江纵队纪念馆、南城市民办事大厅等公共场所新增设自动体外除颤仪11台。

【生命安全体验馆建设】 2018年，东莞市红十字会生命安全体验馆完善各项基础设施建设，创新管理机制，由志愿者承担讲解任务，采取“精细讲解、充分体验”教学模式，让体验者在体验过程中掌握逃生避险的知识技能，吸引社会各界组团预约体验，省内外多地红十字会前来参观交流。开班281场、宣教1.05万人次。

【社会救助】 2018年，东莞市红十字会重大疾病救助项目和郭言小巨人爱心资助项目救助患儿42名，拨付救助金49.1万元；开展小天使基金救助项目初审和资料报送工作；为社会关注的烧伤儿童蔡某专项募集善款2.8万元，帮助其渡过治疗难关；开展“博爱送万家”活动，为172户（人）困难群众送上价值近7万元慰问物资；开展“暮年阳光”项目，慰问、陪伴贫困独居老人，根据需要，提供价值5000多元日常生活用品；爱心营养午餐项目资助广东医科大学贫困大学生90名，拨付款项6.3万元；援助云南省红十字会价值10.86万元物资；援助云南省昭通市红十字会价值约20万元物资；援助韶关市南雄县黄田村扶贫款10.28万元；资助普宁市蓬和村贫困学生助学款1.5万元。

【无偿献血】 2018年，东莞市红十字会组织红十字无偿献血志愿服务队参加活动3400多人次，为东莞市临床用血100%来自无偿献血提供有力保障，助力东莞市连续9次获广东省无偿献血先进城市称号。

【造血干细胞捐献】 2018年，东莞市红十字会完成造血干细胞捐献6例，历年累计完成捐献43例，均列全省地市首位；全年为中华骨髓

2018年10月28日，东莞市红十字会联合共青团广东医科大学第二临床医学院委员会举办2018年东莞市高校红十字生命自救大赛

（市红十字会供图）

库提供入库资料703人份。代表广东省参加全国中华骨髓库交流会，“红会主导，血站采样，志愿者全程参与”东莞模式受普遍肯定。工作站连续第6年被评为“广东省造血干细胞捐献工作先进工作站”。

【志愿服务】 2018年，东莞市红十字会动员红十字志愿者参加活动4.93万人次，志愿服务时间9.76万小时，服务市民141万人次，比上年增长258.3%。红十字救护队、红十字水上救援大队为市新年环城跑、中国龙舟公开赛（麻涌站）等50多场大型活动提供保障服务，服务市民10万人次；“少年强”宣教项目走进中小学校，宣教学生8043人次；水上安全知识宣教项目，在24所小学宣教2.14万人次；生命安全宣教项目宣教1.05万人次；连续第九年举办春节鲜花义卖活动，为困难大学生爱心营养午餐项目筹集善款；成立“红十字水上救援训练中心”，为红十字志愿者水上救援训练提供基础保障；与广东医科大学举办“东莞市高校红十字生命自救大赛”，吸引全市6所高校、200多支队伍、近1200名大学生参赛，有效地在青少年中传播人道理念和应急救护知识；举办东莞市第一届民间救援队交流会，与东莞市莞狮救援队、蓝天救援队、救援辅助协会和山地救援队等达成资源整合、信息共享等合作意向，为更深层次的合作打下良好基础；体验馆宣教志愿服务项目“人生必修课”，获得第四届中国青年志愿服务项目大赛铜奖、省“益苗计划”示范项目奖、市“益苗计划”银奖。少年强项目获得总会志愿服务项目发展计划的重点培育二类项目，项目志愿者受邀在全国红十字志愿服务工作会议上推广东莞经验。志愿者刘建江在人道救助志愿服务方面成绩突出，被评为“中国好人”；李建军等37人获中华骨髓库五星级志愿者认证；王喆等14人获广东省五星级志愿者认证。

（彭小丽）

附：2018年东莞市红十字会主要领导名录

会　长：喻丽君

2018年东莞市红十字会业务情况表

主要业务	业务量			
应急救护培训	10.4万人次			
捐赠款物募集情况	捐赠款项		捐赠物质	
	全年收到591笔，41.31万元		全年收到8批次，价值17.3万元	
人道救助	全年拨付各类捐款86.78万元			
	博爱送万家项目	助学款项目	重大疾病救助项目	郭言小巨人恶性肿瘤资助项目
	救助172人次，拨付7.16万元	拨付6.54万元	救助26人次，拨付救助金13.1万元	救助18人，拨付36万元
	精准扶贫项目	志愿服务项目	爱心营养午餐项目	其他
	拨付10.28万元	拨付6.1万元	资助学生90名，拨付6.3万元	1.3万元
	全年拨付捐赠物资价值32.72万元			
	援助云南省红十字备灾救灾中心物资一批	援助云南省昭通市红十字会物资一批	其他	
	10.86万元	20万元	1.86万元	
造血干细胞捐献	完成捐献6例，为中华骨髓库提供资料：703份			
志愿服务	动员红十字志愿者4.9万人次，服务时间9.7万小时，服务市民141万人次			

外事·侨务·台港澳事务

FOREIGN AFFAIRS · OVERSEAS CHINESE AFFAIRS · TAIWAN, HONG KONG AND MACAO AFFAIRS

虎门大桥 （黄 生 摄）

编辑：李俊玉 张曼利

外 事

【外事工作概况】 2018年，东莞市举办2018广东21世纪海上丝绸之路国际博览会、2018海外金融科技创新投资峰会（中国东莞）活动、2018外国专家组织海外高层次人才项目（广东·东莞）对接洽谈会、2018各国驻穗领团看东莞活动、第四届广东国际机器人及智能装备博览会、第十届中国加工贸易产品博览会、第十届中国国际影视动漫版权保护和贸易博览会等重要涉外主题活动。马中友谊园在东莞植物园完工。全年接待邀请外宾120批1408人次；办理因公出国团组125批449人次，年度出访总量继续保持“零增长”；办理外国人来华入境334批607人次；受理APEC（亚洲太平洋经济合作组织）商务旅行卡122批152人次。

【外事服务国家总体外交部署】 2018年，东莞市开展与汤加王国第二阶段交流合作，启动新一批城建、农业、医疗卫生、青少年交流等合作项目。完成3月汤加国王图普六世到访及10月汤加公主皮洛莱乌·图伊塔访莞的接待和参观安排，推动双方交流合作。

【对外发展水平提高】 2018年，东莞市接待外宾团组120批1408人次，包括汤加国王图普六世、老挝副总理宋赛·西潘顿及巴拿马旅游部部长古斯塔夫·伊姆等10批部级以上官员，展示东莞城市形象和营商环境，加强双方在经贸、旅游、教育、人文等领域交流对接，达成合作共识。3月，东莞市政府与英国诺丁汉大学签订研究生联合培养合作意向书，东莞理工学院与诺丁汉大学签订“联合培养博士计划”。该项目是东莞理工学院建设高水平理工科大学以来首个国际联合培养博士项目。

【高层出访搭建合作平台】 2018年，东莞市利用外事资源搭建对外交流合作平台。东莞市委书记梁维东赴英国、德国、乌克兰，市委副书记、市长肖亚非赴日本、新加坡、印度尼西亚及多位市领导出访，举办中国·东莞—德国·法兰克福经贸科技合作交流会、东莞（日本）产业商机推介会等，促成德国梅塞尔工业气体项目、日本DIC油墨生产基地项目等落户东莞，推动日本京滨集团、京瓷集团等重点企业扩大在莞投资，涉及投资金额超26亿元。对接先进国家科研机构和实验室，为东莞市创新驱动战略积累经验、对接资源。助力西欧莞商联合会在德国杜塞尔多夫成立，推动东莞市与有关国家和地区交流与合作。

【友好城市合作】 2018年，美国田纳西州利百伦市市长、韩国牙山市市长、德国乌波塔尔市行政长官和市长等友好城市高层领导先后到访东莞。东莞市与德国乌波塔尔市签署经贸、水处理和职业教育协议，强化双方在相关领域合作共识。韩国牙山市连续第五年派代表团参加在东莞市举办的广东21世纪海上丝绸之路国际博览会。东莞市与德国乌波塔尔市、韩国牙山市继续开展公务员互派交流活动。

【领事馆资源利用】 2018年，东莞市与埃塞俄比亚驻广州总领事馆合作举办"埃塞俄比亚东莞推介会"，为东莞企业走进埃塞俄比亚搭建平台；借助新加坡驻穗领事馆，东莞市委副书记、市长肖亚非出席新加坡世界城市峰会市长论坛和开幕式，东莞市城建、规划、城市管理等部门与新加坡有关部门就下一步加大交流合作达成共识。6月，结合改革开放40周年时代主题，东莞市举办"2018驻穗领团看东莞"活动，来自30个国家的驻穗领事馆官员参加，了解改革开放40年来东莞市高水平崛起发展成果，以及东莞作为融入粤港澳大湾区建设重要节点城市的城市魅力。新加坡、波兰、以色列等国驻穗总领事先后访莞。11月，日本新任驻穗总领事石塚英树3次访莞，分别参加在莞日资企业政企联络会议并拜访东莞市委副书记、市长肖亚非，出席中国非公立医疗机构协会及日中医疗·介护技术交流协会四方合作框架协议签约活动，推动东莞与日本产业合作。

【民间外交拓展】 2018年，东莞市人民对外友好协会第三届理事会成立。麻涌镇龙舟队赴瑞士参加第27届瑞士艾格利萨龙舟节，卫冕国家对抗赛冠军。东莞市与菲中民间友好交流协会签署友好合作备忘录。第五届国际友城交流夏令营举办，德国乌波塔尔市、捷克奥帕瓦市、韩国牙山市、埃塞俄比亚亚的斯亚贝巴市等38名师生代表，以及33名东莞市优秀青少年通过1周的交流活动，深入了解东莞市改革开放以来的发展成就和人文环境。

【海外领事保护知识宣传】 2018年，东莞市开展预防性海外领事保护宣传。通过地铁、公交车、《东莞日报》等载体发布专题宣传知识内容；在东莞市图书馆、东莞市青少年活动中心、东莞市行政办事中心举办海外领事保护图片展；印制各类海外领事保护宣传资料3.8万册（套）并面向企业及市民派发，为东莞市人民和企业走出去提供安全指引；协助完善更新各园区、各镇街在海外特别是"一带一路"沿线国家或地区的项目、企业和人员等数据库。 （汪　奕）

附：2018年东莞市外事侨务局（市港澳事务局）领导名录

局　长：谢玉华

侨　务

【侨务概况】 2018年，东莞市接待加拿大多伦多东莞商会、马来西亚东莞商会、美国旧金山东莞宝安善堂等重点侨团，涵养海外华裔新生代资源，推动海外侨团创新发展，全年接待来莞海外侨胞37批次727人次。通过重点华侨华人引入海外高层次人才，先后向澳大利亚科研团队、英国智能机器人科学家团队宣传推介东莞市投资创业环境，推动海内外创新项目对接。推动加拿大莞商联合会设立加拿大东莞留学人员服务中心，为东莞留学生提供互助互利交流平台，涵养海外留学归国就业人员等高层次人才资源。

【侨务交流】 2018年，东莞市举办2018海外华裔青少年东莞夏令营，组织来自美国、加拿大、澳大利亚、马来西亚、法属圭亚那的150多名海外华裔青少年来莞参观交流，宣传推介东莞城市形象。举办2018海外侨团中青年骨干研习班，邀请来自21个国家30多个侨团的38名海外侨领来莞交流学习。举办2018海外青年才俊聚东莞系列活动，邀请来自17个国家的近80名海外青年才俊来莞参加2018海上丝绸之路博览会，同时举办"才聚东莞"交流晚宴和"智汇东莞"项目对接座谈会等活动，为海内外青年才俊打造投资创业平台。

【为侨服务】 2018年，东莞市梳理《广东省华侨权益保护条例》实施情况，保障在莞华侨合法权益。推动凤岗镇被评为"全国为侨公共服务体系示范单位"，并组织各镇街侨务干部到凤岗镇学习做法和经验。开展"侨之家"创建工作，推动凤岗镇油甘埔社区建成社区为侨服务中心。加强为侨法律服务工作站建设，设立侨法宣传角，会同赋诚律师事务所走进侨资企业普及涉侨政策法规，为归侨、侨眷、侨资企业提供法律援助。

【侨务外宣】 2018年，《看东莞》杂志在第五届广东省优秀期刊（侨刊乡讯）评选活动中获得广东省优秀期刊奖。全年《看东莞》杂志在全球110多个国家和地区发行3.5万册。截至2018年底，"看东莞"微信公众号粉丝全年阅读量5.13万次。 （莫荣荣）

2018年东莞市外事侨务局邀请接待海外团组情况表

访问日期	团组	访问目的
1月30日	日本京滨公司一行	拜访交流
2月27日	英国诺丁汉大学	签约仪式
3月2日	巴拿马旅游部部长一行	拜访交流
3月5日	汤加国王图普六世	礼节性拜访
3月15日	英国驻穗政务领事丁云海一行	拜访交流
3月16日	新加坡驻穗总领事蔡签合一行	拜访交流
3月19日	美国金融科技经贸代表团	2018海外金融科技创新投资峰会（中国东莞）活动
3月19日	立陶宛驻华大使	礼节性拜访
3月20日	芬兰驻华大使	礼节性拜访
4月11日	以色列驻穗总领事一行	拜访交流
4月12日	海外专家机构代表团一行	2018外国专家组织海外高层次人才项目（广东·东莞）对接洽谈会
4月13日	沃尔玛亚洲房地产公司总裁迈乐睿一行	拜访交流
4月28日	中东欧国家媒体记者团	拜访交流
5月8日	澳州新南威尔士大学代表团	签约仪式
5月10日	苏丹公共管理部级官员研讨班代表团	拜访交流
5月22日	埃塞俄比亚驻穗总领事	拜访交流
5月23日	日本京滨公司一行	拜访交流
5月31日	斯洛伐克驻华大使	礼节性拜访
6月13日	埃塞俄比亚驻华大使	礼节性拜访
6月13日	加拿大不列颠哥伦比亚省议会代表团	拜访交流
6月13日	京滨日本总公司社长一行	拜访交流
6月21日	芬兰经济和就业部代表团	拜访交流
6月22日	沃尔玛山姆会员店代表团	拜访交流
6月23日	33国驻穗领团	参加2018驻穗领团看东莞活动
6月25日	美国田纳西州利百伦市市长伯尼·阿什	拜访交流
7月2日	日本信浓绢丝株式会社	拜访交流
7月9日	宜家代表团	拜访交流
9月14日	沙特阿拉伯外交部领事次大臣塔米姆一行	拜访交流
9月17日	南非夸纳省代表团	拜访交流
9月17日	发展中国家技术培训班代表团	培训交流
10月16日	德国国际文化教育交流协会会长蒲江虹代表团	拜访交流
10月25日	印度尼西亚旅游部亲善大使熊德龙先生	拜访交流
11月5日	韩国牙山市市长吴世贤一行	拜访交流
11月8日	美国加州湾区委员会代表团	拜访交流
11月9日	芬兰水务会代表团	拜访交流
11月13日	日本驻穗总领事	拜访交流
11月30日	德国乌波塔尔市政企代表团	拜访交流
11月25日	日本驻穗领事馆、日中医疗·介护技术交流协会、富士山铭水株式会社	签约仪式
12月4日	新加坡企业发展局一行	拜访交流

台湾事务

【莞台交流概况】 2018年，东莞市各镇街、园区、部门开展各专业领域交流，全年累计1472人次，各企业赴台开展商务交流及培训，累计497人次，商务赴台数量居全省第一。东莞市以“经贸为本、扩展领域、深耕基层、成效扎实”为思路，组织发动全市各级开展交流，形成“经济促交流，交流促发展”的莞台合作模式。市领导多次会见台商、参与涉台活动，或率团赴台考察交流，取得丰硕的成果。台湾知名人士林丰正、郝龙斌、杨敏盛、谢龙介、李四川率团到莞与市领导会面交流。莞台基层乡镇交流频密，台湾基层社区175人首次踏足大陆参访。举办第三届莞台大学生夏令营、两岸青年艺术家“融・和”交流联展活动。

【涉台宣传积极开展】 2018年，东莞市开展涉台宣传，组织15家两岸网络新媒体，开展“两岸网络媒体东莞行”采访报导活动，在海峡两岸媒体上以文字及微视频的形式形成系列报道，宣传改革开放四十周年东莞取得的成就。以搭建自媒体为主、策划专题活动为辅的形式，提升微信公众号入岛宣传信息传递效率及覆盖面。开展《东莞台企依靠科技创新转型升级》专题新闻采编及策划推广活动，宣传市委、市政府引导和支持台商发展的决心，提振台商信心。配合台湾《远见》杂志、新华社广东分社中国聚焦栏目、福建海峡卫视《海峡拼经济》栏目等宣传台商、台湾青年在莞创业故事。

【桃园市知名人士邱奕胜到莞参访】 2018年1月16—20日，桃园市知名人士邱奕胜率团到莞参访，就经贸、文化、农业等领域进行交流，市政府台湾事务局局长吴小峰等出席交流会。邱奕胜表示，希望东莞台商推动企业转型升级，增强台企在大陆乃至国际舞台的影响力，期待台湾青年到大陆创业发展，寻求更大的发展空间，创造多赢局面。在莞期间，邱奕胜一行参访中堂镇、虎门镇、松山湖园区及台资企业等。

【中华两岸一家亲交流协会理事长湛秀英到莞参访】 2018年1月23—27日，中华两岸一家亲交流协会理事长湛秀英一行到莞参访，参加东莞市台联会俪雅会第二、三届换届大会暨成立六周年庆典，并与市台协妇联会、市台联俪雅会召开座谈会。在莞期间，湛秀英一行参访可园博物馆、市城市规划展览馆、台商大厦以及市台联会俪雅会会员企业等。

【中国国民党台南市党部主委谢龙介首次率团到莞参访】 2018年1月29日至2月4日，中国国民党台南市党部主委谢龙介率团到莞参访。市委常委、统战部部长骆招群会见谢龙介一行。双方就经贸、农业等领域进行交流。在莞期间，谢龙介一行参访茶山镇、松山湖高科技园区等，亲身感受东莞的历史文化氛围和现代文明发展成果。他表示，期望有更多台湾青年能到大陆参访或发展，为自身寻求更大的发展空间。

【苗栗县县长徐耀昌到莞参访】 2018年3月22—25日，苗栗县县长徐耀昌一行到莞交流，东莞市委常委、统战部部长骆招群，省台办联络处处长林伟胜等接待徐耀昌一行。徐耀昌表示，希望东莞和苗栗县继续保持常态化的交流互访模式，加强合作，共同发展。骆招群表示，期待双方继续紧密合作，依托滨海湾新区和粤港澳大湾区的重要平台，实现双方优势互补，合作共赢。在莞期间，徐耀昌参加东莞客家商联谊会八周年庆典等活动，并参观忆得电器制品有限公司等。

【国台办法规局、司法部台办联合调研组到莞调研】 2018年4月12—13日，国台办法规局副局长唐正瑞、司法部台办副主任尹雪梅率联合调研组，就推进法律领域惠及台胞措施、基层涉台法律服务和刑罚执行等情况，到东莞市政府台湾事务局开展调研座谈，该局副局长胡国勇、市司法局副局长朱小平，省司法厅有关人员以及市律师协会会长陈锡康、市台商协会高埗分会会长黄御萌等参加座谈。调研期间，调研组参访东莞监狱，了解台籍在押人员生活、工作等情况。

【中国国民党荣誉副主席林丰正到莞参访】 2018年5月11日，中国国民党荣誉副主席林丰正一行到莞参访，就进一步加强合作、共同促进莞台关系紧密发展开展交流。林丰正表示，只要两岸同胞同心协力，继续推动双方经贸、文化、农业等领域的交流，两岸关系和平发展将成为主流。在莞期间，林丰正一行参观考察东莞台玻华南玻璃有限公司和台商大厦。

【第三届莞台大学生夏令营举办】 2018年7月11—18日，广东省台湾同胞联谊会、东莞市政府台湾事务局联合广东科技学院共同举办“美丽东莞 两岸同行”2018第三届莞台大学生夏令营活动，组织莞台两地11所高校100名大学生参加。11日，夏令营开营仪式在广东科技学院举行，市政府台湾事务局局长吴小峰、副调研员谢春、莞台经济文化交流中心主任刘伟锋、广东科技学院院长黄彧等出席仪式。夏令营期间，师生们参访南社古村、沉香博物馆、唯美陶瓷博物馆、中国散裂中子源和松山湖海峡两岸青年创业基地、李永波羽毛球学校等，并参加一系列交流体验活动。

【2018两岸青少年文化交流暨太极拳夏令营活动举办】 2018年7月20—27日，2018两岸青少年文化交流暨太极拳夏令营在东莞市电子科技学校举办，活动推动两岸文化交流，促进两岸学生对中华优秀

传统文化的了解和认识。

【两岸青年艺术家交流联展活动举办】 2018年8月22日，以“融·和”为主题的两岸青年艺术家交流联展活动在松山湖学术交流中心开幕。活动由东莞市政府台湾事务局联合台商投资企业协会主办，展出作品以水墨为主，共100多件展品，展出时间为8月22日至9月10日。活动邀请20多位来自两岸的青年艺术家参展，共同传承、弘扬、发展中华艺术文化，用艺术交流的形式，共同推进两岸的文化发展。

【新北市副市长李四川到莞参访】 2018年9月7日，新北市副市长李四川到东莞市参访。东莞市政协主席、统战部部长骆招群会见李四川一行。骆招群表示，希望东莞与新北市加强沟通交流，开展务实合作，实现优势互补、互利共赢。在莞期间，李四川参访松山湖高新技术产业开发区和台商大厦等，并与台商代表召开座谈会，鼓励在莞台商把握大陆新一轮发展机遇，再创辉煌。

【中国国民党桃园市党部主委杨敏盛率团到莞交流】 2018年9月25—30日，中国国民党桃园市党部主委杨敏盛率参访团一行12人到莞交流。东莞市委常委、市委组织部部长郑琳会见参访团一行，双方就党务工作开展交流。在莞期间，杨敏盛一行参访台心医院、台商大厦、华为小镇、松山湖青创基地等。

【中国国民党副主席郝龙斌到莞参访】 2018年11月1日，中国国民党副主席郝龙斌一行到莞参访，东莞市委书记、市人大常委会主任梁维东在市行政办事中心会见郝龙斌一行。梁维东承诺，希望推进莞台两地在经贸、技术、人才等更多领域的务实合作，共同把握粤港澳大湾区建设的重大机遇。郝龙斌表示，中国国民党将继续坚持“九二共识”，支持台商到莞投资、就业，推动两岸关系和平稳定发展。希望东莞能继续创造更多条件让台湾青年到莞协助发展。在莞期间，郝龙斌一行参观考察东莞台商大厦、台心医院和徐记食品有限公司。

【涉台机构】 2018年，东莞市台商投资企业协会在厚街镇以“乡情互动、传承凝聚”为主题的二十五周年庆典系列活动举行。省台办经济处处长肖南，市政协副主席李光霞，市台湾事务局调研员陈锡辉以及市台协会长蔡俊宏、辅导会长翟所领等领导出席活动。其中，蔡俊宏任市台商协会会长，现有2600家会员企业和33个镇街（园区）分会，下设妇女联谊会、青年委员会，以及产业升级、海关咨询、旅游考察、公益事业等13个功能委员会和“马上办”中心。

【东莞台商子弟学校】 2018年，东莞台商子弟学校有毕业生606名，其中小学毕业生203人，国中毕业生175人，高中毕业生228人。部分毕业生选择继续在大陆名校就读。有教职员工416人，其中台籍143人、外籍8人、大陆籍265人。东莞台商子弟学校为莞台教育交流、青少年融合搭建平台，组织学生分别到东莞市第一中学、可园中学开展学习交流会。

【东莞市台胞台属联谊会】 东莞市台胞台属联谊会（简称市台联会）成立于1987年，拥有430多名会员，下设“台联俪雅会”。2018年2月25日，市台联会连续第八年组团赴台参加台北市东莞同乡会新春团拜会暨会员大会，并向同乡会捐赠1万元奖学金。市台联会团结在莞台属，每年中秋、春节举办台胞台属联谊活动，市委常委、统战部部长骆招群，市政协副主席邓流文、蒋小莺、李光霞等参加联谊活动，鼓励他们为莞台两地乡亲联谊交流、两岸关系和平发展贡献力量。

【广东台湾研究中心东莞理工学院台湾研究所】 广东台湾研究中心东莞理工学院台湾研究所是东莞首个涉台研究智库，也是广东研究中心布局的第12个研究所。2018年，东莞理工学院台湾研究所就台籍子弟在东莞成长状况、在莞台资企业投资经营状况等开展调研。

【台心医院】 截至2018年底，台心医院接诊15.5万人次，体检2.8万人次，住院0.59万人次。有员工370人，全院开放床位200张。台心医院与南方春富（儿童）血液病中心达成合作，共建华南地

东莞台商子弟学校　　（东莞台商子弟学校供图）

区最大的儿童血液病诊疗中心，现拥有移植舱18间。2019年计划增加移植舱18间，将成为全国最大儿童血液病治疗中心。 （范星星）

附：2018年中共东莞市委台港澳工作办公室主要领导名录

主　任：吴小峰

附：2018年东莞市人民政府台港澳事务局主要领导名录

局　长：吴小峰

港澳事务

【莞港澳合作概况】 截至2018年底，东莞市港澳事务局接待港澳到莞考察团组48批4315人次，因公赴港澳交流团组39批478人次，切实推动莞港澳多领域交流合作。9月21日，在香港特别行政区举办2018年莞港产业合作联合推介会，促成39个莞港合作项目现场集中签约，其中21个产业项目协议投资金额350亿元，推动莞港两地经贸合作再上台阶。

【松山湖港澳青年创业基地启用】 松山湖港澳青年创业基地位于东莞松山湖人才大厦，一期面积2500平方米，于2018年12月12日启用。基地以建设成为港澳人才高速聚集、港澳创新技术高效转化、粤港澳创新理念高度融合的大湾区人才创新创业示范平台为目标，借助松山湖的区位产业优势、营商环境优势，为港澳青年科技创新项目提供技术转化、产品量产和市场开拓对接等服务。同时以基地为平台，促进莞港澳三地人才交流、科技交流、文化交流，厚植大湾区人才创业土壤。

【莞港澳青少年交流合作】 2018年，东莞市第六届“莞香传情”莞港澳青少年成长营举办，吸引近100名来自莞港澳的学生参加，活动为期8天，在东莞、香港两地开展拓展、参观交流活动，加深青少年对东莞、香港的历史变迁和城市发展的认识。2018年莞港澳青少年“同珍杯”羽毛球邀请赛举办，来自香港特别行政区、澳门和东莞三地12支队伍150名青少年参加比赛，通过羽毛球运动为青少年提供交流和学习的平台，加强港澳青少年对东莞体育文化的了解。2018年“邹振先杯”粤港澳大湾区（东莞）青少年田径邀请赛举办，粤港澳三地288名青少年运动员参加活动。推动东莞市青少年田径运动的发展，促进粤港澳青少年的交流合作。2018莞港澳青少年科技教育交流活动举办，来自莞港澳三地32所学校近250名师生在莞通过机器人比赛、学术交流、参观体验等形式，进一步激发三地青少年对科技创新的兴趣与热情。

【东莞市委副书记、滨海湾新区党工委书记张科率队赴港澳开展经贸交流】 2018年3月26日，东莞市委副书记、滨海湾新区党工委书记张科率队赴香港特别行政区，与相关行业协会、企业以及香港特别行政区政府部门加强交流对接，并签署系列协议。6月11—13日，张科率队赴澳门特别行政区，与澳门经济财政司、澳门基金会、澳门出入口商会、澳门城市大学等政府部门、高等院校、行业协会开展交流对接、合作洽谈活动，并签署系列合作框架协议，共同推动澳门特别行政区与东莞市滨海湾新区多方位合作，推动双方共融发展，抢抓“一带一路”机遇，助力粤港澳大湾区建设。

【东莞市委常委、副市长张冠梓赴港考察】 2018年7月5—6日，东莞市委常委、副市长张冠梓一行组织赴香港特别行政区考察。参观香港特别行政区知识产权署、中国委托公证人协会（香港）有限公司、中国法律服务（香港）有限公司、香港稻香集团。研究进一步深化商事制度改革，优化东莞市登记注册办事流程、提高行政审批效率，为港资企业在莞投资营造更便利的环境。

【澳门特别行政区行政长官崔世安率团访问东莞】 2018年7月11日，澳门特别行政区行政长官崔世安率领澳门特别行政区政府代表团到莞考察，东莞市委书记、市人大常委会主任梁维东接待崔世安一行。双方就产业、经贸、交通及青年合作等方面展开探讨。崔世安一行参观松山湖生态城市科普馆，了解松山湖的交通区位、生态环境、产业基础、创新发展成果等。梁维东建议，加强粤港澳大湾区东西岸的互联互通与融合发展，利用中国澳门特区独特的优势支持东莞市产业发展；借助中国澳门特区联系葡语系国家紧密的优势，拓展东莞市与葡语系国家进出口贸易；做好青年工作，欢迎中国澳门特区青年到东莞市创业。崔世安表示，此次访问东莞市，主要是加强沟通交流，寻求莞澳合作机遇，推动澳门深度参与粤港澳大湾区建设。

【全国政协常委、百仁基金创会主席李家杰率香港工商界代表到莞访问】 2018年12月3日，全国政协常委、百仁基金创会主席李家杰率香港工商界代表到莞访问，东莞市委书记、市人大常委会主任梁维东，市委副书记、市长肖亚非会见李家杰一行，双方就深化莞港两地企业及青年交流合作进行交流。梁维东表示，香港工商界及青年群体多关注和支持东莞发展，推动莞港两地在科技、金融、经贸、现代服务业、青年创新创业等领域全面加强合作。肖亚非表示，东莞正在打造中子科学城、滨海湾新区等重大发展平台，为莞港密切合作提供巨大空间。李家杰表示，希望两地携手打造莞港合作和青年创新创业的示范区。在莞期间，交流团一行参观东莞市规划展览馆、松山湖国际机器人产业基地、华为终端总部项目、中国散裂中子源，实地考察东莞经济社会发展和科技创新情况。

（范星星）

区域合作·扶贫开发

REGIONAL COOPERATION · POVERTY ALLEVIATION AND DEVELOPMENT

长安镇体育中心　（长安镇供图）

编辑：翁舒洁　施雪芬

《珠江三角洲地区改革发展规划纲要》实施

联席共商

【首届东江流域河长制、湖长制工作联席会议】 2018年3月19日，由广东省河长制办公室、省东江流域管理局主办的首届东江流域河长制、湖长制工作联席会议在东莞市举行。广州、深圳、东莞、韶关、惠州、河源六市河长制办公室负责人就建立东江流域河湖管护区域联动机制，协调解决跨界河湖管理保护问题进行交流。会上，广东省东江流域管理局和六市河长办代表签署共建美丽东江合作框架协议，建立东江流域六市全面推行河长制协作机制，建立突发水环境事件应对机制。会议决定联席会议原则上每半年召开一次，维护东江流域河湖安全。

【深莞惠经济圈（3+2）党政主要领导第十一次联席会议】 于2018年4月21日在河源市召开。会议通报深圳、东莞、惠州、汕尾、河源五市上一次联席会议以来深莞惠经济圈（3+2）建设在完善合作体制机制、提升产业合作层级、加快重大基础设施共建、形成环保联动合力、加强公共服务合作等工作进展，会议审议通过五市近期共同推进的46项重点合作事项，主要涉及机制共建、交通运输、生态环保、产业合作、民生事业等5个领域。其中，与东莞有关的有27个项目，包括五市规划建设深莞惠区域协同发展试验区，共建旅游联合宣传推介长效机制、交通部门联席会议机制，开展深莞惠经济圈（3+2）区域路网衔接规划，与深圳、惠州共同深化跨界河流污染治理等重点事项。会议提出，在深莞惠经济圈（3+2）合作机制上，参照深汕特别合作区有关做法，推动在东莞、惠州邻近深圳地区划出一定区域，规划建设跨行政边界的功能协调、产业互补、成果共享的区域协同发展试验区。试验区地区生产总值、税收存量归当地所有，增量部分由三地政府在协商基础上按比例分成，提升中心城市辐射带动作用。

【珠三角乡村振兴工作片区推进会】 于2018年10月9日在惠州市召开，广州、珠海、佛山、惠州、东莞、中山等六市介绍本市推进乡村振兴战略工作进展，其中东莞市坚持以项目化做实乡村振兴。会前，与会人员对惠州市惠阳区乡村振兴工作进行实地考察。会议强调，珠三角乡村振兴要走城乡融合发展之路，结合粤港澳大湾区建设谋划推动农村高质量发展，率先实现农业农村现代化；要重点抓好农村人居环境综合整治，坚持规划先行、全域推进、典型示范，把群众发动起来，持续用力整治，实现干净整洁有序；要坚持五级书记一起抓，加大投入力度，深化农村综合改革，建立长效机制，为乡村振兴提供保障。

【东江流域河长制湖长制工作第二次联席会议】 2018年12月6日，东莞、广州、深圳等六市在河源市召开东江流域河长制湖长制工作第二次联席会议。会上，各市介绍本市的河长制工作情况，交流统筹东江流域各行政区域，协调解决上下游、左右岸及跨流域河湖管理保护等问题。会议强调，要发挥《共建美丽东江合作框架协议》协作机制的作用，落实全面推行河长制各项任务，协调解决界河水环境改善、水污染防治、漂浮垃圾清理等相关问题，强化河长制湖长制工作交流学习，分享河湖治理新技术，加强流域统筹协调，合力打击震慑涉水违法行为，巩固和提高东江流域水环境整治成果，维护东江流域河湖健康生命，实现东江流域河湖功能永续利用。东莞市与惠州市现场签订《东岸涌水面漂浮物治理合作协议》和《谢岗涌水面漂浮物治理合作协议》，合作治理跨界河。

【深莞交通对接座谈会】 2018年12月28日，东莞市赴深圳市交通运输委进行座谈，商谈深莞交通对接事项。会上，东莞市交通运输局通报深莞交通合作进展情况、规划对接道路项目、已建项目合作事宜、跨市公交合作和轨道交通对接合作等事项，深圳市交委通报深莞路网衔接规划、光侨路北延方案和深莞惠集装箱近距离内陆港体系规划等情况，与会人员对各合作事项进行回应、讨论和交流。

协作文件

【《广东省珠江三角洲水资源配置工程可行性研究报告》】 于2018年8月2日由国家发展改革委批复同意。该工程从西江水系向珠三角东部地区引水，解决广州、东莞、深圳市生活生产缺水问题，提高供水保证程度，同时为香港特别行政区以及广东省番禺、顺德等地区提供应急备用供水条件。该工程多年平均引水量17.87亿立方米，由一条干线、两条分干线、一条支线、三座泵站和一座新建调蓄水库组成。输水线路总长113.1千米，渠首设计引水流量80立方米每秒，泵站设计总扬程143.5米、总装机14.4万千瓦。其中东莞分干线长3.5千米。

【《广深科技创新走廊知识产权保护合作备忘录》】 2018年8月16日，广州、深圳、东莞三市签署《广深科技创新走廊知识产权保护合作备忘录》。经协商，广州、深圳、东莞三市达成共识：建立联络工作机制，根据工作需要，不定期召开会商和工作联络会议；共享案件信息，探索建立信息共享平台；实现跨区案件移交；开展联合执法协作；强化维权援助服务，根据国家、省、市相关政策认定的知识产权保护重点单位，在其他两市知识产权管理部门享受相同或对等的维权援助服务政策；提升专利服务质量，在加强专利服务机构的监管、专利代理人、机构信息等资源共享的基础上，联合协作开展查处无资质专利代理行为，规范专利服务，共同提升三市专利服务质量等。此外，三市通过信息共享、优势互补、资源整合等方式，加强展会、电商等重点领域知识产权保护，探索开展海外知识产权保护和维权援助等相关工作。

【《深圳东莞惠州河源汕尾五市食品安全监管紧密合作机制协议》】 2018年9月4日，深圳、东莞、惠州、河源、汕尾五市食品安全综合协调和监管工作紧密合作机制签约仪式在深圳市举行。会上，五市共同签署《深圳东莞惠州河源汕尾五市食品安全监管紧密合作机制协议》，该协议包括建立食品安全综合协调和监管联席会议和联络员制度，建立食品安全信息及风险警示互通机制，建立食品安全联合行动机制，建立食品安全应急合作机制，开展食品安全风险交流和风险评估交流与合作以及开展菜篮子工程合作。会议并就肉类质量安全保障、家禽“集中屠宰、冷链配送、生鲜上市”与打击牲畜私屠滥宰、蔬菜流通监测与质量安全保障、五市轮流组织召开合作会议机制等议题进行磋商。

联合整治

【深莞惠三地城际交界道路酒驾整治行动】 2018年6月1日至7月15日，深莞惠三地交警支队每周五晚联动开展城际交界道路酒驾整治行动，打击醉酒驾驶违法行为。该次检查，对城际道路之间发生的涉酒、涉毒驾驶机动车等违法行为给予严厉打击。

【莞深两地警方联合打击整治跨区域违法犯罪专项行动】 2018年12月11日，东莞市黄江镇公安分局与深圳市光明公安分局举行联合打击整治跨区域违法犯罪专项行动启动仪式，在两地边界重点区域开展联合整治行动。仪式结束后，两地警方在边界重点区域开展第一次联合整治行动。行动以出租屋清查、人员信息采集、设卡盘查以及“黄赌毒”、盗抢犯罪打击等内容为整治重点，分为设卡盘查、清查整治、打击处理、综合协调等8个工作组，密集盘查过往可疑车辆、可疑人员，清查整治出租屋、旅馆宾馆、休闲娱乐场所、电动车和摩托车维修店等重点部位。行动期间，清查重点场所及重点部位50余处，盘查过往车辆120余辆、可疑人员460余名，当场查获各类违法犯罪嫌疑人4名，破获案件2件，收缴管制刀具10把。

项目实施

【从莞高速公路惠州段项目推进】 2018年，从莞高速公路惠州段主线开始沥青摊铺施工。至年底该项目隧道工程完成100%，路基工程完成98%，桥梁工程完成90%，路面基层完成70%，后续机电、交安等专业工程有序推进。

【穗莞深城际全线铺轨】 2018年，穗莞深城际全线铺轨施工启动。穗莞深城际自广深铁路新塘站引出，跨越广深铁路后经由广州、东莞、深圳一路向南，止于深圳机场站。东莞段设有中堂站、望牛墩站、东莞西站（望洪）、洪梅站、东莞港站（沙田）、厚街站、虎门北站（白沙）、虎门东站（博涌）、长安西站（厦边）、长安站（金沙）10个站点。其中东莞西站（望洪）可以换乘佛莞城际轨道交通、东莞城市轨道交通1号线；虎门交会广深港高速铁路、东莞轨道交通2号线。穗莞深城际全线铺轨安全风险管理要求高，需经由广深铁路新塘站进轨，施工要点频繁，桥隧比高、坡度大、隧道施工空间较窄、交叉作业多，最大铺轨坡度达到28‰。

穗莞深城际全程运行时间60分钟，速度目标值为每小时140千米，每隔2.5分钟有一趟车。建成后，穗莞深城际铁路将实现公交化运营，与国家铁路、城市地铁无缝接驳，同时与深圳机场和广州白云机场无缝对接搭建桥梁，从东莞去广州或者深圳，半个小时即可到达。

交流活动

【“莞深同城·龙凤呈祥·魅力家园”首届微电影大赛】 于2018年1月26日在东莞市凤岗镇落幕。该届赛事有300多部影片参赛，涵盖警民情深、尊老敬老、励志创业、贫困帮扶、志愿服务等主题，23部影片获奖。其中《我的警察父亲》获评最佳影片、《凤岗嬗变》获最佳纪录片奖，《特殊的礼物》获最具网络传播奖。

【中国旅游日汕尾主题活动暨深莞惠汕河万人互游系列活动启动仪式】 于2018年5月19日在汕尾市举办，来自深圳市、惠州市、东莞市、河源市的400多名游客齐聚汕尾市。活动中，非物质文化遗产汕尾渔歌、钱鼓舞等表演吸引游客注意，16家旅游企业现场推介，派发宣传资料2万余份，推出打折或免费活动，开展多种形式的旅游公益活动，推出各种惠民措施。

【莞深五金工模具展览会】 于2018年6月8—11日，在东莞市莞深智造技术装备工业城举行。展会由东莞五金机械模具行业协会和莞深智造技术装备工业城共同主办，展位规模近500个，包括加工设备、五金机电、工量具、模具及配件等。莞深五金工模具展览会依托东莞市长安镇五金工具制造业，以促进本地五金工具产能与全球供需对接为办展宗旨。

【深莞惠汕河旅游宣传推广活动】 2018年6月，东莞市联合深圳、惠州、汕尾、河源四市旅游部门及旅游企业赴云南省昭通市举办深莞惠汕河旅游宣传推广活动。会上，昭通市做昭通旅游专题推介，向深莞惠汕河五市展示昭通旅游资源。深莞惠汕河五市共组织康辉、中旅、国旅、青旅等20多家旅游企业代表参加，邀请昭通80多家旅游企业负责人、媒体，为昭通旅游招商引资搭建平台。

【深圳外商投资企业东莞行之“走进粤海产业园”专场活动】 2018年7月20日，深圳外商投资企业东莞行之“走进粤海产业园”专场活动在东莞市举行，该次活动的主题为“感受东莞投资魅力，见证粤海产业园崛起”，通过听取介绍、实地参观等方式，了解银瓶创新区发展优势和粤海装备技术产业园的发展经验等。会上东莞市介绍东莞产业政策、投资营商环境和未来规划、产业结构、交通布局、招商政策、营商环境、粤海产业园的概况、优势，板块发展战略思路及园区开发情况。

【深莞惠汕河流动大舞台五地文艺巡演（东莞专场）】 于2018年9月15日在东莞市文化馆星剧场举行。以“共筑中国梦·同唱幸福歌”为主题的东莞专场演出是该巡演的第三场，也是2018首届广东东莞公共文化产品采购会系列演出之一。活动由深圳、东莞、惠州、汕尾、河源五市文化部门联合主办，由东莞市文化馆、深圳市群众文化学会以及惠州、汕尾、河源三市文化馆共同承办。河源市龙川县杂技木偶山歌艺术团表演舞蹈《春》，东莞市选送相声《欢哥笑语》，惠州市选送哑剧《民政局门前》，深圳市选送女声重唱《芦花》《茉莉花》，汕尾市选送原创

歌曲弹唱串烧《复活》《烟抹》《等下去》，展示深莞惠汕河五市不同的城市特色，不同的风俗文化。 （翁舒洁 郭佩文）

经济协作

【经济协作概况】 2018年，东莞市承担东西部扶贫协作对口帮扶云南省昭通市昭阳、鲁甸、巧家、镇雄、彝良、威信等6个贫困县（区）和对口支援三峡库区重庆巫山县的任务；以及省内精准脱贫对口帮扶韶关市浈江、武江、曲江、乐昌、南雄、仁化、始兴、翁源、新丰等9个县（市、区），揭阳市普宁、揭西、惠来、产业园等4个县（市、区），共323个相对贫困村的任务。

【省内精准脱贫】 2018年，东莞市把提高脱贫质量放在首位，聚焦贫困人口持续增收，推进省内精准脱贫工作，较好完成各项工作目标任务。截至年底，帮扶韶关、揭阳323个贫困村政策性保障兜底工作做到全面覆盖，“两不愁、三保障”（“两不愁”即不愁吃、不愁穿，“三保障”即义务教育、基本医疗、住房安全有保障）底线目标基本完成。全年实现脱贫3861户、1.53万人（三年累计脱贫1.56万户、4.96万人，累计脱贫率95.5%）；贫困村居民人均可支配收入1.55万元，已脱贫有劳动能力贫困户人均可支配收入1.41万元，均超过省定标准；323个贫困村平均集体经济收入从2015年的2.75万元，增加到2018年的9.96万元。

【东莞·昭通两市扶贫协作联席会议召开】 2018年1月8日，在东莞召开2018年昭通·东莞扶贫协作联席会议，总结部署扶贫协作工作，共商昭通脱贫攻坚计划。东莞市委书记、市人大常委会主任吕业升主持会议并作讲话。昭通市委书记杨亚林，昭通市委副书记、市长郭大进，东莞市委副书记、市长梁维东出席会议并讲话。8月22日，昭通市委、市政府与东莞市党政代表团在昭通市召开2018年东莞·昭通扶贫协作联席会议。昭通市委书记杨亚林，东莞市委副书记、市长肖亚非出席会议并讲话，昭通市委副书记、市长郭大进主持会议。会议举行大宗农产品采购认购仪式和“万企帮万村”社会捐赠仪式。

2018年8月21—23日，昭通市委、市政府与东莞市党政代表团在昭通市召开2018年东莞·昭通扶贫协作联席会议。图为东莞市市长肖亚非（左一）在昭通市职教中心考察东莞与昭通劳务、职业教育合作情况

（市经协办供图）

【东莞·昭通东西部扶贫协作】 2018年，东莞市坚持“昭通所需、东莞所能”的原则，推动市8个职能部门与昭通市相关部门对接，强化“1+8”协议的落实，取得阶段性成效。2016—2018年，累计落实帮扶资金5.92亿元，直接帮扶贫困人口1.14万人次，其中脱贫5577人，帮扶协作项目受惠覆盖人口超过80万人。2018年，在市6个镇街结对昭通市6个贫困县的基础上，新增16个镇街协助参与携手奔小康行动，形成组团式帮扶格局，实现“1+8”协议向县一级延伸。

【东莞对口支援重庆巫山县】 2018年，东莞市划拨年度帮扶资金220万元到巫山县，用于巫山县竹贤乡安置点综合配套工程，帮扶资金比上年增长10%，加大帮扶力度，支援巫山县库区建设。

【扶贫三年行动方案出台】 2018年，东莞市出台《关于打赢脱贫攻坚战三年行动的实施方案（2018—2020年）》《东莞·昭通扶贫协作三年行动的实施方案（2018—2020年）》两份三年行动方案，明确帮扶任务、帮扶责任及人员、资金等安排。

【扶贫领域监督执纪】 2018年，东莞市出台《关于进一步严肃工作纪律做好扶贫协作和对口支援有关工作的规定》《东莞市扶贫工作领导小组关于开展扶贫领域作风问题专项治理的实施细则》，组织纪检、财政、审计、扶贫部门前往被帮扶地区开展工作检查。经核查，未发现东莞市驻市、县工作组成员有截留、挤占、挪用、贪污专项资金等违法违纪行为。

【驻莞办事机构服务】 2018年，东莞市做好驻莞办事机构事后备案工作，加强与驻莞办的交流沟通，引导驻莞办开展劳务输入。

截至年底，有驻莞办事机构19个，分别来自8个省区（广西、湖南、江西、河南、安徽、贵州、黑龙江、辽宁）和1个直辖市（重庆），其中政府类的18个（省级1个、地级市10个和县级7个），部门和非经营性事业单位类的1个。全年累计输入劳务7000人，指导驻莞办协助调解劳动纠纷4起120多人次。（陈　晨）

附：2018年东莞市人民政府经济协作办公室主要领导名录

党组书记、主任：麦允谦

资料链接：

“1+8”框架协议：其中“1”是指东莞、中山、昭通于10月22日签署的《扶贫协作框架协议》。按照《框架协议》，三市成立扶贫协作工作领导小组，建立领导互访、联席会议、信息交流等一系列机制和制度。“8”是指三市的组织、经信、扶贫办、教育、人力资源、卫生计生、农业、旅游等8个部门也签订相关协作协议，在示范点建设、干部人才交流、产业协作、劳务培训与输出、教育协作、医疗卫生协作、旅游协作等8个领域开展交流合作，携手脱贫攻坚。

对口援建

【对口援建概况】　2018年，东莞市开展对口帮扶工作，并取得阶段性效果。对口支援新疆图木舒克市工作和合作共建某团工作得到全国政协主席汪洋以及粤兵两地领导的肯定；对口支援西藏林芝巴宜区布久乡小康示范镇项目得到中共中央政治局委员、广东省委书记李希和省长马兴瑞的肯定；对口支援四川甘孜州雅江县和九龙县工作取得突破性进展；与黑龙江省牡丹江市缔结友好城市，签订金额20.75亿元的21个产业项目合作协议。

【对口援藏】　2018年，东莞市以打造西藏布久乡小康示范镇为重点，建成布久乡小康示范镇、7个小康村、10个村级组织活动场所等一批援建精品项目；推广一村一品，通过引进小康镇配套项目和高原蓝莓种植基地项目、扶持特色农牧产业发展、推动粤藏企业合作发展等，推动实施产业扶贫，67个行政村1.9万名农牧民人均纯收入均超万元；以民生援藏为龙头，安排计划外资金3000多万元，援建巴宜区10个村级组织活动场所等一批民生工程；到巴宜区各小学幼儿园支教志愿者210人次，巴宜区中小学教师到广东省及东莞市等地跟岗培训48人次；选派援藏医疗人才12人次，开展业务培训126次，累计培训1855人次，开展义诊活动46次，受惠群众3800人次。

【对口援疆】　2018年，东莞市对口支援新疆维吾尔族自治区图木舒克市各项工作落到实处。做好资金总额6.87亿元（其中东莞市出资1.76亿元）的23个援疆项目的建设与实施，启动实施一大批学校、幼儿园、医院、保障房等基建类民生项目和一系列就业培训、文化交流等非基建类援疆项目；推进图木舒克市草湖广东纺织服装产业园建设，获评“全国纺织产业转移试点园区”，一、二期60万锭纺织项目年产值13.3亿元，三期40万锭项目实现14万锭规模试产，设立总规模8亿元的产业发展基金，组建新疆维吾尔自治区第一所“互联网医院”，开展国家通用语言及脱贫攻坚技能培训，推动图木舒克市向南发展；坚持培育发展壮大产业，协助新疆图木舒克市完成招商引资到位资金80.14亿元，新增就业3724人次；加大镇街帮扶力度，实现帮扶措施和渠道更多元化，帮扶项目更具针对性，累计向图木舒克市有关单位捐赠资金约1150万元，捐赠物资和服务价值超过225万元。截至2018年底，图木舒克市实现国家通用语言教学全覆盖，图木舒克市医院实施新技术突破43项，该医院年营业收入突破1亿元，图木舒克市唐王城机场12月实现通航。

【对口援川】　2018年，东莞市落实帮扶四川省雅江县和九龙县资金合计6000万元，其中计划内2432万元，7月追加3568万元作为四川甘孜州扶贫协作2018年度帮扶资金，协助省援川工作队实施项目5个，改善两县的基础设施建设。与九龙县签订测绘地理信息共建战略框架协议，赴九龙县对重点建设城镇及区域开展航测工作及测绘仪器设备援助。加强东莞雅江两地产业合作，东莞市供销系统到雅江县考察对接农产品业务，签订农产品产销对接合作协议，采购松茸等农产品48万多元。

【东莞市与牡丹江市对口合作】　2018年，东莞市与黑龙江省牡丹江市两地政府间举行交流活动10批300余人次，各类机构、企业组织专项领域交流30余批次，对接各类企业、商会、协会200余家。10月19日，黑龙江省牡丹江市·广东省东莞市对口合作座谈会暨签约仪式在东莞召开，两市缔结友好城市，东莞市市长肖亚非和牡丹江市市长高岩见证签约。两市在产业合作、经贸往来、干部挂职、商务考察、镇县交流以及教育、卫计、旅游、工商等多个领域取得阶段性成效。两市在各领域签署8个协议，围绕粮食、木材产业、电子商务、矿产开发等领域，促成21个产业投资项目签约，投资总额20.75亿元，其中投资总额1.1亿元的3个项目建成投产、投资总额5.85亿元的3个项目落地开工。签署粮食合作框架协议和《建立友好城市缔约书》，缔结友好城市。（市发展改革局）

松山湖高新区 （松山湖管委会供图）

编辑：翁舒洁

松山湖高新区

【松山湖高新区概况】 松山湖高新区位于东莞地理几何中心，坐落于广深港黄金腹地，南邻香港、深圳，北靠广州，是广深科技创新走廊重要节点，总规划控制面积103平方千米。2018年，松山湖高新区实现生产总值638.6亿元，比上年增长13.9%；规模以上工业总产值4208.38亿元，增长18.5%；固定资产投资总额182.24亿元，增长22.6%。松山湖高新区在全国高新区的综合排名24位，在全省地级市中排名第一。

【中子科学城建设】 2018年，松山湖高新区成立中子科学城管理局，与大朗镇共同成立中子科学城规划建设专责小组，基本编制完成《中子科学城空间概念规划》（送审稿）及《中子科学城发展规划》。借鉴深圳土地整备工作经验，推动中子科学城土地整备工作有序开展。散裂中子源通过国家验收并投入运行，填补国内空白。南方光源可行性研究等前期工作全面启动，预研和测试平台项目列入广东省和中科院全面战略合作框架协议。松山湖材料实验室首批10个科研团队落户，与香港大学、澳门大学共同筹建粤港澳交叉科学中心。中子科学城上升为省重大发展平台，有望成为粤港澳大湾区国际科技创新中心及综合性国家科学中心的先行启动区。

【人才引进】 2018年，松山湖高新区出台新引进人才生活补贴、领军人才集聚工程、促进人力资源服务业发展、青年科技创新人才培养工程等政策，全年拨付人才专项资金近3亿元。松山湖人才大厦建设进展顺利，30家不同产业类型的人才企业和中高端人力资源机构入驻，入驻率超过60%。松山湖人力资源服务产业园和松山湖港澳青年创业基地启用。与《南方日报》开展合作，出版5期以院士为封面人物的《松山湖人才参考》双月

中国散裂中子源　（郑志波 摄）

刊。2018年开展高层次人才活动10场，企业组团赴外地招聘活动3场，全年引进人才创业项目25个，引进博士30名、硕士258名、省市创新科研团队12个。2018年，园区各类人才突破8.6万名，其中，省创新创业领军人才7名，占全市100%；市创新创业领军人才79名，占全市87.8%；市特色人才168名，占全市65.1%。

【创新主体聚集】　2018年，松山湖高新区引进和培育高新技术企业，总量358家。启动公营孵化器及众创空间建设，园区纳入备案统计孵化器39家，其中国家级孵化器8家、省级孵化器15家、市级孵化器29家，新增在孵企业373家。新增新型研发机构3个，新增市级工程中心22个、市级重点实验室17个。2018年，专利申请总量1.01万件，比上年增长20.29%，国家知识产权试点园区通过验收，新引进知识产权服务企业4家。松山湖运动控制精密测量实验室向园区及周边六镇实现免费开放共享，全年为53家企业提供1444次的检测和诊断服务。松山湖集成电路设计测试公共实验室、化学分析检测平台投入使用。“广东国防科技产业促进会东莞分会”在松山湖高新区成立。

【科技金融融合】　2018年，松山湖高新区纳入统计基金项目85个，总规模367.42亿元，总投资30.89亿元。参与上市莞企发展投资基金，通过投融资项目4个，促进4家上市企业良性发展，与易事特、正业科技两家企业实际控制人签订投融资框架协议并完成出资。出台《园区促进科技金融、基金业发展办法》。东莞首只知识产权投资基金在松山湖启动筹建。基金小镇新增落户投资公司和投资管理公司20家，各金融服务机构累计为企业提供银行贷款余额126.6亿元，其中高新技术企业贷款余额36.51亿元，信用贷款40.17亿元。园区上市后备企业27家，居全市首位。

【创新能力培育】　2018年，松山湖高新区首次编制并发布松山湖“创新指数”，持续跟踪、评价和监测松山湖的创新发展能力。弘扬创新创业文化，举办“周二有约”创业服务交流活动，出版《松山湖创业故事》（第四集）。开展“一周一约”孵化提升服务行动，与国内外知名创客学院、深圳虚拟大学园等机构加强交流合作。跟进2017年创新创业大赛获奖项目落地情况，组织大赛优质企业参加投融资对接活动15场，促使30个项目落户。

【招商引资】　2018年，松山湖高新区实施“大招商”战略，招引新能源、开立医疗等一批行业细分领域龙头企业，完成招商引资额256.6亿元，其中新增购地项目12个，协议引资150亿元，比上年增长29.34%。新增零地招商项目1036个，注册资本106.6亿元。举办生物产业促进大会以及机器人与智能装备产业促进大会，新引进生物产业项目和在建项目总投资超过100亿元、机器人与智能装备产业项目总投资近140亿元。现代服务业主题园区建设加快推进，联合15家载体签订共建协议，集聚各类现代服务业企业1500多家。全年先进制造业增加值和高技术制造业增加值均占园区规模以上工业增加值的90%以上，成为全市先进制造业集聚区。新增“四上”（规模以上工业企业、资质等级建筑业企业、限额以上批发零售住宿餐饮企业、国家重点服务业企业等四类规模以上企业）企业83家，华为终端工业总产值首次突破3000亿元，东莞华贝电子科技、广东宏川集团、玖龙纸业（控股）等3家企业入选“2018广东省百强民营企业”。

【重大项目落地推进】　2018年，松山湖高新区完成重大项目建设“百日攻坚”大会战，协调解决重大问题超200个，推动8个项目新开工。建设项目全年固定投资130亿元，其中，36个市重大项目完成投资112.8亿元，完成率144.6%，非重大项目完成投资18亿元。推动众为兴、国际机器人总部等一批项目新开工，蓝思科技、华勤南方研发中心等一批项目全部或部分投产。加强项目履约监管，完善签约项目数据库，落实82家企业保证金退还工作，对10家企业发送动工履约函件，约谈11家未按约定竣工的企业，原价收回6宗闲置用地。

【“倍增计划”实施】　2018年，松山湖高新区列入市级“倍增计划”（2020年实现国内生产总值和城乡居民人均收入比2010年翻一番）试点企业增至24家，排全市首位。出台《东莞松山湖“倍增计划”园区级试点企业产业政策倍增扶持配套资助实施办法（试行）》等倍增扶持政策，全年拨付专项资金8044万元。通过第三方专业监测机构，分析企业发展面临的困难，解决企业问题90个，满意率100%。实施企业“倍增计划”，鼓励企业原地倍增，为企业拓展生产空间71.6万平方米，市园两级82家倍增试点企业2018年实现营业收入747.2亿元，比上年增长16.9%，其中园区级58家试点企业实现营业收入143.5亿元，增长71.6%。记忆存储、菲鹏生物等19家企业提前实现营收倍增，其中优超精密、飞思凌通信等初创型企业实现多倍增长。

【松山湖片区统筹发展】 2018年，松山湖片区设立片区督查室。建立片区“1+6”（指松山湖高新区与石龙、石排等周边六镇）科技金融联动工作机制，统筹金融服务资源。出台松山湖片区《重大项目信息资源统筹工作方案》《教育统筹发展工作方案》《科技资源共享实施方案》《“美丽乡村”建设（2018—2020）专项资金使用办法》等政策文件，加快推进园区资源统筹。制定《松山湖片区2018年经济形势分析工作方案》，推动片区经济形势监测分析工作制度化、规范化。2018年片区实现生产总值1825.49亿元，占全市22.1%；完成固定资产投资511.53亿元，比上年增长19.8%；规模以上工业增加值1217.12亿元，增长12.7%。

重大基础设施建设　2018年，松山湖南部与大朗交界的“三横六纵”路网中的“三纵”全面施工。完成南社、牛过蓢和塘尾总面积6.53平方千米的古村落文化旅游项目规划。规划建设8公顷研发主题园，承接周边镇研发项目，大岭山镇拓斯达、石龙镇众生药业等研发总部项目入驻松山湖。企石镇区域发展战略研究和东部工业园（企石辖区）控制性详细规划完成初步成果编制，434.67公顷土地纳入松山湖统筹。推进片区教育和医疗统筹，松山湖中心小学（集团）西溪学校挂牌，松山湖社卫中心与东莞市第三人民医院共建医联体深化。石排镇与松山湖多家研究机构签订合作协议，共建通信部件协同创新中心，打造科技成果转化和孵化基地。

15区环境综合整治　29个接壤村完成“美丽乡村”整治规划编制，拨付补助资金6000万元，茶山镇粟边村、石排镇塘尾村完成第一期改造。石排福隆村工改工（将现有土地性质为普通工业用地改变为新型产业用地，将旧工业区拆除重建升级改造为新型产业园）项目、大朗犀牛陂改造等项目加快建设。制定《松山湖片区水污染协同治理工作方案》，松山湖埔心排渠、文庙排渠、下沙排渠基本消除黑臭。启动编制片区断头路、联网路互联互通专项规划，环松山湖周边四个交通拥堵点中的三个落实整改措施。

【公共服务设施建设】 2018年，松山湖推进公共服务设施建设。莞惠城际松山湖北站推出首期出让地块，成为全市首个TOD（以公共交通为导向的开发）商业综合体项目。轨道1号线松山湖站轨道站点、松山湖站TOD公共服务中心、有轨电车等公共交通规划全面铺开。幸福花园人才房投入使用。

华为数据中心　（松山湖高新区供图）

10所学校和幼儿园建设同步推进，松山湖第一小学全面启用。市青少年活动中心全面托管松山湖青少年活动中心，市图书馆托管松山湖图书馆，园区校外教育载体进一步优化。东华医院松山湖院区主体工程建设基本完成，市儿童医院松山湖院区（儿童研究中心）前期研究工作启动，社区卫生服务中心升级改造完成，生态园南朗社区卫生服务站和湖畔社区卫生服务站基本建成，形成“一中心四站点”的社区卫生服务网络。

【环境综合整治】 2018年，松山湖高新区实施环境综合整治。调整优化空气监测布局、调整优化能源结构、实施污染企业错峰生产、强化机动车污染治理、开展VOCs（挥发性有机物）污染深度治理、强化扬尘污染防治，空气质量明显提升。打响治水攻坚战，排污口信息录入通过率100%。开展固体废物治理专项行动，固废整改达标率100%。推进分布式能源项目建设，园区绿色电力年发电量2700万千瓦时，居全市首位。新增清洁生产企业16家，超额完成市下达目标。

【社会综合治理】 2018年，松山湖高新区严厉打击违法犯罪，开展扫黑除恶、反恐“深源”、打击刑事犯罪“飓风2018”、治安防控“铸盾”等专项行动，落实“二标四实”（“二标”：标准地址库、标准作业图；“四实”：实有人口、实有房屋、实有单位、实有设施）信息采集大会战，全年违法犯罪警情比上年下降5.6%，刑事案件下降10.3%，刑事破案上升10.6%，“两抢”（抢劫、掠夺）破案率100%。高标准组建东莞公安铁骑松山湖大队和高素质专业化的松山湖网络民兵分队。台湾高科技园等4个消防站建设稳步推进。数字城管平台实现实时管理。

【园区文化建设】 2018年，松山湖高新区推进“城市美术馆”项目，新增城市公共文化景观雕塑作品3座。举办“最美松湖人”系列评选活动。宏川、易事特、生益科技3家企业入选全市友善企业典型。定期举办松湖荟、道德讲堂等文化品牌活动。全年举办文化惠民公益演出、公益电影放映、新春游园、松湖大讲堂等各类文化活动60多场，参与人数超过1万人。推动志愿服务融入园区社会治理体系，涌现出一批爱岗敬业、无私奉献的“奋斗之星”“友善之星”。创作《松湖风华》《松湖精英》《见证·松山湖》等一批文艺精品。

（梁巧玲）

附：2018年东莞松山湖高新区主要领导名录

管委会主任：欧阳南江（9月到任）

滨海湾新区

【滨海湾新区概况】 2017年10月，东莞市滨海湾新区（简称“新区”）揭牌成立。新区范围包括交椅湾、沙角半岛和威远岛以及邻近海域，东至茅洲河，西至太平水道，北至沿江高速及规划海堤路，南至东莞管辖海域。新区规划总面积84.1平方千米，其中，现状陆域面积51.8平方千米，现状海域面积32.3平方千米。截至2018年底，新区被列为粤港澳大湾区特色合作平台、粤港澳协同发展先导区、广深港澳科技创新走廊创新核心平台和省沿海经济带规划的珠三角14个重大区域发展平台之一，被赋予粤港澳协调发展先试先行、科技创新核心带动的历史使命。

【规划编制】 2018年是滨海湾新区“规划建设年”，新区同步推进发展总体规划、城市总体规划及各专题专项规划的编制工作。成立新区发展战略咨询委员会，聘请综合开发研究院（中国·深圳）、广东省城乡规划设计研究院等技术强院，吸引美国AECOM、CRTKL、法国邑法等50多家国际知名设计机构，参与新区起步区城市设计和滨海景观活力长廊规划设计国际竞赛。新区发展总体规划通过市委常委会、市政府常务会议、市人大常委会审议并上报省发改委，省发改委将成果上报至省政府。基础设施、产业发展、生态环保等3个专项规划形成初步成果，城市总体规划形成成果草案，并通过专家评审。

【基础设施建设】 2018年，滨海湾新区推进交椅湾板块骨干路网建设。海芯大道路基工程完成路基堆载预压，同步进行升级改造；湾区大道、滨海湾大道工程进行施工；东湾大道（交椅湾段）、兴海

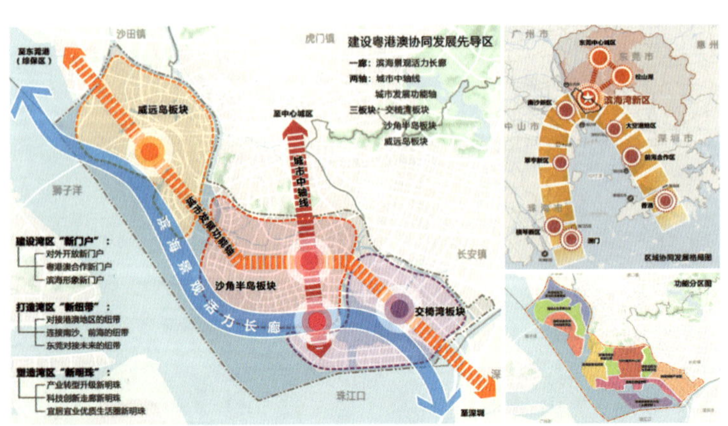

东莞市滨海湾新区空间规划结构图　　（滨海湾新区供图）

2018年12月28日，东莞港三期码头开港、湾区快线2~3号线开航暨项目签约仪式举行
（滨海湾新区供图）

路、交椅湾大道（东宝河堤段）开展勘察及设计。启动“湾区1号”项目建设，探索1.5级土地开发，开展场地平整等前期工作。

【一级预算管理实行】 2018年，东莞市政府办公室下发《东莞市人民政府办公室关于滨海湾新区实行一级预算管理有关问题的复函》，同意滨海湾新区从2018年起实行一级预算管理。

【招商引资】 2018年，滨海湾新区打造全方位招商引资网络，参加东莞市产业招商大会、莞港产业合作推介会、“人才东莞”推介会。引进紫光芯云产业城、OPPO智能制造中心、欧菲光电影像产业、正中创新综合体、平安威远岛智慧新城等一批重大产业项目，协议投资总额2830亿元。

【生态建设】 2018年，滨海湾新区推进磨碟河、太平水道综合整治与开发工作，推进磨碟河流域综合整治近期工程项目建议书、可行性研究报告编制工作；太平水道综合整治规划成果通过专家评审，待上报市政府审批。推动新区启动区和高速出入口景观环境品质提升工程，获2018年全市总结大会园区类单打冠军。

【城市更新】 2018年，滨海湾新区推进城市更新项目，分别与平安、华润、德思勤等公司签订合作框架协议，滨海湾站TOD（以公共交通为导向的开发）综合开发，站北市政公园区、滨海湾青创城、加紧完善中央农业公园综合体等项目规划方案。粤港澳文化街、深圳海洋科技研发服务基地两个滩涂开发利用方案获省水利厅批复并全面动工建设。

【沙角电厂两台机组关停】 2018年11月，沙角电厂A1、B2两台燃煤机组关停。新区制定并上报沙角电厂退役及替代电源建设工作方案，陆续启动相关工作。根据既定计划，沙角电厂所有燃煤机组将于2025年底前逐步关停。

【合作交流】 2018年，滨海湾新区与香港“一带一路”总商会、香港资讯科技联会、澳门中华总商会、澳门创新科技中心以及澳门城市大学等知名行业协会、企业、高等院校签订系列合作框架协议和备忘录。加入“一带一路”中葡中拉知识创新与转化联盟，拓宽葡语系国家合作交流。谋划与中国港澳地区共建约103公顷的滨海湾青创城。

【片区联席会议】 2018年，滨海湾新区贯彻落实市委“园区统筹组团发展”工作部署，全年召开3次片区联席会议，共同研究推进滨海湾创新链走廊建设、片区公共交通规划、环境治理统筹、水系联通等重要事项。东莞滨海湾创新链走廊纳入广深科技创新走廊（东莞段）特殊政策区范围。

东莞港

【东莞港概况】 东莞港位于广东省中南部，珠江口东岸，是粤港澳大湾区核心经济带，区位优势显著，产业特征明显。东莞港拥有53千米深水岸线，航道水深-13米，是国家一类口岸、首批对台直航港口之一，由麻涌、沙田、沙角、长安和内河等五大港区组成。东莞港规划泊位共有438个，其中80个深水泊位；截至2018年底有生产性泊位168个，其中32个深水泊位。2018年10月，东莞虎门港综合保税区获得国务院批复同意设立。根据英国《劳氏日报》公布的全球100大集装箱港口排名，2018年东莞港进入全球港口前40位。东莞港全年完成货物吞吐量1.64亿吨，比上年增长4.48%。其中，外贸货物吞吐量完成3349万吨，比上年增长3.81%。集装箱吞吐量完成356万TEU（标准箱），其中外贸集装箱吞吐量完成24.28万TEU。旅客吞吐量完成21.71万人次。东莞港集装箱班轮航线总数51条，其中内贸航线43条，外贸航线8条，覆盖国内沿海、中国台湾和东南亚等地区港口；开通汽车滚装航线3条，湾区快线3条。

【东莞虎门港综合保税区】 2018年10月4日，东莞首个综合保税区——东莞虎门港综合保税区获得国务院批复，规划面积2.237平方千米，其中一期项目围网面积1.41平方千米。虎门港综合保税区涵盖研发、加工、销售、物流、展示交易、检测维修和金融结算等全部海关特殊监管区域功能，是东莞市承接广东自贸区政策推广和融入粤港澳大湾区建设的重要平台，也是探索建设自由贸易港和自贸区新片区的重要载体。

【东莞港务集团】 2018年，东莞港务集团被提升为重点市属国有企业。集团提出“三个港口”建设发展战略定位，即把东莞港建设成为“一带一路”重要节点港、粤港澳大湾区关键货运支撑港和“莞货莞出”便捷启航港，该定位被纳入东莞市委、市政府发展战略体系。集团全年完成集装箱吞吐量314万TEU（标准箱），比上年增长1.6%；进出园区货值173.5亿美元，增长22%。四大业务板块首次实现全盈利。三期码头开港投产。

【国际贸易“单一窗口”建设】 2018年，东莞港推进东莞电子口岸及东莞国际贸易“单一窗口”（参与国际贸易和运输的各方，通过单一的平台提交标准化信息和单证）项目立项报批工作，完成项目可行性研究报告编制并上报审批立项。推进国际贸易“单一窗口”国家标准版东莞试点工作，全年东莞市通过国际贸易“单一窗口”国家标准版完成业务申报215万票，报关报检申报单量均在全省排名前列。

【东莞港产业服务创新体系】 2018年10月，东莞港务集团的《设计引领的东莞港产业服务创新体系》获得第九届“省长杯”工业设计大赛最高奖项——钻石奖，并得到省委副书记、省长马兴瑞肯定和认可。同时，该项目获2018年东莞市园区类单打冠军。

（李声泽　陈嘉源）

附：2018年滨海湾新区、东莞港主要领导名录

党工委书记：张　科
管委会主任：刘　杰（8月到任）

东莞水乡特色发展经济区

【东莞水乡经济区概况】 东莞水乡特色发展经济区（简称“水乡经济区”）位于东莞市西北部，地处珠三角中心腹地，是东江北干流和南支流流经区域，包括麻涌、中堂、道滘、洪梅、望牛墩、万江、石龙、石碣、高埗、沙田等10个镇街和东莞港1个港区，总面积510平方千米，占全市总面积21%，区域内常住人口158万人。2017年4月，东莞市委、市政府印发实施《关于推进园区统筹组团发展战略的实施意见》，将全市划分为六大片区，在水乡经济区中，洪梅镇、望牛墩镇、道滘镇、麻涌镇、中堂镇五镇被划分为水乡新城片区，作为全市六大片区之一，总面积266平方千米，常住人口55万人。

2018年，水乡经济区实现生产总值1388.81亿元，比上年增长8%，高于全市0.6个百分点；税收总额264.73亿元，增长20.3%；固定资产投资、规模以上工业增加值、社会消费品零售总额分别增长15.9%、5.8%、23.5%。其中，水乡新城片区实现生产总值648.1亿元，比上年增长8.7%，高于全市1.3个百分点；税收总额118.2亿元，增长17.8%，高于全市3.7个百分点；固定资产投资、规模以上工业增加值、社会消费品零售总额分别增长13.1%、6.5%、34%，均高于全市水平。

【水乡新城片区统筹发展】 2018年，水乡经济区加大水乡新城片区统筹发展力度，起草片区推进园区统筹组团发展工作方案，完善水乡新城片区统筹组团发展机制。落实优化市直管镇体制改革部署，围绕片区统筹经济发展、城市建设和城市品质提升三大领域，梳理水乡管委会职能权限，理顺市、片区和镇的关系。深入开展片区高质量统筹发展专题调研，梳理片区发展存在困难和问题，优化片区统筹发展顶层设计，明晰片区统筹发展总体思路和重点区域开发思路。

【重点区域开发建设】 2018年，水乡经济区完成《水乡新城概念性规划》《水乡新城控制性详细规划》《水乡新城交通综合改善规划》等规划成果，加快水乡大道升级改造工程、望沙路升级改造工程、水乡横向中通道等水乡新城周边重点交通设施建设。围绕东莞西站核心区域，联合专业咨询管理公司，对开发范围进行全面摸底调查，综合测算成本与收益，提出补

东莞市麻涌镇新基村水乡特色村落　（郑家雄　摄）

道滘镇　（周海猛　摄）

偿和利益分配方案，开展水乡新城首期启动区土地整备工作，形成土地整备框架性方案。

【产业转型升级】　2018年，东莞市水乡新城片区新引进亿元以上内资项目15个，协议金额超800亿元，引进千万美元以上外资项目7个，协议金额2亿美元。出台《关于加强统筹水乡新城片区招商引资工作指导意见》，明确片区招商项目洽谈、交办、督办等工作制度和工作流程。组织片区五镇赴中国香港地区举办东莞水乡新城商机推介活动，现场与中国香港地区6个商协会签署合作备忘录；组织片区五镇参加莞港产业对接活动，现场签约项目6个，总投资22.6亿元。统筹招商服务工作，完善片区招商服务工作机制，推动招商信息资源共享，实现合力招商、抱团招商，全年接待来访客商69批次，向片区五镇推介产业项目30多个。推动产业特色小镇建设，出台《关于推进水乡新城片区产业集群与特色小镇融合发展的指导意见》，支持中堂镇打造智能科技生态镇，推动金地商置、华润置地等一批企业集团与中堂镇对接，促成中堂镇签约项目10多项。

【城市环境品质提升】　2018年，水乡经济区深入督促推进水乡新城片区水污染治理，协调推动重点环境治理工程建设，片区新建截污管网161千米，完成21条内河涌整治任务，推进4家污水处理厂提标改造和9个分散式污水处理设施项目，完成"散乱污"企业（不符合产业政策，不符合产业布局规划，未办理工信、发改、土地、规划、环保、工商、质监、安监、电力等相关审批手续，不能稳定达标排放的企业）整治改造196家，关停取缔1187家。麻涌垃圾处理厂建成投产，海心沙资源综合利用中心项目推进。制定水乡生态环境保护工作统筹督导方案，成立专项工作组，督导各镇交办案件整改落实到位。推进片区广深高速沿线建筑立面风貌提升、滨水景观提升、道路提升、绿化工程等项目。

【水乡控股平台】　2018年，东莞水乡特色发展经济区管理委员会成立水乡管委会国有资产管理办公室，制定企业国有资产监督管理、财务管理、人力资源管理、产业投资基金管理暂行办法等多项规章制度，建立健全公司管理制度，规范公司议事决策程序和内部运作规范。理顺公司组织架构，指导公司明确发展定位和战略规划，注册成立水乡建设、水乡资产、水乡置业、水乡实业等板块公司，建立涵盖投融资、置业、建设、运营的集团化组织框架。强化监督管理，指导并审定公司年度工作任务计划、年度预算、人力资源规划等重大事项，优化闲置资金管理，实现国有资本保值增值。拓展项目资源，推动珠三角城轨东莞西站交通配套用地的综合开发项目，承办中国高端专业化学品产业（东莞）峰会，打响水乡控股公司品牌。（王　婷）

附：2018年东莞水乡特色发展经济区管理委员会主要领导名录

党组书记、主任：

陈仲球（任至11月）

陈志伟（11月到任）

法　治

LEGAL SYSTEM

东莞铁骑出征　（市公安局供图）

编辑：王学林

政法委与综治工作

【政法概况】　2018年，东莞市政法系统维护社会稳定，推进平安东莞、法治东莞建设，营造共建共治共享社会治理格局，全市社会大局保持和谐稳定，东莞市获“中国法治政府奖”和“全国社会治理创新示范市”称号。全市政法系统先后涌现“全国法院先进集体”市中级法院刑一庭，“全国工人先锋号”市检察院，“全国人民调解工作先进集体”市司法局基层工作科；“全国审判业务专家”陈超、陈斯，“全国人民调解工作先进个人”翟润成、莫满水，广东省公安机关“110十佳民警”李建华等一批先进典型。

【政治安全和社会稳定】　2018，东莞市开展维护国家政治安全“八大专项行动”，推进国家安全人民防线体系建设，各镇街基层防线办实现实体化运转。制定《2018年东莞市社会矛盾大化解专项行动总体方案》，开展十二个领域专项行动。处置麻涌新基村村务问题、“云联惠”案件收网后涉维问题等一批影响社会稳定的重点热点问题。建立矛盾纠纷案事件信息平台，推动社会稳定风险评估机制落实，健全社会矛盾形势分析研判机制，完善应急处置机制。

【扫黑除恶专项斗争】　2018年，东莞市做好扫黑除恶专项斗争工作，成立由市委书记任组长的领导小组，统筹推进全市扫黑除恶工作。通过深入开展线索排查核实、广泛动员群众参与和强化督导等一系列工作措施，全市公安机关打掉涉黑涉恶团伙474个，破案1517件，重点侦办钟某波等22人特大涉黑恶犯罪团伙案等一批重大涉黑涉恶案件。

【平安东莞建设】　2018年，东莞市公安机关开展“飓风2018”“破小案专项行动”“除根一01”“为民办十件实事”等一系列工作，重点整治突出治安问题。全市公安机关立刑事案件比上年下降9.08%。命案立案比上年下降25.2%。“飓风2018”专项行动整体成绩居全省优秀档次，涉黄整治专项成绩在全省排名第一，群众安全感和政法工作满意度分别在全省排名第18位和第11位，较2017年分别上升2位和8位。全市“两抢”（抢劫、抢夺）立案数比上年大幅下降77.55%；飞车抢夺警情下降90.13%；涉污染环境案件刑事拘留数和逮捕数分别增长5倍以上。建立严重精神障碍患者监护责任补偿保险机制，规范严重精神障碍患者信息转介与流转管理工作，其中高风险患者信息报告率100%，有效转介处理率95.8%。完成脱失吸毒人员查控“清零”工作和在库吸毒人员信息核查维护“清库”工作。全面铺开“二标四实”（“二标”：标准地址库、标准作业图；“四实”：实有人口、实有房屋、实有单位、实有设施）基础信息采集工作，组建公安铁骑队伍，2018年，处理交通事故3.3万宗，抓获嫌疑人3452名。打造社会治安防控统一信息平台，加强智能化治安管理服务机制建设。推进“雪亮工程”建设，其中一、二类视频点达到每平方千米21.42路，提供涉案线索2.5万条，参与破获刑事案件8000余件。

【社会治理】 2018年，东莞市高度重视营造共建共治共享社会治理格局，市委政法委牵头起草《关于营造共建共治共享社会治理格局的意见》。推进“智网工程”建设，汇聚各类社会管理信息2.7亿条，作业中形成并共享各类网格作业数据1.5亿条，发现和完成处置各种隐患167.2万处，开展全民服务1.88万次，直接服务群众19.35万人。推动市委出台《东莞市关于推进平安文化建设的指导意见》，以企业平安文化建设为突破口，选定8个镇和41个异地商会为试点单位开展平安文化共建。建立劳务输出地和输入地联动机制，与茂名市共同签订《关于茂名籍在莞务工人员平安共建的协议》。各镇街（园区）建成67个平安文化体验公园，69个平安文化体验点。东莞市“平安文化建设”经验入选“全国加强与创新社会治理典型案例”。完善矛盾纠纷多元化解机制，以政府购买社会服务方式设立驻公安派出所人民调研工作室，为全市15个派出所购买507名专职人民调解员、479名兼职人民调解员开展纠纷化解工作。2018年，东莞市各级人民调解组织开展矛盾纠纷排查722次，调解纠纷9234件，成功调处9047件，调解成功率98%。全市法院通过诉调对接工作机制处理案件12517件，达成调解协议8772件，分别比上年增长22.5%、74.81%。

【法治东莞建设】 2018年，东莞市印发《东莞市2018年依法治市工作要点》，建立法治东莞建设考核评价体系。长安镇获评“全国法治县（市、区）创建活动先进单位”称号，是全国唯一获此称号的镇。加强社会治理领域地方立法，出台《东莞市出租屋治安与消防安全管理条例》。完善产权保护制度，推进“两法衔接”工作，完善公共法律服务体系建设。深化司法体制改革，法院全面推进内设机构改革，完善审判管理监督新机制，推进智能化法院建设，建成大数据管理中心和大数据可视化分析平台，提升服务审判执行工作能力和司法管理水平；检察院配合做好监察体制改革试点工作，推进以审判为中心的刑事诉讼制度改革，推进公益诉讼工作，加强智慧检务建设，自主研发的检察信息综合应用平台入选省检察机关智慧检务创新案例。是年，全市法院受理各类案件21.92万件，比上年增长19.88%；办结19.58万件，增长22.26%；一线法官人均结案413.1件，增长23.29%，均创下历史新高；推进决胜“基本解决执行难”

2018年11月，平安文化进校园活动举行 （市委政法委供图）

工作，2016—2018年执行案件整体执结率95.85%，居全省法院前列。全市检察机关受理审查逮捕案件0.99万件1.47万人，受理审查起诉案件1.10万件1.55万人。全市办理法律援助案件1.19万件，比上年增长138.3%，为受援人挽回经济损失8628.9万元。全市办理国家司法求助108宗，救助困难群众174人，救助金额445.17万元。

（严沛坚）

【《东莞市举报涉黑涉恶线索奖励办法》发布】 2018年7月2日，东莞市政府办公室发布《东莞市举报涉黑涉恶线索奖励办法》（简称《办法》）。《办法》规定，提供涉黑涉恶犯罪线索，涉及的案件被依法定性为犯罪集团或黑社会性质组织犯罪，起直接作用的最多可奖励20万元。《办法》规定10种举报范围，分别是黑村官，菜霸、行霸、市霸，建筑工程、交通运输重点领域的黑恶势力，非法垄断经营的黑恶势力，涉“黄、赌、毒、枪”违法犯罪活动，地痞流氓，涉嫌高利放贷、暴力讨债等巧取豪夺，黑导游，高薪引诱等。奖金的发放分为3种情况：提供涉黑涉恶犯罪线索，涉及一起以上三起（不含）以下案件，举报起间接作用的奖励5000元，起直接作用的奖励1万元；提供涉黑涉恶犯罪线索，涉及三起（含）以上案件，举报起间接作用的奖励1万元，起直接作用的奖励5万元；提供涉黑涉恶犯罪线索，涉及的案件被依法定性为犯罪集团或黑社会性质组织犯罪，举报起间接作用的奖励5万元，起直接作用的奖励10万元以上，最高不超过20万元。《办法》规定4种举报形式：来信举报、来访举报、电话举报、邮件举报。（王学林）

附：2018年东莞市委政法委员会主要领导名录

书　记：杨东来

地方立法

【立法计划编制】 2018年，东莞市人大常委会根据2017—2021年立法规划和2018年立法计划的编制工作安排，研究形成2018年立法计划项目初步建议稿，经主任会议通过并报市委批准，编制2018年立法计划。正式项目为《东莞市生态文明建设促进与保障条例》《东莞市出租屋治安与消防安全管理条例》，预备项目为《东莞市水土保持条例》《东莞市户外广告设置管理条例》。2018年8月，启动东莞市人大常委会2019年度立法计划的编制工作。

【立法工作机制】 2018年，东莞市人大常委会制定实施《东莞市人大常委会基层立法联系点工作制度》，在32个镇（街道）设立基层立法联系点。成立东莞市地方立法研究评估和咨询服务中心，拓宽社会参与立法渠道。

【重点领域立法】 2018年，东莞市出台《东莞市饮用水源水质保护条例》。历经市人大常委会三次会议审议、表决通过，省十三届人大常委会第二次会议审查，批准《东莞市饮用水源水质保护条例》的实施，条例自2018年7月1日起施行。这是东莞市自2015年初获得地方立法权以来，首部颁布实施的实体法。是年，东莞市通过《东莞市生态文明建设促进与保障条例》。《东莞市生态文明建设促进与保障条例》在2018年7月19日经市委常委会审查同意，并于7月27日经市第十六届人大常委会第十五次会议表决通过，于9月30日经省十三届人大常委会第五次会议表决全票通过。这是广东省首部遵循习近平生态文明思想制定的地方性法规，为东莞市促进经济与生态环境协调发展、推动东莞创建国家生态文明建设示范市等提供法制保障。这一年，东莞市出台《东莞市出租屋治安与消防安全管理条例》。《东莞市出租屋治安与消防安全管理条例》于2018年7月19日经市委常委会审查同意，并于7月27日经市第十六届人大常委会第十五次会议表决通过，于9月30日经省十三届人大常委会第五次会议表决全票通过，于2018年12月1日起施行。其出台将从立法层面为新时期东莞市出租屋治安与消防安全管理工作提供规范和指引。年内，继续跟进《东莞市城市管理综合执法条例》相关工作。做好法规生效前的准备工作。

【规范性文件备案审查】 2018年，东莞市人大常委会做好市政府规范性文件备案审查工作。落实规范性文件电子平台报备制度，实现备案审查工作电子化，报备工作规范化。全年完成《东莞市新建改建居住区配套教育设施规划建设管理办法》《东莞市物业管理办法》《东莞市环境卫生管理规定》3件政府规章备案工作以及《东莞市特困人员救助供养办法》《东莞市最低生活保障实施办法》《东莞市非法集资举报奖励实施细则》《东莞市农村（社区）集体资产管理实施办法》《东莞市再生资源回收管理办法》《东莞市名人档案管理办法》等各领域的22件规范性文件的备案审查工作。依法对市人大常委会办公室起草的《东莞市人民代表大会常务委员会讨论决定重大事项规定（草案）》、财经工委及东城街道办各1份规范性文件进行审查。

协助市委审查党内规范性文件工作。是年，东莞市人大常委会落实市委备案审查联动机制要求，协助市委办对《中共东莞市委关于深入贯彻习近平新时代中国特色社会主义思想　进一步加快经济转型推动高质量发展的意见（送审稿）》《关于进一步加强和改进新时代信访工作的意见》《关于我市深化人才发展体制机制改革的实施意见（征求意见稿）》《关于贯彻落实新时代党的建设总要求不断提高党的建设质量的意见》《关于贯彻落实新时代党的建设总要求全面加强党的政治建设的实施方案》《关于贯彻落实新时代党的建设总要求全面加强党的思想建设的实施方案》等58件市委、市政府重要文件的合法合规性进行审查，对其中10份文件提出相应修改意见。

首次开展法规及规范性文件专项集中清理工作。全年，东莞市人大常委会对东莞市现行有效的涉及生态文明建设和环境保护的2件地方性法规和13件人大常委会制定的规范性文件进行清理，拟保留法规2件、规范性文件5件；拟修订规范性文件2件；拟废止规范性文件6件。

首次实施备案审查工作报告上市人大常委会专题审议。是年，起草《关于我市本届人大换届以来规范性文件备案审查工作情况的报告》并提交市人大常委会专题审议，东莞市是广东省首个按照省人大要求落实备案审查报告上常委会专题审议的市。　（吴　洋）

【政府立法】　2018年，东莞市法制局落实《东莞市人大常委会2018年立法计划》《东莞市人民政府2018年规章立法计划》，全程参与立法项目调研、起草、审查等各个环节，提请市政府出台《东莞市新建改建居住区配套教育设施规划建设管理办法》《东莞市物业管理办法》《东莞市环境卫生管理规定》等政府规章3部，完成《东莞市城乡建设档案管理办法》《东莞市电力设施管理办法》2部政府规章的公开征求意见和审核工作。协助市人大修改完善《东莞市饮用水源水质保护条例》《东莞市生态文明建设促进与保障条例》《东莞市出租屋治安消防安全管理条例》《东莞市水土保持条例》等地方性法规草案。办结《中华人民共和国会计法》《广东省劳动保障监察条例修正案》等国家、省等立法草案意见征集75件次。

是年，东莞市法制局科学制定立法规划和工作计划，编制并提请市政府印发东莞市2019年政府规章立法计划，编制并提请市政府审议2019年地方性法规立法计划建议后报市人大常委会，突出立法重点，推动立法准确反映东莞市经济社会发展需求。　（喻中胜）

法治政府建设

【法治政府建设概况】　2018年，东莞市推动中央、省法治政府建设实施纲要以及《东莞市法治政府建设规划（2016—2020年）》任务措施落实，获第五届“中国法治政府奖”。

是年，东莞市法制局提请市政府印发《东莞市2018年依法行政工作要点》《东莞市人民政府重大决策出台前向市人民代表大会常务委员会报告规定（试行）》，组织起草重大行政决策专家咨询论证管理办法及重大行政决策风险评估办法，完善依法行政制度体系。组织开展依法行政考评。完成全市2017年度依法行政考评工作，提请市政府印发《关于2017年度全市依法行政考评结果的通报》《关于2017年度全市依法行政考评工作情况的综合汇报》，综合评定樟木头镇政府、市工商管理局等12个单位为优秀等次，茶山镇政府、松山湖管委会等46个单位为良好等次。组织做好省对东莞市开展2017年度依法行政考评的相关准备和服务保障工作。

部署落实政府法制工作　协助市政府召开全市法治政府建设暨政府法制工作会议、市依法行政领导小组会议，总结全市2017年法治政府建设暨政府法制工作成效，提出2018年重点工作任务。分片区组织召开法治政府建设督查座谈会，通过下发文件、局领导实地督导等，推动落实法治政府建设各项任务措施。

落实依法行政报告制度　撰写《东莞市2017年法治政府建设情况报告》分别报送省政府和市委、市人大常委会，并通过“中国·东莞”和“东莞市法制局公众网”政府门户网站等向社会公开。提请市政府听取2017年法治政府建设情况报告、行政复议案件统计分析报告和行政应诉工作报告等。

【法律审查论证】　2018年，东莞市法制局加强对重大决策、重要行政措施的合法性审查和法律论证，对市府办转来1041份来文及重大政府合同（协议）提出法律审查意见，预防和消除决策中的法律风险。审查市城管局上报市政府的违法建筑强制拆除案件26件。年内，提请下发《东莞市人民政府2018年规范性文件制定（修订）计划目录》。办结《东莞市再生资源回收管理办法》《关于加强高污染燃料禁燃区环境管理的通告》等市政府规范性文件73件，前置审查部门规范性文件60件，备案审查镇街规范性文件225件，对党内规范性文件征求意见稿提出意见建议36件次。印发《关于做好公平竞争审查工作的通知》《关于开展已废止、失效文件标注工作的通知》，审查公平竞争文件75件次，督促相关单位做好到期文件的清理、标注工作。牵头组织清理证明事项、涉及生态环境保护、军民融合发展以及不利于民营经济发展的法规规章和规范性文件。推进省有关乡镇政府规范性文件统一合法性审查试点工作。

【行政复议应诉】　2018年，东莞市法制局推进行政复议委员会试点，推行行政复议案件议决制度，规范庭审并加强实地调查。全年收到行政复议申请775宗，办结698宗。网上公开行政复议决定书文书617份。承办以市政府为被申请人的行政复议案件18件。组织召开行政复议工作座谈会，点评、分析行政复议典型案件败诉原因，开展业务指导和疑难解答。

履行行政应诉职责　代理以市政府为被告的行政诉讼案件366件，加大对相关行政机关处理疑难

案件的协调指导力度，协助做好市政府领导出庭应诉工作。强化行政机关负责人出庭应诉工作，呈现出“敢出庭，愿发声，有作为”良好态势，全年各级行政机关负责人出庭应诉案件143件。选取镇街、部门近年行政诉讼中具有普遍借鉴意义的典型案例，编印《行政诉讼法司法解释及典型案例选编》《东莞市行政诉讼典型案例选编》供各级各部门参考学习，促进提高依法行政能力水平。

完成复议应诉案件统计分析 统计分析东莞市2017年度政府法制工作以及行政复议、行政应诉案件情况，提出改进意见建议，形成《东莞市各镇街、市直部门法制工作总结汇编（2017年）》《东莞市2017年行政复议案件统计分析报告》《东莞市2017年行政应诉工作报告》等，分别报省法制办和市政府并印发各级各部门学习交流。

【行政执法监督】 2018年，东莞市法制局举办行政执法人员培训班7期，组织全市1388名行政执法人员学习《行政处罚法》《行政许可法》等法律法规以及法治政府建设相关政策文件并参加网上考试，完成执法证件申领发放850个。

是年，东莞市法制局举办学习培训暨行政执法案卷评查会，组织镇街、行政执法部门业务骨干学习并交叉互评，查找存在问题，促进各行政执法部门提升执法规范化水平。下发省法制办编印的《行政执法流程和执法文书范本》供各行政执法单位遵照适用，加强对行政执法单位落实三项制度过程中遇到的问题进行解答和指导。

【法治培训教育】 2018年，东莞市法制局提请市政府印发《2018年东莞市“一培训两讲座”计划》，协助市政府举办2018年全市领导干部法治专题培训班，提请市政府领导班子会议学习2018年新修订《宪法》《土壤污染防治法》等学法讲座，提出贯彻落实意见，提升各级领导干部宪法法律意识和依宪施政、依法行政能力水平。组织举办2018年全市行政应诉及政府法律顾问、规范性文件、政府规章立法等法治政府建设专题培训，提升政府工作人员法治能力水平。督导各部门、园区、镇（街道）组织学法专题讲座，掀起法治专题培训热潮。

开展业务跟班培训 组织镇（街道）法制办部分业务骨干到市法制局开展每期8周的跟班学习，提高基层法制工作人员的业务能力水平。

加大法治宣传力度 通过“中国·东莞”政府门户网站的“东莞市法制局”栏目发布政务公开信息580条，编印《依法行政动态》14期，发送“法制新知”宣传短信8400多人次，及时通报传达法治政府建设和政府法制工作相关信息。办结政府信息依申请公开5件次，12345投诉建议、阳光热线等11件次。

【东莞市获“中国法治政府奖”】 2018年10月28日，由中国政法大学法治政府研究院、中国法学会行政法学研究会承办的第五届“中国法治政府奖”终评评审暨颁奖典礼上，东莞市报送的“构建‘一平台、三工程’科学市场监管体系——东莞市深化商事制度改革创新实践”项目在31个入围项目中，以选票排名并列第三的优异成绩获“中国法治政府奖”，成为广东省四个获选项目中获票数最高的项目。 （喻中胜）

附：2018年东莞市法制局主要领导名录

党组书记、局长：罗乐英

公 安

【公安工作概况】 截至2018年底，东莞市公安局有内设机构22个、直属机构4个、分局33个、派出所160个。2018年，东莞市群众安全感和对公安工作满意度稳步上升，群众安全感和对公安工作满意度综合排名由2017年的全省第20名，上升到第16名，其中对公安工作的满意度由第20名上升至第14名。央视纪录片《弄潮儿向涛头立》讲述东莞通过户籍、社保制度等改革，简化证照办理流程，提升窗口管理服务水平，给东莞市民、外来务工人员带来更多的获得感和幸福感。广大群众纷纷点赞，有市民自发通过东城民盈大厦外墙发出“I ♥ 东莞公安”的告白。通过高位谋划开展“二标四实”（“二标”：标准地址库、标准作业图；“四实”：实有人口、实有房屋、实有单位、实有设施）基础信息采集工作，东莞市采集实有人口信息1137.9万人，实有房屋信息889.1万条，实有单位67.9万家，实有设施信息510.5万条，第一次摸清东莞实有人口数，数据共享给政府职能部门使用，“二标四实”红利逐步显现。通过坚持科技强警，推进前端感知网建设、移动警务建设，深化数据治理，缩小与周边地市的差距。全新组建东莞铁骑队伍，获得群众普遍认可，成为东莞公安的一张新名片。针对东莞市分局多、警务资源分散的难题，大胆创新，探索建立健全片区警务统筹联动工作机制，最大限度地整合警务资源。全年全市各片区在联合打击、联合清查、应急处突集结、情报研判共享、统送统押等方面进行创新与探索，争取走出适合东莞警务发展的新路子。全年全市刑事立案数比上年下降9.08%，“两抢”（抢劫、抢夺）发案数下降77.55%，命案发案数下降25.2%；刑事拘留人数上升21.54%，逮捕人数上升15.79%，移送起诉人数上升16.55%，社会治安呈现出“三降三升”的良好势头。制毒物品非法流失问题得到有效遏制，“三非”（非法入境、非法居留、非法就业）外国人存量下降三分之二。

2018年，东莞市公安局全面整肃队伍纪律作风，深化队伍养成教育，推行励警暖警举措，全面提升队伍执行力和战斗力。召开全局范围整风肃纪工作会议10次，对不作为、乱作为、不动起来的典型进行通报，安排反面典型在全市会议上做剖析发言，制作播放10部《莞警之鉴》系列警示教育片，用身边事教育身边人，增强警示教育的震慑力。部署开展“听声音、见行动、促提升”主题活动。倾听一线民警和人民群众对公安工作和队伍建设的意见建议，倒逼推进整改落实工作，解决一批实际问题。通过电子邮箱、面谈交流、莞e警务、微信留言等形式，鼓励广大群众和民警踊跃发声，把声音转变为从优待警措施。解决窗口服务、民警就医及子女入学等一系列问题。坚持第一时间慰问因公受伤、牺牲民警及家属，常态化推进慰问帮扶，让全局民警切实感受到组织的温暖。组织心理服务队在各类备勤安保期间开展战时心理服务下基层活动，第一时间为一线民警“战时减压”，维护民警心理健康。同时，对中层领导进行绩效考核和评议，推动干部能上能下，干部队伍执行力、责任心、进取心得到提升。典型励警，锻造干事担当能力。运用“东莞市公安局”微信公众号、“平安东莞”微博、“莞SIR”抖音、“东莞公安政工”美篇、“莞邑好警”、政工简报等平台，宣传在春节、高考、台风“山竹”、中秋、国庆等重要节点中涌现的好警好事。其中，在台风和国庆期间收录的《最强“台风雨”最暖“警察蓝”》和《平安有我·别样“警彩”》好警专题，引发群众热议，网民留言：“关键时刻，最靠得住的还是警察叔叔，感动、暖心！”先后举办2场“莞警之星”见面会、校园行、开放日宣传推介活动，邀请《南方日报》、《广州日报》、《东莞日报》、东莞电视台等9家省市主流媒体及群众、企业、学生代表约600人参加，展示东莞公安队伍业精技强、英雄辈出的良好形象。同时，结合东莞公安实际，延续东莞特色“百佳”先进品牌，开展“新时代先锋”先进典型评选活动，评选“优秀公安分局长”5人，“优秀公安基层所队长”30人，“莞警之星”100人（除恶灭罪之星、基层警务之星、智慧创新之星、平安铁骑之星、爱岗奉献之星），“优秀公安基层警务室”25个，优秀警嫂10人，发掘宣传选树一批最能展现东莞警队精气神的先进典型，讲好警察故事，树好莞警形象。文化育警，营造警营“家”氛围。探索具有时代特征、警察特点、东莞特色的公安文化发展之路，以文化塑警，以文化强警，全面提升东莞市公安局文化整体水平。发挥文联书画、音乐、摄影等协会的作用，承办广东公安百名英模肖像摄影展东莞站展览，组织发动广大民警参与“送春联”、文艺下乡等活动。8月28日，在凤岗公安分局油甘埔派出所召开全市公安派出所警营文化建设现场会，以油甘埔派出所警营文化建设成果为例，探索总结出一套派出所“待警似亲，爱所如家”的“家文化”氛围建设经验并推广全市。以“家文化”带动民警的工作积极性，用积极的工作面貌确保东莞更安全、群众更满意。

是年，东莞市公安局获批集体二等功11个、个人一等功2个，个人二等功35个，集体三等功191个、个人三等功417个，集体嘉奖154个、个人嘉奖1007个。

【刑事犯罪活动打击】 2018年，东莞市公安局探索提炼侦查破案技战法，侦破一大批危害严重、影响恶劣的大案要案及人民群众反映强烈的多发性侵财案件，遏止刑事案件多发高发态势。截至年底，全市刑事案件破案2.64万件，比前3年平均数上升1.48%。

提升命案打防工作效能。2018年，全市发命案89件，破案88件，破案率98.88%，发案数历年最低，破案率历年新高。是年，东莞市公安局以推进智慧新侦查建设为契机，升级传统侦查手段的原理和思路，将新技术手段与大数据技术融合，运用多维研判等手段，精确落地打击，接连侦破一系列重特大命案积案。全年全市侦破命案积案18件，排名全省第二。

打击“两抢”（抢劫、抢夺）犯罪工作迈上新台阶。东莞市公安局树立“抢案当命案破”的理念，完善“两抢”案件三级响应机制，以专制专、精准打击，统筹联动、集约打击，推动“两抢”打击专项行动纵深发展。全年全市“两抢”发案比上年下降77.55%，破

2018年6月11日，以东莞市公安局旗峰突击队和东城街道公安铁骑大队授旗仪式为起点，各镇街（园区）分别组织授旗，全市铁骑启动运行

（市公安局供图）

案率84.42%，“两抢”犯罪初现拐点。市委书记梁维东、市长肖亚非、市委常委杨东来等市领导多次在各种会议、场合肯定东莞市公安局打击“两抢”犯罪的突出成绩。

新型犯罪打击工作彰显成效。针对电信网络诈骗违法犯罪行为，东莞市公安局依托业务平台，强化情报预警和研判分析，以“飓风”集群战役为抓手，加快研判成果的落地转化，实现精确打击。2018年，东莞市立电信诈骗案件8011件，破案1709件，比上年上升38.38%；刑事拘留783人，上升89.59%；逮捕523人，上升70.36%，专项考核成绩排名全省并列第一。针对网络贩枪违法犯罪行为，东莞市公安局依托智慧新侦查，根据网络贩枪犯罪案件的特点，综合运用新技术手段，实现精准研判、全链条打击。全年全市立涉枪犯罪案件60件，比上年下降33.3%；破44件，刑事拘留108人，逮捕58人，公诉64人。缴获火药动力枪12支，火药子弹670发，气枪122支，铅弹3349发，枪支配件一大批，排名全省并列第一。

2018年10月，东莞市公安局公交分局不定期到地铁站站区进行应急处突演练　（市公安局供图）

【东莞铁骑队伍组建】　2018年，东莞市公安局铁骑队伍处理简易交通事故3.3万宗，好人好事4916件，抓获嫌疑人3452名，协助破案825件，疏导交通3万处，应急处置3887起，成效显著。1月，东莞市公安局按照省公安厅智慧新警务建设部署，在深入推进新指挥勤务模式改革的基础上，紧扣当前东莞社会治安和交通现状，在全市33个镇街（园区），选拔精干警力，配备摩托车及精良装备，组建一支1200人的快速反应、屯警路面、动态勤务的摩托车执法勤务队伍——公安铁骑。6月11日，以东莞市公安局旗峰突击队和东城铁骑大队授旗仪式为起点，各镇街（园区）分别组织授旗，全市铁骑启动运行。公安铁骑作为东莞公安机关应急处突尖刀，按照“统一指挥，规范管理，一警多能，快速反应”的工作理念，履行“接处警、应急处突、治安巡防、交通管理、服务群众”五大职能。铁骑队伍上路执勤以来，路面警力更加充实、处警反应更加快速、治安防控更加严密、道路交通更加顺畅、警民关系更加密切。东莞市公安局铁骑队伍不仅获得各级领导、广大市民和社会各界的关注和点赞，而且得到中央电视台、新华社等新闻媒体的报道。11月，南方日报社和东莞市公安局联合举办“忠诚走前列、护航新征程”十佳铁骑评选活动，由广大市民评选出“我最喜爱的十佳铁骑手”“十佳铁骑之星”“感动东莞十大铁骑故事”，评选活动网络浏览量1381万次，投票数800万票，评论数6000条，取得良好的社会宣传效应。

【治安管理】　2018年，东莞市公安局多举措推行社会治安管理工作。加强社会治安防控体系建设，打造“立体化、信息化、智能化”社会治安防控格局。经过3年的筑建与实践，东莞市公安局治安管理工作呈现“打得准、防得住、管得了”的良性循环，全市社会治安防控体系逐渐实现信息数据全面融合、基础要素全面纳管、防控网络全面覆盖。深化“二标四实”工作。以大数据为核心，通过自主研发专门的系统和采集工具，推广出租屋居住人员和单位从业人员信息自主申报系统应用，全面深化“二标四实”基础信息采集工作。7月，东莞市公安局开展以“入户听民声，服务暖民心”为主题的入户大走访活动，集中开展“四实”信息数据采集大会战。截至2018年底，全市完成采集、审批道路地名信息7.18万条；重新编制门楼牌184.1万条；采集实有人口1137.9万人、实有房屋信息889.1万条（其中出租屋信息40.2万条）、实有单位信息67.9万条、实有设施信息510.5万条。推动以政府购买服务方式解决公安派出所化解矛盾纠纷。2018年6月27日，东莞市公安局与东莞市司法局联合下发具体实施方案和《驻所人民调解室制度汇编》，加强和规范东莞市矛盾纠纷调解工作，及时化解公安派出所接受的各类矛盾纠纷。截至2018年底，全市33个镇街（园区）完成驻所人民调解室的硬件建设。32个镇街（园区）全面进驻507名专职人民调解员，规范开展驻所人民调解工作。33个镇街（园区）组建479名兼职人民调解员队伍。全年受理各类矛盾纠纷3188件，成功调解3023件，成功率94.8%，维护社会秩序，更好地服务人民群众。深化“一呼百应·群防群治”工作。依托“东莞市公安局一呼百应指挥调度平台”，完善公网对讲机上图，强化快速反应、多元联动制度。创建相应行业、场所工作模式，实现高效联勤联动。采取多种形式的奖励激励，不断提高群众参与度。创作、拍摄和发布以“全民创安·一呼百应”群防群治工作为题材的影片《鲸现》，累计播放127.6万次，营造良好的群防群治社会氛围。截至2018年底，东莞市建设警民联防执勤点，配置执勤人员，配备公网对讲机，建立微信群，提供案件、事件有效线索，救助走失人员1344人，参与调解、化解社会矛盾1942起，奖励549人次，发放奖励金33.72万元，发动社会各界参与群防群治工作。加强应急处突片区统筹联动。完善群体性事件处置工作预案，指导全市各公安分局组建处突攻坚队伍，开展业务培训，并先后以片区或公安分局为单位，开展警力集结测试及群体性事件处置演练工作，在处置群体性事件、维护社会稳定方面成效突出。

【户政管理】 2018年，东莞市户籍人口65.34万户231.59万人。是年，东莞市公安局按照户籍制度改革和“放管服”改革工作要求，提升全市户政窗口服务质量，提升群众满意度。是年，东莞市公安局出台《东莞户政管理标准规范建设指导手册》，统一户政窗口管理标准规范，重新修订完善户政业务手册及办事指南，规范业务的办理流程，缩减审批时限，减少不必要的表格和材料，调整全市户政窗口设置及服务时间，取消限号，调整周六日工作时间，延长周末户政窗口服务时间，引入信息化手段提升办事效率。2月，东莞市公安局出台《东莞市推动非户籍人口在城市落户实施方案》，提出在“‘十三五’期间，全市努力实现50万左右非户籍人口在我市落户，户籍人口城镇化率提高到92%以上，户籍人口城镇化率和常住人口城镇化率差距缩小2个百分点以上”的工作目标，放宽、放开8类重点群体落户限制，调整现有入户政策，降低入户门槛。2月28日起，取消积分入户政策，出台在东莞市参加城镇社会保险满5年且办理居住证满5年的外来务工人员可申请入户政策。东莞市公安局联合市社保局制定《东莞市稳定居住就业入户实施细则》，10月15日起实行“两个5年入户”政策。在最大限度减免申请材料、简化办事流程的同时，将44项户政业务上线“粤省事”微信小程序，实现网上办理，确保群众“只跑一次”。利用一体化户政业务预约平台实现户政事项网上预约。同时推出居民身份证、临时身份证和准予迁入证明快递服务，将原来的居民身份证邮寄业务范围扩大到临时身份证和准予迁入证明，实现居民身份证、临时身份证和准予迁入证明的单向寄递服务，节省群众办事时间。推广居民身份证自助受理设备，在东莞市公安局和各公安分局办证大厅内配置居民身份自助办证机，并24小时对外开放，方便市民群众直接办理身份证换证等业务，减少排号等待时间。

【流动人口和出租屋管理】 2018年，东莞市公安局深化流动人口和出租屋管理工作，牵头起草的《东莞市出租屋治安与消防安全管理条例》于2018年12月1日起施行。该条例是东莞市获得地方立法权后，在城乡建设与管理立法领域出台的首部地方性法规，突出便民服务措施，明确适用范围、管理主体，理顺责任义务体系，突出信息化管理效能，强化法律责任追究，为东莞市出租屋治安与消防安全管理提供依据和抓手，得到省、市两级人大的肯定。在具体操作中，东莞市公安局严格追究不落实登记、报送租住人员信息的违法行为，倒逼出租屋出租人、管理人自觉落实信息登记报送主体责任。建立案事件倒查机制，通过案事件倒查和实地抽查，对公安分局、派出所、社区民警、人口协管员进行层层考评，倒逼落实信息管理主体责任。做好居住证办理和登记核查工作。东莞市公安局重新制订《东莞市公安机关居住证窗口规范建设指导手册》，统一将办理居住登记和居住证业务下放至警务室，更加贴近群众，并明确办证厅建设标准、人员配置、标牌式样、公示内容、办事指南、工作流程、填表式样及宣传资料，使窗口业务流程化、标准化。8月25日，东莞市公安局开通“粤省事”微信小程序办理居住登记和居住证业务，实现办理居住登记“零跑动”、办理居住证“跑一次”。全市办理居住登记195.3万人，办理居住证74.7万张，签注居住证127.7万张。是年，东莞市公安局协助教育局核查“积分入学”学生家长居住证14.99万张、“异地中考”学生家长居住证1.96万张、“异地高考”学生家长居住证5584张。

【执法规范化建设】 2018年，东莞市公安机关推进受立案、“两统一”（统一审核、统一出口）改革和执法规范化建设，成效显著。开展受立案、“两统一”改革。东莞市公安局制定《东莞市公安局完善受案立案管辖的规定》《东莞市公安局实行刑事案件法制部门统一审核统一出口工作的实施方案》，并联合东莞市中级法院、东莞市检察院出台《关于规范刑事案件统一对口衔接工作的意见》，落实省公安厅受立案、“两统一”的改革要求。2月26日起，全市公安机关各办案警种、35个交警大队的刑事案件的“两统一”工作直接由东莞市公安局法制支队负责。全年全市公安机关法制部门审核取保候审5980人，提请批准逮捕1.13万人，移送审查起诉1.30万人。审核取保候审2052人，提请批准逮捕338人，移送审查起诉1836人。东莞市公安局局直各部门、各公安分局均基本熟悉、适应各自工作分工，初步形成较为顺畅的工作机制和工作模式，工作成效得到省公安厅的肯定。开展执法培训工作。东莞市公安局制定实施《东莞市公安局法制部门“1+X”培训方案》《东莞市公安机关2018年执法规范化暨执法细则培训工作方案》《东莞市公安局执法资格考试师资培训班培训工作方案》，并组织法制部门“1+X”培训7次，执法资格考试培训5次。在6月13日至7月20日的“执法规范化暨执法细则”培训中，组织全市1.1万名公安民警分6个片区、18批次参加培训。通过系统化的执法培训，全市公安民警执法规范化意识提升。在省公安厅2018年度执法质量考评中，东莞市公安局在全省21个地级市公安机关中取得第二名。

【出入境管理】 2018年，东莞市公安机关落实“放管服”改革措施，提升群众满意度。全市公安机关出入境部门受理、签发各类出入国（境）证件、签注287.3万本次，是上年的1.37倍，办证量创历史新高，办证总量在全省各地市排名第四。落实各项便民措施。东莞市公安机关通过放宽异地办证条件，实施省内居民及换、补发证件的省外居民免居住证就近办证，为54.1万人次提供异地办证服务。通过优化流程缩短工作时限，将新办中国公民出入境证件时限再压减30%。实施“只跑一次”制度，提高群众办证便利性。通过推出网上商务备案，降低申请门槛，简化申请手续。通过复制自贸区出入境政策，降低外国人永久居留受理条件，放宽停居留签证证件有效期等。自主推出创新举措。在政策法规允许的范围内，主动谋划并推出系列自定出入境便民措施。通过落实聘员窗口受理，释放民警警力充实到外国人管理等执法岗位。通过主动扩大周六对外办公服务范围，在全市34个受理点人工窗口全面实施周六全天对外服务。通过推出中国公民及外国人网上预约办证服务，为人民群众提供自主选择时段办证服务，合理疏导人流，使办证大厅秩序井然有序。通过上门服务华为等优秀企业，听取企业意见，简化申办手续，延伸自助服务，助力东莞经济发展。保障设备提质增量。在全市34个出入境24小时自助办证厅的基础上，建成虎门高铁站自助办证服务区，为访港旅客提供就近签注查询、应急续签服务，并持续加大出入境自助设备投放和维护力度，靠前服务大湾区经济建设。是年，东莞市有出入境自助一体机116台，较2017年增设21台，全年为近百万人次提供续签即办即取服务。

【情报指挥中心建设】 2018年3月，东莞市公安局新情报指挥中心经过一年多建设，投入使用。东莞市公安局作为“智慧新指挥”的地市试点之一，紧扣指引、立足本土、借鉴他市，打造实用性强、适用范围广、有东莞特色的新指挥系统，并在此基础上形成统一指挥、协调有序、运转高效、反应快速的新警务指挥模式。采用更高效的两级变一级、两台合一的接处警模式。是年，东莞市公安局在新情报指挥中心系统构建下，由原来的市局＋分局两级接处警模式，升级为由东莞市公安局指挥中心统一接警的接处警模式。2月1日，东莞市公安局实施“一级接警、分级分类处警”的全市统一接处警模式（根据警情的紧急程度、危害大小、涉及范围将警情分为一至四级；根据性质将警情分类处理）。同时，将122报警电话也一并归入东莞市公安局指挥中心，全面实行“一级接警、分级分类处警”模式。通过110、122接处警一体化，实现更高效警情流转，更全面的指挥调度，更迅速的警力部署。5月开始，东莞市公安局分批开始110、122“两台合一”试运行工作，至6月26日完成全市33个镇街（园区）110、122“两台合一”工作。实现指挥调度可视化、扁平化。新情报指挥系统在警用地理信息系统上集成“视频监控、卡口防控、卡点查控、智能感知、治安巡防”五张网，以及情报研判、勤务管理、报警定位、PDT数字集群通信等系统，指挥员可以“一张图”掌握报警人位置、现场态势、周边警力部署等情况。通过可视化指挥调度平台直接调度就近警力开展处警或增援，实现可视化、扁平化，并利用移动指挥车、补点车、图传车综合应用增强动态指挥效能。设立调度专员，使指挥调度更具专业性、权威性。5月7日，东莞市公安局设立指挥调度专员岗位，拥有先期处置权、直接指挥权、合成作战启动权、装备调用权、信息处理权、检查督导权、勤务管理权等七大职权，使指挥调度更精准和专业化，提升指挥及接处警效能。

【公安科技信息化建设】 2018年，东莞市公安机关围绕“一年初见成效，两年拉平差距”的目标，全方位推进全市公安科技信息化建设工作，成效明显。搭建全局数据中心，汇聚数据总量突破300亿条，为联合情报作战中心等实战部门提供数据支撑。全市新建与联网一、二类高清视频点2.1万路，全市达到6万多路，比上年增长63%；视频智能化应用也在实战中逐见成效；全市33个公安分局实现市局到分局视频网万兆互联，13个公安分局实现分局到辖区派出所视频网万兆互联；在移动警务方面，全局配发移动警务终端11007台，配备率97.8%，完成警综审批、移动办公OA、一键搜、人像识别等33个APP的开发和上线，提升警务工作效率。初步搭建警务云，共计125台服务器。推进实施省公安厅智慧新警务战略，结合东莞实际，在省公安厅智慧新警务总体框架下，2018年下半年，东莞市公安局提出东莞“科技护城墙”建设规划，打造“以全息感知网为触手、以高速传输网络为通道、以警务云和视频云为基础、以警务大数据中心为核心、以运维和安全体系为保障、以智能化应用为目标”的立体化智能综合防控体系。东莞“科技护城墙”重点围绕“5+2+1”开展建设（“5”指五大基础建设一张全息感知网、一条信息高速路、一片共享警务云、一朵融合视频云、一个警务大数据中心。“2”指两套保障体系：一套运维保障体系和一套安全保障体系；“1”指一个警务应用综合平台），总体项目投资预算40亿元，其中市财政10亿元，镇财政30亿元。2018年11月22日，市政府批复同意东莞市公安局提交的《东莞科技护城墙总体规划方案》，科技护城墙项目进入立项实施阶段。

【经济犯罪打击】 2018年，东莞市公安局开展护航金融“利剑行动”、扫黑除恶专项斗争、“打击非法集资专项工作”和“猎狐2018”等一系列专项行动，打击各类经济犯罪活动，发挥“打击”“服务”“参谋”三大职能，维护东莞市经济发展的良好秩序，取得较为丰硕的战果。是年，东莞市立经济犯罪案件1693件，比上年下降11.9%；破案848件，下降4.2%；刑事拘留1506人，上升1.1%；执行逮捕1245人，上升28.6%。协助外省市办案268件。

深入开展护航金融“利剑行动”。打击涉众型经济犯罪。全市立组织、领导传销活动案件83件，比上年上升23.88%；破案66件，上升40.43%；刑事拘留139人，执行逮捕153人。其中破获一批以“禾中量子”“大风车”“弘樽付”为代表的重特大传销案件，净化东莞市的市场环境。

推进“扫黑除恶”专项斗争。坚持以情报信息引领和主动摸排相结合，全市公安机关立涉黑恶经济犯罪案件14件，刑事拘留28人，逮捕24人，移送起诉16人。其中立案侦办涉农村案件8件，抓获并逮捕11人，移送起诉4件。

统筹推动打击成品油非法经营专项行动。2018年9月1日起，全市公安机关开展打击成品油非法经营行为违法犯罪专项行动，立案侦查成品油非法经营犯罪案件19件，破案18件，刑事拘留20人，逮捕8人，取保候审1人。办理行政案件2件，行政拘留2人，缴获成品油5.53万升，涉案价值613万元。

【禁毒工作】 2018年，东莞市公安机关以实施“全民禁毒工程”为牵引，全面强化禁毒执法打击、毒品预防教育“6·27”工程、社区戒毒社区康复“8·31”工程、易制毒物品管控等工作。东莞市缴获各类毒品533千克，刑事拘留1207人，逮捕1003人，查处吸毒人员7481人次，强制隔离戒毒2490人。特别是通过开展“除根—01”专项行动，东莞市制毒物品非法流失问题得到遏制，形成“东莞经验”，避免被国家禁毒办“戴帽”整治，打赢禁毒工作翻身仗。公安部部长赵克志专门表扬东莞制毒物品整治工作，号召全国各地向东莞学习。

2018年8月6日，市委书记梁维东（中）到市公安局进行扫黑除恶专项工作调研 （郑琳东 摄）

开展整治制毒物品非法流失问题专项行动。为有效解决珠三角地区制毒物品流失问题以及积累管控工作经验，国家禁毒办部署广东省及东莞、深圳、茂名等地开展为期3个月（7月1日至9月30日）的整治制毒物品非法流失问题专项行动（代号“除根—01”行动），并在东莞设立专项行动前方指挥部。行动期间，查获易制毒化学品317吨，同时查获非列管化学品245吨；破获涉易制毒化学品案件74件，立部目标案件2件；查处违法违规企业34家，吊销化工企业277家。

深入开展打击贩卖新精神活性物质案件攻坚。2018年5月，东莞市公安局联合内蒙古自治区鄂尔多斯市、湖南省长沙市、云南省保山市、福建省厦门市以及广东省多个地市，经过缜密侦查、连续作战，侦破以东莞市为中心辐射全国的特大贩卖新精神活性物质案，抓获犯罪嫌疑人45名，缴获毒品胶囊40万余粒，精麻药品粉末40余千克，扣押作案车辆、手机、电脑一批，歼灭一个披着“戒毒”外衣，通过物流寄递渠道向全国大肆贩卖毒品胶囊的特大贩毒团伙。

开展涉中国香港籍、中国台湾籍以及越南籍涉毒重点人员打击整治专项行动。2018年，东莞市分别建立相关重点人员库894人，破获涉台毒品案件4件，刑事拘留中国台湾籍犯罪嫌疑人4人，缴获毒品1.49吨；破获涉港毒品案件1件，刑事拘留中国香港籍犯罪嫌疑人1人，缴获毒品579.31克。2018年5月，抓获以中国台湾籍人员赵某兵为首的走私毒品团伙成员11人，缴获毒品冰毒1.49吨，扣押毒资141.7万元。是年，东莞市公安局破获涉越南籍人员毒品犯罪案件11件（其中省目标案件1件），刑事拘留越南籍犯罪嫌疑人46人，查处吸毒人员19人，缴获毒品1.36千克。

（谭林峰）

附：2018年东莞市公安局主要领导名录

党委书记、局长、督察长：郭向阳

交通安全管理

【交通安全管理概况】 2018年，东莞市汽车保有量295.3万辆，新增39万辆，驾驶人总数298.1万人，新增29.5万人。全年交通事故警情比上年减少4万宗，交通事故死亡人数减少50人，在全省“遏事故保安全”专项行动中排名第五，连续第3年被评为优秀等次。

【交通事故预防】 2018年5月，东莞市建立道路交通安全工作联席会议制度，各镇街成立相应的组织机构，推动交通安全共建共治。全市排查、治理14个突出交通安全隐患路段，推动141个农村交通安全隐患的治理；检查各类重点车辆23622辆次，约谈、曝光427家客货运隐患企业；全年查处交通违法275.3万宗，其中酒驾7951宗，比上年增长94%；醉驾1608宗，增长367%；行政拘留2064人，下降24%；刑事拘留2593人，增长113%。

全年制作播出交通安全电视节目1534个，组织执法行动直播479场，开展“七进”宣传（进机关、进社区、进家庭、进农村、进学校、进企业、进网站）6760场。“东莞交警”微信公众号发布推文353篇，粉丝数量突破208万，获“2018最具影响力微信服务号”和“全国优秀政法百强微信号”称号。

【交通拥堵治理】 2018年，东莞市交警部门排查出54个交通拥堵点，纳入市综合交通运输联席会议治理计划；交警铁骑大队的规模扩大到162人，成为快速处置交通事故及交通拥堵的奇兵；新增寮步、樟木头、凤岗3个快处快赔服务点，全市服务点总数19个；对交通组织进行微改微创新，完成7个路口的“借道左转”改造，设置1条潮汐车道和可变车道，提升道路通行能力。

是年，东莞市各高速公路和主干道交通总体顺畅，尤其是国庆期间，虎门大桥总车流量创下120万辆次历史峰值，但过桥时间比上年减少20分钟，缓慢通行的最长距离缩短14千米。全年，市公安交警部门将市内快速路的管理模式由镇街分段管辖调整为支队统筹管理，取得事故总量和拥堵指数“两下降”，快速反应能力和群众满意度“双提升”的良好效果。

【“放管服”改革推进】 2018年，东莞市公安交警部门全面落实“放管服”改革措施，按照“健全社会服务网络，延伸交管服务”、“政企共建，服务民生”的总思路，将车驾管服务延伸到全市300个办事网点和多渠道网办平台。车管所推出申请材料“四个减免”（身份证明免予复印、申请表格免予填写、车辆识别代号免费拓印、相关部门证明在逐步联网后免予提交）、简单业务一证即办、普通业务一窗通办、个性服务自助快办等服务举措，市民办理各项交管业务更加方便快捷。

【科技强警与执法规范化】 2018年，东莞市交警部门移动警务终端的配备率97%，同时升级、增建电子警察138套，搭建本地鹰眼系统，对违法车辆的缉查打击效能提升；交警支队与百度地图、海康威视、深圳交研所签订合作协议，共同推进城市交通管理的信息化发展；启用执法记录仪后台管理系统、酒驾管理系统和视频联网管理平台，交警执法更加规范。（黄勇军）

【东莞市“警医邮”首个服务网点在松山湖揭牌】 2018年7月12日，东莞市“警医邮”首个服务网点在松山湖举行揭牌仪式。“警医邮”项目是经东莞交警及东莞市卫生和计划生育局授权，在邮政网点设置体检区、证件照拍摄区及业务受理区，为车主实现现场体检服务，并由医院后台远程审核。2018年，东莞市需要办理驾驶证期满换证的驾驶员超35万人，对于驾驶员来说，“警医邮”服务可以减少因停车、排队、缴费等时间成本，改变以往跑医院、照相馆、交警部门窗口三个地方，驾驶员在邮政网点办理完成即可回家坐等收件。以往办理上述业务至少需耗时1天，通过“警医邮”服务只要10分钟就完成。（王学林）

2018年9月28日，旗峰路完成潮汐车道及可变车道改造后试运行

（市交警支队供图）

附：2018年东莞市公安局交警支队主要领导名录

支队长：李中文

政 委：石松江

检 察

【刑事检察】 2018年，东莞市检察机关依法打击各类刑事犯罪，受理审查逮捕案件9926件1.47万人，比上年上升10.5%和13.2%；批捕9330件1.36万人，上升11.1%和14%；受理审查起诉案件1.10万件1.55万人，上升11.9%和12%；起诉1.01万件1.40万人，上升12.8%和14.3%。参与“飓风2018”专项行动，突出打击涉枪爆、电信网络诈骗、“两抢一盗”、涉黄涉赌等犯罪，批捕相关案件4690件7153人，起诉4356件6600人。依法严惩故意杀人、故意伤害、强奸、抢劫等严重暴力犯罪，批捕相关案件1790件2397人，起诉1906件2553人，有力震慑犯罪。

服务保障法治化营商环境建设 2018年，东莞市检察机关批捕涉嫌金融诈骗、合同诈骗、制假售假、组织领导传销类犯罪案件695件1097人，比上年上升20%和10.1%；起诉700件1233人，上升29.6%和25.5%。加强知识产权司法保护，依法批捕侵犯著作权、假冒注册商标等犯罪案件128件187人、起诉106件156人，其中办理的唐某忠侵犯商业秘密案入选广东省检察机关知识产权保护十大典型案例。落实中央关于完善产权保护制度的重要部署，开展“涉产权刑事申诉案件甄别纠正推进年”活动，对全市涉产权申诉案件实行建账管理，甄别出涉及重大财产处置的产权纠纷申诉案，由专人跟踪督办。

精准服务保障民营经济创新发展 2018年，东莞市检察机关批捕职务侵占、挪用资金等侵害民营企业利益犯罪104件115人，起诉96件112人。注重改进办案方式方法，审慎采取强制措施，全年对342名涉罪企业经营者依法采取非羁押强制措施，保证涉案企业正常生产经营活动。制定东莞市检察机关办理涉民营企业案件执法手册，规范干警执法行为，依法保护民营企业合法权益。

突出服务保障“三大攻坚战” 2018年，东莞市检察机关服务防范化解重大风险攻坚战，受理各类举报、控告和申诉信访2269件，均依法妥善处理；探索建立化解信访矛盾案件化办理机制，全面推行律师参与化解和代理涉法涉诉信访工作，及时解决群众合理诉求。服务精准脱贫攻坚战，针对“因案致贫”“因案返贫”的刑事被害人及其近亲属开展司法救助工作，全年救助54人，发放救助金123万余元。服务污染防治攻坚战，全年批捕涉嫌污染环境犯罪50件70人，起诉34件37人；在环境资源公益诉讼领域立案27件，提起诉前检察建议30件，支持起诉3件，通过办案督促清理危险固体废物1.7万吨，督促整改违法用地18.42公顷。

推进扫黑除恶专项斗争 2018年，东莞市检察机关批捕涉黑案件10件64人，起诉7件51人；批捕涉恶案件99件330人，起诉99件362人。建立涉黑恶案件受理分派移送、案件线索及不起诉案件报备、司法判例研判、驻所引导侦查等五项工作机制，确保专项斗争工作有条不紊。开展涉黑恶犯罪案件线索摸排工作，深挖案件背后的保护伞，排查移送涉黑恶违法犯罪线索143条。联合法院支持公安机关推行异地用警制度，常态化打击黄赌毒犯罪。与市公安局联合制定《关于黑社会性质组织犯罪的取证指引》，统一执法标准。

全方位落实未成年人刑事司法特别程序 2018年，东莞市检察机关审查逮捕涉未成年人案件831件1670人，审查起诉970件1540人；不捕未成年人93人，不捕率12.2%；不诉未成年人122人，不诉率18.9%。依法从严惩处侵害未成年人的犯罪，批捕该类案件410件677人，起诉424件595人。正确适用宽缓刑事政策，通过羁押必要性审查对35名未成年人变更强制措施。开展未成年人刑事执行检察、民事行政检察业务集中办理试点工作，加强与市第二看守所协作配合，启用全省首个全市推广使用的未成年人检察工作专门办案区。

主动融入共建共治共享社会治理格局 2018年，东莞市检察机关发挥检察建议的法律监督作用，结合办案针对食品药品安全、环境保护、社会治安管理等民生领域出现的问题提出检察建议311份，其中256份获得有关部门采纳，促进社会管理的完善；探索推进与镇街的综治维稳联系制度，创新社会治安综合治理方式；组建“共建共治共享”法治宣讲团，为机关单位、企事业单位和基层组织开展宣讲活动116场次，受教育3万人次。

【诉讼监督】 2018年，东莞市检察机关加强刑事诉讼活动监督，依法监督侦查机关立案187件，监督撤案444件；对不构成犯罪、证据不足或无社会危险性的依法决定不捕1003人，不诉507人；追捕漏犯231人，追诉漏犯220人，追加漏罪447人；发出纠正违法通知书127份。加强“两法衔接”平台的监督管理，办理的陈某等人跨市偷排电镀废水案被评为全省“两法衔接”优秀案例。是年，开展驻所工作685次，提前介入及指导办案496件，提出引导侦查取证意见852条。深化刑事审判监督，依法纠正定罪不当、量刑失衡等问题，对认为确有错误的刑事裁判提出抗诉26件。开展刑事诉讼羁押期限监督回头看活动，监督法院对超期案件逐件核查。落实检察长列席审判委员会制度，两级院检察长列席审委会25次，共同维护司法公平正义。

加强刑事执行检察监督 2018年，东莞市检察机关审查执行机关提请减刑、假释、暂予监外执行案件2344件，纠正违法和不当情况82件。针对部分罪犯财产刑“空判”现象，开展职务犯罪财产刑执行专项检察活动，核查此类案件185件，监督执行107件，执行到位1698万元。针对部分罪犯判处实刑后未交付执行问题，深入开展集中清理专项活动，将8名未交付执行罪犯监督收监执行。针对监管人员违法使用械具和临时约束措施以及不当提出从严减刑建议等问题，开展监督维护在押人员合法权益专项活动，提高执法公信力。加强派驻监管场所检察室规范化建设，保障监管场所安全稳定，3个派驻检察室均被评为“第五届全国一级规范化检察室”，派驻东莞监狱检察室作为广东的唯一代表参评“全国示范检察室”。

加强民事行政检察监督 2018年，东莞市检察机关受理当事人申请监督案件444件，比上年上升1.79倍，办理提请抗诉案件44件，抗诉案件32件，监督案件再审7件，法院改变原裁判结果5件。加强对民事审判程序监督，对法院超期审理的案件发出纠正违法检察建议，促使法院开展集中清理长期未结诉讼案件专项行动，并建立起全方位审限监控长效防范机制。加大虚假诉讼监督力度，重点监督民间借贷、离婚等领域的“假官司”问题。办理的李某荣等3人500万元的虚假借款合同纠纷案，被评为全省虚假诉讼监督典型案例。

【司法改革】 2018年，东莞市检察机关推进司法责任制改革，完善办案组织建设，两级院组建办案组织190个，其中独任检察官164个，固定办案组19个，临时办案组7个。在市有关部门的支持下，招录94名检察辅助人员，并全部配置到一线办案岗位，逐步完善办案组织模式。推动领导干部办案常态化，检察长、副检察长、检委会专职委员带头办理重大疑难复杂案件779件。

拓展检察机关提起公益诉讼。是年，东莞市检察机关摸排评估公益诉讼案件线索335条，立案284件，办理诉前程序案件280件，向相关行政机关或组织提出诉前检察建议272件，支持起诉3件，提起刑事附带民事公益诉讼案件5件。在第二市区人民检察院试点公益诉讼“三位一体”办案机制，实行刑事责任、民事责任、行政责任一并审查，破解线索信息获取滞后、调查取证困难等问题。开展“保障千家万户舌尖上的安全检察公益诉讼专项监督活动”，办理舆论关注的“注水牛肉”案，向有关部门提出检察建议7份，督促行政机关加强对生牛屠宰的日常监管。针对知名网络餐饮平台普遍存在入网商户未取得食品经营许可证的情况，督促监管部门开展专项治理，无证商户均被撤离平台。

【智慧检务】 2018年，东莞市检察机关创新利用大数据技术，深度开发和应用检察信息综合应用平台，实现数据采集智能化、结果展现可视化和预警报告自动化等功能，提升工作效率和业务分析能力。该平台受邀参展“2018·全国检察机关科技装备展”，并入选广东省检察机关智慧检务创新案例。建设“信息化办案工作区”，一体化实现远程提审、远程庭审、远程指挥等功能，提升刑事办案信息化水平。在全省率先研发集文件流转、综合事务审批、短信提醒等功能于一体的检察工作网，实现移动办公，提高行政效率。

（卢嘉靖）

附：2018年东莞市人民检察院主要领导名录

党组书记、检察长：来向东

法 院

【法院工作概况】 2018年，东莞市两级法院受理各类案件21.92万件，办结19.58万件，分别比上年上升19.88%和22.26%，收结案数再创历史新高。其中，市中级人民法院受理各类案件2.30万件，办结2.09万件，分别比上年上升2.76%和5.47%。全市法院法官人均结案413.1件，比上年上升23.29%，排名全省前列。涌现出一大批先进典型，累计有56个集体、131名干警获市级以上表彰奖励。

是年，东莞市法院坚持员额分配向基层法院倾斜，首次遴选市中院16名法官助理到基层法院任职初任法官，增补辅助人员102名，缓解辅助人员短缺压力。设立法官权益保障委员会，确保审判权依法独立公正行使。提高法官业务技能，全市法院两名资深优秀法官被评为“全国审判业务专家”，一名法官获“广东法院青年法官业务技能竞赛”一等奖。

【刑事审判】 2018年，东莞市法院新收各类一审刑事案件10509件，办结1.04万件，分别比上年上升18.2%和13.6%，判处罪犯1.21万人。依法严惩严重暴力犯罪，保持禁毒严打高压态势，突出惩治涉众型经济犯罪，办理涉案金额43亿元的“千木灵芝”大案。开展扫黑除恶专项斗争，办结此类案件42件200人，其中判处五年以上重刑34人。办结一批人民群众反映强烈、社会影响较大的案件，其中宋某斌等29人组织、领导、参加黑社会性质组织案，得到中央电视台等媒体广泛报道。

【民商事审判】 2018年，东莞市法院服务经济高质量发展，办结各类民商事案件9.67万件，解决诉讼标的金额396.56亿元，分别比上年增长21.06%和3.68%。办结驻莞部队全面停止有偿服务案件47件，服务国防和军队改革与建设。促进非公经济健康发展，办结各类涉企经济纠纷案件5.64万件，盘活资产2.65亿元，办结公司强制清算和破产清算案件53件，涉及债权总额超过35.35亿元。

【行政诉讼】　2018年，东莞市法院支持行政机关依法行政，妥善化解行政争议，支持、监督行政机关依法履职。办结各类行政诉讼案件1496件，行政非诉案件6066件，分别比上年增长5.8%和54%。全年有151名行政机关负责人主动出庭应诉，出庭率居全省前列。

【案件执行】　2018年，东莞市法院受理执行案件8.59万件，执结7.76万件，分别比上年增长19.39%和23.7%。东莞市中级人民法院与28家单位联动，建立网查、网冻、网扣“绿色通道”，实现被执行人身份信息、财产即时网络查控。对标最高法院第三方评估执行考核指标体系，提升办案工作质效。创新执行保险机制。探索推广执行悬赏保险、财产保全保险，运用市场化的手段拓宽财产调查渠道，提升财产保全适用率。创新辅助事务外包机制。通过招投标方式及与京东集团等机构合作，率先探索执行辅助事务外包，推行财产评估、竞拍招商、现场查看等辅助性事务外包，提高司法网拍的规范化、专业化和便捷化水平。

【司法改革】　2018年，东莞市法院推进院庭领导办案常态化，市中级人民法院出台《关于院庭领导等入额法官办理案件的暂行规定》，确定院庭领导的具体办案指标，要求带头承办重大疑难复杂案件，实现院庭领导办案制度化常态化，该项工作得到中央政法委的肯定，走在全国法院前列。全年东莞市法院院庭领导承办案件5.85万件，比上年增长20.98%，占结案总数的29.9%。

落实审判监督管理责任。2018年，东莞市中级人民法院出台《关于特定案件送达前报院领导备案的规定》等文件10份，对涉及国家安全、重大敏感、抗诉、死刑等特定案件，加强备案监督，全年备案1316件，确保放权不放任，监督不缺位。制定《专业法官会议规则》，建立审判长联席会议和部门法官会议两个平台，强化“类案”研判指导，构建“类案类判、同案同判”工作体系。

推行审判团队改革。2018年，东莞市中级人民法院率先探索，统筹审判团队建设与内设机构改革，构建大刑事、大民事审判格局，组建22个刑事、民事审判团队，并建立随机分案和集中调研指导相结合的分工模式，探索“院—团队”扁平化管理机制，提升审判效率。

加快智慧法院建设。2018年，东莞市法院新建、改建法庭174个，实现数字化法庭全覆盖。开发办案数据可视化分析展示平台，动态更新审判执行数据信息，为法官和群众提供智能服务，为司法决策提供支撑。东莞市第二人民法院在全省率先探索构建劳动争议裁审一体化处理网络平台，开发“东莞劳动争议在线平台”微信小程序，推动劳动争议咨询、调解、诉讼全程在线办理。东莞市第一人民法院、东莞市第二人民法院沙田人民法庭搬进新的审判综合楼，司法服务硬件明显改善。

【司法为民】　2018年，东莞市法院办结人身损害赔偿、劳动争议等涉民生案件2.85万件，保障基本民生权益。妥善化解家事矛盾纠纷2681件，东莞市第二人民法院家事审判庭被评为全国家事审判工作先进集体。办结未成年人犯罪案件351件，封存犯罪记录170份。推广执行救助保险，向163名刑事被害人、申请执行人支付救助金394.35万元，依法为经济困难当事人减免诉讼费277.4万元。

提升司法服务品质。2018年，东莞市法院完善“四位一体”诉讼服务平台建设，落实“有案必立、有诉必理”，为当事人提供线上线下、方便快捷的“一站式”诉讼服务。全面推行网上立案、跨域立案，网上立案率84.05%，居全省首位。推广网上送达、试行微信送达，首创申请执行人虚拟账户，全面开通扫码缴费平台，便利群众参与诉讼。提高简易程序适用率，适用简易程序（含小额诉讼）办结民商事案件3.99万件，占基层法院办结民商事案件的48.89%。设立长安法庭，协助最高法院第一巡回法庭设立东莞巡回点，就地化解纠纷，减轻群众诉累。

落实司法公开。2018年，东莞市法院健全审判流程、庭审活动、裁判文书、执行信息四大公开平台，依托“12368”短信平台向当事人自动发送审判流程节点，上网公布裁判文书5.78万份。东莞

2018年9月29日，东莞市中级人民法院对宋某斌等29人涉黑犯罪一案进行二审公开宣判

（市中级人民法院供图）

市第三人民法院参与最高法院“决胜执行难之南粤执行风暴”全媒体全国性网络直播，吸引1500多万名网友围观。落实“谁执法谁普法”，组织“党员法官志愿服务队”，送法进社区、进企业、进校园，提高全民学法用法守法水平。合办《法庭内外》电视栏目，精选典型案例52件，50名法官受邀走进直播间，以案说法。加强新媒体建设，推送各类报道1342篇次，传递法治正能量。

参与社会治理创新。2018年，东莞市法院建立“道路交通事故纠纷一体化处理网上平台”，联合市总工会、市贸促会建立劳动争议、涉外案件诉调对接工作机制，全年全市法院通过诉调对接工作机制处理案件1.25万件，达成调解协议8772件，分别比上年增长22.50%和74.81%。与市妇联等建立家庭暴力案件联动处理机制，发出人身安全保护令20份，无一个进入强制执行程序。依法保障律师执业权利，推行民事诉讼律师调查令，全年发出232份，推进法律职业共同体建设。

【宋某斌等29人组织、领导、参加黑社会性质组织案】 以宋某斌为首的黑社会性质组织在东莞市大朗镇水平村为非作恶，严重影响当地经济社会生活秩序。2018年8月17日，东莞市第二人民法院一审以组织、领导黑社会性质组织罪等，判处宋某斌有期徒刑十五年，剥夺政治权利四年，并处没收个人全部财产。其他28名被告人分别被判处有期徒刑一年至十二年不等。一审宣判后，宋某斌等人不服，上诉至东莞市中级人民法院。2018年9月29日，东莞市中级人民法院二审裁定驳回上诉，维持原判。

（肖润东）

附：2018年东莞市中级人民法院主要领导名录

党组书记、院长：陈　超

司法行政

【司法行政机构概况】 截至2018年底，东莞市司法局内设机构8个，干部、职工48人；直属机构5个：市法律援助处、市公职律师事务所和3个公证处，市法律援助处和市公职律师事务所干部各8名，公证处有执业公证员38人；全市有镇街司法分局32个，工作人员436人，基层法律服务所32个，持有法律服务工作者执业证的73人；全市律师事务所237家，从业律师3016人；司法鉴定机构17个，司法鉴定员170人。

【公共法律服务体系建设】 2018年，东莞市司法局以“互联网+政府服务”为抓手，完善公共法律服务平台建设。高标准完成市级公共法律服务实体平台建设，并对镇村（社区）两级公共法律服务平台进行提升优化。组建公共法律服务律师团，各镇累计投入改造升级资金283.1万元，各镇街全部完成升级改造；全市588个村（社区）公共法律服务室全部符合省级标准，三级平台全年提供法律咨询1.56万人次，人民调解7920宗，法律援助5240宗。参与广东法律服务网体系建设、三级平台与省网络、语音平台、电视的联接，进驻“粤省事”微信服务平台，组建

2018年6月28日，东莞市公共法律服务中心启用　（张志球　摄）

“广东法律服务网网络平台服务团队”，每天安排8名成员值班。丰富完善公共法律服务产品供给，通过语音、网络、实体、电视四大平台，提供16大类172项公共法律服务事项，实现法律服务的全覆盖。优化调整法律顾问工作队伍、协调各部门联合培训及普法、建立考核结果与执业诚信和评优评先挂钩工作机制、利用现代信息管理打通法律服务“最后一公里”等有效工作方法，协助解决村（社区）矛盾纠纷调处，助推基层治理水平提高。

【人民调解】 2018年，东莞市司法局联合市公安局打造矛盾纠纷调解新模式，以政府购买社会服务方式设立驻公安派出所人民调解工作室，为全市125个派出所和32个分局购买552名专职人民调解员。深化人民调解参与信访矛盾化解工作，出台“以案定补”指导意见，促进信访矛盾依法及时就地化解，全市各级人民调解组织开展纠纷排查784次，调解1.23万件，成功调处1.21万件，调解成功率98%，协议涉及金额4.00亿元。完善人民调解与司法调解、行政调解的衔接机制，探索推动建立东莞市人民调解在线司法确认制度。

【普法宣传】 2018年，东莞市司法局深入开展“12·4”宪法宣传周等宪法主题宣传活动，组织全市国家工作人员进行宪法专题学考，组织开展大中小学生“学宪法讲宪法”系列活动，开展宪法学习讲座、宪法宣誓、诵读、知识竞赛、主题摄影、动漫等集中宣传活动。组织召开全市普法工作暨“七五”普法中期检查部署工作会议和全市普法工作联席会议，完成全市“七五”普法中期检查任务；提请市委、市政府出台落实“谁执法谁普法”责任制工作意见，配套健全完善全市普法责任清单制度，开展首次国家机关“谁执法谁普法”评议考核。全面开展“四级同创”工作，以及省级法治文化主题公园、法治文化建设示范企业、青少年法治教育实践基地创建活动。长安镇被评为第四批“全国法治县（市、区）创建活动先进单位”，成为全国唯一获此称号的镇；东城街道东泰社区、大朗镇松柏朗村被评为第七批“全国民主法治示范村（社区）”，111家企业被评为“全省法治文化建设示范企业”，数量居全省第一。

【社区矫正】 2018年，东莞市在册社区服刑人员1023人，新增1065人，解除804人，刑满释放人员1619人，全年没有发生社区服刑人员脱管、漏管、重新犯罪等情况。全面实施信息化监管，电子手环定位监控率98%以上；在全省率先实现视频督查系统、视频监控系统全覆盖、率先建立人脸识别和指纹报到系统，社区矫正实现实时动态化管理。全面建成镇（街道）社区矫正分中心，实现标识一体化、工作流程化、记录电子化、功能集成化。开展执法培训和执法规范大检查，部署社会调查等6个专门工作指引。开展教育矫治，组织监狱警察分片对社区服刑人员开展集中教育，邀请专家教授开展心理健康教育。率先在全省部署完成覆盖全市社区服刑人员和刑满释放人员的心理测评系统。推动远程会见工作，全市设置东城、虎门等五个远程会见工作站，为在监狱服刑罪犯的家属开展远程视频会

2018年7月19日，东莞市召开全市普法工作暨“七五”普法中期检查部署工作会议（张志球　摄）

见624次，完成会见总数量位居全省前列。

【法律援助】 2018年，东莞市办理法律援助案件1.19万件，比上年增1.31倍。其中刑事法律援助案件7017件，民事法律援助案件4871件，行政案件42件，为受援人挽回经济损失8627万元。推进刑事案件律师辩护全覆盖试点工作，建立刑事辩护律师库、法律援助值班律师库和东莞市刑事法律援助工作联席会议制度；与市中级法院联合出台《东莞市开展刑事辩护律师全覆盖试点工作实施方案》。完善便民服务措施，简化受理审批程序，将案件受理审批时间缩短为1个工作日；在市两级法院设立法律援助工作站，完善法律援助服务网络，打通服务群众“最后一公里”；开辟农民工法律援助“快速通道”，对请求支付劳动报酬和工伤赔偿的申请，实行当日受理、审查，并快速办理；建立法律援助申请人车辆信息查询工作机制，实现法律援助申请信息互认，缩短核实申请人申报材料的时间。

【律师管理】 截至2018年底，东莞市有执业律师3016名，律师事务所237家；全市律师代理诉讼案件4.70万件，办理非诉讼法律事务2.20万件，担任企业常年法律顾问6941家，全年律师服务收费8.53亿元。加强律师行业党的建设，维护律师执业权利，召开2017年度东莞市律师工作联席会议，协调解决市第二看守所会见难问题，推动律师调查令制度的出台，解决律师调查取证困难问题；推荐2名律师担任市委法律顾问，利用市访前法律工作室、工会律师团等平台，发挥律师参与信访、基层民生、共建共治共享社会治理的作用，律师参与人数6058人/次。在市中院、市镇公共法律服务中心等设立律师调解工作室（中心）17个，建立由323名律师组成的调解员库；引进北京德恒、广东东方昆仑等品牌所在东莞市设立分所，举办律师事务所合伙人业务培训和村（社区）法律顾问培训；组织48名律师为全市100家重点非公有制企业开展“法治体检”；推动公职律师工作落地，全市公职律师190名；对143家律师事务所进行实地检查，推进律师和律师事务所规范执业。

【公证管理】 2018年，东莞市有东莞公证处、东部公证处、南华公证处3家公证机构，执业公证员38名。办结各类公证案件8.53万件（其中国内经济公证0.23万件，国内民事公证6.80万件，涉外民事公证1.08万件，涉港、澳、台公证0.42件），参与农村土地、证据保全等经济民生事务，涉及社会资产总额424.11亿元，为11.56万人次提供服务。推行首问责任制、为老弱病残开通绿色通道等利民措施，加强公证服务银行金融风险防控及企业知识产权保护工作；完成东莞市公证机构绩效考核制度改革，试行五大类公证事项“最多跑一次”，简化十类常见公证事项办理流程，健全与国土、房管等部门的联通核查机制，实现100%的公证事项均可进行网上预约预审；关注群众办证需求，将东莞公证处迁至市体育馆附楼办公。

【司法鉴定管理】 截至2018年底，东莞市有“四大类”（法医类、物证类、声像资料类、最高检最高法规定的其他类别）司法鉴定机构10家，鉴定人员135人。全市各鉴定机构办理案件1.62万件，鉴定费收入2321万元。开展酒精检测专项检查和“双随机一公开”检查（随机抽取检查对象，随机选派执法检查人员，抽查情况及查处结果及时向社会公开），组织参与道路交通事故损害赔偿纠纷“网上数据一体化处理”改革试点工作；指导行业协会细化道路交通事故人体损伤伤残鉴定技术问题；做好“四类外”司法鉴定登记管理工作，依法为四家“四类外”鉴定机构及其鉴定人办理注销登记。

【人民陪审员】 2018年，东莞市司法局牵头组织开展人民陪审员选任工作，选任1814名人民陪审员。

【国家统一法律职业资格考试】 2018年9月22日、10月20日，首届国家统一法律职业资格考试在全国统一举行，东莞市客观题考试设广东科技学院、广东创新科技职业学院两个考点67间考场（其中备用考场4间），报名人数3147人，比上年增加35人，仅次于广州市、深圳市，位列广东省第三，参考人数2643人，缺考人数504人，参考率84%，合格人数1082人，占参考人数41%。主观题考试设东莞市南城阳光实验中学考点，37间考场（其中备用考场1间），报名人数1080名，参考人数1076人，缺考人数4人，参考率99.63%，合格人数587人，占参考人数54.55%；全年受理法律职业资格申请557宗（其中香港1宗）。 （方德豪）

【东莞市浙江商会人民调解委员会成立】 2018年11月28日，东莞市浙江商会人民调解委员会在南城街道东莞大道浙商大厦成立并揭牌运作。该人民调解委员会是东莞市商会领域成立的第一个人民调解组织，有委员3人，调解员若干名，由商会法律顾问及律师等担任特邀兼职人民调解员，主要受理涉及商会会员的各类民间纠纷，包括会员间、会员企业与职工间、会员与生产经营关联方面、会员与其他单位或人员间的纠纷，以及其他适合人民调解的民间纠纷，是东莞市继医调委、版调委等行业性、专业性人民调解委员会成功运作之后的又一创新，是人民调解组织在东莞市商会领域的拓展延伸。 （王学林）

附：2018年东莞市司法局主要领导名录

党组书记、局长：郭瑞华

军　　事

LOCAL MILITARY AFFAIRS

榴花公园　（谢志坚　摄）

编辑：王学林

东莞军分区

【东莞军分区概况】　2018年，东莞军分区把学习贯彻党的十九大精神和习近平新时代中国特色社会主义思想作为首要政治任务和第一政治责任，扭住听党指挥这个根本不放松，把准部队建设的政治方向，打牢高举旗帜、听党指挥的思想政治根基。制定军分区《2018年学习贯彻习近平新时代中国特色社会主义思想和党的十九大精神计划安排》，将学习任务贯穿全年，分专题推进；印发党的十九大精神学习资料等汇编共11套400余份；为每位党员购发《习近平谈治国理政》《习近平论强军兴军》《党的十九大报告辅导读本》等书籍合计近500册，党支部、党小组定期学习讨论。全年结合省军区师团职领导干部学习贯彻十九大精神专题培训和军委国防动员部“三个一线”（一线指挥部、一线战斗堡垒、一线带兵人）集训，完成4个专题的党委中心组带机关理论学习。结合纪念马克思诞辰200周年，组织同步收听收看军委主席习近平讲话直播，安排播放《不朽的马克思》等辅导片，为每位干部购买一套马列经典导读丛书，让官兵职工接受一轮马克思主义经典洗礼。

是年，东莞军分区坚持把“不忘初心、牢记使命”“传承红色基因、担当强军重任”主题教育作为党委工程、主官工程，先后4次召开党委会，传达学习上级教育指示，查找教育“靶子”，研究教育方案，集智破解教育重大问题，优先安排教育时间、人力和资源保障。开展群众性读书、群众性红色影片展播、群众性演讲征文、群众性强军文化活动，7月起，军分区领导轮流上台谈体会，为军分区、市国防教育训练基地全体党员进行党课辅导，机关干部和文员开展军分区读书体会交流活动，每天早交班安排1人谈读书体会和教育心得，让个体影响个体、群众教育群众，组织参加省军区“强军杯”

文体比赛活动，展播《东江纵队》《厉害了，我的国》等13部红色教育影片，汇编《怠战必败、忘战必危案例选编》发至领导干部，为全市基层专职人民武装干部和民兵编印发放《民兵思想政治教育教材》，发放《民兵政治教育笔记本》，规范基层民兵政治教育，为民兵思想政治教育提供统一规范的教材资源，让主题教育入脑入心。重点部署开展“和平积弊大起底大扫除”活动，党委第一时间专题学习讨论上级首长的动员讲话，制定贯彻落实措施和活动实施方案，召开党委专题议战议训会，瞄准纠治“和平事”“和平官”“和平套路”明思路换思维。坚持组织督促落实，每个教育活动党小组长查人头，每个教育专题党支部书记作动员总结。军分区发挥组织功能抓教育的做法被军委国防动员部《简报》第15期刊载转发。完成《东莞军事年鉴2018》编印工作。

【军事斗争能力提升】 2018年，东莞军分区抓住战斗力这个唯一的根本标准不放松，提高军事斗争能力。坚持每季度党委议训，重大军事任务党委随时议，确保备战打仗、抓训兴训指令通畅落实。参加全军军事训练动员会议，学习宣扬军委主席习近平开训动员令。成立军分区领导带队的训练督导组，深入练兵一线，强化实训监督，实现对基层民兵训练督导全覆盖。

规范战备秩序。2018年2月，组织军分区首长机关带保障分队紧急出动训练，现役官兵参训率100%，出动率82%，检验提高机关整体应急备战能力和意识。6—7月，按照上级关于做好全军战备拉动抽查准备的一系列通知要求，迅速收拢人员、完善方案、补充物资器材，做好自身接受抽查准备，同时组织市国防动员委员会相关成员单位召开保障军种部队机动过境工作协调会，为其他部队拉动提供国防动员支援保障。抓好重要节假日战备防护，节日期间每日落实民兵应急排全时备勤，严格督查各级值班，每日抽查基层武装部和市国防教育训练基地值班情况。春节期间，军分区战备值班和市民兵武器装备仓库值班接受省军区工作组现场检查，制度落实、秩序良好。

落实按纲施训。2018年，东莞军分区学习军事训练新条例新大纲和军事理论知识，同步参加省军区首长机关集中学习训练，严格落实早操训练和最后一小时体能训练制度，兴起机关训练热潮。为提升民兵骨干的轻舟驾驶水平和抗洪抢险水平，5月初，市三防指挥部和东莞军分区联合举办全市民兵轻舟分队骨干集训，参训人员比往年多50%，连续集训10天，分别在市国防教育训练基地、同沙水库进行轻舟操作与维护、抗洪抢险基础理论学习，抢险救生、轻舟驾驶、教学法训练，做好应对雨季台风抢险救灾各项准备。5—6月，组织全市32个镇（街道）的民兵应急排分批在市国防教育训练基地进行集中轮训普考；8月上旬，组织全市民兵训练骨干和基地教学骨干进行教学法集训，为基层民兵组训培养和储备教学力量。坚持常态化练兵用兵，每季度及节假日组织军分区本级、民兵武器装备仓库及镇街民兵应急分队紧急出动演练；累计组织出动民兵预备役人员1万余人次，参加防汛救灾、山林灭火、防御台风、安保警戒等任务，特别是在9月台风“山竹”引发强降雨抢险救灾行动中发挥有力作用。推进各党政机关军事日活动，强化全民国防意识。

2018年3月29日，东莞市在东莞理工学院举行全市大学生征兵工作启动仪式
（东莞军分区供图）

抓好民兵整组训练。坚决贯彻军委国防动员部民兵调整改革任务部署会精神和省军区部署要求，4月在东城街道召开全市民兵组织整顿工作试点现场会，提出“军事机关指导、党委政府主抓、武装部组织实施、实行属地化管理”的工作思路，推行政府机关、村（社区）、国有企业、民营企业“四位一体”的编兵模式。6月专门组队赴阳江、江门远海民兵大队参观见学，研究海上民兵队伍抓建、组训具体措施。协调南京陆军指挥学院、广州广梅汕铁路有限公司、广铁集团武装部派出专业力量，分阶段开展铁路护路分队训练，结合训练实践组织编写教材、教案，形成试点成果，并上报省军区。

【国防动员全面推进】 2018年，东莞军分区落实党管武装原则和制度，抓好镇街（园区）党委党管武装工作述职。召开军分区党委第一书记任职大会，落实责任，推进工作。编印《习主席关于人民战争、国防动员、军民融合和双拥共建重要论述摘录》，发至全市党政机关和各镇街（园区），要求结合党委议军、过军事日进行专题学习。协调市委、市政府调整市国动委领导小组及成员单位，会同地方有关职能部门研究确定东莞市国防动员建设发展的目标任务和举措。5月，组织牵头单位和任务单位召开座谈会，商讨部署合力抓好国防动员领域“十三五”中期评估工作。6月，协调组织市国动委各专业办公室完成《“十三五”时期国家安全保障能力建设规划》国防动员系统实施情况中期自评。10月，审定并上报各专业办公室国防动员重大现实课题研究成果。11—12月，组织市国防动员委员会各职能部门参加省国防动员委员会组织的演习。

【兵役征集完成】 2018年3月下旬，市征兵办在东莞理工学院举行全市大学生征兵工作启动仪式，专门制作征兵宣传片，部署全市2018年度大学生征兵工作，激发广大青年参军报国热情。指导各高校征兵工作站按要求做好初检初审和预定兵工作。协调宣传、教育等有关部门，在全市开展国防法、兵役法、国防动员法等法律法规和征兵政策的宣传，在省征兵办组织的征兵宣传海报评比活动中，获得“最佳作品奖”。5月底至7月，完成市征兵办和征兵体检站正规化建设。6月，专题召开全市征兵工作形势分析和任务部署会，准确分析征兵工作形势，提前部署有关工作。8月，召开全市征兵工作会议，并会同市公安、教育、卫计等部门集中组织业务培训，部署征兵任务，明确责任要求，抓好各项工作落实。8月30日至9月5日，统一组织全市“双合格”青年集中在市国防教育训练基地进行役前教育训练，结合役前教育训练组织精准征兵试点，对新兵组织分项测评，将综合成绩和排序作为重要参考依据，合理确定入围人员和去向分配，公平公开择优定兵。2018年，东莞市兵役登记率100%，大学以上学历占比87.4%，完成省征兵办赋予的78%大学生征集指导比例。

【双拥共建融合发展】 2018年4月8日，东莞军分区召开双拥工作领导小组全体（扩大）会议，部署新年度双拥工作任务。先后7次会同地方有关部门召开随军家属就业安置协调会。双拥共建工作实质性启动。协调市政府在上级新政策法规的基础上修订完善拥军优属实施办法。发挥市国防教育训练基地职能优势，每年组织市镇党政领导班子、党政机关及企事业单位、专职人民武装干部和民兵及广大学生开展军事日活动和国防教育训练。把好专职人民武装干部选任、考核、培训关，评选表彰优秀专职人民武装干部，激发专职人民武装干部荣誉感和内动力。在东莞高校开展“传承红色基因　争做时代新人”第二届国防教育主题征文活动，1000余名大学生参与，产生良好影响。

“双百拥军行”活动授旗仪式。2018年9月5日，东莞市“双百拥军行”活动授旗仪式在市会议大厦西门广场举行。“双百拥军行”拥军团代表、部队官兵代表参加活动。东莞市潮汕商会等10个拥军团获授旗。随后，拥军团分赴各地慰问部队。78个社会组织和企事业单位参与此次“双百拥军行”活动，筹集资金117万元支持部队建设电子阅览室、文化长廊、“文化影视厅”等。

【梁维东任东莞军分区党委第一书记】 2018年4月8日，东莞军分区党委第一书记任职大会召开，市委书记、市人大常委会主任梁维东任东莞军分区党委第一书记。广东省委常委、省军区司令员张利明宣布任职决定并向梁维东颁发证书。大会由东莞军分区政委钟友国主持。

【市委常委议军会议】 2018年8月1日，中共东莞市委书记、市人大常委会主任、东莞军分区党委第一书记梁维东在市国防教育训练基地主持召开市委常委议军会议，专题讨论加强双拥工作、支持部队建设等有关问题，强调要提升政治站位，落实党管武装责任，以实际行动支持国防和军队改革。会议传达习近平总书记关于全面停止军队有偿服务工作的重要指示精神，强调要强化“四个意识”，提升政治站位，保持战略定力，根据上级部署坚定不移地推进，确保按照时间节点和标准要求完成任务。军地双方要强化大局观念，加强沟通协调，密切军地协作，稳妥推进有关工作。要注重依法依规，加强实践探索，多措并举，精准施策，维护好部队正当权益和人民群众合法利益。

【驻粤部队省人大代表调研组到莞调研】 2018年8月22日，广东省军区副司令员、省人大常委会委员、少将宋海巍率驻粤部队省人大代表调研组，就落实国防动员法、国防教育法及兵役法开展专题调研。市领导白涛和军分区政治委员钟友国陪同调研。宋海巍肯定东莞贯彻落实“三法”的成效。认为东莞基础工作推进扎实，在贯彻落实法规上做出东莞特色，利用民间社会力量把国防教育和双拥共建活动相结合的做法值得借鉴。寄语东莞，进一步重视和凸显国防动员的地位作用，提高主体意识和主责意识，深入开展全民国防教育，进一步增强青少年国防意识，加强拥军优属工作，同时加大国防动员和兵役征集的工作力度，加大国防法规的学习贯彻力度，加大国防法规贯彻执行情况的检查监督。

【东莞市烈士公祭活动举行】 2018年9月30日，东莞市烈士公祭活动在东莞人民公园革命烈士纪念碑广场举行。东莞军分区官兵参加公祭活动，缅怀革命先烈的丰功伟绩和崇高精神，表达深切悼念和无限敬仰。

【东莞抗日模范壮丁队成立80周年纪念活动】 2018年10月8日，东莞抗日模范壮丁队成立80周年纪念活动在东城榴花公园抗日纪念亭前广场举行。市委常委、宣传部部长杨晓棠出席并讲话。活动由东莞市委宣传部主办，市委党史研究室、东城街道、广东东江纵队纪念馆承办。参加纪念活动的有东江纵队后人代表，市委宣传部、市委党史研究室、广东东纵纪念馆党员干部，东莞军分区官兵，东城街道各界代表约160人。

（贾少飞　何舒晴）

2018年1月，东莞市边防支队查获一起走私“红油”案件

（市边防支队供图）

武装警察

边防支队

【边防支队概况】 2018年，东莞市边防支队把维护边防辖区社会稳定作为头等大事，坚持守土有责、守土尽责，落实党中央扫黑除恶斗争部署，围绕黄赌毒、盗抢骗等群众关注的治安问题严打严治，突出抓好辖区治安管理。全年立刑事案件108件，破42件，破案率39%；受理治安案件254件，查处130件，查处率51%；出动警力维护镇街的社会治安稳定，连续9年参与万江汽车总站春运执勤，首次派出警力参与虎门高铁站安保执勤。

【反走私反偷渡】 2018年，东莞市边防支队每月开展一次海防工作专题调研，摸清辖区走私活动规律特点，有针对性地加强海上巡查、陆上堵截、沿岸监控，围绕“打、防、管、控”，定目标、定任务、定措施、定奖惩，严密勤务组织，落实公开管理措施。主动联合海关、海事、渔政等单位深化推进海防和反走私综合治理，先后开展港湾清查行动10余次。发挥情报工作的先导和服务作用，获取走私偷渡活动的预警信息，利用准确情报信息查获案件，做到“情报先行，精准打击”。全年查获走私案件36件，查获红油、洋酒等货物，案值约1180万元；查获偷渡案件12件，一举抓获4个偷渡团伙、组织运送者38人、偷渡人员483人（其中协助其他单位抓获组织运送者35人、偷渡人员258人），有力打击偷渡犯罪活动。

【抢险救援】 2018年9月16日，超级台风“山竹”吹袭广东省，在东莞市造成最大11级风力及14级阵风，持续时间长、影响范围广、降水雨势猛，在东莞各地特别是沿海地区造成巨大破坏。道滘水上边防派出所、虎门港边防派出所在道滘镇水域解救海上受困渔船15艘、渔民36人。救援官兵在海上开展搜寻工作，对海上受困未靠岸渔船逐艘靠帮上船搜索，将受困危难渔民带至艇上，分批运输至陆上由其他官兵接应转移。历经近10个小时的奋战，解救海上被困渔船15艘，解救海上被困渔民36人，全部安全转移至镇政府安置地点。（戴秀峰）

附：2018年东莞市公安边防支队主要领导名录

支队长：钟春生

政治委员：唐必翔（任至6月）

边防检查

【边防检查概况】 东莞边防检查站成立于1984年，原名太平边防检查站，为黄埔边防检查站正营级分站。1994年升格为正团级，1999年更名为东莞边防检查站，2018年下辖常平、沙田、虎门3个分站，15个执勤业务科。主要担负东莞常平铁路客运口岸、太平客运口岸以及东莞港53千米海岸线29个对外开放货运码头的出入境边防检查任务。口岸种类有陆港、海港、海天联运和海铁联运码头，年均验放出入境人员80多万人次，检查、监护出入境船舶2万余艘次、列车7000多列次。

2018年，东莞边防检查站获评市青年文明号，基层2个单位分获省、市级巾帼文明岗，1人获评省三八红旗手，1人入围省厅南粤民警之星，2人入选市公安系统“莞警之星”（除恶灭罪之星、基层警务之星、智慧创新之星、平安铁骑之星、爱岗奉献之星），2个民警家庭分获省首届文明家庭、市最美家庭，8个集体和个人在总队各类表彰中获奖。推动东莞边防检查站虎门分站女子科刘洋获评为

“全国优秀人民警察”。队伍的形象地位、整体素质明显提升。

【管控能力提升】 2018年，东莞边防检查站细化出台口岸安全管控措施50余条，落实“小前台、大后台”勤务模式，遴选业务骨干在执勤口岸组建梅沙运维、数据核查、执法研判、证件研究4个功能小组。全面启动全能型检查员培训工作，组织民警赴黄埔、白云、天河、蛇口边检站跟班学习交流经验。完善口岸反恐工作制度，建立反恐常态化排查机制，加强与国安、反恐、特警、口岸联检部门以及码头企业建立信息共享和联动机制，全年无业务事故和失控漏管情况，口岸反恐合力逐步增强，立体化防控网络日益牢固。

【“放管服”便民举措落实】 2018年，东莞边防检查站落实国家移民管理局“放管服”便民举措，与东莞市“单一窗口”“三互”大通关平台100%对接，贯彻执行中国公民出入境等候不超过30分钟服务承诺，在口岸设立旅客出入境记录凭证自助打印设备。设立出入境记录查询专窗、推行口岸出入境自助通关、推行出入境船舶24小时通关、简化登轮许可办理手续、简化境外船舶移泊手续、简化出入境船舶到港后卸货手续等六项边检便民举措，保障通关时间、通关费用均节省一半以上。对所辖对外开放码头实行分片区管理，设立4个边检勤务室，靠前管理服务。建立“两评定一评估”风险等级管理办法，督导企业加强自管水平。

【执法能力提升】 2018年，东莞边防检查站构建数字化监管网络体系，实现对29个开放码头同频同播无线信号和监控100%覆盖，发挥各类监管设备的效能，利用视频监控、海事AIS（船舶自动识别系统）等设备查获多起违法违规案件。投入380余万元建设常平智能口岸，投入170多万元升级全站梅沙网络线路、服务器等设备，投入40余万元配备带证件辨伪功能的证件阅读机，推进边检“智慧新警务”和智能口岸建设。在全省边检站首个接入公安机关移动警务网络，为货检、旅检重要岗位配备移动警务终端，一线查缉获得公安移动数据支持，现代化、智能化管控体系建设取得新突破。

2018年国庆节期间，东莞边防检查站官兵将国旗送给出入境旅客

（东莞边防检查站供图）

码头巡查

（东莞边防检查站供图）

【拥政爱民】 2018年，东莞边防检查站开展拥政爱民活动，成立党团员义工服务队，主动帮扶、慰问口岸辖区贫困弱势群体、外来务工人员和船员，参与义务植树、志愿者服务、学雷锋等精神文明建设活动。成立“扬帆行动小组”，连续七年联合驻地群众帮扶藏族贫困学生，与40余名藏族学生结成一对一帮扶对子，并寄送19批价值10余万元的生活、学习用品，在相隔万里的粤藏两地搭起“爱心天桥”，为东莞市双拥工作和精神文明建设助力添彩。（聂子松）

附：2018年东莞边防检查站主要领导名录

站　长：吴振标

政治委员：黄　鹏

消　防

【消防工作概况】　2018年，东莞市发生火灾1035起，造成6人死亡，3人受伤，直接财产损失4811.74万元，全年火灾起数比上年下降22.1%，受伤人数下降40%。东莞市政府在全省消防工作考核中成绩名列第一，东莞市消防支队班子在全省支队级单位综合考评中获第一名，在全省夏训业务比武、后勤装备比武中均获团体一等奖，在2018年度全省支队级单位综合考评中获第一名。

2018年4月12日，高埗镇三联村发生一起钢架结构构筑物坍塌事故
（市消防支队供图）

【火灾防控】　2018年，东莞市消防支队对省、市两级政府挂牌督办的3个火灾隐患重点镇街和火灾起数排名靠前的100个村（社区）进行区域性火灾隐患专项整治，对“三小”场所、出租屋、“分租式”厂房、高层建筑等10个领域开展专项治理。全面提升东莞市2231家消防安全重点单位微型站的建设质量，建设1万个微型消防宣传教育体验点，并在《东莞日报》App、《南方都市报》App、《南方日报》“南方+”客户端开设“东莞消防”频道，打造线上消防资讯传播和形象展示窗口，发布文章近400条。制定下发33个镇街（园区）和4个行业部门消防安全责任清单，推动出台《关于进一步加强全市消防工作的意见》等9份文件，落实党委成员每月督导清单，队伍管理责任落实到位。消防安全网格化治理经验、消防科普教育基地建设经验及消防安全管理试点应用平台经验在全国推广。

2018年，东莞市各级消防部门检查单位8.20万家，下发责令改正通知书3.06万份，下发临时查封773家，责令“三停”（停止施工、停止使用、停产停业）694家，罚款1949.67万元，拘留220人。检查单位比上年上升20.91%，发现隐患上升16%，临时查封数上升2.79%，责令“三停”数上升1.91%，罚款上升9.64%。东莞市消防支队重点打造8支尖刀队，在592个村（社区）开展兼职消防队伍达标创建活动，完成大朗“3·11”危化品车泄漏事故、高埗“4·12”建筑坍塌事故和抗击台风“山竹”等急难险重任务。

【进百村入千企万场消防宣传培训活动】　2018年，东莞市消防支队开展进百村入千企万场消防宣传培训活动，联合邮政管理部门组织顺丰、中通等6家快递企业，印制200万份消防宣传标签粘贴到快递包裹上开展消防宣传。借力“智网工程”建设，消防事项巡查219.9万单次，发现火灾隐患23.1万单次，整改火灾隐患14.6万单次。将1360家市级重点单位和火灾高危单位、8.4万个设备终端接入消防安全远程监控系统，选取10个镇街（园区）开展电气火灾监控系统试点运行。　（沈钊弘）

【全国消防科普教育基地建设推进会在莞举行】　2018年9月26日，全国消防科普教育基地建设推进会在东莞市举行。来自全国22个省、直辖市以及自治区消防总队的与会代表参观东莞市科技馆消防科普教育基地、南城塘贝新村消防微体验点、东城体育公园消防体验馆、东华小学消防教育体验教室，了解东莞市开展消防科普教育基地建设成效，并参加消防科普教育基地建设工作会议，一致肯定东莞市的经验做法。

东莞市打造四级阵地，实施火灾防控系统工程。在市级层面打造立体化的宣传平台；在镇街层面打造常态化的教育阵地，建立“消防站+主题公园+示范街”的固定阵地，全市83个消防队站长期面向公众开放，32个镇街建成镇级消防主题公园和消防宣传示范街等；在村级层面打造社区化的体验模式，在592个基层村（社区）全面建成消防安全微型体验点，为广大群众提供触手可及的体验场所；在社会单位层面打造多元化的宣传触角，在大型城市综合体等人员密集场所建成53个社会单位消防科普教育体验点，在中小学校全面建设消防科普教育体验室，对消防宣传教育实施有效支撑。　（王学林）

附：2018年东莞市消防支队主要领导名录

支队长：苏炜龙
政治委员：李　凌

人民防空

【人民防空概况】 2018年，东莞市人防工作贯彻“长期准备、重点建设、平战结合”方针，围绕“战时应战、平时服务、应急支援”使命任务，升级改造全市警报系统，启动公共人防工程建设，深化宣传教育体系建设，拓展军事斗争人防准备，融入经济社会发展，推动东莞市人防高质量发展。

【指挥通信建设】 2018年，东莞市人防办完善组训机制，制定《东莞市人防训练计划》和《东莞市2018年人防专业队伍组织整顿训练方案》。完成全省国防动员演练任务，开展人防视频会议、卫星通信、短波电台、北斗导航和数字集群通信等训练108次。常态化开展东莞市2018年度防空警报试鸣活动，检验东莞市人防组织指挥能力，增强市民的国防观念和战备意识。全市人防警报设备实现从有到优的突破。结合警报传输频率升级，制定《东莞市镇街防空警报控制系统升级改造技术方案》。投资近3000万元用于全市警报升级改造，增强东莞市人防警报设备的抗干扰能力和稳定性。

【人防工程建设】 2018年，东莞市公共人防工程建设实现从无到多的突破。全年启动公共人防工程建设，突破东莞市没有公共人防工程的历史。城市综合防护体系建设日益完善。开展人防疏散基地（地域）建设研究，重新启动人防疏散基地（地域）规划的前期编制工作。完成结建人防行政许可审查工作导则课题研究。在全国范围内遴选相关科研单位，成立课题研究组，分赴各省、市实地调研，了解结合民用建筑修建防空地下室各个阶段的办理程序及指南、面积计算规则要求，于2018年6月形成初稿，年底完成送审稿。

【机关“准军事化”建设】 2018年，东莞市人防深化宣传教育体系建设。委托市中小学德育基地开展人防教育，培训中小学生2.5万人次，提升学生的人防应急知识和自救互救能力。结合年度防空警报试鸣开展人防宣传教育周活动，营造“我与人民防空”的良好社会氛围。

坚持依法行政。年内，推进行政执法公示办法等三个办法（试行）的落实，出台重大行政决策程序、合法性审查、听证、风险评估、责任追究等制度，推进重大行政决策科学法化合法化民主化。深化政务服务改革，梳理行政服务事项。落实建设项目行政审批制度改革，将原工程审批涉及的4项行政许可合并为“应建或易地修建防空地下室的民用建筑项目许可”1项行政许可，承诺办结时限由“10个工作日”压缩为“1个工作日”，并出台相关配套文件，规范改革后审批事项的执行。

落实安全生产监管责任。年内，出台《东莞市人防行业安全生产明察暗访督导工作实施方案（试行）》，开展一系列安全生产检查整治行动，采取“不事先打招呼，到场随机检查”的方式赴人防设备企业、工程施工现场督导安全生产工作，督促企业压实安全生产责任。 （叶健忠）

附：2018年东莞市人民防空办公室主要领导名录

主　任：夏显辉

2018年12月25日，东莞市在市中小学德育基地组织学生进行人防疏散演练 （市人防办供图）

城乡建设

URBAN—RURAL DEVELOPMENT

虎英公园 （何 柳 摄）

编辑：郭佩文

城乡规划

【广深港澳科技创新走廊规划建设】 2018年，东莞市城乡规划局印发实施《广深科技创新走廊（东莞段）空间规划》，确定“2+9+32”的省核心创新平台、省级创新节点和市级创新节点，做好创新资源、创新发展空间布局统筹工作，为全市提供空间保障。

资料链接：

“2+9+32”：是三级创新节点体系规划，指松山湖与滨海湾新区创新核心平台+省级创新节点为中子科学城、东莞水乡新城等紧邻交通要道、创新基础良好的9个创新潜力地区+各镇街具有良好创新苗头或各镇重点打造的32个创新产业片区。

【滨海湾新区概念性规划】 2018年，滨海湾新区概念规划通过市政府常务会审议，城市总体规划及系列专题专项完成纲要阶段成果。具体实施层面上，开展起步区城市设计以及滨海景观长廊规划设计，开展滨海湾片区滨海及滨江段景观长廊概念性规划研究工作。滨海湾新区是东莞市参与粤港澳大湾区和广深港澳科技创新走廊建设的核心平台，是引领东莞未来发展的重要支撑。

【城市品质三年提升计划实施】 2018年，东莞市城市品质提升工作建立十大领域工作体系和“中心城区—魅力小城—美丽村居”总体格局，出台实施方案、建设指引和资金管理办法15项，包括《东莞市魅力小城街道设计技术指引》，明确街道提升各要素的建设标准；编制《东莞市魅力小城示范片区宣传册》，为示范片区规划建设提供指导；收集国内外优秀设计单位及代建单位，印发《优秀设计单位与代建单位建议名录》；制定《东莞市

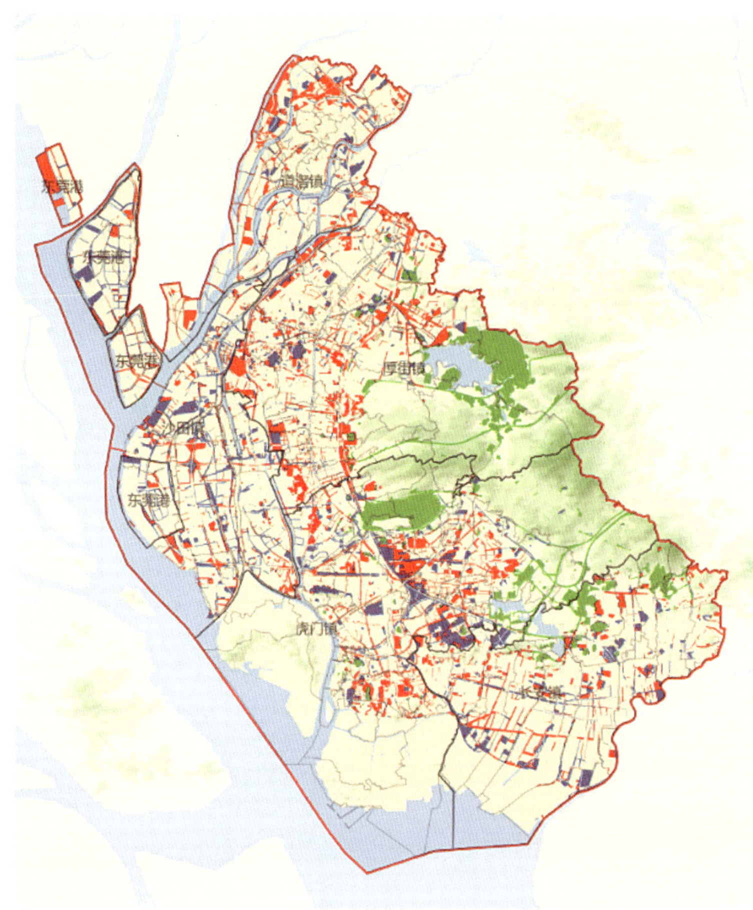

东莞市“三规合一”（试点地区）　　（市城乡规划局供图）

城市品质三年提升项目管理办法》《东莞市魅力小城示范街道考评办法》。城市品质提升计划第一批次项目582个；第二批次项目340个，涉及投资金额1473亿元。

【乡村建设规划】 2018年，东莞市城乡规划局牵头开展市域乡村建设规划，制定市乡村建设规划工作方案与全市乡村建设规划试点村名单，形成规划、技术指引初步成果，助推东莞乡村在新阶段高质量发展，促进乡村地区绿色振兴。

【国家历史文化名城申报】 2018年，东莞市继续推进历史文化街区保护规划编制，加强历史文化街区及周边地区的保护规划管控。推进各历史文化名镇、名村保护规划的编制，截至2018年底，寮步镇西溪村、企石镇江边村、万江街道下坝村保护规划通过广东省住建厅批复，茶山镇超朗村、中堂镇潢涌村上报省住建厅审查，其余各名镇名村形成保护规划初步成果。是年，推进完成东莞市历史建筑数字化保护工作。

【实体经济发展空间保障】 2018年8月29日，东莞市第十六届人大常委会第十六次会议审议通过《东莞市工业保护线专项规划》。9月25日，市人民政府印发《东莞市工业保护线管理办法》，全市划定420平方千米的工业保护线，以规范工业保护线管理，引导城市更新方向，保障工业、仓储、港口用地的发展空间。

【新型产业用地政策制定】 2018年9月11日，东莞市人民政府印发《东莞市新型产业用地（M0）管理暂行办法》，规范新型产业用地管理，增强加快产业转型升级、推动高质量发展的新动力，以打造一批“生产、生活、生态”融合发展的新型产业综合体，营造高品质空间，吸引创新要素加快集聚。新型产业用地（M0）是指融合研发、创意、设计、中式、无污染生产等新型产业功能以及相关配套服务的用地。

【城市空间品质提升】 2018年，东莞市城乡规划局组织编制《东莞市六大森林公园周边土地利用规划研究》《东莞市密度分区专项研究》《“两轴三节点”总体设计》《环同沙地区概念规划及整体城市设计》等成果及实施方案，优化城乡空间品质，推动中心城区城市品质提升。

资料链接

“两轴三节点”总体设计：“两轴”指东莞大道——东城中路轴线和鸿福路轴线。“三节点”指鸿福路站周边节点、旗峰公园站周边节点、东城站周边节点。

【控规调整审批改革】 2018年8月22日，东莞市城乡规划局印发《关于深化全流程控规调整审批改革的实施方案》，提高控规调整编审效率，优化工业、仓储用地容积率等指标调整的审批程序，明确控规调整全流程各环节办理时限，保障城市发展速度和质量。

【2035版城市总体规划】 2018年，东莞市城乡规划局开展2035版城市总体规划编审督一体化改革，建立《东莞市城市总体规划（2016—2035年）》指标考核体系，开展各园区、镇街空间规划编制前期研究系列工作，结合试点试验开展全市“三规合一”（国民经济和社会发展规划、城市总体规划、土地利用规划三合一）工作，开展各片区空间统筹规划工作，以

全域、全要素、全方位的“空间规划”作为法定规划，实现“多规合一”，应对国家、省、市实施的一系列重大区域发展战略。

【规划研究】 2018年，东莞市制定《东莞市城镇开发边界划定工作方案》，实行城镇开发边界严格管控，作为规划强制性内容，是未来规划建设遥感督察的重点对象。加强东莞市各镇街（园区）近期建设规划，推进各镇街（园区）近期建设规划编制和报批备案工作。继续推进《东莞市城市规划管理技术规定》修编工作。 （黄 凰）

附：2018年东莞市城乡规划局主要领导名录

局 长：黄宇东

重点工程建设

【重点工程建设概况】 2018年，东莞市城建工程管理局完成投资13.84亿元，完成率94%，其中，重大项目完成年度投资计划比例173.5%，是近年来完成率最高的一年；完成政府采购370项、工程上网37项，开标42项；完成最高限价送审20项，完成90项工程395份合同的结算审核，工程验收54项。新开工环莞三期龙大高速至莞深高速段、东莞图书馆修复、市第六人民医院改造、赣州至深圳客运专线铁路东莞段“三电”及管线迁改等17项工程；完工云计算中心、市老年大学新校区、松山湖大道大朗段、银龙路（银龙桥）、市交通拥堵点治理改善、东莞火车站站前路升级改造等11项工程。

是年，东莞市城建工程管理局涌现出一批先进集体和个人，市老年大学新校区被评为广东省优市优项目，银龙路（银龙桥）被评为安全生产文明施工示范工地，散裂中子源通过国家验收，获得“2018年度广东省建设工程优质奖”，东莞市城建工程管理局被评为“重大贡献参建单位”。

【环莞快速路二期】 环莞快速路二期从厚街镇博览大道至长安镇莲湖路连接线，线路长22.3千米，总投资29.7亿元，其中工程投资21.5亿元，土地与房屋征收补偿费8.2亿元（含用户管线迁改费用，不含南方电网所属资产电力迁改费用），虎门段于2018年春节前完工通车。

【环莞快速路三期龙大高速至莞深高速段】 2018年12月27日，环莞快速路三期动工，全长43.59千米，项目总投资129.66亿元，整个项目分为三项工程建设，即长安莲湖路至龙大高速段工程、龙大高速至莞深高速段工程、莞深高速至东部快速路段工程。其中，龙大高速新增的出入口工程，即“龙大高速公路龙环互通立交（华为终端松山湖总部园区出入口）改造工程”，属高速公路工程。龙大高速至莞深高速段呈东西走向，西接龙大高速，东至莞深高速，自西向东经过大岭山、大朗、松山湖等3个镇街（园区），路线全长9.38千米，总投资估算25.01亿元，采用城市快速路标准，设计行车速度80千米/小时。

【桑茶快速路及东延线】 桑茶快速路及东延线工程全长约12千米，起于东城街道环城东路—银贵路口，经东城、茶山，终点接生态园东园大道，投资概算19.41亿元（不含征地拆迁和管线迁改费用）。截至2018年底，桑茶快速路土建标四个标段完成招标并进入施工阶段。

【银龙路（银龙桥）】 银龙路（银龙桥）项目是东莞市2018年市重大项目之一，也是市政府主要工作任务之一。项目南起万江万道路、北至莞穗大道，连通汾溪河两侧主干道路，全长2.8千米，道路红线宽36米，按双向六

2018年12月27日，东莞市举行环莞快速路三期龙大高速至莞深高速段工程动工仪式 （市城建局供图）

车道城市主干道标准建设，设计速度为50千米/小时。工程建设内容包括：全线改造利用万道路至泰新路段1.2千米，破除中央绿化带改为行车道，对现状路面进行拓宽；新建泰新路至莞穗路段1.6千米，设跨汾溪河特大桥1座，桥长约522米，最大单跨76米。

【东莞中国科学院云计算产业技术创新与育成中心】 东莞中国科学院云计算产业技术创新与育成中心项目选址位于松山湖西区兴园路北侧，投资金额5.36亿元，总用地面积3.75万平方米，总建筑面积7.6万平方米，建设内容包括1号办公楼、2号IDC机房及3号地下室。其中，IDC机房于2018年6月完工移交，标志着云计算工程的整体完工移交。

【东莞市老年大学新校区】 2018年11月，东莞市老年大学新校区投入使用，该校区位于南城街道市行政中心南广场02-12地块，石竹路与元美中路交汇处。建设用地面积1.55万平方米，总建筑面积3.26万平方米，主体1号楼为老年人活动中心楼，共五层，2号楼为教学楼，共十层，3号地下停车库一层，设停车位360个。

【东莞火车站站前路升级改造】 2018年3月18日，东莞火车站站前路升级改造工程动工，站前路为茶山镇东西交通主轴线之一，起点与莞龙路相交，沿线经过站前西路、方中路、站前东路，终点与安泰路相交。道路为双向六车道，全长3.4千米，设计车速60千米/小时。该工程为道路改造工程，含路线、路基及路面罩面、给排水工程、交通设施、景观绿化、公共设施配套工程、管线综合工程以及满足道路通行必要的辅助设施等。

【东莞市人民医院分院工程动工】 2018年12月27日，东莞市人民医院分院工程动工。该工程是广东省2018年重大项目之一，位于莞城街道沙地塘街88号，西接东江大道，东临新沙坊路，北面为红川路，为原东莞市人民医院旧院位置。项目总投资3.06亿元，主要为翻新和改建普济楼、同济楼，新建2栋住院楼、1栋行政后勤楼、污水处理站和应急池。

【东莞市妇女儿童活动中心】 2018年12月27日，东莞市妇女儿童活动中心工程动工，项目位于东城街道新源路与鸿福东路交叉处。工程总投资2.69亿元，用地面积1.51万平方米，总建筑面积4.32万平方米。根据功能布局和建筑规模分析，该项目每年可为全市妇女儿童提供各种公益性服务5～6万人次。（庾小文）

附：2018年东莞市城建工程管理局主要领导名录

党组书记、局长：祁志强

【东莞实业投资控股集团有限公司】 2018年，东莞实业投资控股集团有限公司（简称“东实集团”）确立以城市更新开发建设为核心任务，以城市综合运营、人才安居、环保产业、公共服务、对口援建为主营业务的新发展格局。东实集团全年实现总收入21.86亿元，比上年增长97%；净利润1.83亿元，增加1.68亿元。截至年底，集团总资产156.8亿元，净资产98.18亿元，全资子公司9家，员工6131人（其中集团总部111人）。

集团重组整合 2018年6月，东实集团完成改革重组，东实集团的定位调整为以城市更新开发建设为主业的专业化投资运营主体，重点做强做优做专城市综合运营、环保产业、人才安居、公共服务等相关业务板块。原属于东实集团的交通（东莞市轨道交通有限公司、东莞城际轨道实业有限公司、东莞市虎门港澳客运有限公司、东莞市鸿运运输有限公司）、科技金融（东莞科技金融集团有限公司、东莞市国弘投资有限公司、东莞市东实融资担保有限公司）、能源（东莞市能源投资集团有限公司）等业务板块的相关企业剥离，归并至对口的市属国有企业，或重组为新的专业化集团平台。

城市综合运营 2018年，东实集团在市内重点区域布局并拓展城市更新项目，与东城、麻涌、道滘等镇街签订209.93公顷土地整备项目框架协议。4月，东实集团对鳒鱼洲地块以1.5级开发模式进行工业遗存改造及活化利用。总面积7.47公顷的东莞火车站三地块以作价出资方式注入东实集团，作价金额12.9亿元，成为东莞首个政府储备土地作价出资项目。与东莞金控共同组建规模约12亿元的城市更新母基金，与镇街及第三方金融机构合作，针对特定项目设立专项子基金，支持城市更新项目建设。完成虎门高铁站、黄江北站、黄江停车场上盖3个TID项目概念性方案的编制工作。松山湖大学创新城完成投资额4亿元，完成全部研究院和公租房建设（总计40万平方米），配套园建、景观等工程同步投入使用；新引进入驻研究院3家。4月，启动市民服务中心改建项目，完成投资额2.1亿元，计划改建东莞国际会展中心为市民服务中心，为市民提供“一站式”便民服务，打造东莞城市“新名片”。采取“以租代建模式”，建成物业面积1.6万平方米。

人才安居 2018年，东实集团启动人才安居建设运营，成立全资子公司——东莞市安居建设投资有限公司（简称“安居公司”），成为东莞首家市属住房租赁企业。安居公司通过盘活市属闲置物业、镇街合作、市场化拓展、品牌公寓配租等方式拓展人才安居项目12个、筹集房源5200套、供应可入住房源约1500套，打造人才安居品牌——莞寓，为东莞吸引人才搭建平台。

环保产业 2018年，东莞麻涌环保热电厂焚烧项目处理垃圾58.51万吨，发电上网2.2亿千瓦时。餐厨垃圾处理项目开设正常运行路线24条，签约客户500家，覆

盖全市22个镇街（园区），日收运处理量最高158吨。东南部卫生填埋场6月运营，全年填埋飞灰13万吨。东实循环经济教育基地获“广东省环境教育基地”称号，全年接待公众参观1.6万人次。东莞市海心沙资源循环利用基地获“国家级资源循环利用基地”称号。推进东莞市海心沙资源综合利用中心建设，其中A区绿色工业服务项目获得省环评批复、B区运输管理中心项目完成项目备案；C区环保热电厂可研报告出具，立项报告通过专家评审，完成主要设备及设计单位的招投标工作。

援疆项目　2018年，东实集团推进新疆维吾尔自治区图木舒克市草湖广东纺织服装产业园项目建设运营，其中一期30万锭项目实现营收7.93亿元、二期实现营收6.97亿元、三期40万锭项目部分实现投产运营。新疆东纯兴纺织有限公司获“全国纺织园区建设突出贡献企业”“全国模范劳动关系和谐企业”称号。牵头组建规模8亿元的“新疆草湖纺织服装产业发展基金”，在全国首创“金融援疆”新模式。开设南疆地区规模最大的普通话培训中心。提供就业岗位5000个、安置贫困户就业535名。

公共服务　2018年，东莞迎宾馆首次完成外国元首接待任务；打造新菜式研发团队和研发支撑体系，代表东莞参加“粤港澳大湾区中式厨艺大赛”并获一金二银。东莞篮球中心全年举办CBA赛事、商业演唱会、企业年会等活动52场，接待观众35万人次。　（廖　彦）

附：2018年东莞实业投资控股集团有限公司主要领导名录

党委书记、董事长：刘　波

水　务

【水务工作概况】　2018年，东莞市设置市、镇、村三级河长918名、湖长33名，实现全市河湖管护责任全覆盖。先后抵御台风3场、强降雨侵袭18场，累计安全转移人员35万人次，安置群众12.27万人次，启动防风I级响应抵御40多年来影响东莞最大的台风“山竹”，最大程度减少损失，保障群众安全。

全年全市用水总量19.34亿立方米，比上年增长3.15%；万元GDP用水量23.37立方米，下降5.38%。是年，东莞市水务局获得2018年度全市优秀市直单位、2017—2018年度广东省水利建设质量工作评价A级单位和全省防汛防旱防风防冻先进集体两个“单打冠军”。

2018年3—8月，东莞市集中开展河道管理范围内砂场专项整治行动。图为中堂镇整治现场　（市水务局供图）

2018年5月3日，东莞市委书记、市第一总河长梁维东（右三）巡查樟村国考断面现场　（市水务局供图）

【砂场专项整治行动】　2018年，东莞市出台《东莞市河道管理范围内砂场专项整治工作方案》《东莞市河道管理范围内砂场规划》，市、镇成立砂场专项整治工作领导小组，统筹制定砂场清理“一场一策”，分类指导、定向突破。相关园区、镇（街）举行砂场业主座谈会，及时向属地村委会及砂场经营者传达市、镇的整治要求和有关政策规定，协商提前解除合同。各级成立以公安、交通、城管、环保、水政部门执法力量为主体的联合执法队伍，严查深纠清理砂场涉及的环保排污、税务稽查、用水用电、消防安全、船只运输、取水许可、堤防安全等违法事实，出具法律文书200余份，做到现场“一站式”执法。全市21个园区、

镇（街）和有关部门如期完成河道管理范围内砂场清理整治182个，包括清理砂场145个，整改砂场37个。规划设置29个砂场，其中需要拍卖26个，完成拍卖13个。

【“清四乱”专项行动】 2018年，东莞市排查河湖“四乱”问题1595个，清理整治1467个。在整治“乱堆”方面，全市排查乱堆问题280个，清理整治266个。在整治“乱采”方面，制定河湖采砂专项整治行动方案，明确整治重点区域，加密联合执法频次，组织开展夜间巡查和暗访执法。在整治“乱占”“乱建”方面，印发《东莞市河道管理范围内违章建筑清理专项行动工作方案》，落实属地主体责任，排查出“乱占”和“乱建”问题1315个，累计清理1201个。

【“五清”专项行动】 2018年，东莞市开展“五清”（清理非法排污口、清理水面漂浮物、清理底泥污染物、清理河湖障碍物、清理涉河湖违法建筑）专项行动，清理水面垃圾、水浮莲等漂浮物8.45万吨，治理污染河涌102条，整治河道管理范围内砂场182个，清理2008年以来涉水违章建筑909宗，17.77万平方米，整治规范排污口4206个。

【河涌水环境综合整治】 2018年，东莞市出台《东莞市2018年河涌水环境综合整治工作实施方案》，全市完成污染河涌整治102条，其中松山湖、望牛墩、麻涌、沙田、洪梅、道滘等镇街如期完成年度整治任务。原有10条黑臭水体中，南城白马大氹、东城老围河、东城黄沙河同沙段、长安人民涌、万江高基涌和牌楼基涌等6条水质基本消除黑臭。新发现的12条黑臭水体中动工整治9条。10条跨镇（街）污染河涌综合整治完成前期工作。

【河长制湖长制推进】 2018年，东莞市领导挂点督导全市28条重要河涌，高位推进河长制。全面建立湖长制，印发《东莞市全面推行湖长制实施方案》，设立湖长33名，实现全市河湖管护责任全覆盖。印发《东莞市市级河长巡河工作指引》《东莞市河长制5大主要河流（流域）“一河一策”实施方案》，完善工作机制。举办首次河长制湖长制工作培训班，提高河湖长履职能力。承办首届东江流域河长制湖长制工作联席会议，流域六市（广州、深圳、韶关、惠州、河源、东莞）在会上共同签订《共建美丽东江合作框架协议》。东莞市河长办与惠州市河长办签订东岸涌、谢岗涌水面漂浮物合作治理协议，推动跨界河湖治理。编制《东莞市全面推行河长制湖长制工作考核办法》《东莞市全面推行河长制湖长制工作2018年度考核方案》，完成对全市33个园区、镇（街）的首次考核，麻涌、凤岗、道滘、石龙四镇获得优秀等次。麻涌镇和中堂镇四乡村创建河长制示范镇、示范村。是年，全市设置河长公示牌3323个，市级河长巡河69人次，镇级河长巡河1.06万人次，村级河长巡河3.25万人次，市、镇两级河长巡河发现解决问题5500余个。招募“民间河长”444人、护河志愿者1205人，聘用社会监督员20人，开展志愿者服务400余次。

【每月10日定为东莞全市“河湖保洁日”】 2018年，东莞市河长办发起设立，每月10日定为东莞全市“河湖保洁日”，开展水面清洁、派发宣传小册子、组织河湖保洁宣传进校园、进社区、进工厂等活动，让公众加深对河湖保洁工作的了解和认识，提高全社会对河湖保洁工作的责任意识和参与意识，营造全民自觉维护河湖环境卫生的良好氛围。是年9月开始实施，累计参与人数4.12万人，出动保洁船1235艘，清理河道垃圾1400吨。

【“河湖治理大家谈”论坛创立】 2018年，东莞市河长办发起创立“河湖治理大家谈”论坛，全市各园区、镇（街）每季度举办一次，选取示范性强、影响力大的河湖岸边作为会场地点，邀请各级河长、河长助理、河长办负责人、民间河长、巡河护河志愿者、义务监督员以及河湖周边群众代表参加，由各级河长、专家和政府部门负责人讲解河湖治理思路，解答周边群众关切的问题，阐述下步治理措施与计划，是年9月开始实施，市河长办牵头在东城街道、长安镇各举办1期。

【重点水务工程建设】 2018年，东莞市完成东引运河下游段石鼓水闸至虎门水闸段河道清淤清障应急工程、樟村泵站设备升级改造、市第三水厂生态补水应急项目、潼湖围陈屋边水闸重建等工程建设。石马河河口东江水源保护一期工程完成投资8000万元，占总工程量45%。茅洲河界河段堤防综合整治项目、东江北干流石龙南岸整治工程分别完成6.63亿元、3.76亿元，占工程总量92%、67%。马滩水闸改扩建工程完成总工程量37%。完成全市中小河流治理项目区建设17个，占项目区总数81%。东引运河寒溪水流域桥头至企石水闸段、虎门城区段河道清淤疏浚工程分别完成工程总量60%、94%。东莞市2017—2018年度水利建设质量评价工作被省水利厅评为A级（优秀）。

【松山湖犀牛陂排渠整治工程】 2018年，松山湖犀牛陂排渠整治工程获得2017—2018年度中国水利工程优质“大禹”奖。该工程是2017—2018年东莞市水务局重点监管及督导的防洪排涝民生工程。工程的主要任务是防洪排涝、污水截流和景观提升。工程主要建设内容包括4.26千米渠道整治，新建DN2000排水管长4.26千米，修建控制闸、截污管道，拓宽过路箱涵等，工程总投资1.93亿元。

【水资源管理与保护】 2018

年，东莞市新发取水许可证7宗，延续取水许可证93宗，注销取水许可证21宗。下达155家市管取水户年度取水计划6.84亿立方米，比上年减少0.17亿立方米。东莞水资源在线监控市级系统完成安装并通过验收。全市万元GDP用水量23.37立方米、万元工业增加值用水量20.23立方米，分别比上年下降5.38%、8.46%。协助广东省完成国家对省2017年度最严格水资源管理制度考核现场检查，配合广东省完成珠江三角洲水资源配置工程可研阶段工作。加强水功能区管理及重要饮用水源地达标建设，编制完成《东莞市松木山水库水功能区调整论证报告》并通过专家评审，东江水务有限公司和有关镇街开展河流型饮用水源一级保护区隔离围网工程建设，《东莞市全国重要饮用水源地东江北干流水源地（东莞段）安全保障达标建设实施方案》出台征求意见，《东莞市地表水功能区划报告（修编）》完成初稿编制。

【国家节水型城市创建】 2018年，东莞市召开创建国家节水型城市动员大会，印发《东莞市创建国家节水型城市实施方案》，确定莞城、南城、东城、万江4个街道和松山湖高新技术开发区为创建范围并展开试点建设，启动创建国家节水型城市工作。推广节水型生活器具，筹划开展节水型小区、企业和公共机构等节水型载体建设，印发实施《东莞市非居民用水超定额超计划累进加价实施方案》。

【海绵城市建设】 2018年，《东莞市海绵城市试点区建设工作方案》印发实施，黄沙河流域1个市级试点区和松山湖高新区、滨海湾新区等7个镇（园区）试点区的海绵城市建设启动。海绵城市示范项目黄沙河东城段河道整治工程完成总工程量60%。

【“三防”建设】 2018年，东莞市完成全市基层“三防”体系建设，以及市、镇“三防”系统标准化建设，在全省“三防”能力建设中走在前列。建成水库三要素监测站和第三个市级防汛物资仓库（沙田仓库）并投入使用。启动全市“一页纸”预案编制，印发《“三防”信息报送管理规定》《东莞市“三防”物资仓库管理制度》，完成《东莞市防汛防旱防风应急预案》《“三防”工作手册》的编制。开设三大流域洪水防御、党政领导“三防”专题等培训班，举办防台风应急桌面演练授课4期，组织全市民兵轻舟分队骨干集训、危险区域人员转移和应急抢险物资快速调运训练，开展市“三防”指挥部防台风桌面应急演练和重点水库工程、在建水利工程防汛应急演练。 （周功成）

附：2018年东莞市水务局主要领导名录

党组书记、局长：倪佳翔

【东莞市水务集团有限公司】 2018年4月25日，东莞市水务集团有限公司（简称“水务集团”）由东莞市国资委以东莞市东江水务有限公司、东莞市水务投资集团有限公司等相关涉水企业的市属国有股权出资注册成立，功能定位为统筹城市供水排水、水环境治理、相关涉水产业项目投资及服务的全产业链综合性集团。

2018年，水务集团资产总额305.94亿元，净资产180.51亿元，员工总人数约2700人。

水生产运营 供水业务方面，7家自来水厂供水设计规模每日365万立方米，2018年，供水量9.31亿立方米，日供水量255万立方米，出厂水质合格率100%。污水处理方面，投产12家污水处理厂，是年，污水处理量2.96亿立方米，日均处理量83万立方米，全年污水处理出水水质达标排放率100%。管网运营方面，接收截污主干管网1111.9千米，泵站41座，开展管网维修工程257项，机电设备维修工程102项，总投资2.78亿元。

水环境治理 2018年，水务集团推进截污次支管网建设，新建管网1484.80千米，完成年内建设任务114.22%。水生态建设项目一、二、三、四、五期工程，计划建设管网约3848千米，总投资310亿元。其中，水生态建设项目一至四期工程采用镇街代建模式，截至2018年底，建成2074.92千米。水生态五期工程建设管网1606千米，污水提升泵站25座，总投资约113亿，是年，建成167千米。完成茅洲河流域综合整治（东莞部分）一期项目截污次支管网工程管网67.58千米。

2018年，水务集团推动污水处理厂提标改造工程建设，完成污水处理厂新扩建工程的主体建设2项；在建工程3项。污水处理厂提标改造工程35项，设计总处理规模247万吨/日，项目总投资25.73亿元。其中，执行准Ⅳ类标准设计5家，执行石马河标准10家，执行一级A标准20家。年内全面动工建设34家。

2018年，水务集团推进河涌水环境治理，茅洲河界河段综合整治工程（东莞部分）是市重大水利工程和民生保障工程，堤防全长11.88千米，设计防洪（潮）标准为百年一遇。工程主要包括河道防洪（潮）工程、防洪清淤、岸线景观及重建或改造6座穿堤涵闸等其他配套项目，工程总投资8.66亿元，分水利工程和景观绿化两个部分实施。其中水利工程（穿越广深高速159米节点工程除外）基本完工；景观绿化工程完成20.44%。长安镇7条河涌清淤工程清淤总量22.05万立方米，是年，完成清淤工程量86%。

2018年，水务集团推进固废处理项目建设，市区有机资源再生利用工程一期工程完成提前介入工作，加快建设进度。在具备条件的污水处理厂内，计划建设2~3个200吨/日处理规模的污泥深度处理项目，推动城市固体废弃物产业体系的形成。

2018年，水务集团推进供水设施建设。水乡大道供水干管工程实现全线通水，管道全长约14千米，起点位于东莞大道蛤地，终点到麻涌大道路口处，沿着水乡大道敷设，跨越16条河流，供水输送能力60万立方米/日，满足水乡新城片区持续增长的用水需求，实现双水源环状供水格局。投资230万元，完成东莞市第三、第五、第六水厂以及万江水厂水源地保护区新增或修补防护网7.32千米，设置保护区界标14个，各类宣传牌50个。下属7间水厂完成次氯酸钠取代氯气消毒工艺改造，消除水厂危险化学品重大危险源，降低生产风险；第四、第五水厂及万江、东城水厂将固体聚氯化铝转换为液体聚氯化铝作为混凝剂，升级投加系统，保证准确投加，保障供水水质安全。（杨慧敏）

附：2018年东莞市水务集团有限公司主要领导名录

党委书记、董事长：尹锦容

党委副书记、总经理：朱伟强

住房公积金管理

【住房公积金管理概况】 2018年，东莞市住房公积金实缴单位4.16万个，实缴职工171.12万人，缴存资金126.7亿元；新开户单位9347家，新开户职工45.42万人，净增单位8129个，净增职工19.39万人；提取住房公积金84.77亿元；发放个人住房贷款8115笔，共54.75亿元；回收个人住房贷款16.77亿元。截至年底，缴存总额856.46亿元，缴存余额314.95亿元；提取总额541.51亿元；累计发放个人住房贷款8.46万笔，325.53亿元，贷款余额186.53亿元；资金运用率59.23%。

【住房公积金贷款政策调整】 2018年，东莞市根据住建部“针对各类需求实行差别化调控政策，满足首套刚需、支持改善需求、遏制投机炒房”的工作要求，取消单/双职工区分，购买首套自住住房，贷款最高额度120万元，购买第二套自住住房，贷款最高额度80万元；住房公积金贷款每月还款与家庭收入的比例由不超过55%提升至不超过60%；使用住房公积金贷款购买第二套自住住房，最低首付款比例由30%提升至40%；商转公贷款选择以贷冲贷方式，收款账户可提供广东省内（除深圳市）开设的个人有效人民币活期储蓄账户；5月1日起，支持港澳台同胞缴存并同等享有贷款权利，截至2018年底，东莞市有1188名港澳台同胞正常缴存住房公积金，其中23名使用公积金贷款。

【住房公积金缴存政策调整】 2018年，东莞市根据市统计局公布的职工年平均工资标准，将住房公积金缴存基数上限由22995元调整为27391元；7月3日起，缴存基数下限由1510元调整为1720元。修订《东莞市住房公积金缴存管理办法》，明确每个缴存单位只能有一个单位缴存比例，且比例应为1%的整倍数。是年，落实降低实体经济企业成本政策，为企业减负4.67亿元。

【住房公积金行政执法】 2018年，东莞市围绕住房公积金年度扩面任务开展催建催缴，向4419家未设立单位住房公积金账户的企业寄出催缴通知书，全年立案处理追缴维权投诉事件2227宗，发出责令限期改正违法行为通知书483份，向人民法院申请强制执行追缴案件369件，作出行政处罚决定书7份，罚款总额35万元。

【扫黑除恶和违规骗提专项治理行动】 2018年，东莞市开展扫黑除恶专项斗争，对外发布《关于开展我市住房公积金扫黑除恶专项斗争工作的通告》，并向60多家合作机构发出《关于配合开展我市住房公积金领域扫黑除恶专项斗争工作的倡议书》，开展涉黑涉恶线索排查，向东莞市公安局移交违法中介涉黑涉恶线索2条。是年，开展违规骗提住房公积金专项治理行动，稽查高风险提取业务956笔，查处违规骗提业务10宗，处理违规骗提职工29人，发出通报函17份，追回违规骗提资金约158万元。

【住房公积金服务】 2018年，东莞市减少贷款业务受委托银行1家（中国光大银行股份有限公司东莞分行）；新增广州银行股份有限公司东莞分行、民生银行股份有限公司东莞分行2家贷款银行，全市公积金贷款业务受委托银行增至18家。归集受委托银行8家、网点997个，商贷信息互通合作银行增至13家。

是年，东莞市在全省率先实现公积金“转移接续平台直连功能”，通过直连功能办理异地转移业务5000多笔，通过住建部“双贯标”验收。年内，落实“减证便民”，取消身份证复印件、死亡证明、户口注销证明等5项证明材料；开展政策宣讲及上门提取服务39场、服务群众5000余人；改造网上办事大厅，新增个人及开发商贷款信息查询功能；与建设银行联合推出智慧柜员机，职工“刷脸”即可开通公积金自助服务。全年智慧柜员机办理业务量27.5万笔，占总业务量9%；缴存业务可通过网上办事大厅或自动托收方式办理，贷款业务网办率86%，提取业务网办率79%。截至2018年底，东莞市住房公积金管理中心门户网站访问总量446万人次；中心网厅业务办理量20.8万笔；“12329”热线接听总量近20万通；“12329”短信总量628.6万条；微信公众号粉丝关注量超96万人，业务办理量47.9万笔；自助终端访问总量0.4万人次，业务办理量79笔。是年，东莞市住房公积金管理中心获广东省“巾帼文明岗”称号。（裴家宏）

附：2018年东莞市住房公积金管理中心主要领导名录

党组书记、主任：林儒森

市政建设

市政道路、桥梁

【道路设施整治提升】 2018年，东莞市推进城市道路升级改造及附属设施提升工程，全市整治道路设施投入超9500万元，治理机动车道路面22万平方米。制定《东莞市城市道路配套设施设计指引》，指导全市道路设施品质提升工作。推行道路安全检测，完成港口大道、水乡大道、广深高速石鼓连接线、环城北路、生态园大道、八一路、鸿福东路等道路检测评估工作，为道路安全管理提供保障。开展环城北路高埗段隔音屏建设工程，缓解道路噪音扰民问题。启动环城路交通指示牌综合整治工作，优化环城路交通引导系统。组织开展城市道路突发事件应急演练活动，模拟道路塌方事件的应急处置演练，提高道路维护的应急处置能力。10月27日，启动中心广场停车场收费管理工作，规范中心广场停车秩序。

【桥梁规范化管理】 2018年，东莞市实行常态化管理，对市直管的234座桥梁开展每天1次经常性检查；一年2次常规定期检测和1次结构定期检测。落实桥梁日常维修保养、标志牌和桥面沥青养护、桥航标维护等各项工作。开展东莞水道特大桥等15座城市桥梁特殊检测，保障桥梁安全运行。开展城市桥梁隔音屏建设工程，缓解道路噪音扰民问题。做好东莞水道特大桥、大汾北水道特大桥、芦村特大桥、寒溪河大桥4座桥梁监测系统运营工作。试点建设淡水河大桥、赤窖口河大桥、北海河大桥3座重点桥梁防碰撞智能预警系统。推进城市桥梁信息化管理全覆盖，加强各园区、镇（街）城市桥梁监督管理。

（陈佩珠）

城市供电

【供电概况】 2018年，东莞供电局完成供电量798.88亿千瓦时，比上年增长5.98%，最高负荷1554.53万千瓦，增长3.91%。客户年平均停电时间1.88小时，比上年下降49.19%。投产主网工程13项，新增变电容量228.7万千伏安、线路长度186.69千米。东莞供电局获“中央和省驻莞机关先进单位”“全国安全文化建设示范企业”“透明度管理卓越企业奖”等称号；在市公共服务行业客户满意度及行风评议中名列第一，第三方客户满意度在南方五省区地市局并列第一。

是年，东莞供电局全年交流任职183人。培养“80后”及“90后”优秀年轻干部；开展任前谈话、日常谈话、反馈谈话326人次。开展“脚踏两只船”专项治理，优化员工问责机制。推出激励组合拳，采取组织绩效奖励，增强员工队伍获得感。开展南网品牌体验中心建设，协办网公司2018年“国企开放日”活动，搭建公众了解电力企业的桥梁。策划“助力腾飞40年”等系列宣传。“暖心工程”建设获得普遍认可。推进南网星级职工之家创建，落实爱心帮扶以及对口扶贫，提升员工幸福感。

【电网规划建设】 2018年，《东莞市电网专项规划》首获市规委会批复，保障电网站点、通道走廊落地。结合东莞“一廊两核三带多节点”发展空间布局，完成水乡新城、中子科学城等重点片区专项规划。全年核准13个主网项目，核准容量230万千伏安，居全省第一。提前开展主配网高峰负荷分析，明确未来三年急需冲刺项目。

> **资料链接：**
>
> 一廊两核三带多节点”：“一廊”指广深科技创新走廊东莞段；“两核”指松山湖高新区和滨海湾新区两大创新核；“三带”指广深高速公路、沿江高速公路、莞深高速公路广深铁路3条创新带。“多节点”指广深科技创新走廊沿线节点。

主配网工程投产均衡 2018年，东莞供电局召开全市电网规划建设工作会议，通过“电网升级行动”平台破解多项长期积压的工程建设难题。完成“三个一批”（建成一批、开工一批、储备一批）项目建设，提前投产网公司重点项目——500千伏纵江二期工程，实现全年主配网工程均衡投产。220千伏道岭站获中国安装工程优质奖（中国安装之星）。10千伏塘厦莆心站环网工程获评南方电网优质工程，配网工程连续7年获评网优。

物资供应链管理系统化 推广供应商现场安装GIS设备工作机制，实现主设备“零缺陷”出厂，作为先进经验在全省推广。深化“无人超市急救包”应用，6个急救包自助领料2430次，提高抢修领料时效高达70%。实施增量退役物资直送一级仓机制，实现退役物资系统化管理。全年拍卖处置四批次报废物资8705.35吨，回收资金7029万元、比上年增长42.23%。

【供电营商环境优化】 2018年，东莞供电局投产630紧急工程34项，应对电力供应不足等局部网络受限问题，保障电力供应。最大自觉错峰负荷65万千瓦，累计错峰电量5196万千瓦时，比上年下降64.3%。建立客户诉求管控“四道防线”，形成风险预警评级监控体系，“95598”投诉比上年下降58.7%，“12398”投诉下降66.67%。全省首创“一日答复供电方案”，中压业扩报装平均时间为49.25天，比上年下降57.31%。解决重过载问题，低压故障抢修业务量比上年降低52%。初步建立基于网格化的“客户经理+设备主人”服务机制。整合配网调度、服务调度资源，供电服务中心接管配网抢修指挥业务，实现营配后端融合。提升电子渠道推广比例，互联网业务比例全省第一。深化电费差错管控机制，电费差错率比上年下降80%，电费核查有效率38.11%，居全省第一。

【电力安全生产】 2018年，东莞电网严格落实防范电网运行风险26项重点工作，完成莞番高速迁改等重大停电安排，化解三级及以上事件电网风险120项。完成全国首例500千伏线路调度端程序化一键转冷备用操作，全网率先实现程序化操作全电压等级覆盖。建成南网首个智能220千伏电网保护控制仿真培训系统，南网第一套调配网自动化主站D5200系统通过现场验收，完成南网首个OS2变电站试点建设。开展配网防范社会人员触电、配网隐患排查等专项行动，涉电公共安全隐患整改完成率100%。抵御“山竹”等自然灾害，仅用1.5天全面完成“山竹”灾后抢修复电工作，复电速度在全省受灾严重城市中位居首位。完成改革开放40周年等各级保供电任务。开展规范化检修，完成15.2万台设备特巡特维和预试检修，消除紧急重大缺陷2683项。深化智能巡维应用，31座变电站实现智能巡检机器人覆盖，输电线路机巡覆盖率100%。全年带电作业首次突破1万次，带电作业化率89.6%。

【综合能源项目实施】 2018年，东莞市实施分布式光伏、光储充等7项综合能源示范工程，打造能源互联共享平台，启动能源互联体验中心建设。探索综合能源商业新模式，推动与易事特、蔚来汽车等知名企业达成战略合作，投产全省首个用户侧商用分布式储能项目——万裕三信商业储能项目，建成广东电网首个充换电一体示范站。拓展公交充电设施业务市场，与市交投集团签订战略协议，组建东能合资公司并投产第一个充电站，实现全省首个地市高速公路充电网络“全覆盖”。

【电力科技创新与改革】 2018年，东莞供电局出台并细化聚润达及各板块企业发展行动计划，将开关厂打造成高端设备制造龙头企业，并与湖南大学合作打造产学研基地。转型升级传统业务，组建9大片区电建公司，形成规模效应及经营合力。成立新兴业务板块工作组，制定协同发展方案，推动管制业务与新兴业务“双轮驱动”。截至2018年底，专利拥有数1024件，比上年增长216%；专利申请数1331件，增长519%，居全省第一。推进相关国家重点项目建设，完成示范工程可行性研究、中期演示方案评审等任务。完成全局14个职能部门和13个二级机构设置，组建成立9大片区供电局，统筹优化资源配置。完成19家国有企业家属区改造项目的协议签订、抄表到户及资产接收工作。 （廖一键）

附：2018年东莞供电局主要领导名录

执行董事、党委书记：

宋新明（任至3月）

谢文景（3月到任）

城市供气

【城市供气概况】 2018年，东莞市年供气总量天然气11.5亿立方米，瓶装液化石油气33万吨，天然气汽车加气1.3亿立方米，新建天然气管道345千米，全市燃气普及率98%。

【燃气安全管理】 2018年，东莞市开展城镇燃气安全检查与督导，突出燃气安全隐患排查整治。市城管局与各园区、镇（街）城管分局及燃气经营企业签订城镇燃气安全管理责任书，压实主体责任，推动安全管理落到实处。开发建设东莞市瓶装液化石油气公众服务平台，强化燃气应急救援队伍实操演练，提升燃气应急救援能力。全市举办城镇燃气救援演练60多场。开展打击“黑气”专项整治行动，全市城管系统出动执法人员2.38万人次，取缔“黑气”窝点1310处，依法查扣液化石油气瓶32432瓶，处罚金额1.2万元，移送公安机关105人。

【燃气工程建设】 2018年，东莞市推进天然气管道建设，召开全市部署会议，督导各镇街、园（区）天然气管道建设，下发督导函，协调解难题。新建天然气管道320.6千米。推进集中供热项目建设，办理立沙岛中电、谢岗华能（谢岗段及桥头段东线）、高埗深南电唯美（一期）等集中供热管网项目的初步设计审查。截至2018年底，东城中电（北线）、麻涌恒运#8支线、高埗深南电唯美（一段）集中供热管网建成完工，正申办竣工验收备案手续。（陈佩珠）

【东莞新奥燃气有限公司】 东莞新奥燃气有限公司（简称“东莞新奥”）成立于2003年6月，是由新奥能源控股有限公司与东莞市能源投资集团（代表国资委）合资组建的混合所有制企业，2018年有员工1300多人，负责东莞市域范围内管道燃气的建设、输配、运营以及民用、工商业、汽车、船舶等各类用户的燃气供应和相关技术服务，并为工业园区等客户提供领先的综合能源解决方案。东莞新奥投资40亿元构建天然气输配系统。

燃气管网建设 2018年，东莞新奥响应东莞市“蓝天保卫战”号召，承担燃气管网建设的重任，成立专项组织，加大资源投入，与各级政府和用户全方位对接，推动天然气专项规划修编，优化城市燃气一张网布局。重新规划气源布局，多方协调，拓宽气源获取渠道，加大气量获取，有效应对未来天然气需求的快速增长；推进一张

2018年9月7日，东莞市首个工业园区分布式能源项目——豪丰园区泛能站项目投入商业运营　（市新奥燃气公司供图）

2018年6月20日，东莞市在谢岗门站举行燃气应急救援演练　（市城市综合管理局供图）

网建设，年内完成水乡大道、立沙岛进港管线等10千米高压及140千米中压管网的建设，覆盖有用气需求的煤改气锅炉用户，完成市政府下达的目标任务。

清洁能源推广　2018年，东莞新奥制定专项政策加快煤改气步伐，全年开发锅炉255台，实现玖龙纸业、丽海纺织等多个自备电厂的煤改气项目签约；商业户接驳比上年增长28%；加快空白区域和工业园区的开发；完成东坑与横沥、石龙与园洲之间管线互联互通建设，保障气源稳定供应，全年天然气销量13亿立方米，城市燃气日用气量突破300万立方米。是年，东莞新奥在冷、热、电、气等多品类清洁能源综合利用方面取得进展。实现豪丰工业园泛能站一期投产、二期开工建设，热力公司蒸汽管网北线全面投产、徐福记通气、冷网二期工程竣工，凤岗热力公司初步完成管网规划，滨海湾新区、黄江裕元工业园等重点项目获得重要突破，并与多个工业园区达成合作意向。

提升客户服务水平　2018年，东莞新奥持续拓宽服务渠道，强化服务监督，改善客户体验。互通镇区间业务，实现居民用户业务跨镇区办理；推广蓝牙卡购气设备，实现网上缴费，开通圈存机微信支付功能，推动网上开户和工商户自助缴费，拓宽用户购气渠道。重新审视服务监督及投诉管理机制，优化服务监督、投诉管理、退气退款等制度流程10余项。

落实安全运营　2018年，东莞新奥落实安全责任，全年投入安全生产、技改技措及隐患治理资金7600余万元，完善安全管理制度及应急预案9项、岗位安全职责174项，组织各级管理人员履责检查近1700次，运用可视化平台分析数据，结合生产实际预判风险，保障安全运营。超强台风“山竹”过境期间，公司实现稳定供气、设备设施正常运行和零人身伤害。公司重新定位运营管理职能、架构和机制，统一运营单元工作标准，年内成立运营管理中心，实现运营管理专业化、智能化和网格化，全年管控第三方施工项目5800余个，保障安全生产。

开展社会公益活动　东莞新奥开展精准扶贫、爱心助学、志愿服务等社会公益活动，截至2018年底，累计公益捐款超过3600万元，并获得“广东省五一劳动奖状”和“东莞市五星党组织”称号，进一步提升品牌形象。　（黄炜燮）

附：2018年东莞新奥燃气有限公司主要领导名录

董事长：陈仲新

城市供水、排水（污）

【城市供水】　2018年，东莞市关停整合塘厦、清溪、樟木头、虎门、大岭山、石碣等镇的村级水厂19家，截至2018年底，有市级水厂7家，镇级水厂39家，村级水厂31家。全市日供水能力730万立方米，全年供水总量16.14亿立方米，实际日供水442万立方米。是年，全市投入2.35亿元，更新改造供水管网433千米。向出厂水质不达标的水厂发出供水水质不合格通知书102份，比上年增加66份，发出供水水质整改通知书22份，比上年增加11份，对石碣单屋水厂、水南水厂、大朗石厦仙村水厂等9家村级水厂进行罚款处罚。全市水厂出厂水水质综合合格率99.68%，高于国标4.68个百分点，管网漏损率下降至10.7%，符合不超过12%的国标要求。

【城镇排水】 2018年，东莞市完成包括东城下桥河片区、南城金域中央片区和袁屋边片区、寮步红荔市场和石大路、黄江东环路新中学路段在内的15个易涝点整治。市区内涝整治应急三期南侧分流工程、鸿福西路市民艺术中心片区内涝整治工程开展前期工作。东莞西站站场片区内涝工程形成排水规划方案。 （周功成）

【国家排污许可制改革推进】 2018年，东莞市根据《排污许可管理办法（试行）》及《固定污染源排污许可分类管理名录（2017年版）》实施时限，完成国家排污许可证核发工作，重点完成农副食品屠宰及肉类加工、淀粉、陶瓷等行业国家排污许可证核发，全年核发国家排污许可证105份。

【排污权有偿使用和交易】 2018年5月15日，东莞市印发《东莞市排污权使用和交易规则（试行）》，明确交易平台、有偿使用和交易的对象及流程。18日，印发《东莞市排污权有偿使用和交易试点管理暂行办法（修订版）》，将VOCs纳入有偿使用和交易范围，明确储备来源；启动运行东莞市排污权交易综合监管系统，实现排污权交易办理流程电子化。是年，完成交易25宗，成交金额126.71万元；实施有偿使用的企业1244家，有偿使用费135.6万元。

【生活污水治理】 截至2018年底，东莞市建成运营的城镇二级污水处理厂38家，总设计规模324.5万吨/日。其中，以BOT（建设—经营—转让）模式建设运营213万吨/日，东莞市水务投资集团有限公司建设运营108万吨/日，镇自行委托运营3.5万吨/日。全年处理污水10.62亿吨，比上年增长7.05%，负荷率90.59%。COD（化学需氧量）、氨氮进水平均浓度分别159.23毫克/升、15.16毫克/升，增长6.29%、0.53%；出水平均浓度分别为15.72毫克/升、0.96毫克/升，比上年下降4.84%、15.04%；消减量分别为15.24万吨、1.51万吨，提高2.02万吨、0.13万吨。

【排水许可】 2018年，东莞市将“污水排入排水管网许可证核发”行政事项纳入专项改革试点，通过一体化政务服务平台由东莞市环境保护局受理审批。通过重新整理、规范办事指南及业务手册，简化审批事项审批程序等，进一步缩减办理时间。是年，东莞市核发“污水排入排水管网许可证”67件，比上年增加34件。（张灿辉）

公共照明

【公共照明概况】 2018年，东莞市做好市直管道路路灯及照明设施的管养工作，保证亮灯率98%以上。全年更换光源及灯具13182套、镇流器1637个、触发器1708个，修复灯杆94支，维修电缆14533米，翻新路灯及景观灯饰28043套，清洗路灯及景观灯饰92173套。

【夜景灯光工程】 2018年，东莞市启动和推进中心城区夜景灯光工程，以“一心、两轴、一环、多点”的一体化空间景观结构为主线，对东莞大道、鸿福路、中心广场及其周边道路涉及的楼宇、道路进行规划立项，完成效果策划方案，同步开展招投标和建设的各项前期工作。实施中心广场增设庭院灯项目；东莞大道、环城路等路段增设照明设施项目，确保夜间照明效果。 （陈佩珠）

资料链接：

“一心、两轴、一环、多点”：“一心”指中心广场；“两轴”指东莞大道综合功能发展轴和鸿福路综合功能发展轴；“一环”指中心广场周边建筑；“多点”包括东莞大道和鸿福路交叉口等商业节点，东莞大道立交、三元立交等立交节点，元美公园和中心广场东北角公园等绿化节点。

东莞市中心区夜景灯光工程 （市城市综合管理局供图）

公共交通

【客运行业概况】 2018年，东莞市有汽车客运站28个，其中一级站6个，二级站6个，三级站14个，简易站2个；汽车客运配客点41个，城市候机楼1个；完成全市三级以上汽车客运站联网售票工作26家，可实现网上预售票。全市有客运班车企业20家，全市莞籍跨省客运班车375辆，开通跨省客运班线312条；莞籍跨市客运班车877辆，开通跨市客运班线238条。

【公交行业概况】 2018年，东莞市有公交企业29家，公交车5830辆。其中，市区2家，镇区内24家，跨镇2家。全市公交运力5830辆（含799辆插电式混合动力和1422辆纯电动公交车型）；全市有公交线路452条，其中东莞巴士运营线路73条，水乡新城运营线路27条。加强轨道交通2号线公交接驳，有123条公交线路接驳轨道交通2号线。

【出租车行业概况】 2018年，东莞市有出租汽车企业22家，其中出租汽车公司3家，整合为三大集团公司；公共的士企业19家。全市营运出租汽车5696辆。

【公共交通节能减排】 2018年，东莞市制定《东莞市推进公共交通纯电动化工作方案》，全年全市投入运营纯电动公交车1422辆，东莞巴士等4家公交企业新购置的2442辆纯电动公交车完成车辆登记上牌手续，结合充电设施的投产进度陆续投放运营。

（樊健忠）

园林绿化

【园林绿化概况】 2018年，东莞市建成区的绿化覆盖面积47578.73公顷，全市建成区绿化覆盖率47.21%；园林绿地面积42370.55公顷，全市建成区绿地率42.04%；公园绿地面积16478.94公顷，人均公园绿地面积24.06平方米。

【园林绿化养护】 2018年，东莞市加强市直管道路绿化养护监管工作，通过建立绿化养护“路长制”模式，强化监督，提高绿化养护质量和管理效果。推进东莞大道R2线站点周边复绿项目的后续管养工作。成立城管系统园林绿化专家库，由27名专家组成，负责参与全市园林绿化的培训、评估、调研和咨询服务工作。编制《东莞市城市绿地系统专项规（2016—2035）》，通过专家评审。推进园林企业诚信管理工作，初步建设东莞市园林绿化企业诚信管理平台。

【绿道优化管理】 2018年，东莞市开展全市绿道管理及考核，对全市绿道进行日常巡查，开展一年2次的绿道管理考核大检查工作。东莞大道试点段绿道升级，新建连通绿道3.2千米，增设自行车停放点等配套设施。开展绿道宣传活动，举办“绿色力量　健步前行”2018东莞绿道健步活动。

【城市绿脉提升工程】 2018年，东莞市完成东莞植物园一期（专类园）建设，于4月19日向市民开放。推进城市绿脉提升工程，开展国家生态园林城市创建各项前期工作，通过国家园林城市复评。指导大岭山、谢岗镇申请创建广东省园林城镇，石排镇申请创建国家园林城镇。完成中心城区21个街头小景的初步设计方案。实施东莞大道绿化景观提升项目。开展环城路北段绿化提升项目前期工作。推进“一镇一公园，一村一景点”工作。 （陈佩珠）

2018年4月19日，东莞植物园一期（专类园）向市民开放 （市城市综合管理局供图）

环境卫生

【城市固废无害化处理】 2018年，东莞市加强对全市固废处理工作的统筹力度，起草《东莞市固体废物分类管理实施方案》。建成东南部卫生填埋场一期工程A区并投入使用。推进厚街环保热电厂一期技改增容工程、虎门建筑垃圾资源化利用项目、餐厨垃圾处理项目、海心沙资源综合利用中心环保热电厂等工程建设。推动全国建筑垃圾治理试点城市建设，制定《东莞市建筑垃圾处理处置专项规划（2018—2035）》。启动全市生活垃圾强制分类工作。在全市范围内打击固废非法转移倾倒行为。开展粪便规范化管理，提出现状调查及管理对策。全市城镇生活垃圾无害化处理率100%。

【存量垃圾治理】 2018年，东莞市有重点垃圾填埋场39座，其中，3座为卫生填埋场，17座基本完成综合整治，19座正在实施综合整治。加强生活垃圾填埋场渗滤液处理，全市填埋场渗滤液处理能力3180吨/日，实际处理量2390吨/日。

【“厕所革命”推进】 2018年，东莞市“厕所革命”由市城管局统筹，各园区、镇（街）及相关部门按照属地属事管理原则，开展“厕所革命”各项工作，编制《东莞市公共厕所升级改造技术指引》和《东莞市“厕所革命”行动工作方案》。是年，启动中心广场10座公共厕所升级改造工程，完成全市新建、改造厕所总数10%（167座）的目标任务。

【环境卫生保障】 2018年，东莞市落实环境卫生保障工作，加强对市直管道路“九路两河一广场”（东莞大道、松山湖大道、港口大道、环城路-广深高速石鼓连接线、生态园大道、东部快速路、环城路、水乡大道、环城路北段，东江河、运河市区段，中心广场）的监督管理工作，做好大型活动的环境保障工作。通过数字化城管系统加强对市直管环卫项目的监管工作。做好城管系统的应急预警及安全生产管理工作，抗击台风“山竹”。加强环卫作业人员、管理人员抢救、救援等领域的培训演练工作。开展东江、内河涌水面垃圾及岸边垃圾集中清理专项行动。

（陈佩珠）

【生活垃圾强制分类开展】 2018年8月16日，东莞市印发《东莞市生活垃圾强制分类工作方案》，推进全市公共机构率先开展生活垃圾强制分类，到2020年底前确保生活垃圾回收利用率达到35%以上。是年，全市公共机构包括党政机关，学校、科研、文化、出版、广播电视等事业单位，协会、学会、联合会等社团组织，实现生活垃圾回收利用率10%以上。

（郭佩文）

城市管理

【“强基础、转作风、树形象”专项行动表现突出单位】 2018年，东莞市城管局作为广东省三个部门之一、唯一地级市城管部门，获得全国城市管理执法队伍2018年度“强基础、转作风、树形象”专项行动表现突出单位称号。自专项行动开展以来，全市城管系统围绕打造“政治坚定、作风优良、纪律严明、廉洁务实”的城管执法队伍总目标，加强党建工作，开展全员培训，完善执法制度，改进工作方法，严明工作纪律，强化宣传引导，结合打造“城管铁军”，“强转树”专项行动在全市推进，全市城管执法人员人人争做服务优良、业务精湛、作风过硬的城管铁军。

【城市精细化管理】 2018年，东莞市开展“行走东莞”工作，6月，市城管局领导分片挂点，以每周至少一次步行巡查的方式，现场督导全市城市管理工作。按照“周检查、月通报、季考核、年总评”的方式，委托第三方机构对全市33个园区、镇（街）城市精细化管理情况进行检查考核。是年，发现问题4.1万个，整改率99%。完善“数字城管”系统功能，推动城市管理事项在智网工程入格，接入公安治安视频4万多路，利用国土地理信息系统，提升数字城管处理效能。全年有效受理案件25.6万件，结案率95.05%。率先在全省住建系统实现24小时全天候领导干部带班、值班的应急备勤，提升全市城管系统应急处置能力。

【违建治理推进】 2018年，东莞市按照“新增违建零增长、历史违建负增长”的工作目标，坚持严控增量和消化存量相结合。落实《东莞市违法用地、违法建设治理工作方案》的部署和要求，多措并举严查新增违建，基本实现“零增长”。全市治理违法建设面积1060万平方米，超额完成省下达的年度治理任务。全市拆除（整改）新增违法建筑面积100.4万平方米，整改完成率100%。完成全市历史遗留违法建筑信息普查工作。配合起草《东莞市历史遗留产业类和公共配套类违法建筑分类处理办法》。

【“大城管”宣传阵地筑牢】 2018年，东莞市城管系统组建市、镇两级新闻发言人队伍，印发《东莞市城市综合管理局新闻发布和新闻发言人制度》。综合运用《东莞城管信息》、官方微博、微信公众号、《东莞日报》“城管专版”、“南方+”及“南都号”频道等内外宣传平台发布信息1000余条，拍摄制作及展播微视频11个，原创微视频《我为城市守夜》获2018年“我与宪法”优秀微视频征集展播活动三等奖；举办“品质东莞”影像征集活动4期，展现工作亮点，讲好“城管故事”。推出线上“城市管理知识擂台赛”、开展“最美环卫工人”评选活动。住建部、省住建厅在“大城管”“广东省住房和城乡建设厅”“广东人民城管”等官方平台多次转载、宣传城市管理的“东莞经验”。

【城管系统扫黑除恶专项行动】 2018年，东莞市推进城管系统扫黑除恶专项斗争向纵深发展。召开全市部署会议、印发政策文件40余份，明确各阶段工作任务、目标和措施。开展一系列宣传活动，提高群众知晓率、拓宽线索来源渠道。组织系统内干部开展自查自纠，并进行专项督导和交叉检查，深入查找短板，强化行业乱象治理。全年报送线索136条，被市扫黑办认定有效39条，按时办理中央督导组交办线索1条。在门户网站、微信等媒体平台发布信息6200余条、悬挂宣传横幅4500余条、张贴派发宣传单册24.3万份、投放LED屏等其他户外宣传1.5万次。

【城市环境综合治理】 2018年，东莞市坚决打赢“蓝天保卫战”。集中开展为期8个月的城市道路扬尘和泥头车专项整治行动，查扣车辆1886辆次。落实全市禁止非密闭式泥头车运载上路，推进泥头车全密闭式运输管理。全年新建天然气管道320.6千米。发现和查处露天焚烧行为，加强违建拆除工程、道路挖掘及施工工地文明施工的监督管理。全市发现并处理裸露公共用地和储备用地的园林绿化补植补栽620多处。

【城管综合执法】 2018年，东莞市落实城市“六乱”、违章广告、生活噪声等重点执法工作，强化分片督导，维护市容市貌和城市秩序。截至2018年底，全市城管系统出动执法人员72.4万人次，出动执法车19万辆次，联合执法5049宗，处理各类违法行为48.2万宗。落实文明创建督导检查工作，市城管局每月对全市33个园区、镇（街）开展督导检查，重点督导环卫保洁，对发现的问题落实整改措施，改善农村人居环境。开展水面保洁监督工作，保障全市水面整洁干净。通过“乘坐高铁拍照录像+沿线步行排查”方式，开展广深港高铁沿线环境综合整治工作。

【房屋征收管理】 2018年，东莞市制定《赣州至深圳铁路客运专线（东莞段）土地和房屋征收补偿审核拨付办法》。开展2018年房屋征收价格评估机构年度备案和现场检查工作，31个房地产评估机构入选备案名单。牵头负责赣深客专铁路征地拆迁款项的审核拨付和验工计价等工作，设立专用账户，并向沿线镇完成1.85亿元的拨付工作。 （陈佩珠）

附：2018年东莞市城市综合管理局主要领导名录

党组书记、局长：
唐耀文（任至6月）
郭怀晋（12月到任）

美丽幸福村居

【美丽幸福村居单村建设】 2018年，东莞市持续对纳入美丽幸福村居单村建设名单的村（社区）督导建设，完成93个村（社区）建设，累计完成美丽幸福村居单村建设373个。截至2018年底，东莞市组织4批389个村（社区）开展美丽幸福村居建设，实施数量占全市村（社区）总数的66%。

> **资料链接：**
>
> 2011年启动宜居社区（村）建设，选取条件成熟、基础设施相对较好的社区（村）开展；2013年宜居社区（村）建设和名镇名村建设合并实施，成立“东莞市宜居城乡名镇名村建设工作领导小组”，全面铺开单村建设；2015年，宜居城乡建设和名镇名村建设并称“美丽幸福村居建设”。自2018年开展美丽幸福村居特色连片示范建设后，停止开展新一批单村建设。

【美丽幸福村居连片建设】 2018年，东莞市推进美丽幸福村居特色连片示范建设工作，将特色连片示范建设纳入东莞市乡村振兴战略中的“乡村建设精品工程”。评选出万江、东城、长安等3个第一批美丽幸福村居特色连片示范区，预算总投入1.3亿元/片区，建设周期为2~3年。年内启动第二批美丽幸福村居特色连片示范建设申报工作。

【东城（周屋—余屋—温塘—桑园）特色连片示范区】 2018年，东莞市利用东城（周屋—余屋—温塘—桑园）特色连片示范区的优势产业基础、莞式传统村居与山水农田景观资源，借鉴海绵城市建设与美丽乡村建设理念，拟将片区打造成以历史风貌游览、莞式人文体验、生态农业休闲、产业创新升级为特色的东城美丽村居综合发展示范片区。

【万江（滘联—谷涌）特色连片示范区】 2018年，东莞市以“亦城亦乡，宜居宜游”为主题，将万江（滘联—谷涌）特色连片示范区定位“东莞水乡村居转型升级示范区”，探索东莞城乡融合的创新发展模式，建设具有地域特色的乡村田园风貌，组织不同的体验旅游路线。

【长安（涌头—霄边）特色连片示范区】 2018年，东莞市在完善长安（涌头—霄边）特色连片示范区主要道路通达性的基础上，从道路功能完善提升、人行道及绿化整治、慢行系统完善、沿街建筑界面形象提升等方面综合提升片区内线性空间品质，形成农林、工厂、旧村三大特色片区。 （吴维彬）

生态环境

ECOLOGICAL ENVIRONMENT

同沙生态公园　（东城街道供图）

编辑：郭佩文

环境保护

【环境保护概况】 水环境质量　2018年，东莞市2个城市集中式饮用水源地（东江南支流和中堂水道）水质持续保持良好。全市7个国家、省地表水考核断面［国家：东江南支流—沙田泗盛、东莞运河—樟村、石马河—旗岭、茅洲河—共和村（右）断面；省：淡水河—角尾村、东江北干流—石龙北河、东江南支流—石龙南河断面］水质总体改善，其中有6个断面综合污染指数比上年下降［东江南支流—沙田泗盛断面下降12.9%、东莞运河—樟村断面下降20.5%、石马河—旗岭断面下降19.7%、茅洲河—共和村（右）断面下降55.5%、东江北干流—石龙北河断面下降1.3%、东江南支流—石龙南河断面下降2.4%］。

大气环境质量　2018年，东莞市空气质量综合指数比上年改善2.5%，空气质量达标天数比例82.5%，与上年持平；6项主要大气污染物中，O_3、CO年评价浓度基本持平，$PM_{2.5}$、PM_{10}、SO_2、NO_2年均浓度均实现下降。

声环境质量　2018年，东莞市声环境质量有所好转，城市区域环境噪声昼间等效声级平均值58.6分贝，比上年下降1.7%，区域噪声环境质量总体水平等级为三级。城市道路交通噪声昼间等效声级平均值69.7分贝，比上年下降0.85%，道路交通噪声强度等级为二级，处于较好水平。

【环保统筹】 2018年8月22日，东莞市成立东莞市污染防治攻坚战指挥部，成员单位包括东莞市环境保护局等32个单位。8月28日，东莞市召开全市生态环境保护大会暨污染防治攻坚战现场推进会，动员部署全市污染防治攻坚战。12月11日，东莞市印发实施《东莞市打好污染防治攻坚战三年行动计划（2018—2020年）》，明确未来3年全市污染防治攻坚战工作目标和

2018年6月5日，茶山中学学生到茶山污水处理厂参观　（市环保局供图）

要求，详列46条重点工作举措及责任清单。

【水污染治理攻坚战】 2018年，东莞市新建成截污次支管网1525千米，累计建成截污管网4115千米。启动污水处理厂新扩建6项、污水处理厂提标改造35项、首批分散式污水处理设施建设42项，完成内河涌综合整治102条。5月8—22日，生态环境部、住房和城乡建设部联合开展2018年城市黑臭水体整治环境保护专项行动，督查组在东莞市新发现黑臭水体12条，加上原有黑臭水体10条，东莞城市建成区有黑臭水体22条，截至2018年底，基本消除黑臭水体6条（包括南城白马大氹、东城老围河、东城黄沙河同沙段、长安人民涌、万江高基涌和牌楼基涌）。是年，东莞市以大兵团作战方式推进茅洲河、石马河污染综合整治，两大重点流域水质综合污染指数比上年分别下降55.5%和19.7%。开展集中式饮用水源地环保专项整治行动，完成全部环境问题整治66个。

【土壤污染防治】 2018年7月2日，东莞市印发实施《2018年东莞市土壤污染防治工作方案》。完成石碣、麻涌、洪梅等3个重金属污染土壤修复试点示范工程。12月28日，东莞市印发实施《东莞市建设用地开发利用土壤环境管理实施方案（试行）》，严格东莞建设用地开发利用环境管理。开展土壤污染状况详查，完成农用地土壤污染状况详查、547家重点行业企业用地土壤污染状况调查年度任务。

【固废污染防治】 2018年，东莞市开展“利剑一号”环保专项执法整治行动以及固体废物企业“三个一”专项行动，查处案件295件，全市783家重点涉废企业及其他1674家涉废企业签订承诺书，打击固体废物非法转移、倾倒、处置等行为。建成东南部卫生填埋场一期项目，新增飞灰填埋处理能力82.5万吨；东莞市海心沙资源综合利用中心绿色工业服务项目环评报告报省生态环境厅审核，项目总体建设方案基本确定；虎门港立沙岛危险废物综合处理处置项目开工建设。

【环保督察“回头看”】 2018年6月11—16日，中央第五环保督察组到东莞市开展中央环保督察“回头看”；15日，在塘厦镇召开中央第五环保督察组“回头看”情况反馈会，会上通报东莞市整改工作落实情况，中央环保督察“回头看”交办案件348件，截至2018年底，办结344件（办结率98.9%）。9月5—19日，广东省第三批第四环境保护督察组对东莞市开展环境保护督察工作。省督察组向东莞市交办13批281件交办案件，截至2018年底，办结251件（办结率89.32%）。

【污染源普查】 2018年，东莞市完成第二次全国污染源普查入户调查阶段各项工作，如期实现省确定的年度目标，完成全市入户调查与空间地理采集工作11.94万家（其中工业源10.3万家、农业源1家、集中式治理设施85家、移动源377家、入河排污口1.56万个、生活源锅炉47家），占全省普查对象19%。

【环境监管监测】 2018年，东莞市环境保护局先后组织开展区域性交叉执法检查、重点流域跨市联合执法检查、东江流域专项检查、入海排污项目专项检查、重点VOC_S（挥发性物质）企业检查，以及利剑一号、二号、三号、四号等多项环保执法专项行动，加大执法力度，严打各类环境违法行为，全市检查企业3.11万家次，发出行政命令3393条，实施查封、扣押423宗，限产停产75宗，移送公安实施行政拘留8宗，移送涉嫌环境犯罪案件38件；立案处罚4276件，罚没金额2.72亿元。是年，东莞市环保系统受理各类环境问题投诉31769个；对1106家环境风险重点企业进行突发环境事件应急预案备案；完成企业环境污染责任保险投保146家；调度、处置突发环境事件8起，未发生规模以上突发环境事件；完成水气重点排污单位187家、设备安装联网任务903套，全市接入市在线监控平台企业356家、设备1642套（台）。

截至2018年底，东莞市完成大气复合污染超级监测站三期工程建设，新增谢岗、石排、企石、道滘、高埗、石碣、横沥、东坑、大岭山及茶山10个镇街空气质量监测子站，完成运河樟村（家乐福）、沙田泗盛、石马河旗岭等3个国控水站建设和交接。

【生态创建】 2018年7月17日，东莞市制定出台《东莞市创建国家生态文明建设示范市实施方案》，村（社区）创建为市级生态村（社区）503个，覆盖率84.8%，镇街创建为省级以上生态乡镇（街道）28个。开展以“美丽东莞，你我同行”为主题的第二届东莞市环境文化节等一系列环保宣教活动，利用“一台一报一网”（即电视台、报纸、网站）设立污染防治攻坚战专栏，开展“河湖治理大家谈”“污染治理齐参与”系列活动，全年发布环保新闻2000多篇次。（张灿辉）

节能减排

【污染减排】 2018年，东莞市四项主要污染物：化学需氧量、氨氮、二氧化硫和氮氧化物，形成净削减量分别为0.36万吨、0.07万吨、0.14万吨和0.22万吨，减排比例分别为4.3%、4.76%、1.82%和1.89%，完成2018年广东省下达减排任务。

【大气污染防治】 2018年4月17日，东莞市印发实施《东莞市蓝天保卫战行动方案》，推动实施32项大气污染防治强化举措。2018年5—12月全市空气质量达标天数比例84.9%，比上年增长4.5%，6项主要大气污染物均有所下降，其中SO_2下降25%、$PM_{2.5}$下降8.8%、O_3下降4.5%。2018年，关停沙角电厂A1、B2两台煤电机组、白天鹅纸业和华通发泡塑胶制品厂2个自备电厂燃煤机组，共54.8万千瓦；淘汰燃煤锅炉和生物质锅炉588台，共2279蒸吨；压减煤炭162万吨；投放运营纯电动公交1422辆；在厚街、塘厦等镇启动集中治理试点，完成VOCs（挥发性物质）企业整治4908家（其中源头治理803家、末端整治4105家）；建成全市机动车遥感监测系统，定期检测和道路抽检机动车123.68万辆；督导加强建筑工地扬尘污染控制，发现并整改存在问题施工工地2840个；开展泥头车联合执法行动，查扣违规泥头车、砂石物料运输车1886辆。2018年9月21日，东莞市发布《东莞市人民政府关于加强高污染燃料禁燃区环境管理的通告》，将全市划为高污染禁燃区，实施III类（严格）管理。

【绿色发展转型】 2018年，东莞市完成淘汰整治“散乱污”企业（不符合产业政策，不符合产业布局规划，未办理工信、发改、土地、规划、环保、工商、质监、安监、电力等相关审批手续，不能稳定达标排放的企业）1.31万家（其中停取缔0.96万家，整治改造0.35万家），完成市政府下达的年度目标，形成削减的化学需氧量、氨氮分别占2017年全市工业排放量的5.48%、6.72%，VOCs（挥发性物质）占2018年全市工业排放量的1.74%。修订《东莞市建设项目差别化环保准入实施意见》，严把项目环保准入；推动石龙、横沥、东城等镇街（园区）工业集聚区开展规划环评，简化环评内容和形式，持续开展绿色供应链管理试点工作，举行绿色供应链管理优秀企业案例征集活动。5月2日，东莞市印发《关于对环境保护领域失信生产经营单位及其有关人员开展联合惩戒的实施意见》，加强企业环境信用管理，1246家企业纳入2018年信用评价管理范围。东莞市人民政府制定《东莞市生态保护红线划定方案》，拟划定生态保护红线面积175.91平方千米、占全市国土面积7.15%。（张灿辉）

附：2018年东莞市环境保护局主要领导名录

党组书记、局长：蒋亚军

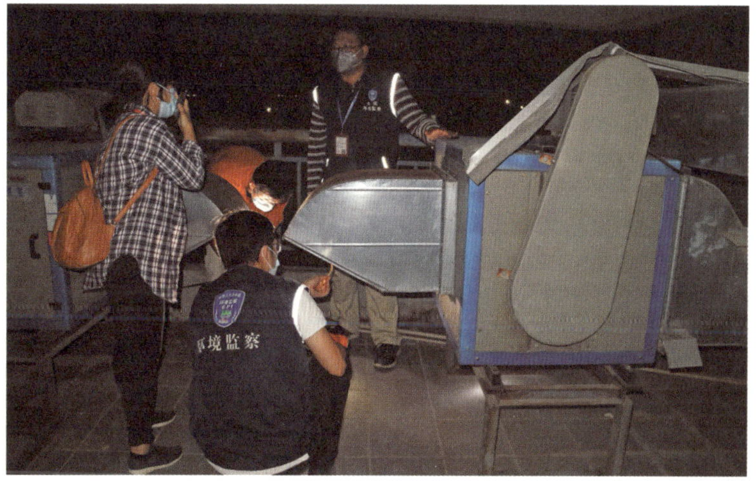

2018年11月10日，东莞市环保局开展“利剑三号”夜间执法行动。图为执法人员正查封环境违法企业设备（市环保局供图）

交通·邮政·通信

TRANSPORTATION · POST · COMMUNICATION

东江大桥　（石碣镇供图）

编辑：赵书科

公路运输业

路桥建设

【公路水路建设概况】　2018年，东莞市公路水路建设完成投资50.92亿元，完成全年投资计划128.4%。其中，公路在建项目39个，里程244千米，完成投资47.5亿元；建成项目11个，里程12.16千米；港口在建项目6个，完成投资3.42亿元，建成项目3个。

【道路桥梁建设】　2018年，东莞市交通投资集团有限公司承担续建项目17个，新开工项目10个，筹建项目21个，在建项目累计完成投资32.78亿元，占年度计划125.12%；其中11个市重大项目完成投资约30.78亿元，占年度计划126.02%。

是年，九曲大桥重建工程、高埗大桥等4座旧桥维修加固工程、三姐潭等7座桥梁应急工程项目完工；博深高速清溪出入口连接线工程、华为终端松山湖总部园区出入口工程、美景路升级改造工程、李屋中桥等桥梁修复工程等10个项目动工建设。莞番高速公路桥头至沙田段、深外环高速公路东莞段、从莞高速公路东莞段约场北互通等项目加速推进。

【疏港大道延长线工程（洪梅望沙路至南大大桥段）完工通车】　2018年6月13日，疏港大道延长线工程（洪梅望沙路至南大大桥段）完成分段交工验收并通车。该项目属于疏港大道延长线工程首段4.4千米，纳入2018年市政府十件民生实事工作任务，于2015年8月开工建设，如期完成工作目标。疏港大道延长线工程起于疏港大道B段终点（与望沙公路交接路口），经洪梅镇、道滘镇，终于厚街镇港口大道，并与厚街大道顺接，全长7.14千米，按照“双向四车道+硬路肩”标准建设，路面宽35.5米，项目总投资5.25亿元，项目分段交工验收。疏港大道延长线工程全线建成通车后，将打通东西方向道路，进一步加强洪梅镇、道滘镇、立沙岛与市区的交通联系和联动发展。

【县道X235线九曲大桥重建工程完工】 2018年10月15日，县道X235线九曲大桥重建工程完工通车。该项目位于道滘镇，为东西走向，东联西部干道，穿越大汾南水道后连接道洪路，是道滘镇连接洪梅、望牛墩、麻涌等西部镇区的重要通道，在水乡一体化发展过程中起着举足轻重的作用，于2017年3月14日动工建设。桥梁全长407米，采用双向六车道一级公路标准建设，设计速度60千米/小时，路基宽度16米，沥青混凝土路面，跨径布置为（3×16+18）+（2×30）+（18+3×16）米，项目总投资0.52亿元。该项目上部结构采用装配式预应力砼小箱梁，下部构造桥墩采用桩柱式桥墩，桥台为肋板式桥台，均配钻孔灌注桩基础。

2018年10月15日，县道X235线九曲大桥重建工程完工

（市交投集团供图）

【华为终端松山湖总部园区出入口改造工程动工】 2018年7月28日，华为终端松山湖总部园区出入口改造工程动工建设。原大岭山立交为龙大高速与常虎高速三肢“Y”型全互通，华为终端松山湖总部园区出入口改造工程扩建龙大左转常虎下高速（华为方向）、常虎（华为方向）右转龙大上高速两条匝道，使大岭山互通立交增加美景西路上下高速的匝道，匝道与美景西路采用平交方式连接。该项目总投资2.29亿元，具体工程包括扩建龙大高速公路主线1.19千米，新建匝道长2.39千米，改扩建匝道长1.58千米；新建大桥448.4米/2座；主线拼宽桥85米/1座，匝道拼宽桥56米/2座；新建涵洞2道，接长涵洞6道；新建通道3处；新建匝道收费站1处、管理中心房1处、附属应急用房1处、平交口2处。设计速度为龙大高速主线100千米/小时，匝道60千米/小时。

2018年7月28日，华为终端松山湖总部园区出入口改造工程动工建设

（市交投集团供图）

【美景路升级改造工程动工】 2018年10月28日，美景路升级改造工程开工建设。该项目起于大朗镇与大岭山镇交界处，接杨朗路，途径犀牛陂村、金菊村、松木山村，终于松山湖台中路与大学路平交口，是大朗镇镇际主干路网的重要组成部分，也是华为松山湖基地的主要进出道路。该项目总投资3.95亿元，全长7.82千米，采用双向六车道一级公路标准（兼顾城市主干道功能），横断面宽度36米，设计速度60千米/小时，其中接长箱涵1座，拆除重建涵洞2座，拓宽利用松木山桥32米/1座，新建人行天桥3座，主要平面交叉16处。

【博深高速清溪出入口连接线工程动工】 2018年2月，博深高速清溪出入口连接线工程开工建设。该项目起于博深高速清溪立交收费站出口，西接现状香山路后与清凤路十字相交，向西沿江背路延伸至谢坑路，通过莲塘路接塘清收费站上下从莞高速，项目总投资5.05亿元，路线全长9.88千米，其中起点（K0+000-K2+561）及终点段（K8+035-K9+878）4.4千米为新建路段，香山路、江背路、谢坑路、莲塘路共5.5千米，为利用原有道路进行升级改造，全线设大桥1106.8米/5座，中小桥40米/2座（既有旧桥），短隧道349米/1座，平交口22处。博深高速清溪出入口连接线工程是贯穿清溪镇东西部的干线公路，向东南快速进入博深高速，向西直通S255东深公路、从莞高速。项目建成后，有效提高东莞市山区片交通路网的通达能力和服务水平。

【水乡地区横向通道中线工程动工】 2018年6月，东莞水乡地区横向通道中线工程开工建设。该项目起于沿江高速洪梅出入口，经洪梅、望牛墩、高埗、石碣等镇街接入石龙红梅大桥，项目总投资2.69亿元，路线全长37.18千米，分为道路改造和景观提升两部分，其中新建道路1.21千米，改扩建道路1.08千米，连接线工程0.36千米，改建环城路沙腰辅道长0.61千米，完全利用现状道路34.9千米。

【莞长路等4条主干公路公交候车亭重建工程设计完成】 2018年，根据东莞市政府第十五届第165次常务会议精神，莞长路等4条主干公路公交候车亭重建工程采取“镇建镇管”模式，设计工作由东莞市交通投资集团有限公司负责。该项目涉及G107莞穗路及莞长路、S120莞龙路、S255东深路、S357莞惠路沿线，有候车亭309座，分布在全市17个镇街，其中大站144个，中站122个，小站9个，站牌34个，项目总投资概算2857.18万元。东莞市交通投资集团有限公司下属子公司东莞交通实业发展有限公司迅速启动设计招标等相关工作，2018年1月形成设计方案，具体实施方案于6月28日获得市政府批复，市交通局于12月14日组织召开施工图设计评审会，陆续完成施工图设计。

【东莞市滨海湾水上巴士有限公司成立并试航】 2018年6月28日，东莞市交通投资集团有限公司下属虎门港澳客运有限公司携手东莞市滨海湾新区控股有限公司，合资成立滨海湾水上巴士有限公司，打造以滨海湾新区为起点的水上公交系统，发展水上巴士、水上观光等旅游交通配套项目。滨海湾水上巴士公司围绕“观光旅游、客运通勤、城市名片”三大功能定位，通过多次实地调查和线路勘察，利用东江北干流、东莞水道、太平水道、麻涌水道、中堂水道、倒运海水道等水系资源，规划打造滨海湾旅游航线、东莞水道航线、倒运海中堂水道航线、滨海沿岸航线等4条主要航线，远期将协同港澳穗深等城市，共同打造大湾区城际航线，形成“一环四线、湾区联动”的总体布局。其中，首期规划打造的滨海湾旅游航线于2018年10月11日完成试航。

【东莞市交通投资集团有限公司重组完成】 2018年，东莞市交通投资集团有限公司按照《东莞市市属国有企业重组整合总体实施方案》要求，推进东莞市轨道交通有限公司、东莞城际轨道实业有限公司、东莞市虎门港澳客运有限公司、东莞市鸿运运输有限公司等市属国有股权的划转工作，同时根据实际需要理顺业务管控关系，确保新并入的企业生产经营稳定，各项业务发展迅速走上正轨。重组整合后，新的东莞市交通投资集团有限公司功能定位为“全市交通一体化建设运营及交通运输等相关产业投资的综合性集团”，下辖6家全资子公司、5家控股公司（含1家上市公司）。在对被划转企业作同一控制下模拟合并的情况下，除福民公司外，截至2018年底，集团合并报表总资产从重组整合前的554.14亿元扩大到627.05亿元，净资产从重组整合前的272.48亿元扩大到315.09亿元，员工总人数8097人，财务状况稳健，确保工作不断、队伍不乱、资产安全完整。

是年，东莞市交通投资集团有限公司全面谋划重大项目建设、高速公路运营、金融投资发展、公共交通服务、智慧城市创新、驾考服务提升等一系列重点工作，其中，市交投集团被市委、市政府评为“2018年度东莞市重大项目建设管理先进单位”，东莞巴士公司通过国家交通运输部交通运输企业安全生产标准化建设一级达标考评，东莞控股公司被广东省企业竞争力促进会评为“2018广东省企业竞争力500强”；市轨道公司刘佳、赵火炎2名员工获2018年东莞市“首席技师”称号，市路桥公司杨建明、东莞控股公司尹文灿、交通实业公司廖国雄被市政府评为“2018年度环卫先进个人”。

（杜炜国）

附：2018年东莞市交通投资集团有限公司主要领导名录

党委书记、董事长：
尹锦容（任至3月）
罗沛强（3月到任）
总经理：尹锦容（任至3月）
张庆文（12月到任）

公路养护管理

【公路养护管理概况】 2018年，东莞市公路管理局承担全市辖区内3条国道、6条省道、21条县道公路及桥梁养护管理工作，管养公路总里程830千米，公路桥梁427座。围绕东莞市参与粤港澳大湾区建设，推进广深科技创新走廊建设，实施城市品质提升计划，推进全面从严治党等重点工作部署，联系公路工作实际，加强精细化管理，推动公路品质提升系列工程，提高公路工作服务社会、服务群众质量和效率。在省、市组织的各类评选工作、文体活动和技能竞赛中，东莞市公路管理局获得“全省公路职工政研工作先进集体”“全省公路系统信息宣传先进

2018年1月，国省县道公路安全生命防护工程全部完工。图为省道S120线石排段增设的纵向减速标线　　（市公路局供图）

单位”“全省公路系统职工迎国庆健身广场舞一等奖”等称号。

【公路养护】　2018年，东莞市公路管理局实施公路精细化管理，做好路面灌缝、坑槽修补、公路保洁、公路养护维修工程监管及汛期恶劣天气公路应急保畅通等各项工作，实现养护工作提质增效。在严格按公路养护管理规范要求做好公路保洁工作的基础上，重点加强对繁华商业路段，城乡结合部、国省县道公路与高快速路接驳路段、连接外市门户路段等重点部位清扫保洁，对公路卫生死角、清扫车保洁盲区，加大人工清扫保洁力度，提升国省县道公路养护保洁水平，保持良好路容路貌。增强路面病害维修的及时性和有效性，国省道实施养护维修工程101项，投入维修资金5938.5万元；县道实施养护维修工程145项，合计8378.8万元，巩固提升路况质量。东莞市公路管理局管养的国、省道总体技术状况指数92.66，优良路率99.46%，县道总体技术状况指数90.85，优良路率95.29%，路况水平保持全省前列。落实汛期公路安全保障，在2018年防风应汛工作中，尤其是应对8月的连场暴雨和9月的超强台风“山竹”工作中，东莞市公路管理局严格落实24小时值守和备勤，落实汛期安全保障措施，累计清理受暴雨影响的倾倒树木2053棵，各类标牌、临时棚架、围档物280处，疏通水浸点85处，完成路面坑槽修补8800平方米。落实滑塌边坡和严重水浸路段的安全围蔽、警戒值守和交通疏导措施，组织抢修滑塌边坡10处。

【公路路网建设】　2018年，东莞市公路管理局推动公路治堵工作和公路快速化改造，G220线油甘埔路口交通堵塞整治工程完工通车；S357莞惠公路樟木头至谢岗段路面大修工程，于是年9月底开工建设，完成工程量3340万元；G107莞长公路快速化改造工程，完成项目建议书编制并报市发展和改革局审批，由市财政局开展预算绩效评审；县道X233连接莞深高速大坪站路段交通堵塞整治工程，完成项目建议书方案设计。推进公路交通“微治理”，完成国、省道和农村公路309千米的公路安全生命防护工程建设任务，完成27处交通拥堵路段的“微治理”（工程投入184万元），协同交警部门推进G107莞长公路同沙路口微改造应急工程（预计2019年3月底完成），提升公路安全畅通水平。推进广深高速沿线环境提升，广深高速（东莞段）沿线环境品质提升隔音屏工程（投资1.5亿元）采用代建制实施；X883莲湖路跨线桥美化工程（投资370万元）施工图设计通过市交通局组织专家评审，进入施工图设计修编阶段。推动“四好农村路”建设，推动县道公路升级改造及打通“断头路”工作，其中县道X195石洲至石横大道等6条县道升级改造工程及7个断头路项目完成项目建议书并报市发改局审批。加强农村公路养护维修管理和相关业务指导，市农村公路列养率100%，县道优良中等路率100%，农村公路危桥总数逐年下降，农村公路通畅水平和服务水平得到提高。实施专项整治工程，推动公路门户提升工程（总投资3.26亿元），对普通国省县道公路与邻近市交接的20处门户路段实施提升改造，工程项目建议书获得市批复同意。推进危旧桥梁整治工作，完成S255金凤凰大桥修复等26座桥梁整治工程，另外19座桥梁开工建设，31座桥梁完成初步设计。

【公路路政管理】　2018年，东莞市公路管理局优化路政许可行政审批服务，坚持实施并进一步完善“路长制”和路政养护联合巡查机制，协调有关部门治理污染公路违法行为，保护公路产权。优化提升行政审批工作，行政审批业务进驻松山湖市级试点专区，且所有审批事项可在网上办事大厅办理。市重点项目均在5个工作日完成审批，比法定时限压减15个工作日。截至2018年底，截污管网建设涉路审批办结74宗、电网升级涉路审批办结34宗、治安卡点涉路审批办结12宗，并完成76个“煤改气”天然气管道建设项目的对接审核工作。细化落实路政管理职责，细化完善“路长制”、路政养护联合巡查机制的各项配套制度和监督检查机制，加大路产路权保护和路域环境整治力度。全年巡查发现违法案件416件，其中自行协调处理案件368件，报送执法局处理的48件；发现处理并立案办结路产索赔案件7件，收取路产赔偿费6.9万元，结案率100%。协调有关部门治理污染公路违法行为，主动协助城管、公安交警、交通执法部门打击泥头车污染公路及偷倒垃圾违法行为，加强巡查协调、源头监管、联合执法、普法教育和科技执法，完成S255金凤凰大桥超限超载非现场执法点建设，加强对超限超载及污染公路违法案件执法取证。联合公安交警、交通执法等部门组织开展11次专项整治行动，出动执法人员203人次，出动执法车辆70辆次，检查车辆82辆，查扣违法车辆19辆。协助交通执法、公安部门对3项乱倒垃圾违法行为依法实行治安拘留。（吴倩倩）

附：2018年东莞市公路管理局主要领导名录

党委书记、局长：陈志坚

公路运输管理

【交通规划编制】 2018年，东莞市交通运输局编制中长远规划，4月提请市政府编制《东莞市交通发展与治理规划》，于7月编制完成并报请市政府研究审定；《东莞市区域路网衔接详细规划申请书》编制完成并交由市财政局组织审查；《东莞市滨海湾片区公共交通规划》于8月通过市发展和改革局、财政局、规划局组织联审，交由市政府审定；《东莞市云巴与轨道交通接驳线路规划》于11月交由市政府研究审定。

【公路运输服务能力提升】 2018年，东莞市交通运输局按照市政府明确的新一轮公交体制改革总体方向和改革路径，启动新一轮公交体制改革社会稳定风险评估和改革研究。优化调整公交线路54条，接驳轨道2号线公交线路增加至123条。加强与粤港澳大湾区内毗邻市的公交联系，开行东莞市首条接驳广州地铁的公交线路，新增1条通达深圳大运地铁站的跨市公交线路，全市跨市公交线路增加至15条。是年春运期间，安排420辆公交应急运力，开通夜间公交班次疏运旅客；“五一”“十一”节假日期间各安排公交应急运力170辆，保障公交有序疏运。加强4家政府购买公交服务企业的服务质量监督工作，确保公交服务总体处于稳定水平。

是年，4家政府购买公交服务企业的整体车次完成率96%，整体首末班正点率99%，整体发车正点率97%。推动公交车纯电动化，按照东莞市蓝天保卫战有关公交纯电动化的目标要求，制定《东莞市推进公共交通纯电动化工作方案》，截至2018年底，全市投入运营纯电动公交车1422辆，东莞巴士等4家公交企业新购置的2442辆纯电动公交车完成车辆登记上牌手续。研究制定互联网租赁自行车管理政策。完成《东莞市促进互联网租赁自行车规范发展的指导意见（送审稿）》并上报市政府。深化出租汽车行业改革。制定《东莞市交通运输局2018年出租汽车行业服务质量整治工作方案》和《东莞市交通运输局2018年网络预约出租汽车经营秩序整治工作方案》，统领巡游车和网约车行业服务提升工作，确定行业改革总体框架，促进新旧业态融合发展。促进网约车新业态稳步发展，根据东莞市出台的网约车管理实施细则，对网约车平台公司、车辆和司机实施许可和认定管理，以新业态增量扩大高端服务供给能力，为乘客提供高品质、高档次服务。自细则实施以来共向神州优车、易到用车、呼东莞出行、斑马快跑、万顺叫车、AA租车、滴滴出行、吉汽出行、首汽约车、曹操专车、900游、阳光出行等12家网约车平台公司颁发网络预约出租汽车经营许可证；发放网络预约出租汽车运输证1.08万张。

【公路运输市场秩序规范】 2018年，东莞市查处各类交通运输违章案件9709件，比上年增长30%，办结9384宗，办结率96.65%，处罚款1852.49万元。推动科技执法，深化执法信息化建设。推动高速公路收费站治超非现场执法，逐步推进普通公路治超非现场执法工作，S255凤岗镇金凤凰大桥路段K53+400处的治超非现场监测点完成建设并于12月28日启动试点工作；完善东莞市综合行政执法信息管理系统，实现手持终端现场录入、打印案件文书和服务端的后台数据管理，执法人员通过使用手持终端开展移动执法，打通移动执法“最后一公里”。专项整治与日常执法并重，执法监管力度不断加强。开展道路运输市场执法监管，落实节假日执勤制度，施行道路运输非现场执法，推进打击非法营运汽车、出租汽车经营服务、危险货物运输、货运物流安全监管等专项执法，并摸排异地危运车数量，加强异地危运车辆监管力度；印发《东莞市治理车辆超限超载联合执法常态化制度化工作实施方案》。严格规范货车超限超载治理行为，优化执法效能，推进东莞东莞市治超联合执法常态化制度化工作，结合蓝天保卫战、道路交通安全专项整治暨“夏季攻势”专项行动、“扫黑除恶”等工作要求。推进治超工作，全年查处超限超载车辆3607辆次（其中现场联合执法查处1701辆次，非现场执法查处1906辆次），查处货运源头单位及其工作人员案件129件、“一超四罚”（对超限运输车辆的承运人、装载企业、货运企业、驾驶员实行“一超四罚”制度）案件84件。全市道路交通事故比上年下降0.95%，伤亡率下降10.96%。落实与公路管理机构业务协作，开展临时建（构）筑物排查整治，严厉查处公路路政违法违规建设行为。指导、督促各执法分局及时办理公路管理机构移交的案件，强化各镇街属地路政执法。全年纠正违法行为52起，查处公路路政案件200件；完善联勤应急机制，组织高速公路经营管理单位、高速公路路政大队以及高速交警部门等召开联席会议，联合执法、共同管控，确保高速公路平安畅通。落实高速公路车辆救援服务监督检查工作。每个季度对辖区内高速公路车辆救援服务工作进行专项检查，推进落实车辆救援服务及应急处置主体责任，提高服务质量。组织人员开展全市高速公路广告标牌设施的摸底调查，集中整治高速公路违法广告标牌设施；联动推进水路执法，加强港航执法业务协作，全市查处水路案件42件。开展内河船舶超范围从事海上运输专项整治，联合海事部门开展专项执法行动，重点对水运企业和水路运输船舶经营行为进行执法检查，检查运输船舶276艘次，水运企业362家次。（樊键忠）

附：2018年东莞市交通运输局主要领导名录

党组书记、局长：

黎达潮（任至5月）

陈建枝（5—12月）

朱利民（12月到任）

水路运输业

【港航生产概况】 2018年，东莞市港航生产态势良好，东莞港完成货物吞吐量完成1.64亿吨，年货物吞吐量稳居全省第四。全市有码头101座，泊位168个（其中万吨级及以上泊位33个），全港年设计通过能力1.14亿吨、集装箱191.97万TEU（标箱）、旅客70万人次。截至2018年底，持有港口经营许可证的港口企业78家。港区危化品仓储经营企业12家，储罐765个，316.85万立方米；危险货物仓库25座，库容3.63万平方米。全年东莞港完成货物吞吐量1.64亿吨，比上年增长4.48%，其中外贸货物吞吐量完成3349.02万吨，增长3.81%。集装箱吞吐量完成355.95万TEU（标箱），比上年下降9.04%，其中外贸集装箱吞吐量完成24.28万TEU，下降25.81%。旅客吞吐量完成21.71万人次，比上年下降7.99%。全市有水运企业37家，乡镇渡口8个，营运船舶398艘，111.8万总吨，182.06万载重吨，其中1万载重吨以上的11艘。全年完成水路货运量6297.55万吨、货物周转量448.95亿吨千米、水路客运周转量1546.4万人千米，比上年分别增长1.51%、9.69%和1.28%。

【港航设施建设】 2018年，东莞市完成港口建设项目固定资产投资3.42亿元，新增码头1座，泊位11个，新增吞吐能力60万吨。推进全市8个港口重点项目建设，其中沙田港区西大坦作业区驳船码头工程、虎门宏业货柜码头迁建项目、沙田港区三期工程（9号、10号）泊位项目分阶段交工验收，麻涌深粮粮食仓储码头工程施工有序进展，虎门港宏川化工码头工程进行申报港口岸线使用。配合推进麻涌广州港新沙港区11号、12号通用泊位及驳船泊位工程、麻涌中粮广州港新沙港区二期13号泊位工程、广州港新沙港区14号泊位工程手续办理。东莞市虎门港麻涌港区新沙南作业区2号、3号泊位散粮仓库扩建工程、东莞市虎门港同舟石化码头有限公司立沙岛石化公用码头增加装卸成品油管线改造工程、东莞飞虎石油化工码头结构加固改造工程、东莞市虎门港立沙岛液体化工品码头（阳鸿）增加装卸油品及沥青改建工程（一阶段）、东莞市国际食品产业园区开发有限公司码头工程、东莞市虎门港立沙岛联兴化工公用码头工程、东莞市虎门宏业货柜码头迁建工程（一阶段）、东莞市伟业水泥有限公司水泥粉磨站配套码头工程（一阶段）等8个项目完成竣工验收。

（樊键忠）

航道管理

【航道管理概况】 2018年，是东莞航道事务中心机构改革后开始运作的第一年。辖区养护航道里程643千米，其中等级航道324千米，完成内河千吨级航道调整，由39千米提高到87千米，航道维护水深年保证率100%；维护航标里程473千米，维护标灯1520盏，其中一线标灯208盏，二线标1312盏，维护航标852座，其中一线标215座，二线标637座，完成航标维护工程量28.51万座天，航标维护正常率：一类标100%，重点标100%，沿海标100%。4艘在册船舶、1艘代管船舶机电设备正常，均处于适航状态，船舶完好率、优秀率100%。实现连续21年安全生产无事故。倒运海水道航道整治工程竣工验收工作扎实推进，3T旋转吊航标船完成建造并交付使用，经营收入达到2512.98万元，完成年度目标125.65%。东莞航道事务中心东莞航标与测绘所获得“广东省五一劳动奖状”称号，作品《利用遥测遥控技术　创新航标养护模式》获广东省直单位第六届工作技能大赛暨市县机关工作技能邀请赛改革创新项目“大赛优秀作品奖”，《平凡的航标工》微视频获省中心工会“最美广东航道”随手拍活动一等奖。

【航道部门机构改革】 2018年，根据广东省编委对全省航道系统去行政化机构改革精神，“广东省东莞航道局”更名为“广东省东莞航道事务中心”，是年3月30日起，对外启用“广东省东莞航道事务中心”公章及启用相关财务、党组织、工会、纪检等业务用章。改革后，主要职能调整为：在辖区航道范围内，依照国家和省的航道管理法规和规定，负责航道及航道设施的维护、管理和建设的具体事务性工作；承担与通航有关的跨（过）、拦、临河建筑物的通航标准和技术要求及水上、水下施工作业的管理的具体事务性工作；承担航道机构管理船闸的船舶过闸费征收的事务性工作；承担辖区航道测绘工作；发布航道通告；会同有关单位处理水资源综合利用中与航道有关的事宜。

【航道建设】 2018年，东莞航道事务中心推进倒运海水道航道整治工程竣工验收，完成环境保护验收、档案验收、竣工质量鉴定报告、项目决算等工作。完成太平航道站站场和航标保养基地项目的码头调概方案、施工图设计等前期工作，解决项目涉嫌闲置土地问题，完成建设用地规划许可变更，与住建部门明确项目在属地住建分局办理施工许可证和质量安全监督手续。完成东莞航道通App开发，并在部分公务船舶和船企进行试用；配合省完成省支持保障系统工程调整规模（信息化部分）设计和珠航项目、不达标桥梁净高显示安装专项项目实施工作；完成广东省航道支持保障系统工程东莞航道局辖区航标及水位站工程终期支付材料整理、上报工作。完成3T旋转吊新型航标船监造及交接船工作。

【航道维护与管理】 2018年，东莞航道事务中心加强航道维护管理，全年完成专项工程3项，组织1～7级航道航道巡查88次，出动人员176人次，巡查航道7468千米，巡查发现涉嫌涉航违法案件8件。完成航道行政审批技术服务事项28件，核查项目48个，技术核查384次，核查人次790次；联合东莞、广州、惠州交通综合执法部门开展航道巡查、砂场专项整治联合行动8次，召开协调会议5次，发布航道通告40次。完成内河千吨级航道调整，由39千米提高到87千米，建立航道业务制度4项，废止航道行政审批、监管相关制度6项。做好航标维护工作，全年为相关单位设置浮标15座、灯桩12座、封航标志6座、通航净高标尺4座（含施工期标志），新设桥涵标13座、标灯77盏，更新桥涵标12座、标灯68盏，更新改造管线标61座。处理航标被碰事件87件，处理航标器材被盗、被破坏事件19件，非维护性失常8件，因台风、洪水等原因导致航标失常10件。做好东莞水道、东江（3）航段继续实施利用航标遥测遥控系统延长巡标周期（由5天一巡延长至15天一巡）养护。完成东江鲤鱼洲上游、东莞水道石碣桥上游河段、大汾北水道出口河段、寒溪河峡口河段的航标调整，撤除航标9座；完成航标档案更新和“二线”标志业务台账建立工作。加强对业主自行维护桥涵标的巡查，发现航标失常事件8宗，向市城管局、中海油以及交通综合执法、安监部门通报航标异常情况11次。

【航道安全生产】 2018年春运期间，东莞航道事务中心基层船员24小时值班，出航39个航次，出车21辆次，巡查航道3354千米，出动人员278人次，处置航标被碰失常事件4起。开展安全生产月活动，完成安全生产责任清单修订和宣传贯彻，安全培训2次。对辖区等级航道进行全面检查，对客运、渡口、礁石、浅滩、施工、油气管道和桥区河段，尤其是铁路桥梁桥区河段开展安全隐患排查工作，未发现异常。加强公共安全隐患整治，完成东江水务公司第二水厂和第六水厂2处取水口专用航标、东莞供电局11处过河电缆管线标的设置和维护。完成太平水道虎胆排灯塔被船舶碰撞倒塌事故和东莞水道万江大桥桥梁被船撞事故处理。抗击台风“山竹”，修复因台风导致损坏的航标10座。

【粤标1306船】 通常称3T旋转吊新型航标船，船名粤标1306船。该船是广东省航道支持保障系统工程项目建设内容之一，总投资1200万元，由东莞市南祥船舶建造公司中标承建，2017年6月安放龙骨，2018年5月建造完工，10月完成交接船工作。该船总长35.92米，船宽7.8米，型深2.6米，净吨位119吨，航速11节，配备两套起重设备（1台1.5/3.5吨液压变幅回转起重机，机臂工作半径2~10米，1台7吨液压门式变幅吊机），按沿海船标准建造，主要用于航道航标保养及应急抢险救援。

【职工技能竞赛】 2018年，东莞航道事务中心承办两项省级竞赛活动。举办2018年广东省交通运输行业视觉航标工职业技能竞赛。该竞赛由广东省交通运输厅主办、广东省航道事务中心联合东莞航道事务中心承办。9月27—28日，竞赛在东莞举行，全省80名选手参赛，东莞航道事务中心获团体第一名，并获贡献奖，5名参赛选手有3人分别取得个人第一名、第二名和第五名成绩，获得一等奖，被授予“广东省技术能手”称号，另2人分获个人第七名、第十一名，获得二等奖，被授予“广东省交通技术能手”称号。举办省航道事务中心东片区乒乓球比赛，东莞航道事务中心代表队获团体亚军、男子单打冠军。

【《东莞航道志》编纂】 2018年3月，东莞航道事务中心召开《东莞航道志》编纂动员会暨编纂业务培训班，成立《东莞航道志》编纂委员会和修志办，邀请东莞市地方志办公室作开班培训。截至2018年底，完成志书文字二稿。

（李文峰）

附：2018年东莞航道事务中心主要领导名录

党组书记：赖远奎（4月到任）
局　长：黎绍泓

水路运输管理

【港航市场规范化管理】 2018年，东莞市做好港口经营许可证核发工作，对79家次港口经营人核发港口经营许可证或港口危险货物作业附证。根据港区危险化学品仓储监管职责交接协议要求，督促交接港口危险化学品仓储企业做好安全评价和设计复核等工作，对10家仓储企业换发港口经营许可证。完成年度国内水路运输及其辅助业核查工作，维护水路运输行业经营秩序，对全市63家水路运输经营业户（其中水运企业35家，个体经营者28户）和27家水路运输辅助业进行核查，审验通过水路运输许可证81张。

【港航安全监管】 2018年，东莞市建立健全港航安全监管机制，对全市港航企业开展全覆盖安全生产监督检查；强化港口设施安保工作，督促对外开放码头开展安保评估，落实安保措施，领取港口设施保安符合证书，提升港口安保能力，组织宏业货柜、国际集装箱码头、阳鸿石化等3家企业完成申领、换领港口设施保安符合证书，对全市20家持有港口设施保安符合证书的对外开放港口企业开展港口设施保安年度核验，夯实东莞市港航生产安全基础。严把港口危货作业审批和船舶调度关，全年审批通过港口危货作业9073宗，审批不通过或取消452宗；安排3000载重吨及以上（含1000总吨及以上油品化工船）船舶1.75万艘次进出东莞港，比上年增长23.2%。协调安排引航船舶3388艘次，比上年增长1.44%。 （樊键忠）

海事管理

【海事管理概况】 2018年，东莞辖区进出港船舶48.1万艘次，比上年增长8.15%；水运吞吐量3.54亿吨，增长7.27%。其中，外贸货物4493万吨，占12.7%；内贸货物3.09亿吨，占87.3%；集装箱运输311.4万标箱，比上年下降13.6%；危险品运输量3196万吨，增长17.2%。发生一般等级以上水上交通事故4起（上年2起）、死亡3人（上年2人）、沉船1艘（上年0艘）、直接经济损失194.15万元（上年4.1万元），事故四项指标低位运行，安全形势总体稳定可控。妥善处置“1·1”“振东628”船与“博运868”船碰撞、“5·12”巴拿马籍“炫耀”轮燃油泄漏至货舱、“11·25”“三无船”触碰万江桥等事故险情，防抗40多年来影响东莞市最严重的超强台风“山竹”，完成17个专项整治行动和港珠澳大桥开通等重点时段特别防护，东莞海事局获得部海事局春运水上交通安全监管先进集体、广东海事局防御超强台风“山竹”先进单位、广东海事局港珠澳大桥建设水上交通安全监管先进单位、东莞市防汛防旱防风优秀集体等称号，推选培育东莞市“心系安全”十大安全生产卫士等先进个人。

是年，东莞市海事局主动对接滨海湾新区建设，支持粤港澳文化街、深圳海洋科技研发服务基地项目建设，助力茅洲河综合治理和太平水道“一江两岸”整治安全开展。服务“一带一路”建设，支持石龙中外运码头南岸拓宽，为码头改扩建提出专业意见，助力广东（石龙）国际多式联运枢纽启用。

2018年4月12日，东莞海事局为大型LNG船舶进出南沙大桥建设施工水域警戒护航 （东莞海事局供图）

服务水乡经济发展，推动华阳湖“花海漂游”参照航运公司管理，完成全国U16皮划艇锦标赛、粤港澳大湾区水上嘉年华两个重大活动通航安全保障。支持9号、10号泊位加快投产和“湾区快线”驳运体系建设，协同解决海昌、阳鸿、鸿源码头停靠结构预留吨级船舶问题。推进国际航行船舶登临检查信息系统建设，推广应用国际贸易“单一窗口”。支持港湾大桥、莲花山过江通道、滨海大道等重点涉水工程建设，助力深汕特别合作区小漠物流港建设，保障虎门二桥吊装作业、道滘大桥和南阁大桥旧桥拆除的安全实施，累计封航警戒时间1282小时。推广港建费网络申报缴费，征收1.9亿元，比上年增长8%，核查比对2016—2017年集装箱港口作业数据和征收数据9.6万条，确定漏缴船舶328航次，追缴26万元。完成“大政务”改革，创新推进“微信预约、绿色通道、容缺受理、并联审批”等便民利企措施。助力能源结构升级，支持LNG（液化天然气）码头扩容升级，完成27航次大型LNG船舶的交通组织、安全护航。加强高速客轮、虎门轮渡、乡镇渡船的海事监管，安全运输旅客1443万人次。助力美丽东莞建设和城市品质提升，支持河长制工作，配合砂场清理、小乱散码头整治等行动。

【水上交通安全风险管控】2018年，东莞市海事局开展安全大巡察“隐患清零”行动，8处隐患全部完成整改。落实双重预防机制，新发现风险33个，继续跟踪风险89个，关闭风险36个。落实航运公司定点联系、分级管理、延伸检查等制度，完成检查141家次，比上年增长81.8%，发现问题344个，增长38.7%，整改完成率96.2%。实施船舶安检3248艘次，比上年增长191%，发现问题1.67万个，增长142%，滞留67艘次，增长71.8%，列入重点跟踪船舶36艘。检查危险品船1017艘次，比上年增长48%，检查率18.3%，发现缺陷793项次，查处瞒报谎报6件，56人通过首批“两员”从业资格考核。开展船员履职检查976次，签发船员证书证件1743件。

强化专项整治 开展平安交通“百日行动”、安全生产月、中小型船舶、国内航行船舶进出港报告、内河非客船乘载未成年人、船舶载运危险货物安全综合治理等专项整治行动，牵头开展全市水上交通安全专项整治。落实珠江口海事监管与协作，开展采砂船“归巢”“固巢”行动，查处脱管采砂船6艘，检查滞留并长期锚泊的采砂船11艘，实施在港采砂船“一对一”点名核查1.28万艘次，协同拦截擅自出港采砂船357艘次，防范内河船参与海上运输。制定“洗砂船”、挖掘机上船、气卸式罐装水泥船三个监管指南并开展专项整治，检查洗砂船24艘次，挖掘机上船67艘次，气卸式水泥船73艘次，查处违章行为89件，责令停止作业23件，约谈航运公司、码头企业53家次。推进防船碰桥攻坚战，建成水上“限高架”3座，推动完善防撞碰垫、助航设施、警示标志200多处，完成14座桥梁桥涵标整改，支持不满足通航标准的道滘大桥、南阁大桥等桥梁拆除重建，支持高埗大桥等8座桥梁完成墩柱和桥面加固，推动12座重点桥梁完成或开工建设智能预警系统。

加强现场监管 以“四船三区两线”为重点，加强现场监管，开展汛期、台风、寒潮大风等灾害性天气预防预控。推进落实现场工作机制，开展交叉检查4次，弹性检查417次，联合执法112次。加强夜间弹性执法，开展夜间巡航553次，比上年增长34.1%；夜间执法1195小时，夜巡出动执法人员4231人次，增长13%；夜间检查船舶2612艘次，增长16.3%；夜间查处违法违章行为492件，占处罚总数的19.7%。加强电子巡航，使用智慧海事平台45.11万次，比上年增长18.6%；开展一键巡航3499次，增长44.5%，电子查处违章332件。从严惩处违法违章行为，对6起重大的违法行为实施超过5万元处罚，全年实施行政处罚2488件，比上年增长65%，占广东局的16.3%，位列广东局第二。沙田处、麻涌处分别实施行政处罚案件1015件、1003件，分列广东局海事处层面的第三、第四位。

搜救应急 召开全市水上搜救工作会议，初步与蓝天救援队、红十字会水上救援训练中心等水上救助公益组织达成协作机制。开展防治台风专题研究，编制东莞港船舶防治台风指南，完善防热带气旋应急预案。有效防抗“山竹”台风。发挥搜救分中心组织职能，协调处置搜救险情18起，救助船舶22艘次，救助遇险人员121人，获救118人，搜救成功率97.52%。

【船舶防污染治理】2018年，东莞海事局落实配合环保督察靶向施策，妥善处理广州海滔环保科技有限公司涉嫌异地偷排污泥事件。办结中央环保督察交办案件3件，办结率100%。配合市政府和职能部门打击固体废弃物水上非法运输，中央环保督察“回头看”期间，联合海洋渔业、交通运输等部门开展固体废弃物“水上查”执法行动10次，发现移交水上转移固体废弃物案件线索4条，发现移交岸边非法堆存固体废弃物案件线索17条。

是年，东莞市推进船舶防污定向监管，制定船舶污染防治攻坚战年度实施方案，深化泗盛断面周边船舶污染管控，加强水源地船舶污染防治，统筹推进“猎污”“利剑”等专项整治。严格船舶排放控制，快速检测油样703艘次，处罚船用燃油含硫量超标192件，占广东局的17%，位列广东局第三。严厉打击船舶污染水域违法行为，处罚船舶违法排放污染物案件17件，占广东局的31%，位列广东局第一。推动形成船舶污染治理多部门联防联治新格局，运行船舶污染物接收转运处置联单制度，推动联合发布《东莞市防治船舶及其有关作业活动污染海洋环境应急能力建设规划》，东莞港水上危险品应急中心投入运行。

【海事业务品牌创建】 2018年，东莞海事局制定品牌建设方案，树立“莞海清宁”品牌理念体系，编制任务清单和行动计划，推动品牌创建。

危防品牌创建系统化 制定实施劳模先进创新工作室三年行动计划，建成“一室一场一坊”，“三制”研究和水源地船舶污染防治海事监管技术研究等年度创新项目取得阶段性成果，获“省海员系统劳模创新工作室”称号。加强危防人才培养，组建成立危防专业技术顾问组，举办危防案例分析会4次、却危安全讲堂8次，派员参与马六甲—新加坡海峡船舶溢油风险评估和监视监测研讨等履约活动。

PSC品牌创建 开展PSC（港口国监控）检查107艘次，实际检查率24%，单船平均缺陷3.95个，滞留7艘次，滞留率6.54%，五项关键性指标均位居广东局前三。加强典型案例研究，召开案例分析会15次，完成硝酸氨基复合肥装载缺陷典型案例研究并推送到部局PSC分委会，为全国PSCO（港口国监督检查员）提供“东莞经验”。找准公约空白开展大型散货船风暴压载舱加装PV阀（压力调节阀）提案研究，完成提案起草工作并提交部局PSC分委会和船检分委会审议。系统分析珠江口水域8年来外轮事故情况，借鉴石油公司国际海事论坛检查机制和清单，初步形成分船型分货种分模块的检查明细。与东莞引航站签订合作备忘录，推进引航向海事预报船舶缺陷的工作机制。

船员管理品牌创建 东莞海事局与市人力资源与社会保障局签署华南地区首个地级市层面的海事劳工条件检查合作协议，形成会商联络、资源共享、联动执法、应急协作、定期反馈等五项长效机制。推进海事劳工条件检查试点工作，率先联合人力资源局开展华南地区首次海事劳工条件联合检查。参加海事劳工检查官培训示范课程编制，参与中国—东盟国际海事劳工履约合作研讨。举办世界海员日庆祝活动，推动成立东莞市首家海船船员健康体检机构，提高船员驿站、船员安全教育工作站两个创建平台影响。 （李玉芬）

附：2018年东莞海事局主要领导名录

局　长：陈楚坤

政　委：林立新

铁路运输业

【铁路概况】 截至2018年底，东莞市拥有4条铁路。其中，广深准高速铁路、京九铁路、广梅汕铁路3条铁路在境内常平镇交汇，广深港客运专线在虎门镇设站。

2018年，广深港高速铁路在东莞境内段长约30千米；广深准高速铁路在东莞境内段长56千米，其中常平以上段与广梅汕铁路共线，常平以下与京九铁路共线；广梅汕铁路在东莞境内长度43千米，其中常平以下至东莞市谢岗、惠州市沥林间23千米，常平以上与广深准高速铁路共线；京九铁路在东莞境内长59千米，其中常平以上与广梅汕铁路共线，常平以下与广深准高速铁路共线。主要车站有高铁虎门站、东莞火车站、常平火车站、樟木头火车站、东莞东火车站等。

【铁路运输】 2018年，东莞地区主要火车站货物发送量72.16万吨，比上年下降7.96%；旅客发送量2390.31万人，增长7.67%。

【高速铁路建设】 2018年，东莞市加快高速铁路建设，新建的赣深客运专线、深茂铁路均途经东莞市并设站，铁路网络进一步完善。其中赣深客运专线塘厦站高架桥于3月20日开展地基施工，塘厦站特大桥开建；深茂铁路深圳至江门段于东莞市虎门镇设站。

【广深港高铁虎门站】 2018年，途经虎门站的高铁线路20条，分别是从虎门出发至广州南、深圳北、福田、潮汕、长沙南、桂林北、永州、岳阳东、南宁东、武汉、南昌西、怀化南、邵阳、漯河西、郑州东、宜昌东、石家庄、西安北、北京西、重庆北，平均每日开出140班列车。9月23日起，广深港高铁香港段通车运营，高铁虎门站每天有18趟列车开往香港西九龙站。全年高铁虎门站运送旅客1551.24万人次，发送旅客756.53万人次，到达旅客794.71万人次。

（万柱文）

轨道交通建设

【轨道交通2号线运营服务概况】 2018年，东莞轨道交通2号线实现云购票、移动支付、银联

2018年东莞地区主要火车站客货运输发送量表

车站名称	货物发送量（吨）	旅客发送量（人）
合计	721553	23903126
东莞火车站	436007	5731379
常平火车站	184811	3500764
樟木头火车站	0	2305683
茶山火车站	100735	无
东莞东火车站	无	4800000
广深港高铁虎门站	无	7565300

闪付等多种支付方式，年客流量4600万人次，客运总量突破1亿人次。运行正点率99.98%，实现运行图兑现率99.99%，运行正点率、运行图兑现率均优于国家行业标准。4月10日，轨道交通线网控制中心启用。8月28日，首列车辆架修开工。12月24日，首列车辆架修下线，东莞轨道交通运营筹备、管理、维修、保养等全过程管理能力得到提升。

是年，东莞市轨道交通有限公司以2号线为平台，履行社会责任，先后组织“东东（吉祥物）与您平安相伴”主题安全宣传活动、东莞市“家庭文明号”专列宣传活动、“牵手莞铁，幸福同行”2018东莞地铁集体婚礼、“我是地铁人”市民体验活动、东莞轨道交通文化展、节能低碳图片展等社会公益活动，展现东莞文明窗口形象。

【轨道交通安全管理】 截至2018年底，东莞轨道交通2号线安全运营949天。设立应急值班室，实行24小时值班制度，实现全线常态化安检，开展防恐处突、车站水淹、大客流应对、列车区间火灾、地铁隧道遭违规施工钻穿等48项专项演练。建立地铁保护巡查信息系统，定期开展地铁日常巡查工作，重点完成穗莞深重叠段竖井回填、莞番高速上跨施工、寒溪河航道水域疏浚工程等地面保护专项跟踪，新发现并处置地面保护事件113项，处理关闭81项，未发生因外单位施工影响地铁运营安全事故。

【轨道交通资源开发】 2018年，东莞市轨道交通有限公司创新拓展新型资源开发业务，完成企业品牌展墙、主题专列包车、屏蔽门生活服务系统等项目。完成2号线鸿福路站物业区项目招商，有序推进车辆段预留发展用地土地租赁工作。完成东莞CBD首个地标性建筑综合体和地铁TID（轨道交通站点综合开发）示范项目——轨道交通大厦的地下室、裙楼和主体三十三层土建施工，超额完成年度建设目标，并获“国家重点研发计划科技示范工程”称号。

【轨道交通新线建设】 2018年，东莞市轨道交通第二轮线网规划调整方案报广东省住建厅技术审查，并取得省住建厅和东莞市政府批复。推进东莞轨道交通1号线工程建设，完成全线初勘、稳定段详勘工作，1号线建筑装修方案通过专家审查。完成1号线上跨穗莞深城际轨道望洪站代建段征地拆迁工作，推进代建段桩基、墩柱和连续梁施工。配合开展赣深铁路东莞南站地下空间共构工程建设，完成共构工程EPC（工程总承包）项目招标工作。完成2号线三期、3号线一期客流预测、工程勘测、环境影响评价等支撑性专题报告初稿编制工作。

（林进思）

附：2018年东莞市轨道交通有限公司主要领导名录

党委书记、董事长：罗沛强

党委副书记、总经理：陈文胜

邮政业

【邮政业概况】 2018年，东莞市邮政业业务总量292.31亿元，比上年增长10.45%；邮政业业务收入（不含邮政储蓄银行直营业务收入）189.18亿元，增长13.14%。其中快递业务量13.39亿件，比上年增长9.28%；快递业务收入166.9亿元，增长13.01%。全市快递业务量和业务收入位居全省地级市第一，快递业务量和业务收入均位列全国地级市第二。全市邮政普遍服务营业场所236处，行政村通邮率100%。全市主要快递品牌41个，邮（快）件分拨中心32个，依法取得快递业务经营许可的法人企业373家，备案分支机构522个，快递从业人员超6万人。

【省级财政专项资金扶持邮政快递企业】 2018年，东莞市安排86万元省财政专项资金补贴企业。加快快递网点标准化建设，引导快递网点按照《快递营业场所设计基本要求》（YZ/T0137-2015）中的功能分区、设施设备、装修和安全要求建设标准化门店，补贴3个网点合计6万元。推动快递下乡网点建设，响应国家“农产品进城、工业品下乡”号召，补贴服务特色农产品销售的快递网点40个合计80万元，推动荔枝、龙眼等本地特色农产品销往全国。

【邮政快递末端配送环境优化】 2018年，东莞市邮政管理局推动出台《东莞市物流快递领域车辆纯电动化发展实施方案》，明确电动三轮车与新能源汽车作为多样配送工具并行，2018—2020年按6：1、4.5：1、3.38：1的比例配置电动三轮车与新能源汽车作为邮政快递末端配送车辆。施行新能源车辆通行政策，在确保安全和不妨碍交通秩序的前提下，允许车身总长度小于6米、总质量小于4500千克、载重量不超过2000千克，并取得城市配送车辆通行证的纯电动或燃料电池物流配送车辆在路边临时停靠和装卸作业。

【邮政普遍服务和特殊服务保障监督】 2018年，东莞市邮政管理局加强邮政普遍服务和特殊服务监督检查，通过媒体宣传、企业培训、监督检查、委托第三方开展明信片邮递质量与时限监测工作等方式，落实《邮政普遍服务》标准。开展邮政普遍服务达标、邮票发行、邮政机要通信安全等监督检查，实现机要通信服务质量连续36年飘红。强化邮政普遍服务监督管理，全年检查邮政所106处，出检257人次，发现问题39个，责令改正28次。对邮政企业立案处罚1件，罚款1万元。联合市“扫黄打非”办印发专项行动方案、开展专项行动联合检查，对虎门中通涉嫌收寄一批违规出版物进行立案调查、处置。

【寄递渠道安全违法行为严厉打击】 2018年，东莞市邮政管理局推动邮政市场执法检查，严管严治，保持寄递渠道安全监管高压态势。全年出动行政执法人员314人次，联合市寄递渠道治安管理协调小组成员单位开展检查4次，检查邮政、快递生产营业场所844处，约谈12次，书面责令改正45件，立案处罚19件，辖区适用《反恐法》立案3件，罚款21.3万元，配合广东省邮政管理局查处违规收寄危险化学品19桶。

【邮政业安全生产监督管理】 2018年，东莞市邮政管理局推进寄递安全三项制度全覆盖，组织专项督导检查，定期通报监管数据，印发《东莞市邮政行业市场监管工作通报》11期，约谈实名信息化工作滞后快递企业20家。截至2018年底，实名收寄信息化率99.51%，比上年提升20个百分点。全市配备有255台X光机，覆盖所有分拨中心，大型全国网络各镇网点基本覆盖，通过过机安检查验发现涉枪支配件快件3单。

【寄递渠道安全生产宣传教育】 2018年，东莞市邮政管理局强化安全宣传教育，开展安全培训180余场次，快递网点LED（发光二极管）屏幕播放及悬挂安全标语639条次，发放安全生产及安全收寄手册、海报9200份，发放《邮政普遍服务法律法规汇编手册》700份，各网点上墙公示禁寄品宣传海报图示3600多份；参加安全生产月宣传，派发《快递暂行条例》《禁止寄递物品管理规定》等宣传单张5000多份。首届“进博会”期间，邮政快递企业网点派发有关通告2000份。开展涉枪涉爆、易制毒物品、火灾防控等多场专题安全管理培训，全年累计培训各品牌企业总部、网点相关从业人员4200人次。开展邮政行业应急救援演练，在市消防、安监、公安、寮步镇政府等配合下，开展实地救援演练。联合市快递行业协会举办东莞市第一届快递行业安全生产知识竞赛，提升行业安全生产意识。

【应急突发事件妥善处置】 2018年，东莞市邮政管理局有效处置快捷停运事件，成立由局主要领导担任组长的应急工作领导小组，印发应急处置预案，安排专人24小时值班值守，在局门户网站发布消费提示，提醒消费者谨慎使用快捷快递。及时快速向广东省邮政管理局汇报相关情况，配合省局前往虎门快捷快递分拨中心督导处理快件积压、人员围堵事件，与虎门公安部门协调，妥善处理黄江、厚街、樟木头快捷网点扣押快件事件，所扣快件全部退回。受理快捷快递申诉，保障消费者的快件安全和合法权益。处理百世快递快件运输车辆火灾事故，全峰、广东中青网络停运，平安达塘厦网点火灾事故，超强台风“山竹”应急等工作，对企业未及时报送安全信息的违法行为、违法收寄禁寄物品等行为进行立案处罚。 （陈子琪）

附：2018年东莞市邮政管理局主要领导名录

党组书记、局长：林　蔚

【中国邮政集团公司东莞市分公司实现收入35.89亿元】 2018年，中国邮政集团公司东莞市分公司（简称东莞邮政）形成邮政公司、邮政储蓄银行、速递物流以及中邮保险、中邮证券三大板块、五项业务，分业运营、融合发展新局面。是年，东莞邮政三大板块实现收入35.89亿元，比上年增长12.51%，其中邮政公司实现收入20.99亿元、增长8.95%，利润贡献规模排名全省第一。中国邮政集团公司东莞市分公司获“2014—2017年度全国邮政系统先进集体”称号，获评广东邮政“发展示范基地”“创新引领基地”称号，获评东莞市南城街道2017年度其他服务业类纳税大企业。

【邮政金融服务水平提升】 2018年，东莞邮政顺应“互联网+”发展趋势，应用物联网、移动互联网等新理念、新手段，提升普惠金融服务水平，为全市本地居民与外来务工人员及中小企业提供普惠金融服务。全年通过邮政渠道汇往全国各地资金678亿元。全年每月为全市40万名外来务工人员代发工资，发放个人经营性贷款、小企业贷款48亿元，为4000家中小微企业提供金融服务，其中发放个人涉农贷款700余笔，合计金额超4亿元。

2018年7月29日，东莞市邮政管理局在虎门镇举行《近代民族英雄》纪念邮票首发仪式 （市邮政管理局供图）

【立体国际物流通道打造】 2018年，东莞国际邮件互换局开通中国香港邮路；中欧班列在2018年下半年进行3次实物运邮测试，打通沿线通关渠道，为东莞融入“一带一路”倡议提供重要抓手。全年国际小包出口业务量7652万件，居全国城市第三位；日均寄递量24.6万件，“双十一”峰值达49万件/天，全国排第三名。3月实现邮件数据转换为外贸出口数据，全年实现2.92亿元邮件出口货值纳入外贸统计（另有1.79亿美元邮件数因海关切换系统未纳入统计）。

【邮政投递服务保障强化】 2018年，东莞邮政在全市有普遍服务网点236个。年内，发挥行业优势，超额完成市委下达的党报党刊收订任务，日均投递党报党刊2.51万件，党报党刊当日到达率100%；机要通信连续36年质量“全红”；日均投递量18.4万件，落实邮件收寄制度，邮件投递质量关键指标连续三年在全省综合排名中位居前列；执行市政府“扫黄打非”工作部署，强化服务保障，落实安全生产，保证邮件寄递安全。

【邮政公司助力城市文化宣传】 2018年，东莞邮政发挥邮政行业特有优势，助力城市文化宣传，借助邮资票品国家名片的宣传功能，提升宣传东莞城市形象能力。7月29日，在虎门举办《近代民族英雄》纪念邮票首发仪式，林则徐、关天培、邓世昌作为著名历史人物登上国家名片，为东莞作为中国近代史开篇地宣传贡献邮政力量。

【政务服务渠道畅通】 2018年，东莞邮政在全市75个邮政网点开通车驾管业务代办服务，实现32个镇街全覆盖。开通公安交管25项业务代办以及税务代办、公积金提取、东莞通售卡充值，公路桥梁收费所催缴文书、食品流通许可证等文书证照专递等多项便民、惠民、利民服务。承办全市机动车号牌寄递业务，在东莞新能源汽车号牌制作点启动后，即时开办寄递业务，实现号牌从生产制牌到速递上门安装在24小时内完成。东莞是全省第二个开通“警医邮”一站式服务的地级市，全省首个开通CA（电子认证机构）备案制抵押类业务的地级市，在全市42个邮政网点推行“CA备案制”业务办理模式。全年办理车驾管业务158.6万笔，业务量居全省邮政前列，占车管所业务量比重超70%，咨询量超200万人次；代开税票14.1万笔，代开税额1.78亿元；办理公积金业务12.4万笔，提取金额3.29亿元；公交卡充值24万笔，充值金额1745万元。

【社会责任履行】 2018年，东莞邮政先后联合市妇联、市总工会举办东莞市“驿路邮爱·绘”“莞香花开”幼儿绘画比赛、“驿路邮爱·行”健康行、首届“驿路邮爱·舞”广场舞大赛、“平安返莞·温暖相伴”送温暖等公益活动。广场舞大赛吸引全市千余名中老年爱好者参与，送温暖活动累计受惠新莞人5000人，绘画比赛有近20万名幼儿参赛，全年有近9000人参加健康徒步活动。 （石志会）

附：2018年中国邮政集团公司东莞市分公司主要领导名录

党委书记、总经理：林泽坚

通信业

中国移动东莞分公司

【东莞移动公司概况】 2018年，中国移动通信集团广东有限公司东莞分公司（简称东莞移动公司）用户规模超1270万户，年主营业务收入近96亿元，纳税1.63亿元；连续9年被评为“广东省守合同重信用企业”，被评为2018年广东省安全文化建设示范企业，获得中国移动服务管理最佳实践一等奖、广东省最佳服务示范奖等多个奖项，公司团委获评广东公司五四红旗团委。一批集体分别获评省级/市级“青年文明号”、广东省“巾帼文明岗”、“广东移动先进班组”、“东莞市五四红旗团支部”等称号；有15支QC（质量控制）小组分别在国家、行业、省、市等多个级别比赛中取得优异成绩；完成2019年国际篮联篮球世界杯测试赛、“山竹”台风防汛保障等重大通讯保障活动61次，实现全年网络未发生重大故障。

【三大市场发展】 2018年，东莞移动公司个人市场主推畅享套餐、大流量包、移动王卡、学霸卡、青春卡等大流量产品，推动实体渠道新放号融合。坚持“套包一体化运营”，深挖存量价值，结合先体验、后转付费营销模式激发客户流量，实现量质发展。家客市场通过聚焦高价值小区攻坚，利用大数据精准分析，推进城中村深度覆盖，实现家宽净增份额增长，实现规模发展。集客市场贯彻“运营上水平、产能上台阶、增长有质量”发展要求，拓展业务，提升市场份额，“专线+3I”造血业务实现大发展，酒店、企业宽带市场实现突破。

【网络质量提升】 2018年，东莞移动公司新增物理站点3560个、4G载波2.4万个，新建传输汇聚机房371个、传输光缆1.86万皮长千米，扩容城域网出口带宽至3T、IDC（互联网数据中心）出口带宽4.4T。构建前置工作体系、生产指挥体系和质量交付体系，开展网络短板排查整治工作，推进各项网络质量攻坚行动，提升网络质量表现。聚焦客户感知需求，优化网络组网结构，围绕综合业务栅格管理要求，推进一张光缆网精准覆盖，推动家庭宽带、集团专线、和酒店等服务要求落地实施，提升安

2018年5月15日，“智慧政企，万物智联”中国移动行业智能硬件业务推介会广东站在东莞市举办

（东莞移动公司供图）

装维护服务能力。

【服务能力建设】 2018年，东莞移动公司围绕“核心客户感知优、核心渠道体验佳、网络支撑能力强、短板攻坚成效显、战略业务感知早布局”五大重点领域，开展渠道核心业务体验监测、服务质量检测。开展多元化专项过程管控、分场景差异化精准提升、网络软实力宣传和用户关怀，提升网络服务攻坚能力。梳理制定投诉管控标准化、规范化指引，聚焦客户痛点、投诉热点，完善快速响应机制，强化投诉闭环管控能力。全年4G客户满意度、家宽客户满意度、集团客户满意度等保持领先。

【流程提效聚焦】 2018年，东莞移动公司构建ICT（信息和通信技术）价值运营体系，缩短流程时长23天；塑造“莞移物联，一路领先”业务品牌，推出“101”领先服务标准，提升物联网服务能力。聚焦供应链管理，通过采购质量标准化、全流程风险防控、关键人群管理、仓储扩容提效等行动，实现采购项目完成及时率、库存月周转率居全省前列；完成SOX（《萨班斯法案》）测试、重点领域专项审计以及建设项目审计工作，加强风险防控。优化业务办理流程，拓展多种放号模式，业务办理时效得到改善，号码资源筹备效率提升60%、O2O（线上到线下）放号全流程耗时从1小时缩短至7分钟、信息化自助办理能力增加3倍以上；精耕信控流程和信用服务体系，压降欠费停机客户规模，确保信用风控与客户满意度双提升。 （江南梦）

附：2018年中国移动通信集团广东有限公司东莞分公司主要领导名录

党委书记、总经理：许永刚

中国电信东莞分公司

【中国电信东莞分公司概况】 2018年，中国电信股份有限公司东莞分公司（简称中国电信东莞分公司）客户数保持平稳增长，其中移动用户由2017年的221万户提升至258万户，宽带用户由2017年的135.95万户提升到137.06万户。全年营业额52.85亿元，东莞纳税近5000万元，省公司统缴税2亿多元。中国电信东莞分公司获得2018年度工作优秀中央和省驻莞单位称号、广东省南粤之星优秀质量管理小组金奖，一批集体获评“广东省青年文明号”、“东莞市巾帼文明岗”等称号。

【提速降费推进】 2018年，中国电信东莞分公司推动产品迭代升级，推进智慧家庭建设，特别推出天翼流量畅享套餐，为客户免费赠送光纤宽带、天翼高清互联网电视业务。全面取消国内漫游费，实现“长途+市话+漫游”一体，与东莞市民共享移动互联网发展成果。推进提速降费，是年宽带资费降至融合套餐宽带费用为0，宽带户均速率由上年87M提升至118M；移动流量资费由1.3元/G降至达量限速移动户的使用流量由上年2.9G提升至7G。

【“智慧城市，平安东莞”建设】 2018年，中国电信东莞分公司推进高速宽带网络建设，发展智能交通、远程教育等新兴业务，增加服务新供给，发挥综合信息服务优势，融入智慧政务建设，运用数字经济提高公共服务水平。

参与智慧城市建设，搭建新一代“政务云”平台，为数字政府建设发展奠定基础；建设以NB-IoT（窄带物联网）技术为核心的感知网络，开发智能沙井盖、智能水务监控、智能烟感等物联网应用，打造“自动感知、快速反应、科学决策”的新型智慧城市示范区。推动平安东莞建设，打造新一代移动警务平台，覆盖全市万余名警员，突破公安网络局限，打通信息化应用通道，实现各类警务工作的移动化，实现警务工作提质增效；通过公安基础网波分改造，打造东莞公安高速信息通道；通过智慧视频和智慧门禁应用，实现结构化视频智慧感知及流动人口管理优化。

推进行业信息化，推进智慧教育建设，通过慕课云及智慧课堂提升各级院校教学服务质量，实现优质教育资源共享；建设东莞工业云平台，开展“莞企上云·云筑智造”活动协助工业企业上云用云，覆盖全市23个镇街、近千家企业，助力东莞产业升级转型。

【信息化基础设施建设】 2018年，中国电信东莞分公司贯彻执行“宽带中国·光网城市”战略，光缆线路257万纤芯千米，FTTH（光纤到户）端口规模超337万线，基本实现全市宽带用户100%覆盖；城域网出口带宽4400G，光网络节点超7000个；全市电信4G基站规模超9528个，比上年底新增792座，核心城区4G网络覆盖率98%，并全面覆盖到所有镇街。

利用3G/4G广覆盖和WiFi高速率特点进行综合组网，推进全市无线建设，建成WiFi热点3200个。

加快IDC（互联网数据中心）机房及互联网国际出入口东莞节点建设，确立和强化东莞市信息基础设施领先地位，助推东莞经济转型和产业升级。

【实名制为基础的网络信息安全管理】 2018年，中国电信东莞分公司推动登记信息不完整、不准确的电信用户补办登记手续，对逾期未实名的暂停提供电信服务。

完善实名制规范，在各个营销渠道严格校验用户身份信息，严格落实宽带及移动新用户入网实名制要求。面向城中村等流动人口密集区域，通过公寓宽带产品推广，为网络实名制做好用户、产品和技术保障。在各个层级开展不定期实名制检查，严格按要求落实实名制登记，查漏补缺，确保无遗漏。中国电信东莞分公司存量用户完成“实名制”登记工作。实施“实名制”，严格客户信息安全管理，狠抓安全生产与网络信息安全，做好保密工作，维护企业和用户利益。

【客户服务优化】 2018年，中国电信东莞分公司推进新媒体渠道推广，丰富客户触点，加强互联网化安装维护与大数据挖掘支撑，实现线上线下客户服务和客户需求快速响应，为客户提供更贴心的产品服务。配合政府推进“三线”整治专项行动，助力文明城市建设。组织593场次宣传活动，整改升级用户线路10万户，完成333个村居“三线”（电线、网线、电视线）整治工作，促进市容市貌明显改善。

【惩防体系信息化建设】 2018年，中国电信东莞分公司开展投资建设项目、销售费用使用情况等专项效能监察，将监督检查环节固化在企业生产经营管理的制度和流程中，构建大监督格局，主动防范企业风险。严格执行“三重一大”（重大事项决策、重要干部任免、重要项目安排、大额资金使用）集体决策机制，民主科学管理企业。做好维护稳定和安全生产工作。

（褚雨枫）

附：2018年中国电信股份有限公司东莞分公司主要领导名录

党委书记、总经理：胡志良

中国联通东莞分公司

【东莞联通公司概况】 2018年，中国联合网络通信有限公司东莞市分公司（简称东莞联通公司）主营业务收入25亿元，纳税总额2490万元，移动用户规模328万户，比上年净增21万户，固定宽带用户规模44万户，净增2.4万户。东莞联通公司获评第五届“全国文明单位”、东莞市首批十家标杆“友善企业”；管理创新成果获广东省企业管理现代化创新成果一等奖；被广东省评审委员会推报参评“国家级”管理创新成果评审；创建1个广东省“巾帼文明示范岗”、1个东莞市“青年文明号”。

【网络保障服务水平提升】 2018年，东莞联通公司依托大数据平台支撑体系，精准改善网络，突破容量瓶颈，加强重点场景站点覆盖，打造超卓网络2.0。全年新建4G基站（含小站）821个，4G室分165个，扩容现网小区4472个，建设总站点规模数量比上年增长18%。快速升级迭代新技术，助力打造智慧城市。加强全网基础资源核查，着力5G网络部署。以客户感知为中心，聚焦投诉驱动问题改善、全员服务在行动、推动网络热点区域建设等。构建客户分层分级服务模式，聚焦问题解决能力、申诉拦截能力、风险管控能力、维系执行能力的四大核心能力提升，健全全方位客户感知监测评价体系，打造星级特色专属服务。移动客户口碑4.4，宽带客户口碑10.4，均居行业第一。

【网络信息安全】 2018年，东莞联通公司配合公安机关，派驻专职人员2人，落实反诈中心7×12小时工作机制，全年配合查询号码

423个，停复机号码351个；发送预防诈骗宣传短信300万条。同时结合户外产品宣传设置流动宣传点，全年印制防诈宣传海报6000份，宣传单张5万份。利用总部鹰眼、省公司沃猎网、本地大数据监控三级监控体系，7×24小时专人值守，监控关停号码1283个，溯源关停潜在风险号码1.32万户；通过不良通话检测等大数据手段及用户举报数据，重点关停恶意追欠、贷款骚扰、恶意营销等不良通话号码，关停号码2.1万个。新入网用户执行全量人工稽核，新发展用户100%全量稽核，实现源头治理。

在防汛防台风期间，以最短时间内抢通修复受灾故障，为全市人民网络通信需求提供有力保障。为全国“两会”、“中非合作论坛北京峰会”等重大活动提供通信保障服务，无安全生产事故、信息安全事故、人身安全事故，未发生群体投诉事件。

【业务创新】 2018年，东莞联通公司围绕数字政府、工业互联网、云光慧企，全年组织市级、镇街级大中型宣传活动50余场、客户端推介会800余场，参加加博会、安博会、海博会、CIT高峰论坛，向社会各界展示东莞联通在创新业务领域的优势能力。创新业务领域收入比上年增长41.5%。以“互联网+政务”“互联网+智能制造”“互联网+中小微企业”“互联网+公共服务”等，助力东莞经济社会发展转型升级。将智慧家庭、智慧生活应用、智慧社区整合到互联网家平台，助力“互联网+产业”生态链建设。（梁沁媛 郭锦旋）

附：2018年中国联合网络通信有限公司东莞市分公司主要领导名录

党委书记、总经理：胡卫红

中国铁塔东莞分公司

【东莞铁塔公司发展概况】 2018年，中国铁塔股份有限公司东莞市分公司（简称东莞铁塔公司）围绕《东莞市信息基础设施建设三年行动提升计划（2018—2020年）实施方案》部署，满足三大电信企业（中国电信、中国移动、中国联通）的快速建网和稳定运营要求，拓展社会业务，助推东莞市信息基础设施实现高水平建设和发展。截至2018年底，东莞铁塔公司在线运营无线通信基站数超过1.2万座，资产超过17亿元，除为三大电信企业提供基础网络外，还为千寻定位、公安350M、海事船舶定位、九洲物联网等提供配套服务。东莞铁塔公司全年实现营收5.86亿元，比上年增长16%，新建铁塔共享率75%，为全市减少新建基站4682座，节约投资12.68亿元，节省钢材5.32万吨，减少土地利用26.36万平方米。2015—2018年东莞铁塔建设基站总量相当于行业过去30多年累计建设总量的70.13%，为东莞未来5G网络布局奠定坚实基础。

【4G网络建设及5G站址布局】 2018年，东莞铁塔公司通过统规统建、搭建多渠道选址体系、深化共建共享、创新技术方案等措施，完善东莞市4G网络覆盖，2015—2018年完成交付三大电信企业塔类需求1.4万个，其中2018年建设交付通信基站5568个，比上年增长32.89%。东莞铁塔公司通过宏微结合、室分嵌入、一体化灯杆部署、巧用避难层、通信设施嵌入建

2018年12月，东莞铁塔公司助力虎门二桥（后更名“南沙大桥”）5G网络建设 （东莞铁塔公司供图）

筑体、应用新型城市风景塔等创新模式，持续锻造综合解决方案能力，满足行业低成本、差异化网络覆盖需求，打造出“民盈山·国贸中心”“万科·东江之星”为代表的一批精品工程。同步启动资源清查摸底，高擎共享发展旗帜，开展5G站址规划，与33个镇街（园区）初步洽谈5G站址储备，在全市范围以村（社区）和工业园区为单元进行5G站址规划的核实与确认，全市范围内规划5G站址4.17万个。

【产业转型升级深化】 2018年，东莞铁塔公司多维度降低站点建造运营成本，提升行业运营效率，截至2018年底，东莞铁塔公司通过杆塔、机房、动力配套、IT等领域创新应用，保证安全的前提下新建站点均价降至17.63万元，造价比上年下降17%。通过打造综合解决方案能力，创新建设服务模式，满足行业低成本、差异化的移动网络覆盖需求，全年通过综合解决方案全市获取需求点位2.69万个，完成虎门二桥、国贸中心、东江之星等大型重点项目的通信覆盖建设，推进穗莞深城轨项目建设，防御“山竹”超强台风等侵袭。探索研究5G网络建设模式、引领推动5G室分共享和物联网应用技术，开展机房美化创新，加强各类节能减排技术研究，降低行业运营成本。推动“一杆多用”，同步进行共享市政管道和路灯供电试点，缩短建设周期，节约成本，提升资源共享率。合力发展共享经济，成立虚拟团队，探索能源经营，利用新能源汽车退役大PACK电池（组合电池）包储能，面向社会提供专业化备电保障服务，加快企业转型升级。

【信息基础设施建设】 2018年，东莞铁塔公司在房地产企业战略合作、公共物业开放、基站科普宣传等方面注入新动力。东莞万科·东江之星综合覆盖项目作为示范工程在全国行业引领者与地产企业合作研讨会上被推广。实现“社会塔”与“通信塔”相互共享，全年东莞铁塔公司完成路灯杆、监控杆15.99万个社会资源的摸查，同步获取14.68万根各类社会杆站址。实施电力塔共享，率先与南方电网签订战略合作协议，完成石排镇等6个电力塔加挂通信天线试点工作，总结经验，后期在全市推广实施。推进微小基站建设，通过成立城中村专项团队，有效统筹社会资源，在全市完成选取站址并完成建设微站299个。强化科普宣传，联合市工信局通过线上、线下开展多场各类无线电知识科普宣传活动，同步运用网站、微信、电视、广播等媒体渠道推广宣传，为东莞信息基础设施建设营造良好舆论环境。

（罗运广　周思均）

附：2018年中国铁塔股份有限公司东莞市分公司主要领导名录

党委书记、总经理：齐　军

无线电管理

【无线电管理概况】 2018年，东莞市加强无线电频谱管理，维护空中电波秩序。加强重要会议活动无线电保障，在国家法定重要节假日、全国“两会”等重大会议以及国家重大考试期间，组织各类保障行动18天，出动人员193人次，出动车辆64辆次，保障会议及考试安全开展，保障期间未发现违规信号。严格遵照行政审批“双公示”等工作规定，全年受理无线电频率申请指配9宗、无线电台站设置申请133宗，维护无线网络运营的安全。查处54个传播假冒医药广告的非法广播电台，净化全市广播环境，保障广播和通信信号安全。

【新一轮信息基础设施建设三年计划实施】 2018年，东莞市推进新一轮信息基础设施建设三年行动提升计划实施，各项建设任务顺利完成。落实省信息基础设施建设三年行动计划的有关要求，印发《东莞市人民政府办公室关于印发〈东莞市信息基础设施建设三年行动提升计划（2018—2020年）实施方案〉的通知》。新建光缆线路长度1.72万皮长千米；新增光纤覆盖用户135.2万户；新增光纤接入用户27.8万户；新增100M以上光纤接入用户数45.6万户；新增4G基站（BBU）4416座；新增铁塔站址744个；新增NB-IoT（窄带物联网）基站3680座。

【“三线”整治开展】 2018年，东莞市对304个行政村开展“三线”（电力线、电视线、网络线）整治，计划完成隐患点整治8000个，实际完成隐患点整治1.28万个，完成率159.5%。经过专项整治，村居“三线”环境有较大改善，群众幸福感和获得感增强。

【公共服务区域免费WiFi建设】 2018年，东莞市建成公共服务区域新建免费WiFi接入点1912个，实有建设主要公共服务区域免费WiFi项目3.1万个AP［无线访问接入点（Wireless Access Point）］点，覆盖全市主要公园、道路、广场、政府机构、办事中心、图书馆、医院等378个公共服务区域，注册用户超190.2万，日均使用量超102.3万人次，每天为用户节省流量2.7万GB。优化WiFi接入点布局，增强用户网络感知和使用体验，维护网络信息安全。

【5G基站建设准备】 2018年，东莞市修订《东莞市无线通信基站建设管理暂行办法》，明确相关单位责任分工，强化基站规划权威性，优化基站审批流程，缩短审批办理时间，开放公共资源，支持基站建设。顺应未来5G基站建设更密的发展趋势，推动路灯杆“一杆多用”，支持通信基站建设，纾缓选址建站难问题。对《东莞市通信基站站址专项规划（2016—2020年）》开展中期修编工作。

（洪雅雯）

开放型经济

OPEN ECONOMY

东莞港 （编辑部供图）

编辑：陈建枝 张曼利

对外贸易经济合作

【外经贸概况】 2018年，东莞市外贸进出口总额突破1.3万亿元，比上年增长9.5%，高于全省4.4个百分点，增速位于珠三角九市第一。一般贸易进出口额6970.2亿元（含保税物流），比上年增长23.8%；保税物流进出口额2325.4亿元，增长16.9%，东莞保税物流中心2018年完成进出区货值173亿美元，稳居全国B型保税物流中心第一位，自营仓储出租率100%；跨境电商进出口额370.1亿元，增长133%，实现翻番，总量位居全国第一。对"一带一路"沿线国家进出口额2632.9亿元，比上年增长25.4%，高于全市进出口增速15.9个百分点。

【企业境外投资】 2018年，东莞市企业境外投资总额1.75亿美元，中方投资总额16753万美元。其中，有103家企业（属新设或并购）"走出去"，新增投资总额1.33亿美元，新增中方投资总额1.25亿美元；有25家企业对其境外企业进行增资，增资投资总额4399万美元，增资中方投资总额4404万美元。截至2018年底，全市有"走出去"项目超过470个。

【"走出去"行业分布和投资地区】 行业分布 2018年，东莞市"走出去"企业涉及行业数量依次为制造业、批发和零售业、交通运输、仓储和邮政业。其中制造业新增（含增资）16家，占比15.1%，中方投资额9653万美元，中方投资总额占比57.6%；批发和零售业新增（含增资）79家企业，占比74.5%，中方投资总额3886万美元，中方投资总额占比23.2%；交通运输、仓储和邮政业新增（含增资）3家，占比2.8%，中方投资额2205万美元，中方投资总额占比13.2%。

投资地区 全年，东莞市"走出去"企业投资地区情况依次为老挝（含增资）1家，中方投资总额5865万美元，占比35%；越南（含增资）6家，中方投资总额1751万美元，占比10.4%；美国（含增资）9家，中方投资总额1307万美元，占比7.8%。

【“走出去”企业服务水平提升】 2018年4月，东莞市商务局联合市国税局、地税局举办“春风护航‘一带一路’税收助力粤港澳”政策宣讲会，全市200多家“走出去”投资企业代表参加。协助省商务厅举办广东省“走出去”公共政策宣讲会东莞专场。推进埃塞俄比亚中国东莞华坚国际轻工业园、唯美陶瓷（美国）生产基地等重点项目建设。跟随市领导走访唯美陶瓷（美国）生产基地，实地了解企业生产情况。指导华坚用好省奖励资金，协助引进更多的企业进驻工业园。

【外资政策出台】 2018年，东莞市根据国家促进利用外资增长若干措施以及省“外资十条”精神，结合市经济发展需求和招商工作实际，于6月出台《东莞市高质量利用外资提升开放型经济水平的若干措施》，强化对优质外资项目的奖励扶持，支持优质项目扩大在莞实际外资和研发创新等，涉及30项举措，其中有10项为财政资金扶持，分别在项目奖励、财税奖励、融资贴息、招商激励等方面加大财政扶持力度。

【国际经贸合作网络建设】 2018年，东莞市出台《东莞市国际经贸合作网络建设实施方案》，参与设立的驻海外经贸办事处工作。印发《东莞市驻海外经贸办事处人员管理办法（试行）》和《东莞市驻海外经贸办事处财务管理办法（试行）》。围绕国际经贸合作网点收集的项目信息，建立与镇街、园区的信息交流平台，及时推动项目对接；编制印发《国际经贸合作网络工作简报》9期，及时将各境外代表处、办事处的项目信息、工作动态等报送有关市领导参阅；完成东莞市驻以色列经贸办事处主任选拔工作，并着手办理相关签证手续。

2018年4月19—22日，第十届中国加工贸易产品博览会在东莞市现代国际展览中心举行（市商务局供图）

【中欧班列】 2018年，在东莞始发的国际班列122班次，比上年增长15.09%；集装箱1.15万标准箱，增长12.19%；货运量8.49万吨，增长42.9%；货物贸易额5.1亿美元，增长0.2%。其中，“粤满俄”班列业务量大幅度提升，全年开行58班次，比上年增长61.11%；进出口集装箱5176标准箱，增长67.73%；货运量3.07万吨，增长61.73%；进出口货物贸易额3.12亿美元，增长59.04%。

全年，东莞市联合海关部门分别在凤岗口岸、东莞海关车检场等开展中欧班列宣传活动，向东莞企业推广中欧班列，提高企业对石龙中欧班列的认知度。同时，联合中外运公司主动对接东莞明门幼童用品有限公司等大型生产企业，引导大企业通过中欧班列进出口货物。

【水铁联运业务开通】 2018年3月，东莞中外运石龙码头被黄埔海关列为海关总署多式联运系统试点单位，并伴随水运二类口岸开放，开通“石龙—中国香港”“石龙—蛇口”外贸驳船航线。黄埔海关加大力度优化通关环境，推动中外运石龙码头多式联运业务通关模式的先行先试。

【2018海外金融科技创新投资峰会（东莞站）】 于2018年3月20

2013—2018年东莞市中欧班列货运情况表

内容	2013年（10—12月）	2014年	2015年	2016年	2017年	2018年
班列（班次）	6	62	79	135	122	122
货运量（TEU）	176	3234	5706	7624	9602	11450
货运量（吨）	1020	16700	35717	49885	59436	84931.19
货物金额（万美元）	1040	15700	32431	33835	50885	50987.2

日在东莞市松山湖举办。峰会邀请美国金融科技创新领域活跃的资深行业领袖、经济学家、政府高级官员、创新企业代表等嘉宾进行主题演讲，并带来10个国外创新项目进行现场路演。会上，松山湖基金小镇与美国马萨诸塞州资本合作中心进行战略合作协议签约，双方将在推荐投资机构落户、美元基金、人民币基金设立、项目推介、活动交流等领域展开深入合作，将为东莞与美国之间架起国际金融产业对接"直通车"。

【中美智能制造产业合作交流会（中国东莞）】 于2018年5月15日在东莞会展酒店举行。会议齐聚美国人工智能领域的行业精英及东莞智能制造企业100多家代表，探讨智能制造产业领域的合作机遇和发展前景。交流会期间，广东站成研创科技有限公司与加州机器人初创公司OhmniLabs、马里兰州剑桥的机器人设备公司Robilis签署《智能城市综合城战略合作意向书》，为推动东莞构建机器人和智能制造全生态链搭建合作平台。

（曾梓丹）

莞台经贸合作

【台商投资经营概况】 截至2018年底，东莞市有台资企业3780家，比上年增加229家；历年累计合同利用台资212.86亿美元，实际利用台资200.29亿美元。

2018年，东莞市新签台资项目268个，比上年增加91个。合同利用台资2.85亿美元，新签、增资超千万美元项目12个。

东莞华科电子有限公司、康舒电子（东莞）有限公司、实盈电子（东莞）有限公司在2018年度东莞市规模效益成长性排名前20名；东莞富强电子有限公司在2018年度东莞市主营业务收入排名前20名；东莞富强电子有限公司、达创科技（东莞）有限公司、群光电子（东莞）有限公司在2018年度东莞市实际出口总额排名前20名。

【台湾青年创业形成集聚效应】 2018年，东莞松山湖台湾高科技园"海峡两岸青年创业基地"获评"港澳台科技创新创业联合培优示范基地"，其服务机构被确定为广东省众创空间试点单位。青年创业基地已入驻台资企业101家，项目类型包括生物技术、电子信息、互联网、新材料、VR、无人机、文化创意等多个新兴产业领域。58名台湾青年成为科技创新创业人才，接待各类参访、学习交流团72批次，进一步形成集群效应。

【莞台金融合作】 2018年，台资金融机构玉山银行东莞分行资产规模22.69亿元，实现净利润0.27亿元，累计为67家企业提供贷款，贷款总额19.07亿元，其中台资企业占0.89%。玉山银行东莞分行对台资企业认定标准修改为投资方在中国台湾注册或投资人为中国台湾籍。彰化银行东莞分行资产规模7.56亿元，实现净利润0.79亿元，累计为36家企业提供贷款，贷款总额14.63亿元，其中台资企业占82.10%。中国信保全年服务台企425家，企业数大幅增长5%，完成海外销售合同金额152亿元，比上年增长16%，完成内销合同金额13亿元，累计带动台资企业融资额4.8亿元。

【国台办副主任刘结一到莞调研】 2018年1月25日，国台办副主任刘结一率交流局、经济局一行到莞调研。向在莞的台胞致以春节慰问，并分别在富港电子有限公司、东莞台商子弟学校与台商代表及台籍师生召开座谈会。刘结一强调，台商绝不是外人，是亲人，并承诺将不断推出新举措，以党的十九大精神为指导思想，为台胞提供更好的学习、生活、就业、创业条件，逐步实现台胞与大陆居民同等待遇。

【台商代表座谈会举办】 2018年2月2日，东莞市2018年台商代表座谈会在市政府台湾事务局召开，市委常委、统战部部长骆招群，市委统战部常务副部长马凤彪，市府办调研员梁绍光，市政府台湾事务局局长吴小峰，市商务局副局长方见波，市台商协会会长蔡俊宏、谢庆源、翟所领等9名台商代表参加座谈。与会台商代表对深化莞台经贸合作、促进台资企业创新发展提出一系列意见、建议。

【海协会、中国外商投资企业协会会长陈德铭到莞调研】 2018年，海峡两岸关系协会（简称海协会）、中国外商投资企业协会会长陈德铭到东莞市开展调研。3月15日，陈德铭参访东莞理工学院粤台产业科技学院，与师生代表召开座谈会，出席东莞市外商协会理监事就职典礼。10月27—28日，调研台资企业受中美贸易摩擦影响情况。调研组走访广泽汽车饰件有限公司、源礼灯饰有限公司、佑莹鞋业有限公司，并召开珠三角台协会长座谈会。陈德铭表示，希望广大台商要有信心，相信政府，共同度过难关。

【两岸生物技术产业合作基地获表彰】 2018年4月，"2018中国生物医药产业国际投资合作大会"在上海召开。商务部、卫健委、工信部、科技部、国家药审中心等相关领导与科研及医疗领域的专家学者共同探讨未来智慧生物医药生态产业链蓝图。大会发布《2017中国医药健康产业投资促进报告》《2017中国生物医药产业园区白皮书》，并举办"2017中国生物医药园区评选"活动的最佳园区颁奖仪式。东莞两岸生物技术产业合作基地获评"中国生物医药最具潜力园区""中国生物医药最具特色园区"。

2018年11月15—18日，2018东莞台湾名品博览会在广东现代国际会展中心举行。图为东莞台商走电商主题专区　（市委台办供图）

【东莞市对台工作会议召开】 2018年5月21日，东莞市对台工作会议在市行政办事中心召开。市府办调研员梁绍光主持会议，市委常委、统战部部长骆招群出席会议并讲话，市政府台湾事务局局长吴小峰作工作报告。市委对台工作领导小组成员，各镇街（园区）分管领导及对台联络员参加会议。会议传达广东省对台工作会议及市委常委会精神，总结2017年全市对台工作情况并部署2018年工作。

【第120次外商联络小组协调会召开】 2018年6月7日，第120次市外商联络小组协调会议在东莞市行政办事中心召开。市委常委、宣传部部长杨晓棠，市政府副秘书长周婉虹，市商务局、市招商创新办、市台湾事务局等14个部门领导，市外商协会、台商协会、外贸协会等负责人及企业代表，各镇街、园区分管领导等120人参加会议。会上，市相关部门和镇街就外商、台商代表提出的中介劳务公司输送劳工、工业项目报建、VOCs（挥发性有机物）排放申请、工业垃圾处理和土地历史遗留等9个问题作出详细回应。

【海协会会长张志军到莞调研】 2018年7月27—29日，海协会会长张志军一行到莞调研，了解东莞市台商经营发展情况，研究加强两岸半导体产业合作思路，听取台商台胞在融入当地经济社会发展的经验及意见。调研期间，张志军实地走访合泰（半导体）有限公司、广东红珊瑚药业有限公司、东莞东聚电子电讯制品有限公司、松山湖海峡两岸青年创业基地、台商大厦，召开两场座谈会。市台协郭山辉、蔡俊宏、叶宏灯、谢庆源等台商代表参加座谈。

【国台办经济局局长张世宏到莞调研】 2018年8月7日，国台办经济局局长张世宏带领国家发改委、工信部、商务部有关人员一行到莞调研“中美贸易战”对台资企业的影响情况以及台商对“惠台31条”的反映。张世宏表示，将加大对台资企业、台湾同胞的政策优惠力度，要求各省各市政府出台“惠台31条”条款，加大对台资企业的扶持力度。

【两岸冷链物流产业合作示范城市】 2018年9月9日，由商务部、国台办共同主办的“第十三届两岸经贸合作与发展论坛”在福建厦门举行。论坛上宣布新增设的两岸冷链物流产业合作城市（区）名单，东莞市、泉州市、宁波市等8个城市或地区获批第三批“两岸冷链物流产业合作试点城市”。东莞市此次获批成为第三批“两岸冷链物流产业合作试点城市”，将进一步促进两岸经贸往来，为两岸冷链物流产业带来新的发展机遇。

【《关于进一步深化莞台经济文化交流合作的若干措施》出台】 2018年，东莞市政府台湾事务局、市发改局等50个责任部门共同研究台胞在东莞学习、创业、就业、生活的优惠政策，形成《关于进一步深化莞台经济社会文化交流合作的若干措施》，明确深化莞台经贸合作、推动台资企业实现倍增、促进莞台社会文化交流合作、支持台胞在莞实习就业创业及便利台胞在莞居住生活5个方面77条具体措施，经市政府审定后，于11月12日印发。“2018东莞台湾名品博览会”特别设立惠台政策专区，全面解读“惠台31条”“粤台48条”及“莞台77条”措施，并编印惠台政策小册子，集中宣传展示东莞市惠台政策。

【2018东莞台湾名品博览会举办】 2018年11月15—18日，“2018东莞台湾名品博览会”在厚街广东现代国际展览中心举行。15日，台博会举行开馆仪式，东莞市委副书记、市长肖亚非宣布开馆，国台办经济局局长张世宏，省台办主任黄耿城，全国台企联驻会常务副会长程金中，市委常委、统战部部长陈志伟，市政府台湾事务局局长吴小峰及有关地市台办，镇街、园区领导出席。展会吸引15.3万人次参观采购，总交易金额23.83亿元，其中现场零售额0.98亿元，现场采购订单8.76亿元，一年内采购意向14.09亿元。

莞港经贸合作

【莞港经贸概况】 截至2018年底，东莞市有港资企业7593家，累计合同吸收港资583.4亿美元，

占全市比重61.6%；累计实际吸收港资440.5亿美元，占全市比重56.6%。其中，在莞港资企业中，投资额超1000万美元的有631家，占总数8.31%，总投资额340.7亿美元。

2018年，东莞市与香港地区贸易总额1749.4亿元，比上年下降0.09%，占全市13%。其中，销往香港地区1728.5亿元，比上年下降0.22%，占全市21.7%；购进20.8亿元，增长11.23%，占全市0.4%。主要销售产品有自动数据处理设备及其部件、服装及衣着附件、通断保护电路装置及零件、静止式变流器、电话机。2018年，东莞市港商投资企业有82家，占前300名企业的27.3%。

【莞港经贸合作】 2018年，在东莞投资超过1000万美元的港资

2018年东莞市投资总额前30名港资企业情况表

序号	企业名称	所在镇区（园区）
1	玖龙环球（中国）投资集团有限公司	松山湖高新区
2	玖龙纸业（东莞）有限公司	麻涌镇
3	东莞时力科技电子厂	长安镇
4	广东理文造纸有限公司	洪梅镇
5	米亚精密金属科技（东莞）有限公司	凤岗镇
6	东莞粤海银瓶开发建设有限公司	谢岗镇
7	东莞联丰科艺金属有限公司	凤岗镇
8	东莞德永佳纺织制衣有限公司	麻涌镇
9	中粮（东莞）粮油工业有限公司	麻涌镇
10	东莞深能源樟洋电力有限公司	樟木头镇
11	广东虎门大桥有限公司	虎门镇
12	东莞长安新科电子制品有限公司	长安镇
13	广东生益科技股份有限公司	松山湖高新区
14	东莞建晖纸业有限公司	中堂镇
15	东莞超盈纺织有限公司	麻涌镇
16	广东中远海运重工有限公司	麻涌镇
17	东莞美维电路有限公司	东城街道
18	广东劲胜智能集团股份有限公司	长安镇
19	东莞虎门电厂	虎门镇
20	东莞中电九丰新能源热电有限公司	沙田镇
21	东莞广裕房地产开发有限公司	石龙镇
22	东莞粤海银瓶发展有限公司	谢岗镇
23	东莞南玻太阳能玻璃有限公司	麻涌镇
24	东莞易维仓储服务有限公司	洪梅镇
25	广东融通融资租赁有限公司	莞城街道
26	东莞玖龙码头有限公司	虎门港
27	东莞理文造纸厂有限公司	中堂镇
28	东莞中电第二热电有限公司	东城街道
29	东莞观澜湖高尔夫球会有限公司	塘厦镇
30	粤丰科维环保投资（广东）有限公司	横沥镇

企业631家，占全市的8.3%。引进港资服务业企业2123家，累计合同资金87.6亿美元，行业涵盖批发和零售、租赁业、商务服务业、科学研究等领域，就近为东莞市企业升级转型提供产业支援服务。截至2018年底，东莞市共设立23个港资CEPA（《内地与香港关于建立更紧密经贸关系安排》）项目，累计投资总额2069万美元，注册资本1515万美元，主要涉及物流、管理咨询、广告、印刷等行业。

【莞港产业合作联合推介会举办】 2018年9月21日，“2018莞港产业合作联合推介会”在香港特别行政区举办，形成各类签约项目39个，重点在创新科技园、TOD（以公共交通为导向）开发、特色小镇建设、经贸合作、人才交流、创新创业等方面全面深化莞港两地合作，涉及投资金额350亿元。

【在莞港资企业升级转型联席会议】 2018年7月10日，第20次在莞港资企业升级转型联席会议在香港特别行政区会议中心召开。会议就东莞市6月出台的招商引资新政进行解读，并与香港五大商会、东莞港商代表就相关措施进行交流。东莞市政府党组成员、水乡特色发展经济区管委会主任陈仲球，香港特别行政区贸易发展局、香港特别行政区生产力促进局以及各商协会代表出席会议。截至当天，莞港联席会议召开20次（含该次），解决在莞港企重大问题超150个，成为东莞市委、市政府深化莞港合作、听取香港业界声音、促进港企转型升级的重要平台之一。莞港联席会议后，“共建粤港澳大湾区国际商务港——东莞水乡新城商机推介活动”举行。活动上，水乡特色发展经济区管委会与香港总商会、香港美国商会等签署合作备忘录，双方在信息共享、经贸交流、会议会展等方面开展长期友好的合作。

【莞港经贸合作交流】 2018年9月21日，东莞市与香港贸易发展局合作签订《东莞市商务局与香港贸易发展局关于加强全方位合作　共同推进粤港澳大湾区经贸合作备忘录》。

截至2018年底，东莞市接待香港总商会、澳门特别行政区经济局、香港新界商会、香港工业总会等4个考察团167人，重点考察滨海湾新区、水乡新城特色经济区、松山湖高新区、东莞市规划展览馆、联科信息产业园、稻香饮食文化博物馆等，向港澳工商界推介东莞市参与粤港澳大湾区建设的战略定位、工作思路和重点平台。　（罗明丽）

贸易促进

【商事认证服务】 2018年，东莞市贸促会推动商事认证电子化，推进“一网、一门、一次”（“一网通办”“只进一扇门”“最多跑一次”政务改革，全年市贸促会签发原产地证3.66万份，比上年增长12%，其中一般原产地证书2.68万份，增长22%；优惠原产地证书9883份，按照FOB金额计算，为莞企节约进口国关税达1855万美元。

【东莞仲裁委员会筹建】 2018年，东莞市贸促会从服务东莞外向型经济、完善商事法律服务的实际出发，以东莞开展创建开放型经济新体制试点试验城市为契机，先行先试，参照中国贸促会的做法，向省、国家司法部门申请比照设区的市（东莞市是全国五个不设市辖区的地级市之一）成立东莞仲裁委员会，填补东莞本土仲裁机构的空缺。4月，司法部同意东莞市可比照设区的市设立仲裁机构。

【经贸摩擦预警网络构建】 2018年，东莞市贸促会申请成为中国贸促会经贸摩擦预警点，并协助东莞市电子行业协会和东莞世界莞商联合会申请成为中国贸促会广东省商协会经贸摩擦预警点，构建东莞的经贸摩擦应对网络。市贸促会协助企业应对国际经贸摩擦新挑战，依托贸促系统经贸摩擦预警系统，发挥信息员作用，及时收集预警信息向社会公众发布。

【商事法律服务】 2018年，东莞市贸促会与市两级人民法院建立诉讼调解对接常态机制，全年有涉及1.01亿元的案件以调解方式结案，为市节约司法资源，形成共建共治共享的纠纷化解格局。

【经贸合作交流】 2018年，东莞市贸促会与埃塞俄比亚、西欧等国家和地区驻穗领事馆、贸促机构联合举办“埃塞俄比亚东莞推介会”“缘至西欧—西欧国家投资环境联合路演”等经贸交流活动，为企业参与国际交流合作提供直接高效的平台。组织企业赴新西兰、汤加和萨摩亚参加“广东精品太平洋岛国巡回展”“中国（广东）—新西兰双边企业家交流会”“中国（广东）—萨摩亚双边企业家交流会”等经贸活动。另外还组织企业参加“2018中国国际贸易便利化论坛”“首届中国国际进口博览会”“比利时物流研讨会”等10多个国内外展会和交流会，为企业“走出去”搭建展示、交易、合作、交流的平台。新成立东莞市国际商会驻墨尔本、吉隆坡经贸办事处以及澳大利亚澳亚总商会驻东莞联络处，拓展国际商会服务渠道与覆盖面。与智利、挪威、奥地利、德国、比利时、印度、赞比亚、乌干达、墨西哥等国家驻穗领事馆、贸促机构互动或建立新的联系，拓展对外合作资源渠道。与泰国电子交易发展处、法国工商会等10多个境内外机构建立或保持联系，全年接待20多批次境外团体来访，建立友好往来联络机制，保持经贸信息互换。

【东莞融入粤港澳大湾区建设】 2018年，东莞市贸促会组团参加粤港澳工商界大湾区建设研讨会等经贸活动，与澳门厂商联合会签订框架合作协议，促进市企业融入粤

2018年6月1日，第十一届东莞国际茶业博览会暨第三届中华爱茶嘉年华在广东东莞国际会展中心（南城）开幕　（东莞贸促会供图）

港澳大湾区建设。组织企业赴港澳参加国际性专业展览会，鼓励企业利用港澳展会平台"走出去"。主动参与莞澳两地经贸合作论坛以及葡语国家产品推广活动。配合省贸促会做好各项粤港澳框架协议落实工作。参加在广州举行的"2018广东21世纪海上丝绸之路国际博览会主题论坛之粤港澳商协会携手推进大湾区建设倡议书发布仪式"。

【第十一届东莞国际茶业博览会暨第三届中华爱茶嘉年华】　于2018年6月1—4日在东莞国际会展中心（南城）举办。茶博会展出面积1.5万平方米，有来自云南、湖北、湖南、四川、福建等省200多家企业参展，布置展位600多个，近20家国内媒体前来参与报道，现场还举行由市贸促会和南方都市报社联合出品的《莞邑茶人茶事》新书首发活动。　（黄晓芬）

附：2018年中国国际贸易促进委员会东莞市委员会主要领导名录

党组书记、会长：曾民盛

口岸管理

【口岸管理概况】　2018年，东莞市口岸进出境货物3915.97万吨，比上年增长4.77%，其中水运口岸3525.19万吨，增长11.84%；公路口岸382.29万吨，铁路口岸8.49万吨；口岸进出境旅客68.5万人次，增长7.99%；经市车检场进出境货运车辆14.17万辆次，经市口岸进出境船舶1.57万艘次。

【东莞港扩大对外开放】　截至2018年底，东莞港对外开放一类码头有24座，泊位51个，水运二类码头6座，水运一类客运口岸一个，外贸航线5条。协调配合沙田镇虎门港3月开通海防二线。东莞港对外开放水平扩大，推动形成港口口岸开放新格局。

【多式联运管理系统启用】　2018年3月30日，海关总署多式联运管理系统在广东（石龙）铁路国际物流基地启用，成为广东省首票采用以水铁、公铁、陆水联运方式出口货物，货物分别在码头、寮步车检场通过船运、陆运等不同方式汇集到广东（石龙）铁路国际物流基地后搭乘"中欧班列"出口到欧洲。

【广东（石龙）铁路国际物流基地规划建设】　2018年，东莞市贯彻落实"一带一路"工作部署，加快推动广东（石龙）铁路国际物流基地基础设施规划建设。3月29日和6月22日召开的广东（石龙）铁路国际物流基地项目专题研究会要求，推动5个牵头项目落实。

【国际班列运营水平提升】　2018年，东莞市始发的国际班列122班次，比上年增长15.09%；集装箱1.15万个标准箱，比上年增长12.19%；货运量8.49万吨，增长42.9%；货物贸易额5.1亿美元，增长0.2%。其中，"粤新欧"中亚班列64班次，出口集装箱6274标准箱，货运量5.43万吨，出口货物贸易额1.98亿美元。"粤满俄"中欧班列58班次，比上年增长61.11%；进出口集装箱5176标准箱，增长67.73%；货运量3.07万吨，增长61.73%；进出口货物贸易额3.12亿美元，增长59.04%。2月，试运行一趟经二连浩特口岸至蒙古、俄罗斯班列，截至年底，每月都有少量货物通过该线路出口，暂未开行专列。

【车检场功能拓展】　2018年，"超级中国干线"业务落户东莞市寮步车检场，此前暂在查验二区借用部分检验检疫办公室作为临时仓库开展业务。为满足企业的发展需要，经有关单位同意，市商务局协助企业在寮步车检场完成建设干线专用仓库。6月海关监管系统基本完成测试，仓库投入运作使用。同月，寮步车检场的"超级中国干线"业务推广到长安车检场。

【中俄贸易产业园项目建设进展】　粮食仓储及交易平台项目　截至2018年底，粮食仓储及交易平台项目累计完成投资2079万元（总投资2090万元），完成总投资约99%。

水乡地区横向通道中线延长线工程（一期）项目　由蒲溪村负责实施的填土工程，第一标段申请结算，第二标段完工，正进行结算申请工作，第三标段完成招标工作。项目主体工程中标单位进场，路基的搅拌桩施工完成13.56万米，该项工作完成率95%。项目

广东（石龙）铁路国际物流基地 （石龙镇供图）

累计完成投资1293万元（总投资3500万元），完成总投资36%。

中国外运码头改扩建工程项目 交通部于2018年3月21日通过该项目批复，项目公司于4月13日完成项目投资备案，预算投资4.79亿元，4月完成勘察设计招标文件备案，5月完成勘察设计招标工作，7月完成初步勘察，8月完成初步设计图纸正在优化，11月开展专家论证及评审，计划2019年动工建设。

恢复石龙中外运码头二类口岸功能 经多次协调驻粤、驻莞查验单位，2017年12月26日，码头监管设施通过海关部门验收，封关运作。2018年3月底，在物流基地省内首次启用海关总署多式联运管理系统，开展多式联运业务。2018年，新增码头外贸业务，外贸水路集装箱装卸量347个标准箱。

【国际贸易“单一窗口”建设】 2018年7月11日，国际贸易“单一窗口”国家标准版开始在东莞市试点，截至年底，东莞市的国际贸易“单一窗口”国家标准版货物申报量位居全省第二，总申报量位居全省第四，并覆盖市符合条件的所有口岸，实现通关模式“串联”到“并联”的改革创新。截至年底，东莞市注册使用“单一窗口”企业近千家，国际贸易“单一窗口”国家标准版累计申报总量214.06万票，主要申报业务覆盖率稳定在80%以上；上线试点功能项目，包括货物申报、船舶工具申报、水运陆运舱单申报、企业资质办理、原产地证书申领、税费支付等；部署推广“口岸通关时效评估系统”，覆盖全市符合条件的所有水运口岸。

【外贸企业帮扶】 2018年，东莞市免除外贸企业查验环节费用212.25万元，累计有1910家外贸企业受惠。通过此项改革，降低外贸企业运营成本，促进外贸企业减负增效，推动口岸通关便利化改革，优化口岸通关环境，提高口岸查验工作的针对性和有效性，提升市口岸综合竞争力。10月28日，经省口岸办审核，将东莞口岸收费目录清单和大部分口岸经营服务企业收费目录清单在中国（广东）国际贸易单一窗口上进行公示。

（曾梓丹）

海关监管

【海关监管概况】 2018年3月21日，中共中央印发《深化党和国家机构改革方案》，决定将国家质量监督检验检疫总局的出入境检验检疫管理职责和队伍划入海关总署。根据海关总署统一部署，自4月20日起，原出入境检验检疫部门统一以海关名义对外开展工作。海关作为国家进出境监督管理机关，黄埔海关在东莞市设有东莞海关、新沙海关、常平海关、太平海关、凤岗海关、东莞长安海关、沙田海关7个正处级海关机构。是年，驻莞海关被评为“中央和省驻莞单位年度工作优秀单位”，连续16年获得东莞市委、市政府年度工作表彰。

【海关改革】 2018年，东莞海关推进机构改革，以寮步车检场为试点的关检融合举措，在黄埔关区内复制推广，4月20日制发黄埔关区首份报关报检注册登记资质证书，7月25日申报黄埔关区首票关检整合新系统报关单。落实中央重大决策部署和总署党委、总关党组工作安排。推进“以企业为单元”加贸改革，东莞片区有571家企业参与试点，占黄埔关区的九成。8月8日率先在黄埔关区启动加贸新改革。推进“互联网+海关”建设，在黄埔关区首个实现微信办理行政审批事项。

【检验检疫】 2018年，东莞海关检验检疫出入境货物32万批次，货值167.32亿美元，出入境运载工具1.26万艘次，出入境旅客和交通员工77.52万人次，受理报检进境集装箱15.67个万标准箱，检出携带疫情及有害物质等不合格集装箱3418标箱，检出进境有害生物及违规货物3.44万批。全面严防疫情疫病入境，推进口岸核心能力建设，加强危化品综合管控，保障供港蔬菜质量安全稳定。

【海关服务】 2018年，东莞海关推动“一带一路”建设，3月30日启动广东（石龙）国际多式联运枢纽；全年监管国际班列122班次；货运量8万吨、货值28.2亿元，分别比上年增长19.6%、27.6%。成立应对中美贸易摩擦专项领导小组，上报专题报告（专报）4篇。推进口岸提效降费工作，进口整体通关时间压缩超过三分一，出口整体通关时间在黄埔关区最短。“单一窗口”日均覆盖率99%，超额完成年度目标。开展企业信用管理，全年发起重新认证作业295起，超额完成总署考核指标146%。驻邮局办事处揭牌成立，全年验放出境邮件7654.5万件，跻身全国城市第三位。对接东莞跨境电商综试区，支持跨境电商业务健康有序发展，全年纳入海关统计94.5亿元，比上年增长46.1%（含邮件纳入贸易统计数据）。发挥片区中心关、联络关作用，研究梳理15条促进东莞外贸稳增长措施。

【海关手段创新】 2018年，东莞海关探索创新的核查外勤“双随机系统”，被海关总署、黄埔海关作为蓝本推广应用。结合寮步车检场和石龙铁路物流基地的实际情况，探索打造“石龙—寮步”区域物流海关监管中心。依托东莞国际邮件互换局优势，探索打造新业态监管中心，完成3次中欧班列运邮测试。应用“查管二期”、查验异常结果标准化处置系统，总体查获率名列黄埔关区前茅。“两简”案件执法考评得分99.57分，位列黄埔关区第一位。三级监控指挥中心建设实现功能升级，在黄埔关区首个实现通过查验音视频单兵作业系统，对查验一线业务进行即时监控。探索“多查合一”，全年开展核查外勤803次，作业及时率96%。推进税收征管保量提质，累计入库税款113.3亿元，比上年增长5.3%。（许乔娇）

打击走私综合治理

【打击走私概况】 2018年，黄埔海关缉私局在东莞地区刑事立案69件，案值13.39亿元，行政立案1170件，案值29.48亿元，市公安边防支队查获走私案件34件，案值1170万元。其他部门查获相关案件1040件，案值1213.8万元。

【打击走私联合专项行动】 2018年1—2月，东莞市开展元旦春节期间打击应节商品走私专项行动，加强监管和巡查。2—12月，开展打击走私“国门利剑2018”联合专项行动，黄埔海关缉私局打掉4个特大低报价格走私团伙、4个快件渠道走私团伙等；市公安局侦破省公安厅督办的“11·06”非法买卖枪支弹药案等。3—12月，开展打击整治“洋垃圾”走私“蓝天2018”专项行动。把打击“洋垃圾”走私作为全年的一号工程和打赢污染防治攻坚战的重要战场，全面排查市主要再生资源利用企业和各大专业市场情况，对企业进口废纸情况进行专题调研。

【走私整治】 2018年2月，东莞市开展打击走私汽车专项行动，查获涉嫌走私汽车2辆以及假车牌一批。坚持“海陆并进”的打击策略，整治成品油走私，全年查扣成品油约3600吨，捣毁“红油”窝点及脱色加工厂15处。严厉打击走私无合法来源进口冻品行为。9月，凤岗镇查获无合法来源进口冻品460余吨。10月，黄埔海关缉私局查获无合法来源进口冻品853吨。11月，大岭山镇查获无合法来源进口冻品约160吨。针对近期冻品走私形势，市打私办于11月组织相关部门在全市范围内开展清理整治行动。

【反走私综合治理】 2018年，东莞市开展反走私宣传工作。9月，市打私办联合5个镇打私办在冻品、塑胶、“三鸟”（鸡、鸭、鹅）等市场开展反走私宣传周活动。11月，市打私办在常平、大岭山、莞城有关交易市场设置大型反走私宣传海报。全年编印派发《“国门利剑2018”专项行动》宣传资料1万册。做好无主物后续处理工作。接收市公安边防支队移交的26件此类案件物品，包括洋酒、冻品、轮胎、电子产品等，并及时做好联合审查、对外发布公告、拍卖等工作。接收海关缉私部门移交涉案的12辆汽车和2艘“三无船”（指无船名号、无船舶证、无船籍港），并组织公开销毁。

【海边防工作】 2018年，东莞市为防范和打击利用渔船进行走私、偷渡等违法犯罪活动，加强渔船管理。除加强日常巡查外，多部门联合分别于4月和9月开展两次渔船集中突击检查行动，形成高压打击态势。

【边海防与打私业务培训班】 2018年，东莞市为适应新时期海防与打击走私工作新要求，提升全市海防与打私干部的工作能力和综合素质，9月17—21日，在湖南大学财经学院举办为期5天的边海防与打私业务培训班。市打私办、各镇街、各有关职能部门海防打私干部48人参加该次培训。（赵景耀）

附：2018年东莞市人民政府打击走私综合治理办公室主要领导名录

主　任：邝建华

农业·农村工作

AGRICULTURE · COUNTRYSIDE

牛过蓢古村　（茶山镇供图）

编辑：陈建枝

农业、农村工作综述

【农业、农村工作概况】　2018年，东莞市实施乡村振兴战略，推进农业供给侧结构性改革，推动农业农村经济高质量发展。农林牧渔业总产值39.21亿元，比上年增长（按可比价计算）6.6%；农村居民人均可支配收入3.23万元，增长11%。村组集体总资产1725.9亿元，比上年增长7.6%，创金融危机后最高增幅；经营总收入220.6亿元、增长8.9%，经营纯收入153.6亿元、增长14.6%。实现重大农产品质量安全事故和动物疫情零发生。

【乡村振兴战略统筹推进】　2018年，东莞市贯彻落实中央农村工作会议和全省乡村振兴工作会议精神，围绕“产业兴旺、生态宜居、乡风文明、治理有效、生活富裕”的总要求，推动全市乡村振兴工作实现良好开局。先后于5月10日、9月18日召开近年来规格最高、范围最广的全市乡村振兴工作会议、全市乡村振兴工作推进会议，由市委书记梁维东部署乡村振兴工作，搭建起“1+1+N”乡村振兴政策体系，明确46项重点任务和17项重要配套文件，确立以项目化为抓手推进乡村振兴战略思路，推动“五个振兴”（产业振兴、人才振兴、文化振兴、生态振兴、组织振兴）在全市落地生根。建立市直部门和各镇街联络员机制和信息报送机制。将乡村振兴重点任务纳入东莞市委、市政府重点工作督查考评范围。开展“一把手谈乡村振兴”集中采访，23个部门和32个镇街“一把手”直接面对省市媒体，谈推进乡村振兴的思路和举措。邀请省专家对全市所有村党工委书记开展乡村振兴政策宣讲培训，组织市直重点部门和镇街相关干部采取专家授课、实地参观等方式进行为期3天脱产培训。

【农村集体产权制度改革试点】 2018年，东莞市根据农业农村部、中央农办、省政府的试点要求，在近年农村集体经济组织股份合作制改革的基础上，继续深化改革，健全农村集体资产监管机制，形成民主理财、村级预算、会计委派、审查监控、审计监督、责任追究、薪酬激励、督查考评、网络监测、阳光交易等“十管齐下”的“多层次、全覆盖”监管体系。通过引导滚动发展、促进转型发展、助减负发展、扶持后进发展等措施发展壮大农村集体经济。是年基本完成全国农村集体产权制度改革试点任务。中央改革办、农业农村部、省政府有关领导多次到东莞调研，并对相关工作给予好评。

【次发达镇村帮扶】 次发达镇帮扶 2018年，东莞市落实扶持次发达镇产业发展专项资金10亿元，扶持资金支持产业项目35个，带动各方投入246亿元。建立市直部门共同帮扶次发达镇机制，并在用地保障、产业项目共引共建、减轻支出负担等方面支持次发达镇加快发展。全年协助次发达镇储备土地出入库26宗，面积85.38公顷，土地出库40宗，面积151.27公顷。8个次发达镇14个项目纳入“三旧”（旧城镇、旧厂房、旧村庄）改造年度实施计划，改造总面积65.4公顷。全年8个次发达镇生产总值821亿元，比上年增长9.0%，高于全市平均水平1.6个百分点，按期实现2018年50%以上次发达镇GDP突破100亿元的中期目标。

次发达村帮扶 2016—2018年第三轮市内帮扶期落实市财政6.12亿元，创收项目补助资金帮扶70个市级次发达村发展26个创收项目，每年为次发达村带来增收约4300万元；落实市财政资金2800万元，扶持有需要的7个镇街12个次发达村36个基础设施项目，帮助修建村道巷道和排水排污设施1万多米、老化水管改造2万多米、桥梁6座、小公园4个、篮球场3个以及新装路灯一批。全年下拨7272万元创收项目和基础设施项目补助资金，支持16个次发达村发展创收项目5个，每年可为村增收500多万元。全年减轻次发达村基本公共服务开支负担20%约2300万元，减免次发达村社会养老保险集体承担费用约2200万元，增加对次发达村生态补偿专项资金20%约670万元。2018年，70个次发达村（社区）村组两级经营性纯收入5.6亿元，比上一轮帮扶期末的2015年增长64.5%，超额完成本轮市内帮扶增长20%的目标任务。

【农村集体资产交易平台和“三资”监管平台建设】 2018年，东莞市开展集体资产交易项目1.47万个，成交金额229.4亿元，总体溢价率13.7%。网上交易成为公开竞价交易的主要方式，全年开展网上交易4722宗，占公开竞价交易宗数50.6%，比上年增长12.7个百分点。“东莞村财”App（手机软件）股东注册率超过18%。依托农村集体资产交易和“三资”（资金、资产、资源）监管平台建成全市农村集体经济“大数据”平台，为集体资产监管提供重要数据实时汇总、重点情况对比分析、重要问题决策参谋等一体化工具。与东莞银行、东莞农村商业银行合作，开发推广“东莞村财”App（手机软件）网上缴租功能和开通集体资产租金代扣业务，新增“两个平台”系统需求管理功能和合同水印功能。

【农村集体资产管理】 完善管理制度 2018年，东莞市修订印发《东莞市农村（社区）集体资产管理实施办法》，并指导镇街制定出台实施细则。出台《关于进一步强化农村集体资产有效监管的意见》，提出下一阶段加强市农村集体资产监管的工作重点；制定系列配套文件，规范集体下属单位管理、土地收益分配、资产评估、开支审核、合同管理等工作，初步建立集体资产违规交易台账。

抓好村组增资减债 2018年，东莞市联合银行、信托、基金等不同类型金融机构，召开全市农村集体经济投资理财知识经验分享会；为镇村组干部、财务人员约8000人开展政策制度专题培训。与中国人民大学合作的《创新集体内涵：东莞市农村集体经济再出发》在核心期刊《农业经济问题》上发表。截至年底，全市非出租类收入占总收入比重28.1%；资产负债率16.3%，降低0.3个百分点。

规范财务管理 2018年，东莞市全面完成村组集体资产、资源、资金清查工作，东城、麻涌、横沥3个镇街130多个村（社区）组引入中介机构解决清产核资工作力量不足问题。截至年底，有16个镇街推行农村会计主管，组织开展第五届优秀农村会计人员评选活动。

监督农村审计 2018年，东莞市制定监事会监督规程，全面开展财务公开“明察暗访”，“东莞村财”App（手机软件）村级及时公开率90%。开展经济责任届中或离任审计、财务收支常规审计及专项审计，全市审计村52个，村小组359个。其中，南城创新审计方法模式，首次对所有村组开展一年一次任中审计，常平由镇自有力量协同中介首次对100多个组级集体经济组织进行财务收支审计。

【农村土地承包经营权确权登记颁证】 2018年，东莞市按照中央、省的部署，推进农村土地确权工作，截至年底，有98%的应确权村表决通过确权方案；实测确认承包地面积145.2平方千米，实测率116.53%；全市颁证率94.03%，建立市级确权数据库和省级确权信息应用管理平台。全市农村土地承包经营权确权登记颁证工作通过市级检查验收及省级抽查验收。

【农业经营主体扶持】 截至2018年底，东莞市有农业龙头企业37家，其中省级以上20家、国家级3家，全年发放农业龙头企业各类扶持资金1067万元；全市农业龙头企业全年销售收入191亿元，带动全国范围内农户13.8万户，带动农户增收5.5亿元。引导农民专业合作组织规范发展，全市有农民专业合作组织216家，其中市级示范社11家、省级示范社7家、国家级示范社2家；发放扶持农民专业合作社各类奖补资金130万元。东莞市认定家庭农场67家，市级示范性家庭农场5家；发放各级家庭农场奖补资金165万元。推进农业品牌创建，全市拥有国家农产品地理标志登记保护产品2个（东莞荔枝、麻涌香蕉），广东省名牌产品（农业类）53个（含林业、渔业），广东省十大名牌农产品4个，广东省名特优新农产品35个，“三品”认证（无公害农产品认证、绿色食品认证、有机食品认证）农产品91个。

【农业园区建设】 2018年，东莞市级农业产业园建设稳步推进，道滘园区11万平方米温室大棚工程投产运营，道路、桥梁和供电等基础工程完工并投入使用；谢岗园区大厚湖片区4.85千米主干道路工程完工并投入使用；望牛墩园区3.28千米道路和桥梁工程完成招投标并进场施工。全市启动建设的市级园区投产运营面积超1300公顷，年产品销售额2.98亿元。新认定东莞市顺成农业科技生态园为小型农业园，截至年底，全市认定并启动建设的小型农业园有7个。

【休闲观光农业发展】 2018年，东莞市石碣镇获评全省休闲农业与乡村旅游示范镇；广东汇一四季果园、百香岛都市农业观光园、东莞市水云山谷农业生态园 3 个项目获评全省休闲农业与乡村旅游示范点；认定古梅西园生态农业园、大岭山南百旺生态文化园、中堂顺凯农场3个项目为市级休闲观光示范点。截至年底，全市有一定规模及知名度的休闲农业场所120多个，年接待游客550万人次，经营主体实现经营收入2.2亿元。全市认定全国休闲农业与乡村旅游示范点2个，全省休闲农业与乡村旅游示范镇5个、示范点8个，市级休闲观光农业示范点13个。全年推荐荔枝休闲采摘点22个，特色农业休闲观光点28个，打造“田园丰景”“田园之梦”2个农业文化创意稻田项目。市农业、旅游部门联合开展“中国旅游日”东莞主题活动、“首届中国农民丰收节”主题晚会暨“畅游东莞·四季如歌”秋季农业旅游活动启动仪式、秋收仪式等活动，评选首批6个“东莞市农旅融合试点项目”，整合41项农旅资源，推出九大农旅节事活动，打造7条乡村旅游经典线路。

【农业物质装备】 2018年，东莞市评定设施农业示范基地5个，落实中央、省、市财政农机购置补贴资金700万元，补贴设施130.28公顷，包括温室大棚33.26公顷、节水灌溉设施97.03公顷。

2018年“田园丰景”创意稻田项目 （市农业农村局供图）

拖拉机年度检验合格623台，核发拖拉机驾驶证109本。建设农机安全村3个，建设高标准农田1626.67公顷。

【莞荔产业发展】 2018年，东莞荔枝入选全国名特优新农产品目录。厚街桂冠荔枝专业合作社社长黄志强、塘厦远昌果场负责人刘远昌两人获“广东十大荔枝种植匠”称号。在全国优质荔枝擂台赛中，厚街大迳社区的“冰荔”获糯米糍组金奖、阿吉科技农业有限公司和厚街自然果场的“桂味”分别获桂味组银奖和铜奖、塘厦远昌果场的“唐厦红”获特色品种组银奖。举办“2018东莞给荔中国”、2018年第四届东莞互联网荔枝节、2018东莞荔枝休闲采摘以及线上线下宣传推介等系列主题活动，提升莞荔社会知名度和市场竞争力，带动市内外电商微商共同参与推介和营销莞荔，全年东莞荔枝网上销售超过3500吨。

【政策性农业保险“扩面提标增品”】 2018年，东莞市政策性农业保险覆盖面扩大，新增水稻制种、柑橘橙柚、农业设施等险种，累计险种16个。全年早晚两造水稻投保面积390.67公顷，玉米投保面积27公顷，岭南特色水果（包括香蕉、荔枝、龙眼、木瓜）投保面积310.45公顷，生猪投保3万头。投保数量较大的镇街有横沥、麻涌、厚街、东城等。全年水稻、玉米种植保险保费12.93万元，其中中央补贴资金4.53万元，市级、镇级补贴资金各4.2万元；岭南特色水果种植保险保费41.82万元，其中市级、镇级补贴资金各16.73万元，农户自缴8.36万元；生猪养殖保险保费60万元，其中中央补贴资金24万元，市级、镇级补贴资金各10.5万元，农户自缴15万元。保险理赔方面，水稻、玉米种植保险全年出险赔付12万元，岭南特色水果保险全年出险赔付224万元，生猪保险全年出险赔付15.89万元。

【畜禽屠宰监管】 2018年，东莞市组织开展生猪屠宰监管“扫雷行动”和牛羊屠宰专项整治行动，累计出动执法人员1036人次，检查屠宰企业551家次，发现并反馈整改不规范屠宰行为63宗。推进生猪定点屠宰场整合工作，道滘、高埗、石碣、沙田4家屠宰场全面关停，生猪屠宰业务整合至市中心定点屠宰场和厚街镇生猪定点屠宰场，全市28家生猪定点屠宰场整合至24家。推进牛羊定点屠宰场建设工作，第一批横沥、南城2家牛羊定点屠宰场建成并通过验收。修订生猪产销联建政策，印发《东莞市保障生猪稳定供应和质量安全实施意见》，推行厂场挂钩，逐步在全市建立屠宰企业养殖生产、屠宰加工、配送销售一体化经营的现代生猪及其肉品流通体制。

【农产品质量安全监管】 2018年，东莞市镇两级检测机构检测生产环节蔬菜、水果、食用菌等食用农产品8.75万份，屠宰环节生猪及其肉品样本69.72万份，农药残留、生猪“瘦肉精”检测合格率分别为99.41%、100%。全市发出不合格农产品处理通知书86份，无害化处理不合格蔬菜产品5.1吨、不合格肉品268.73吨、病害生猪4247头。全年未

2018年东莞市农业总产值情况表

指标名称	2018年绝对值（亿元）	构成（%）	2017年绝对值（亿元）	构成（%）	2018年比2017年增长（%）
农业总产值	39.21	100	35.49	100	6.6
#种植业	30.08	76.7	26.28	74.1	11.3
林业	0.32	0.8	0.35	1	-9.5
牧业	0.62	1.6	1.81	5.1	-66.0
渔业	6.88	17.5	5.77	16.3	10.5
农业服务业	1.31	3.3	1.28	3.6	0.5

注：农业总产值绝对值按当年价计算，增长速度按可比价计算

2018年东莞市农村集体经济情况表

指标名称	单位	2018年	2017年	2018年比2017年增长（%）
村组两级集体总收入	亿元	220.6	202.6	8.9
村组两级集体纯收入	亿元	153.6	134.1	14.6
村组两级总资产	亿元	1725.9	1603.5	7.6
村组两级总负债	亿元	281.6	265.7	6.0
村级两级净资产	亿元	1444.2	1337.7	8.0

发生重大农产品质量安全事件。

【农业综合执法】 2018年，东莞市加强执法人员的法律业务培训，建立健全并落实巡查和执法工作机制。先后组织开展农药、兽用抗菌药、生猪屠宰、“瘦肉精”、生鲜乳、农资打假等专项整治行动。累计全市农业系统出动执法人员7万多人次，检查生产经营单位2.68万家次，查处农资和农产品案件24件，涉案货值6.48万元，违法所得3.41万元，罚没款21.45万元；处理私屠滥宰投诉和举报30件，查处私屠滥宰窝点5个。制定农业领域扫黑除恶专项斗争工作总体方案和主要工作任务，落实第一责任人职责。设立扫黑除恶线索举报电话和电子邮箱，印制宣传海报5000份、《致广大市民的一封信》宣传单1.5万份，派发到全市各镇街村（社区）组财务公开栏张贴，对农村集体资产管理等重点领域加强监管。全年接报线索36条，经市农业局扫黑除恶领导小组集中研判，已移交市公安、扫黑办11条。 （黄椿颖）

附：2018年东莞市委农办、市农业局主要领导名录

市委农办主任、市农业局局长：
张永忠

种植业

【种植业概况】 2018年，东莞市种植业产值30.08亿元，比上年增长11.28%。农作物播种总面积2.24万公顷，其中粮食总播种面积1209.2公顷、总产0.58万吨，蔬菜总播种面积1.94万公顷、总产40.01万吨，花卉种植面积1093.5公顷、鲜切花产量2918万枝，盆栽观赏植物（包括盆景）1258.17万盆。水果总种植面积1.29万公顷，总产6.77万吨，其中荔枝8990.7公顷、香（大）蕉192.4公顷、龙眼1243.1公顷，其他杂果742.9公顷（包括火龙果、芒果、番石榴、无花果、葡萄和百香果等）。

【种粮补贴】 2018年，东莞市印发《东莞市人民政府办公室关于进一步加大种粮补贴力度切实保障粮食生产稳定的意见》《东莞市农业局 东莞市财政局种粮补贴专项资金管理办法》等文件，市级财政对种植水稻、玉米每公顷补贴标准分别由原来的2250元、1125元，提高至3750元、1875元，比原来提高67%，同时对于玉米种植补贴，取消面积规模的限制；新增加马铃薯种植补贴，每公顷补贴3750元；新设立种粮大户补贴，对产量高、效益好、单造播种面积达到6.67公顷以上的水稻种植大户（含专门从事水稻种植的经联社、供销社及其他类型生产经营单位），给予追加补贴，标准为每公顷每造1500元，每户每年最多补贴10万元。全年发放市级种粮补贴资金219.69万元，惠及农户1354户次。

【农药生产经营】 2018年，东莞市有农药生产企业3家，分别为东莞市瑞德丰生物科技有限公司、深圳诺普信农化股份有限公司东莞分公司、广东浩德作物科技有限公司，均位于大岭山镇，其生产经营范围主要有农化产品的开发、研究、销售；农药复配、加工；塑胶制品、植保机器、农机具生产销售；提供仓储、化工检测服务。截至年底，全市取得限制使用农药经营许可的农药经营门店9家，核发农药（限制使用农药除外）经营许可证221张。 （黄椿颖）

畜牧业

【畜牧业概况】 2018年，东莞全市畜牧业总产值0.62亿元，比上年下降66.0%。肉类总产量0.23万吨，比上年下降65.15%；年末生猪存栏0.83万头，下降53.63%；年末家禽存栏9.47万羽，下降88.98%；全年生猪出栏1.44万头，家禽出栏101.92万羽，分别下降57.52%和70.99%。全市自2017年全面开展畜禽养殖污染整治，畜禽养殖量大幅度下降。

【饲料生产】 2018年，东莞市46家饲料企业总产量645.67万吨，比上年增长3.03%，其中单一饲料产量552.44万吨、增长8.06%，添加剂预混料饲料产量10.83万吨、下降39.98%。单一饲料产量自2012年以来连续7年居全省首位、添加剂预混料产量自2016年以来连续3年全省排名第二。

【非洲猪瘟防控】 2018年，东莞市积极应对非洲猪瘟防控，市农业、食药监等部门按照职能对全市生猪养殖场、屠宰场、肉品经营单位等重点场所全面开展非洲猪瘟排查，检查生产经营主体3万多家次。根据省指挥部统一部署，组织对全市245个有冻猪肉产品经营的冷库进行专项排查，采样监测样品1335份。引导鼓励全市有条件的屠宰企业在屠宰场3千米外设立临时预检点，保障进场生猪安全，降低屠宰场发生疫情的风险，石排、长安等镇街生猪屠宰场先后设立预检点。开展生猪及其产品违法违规调运、生猪屠宰、餐厨剩余物（泔水）整治以及动物防疫大消毒“3+1”专项行动，非洲猪瘟防控期间，累计查处违规调运生猪行为6宗，无害化处理生猪207头；落实生猪调运车辆备案工作，备案车辆402辆；向餐饮单位、餐厨剩余物收运处理企业和生猪养殖场发放公开信3万多份，签订承诺书2万多家；实施全市非洲猪瘟专项消毒行动，向各镇街发放消毒药品10吨。组织市肉类行业协会加强与市外规模养殖场联系，推动全市生猪定点屠宰企业与规模养殖场建立点对点的产销对接关系，从源头上保证生猪稳定供应和质量安全。

【畜禽养殖废弃物资源化利用】 2018年3月，东莞市印发《东莞市畜禽养殖废弃物资源化利用工作方案》，成立专责工作小组推进畜禽养殖废弃物资源化利用工作。市农业部门指导横沥镇金皇公司生猪养殖场配套完善粪污处理设施设备，并开展验收。全年市畜禽粪污综合利用率80.12%，规模化养殖场粪污处理设施装备配套率100%。

（黄椿颖）

渔　业

【渔业概况】 2018年，东莞市渔业人口1.62万人，专业从业人员2790人。有各类渔业船282艘，马力2.73万瓦。全市水产养殖面积5595公顷，经营户3000户。渔业经济总产值19.1亿元，渔业产值6.88亿元，水产品总产量4.6万吨。

【渔业示范推广】 2018年，东莞市发挥政策资金引导作用，市财政投入380万元现代渔业奖补资金，引导社会投入400万元，完成都市现代渔业发展项目23个，整治7个标准化鱼塘80多公顷，新立项项目25个。创建3个农业部水产健康养殖示范场，2个市级水产健康养殖示范场，4个市级水产良种示范场。完成宝石鲈杂交新品种繁育技术研究项目，培育杂交苗种100多万尾，举办2期水产养殖新产品、新技术推介会，助力养殖户增收增效。

【渔业品牌建设】 2018年，东莞市新增省级菜篮子基地2个、省名牌产品企业2家，省十大名牌1个，省名特优产品2个，无公害生产基地2个，涉渔家庭农场8家。连续2年举办东莞渔业品牌建设暨笋壳鱼品牌推广会，举办第十届中国国际锦鲤若鲤大赛和第六届中国国际锦鲤大赛。组织54家次品牌渔业企业参加“水博会”“渔博会”“农交会”“海博会”等，其中“绿卡乌龟”获得第十六届农交会广东省唯一金奖的水产品牌。

【渔业油补政策】 2018年，东莞市落实油补资金和休（禁）渔补助资金审核发放各项程序，委托第三方审查机构对各涉渔镇油补资金发放情况进行专项检查，足额发放油补、休（禁）渔补助、更新改造、减船转产等资金2985万元，惠及渔民1113人、渔船279艘。完成年度更新改造和减船转产任务，新造渔船9艘，减船6艘。继续先行先试，15艘渔船通过“检管分离”模式实施检验。

【渔业安全生产】 2018年，东莞市渔业安全监管检查（巡查）实行全覆盖，分泊区每周至少开展1次安全生产督查检查。印发《关于进一步规范我市渔业安全生产监管工作的通知》，制定市、镇、村3级渔业安全监管检查规范，开展检查84次、检查渔船882艘次，发现并整改安全隐患3处，整改率100%，实现渔业安全生产零伤亡。

【水产品质量安全】 2018年，东莞市保障水产品质量安全，印发《东莞市海洋与渔业局创建国家食品安全示范城市工作实施方案》，细化22项具体任务，实施每月督导。推进东莞市智慧水产品监管系统建设，完善水产品质量安全数据库，完成2049项数据入库，提升信息化监管水平。举办首届水产品质量安全检验检测技能竞赛，提高

2018年12月5日，首艘渔政执法趸船“粤东莞渔修00001”号建造完工　（市农业农村局供图）

基层水产品检测能力。加大水产品质量检测力度，检测7150批次，实现2公顷以上“塘头”检测全覆盖，合格率100%，每月公开检测结果。

【渔业资源保护】 2018年5月24日，东莞市江河水生生物增殖放流活动在石碣滨江公园举行，投放鳙鱼、草鱼、鲮鱼、鲢鱼苗236.4万尾，其中46.4万尾由7个热心企业团体和39位市民捐赠。6月6日，在虎门威远岛举行海洋水生生物资源增殖放流活动，增殖黄鳍鲷、鲈鱼等鱼苗26.4万尾，其中3.4万尾鱼苗由4家企业及47位热心市民捐赠。全年麻涌、长安、沙田、麻涌等镇举办8场增殖放流活动，累计投放各类鱼苗700多万尾。

【渔港渔船建设】 2018年，东莞市投入723万元用于沙田、虎门、中堂和石龙渔船停泊点安全设施升级改造，改善渔港安全保障能力。对全市12米以上166艘中大型渔船全部免费安装新型AIS防碰撞系统，解决过去中大型渔船设备关机后无法掌握渔船的真实位置的问题，提高渔船信息化监管水平。

【养殖水域滩涂禁养区、限养区、适养区划定】 2018年，东莞市完成编制《东莞市养殖水域滩涂养殖规划（2018—2030）》，将全市3.6万公顷养殖水域科学划分禁养区、限养区和适养区，引导全市水产养殖业科学布局、转型升级。

【渔业执法】 2018年，东莞市抓好渔业领域扫黑除恶专项斗争工作。向渔民群众、水产养殖户、涉海渔业等发送各类宣传信息8万多条，派发宣传册3000多份，群众知晓率68%，摸排移交线索3条，开展非法捕捞、扰乱渔港秩序等整治行动37次，驱离港澳流动渔船163艘次，销毁“三无”（指无船名号、无船舶证、无船籍港）电鱼船17艘，电鱼工具30套，立案查处案件13件，2件案件移交公安机关侦办，涉案4人受到刑事处罚。 （黄椿颖）

附：2018年东莞市海洋与渔业局主要领导名录

党组书记、局长：陈 俊

林 业

【林业概况】 2018年，东莞市森林覆盖率37.4%，银瓶山森林公园获“全国林业系统先进集体”称号，黄江、樟木头、麻涌、洪梅和望牛墩5个镇街获评为广东省森林小镇，在全省森林资源保护和发展目标责任制考核中获评优秀。

【绿美南粤三年行动计划】 2018年，东莞市编制《东莞市森林经营规划》和《六大国有林场森林经营方案》，完成幼林抚育0.09万公顷，完成水源涵养林备耕0.02万公顷，抚育生物防火林带371.75千米，编制《广深高速（东莞段）绿化景观提升方案》，指导广深高速沿线镇街开展景观绿化。

【乡村振兴林业行动】 2018年，东莞市制定《东莞乡村振兴林业行动计划》，支持东城、清溪、石排、望牛墩、常平等23个镇（街）41个村（社区）做好乡村绿化美化工程，增添树木1.27万株。出台《东莞市森林小镇建设总体规划》，因地制宜建设休闲宜居型、生态旅游型和岭南水乡型的森林小镇，黄江、樟木头、麻涌、洪梅和望牛墩五镇获评广东省森林小镇。

【森林公园建设】 2018年，东莞市出台《大屏嶂、大岭山、银瓶山森林公园财务管理办法和建筑工程管理制度》，形成《东莞市森林公园和湿地公园建设工程审批流程》等制度，完成同沙生态公园总体规划及详细规划的编制工作，探索省、市两级共建森林公园模式，市银瓶山森林公园与省樟木头林场签约共建樟木头景区。大岭山森林公园完成观湖生态休息广场美化、林科园道路及小板栈道升级、园区标识牌更新、广播系统提升改造和公共建筑防雷整改等工程建设，大屏嶂森林公园完成园区道路设施维护、服务中心围墙、竹园入口广场和边坡滑坡地质灾害应急等专项计划工程建设，银瓶山森林公园完成市“三大节点”（“三大节点”指改革开放40周年——2018年，中华人民共和国成立70周年——2019年、全面建成小康社会之年——2020年）重点项目的三期建设项目初步设计和概算等前期工作及樟木头景区项目招投标准备工作。举办大岭山森林公园森林马拉松、大屏嶂森林公园竹文化节、银瓶山森林公园观鸟比赛等活动，生态文化氛围更加浓厚。

【湿地公园建设】 2018年，东莞市修编《东莞市湿地保护规划》，建成洪梅乌沙洲仔湿地公园，完成东莞银瓶湖湿地公园概念性方案和银山湿地公园建设概算审核。成立东引运河—寒溪河流域人工湿地建设工作专责小组，协助开展河湖督导工作，对磨碟河流域两岸绿化现状进行调研并开展概念性规划编制。督导麻涌华阳湖开展国家湿地公园（试点）的验收资料准备与收集工作。

【全民义务植树】 2018年，东莞市有98.8万人次参加各种形式的全民义务植树活动，植树约360万株，新建义务植树基地28个，尽责率98%。完成市几套班子领导在滨海湾新区义务植树活动，约270人种植白千层、黄槿、黄花风铃、宫粉紫荆、火焰木等树苗约800株。

【森林资源保护】 林地管理 2018年，东莞市形成《全市林业违法用地、违法建设治理工作方案》，部署全市林业“两违”治理工作，开展森林督查工作。审核征占用林地项目54个，涉及林地面积

2018年东莞市森林公园建设情况表

序号	森林公园名称	公园范围涉及镇街	面积（公顷）
1	大屏嶂森林公园	塘厦镇、黄江镇	2582
2	大岭山森林公园	大岭山林场、大岭山镇、厚街镇、虎门镇、长安镇	7347.76
3	银瓶山森林公园	清溪林场、樟木头林场、谢岗镇、清溪镇、樟木头镇	11254.68
4	黄旗山城市公园	东城街道	411.6
5	同沙生态公园	同沙林场，东城街道，大岭山镇，寮步镇	1808.4
6	水濂山森林公园	南城街道	2219.1
7	南门山森林公园	凤岗镇	1357.5
8	山水天地森林公园	清溪镇	1374.7
9	黄牛埔森林公园	黄江镇	850.23
10	碧湖森林公园	凤岗镇	160
11	旗岭森林公园	常平镇	277.3
12	威远岛森林公园	虎门镇	538.8
13	宝山森林公园	樟木头镇	536.15
14	观音山国家级森林公园	樟木头镇	657.18
15	东莞市巍峨山森林公园	黄江镇	1040.00
16	东莞市红门山森林公园	清溪镇	176.30
17	东莞市亚公山森林公园	清溪镇	743.30
18	东莞市崖山森林公园	谢岗镇	228.35
19	东莞市雁田森林公园	凤岗镇	575.80
合计			34139.15

146.7公顷，审批林木采伐报告165宗，采伐面积258.95公顷，审核生态公益林采伐申请65宗，采伐面积59.37公顷，出具非林地证明126份。

野生动植物保护管理 全年审批办理驯养、经营陆生野生动物行政许可7宗，查处涉野生动物案件13件，促进与北京巧女基金会的战略合作，动员社会力量共同加强野生珍稀动物、野生植物群落、珍稀植物等保护。

有害生物防治 编制《松材线虫病疫点拔除方案》，完成薇甘菊防治0.42万公顷和松材线病枯死木0.9万株清理工作，开展2018年松材线虫病春秋季疫情普查工作以及莞香黄野螟与南洋臀纹粉蚧专项调查，加强苗木“三证一签”管理，签发证书7461份。

古树名木保护 2018年，东莞市出台《2018年东莞市古树名木健康调查总结报告及安全性评估报告》，更新全市古树名木保护牌并增添二维码标签，受理古树名木行政审批68份，对83株古树名木实施行去除硬底化、打孔透气、病虫害防治等挽救复壮工作。

森林火灾预防 加强扑火队伍能力建设，组织开展封闭式训练2期、森林防扑火知识培训班3期，新设IP互联无线数字基站11个、移动式应急无线电数字移动站3套，基本实现重点林区无线通讯信号全覆盖。

林业自然保护地管理 编制东莞市银瓶山、马山、莲花山、灯心塘、自然生态等5个自然保护区矢量化方案和总体规划，编制大岭山、大屏嶂和清溪3个森林公园的省级森林公园总体规划，完成东莞市雁田森林公园、银瓶山森林公园经营范围调整以及华阳湖国家湿地公园的勘界立标工作。（陈　馨）

附：2018年东莞市林业局主要领导名录

局　长：吴淑萍

工　业

INDUSTRY

现代化企业生产车间　（胡国球　摄）

编辑：翁舒洁

工业综述

【工业概况】　2018年，东莞市以"倍增计划"（2020年实现国内生产总值和城乡居民人均收入比2010年翻一番）和"智能制造"两项核心工作为抓手，推动工业经济高质量平稳向好发展。截至2018年底，完成规模以上工业增加值3904.6亿元，比上年增长6.4%，占GDP比重为47.2%，占全省工业比重（12.1%）连续5年上升，分别比全国、全省水平高0.2个、0.1个百分点。是年，全市先进制造业、高技术制造业分别比上年增长8.6%和11%，占全市规模以上工业比重分别为52.3%和38.9%。全年全市有工业企业17.44万家，比上年增长15.07%，其中，新登记工业企业3.24万家。企业经营发展逐步由粗放分散向集约集聚转变，由产业低端生产向高附加值环节转变，涌现华为、步步高、以纯、唯美等一批优质民营企业和集团。截至年底，全市2家主营业务收入超千亿元工业企业（华为终端、欧珀）均为民营企业，主营业务收入超百亿元工业企业9家，其中6家是民营企业。新增"小升规"（小微工业企业主营业务收入首次达到2000万元及以上，符合工业企业规模标准，并纳入统计局联网直报调查单位库）企业2880家，净增规模以上企业2207家，占全省净增规模以上企业的93.2%，规模以上工业企业数量超过1万家，均排名全省第一。

【"倍增计划"推进】　2018年，东莞市"倍增计划"（2020年实现国内生产总值和城乡居民人均收入比2010年翻一番）在动态调整和扩容的同时实施协同倍增，确定286家市级试点企业和910家协同倍增企业，并在总结"倍增20条"（2017年东莞市政府发布的20条扶持企业倍增政策）实施经验的基础上，创新推出全流程诊断、产业培育补强、产业链资源整合、信贷风险补偿贴息、"工改工"（将现有土地性质为普通工业用地改变为新型产业用地，将旧工业区拆除重建升级改造为新型产业园）、重大项目纳入、领导挂点服务、人才实效育用、教育资源保障和发放“倍增卡”等“高质量倍增十条”新政，推动政策全面升级。是年，东莞市1045家“倍增计划”市级试点及协同倍增企业合计完成规模以上工业增加值1149.3亿元，比上年增长12.3%，占全市规模以上工业增加值的29.4%，拉动全市工业增长3.4个百分点。其中，263家“倍增计划”市级试点规模以上工业企业完成工业增加值758.95亿元，比上年增长8.8%，比全市水平高2.4个百分点。“2018年广东企业500强榜单”中，东莞14家企业入选，其中11家是市级试点企业，市级试点企业实现主营业务收入3730.07亿元，比上年增长17.5%；完成工业增加值758.95亿元，增长8.8%。协同倍增企业实现主营业务收入1988.93亿元，比上年增长22.4%；完成工业增加值390.39亿元，增长19.6%。

【《2018年东莞市“倍增计划”试点企业遴选工作方案》】 2018年1月印发实施。为实施企业动态调整，增加试点企业名额，遵循“选好选优、培优培强”的工作原则，以倍增可行性、产业补强性、行业导向性、倍增示范性、优先纳入为企业遴选原则开展2018年倍增企业遴选活动。方案明确遴选企业数量，工作流程、企业申报条件等相关细节，充实倍增企业库，推动全市全域扶持。

【民营工业企业】 2018年，东莞市民营工业企业数达16.11万家，占工业企业总数的92.41%。民营经济完成规模以上工业增加值1938.3亿元，占全市规模以上工业比重为49.6%，比上年增长10.7%，自2018年3月起连续10个月增速超过10%，对全市工业增长贡献率达79.2%，贡献率比上年提升5.9个百分点，拉动作用明显。

支柱产业

【支柱产业概况】 截至2018年底，东莞市有工业企业17.44万家，比上年增长15.07%，形成涉及30多个行业的完整制造业体系，其中全市制造业重点行业包括五大支柱产业（电子信息制造业、电气机械及设备制造业、纺织服装鞋帽制造业、食品饮料加工制造业、造纸及纸制品业）以及四大特色产业（玩具及文体用品制造业、家具制造业、化工制造业、包装印刷业）。

是年五大支柱产业完成规模以上工业增加值2706.8亿元，比上年增长7.7%，占全市规模以上工业比重为69.3%，占比比2017年、2016年分别高0.3个、1.5个百分点，对规模以上工业的增长贡献率达82.4%。

【电子信息制造业】 2018年，东莞市电子信息制造业完成规模以上工业增加值1374.3亿元，比上年增长11.5%，自2018年5月起连续8个月增速超过11%，占规模以上工业比重由2017年的34.6%提升至35.2%，对规模以上工业的增长贡献率由2017年的55.9%提升至60.6%，对工业增长起到强有力的支撑作用。其中，三大手机企业完成增加值636.5亿元，比上年增长32%，占全市规模以上工业的比重为16.3%，拉动规模以上工业增加4.37个百分点，占电子信息制造业的比重为46.3%，拉动电子信息制造业增加12.96个百分点。该行业工业增加值前30名企业合计完成规模以上工业增加值1014.2亿元，即占该行业2.3%的企业，完成该行业73.8%的工业增加值，比上年增长28.8%，对电子信息制造业的增长贡献率达162.4%。在这30家企业中，工业增加值增速超过10%的有16家，其中4家增速超过50%。

【电气机械及设备制造业】 2018年，东莞市电气机械及设备制造业完成规模以上工业增加值729.6亿元，比上年增长6.5%，占全市工业比重（18.7%）比2016年、2017年分别高1.5个、0.9个百分点，对工业的增长贡献率连续两年提升，由2016年的10.2%、2017年的18.3%增长至19.0%。行业增加值排名前10的企业中，创机电业、新能德科技、讯滔电子增加值实现高速增长。

【纺织服装鞋帽制造业】 东莞市纺织服装鞋帽制造业拥有以纯、都市丽人、搜于特、颖祺、远梦、百思特、小猪班纳等一批成长企业，形成“中国女装名镇”虎门镇、毛衫产品出口额稳居全国镇区级首位的大朗镇、厚街鞋业、东坑洋服男装、中堂镇牛仔服装等产业集群，纺织服装鞋帽制造业规模在广东省内仅次于佛山和广州。2018年，东莞市纺织服装鞋帽制造业完成规模以上工业增加值281.6亿元，比上年下降2.5%，占全市比重连续两年下降，由2016年的9.9%下降至2018年的7.2%，增速处于低迷状态。

【食品饮料加工制造业】 2018年，东莞市食品饮料加工制造业完成规模以上工业增加值110.8亿元，在2017年增长12.6%的高基数下再次实现高速增长，全年比上年增长13.7%，比全市水平高7.3个百分点，是支柱产业中增速最高的行业，对全市工业的增长贡献率由2016年的0.4%增长至5.6%。

【造纸及纸制品业】 2018年，东莞市造纸及纸制品业完成规模以上工业增加值210.5亿元，比上年增长0.5%，占全市规模以上工业比重为5.4%，对工业增长贡献率为0.4%。其中，玖龙纸业、理文造纸等大型企业分别在美国、马来西亚收购、并购或投资设厂。

特色产业

【特色产业概况】 2018年，东莞市玩具及文体用品制造业、家具制造业、化工制造业、包装印刷业等四个特色产业完成规模以上工业增加值340.4亿元，比上年下降1%，占全市工业比重由2016年的9.8%下降至8.7%。

【玩具及文体用品制造业】 2018年，东莞市玩具及文体用品制造业完成规模以上工业增加值122.9亿元，比上年增长1.8%，占全市工业比重为3.1%；行业增加值前10的企业中，有7家企业均有两位数以上增长；拥有金叶珠宝、泰泰福珠宝、金龙珠宝、金裕隆珠宝、明安运动等一批主营业务收入较大的企业。

【家具制造业】 2018年，东莞市家具制造业完成规模以上工业增加值86.8亿元，比上年下降8%，占全市工业比重为2.2%；其中，行业增加值前10企业合计增加值增长超过20%；拥有光润家具、大欣家具、赛诺家居、城市之窗家具、慕思寝室等一批主营业务收入较大的企业。

【化工制造业】 2018年，东莞市化工制造业完成规模以上工业增加值70.6亿元，比上年下降3.2%，占全市工业比重为1.8%；其中行业增加值前10的企业中，有5家增速超过15%；拥有新长桥塑料、大宝化工、九丰化工、罗门哈斯电子材料、丰益油脂化学等一批主营业务收入较大的企业。

【包装印刷业】 2018年，东莞市包装印刷业完成规模以上工业增加值60.1亿元，比上年增长7.9%，占全市工业比重的1.5%；行业增加值前10的企业中，有7家增速超过10%；拥有当纳利印刷、虎彩印艺、智源彩印、敬业印刷、天元印刷等一批主营业务收入较大的企业。

转型升级

【工业转型概况】 2018年，东莞市拥有17.44万家工业企业，形成涉及30多个行业和6万多种产品的完整制造业体系，其中制造业重点行业主要包括五大支柱产业（电子信息制造业、电气机械及设备制造业、纺织服装鞋帽制造业、食品饮料加工制造业、造纸及纸制品业）以及四大特色产业（玩具及文体用品制造业、家具制造业、化工制造业、包装印刷业）。是年，东莞市在动态调整和扩容的同时实施协同倍增，纵深推进智能制造全生态链战略，推动制造业向中高端迈进。

【智造升级】 2018年，东莞市支持企业利用先进设备优化工艺流程和提升制造效率，全年认定资助自动化改造应用项目328个，资助金额1.1亿元。打造经济适用型、普及型智能生产线109条，推动更多企业低成本实现智能柔性化生产。用好省级技改技创财政资金，支持企业开展数字化、网络化、智能化和绿色化技术改造。推荐6家企业项目认定为2018年广东省智能制造试点示范项目，认定2家企业项目为2018年东莞市智能制造示范项目。2018年，东莞市优化整合服务链，开展智能制造专业诊断服务。超过100家专业服务机构在“智造东莞”网站进行备案，全年资助智能制造诊断服务项目269个，为企业降低融资成本1.93亿元，融资总额超108亿元。扶持首台（套）重点技术装备项目16个。落实省级促进经济发展专项资金，对先进装备制造的配套产业体系予以扶持。

【非公经济“1+N”政策】 2018年，东莞市支持民营经济发展，先后召开市非公经济代表人士座谈会、市非公经济工作会议，出台《进一步扶持非公有制经济高质量发展的若干政策》（简称“非公经济50条”）、《东莞市降低制造业企业成本+全面推进实体经济高质量倍增发展实施方案》（简称“市实体经济新十条”）等非公经济“1+N”政策，推动全市民营经济实现稳定、健康、可持续发展。

【《进一步扶持非公有制经济高质量发展的若干政策》】 2018年，东莞市制定出台该方案，简称“非公经济50条”，提出50条政策干货，共160项政策举措，其中136项为创新举措，包括“首次在莞实施”94项、“优化已有政策”42项，为企业发展纾解突出困难、营造良好环境、推动更大发展。

【《东莞市降低制造业企业成本+全面推进实体经济高质量倍增发展实施方案》】 2018年，东莞市制定出台该方案，简称“市实体经济新十条”，从降低税收负担，降低用地、社保、用电、运输、融资、制度性交易等成本，盘活土地资源提高利用率、支持制造业高质量发展、加大重大产业项目支持等十个方面，进一步降低东莞市制造业企业成本，推动实体经济高质量倍增发展，预计从2018—2020年可帮助东莞市企业实现减负300亿元。

【《东莞市促进中小微企业金融服务工作方案》】 2018年，东莞市制定出台该方案，由市镇两级财政共同出资2亿元专项资金制定专属风险补偿政策，推动试点银行投放超100亿元中小微企业贷款，促成金融机构敢贷、可贷、愿贷，解决中小微企业融资难问题。

【光网城市建设】 2018年，东莞市新建光缆线路长度1.7万皮长千米，新增光纤接入用户37.9万户，新增100M以上光纤接入用户

南信产业国际产业园　　（莫肖玲　摄）

45.6万户，新建4G基站4416座，移动通信网络建设水平进一步提升。组织1265家企业开展两化融合评估诊断，辅导71家企业通过国家两化融合管理体系标准认定。全年投入3460万元扶持93个市信息化建设项目，拉动企业信息化建设近1.4亿元。

【《深入推进“筑云惠企”工程发展工业互联网　促进东莞产业高质量发展实施方案》】 2018年，东莞市出台该方案，推动1.4万家莞籍企业上云上平台，其中工业企业5521家。依托“智造东莞”平台，与华为合作建设东莞工业互联网平台。指导华为建设“东莞工业互联网平台”专区，整合和对接各类市场资源。评审认定42家单位纳入东莞市工业互联网产业供给资源池，其中有15家单位入选省工业互联网产业生态供给资源池。用好用足省级支持工业互联网发展专项资金，资助工业互联网示范项目14个，资助总额4000万元。投入财政资金近1000万元，通过公开招标的方式，开展“筑云惠企”工程，实施软件共享计划。

【绿色制造体系建设】 2018年，东莞市落实《广东省绿色制造体系建设实施方案》，支持企业进行绿色清洁生产、节能技术改造和发展循环经济，全市有7家企业被列为国家工信部绿色制造体系建设示范单位名单。落实《广东省固定资产投资项目节能审查实施办法》，强化新建项目的节能审查，优化全市能耗强度水平，单位GDP能耗下降6%左右，超额完成省下达任务目标；完成清洁生产审核企业320家，超额完成年度目标。超840家用能企业和市平台实现能耗在线监测数据实时对接，其中，与省平台实现对接的用能企业超700家，占全省平台对接企业总数的70%。完成节能监察数量88家，超额完成年度目标。

工业企业选介

【OPPO广东移动通信（集团）】 OPPO是一家集研发设计与生产制造销售，互联网运营于一体的全方位发展的移动终端公司。成立于2003年，注册资金4.6亿元，OPPO工业园总部位于东莞市

OPPO广东移动通信有限公司生产车间　　（占有兵　摄）

长安镇，占地20多公顷，旗下拥有国际知名品牌OPPO。OPPO产品和服务覆盖中国、印度等广大市场，据权威数据机构IDC统计，2018年全球手机市场出货量OPPO以1.13亿台排名第五。OPPO超级闪充技术和拍照技术引领手机行业，是全球第一家采用低压快速充电技术，充满手机只需35分钟（3400mAh电池手机）。

OPPO集团在东莞市长安镇拥有生产基地4个，手机生产线40多条，全球建有研究中心6个，2个专业级全屏蔽天线测试暗室以及其他国内领先的硬件检测实验室。OPPO集团每年的研发投入逐年递增，产生的研发成果显著增加。2018年6月发布FIND X曲面全景屏手机，屏占比高达93.8%，是当时屏占比最高的智能手机。

【维沃通信科技有限公司】 成立于2011年10月19日，位于东莞市长安镇，主要从事vivo手机及其配件产品的制造与销售。2018年全球手机市场出货量vivo排名第六。公司拥有现代化厂房九栋、SMT（电脑自动化贴片）生产线30余条及手机装配生产流水线160余条。公司附属SMT车间、模具制造车间、塑胶成型车间、丝印喷油车间等。SMT拥有Panasonic（松下）NPM双轨线和Fuji（富士）NXT3代双轨线，单线设计每小时产能40万点，月产50亿点的SMT能力，并配备美国MPM丝印机、德国ERSA回流炉、法国VI在线AOI检测仪器、韩国科样SPI 3d锡膏厚度检测仪、英国dage的X-ray检测仪。vivo装配线配备安立、罗德与施瓦茨、安捷伦综合测试仪器共1000多台，普及使用自动音频测试、自动拍照测试、自动点胶机和自动贴标线等设备。

【广东众生药业股份有限公司】 A股上市公司，始建于1979年，注册资本为8.1亿元，2018年拥有子公司10家。公司总资产48亿元，厂区占地面积1.7万平方米，设有中药提取车间、固体制剂车间、液体制剂车间、滴眼液车间、冻干粉针车间，所有生产车间均通过国家GMP（药品生产质量管理规范）认证。形成以核心中成药产品为主导、化学药普药为基础的稳定的产品结构，拥有25个剂型361个国药准字号中西药产品，其中年销售额过亿元的品种3个（复方血栓通胶囊、众生丸、脑栓通胶囊）。建有“研发中心”“国家博士后科研工作站”“广东省创新药物产业化工程技术研究中心”“广东省企业技术中心”“广东省中药制剂工程技术研究开发中心”等科研机构和平台；研发中心拥有一支由博士、硕士、学士构成的新产品研发队伍，各类研究与试验开发人员200多人。2018年，众生药业在“中国药品研发综合实力排行榜”排第24位，在“中国化药研发综合实力排行榜”排第14位，药物研发创新能力进入国内创新药物研发的第一梯队。

【玖龙纸业（东莞）有限公司】 于2006年3月在香港上市，是世界上最大的废纸环保造纸企业，中国造纸龙头企业。在东莞、太仓、重庆、天津、泉州等城市建有8个生产基地，在越南建有合资生产基地，2018年集团有员工1.7万人，年产能1500万吨，年产值超过400亿元，总资产700亿元。玖龙纸业（东莞）有限公司建成15条现代化造纸生产线，主要生产和销售工业包装纸（牛卡纸、涂布纸板、瓦楞纸、白卡纸）和文化纸系列产品，年产能525万吨，是世界上产能最大的单一造纸基地。

玖龙拥有省级企业技术中心，获得148项专利技术，其中20项发明专利，共获10项东莞市科技进步奖和专利奖，13项广东省高新技术产品，12项科技成果获国内领先水平。与国际知名的杜邦、BUCKMAN、VOITH、METSO公司及国内中山大学、华南理工大学、广东省造纸研究所等科研单位长期进行合作。（洪雅雯）

附：2018年东莞市经济和信息化局主要领导名录

党组书记：叶葆华（任至11月）
詹志斌（11月到任）
局　长：叶葆华（任至12月）
詹志斌（12月到任）

广东众生药业股份有限公司

（石龙镇供图）

建筑业·房地产业

CONSTRUCTION · REAL ESTATE

南城区商业圈　（南城街道供图）

编辑：郭佩文

建筑业

【建筑业概况】　2018年，东莞市扶持建筑业发展，落实惠企政策，出台信用激励机制，加强建筑业产值统计，实行银行保函替代各类保证金，减轻建筑业企业负担，建筑业产值、增加值、税收等主要指标呈现大幅增长。全市建立信用档案的建设行业企业4318家，比上年增长23%。其中建筑施工企业2939家、工程监理企业247家、造价咨询机构119个、勘察企业146家、设计企业512家、工程质量检测机构38个、室内环境检测机构25个、招标代理机构105个、审图机构17个、安全鉴定企业47家、担保企业123家。东莞市取得施工总承包资质企业513家，其中总承包一级企业17家、二级企业109家、三级企业387家，分别比上年增长55%、24%、65%。注册地变更到东莞市的市外一级总承包资质企业1家。全市完成建筑业产值435.97亿元，比上年增长46.6%；完成增加值122.83亿元，增长21.7%；完成税收43.51亿元，增长23.7%。

全年受理劳资纠纷信访案件24件，涉及金额3600万元，涉及人数约1500人；重点查处建筑市场违法行为，全年立案84件，作出处罚决定72件，处罚企业50家，个人6人，处罚款277.6万元、警告2次、责令停产停业整顿1次。7月5日，印发《关于进一步明确工人工资保证金保函收退及差异化缴纳有关问题的通知》，明确工人工资保证金保函的收退及保函保额差异化缴纳等内容。

【建筑工程质量安全管理】　2018年，东莞市核发施工许可2345项，通过办结基础和基坑工程施工报建证明116项，建筑面积2275.6万平方米，工程造价530.9亿元；全年监管建筑工程1315项，建筑面积5527万平方米。全年在监污水治理项目312个，其中在建144个，竣工验收121个，完工但未验收47个；次支管网工程预验收1121千米、竣工验收648千米。开展在建基坑工程质量安全专项检查、建设工程预拌混凝土及预拌砂浆专项检查、质量安全专项执法大检查、质量检测机构检查、建筑材料质量专项检查、预拌混凝土及预拌砂浆生产企业质量检查等专项检查8次，召开观摩会2次，全年出动执法人员2.49万人次，检查各类工地1.23万项次，发出质量监督执法文书4743份。

是年，东莞市开展消防安全专项治理联合检查、节后及全国"两会"期间施工安全生产专项督查、全市在建基坑工程安全专项检查、在建工程扬尘防控工作专项督查、台风暴雨防汛安全检查、脚手架施工安全专项检查、2018年上半年全市在建工程安全专项执法大检查、在建工程建筑起重机械等大排查大整治、建设工程施工扬尘治理联合检查、2018年下半年全市建设工程质量安全专项执法大检查等10次专项行动检查。全年出动执法人员5.90万人，检查各类工地2.09万个次，发出安全执法文书9075份。5月1日，建成新视频监控中心并投入使用，通过视频监控远程监控，对1220项/次工程进行施工、监理管理人员的到位情况视频检查，对815家/次企业给予不良行为记分、责令整改等处理。视频监控起重设备安装（拆除）告知抽查497台，对29家/次施工单位签发局部停工整改通知书，对29家/次安装单位签发局部停工整改通知书。

【建设工程监理】 2018年，东莞市实行监理单位向政府质量监督主管部门报告质量监理情况制度，实行监理报告常态化研判制度。每周定期召开会议对监理周报、月报进行研判，及时掌握施工现场质量形式，全年收到监理周报5.09万份，月报1.15万份。

【招标投标管理】 2018年，东莞市房建市政项目完成招投标314项，其中勘察类58项、设计类84项、施工类87项、EPC类12项，监理类73项。是年，改进施工招标中标方式，研究创新建筑设计招投标制度，发布《东莞市住房和城乡建设局房屋建筑和市政基础设施工程采用工程总承包模式建设的工作指引（试行）》和《关于调整我市房建市政工程施工招标项目中标方式的通知（试行）》，牵头修订《东莞市建设工程招标投标管理办法》。牵头制定财政投资项目代建制代建单位预选库等制度。改革园林绿化工程项目招投标机制。试行EPC模式，环莞快速三期项目试行PPP模式。

【建设工程造价管理】 2018年，东莞市发布《东莞建设工程造价信息》杂志12期，发布建筑材料价格信息3.6万条，引导市场合理定价；办理房屋建筑和市政基础设施工招标最高报价值备案及最高报价值修正备案747项，总额192.8亿元。是年，启用"东莞市造价站综合管理系统"平台，开展《东莞市建设工程造价大数据统计与分析平台前期研究》课题研究。

【勘察设计管理】 2018年，东莞市经审查符合要求的大中型建设工程初步设计审查77项，超限高层抗震设防审查3项；通过办结房屋建筑与市政基础设施工程施工图审查备案4638项；开展施工图设计文件质量抽查203项和勘察现场抽查30项。

【审批事项改革深化】 2018年，东莞市根据《东莞市优化建设工程项目审批流程实施办法（试行）》，采取减流程、减内容、减时间、优化相关审批制度等系列优化措施，市住建局建设工程项目报建审批事项从14项精减至4项，精减率71%；保留的审批事项材料从146项精减至40项，精减率72%；审批时限从46个工作日压缩至7个工作日，精减39个工作日，项目办理总体时限下降84%。

（吴维彬）

房地产业

【房地产业概况】 2018年，东莞市新建商品房成交8.76万套，比上年下降4.96%；成交面积726.7万平方米，下降9.65%；成交金额1232.19亿元，下降3.04%；成交均价1.70万元/平方米，比上年增长7.31%。其中新建商品住宅成交面积505.44万平方米，比上年下降8.9%，成交均价1.79万元/平方米，增长8%；成交金额903.38亿元，下降1.61%。

全市二手房存量房成交4.74万套，比上年下降18.68%；成交面积564.41万平方米，下降20.43%；成交均价8505.6元/平方米，比上年增长56.1%；成交金额480.07亿元，增长24.2%。其中，二手存量住宅成交4.29万套，比上年下降12.28%，成交面积449.01万平方米，下降0.76%，成交金额444.49亿元，增长37%，成交均价9899.29元/平方米，增长38.05%。房地产投机性需求得到遏制，住房居住属性回归。

2018年，全市商品房备案8.60万宗，比上年增长1.82%；按揭登记6.70万宗，增长2.33%；抵押登记14.02万宗，增长9.33%；抵押金额3037.25亿元，增长40.37%。全市颁发不动产权证书36.15万本，不动产登记证明16.56万份。

截至2018年底，东莞市归集维修资金余额49.51亿元，比上年增长8.62%%；全年办理维修资金使用业务245宗，退款业务818宗。

（陈奕西）

【房屋租赁管理】 2018年，东莞市受理非住宅房屋登记租赁备案195件，总面积87.43万平方米。其中办公楼登记备案59件，面积6.31万平方米；商铺用房登记备案82

件，面积9.39万平方米；厂房登记备案40件，面积55.71万平方米；其他14件，面积16.02万平方米。东莞市房屋租赁监管服务平台于6月22日上线，与41个中介机构签署平台商户合作服务协议，接入平台房源5001套，纳管租赁交易合同49份。

【房地产市场调控】 2018年，东莞市统筹推进房地产市场调控工作，加强房价备案管理，强化“新地新措施”，新出让土地项目时不得以高地价为由突破房价备案规定区间；维护住房公积金缴存职工住房贷款权益，明确规定开发企业不得限制、阻挠、拒绝购房人使用住房公积金贷款；落实执行“三价合一”（统一二手房交易中的成交价、评估价、网签价）政策，遏制“阴阳合同”现象，抑制二手房投机炒买。是年，重点查处房地产市场违法行为，立案58件，作出处罚决定55件，处罚企业1家，处罚款110万元、警告55次，所有行政处罚决定均上网公开并纳入“信用东莞”平台。调控效果持续显现，保持房地产市场的总体平稳。

【房地产去库存】 2018年，东莞市商品房库存面积1033.34万平方米，其中住宅库存面积518.13万平方米，去库存周期约12个月，非商品住房库存面积515.21万平方米，去库存周期约27个月，均处于正常区间。

【物业管理机构监管】 2018年，东莞市处理物业管理投诉和纠纷221宗。其中，有关中介方面投诉36宗。对群众反映强烈、问题突出、违法行为屡禁不止的房地产中介机构进行严肃处理，并公布查处结果。年内完成招投标备案项目90个、合同备案项目122个。是年，印发《东莞市物业管理办法》，建立物业管理规范化长效机制，维护东莞市物业管理秩序及各方合法权益。

（吴维彬）

【不动产登记“双提升”】 2018年5月2日，东莞市实现全市行政范围内网签增量商品房转移登记3个工作日、按揭转抵押登记2个工作日办结。7月2日，实现全市行政范围内存量（二手）商品房转移登记5个工作日办结。7月16日，实现存量（二手）商品房抵押登记3个工作日办结。10月8日，基本实现房地一体、纯土地、林权、海域权等登记事项5个工作日办结。12月13日实现非商品房抵押登记业务3个工作日办结。除法人或其他组织建造房屋首次登记、涉及历史遗留问题、非公证的继承等复杂的不动产登记外，东莞市不动产登记业务实现“3、5个工作日”的提速目标。

【“不动产+互联网”改革】 2018年，东莞市房产管理局落实与税务部门的系统对接、信息共享和联审联办，结合前期虎门、南城试点经验，从2018年12月20日开始，在全市推行不动产交易、缴税、登记“一次叫号、一套资料、一窗受理、限时办结”的一站式便民服务。结合各镇街房税部门实际，采取“一厅专窗模式”“一厅联合综窗模式”“互驻模式”等3种窗口模式实现一站式办证缴税服务，推动房税业务实现“一窗受理，集成服务”，企业群众办证缴税只需到镇街（园区）不动产登记窗口提交申请，无需往返房管、税务部门之间。

【“不动产+金融服务”推进】 2018年12月4日，东莞市首个不动产登记“便民窗口”在工商银行东莞分行挂牌成立。群众通过“便民窗口”，可以在申请贷款的同时递交办理不动产抵押登记的资料，无需往返银行和登记机构之间，推进不动产登记窗口延伸至银行网点。

【历史遗留问题楼盘化解】 2018年，东莞市房产管理局依据市政府关于历史遗留问题的政策文件精神，组织联合会审，推动历史遗留问题彻底解决。截至年底，审核处理历史问题楼盘449个。

【房管部门支持制造业企业发展】 截至2018年底，东莞市协助市、镇两级“倍增计划”试点企业办理抵押登记334宗，抵押总面积495.44万平方米，抵押总金额205.32亿元；制造业企业办理抵押登记583宗，抵押总面积653.49万平方米，抵押总金额347.48亿元；根据市政府有关文件精神，有条件放宽地上建筑物抵押审查的适用范围。

【不动产登记系统强化】 2018年，东莞市房产管理局联合南方数码公司，与省厅系统对接，打造功能强大、运行稳定、符合不动产登记业务规范的新不动产登记业务系统，并于11月5日完成新旧不动产登记系统切换。

【房屋租赁平台建设】 2018年，东莞市房产管理局起草《市房管局关于推进我市房屋租赁监管服务平台建设工作方案》，出台《东莞市（住宅）房屋租赁合同范本》《东莞市（非住宅）房屋租赁合同范本》等配套政策文件和服务文件。房屋租赁保障体系的企业租赁服务管理平台、房屋租赁监管服务平台已上线。截至年底，该体系上线房源4813套，网签备案42宗。

（陈奕西）

附：2018年东莞市住房和城乡建设局主要领导名录

党组书记、局长：

朱利民（任至11月）

何绍田（11月到任）

附：2018年东莞市房产管理局主要领导名录

局　长：刘国军

商贸流通业

COMMERCE

万江金鳌洲塔 （曹永富 摄）

编辑：翁舒洁

商贸流通业综述

【商贸流通业概况】 2018年，东莞市社会消费品零售总额2905.6亿元，比上年增长8.1%，增速在珠三角中位居第五。其中，限额以上企业对社会消费品零售拉动作用明显，是年，限额以上企业社会消费品零售总额1473.2亿元，比上年增长9%，超过平均增速0.9个百分点。电子商务网络零售增速明显，总额434.8亿元，比上年增长18.3%。占地10万平方米的民盈山国贸中心项目投入运营，成为全市第一大城市综合体，鸿福路商圈格局基本成型。

【商品现货市场管理】 2018年，东莞市对大宗商品交易场所、典当行、融资租赁公司、商业保理公司等使用"一带一路""军民融合"名义开展业务的机构进行排查，做好清理整顿商品类交易场所"回头看"后续工作，严防商品类交易场所乱象死灰复燃。截至2018年底，未发现大宗商品交易场所、典当行、融资租赁公司、商业保理公司使用"一带一路""军民融合"名义开展业务活动情况。

【批发零售贸易】 2018年，东莞市实现批发零售贸易总额2715.44亿元，比上年增长8.1%。其中，零售业实现零售额2531.87亿元，比上年增长8.47%；批发业实现零售额183.57亿元，增长3.81%。

【农贸市场提升改造】 2018年，东莞市印发《东莞市2018农贸市场提升改造工作方案》。8月22日，东莞市人民政府召开"东莞市2018年农贸市场提升改造工作动员会议"，对全市农贸市场提升改造工作进行具体动员部署。9—12月，东莞市商务局组织各督导组对全市35个农贸市场提升改造工作进行实地督导。

【2018年广东省促消费（夏季）暨“家·520”东莞（南城）购物节】 2018年5月20日至7月20日在东莞市南城街道汇一城与省主会场同步举行。该购物节围绕“提升品质供给，推动消费升级，满足美好生活需要”主题，涵盖生活用品、百货、电器、家装设计、建材、汽车等与家生活有关商品，通过线上线下融合、产业融合、区域融合，引领消费趋势，培育消费热点，挖掘消费潜力。活动期间举办各类促消费主题活动183个，参与企业4355家，直接带动消费4.85亿元。

【2018年广东省促消费（秋季）暨首届“食在广东”国际美食文化节】 2018年9月，在东莞市开展，组织开展4个农超对接项目，并推荐参与9月下旬在广州市举办的产销对接项目签约仪式。

【东莞市2018年—2019年岁末年初促进消费专项行动】 2018年12月至2019年3月，东莞市举办“东莞市2018年—2019年岁末年初促进消费专项行动”。2018年12月6日，“东莞市2018年—2019年岁末年初促进消费专项行动”启动仪式在东莞市民盈·国贸城举行。除市级投入1000多万元资金外，东城、虎门、中堂、长安、常平、厚街、塘厦、石排、麻涌等9个镇街同步投入财政资金参与“乐购东莞”活动，活动参与企业及门店147家。（曾梓丹）

商品经营

【成品油市场供应】 截至2018年底，东莞市取得成品油批发经营资格企业15家，取得成品油仓储经营资格企业11家，取得成品油零售经营资格加油站318家。全年成品油市场供应充足稳定，全市加油站零售量251.09万吨，比上年增长2.45%。其中，汽油183.52万吨，比上年增长2.97%；柴油67.57万吨，增长1.06%。中石化、中石油（含中油BP）、中海油三大集团公司系统内加油站销售成品油171.1万吨，比上年增长4.11%，其中汽油120.33万吨、柴油50.77万吨；系统外加油站销售成品油79.99万吨，下降0.94%，其中汽油63.19万吨、柴油16.8万吨。

（刘敬桃）

【生产资料销售】 2018年，东莞市建筑及装潢材料类商品零售额6.1亿元，比上年下降10.42%；五金、电料类零售额4.28亿元，增长3.7倍。（曾梓丹）

【生猪屠宰】 2018年，东莞市生猪定点屠宰场屠宰生猪470.09万头，生产合格肉品41.11万吨，比上年增长11.83%。全市屠宰量排前3名的镇街（单位）分别为市中心屠宰场（71.56万头）、厚街镇（50.04万头）、长安镇（36.65万头）。（黄椿颖）

物流业

【东莞国际邮件互换局建设】 2018年，东莞市实现国际邮件互换局数据纳入东莞市外贸统计常态化。全年完成7651万件国际邮件

东莞国际邮件互换局 （市商务局供图）

清单申报工作，将货值19.77亿元（2.92亿美元）的邮件数据纳入东莞外贸统计。

【广东（石龙）中欧班列邮运项目测试】 2018年，东莞市加快推进广东（石龙）中欧班列邮运项目测试工作，于8月、11月、12月进行三次测试，为2019年实现常态化运作奠定基础。

【保税物流】 2018年，东莞市保税物流进出口总额2325.4亿元，比上年增长16.9%。东莞保税物流中心完成进出区货值173亿美元，稳居全国B型保税物流中心第一位，自营仓储出租率100%。是年上半年，海关总署完成东莞市申报设立虎门港综合保税区事项10部委会签工作，并上报国务院审批。10月4日，国务院批复，同意设立虎门港综保区。东莞保税物流中心和清溪保税物流中心两个B型保税物流中心至年底有进驻企业30多家，通过B保开展保税物流业务的生产企业和外贸企业超1000家。全年，清溪B保在不影响两个B保正常业务申报的前提下，对辅助系统进行升级改造并通过测试，顺利对接“金关二期”系统，实现两个B型保税物流中心共同使用该辅助系统。

会展业

【会展业概况】 2018年，东莞市会展业围绕“华南工业展览之都”“广东国际会议之都”的定位，做特、做优、做强。是年，东莞市蝉联“中国最具竞争力会展城市”称号。

截至2018年底，东莞市有广东现代国际展览中心、常平会展中心、虎门会展中心3个专业展馆，室内可展览面积18万平方米，室外可展览面积10万平方米。其中，广东现代国际展览中心作为东莞市最主要的专业展馆，于2002年建成，建成展馆7个（1号馆和3—8号馆），室内可展览面积15万平方米，可设标准展位7000多个，拥有85—2400平方米大小会议室11个，获得全国最佳服务展览场馆、中国品牌会展场馆等称号。

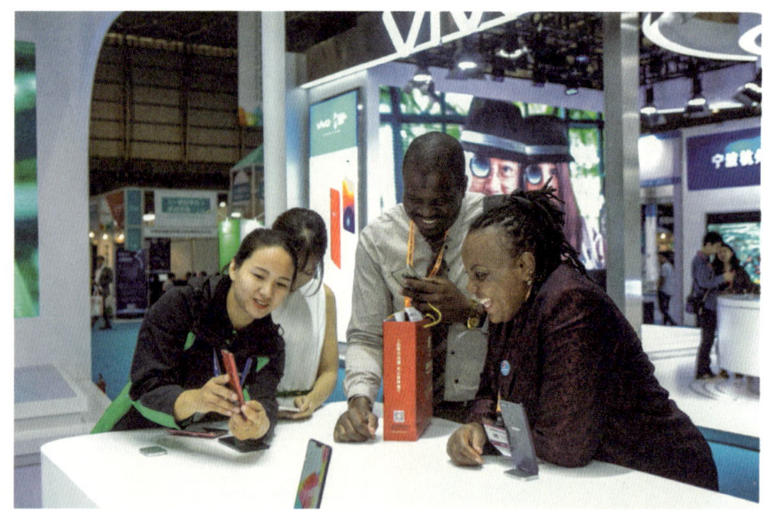

2018年10月25—28日，2018广东21世纪海上丝绸之路国际博览会在东莞市举行（市商务局供图）

据不完全统计，2018年东莞市举办展览规模在3000平方米以上的展览会65场，总展出面积逾300万平方米（包含专业卖场和专业市场），总参展商超过1.8万家，吸引采购商和观众300万人次，涉及电子机械、纺织服装、家具、造纸印刷、五金模具、食品饮料、动漫、汽车、文化等多个行业。是年，经申报、初审、综合评审、社会公示和市政府同意，认定“2017中国加工贸易产品博览会”等8个展会为“2017年东莞市重点品牌展会”。

【2018中国加工贸易产品博览会】 又称“加博会”，2018年4月19—22日在东莞市广东现代国际展览中心举办。该博览会由商务部、国家知识产权局和广东省人民政府共同主办，广东省商务厅和东莞市人民政府具体承办。该届展会展览面积5万平方米，紧扣“全方位对外开放”主题，坚持“1+6”（一大主题展、六大专业展）专业化模式设展。该届展会汇聚OPPO、浪潮集团、歌尔集团等知名企业，展示产品技术含量高，其中工业设计展区展示100多件获得红点等国内外设计大奖的通信、智能穿戴类等产品。展会吸引来自中国内地24个省、自治区、直辖市及中国港台地区698家企业参展，入场观展采购人数10.3万人次，比上年增长4.1%，其中专业观众2.5万人次、增长8.7%；达成商贸合作项目（含合同、协议和意向）8150个，意向成交金额突破1000亿元。展会期间，举办各类活动34场，其中大型配套活动16场，新品发布活动18场。

【2018广东21世纪海上丝绸之路国际博览会】 又称“海丝博览会”，2018年10月25—28日举办。该届海丝博览会按照“一展一会”的模式分别在东莞市和广州市举行。展览部分于10月25日在东莞市开幕。该博览会展览面积7万平方米，展览期间有80个国家和地区的嘉宾参展参会。其中，来自57个国家和地区的1732家企业参展，境外企业比例70.5%；入场观展、采购的人员25.5万人次，比上届增长1.6%。荷兰、法国、葡萄牙、菲律宾等国家首次组团参展，参展的亚洲国家和地区26个，欧洲国家扩展到16个，非洲国家8个，

大洋洲、北美洲、南美洲均有国家或者企业参展。海丝博览会设“1+4”展区［1个国家（地区）综合展，4个专业展］，包括电子信息及智能高端装备展、家居日用消费品展、旅游文化展、特色食品及茶文化展。电子信息及智能高端装备展吸引中车、格力、大族激光等国内企业近100家，携新技术和新产品集中亮相，受到沿线各国客商的关注和好评。到会的专业买家入场3.4万人次，比上届增长9.7%。

主题论坛于10月26日在广州市举行。该次论坛设主题大会和粤港澳大湾区与“一带一路”建设、“一带一路”产业园区建设合作、绿色产融合作和沿线国家汉语职业人才培训和创业孵化发展等4个分论坛。论坛围绕“创新开放合作新平台，增添共同发展新动力”主题进行交流。会上，16个粤港澳大湾区贸促机构和商协会共同发起粤港澳商协会携手推进大湾区建设倡议，首次发布中山大学与粤港澳合作研究团队完成的《广东参与“一带一路”建设蓝皮书（2013—2018）》，举行“一带一路”沿线国家职业汉语培训国际合作第二期签约仪式，加快推广国际实用汉语培训计划。

海丝博览会举办15场配套活动。东莞展会现场举办2018自贸协定暨广东“外资十条”（修订版）政策宣讲会、东莞—印尼企业贸易投资对接会等10多场配套活动，深化与沿线国家和地区在政策、经贸及文化等各领域的交流合作。

拍卖业

【拍卖业概况】 截至2018年底，东莞市取得拍卖许可资质的拍卖企业44家，拍卖从业人员227人，其中拍卖师94人。2018年，东莞市举办拍卖会成交927场次，比上年增长4倍，总成交额35.4亿元，增长48.8%。其中，法院委托成交额20.6亿元，占总成交额58.3%，比上年增长5倍；政府部门委托成交额9.9亿元，占总成交额27.8%，下降36.2%；金融资产机构委托成交额3.6亿元，占总成交额10.2%，增长3.6%；其他机构及个人委托成交额1.25亿元，占总成交额3.5%，增长95.7%。拍卖企业主营业务收入3623.83万元，比上年下降27%，营业利润-219.4万元。

【拍卖业监督管理】 2018年，东莞市对全市拍卖企业进行行业摸排调研，加强日常监督管理，对拒不参加年审或年度核查不合格且无心经营的拍卖企业，完善拍卖企业退出机制。加大拍卖行业整体宣传，引导企业专业化、差异化、规模化发展，鼓励行业协会发挥重要作用。向拍卖企业传达并解读拍卖政策新动向，建立和健全行业自律机制，对于扰乱拍卖市场秩序行为，做好市场调研及数据收集，开展专项整治，维护拍卖行业规范有序发展。

再生资源回收行业

【再生资源回收行业概况】 截至2018年底，东莞市经工商注册登记的再生资源回收市场主体2976家，比上年增长4.1%，其中办理经营备案的有936家、办理金属备案的有1031家。据不完全统计，2018年全市再生资源回收总量167.2万吨。其中废纸回收量78.6万吨，占比47%，其次是废钢铁，回收量61.7万吨，占比37%，废塑料、废玻璃、橡胶、其他种类回收量分别为10.3万吨、2.2万吨、2.0万吨、4.3万吨。

【《东莞市再生资源回收管理办法》修订】 2018年5月17日东莞市政府印发。新管理办法进一步明确回收站禁设区域、网点设置规划、建设标准及监管机制等方面内容。

【再生资源回收行业专项整治】 2018年，东莞市再生资源回收管理工作领导小组印发《东莞市2018年深化再生资源回收行业专项整治工作方案》，并于6月底至8月上旬通过动员部署、摸底排查、集中整治及督查验收等阶段集中开展专项整治行动。专项整治期间，全市出动检查1.33万人次，检查再生资源回收站点3834个，整顿站点1565个，取缔站点655个，全市回收站点检查率89.8%，近七成镇街检查率90%以上；全市整顿取缔占比57.9%，近四成镇街的整顿取缔占比80%以上。

【加工贸易废料网上交易平台建设】 2018年，东莞市优化加工贸易废料网上交易平台管理系统，推进边角料网上拍卖工作。截至2018年底，平台注册企业4405家，其中加贸企业3531家，申购企业874家（含100家外市申购企业），成交项目2.2万个，成交总量86.1万吨，成交金额24.4亿元，平均溢价率26.6%。

【《东莞市生活垃圾强制分类工作方案》发布】 2018年8月，东莞市发布，率先在公共机构开展生活垃圾强制分类，对公共机构可回收物明确定向回收方式，由市供销社统筹组织收运处理。（曾梓丹）

供销合作商业

【供销合作商业概况】 2018年，东莞市供销社系统销售总额14.8亿元，比上年增长10.86%；利润总额5086.8万元，增长28.3%，创税总额3675万元、增长18.9%。东莞市供销社被广东省供

2018年6月，东莞市供销合作联社启动生活垃圾分类试点，助力城市环境治理　　（市供销合作联社供图）

销社评为2018年度全省供销合作社综合业绩地级以上市优秀单位。

【东莞市供销集团有限公司】 2018年，东莞市加快筹建控股平台、社有资产管理委员会及其监事会，成立东莞市供销集团有限公司，构建农业、物业资产、再生资源、金融、其他综合等五大业务板块。印发合作发展基金管理办法，成立合作发展基金，加大对优质项目的资金投资力度，加大对系统内落后基层社的扶持。

【东莞市供联兴农农产品科技有限公司】 2018年，东莞市注册1000万元组建东莞市供联兴农农产品科技有限公司，打造农业龙头公司，重组莞香情公司，在东莞市南城区新开一家品牌形象店，在四川省甘孜州雅江县开设分公司，召开多次产品推介会，打造东莞优质农副产品、名优土特产、东莞手信——“莞香情”品牌，树立“供销产品”社会形象。　（莫志良）

附：2018年东莞市供销合作联社主要领导名录

党组书记、主任：黄程埈

专营专卖

【烟草专卖】 2018年，东莞市销售卷烟34.26万箱，比上年增长0.23%；单箱结构突破3万元，达到3.04万元，增长3.90%。全年实现税利27.37亿元，比上年增长3.90%；利润10.74亿元，增长5.80%；税金16.63亿元，增长2.70%。东莞市烟草专卖局（公司）被评为“2018年度东莞市效益贡献企业”“2018年度东莞市主营业务收入前20名企业”，纳税额在全市企业中排名第三，主营业务收入排名第十二。

【烟草市场管理】 2018年，东莞市查处各类涉烟违法案件2096件，比上年增长7.27%。其中，查处5万元以上案件311件，比上年增长58.67%，100万元以上案件24件，增长14.29%，国标4宗、省标3宗；查获涉案卷烟1.36亿支，增长37.36%。查获原辅材料一批及大型制假机器2台、小型机器1台；抓获涉案人员108人，刑拘83人，逮捕70人。全年查处“真烟5万支或5万元”以上案件194件，比上年增长73.21%，查获涉案真烟3662.71万支、增长144.35%，价值1959.45万元、增长151.25%。全年查处流入非烟4234.85万支，比上年增长118.16%，卷烟流出111.47万支、下降11.99%，未发生“双5”（价值5万元以上且数量5万支以上）以上卷烟外流案件。

2018年5月9日，东莞市2018年打假工作暨卷烟打假工作会议在市行政办事中心召开　　（市烟草专卖局供图）

重点打击非法卷烟中转分销和物流寄递，全年破获卷烟非法中转分销案件59件，比上年增长20.41%，破获非法物流寄递环节案件20件，增长1倍。　（郭小兵）

附：2018年东莞市烟草专卖局（公司）主要领导名录

党组书记、局长、总经理：

管伟华（任至8月）

钟荣林（8月到任）

【食盐专卖】　2018年，东莞市销售各类盐产品6.31万吨，其中食盐总销量6.3万吨（含集团内销售），包括食品加工用盐2.73万吨、食盐小包装3.58万吨；工业盐销量218.75吨。全年实现营业收入1.06亿元，实现利润总额1772.67万元（含政府食盐储备资金）。是年，东莞市承储省级政府食盐储备4300吨，市级政府储备5300吨，企业储备2600吨。

【食盐专项巡查行动】　2018年，东莞市开展食盐专项巡查行动，出动巡查人员6725人次，巡查市场1334个次、副食店档和用盐单位10064个次，查报各类盐业违法案件线索519条，其中涉假盐一般程序案件40件，省外盐违法违规经营案件228件；食盐制假窝点线索4条和假盐包装箱印制厂1家；刑事移交案件线索1条，移交涉盐犯罪分子1人；查获假冒伪劣食盐14.9吨，查获假冒小包装片膜1.98万个。　（刘　珍）

附：2018年广东省盐业集团东莞有限公司主要领导名录

总经理：陈永华（任至9月）

朱锦波（10月到任）

电子商务

【电子商务概况】　2018年，东莞市电子商务交易额4801亿元，比上年增长14.3%；跨境电商进出口370.1亿元，增长133%，其中出口354.2亿元、增长134%，进口15.9亿元、增长112.3%；东莞邮政发出国际小包7651万件，下降13.3%，日均24.6万件。

【中国（东莞）跨境电子商务综合试验区】　2018年7月13日，东莞市被纳入国家第三批跨境电子商务综试区城市。广东省人民政府印发《中国（东莞）跨境电子商务综合试验区实施方案》，东莞市建立跨境电商综试区工作领导小组，形成“1+5”工作思路，以实施方案为引领，从发展规划、专项资金、公共服务平台、体制机制创新及园区认定管理等五个维度构建政策支撑体系。

【传统制造企业应用电子商务转型】　2018年，东莞市围绕企业与企业对接、企业与平台对接、企业与服务资源对接三种类型，举办交流会、推介会、对接会、电商实操培训等活动180多场，惠及企业5000多家。

【2018先进制造链创新发展大会暨东莞跨境电商采购峰会】　2018年，东莞市举办先进制造链创新发展大会暨东莞跨境电商采购峰会，全市285家制造企业参会对接，亚马逊、eBay、速卖通、wish、环球资源等主流跨境平台以及Lazada、Shopee、Killmall、Jumia、Jollychic和Umka等一批“一带一路”沿线国家的新兴平台负责人以及30多个大卖家到场对接，现场达成采购意向超过2000万元，入场人数超过4000人次，会后对500位采购商进行电话回访，好评率超90%。

【第四届东莞互联网荔枝节】　2018年，东莞市举办第四届东莞互联网荔枝节，借助全市优秀电商服务资源，利用京东、顺丰等各大主流互联网平台以及微创客、社区门店等渠道，实现荔枝线上销售额超过1000万元，比上年增长25%。

【电子商务协会】　2018年，东莞市新增桥头、塘厦、万江、茶山、东坑等5个镇街成立电子商务协会，全市镇街（园区）电子商务协会达到22个。　（曾梓丹）

附：2018年东莞市商务局主要领导名录

党组书记、局长：蔡　康

2018年5月21日，第四届东莞互联网荔枝节举办　（市商务局供图）

旅游业·餐饮业

TOURISM · CATERING

隐贤山庄　（张超满　摄）

编辑：陈建枝

旅 游 业

【旅游业概况】 2018年，东莞市旅游总收入529.37亿元，比上年增长8.28%，其中国际旅游外汇收入16.30亿美元、增长2.15%。全年接待游客总人数4433.87万人次，比上年增长7.05%，其中入境游客401.91万人次、下降0.44%，国内游客4031.96万人次、增长7.86%。截至年底，全市国家A级旅游景区25个，其中AAAA级旅游景区15个，2018年新增华阳湖国家湿地公园、大王山森林公园、牙香街文化旅游区、鑫源食品文化体验区、黄大仙公园等5家AAA旅游景区；星级酒店31家，其中五星级14家、四星级12家；有旅行社163家，其中国际旅行社22家，国内旅行社103家，非法人分社38家。

【旅游发展】 2018年9月27日，东莞市印发《东莞市人民政府办公室关于印发〈东莞市旅游产业发展专项资金管理办法〉的通知》。新修订的资金管理办法，提高旅游产业资金扶持力度，从2019—2021年，年均安排资金从1000万元提升到3000万元用于旅游产业发展，重点扶持旅游项目。10月9日，东莞市召开全域旅游工作会议，明确提出旅游工作的主要目标，实现从旅游输出地到旅游输出地与旅游目的地并重的转变，打造特色多元旅游目的地。牵头制定《东莞市全域旅游发展实施意见（征求意见稿）》，把发展全域旅游作为推动东莞高质量发展的重要突破口，坚持高起点规划、高水平开发、高质量建设，力争三年打开全域旅游新局面。

【东莞新增5家国家AAA级旅游景区】 2018年，东莞市华阳湖国家湿地公园、大王山森林公园、牙香街文化旅游区、鑫源食品文化体验区、黄大仙公园5家景区被评为国家AAA级旅游景区。

华阳湖国家湿地公园景区

景观众多，有休闲港湾“印象水乡”，麻涌新八景之一的“华阳塔影”，娱乐广场“亲水平台”，塔高21.5米、八面临风的“腾龙阁”，粤韵声声、音韵辐射整个景区的“梅林曲苑”，幽静林荫、繁花满园、生机盎然的“水上森林公园”，还有“七彩麻涌——华阳湖夜航”夜间表演剧场等。

大王山森林公园位于清溪镇南部三中村内，面积8平方千米，主峰海拔303米，山体植被覆盖率95%，植物种类1000多种，其中野生树木种类超过300种，山中古树参天、绿意盎然、藤萝密布、鸟语花香。

牙香街是寮步镇古代十三行中集中销售莞香的一条街道，全长100多米，以岭南明清建筑风格为主，获得“广东省岭南特色街区铜奖”称号。

鑫源食品文化体验区位于东莞市厚街镇，由东莞市鑫源食品有限公司投资建设，是综合型的食品加工和销售企业，主要产品有腊肠、腊肉、月饼、月饼馅料、鸡蛋卷、曲奇饼、鸡仔饼、杏仁饼、炒米饼等。鑫源食品文化博物馆建筑面积3500平方米，展出各类展品超过1000件。

黄大仙公园位于东莞市企石镇西北紧靠东江旁的金校椅岭，面积8万平方米，具有石奇、林茂、风凉、景幽的特点。山上除文昌阁外，建有环回麻石路、休憩亭，山下从西至东依次为公园牌坊、游客服务中心、商业街、黄大仙庙山门、黄大仙庙建筑群、龙湾宫等，与东江金海岸体育长廊接壤。

【工业旅游示范点评定】 2018年，东莞市经发动申报、检查督导、整改提升、公示认定等流程，评选出11家市级工业旅游示范点，分别是东莞市太粮米业有限公司、东莞市芬璐家居用品有限公司、东莞市嘉颐实业有限公司、广东比伦生活用纸有限公司、东莞市代代红红木家具有限公司、东莞市异能无人机科技有限公司、东莞市顺林模型礼品股份有限公司、东莞市鸿博家具有限公司、东莞市伊卓服装有限公司、东莞市三态食品有限公司、东莞市木祥阁木制品有限公司。截至年底，全市有32个市级工业旅游示范点。

【旅游宣传】 2018年，东莞市旅游局策划“畅游东莞·四季如歌”全天候旅游宣传活动，作为东莞旅游主题活动品牌，把握季节特点、时政热点推出不同的旅游活动和特色产品、线路，增加旅游吸引力，促进旅游消费。分别举办“阳春三月丽人行”春季旅游主题活动、“不忘初心·重走东纵路”夏季红色旅游活动、“丰收季节　收获快乐”秋季农业旅游活动、“冬游东莞‘购’快乐”冬季旅游活动，引起各大媒体的广泛报道，提高东莞旅游吸引力，促进旅游消费，旅游企业经济效益提升明显，

2018年11月24日，东莞市旅游局举办“冬游东莞‘购’快乐”主题旅游活动 （市文化广电旅游体育局供图）

东莞手绘旅游地图 （市文化广电旅游体育局供图）

全市21家A级景区旅游总收入比上年增长39.04%，接待人数增长8.4%。

【“中国近代史开篇地”文化旅游品牌】 2018年，东莞市打造虎门“中国近代史开篇地”文化旅游品牌被纳入市政府一号文和市政府主要目标任务中。市旅游局着力推动林则徐销烟池与虎门炮台旧址周边环境整治工作，推动水上旅游巴士项目建设。10月11日，滨海湾新区首条水上旅游巴士航线——“滨海湾爱国主义旅游航线”试航，实现东莞水上旅游交通的突破。谋划重点旅游项目，委托新空间旅游规划设计研究院对鸦片战争虎门遗址文化旅游景区进行旅游项目策划和制定落地计划，牵头组织9次调研座谈，并于12月14日通过评审，移交滨海湾新区和虎门镇落实项目策划工作。

【岭南古村落旅游整合开发】 2018年3月21日，东莞市松山湖片区古村落旅游资源开发座谈会确定由松山湖牵头统筹茶山镇、石排镇，整合开发茶山南社、牛过蓢古村落、石排塘尾古村落文化旅游资源和松山湖生态资源。市旅游局牵头历经大半年协调各方诉求和利益，整合出“一园两镇”6.53平方千米的空间范围，于10月22日，通过竞标方式确定华润（深圳）有限公司的策划方案为中标方案。11月22日，市旅游局牵头召开专家评审会，原则通过策划方案。12月21日市旅游局将策划最终成果《“中国东莞·岭南原乡”岭南古村落旅游整合开发项目总体策划方案》移交松山湖管委会。

【“东莞市农旅融合试点项目”评选】 2018年5月，东莞市旅游局联合市农业局评定东坑农业园、龙洲湾都市农业观光园、檀香岛乐活生态农场、广东汇一四季果园、百香岛生态农业旅游区、水云山谷农业生态园为首批“东莞市农旅融合试点项目”，在“2018中国旅游日”启动仪式上授牌推介。

【东莞入选“2018中国最佳旅游目的地城市”】 2018年12月15日，“第十五届中国旅游发展北京对话·广州论坛——大数据视野下的旅游目的地城市建设”在广州举行，论坛发布国内首份基于大数据的最佳旅游目的地城市榜单，东莞入选“2018中国最佳旅游目的地城市”，在“2018最具投资价值旅游目的地城市”中排行第四位，在国内游客和入境游客最喜爱的旅游目的地城市中分别排行第九位、第十二位。（田　恬）

附：2018年东莞市旅游局主要领导名录

党组书记、局长：董　红

南社明清古村落　（市文化广电旅游体育局供图）

2018年东莞市旅游业情况表

项目	单位	2018年	2017年	2018年比2017年增长（%）
一、已评一星以上宾馆（酒店）	家	31	33	-6.06
四星级宾馆（酒店）	家	12	12	0.00
五星级宾馆（酒店）	家	14	14	0.00
二、客房（已评1星以上）	间	9619	9666	-0.49
床位（已评1星以上）	张	13027	13176	-1.13
开房率（31家星级饭店开房率）	%	41.67	59.16	
三、旅行社	家	163	133	22.56
#国际旅行社	家	22	14	57.14
国内旅行社	家	103	88	17.05
非法人分社	家	38	31	22.58
四、全年接待人数	人次	44338730	41418524	7.05
（一）国际及中国港澳台地区旅游者	人次	4019105	4036735	-0.44
1.外国人	人次	1110939	1125421	-1.29
2.港澳台同胞	人次	2908166	2911314	-0.11
（二）国内旅客	人次	40319625	37381789	7.86
五、旅游总收入	万元	5293683.30	4889010.58	8.28
其中：国际旅游外汇收入	万美元	163011.64	159581.51	2.15
六、外出旅游人数（旅行社数据）	人次	1634243	1623447	0.67
其中：国内旅游人数	人次	1487627	1469502	1.23
出国（境）游人数	人次	146616	153945	-4.76

2018年东莞市国家A级旅游景区名录

序号	名称	等级	地址	联系电话
1	鸦片战争博物馆	AAAA	东莞市虎门镇解放路88号	85512065
2	松山湖景区	AAAA	东莞市松山湖高新区	22890769
3	广东观音山国家森林公园	AAAA	东莞市樟木头镇石新区	87700691
4	东莞市科学技术博物馆	AAAA	东莞市新城市中心区元美中路2号	22835268
5	粤晖园旅游景区	AAAA	东莞市道滘镇粤晖路1号	88389236
6	龙凤山庄影视旅游区	AAAA	东莞市凤岗镇官井头村嘉辉路嘉辉坊	87562288
7	香市动物园	AAAA	东莞市寮步镇药勒村	82819988
8	东莞展览馆	AAAA	东莞市中心广场鸿福路97号	22834000
9	广东东江纵队纪念馆	AAAA	东莞市大岭山镇大王岭村	85651000
10	东莞市清溪银瓶山森林公园	AAAA	东莞市清溪镇石田二街53号	87386638
11	南社·塘尾明清古建筑群	AAAA	东莞市茶山镇南社村茶南路 东莞市石排镇塘尾村古村路	南社：82680082 塘尾：86527111
12	可园博物馆	AAAA	东莞市莞城街道可园路32号	22227039
13	逸颐艺舍博物馆	AAAA	东莞市横沥镇彩霞路129号	81172888
14	香市文化旅游区	AAAA	东莞市寮步镇祥富路香市公园旁	83526066
15	隐贤山庄旅游度假区	AAAA	东莞市常平镇常马路丽城隐贤山庄大道8号	83395737

续表

序号	名称	等级	地址	联系电话
16	唯美陶瓷博物馆（中国建筑陶瓷博物馆）	AAA	东莞市高埗镇北王路	81133333
17	森晖自然博物馆	AAA	东莞市莞城街道可园路博厦社区九坊	22227899
18	中国圣心糕点博物馆	AAA	东莞市茶山镇茶山工业园B区	86414332
19	仙溪福地欧公文化景区	AAA	东莞市石龙镇新城区黄家山路	86103663
20	稻香饮食文化旅游区	AAA	东莞市横沥镇西城科技园三区稻香集团	88975122
21	华阳湖国家湿地公园	AAA	东莞市麻涌镇兴华路	81903067
22	大王山森林公园	AAA	东莞市清溪镇三中村顺峰路	82526633
23	牙香街文化旅游区	AAA	东莞市寮步镇寮步社区牙香街	81100600
24	鑫源食品文化体验区	AAA	东莞市厚街镇汴康西二路5号	85875688
25	黄大仙公园	AAA	东莞市企石镇金交椅岭	86768713

2018年东莞市旅行社名录

序号	许可证号	旅行社名称	电话	统一社会信用代码	企业地址
1	L-GD-CJ00105	东莞市国际旅行社有限公司	22458168	91441900198029545R	东莞莞城街道东城大道188号新华大厦三楼
2	L-GD-CJ00106	东莞市中国旅行社有限公司	22008888	914419001980412539	东莞市南城街道元美路华凯广场A栋二层
3	L-GD-CJ00107	广东国泰国际旅行社有限公司	22088888	9144190073311593XG	东莞市南城街道新城社区体育路26号盈锋商务中心1栋商铺三楼301
4	L-GD-CJ00108	东莞康辉国际旅行社有限公司	22488666	914419007444939796	东莞市南城街道莞太路63号鸿福广场二、三楼
5	L-GD-CJ00109	东莞市腾龙假日国际旅行社有限公司	23362789	914419007480341124	东莞市莞城街道东平街233号六楼F612a
6	L-GD-CJ00110	东莞市景鸿国际旅行社有限公司	22313888	914419007606117602	东莞市东城街道东城南路联和大厦七楼
7	L-GD-CJ00111	东莞市东华国际旅行社有限公司	22663333	914419007615809437	东莞市东城街道东路5号东华大厦一至二楼
8	L-GD-CJ00112	东莞市四海国际旅行社有限公司	22339888	914419007480289277	东莞市莞城街道东城大道东平街223号
9	L-GD-CJ00113	东莞市青年国际旅行社有限公司	22239388	91441900281850254F	东莞市莞城街道新芬路42号
10	L-GD-CJ00401	广东江南假期国际旅行社有限公司	81182668	91441900684401242E	东莞市常平镇沿河东路威盛商务大厦302室
11	L-GD-CJ00415	广东五湖四海国际旅行社有限公司	28056248	9144190009481467XH	东莞市南城街道鸿福路108号中盛商务大厦312商铺
12	L-GD-CJ00338	东莞市致尚假期国际旅行社有限公司	22001121	914419003041619114	东莞市南城街道鸿福社区黄金路1号天安数码城C1栋第一层103
13	L-GD-CJ00352	东莞市胜景游国际旅行社有限公司	81287886	91441900304240599A	东莞市长安镇锦厦东门中路百汇金融大厦十一楼15号
14	L-GD-CJ00557	东莞市万旅国际旅行社有限公司	85087788	91441900769301531Y	东莞市南城街道鸿福元美西路8号华凯广场B幢605号
15	L-GD-CJ00569	东莞市车游天下国际旅行社有限公司	23392222	91441900688637287J	东莞市南城街道胜和体育路3号体育中心体育馆东面首层北段2号A铺

续表

序号	许可证号	旅行社名称	电话	统一社会信用代码	企业地址
16	L-GD-CJ00571	广东东旅国际旅行社有限公司	22477878	91441900303863188X	东莞市莞城街道学院路林科所综合大楼287号
17	L-GD-CJ100027	东莞市康旅国际旅行社有限公司	23025583	91441900MA4UHUL69M	东莞市南城街道宏伟路1号景湖时代花园14栋03号铺
18	L-GD-CJ100059	广东新纪元国际旅行社有限公司	22115107	91441900786492050J	东莞市南城街道莞太路与建设路交汇处福民大厦北楼709号
19	L-GD-CJ100071	东莞知行国际旅行社有限公司	22227856	914419000917673610	东莞市南城街道胜和商住广场B座16F号B单元
20	L-GD-CJ100138	东莞新景界东青游国际旅行社有限公司	23629838	91441900MA4UHM3N1H	东莞市南城街道东骏路28号东骏豪苑一期商铺B铺105A
21	L-GD-CJ100133	东莞市山水国际旅行社有限责任公司	22881118	91441900324832954P	东莞市东城街道东城中路422号格兰名筑5栋商铺01、02号房
22	L-GD-CJ100158	广东美程国际旅行社有限公司		91441900MA4UQRTJ7M	东莞市东城街道主山社区东纵路208号东城万达广场B区6幢办公室1509
23	L-GD-100216	广东文康国际旅行社有限公司	81768867	91441900792952076E	东莞市长安镇长盛社区长中路107号2铺
24	L-GD00263	东莞市丰行旅行社	22388888	91441900721184962G	东莞市莞城街道罗沙路126号金沙大厦六楼
25	L-GD00264	东莞市讯通旅行社	22488786	91441900745513708B	东莞市莞城街道莞太大道5号讯通大厦八楼
26	L-GD00265	东莞市阳光旅行社	22825888	91441900759212009J	东莞市南城街道鸿福社区簪花路华凯豪庭办公楼（活力中心）1006-01
27	L-GD00266	东莞市明珠旅行社	22335888	914419007510950040	东莞市南城街道西平宏伟路19号东方创业大厦A区5楼519-520室
28	L-GD00267	东莞市南湖旅行社	22112257	91441900732174436X	东莞市莞城街道南城路南城大厦十楼1002室
29	L-GD00268	东莞市南方观光旅行社	22501177	91441900748047909K	东莞市莞城街道罔南路6号
30	L-GD00271	东莞市华夏旅行社	22386666	914419007491604607	东莞市南城街道元岭新街4号
31	L-GD00272	东莞市广之旅旅行社	22480230	91441900760648336L	东莞市莞城街道东纵大道地王商务中心十一楼10室
32	L-GD00269	东莞市君达假期旅行社	89914893	91441900786471815L	东莞市南城街道鸿福西路东莞国际商务大厦1002号
33	L-GD00274	东莞市幸福假期旅行社	22761432	91441900765704712J	东莞市莞城街道兴塘社区东平街233号五楼532
34	L-GD00275	东莞市新华旅行社	85569955	9144190076733142XR	东莞市虎门镇连升中路17号新华旅游大厦
35	L-GD00277	东莞市金运旅行社	89973333	914419007718689402	东莞市莞城街道市桥社区南城路1号南城大厦十一楼1号
36	L-GD00278	东莞市南方阳光商务旅行社	22222260	91441900778325471M	东莞市南城街道港口大道9号宏远康城大厦2201-2204
37	L-GD00280	东莞市欢泰旅行社	85044444	914419007962092632	东莞市虎门镇太沙路81号粤华童装城一楼A106
38	L-GD00284	东莞市东行天下旅行社	22638738	91441900797712530Y	东莞市南城街道宏远宏景中心C16号铺

续表

序号	许可证号	旅行社名称	电话	统一社会信用代码	企业地址
39	L-GD00283	东莞市畅游天地旅行社	22229917	91441900766576572З	东莞市莞城街道莞太路城区工业园联丰楼401
40	L-GD00285	东莞市优游旅行社	22336999	914419006731341853	东莞市东城街道新世界花园东城支路5号A铺
41	L-GD00281	东莞市会通旅行社	22880005	91441900677082060A	东莞市南城街道莞太路美佳大厦首层
42	L-GD00290	东莞市天马旅行社	82824444	914419006633583887	东莞市常平镇东园南路16号裕隆大厦1208室
43	L-GD00289	东莞市松山湖旅行社	22890202	9144190067710651XW	东莞市松山湖管委会控股大厦五楼
44	L-GD00286	东莞市宏途旅行社	23039032	9144190068249633X4	东莞市南城街道黄金花园丰硕广场十一楼1106室
45	L-GD00282	东莞市金泰旅行社	85199981	91441900682469286T	东莞市虎门镇人民南路91号之十
46	L-GD00291	东莞市康泰旅行社	89995666	91441900686373660F	东莞市长安镇乌沙环南路4号之一
47	L-GD00292	东莞市飞马旅行社	33215681	9144190068864863X7	东莞市寮步镇坑口社区亭子边仁和路80号五楼
48	L-GD00294	广东捷旅国际旅行社有限公司	22886628	91441900690505558U	东莞市南城街道莞太路81号亨美工贸大厦75号商铺
49	L-GD00921	东莞市益生旅行社	82388238	91441900690515174J	东莞市长安镇长盛社区中兴北街68号益生大厦一楼商铺
50	L-GD00967	东莞市众信旅行社	87001666	91441900699722831U	东莞市虎门镇金桥商住楼太沙2号商铺
51	L-GD00968	东莞市潮流假期旅行社	22361519	91441900698194512T	东莞市南城街道新基社区滨河路28号景湖湾畔25#公寓119商铺
52	L-GD00969	广东中旅（东莞）旅行社	89798798	91441900699709506A	东莞市南城街道新城市中心区会展北路东莞市会展国际大酒店首层二排商铺区110A号
53	L-GD01025	广东风华国际旅行社有限公司	22010355	91441900557335860Y	东莞市城街道东城大道248号
54	L-GD01024	东莞市环宇旅行社	89779956	914419005573205035	东莞市南城街道宏成国际五金机电批发城
55	L-GD01129	东莞市华南旅行社	22453913	914419007350291546	东莞市南城街道新城市中心区簪花路18号
56	L-GD01256	港中旅（东莞）国际旅行社	23329888	91441900579669394E	东莞市南城街道胜和路华凯大厦物业首层13号
57	L-GD01307	东莞市国通旅行社有限公司	23032223	91441900584715076K	莞城街道东城南路东升大厦一楼4号
58	L-GD01343	东莞市晨华旅行社有限公司	22201168	914419005900630009	东莞市南城街道新城市中心区元美东路东侧东莞市商业中心二期百安中心A幢903号
59	L-GD01352	广东飞扬国际旅行社有限公司	23398833	91441900590061881K	东莞市南城街道三元里社区公寓一号楼四楼A01
60	L-GD01353	中国国旅（广东东莞）旅行社有限公司	23135388	91441900590070331J	东莞市莞城街道金牛路41号亚洲大厦一楼

续表

序号	许可证号	旅行社名称	电话	统一社会信用代码	企业地址
61	L-GD01405	东莞市猎狐旅行社有限公司	23329936	914419005989084188	东莞市东城街道主山高田坊联动大厦六楼608号
62	L-GD01490	观视界国际旅行社（广东）有限公司（原东莞市中港旅行社有限公司）	22255278	914419000585352009	东莞市南城街道胜和花路顶好大厦A405号
63	L-GD01774	东莞市行知旅行社有限公司	22761666	914419000917673610	东莞市南城街道西平社区西平三路9号邦泰创意园B栋第二层B204号
64	L-GD01785	东莞市乐游天下旅行社有限公司	22993210	914419000917750706	东莞市万江街道共联社区东晨商厦B座二楼
65	L-GD01801	东莞市华粤旅行社有限公司	88881886	91441900093947235M	东莞市中堂镇G107国道新鹤田路口耀鸿大厦地面铺103单元
66	L-GD01916	东莞市玩美假期国际旅行社有限公司	81616520	91441900398139255T	东莞市虎门镇连升北路600号嘉达明苑3A2
67	L-GD01968	东莞市出行易旅行社有限公司	33333339	91441900698146545Y	东莞市东城街道桑园村银贵路2号（广仁驾校一楼）
68	L-GD02032	东莞风光旅行社有限公司	85117666	91441900323240762T	东莞市虎门镇虎门大道37号
69	L-GD02089	东莞市庆华旅行社有限公司	22412168	91441900315209036Q	东莞市南城街道莞太路38号2楼之二A区
70	L-GD02118	东莞市东之旅国际旅行社有限公司	22022827	914419003247679100	东莞市莞城街道金牛路41号亚洲大厦三楼302室
71	L-GD02119	东莞市莞之旅旅行社有限公司	83331536	91441900337955451E	东莞市常平镇振兴三街15号
72	L-GD02120	东莞市南方之旅国际旅行社有限公司	85582800	91441900MA4UPLYCXE	东莞市厚街镇中兴路49号裕丰大厦6CD
73	L-GD02157	东莞市飞越梦旅行社有限责任公司	22993210	91441900MA4UHCUK1M	东莞市南城街道西平宏伟东四路明致商务中心B区第六层B605号
74	L-GD-02223	东莞驴妈妈国际旅行社有限公司	22762136	91441900MA4UKHJAXK	东莞市莞城街道创业社区莞太大道十一号一楼
75	L-GD-02224	东莞市中航旅行社有限公司	33539051	91441900MA4UIIJXE04	东莞市南城街道建设路16号西区3、4号铺位
76	L-GD-02225	东莞市凤凰假日旅行社有限公司	22889118	91441900MA4ULB2E3Q	东莞市南城街道江南世家A096
77	L-GD02249	东莞市平安假期旅行社有限公司	26267966	91441900MA4UKRTH81	东莞市莞城街道兴塘社区东城大道65号2座4号6楼方中大厦604
78	L-GD02250	东莞市绿野旅行社有限公司	222248743	91441900MA4ULL2X6J	东莞市莞城街道罗沙社区莞龙路叫尾工业区智慧小镇创意产业园二期D栋201室
79	L-GD02254	东莞市途乐旅行社有限公司		914419003152004612	东莞市塘厦镇花园新街北九巷五号
80	L-GD02281	东莞市说走就走旅行社有限公司		91441900MA4UMCJ990	东莞市莞城街道街道创业路80号一楼
81	L-GD02307	广东广青国际旅行社有限公司	22883995	91441900MA4UNAUH45	东莞市南城街道宏伟路金地格林小城罗兰院29号
82	L-GD02314	东莞市非凡旅行社有限公司		91441900351184307G	东莞市石龙镇上塘西路22号

续表

序号	许可证号	旅行社名称	电话	统一社会信用代码	企业地址
83	L-GD02391	东莞小雅旅行社有限公司		91441900MA4UU76027	东莞市万江街道金泰社区周屋基村83号立创科技大厦六楼
84	L-GD02414	东莞市星星之旅旅行社有限公司	22491277	91441900MA4URX5T8E	东莞市南城街道胜和簪花路综合楼三楼A区
85	L-GD02428	东莞市快车旅游有限公司	85181763	91441900MA4UWT5E1X	东莞市虎门镇博涌社区卢屋创富大厦五楼518室
86	L-GD02462	东莞市嘉华旅行社有限公司	85928888-6615	91441900MA4UTRPU8G	东莞市厚街镇家具大道1号广东嘉华酒店主楼37层
87	L-GD02498	东莞市火车头旅行社有限公司	23308292	91441900MA4WINKQ1C	东莞市莞城街道兴塘社区东平街223号B306-1室
88	L-GD02499	东莞宝中旅行社有限公司	22039118	91441900MA4UX1GB6U	东莞市莞城街道创业社区莞太大道5号讯通大厦D5号商铺
89	L-GD02500	广东易途国际旅行社有限公司	22242282	91441900MA4W1RUQ6Y	东莞市南城街道鸿福西路国际商会大厦510-2号
90	L-GD02541	东莞市新里程旅行社有限公司	22013812	91441900MA4UUM1X1T	东莞市东城街道文华路333号财源国际广场十二楼1201号
91	L-GD02542	东莞市小麦国际旅行社（即原来的东莞市富海旅行社有限公司）		91441900MA4UKFE43P	东莞市莞城街道莞太路34号东莞创意产业中心园区11号楼203A号室
92	L-GD02688	广东智慧国际旅行社有限公司	26265080	914419000901990912	东莞市莞城街道向阳路恒大金碧华府4座商铺327号房
93	L-GD02689	广东世纪中润国际旅行社有限公司	22498206	91441900MA4WDAL64Y	东莞市莞城街道创业八达路169号807室
94	L-GD02740	中青国际旅行社（东莞）有限公司	88031195	91441900MA4WUJ7700	东莞市南城街道胜和社区胜和广场D座1408
95	L-GD02775	口岸中旅（广东）国际旅行社有限公司	22027766	91441900MA4WPKN861	东莞市南城街道莞太路南城段22号1209室
96	L-GD02776	东莞市卓鹰旅行社有限公司	27231213	914419000734624410	东莞市南城街道新基路9号318室
97	L-GD02777	广东联安旅行社有限公司	27285288	91441900MA4X5Q9P4U	东莞市南城街道周溪众利路84号聚大电商产业园微信楼619-620
98	L-GD02784	东莞美好时光国际旅行社有限公司	21228888	91441900MA4X5C4MX4	东莞市南城街道胜和社区建设路16号树熙大厦（南城科技大厦）0809室
99	L-GD02785	东莞市爱尚旅行社有限公司	89837799	91441900MA4X6JQG59	东莞市东城街道樟村文华路299号田禾东城国际食品交易C区18栋137号
100	L-GD02828	东莞悦行旅行社有限公司	23392399	91441900MA5104E74E	东莞市莞城街道兴塘社区元岭路3号晓翠园北区写字楼4楼403室
101	L-GD02829	春之旅国际旅行社（东莞）有限公司	28686369	91441900MA514GJ2X3	东莞市万江街道新城金鳌大道9号葡萄庄园3号楼1201室
102	L-GD02884	广东搜野国际旅行社有限公司	22242342	91441900MA5103UM6M	东莞市莞城街道罗沙社区白沙塘新村八巷9号
103	L-GD02900	东莞市途盈旅行社有限公司	22173999	91441900MA511MBQ5L	东莞市南城街道周溪社区隆溪路5号高盛科技园一期B栋402

续表

序号	许可证号	旅行社名称	电话	统一社会信用代码	企业地址
104	L-GD02901	东莞市饱览旅行社有限公司	81585558	91441900MA4MYD0Y29	东莞市长安镇新安社区横中路15号鹏源商务大厦七楼702
105	L-GD02902	东莞市南方假日国际旅行社有限公司	88016195	91441900MA51ATBN9Q	东莞市莞城街道兴塘社区东城西路海联大厦五楼501#
106	L-GD02932	东莞市莞泰国际旅行社有限公司	22025888	91441900MA4UL6D72Q	东莞市莞城街道兴塘社区东城大道33号金澳花园酒店三楼316
107	L-GD02975	东莞市港青国际旅行社有限公司	22248520	91441900MA51E8GC5B	东莞市东城街道岗贝旗峰路国泰大厦八楼12号房
108	L-GD02977	东莞市和兴旅行社有限公司	27226683	91441900MA51M864XT	东莞市万江街道新城社区江滨花园一期D73号铺
109	L-GD02978	东莞市国辉旅行社有限公司	22285008	91441900MA51L1X71F	东莞市万江街道共联社区金龙商业街商业楼地铺5号铺
110	L-GD02995	东莞市澳漫行研学旅行社有限公司	22200655	91441900MA51GB9Q42	东莞市东城街道东莞大道11号台商大厦2单元办公808号
111	L-GD-100001	广东世纪潮流国际旅行社有限公司	82559747	91441900MA51F4F21R	东莞市常平镇木棆村常平国际创新港23号一栋三层1304室
112	L-GD-100018	东莞市花样年华旅行社有限公司	26997171	91441900MA51QMJ93Q	东莞市万江街道牌楼基社区金鳌大道信安科技大厦三楼308室
113	L-GD-100022	东莞市玖壹国际旅行社有限公司	28822891	91441900MA51Q0A102	东莞市南城街道袁屋边社区莞太路雍景大厦602A号
114	L-GD-100050	东莞粤企联盟旅行社有限公司	89273030	91441900MA520BU84E	东莞市南城街道鸿福社区黄金路1号天安数码城B1栋803
115	L-GD-100065	东莞幸福印象旅行社有限公司	85085789	91441900MA51PBK439	东莞市厚街镇宝屯社区康乐北路6号厚街万达广场4幢办公1704号
116	L-GD-100085	东莞方行旅行社有限公司	33539609	91441900MA51UFF317	东莞市南城街道宏图社区新中路1号新中银金色华庭8号楼2单元601
117	L-GD-100086	私享旅游（东莞）有限公司	81738813	91441900MA524TTM3E	东莞市寮步镇良平社区横坑丰泰城二区1栋101号商铺
118	L-GD-100103	东莞市汇博旅行社有限公司	82278788	91441900MA51U05M2P	东莞市东城街道火炼树东莞大道11号台商大厦1单元2404房
119	L-GD-100109	东莞市安途生旅行社有限公司	88038686	91441900MA524YJH2N	东莞市东城街道堑头社区新风横街6巷8号五楼505室
120	L-GD-100121	东莞青春不朽旅行社有限公司	87029799	91441900MA4UJ6AR67	东莞市长安镇沙头社区振安东路249号十一楼1107
121	L-GD-100137	广东中青观光国际旅行社有限公司	33350681	91441900MA5291D611	东莞市南城街道周溪社区隆溪路5号高盛科技园二期之高盛科技大厦第五层03室
122	L-GD-100112	东莞市逸游天下旅行社有限公司	22207096	91441900MA529YHB84	东莞市莞城街道博厦社区运河西三路48号
123	L-GD-100140	广东水濂小镇旅行社有限公司	28828993	91441900MA52B4GR1T	东莞市南城街道水濂社区路口水濂小镇招商总部A座第六层603室

续表

序号	许可证号	旅行社名称	电话	统一社会信用代码	企业地址
124	L-GD-100142	东莞光大星辰国际旅行社有限公司	22230999	91441900337901787H	东莞市莞城街道东城大道金澳花园A座301-3
125	L-GD-100154	广东星途国际旅行社有限公司	22993591	91441900MA527T1T9F	东莞市南城街道胜和社区体育路2号鸿禧中心B1207-D
126	L-GD-CJ00004-DGFS001	广州广之旅国际旅行社东莞分公司	22480230	91441900770172810D	东莞市莞城街道东纵大道地王商务中心1107
127	L-GD-CJ00039-DGFS001	深圳中国国际旅行社有限公司东莞分公司	22388000	914419007693256135	东莞市南城街道南城体育馆
128	L-GD-CJ00001-DGFS001	中国国旅（广东）国际旅行社股份有限公司东莞分公司	81569999	91441900675231739M	东莞市莞城街道金牛路亚洲大厦三楼310-311室
129	L-GD-CJ00003-DGFS001	广东省中国青年旅行社东莞分社	22337222	91441900062140308X	东莞市南城街道三元里社区财津商务大厦12楼1201-1216号
130	L-GD01451-DGFS001	广州名扬国际旅行社有限公司东莞分公司	81706666	91441900303924542Q	东莞市石龙镇红棉路一号第一层1F150-2号
131	L-JS-CJ00107-DGFS001	南京途牛国际旅行社有限公司东莞分公司	23033899		东莞市东城街道温塘庆丰花园独立商铺12号
132	L-GD-CJ00017-DGFS001	广东中信国际旅行社有限公司东莞分公司	22885111	91441900588342334A	东莞市南城街道胜和簪花路顶好大厦A座四楼407房
133	L-JS-CJ00070-DGFS001	同程国际旅行社有限公司东莞分公司	33352100	914419003453939385	东莞市东城街道岗贝雍华庭49A
134	L-GD-CJ00201-DGGCFS001	广州市金马国际旅行社有限公司东莞分公司	26620331	91441900345292782J	东莞市莞城街道东城大道266号望族家园5号铺之一
135	L-GD-01317	广东光大国际旅行社有限公司东莞分公司	22230999	91441900345482121L	东莞市莞城街道东城大道金澳花园A座315
136	L-GD-CJ00025	广东风光国际旅行社有限公司东莞分公司	22230999	914419003453180577	东莞市莞城街道东城大道192号
137	L-GD-CJ00032	广东南方传媒国际旅行社有限公司东莞分公司	22458168	91441900MA4UNXFH11	东莞市莞城街道兴塘社区东城西路海联大厦五楼
138	L-GD-00386	清远市开心假期旅行社有限公司东莞分公司	33353253	91441900MA4UW9TD19	东莞市企石镇铁炉坑村长和墟西兴街41号
139	L-GD-CJ00228	腾邦旅游集团有限公司东莞分公司	22998311	91441900MA4UU9A03F	东莞市南城街道新城社区鸿福路102号汇成大厦406-407
140	L-GD-CJ00056	深圳市宝中旅行社有限公司东莞分公司	22020555	91441900MA4UXYTA0J	东莞市莞城街道创业路莞太大道5号讯通大厦09楼903室
141	L-GD-CJ00069	广东省拱北口岸中国旅行社有限公司东莞分公司	22025777	91441900MA4W4AXA4G	东莞市南城街道莞太路与建设路交汇处福民大厦北楼1209房
142	L-GD-CJ00018	广东和平国际旅行社东莞分公司	22809686	91441900MA4W4QK89A	东莞市南城街道新城市中心元美路黄金花园17号2层
143	L-JS-CJ00107	南京途牛国际旅行社有限公司东莞厚街分公司	82188994	91441900MA4UUDP18N	东莞市厚街镇珊美村陈家坊松山公园侧路17号

续表

序号	许可证号	旅行社名称	电话	统一社会信用代码	企业地址
144	L-JS-CJ00318	华人国际旅行社有限公司东莞分公司	22809686	91441900MA4WC39G5K	东莞市石龙镇中山东社区裕兴路金沙首层商铺78号
145	L-JS-CJ00009	广东熊猫国际旅游有限公司东莞分公司	22206717	91441900MA4W9Q3103	东莞市东城街道岗贝社区东城西路雍华庭都市E站1502
146	L-GD-CJ00301	广东青之旅国际旅行社有限公司东莞东城分公司	22509669	91441900MA4UWTRM79	东莞市东城街道主山东纵路208号东城万达广场B区6幢办公楼办公601
147	L-BJ-CJ00423	盈科美辰国际旅行社有限公司东莞分公司	22998806	91441900MA4WAMPT4W	东莞市莞城街道向阳路恒大华府5座商铺305号房
148	L-GD-CJ00052	深圳市海外国际旅行社有限公司东莞分公司	88016660	91441900MA4WHPNX0J	东莞市莞城街道可园南路33号福禧大厦七楼707室
149	L-GD-CJ00041	深圳市口岸中国旅行社有限公司东莞分公司	26266148	91441900MA4WX8KE78	东莞市南城街道胜和银丰路银城大厦4A09号
150	L-GD-WZ00022	深圳前海大航假期旅游有限公司东莞分公司	82818306	91441900MA4W2JP72F	东莞市寮步镇寮步社区蟠龙花园40号地铺
151	L-GD-CJ00485	广东悦中旅游有限公司东莞分公司	82706224	91441900MA51194617	东莞市凤岗镇塘沥村东深公路旁龙福花园E栋商铺76-2号铺
152	L-GD-CJ00302	广州市美瀛国际旅行社有限公司东莞分公司	22109296	91441900MA4X1KR22P	东莞市莞城街道旗峰路200号万科中心2号商业办公楼312室
153	L-GD-CJ00302	北京友爱汇众国际旅行社有限公司东莞分公司	22109296	91441900MA4X10536A	东莞市长安镇长盛西路82号莲花苑D区一楼12号铺
154	L-GD-CJ00219	广东中航国际旅行社有限公司东莞分公司	33539062	91441900MA4UXHA440	东莞市南城街道建设路16号树熙大厦（南城科技大厦）1602室
155	L-GD-02600	梅州市畅游国际旅行社有限公司东莞分公司	83664096	91441900MA513TBH1L	东莞市黄江镇新市社区怡海花园21号商铺
156	L-HUB-ES00085	湖北硒城行旅行社有限公司东莞分公司	26885702	91441900MA51K2KB93	东莞市东城街道火炼树社区泰和商业街梧桐里商业广场B座204号之二
157	L-JL00398-DGS-FS0001	吉林市天翼旅行社有限责任公司东莞分公司		91441900MA51RG761L	东莞市麻涌镇大步村碧水湾南区1栋17号铺
158	L-HLJ09010-DGS-FS0001	黑龙江国之旅游有限公司广东分公司		91441900MA51MHHR2C	东莞市清溪镇清厦村鹿城北路御鹿华庭D区2135号商铺
159	L-GD-CJ00168-DGS-FS0001	广东阳光假日国际旅行社有限公司东莞分公司		91441900MA51T5EWX2	东莞市东城街道岗贝东城路愉景雅苑商业楼（轻出商业大厦）九楼03号
160	L-GD02645-DGS-FS0001	广州玉屏国际旅行社有限公司东莞分公司		91441900MA51XPK61A	东莞市南城街道胜和社区鸿福西路国际商会大厦1202单元
161	L-GD-CJ100080-DGS-FS0001	广东志纯国际旅行社有限公司东莞分公司		91441900MA51X58X1H	东莞市万江街道新城社区万江大道阳光海岸晶岸25栋商铺2号房
162	L-GD02227-DGS-FS0001	敏通旅行（广州）旅游有限公司东莞分公司		91441900MA51UEDW3L	东莞市莞城街道兴塘社区白沙塘南阳一路二巷1号
163	L-GS-CJ00006-DGS FS0001	嘉峪关君和国际旅行社有限责任公司东莞分公司		91441900MA51LW8MXG	东莞市南城街道胜和社区胜和路塘贝商贸广场A座华凯大厦115

餐饮业

【住宿和餐饮业概况】 2018年，东莞市住宿和餐饮业实现增加值148.24亿元，比上年增长3.3%；固定资产投资9.81亿元，增长225.7%；全年零售额190.18亿元，增长7.5%。

【第九届中国（道滘）美食文化节】 2018年6月15—19日，东莞市举办第九届中国（道滘）美食文化节，该届美食节设置传统美食、休闲美食等六大展区，主会场设35个特装展位和410个标准展位，累计接待游客约30万人次，拉动道滘镇消费约5亿元，其中道滘特色食品销售额约1亿元。 （陈建枝）

【2018年广东省促消费（秋季）暨首届“食在广东”国际美食文化节】 2018年9月，东莞市商务局配合广东省商务厅开展“2018年广东省促消费（秋季）暨首届‘食在广东’国际美食文化节”，组织开展4个农超对接项目，并推荐参与9月下旬在广州举办的产销对接项目签约仪式。

【2018年钻石名菜评选】 2018年9月18—20日，东莞市餐饮业协会组织由国家级美食评委专家和协会秘书长、美食达人、媒体等组成的评审组，对东莞市区内申报钻石名菜、招牌美食和地标美食的餐厅进行到店评审打分，品尝参评菜式并给出调整建议。评选活动吸引东城、南城、万江、长安、大岭山、厚街、石碣、石龙、石排、企石、松山湖、寮步、中堂、麻涌等10多个镇街的众多餐饮企业参与，其中有五星级酒店、五钻酒家，有特色餐吧、西餐厅、主题餐厅和异国特色餐厅，也有地道农庄和菜馆等。菜式风格涵盖粤菜、湘菜、川菜、鄂菜、西餐、法式料理、东南亚料理、素食料理和分子料理等。经过前期企业自主申报、东莞餐协初步筛选以及由国家烹饪大师组成的专业评审团到店评审，产生2018年度新的年度美食榜单：“东莞钻石名菜”“招牌美食”“地标美食”等奖项。 （曾梓丹）

2018年“东莞盛宴”美食地图 （市商务局供图）

2018年东莞市钻石名菜、招牌美食、地标美食情况表

序号	钻石名菜获奖名单	招牌美食获奖名单	地标美食获奖名单
	获奖菜式（企业简称）	获奖菜式（企业简称）	获奖菜式（企业简称）
1	健康一参（中堂中明海鲜酒家）	雪花肥牛鲫鱼片蒸饭（椰林丰饭）	中明红烧乳鸽（中堂中明海鲜酒家）
2	金龙踏雪（石碣富盈酒店）	有头有面（石碣联丰食馆）	蕉蕾煎蛋（丰收农庄）
3	果木烤澳洲谷饲牛小排（石龙翡翠宫）	龙井熏太爷鸡（石碣富盈酒店）	家酒煮姜水（石龙翡翠宫）
4	一品有米猪（一品渔村）	砖窑烧鹅（石排鹅园）	福隆煮大鱼（石排鹅园）
5	金牌豉油鸡（罗汉堂）	文火安格斯牛肉（一品渔村）	化皮乳猪（维港星光港式小厨）
6	捞拌鲍鱼（莞府家宴）	山泉水鱼生炒阳山骟鸡（一哥山顶农庄）	极品佛跳墙盆菜（海都六福喜宴）
7	牛仔鸡（牛仔椰子鸡）	自制手打鲜虾饼（莞府家宴）	酒糟蒸鲥鱼（东莞老饭店）
8	金沙脆皮叉烧（东莞富盈酒店）	金牌烧鹅皇（东莞富盈酒店）	香煎韭菜饼（新福苑）
9	慢炖安格斯牛肋骨配松茸土豆泥（东莞富盈酒店）	雕梅鳕鱼羊肚菌（江龙酒家）	卤水鱼头（新福苑）
10	海螺炆鸡（嘉华大酒店）	养生黑豆腐（嘉华大酒店）	招牌咖喱皇炒蟹（泰好味）
11	大武汉鱼头泡饭（楚天风云）	大哥蜜汁叉烧（维港星光港式小厨）	福如东海寿桃包（东海海都酒家）
12	水煮鱼（寻水德鱼）	滋味鲈鱼（维港星光港式小厨）	鲜虾云吞面（常平竹升面）
13	盐焗深海泥猛（壹号渔仓量贩海鲜城）	我爱恩施小土豆（楚天风云）	锦绣盆菜（锦绣酒楼）
14	青葱生焗水库魚头（壹号渔仓量贩海鲜城）	青春蛙（寻水德鱼）	
15	极品佛跳墙盆菜（海都六福喜宴）	姜丝盐水蒸鲜贝（壹号渔仓量贩海鲜城）	
16	包罗万有（东莞老饭店）	岩盐慢烤台塑（TOPTASTE）	
17	棠心鲍有汁乳鸽（棠心鲍）	雾都屠场鲜毛肚（重庆醉山城老火锅）	
18	卡真珍宝蟹（蟹家海鲜餐厅）	古法陈皮烧鹅（东莞老饭店）	
19	虎门煎虾饼（莞香楼）	粤姐卤金肘（粤姐开饭）	
20	福苑卤老肉（新福苑）	粤姐豉香鸡（粤姐开饭）	
21	福苑招排（新福苑）	糯米卷（棠心鲍）	
22	法式冷鹅肝（拉文德法式铁板料理）	白贝卜卜贝（庆粥今宵）	
23	黑松露野菌意式炖饭（汝是素文创素食馆）	珍菌牛肉肠（庆粥今宵）	
24	藜香竹笙羊肚菌（东城南北行）	中堂脆皮牛腩（莞香楼）	
25	香煎野菌脆藕饼（祈康膳坊）	福苑砂锅鱼（新福苑）	
26	伯顿火焰牛魔王（伯顿西餐厅）	金奖脆皮黑鬃鹅（港色茶餐厅）	
27	鲍参齐欢（锦绣酒楼）	牛油果塌塌沙拉（汝是素文创素食馆）	
28		荔浦香芋排骨（水墨田塬）	
29		汁水牛三鲜（水墨田塬）	
30		冰与火之歌(小龙坎老火锅智汇城店)	
31		芝香安格斯牛肉（东城南北行）	
32		吐司椒香猴头菇（祈康膳坊）	
33		印尼巴东牛肉（约吧西餐厅）	
34		鸡汁浸重皮蟹（锦绣酒楼）	

（排名不分先后）

金融业

BANKING

第一国际城市综合体 （张顺祥 摄）

编辑：郭佩文 贺 平

金融业综述

【金融业概况】 2018年，东莞市金融业实现增加值511.45亿元（全省地级市首位），比上年增长6.9%，占全市生产总值比重的6.2%，备案基金管理机构数量、“新三板”挂牌企业数量、保费收入、村镇银行数量等继续保持省内地级市首位。本外币各项存款、贷款余额分别为14157.22亿元、8209.7亿元，实现增量排名全省第三，其中存款增速居全省第一。全市证券交易额成交量2.86万亿元，约占全省（不含深圳）的1/10；全市实现保费收入489.6亿元，占全省（不含深圳）14.1%，连续九年位居全省地级市首位。参与粤港澳大湾区金融合作，引入澳门国际银行落户，全市银行机构增至43个、证券期货机构31个、保险机构64个，另有小额贷款公司19家（含分支机构1个）、融资担保公司13家（含分支机构1个），金融机构密集程度居全国地级市前列。

【纲领性综合政策出台】 2018年，东莞市相继出台《东莞市促进股权投资基金业发展实施暂行办法》《关于进一步推动企业上市发展的扶持办法》《东莞市促进中小微企业金融服务工作方案》《东莞市非法集资举报奖励实施细则》等政策文件，围绕金融服务实体经济、改革创新、风险防范等重点任务，培育发展股权投资基金业，推动东莞市企业上市发展，提高对中小微企业的金融服务能力，打击非法集资活动，在构建结构合理、功能完善、运行稳健的现代金融服务体系方面初见成效。

【信贷投放结构优化】 截至2018年底，东莞市本外币各项贷款余额8209.7亿元，全年新增1223.43亿元，增量居全省第三位（仅次于深圳、广州），比上年增长17.51%，在定向引导的货币政策和监管不断释放积极信号的新形势下，制造业贷款、小微企业贷款、“倍增计划”企业融资均分别突破1000亿元、2000亿元和300亿元大关，增长30.56%、18.67%、24.45%，均高于全市贷款平均增速。提高对中小微企业的金融服务能力，利用2亿元信贷风险补偿资金及每年9000万元贷款贴息资金，引导15家合作银行推出科技企业专属的投贷结合、纯信用信贷品种，累计向1113家企业发放贷款86.06亿元。

【多层次资本市场发展】 2018年，东莞市深挖上市后备企业资源，全年向96家次企业拨付奖励资金5317.65万元，推动境内外上市企业增至45家（全年新增2家）、“新三板”挂牌企业累计229家（全年新增9家）。推动股权投资基金企业加速集聚，全市经备案的基金管理机构增至173个（年内新增20个）、管理基金434只。

【地方金融风险防范化解】 2018年，东莞市持续推进互联网金融领域整治工作，制定相关工作方案和应急处置预案，对辖内机构进行多次摸底排查，边查边改，跟进机构压缩退出情况，获得省网贷风险应对专班支持，形成省、市、街道三级行政核查工作组，在拓宽数据采集维度的同时，通过现场检查和约谈深入摸清重点整治机构的风险底数。严防企业债务风险外溢，成立东莞市上市公司稳定与发展工作领导小组，研究应对部分上市公司因大股东股票质押诱发的潜在风险，设立总规模17.01亿元的上市莞企发展投资基金，为4家上市企业及其大股东提供9.13亿元资金支持，协调上市公司及其大股东各类债务风险约94亿元。

截至2018年底，地方金融稳定专项资金为40家企业提供17.57亿元转贷资金；持续化解大中型企业银行债务风险。开展处置非法集资工作培训，与省地方金融风险监测防控平台开展风险监测预警合作；持续加强对非法集资举报奖励政策的推广宣传工作，将“金融知识进校园”宣传教育活动范围从2017年的9所高等院校扩展至高等中学、中等职业学校等41所。

（李　野）

附：2018年东莞市人民政府金融工作局主要领导名录

局　长：何锦成（任至8月）

中国人民银行东莞市中心支行

【绿色金融改革创新推进】 2018年，中国人民银行东莞市中心支行推动东莞银行、东莞农商行发行绿色金融债券40亿元，增加金融机构支持绿色发展专项资金来源。完善绿色金融统计制度，全市申请且被纳入绿色贷款数据统计行列的银行机构18个。截至年底，统计绿色贷款余额161.79亿元，比上年增加44.85亿元，增长38.35%。

【跨境人民币业务先行先试】 2018年，东莞市跨境人民币结算额2579.67亿元，比上年增长20.53%。东莞跨境人民币收支结算量占同期本外币跨境收支25.16%，比上年提高2.76个百分点。截至年底，全市实际开展跨境人民币结算业务的外汇指定银行28家；办理跨境人民币结算业务的企业7752家，比上年增加877家，增长12.76%；东莞跨境人民币业务涉及国家及地区113个。新增跨境双向人民币资金池业务备案4笔，新设资金池2个，全年资金池收支91.74亿元，比上年增长5.5倍。全市设立跨境双向人民币资金池50个。中外资企业发生全口径跨境人民币融资业务收支23.64亿元，比上年增长26.82%，进一步拓宽企业融资渠道。

【货币信贷运行】 2018年，东莞市货币信贷平稳运行，存贷款余额均实现较快增长，定期存款增量占比上升，住户存款加速增长，民营、小微企业等经济薄弱环节贷款增长明显加快，个人住房贷款增速有所下降。

各项存款余额增长较快　截至2018年底，东莞市银行业金融机构本外币各项存款余额14157.22亿元，比上年增长13.3%。分币种看，人民币各项存款余额13430.56亿元，比上年增长13.5%；外币各项存款余额105.88亿美元，增长4.6%。从人民币存款期限来看，定期存款在增量中占比上升。住户存款和非金融企业存款增量中定期存款占比54%，比上年提高32.1个百分点。从人民币存款部门分布看，住户存款余额5601.36亿元，比上年增长9.8%；非金融企业存款余额3771.12亿元，增长15.72%；广义政府存款余额3114.5亿元，增长13.1%；非银行业金融机构存款余额577.98亿元，增长56%。

各项贷款余额较快增长　截至2018年底，东莞市银行业金融机构本外币各项贷款余额8209.7亿元，比上年增长17.5%。其中，人民币贷款余额为7999.6亿元，比上年增长16.7%。从信贷投向来看，民营、小微企业贷款增长较快。东莞市民营企业贷款余额2601.42亿元，比上年增加144.5亿元，增长22.1%，占企业贷款增量比重27.8%；普惠口径小微企业贷款余额614.51亿元，增加223.32亿元，增长57.1%；其中，单户授信额度500万元以下小微企业信用贷款余额增速高达270%。从人民币贷款部门分布看，住户贷款增速高位持续放缓。住户贷款余额4215.96亿元，比上年增长16.6%，增速有所下降，其中，全年新增个人住房贷款356.25亿元，比上年增加15.51亿元，占各项贷款增量的比重31.1%。

【粤港澳跨境人民币结算业务规模扩大】 2018年，东莞与港澳地区跨境人民币结算1993.48亿元，比上年增长18.82%，人民币为东莞与港澳地区跨境收支第二大结算货币。截至年底，东莞与港澳地区跨境人民币结算11268.45亿元。支持港澳资跨境企业集团设立跨境人民币双向资金池，集中管理境内外成员企业资金，提升企业统筹配置境内外资金能力。是年，在东莞设立的跨境人民币双向资金池与港澳地区发生收支91.3亿元。

【外汇管理体制改革】 2018年，东莞市开展全口径跨境融资宏观审慎管理，拓宽东莞企业融资渠道，提高企业从港澳地区融资的自主性和资金利用效率。是年，办理企业全口径跨境融资备案业务186笔，金额8.06亿美元，其中向港澳地区借款金额4.06亿美元。推进港澳资企业集团跨境外汇资金集中运营业务，便利港澳资跨境企业集团集中管理境内外成员企业的资金，提升统筹配置境内外资金的能力。截至年底，在东莞经营的港澳资跨境企业集团办理外汇资金集中运营管理业务集中外债额度2.4亿美元，集中对外放款额度0.75亿美元。

【粤港澳金融服务创新开展】 2018年，东莞市粤港跨境电子账单直接缴费业务实现零突破。香港居民可通过其在香港银行机构开立的人民币账户，跨境缴纳在东莞地区产生的水费、物业管理费、有线电视费等各类生活费用，便利香港居民跨境缴费，推动粤港澳大湾区建设，逐步构建粤港优质生活圈。

【货币信贷管理】 2018年，人民银行东莞市中心支行出台《关于加强信贷工作支持东莞创新驱动发展的实施意见》等指引文件，发挥货币信贷政策支持经济结构调整和高质量发展的能动作用。出台《进一步扶持非公有制经济高质量发展的若干政策》（非公经济50条）和《东莞市促进中小微企业金融服务工作方案》，纾解非公企业、小微企业融资难融资贵问题。是年7月、12月，推动全市货币信贷联席会议走进滨海片区、松山湖片区，促进货币信贷政策、地方财政金融政策与镇街产业政策协调对接。组织地方法人金融机构做好宏观审慎评估（MPA），落实将降准政策执行情况纳入MPA考核，引导金融机构切实运用降准资金加强对民营和小微企业等经济重点领域和薄弱环节的信贷支持。增强差别化存款准备金政策定向支持作用。

是年，人民银行东莞市中心支行实施定向降准4次，辖区法人金融机构释放资金约126亿元，增强金融机构对小微企业、民营企业和创新型企业等领域信贷供给能力。截至年底，全市民营企业贷款余额2601.42亿元，比上年增长22.13%，占企业贷款72.15%；小微企业贷款余额1612.7亿元，增长11.98%，占企业贷款44.73%；制造业贷款余额945亿元，增长32.64%，较各项贷款余额增速高15.13个百分点。完善信贷政策支持再贷款、再贴现管理，缓解小微企业融资难、融资贵问题。全年辖区发放货币政策资金40.82亿元（支小再贷款16.47亿元，再贴现24.35亿元），比上年增长90.84%，其中，使用支小再贷款的金融机构的小微企业贷款增长6.53%，带动小微企业贷款利率降低0.56个百分点，惠及企业400多家；使用再贴现的金融机构扩充至12个，利用再贴现支持票据贴现利率低于同期同档次票据贴现利率水平最多达0.55个百分点。

【金融发展安全管理】 2018年，人民银行东莞市中心支行落实社会治安综合治理责任制，与全市150多个金融机构签订综合治理安全责任书，压实综治责任主体，并督促各机构加强货币押运、枪支弹药、网络设施、交通车辆、营业大厅等的安全管理。建立健全金融综治考评办法和细则，成立涵盖东莞金融监管机构及行业协会的联合考评组，对各金融机构进行现场和非现场考评，推动构建监管部门、金融机构和社会公众三位一体的金融风险防控体系。推进金融系统“扫黑除恶”专项行动，打击洗钱、假币犯罪等违法活动，规范和肃清金融市场秩序。是年，联合公安部门破获地下钱庄非法经营案件23件，涉黑案件5件。

【支付体系建设与监管】 2018年，人民银行东莞市中心支行推广广东省银政信息e路通系统，共享企业工商注册登记信息和人民银行支付结算行政许可及处罚信息，实现银行在线查询功能。配合市政府优化营商环境工作，实现企业开户“只跑一次”。加强个人账户分类业务督导和创新应用引导，推出东莞通Ⅱ、Ⅲ类账户应用项目。推进移动支付创新发展，促成东莞市移动支付“智慧交通”项目，实现金融IC卡在七大领域的应用。创新建立支付系统参与者分类监管机制，加强直接参与者清算账户监测、系统参与者准入和退出管理。加强支付结算检查监督效能，运用信息化管理平台、风险信息共享机制等方式加大非现场监督力度，及时发布相关风险提示。

【征信系统建设与监管】 2018年5月，广东省中小微企业信用信息和融资对接平台东莞分平台建成并投入使用，平台通过政务网络与金融网络的互联与信息交流，建立中小微企业政务信用信息库，获取的工商、国税、地税、质监、安监、环保等13家行政管理单位53类信息750万条记录全部入库，实现企业政务信息在东莞商业银行业的共享查询和银企融资对接服务，提高企业增信融资效率。截至年底，对接平台注册企业1071家，辖区接入平台商业银行23家，发布银行信贷产品124个，完成银企融资撮合613笔，金额44.61亿元。减少商业银行与企业信息不对称，增强金融创新的持续力。

【国库系统建设与监管】 2018年，东莞市国库收入1956.19亿元，比上年增长18.4%；国库支出932.09亿元，增长32.2%。截至年底，发行库现金投放回笼总额1321.20亿元；办理国库收支业务4258万笔，金额3330亿元，其中办理各级预算收入业务4235万笔，金额2150亿元。加强国库系统建设。完成东莞地区第二代国库信息处理系统（TIPS）的上线推广，组织全市21家金融机构从地方横向联网切换至二代TIPS。上线财关库银横向联网海关实时扣税业务，实现外贸企业电子缴纳关税从签约、申报到扣款、入库的一站式办理与全流程无纸化。

【货币发行管理】 2018年，东莞市投放发行基金865.74亿元；回笼455.46亿元；投放回笼总量1321.2亿元，净投放410.28亿元。其中，元旦至春节旺季净投放271.77亿元；20元及以下中小面额投放10.55亿元。残损人民币去库存显著，是年，东莞市调出销毁20元及以下残损人民币2.86亿张，比上年增长8.74%。优化发行库管理，通过改造残损券库房提升叉车作业程度，提高出入库工作效率。开展硬币自循环，是年，东莞市银行机构配置纸硬币自助兑换机113台，辖区群众通过纸硬币自助兑换机兑换硬币39.02万枚、纸币173.77万元，形成三位一体的小面额现金流通渠道。整治拒收人民币现金成效显现，以网络直播及多媒体宣传相结合方式开展整治拒收现金宣贯工作。开展反假货币，引导辖区25家商业银行与学校共建青少年反假货币宣传教育基地31个，推动人民币放心工程和净化工程的建设。

【金融消费权益保护】 2018年，人民银行东莞市中心支行组织开展“3·15金融消费者权益日”“普及金融知识，守住‘钱袋子’”“金融知识普及月 金融知识进万家”暨“提升金融素养 争做金融好网民”等系列特色主题教育活动，开展活动3500余次，派发宣传资料约68万份，宣传受众211万人。推进金融知识进学校、进课程，是年，全市内9所高校、20所高中、12所中等职业学校、1所小学开设金融知识课程，受益人数约8800人次。在全市开展广东省首届“金融与诚信”亲子金融知识竞赛活动，启动开展“百社（村）千校金融读书角”建设工程。加强12363投诉咨询电话管理，全市受理金融消费咨询66件，投诉341件，投诉办结满意率99.7%。完善金融消费纠纷第三方非诉调解机制，东莞市金融消费纠纷人民调解委员会受理金融纠纷调解案件11件，成功调解10件，调解成功率90.9%，司法确认9件，涉及金额2.8亿元。强化金融消费权益保护监督检查和评估，对103个金融机构开展评估。开展普惠金融指标体系建设，对全市普惠金融发展情况进行评估。开设“普惠金融大讲堂”，对2500多名金融从业人员进行授课。依法整治非法金融广告，净化金融市场环境。

【外汇管理服务水平提升】 *贸易投融资便利化* 2018年，东莞市落实外汇管理改革各项举措，支持企业参与“一带一路”、粤港澳大湾区建设，保障企业正常的用汇需求。推动国内首笔银行办理外债注销业务在东莞落地，降低企业“脚底”成本，支持东莞银行成为省内首家开办人民币与外汇衍生品业务的地方法人银行，推进南粤银行东莞分行取得合作办理远期结售汇资格，提升东莞外汇市场活力。推广全口径跨境融资政策，是年，办理全口径跨境融资备案186笔，融资金额合计8.1亿美元，缓解企业融资难融资贵问题。推广个人贸易外汇业务，促进辖区个体商户出口及跨境电商业务发展。

“放管服”深化改革 2018年，人民银行东莞市中心支行开展“学习十九大精神 外汇服务百企行”活动，对重点企业提供“一对一”精准服务，解决企业经营和外汇业务办理中遇到的难题，对196家企业开展走访调研和政策宣讲，解决企业实际困难12宗。协助开发网上政务辅助系统，将原来需要现场办理的部分业务转移至网上申请，节省企业经营成本。支持地方涉外经济发展，为111家上市后备企业出具无外汇违规证明，为57家拟注销的境外机构东莞代表处出具外汇业务办结证明。

加强跨境资金流动风险防范 2018年，东莞市加强贸易融资和出口不收汇管理，强化直接投资撤资、转股撤资中溢价收购及关联关系的监测核查，实行境外放款与对外投资联动管理，建立内保外贷重点企业管理制度和履约风险评估制度，采取措施遏制大额频繁存取外币现钞行为，开展违规收取境外投资中介费用专项核查和超期限未支付服务贸易代垫费用清理。对涉嫌分拆付汇的企业开展约见谈话，完善银行卡境外交易日常监测与监测约谈机制。开展国际收支统计现场核查，开展银行外汇业务和跨国公司外汇资金集中运营等专项检查，开展“查罚分离”试点，深化跨部门执法合作，加强跨境资金流动真实性审核。 （倪佩敏）

附：2018年中国人民银行东莞市中心支行主要领导名录

行　长：张清山

银行业

【银行业概况】 截至2018年底，东莞市有银行机构39个（2018年新增2个银行机构，含1个法人信托机构），网点数量1390个，从业人员25776人，小额贷款公司18家。

存款余额增速提升 是年，东莞市本外币各项存款余额14157.22亿元，比上年增加1658.26亿元，增长13.27%，存款增速为全省第一。其中，非金融企业本外币存款余额4400.84亿元，比上年增加559.12亿元，增长14.55%；广义政府本外币存

款余额3114.61亿元，增加361.48亿元，增长13.13%；非银行业金融机构本外币存款余额为578.48亿元，增加207.49亿元，增长55.93%；住户存款余额5656.01亿元，增加495.3亿元，增长9.6%。

新增贷款余额创历年之最　截至2018年底，东莞市各项贷款余额8209.7亿元，比上年增加1222.16亿元，增长17.49%。其中，住户贷款余额4216.14亿元，比上年增加599.2亿元，增长16.57%；非金融企业及机关团体贷款余额3942.83亿元，增加628.42亿元，增长18.96%。

经营效益持续向好　2018年，东莞市银行业金融机构实现拨备前利润287.99亿元，比上年增长13.58%；实现净利润194.52亿元，增长40.2%。是年，东莞市金融业增加值511.45亿元，占地区生产总值的6.2%。

【东莞移动支付“智慧交通”项目落地】　2018年1月31日，东莞市银联移动支付“智慧交通”银企合作签约仪式暨东莞通银联卡产品发布会在地铁2号线鸿福路站中庭召开，该发布会由人民银行东莞市中心支行指导东莞通股份有限公司举办，发布会上，东莞移动支付“智慧公交”项目落地。东莞通公司宣布东莞通银联卡、东莞通金融标准核心系统（一期）、东莞通新版APP（金融标准）上线运行，基本实现金融IC卡在公共交通、社会保障、医疗卫生、文化教育、城市管理、生活服务、企业服务等七大领域的应用。

【广东（东莞）中小微企业信用信息和融资对接平台上线】　2018年5月，“广东（东莞）中小微企业信用信息和融资对接平台”东莞分平台上线运行，工商、税务、质监、法院等13家行政管理单位共53类信息750万条记录全部入库，推进对接平台在银行机构与企业之间的应用。截至年底，对接平台注册企业1071家，辖区商业银行接入平台23家，发布银行信贷产品124个，完成银企融资撮合613笔，金额44.61亿元。

【东莞发放全省首笔“先贷后借”模式支小再贷款及全省首批“专项支持小微和民营企业”支小再贷款】　2018年9月，人民银行东莞市中心支行向东莞银行发放全省首笔“先贷后借”模式支小再贷款，金额2亿元，并将合格质押品范围扩充至非央行评级的普惠口径小微贷款和绿色贷款。11月，向东莞银行发放全省首批“专项支持小微和民营企业”支小再贷款，金额3亿元。是年，人民银行东莞市中心支行合计发放支小再贷款16.47亿元，是2017年发放量的3倍；再贷款使用机构新增村镇银行3家，实现东莞地区2014年再贷款政策实施以来首次覆盖村镇银行。

【全国首笔外债注销登记业务在东莞落地】　2018年12月7日，人民银行东莞市中心支行指导建设银行东莞分行为东莞瑞安高分子树脂有限公司办理2笔外债注销登记业务，金额合计3000万港元，为全国首笔外债注销登记业务，节约企业“脚底”成本和提高办事效率。企业外债注销登记业务下放银行直接办理试点政策，提升投融资便利化水平，降低企业业务办理成本。截至年底，辖区银行办理企业外债注销登记业务11笔，金额合计4348.9万美元。　（倪佩敏）

银行业监管

【存量重组破除无效供给】　2018年，东莞市银行业淘汰化解落实产能，优化债委会运作机制，退出“僵尸”企业、合力帮扶困难企业、支持优质企业发展，“一企一策”制定风险化解方案，稳定信贷支持，优化债务结构，辖区累计组建债委会15家，帮扶企业109家，涉及贷款179.21亿元。引导房地产健康发展，紧跟房地产行业调控态势，加强房地产信贷投放调控，支持合理自住购房融资需求和住房租赁市场发展，严查资金违规注入房地产市场，截至年底，辖区房地产行业贷款比上年增速降低3.1个百分点。推动银行业金融机构去杠杆，辖区法人银行业金融机构平均杠杆率6.77%，优于监管标准要求。

【增量优化培育新动能】　2018年，东莞市银行业支持制造强市建设，围绕“倍增计划”及“倍增新10条”，推动金融机构对接“倍增企业”金融服务需求，“一企一策”解决企业个性化融资难题；支持金融机构针对支柱特色产业、重大工程建设、“东莞制造2025”、“机器换人”等项目，签署系列战略合作协议，为先进制造业提供全方位资金支持。截至年底，东莞银行业对制造业贷款余额1049.46亿元，比上年增长30.56%；对“倍增计划”企业融资334.59亿元，较计划实施初期（2016年底）增长54.72%。推动深化科技金融融合，引导信贷资源向科技创新企业倾斜，是年，辖区银行业对4058家高新技术企业提供金融支持，贷款余额372.69亿元。推进投贷联动试点准备工作，定期开展外部投贷联动评估和统计监测，支持辖内银行业金融机构探索，开展投贷联动融资服务模式创新，辖内银行业金融机构外部投贷联动业务累计服务客户61户，贷款30.54亿元。

【普惠金融发展】　2018年，东莞市银行业支持小微企业发展，强化监管引领，督导小微信贷资金“沉下去”，截至年底，辖内银行业小微企业贷款余额2126.25亿元，比上年增长18.67%；落实政策，降低小微融资成本，推广转贷续贷业务，缓解小微企业资金周转压力，助推减费让利，开展小微企业金融服务督查，杜绝违规收费现象；加强协调宣传，推动小微外部环境“好起来”，加大“免征增值税”政策宣传力度，强化正向激励，推动银行机构形成“敢贷、能贷、愿贷”的信贷文化，解决融资问题，是年，辖内民营企业贷款余额2706.83亿元，占各类型企业贷款比例72.93%。优化农村金融服务，鼓励银行业金融机构探索助农贷款新模式，打造有本地特色的抵押贷款产品。

【重点领域风险防范化解】 深化乱象整治 2018年，东莞市银行业开展票据业务、不良贷款等专项检查工作，辖内贷款增速较资产增速高7.2个百分点，同业资产、同业负债占比分别降低1.8个、1.6个百分点，资金脱实向虚势头得到初步遏制。通过整治市场乱象、加大处罚力度、强化监管问责，提升监管的震慑作用，增强辖内银行业合规审慎经营意识，经营行为趋于理性。

严防信用风险 加强不良贷款处置，抓实贷款五级分类，截至2018年底，东莞市银行业不良贷款余额、不良贷款率实现“双降”。加强对重点领域信贷和前60家集团授信客户风险监控，处置大型企业集团等风险事件；推动建立银行机构联合授信工作机制，完成2批合计6家试点企业的联合授信工作，实现授信总额统一管理和风险联合防控，辖内前60家集团授信客户贷款余额占比19.89%，降低0.33个百分点。

配合打击外部金融风险 配合开展P2P网贷风险整治，对辖区10个重点P2P网贷机构开展现场检查，推进P2P网贷机构整改验收。组织非法集资风险排查和专项整治活动，组织机构建立非法集资风险监测预警机制，配合有关部门做好案件处置工作。支持东莞市打击治理电信网络新型违法犯罪中心的建设与运营，协调督促辖内银行机构上线资金快速查控平台，采取综合手段堵截案件，累计止付银行卡602张，止付金额5356.33万元。

为民监管保护消费者权益 组织送金融知识进万家、进校园活动，鼓励银行业金融机构对接大学生合理金融需求。开展销售专区“双录”实施情况专项评估，推动暗访检查常态化，对14个机构开展消保考评。全面开展银行证明事项清理工作，落实“减证便民、优化服务”。妥善处置信访投诉，提升金融服务纠纷处置的效率和满意度，维护金融消费者的合法权益。

【市场主体活力激发】 健全法人机构公司治理 2018年，东莞市银行监管部门指导法人机构将党建工作要求写入公司章程，加强股权股东管理，完善股权登记和监测制度，压降股东贷款和股权质押比例。完善地方法人市场体系，督促法人机构加强资本管理，支持东莞银行发行首期规模21.38亿元的资产证券化项目；鼓励两个重点法人机构推进挂牌上市准备工作。加强村镇银行监管力度，争取对村镇银行的优惠政策倾斜。

丰富地方金融体系 打造“东莞系列”总部金融旗舰企业，对地方申设财务公司、直销银行、丝路保险公司等准入业务给予政策支持，扩大民间资本进入金融业的渠道和方式。支持澳门国际银行东莞支行获批开业，东莞市成为拥有港资、澳资和台资银行的地级市，凸显在粤港澳大湾区的地位。支持东莞银行香港代表处升格相关工作，辅导浙商银行东莞分行筹建开业。

提高对外开放水平 参与东莞市粤港澳大湾区建设顶层设计，通过参与建立领导小组工作规则、制定实施方案和三年行动计划等。推进建设自由贸易试验区的示范延伸区和优先拓展区，引导银行业金融机构入驻自贸区，至年底东莞银行、东莞农商行在南沙、横琴、前海自贸区设立的4个自贸区分支机构均开业。引领辖区银行业立足东莞，围绕产业转型升级、粤港澳大湾区、自贸区建设等重点领域，促进“一带一路”互联互通建设；开展跨境人民币结算，与境外支付机构合作，促进贸易畅通，紧贴“走出去”需求，提供综合融资服务促进资金融通。 （彭丹月）

附：2018年东莞银保监分局主要领导名录

党委书记、局长：朱先威

银行机构选介

【中国农业发展银行东莞市分行】 截至2018年底，中国农业发展银行东莞市分行各项贷款余额65.45亿元，比年初增加12.14亿元，增长22.77%；各项存款余额14.92亿元，比年初增加7.65亿元，增长105%，存贷款余额均创历史新高。是年，市农发行深化政银企合作，支持湾区建设，抓好信贷管理、计划管理、财会管理和内控管理等基础工作，不良贷款余额、不良率保持为零，继续保持“四无”。

服务粮食安全 2018年，市农发行确保中央和地方储备贷款资金供应，支持农业龙头企业粮食购销、加工，支持粮食企业向生产领域延伸，支持粮油流通体系及仓储基础设施建设，粮油贷款客户44个，粮油类贷款余额54.1亿元，占贷款总额的82.7%。

落实粮油信贷政策 2018年7月2日，中国农业发展银行广东省分行和东莞市政府组织召开“农发行支持东莞市粮油产业发展信贷政策产品对接会”，向全市推介农发行粮油信贷政策，宣讲农业政策性银行补短板、惠民生、强三农、振乡村的产品与政策，全市41家大中型粮油企业参会，4家重点粮油企业与该行签订银企合作协议。市农发行全年对接粮油条线客户25个，对接粮油贷款业务17笔49.7亿元，其中流动资金贷款9笔22.2亿元，贸易融资3笔8.5亿元，固定资产贷款5笔19亿元，获批贷款11笔24.5亿元，实现投放8.18亿元。

助力地方经济发展　2018年，市农发行围绕“产业兴旺”“生态宜居”，聚焦“湾区都市、品质东莞”，与市政府相关部门、各镇（街）政府及相关企业对接乡村振兴项目，对接办理项目22个，获批贷款51.53亿元。加强政银企联系的同时储备一批优质项目，通过和东城政府、东莞港务集团、岭南股份签订合作协议，明确合作的项目10多个，涉及总投资400多亿元，贷款需求超百亿元。是年，市农发行实现投放首笔林业资源开发与保护贷款3亿元、首笔农业科技创新流动资金贷款3亿元，为乡村振兴注入活力。

支持大湾区建设　2018年11月21日，农发行支持粤港澳大湾区建设座谈会在东莞召开。农发行总行出台《关于支持粤港澳大湾区建设的意见》，决定在广东全域设立农业政策性金融创新实验区，将广东省分行建设成为高质量、加速发展的标杆行，走出业务发展新模式、创新转型的示范行，服务国家战略的重点行和深化体制机制改革的试验行。市农发行响应新政策，利用总行给予的特殊政策倾斜，创新信贷产品、融资模式、风控手段，建立农发行支持东莞建设重点合作项目库，为大湾区的建设和东莞市的经济社会发展作出贡献。

（金梦慧盈）

附：2018年中国农业发展银行东莞市分行主要领导名录

党委书记、行长：李定成

【中国工商银行股份有限公司东莞分行】　截至2018年底，该行本外币全部存款余额1339.06亿元，净增162.97亿元，本外币总融资余额1105.23亿元，净增108.52亿元，表内外公司贷款累放617.73亿元，其中制造业贷款投放122.17亿元，占表内公司贷款累放额43.50%，民营企业贷款余额390.85亿元，占公司贷款比重83.82%。年度纳税总额达到3.77亿元，连续多年获评市政府“税收突出贡献奖”和南城区“金融服务纳税大企业”称号。

2018年12月4日，东莞市首个不动产登记“便民窗口”在工行东莞分行营业部挂牌成立

（工行东莞分行供图）

支持小微企业发展　2018年，工行东莞分行将自身发展和东莞民营经济发达的特点结合起来，服务民营企业、小微企业及科创企业发展。设立普惠专营机构，优化小微企业业务审批流程，并实施小微企业贷款规模单列不受限制，提高小微企业的专业服务水平；加强银政合作，入选全市首批信贷扶持与风险补偿合作平台的三家试点银行。

降低企业融资成本　2018年，工行东莞分行对普惠金融贷款执行基准利率，全面取消小企业顾问类、承诺费和贷款服务类等收费项目，对小微客户减费让利。在同业中率先做到企业贷款到期前不还本续贷。

金融产品创新　2018年，工行东莞分行加快创新与转型，提升服务质效。在用好大朗毛纺织中心贷、购建贷、税易通等创新产品的基础上，加快线上服务产品创新，搭建网络融资场景，实现线上申请、审批、放款的高效服务。

参与城市基础设施建设　2018年，工行东莞分行积极参与城市基础设施建设，助力东莞市城市品质提升，通过主动授信对接全市重大项目建设，持续做好供水、供气、污水处理和环境整治等领域的融资服务，全年参与重点项目18个，提供项目专项授信额度近两百亿元。同时，做好居民消费转型升级和便民服务，不断提升民生领域金融服务水平。截至年底，有效个人客户突破600万户。还与市房管局合作，建立全市首个“不动产登记便民服务点”。　（欧伟龙）

附：2018年中国工商银行股份有限公司东莞分行主要领导名录

党委书记、行长：许长明

【中国农业银行股份有限公司东莞分行】　2018年，中国农业银行股份有限公司东莞分行本外币各项存款余额1260.1亿元，比上年增加116.2亿元；本外币各项贷款813.4亿元，增加138.5亿元。信贷、运营、安全生产考核全省农行第一，全年保持无案件、无重大差错、无重大事故。获评全国金融系统和农总行“五一劳动奖状”“最具社会竞争力商业银行”“市民最喜爱品牌”等称号。

支持地方基础设施建设　2018年，农业银行东莞分行加大市政基建信贷投入，重点支持轨道交通R1、R2线、莞深高速三期、从莞高速（东莞段）、深圳外环高速（东莞段）、番莞高速（东莞段）、107国道（东莞段）、虎门港、东莞市水生态（三期）等一批基础设施建设项目。

助力提升政府金融服务效率 2018年，农业银行东莞分行研发农村集体资产网上交易保证金系统、镇街财政集中支付系统、物业维修基金系统、法院代管款系统、公积金移动服务终端等21个政府金融业务处理系统。支持东莞商事登记改革，研发上线“一键开户”系统，企业开户时间缩短到30分钟以内。

扶持民营经济及小微企业 2018年，农业银行东莞分行推出“加大信贷投放”“减费让利”“助力企业纾困”等支持民营企业“十大实招”，提升服务民营企业的水平；完成“两增两控”监管要求，小微企业贷款增速比各项贷款增速高20.96个百分点，小微企业贷款户数比上年增加421户；创新线上纯信用小微信贷产品，推出“微捷贷”、税银贷、结算通、工资贷、速诚贷等产品，更加灵活满足小微企业融资需求。

支持乡村振兴 2018年，农业银行东莞分行实施互联网金融服务三农“一号工程”，推出“惠农e通”综合平台，构建起集电商、融资、消费、结算于一体的“互联网+金融服务”三农生态圈，使用“惠农e通”乡镇商户2.4万户、交易额超200亿元。实施“美丽村居”行动，开展90余场“走进村居”活动，为村民送去“一站式”家庭资产配置、一揽子网络金融工具、“村居宝”产品包等服务。

金融科技创新 2018年，农业银行东莞分行推动数字化转型，构建多元应用场景，全面提升金融综合服务能力，全网点实现100%配备智能设备，累计投产超级柜台、大额取款机等智能设备1691台，实现个人开户、大额存取款等基础金融服务离柜办理。加快业务线上化，个人网络金融活跃客户120万户，企业网络金融活跃客户4万户，线上业务综合分流率98%。

公益活动 2018年，农业银行东莞分行主办“爱行”公益徒步活动，筹集专项善款支持广西融水、江西南昌贫困地区儿童“麦苗班”；参加“平安回家”公益活动，为外来务工人员免费承包春节返乡大巴；定期组织敬老院慰问、儿童福利院慰问、助残义卖等公益实践活动。 （谢航宇）

附：2018年中国农业银行股份有限公司东莞分行主要领导名录

党委书记、行长：冯必凤

【中国银行股份有限公司东莞分行】 2018年底，中国银行股份有限公司东莞分行（简称“中国银行东莞分行”）本外币各项存款余额1207亿元，比上年新增191亿元；本外币各项贷款余额798亿元，新增82亿元；实现营业净收入35.73亿元；国际结算业务量突破500亿美元大关，跨境人民币结算量908.54亿元；连续多年保持零大要案，获评“广东中银卓越单位”“广东省分行2017—2018年度‘四强’党委”“东莞市金融系统社会治安综合治理暨平安金融创建工作2017年度先进集体”“东莞最具社会责任银行”“2018年东莞金融卓越品牌企业奖”“2018年东莞市民喜爱品牌”等称号。

支持地方经济 2018年，中国银行东莞分行为“五大支柱产业”和“四大特色产业”投放信贷资金逾40亿元；支持重大建设项目40个，累计为从莞高速、广深珠、深圳外环、莞番高速等大型民生市政基建项目核定授信总量近135亿元；协助市政府制定“倍增企业”清单，为超过100家“倍增计划”试点企业提供授信支持；服务民营企业授信客户超1100户，民营企业贷款余额在中国银行东莞分行人民币公司贷款总额占比超过71%。

践行普惠金融 2018年，中国银行东莞分行创新研发“中银通宝”系列特色融资产品，向全市超过1800家企业发放授信约170亿元；举行10场“中银科创企业投贷联动直通车”系列活动，服务科创企业超500家，批复贷款超过30亿元；挂牌运营小微企业小额票据贴现中心，打造专营机构、专项规模、专属定价的“三专”小额票据贴现品牌，自挂牌以来为459家小微企业办理贴现业务26亿元。

发挥跨境优势 2018年，中国银行东莞分行为多家企业开立内保外贷融资性保函约36亿元；协助29家跨国企业获得人行跨境双向人民币资金池批复，累计办理跨境资金归集超40亿元，支持本地区优质

2018年1月29日，中国银行东莞分行举办中银科创企业投贷联动直通车——东莞松山湖站（高新技术企业专场）活动 （中行东莞分行供图）

企业“走出去”，进行全球产业链布局；助力跨境融资，通过打通境内境外、打通表内表外、打通线上线下“三个打通”，降低东莞地区外向型企业的经营成本。

服务社会民生　2018年，中国银行东莞分行洪梅支行开业，实现全市镇街金融服务全覆盖；累计投放智能柜台设备306台，全方位升级手机银行，支持银行超过200项主要金融服务；为全市近200家教育机构提供授信融资、代收学费及代发工资等服务；与市人民医院等医疗机构合作云医院智慧医疗项目，缓解“看病排队难”问题，为市民发放社保卡超179.8万张；开展“金融知识进校园”“普及金融知识万里行”等各类公益活动。

（宋方平）

附：2018年中国银行股份有限公司东莞分行主要领导名录

党委书记、行长：冯伯仲

【中国建设银行股份有限公司东莞市分行】　2018年底，中国建设银行股份有限公司东莞市分行各项存款余额1321亿元，比年初新增180亿元；各项贷款余额754亿元，新增83.6亿元；中间业务收入13.2亿元；利润23.4亿元。是年，被市政府评为“2018年度工作优秀中央和省驻莞单位”，成为全市唯一获评金融机构。

服务地方经济发展　2018年，中国建设银行东莞市分行对接全市重大建设项目金融服务，创新金融产品服务，为东莞生态园、虎门港等多个市重点基建项目提供融资支持，市政类基础设施项目、市政客户和市三重项目贷款余额44.3亿元；围绕市政府两批“倍增企业”名单，“一户一策”制定服务方案，优先给予贷款融资支持，“倍增企业”有效授信覆盖111家，金额118.7亿元，信贷余额37.9亿元。

扶持非公经济发展　2018年，中国建设银行东莞市分行响应市政府扶持非公经济发展“50条”，打造服务支持民营经济发展的“六大模式”，强化与市税务局、科技局、中小企业局等部门合作，发力普惠金融，以服务“双小”（小行业、小企业）为重点，创新推出“云税贷”等产品，让普惠金融真正惠及广大纳税企业。至年底，分行普惠金融贷款余额106亿元，较年初新增69亿元。

培育住房租赁市场　2018年，中国建设银行东莞市分行参与地方住房租赁市场培育，率先与东莞市政府签订《培育和发展住房租赁市场试点工作战略合作协议》，与东莞市住建局签订《东莞市住房租赁管理系统建设合作协议》，配合政府做好住房租赁系统开发，完成企业租赁服务平台、监管服务平台、政府公租房服务平台以及共享服务平台等四大平台上线，支持地方住房租赁市场发展。

服务产业转型升级　2018年，中国建设银行东莞市分行围绕东莞市参与广东创新科技走廊建设机遇要求，以“FIT粤”科技金融品牌，首创科技企业“技术流”专属评价体系，推出专利权质押融资业务，支持先进制造业、现代服务业、战略性新兴产业、高新技术产业发展，为3786家高新企业提供基础金融服务，为1805家高新企业提供信贷156亿元。

提升社会公众满意度　2018年，中国建设银行东莞市分行在辖内102个网点全面建成“劳动者港湾”，开放共享网点服务资源，为广大劳动者提供歇脚停靠的便利场所，满足“累了能歇脚，渴了能喝水，没电能充电，饭凉能加热”的需求，累计服务环卫工人、快递小哥、的士司机等户外劳动者超过4万人次。

（李　建）

附：2018年中国建设银行股份有限公司东莞市分行主要领导名录

党委书记、行长：李宝生

【广发银行股份有限公司东莞分行】　截至2018年底，广发银行股份有限公司东莞分行有营业网点51个，遍及33个镇街，全部网点完成智能升级。本外币各项存款余额676.76亿元，比年初增加83.81亿元，增长14.13%。存款规模在东莞36家同业中排名第七，在东莞股份制银行中排名第一。广发信用卡在东莞地区累计发卡量突破240万张，领先全市同业，信用卡透支总额172亿元，拨备前利润8.64亿元，两者均排名全市同业第一。2018年，获评东莞主流媒体颁发的“2018年度东莞市民喜爱品牌”“2018年度东莞最佳消费信用卡银行”“2018年度消费者最喜爱信用卡奖”“2018

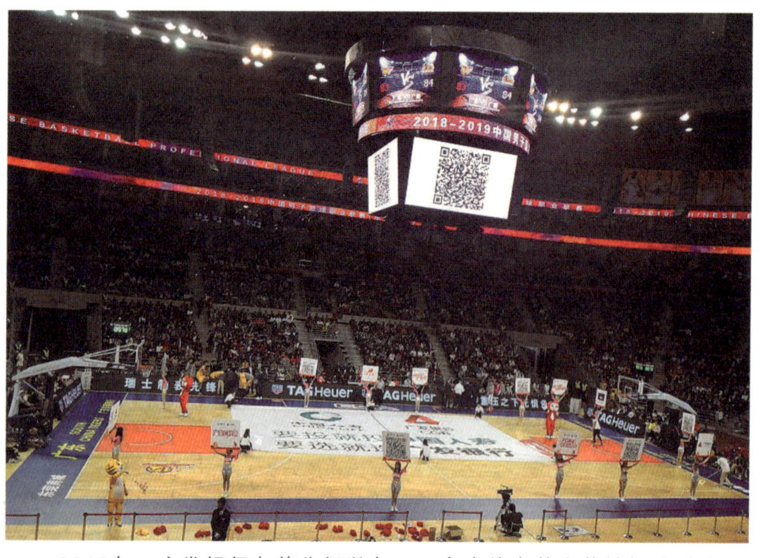

2018年，广发银行东莞分行举办CBA赛事体育整合营销权益活动

年度大湾区金质金融客户服务银行”“2018年度东莞热心公益事业企业”“2018年度东莞广电金融工匠”“2018年度南方+东莞金融频道共建单位”“2018年度金融卓越品牌企业”“2018年度东莞最具影响力银行”等奖项。

助力地方经济发展　2018年，广发银行股份有限公司东莞分行促成中国人寿投资控股有限公司与东莞发展控股股份有限公司签署《国寿投资—莞深高速债权投资计划投资合同》，引入首个险资入莞项目，融资规模不超过20亿元，资金用于莞深高速项目的运营、优化债务结构、补充营运资金等方面，为东莞经济建设增添创新融资渠道，实现政、银、保协同共赢，服务东莞经济发展。

加快金融科技创新　2018年，广发银行股份有限公司东莞分行推出三大便民移动支付功能，实现“互联网+”的科技创新，助力打造“品质”东莞、“智慧”都市，推出“微信”和“云闪付”扫码支付购燃气，创新场景金融服务模式，提供市民便捷的生活服务；推出移动支付“智慧交通”，方便市民交通出行，助推东莞普惠金融建设；上线广发社保卡微信医保支付新功能，实现社保卡在定点医疗机构的线上缴费，让就医更便利，促进东莞城市医疗智能化。

履行企业社会责任　2018年，广发银行股份有限公司东莞分行作为CBA官方合作伙伴，联合中国人寿支持CBA东莞主场赛事，策划开展CBA赛事的体育整合营销传播工作，拓展金融行业体育营销主场，支持东莞篮球事业，推广广发CBA联名信用卡，打造“要投就投中国人寿，要刷就刷广发卡”的生活场景。（练海敏）

附：2018年广发银行股份有限公司东莞分行主要领导名录

党委书记、行长：陈若鹏

【中信银行股份有限公司东莞分行】　中信银行股份有限公司东莞分行（简称“中信银行东莞分行”）成立于1999年。截至2018年底，中信银行东莞分行自营存款余额459亿元，其中，对公存款余额354亿元，个人存款余额105亿元。贷款余额322亿元。是年，中信银行东莞分行获评“2018年度东莞银行业普及金融知识万里行优秀单位”，反洗钱工作获人民银行东莞中心支行表扬和市公安局感谢，在全市金融行业媒体评选活动中，获评“最佳综合金融服务银行”“卓越综合金融服务银行奖”“行业影响力奖”“金质客户体验银行奖”“市民最喜爱银行品牌”等。

2018年12月，中信银行股份有限公司东莞分行举办2018年度运营人员业务知识与技能竞赛决赛

支持小微企业发展　2018年，中信银行东莞分行贯彻执行国家普惠金融政策，完善和创新小微企业贷款服务，持续提升对小微企业的服务质量；持续深化“授信服务+交易银行”的金融服务模式，搭建电子商务服务平台、跨境贸易服务平台、互联网金融支持平台，为各类境内、跨境企业提供专业金融服务。

履行社会责任　2018年，中信银行东莞分行为提升全社会金融素质，普及金融消费者权益保护知识，履行银行业公众教育的社会责任，开展“金融知识进万家”“金融知识进校园”活动。同时，热心参与公益活动，组织开展“青春绽放　中信同行”志愿者活动，多次组织志愿者到东莞市明昕言语训练中心等单位开展爱心捐赠等活动，履行社会责任。（邓嘉渝）

附：2018年中信银行股份有限公司东莞分行主要领导名录

党委书记：王志雄

【中国光大银行股份有限公司东莞分行】　2018年，中国光大银行股份有限公司东莞分行（简称“光大银行东莞分行”）设立网点7个，包括分行营业部、虎门支行、厚街支行、长安支行、大朗支行、东城支行、松山湖支行。是年，光大银行东莞分行一般性存款余额111.44亿元，其中对公时点存款101.39亿元，较年初新增10.41亿元；储蓄时点存款10.9亿元，较年初新增9223万元。一般性贷款余额81.28亿元，其中对公一般性贷款余额57.78亿元，比年初增加13.52亿元；对私贷款余额23.46亿元，比年初增加9.96亿元。

支持小微企业　2018年，光大银行东莞分行加大资源配置力度，聚焦实体经济，发展普惠金融，支持小微企业，贯彻光大银行总行提出的支持民营经济四个“一视同仁”（信贷政策上一视同仁、不提高准入门槛；服务效率上一视同仁，不优柔寡断；服务效率上一视同仁，不厚此薄彼；产品创新上一视同仁，不左顾右盼），在组织架构、运作模式等方面进行流程优化，提高小微企业服务效率。

合规风险管控　2018年，光大银行东莞分行重视授信调查环节的风险把控，采取各项措施化解存量不良，做好风险预警及风险排查工作，对内开展一系列的完善架构、修订制度流程、内控检查工作，内控管理获得监管部门的认可；根据监管机构要求进行深化整治市场乱象、员工行为自查等系列整治活动，均为未发现有重大违规行为，实现全年无案件、无罚单，在全行营造出“知规、懂规、守规”的良好氛围。　（黄茵茵）

附：2018年中国光大银行股份有限公司东莞分行主要领导名录

党委书记、行长：游建皓

【平安银行股份有限公司东莞分行】　截至2018年底，平安银行股份有限公司东莞分行各项存款余额138.10亿元，比年初增加17.90亿元，增长14.89%；各项贷款余额113.59亿元，比年初增加10.74亿元，增长10.45%；纳税总额1.54亿元，比2017年增加0.11亿元，增长7.87%，整体经营情况良好。

科技引领金融创新　2018年，东莞分行发展KYB（平安银行中小企业征信数据贷）业务，主动选择行业前端客户群，以开发高端制造业为主，布局产业互联网金融，推动基于企业交易行为和交易数据的金融创新，拓展传统业务空间，KYB贷款余额4.08亿元，较年初新增3.53亿元，增长6.41倍；是年，平安银行股份有限公司东莞分行上线东莞市非税移动端缴费系统，此业务丰富零售客户应用场景，实现公私联动，为分行电子政务类业务奠定基础；是年，商品房预售资金监管业务系统在分行落地，系统带动分行与住建局开展业务，带动对公“纯存款”，促进零售贷款、零售获客业务发展。

平安银行东莞南城支行开业　2018年8月18日，平安银行股份有限公司东莞南城支行开业。东莞南城支行是平安银行东莞分行第一家以轻型化、智能化、多元化为理念的智能网点，依托平安集团的科技优势，在空间、家具等方面通过嵌入智能化、人性化的配套装备，构建以“智能化+O2O+客户体验”为核心的服务体系，通过智能网点强化自助服务区功能，以客户体验为中心，减少柜台业务的办理频次，强化场景设计，实现现金柜台“瘦身”计划。

诚信合规促发展　2018年，平安银行股份有限公司东莞分行参与社会信用体系建设，参加中国人民银行东莞中心支行组织的“走进企业、走进社区、走进园区”等一系列活动，争做“知信、用信、守信”的宣传者；另外，分行通过公交站台发布反洗钱、扫黑除恶公益广告，利用宣传海报、宣传单页向路人宣讲反洗钱及扫黑除恶法律法规，营业网点悬挂反洗钱宣传横幅及反洗钱告知书，播放三反主题沙画视频，安排专人走上街头为客户宣传及解答反洗钱知识，使客户更加准确地理解和认识反洗钱法律法规以及扫黑除恶专项工作的相关政策和要求。

开展消费者权益保护体系建设　2018年，平安银行股份有限公司东莞分行从组织架构、整章建制、主题宣传、内部教育、投诉管理等方面开展消费者权益保护体系建设。举办“1098”消保主题月宣传活动，线下活动范围涵括校园、社区、工厂、商场、车站等区域，线上通过公众号、H5、微信等发布消保知识，扩大宣传范围；此外，在内部选拔标杆，带动员工整体向好，举办微笑服务明星、超凡服务故事评选，参与消保春晚，消保之星及消保事迹的评优等活动，带动全行消保工作良性发展。

（雷惠明）

附：2018年平安银行股份有限公司东莞分行主要领导名录

党委书记、行长：于　洋

【玉山银行东莞分行】　2016年1月13日，玉山商业银行股份有限公司东莞分行改制为玉山银行（中国）有限公司，注册资本20亿元。玉山银行东莞分行遵循“深耕大珠三角经济区”的方针，为珠三角地区顾客提供服务，透过两岸三地平台，联结“一带一路”政策，扩大在亚洲的金融服务。截至2018年底，资产规模22.7亿元，发放贷款余额19.07亿元，吸收顾客存款余额20.24亿元。

是年，玉山银行东莞分行优化企业网上银行、个人网上银行、银联借记卡等业务与功能项目，开办手机银行，推动金融产品的数字化与作业效率。年内，开展衍生品业务、结构性存款产品、银行承兑汇票贴现、委托贷款等服务，丰富金融市场操作工具，使对公、对私存款与贷款产品更完整，提供多元的产品选择。在消费者权益保护方面，开展“金融知识普及月”“金融知识进万家”“金融知识万里行”“反假货币宣传月”等宣传活动，帮助顾客了解与权益相关的金融知识，获评东莞市银行业协会“2018年普及金融知识万里行优秀单位”。　（杨翠珊）

附：2018年玉山银行（中国）有限公司东莞分行主要领导名录

行　长：赖锦宏

【彰银商业银行有限公司东莞分行】　彰银商业银行有限公司东莞分行前身为“彰化商业银行股份有限公司东莞分行”，成立于2014年10月，同年11月19日对外营业，是台湾彰化商业银行股份有限公司在广东省内设立的第一个营业网点。为推动业务发展，彰化商业银行股份有限公司经中国银行保险监督管理委员会核准，将其在大陆分支机构改制为单独出资的台商独资银行，承继原彰化商业银行股份有限公司在大陆分支机构获准经营的全部业务及其债权、债务和税务。2018年9月，彰化商业银行股份有限公司在中国的法人子行彰银商业银行有限公司取得营业执照，于2018年12月11日开业。经中国银保监会批准，除经营对各类客户的外汇业务以外，可经营对除中国境内公民以外客户的人民币业务。客户群体以公司客户为主，提供多元化综合金融服务，重点扶持民营企业和中小微企业实体经济发展。

截至2018年底，彰银商业银行有限公司东莞分行总资产7.56亿元，总负债5.77亿元；存款余额折合人民币4.98亿元，贷款余额折合人民币3.87亿元（含拆放非银行业金融机构），为正常类贷款，无不良情况。（陈红娣）

附：2018年彰银商业银行东莞分行主要领导名录

行　长：邱奂宇（1月到任）

【东莞银行股份有限公司】 截至2018年底，东莞银行股份有限公司资产总额3144.99亿元，比年初增加532.13亿元，增长20.37%；负债总额2937.73亿元，比年初增加506.05亿元，增长20.81%；存款余额2279.61亿元，比年初增加532.81亿元，增长30.50%；贷款余额1452.88亿元，比年初增加444.20亿元，增长44.04%。获评东莞市“2018年度效益贡献企业”“2018年度主营业务收入前20名企业”；在英国《银行家》杂志的世界银行排名中位列全球银行业365位（核心资本）。

发展科技金融　2018年，东莞银行聚焦科技金融特色业务发展，推动特色化科技金融产品创新，配合东莞市推进对接广深科技创新走廊建设。是年，向790家科技企业提供贷款支持，贷款投放总额超172.73亿元，授信余额140.03亿元，比年初增加64.21亿元，增长84.67%。

支持民营企业　2018年，东莞银行坚持构建“银企命运共同体”，助力民营企业跨越“融资高山”，按照要求建立可操作的授信尽职免责“正面清单”和容错纠错制度，提高民营企业授信业务考核权重，实现对民企的精准滴灌。是年，向民营企业投放各项表内贷款余额767.35亿元，占公司贷款余额的78.99%，较年初增加269.02亿元，增长53.98%。

2018年9月18日，东莞银行特约——莞脉传承之非物质文化遗产走进袁崇焕中学（东莞银行供图）

支持小微企业　2018年，东莞银行开发银税快贷、房易贷、科技数据贷、创业贷款、优抵贷等系列专项贷款产品，支持小微企业融资，助力普惠金融业务发展。加快小微业务信贷模式改革、服务创新、产品创新、风控创新等工作，搭建小微在线融资网贷平台，打造“客户开发集群化、客户识别系统化、营销服务平台化、产品销售线上化、风控手段技术化”的“互联网+小微企业”综合金融服务模式，实现监管考核口径下的“两增两控”要求。

发展消费金融　2018年，东莞银行完成直销银行二期和消费金融项目的建设，推进新建场景的对接开发工作。推动个人重点基础平台项目建设，夯实系统基础、丰富业务功能。推行“银行+场景”的B2B业务发展模式，有效对接业务场景。

履行社会责任　2018年，东莞银行股份有限公司捐资设立“东莞市慈善会东莞银行医疗专项基金”，为建设高水平医学人才队伍贡献企业力量；赞助东莞市“莞脉传承”之非物质文化遗产进校园活动，助力核心传统文化传承；设立东莞银行·东莞中学奖学奖教金，用好东莞银行教育基金，支持教育事业发展；举办公益篮球夏令营，冠名东莞市莞城区体育中心；开展扶贫助学、反假币宣传、社区探访、环保清洁、集市宣传等志愿者公益服务活动，参与贫困学生的结对资助，通过一对一、多对一或部门结对的方式，资助广东省内多个地区的贫困学生124人。（刘　思）

附：2018年东莞银行股份有限公司主要领导名录

党委书记、董事长：卢国锋

党委副书记、副董事长、行长：程劲松

【东莞农商银行】 2018年，东莞农商银行实现资产规模、资产质量和利润水平3个“稳中有升”，经营管理实力不断提高。2018年底，集团资产总额突破4000亿元大关，达4081.57亿元，位居全国地级市农商行首位，全国农信系统第6位；各项存款余额2461.79亿元，贷款及垫款净额为1573.75亿元，存贷款规模连续23年位居东莞市银行业首位。是年，跃升全球银行业300强、中国银行业40强，监管评级维持同类机构最优水平，连续三次获评全国标杆农商银行，成为全国首家主体信用等级为AAA级的地市级农商行，是东莞市资产规模最大、利税贡献最多、服务支持实体经济力度最强的金融机构。

网点服务星级化 2018年，东莞农商银行加快推进网点智能转型，打造全国星级网点，提高服务水平；同时以7家全国“星级网点”挂牌为契机，以点带面推动全行网点服务星级化，打造全国“千佳网点”1个及服务标准认证网点2个，树立业内金融服务标杆。

产业金融特色服务 2018年，东莞农商银行继环保产业“绿融通”、教育产业“校融通”及大健康产业“银医通”之后，东莞农商银行发布“智融通”和“园融通”两大综合金融服务品牌，推出服务智能制造产业和产业园区企业。同时，主动对接粤港澳大湾区、广深科技走廊建设，支持现代创新科技产业发展，发起麻涌汽车产业股权投资基金、松山湖产业基金等产业基金，为东莞市产业企业提供“全方位、一体化、多渠道”融资支持。

小微企业金融服务 2018年，东莞农商银行在产品服务方面，打造小微“2+3”产品体系，推出企业手机银行、小微一卡通结算产品以及农商易微贷、利微贷和捷微贷信贷产品。搭建“政商银”融资服务，通过“政府+商业”担保，降低小微企业融资门槛。在系统建设方面，依托现代金融科技，面向小微企业推出线上“莞快贷”及“D+Bank”移动金融系列产品，实现小微贷款申请、审批、放款的线上化，满足不同小微客群融资需求。

提升同业金融服务 2018年，东莞农商银行着力调整资产组合结构，配置优质的短融、中票、企业债、PPN，配置ABS资产和银登结构化产品，提高公募基金投资规模；开展金融市场中间业务，获得财政部记账式国债、储蓄国债、国家开发银行金融债、中国进出口银行金融债、广东省地方政府债券和非金融企业债务融资工具承销等多项专业经营资格，在新业务牌照方面取得新突破，推动业务多元化发展。（孙　璐）

附：2018年东莞农商银行股份有限公司主要领导名录

党委书记、董事长：王耀球
党委副书记、行长：
　　刘晓东（任至9月）

【交通银行股份有限公司东莞分行】 截至2018年底，交通银行股份有限公司东莞分行（简称交通银行东莞分行）资产规模193.99亿元，各项存款余额184.5亿元，各项贷款余额118.4亿元，获得“东莞市消费者信赖的十佳金融服务机构”称号。

2018年，交通银行东莞分行围绕东莞支柱产业、基础设施建设及松山湖、滨海湾新区两大核心开发区三大板块为核心，参与拓展，助力湾区发展；参与东莞地区公路、铁路、港口、轨道交通等综合交通体系建设项目，包括深圳外环公路东莞段建设项目、东莞市城市轨道交通一号线工程、虎门港码头建设项目等；支持地区医疗卫生、教育、燃气、公共交通、节能环保等民生行业项目，包括垃圾发电项目、水污染治理项目等；对接东莞产业转移发展，重点跟进产业转移的配套服务，支持产业园建设及运营，解决产业园区建设融资问题，通过产业链融资、融资租赁等模式解决入园企业融资难问题，对接工商系统E商通，为来莞企业提供一条龙工商注册服务。（尹健斌）

附：2018年交通银行股份有限公司东莞分行主要领导名录

党委书记、行长：王　峰

【上海浦东发展银行股份有限公司东莞分行】 截至2018年底，上海浦东发展银行股份有限公司东莞分行一般性存款余额213.1亿元、本外币贷款余额195.4亿元、营业净收入6.2亿元，在广州分行系统内名列第一。是年，上海浦东发展银行股份有限公司东莞分行防范和处置各类风险，不良额和不良率逐年下降，资产质量优于东莞区域金融机构平均水平。

2018年，上海浦东发展银行股份有限公司东莞分行发挥基层党支部作用，新签约共建单位13家，其中政府单位党支部4家，国资国企单位党支部5家，同业单位党支部2家，社区单位党支部2家。先后通过送金融知识进共建单位、上党课等共建活动搭建基层共建的梁柱，加强与企业之间的互动。

（张子玉）

附：2018年上海浦东发展银行股份有限公司东莞分行主要领导名录

党委书记：王绵志
行　长：王奕婷

【中国邮政储蓄银行股份有限公司东莞市分行】 截至2018年底，中国邮政储蓄银行股份有限公司东莞市分行各项存款余额532.2亿元，位列全市第八，年新增23.07亿元；各项贷款余额266.44亿元，新增54.96亿元。获得中国邮政储蓄银行广东省分行2018年度“突出贡献奖”、中国邮政储蓄银行总行“小微金融发展标杆行”、中国邮政集团公司“企业文化建设示范单位”、“东莞市民喜爱的品牌”等12个奖项。

以支持倍增计划为重点，助力地方产业经济升级 制定支持“倍增计划”八大行动举措，向计划内100余家企业提供融资支持50亿元；根据产业升级和机器换人需求，推出动产租赁贷，帮助企业解决生产设备升级改造资金难问题；成为东莞科技产业金融“三融合”合作行之一，创新推出科技贷并发放超2亿元；围绕东莞智能手机产业，创新推出“动

产设备买方贷款”放款1.5亿元。2018年流向实体经济资金超150亿元，其中122亿元主要流向中小微企业，占比81.3%。

以支持环保教育医疗为重点，助力地方民生环境改善 对东莞水投集团授信4亿元，创新推出“污水处理贷”，发放首笔贷款4400万元；支持教育医疗事业，支持东莞人民医院等公立医院建设医疗自助系统。推出“民营医院贷”并发放首批贷款5100万元，承销医药企业债券15亿元，支持地方医药和生物技术产业发展。创新推出民营幼儿园贷款，授信超5000万元，改善适龄儿童上学难问题。

以支持重大市政建设为重点，助力东莞企业“走出去” 支持重大基础设施项目建设，对交投集团授信24.6亿元，参与支持东莞地铁1号线PPP项目、番莞高速等重点市政项目建设；支持东莞企业“走出去”，提供外汇结算、外汇贷款、境外人民币融资性担保等一揽子金融服务，融资支持超20亿元。（任东东）

附：2018年中国邮政储蓄银行股份有限公司东莞市分行主要领导名录

党委书记、行长：
张胜春（任至10月）
林　拳（10月到任）

【东莞长安村镇银行股份有限公司】 截至2018年底，东莞长安村镇银行股份有限公司下辖总行营业部1个、支行5家，资产总额33.36亿元，负债总额28.44亿元，各项存款余额27.81亿元，实现营业收入1.02亿元，净利润0.37亿元。

加强风险防控，促进合规经营 落实监管部门关于进一步深化整治银行业市场乱象有关精神，对全行业务、流程、制度开展深入排查。结合市场乱象排查，开展信贷业务专项检查、规章制度自查自纠等工作，强化内控管理。

坚守市场定位，提升服务质效 强化支农支小工作，优化业务流程，提高授权审批效率，为有金融服务需求的社会各阶层和群体提供适当的金融服务。截至2018年底，农户和小微企业贷款余额占各项贷款余额的93.66%。

推动文化建设，增强团队凝聚力 制定企业文化活动方案，组织开展谁“羽”争锋羽毛球比赛、“好时光——照亮你的美”摄影评比活动、“致青春——SHOW出你自己”演讲比赛、“我们是一家人”孝亲文化活动、“凝心聚力·砥砺前行”拓展训练等一系列文化活动，促进员工业余文化生活品质健康化、参与常态化。

加强消费者权益保护，履行社会责任 制定《消费者个人信息保护实施细则》《消费者金融知识宣传教育实施细则》，完善消费者权益保护工作制度体系；多渠道开展金融知识宣传活动，参与对外文化赛事、公益活动；合理设定小微企业贷款利率，落实“两禁两限”收费政策，在贷款申报到收回过程中不收取任何手续费及其他中间费用，降低小微企业贷款综合成本，服务实体经济。（莫婉湘）

附：2018年东莞长安村镇银行股份有限公司主要领导名录

董事长：李志锋
行　长：麦永康

【东莞厚街华业村镇银行股份有限公司】 东莞厚街华业村镇银行股份有限公司是厚街镇首家一级法人银行业金融机构，截至2018年底，下辖总行营业部1个，一级支行1间，员工41人。资产总额6.80亿元，各项存款余额5.73亿元，各项贷款余额4.82亿元。东莞厚街华业村镇银行股份有限公司坚持“服务三农、服务社区客户、服务小微企业，服务实体经济”的服务方向，提升金融服务效率与质量。发挥决策直接、高效灵活的优势，适应“三农”及小微企业金融服务需求，推出宅基贷、租金质押贷、小额快易贷、村民小易贷、光伏贷、园易贷、社员贷等具有村镇特色的担保类、信用类信贷产品。是年，涉农和小微企业贷款总额占总贷款余额94.78%。信贷投向涉及批发零售业、农林牧渔业、制造业、住宿餐饮业、居民服务和其他服务业，支持当地实体经济发展，履行支农支小的社会责任。

（钟浪龙）

附：2018年东莞厚街华业村镇银行股份有限公司主要领导名录

董事长：杨国梁
行　长：黄柱恒

【华润银行股份有限公司东莞分行】 截至2018年底，华润银行股份有限公司东莞分行资产总额64.68亿元，存款余额62.43亿元、比上年增长50.87%，其中储蓄存款2.42亿元；各类授信余额48.19亿元，华润银行东莞分行支行网点开设在南城、长安、松山湖等区域。

2018年，华润银行践行企业责任，开展市民音乐会系列冠名活动，系列品牌活动在莞持续开展，融惠民生。围绕五大新兴领域和十大重点产业，紧跟东莞市科技金融政策，支持高新技术企业、倍增计划企业和协同倍增企业，促进产业升级，并于2018年下半年推出“润钱包”产品，将账户、支付、清算、反欺诈等金融服务能力嵌入华润通平台，为华润各业态向移动端迁徙提供导流工具。以润钱包为抓手，简化支付流程，提升客户满意度，同时，与华润万家合作推出“一元换购”和线上万家电子卡“华润闪惠”等客户回馈活动，丰富客户金融服务体验。（刘　恋）

附：2018年华润银行股份有限公司东莞分行主要领导名录

行　长：刘海刚

保险业

【保险业概况】 截至2018年

底，东莞市有保险机构64个，其中，产险公司23家，寿险公司41家，产、寿险公司保险从业人员8.05万人，比上年增长5.74%，其中营销人员7.28万人，增长10.06%，占总人力90.43%。全市保险业总保费收入489.55亿元，比上年增长4.59%；总保费规模占全省14%，连续9年领跑全省地级市。其中，人寿险公司保费收入346.69亿元，比上年增长0.79%；财产险公司保费收入142.73亿元，增长14.84%。全市保险业有效机动车保单659.64万件，有效非车财险保单984.41万件（其中太保财险货运险877.62万件，以货运物品件数统计），有效人身险保单2069.62万件；机动车保险保额3.36万亿元，非车险保额3.3万亿元，人身险保额11.39万亿元，总保额18.05万亿元；机动车保险赔付63.77亿元，非车险赔付10.95亿元；人身险赔付13.89亿元，满期给付28.14亿元，死亡医疗给付5.37亿元；产、寿险公司赔给付122.12亿元。（严传彪）

附：2018年东莞市保险行业协会主要领导名录

会　长：陈青松

【中国人民财产保险股份有限公司东莞市分公司】 2018年，中国人民财产保险股份有限公司东莞市分公司（简称人保财险东莞市分公司）实现保费收入48.39亿元，比上年增长16.81%。

片区优化融合 2018年，人保财险东莞市分公司启动片区优化融合工作，石龙、虎门、厚街、麻涌、常平、塘厦六大片区组织架构重组，城区片撤并低产能网点，设立松山湖营业机构和滨海湾营业机构，县域机构整合资源，提高人力资本质量，提升产能。

构建一站式网格化服务体系 2018年，人保财险东莞市分公司以车险智能在线理赔服务平台为主要载体，建成200个一站式保险服务网点，将理赔服务全面授权渠道部门、经营单位、线下门店和服务网点，一站式解决承保、理赔和客户服务需求。推出警保联动、理赔夜市、全程托付等特色理赔服务，提升客户体验与人保口碑。

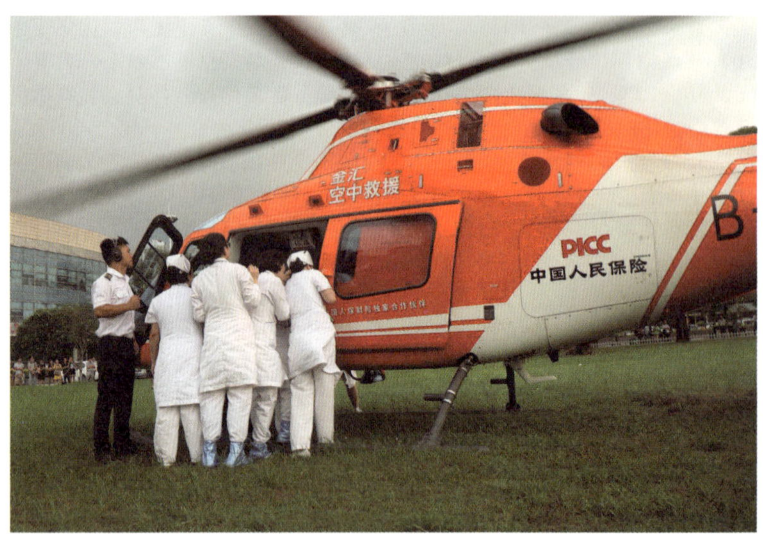

人保财险东莞市分公司为参保人提供直升机救援服务

（人保财险东莞市分公司供图）

直升机救援 2018年3月，该飞行应急救援队金汇分队成立，为东莞市大病保险参保人群提供紧急转院服务。8月15日，东莞人保救援直升机载着15岁急症少年，从东莞市人民医院普济分院仅用时15分钟飞抵南方医科大学南方医院，为急症少年搭起“生命绿色通道”。此次救援是东莞首例，为抢救患者争取宝贵时间，凸显空中救援及时、高效、快捷的优势。

安全生产责任险启动 2018年10月12日，东莞市安全生产责任保险项目启动。人保财险东莞市分公司作为安全生产责任保险项目共保体之一，对全市范围内的煤矿、非煤矿山、危险化学品、烟花爆竹、交通运输、建筑施工、民用爆炸物品、金属冶炼、渔业生产等高危行业领域的生产经营单位承保安全生产责任险。

党建引领业务发展 2018年，人保财险东莞市分公司开展高频高质政企互动。与东城街道、南城街道、厚街镇政府、农业银行、民太安集团、市中级人民法院、东莞邮政等单位签订战略合作协议，开展党建共建、保险项目、社会管理等多方面合作。与市团委、市科技局、厚街政府开展人才交流，加强政企交流，渗透保险文化。与寮步镇政府合作，独家冠名中国人保（东莞·寮步）国际汽车文化节，现场引流，增加保源。与市社保局同赴揭阳，以党建共建形式开展党建扶贫活动，助推扶贫保险项目落地。（何惠知）

附：2018年中国人民财产保险股份有限公司东莞市分公司主要领导名录

党委书记、总经理：杨松柏

【中国人寿保险股份有限公司东莞分公司】 中国人寿保险股份有限公司东莞分公司（简称中国人寿东莞分公司）是中国人寿系统内规模领先的地市级分公司之一，也是东莞市保险业规模领先的寿险公司之一，依托覆盖全市的服务网络和95519客户服务专线，致力于为东莞市民提供优质的保险产品和服务。截至年底，中国人寿东莞分公司自营总保费36.08亿元，比上年增长13.90%，总规模位居全省第三，居东莞保险市场前列，缴纳税收7679.07万元，提供7000个就业岗位。

2018年1月，中国人寿东莞分公司中标东莞市重大疾病医疗保险承办商，成为东莞市重大疾病医疗保险服务供应商之一，配合市社保局为全市约570万名参保市民提供保险专业化服务，截至2018年底，赔付82268人次，总额1.23亿元，避免参保群众因病致贫、因病返贫，发挥大病保险的“托底”作用。其中计生家庭保险承保户5.82万户，覆盖率22%，全年向2056人次给付1300万元保险赔偿金；为30.68万东莞老年人提供意外险保险保障，覆盖率为全市老人群体的97.14%，全年赔付6968人次，赔付金额1407万元。

是年，中国人寿东莞分公司支持公益事业，担当社会责任，获得“东莞诚信服务示范单位”、“金口碑”品牌企业、“金牌社会公益服务品牌”、“东莞市民喜爱保险品牌”、莞城街道“2018年度效益贡献企业”及“骨干企业”等称号。（杨　妍）

附：2018年中国东莞人寿分公司主要领导名录

党委书记、总经理：卢镇洪

证券期货业

【证券期货业概况】 2018年，东莞市有证券营业部112家，股票账户数541.5万户，比上年增长13.8%。全年证券交易额28582.12亿元，下降11.07%。

2018年，东莞市有独立法人资格期货公司1家，期货营业部10家，全年代理交易额7957.59亿元，比上年增长11.23%。

（张　弛　李　野）

【上市公司】 2018年，东莞市落实各项帮扶措施，协调解决企业上市遇到的困难，东莞上市公司有45家，新增2家，其中境外上市公司18家，境内上市公司27家。截至年底，A股上市公司总市值1305.13亿元，约占东莞2018年GDP的15.77%。（李　野）

【东莞发展控股股份有限公司】 东莞发展控股股份有限公司（简称“东莞控股公司”）是东莞市属唯一的国有控股上市公司（证券代码000828）。2018年，实现营业收入16.24亿元、营业利润13.62亿元，比上年增长11.79%、23.14%。截至2018年底，总资产110.09亿元，净资产64.92亿元。

“产融双驱”发展战略 高速公路业务以“保畅通、优服务”为重点，落实惠民政策，加强技能培训，提高服务水平，规范开展公路养护。紧抓供给侧结构性改革的机遇，以基础设施、公众交通、新能源等领域为重点发展方向，推进“蓝天计划”，支持东莞市实体经济发展和产业转型升级。

多措并举打好莞深高速治堵攻坚战 结合“远近结合、标本兼治、重点突出、整体推进”的工作思路，落实高清监控改造，完善事故处理流程，实现“发现更快”；采用“分段驻点+机动巡查+无人机”管理模式，加强路政、交警、保险、清障等多方联勤联动，实现“处理更快”；规范行车秩序，及时实施收费站扩建计划，推进计重设备升级、ETC天线更新、移动支付等技术革新，实现“通行更快”。提高高速公路行车体验和服务品质。

投资东莞轨道交通1号线一期工程 抓住湾区一体化建设机遇，开拓新的交通基础设施业务领域，出资约109亿元投资东莞轨道交通1号线一期工程PPP项目，与中国中铁等其他联合体成员、政府方出资代表共同出资设立项目公司，持有45.8081%的股权，推进国有资产向关系国计民生的关键领域和重点基础设施行业集中，增强上市公司核心竞争力。

加快布局新能源汽车充电服务领域 2018年，东莞控股公司加大新能源汽车充电服务领域的投入，入股康亿创新能源公司，持有40%股权，与东莞巴士、东莞供电局共同发起成立东能公司，持有50%股权。12月，东能公司建设的道滘汽车客运站公交充电站投入使用，是东莞市“蓝天保卫战”16个公交充电站中首个落成投运的项目，打下东莞“蓝天保卫战”的第一个阵地，迈出新能源公交网络布局的第一步，有利于推动发展绿色交通体系，实现环境效益、经济效益和社会效益多赢。（陈迪莎）

2018年12月29日，东莞市“蓝天保卫战”首个公交充电站（道滘车站项目）建成投产仪式在道滘镇举行（东莞发展控股股份有限公司供图）

附：2018年东莞发展控股股份有限公司主要领导名录

董事长：张庆文

【东莞证券股份有限公司】 东莞证券股份有限公司是国有控股的全国性综合类证券公司。截至2018年底，拥有分支机构77个（其中营业网点75个，上海分公司1家，深圳分公司1家），全资拥有东证锦信投资管理有限公司、控股华联期货有限公司。

东莞证券股份有限公司以经纪、资管、投行三大业务为核心，发展两融、直投、债融、新三板和投资咨询等业务，实现从收入来源单一型券商向收入来源多元化型券商的转型。

截至2018年底，东莞证券总资产272.70亿元，净资产61.52亿元，连续4年获评A类及以上券商。净资产收益率、净资本收益率处于行业领先水平。2018年，经纪业务市场份额全国排名第30名。

随着公司业务及规模的发展，公司人员结构不断优化，截至2018年底，总部硕士占比达48%。特别是投资银行业务，拥有一支近200人的专业团队，其中保荐代表人30名，团队成员90%以上具备硕士学位。年内，东莞证券完成华立股份（东莞企业）、美格智能、绿茵生态、国立科技（东莞企业）、春秋电子、宏川智慧（东莞企业）6家企业IPO的保荐承销工作，募集资金31.23亿元，在全国保荐承销机构中位列20名左右；并完成新宝电器非公开、生益科技（东莞企业）可转债、福安药业、南兴装备（东莞企业）等再融资及并购重组项目。

东莞证券历年来获得多项荣誉，连续多年获得东莞市委、市政府颁发“年度税收突出贡献奖”，2018年在莞缴纳税费2.78亿元。是年，东莞证券组织实施各类扶贫项目10个，投入扶贫资金228万元，以困难地区所需开展产业扶持、电站回购、基础教育设施改造、公益球场捐建等，发挥金融服务优势，全年通过股权、债权等融资渠道帮助广西、湖南、重庆等贫困地区企业融资总额3.77亿元。在“2018中国证券期货业扶贫工作交流大会”上获得“2018中国证券期货业最佳精准扶贫项目奖和最佳产业扶贫项目奖”。 （张　弛）

附：2018年东莞证券股份有限公司主要领导名录

党委书记、董事长：陈照星

信托业

【东莞信托有限公司概况】 截至2018年底，东莞信托有限公司资产总额65.09亿元，存续信托项目226个，管理信托资产规模603.30亿元。2018年为客户分配收益30.03亿元；公司实现净利润4.65亿元，缴纳税款2.09亿元。

【产融结合】 截至2018年底，东莞信托有限公司为东莞市一级基础设施建设项目提供金融服务，推动成立“东莞莞信基础设施和公共服务投资基金”，并投入该建设领域，基金规模为200亿元，募集资金2.61亿元。持续发展“倍增优选股权投资基金”系列产品，拓宽符合政策导向的创新型企业的成长空间，助推科技创新项目发展，倍增基金实际募集资金2.12亿元，是年，对外投资962.5万元。东莞信托有限公司成立“宏信—长安新河”集合资金信托计划，引进社会资本参与供排水设施的投资、建设和经营，向东莞市滨海湾新区控股有限公司提供资金支持，投向东莞市长安新河PPP工程，项目投放300万元。

【企业融资成本降低】 2018年，东莞信托有限公司参与东莞市政府设立的“东莞市地方金融稳定专项资金”。东莞信托作为受托人，根据市金融工作局指令为16个客户放款33笔，合计向企业发放转贷资金55241万元。

【风险管理】 2018年，东莞信托有限公司成立风险防控预案工作领导小组，对规范资产管理业务中可能产生的信用风险、流动性风险以及相关次生风险制定风险防控预案，切实履行风险防控主体责任，提高风险防控能力。加强合规管理和风险防控工作，对事务类信托、房地产信托、非标资金池、政信业务等进行合规性及风险排查，并对流动性风险、大客户信用风险进行排查，制定相应风险防控的工作措施，确保公司相关信托业务合规开展。

【客户管理】 2018年，东莞信托有限公司加大推动产品采购与资产配置力度，加强资产配置团队人员配置，并与外部机构达成采购产品合作；并通过举办多种形式的客户活动，持续提升客户对公司的认知程度。

【社会责任履行】 2018年，东莞信托有限公司向对口帮扶东莞市大朗镇佛子凹村捐赠25万元，根据实际需要将财政定点帮扶资金用于大朗佛子凹村的环境整治项目；精准扶贫韶关乐昌市三溪镇仕坑村，组织员工自发捐赠32700元，并将捐赠资金入股经营性资产形成收益，用于提高仕坑村建档立卡贫困户的家庭经济收入。东莞信托有限公司多次赴对口帮扶村进行实地调研、捐赠和慰问，组织员工向贫困户捐资捐物，让困难户感受到社会关怀和温暖。东莞信托首个慈善信托“善信—莞慈1号”于2018年12月25日落地，并持续举办“东莞信托·与爱同行”公益徒步活动，是年，向“东莞市慈善会东莞信托慈善基金”捐款50万元；慈善基金对29名在读贫困学生进行资助。

（游艳婷）

附：2018年东莞信托有限公司主要领导名录

董事长：黄晓雯

财政·税务

FINANCE · TAXATION

高埗大桥 （高埗镇供图）

编辑：贺 平

财 政

【财政收支】 2018年，东莞市一般公共预算收入649.91亿元，比上年增长9.77%，完成预算的100.26%。一般公共预算收入中税收收入548.24亿元，比上年增长14.47%，占84.36%；非税收入101.67亿元，下降10.14%，占15.64%。以上收入加上上级补助收入87.31亿元，松山湖归还市财政借款19.14亿元，医疗卫生专户调入36.54亿元，从教育收费专户调入4.81亿元，其他存量资金调入3.46亿元，从国有资本经营预算调入0.04亿元，从预算稳定调节基金调入46.57亿元，地方政府一般债券转贷收入28.25亿元，上年结转结余8.33亿元，全市一般公共预算总收入884.36亿元，是年，东莞市财政总收入为1339.54亿元。

这一年，东莞市财政总支出1320.63亿元，主要包括拨镇街及园区分成支出619.88亿元，派驻单位基本支出37.8亿元、一般性转移支付70.72亿元、市直部门基本支出81.57亿元、一般项目（含预备费）支出262.65亿元、基本建设支出71.46亿元、上级转移支付支出32.47亿元、上解上级支出42.53亿元、地方政府债券转贷支出72.14亿元、安排预算稳定调节基金29.41亿元。以上收支相抵，2018年，结余18.91亿元。

【财政“减负”和“增收”】 2018年，东莞市落实国家减费降税政策，减轻企业负担，优化营商环境，全年为企业减负426亿元，财政非税收入比上年下降10.14%。应对中美经贸摩擦等挑战，推进税收征管工作，实现依法征收、应收尽收。是年，东莞市税收收入突破2300亿元，总量位居全省第三。一般公共预算收入完成649.91亿元，比上年增长9.77%，增速在珠三角七市中排名第一。一般公共预算收入中，税收收入完成548.24亿元，比上年增长

14.47%，占84.36%，收入质量实现“三连升”。

【财政管理水平提升】 2018年，东莞市完善财政支出监管机制，对重点支出实行专人管理、动态监控和精准督导，全年一般公共预算支出进度达到98%，位居全省第一；强化政府债务管理，全年置换存量债务32.14亿元，争取到新增债券40亿元，有效防控债务风险、保障经济建设；加强政府采购建设，全市实际政府采购金额首次突破百亿元大关；做好财政投资评审，全年审核项目1506个，核减金额75.23亿元；强化财政资金绩效管理，开展大额专项资金、扶贫资金、行政事业资产专项检查，切实堵塞管理漏洞；推进法规税政、会计监督、国库支付、票据监管等工作更加科学规范。

【创新创业载体搭建】 2018年，东莞市重点支持新型研发机构、专业镇科技创新平台、科技企业孵化器、众创空间等各类科技孵化载体建设和发展，为广大中小企业的发展提供人才支撑和智力保障。东莞市与国内知名高等院校、科研院所共建科技创新平台，协议投入40多亿元，实际投入超过20亿元，建设广东省智能机器人研究院、东莞国际机器人研究院、松山湖机器人基地、北京大学东莞光电研究院、东莞电子科技大学信息工程研究院和东莞中国科学院云计算产业技术创新与育成中心等近30个公共科技创新平台。

【市场创新主体培育】 2018年，东莞市重点支持高新技术企业、实施重点企业规模与效益倍增计划，实施高新技术企业“育苗造林”（引进、培育一批高新技术企业，支持高新技术企业发展）行动计划、推动规模以上工业企业研发机构建设行动计划。是年，安排高新技术企业培育专项资金1.2亿元，安排8000万元推动规模以上企业研发机构全覆盖；实施重点企业规模与效益倍增计划，在安排3亿元基础上，新增1亿元用于市镇共同推动协同倍增，扩大试点企业范围，增加扶持措施，助力优质企业尽快实现规模与效益倍增。

【财政支持企业通过技术改造实现转型升级】 2018年，东莞市安排“机器换人”及智能制造专项资金3.85亿元，引导企业通过利用先进自动化生产设备进行技术改造升级，并通过实施东莞首台（套）重大技术装备推广奖励、首台（套）重大技术装备保险补贴等政策推动东莞市先进装备制造业发展。设立智能制造专项资金，对企业实施自动化改造、智能化改造以及智能制造示范项目和对智能制造诊断服务、首台（套）重点技术装备以及智能制造公共服务平台建设等项目给予资助。

【财政支持企业开展科技研发增强自主创新能力】 2018年，东莞市安排4255万元，支持实施核心技术攻关“攀登计划”（全市重点产业核心技术攻关取得初步成效，推动支柱产业转型升级和战略性新兴产业跨越发展），对核心技术攻关重点项目每个给予最高2000万元的财政资助；安排1.1亿元科技创新平台专项资金，对获得国家、省、市工程技术研究中心和重点实验室立项，分别一次性给予500万元、20万元和10万元资助；安排专利促进专项资金6721万元，出台《东莞市专利促进项目资助办法（修订）》，对企业申请发明专利、专利信息分析利用项目等知识产权活动给予资助；投入1.32亿元，推进创新平台及孵化器建设，引导企业加大研发投入，鼓励规模以上工业企业建设研发机构，提升企业核心竞争力；投入1.25亿元，奖励科学技术进步，鼓励企业知识产权申请、保护和应用；投入1.04亿元，引进创新科研团队，推动院士成果转化；投入9470万元，实施高新技术企业“树标提质”行动，“一业一策”培育重点领域高新技术企业；投入4500万元，实施质量强市战略，支持国家、省级质量监督检验重点实验室建设。

【财政支持倍增计划】 2018年，东莞市投入1.65亿元，实施“倍增计划”和协同倍增，调整确定市级试点企业286家，选定协同倍增企业910家，加快实现集约化发展；投入5亿元，与莞民投集团合作成立规模15亿元的产业并购母基金，重点支持“倍增计划”试点企业实施兼并重组，加快产业整合升级；投入3.26亿元，发展智能制造、绿色制造、服务型制造，助推产业结构调整和新旧动能转化；投入1亿元，设立中小微企业贷款风险补偿专项资金，引导银行提升对中小微企业的金融服务；投入8047万元，加大科技金融产业融合力度，鼓励合作银行加大对科技型中小微企业和市倍增试点企业的信贷支持；投入5800万元，引导工业企业开展技术改造。

【财政支持对外贸易】 2018年，东莞市投入1.95亿元，加快对外贸易发展。投入9017万元，支持企业投保出口信用保险和参加境内外展会；投入5482万元，扶持东莞港集装箱、石龙铁路国际集装箱班列、保税仓、监管仓等项目发展；投入2423万元，促进会展行业发展，提升加博会、海博会等品牌展会影响力；投入1410万元，开展国际经贸合作，鼓励外商投资和增资扩产；投入1365万元，支持跨境电子商务发展，推进制造业与电子商务深度融合；投入942万元，支持加工贸易转型升级，创建出口产品质量安全示范区。

【财政支持园区镇街发展】 2018年，东莞市投入7.2亿元，支持滨海湾新区及控股公司建设，打造引领开放发展新高地。投入5亿元，用于水乡管委会运营，强化对水乡地区的辐射带动；投入6亿元，配套设立总规模10亿元的扶持次发达镇产业发展资金池，推动次发达镇加快发展；投入18.09亿元，加大对镇街基本公共服务的财力性补助，推动财力向基层下沉；投入20.85亿元，补助村（社区）治安、环卫、行政管理等基本公共服务支出；投入7259万元，帮助次发达村（社区）发展创收项目、加快基础设施建设。

【财政推进污染防治】 2018年，东莞市投入43亿元，向水务集团注资，增强企业的运营和融资能力。采用PPP模式推进水生态四期、五期工程建设运营，年内新建超过1500千米截污次支管网；投入9.92亿元，支持污水处理及管网一体化运营，全面提升污水收集与处理系统运营能力；投入3.22亿元，推进东江北干流石龙南岸、运河等水环境综合整治；投入4486万元，实施30条重污染河涌综合整治；投入2992万元，用于污水处理厂污泥处理；投入1.68亿元，推进全市医疗废物无害化处置及焚烧生活垃圾飞灰处理；投入5038万元，购买垃圾填埋场集装箱式渗滤液处理服务，试点开展存量垃圾分筛处理；投入1.34亿元，推广应用新能源汽车。

【财政支持全面提升城市品质】 2018年，东莞市统筹投入10亿元，支持实施城市品质三年提升计划。投入8.46亿元，优先发展城市公共交通，缓解公众出行压力；投入4.25亿元，加快城市连片改造；投入5.7亿元，用于公路桥梁、城市公园及市政设施养护；投入1.37亿元，推进市人民医院分院、市中心血站、市儿童医院、市老年大学、市食品药品检测中心等工程建设，提升公共资源布局均衡性；投入1亿元，实施美丽幸福村居建设工程；投入1077万元，宣传东莞城市形象。

【财政支持教育事业优先发展】 2018年，东莞市投入31.94亿元，补助镇街教育经费及保障市属学校经费，提高生均经费供给水平。投入2.15亿元，补助民办学校免费义务教育，提高民办学校教师从教津贴；投入1.31亿元，为14.7万个民办学校积分入学学位提供补贴，保障义务教育阶段随迁子女就读；投入8692万元，推动民办中职学校免学费；投入1.12亿元，支持学前教育发展；投入4480万元，支持东莞职业技术学院创建省示范性高等职业院校及省一流高职院校；投入1138万元，筹建名校研究生院。

【财政保障社会保障水平提升】 2018年，东莞市投入1.56亿元，支持劳动者技能提升，促进高校毕业生、就业困难人员等重点群体多渠道就业创业。投入1.17亿元，支持东莞市建设成为创新创业创富的人才高地；投入1.09亿元，将小额创业贷款受惠人群扩大至外来创业者；投入12.94亿元，补助城乡一体社会养老保险、社会医疗保险、生育保险等缴费支出；投入2.11亿元，按照兜底线的要求完善最低生活保障等社会救助体系，健全社会福利、慈善事业、优抚安置等制度；投入1.97亿元，加大残疾人扶助力度，提供残疾人精准康复服务；投入2.1亿元，推进公租房建设，支持构建货币补贴与实物保障相结合的住房保障体系。

生态宜居美丽水乡——道滘镇 （道滘镇供图）

【财政推进健康东莞建设】 2018年，东莞市投入3.57亿元，完善公共卫生服务体系，为市民免费提供“两癌”筛查、唐氏筛查、儿童口腔疾病综合干预等服务。投入1.97亿元，将基本公共卫生服务项目补助标准提高到人均60.5元，支持社区卫生服务机构标准化建设，推广家庭医生签约服务；投入1.49亿元，全面取消以药养医，推动公立医院改革，支持中医药事业传承发展；投入5058万元，加强卫生人才引进和培养；投入1.19亿元，构建养老服务体系，提高养老机构建设补助标准，新增发放失能老人护理补贴。

【投融资体制改革深化】 2018年，东莞市推动PPP项目落地，截至年底，东莞市有90个项目纳入财政部PPP项目库，涉及总投资金额683.7亿元，除轨道交通一号线预计于2019年第一季度签约落地外，其余项目均签约落地。推动产业投资母基金高效运转，市财政出资5亿元与莞民投集团合作设立产业并购母基金，完善政府投资基金体系，发挥财政资金杠杆作用，引导社会资本支持创新创业和产业转型升级。 （陈俊辉）

附：2018年东莞市财政局主要领导名录

党组书记、局长：罗军文

税　务

【税务概况】 2018年7月5日，国家税务总局东莞市税务局挂牌成立，由原东莞市国家税务局、东莞市地方税务局合并而成。设19个内设机构、3个事业单位、37个派出机构、1个全职能局。2018年，全系统在职在编干部职工1899人，管辖全市纳税户72.85万户。负责所辖区域内税收收入、社会保险费和有关非税收入征收管理。全市税务系统全年完成税费收入（含海关代征税收）2849.67亿元，办理出口退（免）税862.74亿元，为经济社会发展提供重要的财力支撑。是年，东莞市税务局望牛墩税务分局黄丹获“全国五一劳动奖章”和全省“最美志愿服务人物”称号，东城税务分局庾国清获评全国税务系统“百佳办税服务厅主任”。东莞市税务局联合市总工会举办纳税服务技能大赛，评选出“东莞市五一劳动奖章”“东莞市建功立业女能手”“东莞市五一劳动奖状”等称号，榜样带动干部职工投身于纳税服务、税收征管、税收稽查等工作。

【国税地税征管体制改革】 2018年，东莞市面对国税地税征管体制改革，作为全省最早成立改革专项小组的6个市之一，顶着东莞不带县的行政架构、改革工作没有现成模板的困难压力，打造“1+10+15”工作体系。7月5日，市税务局挂牌成立，全市派出机构早于全省大部分地级市15天换挂临时牌；8月20日，提前完成办税服务厅整合优化；9月30日，基层税务部门换挂牌。上线省税务局社保征管新系统并征收“两居”社保业务及村镇基础设施配套费，完成社保费和第一批非税收入划转工作。推进“三定”落实工作，建立地方党委政府、省税务局、市税务局、基层四线沟通“零障碍工作机制”，市税务局联合党委改设为党委，松山湖分局获批为正科级全职能局。

【税收助推地方经济发展】 2018年，东莞市税务局面临经济下行和结构性减税压力较大、收入工作目标和要求发生较大变化等影响因素，依法做好组织收入统筹协调，完成收入预期目标，实现税收增长与经济发展相协调。全年完成税费收入（含海关代征税收）2849.67亿元，其中国内税收收入1773.32亿元。办理出口退（免）税862.74亿元。落实鼓励高新技术发展、改善民生、促进小微企业发展等税收优惠，减免税金259.69亿元。“银税互动”项目全年发放信用贷款102.43亿元，惠及企业超过1.4万家次，其中80%以上为小微企业，助力解决企业融资难融资贵问题。

【税制改革红利释放】 2018年，东莞市税务局落实降低增值税税率等改革措施，开征环境保护税，推进个人所得税改革，党委委员当好个税改革宣传员、辅导员、督导员，打造“个税红利助享行”走进重点行业、重点企业；创新借助CBA联赛东莞银行队主场、民营国贸商业中心、东莞广电“财经第一线”、微信咨询“智能问答”、城市管理“智网工程”等平台，全方位密集式宣传辅导六项专项附加扣除政策。全年面向全市扣缴义务人推送宣传产品37.8万次，开展集中培训495场，推送宣传产品37.8万次，个人所得税改革过渡期政策减税惠及356万纳税人。

【“红旗助企团”助力民企】 2018年，东莞市税务局打造15个由党委委员挂帅的“红旗助企团”，组织开展“党委导税行”，在全市办税服务厅整合首日，市局党委带队分赴15个镇街办税服务厅，“零距离”倾听纳税人心声，“零壁垒”了解纳税人需求，搜集堵点、痛点、难点问题29个，纳税人和派出机构意见建议31条，党委会议专题研究制定有针对性的改进措施，并建立长效定期走访机制。召开“问需求优服务”为主题的“红旗助企”座谈会，并在全系统建立税企党建共建点33个，其中6个为全省首批民营企业党建共建点。组织60支党员先锋队，打造“需求订单”，开展“大走访、大问需、大服务”系列活动，落实减税降负措施，助力民营企业发展壮大。“红旗助企团”自组建以来，开展座谈交流70多场，走访民营企业1000多家，搜集并回应解决企业问题诉求277个。“红旗助企团”的工作得到中央电视台新闻联

2018年7月5日，国家税务总局东莞市税务局挂牌成立　（东莞市税务局供图）

播、中国税务报等多家权威媒体专题报道。

【纳税服务改革优化】　2018年，东莞市税务局推出新办纳税人“套餐式”服务、“最多跑一次”事项改革、“全程网上办”等便民举措，开办企业办税时间缩短至2个工作日，在省社科院组织的开办企业便利度评估调查中连续3年居全省地级市第　；首创购房契税零跑动“掌上缴”，在实现税收数据与民政、房管等部门数据深度共享的同时，为纳税人提供指尖缴契税、一键享优惠的全新体验；推出全市不动产交易“购房办证一窗通”，市民办事仅需“一号一窗一套资料”，“二手房”交易、缴税、过户由1~3个工作日压缩至30分钟内；推出主税附加税费一次联动办理、注销登记一窗式办理、实名认证一步式完成等举措，纳税人平均办税等候时间缩短25%；开发“税务注销体检系统”，纳税人注销办理时限缩减50%以上，纳税成本降低和办税效率提升明显。

【税收宣传服务提升】　2018年，东莞市税务局打造“直播、培训、互动”三位一体宣传辅导模式，在内容上突出针对性，开展“一对一”定制式政策辅导、上市企业专题税收政策研讨会等活动，在形式上突出多元化，如申报专题线上宣讲会吸引近7万人次参与活动，网上纳税人学堂和微学堂观看人数超15万人次；密切与纳税人点对点沟通联系，建成全省首个电子办税体验厅和“e+”纳税人学堂，组建“纳税服务体验师”团队，开展“纳税人开放日”“阳光热线在线访谈”等系列活动，推动服务质效提升；打造广深港澳科技走廊税收服务高地，联合市商务局举办“一带一路”专题宣讲会，参会的“走出去”及港澳独资企业超过200家，帮助企业防范和化解境外投资涉税风险。

【税收法治环境优化】　2018年，东莞市税务局全面规范税收执法行为，立足改革变化需求，完成税费规范性和涉密政策性文件清理138份；于2018年12月上线行政执法信息公示平台，将分散于网站、微信、办税服务厅等渠道的公示信息，通过公示平台进行集中公开，实现同省内兄弟地市的互联互通，更加透明、公正地保障纳税人合法权益。贯彻落实四部委打虚打骗两年专项行动部署，采用“多部门、跨区域、链条式”的专案查处组织方式，建立“五位一体”稽查远程办案指挥中心，联合公安部门创新研发“智能抓捕系统”，深化与公安、海关、人行等部门合作建立四部门数据交换分析平台，开展扫黑除恶专项斗争工作，重点精准打击黑中介组织、团伙作案，在税警协作、打虚打骗和查补收入上均实现新突破。　（彭颖菁）

附：2018年东莞市国家税务局主要领导名录

党组书记、局长：
　　曹益镇（任至7月）

附：2018年东莞市地方税务局主要领导名录

党组书记、局长：
　　钟毅民（任至7月）

附：2018年国家税务总局东莞市税务局主要领导名录

党委书记、局长：
　　曹益镇（7月到任）

经济监督管理

ECONOMIC SUPERVISION AND MANAGEMENT

万江街道　（万江街道供图）

编辑：赵书科

发展·改革

【经济运行监测】 2018年，东莞市发展和改革局发挥全市经济形势分析联席会议办公室作用，贯彻执行《东莞市2018年国民经济和社会发展计划》，加强对主要经济指标监测预警和宏观调控，保障全市经济平稳运行。全年全市地区生产总值首次突破8000亿元，达到8278.6亿元，比上年增长7.4%，增长率高于全国和全省，运行态势平稳，处于全年经济发展预期目标区间。起草《东莞市2018年国民经济和社会发展计划执行情况与2019年计划草案》，研究提出2019年全市经济和社会发展主要指标预期目标。

【粤港澳大湾区建设】 2018年，东莞市发展和改革局主动对接国家编制粤港澳大湾区发展规划纲要和省制定贯彻落实实施意见等工作，开展东莞参与粤港澳大湾区建设系列研究，提出东莞市参与粤港澳大湾区建设定位、思路、措施以及建议纳入国家规划和省实施意见诉求。牵头起草东莞市贯彻落实《粤港澳大湾区规划纲要》实施方案、三年行动计划、工作要点等系列配套文件。建立领导工作机制，推动成立以市委主要领导任组长的市推进粤港澳大湾区建设领导小组，设立大湾区办和五个专项小组。梳理形成《2018年粤港澳大湾区机制创新领域改革工作台账》，明确机制创新领域重大改革任务清单。启动滨海湾新区增设自贸区新片区、广九铁路香港红磡站实施“一地两检”、发行大湾区专项债、推进常平粤港澳青年创新创业合作示范区建设等相关政策、议题谋划研究。

【规划编制制定实施】 2018年，东莞市发展和改革局推动一批关系全市的重大战略规划制定出台。制定出台《东莞市重点新兴产业发展规划（2018—2025

年）》，谋划全市面向未来的新一代信息技术、高端装备制造、新材料、新能源、生命科学和生物技术五大领域的新一代人工智能、新一代信息通信等十大产业发展方向。促进总部经济集聚发展，为推进全市经济高质量发展提供支撑。着手编制新时代现代产业体系中长期发展规划，明确各产业发展方向、措施和项目支撑，促进新兴领域产业发展。制定总部企业认定和扶持政策实施细则。高标准编制《中子科学城发展规划》，争取省发改委参与支持规划编制工作，为中子科学城纳入省级平台创造条件。编制《东莞市乡村振兴战略规划（2018—2022年）》，科学指导全市乡村高质量发展和全面振兴。

【区域协调发展】 2018年，东莞市发展和改革局协调推进园区统筹组团发展，研究探索完善园区统筹组团发展机制。牵头制定并印发松山湖片区6个统筹指导意见，涵盖规划融合、城市公共服务、土地开发、招商共享、交通基础设施、环境治理等领域，为松山湖片区统筹融合发展指明方向。有序推进水乡新城片区和滨海片区统筹联动组团发展，指导片区制定统筹工作方案。推进深莞深度合作，牵头编制深莞重点领域合作工作方案，开展探索建立深莞惠协同发展试验区相关工作调研。推进穗莞深化战略合作，会同广州编制《穗莞深化战略合作2018年度重点工作计划》，包括规划衔接、交通对接、港口航运、科技创新、产业协作、生态环保、社会民生等7大类45个事项或项目。

【重大项目建设】 2018年，东莞市发展和改革局开展重大项目预审批制度试点，实行容缺受理、并联审批。优化重大项目审批“绿色通道”，建立新开工重大项目前期审批“代办制”和“科长服务制”，建立政府部门与项目之间的“一对一”精准对接。完善重大项目问题处置机制，开展市领导专项督导活动。市重大项目年初安排建设项目247个、预备项目137个，年中动态增补建设项目33个、预备项目109个，全年完成投资631.4亿元，完成年初计划127.6%，比上年增长22.9%。其中，攻坚期完成投资269.6亿元。列入省重点建设项目的市管项目50个，完成投资293.4亿元，占年度计划125.2%，比上年增长83.4%。由倍增计划试点企业投资的全年重大建设项目48个，完成投资84.6亿元，占年度计划115.0%。列入全年重大建设项目的城市品质提升项目76个，完成投资272.1亿元，占年度计划130.3%。列入全年重大建设项目的广深港科技创新走廊项目33个，完成投资106.9亿元，占年度计划142%。列入“三大节点”重大项目30个，截至2018年底，实现78个项目新开工，47个项目建成投产，有18个动工或部分动工建设，其余12个正开展工程各项前期工作，主要指标完成情况为历年最好。

资料链接：

“三大节点”：指改革开放40周年——2018年、中华人民共和国成立70周年——2019年、全面建成小康社会之年——2020年。

【重大平台规划建设】 2018年，东莞市发展和改革局发挥统筹谋划作用，推动一批重大发展平台列入国家、省级发展平台。推动散裂中子源工程完成建设并通过国家验收。谋划建设南方光源，推动东莞市与中科院签署《关于推进南方光源重大科技基础设施建设合作协议》，全面启动南方光源测试平台项目前期工作。推动滨海湾新区、中子科学城、南方光源、大湾区大学等重大平台和项目纳入省粤港澳大湾区建设实施意见。推动滨海湾新区列入粤港澳大湾区建设重要特色合作发展平台。谋划推动滨海湾新区申报广东自贸区新片区。推动中子科学城成为省重大发展平台，并列入粤港澳大湾区国际科技创新中心行动计划。推动省政府同意中

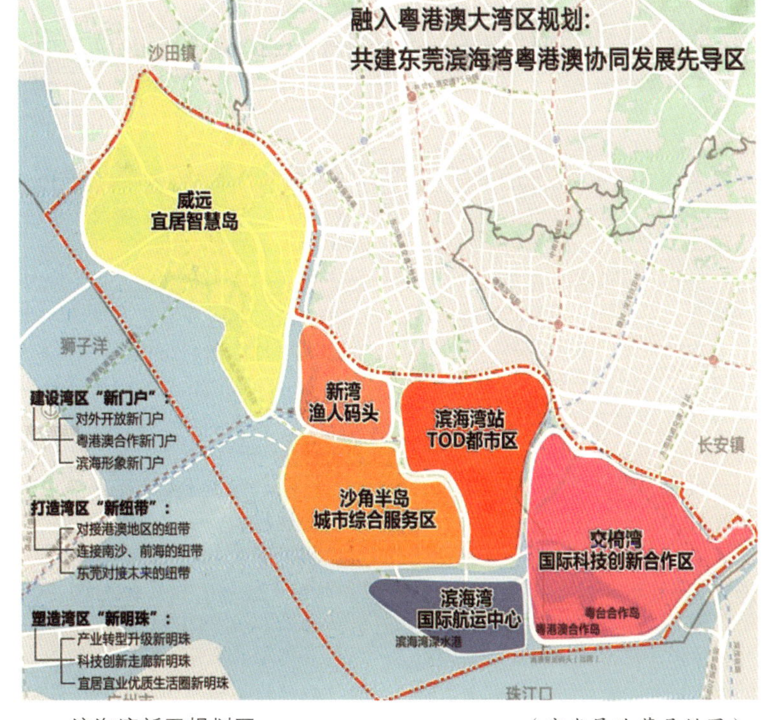

滨海湾新区规划图 （市发展改革局供图）

子科学城与光明科学城协同规划建设，共同创建综合性国家科学中心。推动松山湖高新技术产业开发区、生态产业园、粤海装备产业园、水乡新城开发区等四大平台列入《中国开发区审核公告目录（2018年版）》。推动厚街黄金小镇、凤岗人工智能小镇被纳入第二批省级特色小镇培育库。

【高质量发展体制机制构建】2018年，东莞市发展和改革局牵头制定《关于构建推动经济高质量发展体制机制的行动方案》，从产业发展、要素配置、区域协调、绿色发展、营商环境等5个方面入手着力构建推动经济高质量发展体制机制，解决当前发展质量和效益不高、发展方式粗放、污染防治压力较大、营商环境优势相对弱化、发展不平衡不充分等突出问题，把高质量发展落实到经济发展各个方面。牵头制定《东莞市深化供给侧结构性改革2018年工作要点》，提出7大任务33项举措。制定《钢铁行业化解过剩产能省级配套奖补资金（第三批）使用方案》，给予关停企业配套奖励，确保过剩产能有序平稳退出。组织编制补短板重大项目2018年投资计划，全年完成补短板基础设施重大项目投资238.53亿元。

【投资稳定增长】2018年，东莞市制定出台《东莞市人民政府关于进一步促进有效投资增长的实施意见》，提出促进投资增长具体政策举措。统筹安排全市投资计划，及时掌握全市固定资产投资运行情况，做好投资形势分析和通报工作，召开全市投资促进工作座谈会。制定出台《东莞市财政投资建设项目代建制管理办法（试行）》，为进一步规范市财政投资建设项目工作提供指引。推进建设工程项目审批制度专项改革试点工作，制定具体政策体系，从精简审批事项、优化审批流程、创新审批机制、完善审批服务、加强审批监管、强化审批保障6个方面，明确提出28项改革任务，打造全省最优建设工程审批管理服务。试行固定资产投资项目节能程序性审查，探索松山湖区域节能评估工作，提升节能审查效率。全年完成固定资产投资1811.4亿元，比上年增长5.8%。

【交通基础设施建设】2018年，东莞市发展和改革局开展东莞地区铁路枢纽总图规划编制工作，完成东莞市轨道交通一体化规划研究和城市轨道交通第二轮线网规划调整报告，开展第二轮建设规划中期评估。争取深茂铁路越珠江口采用途经东莞北线方案，争取广深第二高铁增城至松山湖段由《粤港澳大湾区城际铁路建设规划》远期规划研究项目调整为近期建设项目；全面开展轨道交通2号线三期、3号线一期等工程可行性研究报告及相关支撑性技术专题研究工作，完成工程可行性研究报告初稿，同步启动TOD（以公共交通为导向的开发）、TID（轨道交通站点综合开发）规划研究。推进赣深客专、穗莞深城际轨道、佛莞城际轨道、环莞快速三期、滨海湾新区路网、粤海银瓶新区路网、莞番高速、断头路工程等交通基础设施项目建设。开展通用航空发展专题研究，促进通用航空事业发展，提升城市公共服务能力。

【一系列改革进一步深化】2018年，东莞市发展和改革局发挥改革攻坚精神，推动国家新型城镇化综合试点取得成效，降低落户门槛和改善随迁子女教育两项举措列入第一批国家新型城镇化综合试点经验。全面优化建设工程项目审批流程，制定实施建设工程项目审批制度专项改革试点方案、优化建设工程项目审批流程实施办法和财政投资建设项目代建制管理办法，将审批事项由162项压缩到60项，办理事项和全流程审批时间压减50%以上，向着实现全省“审批最简、办理最快、服务最佳、监管最严”改革目标迈出坚实步伐。深化粮食储备管理体制改革，制定出台《东莞市粮食储备管理体制改革实施方案》，推动全市粮食由分散储备向集中统一储备转变，确保粮食安全。推动供给侧结构性改革，落实国家行政事业性收费减免政策，降低一般工商业电价，启动非居民用气价格与购气成本联动机制，为企业减轻制度性经营成本约60亿元。

【绿色低碳发展】2018年，东莞市发展和改革局践行绿色发展理念，推进自备电厂煤改气工作，制定实施煤炭和能耗“双控”工作实施方案，推动10个自备电厂煤改气分布式能源项目纳入省“十三五”能源发展规划。协调推进并实现沙角电厂两台煤电机组退出关停，全年压减煤炭消费160多万吨。加快推进新能源汽车发展，印发实施加快充电基础设施建设布局工作方案、充换电设施建设运营管理办法、物流快递领域车辆纯电动化发展实施方案。截至2018年底，全市建成充电站超125座、充电桩超1800个。实施分布式光伏建设运营管理办法，指导分布式光伏项目建设和运营安全生产。推进生态文明先行示范区建设，制定2018年生态文明建设行动计划，推进重点民生工程建设。制定《东莞市“十三五”控制温室气体排放工作实施方案》，统筹开展全市节能周、低碳日等宣传活动。确保完成“十三五”全市单位地区生产总值二氧化碳排放下降23%。是年，全市单位地区生产总值二氧化碳排放强度下降5.9%。

【粮食调控管理】2018年，东莞市发展和改革局强化粮食安全保障，启动粮食储备管理体制改革，围绕整合32个镇街粮所储存的粮食实行集中统一储备，以及调减动态储备比例相应调增静态储备比例两大目标开展工作。7个粮库智能化升级改造项目纳入中央资金补贴范围。完成全年14.24万吨储备粮轮换任务。开展地方储备油库存专项检查、秋季粮油安全普查等多项检查，整改安全隐患12个，整改完成率100%。开展粮食安全责任考核工作，东莞市2017年度粮食安全责任考核获评优秀，得分排名全省第3。做好“放心粮油”产品质量抽检、市场管理、流通统计、业务培训以及军粮供应等工作，8家粮食企业获省级军粮定点加工资格。

【物价管理】 2018年，东莞市发展和改革局贯彻落实《广东省定价目录（2018年版）》，缩小政府定价范围，减少40%具体定价事项。推进水价、管道天然气、环境、停车服务、医疗服务等价格改革，开展供水、供气、电信以及涉企、教育、停车费等重点领域价格检查。放开民办高中收费管理。办理各类违法违纪案件涉及财产价格认定。

【社会信用体系建设】 2018年，东莞市发展和改革局推动完善信用联合奖惩机制，印发《东莞市建立完善守信联合激励和失信联合惩戒制度工作方案》，在重大税收违法、经营异常名录、进出口企业、环境保护、统计、安全生产、严重拖欠工资、旅游等8个领域制定市级联合奖惩实施意见。推进信用信息整合利用，强化信息系统数据归集、信息发布。截至2018年底，市信用信息共享平台注册目录单位74家，注册目录975个，其中归集数据总量为4600万余条，对外公开13万余条。

（市发展和改革局）

附：2018年东莞市发展和改革局主要领导名录

党组书记、局长：罗　斌

国土资源管理

【国土资源管理概况】 截至2018年底，东莞市辖区内土地调查总面积24.6万公顷。农用地面积10.24万公顷，其中纯耕地面积1.32万公顷、园地面积3.08万公顷（可调整园地面积1.41万公顷）、林地面积3.4万公顷（可调整林地面积0.27万公顷）、草地面积0.08万公顷（可调整草地面积0.08万公顷）、其他农用地面积2.36万公顷（可调整地类面积0.55万公顷）；建设用地面积11.76万公顷，其中城镇村及工矿用地面积10.63万公顷、交通运输用地面积0.81万公顷、水库及水工建筑面积0.32万公顷；未利用地面积2.6万公顷，其中水域及水利设施用地面积1.39万公顷、其他草地面积0.99万公顷、其他土地面积0.22万公顷。

2018年，东莞市国土资源局获得全省节约集约用地一等奖、全省“三旧”（旧城镇、旧厂房、旧村庄）改造三等奖，市直单位年度工作经济建设类优秀单位称号，获得全省节约集约用地优秀单位、完善土地二级市场改革两项“单打冠军”。

【土地规划】 2018年，广东省下达东莞市新增建设用地指标256.27公顷，农地转用指标230.67公顷，全年通过使用省下达东莞市新增建设用地指标、省结余指标、省核销指标等为125个项目落实710.89公顷新增建设用地指标、农地转用指标496.21公顷，有效保障省、市重大项目、重要基础设施民生工程用地需求。

【耕地保护】 2018年，广东省政府下达东莞市耕地保有量任务不得少于2.46万公顷，基本农田任务2.04万公顷。根据2017年度变更调查数（2018年度变更调查数成果暂未批准），全市耕地保有量3.62万公顷，基本农田面积2.05万公顷，均超额完成省下达的指标任务。是年，东莞市批准占用耕地217.15公顷，全部采取有偿受让补充耕地形式进行补充，实现年度耕地占补平衡。

【地籍管理】 2018年，东莞市完成2017年度土地变更调查工作任务，按时上报全市2017年度土地变更调查与遥感监测工作成果，通过省和国家验收。按照国家、省的统一部署，深入开展第三次全国国土调查工作。

【不动产统一登记】 2018年，东莞市落实不动产登记提速，登记业务压缩到3~5个工作日办结。对于不动产登记历史遗留问题出台新的处理方案，召开市不动产登记联席工作小组会议，对政策性住房补办手续、有关历史遗留问题楼盘等重难点问题进行审议。截至2018年底，全市审核处理449个历史问题楼盘，其中240个楼盘符合政策可以办理不动产权登记业务。2018年全市颁发不动产权证

2018年4月10日，东莞市国土资源系统“质量提升年”活动动员大会召开

（市自然资源局供图）

书36.15万本、不动产权证明16.56万本；办理抵押登记融资3038.22亿元，其中涉企1190.14亿元，占抵押登记融资总额的39.17%。

【土地利用】 2018年，东莞市加强“实体经济十条”降成本和“倍增计划”政策宣传，组织150场政策宣讲会、座谈会，走访300多家企业，高质量承办省“实体经济十条”土地扶持政策经验交流现场会。出台《东莞市新型产业用地（M0）管理暂行办法》，规范新型产业用地。承接省管权限建设用地审批职权，全年完成省管权建设用地审核27个批次，面积513.04公顷；市批农转批次审批51个批次，面积286.74公顷。在2018年省开展的两次用地审批职权委托实施情况阶段性评估中，东莞市抽检通过率100%，全省排名第一。全年办理土地供应业务231宗，面积788.27公顷。

【“三旧”改造】 2018年，东莞市投入改造资金228亿元，完成各类改造555.8公顷，新增实施改造725.13公顷，分别达到省下达任务的160%和143%，连续第五年获得省“三旧”改造工作考核三等奖。新增土地供应32宗、合101.07公顷，产生土地出让金82.66亿元。

【土地市场】 2018年，东莞市通过挂牌出让用地111宗，面积481.77公顷。其中，住宅用地26宗，面积104.87公顷；商服用地5宗，面积8.18公顷；工矿仓储用地63宗，面积305.19公顷；科研用地16宗，面积63.16公顷；交通运输用地1宗，面积0.37公顷。

【矿产管理】 2018年，东莞市统筹生态修复与矿产开发，加快矿业转型和绿色发展，深化勘查开采监管方式改革，维护良好矿业秩序。引导推进矿山企业建设绿色矿山，发展绿色环保矿业，对全市矿业权人开展实地核查，矿山企业核查比例100%。开展矿山石场治理复绿，试点建成1家国家级绿色矿山，新增治理复绿面积2.6公顷。

【地灾防治】 2018年，东莞做好地灾防治工作，累计防范持续强暴雨袭击11次，抗击超强台风“山竹”“贝碧嘉”“艾云尼”，向社会发布预警短信42万条，撤离人员7064人，提前预报地质灾害2起，处置长安镇、凤岗镇等20起小型险情，保障群众生命财产安全，实现连续9年地质灾害“零伤亡”。

【测绘管理】 2018年，东莞完成全市建成区120平方千米1:500地形图修补测工作，建立基础地理信息“一张图”管理、应用、服务机制。东莞市北斗地基增强系统建成，与广州、深圳、惠州基准站实现数据共享。完成丁级测绘资质核准9宗，乙级、丙级资质初审6宗，测绘作业证核准146宗，地图审核9宗，抽查35家测绘资质单位。为市直单位、镇街政府等30多家单位提供各类基础测绘成果41批次。全面采用2000国家大地坐标系上传下发空间数据，完成东莞市基础地理信息数据安全管理保密系统建设。

【土地执法监察】 2018年，东莞市开展土地卫星遥感图片执法检查、扫黑除恶专项斗争和“大棚房”专项治理等工作，整治违法违规用地，重点打击偷倒余泥渣土破坏农用地、非法转让土地使用权、以农业为名占用耕地进行非农建设等违法行为。全市拆除违法占地建筑物约45万平方米，复耕复绿土地面积230余公顷，立案查处土地违法案件900多件，依法移送公安机关侦查11件涉及18人，申请法院强制执行154件，移送纪检部门23件涉及23人，将11家违法用地企业纳入“信用东莞”平台“红黑榜”。 （黄 凰）

【土地储备概况】 2018年，东莞市按照“一个平台、两级联动”的土地收储机制，全市收储土地均纳入市土地储备库统一管理。全年纳入市土地储备库管理土地有153宗、面积647.25公顷，办理土地出库手续190宗、面积868.6公顷。

【储备土地利用】 2018年，东莞市调整优化在库市级储备土地相关规划，促进资源节约集约利用，提升综合效益。市级储备土地供应20.65公顷，其中选取东莞火车站TOD周边土地7.46公顷开展土地作价出资试点工作，解决市民服务中心项目用地9.29公顷，出让商住地块3.9公顷，回笼资金31.74亿元。加强土地临时出租管理，全年新签、续签合同19宗，面积31.33公顷，储备土地临时出租收入429万元。启动鳒鱼洲地块10.78公顷试行1.5级开发。排查全市存量储备土地1681宗、面积7326.93公顷。加大土地巡查力度，落实大城区范围储备土地的定期巡查，做到每月至少巡查一次。实施恶劣天气预防措施，特别是预防“山竹”台风，确保储备地块人财物不受损害。

【土地收储推进】 2018年，东莞市收储东莞火车站周边土地30.66公顷，保障轨道站点TOD开发用地。盘活市糖酒集团地块2.24公顷，提升龙湾片区土地综合利用。助力塘厦镇级储备土地转为市级储备土地收储12公顷。对全市五大河流两岸500米范围内的土地以及全市垃圾填埋场和河道管理范围内砂场土地的情况进行摸查，共排查土地46宗、面积857.53公顷。核查市直行政事业单位及其所属企业闲置土地资产121宗、面积866.67公顷。尝试收储司法拍卖土地，探讨参与司法拍卖土地可行性。

【土地储备专项债券配拨】 2018年，东莞市配发土地储备专项债券38亿元，涉及全市20个土地储备项目，完成年度土地储备专项债券发行转拨。谋划2019年度土地储备专项债券申报，组织多部门会审，规范土地储备专项债券的严谨申报、使用。 （卢惠锋）

附：2018年东莞市国土资源局主要领导名录

党组书记、局长：

刘　杰（任至8月）

赖健伟（12月到任）

附：2018年东莞市土地储备中心主要领导名录

主　任：黄沛文

国有资产监督管理

【国有经济概况】　截至2018年底，东莞市市属国有企业资产总额5021.67亿元，比上年增长19.26%；资产负债率76.34%，比上年上涨0.5个百分点（其中金融企业资产负债率90.68%，上涨0.31个百分点；非金融企业资产负债率43.63%，上涨1.53个百分点）；净资产1188.15亿元，增长16.78%。2018年，市属国有企业实现营业收入365.28亿元，比上年增长13.39%；净利润62.04亿元，增长6.63%。市属国有企业资产整体质量较优，资产保值增值水平提升，总体经营情况态势良好。

【国企改革】　2018年，东莞市政府出台《东莞市市属国有企业重组整合总体实施方案》，调整优化市属国有资本布局结构，加快推进市属国有企业重组整合，促进国企改制。

推动国企重组　完成首阶段重组整合工作，3月，召开全市市属国有企业改革重组动员大会，对改革重组工作进行动员部署，市属国有企业改革重组工作进入实施阶段。4月，东莞市水务集团有限公司办理工商注册登记取得营业执照，完成组建工作。5月，东莞实业投资控股集团有限公司完成法定减资手续及工商变更登记并取得新营业执照，相关资产剥离和资源结构优化使该企业功能定位进一步明晰，聚焦城市更新开发主业主项。6月，东莞科技创新金融集团有限公司完成法定代表人、章程和出资人变更，以及所涉及企业股权划入工作，标志着东莞市创新创业和科技发展领域更高层次的国有平台企业组建。9月，东莞市交通投资集团有限公司完成法定代表人变更、章程变更、所涉及企业的股权划入工作，标志着市属交通一体化投资建设运营的综合性集团基本成形，为下一步打造千亿级龙头骨干企业奠定基础。后续阶段工作取得明显进展，东莞市能源投资集团有限公司完成出资人变更并取得新营业执照。东莞市资产经营管理有限公司完成原东莞市讯通发展公司的公司制改制及出资人变更工作，对于其他相关企业的股权整合工作正有序推进中。根据实施方案资产同质、经营同类、产业关联原则，东莞市国资委批复同意将东莞市东石油站有限公司整体划转至能源集团；广东福地投资有限公司属下东莞市福地纯净水有限公司完成股权转让签约，整合至水务集团。

促进国企改制　2018年，东莞市国资委推动东莞市电化实业集团有限公司、广东石东实业有限公司和广东福地投资有限公司3家市属企业实施公司制改制，完善其现代企业经营管理制度，理顺国有产权关系，加快国有资产整合，增强公司发展活力。

理顺园区控股公司隶属关系　2018年，根据《东莞市人民政府办公室关于东莞市松山湖控股有限公司等4家园区企业变更出资人相关事项的通知》，东莞市国资委所持有的东莞市松山湖控股有限公司、东莞市滨海湾新区控股有限公司、东莞水乡投资控股有限公司、东莞港务集团有限公司4家园区企业的股权，分别变更为各相关管委会持有，由各管委会代表市政府对相应园区企业履行出资人职责。东莞市生态园控股有限公司并入东莞市松山湖控股有限公司。

【国资国企监管】　2018年，东莞市国资委着力加强自身建设，推进国有资产、国有企业监督管理，提升管理水平。

业绩考核　2018年，根据《东莞市市属企业负责人经营业绩考核评价办法（试行）》，东莞市国资委考核21家市属企业2017年经营业绩情况以及4家市属企业董事会到期任期经营情况，要求各企业按照年度和任期经营业绩考核要求和企业发展规划及经营状况，提出年度和任期拟完成的经营业绩考核目标值，并与东莞市国资委签订年度、任期经营业绩责任书。东莞市国资委聘请第三方专业机构依据各企业自评报告、年度审计报告、年度审计意见书等资料，结合企业实际，对企业年度、任期经营业绩考核目标完成情况进行考核，并形成考核结果，反馈至各企业，对部分企业考核评价报告进行修改，确定考核评价结果，实现考核评价的

2018年3月26日，东莞市召开市属国有企业改革重组动员大会

（市国资委供图）

预期目标。

法人治理结构　2018年，东莞市国资委始终坚持党管干部，将资方意愿和依法管理有机结合，完善选人用人机制，严格按照干部管理权限，配齐配强市属企业领导班子，不断完善市属企业法人治理结构。配合市委组织部调整充实重组整合后的东莞市交通投资集团有限公司、东莞市水务集团有限公司、东莞实业投资控股集团有限公司、东莞科技创新金融集团有限公司等10家重点市属企业董事会、监事会和经理层，任免和调整企业高管人员和董事会、监事会成员45人次；完成东莞银行股份有限公司班子和党委换届工作等。

产权登记和资产处置　2018年，东莞市国资委在对市属企业监管中，严格完善产权登记和管理，改革产权登记办理流程，加强对“广东省国家出资企业产权管理信息系统”的应用。严格审核把关占有、变更和注销产权事项，按程序进行报批、备案。办理包括东莞市水务集团有限公司、东莞市安居建设投资有限公司等28项占有等事项，东莞实业投资控股集团有限公司减资、东莞市轨道交通有限公司、东莞市东江水务有限公司、东莞市水务投资集团有限公司和各园区企业变更出资人等53项变动登记事项和广东东鸿保安服务有限公司等5项注销登记事项。批复市属企业重大投资及资产处置事项9项、企业组建及资本变更事项23项、企业重大资金使用事项16项等。

派出监事会　2018年，东莞市国资委推进重组整合工作，并做好各项相关配套改革工作。根据《东莞市重点市属企业派出监事会设立方案》，向重组整合后的10家重点市属国有企业委派或推荐监事会主席5名。7月，东莞市国资委开展专职监事的公开选聘工作，完成面向全市机关事业单位副科以上在编在职人员和市属国有企业中层职务以上人员选聘专职监事的资格审查、面试、政审、公示等各阶段工作，招聘10名专业强、素质高的专职监事人才，并分别于9月、10月开始派驻重点市属企业开展工作。通过市场化方式推动优质人才向优势企业流动，畅通机关与国企之间人才流动渠道，为企业发展创造新的空间，实现国资委监管职能由管资产为主向管资本为主转变。

（陈月婷）

附：2018年东莞市人民政府国有资产监督管理委员会主要领导名录

党委书记、主任：任洪杰

工商行政管理

【工商行政管理概况】　2018年，东莞市工商行政管理局（简称东莞市工商局）深化建设新型工商事业，着力营造良好工商环境，深化改革创新。4月，作为全省唯一一个商事制度改革和市场监管体系建设先进典型，东莞市在全省改革工作会议上作经验交流发言。10月，“构建‘一平台三工程’市场监管体系”项目，以选票排名并列第三、广东第一的成绩获选“中国法治政府奖”，这是该奖项举办以来东莞市首次获奖。12月，《2018年度广东各市开办企业便利度评估报告》发布，东莞连续第三年位居全省地级市第一。

【商事制度改革深化】　2018年，东莞市工商局贯彻省工商局《关于促进东莞市深化商事制度改革打造营商环境新高地的意见》，探索梳理政策清单，举办项目落地签约仪式暨银政通全面推广应用系列活动，联合开展商事制度改革基地课题研究，建成全国首个商事制度改革主题体验馆，搭建起政策机制及监管模式示范平台，打造全面展示深化商事制度改革成果的重要窗口。以市政府名义印发《东莞市企业集群注册登记管理办法》和《东莞市市场主体住所（经营场所）登记管理办法》，持续深化开办企业便利化改革，拓宽全程电子化业务覆盖范围，推行企业名称自主申报服务，试点香港公证文书简化版改革，探索“全程电子化+人工智能”服务，试点推行“证照分离”改革，全面下放前移登记审批事项，实现工商登记在1个工作日内办结，推动形成大众创业、万众创新的良好发展态势。全市新登记市场主体26.49万户，比上年增长18.71%。实有市场主体115.08万户，比上年增长14.97%，稳居全省地级市首位。其中，实有企业50.22万家，占比升至43.63%，市场主体结构不断优化。商事制度改革助推东莞市营商环境持续优化提升，2018年3月，中国人民大学国家发展与战略研究院发布《中国城市政商关系排行榜（2017）》，对全国285个城市的政商关系健康指数进行排名，东莞超越北京、上海、广州、深圳排名榜首。

【“一平台三工程”市场监管体系构建】　2018年，东莞市工商局推进“一平台三工程”市场监管体系建设，探索构建共建共治共享市场监管新格局。打造协同创新平台，加强统筹规划，将市场监管体系建设纳入市委、市政府重点工作督查考评事项，上线科学监管数据分析展示平台，开发覆盖市级部门、镇街（园区）、镇级部门的市场监管效能评估指标。推进企业信用监管工程建设，组织召开企业信用体系联席会议，率先制定企业信息公示和信用约束管理“两张清单”，依托市政务信息资源共享平台归集49个部门近1500万条涉企信息数据，市企业信用信息公示系统公示涉企信息1290万条，网站查询量突破900万人次，线上打印查询证明17.5万份。推动商事制度改革后续监管和“智网工程”互融互促，优化协同监管机制，开发上线“智网工程”系统年报功能模块，试点开展市场网格共治管理。2018年，通过“智网工程”系统，向网格推送监管任务33.6万条，网格员办结32.5万条，办结率

2018年10月26日，东莞市工商局与阿里巴巴（中国）有限公司举行《网络发展和治理合作备忘录》签约仪式　　（市市场监管局供图）

96.6%。网格员上报问题线索11.5万条。通过协同监管系统，推送市、镇两级部门后续监管任务11.6万条，部门反馈率96.5%，后置许可办证率50.5%，无证照线索办结率89.1%，前后两端无缝对接，工作闭环运转顺畅，监管效能显著提升。建立完善“双随机一公开”机制，以市府办名义印发《东莞市“双随机一公开”抽查工作实施办法》，自主开发操作系统，实现跨部门联合抽查全流程信息化、痕迹化，全市企业、个体户年报率分别为88.14%、64.84%。

资料链接：

“双随机、一公开”是国务院办公厅于2015年8月发布的《国务院办公厅关于推广随机抽查规范事中事后监管的通知》中要求在全国全面推行的一种监管模式。即在监管过程中随机抽取检查对象，随机选派执法检查人员，抽查情况及查处结果及时向社会公开。

【工商服务水平提升】 2018年，东莞市实施商标品牌战略，获批成为全省第一个设立商标受理窗口的地级市，与世界知识产权组织中国办事处达成合作协议，成为继北京、上海后第二个与世界知识产权组织中国办事处达成合作的城市。全市新增注册商标4.7万件，比上年增长29%，注册商标23万件，中国驰名商标77件，广东省著名商标264件，均居全省地级市第二。开展“守合同重信用”公示活动，成立全省首家“守重”企业社会团体，公示省“守重”企业2355家，“守重”企业数量再创新高。创新打造个私协会服务平台，指导全市个私企业协会加强统筹管理，引导协会强化服务职能，搭建线上信息交互平台，推动企业需求与高校、专业机构等资源对接，先后举办各类研修班、主题走访活动9期，组织会员参加第二届中国高校科技成果交易会、西藏林芝东莞招商会等活动，参加活动企业超过500家，为会员企业牵线搭桥发掘商机，实现协会服务专业化，促进个私经济健康持续发展。

【重点领域监管强化】 2018年，东莞市工商局开展扫黑除恶专项斗争，抓好分管任务线索的滚动摸排，全系统摸排涉黑线索100条。加快市场水分清理，立案吊销企业6581家、个体户3.24万户。加强经营异常名录企业联合惩戒，启动严重违法失信企业名单管理，列入严重违法失信名单企业8832家。强化无证照经营线索入格管理，清理无照经营1.62万家，比上年增长51.7%。加大虚假登记违法行为查处力度，立案查处虚假材料案件200件。规范广告业发展，监测各类广告7.1万条次，立案查处违法广告案件737件。加强网络监管，推动市政府建立网络市场监管部门联席会议制度，与杭州市场监管局签署跨区域协作协议，与阿里巴巴集团签订合作备忘录，提升网络监管协作水平。履行娱乐服务场所监管职责，明确涉黄娱乐服务场所的吊销条件和程序，抽查沐足、美容美体行业1.43万家次，发现并处理违法违规700家次，立案查处59家。完善12315投诉举报处理机制，12315中心处理业务3.76万宗，处理量居全市118个12345热线成员单位第一位。健全维权工作网络，新增消费维权服务站23家，实有601家，实现各大商场超市全覆盖。严厉打击传销违法犯罪行为，查办传销案件4家，捣毁涉传窝点10处，教育遣散67人。全年全系统办结各类案件3814件，调解消费投诉2.75万件，为消费者挽回经济损失2619.2万元。

（李晓恩）

附：2018年东莞市工商行政管理局主要领导名录

党组书记、局长：陈锡稳

质量技术监督

【质量技术监督概况】 2018年，东莞市质量技术监督局（简称东莞市质监局）聚焦东莞发展的四个提升和八大新突破，发挥质监职能优势，推动美丽东莞建设。深化“放管服”改革，启用“智慧质监”网上办事系统，简化政务服务事项。推动“智慧质监”一期行政审批、特种设备和应急管理子系统建成运营，实现与省市相关单位的数据互联互通。推动质量品牌建设及标准技术研究，加强质量监督抽查，建立完善信息化管理系统。

【审批制度改革深化】 2018年，东莞市质监局做好深化“放管服”改革及国务院大督查工作，启用“智慧质监”网上办事系统，政务服务事项100%支持网上办理，实际业务网上办理率96%以上，“零跑动”率50%以上，跑送一次以内95%，审批时限压缩60%，审批材料下降30%。承接原省质监局新下放的特种设备作业人员考核项目23个，办理特种设备使用登记3.92万台套、特种设备作业人员考核1.17万个、其他许可和服务业务756项。

【简政强镇事权下放】 2018年，东莞市质监局做好政务服务事项，实施清单“十统一”标准化梳理及权责清单动态调整工作，与32个镇街签订委托协议，12个镇街承接下放事权16项，组织镇街人员跟班培训及20多次现场实操培训，承接业务量比上年增长78%。

【“智慧质监”项目建设】 2018年，东莞市质监局完成行政审批、特种设备和应急管理三大子系统建成运营，完成200多万家一般企业、9000多家重点企业、25万件特种设备和7万条持资质证人员信息的融合，实现与省市相关单位数据互联互通；稳步推进二期项目建设。

【法治质监建设】 2018年，东莞市质监局严格按《广东省重大行政执法决定法制审核办法》要求完成519件行政案件审理的集体审议，完成11件行政诉讼的答辩、出庭应诉工作，其中10件胜诉、1件撤诉。做好省依法行政实地考评工作，举办行政诉讼与依法行政、行政执法规范化专题讲座，组织宪法专题学习考试（通过率100%），开展宪法学习宣传活动。

【质量强市建设】 2018年，东莞市印发《东莞市开展产品质量提升行动实施方案》《东莞市质量发展专项资金管理办法》，全面开展东莞市产品质量提升行动，推动实体经济发展，扶持非公有制经济发展。对3992家企业生产的6127批次产品开展质量监督抽查，下达384份《责令整改通知书》，对162家次生产许可证企业进行监督检查，发现并督促企业限期完成整改问题700个。开展2018年东莞市政府质量奖评审工作，评选出3家质量奖和6家质量奖鼓励奖获奖企业并向社会公示，培训新增28名评审专家组成155人的专家库。开展质量提升培训，组织7期卓越绩效自评师培训、4期首席质量官培训、30场质量分析会和质量提升会议，以及广东省首席质量官培训、倍增企业质量大讲堂等活动。

【质量品牌建设】 2018年，东莞市质监局制定专门方案，建立481家企业组成的质量品牌重点培育对象库，对企业需求开展分类指导帮扶，委托东莞质量品牌研究院完成2项质量品牌课题研究，推动东莞市15个产品列入2018年省名牌产品评价目录，向广东卓越质量品牌研究院推荐101个产品申报省名牌，获评名牌数63个。

【标准引领水平提升】 2018年，东莞市质监局完成《东莞市实施技术标准战略“十三五”规划》中期评估，完成全年282项共2000万元的标准化战略资助项目，首次启动专利标准化工作，推动3个项目通过先进性评价获得市标准化奖励。引导生益科技和中集集团2家企业在承担国际TC/SC/WG（全国专业标准化技术委员会/分技术委员会/工作组）工作上取得零突破，抢占行业标准制修订的主动权和话语权。创新开展标准化人才培育宣传工作，主办2018年世界标准日宣传活动，举办5期高端标准化人才培训班、1期东莞市标准化总裁班。

【民生计量监督】 2018年，东莞市质监局开展集贸市场、重点强检工作计量器具、定量包装商品的监督检查，抽检在用计量器具1684台件，合格率94.66%，重点加强机动车检验机构和资质认定获证检验检测机构的监管。

【气瓶安全监管改革】 2018年，东莞市质监局实施《东莞市气瓶安全监管改革实施方案》，全市24家液化气充装单位全部建立气瓶信息化管理系统、投保气瓶安全责任保险、完成特种设备使用登记证换证。检验机构启用信息化管理系统，对218.36万个气瓶完成设置电子标签，占总数72.8%。

【特种设备安全监管】 2018年，东莞市质监局开展安全生产大排查大整治和夏季安全综合整治，狠抓特种设备重点领域、重点行业、重点设备安全监管，联合镇街组织全市3.26万人次检查特种设备生产、使用单位1.5万家次，送达安全监察指令书1.54万份，排查治理隐患2312处。配合“蓝天保卫战”行动开展生物质成型燃料锅炉专项整治，开展起重机械、电站锅炉范围内管道隐患专项整治，委托专家开展承压类特种设备风险点危险源的分析评估和风险分级。在32个镇街组织开展特种设备安全教育培训80场、共计1.3万人次参加，开展7场关于电梯、大型游乐设施和液化石油气充装站等领域的应急救援演练，开展特种设备安全“三进”、公众咨询及网络媒体、地铁宣传等活动，发送安全宣传短信175万条。

【质检稽查执法】 2018年，东莞市质监局受理举报投诉案件线索1559条，立案查处各类案件432件，比上年下降12.37%，涉案货值755.24万元，收到罚没款1197.43万元，查办大案要案5件，有效维护健康良好的市场经营秩序。

【公共检验检测服务】 2018年，东莞市智能加工装备国检中心、低温绝热气瓶省站获上级质监部门批准开展筹建，省无线智能互联设备计量中心建设稳步推进，电

子信息配件省站和生态家居省站建成运营。市质检中心完成检验并出具检验报告6.45万份，特检院检验特种设备13.65万台次，计量院完成各类强检计量器具检定41.5万台件。（陈嘉琪）

附：2018年东莞市质量技术监督局主要领导名录

党组书记、局长：胡炽海

安全生产监督管理

【安全生产概况】 2018年，东莞市发生各类生产安全事故552起，比上年下降14.8%，死亡325人，与2017年持平。其中，轻工、机械等八个行业发生事故36起，死亡35人，分别比上年下降21.7%和18.6%；未发生重大及以上安全事故。

【安全生产责任体系建设】 2018年，东莞市调整市安全生产委员会（简称东莞市安委会）成员，除由市长担任市安委会主任、常务副市长担任市安委会常务副主任外，增加联系市安委会成员单位的7位市委、市政府领导担任市安委会副主任，发挥市安委会协调督办职能；明确园区、镇（街道）分管安全生产工作的负责人由党（工）委副书记担任，各负有安全生产监管职责部门分管安全生产工作的负责人由领导班子副职中排名第一位的领导担任，加强安全生产工作组织领导；明确提出各级各部门领导干部带队督导检查安全生产工作的频次要求，压实党政领导干部安全生产责任；将《地方党政领导干部安全生产责任制规定》列为市委党校党政领导干部培训班内容，增强党政领导干部安全生产责任意识。提请市政府对一段时间内连续发生较大影响生产安全事故的镇街（园区）和部门进行约谈，督促落实安全生产监管责任。提请市委办、市府办联合出台《东莞市全面落实企业安全生产主体责任和全员安全生产责任制实施方案》，督促、推动企业按照要求落实安全生产主体责任和全员安全生产责任制，建立“层层负责、人人有责、各负其责”的安全生产责任体系。

【安全生产长效机制建设】 2018年，东莞市安监局提请以市政府名义出台《东莞市推进安全生产监管检查（巡查）全覆盖工作方案》，按照“分级监管、属地负责”的原则，明确市安全监管部门和负有安全生产监管职责的部门主要负责对中央、省、市属国有企业和分管行业领域重点监管企业落实安全生产检查全覆盖；园区、镇（街道）主要负责对辖区内规模以上企业和重点监管企业落实安全生产检查全覆盖；村（社区）主要负责对辖区内规模以下企业和小作坊落实安全生产巡查全覆盖，构建全覆盖、齐抓共管的安全生产监管检查（巡查）工作格局。提请以市委、市政府名义印发《中共东莞市委 东莞市人民政府关于推进安全生产领域改革发展的实施意见》，从责任、体制、法治、防控、基础五个方面，提出一系列制度性措施。出台《东莞市推进安全生产责任保险工作实施方案》，发挥保险在安全生产中的风险控制和社会管理功能，加强事故预防和安全管理，建立安全生产与保险良性互动、多方共赢的激励约束机制，提升企业生产安全事故风险应对能力。联合市交警支队、市交通局和市教育局制定《东莞市一般生产经营性道路交通事故调查处理工作实施细则（试行）》，推动解决东莞市道路交通安全各相关环节存在的问题，保障道路交通安全形势的稳定。

【安全生产基层基础建设】 2018年，东莞市安监局从资金投入、队伍建设、执法装备、技术支撑等方面着手，解决安全监管基层基础薄弱问题。按照镇街（园区）综合实力分一类、二类、三类、四类四档，由镇街（园区）每年分别安排不少于1000万元、800万元、600万元、400万元的安全生产专项资金；各镇街（园区）安全监管分局配备不少于30名安全生产监管人员，成立村（社区）安全生产委员会，并在各村（社区）配置不少于1~11名专职安全生产监督检查员；一类、二类、三类、四类镇街（园区）分别安排不少于8辆、7辆、6辆和5辆机动车；通过委托第三方服务机构开展安全检查、隐患排查治理和风险评估管控工作，推动村（社区）聘请安全顾问单位。

【安全生产综合整治】 2018年，东莞市安监局以市安委会（办）名义在全市范围内先后组织开展安全生产大排查大整治专项行动、夏季安全综合整治、建筑施工安全专项治理行动、“环保油”专项整治行动等多个专项整治行动。其中，安全生产大排查大整治专项行动开展期间，全市排查生产经营单位62.75万家次，责令停产、停业、停工4168家次，暂扣或吊销证照199个，关闭企业824家，罚款6605.05万元；“环保油”专项整治行动期间，全市出动执法人员14.12万人次，开展联合行动1023次，检查包括餐饮场所、学校、医院、建筑工地等生产经营单位9.92万家次，发现使用“环保油”单位2099家，整改隐患1945家，查封场所25处，查扣“环保油”42.73吨，责令暂时停产停业整顿单位27家。

【安全生产监管执法】 2018年，东莞市安监局推进安全生产执法监察标准化建设，对于隐患问题集中的重点行业、重点地区、重点企业，开展安全生产大检查和“打非治违”专项行动，严厉查处安全生产违法违规行为。是年，全市安全监管系统监督监察生产经营单位3.3万个，检查10.59万次；查处一般事故隐患9.58万处，比上年增长14.65%；实施行政处罚1552次，增长41.1%，其中，经济处罚1147次，处罚罚款5048.8万元，分别增长13.68%、51.48%。完成危险化学品和烟花爆竹生产经营单位风险点危险源评估分级工作，印发《东莞市安全生产监督管理局危险化学品和烟花爆竹领域风险点危险源分级管控制度（试行）》。加强危险化学品生产和租赁行为、危险化学品罐区、散装汽油销售、非药品类易制毒化学品和烟花爆竹安全监管工作，开展打击“黑危化品”专项整治行动。全年出动执法人员1.2万人次，排查涉黑危险化学品594处，查处涉黑危险化学品860吨，排查涉黑油475处，查获黑油302.64吨，排查涉黑烟花爆竹401处，查处涉黑烟花爆竹20.18吨，罚款384.96万元。开展有限空间确认专项整治，出动执法人员7867人次，检查存在有限空间作业企业3032家次，查处问题隐患8046处，责令限期整改企业1745家，责令停产停业整顿企业56家，罚款24.6万元；开展粉尘防爆专项治理，共监督检查粉尘企业1557家，责令停产整顿企业84家，限期整改企业1039家，罚款82.28万元；开展涉氨制冷液氨使用企业专项治理，出动执法人员567人次，检查涉氨制冷企业164家次，查处问题隐患241处，责令限期整改企业82家；开展锂离子电池制造企业专项整治，检查锂离子电池制造企业107家次，查处问题隐患526处，责令停产整顿2家，罚款10.7万元。

【安全生产宣教培训】 2018年，东莞市安监局以举办“东莞学习论坛”的形式组织开展《地方党政领导干部安全生产责任制规定》宣讲活动。开展安全生产宣传咨询日、安全发展主题宣讲、隐患排查治理和执法警示、事故警示和灾害警示教育、安全生产知识竞赛、“心系安全”十大安全生产卫士评选等系列宣传活动，每月出版两期《东莞日报·安全生产导刊》，联合东莞广播电视台《平安东莞》栏目组推出安全生产系列专题片，印发《生命至上 安全发展——致全市生产经营单位负责人的安全生产公开信》，传递安全生产理念。“东莞安监”微信公众号粉丝量突破30万，在全国安监系统微信平台排名稳居前十，全省安监系统微信平台排名稳居前三。全年开展特种作业培训2.01万人，发证1.04万个；培训危险化学品主要负责人和安全管理人员2711人，发证2152个。（苏炳坤）

附：2018年东莞市安全生产监督管理局主要领导名录

党组书记、局长：李建武

食品药品监督管理

【食品药品监督管理概况】 2018年，东莞市“强化食品安全监管”连续12年列入市十件实事内容，食品小作坊集中加工区建设、农贸市场快检室建设、“明厨亮灶”（餐饮服务提供者向顾客和公众展示后厨）工程等民生实事顺利完成。食品检验量达到每千人4批次，省民生实事提前超额完成。启动国家食品安全示范城市创建，率先在全省实现农贸市场快检室全覆盖，快检室数及快检数均为全省第一；率先全面推进食品小作坊集中加工，在全省开展智慧食药监系统试点；实施食品安全示范“十百千”工程，建成24条省（市）级食品安全示范街、370多家省（市）级食品安全示范单位。实现33宗16万人次食品安全重大活动保障和重要接待保障“零事故”和“零投诉”。全市未发生系统性、区域性食品药品安全事故，未发生一起食物中毒事故。东莞市食品药品监督管理局获评2018年度工作良好市直单位、东莞市社会治安综合治理工作先进集体等。

【食品安全示范城市创建】 2018年，东莞市食品药品监督管理局启动创建国家食品安全示范城市制定创建工作方案，明确创建目标、任务及分工。继续推动东城、寮步开展食品安全示范县（区）创建工作。新建成100家食品安全示范市场，示范市场总数达151家，实现“六个100%”：市场主体、经营者100%取得证照；100%落实活禽零存栏制度；肉类100%具有相应检验检疫证明、进货票据；粮油经营者索取进货票据、检验报告等证明，实现100%可追溯；熟食销售、餐饮服务场所100%配备三防设施；餐饮服务100%实施明厨亮灶。

【食品小作坊集中加工中心建设】 2018年，东莞市食品药品监督管理局推进食品小作坊集中加工中心建设，按照“政府扶持、部门指导、市场运作”的总体思路，采取政府投资建、社会投资建、合作共建等多种形式，全市24个镇街建成25家食品小作坊集中加工中心，另有8个镇街与相邻镇街共建。进驻和拟进驻集中加工中心的食品小作坊500家。

【明厨亮灶工程建设】 2018年，东莞市食品药品监督管理局推进餐饮“明厨亮灶”工程建设。通过周密部署、全面发动、跟踪督查，提前超额完成3个100%和2个80%目标，实现学校食堂、大型餐馆及其食品安全示范街“明厨亮灶”建设3个100%，企事业单位食堂和中型餐馆完成率86%。

【农贸市场快检室建设】 2018年，东莞市食品药品监督管理局新建93个农贸市场食品快检室，按照市政府三年全覆盖目标，在2016年、2017年建设300个农贸市场快检室基础上，完成新增107家农贸市场快检室建设，并开展检测工作及数据上报，实现现有农贸市场快检室建设全覆盖。全市完成市场快检总批次107.62万，合格批次107.46万，合格率99.84%，筛查发现不合格产品1674批次，销毁处理11.22吨，其中蔬菜1533批次10.8吨，水产品141批次0.45吨。

【食品药品“放管服”改革】 2018年，东莞市食品药品监督管理局继续推进取消、下放、委托一批行政审批事项，做好行政许可事项目录、权责清单动态调整。推进松山湖高新区复制推广“证照分离”改革试点工作，对涉及的6个市级食品药品事项进行“审批改备案”和“优化准营管理”两种分类改革，办理时限全部实行50%压缩。其中“50平方米以下小型餐饮的经营许可”实行备案管理，是东莞市唯一一项审批改备案事项。推行小餐饮承诺制，核发小餐饮食品经营许可证4.01万张。划定食品摊贩经营区域38个，核发食品摊贩登记证453张。

【市场主体责任落实】 2018年，东莞市食品药品监督管理局推动市场主体自律，严格执行黑名单制度，公开黑名单信息57期、信用信息9期，确保违法行为追究到人。建立食品药品生产经营企业数据库，及时、准确、全面记录企业信用信息，与相关部门进行共享，落实联合惩戒机制，推动实现“一处失信，处处受制”。强化食品经营票据管理，继续推进全市29家食用农产品批发市场出具统一票据。通过约谈、现场检查、飞行检查、现场督办案件、专项抽检等方式，推动食品药品生产经营者落实主体责任。督促食品批发经营企业落实进货查验和食品销售记录制度，实现产品来源、去向可追溯。实施食品安全管理员制度和药品质量安全授权人制度，督促企业落实保障食品药品安全第一责任，从源头上保障食品药品安全。

【网格化监管】 2018年，东莞市食品药品监督管理局发挥智网工程网格化监管模式作用，推动市—镇街（园区）—村（居）三级联动联通，逐步实现网格化巡查工作常态化。针对网格管理员通过巡查发现、上报的违法违规信息，及时安排执法人员进行现场控制，确保食品药品领域网格化管理工作有序推进、高效运转。开展网格巡查102万人（次），发现食品药品隐患8783处，巡查移送违规线索311条，查处案件42件，网格化监管成效初步显现。

【食品药品检测】 2018年，东莞市完成食品抽样任务2.86万批次，完成检验2.86万批次，合格2.76万批次，合格率96.5%。其中，食品（不含食用农产品）完成检验1.87万批次，不合格340批次，合格率98.2%；食用农产品完成检验9899批次，不合格297批次，合格率97%。分别抽检保健食品、药品、医疗器械、化妆品183批次、1069批次、111批次、240批次，合格率分别为98.5%、97.7%、98.9%、98.1%。市镇两级安排2400多万元财政资金，对各镇街规模较大的299家农贸市场开展食用农产品政府快检工作。全年政府快检170.65万批次，合格170.32万批次，合格率99.8%。

【食品药品专项整治】 2018年，东莞市食品药品监督管理局在食品（含保健食品）、药品、化妆品、医疗器械领域持续开展风险隐患大排查大整治工作，查处“四品一械”领域群众关注的突出问题。组织食盐经营、农村食品安全、学校食品安全、网络订餐食品安全、食品、保健食品欺诈和虚假宣传等专项整治；开展严厉打击药品流通领域从非法渠道购入药品专项稽查行动；组织开展加强无菌和植入性医疗器械、避孕套质量安全、严厉打击违法违规经营使用医疗器械、非法经营装饰性彩色平光眼镜行为专项整治；部署实施规范企业生产行为、美容美发机构、网络化妆品、打击非法添加等四大专项整治。全市查办食品药品违法案件1931件，比上年增长35%，罚没资金2200多万元，集中销毁假劣食品药品160多吨。

【“智慧食药监”试点】 2018年，东莞市根据广东省食品药品监督管理局统一部署，开展“智慧食药监”部分系统的试点应用工作，日常监管、稽查执法、抽样检验等全面开展，取得预期试点成效。通过日常监管系统开展监督检查的记录2.05万条，占全省三个试点单位记录总量的51.1%。

【食品药品安全宣传】 2018年，东莞市食品药品监督管理局与东莞科协合作在东莞科学馆开展为期一个半月的食品药品安全主题科普展览，结合电台、电视台、报纸、网络等媒体平台辅助宣传，辐射人群超50万人。与东莞报业集团合作，开展10期“一起查餐厅”行动，先后对网络订餐、网红店、学校周边、农庄、幼儿园食堂、企业集体食堂等进行检查。活动邀请人大代表、政协委员、群众代表等参加，采取双随机抽查、突击行动方式，全程通过i东莞、网易以及新华社现场云进行网络直播，每期超10万网友观看，受到热议。配合广东省食品药品监管局开展“食药科普基层行”活动，对黄江食品小作坊集中加工中心进行网上直播。开展“食品安全周”“安全用药月”“食品药品安全大课堂”集中宣教活动。 （叶建荣）

附：2018年东莞市食品药品监督管理局主要领导名录

党组书记、局长：尹锡棋

审 计

【审计概况】 2018年，东莞市审计局依法履行审计监督职责，推进审计全覆盖和审计制度改革，推动审计工作向纵深发展。全年完成审计项目43个，查出违规金额5.32亿元、损失浪费金额1664万元，管理不规范金额88.59亿元，促进整改落实有关问题金额21.36亿元，促进资金拨付到位36.13亿元，出具审计报告和专项调查报告69篇，提交专题审计报告、信息55篇，移送处理事项13宗，年度审计工作取得成效。

【政策跟踪审计】 2018年，东莞市审计局组织对“放管服”改革、创新型企业培育、减税降费等11项重大政策的推进落实情况开展跟踪审计，密切关注各部门和各镇街贯彻落实国家和省重大政策措施的具体部署、执行进度和实际效果，及时发现和纠正有令不行、有禁不止行为，反映好的做法、经验和新情况、新问题，促进落实国家宏观政策，推动产业创新，发挥好政策落实“监督员”职能作用。

【“三大攻坚战”审计】 2018年，东莞市审计局开展防控农商行地方金融风险情况审计，密切关注其金融业务和经营管理中的重大风险，揭示和反映涉农贷款统计不规范等问题，推动防范化解重大风险。组织对东西部扶贫协作资金的管理使用情况、精准扶贫精准脱贫情况、东莞对口支援新疆资金管理使用和项目建设情况跟踪审计，揭示部分资金支出不规范等问题，并提出针对性意见和建议，推动扶贫政策资金落地生根。紧跟东莞全面深化水污染治理工作形势，组织开展资源环境审计，重点审计茅洲河整治、截污次支管网等建设项目推进情况，审计发现部分管道项目终止建设造成投资损失和潜在损失等问题，加强工程项目管理，加快项目建设进度，提高污染整治效果。

【财政审计】 2018年，东莞市审计局坚持以公共资金管理使用绩效情况为主线，关注财政运行风险，组织对市本级财政预算执行情况，对市环保局、民族宗教事务局等部门单位年度预算执行和财政财务收支情况进行审计，结合经济责任审计对南城街道、麻涌等5个镇街实施财政决算审计。在市本级财政、“科技东莞”专项资金等预算执行审计项目中探索大数据审计工作模式，不断拓展财政审计的广度和深度，全年完成财政审计项目11个，揭示个别单位预算支出不合规、预算项目执行进度慢等问题，促进财政资金合理配置和高效使用，推动深化财税体制改革。

【经济责任审计】 2018年，东莞市审计局完成经济责任审计项目15个，审计党政和企事业单位主要领导干部22名，强化对领导干部行使权力的监督和制约，严肃查处在贯彻落实中央八项规定精神，开展政府投资决策等方面存在的用权履责不规范问题，运用“三个区分开来”原则合理界定责任、评价用权履责情况，发挥审计反腐“尖兵”“利剑”作用，促进党政主要领导干部严格依法行政和主动、有效作为。

资料链接：

“三个区分开来”：把干部在推进改革中因缺乏经验、先行先试出现的失误和错误，同明知故犯的违纪违法行为区分开来；把上级尚无明确限制的探索性试验中的失误和错误，同上级明令禁止后依然我行我素的违纪违法行为区分开来；把为推动发展的无意过失，同为谋取私利的违纪违法行为区分开来。

【民生政策资金审计】 2018年，东莞市审计局围绕党的十九大关于提高保障和改善民生水平的相关要求，强化执审为民的审计初心，紧贴民生发展需求和社会治理形势，努力把审计触角延伸至基础设施建设等民生领域，重点关注社保、医疗、交通、就业等民生领域政策资金落实情况，在企业职工养老保险、取消车辆通行费等社会治理重要领域加强审计监督，促进公共资源、公共资产合理公平配置，增强人民群众获得感。

【审计成果运用】 2018年，东莞市审计局以服务党委、政府决策为提升点，深入揭示和反映宏观体制机制层面的问题隐患、管理漏洞和制度缺陷，及时向党委、政府反馈信息，提出有效化解矛盾、促进解决问题的审计意见和建议，全年向上级报送专题审计报告17篇，获得有关领导批示，推动相关问题加快整改完善。针对镇级国有资产经营交易方面的制度漏洞，向市政府提交《关于建议加强镇级国有资产交易监管的情况报告》，提出加强调研摸底、加快完善监管制度等具有针对性的意见建议，推动建立健全镇级国有资产交易监督管理制度，发挥审计宏观性、建设性作用。 （梁文彪）

2018年8月，东莞市审计局开展援疆审计工作 （市审计局供图）

附：2018年东莞市审计局主要领导名录

局　长：卢炳辉

统计调查

【统计调查概况】　2018年，东莞市推进第四次全国经济普查，完成省下发53.5万家底册单位核查。提升统计分析研判水平，编印《东莞发展动态》39期，报送统计调查报告29篇，调查信息38篇。改进统计服务和数据分析解读，发布统计微信动态产品，编辑《东莞统计年鉴》，推进“乡村振兴之路”调研。强化学习培训，加快推进统计法治建设。

【第四次全国经济普查】　东莞市开展第四次全国经济普查（第四次全国经济普查的标准时点为2018年12月31日，普查时期资料为2018年年度资料），全面掌握东莞市第二产业、第三产业发展规模、结构和效益等情况，建立健全基本单位名录库及其数据库系统，为研究制定全市经济和社会发展规划，提高决策和管理水平奠定基础。2018年，东莞市统计系统推进经济普查各项前期备战工作。3月召开全市第四次全国经济普查动员大会，4月成立东莞市经济普查领导小组，7月完成各镇街普查机构的组建以及普查指导员和普查员选聘工作，8月完成经济普查综合试点工作，9月分批对全市32个镇街及592个村（社区）普查指导员和普查员代表进行业务技能培训，并完成单位清查底册以及全市603个普查区、4469个普查小区的划分，11月完成全市经济普查的单位清查工作。全市全部完成省下发的底册单位53.5万家的核查工作，核查率100%，核查单位数全省排名第三，正常填表单位34.7万家，占比64.9%，另有新增单位1.2万家，可填表单位35.9万家；省下发的个体户底册38.97万家，清查出个体户53.36万家，比底册多14.39万家，清查率136.9%。全市可填表单位占全省的12.4%，仅次于深圳、广州，全省排名第三；清查出个体户占全省的10.9%，仅次于广州，全省排名第二。

【统计分析研究】　2018年，东莞市统计局编印《东莞发展动态》39期，镇街专项通报9篇，撰写各类专题分析20余篇，获市领导批示17篇次。其中，《2017年东莞经济社会发展亮点纷呈》《东莞“四经普”单位清查工作基本结束“四上企业入库工作成绩喜人”》《上半年东莞经济稳中有进、增速靠前——2018年上半年东莞经济运行报告》获市主要领导批示，《关于东莞与济南、烟台经济发展情况对比分析的调研报告》一文被评为2018年度全省各地优秀统计分析报告一等奖。东莞市统计局编印《数说东莞——迈入高质量发展新时代》资料图册，编发“改革开放40周年东莞系列课题研究报告”12期，展现改革开放40年以来东莞经济社会发展的喜人“成绩单”，并向各大主流新闻媒体推送。东莞市统计局梳理排查当前全市统计工作薄弱环节，分析存在问题，研究提高统计数据质量的相关举措，牵头起草《关于进一步加强和改进统计工作的意见》，并经市委常务会议审议通过，于2018年2月印发。完善统计制度方法，在部门统计工作、镇（街道）、园区统计工作，强化统计工作保障等方面进行完善。

【统计服务创新】　2018年，东莞市统计局主动适应统计工作新形势新要求，创新改进统计服务。发布微信动态产品H5（HTML5简称，意为第5个版本的超文本标记语言）《迈入高质量发展新时代——2018年东莞经济和社会运行情况》，以动态图文的形式，聚焦2018年东莞经济和社会运行中出现的积极变化和亮点，让社会各界及时全面了解东莞经济社会发展情况。做好《东莞统计年鉴》编辑出版，全面系统反映东莞市主要历史年份经济社会发展状况。继续打造“统计开放日”宣传品牌，9月25日，第九届“中国统计开放日之东莞”现场活动在东城街道同沙社区举办，活动以宣传“第四次全国经济普查”为主题，市领导，市统计局、国家统计局东莞调查队等单位及多家媒体参加活动，现场走进社区企业和个体户，深入了解观摩普查人员入户登记工作流程，活动效果良好。

【统计法治建设】　2018年，东莞市统计局开展统计行政审批制度改革，全面推进依法统计，加快建设统计诚信体系，夯实统计法制基础。联合有关职能部门印发《关于对统计领域严重失信企业及其有关人员开展联合惩戒的实施意见》，明确对在政府统计调查中编制虚假统计数据、虚报（瞒报）统计数据额度较大或者虚报率（瞒报率）较高的企业和个人进行联合惩戒，加强全市诚信统计体系建设。制定《东莞市统计局行政处罚自由裁量权适用规则》，规范统计行政处罚自由裁量权的行使，确保统计行政处罚合法性和合理性。加强统计执法队伍建设，9月局领导带队参加国家统计局举办的统计执法证考试，并取得良好成绩。配合省局做好“双随机”抽查工作，8月协助省统计局抽取全市40多家贸易和服务业企业，对其上报的统计数据情况进行详细的检查。开展全市统计执法检查，5—6月，从全市随机抽取近300家“四上”企业（规模以上工业企业、资质等级建筑业企业、限额以上批零住餐企业、规模以上服务业企业等四类规模以上企业），由各镇街对抽中企业进行实地检查，加大统计数据核查力度，及时纠正不规范报送行为。加强统计普法宣传，利用集中培训、会议等时机，对部门、镇街领导干部进行统计法律法规宣传；结合“四经普”和“四上”培训，加强对“四上”企业负责人和统计人员的普法宣传教育。　（赖卓辉）

【统计调查信息化建设】　2018年，国家统计局东莞调查队加强信息安全管理，确保日常信息化建设和信息安全管理工作执行到位。完成国家局分配的防火墙设备安装部署，做好网络防火墙安装，确保软硬件运行稳定，保障网络安全。推进政务信息资源共享平台接入，及时向社会公众开放相关数据，确保公众对统计调查信息的知情权。配合市相关职能部门做好有关情况登记的梳理工作，为东莞市政务信息系统整合工作奠定基础。

【住户调查电子记账】 2018年，国家统计局东莞调查队印制《电子记账住户操作指南》《东莞住户调查工作手册》《住户调查记账指南》《住户收支与生活状况调查编码归类手册》等册子，加强工作指引，规范住户调查电子记账工作。通过事前充分准备、事中督导培训、事后跟踪规范，推动新基期样本记账，全市日记账户电子记账率100%。推进小班制培训教学，分批推动国家“e记账”平台全面使用。查找问题节点和薄弱环节，建立实时跟踪和重点指导机制，对基础工作薄弱的调查小区实行跟访入户和重点指导，完善培训体系，提高e记账源头数据质量。每日检查住户记账情况，及时督促记账，培养调查户良好记账习惯，巩固培训成果。定期开展数据质量工作碰头会，做好数据风险防控，实现平台转换无缝对接。全市样本小区全部过渡至国家电子记账平台，国家点及分市县点合计日记账户391户，电子记账率100%，电子记账数据质量稳步提高。

【统计调查执法检查】 2018年，国家统计局东莞调查队围绕“提高统计调查数据质量”这一中心，强化学习培训，提升队伍法治意识，加强数据核查，开展统计执法检查。通过组织动员、专业自查、“双随机”（随机抽取检查对象，随机选派执法检查人员）执法检查、重点执法检查、总结整改等五个环节，开展统计调查数据质量核查，查处统计违纪违法行为，开展“以数谋私、数字腐败”全面排查和专项整治。全年立案5件，结案3件，及时做好执法案卷归档整理上报工作。

【调查基层基础构建】 2018年，国家统计局东莞调查队以贯彻落实《关于进一步强化城乡一体化住户调查基层基础工作的通知》《关于提高住户调查记账户及辅调员补贴标准的通知》等文件精神为着力点，强化基层基础建设构建。提高调查补贴，增强调查积极性，执行回访制度，防控各环节风险点，强化数据审核评估，狠抓数据质量。推进样本轮换，确保数据顺利衔接，严格辅调员选聘，加强基层队伍管理。

【统计调查服务】 2018年，国家统计局东莞调查队推进调查分析信息品牌建设新发展，提升统计调查服务水平。围绕总队调查信息报送要求，强化数据分析解读，提升调查分析信息质量。全年报送调查报告29篇，调查信息38篇。其中，获国家局采用3篇，获总队采用44篇，获市领导批示2篇次，获市两办采用6篇次。全年发送CPI月度新闻稿12篇。围绕东莞经济社会发展的新情况新特点以及社会关注的热点难点问题，推进课题研究工作。其中，《粤港澳大湾区背景下的现代物流产业发展研究——以东莞市为例》《粤港澳大湾区城市科技创新发展问题研究——基于东莞与大湾区其他城市的比较分析》被纳入2018年度广东国家调查队系统课题研究项目。配合总队开展《经济发展质量测评及提升路径研究》《物价指数与通货膨胀——CPI的货币政策指示作用》两个课题研究。高质量完成东莞企业节后用工、商品房价格调控、PPP项目发展、中美贸易摩擦对企业的影响等总队约稿调研任务。挖掘2017年进城务工人员基本情况调查资料，围绕新时代东莞进城务工人员总体情况、子女教育、就业收入、居住环境等撰写调查报告、调查信息10篇，其中获总队采用9篇。加大资料开发力度，挖掘调查队专业资料数据以及撰写发表的统计分析信息，编印《东莞调查手册（2017）》和《国家统计局东莞调查队调查信息分析选编（2017年）》，为市、镇两级党政领导提供决策参考。

【第九届“统计开放日”宣传活动开展】 2018年，国家统计局东莞调查队分期在《南方日报》《东莞日报》《广州日报》等新闻媒体推出“喜迎改革开放40年”系列专题报告，向公众“数读”东莞改革开放40年来居民消费价格、城镇居民收支等历史巨变。加大微信公众号宣传力度，抓住重要时间节点，开展“乡村振兴之路”调研、时间利用调查等工作亮点，创新思路，推出《我向局长说句话》《元宵，这里有一场调查人专属猜谜灯会》《统计新时代 青年新气象》等12篇微信信息，其中10篇获总队公众号采用，3篇获国家局公众号采用。

【“乡村振兴之路”调研】 2018年，国家统计局东莞调查队党支部牵头组织相关业务科室深入到镇街一线，就乡村的发展等情况开展大调研，了解东莞当前农村发展的成功经验和存在问题，为乡村振兴战略实施提供发展思路。国家统计局东莞调查队党支部所撰写《筑梦田园里 奋斗乡野间——东莞市“乡村振兴之路”调研报告》被国家统计局内网、广东调查总队内网、《广东调查》、东莞市委政研室《东莞调研》采用刊发。国家统计局东莞调查队党支部被市直工委授予“2018年市直机关党支部标准化建设示范点”称号和“2018年市直机关共产党员先锋岗示范岗”称号。（陈德斌）

附：2018年东莞市统计局主要领导名录

局　长：梁佳沂
党组书记：叶力强

附：2018年国家统计局东莞调查队主要领导名录

党组书记、队长：王志勋

科　学

SCIENCE

华为数据中心　（贺东峰　摄）

编辑：张德全

科技综述

【科技概况】　2018年，东莞市国家高新技术企业总数5789家。其中，争取省级培育资金对东莞市1312家企业资助4.56亿元，市级培育资金对1849家企业支持9245万元。全市新型研发机构孵化企业1400家、引进人才约5700人、成果转化与技术服务收入108亿元。据国家统计局2018年反馈的信息，东莞市2017年R&D（科学研究）经费总量188.14亿元，比上年增长14.14%，占GDP比重2.48%；全市R&D经费占GDP比重2.55%。2018年，全市专利申请量和授权量分别为9.70万件和6.60万件，分别比上年增长18.38%和45.97%。其中，发明专利申请量和授权量分别为24674件和6716件，分别比上年增长20.94%和35.16%；PCT（指专利领域的一项国际合作条约）国际专利申请量2698件，增长47.51%。全市有100家科技企业孵化器，孵化器面积177.33平方米，在孵企业3083家，年内毕业企业数量超200家，众创空间65家。

全市获2017年度省科技奖11项，其中一等奖1项、三等奖10项，数量比上年增长175%；获得第五届广东专利奖6项，其中金奖2项、优秀奖3项、发明人奖1项，获金奖数量为历年之最。4月，科技部、国家发展改革委批准东莞市开展国家创新型城市建设；市科技局、市知识产权局分别被科技部、国家知识产权局评选为2017年度全国科技管理系统先进集体、国家知识产权战略实施工作先进集体。

【创新政策优化】　2018年，东莞市围绕构建完善的区域创新体系，推进国家创新型城市建设的目标，起草《东莞市人民政府关于贯彻落实粤港澳大湾区发展战略 全面建设国家创新型城市的实施意见》，以及一批创新型城市配套政策。出台《东莞市高新技术企业

“树标提质”行动计划（2018—2020）》，培育发展高新技术产业。开展首批东莞市创新镇建设工作，基层创新驱动机制建设稳步推进。

【广深科技创新走廊（东莞段）建设】 2018年，东莞市科技局做好走廊建设统筹工作，会同市规划局推动空间规划方案落实，推动广深高速创新带创新环境提升。出台《东莞市科技创新走廊创新项目库管理办法》，筛选2018年东莞市科技创新走廊创新项目库入库项目260个，建立项目跟踪服务机制，深度挖掘存量和增量项目科技创新潜力，加大市镇科技创新联动服务力度。组织编制《广深港澳科技创新走廊（东莞段）科技产业创新规划》，引导镇街科学布局科技产业。制订《广深港澳科技创新走廊（东莞段）创新体系实施方案》，明确各创新节点的建设目标、任务和时间安排。

【湾区国际科技创新中心建设】 2018年，东莞市配合上级科技部门和发改部门制定粤港澳大湾区规划，向上级部门专题汇报东莞推进粤港澳大湾区国际科技创新中心建设所需支持事项，将东莞市更多创新资源纳入粤港澳大湾区相关规划中。起草贯彻落实《粤港澳大湾区发展规划纲要》实施方案中的“深度参与国际科技创新中心建设”内容，明确国际科技创新中心的建设思路。实施莞港澳台“联合培优”行动计划。委托第三方机构搭建莞港澳台科技创新创业联合培优信息平台，截至年底，认定5个优示范基地、77名创新创业人才。

【国家自主创新示范区建设】 2018年，东莞市出台《东莞市国家自主创新示范区建设工作方案（2017—2020）》，市科技局牵头有关部门细化落实全市自创区建设任务、措施，制订《〈东莞市国家自主创新示范区建设工作方案（2017—2020）〉2018年工作任务分解表》，并报自创区领导小组办公室印发。

【重点企业“倍增计划”】 2018年，东莞市科技局会同市倍增办完成该年度倍增计划评选现场考察评审，提出支持措施，落实“倍增计划”（2020年实现国内生产总值和城乡居民人均收入比2010年翻一番）试点企业挂点服务工作机制。全年受理倍增试点企业申报市核心技术攻关项目61个，占比38.85%，申报市级创新团队11个，占比25.58%。落实财政倍增资助资金，全年“倍增计划”资助项目资金1126万元。

【科技型中小企业评估】 2018年，东莞市科技局开展科技型中小企业评价政策的宣传培训工作，推动全市2637家企业申报科技型中小企业，并取得入库编号，争取科技型中小企业税收优惠政策。

【松山湖材料实验室建设】 2018年，东莞市科技局加快建设松山湖材料实验室，争取到北京大学原校长、中科院原副院长、院士王恩哥担任实验室理事长，国家最高科学技术奖得主、院士赵忠贤担任实验室学术委员会主任，中科院物理所院士汪卫华担任实验室主任。实验室各项工作抓紧推进，首批10个科研团队落户东莞。成立由市长任组长，相关部门领导为成员的实验室建设工作领导小组。实验室入驻双聘和全职科研人员161人；实验室选址地块初定，在松山湖大学创新城安排约2万平方米的过渡期办公场地。在实验室建设框架内，联合北京大学、清华大学、香港大学、香港科技大学、澳门大学、香港中联办、港澳办等机构共同建设粤港澳交叉科学中心，推动实验室建设成为具有国际影响力的学术交流和合作研究平台。

【新型研发机构建设】 2018年，东莞市科技局联合广东省社科院开展对市财政投资建设的新型研发机构2017年度绩效考核工作；起草《东莞市新型研发机构提质增效实施方案》，成立新型研发机构联合发展委员会；出台《东莞市重大公共科技创新平台及其出资企业国有资产管理暂行规定》，加强对新型研发机构及其出资企业所涉国有资产的管理；完善散裂中子源工程材料衍射谱仪建设采购机制，推动散裂中子源大科学装置建设。组织规模以上工业企业自建研发机构备案，累计登记备案建有研发机构的规模以上企业3163家，覆盖率超过40%，完成上级任务。

【孵化育成体系建设】 2018年，东莞市科技局起草修订《东莞市科技企业孵化器产权分割管理实施办法》，完善全市科技企业孵化器产权分割项目的准入认定、分割转让和监督管理；完成2018年孵化载体资助工作，资助36家孵化器、208家在孵企业、2个投资机构，资助总金额1949.09万元。全年新增认定国家级科技企业孵化器培育单位、3家广东省众创空间试点单位。至年底，全市有100家科技企业孵化器，孵化器面积177.33平方米，在孵企业3083家，年毕业企业200家，众创空间65家。

【创新人才引进】 2018年，东莞市辅导、推动6个创新科研团队入选省创新科研团队，获省财政资助金额1.8亿元，创历史之最，其中志成冠军的团队项目获省资助8000万元，是全省有史以来两个单项资助最大项目之一。启动实施东莞市第五批引进创新科研团队项目，省市创新团队总数达38家。是年经市科技局受理推荐并认定（评定）的特色人才45人，占全市年度认定（评定）数量的八成以上。支持广东院士成果转化基地运营管理，拟订基地管理办法，加速推进院士成果产业化。2个院士成果转化项目落户东莞，全年吸引70所高校的772名研究生来莞实践，为全市100多家企业、新型研发机构等提供人才支持。

【科技创新创业氛围营造】 2018年2月27日，东莞市召开全市深化创新驱动、推动高质量发展大会，贯彻落实省创新驱动发展有关精神，推进创新型一线城市建设。组织“赢在东莞”科技创新创业大赛，包括市内赛、大学生赛、国内赛、港澳台赛和国际赛等5个专题赛事，吸引全球891个优质创业项目报名参赛，集聚社会创新创业资源落户东莞。11月2日，举办2018年粤港澳大湾区院士峰会暨第四届广东院士高峰年会，来自粤港澳大湾区及国内外院士63名，以及一批高端科技人才、企业高管出席活动，汇聚国内外高端创新要素。

【科技金融】 2018年，东莞市促进科技金融结合，新增4个科技金融工作站，总量达51个，完善市、镇（街道）、园区联动的科技金融公共服务体系。开展“三融合”（科技、金融、产业融合）贷款贴息以及普惠性科技金融试点工作；开展科技贷款保证保险，前三季度投保并放款的企业85家，支持贷款2亿元。激励撬动金融机构和社会资本支持东莞市企业科技创新和转型升级，科技金融产业“三融合”签约合作银行累计发放贷款1794笔86.06亿元，惠及企业1113家，其中纳入风险补偿覆盖范围的信用类贷款1377笔47.64亿元，惠及企业982家。前三季度，东莞市专利权质押融资项目金额38.03亿元。

【科技合作】 2018年，东莞市推进与港澳的科技交流合作，举办莞港澳科技人才交流合作座谈会，邀请22名来自港澳科技界和产业界的代表出席。赴港拜访香港创新科技署，促进莞港科技创新合作。强化与欧美发达国家交流合作。推动筹建东莞市国际技术转移中心和东莞（硅谷）海外创新中心，吸纳国际优势科技创新资源。支持东莞市中俄国际高技术转移中心的建设运营，推进项目在莞产业化。组团或参团赴美国、日本、英国、德国、乌克兰开展经贸、科技、外事交流活动。挖掘新的科技合作渠道。协助科技部做好发展中国家培训班组织工作，加强与其他发展中国家的合作交流。组织松山湖管委会、市农业局、塘厦镇政府等赴巴西、秘鲁和厄瓜多尔开展国际科技交流合作活动。

【知识产权强市创建】 2018年，东莞市与省知识产权局签订《共建引领型知识产权强市合作框架协议书》，助推东莞市创建知识产权强市。全市专利申请量和授权量分别为9.70万件和6.60万件，分别比上年增长18.38%和45.97%。其中，发明专利申请量和授权量分别为2.47万件和6716件，分别比上年增长20.94%和35.16%；PCT（指专利领域的一项国际合作条约）国际专利申请量2698件，增长47.51%。至年底，国内有效发明专利量2.33万件。专利金融工作成效显著，1—9月，全市专利权质押融资项目金额38.03亿元，专利保险投保企业25家，投保金额12.27万元，保额289.25万元。开展重点产业和领域专利导航项目，开展新一代通信产业专利导航项目，启动实施人工智能产业专利导航项目和知识产权密集型产业（智能制造产业）培育项目。开展专利优势企业培育工作，认定2018年市专利优势企业30家，获批2018年度国家知识产权示范企业3家、国家知识产权优势企业2家、省知识产权优势企业10家、省知识产权示范企业3家。全市累计获认定国家、省、市知识产权优势、示范企业277家。开展企业贯彻《企业知识产权管理规范》国家标准工作，全市认证企业916家，提高企业的知识产权综合能力。推进松山湖知识产权综合服务中心建设，中心确定选址与装修设计方案，进入装修阶段，并引进4个知识产权服务机构。争取在松山湖高新区设立国家知识产权局专利局广州专利代办处东莞服务站。加强专利行政执法，全年处理各类专利行政案件305件，其中专利侵权纠纷案件156件、假冒专利案件42件、展会专利侵权纠纷案件107件。加大跨地域联动促执法协作力度，与广州、深圳联合签署《广深科技创新走廊知识产权保护合作备忘录》，打造广深科技创新走廊知识产权保护高地。健全机构促进行政保护与司法保护衔接，东莞诉讼服务处获广州知识产权法院批复同意职能提级优化，成为全省第一个实现本地立案受理知识产权案件的诉讼服务点。

（王少波）

附：2018年东莞市科学技术局主要领导名录

局　长：吴世文（任至12月）
　　　　卓　庆（12月到任）

行业科技

【建设科技】 绿色建筑建设 2018年，东莞市新增绿色建筑项目216个，建筑面积602.6万平方米，占新建建筑比例56.8%。举办“SSGF·筑梦杯”东莞市第四届大学生绿色建筑设计邀请赛。年内印发《东莞市绿色建筑一星级评价导则》《广东省绿色建筑量质齐升三年行动方案（2018—2020年）》。

装配式建筑推广 2018年，东莞市新增装配式建筑面积98.59万平方米。是年，印发《关于应用〈装配式建筑评价标准〉若干事项的通知》《关于推广应用新型墙体材料有关事项的通知》等政策文件，试点碧波花园、天悦家园、东莞职业技术学院扩建、虎门港坭洲岛公租房、东莞粤海银瓶合作创新区公租房等一批项目。

建筑节能减排 2018年，东莞市新增节能建筑面积1060万平方米，设计、施工阶段执行节能强制性标准比例100%；完成太阳能光热、光伏等可再生能源建筑应用面积108万平方米；建筑能耗监测平台新增6栋建筑，累计135栋；

完成公共建筑节能改造面积65.6万平方米；认定新型墙体材料生产企业70家，年总生产能力1329万立方米。推动绿色达标现场考核工作开展，完成45家预拌混凝土生产企业绿色达标考核工作。

建筑信息模型技术应用

2018年，东莞市研究制定加快推进建筑信息模型（BIM）技术应用的指导意见及技术标准，开展BIM人才培养、技术交流和宣传推广工作，扶持本地建筑企业提升BIM技术应用能力，推进装配式建筑与建筑信息化融合发展。 （吴维彬）

【农业科技】 2018年，东莞市农业系统科研单位申报国家、省、市科技项目立项5个，获资助经费61.5万元。2个项目成果达到国内先进水平。科研成果获各类奖项4项，授权发明专利2项、实用新型专利3个，新品种审定或登记4个，以第一作者发表论文35篇。全市筛选评定并推介发布主导品种9个，主推技术3项。认定农业科技成果转化示范基地5个、科技示范户8个。全年发放市级农业技术推广专项补助资金71.3万元。开展“田间课堂”“农技直通车”等科技下乡、农技培训活动370余期，发放种苗、农药、肥料、疫苗等农资物品价值约50万元，受益3万多人。东莞市农业科学研究中心参与的“大花蕙兰和兜兰新品种创制及产业化关键技术”项目获2017年度广东省科学技术奖一等奖。

（黄椿颖）

【林业科技】 2018年，东莞市开展2018年生态监测项目，出版《2017年东莞市林业生态状况公报》，发表“广东紫金牛科野生植物资源调查与应用研究”等学术论文6篇，“土沉香种子育苗技术规程”“短萼仪花种子育苗技术规程”两项标准通过省林业局审定，“观赏性耐阴姜科植物筛选及利用研究”课题获广东省林业科技创新项目立项。

2018年，东莞市完成“十统一标准化梳理”任务，梳理出行政服务事项10大类242项，做好涉林市场的协同监管工作，督促110家企业按要求完成办证或其他整改工作，推进政务公开工作，全年在官网上更新信息535条，公示行政审批信息1.14万条，行政处罚信息18条，依申请公开信息答复21宗。

（陈　馨）

防震减灾

【防震减灾概况】 2018年，东莞市未发生地震事件。至年底，东莞市建成地震监测台站（点、网）50处：包括中国散裂中子源地震监测台阵1个，地震预警信息接收终端12个，地震群测群防点16个，测震台、强震台、烈度台、GNSS(全球导航卫星系统)基准站、重力联测、地下流体观测等台站（点、网）21处，具备对辖区及周边地区1.5级以上地震监测能力。是年，东莞市地震局获评全国地市防震减灾工作先进单位、广东省市县防震减灾工作先进单位、东莞市年度工作优秀市直单位（社会建设类）。

【东莞市对接广东省防震减灾现代化试点省建设】 2018年，东莞市地震局结合东莞实际，对《广东省率先基本实现防震减灾现代化指标体系》反馈意见，主动对接，提交东莞对接项目计划，落实《广东省人民政府办公厅关于贯彻落实中国地震局和我省合作推进防震减灾现代化试点省建设备忘录的实施意见》的相关要求，开展国家地震烈度速报与预警项目东莞台站选址，进行地震预警信息接收终端安装，着手震害预测系统完善升级的前期准备，配备地震现场监测特殊业务用车。

【地震监测】 2018年，东莞市地震局执行震情监测24小时在岗值班制度，实现监测值班法定节假日、双休日、夜间“全覆盖”，全年报送《震情周报》52期、《震情简报》28期。9月18日，组织完成“东莞市地震局地震监测与应急中心烈度速报、信息发布、台站监控系统”项目验收。加强地震监测台站运行巡查维护，防范应对台风“山竹”对地震监测设施的破坏。做好地震趋势会商和群测群防工作，及时处置9月29日“寮步镇横坑社区鱼群跳跃异常”疑似地震事件。新增银瓶湖湿地公园、中央群岛湿地公园、华阳湖国家湿地公园、香博园、何庆鱼苗场等地震宏观观测站，提高地震监测能力。

【台湾海峡6.2级地震应急处置】 2018年11月26日7时57分，

2018年5月12日，东莞市地震局上线东莞电台《与法同行》直播节目

（市地震局供图）

台湾海峡发生6.2级地震，震中距离东莞市约500千米，东莞市大部分镇街（园区）震感明显，未造成人员伤亡和财产损失。地震发生后，东莞市地震局核实震情，上报省地震局和市政府，通过官方网站、《南方日报》、《东莞时报》、“12121”气象短信及时发布震情信息，稳定市民情绪和社会秩序。

【中国散裂中子源地震安全监测与警报项目】 2018年1月27日，中国灾害防御协会修济刚（中国地震局原副局长）、高孟潭（中国地震局地球物理研究所原副所长）等领导专家赴东莞实地调研考察，对该项目给予肯定。东莞市地震局就该项目完善工作，督促技术维护单位提交监测分析和运维报告，为国家重大科学装置提供强震动监测服务保障。

【抗震设防服务】 2018年，东莞市地震局围绕市委、市政府中心工作，做好该年度247个市重大项目和137个预备项目的“地震安全咨询”跟踪服务。

推动地震安全风险管控和隐患排查治理，对地震灾害风险点危险源排查管控清单中的相关单位开展持续跟踪，督促落实整治措施。

协调东莞市教育局、卫生计生局、城建局，通过汇总填报《2018年学校、医院等建设工程有关抗震设防要求信息表》，督促学校、医院建设工程按抗震设防要求落实。

为滨海湾新区发展规划及总体规划、环莞快速路三期相关项目、沙角电厂退役替代电源点建设项目等提供防震减灾专业意见。甘肃省人大常委会副主任吴明明一行到莞调研防震减灾相关工作，肯定东莞市防震减灾工作。

【减隔震技术推广应用】 2018年，东莞市地震局与谢岗镇政府协同开展黎村小学应用减隔震技术示范的前期工作，联合有关部门举办减隔震专题讲座和研讨会，邀请中国地震局深圳防灾减灾技术研究院专家授课，提高全市建筑专业技术人员对减隔震技术的认识。

【防震减灾宣传教育】 2018年，东莞市地震局推进防震减灾宣传“进学校、进机关、进企事业单位、进社区、进农村、进家庭”。“5·12”防灾减灾日当晚应邀上线东莞电台新闻综合频道（FM100.8）《与法同行》直播节目，宣传《防震减灾法》和地震知识。唐山大地震42周年之际，联合市科协、市红十字会、东莞科学馆、市科普教育协会共同举办“防震减灾 珍爱生命——地震安全教育科普展览”。展览期间接待预约参观团体20批次，参观市民16万人次。举办全市地震应急工作培训班，协助完成10个社区创建全国综合减灾示范社区工作。发挥东莞人民公园地震避险场所固定宣传阵地作用，同时面向大专院校、中小学、幼儿园、社区等开展防震减灾宣传。2018年，在东莞职业技术学院、厚街镇桥头小学、清溪镇晨光第一小学、莞城中心幼儿园、威尼斯广场等开展防震减灾知识讲座53场，培训1.2万人，指导较大型地震应急疏散演练7场，参加演练人数6000人。

【市级地震部门机构改革】 2018年，依据《东莞市机构改革方案》，将相关机构的震灾应急救援等相关职责，抗震救灾等指挥部（委员会）的职责进行整合，组建东莞市应急管理局。市级地震部门的防震减灾工作重点是震灾预防，结合东莞实际，东莞市地震局与东莞市住建局多年来在建设工程抗震设防要求、抗震规范标准、抗震设计应用等实际工作中构建完整高效的工作体系，从有利于地市基层防震减灾工作实际考虑，该次机构改革，东莞市地震局机构和人员编制不变，仍然保持归口东莞市住建局管理，只将其中有关职责划转。

（黄远峰）

附：2018年东莞市地震局主要领导名录

局　长：陈伟东

气　象

【气象概况】 2018年，东莞天气气候主要特点：年总降水量1766.1毫米，比常年平均值略偏少3.6%，属正常年份；年平均气温23.1℃，比常年平均值偏高0.5℃；年日照时数1906.8小时，比常年平均值略偏少0.3%，属正常年份。年内降水分布不均，月降水极端化明显：有5个月降水量偏少30%以上，有2个月降水量偏多50%以上。5月7日开汛，10月15日汛期结束，比常年偏晚；汛期总降水量1302.7毫米，比常年平均值偏少12.2%。年平均气温偏高，各月气温波动较大：全年高温（≥35℃）日数15天；年内日极端最高气温36.8℃，全年低温日数（≤5℃）3天，年内最低气温3.7℃。

是年，市气象局获评全省气象部门综合考评特别优秀单位，全省气象现代化考核和公共气象服务满意度均位居全省第三名、地级市第一名，并获年度工作优秀中央和省驻莞单位。

【罕见暴雨天气】 2018年1月，东莞市降水量125毫米，较常年同期（38.7毫米）偏多223%，为有

2018年东莞市气象情况表

指标名称	单位	实绩
雨量	毫米	1766.1
平均气温	℃	23.1
日照时数	小时	1906.8
暴雨日数	日	9
热带气旋	个	3
低温	日	3
高温	日	15
霜日	日	0

2018年6月22日，东莞市气象灾害防御重点单位气象灾害防御暨防雷安全培训班举办　　（市气象局供图）

历史纪录以来同期多雨第四位，其月降雨量居历史同期多雨第四位。其中，1月6—7日受偏南气流影响，东莞市出现首场暴雨，最大降雨量出现在茶山，为109毫米。8月27日至9月1日东莞市受罕见季风低压影响，出现连续5天暴雨降水过程。全市大部分镇街出现暴雨，29日和30日连续两天出现暴雨到大暴雨，局部特大暴雨。

【年初寒潮年末强冷空气】 2018年1月29日至2月6日，东莞市持续出现寒冷天气，日平均气温连续9天低于10℃。最低日平均气温出现在1月30日，为5.5℃，低温日（≤5℃）有3天，分别出现在1月30日，2月1日和2月6日。2月1日早晨录得年内最低气温3.7℃。末受强冷空气影响，年末出现强冷空气“跨年”。2018年12月29日至2019年1月2日，气温急剧下降，并伴有小雨，天气湿冷，日温差小，连续5天日平均气温低于12℃。元旦假期日平均气温介于8℃～10℃。其中12月31日录得最低日平均气温为8℃，日最低气温7.1℃。

【开汛偏晚高温出现早】 2018年，东莞市汛期暴雨时段集中5月15—16日晨暴雨过程，强降水时段出现在15日夜间到16日晨，最大时雨强普遍50～80毫米，局部100毫米，最大降雨量在中堂镇，164.9毫米。该次过程具有强降水时段集中、时雨强强、累积雨量大、影响范围广等特点。东莞汛期出现12次大范围强降水过程，局地洪涝灾害严重。5月平均气温为历年同期最高，5月平均气温28℃，比常年同期偏高2.2℃，位居历史同期第一位；5月31日录得日最高气温36.8℃，是有气象纪录以来5月录得最高气温；5月高温日（≥35℃）有6天，其中5月28—31日出现持续4天的高温天气过程。东莞市气象台于5月18日发布高温黄色预警信号，为近五年来最早的高温预警，持续生效14天。

【初台偏早影响频繁】 2018年，东莞市先后有3个台风对全市造成影响，分别为台风“艾云尼”“贝碧嘉”“山竹”，其中台风“山竹”给东莞市带来狂风大暴雨。全市有29个镇（街）受灾，台风造成死亡1人，受伤2人，全市受灾人口4.08万人，直接经济损失4.4亿元。

【超强台风“山竹”气象服务保障】 2018年，第22号超强台风“山竹”是继1971年“玫瑰”台风之后影响东莞市最强台风。东莞市气象局连续7天做好“山竹”服务工作。报送各类防台风决策气象服务材料7份，为2万多名村以上各级领导干部和防灾责任人发送决策服务短信56条。发布台风、暴雨红色等预警信号14次。启动预警信息发布“绿色通道”，联合市政府应急办、市三防办和三大通讯运营商全网发送短信3条5442万人次。“东莞天气”微博发布信息159条、阅读量609.5万次，转发量737次、评论量4609次，“东莞天气”微信推送信息4条、阅读量28.57万次。

【气象现代化】 2018年3月23日，东莞市召开全市气象工作会议，研究部署气象现代化工作。“提高应对气象灾害及其引发的次生、衍生灾害的能力”纳入市政府主要目标任务；“开展气象灾害应急知识教育，提高市民应对能力”纳入民生实事工作内容。推进东莞“平安海洋”气象保障工程立项工作，完成科研编制、相关评审、项目投资估算审核、可行性研究报告批复等前期工作。根据10月公布的全省气象现代化考核评价情况，东莞市气象现代化综合指数88.2分，仅次于深圳、广州，排名全省第三位。公共气象服务满意度位居全省第三名、地级市第一名。

【气象防灾减灾体系健全】 2018年，东莞市推动镇街气象灾害防御权责清单纳入各级政府权责。建成镇街气象灾害决策辅助系统。推进东城、麻涌镇街气象服务站建设，加快镇街气象灾害监测站网、预警信息接收终端建设。推进基层气象灾害防御标准化建设，与市民政、地震、国土等部门共同创建10个综合减灾示范社区。举办第十五届东江流域气象灾害联防工作年会。

【重点单位落实气象安全主体责任】 2018年，东莞市贯彻落实《广东省气象灾害防御重点单位气象安全管理办法》，开展气象灾害防御重点单位申报确定工作，市政府公布77家气象灾害防御重点单位名单，初步建立重点单位信息库，并选取5家单位开展气象安全重点单位示范点的创建工作。

【气象工作法治化】 2018年，东莞市气象局推进政务服务改革，完成44项政务服务事项“十统一”标准化（统一政务服务事项办理项主项名称、子项名称、设定依据、服务对象、办理条件、申请材料、申请表单、办事流程、办理时限、收费标准）梳理与录入，以及行政许可、行政处罚事项信息公开。对外公布行政权力目录清单，制定实施《东莞市气象局行政处罚自由裁量权适用规则》。推进《东莞市气象灾害防御条例》立法工作。牵头完成广东省地方标准《气象灾害防御》系列（三部分）第二部分《重点单位管理》的编写。全年完成行政许可审批133宗，公共服务181宗，对38宗雷电灾害事故进行调查和报送。

【公共气象服务和气象科普宣传】 2018年，东莞市发布《重大气象信息快报》55期，《重大气象信息专报》6期，向各镇街、部门2.4万名应急责任人发送决策气象服务短信813条，联合市政府应急办、三防办和三大通信运营商全网发布气象灾害防御短信4次。年内发布预警信号8种207次，启动气象灾害应急响应12次。气象网站点击率年均200多万人次，“东莞天气”微信用户数15.78万户、发布信息49条，总阅读量133万人次。“东莞天气”新浪微博粉丝数85.81万人。年内东莞市气象天文科普馆接待公众近万人次，团体约150个。3月，开展全市第十个气象灾害应急知识宣传教育月活动。

（王隶娟）

附：2018年东莞市气象局主要领导名录

党组书记、局长：凌汉强

科学技术普及

【科普阵地建设】 2018年，东莞市科协指导全市相关单位开展科普阵地创建工作，全年创建2个市科普示范镇、5个市科普示范社区、3个市创客培育中心、4所市创客培育学校、6个市科普教育基地。制定东莞市“科普中国”e站建设方案，推进全市6个“科普中国”e站试点建设工作。通过“科普中国”e站在社区、学校等处的落地应用，创新科普宣传形式，提升科普宣传效能，打通基层科普传播的“最后一公里”。

【青少年科普竞赛】 2018年4月，东莞市科协举办东莞市青少年机器人竞赛，参与活动人数达600人，62所学校，近180支队伍参与竞赛。12月，举办东莞市中小学生天文知识竞赛，有300多名师生参与。组织天文培训班参加竞赛活动，分别获“全国天文奥赛”低年组金牌和低年组最佳成绩奖、第二届“斯凯林”青少年天文与天体物理邀请赛三等奖等奖项。

【科普活动】 2018年，东莞市科协举办第九届东莞市科普希望行活动，邀请中国科学院老科学家科普演讲团8名专家，在东莞市镇街、社区、学校开展43场科普讲座，内容涵盖地球生命、微生物、核试验、军事航空、航天遥感、力学、医疗卫生等多个领域。东莞科学馆深入到全市各镇街、中小学校、社区和企业开展27场“流动科学馆”巡展、29场“健康新生活”系列讲座、14场“科普讲座进校园”活动以及相关系列讲座、培训班、观测等品牌科普活动。8月，举办首届天文主题夏令营，有130名营员参加。

【科普设施升级】 2018年，东莞市科协对东莞科学馆一楼临时展厅、地震展厅进行升级改造，优化参观线路，提升展览氛围。建设院士墙展项并配套院士成果转化“玉兰计划”等新展品。建设改造2000平方米的沉井花园，与现有展厅连通，建成后的展示面积7000平方米。

【全国科普日活动】 2018年，在全国科普日期间，东莞市科协组织制订《2018年东莞市全国科普日活动方案》。下发《关于组织开展2018年全国科普日活动的通知》，发动全市各学会、协会、研究会，各镇街科协、松山湖园区科协，市科普教育基地，有关单位开展近百场大型科普宣传活动，近6万人次参加活动。市科协、长安镇科协、高埗镇科协、凤岗镇科协组织全市和镇街的全国科普日启动仪式和主场活动，通过电视、网络等平台宣传，受益群众超过20万人次。

【科普惠民】 2018年，东莞市科协配合开展全市食品安全宣传周活动和防灾减灾日主题活动，发放防灾减灾、食品安全等知识小册子，宣传普及专业知识。东莞科学馆举办“东莞市院士专家科技创新成果展”“梦想与创造科普展览”“舌尖上的安全”食品药品安全科普展、“防震减灾·珍爱生命科普展览”及“音乐中的科学Music Box全球机械百音盒展”等五场主题展览，全年接待逾30万人次。一楼影视报告厅向公众播放公益3D科普电影200场次，入场观众超过2.5万人次。

【科普管理】 2018年，东莞市科协组织实施2018年度科普和学会科技服务项目及2019年度企业科普活动入库项目。完成2018年度项目的立项审批工作，制定2019年度项目立项工作方案，完善项目验收及绩效考核网上申报系统。网上组织2019年度科普和学会科技服务及2020年度企业科普活动入库项目申报工作，收到通过网上审核的申报项目251个。

（叶志洪）

2018年9月19日，2018年度东莞市全国科普日活动启动仪式及主场活动举行　（市科协供图）

社会科学

【社科联概况】　东莞市社科联与东莞市社科院合署办公。2018年，东莞市社科联管辖6个高校分会，并与全市20多个社科类学会、协会、研究会加强联系，凝聚全市社会科学工作者。10月，东莞市社科联被评为“全国社科组织先进单位”，东莞市社科联东莞理工学院分会和东莞市社会工作协会被评为“全国社科组织先进单位”。11月，东莞市社科院被评为“全国先进城市社科院”。东莞市社科联组织撰写的一批决策咨政研究报告获得市领导批示肯定，为市委、市政府决策提供有益参考。

【社科课题评审及研究管理】　2018年，东莞市社科联组织市属高校和科研院所，积极申报东莞市社会科学课题，组织省内知名专家进行评审，确定立项课题103项，其中重点资助42项，涵盖经济、社会、文化、生态、法治等多个领域，形成研究系列，并通过举办东莞社科规划立项课题主要负责人专题培训班，提高社科课题研究人员的调研水平、组织水平、写作水平和成果转化水平，有效激发全市社科学者立足本土开展调查研究的积极性、创造力。其中研究质量较高的课题成果被纳入决策咨政课题范围，并以《东莞咨政内参》形式呈送市领导参阅。评出15个东莞哲学社会科学规划优秀课题。选取10篇质量较高的社科课题研究报告结集成册，出版《思考力——2017东莞经济社会发展研究》。完成全年4期内部出版物《东莞社科论坛》的编印。

【社科基地建设】　2018年，东莞市社科联以广东实践科学发展观研究基地（东莞农村城市化研究基地）和广东省决策咨询研究基地（东莞产业转型升级研究中心）为依托，采用“小基地、大智库”和“项目+人才+基地”的建设模式，以东莞市社科联、东莞市社科院相关研究人员为骨干，借助省市专家学者的智慧，整合政府与高校、镇街等优势资源，围绕“新时代·新征程·新东莞”开展系列课题研究。加强社科联高校分会基地建设，加强与市内各高校沟通协调、信息传递和资源整合，定期到市内高校开展调研，了解工作动态，提供业务指导，确保社科联高校分会有机构、有制度、有人员、有经费、有成果。指导社科联所属各社科社团围绕单位、行业的重点工作，开展行业、领域发展问题的专项调研。

【社科重大专项绩效评价】　2018年，东莞市社科联组织市社科院骨干力量展开社科重大专项绩效评价和调研，包括《2015—2017年度企业开拓境内外市场专项（出口信保项目）绩效评价》《2015—2017年度外贸调结构专项（两仓项目）重点绩效评价》《2014—2015年东莞市引进创新科研团队绩效评价》《东莞市博物馆2015—2017年度部门整体支出

2018年9月20日，东莞市社科联承办2018全国社科院院长会议之东莞论坛　（市社科联供图）

绩效评价》等。专题调研报告《统筹推进东莞传统工业园区与集体经济转型升级研究》获得市领导批示肯定。

【社科学术交流】　2018年9月20日，东莞市社科联承办全国社科院院长会议之东莞论坛，让全国各省市社科院更了解东莞的发展，为东莞高质量发展出谋划策；10月27日，东莞市社科联承办以“推进共建共治共享，创新社会治理格局”为主题的广东社会科学学术年会，为广东省实现“四个走在全国前列”排头兵建言献策；12月29日，东莞市社科联承办“学习习近平总书记视察广东重要讲话精神贯彻落实协调发展理念研讨会”，把学习贯彻习近平总书记视察广东重要讲话精神不断引向深入，为东莞贯彻落实协调发展理念献计献策。

【社会科学普及】　2018年，东莞市社科联配合省社科联开展2018年广东社会科学普及周活动，利用各社科联高校分会及社科社团在各自领域的优势，结合东莞地方特色文化，开展形式多样的社科普及活动。举办9场“东莞人文知识进高校”讲座活动，覆盖全市高校新生千人以上，使其认识东莞，热爱东莞，融入东莞，提高社科人文素养。在市青少年活动中心举办2场莞香文化与城市名片的社科普及讲座，弘扬东莞地方特色文化，提高广大群众的文化素养。开拓社科普及的社会化渠道，加强与市社科公益类场馆、学堂、论坛主办单位和新闻媒体合作，提高社科普及宣传影响力。

【开展系列咨政课题研究】　2018年，东莞市社科联组织市社科院骨干科研人员开展“新时代·新征程·新东莞”系列咨政课题研究，推出9期咨政报告，并将报告汇编成书，供各级领导内部参阅。研究报告吸纳市内外业内人士的意见建议，为市委市政府科学决策提供智力支持。研究报告以《东莞咨政内参》形式呈送市领导参阅，报告中提出的思路建议被吸收进相关政策文件，研究成果转化成党政部门的决策依据推动付诸实践。

【《东莞加快产业转型升级　推动经济高质量发展研究》】　2018年，东莞市社科联策划推出《东莞加快产业转型升级　推动经济高质量发展研究》报告，总结东莞通过系列政策措施和平台载体建设，提升产业发展集聚力、创新力、国际竞争力和内生增长动力的经验做法，分析东莞从新科技新产业的“跟跑者”变为“并跑者”甚至“领跑者”，实现价值链从中低端向高端突破所面临的机遇、优势及瓶颈，提出一系列有针对性的对策建议。率先探索建立推动市经济高质量发展的评价考核体系，为培植四新产业的“独角兽”企业和打造综合营商成本最优城市提出建议。

【《东莞提升城市化发展水平　建设高质量城市研究》】　2018年，东莞市社科联策划推出《东莞提升城市化发展水平　建设高质量城市研究》报告，系统分析东莞建设高质量城市在人口发展、产业发展、创新发展、创业发展、动能转换、开放发展、绿色发展、空间发展、市政发展、社会治理10个方面的成绩与短板，优势与劣势。在此基础上，提出东莞进一步建设高质量城市的6点建议。

【《东莞打造创新驱动发展升级版 迈向创新型一线城市研究》】 2018年，东莞市社科联策划推出《东莞打造创新驱动发展升级版 迈向创新型一线城市研究》报告，系统比较东莞与深圳、北京、苏州、杭州、南京、上海、无锡、天津、武汉、广州等10个创新型一线城市在创新基础、创新投入、创新企业、创新产业、创新产出、创新人才和科技园区等方面的差距。报告围绕推进重大创新载体建设、打造创新驱动新引擎，集聚全球高端创新资源、培育创新发展新优势，增强科技创新能力、释放创新发展新动能，加码发展战略性新兴产业、培育现代产业体系新支柱，推进科技体制机制改革、激发创新创业新活力等方面，结合东莞实际，提出推进思路。

【《东莞加强与深圳产业合作 提升产业发展竞争力研究》】 2018年，东莞市社科联策划推出《东莞加强与深圳产业合作 提升产业发展竞争力研究》报告，在对中国（深圳）综合开发研究院、市发改局、经信局、住建局、松山湖高新区、滨海湾新区等部门、园区、镇街调研基础上，从粤港澳大湾区城市群发展、广深科技创新走廊的打造以及深圳新的规划理念和方向、东莞自身产业转型升级等方面，分析大湾区建设背景下莞深产业合作的前景，并从重大项目、产业层次以及承接片区等维度剖析东莞承接深圳产业转移的现状，梳理东莞承接深圳产业转移面临的问题。报告围绕加快东莞市土地资源整合、开展对深优质精准招商、强化产业综合服务保障、完善招商体制机制、完善项目跟踪研判机制等方面，提出继续深入推进莞深产业合作的系统思路和对策建议。

【《东莞提升人力资本质量 强化城市发展人才聚集能力研究》】 2018年，东莞市社科联策划推出《东莞提升人力资本质量 强化城市发展人才聚集能力研究》报告，构建人力资本质量分析指标体系，并对东莞人力资本规模、结构、效率、质量进行剖析。运用年龄移算法，以2015年全国1%人口抽样调查数据为依据，对标杆城市2020年、2025年、2030年3个节点人力资本发展态势进行预测，提出优化人力资本自然增长机制，提升营“才”资本竞争力，调整人才政策的对策建议。

【《东莞加快培育自主品牌 大力提升产业品牌形象研究》】 2018年，东莞市社科联策划推出《东莞加快培育自主品牌 大力提升产业品牌形象研究》报告，梳理近年来东莞实施商标品牌战略取得的成效，通过与深圳、青岛、佛山等国内品牌先进城市的比较，分析东莞市在品牌知名度、品牌价值、品牌意识、品牌扶持力度等方面存在的不足和差距。报告对如何完善品牌扶持政策体系、创建区域特色品牌、培育企业自有商标品牌、健全商标品牌保护机制、提升品牌营销运营水平、推动本土品牌“走出去”提出有针对性的对策建议。

【《东莞加快发展战略性新兴产业 培育经济增长新动能研究》】 2018年，东莞市社科联策划推出《东莞加快发展战略性新兴产业培育经济增长新动能研究》报告，分析当前国内外科技创新和产业变革的发展态势，梳理近年来东莞战略性新兴产业在规模增长、集群发展、主体培育、创新能力和产金融合等方面取得的成效。报告指出，与深圳等一线创新城市相比，东莞市对高端要素的集聚力和吸引力仍然不强，战略性新兴产业在核心技术、创新能力、融资体系等方面，仍存在明显的不足和短板。报告还从如何完善相关产业规划政策、推进产业链条补链强链、提升产业自主创新能力、引进集聚高端创新人才、构建多元融资体系、深化区域融合发展等方面提出对策建议。

【《东莞加快文化与相关产业融合 培育产业发展新业态研究》】 2018年，东莞市社科联策划推出《东莞加快文化与相关产业融合培育产业发展新业态研究》报告，梳理近年东莞文化产业取得的成效，分析东莞市文化产业的发展态势，指出东莞市文化产业在产业结构、产业集聚能力、投融资渠道、产业融合的政策引导、融合的层次和程度，以及融合激发的产业创新能力等方面存在的问题和短板，并就如何完善融合扶持政策、深化机制体制改革、引导产业集聚发展、加大新兴业态投入、加快文化科技深度融合、培育新兴消费业态等方面提出对策建议。

【《东莞外来人口参与基层治理 推进社会和谐共治研究》】 2018年，东莞市社科联策划推出《东莞外来人口参与基层治理 推进社会和谐共治研究》报告，分析东莞外来人口参与基层治理的实际情况，系统梳理近年来东莞推动外来人口参与基层治理的主要措施和存在的问题。在此基础上，报告对创新服务管理模式、优化公共服务供给、完善就业保障服务、改善社区服务设施、完善顶层构建设计、提升外来人口素质等方面提出一系列有针对性的对策建议。

（曾慧妍）

附：2018年东莞市社会科学界联合会领导名录

党支部书记、主席：
王炜东（12月到任）

2018年东莞市社会科学院领导名录

院　长：王炜东（12月到任）

教　育

EDUCATION

广东创新科技职业学院

（广东创新科技职业学院供图）

编辑：贺　平　陈建枝

教育综述

【教育概况】　截至2018年底，东莞市有幼儿园1125所，比上年增加48所，其中公办（集体办）园204所、民办园921所。全市在园幼儿35.56万人，比上年增加0.82万人，入园率103.84%。有小学328所（不含九年、十二年一贯制学校），小学在校生80.35万人，增加3.84万人，户籍学龄儿童小学入学率100%，小学毕业生升学率100%。有初中198所（不含完全中学、十二年一贯制学校），初中在校生24.97万人，增加2.05万人，户籍适龄少年初中入学率100%，初中毕业生升学率98%。有普通高中学校42所（含完全中学和十二年一贯制学校），在校生8.27万人，增加1658人；普通高中招生2.8万人。有中职学校28所（含技工学校7所），全日制在校生8.31万人，增加3300人；中职学校招生2.9万人。有特殊教育学校2所，在校生638人。经批准开办的民办幼儿园921所，增加56所；民办普通中小学286所，其中小学120所、初中9所、九年一贯制学校140所、完全中学1所、普通高中1所、十二年一贯制学校11所、十五年一贯制学校4所；民办中职学校15所（含6所民办技工学校）。民办学校在校生101.22万人，分别为幼儿园28.31万人、小学51.9万人、初中14.77万人、普通高中3.05万人、中职学校3.18万人。有2所独立的成人高等教育机构（专修学院1所、成人高校1所）、32所乡镇成人文化技术学校、873个民办培训机构，各类成人教育培训总量68.1万人次。有4.21万人报名参加成人高考，6.23万人次报名参加全国高等教育自学考试。有普通高等院校9所（其中普通本科院校5所、高职院校4所），高校全日制在校生12.2万人，高校教职工7440人。

【教育投入】　2018年，东莞市教育总投入260.01亿元，比上年增加30.94亿元，增长13.5%。其中，国家财政性投入153.82亿元（含中央和省财政补助10.38亿元），比上年增加17.22亿元，增长12.6%。

市镇两级教育经费投入 2018年，东莞市根据二级办学教育经费分担的有关规定，市财政按规定下拨直属学校教育经费47.78亿元（不包括教育收费5.15亿元），并继续加大对镇街教育经费的投入，全年下拨镇街教育补助经费23.37亿元。同时，镇街财政相应投入教育经费72.29亿元，保障学校的正常运作。

民办教育经费投入 2018年，东莞市民办教育经费总投入110.52亿元，比上年增加16.49亿元，增长17.54%，民办教育经费占全市教育经费总投入的42.5%。对民办学校的在校生给予学杂费减免，补助标准（含公用经费和教科书补助）小学每生每年1270元，初中每生每年2155元。全年下拨各级补助经费9.12亿元。

学校基建投入 2018年，东莞市学校基建总投入17.34亿元，新建、扩建、改建公民办学校（幼儿园）38所（含跨年度建设学校及幼儿园），竣工建筑面积55.8万平方米。

【学校基础建设工程】 2018年，东莞市教育局推动新建扩建49所公办学校（幼儿园）。截至2018年底，雅园新村幼儿园、东城八小分校、松山湖第一小学、南城宏图小学、虎门梅沙小学、东城花园小学教学楼、企石中学学生宿舍楼、麻涌大步小学一期工程、樟木头中学改造工程、常平霞坑幼儿园等10个项目建成，增加学位9040个，增加宿位1400个。常平中学新建体育馆、市第四高级中学新建体育馆、长安镇实验小学二期等18个项目动工建设。其余21个项目按计划推进建设。

【师资队伍建设】 **完善校长绩效考核** 2018年，东莞市教育局完善市直属校长绩效考核方案，整合考核环节，把学校常规管理定量部分和第三方机构评价学校创新发展环节整合为学校改革发展环节，体现学校的办学成果。调整考核总分，加大第三方机构评价学校创新发展部分的分值，提高考核的客观性和科学性，引导校长总结办学经验，挖掘办学特色，明确办学方向。

加强干部挂职培养 2018年，东莞市教育局加强机关干部和学校干部培养，继续从局机关中选派干部到韶关和谢岗黎村扶贫挂职锻炼，从市直属学校中层干部中选派5人到局机关跟岗锻炼。

引进教育人才 2018年，东莞市完善公开招聘，组织2场公开招聘公办教师活动，聘用672名公办教师。其中研究生225人，本科生447人，分别占总数的33.48%、66.52%。

中小学教师职称评审常态化 2018年，东莞市新增并聘任中小学正高级教师7名，中小学高级教师289名，完成中小学教师职称改革后岗位聘任和职称评审工作，化解高职低聘矛盾，激发教师积极性。

健全教育人事管理制度 2018年，完善东莞市中小学教职员编制管理、岗位设置管理机制，教师公开招聘和中小学岗位聘用管理制度，中小学教师均衡配置机制，教师退出机制和教职员合法权益保障机制，联合市编制委员会办公室、市人力资源局、市财政局下发《关于印发〈东莞市推进中小学校“市管校聘、镇管校聘”管理改革实施方案〉的通知》。健全教师配备制度，规范公民办学校教师的管理，颁发东莞市公民办中小学校（幼儿园）教职员配备和管理工作指引。

教师支教 2018年，东莞市根据广东省教育厅的要求，选派12名中小学教育工作者赴韶关支教，选派1名教师到香港担任教学指导教师，选派5名教师到西藏林芝地区支教和1名教师在当地教育局挂职锻炼，选派27位教师到新疆支教。

民办学校教师从教津贴 2018年，东莞市教育局发放民办学校从教津贴7678.71万元，获得从教津贴2.47万人，颁发《东莞市民办学校教师从教津贴实施办法（2018年修订稿）》，针对研究生学历和中级以上职称的民办学校教师增发从教津贴，按照差异化扶持原则对符合相关条件的民办学校教师增发50%的从教津贴，发挥从教津贴对稳定民办学校教师队伍的作用。

奖教奖学 2018年，东莞市完成名师工作考核，发放名师津贴439万元。全市有21名教师获得广

2018年7月11日，在东莞市进修学校举办新教师规范化培训，并举行入职宣誓仪式 （市教育局供图）

东省第十批特级教师称号，61名教师获得南粤优秀教师称号，5名教师获得南粤优秀教育工作者称号。

【教师培训】 2018年，东莞市完成教师培训21万人次，其中市级组织培训项目100个，培训11万人次，镇级培训和学校校本培训10万人次。在松山湖片区试点开展教师培训片区统筹，片区统筹培训项目纳入市级培训计划，推行“按需施训”。实施见习教师规范化培训改革，创新培训质量保障机制、工学矛盾破解机制、新教师成长培养机制，提高教师入职起点。评选出市级名师、名班主任和名校（园）长工作室主持人216人，市级名教师、名校（园）长培养对象89人。全市幼儿园专任教师大专以上学历率84.81%（比上年提高0.94个百分点），小学、初中专任教师本科以上学历率78.37%（比上年提高3.48个百分点）、94.25%（比上年提高2.35个百分点），普通高中、中职学校专任教师研究生学历或硕士学位以上率17.16%（比上年提高1.8个百分点）、15.41%（比上年提高0.35个百分点）。

【依法治教】 2018年，东莞市完善行政许可流程管理，推进行政执法公示，实施行政审批结果双公开。落实行政审批标准化，编制行政审批事项办事指南和业务手册。向镇街（园区）新增下放3项职权事项。加强政府信息公开，及时更新政府信息公开目录和内容，向社会主动公开市教育局及其下属单位财政预算、决算16份，“三公”（因公出国、公务购车、公务招待）经费预算、决算16份，预算公开补充说明8份。推进教育信息公开，全市291所公办中小学校依托学校网站建立信息公开专栏。依法做好政府信息依申请公开，按期答复行政复议申请。推进依法治校，实现全市中小学“一校一章程”以及公办中小学“一校一法律顾问”，开展“依法治校示范校”“依法治校达标校”创建，全市有“依法治校示范校”371所，“依法治校达标校”411所。

【教育督导】 2018年，完成东莞市第九届督学聘任工作，全市督学322人；组织督学全员培训，加强督导队伍建设。按国家和省有关要求落实各项专项督导工作；推行督学责任区制度，指导全市32个督学责任区开展督导工作，加强对学校经常性督导。推进基础教育均衡优质标准化发展，全市有省、市一级公办普通高中24所（含广东省国家级示范性普通高中7所），市一级民办普通高中10所；全市义务教育标准化学校基本全覆盖。

【学校安全管理】 2018年，东莞市组织开展各类安全教育活动12次，参与师生380.96万人次，印制发放安全教育资料100.73万册。完成对全市高一年级学生（4.9万人次）的意外伤害预防及现场救护培训，培养中小学生的公共安全意识。组织全市各园区、镇（街）教育主管部门、市直属学校的安全责任人80人到成都开展为期5天应急疏散演练培训活动。强化校园安保工作，和市公安局联合印发校园主要出入口“三防”（人防、物防、技防）建设规范性文件，全市学校均安装一键报警装置，保安配备达标率92.7%，安保装备配备达标率99.8%，重点部位视频监控达标率98.6%。加强火灾隐患治理、校园禁毒、防范溺水等安全管理工作，开展校园安全大排查大整治专项督查行动，累计排查整治安全隐患294处，提出责令改正、限期整改的意见21条，发出整改通知书1份。联合交通、交警等职能部门组织对全市各镇街校车安全专项检查行动，开展校车安全检查40余次，重点整治逾期未年检和未报废查处校车79辆次。推进扫黑除恶工作，在微信公众号、教育微博和教育网上推送专题宣传21条（次），点击阅读量接近8万人次；全市各学校开展专题活动540次，主题讲座764场，悬挂宣传横幅、标语8925条、设置宣传专栏2107处、发送宣传短信80余万条，整理符合条件移交公安部门并上报市扫黑除恶办的线索10条。深化学校禁毒工作，完成第一期45所学校创建工作以及第二期的83所学校申报工作，以点带面推动全市学校毒品预防教育工作广泛开展。组织开展全市性学生毒品预防教育专题活动8次，培训市级禁毒骨干教师120名，不断强

2018年9月3日，东莞市委书记梁维东在教师节来临之际到莞城步步高小学慰问教师
（市教育局供图）

化师生防毒拒毒意识。

【教育信息化】 2018年，东莞教育城域网出口带宽升级到40G，有885个单位按需接入百、千、万兆宽带；率先统筹建成全省第一个市级教育云，创新运维机制、按需提供服务，为45个市级信息系统、3个镇街和25所学校的信息系统提供安全、稳定的集中托管服务；全新升级“慧教育”登陆门户网站hui.dgjy.net，实现“一人一号一网”统一认证授权，作为全省首个地市与省教育厅和市直各部门共享平台实现实时双向数据交换，将基础数据开放给各镇街和学校通过统一认证和单点登录体系进行接入；从硬件上通过互联网出口管控、无线网络认证管控等网络安全设备达到有效防护，每天拦截5000条攻击；从软件上通过态势感知、行为审计等系统实现网络安全有效监控和预警，主动封禁国外攻击源IP2330个，封禁并处理网内发现的风险终端538个，处理服务器安全漏洞6000个，完善管理制度，做到2018年重大网络安全事故“零发生”。东莞市获得全国基础教育信息化应用典型案例优秀区域案例（全国30个），松山湖实验中学获得优秀学校案例（全国60个）。5所学校获评广东省教育信息化中心校，7所学校获评广东省基础教育信息化融合创新示范项目校。

【教育资源公共服务】 2018年，东莞市依托国家数字教育资源公共服务体系建设，国、省、市一体化优质教育资源三级联动共享机制逐步完善，通过不同方式为310万名东莞师生、家长提供更多优质数字教育资源；自建全覆盖、体系化的优课、微课等素材36万条；购买中国大学慕课2500门，北京四中网校学科资源60万条，数理化、语英、音体7个学科教学工具以及海量百度文库资源（资源涵盖17个学科门类、127个教材版本，包括2亿教育文档、15万册电子书、7.5万节精品系列课程、70万节学习视频）；引入东莞图书馆（知网期刊、海量电子书、维普考试、音乐、少儿等海量资源）及国平台、省平台海量资源。

【“莞式慕课”教学改革】 2018年，东莞市新增优课微课1.2万节、习题22万道、教学素材6万个，教学资源访问量达190万次；开展“慧教育·慧资源·慧应用”“慧教育·融合创新”等系列专题研训活动50多场，参与教师超过20万人次；在全国“一师一优课、一课一名师”活动中，东莞市教师获得省级优课和国家级优课数量连续3年名列全省前列，确立石龙、松山湖2个试点区域、117所慕课试点学校，并从中遴选10所试点校开展智慧课堂平板电脑教学试验，在线名师课堂累积开课1160课时，参与学生4.4万人；举办2018年东莞市教学资源深度应用试点民办学校研讨交流座谈会，确立40所试点并举行专题集训活动。各学科累计送课到校3507节；承办广东省“同一堂课”网络教研活动，参与教师130万人次；承办中央电教馆“一师一优课”初中数学在线会客室活动；“莞式慕课”教学改革在第三届全国基础教育信息化区域应用成果交流活动上展示。

【中小学创客教育】 “中小学创客教育”于2017年12月经东莞市政府常务会议审议通过，2018年实施。2018年，东莞市完成建设第一批创客教育学校29所，培训创客教育骨干教师110名，开发教学资源90个，编写地方教材2册，举办“创客嘉年华”活动和“东莞市青少年科技创新大赛”。在2018年中国教育科学研究院组织开展的“中国STEM教育2029创新行动”中，东莞市有1名教师进入专家库名单（全国60名），有3所学校被评为“领航学校”（全国79所），有1名教师被评为“种子教师”（全国76名），有5所学校被评为“种子学校”（全国228所）。

【慕课教育信息化工程】 *扩大慕课覆盖面* 2018年，东莞市有2500门优质慕课课程资源向全市师生免费开放学习，涵盖通识、工科、计算机、数理化、教育教学等10个类别，有26所学校开出381门校本慕课课程，学习人数超过2.7万人次。

移动终端辅助教学 2018年，东莞市大朗巷头小学、长安实验中学、第八高级中学等学校已实现移动终端辅助教学常态化，并探索出不同学科、不同课型的校本信息化课堂教学模式。是年，通过开展线上线下相结合的工作坊及“慧教育·融合创新”同课异构展示交流活动输出优质课例，选送2节课例获全国一等奖。

公办、民办学校帮扶 2018年，东莞市借助“教师协作社群”，大朗巷头小学与大朗东明学校、莞城中心小学与东晋实验学校等托管帮扶学校，在线上累计开展超过6000次教学教研指导活动，包括一对一师徒指导、集体协作备课等，最大化名师资源，提升民办学校师资水平。

开展课外综合实践活动 2018年，莞城、大朗、寮步等镇街的学校利用“探究学习平台”开展课外综合实践活动，开展超过150个主题，包括STEM（科学、技术、工程、数学四门学科英文缩写）探索的见闻记录、研学游学的学习感悟、传统文化习俗探索等领域的项目式探究学习活动，汇聚一批优秀学生作品。

【教育装备】 2018年，东莞市中小学校（含公办、民办）教学仪器设备总值26.73亿元，其中实验室和功能室仪器设备原价合计6.4亿元，有多媒体教室2.66万间，建校园网学校527所，校园网建成率94%；全市中小学校有计算机16.57万台，计算机师机比1：1，生机比8.4：1，全市中小学校图书馆藏书2613.95万册，生均图书24册。对46所义务教育阶段民办学校教育信息化基础设施建设项目给予财政奖励，总金额2756.4万元；组织市直属公办学校开展设施设备专项建设，项目总金额1985.6万元。14个课题获省级教育技术课题立项；全市中小学校师生在广东省优秀自制教具、创客、实验操作与创新技能、实验教学说课、线上读书等竞赛活动中获得省级特等奖4项，一等奖21项，二等奖37项，三等奖48项。

【教育科研】 2018年，东莞市年度规划课题共有申报项目1415个，数量历年最多，经评审，批准立项700项；组织省市级立项课题鉴定，415项课题通过结题验收；组织申报2018年度广东省“强师工程”项目，16项课题获批准立项；组织申报2018年广东省中小学教育创新成果奖，82项成果获奖，获奖总数位列全省第一；中职教育两项成果获国家级教学成果二等奖；10所学校被广东省教育研究院批准为财经素养课题实验学校；2项课题被立为省少先队建设专项课题;开展2018年市教育论文评选，评出获奖论文216篇。

【教育发展研究】 2018年，东莞市研究制定《东莞市优化基础教育资源均衡配置专项改革试点方案》，出台《东莞市园区、镇（街）公办中小学幼儿园规划建设指导意见》《东莞市推进中小学校集团化办学实施方案》等系列文件，推动公办教育资源扩充、优质教育资源倍增、民办教育质量提升、师资队伍管理体制创新、“互联网+教育”融合发展等五方面改革，优化东莞教育资源均衡配置，打造东莞教育现代化强市；开展东莞教育十三五中期评估，形成《东莞市教育事业发展十三五规划实施情况中期评估报告》；编制《东莞教育体制机制改革方案》，做好全市教育改革发展顶层设计。

【语言文字工作】 2018年，东莞市中小学校语言文字工作达标率75%，新创评广东省语言文字规范化示范校和规范汉字书写教育特色校10所。举办第21届推普周活动、东莞市“中国汉字听写大会”、第十届东莞市中小学规范汉字书写大赛、中华经典诵读比赛、中华诗词大会、古诗配图创作比赛等，参印刷宣传海报1.8万张，展示作品1200幅。莞城步步高小学学生在全国青少年主题教育读书活动演讲比赛中获得一等奖。

（刘晓东）

附：2018年东莞市教育局主要领导名录

党组书记、局长：梁凤鸣

基础教育

【学前教育】 截至2018年底，东莞市有幼儿园1125所，其中公办、集体办幼儿园204所，民办幼儿园921所。在园幼儿35.56万人，入园率103.84%。全市幼儿园教职工4.99万人，其中园长、教师2.63万人，教师学历达标率99.66%，大专以上学历占85.80%。全市“广东省规范化幼儿园”1047所，公益普惠性幼儿园808所，省、市一级优质幼儿园542所，其中省 级幼儿园19所，市一级幼儿园523所。

【发展学前教育第三期行动计划】 2018年，东莞市继续实施《东莞市发展学前教育第三期行动计划（2017—2020年）》，以“挖潜提质，促普惠优质均衡发展”为战略重点，强化政府责任，健全工作机制，加强师资建设，扩大资源总量，提升办园质量。制定实施《东莞市教育局开展幼儿园“小学化”专项治理工作方案》，要求幼儿园树立科学保教观念，落实以游戏为基本活动，坚决纠正“小学化”倾向。2018年，新认定普惠性民办幼儿园40所，向735所符合条件的集体办幼儿园和普惠性民办幼儿园拨付奖补资金7600.25万元；市、镇财政对36所符合东莞市集体办幼儿园生均定额经费补助的幼儿园拨付补助资金315.60万元。东莞市教育局制作的《东莞市2018年学前教育宣传片》在广东省教育学会学前教育专业委员会组织的2018微视频大赛中被评为一等奖。

【九年义务教育】 截至2018年底，东莞市有小学328所，在校生80.35万人，比上年增加3.84万人，户籍学龄儿童小学入学率100%，小学毕业生升学率100%。全市有初中198所，在校生24.97万人，增加2.05万人，户籍适龄少年初中入学率100%，初中毕业生升

2018年10月23日，东莞市桥头镇举行全民终身学习活动周开幕式。图为学生表演莫家拳

（市教育局供图）

学率98%。

【随迁子女义务教育】 2018年，东莞市义务教育学校非东莞户籍学生82.21万人，比上年增加2.1万人。非东莞户籍小学生64.61万人，增加1.03万人，其中在公办小学就读的非东莞户籍小学生13.97万人；非东莞户籍初中生17.6万人，增加1.07万人，其中在公办初中就读的非东莞户籍初中生4.2万人。是年，根据省、市有关政策精神，安排华侨华人和台胞子女411人在东莞市就读。

【普通高中教育】 截至2018年底，东莞市有普通高中（含完全中学和多层次学校高中部）42所，在校生8.27万人，比上年增加1658人。东莞高级中学内地新疆班招收新生195人。截至2018年底，市内地新疆高中班在校生738人。

【特殊教育】 2018年，东莞市特殊教育学校在校生638人，户籍“三残”（智残、体残、肢残）儿童入学率97.5%。完善残疾学生入学机制，加强随班就读和送教上门管理及指导，建立特殊教育干部教师全员培训体系，培训746人次。

【学生思想道德建设】 2018年，东莞市举办市中小学德育课程建设展示交流活动，参与德育课程教师3000人；举办市中小学班主任专业展示交流活动，参与班主任教师2800人；组织参加省中职学校文明风采活动，获得省一等奖61个，省二等奖112个，省三等奖166个，全市100名中职老师获得优秀指导老师奖，15所中小学创建全国文明校园先进学校，19所中小学创建广东省书香校园；组织参加广东省第七届中小学班主任专业能力大赛，获省综合一等奖2个，省单项一等奖5个，位居全省前列，东莞市教育局被评为省优秀组织奖；组织参加广东省首届幼儿园园长德育能力大赛，获省综合一等奖1个，省综合二等奖1个，单项省一等奖3个，位居全省前列，东莞市教育局被评为省优秀组织奖；重视德育科研，获批省德育专项立项4项，获批数量位居全省地级市前列；强化师德建设，开展全市普教系统师德师风建设专项整治工作，制定《东莞市中小学教师违反职业道德行为清单》；树立榜样，推选出818名市级优秀学生，24名省优秀学生和27名省宋庆龄奖学金获得者；开展“朝阳读书”、“走进新时代，共圆中国梦”、民族团结进步宣传月、“法治进校园”巡讲等活动，提高学生的思想道德素质和法治精神；加强“智慧德育”研究，搭建德育工作交流平台，开展全市中小学德育成果展示交流活动；组织申报省中小学德育工作成果展示，东莞市德育工作案例《学有良教——东莞市慧德育》和莞城步步高小学校园文化建设成果遴选在省展示。

【体育教育】 2018年，东莞市印发《东莞市强化学校体育促进学生身心健康全面发展实施方案》，组织开展2018年学生体质健康测试评估工作，抽取3.78万名学生进行体质健康状况监测并形成分析报告，动态把握学生体质健康变化趋势；创建国家级青少年校园足球特色学校21所、省级青少年校园足球推广学校61所，命名东莞市麻涌中学等46所学校（60个项目）为2018—2020年东莞市体育传统项目学校，全年举办中小学生体育赛事16项，参与人数1.1万人；组织举办东莞市青少年校园足球夏令营最佳阵容选拔活动，103人入选市青少年校园足球最佳阵容，16人入选省最佳阵容，1人入选全国最佳阵容。组织参加广东省第十五届运动会学校组赛事共获30金30银12铜，总分2458.55分（金牌、奖牌数第二名，团体总分第三名），获学校组代表团体道德风尚奖、体育教师技能大赛第二名、体育科学论文报告会团体第三名，市教育局获评2014—2017年度广东省群众体育先进单位。东莞市第四高级中学获2018年肯德基全国三人篮球总决赛冠军，2017—2018阿迪达斯中国高中男子3×3篮球联赛总冠军，2018年广东省中学生篮球锦标赛（甲组）冠军，东莞市第四高级中学和光明中学分别获2018—2019年中国高中篮球联赛（广东赛区）第一、第二名；横沥中学获2018年全国体育传统项目学校乒乓球女子单打第一名、第四名；东莞市电子科技学校获2018年中国校园啦啦操锦标赛集体高踢腿第一名、爵士啦啦操第一名、花球啦啦操第二名；东莞市电子科技学校获2018年“省长杯”青少年校园足球比赛中职男子组第三名。广东省第十五届运动会学校体育组（广东省第四届）中小学体育教师教学技能大赛获得团体总分一等奖，10位参赛教师获个人一等奖，4位指导教师获优秀指导教师奖。

【艺术教育】 2018年，东莞市推动各中小学校围绕“一校一品”“一校多品”创建艺术教育特色项目，有12所学校被评为广东省艺术教育特色学校。组织参加全省第六届中小学生艺术展演活动，获优秀组织奖11个；优秀创作奖7个；一等奖33项，二等奖52项，三等奖56项。举办2018年东莞市中小学生艺术展演活动，有354个节目参加声乐、器乐、舞蹈、戏剧和朗诵等5个专场展演活动；有667个艺术作品参加作品类评选；有40篇案例参加中小学美育改革创新优秀案例评选；有16个项目参加学生艺术实践工作坊评选，全市1万多名师生参与。举办中小学师生才艺展示活动，文艺演出和艺术作品展览4场，展出书画作品787幅，演出节目51个，参与师生3000余人次。承办省中小学生手工艺作品展示活动，举办中小学生手工艺作品展示、中小学师生水墨作品征集、青少年临书大赛、“戏曲进校园”专场演出等活动，参与师生人数1万余人次。

【卫生教育】 2018年，东莞市

对438所学校卫生开展学校卫生综合评价，督促学校进一步加强卫生与健康教育工作。开展“师生健康 中国健康”系列主题健康教育活动，举办全市小学生健康知识素养竞赛活动和中小学教师健康素养巡讲活动。加强学校传染病防控，做好新生入学预防接种证查验、补种工作，督促学校落实晨检、午检和学生因病缺勤登记工作，组织全体学生进行健康体检。

【中小学心理健康教育】 2018年，东莞市举办第二届东莞市中小学校园心理剧大赛，有168个剧目参加。举办东莞市中小学心理健康教育个体和团体心理辅导优秀案例评选活动，有218个个辅案例和115个团辅导方案参加。继续落实生命教育种子计划和守门人计划，完成面向全体家长的生命教育培训及面向全体教职工和家长的生命教育（网络安全篇）的培训。研发中小学心理危机干预网络课程，对全市7000多中小学班主任开展心理危机干预全员培训。对29所第一批市心育特色学校进行复评。指导创建市心理特色学校25所、省心育特色学校4所。举办心理健康教育A、B、C证培训，其中A证1个班374人、B证4个班1079人，C证7个班1493人；组织镇街德育干事和中小学心理骨干教师前往成都学习。

【家庭教育】 2018年，东莞市打造家庭、学校、社区三合一的现代综合育人体系，设立“东莞市中小学家庭教育与心理健康教育指导中心”；举办学校家庭教育管理人员培训班；依托市中小学家庭教育和心理健康教育指导中心，编写《家庭教育100个怎么办》，并开发配套微视频300个；联合市妇联，从小学一年级开始开展“家长持证上岗”工作；建设移动端家长学堂专栏，定期更新家庭教育指导信息；联合东莞广播电台《城市的声音》合力打造家庭教育“空中学堂”，与家长们探讨交流新时期的家庭教育理念和方法，2018年全年播出43期，受到广大家长的欢迎，移动端推送点击量100多万；将“空中学堂”延伸至线下，走进学校开展“慧教育家长学堂”活动，全年举行8场次，1万多名家长参与。

【普通高考】 2018年，东莞市参加高考总人数3.32万人，其中普通类考生2.67万人，高职类考生6509人。普通类考生本科上线率65.4%。 （刘晓东）

东莞中学

【东莞中学概况】 广东省东莞中学创建于1902年（清光绪二十八年），最初名为东莞学堂，后多次易名，1950年改名为东莞中学。学校坚持“自主、和谐、共同发展”的办学理念和“对每一位学生负责”的办学宗旨。

2018年，学校获评市直属2017—2018学年绩效考核优秀等次单位，被授予“信息化融合创新示范培育推广项目学校”“2018年东莞市第一批创客教育学校”“东莞市见习教师规范化培育首批基地学校”和“2018—2020年东莞市体育传统项目学校（排球）”称号。信息技术科组获评广东省中小学信息技术教学优秀科组；历史科组教师张光洋获评广东省正高级教师、特级教师；陈楚云教师获得“广东省三八红旗手”称号。

【学校师资】 2018年，东莞中学有专任教师221人，其中正高级教师1人，高级职称78人，中级职称108人；全国先进工作者1人，全国优秀教师3人；省特级教师4人，省校长工作室主持人1人，省中小学教师工作室主持人1人，省优秀教师、优秀教育工作者15人；东莞市名教师工作室主持人4人，东莞市名班主任工作室主持人1人，东莞市普通中小学学科带头人32人。

【在校学生】 2018年，东莞中学春季开学学生2598人，其中高一级874人，转入3人；高二级860人；高三级857人。秋季开学注册学生2600人，其中高一级招生866人，复学4人；高二级868人，复学4人，转入1人，转出1人；高三级858人，复学1人，退学1人。

【2018届高考成绩】 2018年，东莞中学2018届高考取得优异成绩，参加高考应届生844人，本科上线842人，上线率99.8%，

2018年9月3日，东莞中学举行2018—2019学年第一学期开学典礼
（东莞中学供图）

优先投档线上线719人，优投率85.2%。尖子生表现突出，文科有三位学生进入全省前20名，理科一位学生进入全省前100名，一位学生理科数学150分，名列全省第一。一位学生获得北京大学博雅计划20分降分录取资格，五位学生被北京大学录取。“双一流”大学录取276人，“985”大学录取260人，“211”大学录取553人。

【116周年校庆徒步活动】 2018年11月10日，由东莞中学主办，东莞中学校友会协办，东莞市青年国际旅行社有限公司承办的“百年莞中·砥志砺行”东莞中学116周年校庆日徒步活动在黄旗山城市公园举行，5000多名在校师生、各届校友及亲属参加。这是东莞中学融合莞中特色和时代精神，首次走出校门办校庆，倡导公益环保的生活方式。（卢泳欣）

附：2018年东莞中学主要领导名录

校　长：黄灿明

东莞中学初中部

【东莞中学初中部概况】 东莞中学初中部是直属于市教育局管理的示范性公办初中，位于莞城中心区。2018年，有专任教师200多人，教学班60个，在校学生3000余人。校园占地面积8.52万平方米，建筑面积6.54万平方米，绿化面积4.9万平方米。自2004年办学十五年来，学校始终秉承百年莞中优良传统，坚守“为每一位学生的终生发展奠基”的办学理念。获评全国和谐校园先进学校、全国模范职工之家、全国学校体育工作示范学校（首批）、全国青少年校园篮球特色学校（首批）、广东省文明单位、广东省文明校园（首批）、广东省书香校园（首批）、东莞市先进集体等近八十项称号。2018年，学校获评东莞市直属学校2016—2017学年绩效考核优秀等次单位、东莞市2017年度初中教育综合考核优秀单位、全国青少年校园足球特色学校。

【教师思想建设】 2018年，东莞中学初中部邀请党校市情研究中心主任黄琦专题宣讲习近平总书记视察广东重要讲话精神；与东江纵队纪念馆达成馆校合作，组织师生参加实践教育活动；组织全体党员到榴花公园开展主题党日活动；加强党建带工妇团，组织开展第21期“崇教厚德·为人师表”经验交流会、“弘扬高尚师德，潜心立德树人”教师节活动、工会“六一”亲子游园等，加强党员教师思想政治教育，凝聚团队，夯实党建。

【文明校园创建】 东莞中学初中部是首批广东省文明校园品牌，2018年，学校围绕崇德、明礼、优仪、乐知、雅韵开展“浸润”式文明校园创建，新建“一训三风”文化展厅、创客实验室，丰富活动阵地，营造公益宣传氛围；开展“我的中国梦”、争做美德少年、学雷锋志愿服务等活动，加大培育和践行社会主义核心价值观；邀请市心理咨询师协会会长苏亚玲教授为学生家长作家庭教育专题报告，加强家校建设、家校共育。

【校园安全管理】 2018年，东莞中学初中部加强校园安全管理，投入800万元升级改造消防系统、门禁系统；加强保安队伍培训，坚持校园及周边的日常巡查；每周行政会议、科级组长会议、班主任会议等强调并部署安全管理工作；结合交通安全、扫黑除恶等开展学生主题教育活动；关注学生心理健康，开展考前焦虑心理辅导、生命安全护航进校园系列专题教育。

【校际交流】 2018年，东莞中学初中部与深圳盐田实验学校、深圳福田区北环中学、佛山华英学校开展深莞佛三地新时代主题德育研讨会，同时各科组、备课组等携课题、带任务赴惠州一中、顺德养正学校、顺德梁开中学、珠海斗门实验中学等大湾区城市的学校以及河源啸仙中学、上海市宝山实验学校、上海市风华初级中学等开展形式多样、主题突出的教研交流；学校接待云南、新疆等地的教育交流团，完成省生物骨干教师研修班的跟岗培训等任务。

【教学成果】 2018年，东莞中学初中部参加省青少年科技创新大赛获一金一银及华园卓越奖、华南师大附中科技创新奖，市创新大赛获8金7银3铜，成绩全市第一；教师获得国家级荣誉7项，一项课题获2017年广东省教育教学成果二等奖；信息科组获评省优秀科组，2名教师获评省名师工作室主持人，4人跻身市名师、名班主任工作室主持人和培养对象行列，名教师队伍人数居全市公办初中首位；12个学科教研组中，有3个省级示范、先进教研组，9个市先进教研组；中考成绩在同类学校中优势明显，是全市考取东莞中学人数最多的初中学校，每年均获评为东莞市初中教育质量一等奖、东莞市初中教育综合考核优秀单位。（梁梦茵）

附：2018年东莞市东莞中学初中部主要领导名录

党总支书记、校长：周润标

东莞外国语学校

【东莞外国语学校概况】 东莞外国语学校创办于2014年9月，是东莞市教育局直属的十二年制公办学校、市教育综合改革试点学校、东莞市首批品牌学校培养对象。学校占地面积12.65万平方米，位于东莞市区，黄旗山北麓，毗邻虎英公园。2018年，学校有小学部六个年级34个班，初中三个年级24个班，高中三个年级23个班，在校学生约3300人。学校面向全国引进一批教育教学理念先进、能力突出的各类名师；青年教师选自211、985等国内外名牌大学的优秀毕业生。是年，有国家级名师2人；省名校长工作室主持人、省名师工作室主持人、特支教师、特级教师等省级名师13人；市名师工作室主持人6人；市学科带头人28人；市优秀教师和教学能手72人；外籍教师10人。

【课程与教学】 2018年，东莞外国语学校建设“一体两翼”课程体系，以国家课程为主体，以文化类选修课和活动类选修课为两翼。探索国家课程校本化，开设校本课程。有国学阅读、英语时文阅读以及烹饪、击剑、高尔夫、管乐团、农业种植、机械木工制作、演讲与口才等100多门供全校所有学生选课。学校把外语优势作为重要特色，使用国外原版英语教材，聘请外籍优秀教师担任外教口语课。学校根据社会发展和学生兴趣，开设德语、法语、西班牙语、日语、韩语等第二外语课程。学校推进高效智慧课堂，倡导弘扬中国课堂教学优势，吸收西方课堂文化特色，课堂教学贴近现实世界，结合学生生活，实施个性化教学，为学生提供学习与实践机会。

【校园活动与文化】 2018年，东莞外国语学校以“活动育人、文化熏陶、自主发展”德育理念，开展文化节、科技节、体育节、艺术节、读书节、达人秀、美食节、职业展、模拟联合国、学生领袖论坛、辩论赛、中英文演讲比赛、“格致学堂”系列讲座等。志愿者服务、社团嘉年华、海边露营、野外徒步、学生领袖力拓展培训、职业生涯规划培训、财经素养课程培训等成为莞外特色活动。

【教学成果】 2018年，东莞外国语学校与美国、英国、德国、澳大利亚、新西兰、日本、新加坡、加拿大、韩国等10多个国家和地区的学校缔结姊妹学校；每年有100多位学生与国外学校开展互派交换生项目、国外插班学习、寒暑假夏令营活动等交流项目，与国外学校实行网络课程资源共享、学分互认、颁发双文凭等项目；做好初、高中及大学留学指导工作，为出国留学的学生及家长提供留学规划和留学申请指导；是年，有16位学生考取美国伊利诺伊大学香槟分校、俄亥俄州立大学、约克大学、爱丁堡大学、伦敦大学、新南威尔大学、澳大利亚国立大学、新西兰奥克兰大学等国外知名大学。

（魏德才）

附：2018年东莞外国语学校主要领导名录

党支部书记、校长：尹效登

东莞市实验幼儿园

【东莞市实验幼儿园概况】 东莞市实验幼儿园创建于1998年，是一所由东莞市教育局直属管理的全日制公办幼儿园。根据《东莞市发展学前教育第三期行动计划（2017—2020年）》，为扩大公办优质学前教育资源，发挥省级示范园的引领作用，雅园新村幼儿园试行“名园办分园”办学模式，由东莞市实验幼儿园实施“一园两区”管理，自2018年9月起，东莞市实验幼儿园在原莞城园区的基础上增设雅园新村园区，两个园区共开设21个教学班。东莞市实验幼儿园师资队伍学历达标率100%，专业合格率100%。其中国家级模范教师1人，省名园长工作室主持人1人，市名园长、名师工作室主持人4人，省市级学科带头人及骨干教师5人，多名教师获评“广东省南粤优秀教师”“东莞市优秀教师”“教学能手”等称号。

【科研与课程建设】 2018年，东莞市实验幼儿园把教育科研作为可持续发展的增长点，开展国家级课题1项、省级课题5项、市级课题11项，课题成果分别获省市科研成果奖，参与3项省级幼儿园教材的编写，出版专辑26册，发表论文获奖200篇；把广东省立项课题《幼儿园民间体育游戏课程的实践研究》和省实验项目《融合性园本课程的实践与探索》《幼儿园开展传统文化教育的策略研究》，进行幼儿学习与发展的三级（省级、市级与园级）课题研究，在游戏、运动、学习方面大胆实践，探索促进3～6岁幼儿学习与发展。 （李 游）

附：2018年东莞市实验幼儿园主要领导名录

园 长：李丽英

职业教育

【职业教育概况】 2018年，东莞市有中等职业学校28所（含技工学校7所），其中公办13所，民办15所；有省级以上重点中职学校18所，其中国家级重点10所；省级示范性中职学校4所，其中有2所国家示范性中职学校建设立项学校。中职学校在校生8.31万人，其中省级以上重点中职学校在校生6.89万人，占整个中职学校在校生人数的82.9%；是年，招生2.95万人，其中接收广东省东西两翼和粤北山区的“双转移”学生8275人。全市中职学校有教职工5855人，其中专任教师4234人；有“双师型”（教师和技师）教师1942人，占专业教师的78.2%。东莞市中职学生升学就业率99.36%。全年共认定32家定点实习实训基地，发放实习补贴9.86万元。

【中高职衔接培养】 2018年，东莞市有12所中职学校的40个专业与省内的21所高职院校实施“二二分段”［在中职学校和高职院校选取对应专业，制定中职学段（三年）和高职学段（二年）一体化的人才培养方案，分段开展教学活动］中高职贯通培养，招生3205人，开办的专业基本覆盖东莞市的主要产业。“三二分段”中高职贯通培养班列入中考招生录取第一批次，与普通高中同一批次录取。经省教育厅同意，2018年，东莞理工学校的数控技术应用、机器人应用与维护、汽车运用与维修、电子技术应用、软件与信息服务等5个专业，东莞市经济贸易学校的计算机应用专业、东莞市商业学校（东莞市幼儿师范学校）的学前教育专业与东莞职业技术学院开展中高职贯通培养，5年均放在中职学校进行。

【对外合作办学】 2018年，东莞市有9所中职学校的13个专业参与中外合作办学，招生规模700人。这些学校向市政府呈报《关于继续开展中职学校台湾课程班办学的请示》，经同意，台湾课程班办班学校与专业扩大到7所学校9个专业，2018年起，每年招生450人。组织第二届台湾课程班287名学生赴台湾进行为期两个月的学习培训，有283人考取国际通用技能证书，考证率达98.6%。

【东西部扶贫工作】 2018年，东莞市接收1502名云南昭通学生、招收88名云南省红河哈尼彝族自治州建档立卡贫困应届初中毕业生到东莞市中职学校就读。

【职业院校技能大赛】 在2018年广东省职业院校技能大赛（简称“省赛”）、全国职业院校技能大赛（简称“国赛”）中，东莞市中职组参赛学生获奖数量再创新高，在省赛中获得126个奖项，其中一等奖26个、二等奖36个、三等奖64个，在国赛中获得一等奖1个、二等奖5个、三等奖5个。

（刘晓东）

东莞职教城

【东莞职教城概况】 2009年8月，东莞市委、市政府决定选址东莞生态园和横沥镇交界处规划建设东莞职教城，东莞职教城是东莞市推进职业教育和技工教育创新发展的重点工程项目。2011年7月，动工兴建，2013年9月一期工程交付使用，二期工程2016年9月投入使用。东莞职教城占地面积101.59万平方米，总规划建筑面积43万平方米，总估算投资20多亿元，累计完成投资18亿元。东莞职教城包括东莞市技师学院、东莞市高技能公共实训中心、东莞理工学校和职教城公共服务区四大功能模块，容纳1.5万名全日制在校生，年职业技能社会培训鉴定量5万人次。

【职教慕课】 2018年，东莞职教城按照“高起点、高标准、高质量”的要求，遵循统一规划、分步实施的原则，探索打造职教城内职业慕课联盟，将过去的网校升级改造，吸纳职教城内各院校单位的优质职业课程、实训课程，率先建立一个实现东莞市职业教育网上学习，实现园区内公共资源线上线下整合，实现师生共享，并逐步向广大社会开放的职教资源共享平台。平台上线以来，累计开发23个课程，涉及专业有智能化、数控、烹饪、汽修等，另外收录其他院校企业约100个课程。职教慕课平台获得点击3.5万次，合作院校企业13家。是年，召开职教慕课总结大会，研讨慕课未来的发展规划，并为36位为慕课作出奉献的人员、单位颁发奖状。

（温泽枫）

附：2018年东莞职教城主要领导名录

主　任：陈　杰

东莞市技师学院

【东莞市技师学院概况】 东莞市技师学院于1987年12月经广东省人民政府批准，由东莞市人民政府创办，隶属东莞市人力资源局，是东莞市唯一的公办国家重点技工院校、广东省技工教育20强、广东省高水平技师学院建设单位、国家级高技能人才培训基地、国家技能人才培育突出贡献单位。学院有两个校区，占地总面积38公顷，总建筑面积30.9万平方米。东城校区建筑面积9.1万平方米；职教城校区建筑面积21.8万平方米，总投资7.8亿元，2013年9月投入使用。截至2018年底，在校生1.14万人，高技占比98%。2018年，经广东省人力资源和社会保障厅推荐，成为广东省唯一获评为“国家技能人才培育突出贡献单位”的技工院校。

【师资队伍】 2018年，东莞市技师学院有教职工662人，其中专职教师603人，且100%具有本科及以上学历，硕士学位以上超过10%。教授、高级讲师、高级实习指导教师、高级技师179人，讲师、技师226人，导师工作室6个，一体化专业骨干教师70%以上，教师队伍中拥有一大批省级督导员、考评员和省市优秀教师及技术能手。学院高度重视师资队伍建设，通过引进学科带头人、选送骨干教师到国外培训、激励学历技能提升等长效机制，培养出一大批优秀人才，先后分批派出215人次赴德国、新加坡等国家和中国香港地区培训进修。学院还从各行业聘请110名技术骨干、行业专家兼职。

【国际合作办学】 2018年，东莞市技师学院国际合作办学再添新伙伴，中德合作办学就业有突破。继开设中德、中英、中美、中加等课程班之后，又与澳大利亚本迪戈坎培门公立职业技术学院达成合作办学协议，开设中澳服装设计与制作、汽修管理两个专业；与菲律宾莱西姆大学达成合作办学意向，与新加坡工艺教育局、新加坡南洋学院签署《合作谅解备忘录》，共同筹建“中新国际职业技术学院”，牵手美国西雅图职业学校及迪吉彭理工学院共谋动漫专业新发展。是年，学院开办84个国际合作班，涵盖机电一体化、模具设计与制作、现代物流、机器人、酒店管理、国际贸易等24个专业，在校生2292人，近300人参加IHK中期考试，188人通过结业考试获得IHK职业资格证书并毕业；31人获得中英asfi职业资格证书。

2018年6月19日，广东省人社厅与德国联邦劳动局签署《关于中德合作培养高技能人才的备忘录》，双方共同合作培养具有国际化水准的高技能人才，取得德国IHK职业资格证书学员，可到德国就业，享有当地国民同等的工作环境和薪资待遇。

【专业设置改革】 2018年，东莞市技师学院按照专业群对接产业链的原则，将原来的六个系部进行整合，成立智能制造学院等八个二级学院，每个学院对接一个产业链，对现有专业的人才培养标准进行改造促使其更贴近产业链的实际需求；根据产业链的需求开发新的专业，引入固高科技、中科蓝海、前海飞扬等科技研发企业，建立“政、校（产学研）、资金、用”创新创业双创平台；与知名企业及职教机构共建中显智能制造学院和中德智能制造学院等2个混合所有制学院。

【校企合作】 2018年，东莞市技师学院与celestica天弘集团、TTI创科集团、技研新阳集团、东莞市轨道交通有限公司、东莞市奕东电子有限公司、东莞新能德科技有限公司等28家企业达成合作，开办31个校企双制班。是年，学院校企合作企业337家，与55家企业开办84个校企双制班；与中显智能机器人有限公司、固高科技、中科蓝海、鸿泰自动化设备有限公司、华研电子科技有限公司、云展智能装备有限公司等共建学习型工厂，校内共建15个学习型工厂。为9家深度合作企业申请东莞市职业院校定点实习实训基地。

【学院参加技能大赛】 2018年，东莞市技师学院代表广东省参加“第45届世界技能大赛机电一体化项目、工业控制项目和烘焙项目全国（上海）选拔赛”，其中机电一体化项目和工业控制项目的3名选手入围国家集训队，1名选手代表中国参加第48届青年世界面包大赛获得金奖；参加各级各类比赛，国家级竞赛一等奖10个，二等奖15个，三等奖10个，优秀奖1个，优秀指导老师4人；省级竞赛特等奖4个，一等奖35个，二等奖49个，三等奖46个，优秀奖17个，优秀指导老师14人，省技术能手4人；市级竞赛特等奖4个，一等奖8个，二等奖28个，三等奖48个，优秀奖11个，优秀指导老师5人，市技术能手3人。

【技能帮扶】 2018年，东莞市技师学院与新疆图木舒克职业技术学校、新疆生产建设兵团兴新职业技术学院、云南昭通技工学校、韶关技师学院等院校开展对口合作，共育社会亟需的技能人才。是年，学院接受88名昭通籍学生来院学习，接受昭通技工学校教师来莞学习5批7人，还先后派出2批8人到昭通技工学校交流，举行办学经验介绍、举办行动导向教学法和一体化课改讲座、派遣教师驻点教学等方式给予帮扶。10—12月，应昭通技工学校帮教请求，烹饪专业教师陈媛媛前往昭通帮教2个月，参与昭通技工学校的教学、专业建设和教师培训工作。2018年，学院与韶关技师学院开展教学管理、技能竞赛、校企合作、招生就业等多次合作交流活动。

【职业技能培训】 2018年，东莞市技师学院抓好企业员工职业技能培训，利用政策，与企业合作开展对其内部员工进行技能提升的培训，培训量1.7万人次。

（周 辉）

附：2018年东莞市技师学院主要领导名录

党委书记、院长：刘海光

东莞市高技能公共实训中心

【东莞市高技能公共实训中心概况】 东莞市高技能公共实训中心（简称“高训中心”）成立于2010年9月，是直属市人力资源和社会保障局的公共服务管理型公益性事业单位，位于东莞市横沥镇东莞市职教城，占地面积13.33公顷，建筑面积5万平方米，基建投资规模2亿元；高训中心根据东莞产业布局现状和发展趋势设置高新技术、汽车技术、工业自动化、现代制造业以及现代服务业五个实训分中心130个项目，具有公益、高端、服务、引领的特点；重点突出“高（高端职业和技能）、新（新兴职业和技能）、长（长周期技能开发）、前（前瞻性技能开发）”，可容纳2500人同时实训；各种设备品种多、精度高、技术先进、通用性强、加工范围广、配套性好，总值逾2亿元。

【公益性运作模式】 2018年，东莞市高技能公共实训中心制定进入中心实训的准入条件，对申请使用公共训练资源的单位进行准入评估、使用绩效评估和退出评估认定；提供高技能人才训练、技术改造、技术交流、技能培训成果及职业展示、技术信息咨询等公共服务。高训中心服务对象为当地各类职业院校学生、职业培训机构、企业人员以及其他相关社会人员。高训中心实行财政保障的公益性运作模式，由市财政全额拨付实训管理、水电、实训设备、运行维管等费用，实训单位免费使用设备、场地等实训资源，自带师资、实训耗材以分担部分成本。

【技能实训服务】 2018年，东莞市高技能公共实训中心职业院校学生、企业人员、职业培训机构以及社会人员提供技能实训、技能竞

位于东莞职教城的东莞市高技能公共实训中心　（东莞市高技能公共实训中心供图）

赛、技术交流等公共服务。是年，高训中心与180多家职业院校和企业保持稳定的合作关系，为超过400家企业提供各类技能服务，完成各类技能实训22万人次，技能鉴定2647人；承办2018年东莞市第三届智能楼宇管理师职业技能竞赛、2018年第四届东莞市叉车司机职业技能竞赛、2018年现代制造技术职业技能竞赛、2018年“寻味东莞”之美丽乡村·粤菜师傅烹饪电视大赛共四类9项大型职业技能竞赛；紧跟市场需要，完善实训场室建设，完成3D物流软件实训室建设和西点糖艺实训基地建设并投入使用；继续推行“就业性实训”模式，引进企业举行4期招聘会，举办企业定制培训考证班，设立“顺丰奖学金”，为10名品学兼优的学员颁发奖学金；开展技术交流活动，推动行业技术人才交流，举办6期专业技术论坛，举办“2018年中国模具工业智造趋势峰会”；加强技术创新，提升行业技术水平，成立“东莞科技服务站”；举办5期“爱心送蛋糕”志愿服务活动，举行1期“自闭症群体”公益培训班，开展3期“名厨秀”展示活动。　（刘　斌）

附：2018年东莞市高技能公共实训中心主要领导名录

主　任：李玮锋

东莞理工学校

【东莞理工学校概况】　东莞理工学校创办于1985年，是一所公办全日制国家级重点中等职业学校、国家中等职业教育改革发展示范学校。学校是“广东省中等职业教育先进单位”“广东省文明单位”，是“国家制造业和现代服务业技能紧缺人才培训基地”和“国家职业技能鉴定所”，连续多年获东莞市中等职业教育质量评比一等奖。

学校占地面积28万平方米，总建筑面积16万多平方米，其中实训建筑面积3.6万平方米。设有数控、汽车、计算机、电子、财经、媒体等六大类专业群共18个专业，其中数控技术应用、汽车运用与维修、软件与信息服务等3个专业为广东省重点建设专业，汽车运用与维修为广东省中等职业学校“双精准”示范专业。截至2018年9月，学校在校生5800多人；专任教师318人，其中具有硕士学位教师69人、高级职称教师92人，专任专业课教师“双师型”比例为95.38%。

【职业化培养体系】　2018年，东莞理工学校完成“工业机器人应用人才培养中心”建设并通过教育部答辩验收；通过清华大学数据科学院的考察，成为清华大学认定的全国大数据专业中职示范校学校；学校团校被确定为“东莞市示范中学团校”，省示范团校和市心理健康特色学校建设工作通过评估；与清华大学、中华职教社合作开设全国中职首个大数据专业；与国家半导体照明工程研发及产业联盟合作建立“全国LED产业产教融合（东莞）职业教育集团”和光电专业；与广东省物联网协会合作建立物联网专业；引进德国先进的职业教育理念，根据德国职业教育标准与经验，改革教学方法，完善课程体系，提高教师专业与职业教学能力，培养具有德国技术能力标准的专业技术人才，促进本专业的可持续发展；与东莞职业技术学院、广东理工职业学院、广东省外语艺术职业学院等国内高职院校，开展中高职贯通培养；深化素养与专业技术高度融合项目，完善汽修教育课程体系；启动“中职学校教育教学质量监测与引导体系”广东省现代职业教育综合改革示范试点项目，构建新评价体系；启动青春期教育辅导项目，组建学生青春期专业辅导团队，研发青春期教育课程。

【教学成果】　2018年，东莞理工学校在各级各类职业院校技能大赛（中职组）比赛中，夺得全国一、二、三等奖各1项；夺得省级一等奖4项，二等奖8项，三等奖12项；包揽首届2018海峡两岸产业核心技能素养（创新电子）大赛电子组件拆焊高阶检修技术赛项一等奖，取得轮型机器人足球赛项第一名，并夺得锦标总冠军。2018年，全校1366人（“3+证书”719人）参加高职高考，1190人上线，上线率87.12%；其中本科上线1人（汽修专业，全省招录2名），自主招生录取288人，“3+证书”上线人数562人，三二分段上线学生340人。（曹运岚）

附：2018年东莞理工学校主要领导名录

党委书记、校长：巫　云

广东省东莞卫生学校

【广东省东莞卫生学校概况】广东省东莞卫生学校创立于1958年，是一所公办的全日制省级重点中等卫生职业学校，校园占地面积15.4公顷，建筑面积7.19万平方米。该校是东莞市医学专业技术人员继续教育基地，广州医科大学、中南大学成人教育东莞卫校教学点、广东省全科医学教育理论培训基地和卫生专业技术资格人机对话考试机构、东莞第二十一职业技能鉴定所。主要承担东莞市中等卫生职业学历教育、医药卫生类成人继续教育与培训等工作任务。同时为全国计算机信息高新技术考试、高职高考“3+证书”化学一级证书、药品营销员等证书的考点。学校先后获评“广东省特级档案管理单位”“广东省普通中等专业学校文明校园”“东莞市直属机关文明单位”“东莞市依法治校示范校”“广东省依法治校示范校”。

【国家、省职业技能大赛创佳绩】2018年，广东省中等职业学校技能大赛护理技能竞赛（学生组），两名学生获一等奖；两名学生获二等奖；两名教师获优秀指导教师一等奖，两名教师获优秀指导教师二等奖；学校获团体一等奖、优秀组织奖。2018年广东省中等职业学校技能大赛中药传统技能竞赛（学生组），一名学生获二等奖，两名学生获三等奖；一名教师获优秀指导教师二等奖，三名教师获优秀指导教师三等奖；学校获得团体三等奖。

【办学成果】2017年，学校开设护理、助产、药剂、制药技术、康复技术共5个专业。2018年全校392人参加考试，通过357人，通过率91.1%，创近年新高。105名在校生参加医药商品购销员证中级资格考试，高职高考“3+证书”化学一级证书等考试通过率达96.8%。2018届毕业生607人，就业率100%。

【师资水平】至2018年底，广东省东莞卫生学校有教职工186人，其中专任理论教师83人，实验教师15人，行政教辅47人。高级职称44人，中级职称43人，博士1人，硕士38人，在读研究生10人，本科91人，“双师型”教师71人，广东省护理专业学科带头人3人。全年学校有5人次参加教材编写，其中副主编1人次，编委4人次。10名教师参加人卫社粤琼版公共基础教材编写，31名教师参加人卫社粤琼版专业教材编写。学校教师在《卫生职业教育》和《广东职业技术教育与研究》等杂志发表论文15篇。在2018年教育局教育教学论文评比中，送审16篇文章，11篇获奖，其中一等奖1篇，2等奖4篇，三等奖6篇。1项广东省"十三五"教育科研规划2017年度（下半年）青年教师发展专项课题立项，3项市教育局课题立项。

【中高职衔接】2018年，广东省东莞卫生学校2015级中高职三二分段共录取190人。学校7名学生参加高职高专院校的自主招生考试，录取4人；176名学生报名参加“3+证书”高考，录取72人。完成2016级中高职三二分段转段考核工作，学校分别与广东食品药品职业学院护理专业、药品生产技术专业，肇庆医学高等专科学校药学专业，惠州卫生职业学院开展三二分段招生工作，预录取195人。

【培训工作】2018年，广东省东莞卫生学校报读广州医科大学的考生有633人其中大专358人，本科275人，超额完成招生计划。2018年成人学历教育105人本科毕业，11人获学位证书；274人专科毕业。学校配合市省全科医学培训中心、市医学会、市卫生和计划生育局做好培训工作，承担全市全科医生、社区护士、医师定期考核等培训教学任务，以及执业医师监考、各项竞赛的指导等工作。组织全科医生转岗培训和全科岗位培训，共计658人，全科医生转岗培训统考通过率92.63%。协助卫生健康局完成2018年医师实践技能操作考试，考生人数1290人；2018年度卫生专业技术资格考试，考生人数3350人。协助市医学会2018年度医师定期考核培训和业务水平测评，共计1974人。此外，在鉴定考试工作中，东莞第二十一职业技能鉴定所全年组织对育婴员、计算机信息高新技术进行职业技能鉴定，共计1381人。（宋海燕　马东宁）

附：2018年广东省东莞卫生学校主要领导名录

校　长：李　琦

东莞市经济贸易学校

【东莞市经济贸易学校概况】东莞市经济贸易学校2012年被定为广东省中职示范校，2013年成为国家中等职业学校示范学校创建单位，是教育部、财政部、人社部批

东莞市经济贸易学校 （东莞市经济贸易学校供图）

准的东莞市仅有的两所国家示范学校建设单位之一，2015年通过省专家组验收，2016年接受教育部验收。2018年10月通过国家验收，在60周年校庆庆祝大会上举行揭牌仪式。

2018年，学校有教职员工500余人。在校学生4069人。学校是东莞市会计电算化培训基地，广东省中职课程改革试点学校，广东技术师范学院教学实习基地，广东省中职校长挂职培训基地，国家计算机技能鉴定培训基地，国家物流师职业资格认证基地、物流人才储备基地，全国青少年道德培养实验基地，全国重点建设职业教育师资培训实践实训基地，全国首批“职业院校数字校园建设实验校”，是东莞市中职教育办学规模最大、育人效果最好的全日制公办学校之一。

【学校师资队伍】 2018年，东莞市经济贸易学校有专任教师290多人，高级职称比例35%，具有研究生学历或学位的专任教师20%，“双师型”教师95%，技师级30%以上，并拥有一支来自企业行业、相对稳定的兼职教师队伍，来自企业生产一线的专业兼职教师保持在专任教师的25%以上，拥有五个名师工作室。

【学校教学成果】 2018年，东莞市经济贸易学校坚持“双证书”（技能证和毕业证）制，学生双证率99%，毕业生就业率100%，通过高考、三二分段及自主招生等方式考试升学率94%以上。学生参加各项技能竞赛获得市级以上217项，其中省部级以及国家级91项。

（张　蓉）

附：2018年东莞市经济贸易学校主要领导名录

校　长：*颜辉盛*

东莞市电子科技学校

【东莞市电子科技学校概况】 东莞市电子科技学校成立于1993年，位于东莞市塘厦镇环市南路2号，是东莞市直属公办国家级重点职业学校，广东省示范性中职学校，全国中职教学合格评估首批试点通过学校，广东省绿色学校。学校占地10.67公顷，建筑面积9万多平方米，拥有三个省、市示范饭堂，连续十五年获市教育局办学质量一等奖。2018年，全日制在校生4500人，教职工300余人，拥有全国优秀教师、广东省专业名师、东莞市专业带头人多名，为东莞乃至珠三角地区培养3万名技能型人才。

【“3+证书”高考再创新高】 2018年，东莞市电子科技学校高考升学再创新高，388名考生报名参加各类别的升学考试，报考人数历年以来最多。其中“3+证书”类有高考班、留学班134人报考，上线134人上线率100%；校外实习及社会考生130人报考，上线126人上线率96.9%，创历史最好成绩。

【专业技能考试认证】 2018年，东莞市电子科技学校采用“岗位责任制”推进学校考证工作，共组织包括财政部、教育部、人社部、工信部、行业企业组织的全国会计专业技术资格考试、注册会计师考试、广东省中等职业学校专业技能考试、全国高新考试、用友ERP、金蝶ERP、网营专才认证、跨境电商、普通话、维修电工、SMT、数据恢复、机电设备技术员等13大类18个工种的认证，认证数量1.42万人次，比2017年全年认证数量增长106%，创历史新高。是年，与塘厦镇总工会开展“职工成长课堂”系列培训，组织290人参加为期6天的培训。

【拓展人才培养】 2018年，东莞市电子科技学校经工信部教育与考试中心批准授权成立“工业和信息化人才培养工程”培训基地，成为广东地区唯一具有此授权的中职学校；学校承办东莞市第二届“快意杯”电梯维修保养技能竞赛，共有15家电梯生产、维修保养等企业派出代表70名选手参与角逐，不断扩大学校的影响力；与广东开放大学、东莞开放大学签订合作办学框架协议，首次成立“广东开放大学东莞电子科技学院”，让学生在享受高质量中职教育的同时，享受广东开放大学、东莞开放大学高质量的高等教育。

【学生就业】 2018年，东莞市电子科技学校专班对口就业率82.21%，其中财经部专班的对口就业率87.93%，艺术部58.04%，电子部87.97%，计算机部83.13%。对口就业表现突出的班级主要有：16思科班的对口就业率为100%、16电子商务为100%、16立信会计班95.74%、16航信93.94%、16中翰100%、16中兴通信1班和2班对口就业率100%、16快意电梯班97.73%。（王 利）

附：2018年东莞市电子科技学校主要领导名录

党委书记、校长：
　　肖胜阳（任至7月）
　　杨潮喜（7月到任）

东莞市机电工程学校

【东莞市机电工程学校概况】 东莞市机电工程学校原名长安职业高级中学，1994年建校，2012年改为现名。2018年，有师生员工近3000人。学校坐落在长安郊野公园南侧，校园占地面积5.68万平方米，建筑面积5.67万平方米，资产总值1.2亿元。学校联合企业申报的《依托职教集团打造产教研深度融合模具制造高端技术人才培养平台的探索与实践》教学项目获评2018年职业教育国家级教学成果奖二等奖，模具制造技术专业被广东省教育厅评为2018年广东省中等职业学校“双精准”示范专业建设储备项目，学校牵头成立的东莞市模具（国际）职业教育集团被广东省教育厅评为2018年广东省示范职业教育集团建设储备入库项目，学校“国防教育”特色鲜明，被国家教育部评为“国防教育特色学校”，校长曹永浩被《职业技术教育》杂志评为“职业教育领域年度人物”。

【学校师资队伍建设】 2018年，东莞市机电工程学校有专任教师174人，具有副教授、高级讲师等高级职称的教师21人，专业教师“双师型”（具备学历证书和技能证书的教师）比例达78%，拥有教育部职业院校文化素质教育委员会委员、广东省名班主任培养导师、广东省名班主任、东莞市名师等。

【学校办学特色】 2018年，东莞市机电工程学校推出《岗位学制》《学模具到隆凯》《用专利学模具》《学智能制造到劲胜》等4个系列的校企合作创新教材，共26本。在2018年第三届“长安杯”中国模具作品设计与制造技能大赛获奖的15名选手中，“企业项目训练中心”隆凯班工程师、在读学生、毕业生获包括冠军在内的奖项有8人。学校通过推出“家长党员代表工作室”“‘浩歌中华’爱国主义教育实验班”“‘浩歌党魂’党建带团建党员巡讲课”“我和浩哥一起唱中华”“国旗下讲话”等活动，激励青年学生热爱祖国，热爱人民，热爱中国共产党，做忠于祖国、忠于人民、勇于担当民族复兴大任的时代新人。学校精心实施家庭教育指导工作的“一、十、百、千、万”工程，推行“互联网+家校共育”。

【学校专业设置】 2018年，东莞市机电工程学校开设模具制造技术、数控技术应用、机电技术应用、智能化控制技术、网站建设与管理、计算机网络技术、会计电算化、商务英语、社会文化艺术等9个专业。其中，模具制造技术专业是全国职业院校装备制造类示范专业点。（谢汝亮）

附：2018年东莞市机电工程学校主要领导名录

党支部书记、校长：曹永浩

成人教育

【成人教育概况】 2018年，东莞市有2所独立的成人高等教育机构、32所乡镇成人文化技术学校（其中有12所省级示范成人文化技术学校）、873所民办教育培训机构，年培训量68.1万人次，成人高等学历教育规模5.18万人。道滘镇、企石镇、茶山镇被广东省教育厅评为“广东省社区教育实验区”，至2018年，东莞市创建“全国社区教育实验区”1个、“全国社区教育示范乡镇”3个、“广东省社区教育实验区”26个。

【老年教育】 2018年5月，经东莞市政府同意，印发《东莞市大力推动老年教育发展的实施方案》，应对人口老龄化趋势，推动市老年教育发展，加快建设学习型社会。

【全民终身学习活动周】 2018年，东莞市获全民终身学习活动周工作小组、中国成人教育协会授予“2017年全民终身学习活动周优秀组织单位（地市级）”。10月22—26日，举办“东莞市2018年全民终身学习活动周”活动，主题是“服务国家重大战略，推动全民终身学习”，开幕式暨社区教育大讲堂活动于10月23日在桥头镇举行。参加公益教育咨询和课程培训活动的单位、社区和培训机构有510个，提供公益教育咨询和课程培训项目1300个，公益培训名额15万个。

【成人高考】 2018年，东莞市成人高考报考人数4.21万人，比上年增长32.4%，达历年来最大考生规模，其中报考专科起点升本科类1.49万人、高中起点升本科类926人、高中起点升专科类2.63万人。

【自学考试】 2018年，东莞市自学考试报考总人数6.23万人次，比上年增加2.26万人，增长57%。报考总科次为16.26万科次，比上年增加7.04万科次。毕业生人数1898人，其中本科1106人，专科792人。（刘晓东）

民办教育

【民办教育概况】 截至2018年底，东莞市经批准开办的民办幼儿园921所；民办普通中小学287所，其中小学118所、初中（含九年一贯制学校）152所、高中（含完全中学）17所。民办学校在校生98.03万人，其中幼儿园28.31万人、小学51.9万人、初中14.77万人、普通高中3.05万人。全年吸纳民间资金7.03亿元投资兴办民办教育，建成投入使用的中小学、幼儿园46所，向社会提供学位2.4万个。

【民办教育扶持】 2018年，东莞市向2.47万名教师发放从教津贴7678.71万元。向民办学校送课到校3507节。推进64对公、民办学校结对帮扶，开展教学课例展示1221节，协助完善民办学校管理制度369项。每年安排800万元，开展公办学校托管10所民办学校试点，由优质公办学校派出骨干人员，帮助民办学校提升办学水平。向46所民办学校发放教育信息化基础设施建设财政奖励2756.4万元，评选获得2018年市民办中小学扶持专项资金的民办学校63所。

【民办教育管理】 2018年，东莞市规范民办学校管理，将无证中小学、幼儿园排查工作纳入市社会服务管理“智网工程”，依靠社区网格管理员排查辖区内的无证中小学、幼儿园，指导镇街清理整顿无证幼儿园18所，分流安置幼儿900多人；参加2018年度检查的民办学校有1202所，其中年检合格的有1187所，占98.8%；限期整改的有10所，占0.8%；年检不合格的有5所，占0.5%。截至年底，东莞市民办教育协会有单位会员837个，个人会员59个，镇街分会12个。（刘晓东）

【东莞台商子弟学校概况】 东莞台商子弟学校创立于2000年9月，由广东省教育厅直接管理，举办者是东莞市台商投资企业协会，创办人是时任市台协会长、现为学校董事长叶宏灯。台校是一所公益性的学校，建校资金来源于以台商企业为主体的、包括潢涌村等社会各界人士捐助，所收学费全部用于学校日常营运及未来发展上，学校董事会负责决策与督导校务经营、监督校产（社会公共财产）管理。创办宗旨是：培育优质子弟、增进家庭和谐、开展社会公益活动、助推两岸文化教育交流；办学理念是：全人教育、温馨校园、终身学习；经营策略是：策略联盟、科技资讯、知识管理；以台湾教育模式办学。师资来自海峡两岸（中国台湾地区约占70%）及国外，使用经广东省教育厅、省台办审查核准的台湾版教材，学历两岸承认。

台校是一所包括幼儿园、小学、初中、高中的全日制住宿型学校，截至2018年底，在校学生近2500人。教学质量不断提升，历年高中毕业生98%升上海峡两岸的大学（余下2%选择海外升学），其中大部分进入台湾的大学有台湾大学、“清华大学”、“交通大学”、成功大学、“科技大学”、淡江大学等；进入大陆大学的有北京大学、清华大学、浙江大学、复旦大学、中山大学、厦门大学等。（冯鸽葳）

附：2018年东莞台商子弟学校主要领导名录

董事长：叶宏灯
校　长：王天才

高等教育

【高等教育概况】 截至2018年底，东莞市有普通高等院校9所，分别为东莞理工学院、广东医科大学（东莞校区）、东莞理工学院城市学院、广东科技学院、中山大学新华学院（东莞校区）、东莞职业技术学院、广东创新科技职业学院、广东亚视演艺职业学院、广东酒店管理职业技术学院。按类别分，有本科院校5所、高职院校4所。全市高校的学科专业设置涵盖除军事学、哲学和历史学以外的10个学科门类，有本科专业点182个，专科专业点157个；有省级重点学科18个，特色示范专业建设项目省级32个、校级34个。拥有各类实验室和实训中心900个，省重点实验区19个，各类实习基地2241个。全市普通高校全日制在校生12.16万人，比上年增加3147人；毕业生2.85万人，毕业生就业率为95.7%。全市普通高校教职工7440人，副高级职称及以上的有1700人，专任教师5454人，其中研究生学历的有3869人，占专任教师总数的70.9%。（刘晓东）

【东莞理工学院增列为硕士授予单位】 2018年9月16日，国务院学位委员会下发《关于需要加强建设的新增博士、硕士学位授予单位建设进展核查结果的通知》，东莞理工学院增列为硕士授予单位。

根据通知精神，东莞理工学院将从2019年起开展硕士研究生的招生、培养和学位授予工作。

东莞理工学院自2005年起先后与华南理工大学、暨南大学高校合作开展校校联合培养硕士研究生开展研究生培养工作有十余年时间。2015年，广东省教育厅与东莞市人民政府依托学校建立广东省研究生联合培养基地（东莞），与华南理工大学、中山大学、暨南大学、广东工业大学、深圳大学5所高水平大学合作开展硕士研究生联合培养工作。2018年，与英国诺丁汉大学、澳大利亚新南威尔士大学签订协议联合培养博士研究生。截至2018年9月，招收联合培养硕士研究生549名。（张颂平）

东莞理工学院

【东莞理工学院概况】 2018年，东莞理工学院有普通全日制学生2.03万人，成人高等教育学生1.3万人，联合培养研究生138名；设有18个学院，48个本科专业；有教职工1500人，其中具有高级职称500人，博士690人，博士后70人，院士（双聘、特聘）11人，国家杰出青年基金获得者10人，国家教学名师1人，国家百千万人才工程1人；“千百十人才培养工程”国家级培养对象1人、省级培养对象11人。9月16日，国务院学位委员会下发《关于需要加强建设的新增博士、硕士学位授予单位建设进展核查结果的通知》，东莞理工学院增列为硕士授予单位。

【高水平理工科大学建设】 2018年，东莞理工学院组织4期高水平理工科大学建设专题培训班。持续实施首轮攻坚战6项任务和11项攻坚争先行动，形成《高水平理工科大学建设战略构想（2018—2035）》，修改完善高水平理工科大学建设改革方案。参与发起成立新工科教育国际联盟，在权威期刊《中国高教研究》发表高水平理工科大学建设理论成果，作为教育部选定的唯一地方院校代表，在新时代全国高等学校本科教育工作会议上作交流发言。马克思主义学院获广东省基层理论宣讲先进集体称号。学校获评为广东省大学生创新创业教育示范学校。

【师资队伍建设】 2018年，东莞理工学院制定《第二轮岗位设置和人员聘用指标分配方案》，完善岗位设置和人员聘用工作细则。修订职称评审系列文件，制定人才引进系列工作方案和人才强校战略规划。建立校院两级考核评价机制，建立健全高层次人才考核机制。全年派送342人次赴清华大学、华中师范大学、浙江大学、上海交通大学集中培训。引进高层次人才22人，拔尖青年博士和优秀青年博士等148名。

【教育教学】 2018年，东莞理工学院编制《一流本科教育2025行动计划》，开展产业学院“6个1”工程建设，新获批5个工科专业，理工科专业30个，机械设计制造及其自动化专业获得IEET工程教育专业认证证书。文华数字化课程中心获教育部“产学合作协同育人优秀案例”，教学成果《多模式特色产业学院推进产教协同育人的改革与实践》被评国家级教学成果二等奖。《大数据分析与决策应用》案例获评为2018年全国教育管理信息化应用优秀案例。

【学生工作】 2018年，东莞理工学院安排1000万元专项资金扶持创新创业活动。6个团支部获省“活力在基层”主题团日竞赛活动“百优”项目经费支持。投入5.7万元专项支持“莞科计划”立项23个项目，获广东省“攀登计划”立项项目19个，资金总额49万元。在2018年“挑战杯·创青春”广东大学生创业大赛中获3金11银4铜，捧获“优创杯”。突出“互联网+”大赛龙头地位，支持组建创业团队606个，获2018年广东省“互联网+”大学生创新创业大赛“优秀组织高校奖”和1银3铜的好成绩，学校获评为广东省大学生创新创业教育示范学校。组建110支实践分队赴市内外进行暑期社会实践。校团委获全国“五四红旗团委”称号。举办5场招聘会，提供岗位4912个，用工需求2.7万个，毕业生初次就业率91.6%。

【学科建设与科学研究】 2018年，东莞理工学院计算机科学与技术学科位居全国第92名、省内第6名（根据“软科中国最好学科排名”）。机械工程、材料科学与工程、网络空间安全等3个学科纳入省教育厅“冲一流、补短板、强特色”提升计划重点建设学科。计算机科学与技术增列为学术型硕士学位授权点，工程专业学位类别被增列为专业硕士学位授权点。动力工程及工程热物理学科新增为广东省重点学科，省级重点学科总数增至6个。机械设计制造及其自动化专业通过国际工程教育认证。开设国内首个“杨振宁创新班”。各类纵向项目申报541个，理工科申报324个，人文社科申报217个，国家自然科学基金资助项目25个，教育部人文社会科学研究项目4个。专利申请2538件（PCT57件，国际发明专利63件，发明专利1066件，实用型专利958件），获授权专利557件（发明专利130件，实用型专利341件，软件著作权58件），转化专利20件，转化金额199.25万元。派出“华贝电子科技有限公司博士工作站”等14支小分队，协助企业建设博士工作站。东莞理工学院大学科技园获“国家大学科技园培育单位”称号。“广东省普通高校机器人与智能装备重点实验室”获批为广东高校重点实验室，“东莞理工学院质量与品牌发展研究中心”获批为广东省社会科学研究基地。生物质催化材料创新团队获批为广东高校科研创新团队。

【国际交流与合作】 2018年，东莞理工学院加强中法联合学院建设，招生90人，引入法国工程师培养体制。与澳大利亚新南威尔士大学初步达成“3+1+2”硕士直通车项目合作，学生获世界顶尖设计大赛意大利A’DESIGN AWARD大奖，为学校获得首个世界级大奖。成立国际联合研究生院，与澳大利亚新南威尔士大学、英国诺丁汉大学签订联合培养博士项目协议，22名教师分别被两校认定为联合培养博士项目合作导师，迎来首批国际联合培养博士生。与斯威本科技大学共建生物质转化国际联合实验室，共同培养博士研究生。与荷兰NHL-Stenden应用科技大学开展“东莞理工学院—荷兰NHL-Stenden大学联合校区”合作。成立“东莞理工学院北美创新中心”，与10多所国际名校建立合作关系。派出43名教师分赴美国、英国、日本、澳大利亚等国家访问学习。3月，汤加王国国王对中国进行国事访问并到访学校达成汤加留学生合作意向。 （胡钦华 张颂平）

附：2018年东莞理工学院主要领导名录

党委书记：成洪波

院 长：李 琳

东莞理工学院城市学院

【东莞理工学院城市学院概况】 2018年，东莞理工学院城市学院有全日制学生2.12万人，专任教师790人。截至年底，学校设有14个教学单位，包括工商管理、机械工程、保险学等40个本科专业。

东莞理工学院城市学院是2004年经教育部批准，由东莞理工学院、广东鸿发投资集团有限公司合作举办，按新机制运行的全日制本科独立学院，建立起现代高校的办学体制和内部管理机制。学校位于寮步镇，占地81.87公顷，总规划建筑面积66万平方米。

【教学体制创新】 2018年，东莞理工学院城市学院完善内部管理结构，整合教学资源，成立电子工程与智能制造学院、商学院、创新创业学院等二级教学单位；成立监察处，独立设置新闻中心，设立干部科，调整教学与评价科。明确职能分工，提升机构运转效率。

【学科专业建设】 2018年，东莞理工学院城市学院专业建设及专业结构调整工作有序推进，新增机械电子工程、商务英语等2个专业，拟申报互联网金融专业，关停并转安全工程、印刷工程等4个专业。学科专业评估工作进展顺利，机械工程、工商管理两个省级重点培育学科以及社会工作、保险学两个院级特色重点学科在高层次人才引进、项目申报、论文发表、专利申请方面均取得良好成效。机械工程获授权实用新型专利4件，获受理专利4件，立项申报东莞市社会科技发展重点项目1个、一般项目3个，发表论文2篇；工商管理承担省部级以上项目4个，发表核心论文2篇。

【应用型人才培养】 2018年，东莞理工学院城市学院印发《东莞理工学院城市学院关于全面推进应用型人才培养模式改革的实施意见》，基本完成2018版人才培养方案修订工作；与用友新道、北部湾财产保险股份有限公司、高顿教育集团开展合作办学和实践教学创新；引入美国特许金融分析师（Chartered Financial Analys，简称CFA）项目，合作开设CFA创新实验班；新建13个校外实践基地，并在美国、中国香港地区等地建立海外实习实践基地；学校“双创”工作迈上新台阶，创业团队总数增加至25支，其中8家注册为公司。

【师资队伍建设】 2018年，东莞理工学院城市学院加强高层次人才引进工作，相继出台一系列政策文件，大力招揽海内外高层次人才、支持教师攻读博士学位、做访问学者、下企业挂职锻炼等，促进教职工成才成长；学校职称评审配套制度通过并在两厅备案和公示；制定《“百名博士人才工程”建设实施方案》等措施。

学校组织68名新进教职工参加院内岗前培训；开展4期“青椒工作坊”系列沙龙活动，参与人数110人次。组织50名教职工参加微课实操培训；组织64名教师参加教

2018年3月9日，广东省本科高校教学工作研讨会在东莞理工学院城市学院召开 （东莞理工学院城市学院供图）

师教学能力提升培训；举办国家级教学名师专题讲座和心理危机干预专题讲座。学校职称评审配套制度通过审核备案，并完成首次自主评审。

【办学进程交流合作】 2018年，东莞理工学院城市学院继续推动多层次办学进程交流合作。上一学年17名学生成功申请英美高校的“2+2”“3+1”项目学习，77名学生成功申请中国台湾高校的一学期交流项目，组织28位学生赴美国带薪实习，与中国香港高校深入合作，新增商科专业“4+X/3+2”硕士升学班，构建多层次的升学渠道。

【教育教学保障建设】 2018年，东莞理工学院城市学院完善基础设施建设，加强安全管理及教育，做好校园供餐及食品安全保障工作，满足师生多元化就餐需求；规范校园快递管理、交通管理。新增图书26万册；不断推进数字化校园建设，立项建设“智慧城院”App、移动OA、迎新系统、校园O2O等多项信息系统；启用学院饭堂移动支付、学生电费线上充值等线上支付功能。

（李玉嵩）

附：东莞理工学院城市学院主要领导名录

校长、党委书记：王卫平

广东医科大学

【广东医科大学概况】 2018年，广东医科大学有全日制在校生近2万人，其中硕士生1177人，博士生34人。有省级重点学科7个，珠江学者岗位计划设岗学科4个，广东省高校名牌专业2个，广东省高校重点专业1个。截至年底，有专任教师1314人，其中博士生导师49人，硕士生导师720人，双聘院士1人，广东省青年珠江学者1人，广东省自然科学杰出青年基金获得者1人，享受国务院政府特殊津贴专家14人，全国模范教师、全国优秀教师、全国高校优秀辅导员等6人，广东省教学名师4人。建有省级实验教学示范中心10个，6所直属附属医院，9所非直属临床医学院，29所非直属附属医院，80所临床教学医院，形成良好的校院、校企协同育人机制。

2018年，广东医科大学连续3年获全国“暑期最佳实践大学”称号，是广东省唯一连续3年获此殊荣的高校。学校“移动生命线——公交急救”服务项目获第四届中国青年志愿服务项目大赛金奖，实现学校志愿服务项目国赛获奖零的突破。体育竞赛取得新突破，获第十三届全国大学生体育舞蹈锦标赛（总决赛）团体牛仔舞总冠军。学校国旗护卫队在第二届广东省国旗护卫队交流展示活动中获一等奖，同时获得十佳护旗方阵、十佳旗手、十佳护旗手、十佳指挥手等称号，囊获此次比赛所有奖项。7月，在2018年度教育部举办的军事课教学展示（战场医疗救护）活动中获第一名。

【教育教学】 2018年，广东医科大学实践教学平台及在线开放课程的投入建设，修订教学平台、在线开放课程、翻转课堂及PBL、CBL教学改革的激励制度。落实启动临床医学、口腔医学、护理学、药学及生物医学工程等5个专业的认证工作，并申报临床医学专业认证。加强校级和省级教学质量与改革工程建设和验收工作。开展教学名师工程，推荐2名校级教学名师奖获得者参评第八届省级教学名师评选。4名教师获得南粤优秀教师。注重大学生创新创业教育，开设在线创新创业教育网络选修课程，完善创新创业教育课程体系建设。全年获得30个国家级及80个省级大学生创新创业训练计划项目。新增广东医科大学附属深圳妇女儿童医院、广东医科大学附属惠州妇女儿童医院两家直属附院，新增1所非直属临床医学院、1所非直属附属医院。洽谈与东莞市合作共建直属附属医院。

【学科建设】 2018年，广东医科大学新增基础医学省级特色重点学科1个，新增药学、公共卫生与预防医学、基础医学、生物学、医学技术等一级学科硕士学位授权点5个，新增药学硕士专业学位授权点1个。完成新增一级学科硕士学位授权点的培养方案。完成临床医学一级学科博士授权点与临床医学专业硕士点的专项评估工作。

【科学研究】 2018年，广东医科大学获各级、各类科研项目280个，获资助经费3377.61万元。承办中国高等教育学会管理分会2018年会、2018年中国海洋经济博览会暨北部湾海洋生物医药高峰论坛、第四届泛华南地区生物化学与分子生物学联合年会暨2018年广东省生物化学与分子生物学年会、2018老年护理国际会议等。

【招生就业】 2018年，广东医科大学本科总招生4591人，硕士招生402人，博士招生9人。全年有本科毕业生4502人。截至9月1日，学校2018届本科毕业生有3713人落实就业单位，就业率86.71%。其中，应用心理学专业、社会工作专业、护理学专业、卫生检验与检疫专业、食品质量与安全等5个专业的就业率都超过96%。学校考取硕士研究生的毕业生569人。考取211（含985）高校的毕业生人数162人，录取高校为南京大学、浙江大学、中山大学、厦门大学等国内知名院校。全年落实就业的本科毕业生3439人在广东省内就业，占就业人数的92.62%。医疗卫生单位是学校毕业生主要流向，1789名毕业生在医疗卫生单位就业。

【国际交流与合作】 2018年，广东医科大学与“一带一路”沿线国家高校间的交流合作实现突破，先后与菲律宾莱西姆大学、塞尔维亚贝尔格莱德大学、马来西亚城市大学、林肯大学学院等达成合作意向、签署合作备忘录。在巩固和拓展对外交流与合作渠道方面，先后与美国安德鲁斯大学，英国伯明翰大学、爱丁堡龙比亚大学、哈德斯菲尔德大学、胡弗汉顿大学，澳大利亚西澳大学、埃迪斯科文大学，芬兰于韦斯屈莱应用科技大学，韩国忠北大学，日本国立成育医疗中心、日本大阪滋庆学园、日本国际看护师育英会、日本板桥医疗集团、国书日本语学校、日本九州国际教育学院等国外高校及研究机构开展各类交流合作项目，开拓国际化办学新途径。

【师资队伍建设】 2018年，广东医科大学（东莞校区）全面实施人才队伍提质升级计划，全年引进高层次人才5人；博士28人（含公开招聘），硕士14人。新增内科学、生物化学与分子生物学、基础医学3个学科为珠江学者计划设岗，刘建军、周中军分别获聘为内科学、生物化学与分子生物学学科的珠江学者讲座教授。

（范雪香　李　娇）

附：2018年广东医科大学主要领导名录

党委书记、校长：卢景辉

广东科技学院

【广东科技学院概况】 广东科技学院是教育部批准设立的一所以工学为主，管理学、经济学、文学、艺术学等多学科协调发展的民办全日制普通本科院校，拥有学士学位授予权。2018年，学院有全日制在校学生1.76万人，设有机电工程学院、计算机学院、管理学院、财经学院、外国语学院、艺术设计学院、公共基础课部、思想政治理论课教学部、继续教育学院、国际教育学院、创新创业学院九院两部。学校推进人才培养“创新班”计划，开设“机器人创新实验班”等12个创新班，与东莞工贸发展促进会共建“跨境电商产业学院”，与东莞市冷链协会共建“冷链产业学院”，有针对性地培养行业企业所需的专业高素质复合应用型人才。

【教学科研】 2018年，广东科技学院位列中国民办本科院校科研竞争力广东省第一位、全国第19位，中国民办高校信用指数榜广东省第一位，全国第35位。学校通过教育部普通高等学校本科教学工作合格评估。学校网络工程专业通过“中华工程教育学会”工程教育认证。学校新增资产评估、机器人工程、数据科学与大数据技术、产品设计4个本科招生专业，开设本科招生专业31个；新增机械电子工程、商务英语2个取得学士学位授予权专业，拥有学士学位授予权专业14个。

【师资队伍建设】 2018年，广东科技学院首次开展中高级职称自主评审工作，有81名教职工通过评审，完成45名教师的中级职称认定工作，软件工程和英语（应用翻译方向）专业教学团队获省教育厅省级教学团队建设项目立项，学校承担两期教育部“网络学习空间人人通”专项培训。全年，学校教职员工获得各级各类奖励和荣誉85人次，其中国家级6人次、省级40人次、市级39人次。学校人才培养质量持续提高，学生参加各类学科专业竞赛获奖381项，其中国家级172项、省级169项、市厅级40项。

【招生就业】 2018年，广东科技学院完成招生录取任务，省内本科文、理科招生均实现一次性超省录取分数线完成招生计划，文科录取1467人，超省线11分，理科录取2801人，超省线5分，生源质量稳步提升；录取成人教育学生4609人。学校首次在新生入学时使用网上报到系统。

学校与南城街道签订《高校服务南城经济社会建设框架协议》，与步步高电子、以纯集团等16家大型骨干企业、上市公司签订《校企合作协议》；举办2019届毕业生供需见面会，提供1.8万个招聘岗位，学校2018届毕业生的平均就业率99.77%，本科生平均薪酬4087元/月，比上年上涨14.42%，最终就业率和就业质量持续提高。超过八成的毕业生选择在粤港澳大湾区工作，其中东莞市占四成；22个本专科毕业生专业中，有17个专业的毕业生就业率100%。

【学生工作】 2018年，广东科技学院制定《思想政治工作质量提升工程实施方案》，初步建立“党委引领、党政统一、分工协作、课堂支撑、全员参与”的“大思政”工作模式；做好2018年度奖勤助贷工作，发放奖助学金1344.7万元，为1389名经济困难学生申请1105.5万元助学贷款；初步建立专兼职心理咨询教师协同开展心理咨询与危机干预工作的平台；开展校园文化活动，58个学生社团累计开展活动636次，参与人数5.5万人次，暑假期间有300名师生参加社会实践活动。2018年团学工作在省、市评选中取得突出成绩，获省优秀学生会、省优秀学生社团、市五四红旗团委称号。

【创新创业】 2018年，广东科技学院面向2019届1287名毕业生开展创业培训，申报10个国家级、30个省级大学生创新创业训练项目，获批3项教育部创新创业教育改革课题，1项省级课题。在第四届中国“互联网+”大学生创新创业大赛全国总决赛、2018“挑战杯·创青春”广东大学生创业大赛、第四届“赢在东莞”大学生科技创新创业大赛中获得17个奖项。

学校开设创新创业选修课9门，并申报各类研究课题《跨境电子商务本硕层次专业学位人才培养模式探索与实践》获批教育部首批国家级“新工科”研究与实践项目；《跨境电子商务实战化课程体系建设》《中小企业管理课程教学体系建设》获批教育部2018年协同育人“创新创业教育改革项目”。

【交流合作】　2018年，广东科技学院推进与港澳台地区高校的交流与合作，选派12名学生分赴中国台湾3所高校进行为期一学期的研修学习；协同主办2018年第三届莞台大学生夏令营活动并获得最佳组织奖；持续推进粤港澳三地文化教育交流与合作，组织4次莞港学生双向交流活动，与澳门城市大学探索开展硕士推免生项目。开办中英“3+1”双学位国际班项目；开展暑期赴美国带薪社会实践项目，选拔28名优秀学生赴美国企业实习；组织30余名学生参加英国、澳大利亚语言文化夏令营、泰国博仁大学访学及“一带一路”文化体验项目；指导6名优秀学生获国外知名大学录取；举办第二届中美大学生文化交流营活动；与泰国、菲律宾、韩国、意大利、西班牙等“一带一路”沿线国家高校探索开展多形式的交流与合作。（毕会东）

附：2018年广东科技学院主要领导名录

院　长：黄　彛

党委书记、省政府督导专员：梁瑞雄

东莞职业技术学院

【东莞职业技术学院概况】　截至2018年底，东莞职业技术学院校园总面积62万平方米，校舍建筑面积33.95万平方米，实验实训场所8.9万平方米。固定资产13.36亿，其中教学仪器设备总值1.38亿元。设有机电工程学院等14个二级教学院系（部）。学校对接东莞支柱产业及产业发展趋势，完成机械制造、电子信息制造等10个专业群布局，开设机械制造与自动化等37个专业。拥有中央财政支持高职建设专业2个，广东省“高职—本科”协同育人专业3个，省级示范及高水平建设专业7个，省级高职教改项目23个，广东教育教学成果奖（高等教育）培育项目7个，省级各类实训实践基地9个，省级精品资源共享课程7门。有普通全日制在校生9791人，各类成人学历教育及自考学生近9000人；有教职员工681人，其中专任教师485人，高级职称的专任教师162人，博士44人，具有硕士以上学位教师388人。学校拥有广东省教学团队2个，广东省南粤优秀教师4名，广东省技术能手3名，广东省五一劳动奖章获得者1名，广东省高等职业教育专业领军人才培养对象2名，广东省高等学校优秀青年教师培养对象4名，广东省高层次技能型兼职教师2名，东莞市特色人才7名，广东省“千百十人才培养工程”校级培养对象7名；成立“技能大师工作室”4个。学生在各类大赛中表现出色，获得各种奖项500多个，其中国家级奖项70多个。先后获东莞市“园林式单位”“全国教育改革创新示范院校”“广东省教育后勤工作先进集体”“世界莞商大会志愿者服务工作先进集体”等称号。

【“双提升”行动计划】　2018年，东莞职业技术学院制定出台《东莞职业技术学院加快建设全国一流职业院校“双提升”行动方案》，并得到市委、市政府主要领导的批示，成立由分管副市长担任组长的“东莞职业技术学院建设全国一流职业院校‘双提升’项目工作领导小组”。

【办学模式创新】　2018年，东莞职业技术学院在建筑学院的基础上，与岭南园林股份有限公司合作建设东莞职业技术学院岭南园林学院，成为市首个培养园林行业专业技术人才的产学研合作产业学院。成立创新创业教育学院，对学校创新创业工作统一归口管理，与中科创大、中汇联等公司机构合作，共建中科创新创业学院。

【师资队伍建设】　2018年，东莞职业技术学院开展境外高层次人才见面会1场，境内高层次人才招聘会2场，全职引进台湾专家5名，柔性引进台湾高层次人才1名。遴选出校级教学名师2名，“双师素质”教师23名，专业带头人32名，各专业形成由“双师素质”、骨干教师—专业负责人—专业带头人组成的“三层四类”合理的梯队。举办2018年教师说课比赛和第二届教师教学比赛，促进教学方法和手段的创新，提高教师课程开发、设计与实施的能力。组织骨干教师赴中山专题培训，开展教师教学研修班等各类培训10余期。

【教学科研】　2018年，东莞职业技术学院组织召开东莞职业技术学院第二届教学工作会议，从校企合作精准育人、以研促教提升服务能力、高水平专业建设等6个方面开展研讨与交流，并出台《校企精准对接　精准育人实施方案》等8个行动方案。推进教育教学的改革与质量提升，获得国家级教学成果奖二等奖1项，省级教学成果奖一等奖1项，二等奖2项。在2018年广东省职业院校信息化教学大赛中，取得一等奖11项、二等奖4项、三等奖3项，获奖数量位居全省第一。新增会计、工商管理2个专业的专本协同育人试点。学校电子信息工程技术专业通过IEET（中华工程教育学会）工程及科技教育认证。成立张国军教授智能制造工作室、李泽湘教授机器人应用技术工作室等4个技能大师工作室，6个工程技术研究中心获市级认定，东莞市机器人技术服务平台在学校签约挂牌。获市级以上科研项目立项62个，横向项目64个，政校行企合作项目22个。19项课题首次获得广东省教育厅科研项目立项，27项获得东莞市2018年哲学社会科学规划立项，6项获得

2018年6月21日，东莞职业技术学院举行中科创新创业学院成立大会暨创新创业教育校企合作研讨会　（张秋婵　摄）

2018年东莞市科技局社会科技发展项目立项。

【社会服务】　2018年，东莞职业技术学院承接相关单位及企业、培训机构举办的117个会议培训项目，接待服务人数8992人次。承接东莞市企业工会工伤预防知识培训，首次选派教师到全市33个镇街（园区）开展培训，完成培训5000余人次。继续与虎门镇总工会合作开展2018年职工技能公益培训，培训企业职工2000人次。组建跨专业的校级继续教育师资团队，针对企业培训需求和社区教育需求，开发课程资源57门。暑期“三下乡”社会实践团队数量再创新高，有立项队伍75支，3400多人参加。研究制定出台《东莞松山湖高新技术产业开发区　东莞职业技术学院关于深化“区院融合发展”行动计划》。

【招生就业】　2018年，东莞职业技术学院录取4151人（含自主招生252人、三二分段招生494人），新生报到3799人，报到率91.52%；毕业生3432人，参加就业人数3302人（不包含结业生），全年一次就业率98.24%，最终就业率99.85%，平均薪酬为3494元，专业对口率86.11%。

【对外交流】　2018年，东莞职业技术学院在英国拉夫堡学院设立首个海外教学基地。中加班通过高考招收第二届学生87人，中澳班招收第二届学生13人，中德班招收第二届学生23人，与澳大利亚南十字星大学签署专升硕定向培养项目协议、与马来西亚城市大学签署合作框架协议、与菲律宾莱西姆大学签署合作协议书，与英国拉夫堡学院签订现代学徒制项目合作协议。对口支援工作取得进展，与惠州城市职业学院、金华职业技术学院签订合作交流协议，组织专业队伍赴贵州黔南民族职业技术学院开展专题培训，组织学生赴云南鲁甸开展暑期义务支教。　（高梅玲）

附：2018年东莞职业技术学院主要领导名录

党委书记：朱益民
院　　长：贺定修

中山大学新华学院

【中山大学新华学院概况】　中山大学新华学院是中山大学与广东东宝集团有限公司按新机制新模式申办，于2005年经教育部批准设立的综合性全日制普通高等学校。学校设有广州和东莞两个校区，占地总面积137.07公顷（含配套用地40公顷）；校舍建筑总面积45.86万平方米。2018年，中山大学新华学院聘有教师1240人，其中专任教师996人，专任教师中具有高级职称304人，具有硕士及以上学位831人；设有14个二级学院、8个直属系（部），45个专业，比上年增加5个专业，涵盖经济学、法学、文学、理学、工学、医学、管理学、艺术学等8个学科门类。学校面向全国招生，已招收14届学生，在校生2.31万人，其中1.9万人在东莞校区就读。2018届毕业生就业率为99.50%，其中21个专业就业率100%。

【教育教学质量】　2018年，中山大学新华学院提高教育质量，更新教育理念，推进教学改革。

教育管理模式发展　中山大学新华学院创新人才培养教育教学模式——“逸仙新华班”，首届50名学生培养成果显著，学生就业形势良好，升学成绩优秀，分别考上香港中文大学等知名高校，“激越四段式教学法”得以实践。自主研发的“新华学分银行信息管理系统”完成开发并投入使用，满足学生个性化、多样化的学习发展需要，探索促进学习者主动学习、释放潜能、全面发展的教育管理模式。

“易班”（是提供教育教学、生活服务、文化娱乐的综合性互动网站）平台打造　中山大学新华学院作为广东省第五批“易班”建设试点高校，落实教育部、国家互联网信息办公室《“易班”推广行动计划和中国大学生在线引领工程实施方案》，推进广东省第五批“易班”建设重点推进高校的推广建设工作，提高思想政治教育工作水平，构建网络环境下的全员育人、全过程育人、全方位育人的良好格局。2018年11月15日，学校“易班发展中心”揭牌，象征着学校思想政治教育工作的开展进入新阶段。

“创新强校”工程推进　中山大学新华学院获广东省财政厅下

拨“创新强校工程”专项资金265万元，学校配套资金264.8万元，制定学校“创新强校工程”实施计划表以及资金使用方案。

教育改革项目与大学生创新项目　中山大学新华学院获得“2018年广东省高等教育教学改革项目”立项6个，“广东省本科高校教学质量与教学改革工程建设项目”立项5个，广东省临床教学基地教学改革研究项目1个，广东省教育厅2018年度本科金融学类专业教学改革研究项目2个；10个项目获得2018年度大学生创新创业训练计划项目国家级立项，30个项目获得省级立项。

以评以赛促教　2018年，中山大学新华学院举行首届教师课程说课大赛，举办第八届中青年教师授课大赛，创新教学形式，改革教学方法；开展第三届“校级教学成果奖”评选、2018年“校级教学名师奖”评选，凝练教育教学成果，激励教师热爱教学、精心教学，促进教学质量提高。

【科学研究】　2018年，中山大学新华学院组织申报43类181个科研项目，获资助32个。同时为多家校外单位提供技术服务，签订和在研校企横向合作项目6个和校校横向合作项目1个，共计横向合作经费139.77万元。教职工发表的论文质量提升，全年发表论文543篇，其中高水平论文178篇，核心论文数量显著增加。申请获得广州市知识产权局的“知识产权试点学校项目”（全市5个），实现该项目零的突破；专利申请获授权18项，软件著作权申请获登记12项。

【学术活动创新】　2018年，中山大学新华学院开展“科技月”“科技开放日”“学术月”等活动；为实现“学术强校”的发展方略，举办“新华讲坛”及各层次高水平论坛133场，其中教师学术沙龙5次，主办第三届海峡两岸内分泌及代谢学术研讨会、第二届中国大学生公共管理案例大赛、中国外语教育改革40周年回顾与展望学术论坛暨2018广州外国语协会学术年会、中国会计学会管理会计专业委员会2018年学术年会、第三届全国大学生人力资源管理知识技能竞赛第二大区赛暨高峰论坛等一系列高水平、有影响力的学术交流研讨会，为全校师生提供科研交流平台。

【“六大人才计划”推进】　2018年，中山大学新华学院落实人才强校战略，推进“六大人才计划”。全年引进各类人才226人，其中高层次人才51人。截至年底，有73名青年教师入选“百名骨干教师”培养计划，58名教师入选“博士导研计划”；聘请校外导师46人、海外导师8人、教学督导21名。全年，学校选派青年教师赴国内外访学进修、参加高层次国际国内学术会议或专业骨干教师进修等活动10余项，累计425人次；邀请名师来校举办各类讲座（含教育理念、教学技术、学科前沿、科学研究、管理工作等）25场，更新教师的教育理念，为做好教育教学和学术研究打下坚实的基础。

【校企合作】　2018年，中山大学新华学院新建立校外实践教学基地30个。截至年底，有校外实习基地273个，已签协议237个，其中医院40所、事业单位17家、研究所5家、学校5所、企业197家、国家机关单位9家，满足各专业学生的实习需要，为毕业生实践能力的培养，提供坚实的硬件条件。9月28日与京东物流签约成立“智能物流无人配送车产学研基地”，当天京东物流华南地区第一台智能配送机器人落地运营，并在学校校园完成首单配送，这对深化物流行业智能化运营和规模化应用具有里程碑式的意义。

【对外合作交流】　2018年，中山大学新华学院接待美国、法国、加拿大和澳大利亚等国家及中国港澳台地区29所院校的来访团组，24批次78人次，其中包括来自“一带一路”沿线国家马来西亚、泰国、阿联酋的10所高校，响应“一带一路”倡议，加大与“一带一路”沿线国家和地区的交流与合作；与6所国（境）外院校签订合作备忘录，新增合作院校有：美国肯塔基大学、意大利维泰博美术学院、澳大利亚麦考瑞大学、美国罗德岛大学、阿联酋海湾医科大学、澳洲伍伦贡大学迪拜分校；通过学校与国（境）外高校交流合作项目出国留学与短期交流的学生8批次46人次；支持和鼓励5批次6人次教师赴国（境）外参加各类学术会议、合作科研项目、学术访问。

【学科竞赛】　2018年，中山大学新华学院对第六届“发现杯”全国大学生互联网软件设计大奖赛等36个项目立项并资助50多万元，竞赛成果突出，获得第二十届中国机器人及人工智能大赛全国一、二、三等奖3项；第十一届中国大学生计算机设计大赛国家级二、三等奖6项，省赛阶段一、二、三等奖11项；全国高校经济学综合博弈实验大赛全国总决赛一等奖、二等奖；在2018年“挑战杯创青春”广东大学生创业大赛中获得一金三银十铜，实现金奖零的突破等。

（邓玉珉）

附：2018年中山大学新华学院主要领导名录

党委书记：周　云

校长、党委副书记：王庭槐

广东创新科技职业学院

【广东创新科技职业学院概况】
2018年，广东创新科技职业学院有教职工730人，其中专任教师566人，校外兼职教师193人；副高以上职称教师数占专任教师总数20.85%；研究生以上学历或学位教师数占专任教师总数的46.64%；“双师型”教师数占专任教师总数的41.87%。学校下设信息工程学院、财经学院、机电工程系、建筑工程系、管理系、艺术设计系和外语系共7个二级院（系），开设专业35个。截至年底，全日制在校生1.24万人。2018年，学校通过国家教育部有关高职人才培养水平评估，学校迈入新的发展阶段。

【办学目标】 2018年，广东创新科技职业学院办学层次是专科层次学历教育。学校坚持“高起点、高标准、严管理、创新路、铸特色”的办学方针；秉承“厚德自强，创新不息”的校训；树立“人才立校、规范治校，品牌铸校”的品牌发展战略；探索“专业技能+创新素质”的人才培养模式；塑造创新精神，提升办学品位；密切校企合作，推进工学结合，实行开放办学，加强教学内涵建设，不断提高教学质量，培育优良校园文化，全力培养面向生产、建设、管理和服务第一线的高素质技术技能型专门人才，努力办成一所具有鲜明东莞地方特色、雄厚综合办学实力、和谐大学校园文化，在广东省位居前列的综合类、创新型高等职业院校。

【产教融合】 2018年，广东创新科技职业学院初步形成电子信息、智能制造、创意设计、财经商贸、土木建筑、公共基础、科创产业园等七大类专业群实训基地，下设实训室119个，实践场所建筑面积7.4万平方米，实训基地教学仪器设备值4577.92万元，可开展实训项目540个，教学工位5360个。

【人才培养】 2018年，广东创新科技职业学院根据国家和广东省中长期教育改革发展纲要，以及学校发展规划，结合学校办学工作实际，学校形成人才培养模式发展目标。通过深入东莞及珠三角地区行业、企业调研，主动了解行业、企业专业技术现状、发展趋势，根据行业、企业对高技能人才的需求，组织专业建设委员会共同确立人才培养规格和目标，搭建“工学结合、校企合作”人才培养模式的新平台。

【办学特色】 2018年，广东创新科技职业学院重视研究技术领域和职业岗位（群）任职要求的新变化，强化遴选专业教学内容，创新专业课程体系，改革教学方法和手段，融“教、学、做”于一体，强化学生的实践能力。建立专业课程与职业资格证书相衔接的职业能力培养、培训与考核体系，实行毕业证与技能证“双证”融通。

【教学改革】 2018年，广东创新科技职业学院有14个订单班，涉及投资与理财、机电一体化技术、酒店管理、工商企业管理、应用英语等10个专业428名学生。开展以订单班和各种教改试点专业为重点，打破现行三年六学期的教学运行周期模式，探索和试行多学期、分段教学等灵活多样的教学运行制度，按照行业企业运行周期和教学空间、时间组织模式，实现教学运行周期和行业企业运行周期的对接。

【国际合作办学】 2018年，广东创新科技职业学院实施“多层次、宽领域”的国际合作教育项目。注重走合作办学之路，先后与华为集团、广东现代会展中心、东莞喜来登大酒店、东莞银行等260家国内知名企业建立合作关系。同时，开展国际院校间的交流与合作，分别与美国、加拿大、英国、澳大利亚、新西兰、新加坡、马来西亚等10个国家高校签订合作办学协议，为培养国际化应用型人才开辟绿色通道。 （蒋满华）

附：2018年广东创新科技职业学院主要领导名录

校　长：张岳恒
党委书记：叶小明

东莞开放大学

【东莞开放大学概况】 2018年，东莞开放大学开放教育本科、专科春季招生1338人，秋季招生1382人，全年招生2720人，各类学历教育在校生人数1.09万人。“老年学堂”被国家全民学习活动周工作小组认定为2018终身学习品牌项目。

【现代信息技术教育教学】 截至2018年底，东莞开放大学在全市27个镇（街）建有46个合作点方便市民就近入学，并相继启用在线学习平台、直播中心，教师可以将课程通过互联网同时传递给全校分布于46个合作点1万余名学历教育在校生，学校“线上线下”混合式教学模式基本建立。

【学历提升“立交桥”工程】 2018年，东莞开放大学中职学生学历提升“立交桥”工程改变单一“课程注册”形式，与部分中职学校合作，采取“3+2”（3年全日制中专，2年脱产大专）形式开展办学；引进广东开放大学，利用广东开放大学的资源优势，发挥学校的属地责任，与中职学校签署三方共建协议，以“广东开放大学东莞学院”的名义办学，让中职学校办学层次就地升格、优势专业顺势升级、骨干教师获得专业发展。

【非学历教育开拓】 2018年，东莞开放大学坚持“一体两翼四化”的发展策略，在创新发展学历教育的同时，以“老年教育、社区教育网络搭建、党政培训及职业培训”为学校非学历教育发展的4个支柱，发挥学历教育与非学历教育“双轮”驱动的作用。“老年学堂”被国家全民学习活动周工作小组认定为2018终身学习品牌项目。 （张佑健）

附：2018年东莞开放大学主要领导名录

校长、党总支书记：阳　涌

广东亚视演艺职业学院

【广东亚视演艺职业学院概况】 广东亚视演艺职业学院位于东莞市塘厦镇，2000年1月获广东省教育厅批准成立，实施全日制职业大专学历教育，是华南地区艺术教育品牌院校。截至2018年底，学院先后被评为“广东优秀民办高校”、“十大专业特色民办高校”、广东省民办“竞争力20强高校”等。是以艺术类专业为特色，非艺术类专业为主的综合性院校，主要围绕艺术设计类、财务会计类、计算机类、建筑设计类、表演艺术类、广播影视类开设30个招生专业。

【办学理念】 2018年，广东亚视演艺职业学院确定“做精艺术类专业，做强非艺术类专业，非艺术类专业和艺术类专业协调发展”的战略规划，坚持德育育人、人才培养并重的办学理念，深化产教融合、校企合作、推行现代学徒制试点工作，形成具有职业教育特色的人才培养模式。学院与中央电视台综艺频道《我爱满堂彩》栏目、浙江卫视、湖南卫视娱乐频道、中山日报报业集团、东莞市职业技能鉴定中心等单位合作，使学生未走出校门就具备专业技能。

【专业建设】 2018年，广东亚视演艺职业学院设有30个专业，包括戏剧影视表演、播音与主持、影视编导、公共文化服务与管理、服装设计与工艺、数字媒体应用技术、摄影摄像技术、声像工程技术、音乐表演、舞蹈表演、现代流行音乐、幼儿发展与健康管理、计算机应用技术、电子商务技术、大数据技术与应用、互联网金融、会计、财务管理、工商企业管理、人力资源管理、社区管理与服务、物业管理、建筑室内设计、环境艺术设计、影视动画、建筑装饰工程技术等。

学院还是音响调音师及录音师国家职业资格技能鉴定点、演出经纪人资格证考点和中国舞蹈家协会舞蹈教师培训基地、CCAT考试中心，会计从业资格等，并与德国合作培养装配式建筑全装修技术人才，对学生实施学历证书和职业资格证书“双证书”培养。

【师资队伍建设】 2018年，广东亚视演艺职业学院拥有一批来自中央戏剧学院、北京电影学院、上海戏剧学院、中央音乐学院、北京舞蹈学院、中央电视台、长春电影制片厂等单位的艺术家、专家教授，学校还聘请一批全国知名的作曲家、歌唱家、影视表演艺术家、著名制作人为客座教授，如歌唱家戴玉强、董文华、陈思思，曾经培养一大批著名影视演员的北京电影学院教授张华等，学校每年不定期邀请他们来学校讲座，开设名家讲堂。

【教学科研】 2018年，广东亚视演艺职业学院在广东省“学院奖”青年师生设计艺术大赛中，夺得一、二、三等奖18项；小品《当我老了》参加全国第五届大学生艺术展演获二等奖；参加第九届蓝桥杯全国竞赛，获广东省二等奖2项、三等奖1项；艺术团通过东莞市“东莞城市艺术空间”评选，享受政府演出经费扶持；在全省首届职业院校美育节设计作品大赛上，有4个作品获一金、二银、一铜，学校还获得优秀组织奖；在“百事校园最强音”赛事上，夺得粤东赛区冠军，另有三名学生囊括东莞赛区冠、亚、季军；在“风雅颂”广东省第四届朗诵大赛上斩获金奖；9名选手问鼎“中国新歌声”广东省总决赛；参加第三季“东莞最强音”赛囊括冠、亚、季军及优秀奖；第二届广东大中专院校技能大赛，获得一等奖8项、二等奖14项、三等奖10项、6位老师获得“优秀指导教师奖”、学校获得“优秀组织奖”和“广东省创意设计人才培养基地”称号；参加“青年荣耀·中华美育情”第二届全国高校美育成果展演大赛，获得一等奖7项、二等奖3项，学校获得“全国高校音乐教育模范单位”称号，教师获得“全国高校美育先进工作者”称号和“全国高校美育教学成果一等奖”，参选节目在中国教育电视台CETV-1上展演，并于2019年参加高校美育成果全国巡演。

（张雪晨）

附：2018年广东亚视演艺职业学院主要领导名录

党总支书记、董事长：叶旭全

广东亚视演艺职业学院舞台表演　（广东亚视演艺职业学院供图）

文　化

CULTURE

东莞市民艺术中心
（市文化广电旅游体育局供图）

编辑：郭佩文　陈国雄　王学林

文化综述

【文化事业概况】　2018年，东莞市有市民艺术中心1个，文化站33个，公共图书馆（室）653个，公共电子阅览室582个，公办博物馆17个，民办博物馆31个，文化广场755个，电影放映单位140个。全市有广播节目42套，电视节目40套。全年发行报纸7157.47万份，其中《东莞日报》5697.34万份；电影放映161万场次，观众2400万人次。

【文化惠民活动】　2018年，东莞市实施“全民艺术普及行动计划”，打造“文化四季”“文化年历”“读书节”“艺起来”等文化活动品牌，举办第六届中国·东莞音乐剧节、第十六届“粤剧黄金周”、第五届东莞市合唱节、第二届东莞市群众戏剧曲艺花会等系列活动。全年举办惠民演出672场、公益艺术培训班205个、镇街教学点公益培训1480场，放映公益电影9643场，受惠群众300多万人次。

【公共文化服务体系】　2018年，东莞市实现基层综合性文化服务中心全覆盖。推进文化馆总分馆体系建设，“一核多元、分类推进”模式受到文化和旅游部肯定，完善图书馆总分馆体系，建成启用一批多功能新形态“城市阅读驿站”。在全省率先举办“2018首届广东东莞公共文化产品采购会”，搭建起东莞乃至珠三角现代公共文化产品供需对接平台，丰富公共文化服务供给。优化数字服务平台“文化莞家”，实现文化活动信息统一发布。

【文化产业和市场管理】　2018年，东莞市举办第十届漫博会，组团参展第十四届深圳文博会，指导办好沉香博览会，举办第二届文化创新学堂，为企业搭建产业服务平台。指导推动寮步莞香文化产业园

2018年11月24日，市文化广电旅游体育局在鳒鱼洲工业遗址策划推出《东莞作用——大型艺术展览》 （市文化广电旅游体育局供图）

获得省文化旅游融合发展示范区创建资格，33小镇、运河创意公社获得省级文化产业示范园区创建资格。加快行业转型升级，推动500多家网吧、歌舞游艺娱乐场所转型。截至年底，全市有市级文化产业园区、基地和重点文化企业47家，其中获得国家高新技术企业认定文化企业8家，登陆“新三板”文化企业8家，电影票房收入7.6亿元，排名全省第三位。落实文化市场安全生产责任制，健全文化市场监管体系，推动文化市场管理入格“智网工程”，持续“扫黄打非”、打黑除恶高压态势，开展系列专项行动，保障文化市场安全稳定。

【改革开放40周年文化活动】 2018年，东莞市举办“时代印记”大型图片展，全面立体展示东莞改革开放40年来的辉煌成就和城市巨变。推出“时代交响——献给产业工人之歌”大型交响音乐会，艺术呈现东莞改革开放的历史航程，为时代喝彩，为产业工人点赞。创新举办“东莞作用”大型艺术展览，用艺术唤醒鳒鱼洲工业遗存，重现“东莞记忆”，吸引众多市民前往观展。首次策划举办“莞邑春晓——2019东莞草坪新年音乐会”，以开放的文化活动形式迎接新年。

【红色文博场馆成“主题党日”活动主阵地】 2018年，广东东江纵队纪念馆、鸦片战争博物馆等红色文化传播场馆成为全市“主题党日”活动主阵地，东莞展览馆新增“信念永恒——东莞党建专题展”，成为全市党员教育重要课堂。7月以来各文博场馆先后接待企事业单位党组织758个、党员干部783批次，3万余人次。

（张玉纯）

文艺活动

【全民艺术普及行动计划推进】 2018年，东莞市推进全民艺术普及行动计划，开展“学、演、展、诵、谈”五大类共23项文化服务项目。全年全民艺术普及行动计划举办精品演出337场，镇街自主演出335场；开办公益文艺培训班205个，招收学员5500余人，为历年之最；东莞市民艺术大学堂镇街教学点举办培训1480场次。在引进省级精品项目外，推广本土优秀剧目，采购本土优秀精品项目进镇街，让精品项目注入本土元素。策划举办爱心文化馆系列活动，举办“星星联盟”系列活动，引进各机构特色项目长期进驻东莞市文化馆“爱心馆”项目。

【东莞文化四季策划】 2018年，东莞文化四季分为“音乐季”“青少年艺术季”“城市文化交流季”以及“视觉艺术季”。全年推出艺术演出100多场、精品展览30场及大型品牌赛事3个，通过线上和线下参与活动的市民10万余人次，东莞文化四季成为东莞市民享受公共文化服务的重要载体。其中，音乐季举办包括陈小奇、高翔等名家讲座，太阳之子、东莞音乐家等主题精品音乐会和“东莞声音”歌唱大赛。青少年艺术季重点推出“我要上时装周——‘东莞杯’2018中国少儿超模大赛”，参与人数3200余人，大赛期间“文化莞家”公众号粉丝增加近20万人次。城市文化交流季举办粤港澳大湾区城市影像联展、粤港澳大湾区城市非遗项目、东莞文化精品节目走出去等12项文化艺术交流活动。视觉艺术季以“东莞·这座城”为主题，举办大型声乐组歌《时代交响——献给产业工人之歌》音乐会及研讨会、“东莞作用”大型艺术展览等8大活动。

【首届广东东莞公共文化产品采购会举办】 2018年9月14—15日，东莞市文化馆举办首届“文采会”，接受社会各方采购，搭建现代公共文化服务平台，参展单位203家，展示文化产品和服务2000多种，签署合作意向书161份，涉及金额2638.3万元。

【传统文化品牌打造】 2018年，东莞市举办文化年历品牌活动，围绕全年30个传统节庆日，策划开展春节、元宵、清明、父亲节、世界地球日、五一劳动节等重大节日活动。其中，“缅怀革命先烈、传承东纵薪火”清明节活动设计制作网络献花平台，吸引近10万人参与；“五一”节期间，携手市总工会发动全市20多个工会联合演

2018年12月23日，“莞邑春晓”新年系列文化活动之草坪音乐会在市中心广场举行

（市文化广电旅游体育局供图）

出；在都市彩虹剧场举办的父亲节专题演出，吸引5000多名现场观众参与。同时，推出4个系列的家庭美育系列活动，全年举办活动40期，惠及群众3900人次。

【东莞群文创作】 2018年，东莞市举办第五届合唱节，先后组织合唱指挥大师专题讲座暨示范演出、合唱比赛、颁奖合唱音乐会等10项活动，157支团队8000余人报名参赛，20多万名市民通过线上线下的方式参与活动，是报名、参与人数最多的一届合唱节。举办东莞市第二届群众戏剧曲艺花会，评选出12金15银25铜，以及25件创作奖，共77件获奖作品。对其中部分优秀作品进行加工辅导和重点打磨，选拔出一批有新时代特色、有竞争力的戏剧曲艺作品，参加11月在广州举行的广东省第九届群众戏剧曲艺花会，并获得2金3银5铜的成绩，在全省范围内保持文艺精品创作的优势。策划推出“幸福舞起来”2018年东莞新编广场舞的创作和推广项目，推广新编广场舞，丰富市民业余文化生活。其中，新编广场舞《生活在东莞真好》在“舞动南粤”全国广场舞广东省集中展演活动中，获得唯一奖项“十佳团队”。

【文化精品活动】 2018年，东莞市举办第六届中国·东莞音乐剧节，上演百老汇音乐剧《芝加哥》、戏曲音乐剧《一代天骄》、儿童音乐剧《木偶奇遇记》等22部剧目33场演出。举办第十六届东莞粤剧黄金周，上演《范蠡献西施》等9场演出，举办《粤剧剧本发展史》展览。组织实施“艺起来——东莞文艺名家推广计划”，推选陈家怡、康健、王琦、陈玺等4人为2018年度东莞文艺名家推广对象，并举办“艺起来——东莞文艺名家推广计划成果展演”“艺起来——东莞文艺名家推广计划美术作品展”及文艺名家推广系列活动。“粤韵金声”粤剧曲艺周末欣赏晚会在原有的基础上，增设万江、寮步两个分会场。举办草坪新年音乐会，特邀国内一流的职业交响乐团——深圳交响乐团担任主要演奏团队，活动吸引2000多名市民参加。（张玉纯）

【首届“最美莞乡”摄影大赛】 2018年，中共东莞市委农办、东莞市农业局和东莞市文联指导，启动首届“最美莞乡”摄影大赛。大赛以“最美莞乡”为主题，面向海内外摄影爱好者征集作品，收到作品2700多幅，由评委初选、网络投票、专家评审，最终获奖作品80幅，其中一等奖2名（专业类、非专业类各1名），二等奖4名（专业类、非专业类各2名），三等奖6名（专业类、非专业类各3名），优秀奖10名，入围奖58名。

（郭佩文）

【东莞庆祝改革开放40周年图片展】 2018年9—10月，由中共东莞市委宣传部、东莞市文化广电新闻出版局主办，东莞报业传媒集团承办的“时代印记——东莞庆祝改革开放40周年图片展”在东莞图书馆举办，分为“现代化的城市”“全球化的经济”“多元化的社会”三个篇章。在为期一个月的时间里，观展人数逾23万人次。

【文艺团队活动】 截至2018年底，东莞市有文艺表演团队28个，包括东莞市桥头金荷艺术团、东莞市塘厦松雷音乐剧剧团、东莞市塘厦农民工艺术团、东莞市莽头朗声木偶粤剧团、东莞市荔香粤剧团、东莞市红伶粤剧团、东莞市长安戏剧曲艺协会粤剧团、东莞市艺青粤剧团、东莞市摩登影子音乐剧团、东莞市水乡风情艺术团、东莞市精战杂技艺术团、东莞市度香亭杂技艺术团、东莞市魅力岭南艺术团、东莞市保利文化演艺团、东莞市维亚艺术团、广东艾利发剧院管理有限公司东莞儿童艺术剧团、广东心灵之声艺术团、东莞市残疾人艺术团、东莞市龙吟艺术团等。

是年，东莞市长安戏剧曲艺协会粤剧团推出讲述东莞改革开放四十年成果及成就的现代题材粤剧《惊蛰》、取材于古典名著《聊斋志异》的粤剧《狐仙报恩会痴郎》在东莞巡演。其中，《惊蛰》入选全国优秀现实题材舞台艺术作品展演（广东站）。

是年，广东艾利发剧院管理有限公司东莞儿童艺术剧团创作推出的多媒体互动儿童剧《青蛙王子——环球旅行记》、以莞香为题材的神话儿童音乐剧《香香国传奇》在东莞巡演。 （张玉纯）

【文艺家协会活动概况】 作家协会 2018年，东莞市作家协会完成换届。市作协发动并推荐东莞作家申报入会，有7人加入中国作协，13人加入省作协；协调组织第七届东莞“荷花文学奖”评审、《一抹沧桑》广播剧创作录制活动，作家村南翔《回乡》、丁燕《沙孜湖》、江子《青花帝国》获得鲁迅提名奖。

书法家协会 2018年，东莞市书法家协会组织开展第二届“袁崇焕杯”全国书法大赛、东莞市第二届“东莞好”诗书画印创作大赛等活动。启动编辑《东莞书法史》《东莞篆刻史》，展开东莞历史人文调查研究。

美术家协会 2018年，东莞市美术家协会开展“大美东莞”系列活动之走进常平镇写生采风活动，11月18日，“打造东莞美术名家系列——张群炎画展”在可园“敏求雅集”以沙龙的形式开展，以及开展“到人民中去”东莞市书画摄影作品巡展等系列活动。

摄影家协会 2018年5月9日，“5·12”汶川特大地震十周年前夕，东莞市摄影家协会40名摄影家携三大摄影展览参与活动，还带上食品、文具、药物等向平武县白马藏族乡人民送上慰问与祝福。6月9日，摄影家协会承办东莞制造摄影创作研讨会在中国艺术研究院举行。

音乐家协会 2018年，东莞市音乐家协会组织各类音乐赛事、演出，扩大音协社会影响；1月6日，由东莞市文化馆主办、东莞市音乐家协会协办，莞艺春晓之经典歌曲新年音乐会·东莞市管弦乐团系列音乐会在东莞市文化馆星剧场举行。

舞蹈家协会 2018年9月，舞蹈家协会举办2018年东莞市第七届单、双、三“个人风采”（金芭蕾杯）舞蹈比赛，该届大赛舞蹈参赛作品469个，是历年来参赛作品最多的一届，经过11场初赛、2场决赛，评选出52个金奖、33个银奖、134个铜奖、126个优秀奖，创作奖6个，组织奖8个，园丁奖2个。

戏剧曲艺协会 2018年，东莞市戏剧曲艺协会扩大“戏曲进校园”覆盖面，并获得“戏曲进校园”示范单位称号。是年，举办“莞邑红豆”2018少儿粤剧曲艺培训基地汇报演出，“到人民中去”——“莞韵乡情绕万家”东莞市文联文艺志愿者“送欢乐下基层”走进道滘粤剧曲艺专场。

民间文艺家协会 2018年，东莞市民间文艺家协会完成全市20个国家级、省级民间文艺之乡、传

2018年11月18日，第二届东莞全民尚艺节开幕启动仪式在黄江镇举行 （市文联供图）

承基地的年审工作。承办广东省第五届麒麟文化节暨麒麟舞大赛。东莞市推荐入选队伍7支，取得3金、3银、1铜的成绩。

硬笔书法协会　2018年6月26日，硬笔书法协会在桥头镇举办“新时代·新思想”东莞市中国硬笔书法协会会员作品展，在2018年“大沥杯”广东省第二届硬笔书法作品展中，获奖3人，入展16人、入展提名19人，该会被授予大沥广东省第二届硬笔书法大赛先进集体称号。

中华诗词学会　2018年，东莞中华诗词学会召开第六次会员代表大会，调整学会领导班子，完善机构队伍建设、开展活动、加强学会对外联络，推动学会工作发展，为学会工作奠定基础。

国标舞协会　2018年，国标舞协会向各镇街分会主要负责人纳入协会会员，截至年底，国标舞协会会员人数132人。10月27日，国标舞协会在茶山体育馆举行“茶花杯”第十届“粤港澳”国标舞公开赛东莞站等赛事。

青年诗歌学会　2018年，东莞市青年诗歌学会围绕市文联“飘香、繁星、传薪、扎根、筑巢”五大行动；“到人民中去”“东莞好”“全民尚艺”三大活动品牌，举办“旗峰论诗”等系列诗歌沙龙讲座活动，活动上，著名诗人、中国人民大学博士、第九届茅盾文学奖评委杨庆祥作题为《重建对话诗学》的诗歌讲座。

青年美术家协会　2018年5月26日，东莞市青年美术家协会筹备“到人民中去——写生东莞·青年油画家近作展”，在汇一艺术空间举办。12月3日，由东莞市文学艺术界联合会、东莞市东城街道办事处主办的“第二届东莞美术探索展”在东城展览馆举行开幕式。

朗诵艺术家协会　2018年，东莞市朗诵艺术家协会承办“让所有梦想都开花——新年朗诵欣赏会”“朗吟中国梦　诵唱莞乡情”——东莞市原创优秀诗文朗诵等系列活动。

社会艺术教育协会　截至2018年底，东莞市社会艺术教育协会完成钢琴、舞蹈单双三和群舞的全部比赛。4月9日，东莞市社会艺术教育协会第三次会员代表大会春茗活动在石碣镇举行。

楹联学会　截至2018年底，东莞市楹联学会有会员288人。东莞市楹联学会、厚街镇文联共同举办“小雪”雅集暨楹联展，以雅集暨楹联展相结合的形式，讴歌改革开放四十周年东莞所取得的成就，展现东莞的楹联文化及助推“中国楹联之乡”的魅力，该楹联展览从11月25日至12月1日在鳌台书院展出。

曲艺家协会　2018年，东莞市曲艺家协会举行“粤韵飘香”粤剧专场演出、“送欢乐、下基层”曲艺专场、曲艺活动走进社区、企业、学校和军营，以及“粤剧欢乐周”巡演送戏下乡等系列活动。

电影电视艺术协会　2018年，东莞市电影电视艺术协会重点会员单位拍摄、发行的作品类型包括电视剧、电影、网络大电影、微电影等，其中《暗夜良人》《杀局》《超变陀螺》在央视少儿、广东少儿频道播出，同步在腾讯、优酷、芒果TV、爱奇艺、暴风影音等平台播出。

旗袍文化艺术协会　截至2018年底，东莞市旗袍文化艺术协会有27个分会、4万名粉丝、会员人数3000名。是年，邀请国内知名形体、礼仪老师为精英团专业集训20多次，参加各镇街汇民演出近200场。

收藏家协会　2018年2月，东莞市收藏家协会与虎门镇文学艺术界联合会联合举办“明清陶瓷精品展”。7月，与东莞市美术家协会共同主办“南国丹青·东莞画家写岭南”总结报告会。

微电影协会　2018年，“美丽乡村·东莞村跑”分别在5月13日、6月17日、8月11日举行茶山站、道滘站、石排站的活动。是年，微电影协会主管单位变更为东莞市文联。　（许晓雯）

附：2018年东莞市文化广电新闻出版局主要领导名录

党组书记、局长：陆世强

传播媒体

报　刊

【报业概况】　2018年，东莞日报社（东莞报业传媒集团）有《东莞日报》、《东莞时报》、东莞时间网等媒体和各媒体官方微博、微信，以及东莞报业传媒集团有限公司、东莞时报传媒发展有限公司、东莞日报印刷厂、万家通报刊发行物流有限公司、时间数字传媒发展有限公司、多维新媒体广告有限公司、广东经济出版社东莞编辑出版中心、东莞报业文化传播有限公司等8家子分公司，员工835人。是年，东莞日报社获“2017—2018年度中国报业深度融合创新发展优秀单位”“改革开放四十年·报业经营管理先进单位”等称号，旗下各媒体获得2017年度广东新闻奖7个、第十一届东莞新闻奖一等奖7个。

【报刊新闻报道】　2018年，东莞日报社围绕中心、服务大局，完成全国、省、市“两会”，庆祝改革开放40周年，以及市委市政府1号文、市委十四届六次全会、市十六届人大四次会议、美丽东莞建设、城市品质提升、乡村振兴战略、推动高质量发展、打赢污染防治攻坚战、重大项目百日攻坚大会战等政务、主题类宣传报道，配合党政中心工作。其中，突出学习宣传贯彻习近平总书记重要讲话精神的宣传报道，推出“沿着总书记指引的道路奋勇前进”“在习近平新时代中国特色社会主义思想指引下——新时代　新作为　新篇章”专栏专版，刊发专版500余个、稿件2000余篇。策划推出《美丽东莞　品质城市》《3.23米！他洪水

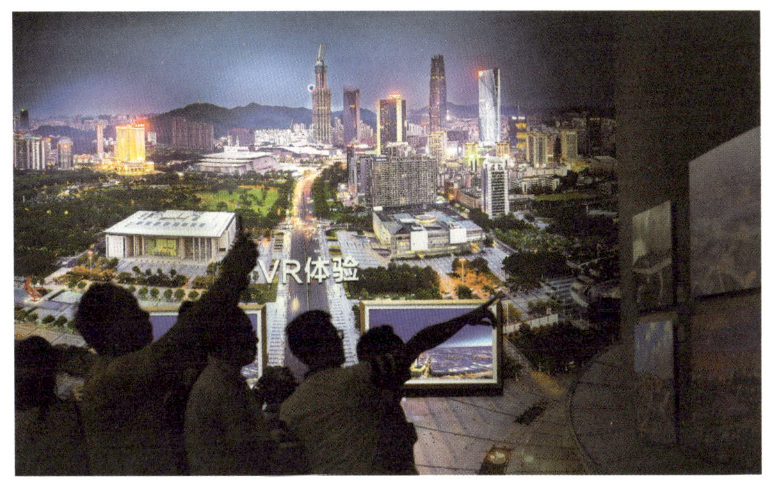

2018年9月29日，东莞庆祝改革开放40周年大型图片展在东莞图书馆开幕。图为市民观展 （东莞日报社供图）

中报出历史最高潮位》《港珠澳大桥72桥墩东莞造》《我的河长我的河》等一批采访作品，其中《3.23米!他洪水中报出历史最高潮位》一稿，获得《人民日报》《环球时报》及中央文明网等国家级主流媒体、权威网站的转载。

【全媒体产品打造】 2018年，东莞日报社以全媒体“中央厨房”采集、发布平台升级为契机，理顺全媒体融合工作机制，加强全媒体中心指挥功能，贯彻每日选题、三审把关、新媒体两小时发稿等制度，提高反应力和执行力。在重大时政报道方面，防御台风“山竹”、“百日攻坚”大会战、港珠澳大桥开通、院士峰会、全市非公经济大会等全媒体报道，发稿速度位居全市前列。在线上线下资源融合方面，第三届东莞大学生篮球联赛“媒”“体”融合效应明显，开幕式、全明星赛事两场视频直播观看17万人次；“图述莞”系列报道与微信等新媒体同步推送，以新旧图片对比形式讲述40年东莞变迁；融媒体原创专栏“一起查餐厅”全年举办10场，通过i东莞App、网易和现场云同步直播，观看总量和微信阅读量100万次。在特色平台打造方面，《东莞时报》开设的妈咪HOME版块，强化内容建设和线下活动组织，全年开展“丰收节”“荔枝节”等活动近300场，社群粉丝超8000人，还开设“经典童唱”“东莞故事”“辣妈正传”等固定栏目，形成“原创＋视频”的新媒体特色。

【采访调研活动】 2018年7—8月，东莞日报社以“学杭州 提品质”为课题，组织记者赴杭州采访并推出系列报道，梳理杭州在品质提升方面的创新举措和工作经验，并结合东莞实际，形成专题调研报告提交市委市政府，并下发全市科级以上领导干部学习。11—12月，报社由主要领导率队，组织开展“百日攻坚”——全媒体基层行大型采访暨大调研活动，调研专题访谈30位镇街主要负责人，60多位分管负责人及镇街中层干部，召开座谈会37场，实地走访项目67个，作为活动成果的《关于各镇街重大项目落地情况的调研报告》《关于深圳企业迁移并扎根东莞情况的调研报告》获肯定。 （黄佳琦）

网络媒体

【新媒体概况】 2018年，东莞日报社推动各种媒介资源、生产要素整合，实施移动媒体优先发展战略，媒体平台建设取得新成效。报社微信矩阵总粉丝数突破270万人，其中，东莞时间网官微通过强化原创内容，优化视觉版式，全年产生8条阅读量超过10万次的文章，粉丝数近50万人。东莞时间网日均流量26万次，比上年增长30%，并获得“2018全国地市网络媒体最具创新力十大品牌”称号。i东莞App下载总用户突破60万人，比上年增长160%，单日在线用户突破10万人，并获得“2018全国地市网络媒体最具影响力的十强客户端品牌”称号。是年，代运营微信总数11个，新增滨海湾新区、市公安局、市交通局、市城管局、市公证处等官微，成为报社微信矩阵补充和新媒体运作的重要阵地。

【新媒体报道】 2018年，东莞日报社运用新媒体手段，扩大新闻影响范围。制作“沿着总书记指引的道路奋勇前进”“学习贯彻落实习近平总书记视察广东重要讲话精神”“聚焦2018全国两会”“百日攻坚大会战”“安全生产，警钟长鸣”“聚焦莞商发展40年”等一批专题。制作“壮阔东方潮 奋进新时代——庆祝改革开放40年”专题，更新贯穿全年，PC、App发布稿件430余条，浏览量超过50万次，是年，围绕“致敬40年”主题创作的“东莞时光机”H5，首次尝试融合音频、视频、全景VR、专题、图集等元素，相当于线上“展览馆”，在全市多个平台发布，浏览量超过10万次。东莞“两会”期间，《东莞日报》《东莞时报》和东莞时间网官微、i东莞App、东莞时间网、两报微博实现联动式报道，4条创意短视频产品总点击量超过20万次、2个创意H5总点击量超过110万次、4场“两会会客厅”直播总点击量超过7万次等，其中“东莞版跳一跳”创意H5凭借制作精良、轻松阅读等优势，点击量突破100万次，并获得2018“太极杯”全国地市新闻首届有奖创新大赛二等奖。

【新型传播途径探索】 2018

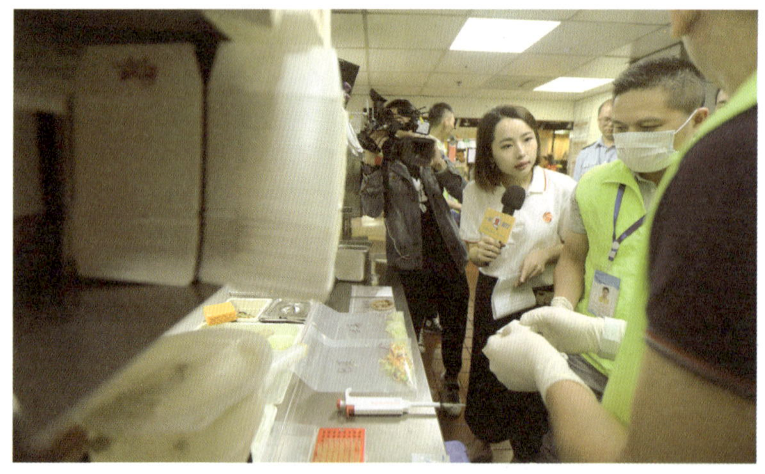
2018年4月26日，东莞市餐饮食品安全保障特别行动“一起查餐厅”突击检查3家餐厅，检查情况通过“i东莞”App、网易以及新华社现场云进行现场直播，超过10万人次网友观看行动（东莞日报社供图）

年，东莞日报社加强短视频、H5、动漫等产品的制作输出，拓展新闻产品传播途径；加大作品向今日头条、抖音等平台推送力度，实现媒体优质内容的二次传播。全年开展各类直播超过60场，总观看人次约400万，完成消费者权益日、大学生篮球联赛、一起查餐厅、广东院士峰会等活动的全视频直播，形成视频直播产品执行模式。东莞报业抖音矩阵活跃粉丝30万人，爆款短视频创下点击量超过1400万次，其中，《东莞时报》抖音号单条最高点击量超过200万次，总点击量超过800万次，点赞数量超过50万次。报社各媒体向今日头条推送的多个作品，单篇阅读量超过10万次、甚至超过30万次。（黄佳珣）

附：2018年东莞日报社（东莞报业传媒集团）主要领导名录

党委书记、社长、总编辑：曾平治

新闻出版和版权保护

【新闻出版管理】 2018年，东莞市完成全市报刊年检和新闻记者年度核验工作，316名新闻记者通过新闻记者证年度核验，4家公开发行出版物和4家省内新闻单位驻莞机构通过年度核验。审批一次性内部资料性出版物62宗，连续性内部资料性出版物8宗，出版《东莞出版审读》2期。

【版权保护】 2018年，东莞市加强全国版权示范城市后续建设。落实版权工作政策文件，认定东莞市虹虹动漫文化传播有限公司等5家企业为东莞市版权示范单位，《金龙御凤——项链》等19件作品为东莞市优秀版权作品。全年受理著作权登记资助申请6268件，申请金额304.9万元。在万江、石碣、高埗、长安、大岭山、樟木头、茶山7个镇街设置第二批东莞市版权工作站，并组织相应培训。做好2018年保护著作权宣传周活动，组织开展“版权保护在东莞”专题宣传。推进企业使用正版软件工作，选取15家企业成为省级2018年推进企业使用正版软件工作重点推进企业；组织企业参加广东省企业使用正版软件培训班，并举办2018年东莞市企业使用正版软件培训班。组织企业优秀涉版作品参展第七届中国版权博览会，其中广东智高文化创意股份有限公司获得博览会“金慧奖”优秀企业奖。在第十届漫博会设立“创建全国版权示范城市”专题展区，并做好版权服务工作。

【印刷发行管理】 2018年，东莞市完成2815家印刷企业年度报告、换证和1059家出版物发行单位年度核验工作，并登录信息管理平台进行数据录入及更新。组织印刷发行企业完成全国新闻出版统计抽检工作。开展印刷发行企业审核审批，全市新设立印刷企业290家，变更299家，注销备案63家；新设立出版物发行单位166家，变更43家，注销备案44家；审批审

2018年10月21日，在江苏省苏州市举办的第七届中国国际版权博览会上，东莞市广东智高文化创意股份有限公司获“金慧奖”优秀企业奖（市新闻出版局供图）

核境外出版物印件1204宗、5.3万种、10.87亿册；办理境外包装装潢和其他印刷品来（进）料加工备案283宗，出口总值182.54亿元。

开展印刷法规及业务培训。10月17日，组织全市外资印刷企业、出版物印刷企业、承接境外印刷品印刷企业的法定代表人或主要负责人及相关业务人员、各镇（街）宣教文体局、文广中心、文化市场综合执法分队负责人进行印刷业法规培训；组织新设立印刷企业经营者或变更法定代表人的企业负责人进行岗前法规培训，全年408家印刷企业、416名经营者参加培训；组织全市3000多家印刷企业签署《东莞市印刷企业经营者守法经营承诺书》。 （吴建勋）

广播·电视

【广播、电视概况】 2018年，东莞广播电视台总经营收入1.83亿元，其中广告收入1.23亿元。省广电网络东莞分公司拓展网络应用，研发推广新业务，全年总收入8.69亿元，其中基本服务费收入3.09亿元，融合业务收入3.08亿元，集客业务收入1.09亿元。截至年底，东莞市数字电视有效用户103.07万户，互动有效用户51.23万户，宽带有效用户52.43万户。

【广播电视安全播出】 2018年，东莞市广播影视管理部门协调全市播出单位和传输单位落实元旦、春节、全国“两会”、五一劳动节、“青岛上合峰会”、“中非合作论坛北京峰会”、十一国庆节、“中国国际进口博览会”等重要保障期安全播出和安全生产工作。在全年保障期间接收各安全播出责任单位零报告信息1700余条，向省安全播出指挥中心报送零报告信息60余条，全年实现广播电视安全播出零事故。

【电视频道高清化】 2018年，东莞市广播影视管理部门按照《广东电视频道高清化规划方案》的时间表，协调东莞广播电视台与省广电网络东莞分公司做好东莞市电视频道高清化的建设工作。截至年底，南城、凤岗、大朗、虎门等4个镇（街）建成4K体验厅4个，东莞广播电视台新闻综合频道和公共频道高标清同播频道于12月28日开播。

【广播电视节目】 2018年，东莞广播电视台播出广播新闻6.82万条、电视新闻1.07万条；电视专题栏目261期；制作各类专题片90个；开展网络直播194场；被央视采用电视新闻68条，被省台采用电视新闻175条、广播新闻631条，广播稿件采用数连续12个月在全省各地市台中排名第一。2018年，获省级奖作品21件，其中获省一等奖2件。FM100.8综合广播获“2017年度全国广播收听市场风云榜——城市电台新闻频率TOP10”，FM107.5交通广播获评“金长城传媒奖·2017中国十大创新城市广播电台”。2018年广东省城市电视台节目协作年会上，东莞广播电视台连续3年获颁“年度最佳收视奖”。电视旅游栏目《从东莞出发》获评“2018年全国优秀栏目文化类30强”。电视综艺节目“《宝贝豆丁》中华经典系列活动”被评为2018年度广东省广播电视节目创新创优扶持项目。东莞阳光网获2018年度中国城市新闻网盟优秀网站奖。东莞广播电视台联合央视策划摄制《海外东莞人》系列专题节目，派出采访组分赴南非、澳大利亚、越南、马来西亚、新加坡等国采访13名杰出莞籍乡亲，报道他们在异地他乡奋斗创业的精彩故事，并借助央视《华人世界》栏目全球播放，加强海外宣传推介，提升东莞国际知名度和影响力。

【广播电视融媒体发展】 2018年，东莞阳光台App“阳光微直播”项目，从技术创新、内容融合、多媒体推广等给予用户新体验，策划直播103场，在线观看700多万人次，参与互动100多万人次。2018年策划推出的《说医不二》微视频栏目，各平台总播放量破百万，成为全省“一网一品牌”栏目。2018年5月推出的短视频产品《莞视频》，每天生产2～3条原创短视频，多次制作出高流量的爆款产品。其中，《东莞虎岗高速3辆小车逆行引发多车相撞！官方通报来了！》在今日头条上的播放量达164.8万次；《东莞首例高层违法建筑爆破拆除 11层高楼被夷为平地》在今日头条上的播放量达49.8万次。广播节目推出“要直播”融媒体产品，办“看得见的广播”，线上线下融合，提升节目关注度和听众活跃度，三套广播频率所占市场份额超过东莞地区70%。网络各平台融合内容、经营、技术等方面，改版后的东莞阳光网PC端日均浏览量达300万次，东莞阳光台App下载量超50万次，东莞阳光网微信公众号粉丝量突破100万人、月均阅读量360万次。

【广播电视便民服务】 2018年，东莞市在各镇的村和社区设立广电网络便民服务点，实现基层一站式服务。自6月起在全市设立便民服务点34个，业务办理2014宗，业务咨询3314宗，业务报障723宗，东莞电视用户满意率走在全省前列。

【广播影视行业整治】 2018年，东莞市召开全市境外卫星电视接收单位会议，会后与各持证单位签署责任书，确保对东莞市卫星电视传播秩序的控制和依法管理。全年根据总局和省局关于打击治理“黑广播”的部署要求，运用各种监测手段和群众投诉举报渠道，协调相关职能部门，开展打击治理“黑广播”违法犯罪和集中整治违规设置使用调频广播电台专项行动。截至年底，查处“黑广播”36个、收缴非法播出设备36套。

（张玉纯）

电 影

【电影事业概况】 2018年，东莞市正常营业影院140间，全年放映电影场次161万场，观影人数2400万人次，电影票房收入7.6亿元，排名全省第三位。年度热映影片主要有《红海行动》《唐人街探案2》《我不是药神》《西虹市首富》《复仇者联盟3：无限战争》《捉妖记2》等。

【公益电影放映】 2018年，东莞市改善公益电影放映基础设施条件，发挥电影育人作用，组织优秀影片到全市各村（社区）、企业、学校等单位进行公益放映。全年放映公益电影9643场，受惠群众145万人次。（吴建勋）

非物质文化遗产

【非物质文化遗产概况】 截至2018年底，东莞市形成国家、省级、市级、镇街级的非物质文化遗产名录体系，市级名录以上120项，其中含省级以上名录44项，国家级名录8项。是年，东莞市新增国家级传承人3名、省级非遗项目5个和市非遗工作站7个，起草《东莞市非物质文化遗产保护与管理暂行办法》，启动6大国家级非遗项目的口述史抢救性拍摄工作。

【传承普及教育创新】 2018年，东莞非遗进校园活动数量质量双提升，全年举办进校园活动63场，改变以往直接送项目进校园的模式，提供非遗项目课程“菜单”，学校根据实际需求，选择有针对性的非遗项目引进学校。学校研发项目多样发展，涌现大量优秀项目。

【非遗交流展示平台拓展】 2018年，东莞市以“东莞非遗墟市”品牌为抓手和载体，将“东莞非遗”打包，推向全市、省、国家乃至世界。全年举办非遗墟市70场，除常规周末在东莞市民艺术中心活动，还包括城际交流活动13场和覆盖山区片、埔田片、丘陵片、沿海片等市内专场7场；与百度百科联袂打造的非遗墟市线上平台增加新内容，多渠道宣传推广东莞非遗新面貌。民盈·国贸城建立国内第一个大型购物中心内的非遗集市。

【非遗文化跨界融合发展】 2018年，东莞非遗扩大融合发展，与餐饮融合，举办第二届腊味节活动，促进腊味文化与餐饮文化融合发展。与媒体融合，东莞非遗携手百度百家号打造“东莞非遗宣传推广矩阵”，促进东莞非遗保护工作信息的交流和发布。与摄影融合，与东莞市摄影家协会在文化遗产日举办“发现东莞非遗之美”影像展，展示非遗项目影像88张。（张玉纯）

【东莞市首届非遗亲子嘉年华举办】 2018年5月12—14日，广东省非物质文化遗产展示系列活动之东莞市首届非遗亲子嘉年华在南社明清古村落举行，活动展示数十项非遗表演、非遗技艺、非遗美食，包括贵州反排苗族木鼓舞、中山醉龙、普宁英歌、辽宁海城高跷等国家级非遗表演项目；广东省内各地区非遗传承人现场制作传统美术工艺品、展示传统技艺，有东莞本土的茶山公仔、绸衣灯公、石龙醒狮头、莞草编织和市外的佛山剪纸、阳江风筝、连南瑶族服饰刺绣等非遗技艺在现场展示展销，还有东莞洗沙鱼丸、新村腐竹、糖不甩和江门新会陈皮、揭阳市乒乓粿、洪阳酥糖、客家娘酒等各色非遗美食。

【国贸城杯·东莞第二届非物质文化遗产创意产品大赛】 2018年5月28日，东莞市文化馆和东莞市非物质文化遗产保护中心主办的国贸城杯·东莞第二届非物质文化遗产创意产品大赛（简称“非遗创意产品大赛”）启动。大赛秉承着“传承东莞非遗、推动文化创新潮流”的宗旨，通过线上征集主题为“城市礼品”的非遗创意作品348件（套），参赛作品类别有平面装帧设计类、工艺产品类、影视短片与动画作品，获奖作品68件。其中，金奖作品1件，银奖作品9件，铜奖作品11件，优秀奖20件，入围奖27件。（郭佩文）

2018年，“东莞非遗墟市”品牌系列活动举行
（市文化广电旅游体育局供图）

2018年东莞市非物质文化遗产名录

序号	项目名称	项目类别	保护单位	市级名录	省级名录	国家级名录	传承人姓名、级别、批次
1	灯彩（东莞千角灯）	传统美术	莞城区文化服务中心	第一批（2007年）	第一批（2006年）	第一批（2006年）	张金培，国家级第三批（2009年），2009年去世；张树祺，国家级第五批（2018年），省级第二批（2011年）
2	龙舟制作技艺	传统技艺	中堂镇文化广播电视服务中心	第一批（2007年）	第二批（2007年）	第二批（2008年）	冯怀女，国家级第三批（2009年）；霍灼兴，省级第一批（2008年），2016年4月去世；冯沛朝，市级第四批（2017年）；霍沃培，市级第四批（2017年）
3	麒麟舞（“樟木头舞麒麟”为国家级名称）	传统舞蹈	樟木头镇文化广播电视服务中心	第一批（2007年）	第一批（2006年）	第三批（2011年）	蔡玉财，省级第一批（2008年）；刘伟团，市级第二批（2014年）
4	木鱼歌	曲艺	东坑镇文化广播电视服务中心	第一批（2007年）	第三批（2009年）	第三批（2011年）	李仲球，省级第二批（2011年）；黄佩仪，市级第三批（2016年）
5	龙舟月（“赛龙舟”为国家级名称）	传统体育、游艺与杂技	万江区文化服务中心	第一批（2007年）	第三批（2009年）	第三批（2011年）	
6	彩扎（麒麟制作）	传统美术	清溪镇文化广播电视服务中心	第一批（2007年）	第二批（2007年）	第四批（2014年）	黄素明，国家级第五批（2018年），省级第一批（2008年）；黄志成，省级第一批（2008年）
7	传统香制作技艺（莞香制作技艺）	传统技艺	东莞市尚正堂莞香发展有限公司	第二批（2010年）	第四批（2012年）	第四批（2014年）	黄欧，国家级第五批（2018年），省级第四批（2014年）；汤锦华，市级第二批（2014年）
8	寮步香市	民俗	寮步镇文化广播电视服务中心	第一批（2007年）	第二批（2007年）	第四批（2014年）	
9	咸水歌	传统音乐	沙田镇文化广播电视服务中心	第一批（2007年）	第二批（2007年）		黄锦玉，省级第一批（2008年）；叶敬银，市级第四批（2017年）

续表

序号	项目名称	项目类别	保护单位	市级名录	省级名录	国家级名录	传承人姓名、级别、批次
10	东莞龙舞	传统舞蹈	大朗镇文化广播电视服务中心	第一批（2007年）	第二批（2007年）		叶旭筹，省级第一批（2008年），2009年去世；叶伍槐，省级第一批（2008年）
11	醒狮	传统舞蹈	石排镇文化广播电视服务中心	第一批（2007年）	第二批（2007年）		王裕坤，省级第一批（2008年）
12	莞草编织	传统技艺	厚街镇文化广播电视服务中心	第一批（2007年）	第二批（2007年）		梁女，市级第一批（2010年）
13	乞巧节	民俗	望牛墩镇文化广播电视服务中心	第一批（2007年）	第二批（2007年）		陈杰芳，省级第一批（2008年）；黄妍，省级第一批（2008年）
14	东坑卖身节	民俗	东坑镇文化广播电视服务中心	第一批（2007年）	第二批（2007年）		
15	塘尾康王诞（“康王宝诞”为省级名称）	民俗	石排镇文化广播电视服务中心	第一批（2007年）	第二批（2007年）		
16	草龙舞	传统舞蹈	企石镇文化广播电视服务中心	第一批（2007年）	第三批（2009年）		
17	莫家拳	传统体育、游艺与杂技	桥头镇文化广播电视服务中心	第一批（2007年）	第三批（2009年）		莫柏许，省级第三批（2012年）；莫锦满，市级第三批（2016年）
18	石龙醒狮头制作技艺	传统美术	石龙镇文化广播电视服务中心	第一批（2007年）	第三批（2009年）		郭润棠，省级第二批（2011年）
19	盆菜（“长安大盆菜”为省级名称）	民俗	长安镇文化广播电视服务中心	第一批（2007年）	第三批（2009年）		
20	舞木龙	民俗	厚街镇文化广播电视服务中心	第一批（2007年）	第三批（2009年）		
21	端午游木龙	民俗	常平镇文化广播电视服务中心	第一批（2007年）	第三批（2009年）		
22	中堂龙舟景	民俗	中堂镇文化广播电视服务中心	第二批（2010年）	第三批（2009年）		
23	麒麟引凤	传统舞蹈	道滘镇文化广播电视服务中心	第一批（2007年）	第四批（2012年）		刘东良，省级第三批（2012年）
24	茶山公仔	传统美术	茶山镇文化广播电视服务中心	第一批（2007年）	第四批（2012年）		林暖钦，省级第三批（2012年）
25	七夕贡案	民俗	道滘镇文化广播电视服务中心	第一批（2007年）	第四批（2012年）		
26	横沥牛墟	民俗	横沥镇文化广播电视服务中心	第一批（2007年）	第四批（2012年）		
27	麒麟舞（清溪麒麟舞）	传统舞蹈	清溪镇文化广播电视服务中心	第二批（2010年）	第四批（2012年）		黄鹤林，省级第三批（2012年）
28	白沙油鸭制作技艺	传统技艺	虎门镇文化广播电视服务中心	第二批（2010年）	第四批（2012年）		方成仔，省级第三批（2012年）

续表

序号	项目名称	项目类别	保护单位	市级名录	省级名录	国家级名录	传承人姓名、级别、批次
29	厚街腊肠制作技艺	传统技艺	厚街镇文化广播电视服务中心	第二批（2010年）	第四批（2012年）		陈什根，省级第三批（2012年），2017年12月去世
30	道滘裹蒸粽制作技艺	传统技艺	道滘镇文化广播电视服务中心	第二批（2010年）	第四批（2012年）		李志平，市级第一批（2010年）；卢细妹，省级第四批（2014年）
31	客家山歌（清溪客家山歌）	传统音乐	清溪镇文化广播电视服务中心	第一批（2007年）	第五批（2013年）		刘国权，省级第四批（2014年）
32	客家山歌（凤岗客家山歌）	传统音乐	凤岗镇文化广播电视服务中心	第一批（2007年）	第五批（2013年）		杜带娣，市级第二批（2014年）；杨艳芬，市级第四批（2017年）
33	麒麟舞（塘厦舞麒麟）	传统舞蹈	塘厦镇文化广播电视服务中心	第二批（2010年）	第五批（2013年）		黄汉光，省级第四批（2014年）
34	莞草编织技艺	传统技艺	道滘镇文化广播电视服务中心	第一批（2007年）	第六批（2015年）		叶小玲，女，市级第三批（2016年），省级第五批（2017年）
35	厚街濑粉制作技艺	传统技艺	厚街镇文化广播电视服务中心	第二批（2010年）	第六批（2015年）		余球，市级第一批（2010年），2017年去世
36	石龙新昌鼓制作技艺（扩展项目）	传统技艺	石龙镇文化广播电视服务中心	第二批（2010年）	第六批（2015年）		叶任和，市级第一批（2010年），省级第五批（2017年），2017年1月去世
37	庾家粽制作技艺（扩展项目）	传统技艺	东莞市花园粥城服务有限公司	第三批（2014年）	第六批（2015年）		庾美莲，女，市级第三批（2016年），省级第五批（2017年）；黎振雄，市级第四批（2017年）
38	高埗矮仔肠制作技艺（扩展项目）	传统技艺	高埗镇文化广播电视服务中心	第三批（2014年）	第六批（2015年）		吕衬禅，女，市级第三批（2016年），省级第五批（2017年）
39	庙会（茶园游会）	民俗	茶山镇文化广播电视服务中心	第三批（2014年）	第六批（2015年）		骆炳根，市级第四批（2017年）
40	节马传说	民间文学	虎门镇文化广播电视服务中心	第四批（2016年）	第七批（2018年）		
41	茶山缅衣灯公	传统美术	茶山镇文化广播电视服务中心	第四批（2016年）	第七批（2018年）		
42	东莞荔枝蜜酿造技艺	传统技艺	清溪镇文化广播电视服务中心	第四批（2016年）	第七批（2018年）		
43	东莞莞香制作技艺	传统技艺	清溪镇文化广播电视服务中心	第四批（2016年）	第七批（2018年）		
44	大步巡游	民俗	麻涌镇文化广播电视服务中心	第三批（2014年）	第七批（2018年）		
45	过洋乐	传统音乐	莞城区文化服务中心	第一批（2007年）			

续表

序号	项目名称	项目类别	保护单位	市级名录	省级名录	国家级名录	传承人姓名、级别、批次
46	貔貅舞	传统舞蹈	横沥镇文化广播电视服务中心	第一批（2007年）			吴子成，市级第一批（2010年），2012年去世；吴满水，市级第二批（2014年）
47	东莞龙舞	传统舞蹈	长安镇文化广播电视服务中心	第一批（2007年）			
48	草龙舞	传统舞蹈	横沥镇文化广播电视服务中心	第一批（2007年）			
49	粤剧	传统戏剧	长安镇文化广播电视服务中心 望牛墩镇文化广播电视服务中心	第一批（2007年）			李应梅，市级第四批（2017年）
50	木偶戏	传统戏剧	大朗镇文化广播电视服务中心	第一批（2007年）			陈绍初，市级第三批（2016年）
51	粤曲	曲艺	道滘镇、麻涌镇文化广播电视服务中心	第一批（2007年）			黄日辉，市级第二批（2014年）
52	龙舟说唱	曲艺	石碣镇文化广播电视服务中心	第一批（2007年）			
53	彩扎（麒麟制作）	传统美术	石龙镇文化广播电视服务中心	第一批（2007年）			何滚流，市级第四批（2017年）
54	灯笼仔制作技艺	传统技艺	石龙镇文化广播电视服务中心	第一批（2007年）			叶安，市级第一批（2010年）
55	客家服饰制作技艺	传统技艺	樟木头镇文化广播电视服务中心	第一批（2007年）			
56	“百岁”制作技艺	传统技艺	中堂镇文化广播电视服务中心	第一批（2007年）			胡葵，市级第一批（2010年）
57	凉帽制作技艺	传统技艺	桥头镇文化广播电视服务	第一批（2007年）			邓佰稳，市级第一批（2010年）
58	交盘会	民俗	石碣镇文化广播电视服务中心	第一批（2007年）			
59	放河莲花	民俗	道滘镇文化广播电视服务中心	第一批（2007年）			
60	东莞粥品	民俗	东莞市花园粥城饮食有限服务公司	第一批（2007年）			
61	东莞小吃	民俗	东莞市花园粥城饮食有限服务公司	第一批（2007年）			
62	海月风帆传说	民间文学	厚街镇文化广播电视服务中心	第二批（2010年）			
63	盲佬话	民间文学	洪梅镇文化广播电视服务中心	第二批（2010年）			
64	老人歌	传统音乐	东城区文化服务中心	第二批（2010年）			
65	哭嫁歌	传统音乐	大朗镇文化广播电视服务中心	第二批（2010年）			

续表

序号	项目名称	项目类别	保护单位	市级名录	省级名录	国家级名录	传承人姓名、级别、批次
66	客家山歌（市级扩展项目）	传统音乐	大岭山镇、塘厦镇文化广播电视服务中心	第二批（2010年）			
67	红漆描花传统木屐制作技艺	传统技艺	石龙镇文化广播电视服务中心	第二批（2010年）			梁锦泉，市级第一批（2010年）
68	李全和麦芽糖、糖柚皮制作技艺	传统技艺	石龙镇文化广播电视服务中心	第二批（2010年）			李凤丽，市级第一批（2010年）；王凯茵，市级第四批（2017年）
69	冼沙鱼丸	传统技艺	高埗镇文化广播电视服务中心	第二批（2010年）			黄淦林，市级第四批（2017年）；冯耀昆，市级第四批（2017年）
70	糖不甩	传统技艺	东坑镇文化广播电视服务中心	第二批（2010年）			黄瑞珠，市级第四批（2017年）
71	焙荔枝干	传统技艺	大朗镇、常平镇文化广播电视服务中心	第二批（2010年）			叶茂水，市级第四批（2017年）
72	客家酿酒	传统技艺	清溪镇文化广播电视服务中心	第二批（2010年）			张凤英，市级第一批（2010年）；张叔恩，市级第三批（2016年）
73	阴菜	传统技艺	东坑镇文化广播电视服务中心	第二批（2010年）			卢善波，市级第一批（2010年），2017年11月去世；卢国华，市级第二批（2014年）
74	厚街什锦菜头制作技艺	传统技艺	厚街镇文化广播电视服务中心	第二批（2010年）			王慧婵，市级第一批（2010年）
75	寮步豆酱	传统技艺	寮步镇文化广播电视服务中心	第二批（2010年）			陈柱和，市级第四批（2017年）
76	土法凉茶“春明茶”	传统医药	大朗镇文化广播电视服务中心	第二批（2010年）			刘金玉，市级第二批（2014年）
77	浸冬瓜水	传统医药	常平镇文化广播电视服务中心	第二批（2010年）			
78	开灯习俗	民俗	东城区文化服务中心、洪梅镇文化广播电视服务中心、大朗镇文化广播电视服务中心	第二批（2010年）			
79	东莞传统婚俗	民俗	东城区文化服务中心，麻涌镇、常平镇、横沥镇文化广播电视服务中心	第二批（2010年）			
80	疍家传统婚俗	民俗	沙田镇文化广播电视服务中心	第二批（2010年）			

续表

序号	项目名称	项目类别	保护单位	市级名录	省级名录	国家级名录	传承人姓名、级别、批次
81	客家传统婚俗	民俗	凤岗镇、大岭山镇文化广播电视服务中心	第二批（2010年）			
82	入伙习俗	民俗	东城区文化服务中心	第二批（2010年）			
83	喊惊习俗	民俗	东城区文化服务中心、东坑镇文化广播电视服务中心	第二批（2010年）			
84	中秋习俗	民俗	东城区、麻涌镇、桥头镇文化广播电视服务中心	第二批（2010年）			
85	祝寿习俗	民俗	黄江镇文化广播电视服务中心	第二批（2010年）			
86	新年习俗	民俗	常平镇文化广播电视服务中心 东城区文化服务中心	第二批（2010年）			
87	端阳节	民俗	望牛墩镇文化广播电视服务中心	第二批（2010年）			
88	古琴音乐（岭南派）	传统音乐	莞城区文化服务中心	第三批（2014年）			王可逊，市级第二批（2014年）
89	竹塘麒麟舞	传统舞蹈	凤岗镇竹塘村委会	第三批（2014年）			张马通，市级第三批（2016年）
90	中国象棋（凤岗）	传统体育、游艺与杂技	凤岗镇文化广播电视服务中心	第三批（2014年）			
91	龙形拳	传统体育、游艺与杂技	塘厦镇文化广播电视服务中心	第三批（2014年）			林效明，市级第三批（2016年）
92	道滘蟛蜞酱制作技艺	传统技艺	道滘镇文化广播电视服务中心	第三批（2014年）			
93	莞城花灯制作技艺	传统技艺	莞城区文化服务中心	第三批（2014年）			王浩均，市级第三批（2016年）
94	樟木头麒麟制作技艺	传统技艺	樟木头镇文化广播电视服务中心	第三批（2014年）			刘金星，市级第四批（2017年）
95	万江新村腐竹制作技艺	传统技艺	万江区文化服务中心	第三批（2014年）			
96	东莞传统建房风俗	民俗	南城区文化服务中心	第三批（2014年）			
97	东莞卖懒习俗	民俗	南城区文化服务中心	第三批（2014年）			
98	鸦片战争民间故事	民间文学	虎门镇文化广播电视服务中心	第四批（2016年）			
99	金鳌传说	民间文学	万江文化服务中心	第四批（2016年）			
100	银瓶山传说	民间文学	谢岗镇南面村村民委员会	第四批（2016年）			

续表

序号	项目名称	项目类别	保护单位	市级名录	省级名录	国家级名录	传承人姓名、级别、批次
101	紫霞道人传经传说	民间文学	大岭山镇文化广播电视服务中心	第四批（2016年）			
102	黄大仙传说	民间文学	企石镇文化广播电视服务中心	第四批（2016年）			
103	兴塘醒狮	传统舞蹈	莞城街道办事处兴塘社区居民委员会	第四批（2016年）			陈汝森，市级第四批（2017年）
104	莞城粤剧	传统戏剧	莞城文化服务中心	第四批（2016年）			
105	道滘木鱼歌	曲艺	道滘镇文化广播电视服务中心	第四批（2016年）			刘淦堂，市级第四批（2017年）
106	莞城龙形拳	传统体育、游艺与杂技	莞城文化服务中心	第四批（2016年）			简应球，市级第四批（2017年）
107	双手洪拳	传统体育、游艺与杂技	厚街镇文化广播电视服务中心	第四批（2016年）			王汉辉，市级第四批（2017年）
108	陈氏太极拳（张志俊功夫）	传统体育、游艺与杂技	横沥镇文化广播电视服务中心	第四批（2016年）			邓锦华，市级第四批（2017年）
109	林旁粽制作技艺	传统技艺	虎门镇文化广播电视服务中心	第四批（2016年）			林容弟，市级第四批（2017年）
110	洪梅花灯技艺	传统技艺	洪梅镇文化广播电视服务中心	第四批（2016年）			
111	保安围扣肉	传统技艺	高埗镇文化广播电视服务中心	第四批（2016年）			
112	东莞腊猪头皮制作技艺	传统技艺	东莞市真宜食品有限公司	第四批（2016年）			吕辉，市级第四批（2017年）
113	糍粑制作技艺	传统技艺	樟木头镇文化广播电视服务中心	第四批（2016年）			蔡运娇，市级第四批（2017年）
114	中式茶点烘焙技艺	传统技艺	南城文化服务中心	第四批（2016年）			詹树安，市级第四批（2017年）
115	寮步面豉制作技艺	传统技艺	东莞市寮步美味副食品有限公司	第四批（2016年）			
116	苏木红团制作技艺	传统技艺	东莞市谢岗镇居民股份经济联合社	第四批（2016年）			
117	荔枝柴烧鹅制作技艺	传统技艺	东莞市谢岗镇居民股份经济联合社	第四批（2016年）			罗谭炳，市级第四批（2017年）
118	方氏正骨	传统医药	虎门镇文化广播电视服务中心	第四批（2016年）			万润财，市级第四批（2017年）
119	南社九大簋	民俗	东莞南社创意文化旅游发展有限公司	第四批（2016年）			谢荐良，市级第四批（2017年）
120	黎村谭公诞	民俗	东莞市谢岗镇黎村股份经济联合社	第四批（2016年）			何英有，市级第四批（2017年）

文博事业

【文博事业概况】 截至2018年底，东莞市拥有市级以上文物保护单位143处，其中全国重点文物保护单位7处，省级文物保护单位22处，市级文物保护单位114处；全市建成博物馆48座，其中民办博物馆31座，博物馆年观众量1039万人次，博物馆对东莞社会经济贡献率不断提升。

【文物博物保护】 2018年，东莞市文物博物保护工作以申报国家历史文化名城为统筹，推进文物保护利用和博物馆建设，实施文物保护与利用工程。推动文物行政审批改革，明确权责事项19项，优化6项行政审批事项办事流程，审批文物相关工程17项，推动相关项目依法实施，确保文物及其历史环境风貌安全。加强红色革命文物保护利用，开展红色革命文物保护管理状况调查，以革命文物为重点，由市政府公布中共东莞县委机关旧址等第十一批东莞市文物保护单位8处；强化国保单位大岭山抗日根据地旧址保护利用，开展环境整治，启动保护规划修编工作。利用2018年度文物保护利用专项资金，实施茶山寒溪水罗氏宗祠等文物维修工程6项。提升文物保护利用科技化水平，完成各级文物二维码展示。建立健全文物安全监管体系，印发《关于做好2018年文物安全工作的通知》等系列文件，建立文物安全责任公示公告制度，制作并树立不可移动文物安全责任公示牌459处，加强文物安全巡查督查力度，开展2018年文物安全大检查，排查与整治全市各级文物存在的安全问题。

【城市历史文化特色强化工程实施】 2018年，东莞市推进市博物馆新馆、袁崇焕博物馆筹建，推送《东风西渐——"一口通商"时期广东海上丝绸之路图片展》，由广东省流动博物馆安排全省巡展，彰显东莞作为岭南文明重要起源地、粤海第一门户的城市历史地位。启动虎门炮台旧址第二期第二阶段维修工程，完成维修工程设计方案编制并修改完善；完成鸦片战争博物馆30件（套）馆藏纸质文物修复工作，打造中国近代史"开篇地"品牌。引进主题展览7个，协助举办东莞抗日模范壮丁队成立80周年纪念活动，举办"东纵联大""东纵小战士"红色夏令营等系列活动，推送3套流动展览至省内外等47家单位展出，扩大华南抗日根据地影响力和辐射力。

【博物馆体系完善】 2018年，东莞市修改完善《东莞市文化广电新闻出版局直属文博艺术单位文物藏品征集管理暂行办法》，各市属博物馆新增藏品1231件（套），丰富博物馆馆藏文物资源及陈列展览内容。举办及引进精品展览90场，提升博物馆公共文化产品供给水平。创新博物馆公共文化服务方式，举办互动活动84项共573期。博物馆观众量816.3万人次。帮扶引导非国有博物馆发展，完成非国有博物馆藏品备案工作，采集登录1.57万件（套）共计3.94万件藏品数据。督促相关博物馆完善法人登记手续，规范管理运营，福木源紫檀家具博物馆和鑫嘉鸿红木艺术博物馆通过广东省文物局审核并完成登记备案。研究起草《东莞市非市属博物馆扶持补助资金管理办法》《东莞市非市属博物馆评估定级和运行考核暂行办法》。（张玉纯）

2018年东莞市博物馆情况表

序号	名称	性质	建筑面积（平方米）	展厅面积（平方米）	所在地
1	鸦片战争博物馆	市属	35000	9000	虎门镇
2	东莞市博物馆	市属	5800	3300	莞城街道
3	可园博物馆	市属	41771.58	2534.68	莞城街道
4	广东东江纵队纪念馆	市属	5001	3989	大岭山镇
5	东莞展览馆	市属	26000	10000	南城街道
6	东莞市袁崇焕纪念园	市属	10582	860	石碣镇
7	东莞科学技术博物馆	市属（科技）	40000	10000	南城街道
8	东莞蚝岗遗址博物馆	市属	2659	1260	南城街道
9	石龙博物馆	镇（街）	2600	700	石龙镇
10	石龙镇举重博物馆	镇（街）	560	560	石龙镇
11	石龙东征博物馆	镇（街）	1500	450	石龙镇
12	塘厦城市展示馆	镇（街）	2600	700	塘厦镇

续表

序号	名称	性质	建筑面积（平方米）	展厅面积（平方米）	所在地
13	凤岗历史博物馆	镇（街）	1500	1400	凤岗镇
14	沙田水文化展览馆	镇（街）	800	500	沙田镇
15	容庚故居纪念馆	镇（街）	203	203	莞城街道
16	李任之生平事迹陈列馆	镇（街）	200	200	常平镇
17	卢子枢艺术纪念馆	镇（街）	350	350	虎门镇
18	中国建筑陶瓷博物馆（唯美陶瓷博物馆）	非国有	10000	16000	高埗镇
19	钱币博物馆	非国有	3000	2400	东城街道
20	森晖自然博物馆	非国有	7800	6500	莞城街道
21	观音山古树博物馆	非国有	2000	2000	樟木头镇
22	旗峰山艺术博物馆	非国有	10000	5782.2	东城街道
23	东莞饮食风俗博物馆	非国有	1000	880	万江街道
24	圣心糕点博物馆	非国有	16000	3000	茶山镇
25	陈伯陶史迹陈列馆	非国有	210	210	中堂镇
26	蚝岗民俗文物馆	非国有	1798	900	南城街道
27	啤酒博物馆	非国有	167333	3000	松山湖
28	潢涌陈列馆	非国有	2050	2050	中堂镇
29	东桥艺术品博物馆	非国有	914.4	2892	大岭山镇
30	婚庆微雕艺术博物馆	非国有	1030	1500	凤岗镇
31	尚正堂莞香文化博物馆	非国有	880	880	东城街道
32	稻香饮食文化博物馆	非国有	576	550	横沥镇
33	天得茶文化博物馆	非国有	4000	4000	长安镇
34	众生药业公司展示馆	非国有	609.2	500	石龙镇
35	正业仪器装备科技馆	非国有	3000	3000	松山湖
36	石源馆	非国有	200	200	松山湖
37	第八人民医院院史陈列馆	非国有	198.4	198.4	石龙镇
38	麻涌“小英雄”粤剧博物馆	非国有	2100	1100	麻涌镇
39	成铭热熔胶博物馆	非国有	480	400	高埗镇
40	佰媚堂岭南婚俗博物馆	非国有	158	158	茶山镇
41	牛文化展示馆	非国有	1000	800	横沥镇
42	逸颐艺舍博物馆	非国有	6000	5000	横沥镇
43	鑫源食品文化博物馆	非国有	1200	1800	厚街镇
44	乐人谷茶文化博物馆	非国有	1215	1153	高埗镇
45	力嘉包装印刷博物馆	非国有	3110	3110	桥头镇
46	福木源紫檀博物馆	非国有	20000	1000	莞城街道
47	磊祥瑞国石博物馆	非国有	11000	8000	万江街道
48	塘厦鑫嘉鸿红木艺术博物馆	非国有	3000	700	塘厦镇

2018年东莞市市级以上文物保护单位情况表

序号	名称	年代	地点	级别	公布登记日期
1	林则徐销烟池与虎门炮台旧址	清	虎门镇	全国重点文物保护单位	第二批，1982年2月23日
2	东莞可园	清	莞城街道	全国重点文物保护单位	第五批，2001年6月25日
3	南社村和塘尾村古建筑群	明—清	茶山镇 石排镇	全国重点文物保护单位	第六批，2006年5月25日
4	却金亭碑	明	莞城街道	全国重点文物保护单位	第六批，2006年5月25日
5	大岭山抗日根据地旧址	抗日战争	大岭山镇	全国重点文物保护单位	第六批，2006年5月25日
6	蚝岗贝丘遗址	新石器时代	南城街道	全国重点文物保护单位	第七批，2013年5月18日
7	广九铁路石龙南桥	1911年	石龙镇	全国重点文物保护单位	第七批，2013年5月18日
8	村头村遗址	新石器时代	虎门镇	广东省文物保护单位	第三批，1989年6月29日
9	金鳌洲塔	明	万江街道	广东省文物保护单位	批三批，1989年6月29日
10	燕岭古采石场遗址	明—清	石排镇	广东省文物保护单位	第四批，2002年7月17日
11	横山康王庙	清	石排镇	广东省文物保护单位	批四批，2002年7月17日
12	黎氏大宗祠及古建筑群	宋—明—清	中堂镇	广东省文物保护单位	第四批，2002年7月17日
13	蒋光鼐故居	1930年	虎门镇	广东省文物保护单位	第四批，2002年7月17日
14	国殇冢	1949年	道滘镇	广东省文物保护单位	第四批，2002年7月17日
15	卫佐邦墓	清	东城街道	广东省文物保护单位	第五批，2008年11月18日
16	方氏宗祠	明	厚街镇	广东省文物保护单位	第五批，2008年11月18日
17	苏氏宗祠	明—清	南城街道	广东省文物保护单位	第五批，2008年11月18日
18	容庚故居	清	莞城街道	广东省文物保护单位	第五批，2008年11月18日
19	牛眠埔洪仁玕避难遗迹（含永培书室遗址、福音堂、鼎和堂、张彩廷纪念碑、张声和夫妇墓）	清	塘厦镇	广东省文物保护单位	第五批，2008年11月18日
20	朱执信纪念碑	民国	虎门镇	广东省文物保护单位	第五批，2008年11月18日
21	松岗遗址	明—民国	清溪镇	广东省文物保护单位	第七批，2012年10月20日
22	道滘大坟	清	道滘镇	广东省文物保护单位	第七批，2012年10月20日
23	榴花塔	明	东城街道	广东省文物保护单位	第七批，2012年10月20日
24	余屋进士牌坊	明—清	东城街道	广东省文物保护单位	第七批，2012年10月20日
25	云岗古寺	明—清	石排镇	广东省文物保护单位	第七批，2012年10月20日
26	石龙公园史迹（含周恩来演讲处、李文甫纪念亭、莫公壁殉难纪念碑、凯旋门）	民国	石龙镇	广东省文物保护单位	第七批，2012年10月20日
27	雁田抗英指挥部旧址	1899年	凤岗镇	广东省文物保护单位	第七批，2012年10月20日
28	郑氏大宗祠	清	虎门镇	广东省文物保护单位	第八批，2015年12月10日
29	虎门医院旧址	1933年	虎门镇	广东省文物保护单位	第八批，2015年12月10日

续表

序号	名称	年代	地点	级别	公布登记日期
30	迎恩门城楼	明	莞城街道	东莞市文物保护单位	第三批，1982年8月24日
31	金刚经云石塔	清	莞城街道	东莞市文物保护单位	第三批，1982年8月24日
32	广东人民抗日游击队东江纵队路东干部训练班旧址	抗日战争	清溪镇	东莞市文物保护单位	第三批，1982年8月24日
33	宋皇姑赵氏墓	宋	东城街道	东莞市文物保护单位	第四批，1989年1月7日
34	陈莲峰墓	明	虎门镇	东莞市文物保护单位	第四批，1989年1月7日
35	熊飞墓	明	东城街道	东莞市文物保护单位	第四批，1989年1月7日
36	李桤墓	明	桥头镇	东莞市文物保护单位	第四批，1989年1月7日
37	东岳庙	明	茶山镇	东莞市文物保护单位	第五批，1989年5月31日
38	海月岩	宋	厚街镇	东莞市文物保护单位	第五批，1989年5月31日
39	东莞县博物馆旧址	民国	莞城街道	东莞市文物保护单位	第五批，1989年5月31日
40	欧仙院	民国	石龙镇	东莞市文物保护单位	第六批，1990年2月1日
41	黄旗胜迹	宋	东城街道	东莞市文物保护单位	第七批，1993年6月22日
42	大汾古桥	明	万江街道	东莞市文物保护单位	第七批，1993年6月22日
43	单氏小宗祠	明	石碣镇	东莞市文物保护单位	第七批，1993年6月22日
44	郭真人古庙	明	虎门镇	东莞市文物保护单位	第七批，1993年6月22日
45	黄氏宗祠	明	企石镇	东莞市文物保护单位	第七批，1993年6月22日
46	逆水流龟村堡	明	虎门镇	东莞市文物保护单位	第七批，1993年6月22日
47	巍焕楼	清	道滘镇	东莞市文物保护单位	第七批，1993年6月22日
48	薰莱亭	清	桥头镇	东莞市文物保护单位	第七批，1993年6月22日
49	叶氏宗祠	清	大岭山镇	东莞市文物保护单位	第七批，1993年6月22日
50	马山古迹	清	大岭山镇	东莞市文物保护单位	第七批，1993年6月22日
51	神仙水	明	厚街镇	东莞市文物保护单位	第七批，1993年6月22日
52	观音山古迹	明	大岭山镇	东莞市文物保护单位	第七批，1993年6月22日
53	崖山古迹	清	谢岗镇	东莞市文物保护单位	第七批，1993年6月22日
54	万福庵贝丘遗址	新石器时代	企石镇	东莞市文物保护单位	第八批，2004年1月8日
55	龙眼岗贝丘遗址	新石器时代	石排镇	东莞市文物保护单位	第八批，2004年1月8日
56	叶永青家族墓	明	茶山镇	东莞市文物保护单位	第八批，2004年1月8日
57	郑瑜墓	明	虎门镇	东莞市文物保护单位	第八批，2004年1月8日
58	温皋谟家族合葬墓	明	寮步镇	东莞市文物保护单位	第八批，2004年1月8日
59	王氏大宗祠	明	石排镇	东莞市文物保护单位	第八批，2004年1月8日
60	钟氏祠堂	明	寮步镇	东莞市文物保护单位	第八批，2004年1月8日
61	孙杜古桥	明	石龙镇	东莞市文物保护单位	第八批，2004年1月8日
62	鸡啼岗黄氏宗祠	明	黄江镇	东莞市文物保护单位	第八批，2004年1月8日
63	彭氏大宗祠	明	东坑镇	东莞市文物保护单位	第八批，2004年1月8日

续表

序号	名称	年代	地点	级别	公布登记日期
64	丁氏祠堂及丁屋村古围墙	明	东坑镇	东莞市文物保护单位	第八批，2004年1月8日
65	埔心村古建筑群	明—清	石排镇	东莞市文物保护单位	第八批，2004年1月8日
66	福隆文阁	明—清	石排镇	东莞市文物保护单位	第八批，2004年1月8日
67	江边村古建筑群	明—清	企石镇	东莞市文物保护单位	第八批，2004年1月8日
68	迳联村古建筑群	明—清	桥头镇	东莞市文物保护单位	第八批，2004年1月8日
69	西溪村古建筑群	明—清	寮步镇	东莞市文物保护单位	第八批，2004年1月8日
70	半仙山村古建筑群	明—清	横沥镇	东莞市文物保护单位	第八批，2004年1月8日
71	桥梓村古建筑群	明—清	常平镇	东莞市文物保护单位	第八批，2004年1月8日
72	文光庙	明—清	大朗镇	东莞市文物保护单位	第八批，2004年1月8日
73	大井头村古建筑群	明—清	大朗镇	东莞市文物保护单位	第八批，2004年1月8日
74	慕香书室	清	凤岗镇	东莞市文物保护单位	第八批，2004年1月8日
75	礼屏公祠	清	虎门镇	东莞市文物保护单位	第八批，2004年1月8日
76	浮竹山文阁	清	寮步镇	东莞市文物保护单位	第八批，2004年1月8日
77	兰田别墅	清	横沥镇	东莞市文物保护单位	第八批，2004年1月8日
78	颂遐书室	清	常平镇	东莞市文物保护单位	第八批，2004年1月8日
79	陈氏家祠及胜起家祠	清	中堂镇	东莞市文物保护单位	第八批，2004年1月8日
80	福庆桥	清	中堂镇	东莞市文物保护单位	第八批，2004年1月8日
81	铁场客家围	清	清溪镇	东莞市文物保护单位	第八批，2004年1月8日
82	清厦客家围	清	清溪镇	东莞市文物保护单位	第八批，2004年1月8日
83	恬甲村古建筑	清—民国	南城街道	东莞市文物保护单位	第八批，2004年1月8日
84	中山路民国建筑群	民国	石龙镇	东莞市文物保护单位	第八批，2004年1月8日
85	保安圩古街	民国	大朗镇	东莞市文物保护单位	第八批，2004年1月8日
86	新埠正街	民国	横沥镇	东莞市文物保护单位	第八批，2004年1月8日
87	殷氏宗祠	明	大岭山镇	东莞市文物保护单位	第八批，2004年1月8日
88	洪全福故居	清	凤岗镇	东莞市文物保护单位	第八批，2004年1月8日
89	大沙村西门楼	清	大岭山镇	东莞市文物保护单位	第八批，2004年1月8日
90	大片美游击队税站旧址	清	大岭山镇	东莞市文物保护单位	第八批，2004年1月8日
91	孙中山先代故乡旧址	清—民国	长安镇	东莞市文物保护单位	第八批，2004年1月8日
92	霄边农会旧址	清—民国	长安镇	东莞市文物保护单位	第八批，2004年1月8日
93	张廷辅墓	民国	南城街道	东莞市文物保护单位	第八批，2004年1月8日
94	李任之故居	民国	常平镇	东莞市文物保护单位	第八批，2004年1月8日
95	东江纵队第一支队三龙大队部及驻军营地旧址	民国	高埗镇	东莞市文物保护单位	第八批，2004年1月8日
96	东圃小学旧址	民国	高埗镇	东莞市文物保护单位	第八批，2004年1月8日
97	高埗大桥旧址	中华人民共和国	高埗镇	东莞市文物保护单位	第八批，2004年1月8日

续表

序号	名称	年代	地点	级别	公布登记日期
98	太公岭村抗日旧址	民国	大岭山镇	东莞市文物保护单位	第八批，2004年1月8日
99	东莞县新二区区府旧址	民国	大岭山镇	东莞市文物保护单位	第八批，2004年1月8日
100	翟氏宗祠	明—清	莞城街道	东莞市文物保护单位	第九批，2012年11月6日
101	宋氏宗祠	清	南城街道	东莞市文物保护单位	第九批，2012年11月6日
102	白衣庙遗址	南宋—清	南城街道	东莞市文物保护单位	第九批，2012年11月6日
103	李氏大宗祠	明—清	南城街道	东莞市文物保护单位	第九批，2012年11月6日
104	陈氏宗祠	明—清	南城街道	东莞市文物保护单位	第九批，2012年11月6日
105	何氏大宗祠	明—清	万江街道	东莞市文物保护单位	第九批，2012年11月6日
106	陈氏大宗祠	明—清	万江街道	东莞市文物保护单位	第九批，2012年11月6日
107	元信陈公祠	清	万江街道	东莞市文物保护单位	第九批，2012年11月6日
108	节度陈公祠	清	厚街镇	东莞市文物保护单位	第九批，2012年11月6日
109	莫氏祠堂	明—清	麻涌镇	东莞市文物保护单位	第九批，2012年11月6日
110	李氏宗祠	明—清	东坑镇	东莞市文物保护单位	第九批，2012年11月6日
111	福隆当铺	明—清	石排镇	东莞市文物保护单位	第九批，2012年11月6日
112	谷吓文阁	清	石排镇	东莞市文物保护单位	第九批，2012年11月6日
113	埔心古塔	清	石排镇	东莞市文物保护单位	第九批，2012年11月6日
114	东莞中学民国建筑建筑群（含民国教学楼、报功祠）	民国	莞城街道	东莞市文物保护单位	第九批，2012年11月6日
115	明伦堂财产信条碑亭	1937年	莞城街道	东莞市文物保护单位	第九批，2012年11月6日
116	讴歌亭	1921年	莞城街道	东莞市文物保护单位	第九批，2012年11月6日
117	郡驸公祠	1923年	厚街镇	东莞市文物保护单位	第九批，2012年11月6日
118	济川善堂	1936年	道滘镇	东莞市文物保护单位	第九批，2012年11月6日
119	崖山碉堡	1943年	塘厦镇	东莞市文物保护单位	第九批，2012年11月6日
120	莫萃华故居	20世纪20年代	洪梅镇	东莞市文物保护单位	第九批，2012年11月6日
121	邓蓉镜、邓尔雅故居	晚清	莞城街道	东莞市文物保护单位	第十批，2014年9月15日
122	主山黄氏宗祠	明清	东城街道	东莞市文物保护单位	第十批，2014年9月15日
123	乌石岗黎氏宗祠	明—民国	东城街道	东莞市文物保护单位	第十批，2014年9月15日
124	绍贤家塾	1937年	东城街道	东莞市文物保护单位	第十批，2014年9月15日
125	温塘文阁	清	东城街道	东莞市文物保护单位	第十批，2014年9月15日
126	周屋周氏宗祠	明清	东城街道	东莞市文物保护单位	第十批，2014年9月15日
127	余屋余氏宗祠	明清	东城街道	东莞市文物保护单位	第十批，2014年9月15日
128	修鳌峙塘围堤记碑	1948年	东城街道	东莞市文物保护单位	第十批，2014年9月15日
129	雅园张氏宗祠	清—民国	南城街道	东莞市文物保护单位	第十批，2014年9月15日
130	雪松李公祠	1917年	南城街道	东莞市文物保护单位	第十批，2014年9月15日
131	五玉翟公祠	清中期	南城街道	东莞市文物保护单位	第十批，2014年9月15日

续表

序号	名称	年代	地点	级别	公布登记日期
132	上甲谢氏宗祠	明清	万江街道	东莞市文物保护单位	第十批，2014年9月15日
133	耕乐祖祠	清—民国	万江街道	东莞市文物保护单位	第十批，2014年9月15日
134	耕读祖祠	清—民国	万江街道	东莞市文物保护单位	第十批，2014年9月15日
135	谷涌庾氏宗祠	清—民国	万江街道	东莞市文物保护单位	第十批，2014年9月15日
136	鲇鱼山周氏古墓葬	南宋	常平镇	东莞市文物保护单位	第十一批，2018年10月26日
137	寒溪水村古民居	清	茶山镇	东莞市文物保护单位	第十一批，2018年10月27日
138	中共东莞特别支部机关旧址	1925年	莞城街道	东莞市文物保护单位	第十一批，2018年10月28日
139	中共东莞县委机关旧址	1940年	东城街道	东莞市文物保护单位	第十一批，2018年10月29日
140	东莞县新四区人民政府旧址	1949年	中堂镇	东莞市文物保护单位	第十一批，2018年10月30日
141	东莞新三区抗日民主政府旧址	1944—1945年	寮步镇	东莞市文物保护单位	第十一批，2018年10月31日
142	东江纵队铁东大队大队部旧址	1944—1945年	桥头镇	东莞市文物保护单位	第十一批，2018年10月32日
143	东莞县国民政府旧址	1938—1943年	樟木头	东莞市文物保护单位	第十一批，2018年10月33日

注：全市有市级以上文物保护单位143处，其中全国重点文物保护单位7处，省级文物保护单位22处，市级文物保护单位114处

文化场馆

【图书馆】 东莞图书馆新馆于2005年9月28日开馆，建筑面积4.46万平方米，设有大陆首家漫画图书馆、全国首家自助图书馆、全国首家粤剧图书馆、东莞书屋等多个馆中馆。此外，在莞城区新芬路另设9000余平方米的少年儿童图书馆。

2018年，东莞图书馆依托300余万册馆藏文献资源开展公益性文献服务、阅读推广和社会教育活动，全年接待读者319万余人次，书刊文献外借222万余册次，举办各类读者活动1174场次。

在图书馆服务体系发展方面，通过开展体系建设调研、召开全市图书馆总分馆服务体系提升推进会、狠抓城市阅读驿站和绘本馆服务网络建设、探索开展松山湖图书馆委托共建管理模式、创新队伍培训方式等工作推进体系建设。

在读者服务工作方面，完成第十四届读书节，举办“我讲书中的故事”儿童故事大王比赛、“悦读在路上——第五届自行车文化系列活动”及动漫之夏活动，开展儿童礼仪、莞芽故事会等青少年特色阅读服务，开展数字阅读推广工作，与电台合作推出“共享阅读”栏目，吸纳社会力量成立东莞阅读联盟开展读书会活动，协助承办“让经典走向大众——《中华传统文化百部经典》推介全国行”和“公共图书馆在全民阅读中的领读与创新”峰会等大型会议促进阅读推广。

在地方文献开发和基础业务建设方面，对东莞地方文献挖掘整理、加快特色数字资源数据库建设、推广东莞机构知识服务平台并加强馆藏资源梳理和调配等管理工作。

在服务空间环境改善方面，实施图书馆修复工程、升级电子服务区空间服务及完善整改馆内重要标识设计等方面为读者提供更加舒适的阅读环境。

是年，东莞图书馆先后获得“广东省第八届盲人诗歌散文朗诵暨第四届盲人散文创作大赛优秀组织奖”“2018年‘粤读粤精彩’全民阅读系列活动之‘百馆荐书，全城共读’活动优秀组织奖”等4项优秀组织奖；“悦读，在路上”和“扫码看书，百城共读”活动项目获得第三届广东省图书情报创新服务奖，其中“悦读，在路上”系列活动项目还获得“2017年中国图书馆最美故事”系列风采展示活动之创新案例称号。

【文化馆】 2018年，东莞市文化馆开展总分馆制建设，推动“一核多元”的文化馆总分馆体系建设，并完成第二批8个镇街分馆、4个社会分馆建设。东莞市文化馆总分馆制建设研究课题被评为文化和旅游部公共服务司2017—2018年度国家公共文化服务体系制度设计课题优秀等次，在全国10个优秀项目中排名第二。承办2018中国文化馆年会四大主题论坛之一——东莞市文化馆总分馆制的探索创新。

是年，东莞市文化馆打造大

2018年9月，东莞市全民艺术普及行动之精品演出进基层活动举行

（市文化广电旅游体育局供图）

型声乐组歌《时代交响——献给产业工人之歌》音乐会、举办“东莞作用”大型艺术作品展，推进全民艺术普及行动计划，打造东莞文化四季、东莞文化年历、莞邑春晓等品牌。其中，“莞邑春晓”东莞草坪新年音乐会首创在户外草坪上举办交响音乐会，吸引2000多名市民参加。是年，东莞市文化馆举办第五届合唱节、第二届群众戏剧曲艺花会，以赛事为抓手，挖掘和选拔文艺精品。2018年，东莞市在省第九届群众戏剧曲艺花会上获得2金3银5铜的成绩。组织开展东莞新编广场舞创作推广工程。组织东莞文艺精品惠民巡演，发挥国家级、省级文艺评奖示范引导作用，让基层群众共享优秀文化成果。

开拓非遗工作新方式，推动优秀传统文化普及传承，“非遗进校园”扩容增量，“非遗墟市”提档升级；开展非遗原创服装设计作品镇街巡演，举办“发现东莞非遗之美”影像展、非遗文创大赛等，跨界融合有声有色。

【影剧院】 2018年，东莞市有东莞玉兰大剧院、东莞市民艺术中心星剧场、东莞影剧院、东莞市新影影剧院、塘厦演艺馆、东城影剧院、常平影剧院、莞城文化周末剧场、望牛墩影剧院、长安影剧院、道滘粤韵馆、高埗影剧院、石碣影剧院、霄边影剧院、石排影剧院、凤岗影剧院、清溪影剧院、万江石美影剧院等18座剧院（影剧院）。

东莞玉兰大剧院是东莞市文化广电新闻出版局直属的公益性事业单位，为东莞标志性的文化建筑，建筑面积4.03万平方米，拥有1个1600座的大剧场和1个400座的多功能小剧场。2018年演出199场，其中自营演出94场（A类35场，B类49场，C类10场），公益演出51场，其他54场。全年平均上座率74%，平均票价194元。上演俄罗斯经典芭蕾《天鹅湖》、中央歌剧院合唱音乐会、话剧《独自温暖》、中国芭蕾舞剧《红色娘子军》、《德云社德云三宝相声专场》、音乐剧《芝加哥》等。是年，剧院开展“绽放的玉兰”艺术普及系列公益活动，举办第六届中国·东莞音乐剧节、第十一届“打开艺术之门”等活动。

【美术馆】 2018年，东莞市有岭南美术馆、莞城美术馆等2家国有美术馆，东莞二十一空间美术馆、东莞市开明美术馆、东莞东江美术馆、东莞市南城正道美术馆、东莞市桥龙美术馆、东莞市泽森美术馆等6家民营美术馆。其中，岭南美术馆是市文化广电新闻出版局直属的公益性事业单位，在省内外具有较大的影响力；莞城美术馆是莞城街道属下的公益性事业单位，是广东省首个镇街美术馆。

是年，岭南画院策划举办常规及大型艺术项目45个，推出“写意精神——绘画艺术研究展”“写意岭南——岭南画院画家作品展”“逸境心影：写意国画青年艺术家作品提名展”“水之性——写意水彩艺术家作品提名展”等写意精神系列展览。举办“艺术与欣赏”公共教育及文化惠民活动8场（次），编辑出版国画、油画、水彩、陶艺等内容的书籍20本。组织画家参加各类重要艺术展览，在国家级大展中，获得优秀奖作品1件，三等奖作品1件，入选作品5件；在省级美展中，获得优秀奖作品3件，铜奖作品2件，入选作品3件。全年征集藏品291件（套）；开展学术性研讨会、讲座6场次及专项课题研究2项。

这一年，莞城美术馆举办展览17个，其中巡展1个，总参观人数13.9万人，比上年增长3.61%。引进黎雄才、关山月等名家经典作品展，策划莞籍艺术家郑月波、王无邪首个故里回顾展，推出“锵锵行——第三届全国高校毕业生优秀水彩作品展”“承转之和——莞城美术馆馆藏水彩画作品展”“第十七届全国藏书票暨小版画艺术展”等展览。 （张玉纯）

党史·地方志·档案

党 史

【党史研究】 2018年，东莞市委党史研究室创新工作思路，加强改革开放时期党史研究。组织人员撰写一系列反映改革开放时期东莞改革发展成就的论文。其中，1篇入选省委宣传部举办的“改革不

2018年7月2日，“信念永恒——凝聚奋进力量”东莞党建主题展揭幕仪式在东莞展览馆举行（郑琳东 摄）

停顿、开放不止步——广东省庆祝改革开放40周年”理论研讨会、1篇入选2018年广东省社会科学学术年会等省级学术研讨会，1篇入选广东历史研究丛书《广东改革开放实录》第四辑《迈进科学发展观轨道的广东实践》，3篇分别登载在《中国市场监管研究》《东莞日报》《东莞社科论坛》等国家级、市级书刊。将《中国共产党东莞历史（第三卷）》编撰与纪念改革开放40周年活动结合起来，推进改革开放时期党史书籍的征编出版。以庆祝改革开放40周年为契机，组织开展征文活动，编纂出版《东莞改革开放研究文集》、《东莞改革开放史料选编1988—1991》（第三辑）、《东莞改革开放大事记（2008—2018）》等。开展口述史料征集。成立三个采访组，分别采访洪钢、方苞、黄发、王贺畴、姚锦柏等老同志20余人次，征集史料约12万字，珍贵图片200多张。

【党史宣传教育】 2018年，东莞市委党史研究室办好党史“一刊一网一微”，完成市委、市政府下达的主要目标任务并协助上级及其他单位做好宣教相关工作。

加强革命遗址普查和宣教阵地建设。制定《关于加强东莞市革命遗址保护利用工作的意见》。完成第二次革命遗址普查。申报由省委宣传部等部门开展的“改革开放40年重要纪念地”评选活动，上报高埗大桥等6处候选名单。将广东东江纵队纪念馆、东莞人民公园、中共东莞县委机关旧址陈列馆、莫萃华故居打造为“不忘初心，牢记使命”主题教育阵地。

突出做好党史“七进”宣教活动。东莞市委党史研究室主任蔡建勋以“从党史人物故事看共产党员的初心”为主题，先后到市国资委、谢岗镇、市旅游局等开讲党史课。协助市委组织部做好“信念永恒——凝聚奋进力量”东莞党建主题展，筹建“东莞党建文化主题广场”。与莞城、茶山、虎门、塘厦、高埗等镇街合作，联合开展红色文化系列活动，做好党史内容的相关展览。与市旅游局共同规划红色旅游线路，推出红色旅游线路4条。

开展“弘扬红色精神，传承红色基因”专题调研。到6个片区的13个镇街开展调研，结合2018年春季开展的第二次革命遗址普查结果，形成《弘扬红色精神　传承红色基因——东莞市加强红色革命遗址保护利用的调研报告》。

开展纪念东莞抗日模范壮丁队成立80周年系列活动。筹划并制作“传承红色基因　弘扬红色精神”图片展，协助市委宣传部举办东莞抗日模范壮丁队成立80周年纪念活动。与塘厦镇党委等部门联合主办“致敬老模　铭记历史”——纪念东莞抗日模范壮丁队成立80周年专题展。

【《东莞改革开放史料选编1988—1991》（第三辑）】 2018年，东莞市委党史研究室完成《东莞改革开放史料选编（1988—1991）》（第三辑）的编撰出版。该书主要选编自1988年6月中国共产党东莞市第六次代表大会召开至1991年6月中国共产党东莞市第八次代表大会召开前，涉及改革开放和社会主义现代化建设的重要文件、领导讲话、工作报告、总结汇报等。收入该书的文件资料，均保持原貌，未经改动，力图使该书成为了解和研究东莞改革开放发展阶段党史的重要参考史料书。

【《东莞改革开放研究文集》】 2018年，东莞市委党史研究室完成《东莞改革开放研究文集》的编撰出版。2018年是中国改革开放40周年。这40年，东莞以党的十一届三中全会为起点，坚持以中国特色社会主义思想为指导，在改革开放和社会主义现代化建设中一直走在全省、全国前列，并取得举世瞩目的巨大成就。东莞市委党史研究室组织开展“纪念东莞改革开放40周年”征文活动，收到各类的论文79篇。内容涵盖加强党的组织建设、建设民主政治、深化对外开放、构建社会主义市场经济、推进农村经济改革、推动科学发展、构建和谐社会等，对东莞推进中国特色社会主义现代化建设的经验和成就进行总结和研究。在中共广东省委党史研究室的指导帮助下，经过党史专家认真评审把关，将具有较高理论价值和学术水平的论文汇编成《东莞改革开放研究文集》。

【《东莞改革开放大事记（2008—2018）》】 2018年，东莞市委党史研究室完成《东莞改革开放大事记（2008—2018）》的编撰出版。在纪念中共十一届三中全会召开40周年、中国改革开放40周年之际，东莞市委党史研究室在《东莞改革开放三十年大事记（1978—2008）》的基础上，编写《东莞改革开放大事记（2008—2018）》。该书系统地总结2008—2018年十年间东莞发展的历程、成就和经验，坚定在新时代继续推进改革开放伟大事业、走中国特色社会主义道路的决心和信心，该书采取编年体与纪事本末体相结合，以编年体为主的体例，编写内容以报刊、文件、档案等资料为依据。（徐二凯）

附：2018年中共东莞市委党史研究室主要领导名录

主　任：蔡建勋

地方志

【地方志工作概况】 2018年，东莞市通过学习贯彻《广东省地方志工作条例》，推动东莞市地方志工作不断取得新成果。普查成果——《全粤村情·东莞市卷》（全6册）公开出版发行，其中第一册是全省《全粤村情》600册的开篇之作。年鉴工作继续位居前列，出版市级年鉴1部、镇街（园区）年鉴12部，在全国、全省质量评价中，《东莞年鉴》等7部年鉴获评省优秀年鉴，《东莞年鉴》《长安年鉴》获评全国优秀年鉴；在中国出版协会主办的年鉴编纂出版质量评比中，《虎门年鉴》《大朗年鉴》《南城年鉴》《麻涌年鉴》《石碣年鉴》获奖。志书编修进展显著，《塘尾名村志》《南社名村志》《石龙名镇志》有序推进，合作出版《法治东莞史录（2011—2015）》《东莞市人民医院志》，完成全市168个单位地方志资料年报工作。参加2018年广东省地方志理论研讨活动，东莞市有8篇论文获奖，东莞市人民政府地方志办公室（简称市志办）获评为优秀组织单位。市志办与东莞广播电视台联合摄制《东莞影像志》电视片20集，在阳光网等多个平台推送，点击量超过27万人次。信息化建设稳步推进，完成全部32个镇街志书数字化。

截至2018年底，东莞市二轮修志编纂出版225种地方志（市志1部，镇街志32部、名镇志1部，部门专业志42部，村志44部；市级年鉴17卷、镇街年鉴34卷、部门年鉴24卷）；市方志馆保存5.65万册地方志；东莞市情网上传志书3620万字，累计访问人数491万人次。地方志编修覆盖市、部门、镇、村、社区。

【自然村落历史人文普查】 2018年，《全粤村情·东莞市卷》（全六册）历经三年半，终于面世。年内，东莞市还配合省在虎门镇分别召开全省自然村落历史人文普查、全省市县区地方志资料年报工作会，举办《全粤村情》审查验收出版和自然村落普查开发利用培训会，并在培训会上交流《全粤村情·东莞市卷》验收及出版工作经验；配合省编纂出版“广东名村系列丛书”“广东乡村集萃系列丛书”。此外，先后到虎门、厚街、南城等镇街实地调查古驿道遗址现状，根据普查实践撰写论文《东莞市古驿道初步考证》，该论文入选《中国南粤古驿道学术文集》。

【镇村志、部门志编修】 2018年，东莞市推动“中国历史文化名镇”石龙镇、“中国历史文化名村”南社村和塘尾村编修名镇志、名村志，3部志书均纳入中国名镇志、名村志文化工程出版计划。9月4日，市志办在石排镇召开《塘尾名村志》定稿会，邀请省情专家陈泽泓出席会议并点评；在通过省验收后，提交中指办审核；同时又聘请专家通篇审读。《南社名村志》《石龙名镇志》分别于9月和11月完成初稿撰写和初审，并提交市志办复审，其中，《南社名村志》于11月完成一审。此外，推动有条件的镇街、村（社区）踊跃申报名镇志、名村志编修工作，重点指导长安镇申报。

同时，东莞市推动《道滘镇志》编委会完成出版社初审意见修改工作；在此基础上，于12月21日召开《道滘镇志》定稿会，邀请省情专家陈泽泓等出席并点评，会后，《道滘镇志》编委会按照省、市专家意见进一步修改完善。年内，市志办指导的《东莞市人民医院志》出版发行；市志办与市依法治市办合作，编纂出版《法治东莞史录（2011—2015）》；做好指导《东莞航道志》编修工作。

【年鉴质量提升】 2018年4月，东莞市召开2018年全市年鉴质量评价会议，并推荐7部优秀年鉴参与全省年鉴质量评价。在全省年鉴质量评价工作会议上，《东莞年鉴》《长安年鉴》《大朗年鉴》《虎门年鉴》《南城年鉴》《塘厦年鉴》《石碣年鉴》被评为省优秀年鉴。在全国地方志优秀成果（年鉴类）评价活动中，《东莞年鉴》《长安年鉴》被评为全国优秀年鉴。在中国出版协会主办的年鉴编纂出版质量评比中，《虎门年鉴》《大朗年鉴》《南城年鉴》《麻涌年鉴》《石碣年鉴》获奖。

2018年，市志办为提高年鉴质量，加强镇街（园区）年鉴指导培训，审核稿件超600万字。截至2018年底，《虎门年鉴》《南城年鉴》《麻涌年鉴》《石碣年鉴》《厚街年鉴》《长安年鉴》《寮步年鉴》《大朗年鉴》《凤岗年鉴》《塘厦年鉴》《桥头年鉴》《松山湖高新区年鉴》等12部镇街（园区）年鉴编纂如期交付出版、印刷。在编纂年鉴的基础上优化年鉴框架设计，总结经验撰写的论文《关于机构改革与年鉴框架调整的初步思考——以〈东莞年鉴2018〉框架为例》入选第二届全国年鉴论坛论文。

【东莞市入选2018年全省地方志理论研讨优秀论文数居全省各市之首】 2018年，东莞市在修志编鉴写史的实践中，多次邀请专家来莞点评、培训，以评训促学习，不断提升东莞市地方志理论研讨水平。同时，结合东莞市地方志系统的资源优势、高校的人才优势，凝聚研究力量，实现优势互补，互学相长。鼓励、推动市志办及有关镇街、单位、高校地方志工作者，参加全省地方志理论研讨论文评选活动，先后撰写地方志论文23篇。其中，《历代东莞籍学人的方志情怀和成就初探》等8篇获评为优秀论文（一等奖1篇、二等奖1篇、三等奖6篇），获奖数量居全省各市之首，占获奖总数的20%。市志办获评为优秀组织单位。获奖论文被编入《东莞史志》第1期，并于12月发行。

【方志（史）馆建设】 2018年，东莞市方志馆进一步改造藏书、布展环境。开展文化交流，发行赠阅3200册地方志书，遍及机关、校园、农村、社区、企业，其中赠阅东莞市高校、中小学校750册；完成《东莞年鉴》2017卷地市交流198本，收到回赠124种年鉴；截至2018年底，保存5.65万册地方志。接待多个单位来馆调研交流，包括黄埔海关来馆交流编修《黄埔海关志》事宜；与市政协文化文史和民族宗教委员会、莞城图书馆开展互赠书籍活动，其中市政协文化文史和民族宗教委员会赠送76本文史书籍，莞城图书馆赠送《东莞历史文献丛书》一套，方志馆回赠两单位129册地方志书。此外，为寮步、大朗等镇街和城市综合管理局等单位提供资料查阅服务。

2018年，东莞市方志馆在改造藏书、布展环境的同时，推动市新方志馆建设。1月18日，市新方志馆建设被列入2018年东莞市《政府工作报告》；9月19日，市政府召开协调会，明确市志办与市档案局合建市方志馆和市档案中心的方案，要求有关部门开展下一步深化研究。

同时，东莞市继续做好镇村方志（史）馆的管理。东莞市两个镇级方志馆中，大朗镇方志馆（全省首个镇级方志馆）收藏地方志7000多册；南城方志馆（全省首个街道方志馆）搜集名人著作116种312卷（册），收录家谱族谱约1400种1.2万册，涉及156个姓氏。通过推动虎门、石碣、寮步、大朗、茶山等镇街建设镇街方志馆、史馆，展现地方历史文化特色，助力乡村历史文化建设。截至2018年底，东莞市建成镇史馆20个、村史馆132个。

【地方志信息化建设】 2018年，东莞市推进东莞市情网集约化建设，达到全国政府网站普查的标准。强化网络安全管理，响应市云平台服务器建设，把地方志管理系统服务器移到市云平台上。动态数据更新加快，及时对东莞市情网的动态要闻等信息进行发布，并上传《东莞年鉴》电子版供群众查阅。贯彻落实省共建地情网栏目的要求，东莞市于11月组织有关镇街（园区）召开共建地情网栏目组稿会议，按时保质完成东莞市标志产物2个、产业园区3个、特色专业镇30个的组稿任务，提高地方志服务经济社会发展能力。

年内，完成32个镇街志书的数字化，累计约2000万字。截至2018年底，东莞市情网上传志书3620万字、图片750幅，发布志鉴动态信息43篇，访问人数491万

《全粤村情·东莞市卷》（全六册） （张德全 摄）

人次。开发微信订阅号“方志东莞”，致力于全方位推进地方志信息化工作，为群众提供全面便捷的地情信息服务。

【中国地方志指导小组办公室国情调研组到东莞市调研】 2018年11月29日，中国地方志指导小组办公室国情调研组到东莞市调研，在石排镇召开专题调研座谈会，深圳、珠海、惠州、东莞、中山等市及石排、道滘、长安、茶山等镇参加座谈。东莞市在会上汇报在自然村落历史人文普查、镇村志编纂、资料年报方面的工作成果及体会，得到中指办国情调研组和省地方志办的肯定。

【《全粤村情·东莞市卷》出版】 2018年，《全粤村情·东莞市卷》（全六册）历经三年半，终于面世，共计600万字。2018年1月，《全粤村情·东莞市卷》（全六册）全部提交省地方志办交付出版，于2018年底公开出版，其中第一册是《全粤村情》全省600册的开篇之作。《全粤村情·东莞市卷》通过文字、图片等方式，记载全市1765个自然村的名称来由、地理环境、历史沿革、姓氏源流、人口民族、生产经营、物产资源、特色民俗技艺等41项要素，全方位反映东莞乡村的历史、人文风情，展现东莞市历史悠久、各具特色的村落，记载东莞人民富有血性、不畏强权、敢冲敢闯的精神，以及开放、多元的乡村文化。

【《新时代·东莞影像志》播出】 2018年3月，市志办与东莞广播电视台谋划合拍《新时代·东莞影像志》——东莞名镇系列10篇，《东莞故事·东莞影像志》——东莞名村系列10篇。该系列电视片通过挖掘名镇名村发展历史，特别是改革开放历程中发生的感人故事、动人事迹，以小见大，展示东莞改革开放的精彩缩影，全面展现代表性名镇、名村取得的成就。

历经7个月的采访、拍摄，在国庆期间，《新时代·东莞影像志》系列电视片（第一期7集），在东莞广播电视台《东莞新闻》栏目陆续播出，有《石龙：古镇再腾飞》《南社：“有心有骨”的精神传承》《岭南地区明清古村落的一颗明珠——石排塘尾古村》《厚街：经济重镇的“前世今生”》《凤岗：客侨之乡》《中堂潢涌：凝聚的力量》《莞城：千年古邑文脉流传》。

随后，于12月改革开放40周年纪念活动之际，播出第二期5集：《蚝岗村：珠三角第一村》《寮步西溪村：明清时期农耕文明的活化石》《革命的摇篮——洪梅洪屋涡村》《东坑：“三古”文化推进“三生融合”》《麻涌：魅力乡村打造全域旅游》。第三期8集于2018年底拍摄完毕，分别为《长安镇：激流勇进的长安镇》《万江街道：金鳌塔下探寻东莞传奇》《大岭山镇大王岭村：百年客家村落的红色记忆》《大朗镇巷头村：一根毛线成就毛织之都》《桥头镇：以水为财 以莲为友》《樟木头镇：东莞唯一纯客家古镇》《虎门镇镇口村：销烟英雄地蜕变幸福新社区》《企石镇江边村：一座有故事的古村落》。每集播出时长3分钟，并在阳光网等多个平台推送，点击量超过27万人次。

【《东莞年鉴》2018年卷出版】 2018年9月，《东莞年鉴》2018年卷出版。《东莞年鉴》是由东莞市委、市政府主管，东莞市人民政府地方志办公室负责编纂的大型综合性工具书。该年鉴全书170万字，图文并茂地记载2017年全市的大事、要事及基本情况。该书正文设“年度关注”“争当排头兵”等30个类目。其中，“年度关注”类目记载东莞市获国务院表彰的集约用地、商事制度改革等深化改革的措施；图片专辑以“东莞突围”为题，反映东莞奋力在更高起点上实现更高水平发展等方面所取得的重大进展；“争当排头兵”类目则通过记载东莞经济社会发展中重要突破，体现东莞人“敢为天下先”的气魄；人物选材上，记载东莞获得“全国五一劳动奖章”“广东省五一劳动奖章”“中国好人”等荣誉的人物和事例。

【《法治东莞史录（2011—2015）》出版】 2018年4月，《法治东莞史录（2011—2015）》出版，是东莞市第一部地方史。该书由中共东莞市委全面依法治市工作领导小组办公室、东莞市人民政府地方志办公室联合编纂，全书44万字，设“党委统筹法治建设”“地方立法”“依法行政”等篇章，从各个方面阐述依法治市工作，较为系统、翔实地记载2011—2015年法治东莞建设的历程。

【《东莞市人民医院志》出版】 2018年4月，《东莞市人民医院志》出版。该书由东莞市人民医院志编纂委员会编纂，全书52.6万字，设“清末民国时期医院概况”“医疗”“护理”等篇章，较为系统、翔实地记载1888—2017年东莞市人民医院发展的历程。

【《南城年鉴》2018年卷出版】 2018年10月，《南城年鉴》2018年卷出版。《南城年鉴》由中共东莞市南城街道委员会、东莞市南城街道办事处主管，东莞市南城街道办事处编纂，该年鉴字数65万字，正文设“大事记、特载、总述、党务·政务、社会团体”等类目，封二设“南城名片”栏目介绍南城街道获得的“全国文明单位”“全国城市体育先进社区”等主要国家级荣誉，“数字南城·2017”栏目则介绍2017年南城街道办主要经济社会发展指标。

【《虎门年鉴》2018年卷出版】 2018年11月，《虎门年鉴》2018年卷出版。《虎门年鉴》由中共东莞市虎门镇委员会、东莞市虎门镇人民政府主管，由东莞市虎门镇人民政府编纂，该年鉴字数73万字，正文设“2017年大事记、特载、总述、党政机关、社会团体”等类目，突出虎门镇的特色产业——服装服饰产业，从“概况”“创新发展”“产业集群”“专业市场”“知名品牌”“服装公共服务平台”“服装服饰电子商务”“第22届中国（虎门）国际服装交易会”等条目记述虎门镇特色产业。

【《大朗年鉴》2018年卷出版】 2018年11月，《大朗年鉴》2018年卷出版。《大朗年鉴》由中共东莞市大朗镇委员会、东莞市大朗镇人民政府主管，东莞市大朗镇人民政府编纂，该年鉴字数65万字，正文设“影像大朗、大事记、特载、镇情简述、工业·商贸服务业”等类目，突出大朗镇的特色产业——毛织业，专设“毛织业”类目，集中记述大朗毛织产业发展概况。

【《塘厦年鉴》2018年卷出版】 2018年11月，《塘厦年鉴》2018年卷出版。《塘厦年鉴》由中共东莞市塘厦镇委员会、东莞市塘厦镇人民政府主管，东莞市塘厦镇人民政府编纂，该年鉴字数63万字，全书设“2017年大事记、特载、总述、党务·政务、交通·邮政、开放型经济”等类目。正文突出塘厦镇的特色产业——高尔夫产业，专设“高尔夫产业”分目，集中记述塘厦镇高尔夫产业发展概况，突出地方特色。

【《厚街年鉴》2018年卷出版】 2018年12月，《厚街年鉴》2018年卷编纂出版。《厚街年鉴》由中共东莞市厚街镇委员会、东莞市厚街镇人民政府主管，东莞市厚街镇人民政府编纂，该年鉴字数47.8万字，正文设“大事记、特载、总述、党务·政务”等类目，突出厚街镇的特色支柱产业，专设“家具业”“鞋业”“机电业”分目。“家具业”分目下设“家具业协会组织”“家具专业市场”“家具企业选介”等5个条目，集中记述厚街镇家具业的发展概况；“鞋业”分目下设“鞋业协会组织”“鞋业市场”“鞋业企业选介”等条目，集中记述厚街镇鞋业的发展情况。

【《石碣年鉴》2018年卷出版】 2018年12月，《石碣年鉴》2018年卷出版。《石碣年鉴》由中共东莞市石碣镇委员会、东莞市石碣镇人民政府主管，东莞市石碣镇人民政府编纂，该年鉴字数42.6万字。正文设“大事记、特载、总述、党务·政务、社会团体”等类目，专设“电子信息产业”分目记述石碣镇电子产业重镇的特色。

【《松山湖高新区年鉴》2018年卷出版】 2018年12月，《松山湖高新区年鉴》2018年卷出版。《松山湖高新区年鉴》由东莞市松山湖高新区管委会主管，松山湖高新区年鉴编纂委员会编纂，该年鉴字数55万字，正文设“概貌、大事记、特载、产业发展、科技创新”等类目，突出松山湖高新区的“产业发展”“科技创新”和“环境保护”，专设“产业发展”类目，从“高端电子产业”“生物技术产业”等9个分目，集中记载产业发展概况；专设“科技创新”类目，从“知识产权工作”等6个分目，集中记载科技发展概况；专设“环境保护”类目，从“环境建设与管理”等5个分目，集中记载环境保护情况。 （王学林　梁炜强）

附：2018年东莞市人民政府地方志办公室主要领导名录

主　任：李文蔚

档　案

【档案资政服务】 2018年，东莞市档案局（馆）结合市委、市政府中心工作和社会热点问题，挖掘档案信息，做好档案资政服务。编印《档案资政参考》4期，内容是《改革开放以来，东莞的城市规划及发展情况简报》《东莞社会保险机构设置与制度建设、信息化办理情况简报》《东莞升格地级市经过及发展变化简报》《改革开放以来，东莞非公有制经济发展情况简报》。围绕庆祝改革开放40周年等重大活动，挖掘、开发档案信息资源，为中央电台视拍摄《国宝档案——大潮起珠江》广东改革开放40周年系列节目等活动以及东莞日报社等单位提供东莞改革开放档案资料。东莞市档案局（馆）与市委党史研究室联合编印《东莞改革开放史料选编（第三辑、1988—1991年）》。

【档案管理指导】 2018年，东莞市档案局（馆）拓展档案为企业管理服务的新形式和新内容，推进凤岗供电公司等5家企业通过档案工作规范测评，为振兴实体经济做好服务。发挥档案的原始凭证作用，为提高社会治理能力提供基础支撑，做好农村土地承包经营权确权登记档案、全国地名普查档案、污染源普查档案的指导服务。结合东莞市对口帮扶和援建工作，赴新疆指导东莞援疆工作队开展项目档案工作。做好涉密档案清理工作，完成66个全宗单位7500余份涉密档案的清理解密工作。

【档案资源建设】 2018年，东莞市档案局（馆）接收各单位文书档案408卷2.64万件；专门档案29.22万件；音像（光盘）档案275张；图书资料424本；各类报刊102本。全年参与全市重大会议、重大活动和市党政主要领导重要政务活动照片拍摄268次，整理归档照片7270张。

【档案利用服务】 2018年，东莞市档案局（馆）接待来馆查阅利用470余人次，提供利用档案559卷、624件；接待来馆参观570余人次；通过网站和手机查阅利用已公开现行文件和开放档案2万余人次。做好档案开放鉴定工作，鉴定档案3550余份。

【档案安全保护】 2018年，东莞市档案局（馆）按照信息安全等级保护和涉密信息系统分级保护要求开展档案信息系统建设，做好数据备份、设备巡检等工作。开展档案馆消防安全演练，做好防御台风“山竹”档案安全保护，确保党和国家宝贵财产安全。

【档案管理执法检查】 2018年，东莞市档案局（馆）参与《东莞市城建档案管理规定》立法工作。起草《东莞市一体化政务服务平台建设电子文件与电子档案管理指南》，为市民中心接收建设电子文件和电子档案提供标准。依法治理档案工作，开展档案行政执法检查，到62个到期接受档案工作目标管理复查的单位进行执法检查。根据《东莞市档案工作分级督导方案》，对各镇街和各主管单位416个下属单位、村（社区）档案工作目标管理进行复查，查处不符合《档案法》有关规定的单位。重新发布《东莞市名人档案管理办法》。

【档案信息化建设】 2018年，东莞市档案局（馆）推进档案数字化工作。加大档案数字化工作力度，2018年，完成馆藏档案数字化扫描291万页，截至年底，馆藏档案数字化扫描共1192万页，完成《2018年市政府主要目标任务分解表》确定的馆藏档案数字化率达70%的目标任务。东莞市档案数据中心建设初见成效。市档案局（馆）在全市选取10个单位作为试点进行推广，逐步与各镇街、各单位OA系统、业务系统无缝对接，推进各类电子文件的在线归档、在线移交与接收，实时整合档案数据，推动档案工作转型升级。

【档案宣传教育培训】 2018年，东莞市档案局（馆）推进爱国主义教育基地和中小学档案教育社会实践基地建设，开展4期中小学生暑期档案教育实践活动，对中小学生开展红色教育，有50名中小学生参与活动。开展送展览到校园活动，把《一座城市的记忆——百年东莞图片展》送到寮步中学巡展，培养学生爱国、爱乡情怀。举办2期档案岗位培训班和9次档案专题培训，培训学员1000余人次。

【档案馆（室）建设】 2018年，东莞市政府将“推进全市档案中心建设”纳入《2018年政府工作报告》和《2018年市政府主要目标任务分解表》中，市档案局（馆）按照《关于加强和改进新形势下我市档案工作的实施意见》要求，进行调研、选址方案上报给市政府。松山湖、长安、清溪、企石等镇街正在建设或筹建镇街档案馆。

【重点档案抢救、保护和开发】 2018年，东莞市档案局（馆）开展“东莞明伦堂档案开发研究和出版”以及《抗日战争档案汇编（东莞卷）》两个国家重点档案保护和开发项目的工作。举办东莞明伦堂研讨会，宣传东莞的历史文化形象，树立东莞档案工作的特色，扩大东莞明伦堂档案成果的影响。开展历史新闻视频档案抢救工作，制定《东莞电视台历史新闻视频档案抢救性整理及数字化加工方案》，计划2年内完成存放于磁带中的9000小时的历史新闻视频抢救性整理及数字化加工，形成档案信息资源，建立新闻视频档案资源库。

【《东莞升格地级市30周年纪实》编辑出版】 2018年是东莞升格地级市30周年。为反映东莞升格地级市以来的发展历程和巨大成就，东莞市档案局（馆）编辑《东莞升格地级市30周年纪实》一书，由光明日报出版社出版发行。该书汇编东莞市档案馆历年积累整理的曾刊登在《人民日报》《南方日报》等主流媒体上有关东莞的新闻报道153篇，内容涵盖政治经济、城市建设、社会民生、文化体育等方面，从新闻角度记录1988—2017年东莞30年来的发展变化，对了解东莞过去、谋划东莞未来发展具有一定的参考价值，也有保存史料的价值。 （梁锐华）

附：2018年东莞市档案局（馆）主要领导名录

局（馆）长：连希波

2018年7月6日，中国档案学会、广东省档案学会和东莞市档案馆联合在东莞市举办东莞明伦堂档案学术研讨会。图为讨论会现场

（市档案局供图）

体育·卫生

SPORTS · HEALTH

"幸福舞起来"——2018年东莞新编广场舞展演
（市文化广电旅游体育局供图）

编辑：施雪芬

体 育

【体育事业概况】 2018年，东莞以"办以人民为中心的体育"为核心定位，建设体育强市，打造全民运动之城。完善群众身边的体育设施，全年新建足球场70个，新建健身路径100套，升级改造篮球场40个，推动83个体育场馆免费或低收费向市民开放。在全省率先举办市民运动会，策划组织比赛项目27个、主题活动650多场，遍布全市一半以上镇街，项目覆盖参与人群超过20万人次，打造一个更加优质的体育活动品牌。制定《关于出具非营利性体育设施项目说明性材料的业务操作流程》，支持谢岗、塘厦、寮步3个镇建设社区体育公园项目，申请核销用地指标面积8.67公顷，较好解决镇街体育设施用地问题。是年，以奋战省运会为中心工作，竞技体育实现新突破。广东省第十五届运动会东莞获得全省地级市金牌总数第一名。雅加达第十八届亚运会中，东莞输送的8名运动员全部夺冠，实现"亚运会东莞大满贯"的历史性成就。年内，东莞市体育彩票销售再创新高，销售总额19.92亿元，全省排第三，仅次于广州市和深圳市，居全省地级市第一位。

12月27日，中国共产党东莞市第十四届委员会第七次全体会议召开，对全市深化机构改革进行动员部署、推动落实。市委书记、市人大常委会主任梁维东就《东莞市机构改革方案》作说明。根据东莞市机构改革方案，组建东莞市文化广电旅游体育局，不再保留东莞市文化广电新闻出版局、东莞市体育局和东莞市旅游局。

【全民健身发展构建新格局】 2018年，东莞市各协会、各镇街举办千人规模以上的全民健身活动120多场次。其中，樟木头镇举办首次镇运动会，长安镇举办第六届运动会，东城街道的"乐健东城"、南城街道的"欢乐城市体育汇”等全民健身品牌逐渐建立。以市滨江体育公园开展的“千人体育公益培训”计划为龙头，实现市镇两级联动，依托体育场馆以及社会体育指导员服务站，开展“万人体育公益培训”，全年为1.26万人提供体育公益培训服务。全年开展体质监测2.11万例，实现全市体质数据的有效收集。加强体育社会组织的前置审查工作，全年完成79个社会体育组织前置审查工作，推动体育社会组织健康发展。

【东莞市在广东省第十五届运动会上获得全省地级市金牌总数第一名】 2018年8月8—20日，广东省第十五届运动会在肇庆市举行，东莞派出1100多人组成的代表团，参加竞技体育组的23个大项，460个小项的比赛；学校组的9个大项，156个小项的比赛。收获99金88银84铜，代表团团体总分8069.05分。代表团金牌总数位居全省第三、地级市第一，团体总分位居全省第四，获得代表团团体总分奖、2015—2017年度突出贡献奖、体育道德风尚奖，3人次破赛会纪录。

2018年，在第十八届雅加达亚运会上，东莞市培养输送的8名运动员全部夺得冠军 （市文化广电旅游体育局供图）

2018年6月，东莞市第一届市民运动会举行。图为门球比赛现场 （市文化广电旅游体育局供图）

【东莞市运动员在第十八届亚洲运动会上获冠军】 2018年9月1日，在印度尼西亚雅加达举办的第十八届亚洲运动会上，东莞市输送的运动员惠子程（男子50米步枪三姿），黄文威、曾冰强、肖海亮（男子3人篮球），王凯华（田径男子20公里竞走），赵睿、董瀚麟（男篮），李月汝（女篮）8人获得5枚金牌，创造8人参赛取得8人次冠军的历史纪录，东莞在该届亚运会取得金牌项目数全省第二。

【品牌体育赛事打造】 截至2018年底，东莞市全市篮球联赛举办16年，为全国首例。全市33个镇街（园区）都有举办该镇各类型上规模的篮球比赛上百场。打造全市羽毛球联赛、全市足球联赛。组队参加省篮球联赛，男子队连续4届获得总冠军，女子队首次夺得冠军，男子队运动员由南城、大朗、麻涌、常平等镇街输送，女子队由松山湖、大朗、常平等镇街输送。为响应国家体育总局号召，推广健身气功运动，2018年东莞承办全国健身气功站点联赛（南部赛区）的比赛。

【体育产业发展呈现新活力】 2018年，东莞市体育局联合华南师范大学举办首次以体育产业为专题的全市基层体育工作者培训班。组织2018年东莞市体育产业机构名录库建设工作。开展省体育产业示范基地、示范单位、示范项目申报工作，有5家单位参与申报。规范体育市场秩序，全年审批150个高危体育项目经营单位，加强安全检查，保障体育领域未发生重大安全事故。

【2019年篮球世界杯筹备工作启动】 2018年2月23日，东莞市承办国际篮联要求的篮球世界杯亚洲区预选赛（第二站）中国队蓝队对

阵新西兰国家队的比赛，这场赛事也是2019年篮球世界杯东莞赛区的预演赛。9月11日，举办2019年国际篮联篮球世界杯倒计时一周年活动，成为继北京等地之后，第七座启动2019年篮球世界杯倒计时钟的举办城市，被国际篮联称赞为最符合国际篮联要求、具备国际水平的倒计时钟启动活动。

【东莞市第一届市民运动会】2018年6月23日，东莞市第一届市民运动会在市体育中心广场开幕。运动会持续半年，以“让运动成为生活方式”“全民健身、健康东莞”为主题，设27个比赛项目，开展650多场配套活动，20多万人参与，实现月月有擂台、周周有活动、天天有比赛。

【东莞泳将陈苏伟横渡英吉利海峡】2018年8月3日，东莞市高埗人陈苏伟以11小时8分的成绩横渡英吉利海峡，成为第一个横渡英吉利海峡的广东人，也是中国史上用时最短的挑战者。10月16日，陈苏伟横渡美国卡特琳娜海峡，成为完成此壮举的中国第一人。

【第8届“杨官璘杯”全国象棋公开赛】2018年9月3—7日，第8届“杨官璘杯”全国象棋公开赛在杨官璘家乡东莞市凤岗镇举行，来自15个国家和地区170名高手参赛，东莞棋手王天一、陈幸琳、曹岩磊、赵殿宇分别获男子专业组、女子专业组、海外组、公开组冠军。

【塘厦高尔夫球博览会】2018年11月23—25日，“2018（第十届）塘厦高尔夫球博览会”在东莞市塘厦镇举行。设塘厦塘龙广场主会场和观澜湖东莞球会分会场，650个展位，国内外130多家高尔夫企业参展，参观参展人数8.5万人次，其中专业采购商9000多人，现场成交额1.2亿元。

（谢进民）

附：2018年东莞市体育局主要领导名录

党组书记、局长：

黄慧红（任至12月）

卫　生

【医疗卫生事业概况】2018年，东莞市有医疗卫生机构2722个，其中医院102所、基层医疗机构2576个、专业公共卫生服务机构41个、其他医疗卫生机构3个；有床位3.11万张；卫生机构有在岗职工6.4万人，其中卫生技术人员5.4万人，含执业（助理）医师1.9万人、注册护士2.5万人，全市每千常住人口拥有执业（助理）医师、注册护士分别为2.3人、3.0人，每万常住人口全科医生2人。全市诊疗量7032万人次，出院量103.8万人次。

4月28日，国务院办公厅印发《关于对2017年落实有关重大政策措施真抓实干成效明显地方予以督查激励的通报》，东莞市被通报表扬为“公立医院综合改革成效较为明显的市”并予以督查激励。2017年度东莞市公立医院综合改革效果评价在全省21个地级市中位列第二名。是年，东莞市卫生健康事业改革发展取得显著成绩，主要体现在：药品跨区域联合集中采购改革取得明显成效。启动公立医疗机构薪酬制度改革试点。推进“三大节点”项目和5所区域中心医院建设。200所社区卫生服务机构升级达标。建成全市预约服务统一平台。东莞市卫生计生局被评为2018年度工作优秀市直单位（社会建设类），取得4项全市“单打冠军”：公立医院综合改革成效较为明显的市、全国流动人口动态监测调查优秀单位、广东省流动人口卫生计生基本公共服务均等化工作示范区、广东省严重精神障碍管理治疗工作先进市。

12月27日，中国共产党东莞市第十四届委员会第七次全体会议召开，对全市深化机构改革进行动员部署、推动落实。市委书记、市人大常委会主任梁维东就《东莞市机构改革方案》作说明。根据东莞市机构改革方案，组建市卫生健康局，不再保留市卫生和计划生育局。

【医药卫生体制改革】2018年，东莞市所有公立医院继续实行取消药品加成政策，继续取消药品加成，全市公立医院药品让利5.17亿元，为群众减轻负担5566万元。修订公立医院基本医疗服务补助实施方案，通过提高基本工作量补助标准等方式，加大财政投入力度。启动新一轮医疗服务价格调整工作。推进医养结合试点建设，洪梅医院护理院建成并投入使用，全市建成6所以养老康复为主要功能的护理院，开展医养结合服务，深受群众欢迎。拟订镇街公立医院供给侧结构性改革指导意见，组织全市公立医院内部论证，研究功能定位和发展方向。支持厚街医院创建市应急医院。石碣医院与市人民医院签约共建医联体，创建骨科特色综合医院。

【社会办医】2018年，东莞市出台鼓励和引导社会资本举办医疗机构实施意见。社会办医疗机构增至2170个，占全市医疗机构数的81%，其中社会办医院有57所，占全市医院总数的56%。社会办医疗机构实有床位数、住院量、门诊量分别约占全市医疗机构的30%、25%、26%，三项指标均名列全国前茅。

【疾病预防控制】2018年，东莞市全市人均基本公共卫生服务项目经费补助标准增至63.33元。高效应对长春长生问题疫苗事件。全市无甲类传染病发生，有效处置手足口病、登革热等急性传染病疫情。东莞市连续9年无本地感染疟疾病例，通过省级考核评估。开展儿童口腔疾病综合干预项目，实施免费窝沟封闭8.7万人、牙齿26.7

万颗，免费局部涂氟8.2万人。开展儿童青少年近视调查工作，完成5222人的近视筛查，掌握全市儿童青少年近视率的基线数据。完成65岁以上老年人健康体检12.8万人次。高血压患者规范管理率72.93%，2型糖尿病患者规范管理率73.82%，肺结核患者管理率99.48%，严重精神障碍患者管理率96.21%、服药率91.86%。妥善处理职业性急性中毒事件4起。

【卫生应急】 2018年，东莞市抵御40多年来影响最严重的台风“山竹”，开展紧急医学救援，实现灾后无疫情，保障群众生命安全。在虎门会展中心举办“疫盾2018”东莞市防治传染病联合应急演练。

【卫生监督】 2018年，东莞市强化全行业综合监管，综合监督执法实施“双随机一公开”（随机抽取检查对象，随机选派执法检查人员，抽查情况及查处结果及时向社会公开）监管模式，抽检2033所次，依法查处抽检不合格单位172家次。推行监督执法全过程记录，督促执法人员依法履行法定行政职权。实行以案促管，执法力度显著增强。查处违法案件2454件，比上年增长367.4%，罚款228万元，吊销医疗机构执业许可证（诊疗科目）6家，取缔无证行医窝点319个次。印发行政处罚自由裁量新标准。落实行政执法与刑事司法衔接，向公安部门移送涉嫌犯罪案件5件，公安部门刑事立案1件。

【爱国卫生】 2018年，东莞市开展第30个爱卫月省级现场会等活动，巩固国家卫生城市成果，企石镇创建国家卫生镇通过省暗访评估，石龙等11个镇通过国家卫生镇复审。建立全市首个病媒生物防制监理系统，在全省率先实现监理监测信息管理。

【医疗卫生信息化建设】 2018年，东莞市推进分级诊疗信息平台和远程医疗试点建设，市第三人民医院、市第八人民医院、石龙镇社区卫生服务中心、松山湖社区卫生服务中心对接分级诊疗信息平台，实现预约诊疗、双向转诊、现场结算、社保支付、移动支付等线上服务。市第三人民医院和松山湖社区卫生服务中心开展远程影像诊断，实现远程阅片功能。选取市人民医院、石碣医院和大岭山镇社区卫生服务中心作为远程医疗建设试点。推进电子病历和健康档案共建共享，市人民医院、市第五人民医院信息系统、全市社区卫生服务管理信息系统、省全民健康信息平台实现互联互通，上传住院电子病历18.5万份、建立有效居民电子健康档案685万份。升级社区卫生服务信息系统，新增家庭医生签约服务模块。全市医疗机构、医师、护士基本实现电子化注册管理。全市卫生健康系统全面启用新OA办公系统。

【基层卫生】 2018年，东莞市推进社区卫生服务机构标准化建设，制定全市社区卫生服务机构新标准，有200个社区卫生服务机构升级达标，超额完成年度150所的目标任务。全市社区卫生服务机构诊疗量1992万人次，占全市医疗机构门诊总量的28%，次均门诊费用81.2元，参保人报销后次均门诊支出24.9元，低于全省平均水平。全面实施家庭医生签约服务，出台加快推进家庭医生签约服务制度实施方案，推出首批三大类11种家庭医生签约服务包及收付费方案。组建家庭医生团队1056支，签约群众259万人，签约率31.35%，其中重点人群签约74万人、签约率66%。

【妇幼保健】 2018年，东莞市全面实施出生缺陷综合防控项目，免费婚前孕前优生健康检查8764对夫妇，地中海贫血基因检测2581人，向6.42万名待孕妇女免费派发叶酸；孕产妇艾滋病、梅毒和乙肝的检测率均为100%；新生儿疾病筛查1.05万例，筛查率97.41%。全市孕产妇死亡率6.20/10万、婴儿死亡率1.87‰，处于较低水平。

【医政管理】 2018年，东莞市人民医院、康华医院通过三甲医院复审，茶山医院、高埗医院通过二甲医院评审。有5个专科通过省级中医重点、特色专科验收。新成立医疗美容、职业病健康检查、临床护理等专业的市级质量控制中心。选定6所医院建设区域消毒供应中心。建立6个市级老年护理培训基地和5个市级伤口造口护理培训基地。完善市危重症孕产妇和新生儿急救、会诊、转诊网络，转诊救治患者2247人次。31所医院备案登记国家级、省级限制临床应用的医疗技术16项。排查全市医疗机构血液透析室30个。实施停止门诊输液制度。完成全市公立医疗卫生机构绩效考核，开展全市二、三级医院医疗质量和医疗服务评价。市域内住院率95%，达到省的指标要求。以新的国家标准对全市医院消毒供应中心进行考核。对全市各级各类医疗卫生机构医疗废物管理进行排查。全市二级以上医院100%开展优质护理服务。成立老年护理等7个专科护理联盟。推广应用全市医院感染监测平台。

【科研教育】 2018年，东莞市获得科研立项批准444个，其中国家级3个、省级项目38个、市级项目403个，获资助750.1万元。获得继续医学教育项目939个，比上年增长17.8%，其中国家级35个、省级190个、市级714个。

【中医药工作】 2018年，东莞市提升中医药服务能力，统筹协调解决筹建市国医馆项目的调整控规和容积率问题。制定建设市中西医结合医院实施意见。东莞、佛山两市中医院启动全面战略合作。粤港澳大湾区（东莞）中医药健康产业园区建设项目列入东莞市粤港澳大湾区建设重大项目。推进粤港澳大湾区毫火针疗法培训推广中心项目。开展中医中药中国行——中医药健康文化系列科普活动。实施中医诊所备案制，全市有备案制中医诊所107家。全市所有社区卫生服务中心均可提供中医药服务。注重中医药人才培养，建成国医大师唐祖宣传承工作室，新建1个全国名老中医药专家传承工作室，遴选20个市级名中医师承项目。

【健康宣传】 2018年，东莞市开展健康教育，全市举办健康教育讲座2300多场，覆盖社区居民、学生、企业职工、孕产妇、老年人等人群25万人次，涉及健康主题知识50多种。打造《名医来啦》健康栏目和《莞医诊聊室》直播节目，传播科学的健康知识，深受群众欢迎。开展庆祝首个"中国医师节"暨2018东莞市"最美医生""最美护士"评选活动，营造尊医重卫的良好社会氛围。

【医疗人才队伍建设】 2018年，东莞市引进培养高层次医疗人才，全年引进82名高级职称专业技术人才纳入编制管理。获得广东省杰出青年医学人才（第一批）称号8人。评选出市医学领军人才5人、杰出青年医学人才42人、医学学科带头人73人、医学学科骨干1162人。对198名"东莞名医"实行三年动态管理。开展第三轮"暖心工程"调研活动，由局副处级以上领导带队走访高层次人才800多人。集中选派6名学科带头人、35名业务骨干到港澳台著名大学及医疗机构进修培训。新增全科医生转岗培训、岗位培训474人。新增住院医师规范化培训251人。新增特殊专科岗位护士准入培训282人。启动实施社区卫生人才填洼三年计划。举办8期社区卫生管理和专业技术人员培训班。松山湖片区（寮步）、滨海湾片区（长安）全科医生实训中心落成使用。选定凤岗镇、东坑镇社区卫生服务中心建设全科医生实训中心。加快培养全科医生，选派20名社区全科医生骨干到复旦大学、浙江大学附属医院全科医学科进修学习。

【医疗援建与扶贫】 2018年，东莞市选派27人组成广东省第30批援赤道几内亚医疗队，进行8个月的集中培训。向援外对象捐赠一批价值34.3万元的医疗物资。派出6人参与省援藏、援疆工作队，选派38名专业技术人员对口帮扶西藏自治区巴宜区卫生服务中心、新疆维吾尔自治区图木舒克市所属医院和云南省昭通市，组织"最美天使志愿者服务队"到西藏自治区林芝市、新疆维吾尔自治区喀什市、云南省昭通市、广东省韶关市开展医疗帮扶活动。接收西藏自治区林芝市巴宜区、云南省昭通市、四川省甘孜藏族自治州共67名医务人员来莞进修学习。派出3名干部赴广东省揭阳市开展精准扶贫精准脱贫工作，惠来县厚山村累计预脱贫27户98人。慰问东莞市麻涌镇麻一村47户帮扶对象。

【药品跨区域联合集中采购改革】 2018年，东莞市所有公立医疗机构和其他医疗卫生机构共85个单位在深圳药品供应平台采购药品，与省药品采购平台价格联动，下调深圳药品供应平台106个品种价格，合同总金额约30亿元，已采购订单金额约18亿元，药品采购成本比上年下降18.59%，有效保障临床短缺药品供应和降低药品虚高价格。全市公立医院的药占比（不含中药饮片）下降至25.93%，为新医改十年来最低值。

【公立医疗机构薪酬制度改革试点启动】 2018年，东莞市落实省委全面深化改革专项试点项目，启动公立医疗机构薪酬制度改革试点工作，制定《东莞市公立医疗机构薪酬制度改革试点工作意见》报省审批，拟订11所公立医院和33个社区卫生服务中心实施薪酬制度改革试点。

【"三大节点"重点项目建设推进】 2018年，东莞市推进"三大节点"重点项目建设，市人民医院肿瘤中心工程、市儿童医院项目进入收尾阶段，市妇幼保健院扩建工程顺利开展前期工作，市第九人民医院工程进入土建施工阶段，新麻涌医院（一期）施工。

【5所区域中心医院建设推进】 2018年，东莞市出台建设区域中心医院五年行动计划，选定市第三人民医院、市第五人民医院、常平医院、塘厦医院、麻涌医院为区域中心医院，将常平医院、塘厦医院、麻涌医院纳入市属公立医院序列管理。市政府与暨南大学签约合

2018年5月8日，举行东莞市人民政府和暨南大学合作共建常平医院签约暨二甲医院挂牌仪式（市卫生健康局供图）

作共建常平医院。

【全市预约服务统一平台建成】 2018年，东莞市建成全市预约服务统一平台，41所公立医院上线，同步推出“健康东莞”App，下载量15万次，通过平台预约306万人次。

【全市停止门诊静脉输液】 2018年，东莞市印发《关于加强医疗机构门诊静脉输液管理的通知》，规范医疗机构门诊静脉输液行为，推进全市各级各类医疗机构全面停止门诊静脉输液（急诊、儿科门急诊、日间手术、血液净化、肿瘤门诊化疗等除外），明确无需输液的常见病、多发病53种，全市门诊处方抗菌药物使用率比上年下降11.63%，为历史最低，有效降低医疗风险和患者负担。

【《说医不二》微视频打造】 2018年，东莞市卫生计生局联合东莞阳光网打造一档全新的微视频栏目《说医不二》。该栏目是集健康、养生、营养、运动等内容于一体的互动式微视频栏目，结合热点健康话题，邀请嘉宾以2～3分钟小剧场加脱口秀的形式，将严肃的健康话题变得喜闻乐见、浅显易懂，让群众在轻松活泼的视听感受中接受教育、增长知识。该栏目于每周二播出，在东莞市卫生计生局微信公众号、东莞阳光网微信公众号、东莞阳光台APP等移动平台同步推送，共制作46期，线上累计播放量超过1000万次，该栏目同时在东莞地铁的购票区域、候车区域以及每节车厢实行全天候轮播，受群众好评和赞誉。该栏目高票入选2018年广东省“一网一品牌”，获2018年中国城市网盟“移动创新优秀奖”，获《健康报》“寻找卫生行业宣传创新案例活动”的“年度品牌活动最佳案例”。

【社区卫生服务十周年总结大会召开】 2018年10月30日，东莞市召开社区卫生服务十周年总结大会，省卫生健康委员会主任段宇飞出席并讲话，肯定东莞市社区卫生服务发展成效。中国社区卫生协会副会长兼秘书长陈博文，东莞市政府副市长喻丽君，东莞市卫生计生局局长叶向阳，市卫生计生局等部门有关领导，镇街（园区）政府分管领导和卫生计生局局长，社区卫生服务中心正副主任以及社卫十周年竞赛活动一等奖获奖选手、“优秀家庭医生团队”代表、社卫“十年坚守者”代表约300人参加会议。

【全市深化综合医改推进大会召开】 2018年1月16日，东莞市委、市政府召开全市深化综合医改推进大会。市委书记、市人大常委会主任吕业升主持会议并讲话，市委副书记、市长梁维东作工作部署，副市长喻丽君对《东莞市深化医药卫生体制综合改革实施方案》进行解读。市有关领导，市医改领导小组成员单位及有关部门主要负责人，各镇街党委书记、分管负责人和镇街卫生计生局局长以及市卫生计生局副处以上干部和市属医疗卫生单位主要负责人在主会场出席会议，各镇街（园区）设分会场。

【卫生计生系统扫黑除恶专项斗争推进】 2018年9月14日，东莞市卫生计生局召开全市卫生计生系统扫黑除恶专项斗争工作推进会。市卫生计生局局长叶向阳作讲话，市卫生计生局分管领导和科室负责人，各镇街（园区）卫生计生局、局直属单位主要领导等参加会议。全年围绕卫生健康领域六类打击重点，宣传发动、摸排线索，摸排有效线索6条，承办中央和市转办线索2条，严厉打击涉黑涉恶违法犯罪。

【东莞市首个妇幼保健专科联盟成立】 2018年5月16日，东莞市首个妇幼保健专科联盟成立。该联盟是东莞市规模最大、涉及面最广、参与医疗机构最多的医联体，由市妇幼保健院牵头，囊括36所公立医院、9所民营医院和19个社区卫生服务中心，下设15个专科联盟，覆盖东莞市整个妇幼保健技术和服务体系。

【东莞市首个心血管专科联盟成立】 2018年8月27日，东莞市首个心血管专科联盟在市人民医院挂牌成立。该联盟由市人民医院牵头，市中医院、市第五人民医院、康华医院等全市31所医院心血管专科自愿加盟，联盟会员单位围绕人才培养、学术交流、科教合作、医疗技术资源共享、双向转诊等多方面展开合作。（吴宝辉）

附：2018年东莞市卫生和计划生育局主要领导名录

党组书记、局长：

叶向阳（任至12月）

附：2018年东莞市卫生健康局主要领导名录

党组书记、局长：

叶向阳（12月到任）

资料链接

“三大节点”重点项目：2018年是改革开放40周年，2019年是中华人民共和国成立70周年，2020年是全面建成小康社会之年。为切实增进民生福祉，让改革发展成果更多更好惠及全体市民，东莞市决定以这3个时间为节点，打造一批重点项目尤其是重大民生工程，其中有卫生健康领域5个项目，分别是市儿童医院、市人民医院肿瘤中心、市第九人民医院、市妇幼保健院扩建、新麻涌医院（一期）等工程。

疾病预防控制

【疾病预防控制概况】 2018年，东莞市开展儿童口腔疾病综合干预项目和推进千场健康讲座及健康素养巡讲活动。撰写东莞市首份肿瘤登记年报《2017东莞市肿瘤登记年报》。5月，接受由原省卫生计生委组织开展的消除疟疾省级考核评估并通过，这是东莞市继2000年消除丝虫病后，又一个实现消除的传染病。7月，长春长生疫苗事件发生后，迅速反应，及时发布事件通告，解答群众疑惑，强化宣传引导，组织开展涉事疫苗的咨询及补种工作。

【传染病防控】 2018年，东莞市重点做好流感、人感染H7N9禽流感、手足口病、登革热、寨卡病毒病、基孔肯雅热的监测与防控，每周、每月定期对全市流感、手足口病、重点感染性腹泻病等重点传染病进行监测，形成监测“周报”和“月报”，报送省疾控中心并反馈给各有关医疗卫生单位。其中，为掌握东莞市慢性丝虫病患者数量及分布情况，4—5月对慢性丝虫病患者的现状进行调查，调查结果为东莞市无慢性丝虫病患者。为巩固鼠疫防治成果，做好鼠疫防控工作，于5—10月在长安、中堂、桥头、清溪和寮步等5个镇开展鼠疫监测，未分离出鼠疫杆菌及检出鼠疫杆菌抗体。

【艾滋病防控】 2018年，东莞市落实各项艾滋病防控工作。完成全年艾滋病防治数据质量评估，评估对象包括全市33个镇街（园区）疾病预防控制中心、各市属医疗卫生单位、东华医院和康华医院，评估的内容涉及病例报告、哨点监测、病例管理、高危行为干预等数据质量。做好对艾滋病感染者/病人的日常随访管理工作。加强艾滋病病毒感染者和病人的综合管理工作，按照属地管理的原则，对居住在本辖区内的艾滋病感染者和病人开展医学咨询、行为干预、CD4细胞检测等一系列的随访工作。完善艾滋病监测网络，开展哨点监测工作。全市设立各类监测哨点7个。加强戒毒药物维持治疗和抗病毒治疗工作。全市三个戒毒药物维持治疗门诊自开诊以来，均按要求开展相关的实验室检测，同时开展艾滋病抗病毒治疗工作。推进高危行为干预工作。落实“四免一关怀”政策。对具有东莞户籍的未满18周岁的艾滋病病毒感染儿童发放基本生活费，发放标准按照东莞市的孤儿基本生活最低养育标准执行；开展免费的自愿咨询检测工作，最大限度地发现感染者和病人，减少二代传播。开展艾滋病防治督导和《“十三五”行动计划》中期评估。4月和10月，对各镇街（园区）2017和2018年度的艾滋病防治工作进行两轮的督导和现场指导工作，形成《东莞市遏制与防治艾滋病“十三五”行动中期评估自评报告》。发动社会组织参与艾防工作。截至2018年底，全市艾防工作的社会组织有3个，分别是东莞市志愿者拓展服务总队彩虹工作组、爱之家社工小组和农夫公益服务中心。

【免疫规划】 2018年，东莞市推进免疫规划工作。实施国家扩大免疫规划。免费接种扩大国家免疫规划疫苗323.72万剂次，比上年增长0.084%。在第32个全国儿童预防接种日期间，通过举办大型现场咨询宣传活动，在“东莞疾控”微信公众发送科普文章及开展有奖知

2018年3月26日，2018年东莞市千场健康讲座活动启动仪式暨健康教育与促进工作推进会在市疾控中心会堂举行
（市疾控中心供图）

识竞赛活动，提高市民群众对国家扩大免疫规划工作和疫苗防病知识的认识。开展疫苗可预防疾病监测和疫情防控。落实各医疗机构15岁以下急性弛缓性麻痹主动监测工作，加强麻疹防控，严格按照相关文件要求开展麻疹、风疹、流行性腮腺炎、新生儿破伤风、急性迟缓性麻痹、乙肝、丁肝、流脑、乙脑等专病监测工作，各项监测指标都能达到国家和省的要求。开展预防接种异常反应的监测与调查诊断补偿工作。根据有关细则，受理疫苗异常反应补偿申请，为免疫规划工作顺利进行提供保障。从7月1日起实施预防接种异常反应补偿保险工作。东莞市所使用的第一类疫苗和部分二类疫苗均购买基础保险。对于第一类疫苗和投保基础保险的第二类疫苗，在不违反国家免疫程序、疫苗说明书等的前提下可以实施同时接种。完善疫苗冷链系统实时动态监测与报警系统运行情况。避免疫苗冷链事故造成的直接经济损失，保障疫苗使用的安全性。做好预防接种单位建设的技术指导工作。

【卫生监测】 2018年，东莞市做好卫生监测与保障工作。开展公共卫生监测工作：调查处置食品安全事件，开展食源性疾病及食品安全风险监测、生活饮用水监测、公共场所卫生监测、集中式消毒餐（饮）具监测以及以碘缺乏病监测和饮水型地方性氟中毒监测为主的地方病监测工作。加强食品安全风险监测工作的开展。扩展食品安全风险监测工作的覆盖面，加强食品安全风险监测数据的分析评估。做好学校教学环境与生活环境检测、学生常见病监测工作以及“东莞市症状监测信息系统”监测工作。全年对48所市属学校开展学校教学与生活环境卫生监测工作；收集整理408所学校上报的2017—2018学年的“学校预防保健”报表和481所学校上报的“学生疾病发生情况报表”。做好消毒杀虫工作。开展全市各镇街（园区）鼠、蚊、蝇、蟑螂、白纹伊蚊和布雷图指数6个项目的监测，开展白纹伊蚊对5种药物的抗药性监测工作，采集48份白纹伊蚊标本进行登革热病原学监测，全年开展病媒生物监测情况定期分析评估4次形成报告4份，开展全市布雷图指数随机抽查13次，完成40个医疗机构的消毒质量监测工作。

【慢性非传染性疾病防控】 2018年，东莞市开展系列慢性病防控工作。在老年人、高血压患者和2型糖尿病患者健康管理方面，完善管理制度，理顺工作机制；促进医防融合，加强信息共享；制定工作指引，加强技术指导；夯实月报制度，定期全市通报；开展季度督导，提高规范管理；推广疫苗接种，降低慢病并发症。在肿瘤随访登记方面，将2014年全市肿瘤登记数据进行整理、统计、分析，撰写《2017东莞市肿瘤登记年报》，成为东莞市首份肿瘤登记年报。在居民慢性病及其危险因素监测方面，选取塘厦镇、大朗镇、横沥镇开展居民慢性病及其危险因素监测工作，经过数据清洗，统计分析并撰写《2017年东莞市常住居民慢性病及其危险因素监测报告》。在人口死亡信息登记报告方面，撰写《2017年工作总结和数据分析报告》。在产品伤害监测方面，产品伤害监测范围从急诊扩大到门急诊，全年各监测点的漏报率均<10%，达到《东莞市产品伤害监测实施方案》控制在10%以下的要求。

【卫生检验实验室建设】 2018年，根据《东莞市镇街（园区）疾病预防控制中心卫生检验实验室能力建设五年规划（2016—2020年）》的部署安排，东莞市加强对7个试点镇街（园区）疾控中心卫生检验实验室建设工作的指导，更加注重有针对性开展现场指导。截至2018年底，7个试点镇街中，长安、石龙、樟木头、麻涌、常平5个镇街疾控中心卫生检测实验室已试开展部分公共场所微小气候和公共用品卫生检测项目；樟木头、石龙镇疾控中心卫生检测实验室完成内部审核和管理评审工作。石龙镇疾控中心于12月向广东省质量技术监督局提交检验检测机构资质认定评审申请书。

【卫生检验】 2018年，东莞市疾病预防控制中心完成食品、食具、公共场所、饮用水、卫生用品、消毒监测、医疗污水、地方病、游泳场所及疾控类样品等常规检测3.42万份、13.00万项次；应急监测检验144份、379项次。其中，省食品安全风险监测工作任务中食品化学污染物和有害因素常规检测1855份、1.15万项次，居全省地级市之首，比上年增加3720项次；同时，农残项目中新增氟虫腈、氟甲腈、氟虫腈砜、氟虫腈亚砜、恶霜灵、异菌脲、腈菌唑、吡唑醚菌酯等8个新项目。

【健康教育与促进】 2018年，东莞市编制并印发《东莞市健康促进与教育工作中长期规划（2018—2025年）》和《东莞市2018年度健康素养促进行动项目绩效评估实施方案》等健康促进与教育相关规划文件，明确市健康促进与教育工作主要发展指标和完成指标。开展并推进千场健康讲座及健康素养巡讲进社区、进企业、进学校和进机关活动，全年全市完成健康讲座2490场，受益人群26.6万人次；其中完成健康素养巡讲218场，受益人群2.5万人次。启动并推进广东省健康促进区创建活动，2018年，寮步镇完成全国健康促进区项目创建工作；东城、中堂、长安3个镇街通过广东省“行动”示范区省级复查；道滘、东坑、沙田、洪梅、大朗、大岭山、黄江、清溪、樟木头、谢岗、塘厦、虎门、高埗、桥头、麻涌、常平、横沥、南城、厚街、莞城、企石、凤岗、石碣、长安、中堂、石排、东城27个镇街申报并纳入2018年度广东省健康促进区创建项目地区；全市各镇街（园区）创建成广东省健康促进单位288个，广东省健康家庭2.59万个，申报创建广东省无烟单位347个。开展以“提升健康素养 共享健康生活”为主题2018年东莞市健康素养宣传年活动，制定活动方案，召开启动会；举办全市健康教育骨干人员培训班5期，培训900多人次；在东莞市疾控中心举办2018年东莞市居民健康素养知识竞赛活动，全市30个镇街代表队参加，参加人数300多人；在寮步镇佛灵湖健康主题公园举行2018年健康中国行——科学健身健步走暨健康素养宣传年活动，全市33个镇街（园区）组团参加，参加人数1000多人；在黄旗山城市公园和虎英公园举行2018东莞全民万步健走大型活动，全市33个镇街（园区）组团参加，参加人数3000多人；在东莞外国语学校举办2018年东莞市小学生健康素养知识竞赛活动，全市23所学校代表队参加。2018年组织开展全市城乡居民健康素养和烟草流行监测，监测显示全市城乡居民健康素养水平21.9%，吸烟率21.31%；中堂镇和塘厦镇完成全国烟草流行调查监测，常平镇、厚街镇和石龙镇完成全国居民健康素养和中医药健康文化素养调查监测。（谢伟光）

附：2018年东莞市疾病预防控制中心主要领导名录

党委书记、主任：张巧利

资料链接：

“四免一关怀”：“四免”是指对农村居民和城镇未参加基本医疗保险等保障制度的经济困难人员中的艾滋病病人免费提供抗病毒药物；在全国范围内为自愿接受艾滋病咨询检测的人员免费提供咨询和初筛检测；为感染艾滋病病毒的孕妇免费提供免费母婴阻断药物及婴儿检测试剂；对艾滋病病人的孤儿免收上学费用。“一关怀”是指将生活困难的艾滋病病人纳入政府救助范围，按照国家有关规定给予必要的生活救济。

卫生监督

【卫生监督“以案促管”工作落实】 2018年，东莞市卫生监督所落实“以案促管”工作，通过提高卫生行政处罚案件数量和质量，促进监管成效，并对各镇街案件查处进行督导。全市33个镇街（园区）卫生监督所查处违法案件2454件，比上年增长3.67倍；市卫生监督所查处违法案件76件，增长2.30倍。

【卫生监督“双随机一公开”工作推行】 2018年，东莞市卫生监督所联合各镇街卫生监督所推行“双随机一公开”（随机抽取检查对象，随机选派执法检查人员，抽查情况及查处结果及时向社会公开）工作，将“双随机”监督抽检同日常监督相结合，提高监管精确度，加强监管透明度，深化监管公信力，全年抽查监督对象2026个，抽查比例12.17%，监督任务完结率100%，并及时在网站和微信平台公示抽查结果。

【卫生监督工作模式创新】 2018年，东莞市卫生监督所推行执法全过程记录工作；做好省级下放的涉及饮用水卫生安全产品许可、消毒产品生产企业卫生许可、医疗广告审查和食品安全企业标准备案等职能的承接工作；全年对各镇街66间监督对象开展飞行检查，123间监督对象进行暗访；配合公示医疗机构“黑名单”45间次；开创东莞市卫生行政处罚领域两个“首次”：首次对医疗机构作出吊销诊疗科目的行政处罚，首次对医师作出暂停执业的行政处罚。

【卫生监督专项工作】 2018年，东莞市卫生监督所开展市打击非法医疗美容、打击医疗机构核医学诊疗活动等专项整治工作；对管辖范围的公共场所实施量化评分，量化率100%；组织举办游泳场所卫生监督开放日活动；完成48所市属学校的卫生综合评价工作，覆盖率100%；完成“漫博会”“加博会”“海博会”等重大保障任务；对70所医疗卫生机构进行传染病防治分类监督综合评价；开展全市餐具、饮具集中消毒服务单位卫生监督量化评级和监督抽检工作。

（王文娟）

附：2018年东莞市卫生监督所主要领导名录

党总支书记、所长：肖文忠

2018年6月25日，在游泳场所卫生监督开放日活动中，卫生执法人员对泳池水卫生情况进行现场检查（市卫生监督所供图）

社会生活

SOCIAL LIFE

芦村美丽幸福村居改造项目　（高埗镇供图）

编辑：苏淑娴　施雪芬

重点人群

妇女·儿童

【妇女儿童发展环境优化】
2018年，东莞市狠抓水污染治理、大气污染治理和土壤污染防治。推进城市固废无害化处理，加快固体废物处理处置设施建设，城镇生活垃圾无害化处理率100%。推进老旧供水管网改造，更新改造老旧供水管网433.18千米，2018年全市水厂出水综合合格率99.68%，其中村级水厂出厂水综合合格率99.53%。推进“厕所革命”工程，完成全市新建、改造厕所167座。推进城市绿脉提升工程，通过国家园林城市复评，黄江等5个镇创建成为广东省森林小镇。东莞植物园一期建成开园，包括妇女儿童在内的市民亲近自然、感受绿色更加便捷。

【出生缺陷综合防控项目实施】
2018年，东莞市推进预防艾滋病、梅毒和乙肝母婴传播和地中海贫血防控、新生儿疾病筛查、补服叶酸等妇幼重大公共卫生服务项目，全面实施婚前和孕前、孕期健康检查和新生儿疾病筛查，强化孕前、产前和新生儿期出生缺陷三道防线。年内，孕妇产前检查率98.26%，新生儿疾病筛查率97.41%，艾滋病检测率、艾滋病孕产妇所生婴儿免费干预服务率、梅毒检测率、乙肝检测率均为100%。出生缺陷率逐年下降。

【妇幼卫生服务体系建设】
2018年，东莞市严格母婴保健技术行政审批，建立妇幼保健专科联盟，健全危重症孕产妇和新生儿急救、会诊、转诊网络。落实国家扩大免疫规划，各类免疫规划疫苗接种率均在95%以上。开展妇幼健康送基层活动、儿童口腔疾病综合干预和儿童青少年近视调查。妇女儿童卫生服务体系建设日臻完善，保健服务水平持续提高。年内，孕产妇住院分娩率100%，孕产妇死亡率6.20/10万，婴儿死亡率1.87‰，提前达到省市规划目标。

【妇女儿童健康素质提高】 2018年，东莞市统筹推进全民健身场地设施建设，组织开展群众健身活动。妇女经常参加体育锻炼的人数比例为43%，城乡妇女体质达到《国民体质测定标准》合格率92.8%。加强学生体质健康工作，强化学校体育和传染病防控，实施学生体质健康水平行动，中小学生身心健康得到全面发展。

【儿童教育均衡发展】 2018年，东莞市编制实施新一轮学校建设规划，新增中小学幼儿园53所、学位近7万个，组建教育集团7个。新招收随迁子女入读公办学位和补贴学位15.6万人，比上年增长91.1%。继续适度扩大公办普通高中招收随迁子女规模，随迁子女在东莞市参加高考人数居全省第二位。向民办学校发放教师从教津贴、普惠性幼儿园补助等1.8亿元。高考本科上线率达65.4%，创历史新高。12所中职学校实行中高职贯通培养。

【困境儿童和特殊儿童受教育权利保障】 2018年，东莞市做好低保救助和爱心助学工作，面向低保家庭未成年人发放救助金396万元，发放特困供养人员、低保对象基本医疗保险补助金254.81万元；为9.15万人次学生发放助学金、生活补助以及减免学费1.16亿元；与3932名困境儿童结对开展“爱心父母”活动。

改善孤残妇女儿童康复条件，市社会福利中心改扩建项目投入使用，增加儿童床位900张；开展儿童医院康复系列公益服务项目；全市残疾人精准康复服务率为99.84%；强化残疾儿童康复教育服务，开办市康复实验学校高中职业教育，举办孤独症儿童教育教学研讨会；为1700多名残疾儿童提供康复教育和融合教育；加强普通学校特殊教育资源教室建设及师资特教能力建设，推进随班就读巡回指导和送教上门工作。

【妇女儿童劳动权益保障】 2018年，东莞市发放各项就业创业补贴1.61亿元，惠及女性8.46万人次，其中就业困难女性7.53万人次。完善市镇村三级公共就业服务平台，向1.68万名登记失业妇女提供“一对一”就业服务。建立15个市级妇女创业就业孵化平台，举办妇女创业集市63场。全面放开小额贷款户籍限制，帮助4827名妇女及家庭获得9.12亿元贴息贷款。

【妇女儿童人身权益保护】 2018年，东莞市打击侵害妇女儿童的刑事犯罪活动，审结涉及强奸、强制猥亵、强迫卖淫、拐卖妇女儿童、拐骗儿童等刑事案件231宗。其中强奸案件破案率逐年提高，未成年人犯罪人数占同期犯罪人数的比例逐年下降。完善法律援助服务网络，为有需要的妇女儿童提供法律援助。加大劳动监察和工资支付专项执法，维护妇女劳动权益。加大“爱心妈妈小屋”建设。连续第12年开展东莞女工新年慰

2018年3月20日，“2018年东莞市关爱妇女儿童发展公益汇”举办　（市妇联供图）

问活动。加强学校及周边食品安全监管工作，保障学生“舌尖上的安全”。（龙江波）

老年人

【老年人概况】 截至2018年底，东莞市户籍60周岁以上老年人32.06万人，占户籍总人口（231.59万人）13.8%。其中，60～69周岁17.72万人，70～79周岁9.15万人，80～89周岁4.40万人，90～99周岁7733人，100周岁以上164人。

【老年人意外伤害综合保险】 2018年，东莞市继续实施“银龄安康行动”，由市财政出资，为东莞户籍的75周岁以上老年人和五保户、低保户中的60周岁以上老年人，每人购买一份意外伤害综合保险。保险费标准为25元/人/年。投入241.13万元为9.65万名符合条件老年人，购买意外伤害综合保险；理赔6968宗，理赔金额1407万元。

【“敬老月”系列活动】 2018年10月，东莞市组织各园区、镇（街），市有关单位开展以“改革开放展风采、敬老爱老谱新篇”为主题的“敬老月”系列活动，通过大讲堂、报告会、敬老故事会、知识竞赛、征文比赛等多种形式开展敬老爱老教育活动；动员各园区、镇（街）党员干部以及各界社会力量开展送温暖、送健康、送文化等走访慰问活动；协助司法部门在全市范围内组织针对老年人群体的法律援助宣传教育活动；评选表彰敬老先进典范，通过新闻媒体全方位、多角度对全市特色敬老活动、敬老先进单位和典型人物进行集中专题宣传，表彰并嘉奖获得敬老先进称号的单位、企业、社会组织和个人，倡导积极老龄观，营造尊老爱老社会氛围。

【老年人权益保障宣传】 2018年，东莞市民政局联同中国人寿东莞分公司赴园区、镇（街），村（社区）开展“银龄安康行动”老年人权益保障条例暨“防诈骗”系列宣传活动340场，结合专家宣讲会、社区驻点咨询、入户宣传等多种形式，解读《广东省老年人权益保障条例》，宣传预防电信网络诈骗、金融诈骗、“以房养老”诈骗和保健品购物诈骗、艾滋病防治等相关知识，增强老年人自我防范意识。印制老年人防诈骗宣传横幅在各园区、镇（街），村（社区）进行悬挂。联同市金融局选取以老年人为主体的防范非法集资公益广告宣传片，在《东莞新闻》综合频道栏目黄金时段连续播放15天，在市中心区12个报刊亭LED（发光二极管）屏幕连续播放3个月，提高老年人防范意识和能力。

【老年人文艺交流活动】 2018年，东莞市组织老年艺术团参加全省性、全国性老年人文艺交流活动。1月，组织市老干部艺术团参加广东省“银龄安康杯”2018年老年迎春联欢晚会，其舞蹈节目《蕉林雨声》获银奖；6月，组织东莞粤韵音乐艺术团参加第十八届中国文化艺术交流活动，其器乐演奏节目《红棉颂》获钻石奖；9月，组织莞城老年芳华舞蹈队参加第二十二届全国文化艺术交流大赛，其舞蹈节目《踏屐》获金奖；11月，组织东莞粤韵音乐艺术团参加广东省老年欢乐节总决赛，其器乐演奏节目《山乡春早》获大金奖。

【老年人优待】 2018年，东莞市推动敬老服务水平优化提升，发放敬老优待卡2.99万张，其中，莞籍老人敬老优待卡2.58万张，非莞籍老人敬老优待卡4144张，市财政投入交通乘车补贴3894万元，为70岁及以上莞籍老人每人每月发放50～500元的生活津贴，全年发放高龄津贴1.24亿元，受惠14.4万人。7月18日，出台《东莞市失能老年人护理补贴实施方案》，明确补贴对象为特困人员、低保或低收入家庭中60周岁及以上老人和80周岁及以上中度、重度失能老人。根据其失能等级和残疾证，每人每月可以领取100~600元的护理补贴。截至2018年底，全市发放失能老人护理补贴435万元，受惠4477人，减轻老人家庭经济负担和护理压力。

【第四届“中国人寿杯”青少年敬老书画作品大赛】 2018年6—10月，东莞市老龄办联合市文联、市教育局、团市委、市关工委、中

2018年9—12月，东莞市举办第十四届老年人运动会

（市民政局供图）

国人寿东莞分公司、市美术家协会、市书法家协会等单位，举办第四届“中国人寿杯”青少年敬老书画作品大赛。活动经过各级教育机构推荐作品、组委会筛选，最终从2000多份敬老书画作品中评选出金奖30个、银奖60个、铜奖120个、优秀奖200个。在组织工作出色的单位、机构中评选出优秀组织奖10个，优秀指导老师12名，对表现出色的单位和个人予以表彰。在市书法家协会展览中心（可园博物馆第五展厅）举办为期12天的青少年敬老书画优秀获奖作品专题展览。

【东莞市第十四届老年人运动会】 2018年9—12月，东莞市举办第十四届老年人运动会。该届运动会由市政府主办、市老龄工作委员会承办，设游泳、乒乓球、实心球定点投准、健身广场舞等18个比赛项目。全市39个代表团1800多名老年运动员报名参赛。产生单项团体名次226个，单项个人名次272个，颁发奖牌405枚。莞城街道、虎门镇等12个代表团获得团体总分前12名，寮步镇、大朗镇等8个代表团获得“优秀组织奖”，长安镇人民政府、茶山镇人民政府等7个单位获得“优秀赛区组织奖”，展示东莞市老年朋友老有所为、老有所乐的精神风貌。

（杨清瑶）

残疾人

【残疾人概况】 截至2018年底，根据广东省第二次全国残疾人抽样调查结果，东莞市户籍残疾人占户籍人口的比例4.03%，按此比例套算，东莞市有户籍残疾人口8.52万人，其中视力残疾1.19万人，听力残疾2.15万人，言语残疾1815人，肢体残疾2.17万人，智力残疾4294人，精神残疾8281人，多重残疾1.75万人。

【公益助残】 2018年，东莞市整合社会资源，开展各类公益志愿助残活动。其中，东莞市残疾人福利基金会以预防残疾为重点内容，开展帮助全市白内障患者的“复明行动”公益项目，为3293名新增白内障患者提供复明手术资助；全市32个镇街助残志愿服务队，组织助残志愿服务活动900余次，组织志愿者达800余人次，服务时数累计超1.80万小时。

【全国爱耳日】 2018年3月3日是第十九次全国爱耳日，是第六次“国际爱耳日”，活动主题为“听见未来，从预防开始”。东莞市残疾人康复中心、东莞市文化馆主办，东莞市残疾人辅助器具中心协办，开展听力筛查、听力残疾预防与干预、爱耳护耳知识宣传、助听器、人工耳蜗免费调试等系列宣传活动，向市民普及听力残疾预防及救助政策等知识，促进社会公众树立听力保护意识，养成良好用耳习惯。在文化馆实验剧场共同举办主题为“听见未来，促进融合”的文艺表演活动，由听障儿童及健听儿童同台展示他们对美好生活的热爱。山水书画艺术家壶僧居士，在活动现场，捐赠两幅个人创作的作品，由东莞市残疾人康复中心义卖，所得善款用于“随班就读儿童助听辅具银行”建设。

【世界唐氏综合征日】 2018年3月21日是第七届世界唐氏综合征日，活动主题是“牵手唐宝宝，相伴到永远”。东莞市残疾人联合会主办，东莞市特殊幼儿中心、茶山镇残疾人联合会及茶山镇残疾人康复就业服务中心承办此次活动。活动内容包括文艺节目表演，宣传咨询摊位及设置“唐氏综合症知多点”长期社区宣传点，此次活动主要为提高公众对唐氏综合征的认识，提升产前筛查的认知与意义，呼唤公众对唐氏患者的关爱，呼吁全社会提高对特殊幼儿的了解和对特殊幼儿的尊重、理解、接纳。

【世界自闭症关注日】 2018年4月2日是第十一届世界自闭症关注日，活动主题是“蓝色行动，关注孤独症”。东莞市残疾人联合会、广东狮子会东莞代表处联合主办，东莞市特殊幼儿中心、东莞市特殊教育研究会、莞城街道残疾人联合会、东莞江西抚州商会、广东狮子会扬善服务队承办此次活动，活动内容包括“小脚丫”星星家园主题沙龙活动，爱心超市体验活动，手印签名活动、宣传咨询活动及自闭症儿童教育康复研讨会等系列活动。此次活动为向社会宣传普及自闭症常识，提高公众对自闭症人士的接纳和关爱，鼓励自闭症儿童积极参与社区活动，提高社会康复融合能力。

【全国助残日】 2018年5月20日是第二十八次全国助残日，主题是“全面建成小康社会，残疾人一个也不能少”。东莞市在寮步镇市民广场举办大型宣传咨询活动，本次活动由市政府残工委主办，市残联、寮步镇政府承办，活动内容包括“残健共融”文艺表演、爱心组织捐赠、就业招聘、残疾人手工作品义卖、残疾人便民服务、无障碍体验、“善行东莞 助力圆梦”残疾人梦想征集等系列活动，共800多人参与。该次活动首次采用直播形式，有10.1万人次通过观看直播了解东莞市残疾人事业发展状况，感受到残疾人自强不息、勇于奋斗的精神。

【全国爱眼日】 2018年6月6日是第二十三次全国爱眼日，主题是“科学防控近视，关爱孩子眼健康”。东莞市盲人协会与爱尔眼科医院开展爱眼护眼健康教育讲座，爱尔眼科医院专科医生向参加的盲人讲解保护眼健康的相关知识，为盲人朋友普及预防眼疾及护眼相关知识，并进行义诊。

【肢残人活动日】 2018年8月11日是第九个全国肢残人活动日，主题为“不忘初心，热爱生活，回馈社会”。东莞市肢残人协会组织80名肢体残疾朋友参观虎门海战博物馆，并现场进行体验交流，帮助更多残疾人走出家庭。

【国际聋人节】 2018年9月23日是第六十一届国际聋人节，主题是“促进全面提升，共创美好生活”。东莞市聋人协会在国际聋人节期间举办聋人趣味运动会，增进聋人朋友之间的交流，鼓励聋人朋友积极参与社会生活。

【国际盲人节】 2018年10月15日是第三十五届国际盲人节，东莞市盲人协会组织全市盲人代表、工作人员、社工及志愿者等70多人在东莞市残联四楼会议室开展一场“无障碍电影”放映活动。丰富盲人的精神文化生活，让盲人更好地融入社会，同时也让盲人享受到看电影的乐趣。

【国际残疾人日】 2018年12月3日是第二十七个国际残疾人日，是全世界残障人士的节日。东莞市残疾人各专门协会组织市120多名各类残疾人参观东莞市常平镇隐贤山庄，通过赏景游园及游戏互动活动，了解隐贤山庄的文化历史，鼓励广大残疾人朋友积极参与社会生活，促进各类别残疾人群互相学习和交流，共享经济建设与社会生活发展成果，提高社会各界人士对残疾人群体的关注。（王辰晨）

新莞人

【关爱农民工活动】 2018年，东莞市人力资源局开展关爱个案服务382个，关爱小组103个，关爱活动410场次，服务新莞人及其子女5.85万人次。

新春慰问活动　东莞市人力资源局配合市委开展春节市领导慰问老党员（困难党员）、低保家庭和困难新莞人家庭活动，联合32个镇街新莞人服务管理中心提前做好慰问对象筛选工作，协助慰问团完成到家进户的节前慰问工作。各镇街人力资源分局、新莞人服务管理中心在辖区内组织各种新春慰问活动，为新莞人送上节日问候及礼品，营造良好节日关爱氛围。

新春关爱“平安回家”活动　2月6日，由东莞市人力资源局指导，东莞报业传媒集团、东莞市浙江商会、东莞农村商业银行、中国平安人寿保险股份有限公司东莞中心支公司联合主办的2018“平安回家”活动在东莞国际会展中心举行发车仪式。活动安排多辆大巴从东莞市发车，分别开往湖南、广西、江西、湖北等4个省区，帮助1000名异地务工人员返乡过年。

情暖童心·莞爱童梦活动　7月19—21日，东莞市人力资源局和东莞市教育局指导，东莞市青少年活动中心主办开展“情暖童心·莞爱童梦”—2018关爱小候鸟爱心传递夏令营活动。该夏令营是第三届举办，由中央彩票公益金拨出专款支持，来自湖南省、江西省、重庆市、贵州省、四川省等全国各地50名年龄在4—19岁之间的“小候鸟”免费参加活动。夏令营活动有参观袁崇焕纪念园、科普大学堂，美幻童画课堂，糕点DIY学习，体验城市猎人密室逃脱项目，与广东唯美陶瓷公司厂区的孩子举行篝火晚会、体验流动少年宫的乐趣，感受东莞城市的文化与魅力。活动通过开展感恩、爱心、互助等实践体验活动，让社会关注关爱留守儿童群体，让孩子们学会以爱人之心做事，以感恩之心做人。

新候鸟夏晚暨慈善歌汇献爱心晚会　8月20日，由东莞市人力资源局、东莞市文化馆指导，横沥镇社会事务局、广东嘉荣超市有限公司、横沥镇隔坑社区服务中心合力主办的“新候鸟夏晚暨慈善歌汇献爱心晚会”在横沥镇西城工业区稻香饮食文化中心三楼皇宫厅举行，社会各界200多人参加，晚会结合暑期服务的开展，向社会展示“新候鸟计划”服务成果。展示读书分享、文章朗诵、体育竞赛、街舞学习、歌艺合唱、手工制作、故事讲述等暑期兴趣班成果，暑期安全防患知识讲座、快乐成长夏令营等精彩活动助候鸟飞得更高。收到来自社会爱心企业及个人的捐赠善款2.26万元，用于支持“营爱膳食关怀计划”“新候鸟计划”等。东莞市人力资源局联合横沥隔坑等社工服务机构，推动政府、企业、媒体、热心个人资源共享，创设新候鸟计划、贫困新莞人子女助学计划、公益良仓等多类服务项目及公益平台，让超过5000人次贫困新候鸟重返东莞学堂，超过5.5万人次新候鸟直接获得课外辅导、陪伴关爱以及教育成长的服务。

新莞人三防应急知识宣传教育活动　东莞市人力资源局指导新莞人社工走进企业、社区、学校为新莞人群体开展三防应急知识宣传教育工作。通过张贴三防宣传知识、播放相关宣传视频、创意活动等多种形式，向新莞人群体宣传防汛防风防旱等应急防御知识，提醒新莞人群体在极端灾害天气之时，要克服麻痹思想，防范意外事件的发生。配合协调做好台风“百里嘉”和超强台风“山竹”等极端灾害天气的防御应对工作，维护新莞人群体生命财产安全。

【“双工”联动服务】 2018年，东莞市人力资源局依托社会服务“市场化”运作模式，携手横沥镇隔坑社区服务站、普惠社会工作服务中心、乐民社区服务发展促进中心3家社工机构，派出24名新莞人社工驻点12个镇街，开展“社工+志愿者（义工）”“双工”联动服务，把志愿服务理念传递给企业员工及社区。结合“社工引领志愿者开展服务、志愿者协助社工改善服务”运行机制，通过进厂企、进学校、进社区等“三进”服务，主动把法律政策服务、婚姻家庭服务、社会调查和心理咨询服务等关爱活动送到企业车间，送到新莞人子女学校，把新莞人活动平台在社区构建起来。

【农民工工作调研】 2018年，东莞市人力资源局落实市委“新时代、新征程、新东莞”专项调研要求，开展异地务工人员调研工作，通过发放调查问卷、开展现场座谈、随机访谈以及对比分析历年信息系统数据等形式，了解掌握东莞市异地务工人员生存发展状况，完成《东莞市异地务工人员发展状况调研报告》。配合国家、省、市就外来人口服务管理开展调研17次。

【《东莞市推动非户籍人口在城市落户实施方案》印发】 2018年，东莞市印发《东莞市推动非户籍人口在城市落户实施方案》，具体措施包括：放宽重点群体落户限制，优先解决非户籍人口存量问题，取消积分制入户政策；放宽外来务工人员落户限制，以在东莞市参加城镇社会保险满5年且办理居住证满5年为入户条件，实施稳定就业居住入户，加快提高户籍人口城镇化率。结合“一门式、一网式”政府服务模式改革，升级常住人口信息管理系统，完善全市户籍审核流程，采取信息化手段，实现户政业务网上办理和户籍档案电子化管理。

制定配套机制包括：加大对农业转移人口市民化的财政支持力度并建立动态调整机制，建立城镇建设用地增加规模与吸纳农业转移人口落户数量挂钩机制，完善城市基础设施项目融资制度，建立健全规范的政府举债融资机制，建立进城落户农民“三权”维护和自愿有偿退出机制，将进城落户农民完全纳入城镇住房保障体系，落实进城落户农民参加城镇基本医疗保险政策，落实进城落户农民参加城镇养老保险等政策，推进居住证制度覆盖全部未落户城镇常住人口，保障进城落户农民子女平等享有受教育权利。 （周巧云）

民族·宗教

民族事务

【少数民族服务优化】 2018年，东莞市加强对涉新疆企业和带队干部的走访联系，针对新疆籍少数民族员工普遍存在的语言不通问题，在厚街镇绿洲鞋业公司为500多名新疆籍员工外聘双语教师组织开展为期半年的普通话语言学习班，重点教授国家通用语言、城市管理等知识，宣传党的十九大精神、习近平新时代中国特色社会主义思想等时政热点，提升新疆籍员工适应城市生活能力。

定期组织开展少数民族代表人士季度座谈会议，听取代表人士意见建议，了解少数民族领域情况动态，协助解决有关问题。邀请青海省化隆县宣讲团领导专家来东莞市作党的十九大精神、民族宗教政策、朝觐知识、扫黑除恶工作学习培训；举办习近平新时代中国特色社会主义思想培训；分批次组织少数民族代表人士、宗教界人士举办学习习近平总书记视察广东重要讲话精神培训。全年累计培训维吾尔族、回族、东乡族、彝族等少数民族人员800多人次，提升少数民族代表遵纪守法意识和协助政府处理工作能力。

加强与少数民族输出地有关部门对接，与青海省海东市和四川省凉山州等地民族宗教部门建立协作机制，签订工作协议，双管齐下做好两地流动人员服务管理。

【民族宗教领域和谐稳定维护】 2018年，东莞市民族宗教事务局完善处置民族问题方案及指引，组织指导各镇街、有关部门定期排查和及时调处涉民族领域矛盾纠纷。协调有关方面依法处置涉民族因素纠纷事件30起。按照省的统一部署，开展校园周边非法宗教活动情况排查整治。做好伊斯兰教斋月和“两节”（开斋节和古尔邦节）期间安保工作，加强走访慰问和巡查，协调有关方面及早落实节日期间的安全保卫措施。期间全市穆斯林群众保持稳定，宗教活动有序开展。

【民族团结宣传教育】 2018年，东莞市民族宗教事务局和市委宣传部、市委统战部、市教育局以“体育文化和新疆历史文化”为主题，开展民族团结进步宣传月活动。制作一批民族团结宣传礼品包和3000本反映东莞城市民族工作成绩的宣传画册派发到各镇（街），推动和支持镇（街）举办以民族团结为主题的文艺晚会，少数民族历史、体育文化讲座等形式多样的宣传教育活动。在人民公园正门等人流密集的广场举办民族知

2018年9月14—19日，广东省第六届少数民族传统体育运动会在清远市连南瑶族自治县举行，东莞市派出160名运动员参加。图为东莞市纺织服装学校节目——《伊犁河畔的少女》全体人员合照 （市民族宗教局供图）

识有奖问答现场活动，增进广大市民对民族政策、民族风俗习惯的了解。宣传月期间举办活动300多场次、悬挂标语800多条、电视滚动播放宣传标语2000余次，营造民族团结良好氛围。

【“民族团结进步示范单位”创建】 2018年，东莞市“民族团结进步示范单位”创建工作再创佳绩，东莞市纺织服装学校获评第六批全国民族团结进步创建示范单位，东城街道东泰社区、常平镇土塘村、东城街道朝晖学校获评第二批广东省民族团结进步创建示范单位。各单位根据实际情况，因地制宜开展各具特色的创建工作，其中东莞市纺织服装学校通过成立“莞疆情”工作室、组队参加广东省第六届少数民族传统体育运动会、举办民族知识竞赛与讲座等形式丰富创建内容，展示各民族的文化魅力，增进各族学生、群众对民族知识的了解。

【东莞市组团参加全省第六届少数民族传统体育运动会竞赛】 2018年9月14—19日，广东省第六届少数民族传统体育运动会在清远市连南瑶族自治县举行。东莞市派出160名运动员参加龙舟、高脚竞速等7个竞赛项目和2个表演项目，夺得7金8银20铜成绩，表演项目分获一、二等奖，团体总分三等奖，奖牌总数和总分排名皆创历届最高，东莞市代表团并获优秀组织奖和体育道德风尚奖。（李敏瑜）

附：2018年东莞市民族宗教事务局主要领导名录

局　长：简任昌

宗教事务

【宗教概况】 截至2018年底，东莞市经市民族宗教事务局批准登记的宗教活动场所有68个。东莞市各宗教和睦相处，宗教领域保持稳定和谐。

【省和谐寺观教堂创建】 2018年1月10日，广东省民族宗教委发出关于全省创建和谐寺观教堂第七批达标宗教活动场所的通报，其中，东莞市寮步镇香慧寺、麻涌镇拈花寺和基督教常平聚会点等3处宗教活动场所，被评为全省创建和谐寺观教堂第七批达标宗教活动场所。

【新《宗教事务条例》学习贯彻】 2018年，东莞市民族宗教事务局举办《宗教事务条例》培训班3期，加强对全市民族宗教工作干部和教职人员的法律宣传教育。组织民族宗教事务干部和宗教界人士参与省民族宗教委组织的新《宗教事务条例》知识网络竞答活动。4月16日至5月16日，在“东莞阳光网”登载《贯彻实施新修订的〈宗教事务条例〉切实提升宗教工作法治化水平》宣传文稿，讲解新《宗教事务条例》修订的重点内容。制作新《宗教事务条例》宣传栏分批发放到重点宗教活动场所，并向各宗教团体、活动场所派发宗教政策法规读本5000册。

【“平安宗教”工作】 2018年，东莞市民族宗教事务局组织全市宗教界举办消防安全培训班及现场演练。12月19日，在黄旗观音古寺开展消防现场演练活动，全市宗教团体、宗教活动场所负责人、消防工作负责人、黄旗观音古寺义工、黄旗林场消防队员和东城安监分局、东城农林水务分局等部门工作人员约200人参加。学员们现场进行疏散撤离、驾驶消防车和用灭火器材实操灭火演习。

组织宗教界人士学习贯彻安委会有关安全法律法规文件精神，在东莞市宗教界普及安全生产法律法规知识和安全常识。协调公安部门及有关镇街做好安保工作，确保宗教活动场所的财产人身安全。结合全国“安全生产月”和“安全生产万里行”活动抓好安全生产督查工作。印发《市民宗局2018年开展安全生产大排查大整治专项行动方案》《市民宗局关于大力推进夏季安全综合整治工作专项行动方案》。强化宗教活动场所负责人安全责任意识，自觉主动抓安全检查，推动全员参与排查隐患；指导各镇街协调安监、消防等部门对辖区的宗教活动场所开展检查，进行安全隐患整治。派出检查组83个，组织检查240人次，排查宗教活动场所68个，排查并完成整改安全隐患30处。

【“四进”宗教活动场所启动仪式举行】 2018年9月30日，东莞市开展“四进”宗教活动场所（中华人民共和国国旗、宪法和法律法规、社会主义核心价值观、中华优秀传统文化等进宗教活动场所）启动仪式在黄旗观音古寺举行。现场举行升国旗仪式。东莞市各宗教团体、宗教活动场所负责人、各镇街宗教工作负责人等110多人参加。东莞市民族宗教事务局局长简任昌等领导出席启动仪式，向各宗教界代表赠送《中华人民共和国宪法》《习近平新时代中国特色社会主义思想三十讲》《社会主义核心价值观与中国文化国际传播》等书籍用品。东莞市佛教协会名誉会长、黄旗观音古寺方丈自度大和尚致辞。东莞市基督教三自爱国会主席、牧师卢翰衢作为代表宣读《宗教活动场所“四进”活动联合倡议书》。市民族宗教事务局副局长何兆法期勉宗教界继承和发扬爱国爱教优良传统，自觉做好社会主义核心价值观的积极倡导者和传播者。

【民间信仰活动场所普查】 2018年，东莞市民族宗教事务局根据省民族宗教委要求，对全市民间信仰活动场所再次进行摸底调查，对各场所供奉的神祇以及面积、殿堂、管理人员等情况进行登记，根据面积、规模和是否有房产证、是否有功德箱等项目进行分类统计，建立民间信仰活动场所数据库，为做好民间信仰场所管理工作

2018年9月30日，东莞市开展“四进”宗教活动场所活动启动仪式在黄旗观音古寺举行

（市民族宗教局供图）

打下基础。

【第三届黄旗国学观音文化节】
2018年4月18—24日，东莞市黄旗观音古寺举办以“祈福盛世，美丽东莞”为主题的第三届黄旗国学观音文化节。4月18日，在东莞市黄旗山城市公园广场举行开幕式，并为“黄旗国学院（筹建）”揭牌。活动融入国学元素，将黄旗山固有的儒释道文化融会贯通，进行创新性的传承和弘扬，弘扬济世度人观音文化精神，传承经世致用的国学文化精粹，以文化启迪思想，服务全市工作大局。

【第三届中国东莞国际佛事文化用品展览会】 2018年8月24—27日，第三届中国东莞国际佛事文化用品展览会开幕式在东莞市厚街展览中心举行，全国政协文史与学习委员会副主任、国家宗教事务局原局长叶小文出席并致辞。展览会规模3万平方米，设置佛像、佛具、法物法器，蜡烛、灯具，沉香、香品、香具，禅茶、茶具，禅文化工艺品、禅服饰，书画、唐卡、书籍、音像，禅艺空间、文创，素食、有机产品，红木根雕、禅意家具，禅意崖柏等九大专业展区。邀请国内及“一带一路”沿线佛教国家和地区的优质佛事文化用品生产企业、素食生产商参展。产品范围以专业佛事文化用品为主，如佛像、佛具、法器、僧服、佛灯、香品、香具等占比80%以上，其他延伸产品或衍生品，如收藏品、根雕、工艺品等占比不超过20%，以确保展会的专业性、高规格。展会同期举行“两岸四地名僧书画艺术展”及2018东莞国际素食文化节活动。

【广东佛教讲经交流会】 2018年12月3—5日，2018广东佛教讲经交流会在东莞市大岭山观音寺举办。交流会是经广东省民族宗教委批准，由广东省佛教协会主办、东莞市佛教协会协办、大岭山观音寺承办的一次全省性讲经弘法活动。全省21个地级市佛教协会和广东佛学院支持参与，选拔产生26名优秀法师参加讲经比赛，各依佛教经典演讲佛法，展示新时代广东佛教青年精英僧才的风采，获得上级部门和佛教界内外一致好评。这是年内全省佛教界规格最高、规模最大、影响最广的活动，是东莞市佛教界首次举办此类大型讲经交流活动。

12月3日，“2018广东佛教讲经交流会暨大岭山观音寺第二届文化节”开幕。著名佛门耆宿清德长老、明道长老两位百岁高僧等出席开幕式，全省各市佛协、佛学院参加讲经比赛的选手、全市佛教界人士和1000多名信众参加活动。

12月5日，2018广东佛教讲经交流会落幕。耀智法师等出席闭幕式。觉悟法师、达诠法师、惟信法师、耀智法师分别为优秀奖、三等奖、二等奖、一等奖获得者颁奖。来自广州光孝寺的大照法师、阳江市佛协的仁觉法师、东莞市佛协的万泽法师获得一等奖。

【省正一派道士传度活动】2018年3月30日至4月1日、6月15—17日和12月28—30日，第四、五、六届广东省正一派道士传度活动先后在东莞市虎门镇郭都真人古观举办，由郭都真人古观住持陈玄真道长任传度师，传度内容主要包括开坛、请水、扬幡、挂榜、活动开幕、道教基本礼仪、道教知识讲座、参神拜祖、传度法会、发放度牒、送神回向、落幡下榜等。该传度活动自2017年起由广东省道教协会主办，郭都真人古观承办，两年举办6届，是全省道教正一派教职人员重要的常规培训活动。其为传承道教正一法脉，弘扬道教正统科仪，严持正一规戒，纯正信仰教风，提高道学素养，培养教职人才，广扬道范，传法度人，承续道脉起积极作用。（林　睿）

人力资源

【人力资源工作概况】2018年，东莞市人力资源局统筹推进“技能人才之都”建设，促进就业用工稳定，加快高层次人才队伍建设，规范人事管理，构建和谐劳动关系。全市城镇新增就业9.53万人，帮扶登记失业人员再就业1.98万人。统筹推进就业政策，发放各项就业创业补贴1.61亿元、惠及16.87万人，城镇登记失业率1.4%，处于全省较低水平。落实国务院取消港澳人员在内地就业许可的部署，方便港澳人员来莞就业。实施省技能晋升培训补贴政策，发放补贴1780.69万元，推动9406人晋升技能等级。取消积分制人才入户，优化人才入户办理，全年有5.98万人获得入户资格，随迁9.24万人。东莞市人力资源局获评2018年度社会建设类优秀市直单位，“国家技能人才培育突出贡献单位”“全省保障农民工工资支付工作考核等级A级”“全国清理整顿人力资源市场秩序专项行动表扬单位”等三项工作被评为2018年度全市“单打冠军”。

12月27日，中国共产党东莞市第十四届委员会第七次全体会议召开，对全市深化机构改革进行动员部署、推动落实。市委书记、市人大常委会主任梁维东就《东莞市机构改革方案》作说明。根据东莞市机构改革方案，组建市人力资源和社会保障局。将市人力资源局的劳动力市场、专业技术人员、事业单位工作人员管理职责，相关机构的人才中介市场管理、公共就业服务机构管理等行政职能，以及市社会保障局的社会基本养老、工伤、失业保险管理职责等整合，组建市人力资源和社会保障局。不再保留市人力资源局、市社会保障局。

【“技能人才之都”打造】2018年，东莞市政府提出打造“技能人才之都”的战略计划，并作为全市一项重点工作推进。8月21日出台《东莞市人民政府关于关于实施百万劳动力素质提升工程打造“技能人才之都”的意见》，希望通过实施百万劳动力素质提升工程，为广大劳动者构建终身学习培训的机会、成长成才的平台，让他们与产业同步升级，与城市共同提升，全面提升劳动者学历技能素质。按照“技能人才之都”三年工作目标，到2021年，技术工人比例提升10%以上，按照全市500多万人的用工规模计算，要推动技工人才增加50万人以上；结合东莞市产业发展和企业实际需求，认定开发100个技能培训标准规范，在企业中高标准建设100个技师工作站；依托各类培训平台，包括慕课平台，提供1000门以上的培训课程；培养1万名国际化技能人才，推动100万人提升技能学历素质。同时，东莞将实施“工匠精英”引领计划，引进培养万名急需紧缺高技能人才，培养500名“首席技师”，实施“一镇一品”，重点行业人才培养60万人次。

2018年，东莞市人力资源局立足制造业产业基础，启动“技能人才之都”建设，取得阶段性的进展，形成良好的社会氛围和政策效应，成为全局的工作品牌。以“技能人才之都”建设为牵引，加快政策整合，构建技能人才培养政策体系，推进技能人才队伍建设。完善职业技能鉴定所审批管理工作，在中职学校新设立3家鉴定所，新增智能楼宇管理员等急需紧缺鉴定工种，鉴定所总数达到18家，全市完成各类技能鉴定7.93万人次。推动“一镇一品”产业人才培训，开展24个精品培训项目，培训18万

2018年8月24日，“实施百万劳动力素质提升工程打造‘技能人才之都’工作推进会”在市行政办事中心举行

（市人力资源和社会保障局供图）

人，其中，莞城发挥智通公司等市场化力量开展工业机器人培训，麻涌结合水乡区域特色创新开展“粤菜师傅”培训。依托东莞市高技能实训中心为400多家企业提供各类技能服务21万人次。在大型骨干企业新建30家技师工作站，全市累计42家，广东唯美陶瓷有限公司获评全市首个“国家级技能大师工作室”。引导企业完善技能人才自主评价激励机制，完成15家次企业、6个工种的技能人才评价。选树第三批100名“首席技师”进行培育，发挥高技能人才传帮带作用。开展各类技能竞赛，为高技能人才脱颖而出搭建平台，机电一体化和工业控制两个项目3名选手入选国家集训队，其中机电一体化项目晋级6进3选拔赛，烘焙项目基地入选第45届世界技能大赛国家级集训基地，工业控制项目入选广东省选拔（集训）基地。全年全市举办智能楼宇管理员、茶艺师等18个职业技能竞赛，参赛总人数1787人，其中有403名选手获奖，108名获奖选手被授予“东莞市技术能手”称号，149名参赛选手取得相应工种的国家职业资格证书。

【技工教育】 2018年，东莞市人力资源局加强技工教育，全市8所技工院校新招生1.03万人，在校生规模2.73万人，落实技工院校免学费和助学金政策，2017—2018学年，1.90万人次享受免学费政策，补助金额3317.13万元；5424人次享受国家助学金106.78万元。加大对技工院校支持力度，投入5100万元支持民办技工教育，改善技工教育发展环境。东莞市技师学院优化技工教育学科和院系设置，成立智能制造、交通运输等8个二级学院，进一步拓宽国际化合作，与澳大利亚建立合作项目，与固高科技等合作共建学习型工厂和中德智能制造学院，试点开展混合所有制办学，成为全省10所高水平技师学院创建单位之一。

【就业创业】 2018年，东莞市人力资源局始终把稳就业摆在突出位置，完善就业创业政策，重点解决好就业困难人员、高校毕业生、农民工等群体就业。实施新的小额创业贷款操作办法，率先实现小额创业贷款政策均等化，向7616人发放小额创业贷款14.5亿元，居全省第一，促进创业1.36万人。在定点市场、定点企业日常监测基础上，建立重点关注企业监测机制，对1165家重点关注企业进行重点监测，及时进行综合分析和形势研判。通过“就业援助月”“就业服务日”等活动，服务登记失业人员11.3万人，服务率100%。全年认定就业困难人员1.03万人，累计认定5.1万人，向14.7万人次就业困难人员发放工资差额补助1.1亿元。举办“2018年东莞市退役士兵专场招聘会”活动。推进高校毕业生稳定就业，全市2018届高校毕业生报到1.91万人，初次就业率99.6%。举办高校毕业生招聘会41场，促进2855家企业和7505名高校毕业生对接。举办高校毕业生就业创业指导培训班126期，培训1.7万人。对128名户籍困难高校毕业生进行“一对一”就业帮扶，实现100%就业。促进创业带动就业，举办127期SYB（“SYB”意为“创办你的企业”）创业培训班，3期初创企业经营者素质提升培训班，培训3775人。认定20家市级创业孵化基地，其中松湖华科产业孵化园获评省级示范性创业孵化基地。

【劳务精准帮扶】 2018年，东莞市人力资源局落实国家、省、市部署的各项劳务帮扶工作任务，与韶关市、揭阳市、云南省昭通市、湖南省（龙山县、花垣县）、湖北省（郧西县）、新疆维吾尔自治区图木舒克市建立完善的劳务帮扶机制，促进当地农村劳动力有组织实现转移就业脱贫。帮扶9000多名来自昭通、韶关、揭阳、新疆贫困劳动力转移来莞就业，组织500多家优质企业，赴韶关、揭阳、湖北十堰、云南昭通、西藏林芝、四川甘孜州、湖南湘西州等地举办劳务对接招聘会60多场次。核实1991名湖南（龙山县、花垣县）、湖北（郧西县）在东莞就业的建档立卡贫困劳动力，发放相关补贴奖励99.15万元。厚街镇推动企业设立援疆定点劳务输入基地，接收800多名第三师疆籍务工人员就业。大岭山镇、清溪镇分别组织威信县36批次3328人、镇雄县16批次1406人到东莞就业。

【第九届校企合作洽谈会】 2018年3月29日，由广东省人力资源和社会保障厅、东莞市人民政府主办，东莞市人力资源局承办的“2018东莞市（第九届）校企合作洽谈会”在东莞国际会展中心举行，来自全国267家院校及东莞市1100多家重点企业到场进行洽谈交流。该届校企合作洽谈会以“推动校企深度融合，促进更高质量发展”为活动主题，以“现场设展+网上展厅”的方式，实现校企双方的线下、线上交流及洽谈对接，展会现场设置六大功能区：“百校千企”校企洽谈区、“倍增计划”企业洽谈区、“扶贫协作”推介洽谈区、直播访谈区、“校企合作”签约区、展示区。与新华网合作，首次在现场设置直播访谈区，对校企合作实况进行访谈直播。现场达成校企合作协议2146份，参会学校计划向洽谈企业输送毕业生5.8万人。组织101家次企业赴哈尔滨、南昌等地院校开展校企合作。

【高层次人才引进培养】 2018年，东莞市人力资源局以服务创新驱动为导向，紧抓国际、国内两类人才资源，出台创新人才、产业人才奖励等系列新政策，修订特色人才目录，为推进高质量发展提供人才支撑。创新人才政策机制，出台培养高层次人才特殊支持计划，每年遴选和培养60名市内高层次人才；出台新时代创新人才引进培养实施方案，提高引进人才激励水平；协助制定产业发展与科技创新人才经济贡献奖励政策；研究制定青年领军人才引进培养政策，计划每年集中遴选20名左右青年领军人才；松山湖出台扶持省市创新科研团队、青年科技创新人才培养、新引进人才生活补贴等一系列人才政策，创新人才引进培养走在全市前列。建设高层次人才载体，东莞中子科学中心、华南协同创新研究院获批国家级博士后科研工作站，新增1个博士后科研工作分站、1个省级博士后创新实践基地，全市有博士后科研工作平台70个，累计招收博士后263人。26家企事业单位获批省博士工作站。修订东莞市特色人才目录，认定评定91名特色人才，累计338名。20人入选市引进第八批创新创业领军人才。向第二批275家成长型企业712人发放662.12万元引才补贴；完成第三批成长型企业2347人引才补贴申报。开展“2018东莞人才+产业行”活动、“名企名校行”和全国博士专场招聘会，完成第三批“蓝火计划”博士生工作团项目、2018外国专家组织海外高层次人才项目（广东·东莞）对接洽谈会等各类招才引智活动。完善海内外招才引智网络，新建独联体、美国芝加哥、日本东京、中国香港等4个人才工作站，中国内地设立长春、西安、南京、成都、武汉以及长沙等6个人才工作站，拓宽招才引智渠道。提升人才服务水平，松山湖建设全市首个人力资源服务产业园，9个人力资源服务机构进驻，带动提升人才服务社会化水平；东城设立专业人才服务机构，在人才安居、优才卡等方面先行先试。向广东华中科技大学工业技术研究院、电子科技大学广东电子信息工程研究院、广东省智能机器人研究院等3个新型研发机构下放职称评审权，推行职称评审网上预审申报制度。提供人才流动、人事代理等各类人才服务8.96万人次。

2018年12月10日，“2018东莞高层次人才活动周”在东莞会展国际大酒店举行（市人力资源和社会保障局供图）

【高层次人才活动周】 2018年12月10—12日，由中共东莞市委员会、东莞市人民政府主办，市委组织部、市人力资源局等有关单位承办的“2018高层次人才活动周”在东莞会展国际大酒店举行。此次活动周以“弘扬爱国奋斗精神 建功立业大湾区”为主题，打造高层次人才交流洽谈会、东莞创新创业政策推介会暨人才工作成果展、“技能人才之都”峰会、高层次人才项目路演、东莞人才之夜、粤港澳大湾区人才创业论坛等10个项目19场活动。其中，高层次人才交流洽谈会组织58家高校、高新技术企业、“倍增计划”试点企业、新型研发机构等企事业单位参展，提出技术项目和产学研合作需求26项，高层次人才岗位需求255个。超过800名博士报名参会，经过多轮对接匹配，组委会邀请280多名博士人才参加洽谈，现场达成求职意向361人次，其中国内博士人才281人次，海外高层次人才80人次；达成项目合作意向43项，其中国内博士人才合作项目35个，海外高层次人才合作项目8个。

【干部人事管理规范】 2018年，东莞市人力资源局完成各类资格考试25项，9.3万人次参考。新招公务员197名，落实公务员导师制。开展公务员精准化培训，举办各类主体培训班95期，培训9386人次，依托网络学院、云课堂等平台开展网络培训。规范事业单位管理，出台公开招聘面试评委和工作人员培训管理办法，新招聘事业单位工作人员654人。举办9期事业单位工作人员培训班，培训469人。出台高校科研院所科研人员兼职、在岗创业或离岗创业实施办法，引导、鼓励和支持科研人员创新创业，开展机关事业单位普通聘员调整工资档次工作。按照国家和省的部署继续做好事业单位工资待遇管理工作，配合推进市公立医疗机构薪酬制度专项改革以及基础教育资源均衡配置专项改革工作。完成277名军转干部安置任务，安置人数为历年之最，保障军转干部工资福利待遇按照国家有关规定落实到位。加强解困维稳，慰问企业军转干部428人次，发放生活困难补助金、节日慰问金112.9万元。

【和谐劳动关系构建】 2018年，东莞市人力资源局着力维护劳动关系总体稳定，主要劳动关系指标继续保持比上年下降，30人以上劳资群体性事件比上年下降75%，人力资源信访总量下降8.27%。落实欠薪联席会议制度，牵头开展4次欠薪联席会议，加强欠薪治理部门联动，联合召开148场欠薪企业主约谈会议，向公安机关移送涉嫌欠薪犯罪案件66宗，向社会公布4批次共49家重大违法用人单位，欠薪治理在省政府考核中被评为A级。东城、樟木头、横沥、石碣等4个镇街在全市率先落实拖欠农民工工资黑名单管理制度。处理跟踪重要劳资事件和舆情事件，依托劳动关系风险预警系统化解风险隐患信息1万条，建立舆情监控系统主动排查劳资舆情信息329条，妥善处置金立、劲胜智能等社会关注度高的劳资事件。开展日常执法和工资支付等专项执法，检查用人单位1.46万家。常平镇以镇政府名义组织相关职能部门开展人力资源市场秩序专项执法行动；厚街镇依托“智网工程”，将分租厂纳入网格管理，破解劳资治理难题。加强仲裁、监察、信访衔接，出台指导意见，在33个镇街分局成立“劳动争议调解中心”，整合工作力量。加强劳动争议调解，全市调解劳动争议4.27万宗，调解成功率73.07%。虎门镇抽调15名骨干组建“劳动争议调解中心”，分9片开展调解，调解率97.3%。提前制定政策实施解读，做好政策宣讲指导，保障市企业职工最低工资标准调整为每月1720元的政策落实到位。加强员工人文关怀，开展各类关爱活动381场，惠及农民工及子女5.3万人次。

【行政服务优化】 2018年，东莞市人力资源局开展政务服务事项“十统一”标准化梳理，推动80项办事事项进驻市民中心。78项办事事项实现“最多跑一次”，51项实现网上办理，20项补贴项目试点“跨镇通办”。在市直部门政务服务依法行政考评中排名第一。

【人力资源宣传工作推进】 2018年，东莞市人力资源局围绕“为民、担当、创新、卓越”的部门价值，解读好东莞人力资源政策，讲好东莞人力资源故事。策划“校企合作洽谈会”“技能人才之都”“高层次人才活动周”等系列专题宣传，举办新闻发布会2场，组织专题采访38场，主流媒体涉及东莞人力资源的正面报道1411篇。与《南方日报》共建“南方+”客户端和“东莞人资”频道，累计阅读量812.3万次，全年精心打造19条宣传爆款产品，阅读量均超10万。处理阳光热线网络问政平台信件1009件，处理总量和群众满意率均排全市前列。（周巧云）

附：2018年东莞市人力资源局主要领导名录

党组书记、局长：

司　琪（任至12月）

附：2018年东莞市人力资源和社会保障局主要领导名录

党组书记、局长：

司　琪（12月到任）

资料链接

“十统一”标准：政务服务事项办理项主项名称、子项名称、设定依据、服务对象、办理条件、申请材料、申请表单、办事流程、办理时限、收费标准“十统一”。

消费者权益保护

【消费者权益保护概况】 2018年，东莞市消费者委员会接待来电、来访、来信咨询投诉4.78万人次，处理消费者投诉2.80万宗，比上年增长41.04%。其中受理1.46万宗，调解成功5633宗，挽回经济损失2642.07万元。投诉主要集中在商品类投诉2.29万宗，占总投诉量81.94%。其中，服装鞋帽类7373宗，占总投诉量26.33%，居商品类投诉量第一位；日用商品6858宗、家用电子4338宗、交通工具1824宗和食品970宗，分别居总投诉量第二到第五位；其次是服务类投诉2612宗，占总投诉量9.33%，预付款投诉相对突出，大多集中在美容美发、健身、教育培训、汽车美容等领域。

【“3·15”消费维权活动】 2018年“3·15”活动期间，东莞市消费者委员会围绕“品质消费 美好生活”为主题，组织全市各镇街开展大规模现场宣传咨询活动，组织普法活动20场次，召开各类会议31场次，开展大型宣传咨询活动35场次，播放公益广告479条，免费派发宣传资料10.23万份，在全市掀起“3·15”宣传纪念热潮，让消费维权观念深入社会、深入民心。紧跟消费新趋势，创新性地开展精准消费教育活动，定期联合党员志愿者选择学校、景区、商场、社区、企业等人流密集的重要场所开展志愿活动，每月定期走进广播电台直播室，与市民面对面直话消费维权，消费教育宣传取得丰硕成果。持续发布消费提示和警示，引导消费者科学理性消费，发布消费提示警示6期，内容涉及春节促销陷阱、儿童安全消费、暑期培训及购房合同等等，其中《安全选购玩具 保障儿童健康》消费提示首次入选中国消费者协会“六一”节专题报道，得到中消协和广东省消费者委员会的表扬与肯定。

【消费维权社会多元共治良好格局营造】 2018年，东莞市消费者委员会加强消费维权网络建设，通过建立“能进能出、择优汰劣”的竞争机制，加强对各镇街消费维权服务的督导与检查，提升东莞市消费维权服务效能。在市房地产业协会建立消费维权服务站，新增消费维权服务站23个，撤销13个，实有601个，其中网上消费维权服务站34个，实现32个镇街全覆盖，遍布各大型商场、超市、市场、企业、景区等主要消费场所以及行业协会，形成多元共治的格局，为消费者提供更加便捷、高效的消费维权渠道。建立跨区域消费维权合作机制。4月，东莞市消费者委员会与香港、澳门特别行政区消费者委员会签署《粤港澳大湾区消费维权合作备忘录》《粤港澳大湾区消费维权合作协议》，实现消费者权益保护资源共享与区域互动，提振大湾区消费者的消费信心，促进两地旅游业发展。（李晓恩）

社会保障

社会保险

【社会保障概况】 2018年，东莞市社会保障的七大险种参保总数2510.88万人次。其中，社会养老保险（含退休）参保人数580.99万人；失业保险参保人数418.67万人；社会基本医疗保险参保人数583.30万人；工伤保险参保人数437.48万人；生育保险参保人数474.18万人；城乡居民基本养老保险（含退休）参保人数6.95万人。

【社保成本降低】 2018年，东莞市按照"确保基金安全、确保参保人待遇不下降的前提下，做到能降尽降"的工作思路，对各险种的费率进行适度调整，较大程度上减轻企业负担：2018年1月在实施工伤保险浮动费率的同时再统一阶段性下调30%，政策执行期为一年；2018年3月起，实施失业保险费率浮动制度，将第二、第三档单位费率保持为0.5%，政策执行期到2020年底；2018年继续保持社会基本医疗保险的企业费率为1.6%；保持基本养老保险费率全省最低；2018年为企业减负32.88亿元。

【基础养老和养老金待遇提高】 2018年1月起，东莞市将城乡居民基础养老金标准从350元/人·月提高到378元/人·月。同时调整全市退休人员基本养老金。调整后，社会养老保险企业退休人员人均养老金2397.77元，比上年增加114.05元，增长4.98%；村社区退休人员人均养老金1176.10元，增加86.09元，增长7.89%。

【商业保险承办大病医保引入】 2018年2月，东莞社会医疗保险基金管理开启"以社保部门为主导，商业保险公司合作为辅"的管理模式，引入中国人保、中国人寿承办大病保险，理顺业务流程，提供政策指引，构建起大病医保"政府主导、商业参与、风险共担"的工作格局。

【医养结合试点工作推进】 2018年初，东莞市社会保障局相继完成社保核心系统改造，协助东坑医院护理院、万江福星女儿家养老院完成医院系统改造、业务培训、上线验收等工作，两所医院上线后运行情况良好。

【"互联网+社保"创新服务推动】 2018年4月，东莞市社会保障局与腾讯公司携手推动"互联网+社保"服务创新发展，构建面向公众的一体化在线公共服务体系：依托人脸识别技术实现养老待遇远程异地生存认证；实现与税务、人力资源、房管等部门数据共享；还有实名认证、微信支付、大数据挖掘等在内的解决方案和技术手段，高效便捷地提高社保服务的查询、缴存、支付、导航等关键环节工作效率。

【失业保险金标准上调】 2018年5月1日起，东莞市失业保险金标准由最低工资标准的80%（1208元/人·月），提高到最低工资标准的90%（1359元/人·月），政策执行期5年；2018年7月1日起，全市企业职工最低工资标准调整为1720元/月，失业保险金由1359元/人·月调整为1548元/人·月。

【异地就医结算工作推进】 2018年9月，东莞市71所医院实现跨省异地联网结算，接入率100%，东莞市参保人在全国1.8万所医院就医可直接结算。规范异地就医备案流程，在窗口、电话、传真、网上办理的基础上，增加微信"零见面"备案途径，实现让群众少跑腿，让数据多跑路。

【医疗保险制度改革推进】 2018年10月1日，东莞市实施《东莞市社会医疗保险办法》，该办法坚持优化医疗保险结构、细化医保管理措施、简化经办办事流程、提高医疗保障水平，由原基本医疗保险办法、补充医疗保险办法、大病保险办法整合而成。

参保范围扩大 新办法将在东莞市就读的具有非本市户籍的子女全部纳入参保范围；统一居民与职工的缴费年限，城乡居民与职工同等执行缴费年限政策，达到法定退休年龄且缴足规定年限后不需再

2018年2月6日，东莞市社会保障局与商业保险机构合作承办重大疾病医疗保险项目签约仪式举行 （钱嘉威 摄）

缴费；放宽部分参保关系接续，在东莞市参保满10年以上的非东莞市户籍人员中断就业时，可由个人接续参保关系。

缴费费率降低　落实降低实体经济企业医保成本减负措施，在不影响待遇支付基础上减轻企业、居民、财政负担，基本医疗保险费率下调0.2个百分点至2.8%（在实施阶段性缴费费率政策下实际费率为2.1%，单位费率仅为1.6%）；住院补充医疗保险缴费基数由全市在岗职工月平均工资调整为全市职工月平均工资。2018年，医疗保险减负金额15.37亿元，生育保险减负金额5.15亿元。

医保待遇提高　根据参保群体的特点和需求，通过差异化、精细化的政策支持，有针对性地调整部分医保待遇结构：简化最高支付限额分段，将享受最高额度支付限额的条件从连续参保缴费满3年以上调整为满2年以上；建立基本医疗保险、大病保险住院待遇的动态调整机制，每年根据社会经济的发展而动态调整，大病保险最高支付限额提高到上年度全市职工年平均工资的10倍；提高住院基本医疗费用分段支付比例，8～16万元段支付比例提高10个百分点，16万元以上段提高20个百分点；优化住院补充险的支付规则，促进政策制定更加科学、精细；提高儿童、新生儿群体的待遇水平，14周岁以下的儿童住院起付标准减半执行。

【定点机构管理服务优化】　2018年1月起，东莞市在全市定点医院全面实施住院医疗费用按病种分值付费，按病种分值付费病种数已逾4000种。调整定点医药机构管理工作思路，推进定点医药机构智能审核，结合国家、省、市要求，遴选确定本地化规则，并对前期历史数据进行试运行测试。初步实现对医药机构医保业务数字化管理，逐步实现定点医疗机构的监督管理由传统的手动抽检管理转变为更规范化、精细化的智能医保管理模式。加强定点医药机构管理，在常态化检查的基础上，结合数据分析、投诉信访等异常情况开展专项检查，及时发现纠正违规行为并限期整改，医药机构新增工作首次采用微信预约方式免除机构排队申请。

【机关事业单位医保改革】　2018年10月，东莞市实施《东莞市机关事业单位工作人员医疗补助办法》，完善机关事业单位工作人员医疗政策，提高机关医疗补助保障水平，探索将离休干部纳入机关医疗补助范围并为其提供一站式就医结算。

【失业保险稳岗补贴加强】　2018年，东莞市由失业保险基金对符合不裁员或少裁员等条件的申请企业提供稳定岗位补贴，全年失业保险稳定岗位补贴发放企业1687家，支出金额7605.6万元。

【社保卡即时补换卡工作推进】　2018年，东莞市新增四家银行（工商银行、农业银行、建设银行、广发银行）推出即时补办卡服务；在上年率先推出该服务的东莞银行在全市所有营业网点全面铺设快速补换卡业务。

【微信线上服务项目丰富】　2018年11月16日，为优化服务流程，让社保服务更方便、更快捷、更有效率，东莞市社会保障局“互联网+社保服务”重点推进项目——参保凭证网上下载打印服务功能，通过“东莞社保”政务微信上线服务，参保人只需通过微信的个人身份认证，就可以直接在网上查询并下载打印。

【社保基金安全平稳维护】　2018年11月23日，东莞市社会保障局与市卫生局、市计生局、市公安局、市食品药品监督管理局等职能部门，成立东莞市打击欺诈骗取医疗保障基金专项行动领导小组，在全市范围内开展打击欺诈骗取医疗保障基金专项行动，加强医疗保障基金监管，进一步整顿和规范医疗保障运行秩序，严厉打击医疗保障领域欺诈骗保行为，维护基金安全平稳。

【医保业务合作及应用拓宽】　2018年11月28日，东莞市社会保障局联合各发卡银行在市内六所医院开展对“诊疗一卡通”应用功能和使用方法进行推广的宣传咨询活动。新的支付模式利用微信医疗服务平台的用户触达能力、产品能力和技术能力，推动“诊疗一卡通”线上服务的再升级。拓宽“诊疗一

2018年11月28日，东莞市社会保障局联合各发卡银行在市内6所医院开展对“诊疗一卡通”应用功能和使用方法进行推广宣传咨询活动

（钱嘉威　摄）

卡通”线上服务应用，完成社保网上支付平台与卫计部门“健康东莞”App的对接，协助部分定点医院开发社保微信支付功能。至年底，诊疗一卡通服务平台拓展至诊疗一卡通自助终端、“东莞社保移动就医”和“健康东莞”等App、医院微信服务号等多介质接入，兼容医保个账、银联、支付宝、微信等支付方式。加强与本地高校交流和合作，与东莞理工学院签订共建智能医疗大数据工程实验室战略合作协议，建立和发展全面的合作关系，实现数据共享，促进科研成果转化，提升决策水平和服务质量。

【社保政策宣传】 2018年，东莞市社会保障局开展“12333全国统一咨询服务日”“跨省异地就医费用直接结算”等宣传活动，筹划纪念改革开放40周年暨东莞建市30周年社保事业成果展示“六个一”主题活动，组织“社保大讲堂”215场，举办专项宣传活动147场、科普系列讲座33场，联合东莞电视电台推出《社保知多D》等栏目58期。在各类报纸杂志刊文90余篇，“东莞社保”政务微信推送文章400篇，关注人数突破200万，总阅读量近2000万，获“广东省政务新媒体单项奖”。

（黄欣欣 廖 乐 黄 灏）

附：2018年东莞市社会保障局主要领导名录

党组书记、局长：

邹 联（任至12月）

附：2018年东莞市医疗保障局主要领导名录

党组书记、局长：

邹 联（12月到任）

社会救助

【社会救助】 东莞市困难群众基本生活保障工作协调机制建立完善 2018年5月，东莞市印发《东莞市困难群众基本生活保障工作协调机制成员单位职责》，对困难群众基本生活保障工作联席会议成员单位职责和各级政府责任进行明确，整合市有关部门资源，形成合力共同推进落实困难群众基本生活保障工作。

最低生活保障 2018年，东莞市修订《东莞市最低生活保障实施办法》，明确申请受理主体、共同生活家庭成员、家庭经济状况的核查核对范围，落实近亲属备案制度和公示制度。截至2018年底，全市有低保对象4473户、8519人，全年发放低保金6014.31万元，按照每人每月80元的标准向低保对象发放食品、燃气及水电补助949.5万元，发放低保对象参加社会基本养老保险个人缴费补助金1775.03万元；全市城镇低保人均补差达每人每月782元，农村低保人均补差达每人每月693元，低保标准和补差水平均位居全省前列。

特困人员供养 2018年，东莞市出台《东莞市特困人员救助供养办法》，对特困供养人员的申请、审核审批程序、资金监管等方面进行规范；市民政局印发《关于落实为我市符合条件的特困人员参加社会基本养老保险的通知》，为市符合条件参加社会基本养老保险的特困人员个人缴费部分给予全额资助，印发《关于确定东莞市特困供养人员护理标准的通知》，对市特困供养人员自理能力进行评估分类，按有关标准发放护理补贴，建立健全特困供养人员护理制度。全年向特困供养对象896人发放特困供养救助金1528.17万元。

医疗救助 2018年，东莞市民政局根据《东莞市困难家庭医疗救助暂行办法》规定，对全市低保对象、特困供养人员、低收入救助对象和支出型贫困医疗救助对象开展医疗救助。全年支出困难家庭医疗救助金3460.35万元，其中发放上述对象参加社会基本医疗保险个人缴费部分补助635.14万元，为上述对象中的15.48万人次住院、门诊或特定门诊医疗费个人负担部分报销支出2825.21万元。

临时救助 2018年，东莞市民政局根据《东莞市困难家庭临时救助实施办法》，对低保和低保边缘困难群体518人次发放临时救助金229.29万元。

低收入家庭认定 2018年7月，东莞市出台《东莞市低收入家庭认定实施方案》，对低收入对象的认定、申请与受理、审核审批与公示及日常管理进行规范；市民政局印发《东莞市民政局关于开展2018年度社会救助对象入户核查工作的通知》，对低收入家庭进行一次全面摸底调查，重点掌握家庭收入或家庭财产超出低保标准的低保脱贫对象情况，引导符合认定条件的家庭提出申请，经审核审批后纳入低收入家庭救助。2018年底，通过低收入家庭申请认定的救助对象在东莞市社会救助系统中完成录入，全市有低收入对象515户、1403人。

社会救助对象核查核对 2018年，东莞市民政局印发《东莞市民政局关于组织开展2018年社会救助对象入户核查工作的通知》《关于开展2018年上半年东莞市低保救助特困供养家庭经济状况全面核对工作的通知》等通知，指导市救助申请家庭经济状况核对中心核查员对全市6个片区32个园区、镇（街道）开展社会救助对象核查工作，重点对2018年以来所有未经市救助申请家庭经济状况核对中心核查的最低生活保障对象（包括已脱贫、新增、续期救助及备案的近亲属）、特困供养人员、医疗救助对象、临时救助对象共9475人次开展全面入户核查，核查比例100%；协调东莞市困难群众基本生活保障工作协调机制各成员单位按照《东莞市救助申请家庭经济状况核对工作实施方案（试行）》，由各部门结合工作职能提供已签署核对授权书的最低生活保障对象、特困供养人员的婚姻信息、丧葬信息、财政供养信息、生存及车辆登记情况等相关信息，市救助申请家庭经济状况核对中心将根据各成员单位反馈的信息，进行信息核对。

低保专项治理　2018年，东莞市民政局印发《东莞市城乡低保专项治理方案》，在全市范围内开展低保治理工作，重点解决低保工作中存在的腐败、作风不实、工作机制不完善等问题，切实围绕城乡低保工作入户认定、审核审批、公开公示、资金发放、核查核对、近亲属备案等工作机制进行专项治理，严肃工作纪律、规范工作程序，推动建立完善全市低保工作的长效机制，实现“阳光救助”，确保符合条件的困难对象“应救尽救，不落一户，不少一人”，使社会救助在打赢脱贫攻坚战中真正发挥兜底保障作用。

社会救助系列宣传　2018年，东莞市民政局通过委托第三方机构，分别在莞城、麻涌、中堂、石排等4个镇（街道），联合当地民政部门和社工机构共同开展“让爱进万家”社会救助系列专场宣传活动，向4000多名群众派发有关宣传资料及普及社会救助政策。活动通过展板展架等的形式向群众展示民政部门的社会救助政策，发放社会救助办事指南，进一步提高社会救助政策的知晓率，营造公众关注、参与、支持社会救助工作的良好氛围，指导有需要的困难群众提出社会救助申请。

【救助管理】　流浪救助　2018年，东莞市救助管理站救助流浪乞讨人员6440人次（未成年人454人次），其中联系亲友接领462人次、救助管理机构接领护送651人次，为270名无身份人员成功寻亲，救治救助流浪乞讨精神病人862人次，将8名长期滞留未成年人安置到社会福利中心，便于其就学、就业等正常生活。

民政部检查工作　2018年2月11日，民政部副部长高晓兵带队到东莞市对社会救助、困难对象帮扶等民政工作情况进行检查指导，实地检查东城人民医院和救助管理站的受助人员救助情况，广东省民政厅厅长卓志强，东莞市委副书记、市长梁维东，副市长喻丽君以及市民政局局长莫淦泉等领导陪同检查。检查结束后，高晓兵对东莞市在开展救助管理工作中所体现出来的“化危为机”“开拓创新”和“主动作为”给予肯定。

救助管理站开放日　2018年6月19日，东莞市救助管理站举办以“推进阳光救助、履行兜底职责”为主题的救助管理机构“开放日”活动。活动邀请各镇（街）社会事务局工作人员、媒体代表、志愿者等57人参与活动。

社会福利

【养老机构扶持政策】　2018年7月2日，东莞市民政局印发《东莞市养老机构资助办法》，对因新建或改扩建而产生的新床位，按每张床位补贴1.20万元的标准给予补贴。属于医养结合的机构，按每张床位补贴1.80万元的标准给予补贴。对养老机构收住本市户籍的老人和在东莞领取养老金的非莞籍的入住老人按照每人每月200元的标准给予床位运营补贴。同时，建立等级评定奖励机制，对被评为全省五星级养老机构按照15万元的标准给予一次性补贴，四星级养老机构按照10万元的标准给予一次性补贴，三星级养老机构按照5万元的标准给予一次性补贴。评定为国家级养老机构的，在全省补贴标准的基础上增加10万元进行补贴。

养老床位　2018年，全市新增养老机构4个，批准开设的养老机构达44家，新增养老床位533张，各类养老床位数达1.09万张，每千名老人养老床位数达34.1张。

养老机构服务质量提升行动　2018年，市民政局全面部署开展全市养老机构、民办福利机构实施大排查、大整治以及养老机构服务质量大提升行动，协调解决部分养老机构因土地规划、国土资料不全而无法通过消防验收的难题。

养老机构星级评定　2018年，全市4家养老机构通过广东省养老机构星级评定。其中，茶山镇敬老院被评定为三星级养老机构，石龙镇敬老院、金慈老年人养护服务有限公司被评定为二星级养老机构，万江敬老院被评定为一星级养老机构。

公办养老机构入住评估轮候制度　2018年7月23日，市民政局出台《东莞市公办养老机构入住评估轮候实施方案》，确定市社会福利中心、樟木头镇敬老院、东城街道敬老院作为市公办养老机构入住评估轮候制度试点单位。

2018年12月，市民政局赴市社会福利中心慰问长者和儿童

（市民政局供图）

居家养老、平安铃服务 2018年，东莞市实现全市有养老服务需求村、社区100%全覆盖，全市享受居家养老服务老人总数1.41万人，享受“平安铃”服务老人1.18万人。

医养结合试点 2018年，市民政局继续贯彻落实《关于促进医疗卫生与养老服务相结合的实施意见》，推进医养结合，新增瑞康医院、仁康医院为市医养结合机构。

养老护理员培训班 2018年，市民政局组织全市养老机构的基层养老护理员参加2期养老护理员培训班，累计培训人数186人。

老年人免费乘车待遇 2018年，市民政局着力简化敬老优待卡办理流程，推动敬老服务水平优化提升。全年发放敬老优待卡3万张，其中，莞籍敬老优待卡2.58万张，非莞籍敬老优待卡4144张，市财政投入交通乘车补贴3894万元。

高龄老年人生活津贴 2018年，市民政局进一步做好高龄老年人生活津贴发放管理工作，为70岁及以上户籍老年人每人每月发放50至500元的生活津贴，全年发放高龄津贴1.24亿元，受惠14.4万人。

失能老年人护理补贴 2018年7月18日，市民政局出台《东莞市失能老年人护理补贴实施方案》，明确补贴对象为特困人员、低保或低收入家庭中60周岁及以上老年人和80周岁及以上中度、重度失能老年人。根据其失能等级和残疾证，每人每月可以领取100至600元的护理补贴。截至2018年底，全市发放失能老年人护理补贴435万元，受惠4477人，有效减轻老年人家庭经济负担和护理压力。

【儿童基本生活保障】 2018年，东莞市民政局依法办理收养登记41宗，为81名分散供养孤儿（含艾滋患儿）下拨全年基本生活补助费120.82万元、购买社会医疗保险4.35万元，教育金31.998万元，发放“六一”儿童节慰问金2.46万元，向176名社会散居事实无人抚养儿童拨付基本生活保障金103.83万元。12月20日，出台《东莞市社会福利中心成年孤儿安置实施方案》，明确成年孤儿补助条件及标准，进一步规范成年孤儿安置办法。截至2018年底，安置成年孤儿8名。

【残疾人两项补贴】 2018年，东莞市民政局全面承接困难残疾人生活补贴、重度残疾人护理补贴两项补贴工作，并通过残疾人信息系统网上审批制度加强信息动态管理。全年为6485名残疾人发放两项补贴资金1803.66万元，其中困难残疾人生活补贴资金837.6万元，重度残疾人护理补贴资金966.06万元，有效维护残疾人的合法权益，保障残疾人的基本生活。

双拥共建

【拥政爱民】 2018年，东莞军分区发挥桥梁纽带作用，协调部队做好拥政爱民工作；31629部队投入30万元开展脱贫攻坚工作，点对点与驻地樟木头、谢岗和黄江三镇共15户贫困户结成帮扶对子，开展帮扶活动；91676部队定期组织官兵为驻地困难群众排忧解困；武警东莞支队和武警训练基地配合公安部门开展社会治安综合治理，打击违法犯罪，共建“平安东莞”；全年驻莞部队出动官兵3000多人次，支持地方建设项目96个。

【军民共建】 2018年，东莞市投入拥军资金1亿多元，支持部队建设项目120个。发动各园区、镇街70多个社会组织筹集拥军慰问金117万元，组成10个拥军团，开展“双百拥军行”活动（指广东省组织100个社会组织拥军团、100个企事业单位拥军团到部队基层开展拥军慰问活动），分赴各驻莞部队慰问基层官兵，并援建基层文化项目26个；社会组织坚持与部队共建“学习型”“教育型”“军事型”企业，先后邀请部队军官训练企业员工300多人次，讲授法律和爱国教育课80多场次；市爱国拥军促进会发动企业筹集资金500多万元，改善共建部队战备、训练和生活条件，资助13名烈军属子女上学，帮助16名优抚对象解决住房、医疗困难问题，慰问全市50位烈士父母和52名在乡六级以上残疾军人。

【优抚工作】 2018年，东莞市为9380名优抚对象发放抚恤生活补助经费5264.96万元；解决重点优抚对象生活难和医疗难问题，发放临时救助经费5.47万元，缴付社会基本医疗保险费210.54万元，发放优抚医疗补助金额841.47万元；开展退役军人和其他优抚对象信息采集工作，第一阶段采集数据4.52万条，完成国家和省部署的任务；做好原铁道兵一师91名退役士兵的初步协查申请认定，做好帮扶解困、政策解释等工作；开展形式多样的烈士纪念活动，举办“9·30”烈士公祭活动，完成东莞人民公园革命烈士纪念碑广场边坡支护工程建设。

【退役士兵安置】 2018年，东莞市接收2017年自主就业退役士兵704名，市、镇两级财政发放一次性补助金7042.15万元；安置2018年由政府安排工作退役士官25名；接收2018年自主就业退役士兵729名；安置军转干部277名；举办退役士兵专场招聘会，组织392家企业为250多名退役士兵提供近1500个就业岗位；就业安置2017年驻军随军家属36名，货币安置驻军随军家属252名，发放自谋职业一次性安置补助金3048万元。

【优抚对象关爱】 2018年，东莞市组织39名重点优抚对象到广东省第二荣军医院参加集中疗养；统一东莞市义务兵家庭优待金标准，规范和细化相关政策；为东莞市生活困难企业军转干部和自主择业军转干部发放慰问金111.2万元；市财政划拨经费252.99万元，为208名有意愿且符合条件的退役士兵提供短期、中职、高职等3个层次的免费职业教育和技能培训。

（民政局）

【东莞市爱国拥军促进会第五次会员大会召开】 2018年8月9日，东莞市爱国拥军促进会第五次会员大会举行，有720多名会员参加。会员大会选举产生第五届理事会、监事会。叶小红、刘巨文、叶炯炫等41人当选为理事，蔡汝均当选为监事长，莫浩棠再次当选为会长。

（金羊网）

【“双百拥军行”活动授旗仪式举行】 2018年9月5日，2018年东莞市“双百拥军行”活动授旗仪式在东莞市中心广场举行，“双百拥军行”拥军团代表、驻莞部队官兵代表约240人参加活动。随后组织10个社会组织和企事业单位拥军团分赴10个驻莞部队慰问基层官兵。这是市双拥办和市民政局联合发起的第六次“双百拥军行”活动，东莞市爱国拥军促进会、东莞市潮汕商会等70多个社会组织和企事业单位参与，集资金117万元，用于支持部队基础设施、训练设施建设，改善基层官兵训练和生活条件。

（广东新快报社）

慈善事业

【2018年广东扶贫济困日暨东莞慈善日活动】 2018年，围绕“助力攻坚脱贫、建设幸福东莞”主题，东莞市组织开展2018年广东扶贫济困日暨东莞慈善日活动，收到社会各界捐款6475.49万元（2018年实际到账）。根据《广东省扶贫济困日活动办公室关于开展2017年度广东扶贫济困红棉杯认定工作的通知》等文件规定，经推荐（自荐）、评审、公示和认定等程序，东莞市玖龙纸业（控股）有限公司获得“广东扶贫济困红棉杯金杯”；东莞联立电器实业有限公司、东莞世界莞商联合会、岭南生态文旅股份有限公司、东莞顺裕纸业有限公司、东莞市浙江商会等5个单位获得“广东扶贫济困红棉杯铜杯”。

【东莞市慈善会第一届慈善公益项目创投活动】 2018年，东莞市慈善会举办以“助力慈善公益 共建幸福东莞”为主题的“东莞市慈善会第一届慈善公益项目创投活动”，包括寮步镇老人免费送餐服务在内的20个优质慈善公益项目获得来自市慈善会近300万元的资金支持。该活动发挥东莞市慈善资金的引领带动作用，推动打造困难群众需求与慈善资源有效对接平台，有效培育一批优质的关爱困难群众、提升改善民生的公益项目，促进市慈善公益事业持续健康发展。

【东莞公益童画展系列活动】 2018年10月25日，“童”一个梦想——东莞公益童画展系列活动在东莞市文化馆启动。活动采用线上、线下相结合的互动性公益活动形式，通过线上体验H5（HTML5的简称，意为第5个版本的超文本标记语言）童画展“1元购画”，线下参观童画展等渠道，呼吁市民关注困难群体、参与慈善事业，实现艺术与慈善的创新融合。

【脑瘫儿童关爱】 2018年8月8日，东莞市慈善会修订出台《东莞市慈善会“海豚计划”脑瘫儿童康复专项基金项目实施方案》，将莞籍0～6周岁患儿纳入救助范围，降低非莞籍0～6周岁患儿的申请门槛，并常年接收申请。全年市慈善会通过“脑瘫儿童康复救助项目”，为全市80名0～6周岁脑瘫儿童提供康复救助。

【“热爱——关爱环卫工 夏日送清凉”活动】 2018年夏季，东莞市慈善会举办“热爱——关爱环卫工 夏日送清凉”项目，为全市3.6万名环卫工赠送总价值75.24万元的清凉爱心包，营造全市参与关爱环卫工人和慈善事业的良好氛围。

【困境患癌妇女救助项目】 2018年，东莞市慈善会与市妇联联合开展全市困境患癌妇女救助项目，为家庭经济困难、无力承担医疗费用的莞籍患癌妇女或在莞居住满两年且在莞连续缴纳社保满一年的非莞籍患癌妇女提供资助，全年资助金额50万元，惠及53人次。

【困难群众救助】 2018年，东莞市医疗救济基金会对患危、急、重病和意外受重伤的困难群众实施医疗救济，累计救济1424人次，发放救济金550.15万元；对符合《东莞福彩关爱基金临时救助办法》条件的101名申请对象进行救助，发放救助金224.5万元。

福利彩票发行

【福利彩票销量】 2018年，东莞市销售福利彩票29.77亿元，比上年增长4.4%，福彩市场占有率59.92%，销售总额在全省排名第三，完成省民政厅下达25.45亿元销售任务的117.01%。筹集公益金8.41亿元，其中市级留成3.01亿元，为福利慈善事业的发展提供坚实的资金保障。

【投注站标准化建设】 2018年，东莞市福利彩票发行中心对新设立、办理搬迁以及有升级改造意向的福彩投注站进行标准化建设，对面积达35平方米及以上的投注站补助1～3.2万元。全年完成135个投注站标准化建设，合计补助230万元。

【福彩投注站公开招募和“快乐十分”投注机公开摇号活动】 2018年4月28日，2018年“快乐十分”投注机公开摇号活动举行，确定20名入围名额和20名候补名额；5月29日，通过公开摇号的方式抽出60个设立福彩投注站考察名额。福彩投注站公开招募和“快乐十分”投注站公开投放活动的组织开展，全程在报纸、网站等媒体进行一系列的报道，东莞公证处对摇号的全过程予以监督和公证，进一步增强福彩的公信力，树立福彩的良好形象。

【“走近刮刮乐”和“走近双色球”活动】 2018年7月15日至8月14日，东莞市开展“走近刮刮乐”活动，9月17日组织彩民前往河北石家庄，观摩“刮刮乐梦工厂”，了解“刮刮乐”印制全过程；9月3日至10月14日，开展“走近双色球”活动，于11月18日组织彩民到北京见证“双色球”开奖过程，直观体现福彩“公开、公平、公正”的品牌形象。

住房保障

【住房保障申请审批】 2018年，东莞市通过租赁补贴、房屋修葺、租金核减、实物配租等方式，完成7062户中等偏下收入困难家庭、新就业无房职工及在本市稳定就业的外来务工人员的住房保障申请审批。全年发放城镇住房保障家庭租赁补贴1031户，合计436.93万元；住房津贴收件3703宗，通过资格核准的初次申请1100宗，金额1392.47万元，津贴变动1816宗，退件638宗。出具个人房改情况证明351份。

【住房制度改革】 2018年，东莞市按照《东莞市住房制度改革实施方案》，继续开展以优惠价格租住公房和领取住房津贴为主的房改政策。编制完成《东莞市住房建设规划（2017—2020年）》《东莞市住房体系建设实施意见》。推动《东莞市人才安居办法（试行）》编制和《东莞市公共租赁住房管理办法》修订工作。 （吴维彬）

社会事业

婚姻·家庭

【婚姻登记概况】 2018年，东莞市办理国内结婚登记1.67万对，离婚登记5514对，补领登记3774对，涉外结婚登记154对，离婚登记64对，补领登记148对，出具无婚姻登记记录证明28份。

【婚姻法律知识普及】 2018年，东莞市婚姻登记管理中心开展“婚姻法律入万家　美满婚姻共筑起”“婚姻法律维权进企业”等系列讲座和主题宣传活动，普及婚姻法律知识，维护群众在婚姻家庭领域中的合法权益。 （杨清瑶）

计划生育

【人口和计生概况】 2018年，东莞市常住人口839.22万人，其中户籍人口231.59万人，户籍人口政策生育率95.84%，出生人口性别比105.94，常住人口出生率12.77‰、自然增长率11.29‰。其中常住人口二孩出生5.26万人，户籍人口二孩出生2.35万人。

【计划生育综合服务管理】 2018年，东莞市加强部门协作联动，开展流动人口集中服务管理和动态监测调查。开展打击“两非”（非医学需要的胎儿性别鉴定、非医学需要的人工终止妊娠）专项行动，查处案件12件，确保全市出生人口性别比维持正常水平。完成计生审核6085例。推动计生服务管理员向卫生健康促进员转变，对全市各镇街（园区）和村（社区）卫生计生业务骨干约800人进行转型培训。选取长安镇、东坑镇创建首批计生基层群众自治示范镇。

【计划生育利益导向机制建设】 2018年，东莞市修订计划生育养老奖励办法。年内，全市按时足额发放计生养老奖励金8938.63万元、计生特殊家庭扶助金474万元；全面推广计生家庭意外伤害保险，保费1833万元，为全市5.82万户家庭提供保障。 （吴宝辉）

殡葬管理

【生态葬法】 2018年3月25日，东莞市举办第16次集体海葬和第8次集体树葬公祭活动，有249份骨灰抛洒大海和31份骨灰深埋树下，发放补贴3.8万元。

2018年3月25日，东莞市举办第16次集体海葬和第8次集体树葬公祭活动 （市民政局供图）

【阳光殡葬】 2018年3月25日，东莞市民政局举办2018年殡仪馆公众开放日活动，有28名来自司法、私企、学校等多个行业的社会人士参加活动，东莞电视台、《南方都市报》等媒体应邀对活动全程进行跟踪报道。

【殡仪馆硬件设施设备升级改造】 2018年，为完善配套设施功能改造，营造符合时代特征的现代化殡葬治丧环境，东莞市殡仪馆投入90万元对遗体火化区送殡厅进行全面翻新改造，于6月完成验收后投入使用，整改后的送殡厅，清新典雅，舒适温馨，提升殡仪馆的硬件建设水平。 （杨清瑶）

基层政权与社区建设

【城乡社区协商试点工作全面完成】 截至2018年底，东莞市全面完成城乡社区协商试点工作，39个试点村（社区）共组织开展协商活动662场次，讨论协商议题867个，其中有421个提交村民代表（股东代表）会议表决，有383项直接进入实施阶段。

【社区综合服务中心建设运营"以奖代补"政策推进】 2018年，东莞市新建5个社区综合服务中心。截至年底，全市社区综合服务中心总数131个。开展3批84个社区综合服务中心的运营服务评估工作。印发《关于做好东莞市社区综合服务中心建设运营"以奖代补"有关工作的补充通知》，指导各镇街做好社区综合服务中心的工程建设、设备设施和运营服务的政府采购工作。

【村规民约、居民公约制定】 2018年5月7日，东莞市民政局联合市精神文明建设委员会办公室印发《关于规范和完善我市村规民约、居民公约的指导意见》，对全市村规民约、居民公约的制定原则、主要内容、制定程序、组织实施等方面提出工作要求和指导意见，向各镇街提供村规民约、居民公约的参考样本，指导全市新一届村（居）委会做好村规民约、居民公约的研究修订和组织实施工作。

2018年5月9日，石龙镇世纪滨江小区在镇综治中心会议室召开业主委员会补选协商会议

【民政领域扫黑除恶专项斗争】 2018年，东莞市民政局按照"三个到位""四个步骤""五个结合"的思路，开展民政领域扫黑除恶专项斗争工作。截至2018年底，查获涉黑涉恶线索26条，其中，12条为中央督办线索，13条为自主查获线索（含群众举报、自主摸排、镇街报送），1条为省厅转办线索。

资料链接

"三个到位"：工作认识到位、组织领导到位、宣传发动到位。"四个步骤"：加强问题梳理、抓好线索排查、落实问题整改、强化综合治理。"五个结合"：与软弱涣散党组织整治工作相结合、与低保专项治理行动相结合、与殡葬领域突出问题专项整治行动相结合、与民政财务收支专项治理工作相结合、与巡视整改工作相结合。

【村（居）务公开民主管理】 2018年，东莞市民政局组织开展全市村务公开调研，形成《东莞市村（居）务公开工作调研情况的报告》，分析存在问题，对下一阶段村（居）务公开民主管理工作提出意见建议。根据调研情况，结合市委基层治理调研成果转化要求，组织各镇街开展村（社区）民主决策、村务公开自查工作。

【社区公共服务综合信息平台推广使用】 2018年，东莞市民政局组织各村（社区）、社区综合服务中心、社会服务机构、社区社会组织全面推广应用社区公共服务综合信息平台。截至2018年底，平台录入18家社会组织的相关服务信息、140多万户籍人口的基本信息、1000多个社区社会组织备案信息，与市网上办事大厅相对接，提供1431项政务服务事项的网上咨询、预约、申报等功能。

【"四社联动"社区服务机制建设】 2018年，东莞市民政局选取典型镇街和社会组织开展"四社联动"（以社区为平台、以社会组织为驱动、以社会工作为手段、以其他社会力量为补充的基层社会治理和服务机制）专题调研，形成《关于我市基层治理"四社联动"发展专题调研的情况报告》，全面总结东莞市开展"四社联动"基层治理工作的基础和现状，为下一步建立"四社联动"社区服务机制、营造共建共治共享社会治理格局提出意见建议。

社会组织

【社会组织概况】 截至2018年底，东莞市依法登记的社会组织总数4656家，其中社会团体997家（联合性573家，行业性152家，专业性196家，学术性76家），民办非企业单位3622家（教育类1819家，卫生类0家，文化类95家，科技类94家，体育类110家，劳动类193家，民政类1031家，法律服务类4家，其他类276家），基金会37家。2018年，全市新登记社会组织258家（社会团体82家、民办非企业单位169家、基金会7家），注销社会组织76家。全市社区社会组织登记数96家。

【社会组织发展扶持专项资金项目资助】 2018年，东莞市社会组织发展扶持专项资金资助32个项目，总资助金额600.63万元，撬动521.71万元社会资源投入社会建设。资助项目开展建档工作360次，开展活动918场，培训课时144小时，服务覆盖1.39万人，基本达到项目预期，社会效益良好。12月29日，市民政局印发《东莞市民政局社会组织发展扶持专项资金社会组织奖励类评审细则》，进一步加大对社会组织的扶持力度，激发社会组织发展活力。

【行业协会商会与行政机关脱钩试点工作】 2018年2月13日，东莞市民政局联合市发改局印发《关于做好第二批全市性行业协会商会与行政机关脱钩试点工作的通知》，有89家行业协会商会列入第二批脱钩范围。截至2018年底，试点协会商会全部完成摸底和自查工作，有87家试点协会完成财务审计，2家试点协会进行审计工作。民政部门结合脱钩财务审计工作，对市行业协会商会的涉企收费进行审计，暂未发现有违规收费。

【打击整治非法社会组织专项行动】 2018年4月，广东省打击整治非法社会组织专项行动部署工作视频会议召开后，东莞市民政部门与市公安局成立打击整治非法社会组织专项行动协作小组，并联合出台专项行动方案，下发到全市各镇街（园区）民政、公安部门。两部门协同合力，自4—12月在全市范围内开展打击整治非法社会组织专项行动工作。截至2018年底，民政部门取缔“中国杨筠松风水文化研究院”“中国道家养生协会广东分会”等5家非法社会组织，依法劝散“中国武警基金会东莞市联络处”等9家非法社会组织，维护人民群众合法权益，保障国家安全和社会稳定。

【社会组织能力建设培训活动】 2018年，东莞市民政部门举办15期社会组织专题培训。培训主题包括社会组织负责人素质提升、内部管理、档案管理、等级评估、财务管理、项目管理。全年为746家次社会组织培训从业人员1050人次，咨询服务超过300次。

社会工作

【社会工作概况】 截至2018年底，东莞市政府购买社工岗位服务1615个，全市民办社工机构45个，其中承接政府购买服务的社工机构22个，服务涉及禁毒、教育、残康、医务、司法矫正、救助帮扶、婚姻家庭、企业、青少年、妇女儿童等16个领域，全市社工开展小组工作2.76万个，开启个案6.24万个，即时辅导70.45万人次，完成家访及探访201.21万人次，组织志愿者活动89.29万人次。

【岭南社工宣传周】 2018年3月19—25日，东莞市民政局根据《广东省民政厅关于组织开展2018年社会工作主题宣传活动的通知》的要求，在全市范围内组织开展2018年“岭南社工宣传周”系列活动，围绕“牢记社工心，建功新时代”主题，邀请华南理工大学马克思主义学院院长解丽霞作“新时代的社会治理与社会工作”主题讲座，开展“东莞社工、哪个瞬间温暖你的心”线上互动活动，并在全市各镇街中心区分散开展形式多样、喜闻乐见的宣传活动，有效传播社会工作知识，宣扬社会工作理念，展现社工精神面貌，营造良好社会氛围，扩大社会工作的影响力。

【社会工作服务行业监测】 2018年，东莞市民政局委托市社会工作协会实施社会工作服务行业监测工作，通过定期收集机构信息，在薪酬调整、服务购买和税务调整等方面进行研究调查等方式掌握行业的发展动态和存在问题。截至2018年底，收集社会服务机构的月度行业监测数据186份，对全市社会工作服务点（站）在场地环境与安全、站点社工资质、服务情况、服务支持等方面情况进行有针对性的观察和站点员工访谈，合计监察社会工作服务点（站）924次。

【社工督导人才培训】 2018年，东莞市民政局委托市社会工作协会对社会工作督导人才进行培训，组织开展3期督导助理集中培训、2期见习督导集中培训、5期督导工作坊、8期专题培训、2期省内参训学习活动，开展培训305学时，累计参与培训1785人次。

【社工督导人才监督与管理】 2018年，东莞市民政局委托市社会工作协会开展社会工作督导人才监管工作，每月通过“数据报表+工作抽查+电话访谈”的日常监管方式，对社会工作督导人才的工作情况进行全面监管。全年收集、统计督导人才月报表2032份，实地走访134名督导人才服务点，听取

2018年3月20日，“牢记社工心，建功新时代——东莞市2018年‘岭南社工宣传周’”启动仪式举办
（市民政局供图）

182名督导人才工作汇报，电话访谈625名受督导一线社工。

【社会工作服务机构牵手计划】 2018年，东莞市民政局根据民政部《社会工作服务机构“牵手计划”实施方案》，指导东莞市首批5家“牵手计划”援派机构牵手帮扶湖北省5家受援单位。10月，落实广东省民政厅办公室《关于继续做好社会工作服务机构“牵手计划”实施工作的通知》要求，结合机构意愿，遴选出5个社会工作服务机构牵手帮扶湖北省另外5个社会工作服务机构。截至2018年底，首批5个“牵手计划”援派机构累计选派35名社工到受援地开展27次实地督导服务，组织开展活动34场，惠及困境儿童、留守儿童、留守妇女等群体，直接受益人数达822人，培训人数355人次，培养社会工作专业人才28名。

【社会工作发展十周年服务成果汇报展示会】 2018年12月2日，由东莞市民政局主办、东莞市社会工作协会承办的“新时代　新社工　新征程”东莞社会工作发展十周年服务成果汇报展示会在东城旗峰广场举行。活动现场发布《东莞社会工作发展报告（2008—2018）》《东莞市社会工作案例选编》《东莞市社会工作者与志愿者联动工作画册》《东莞社工（特版）》等系列东莞社会工作发展经验丛书，并播放东莞市社会工作发展十周年纪录片，在场人员共同回顾东莞社会工作十年来发展历程。

地名管理

【界线联检】 2018年2月，东莞市民政局印发《东莞市民政局关于做好2018年行政区域界线及行政管辖范围分界线联合检查工作的通知》，指导东城茶山线等21个镇街规范开展第四轮联检工作。4月，与深圳市民政局联合印发《深圳市与东莞市行政区域界线联合检查工作实施方案》，完成165.413千米界线和27个界桩的外业勘测和内业处理工作。

【地名命名更名与现状梳理】 2018年，东莞市民政局审核通过青创大厦等63宗建筑物命名（更名）。完成全市道路名称梳理工作，梳理规范和审批通过7.18万个道路名称，现状地名存在的“大、洋、怪、重”、有路无名、有名无牌以及标准地名与现状用名不一致等问题得到有效解决。

学生校外托管机构管理

【学生校外托管机构管理概况】 截至2018年底，东莞市注册登记学生校外托管机构922个，其中新登记53个，比上年增长89.3%。学生校外托管机构主要集中在南城街道、莞城街道和东城街道。

【学生校外托管机构专项整治行动】 2018年，根据《东莞市清理整治无证学生校外托管机构工作方案》的统一部署，为切实加强对学生校外托管机构的监管，东莞市全面开展清理整治无证学生校外托管机构工作，并形成月报制度。2月，针对没通过消防验收、食药监验收、住建部门验收的接送站共发出责令整改通知书227份，同时各相关部门发出告知函46份。7月再次向相关部门发出告知函110份，下发整改通知书后具体由各镇街社会事务局跟进落实。（杨清瑶）

附：2018年东莞市民政局主要领导名录

党组书记、局长：

张春扬（6月到任）

镇　　街

URBAN AND TOWNSHIP

莞城街道西城楼　（张德全　摄）

编辑：梁炜强　张曼利　张德全　苏淑娴

莞城街道

【莞城街道概况】　莞城街道位于东莞市北部偏西，东江下游南支流东岸，地处东莞市区中心。截至2018年底，辖区面积11.2平方千米，下辖8个社区，常住人口16.94万人，其中户籍人口19.43万人。莞城街道被评为“全国精神文明建设工作先进单位”。

2018年，莞城街道实现地区生产总值185.11亿元（第一产业0元，第二产业37.3亿元，第三产业147.81亿元），比上年增长4.48%；全社会固定资产投资总额29.34亿元，增长7.05%；社会消费品零售总额124.42亿元，增长7.31%；实际利用外资924万美元，增长717.7%；外贸出口总额83.14亿元，下降21.4%；各项税收总额42.27亿元，增长5.03%；地方财政总财力22.08亿元，增长73.21%。

【经济发展】　2018年，莞城街道强化产业精准招商，投资10亿元的京滨新能源汽车关键零部件生产项目落户东部工业园莞城园区。与省工业设计协会等单位签订框架协议，达成工业创意设计小镇等6个项目的战略合作意向。夯实产业发展载体，实施企业规模和效益倍增计划，莞城街道有倍增企业35家。推进重大项目建设，完成投资2.22亿元，完成年度计划110%。建设工业设计产业集群，建设“工业创意设计小镇”，分别打造“设计+制造”“设计+科技”“设计+创意”“设计+教育”“设计+活动”五大板块。促进农村集体经济发展，村组两级集体经济总资产20.23亿元，比上年增长0.75%；总收入1.45亿元，增长16.14%；总负债0.9亿元，下降15.09%，负债率4.45%，成为全市负债率最低的镇街。

【创新驱动发展】　2018年，莞城街道培育高新技术企业，有42家高新技术企业初次申报认定高企，

4家申报重新认定高企。参与广深科技创新走廊建设，申报智通人才数据重大项目等3个项目入库东莞广深科技创新走廊项目。改造建设“科创中心”，并建设“科创生态智慧谷”。促进大众创业，建成粤港青年创业孵化基地（莞城），且计划建设“粤港科创孵化中心基地（莞城）”，为市民提供更多就业机会。

【城市品质提升】 2018年，莞城街道推进“三旧”（旧城镇、旧厂房、旧村庄）改造完成市下达莞城的改造任务5公顷，实际完成改造11.6公顷，完成率232.1%。启动科创中心建设等一批项目，推动城市更新。加强生态环境整治，对珊洲河进行生物治理，所有指标均达到V类水标准。完成第三批截污次支管网建设。清除“散乱污”企业（不符合产业政策，不符合当地产业布局规划，未办理工信、发改、土地、规划、环保、工商、质检、安监、电力等相关审批手续，不能稳定达标排放的企业）48家，完成率108.57%。加强人居环境建设，完成运河两岸单车道改造提升工程，对博厦等3个垃圾转运站进行改造（扩建）。开展“两违”（违法用地、违法建设）专项整治，拆除违建5宗。

【社会治理】 2018年，莞城街道开展扫黑除恶专项斗争，打掉涉恶团伙8个。推进“二标四实”（“二标”：标准地址库、标准作业图；“四实”：实有人口、实有房屋、实有单位、实有设施）工作，深化“智网工程”建设，提升社会治理水平。新建步步高派出所。探索外来人口参与社会治理的途径和方式，营造共建共治共享社会治理格局。优化公共服务，推进中心小学分校扩建、平乐坊小学建设、社卫中心升级改造等民生工程。筹建街道新的综合服务中心，实现公共服务事项“一站式”办理、“一条龙”服务。加强民主法治建设，支持人大代表、政协委员履行职责，开展人大对预算监督试点工作。深化“依法治街”工作，建成东莞市莞城法治文化主题公园。

2018年11月13日，由莞城街道办事处主办、莞城图书馆承办的“文脉·传承·创新——邓尔雅、黄般若艺术回顾展开幕仪式”在莞城博物图书馆举行 （莞城街道供图）

2018年12月1日，“2018‘卓越城市更新’莞城志愿者万米公益长跑比赛”在莞城文化广场开跑 （莞城街道供图）

【“东莞·这座城”2018东莞视觉艺术季暨“东莞作用”大型展览在莞城启幕】 2018年11月24日，“东莞·这座城”2018东莞视觉艺术季暨“东莞作用”大型展览在莞城街道鳒鱼洲工业遗址启幕。艺术季由东莞市文化广电新闻出版局、东莞市经济与信息化局指导，东莞市文化馆、东莞市摄影家协会、莞城街道办主办，东莞实业投资控股集团有限公司（简称“东实集团”）、莞城文化服务中心、东莞生益股份有限公司协办。此次活动以“东莞·这座城”为主题，推出8个大型文化活动。除“东莞作用”影像物件大型艺术展览，主办方还在东莞市文化馆展厅、33小镇开设“我们这座城”系列展览分会场，包括《牵引线——李志良东莞制造影像精品展》《东莞·这座城——“美好绽放”东莞文化展》《东莞·这座城——“发现东莞制造之美”影像综合展览》等，并辅

莞城街道文化广场　　（莞城街道供图）

以主题实验话剧、主题学子展、主题时装周等活动。

【“中国美术家协会水彩画艺术委员会年度提名展2018”在莞城开展】 2018年12月29日，“中国美术家协会水彩画艺术委员会年度提名展2018”在莞城美术馆开幕。“中国美协水彩画艺委会年度提名展”由中国美协水彩画艺委会、东莞市委宣传部、莞城街道办事处主办，莞城美术馆承办，此次展览的18位参展艺术家，均由中国美协水彩画艺委会在全国范围内严格推选评定，展出的80幅水彩作品，题材丰富，形式多样，语言独立，传统的和先锋的，在艺术形式和内容上都富有探索性、创新性和研究性。（黄嘉恩）

附：2018年莞城街道党委、人大、办事处主要领导名录

党委书记：曲洪淇

人大联络委主任：张建均

办事处主任：麦允谦

2017—2018年莞城街道主要经济社会指标情况表

指标	单位	年份	
		2017	2018
户籍人口	人	187141	194262
常住人口	万人	16.87	16.94
面积	平方千米	11.17	11.17
生产总值	万元	1773237	1851068
第一产业	万元	0	0
第二产业	万元	358519	372986
第三产业	万元	1414718	1478082
总用电量	万千瓦时		
全社会固定资产投资总额	万元	274052	293373
社会消费品零售总额	万元	1159404	1244160
外贸出口总额	万元	1057730	831391
实际利用外资	万美元	113	924
地方财政总财力	万元	127491	220822
各项税收总额	万元	402428	422676

注：2017年起，受四个街道供电合并城区供电分局影响，不能分出四个街道用电量数据

石龙镇

【石龙镇概况】 石龙镇位于东莞市最北部。截至2018年底，土地面积13.83平方千米，下辖7个村和3个社区，常住人口14.45万人，其中户籍人口7.88万人。石龙镇被评为“全国文明镇”“国家星火技术密集区”“国家信息化试点镇”“国家电子信息产业基地”“中国历史文化名镇”“国家卫生县城（乡镇）”“举重之乡”。

2018年，石龙镇实现地区生产总值108.22亿元（第一产业49万元，第二产业51.66亿元，第三产业56.55亿元），比上年增长5.2%；全社会固定资产投资总额22.75亿元，增长15.75%；总用电量7.86亿千瓦时，增长0.33%；社会消费品零售总额50.37亿元，增长11.98%；实际利用外资213万美元，增长34.81%；外贸出口总额123.47亿元，下降0.81%；各项税收总额19.85亿元，增长4.23%；地方财政总财力9.82亿元，增长7%。

2018年，石龙镇获“全国优质服务示范社区卫生服务中心”“广东省健康促进示范单位”“广东省宜居社区”“广东省社会治安治理先进集体”“广东省社区教育实验区”“广东省县一级公共图书馆”“广东省民主法治村（社区）创建单位”等8个全市“单打冠军”。

【实体经济发展】 2018年，石龙镇强化对企业服务意识，完善领导挂点服务工作机制，线上线下联动向企业推送政策、服务和举措，全年为企业减免各项税费3.18亿元，推动产业结构优化升级，经济发展质量效益提高。富华电子节能环保增资扩产项目（市重大建设项目）超额完成投资计划；京瓷办公感光鼓增资扩产项目（市重大建设项目）提前竣工实现投产；津威饮料黄洲第二分公司建设项目进入设备安装；众生药业公司入选全市规模效益成长性排名前20名企业、全市效益贡献企业榜单。全镇市级“倍增计划”（2020年实现国内生产总值和城乡居民人均收入比2010年翻一番）试点企业4家，营业收入33.59亿元，比上年增长17.09%；协同“倍增计划”企业20家，营业收入36.78亿元，增长20.77%。京瓷办公设备公司入选全省外商投资百强榜单、全市实际出口总额前20名企业；柯尼卡美能达公司引入高端医疗产品并实现投产；京瓷光电公司在石龙镇扩建新厂区生产新一代车载镜头；日本电产三协公司相继将2个模具中心转移到石龙镇。完成工业技术改造投资5.7亿元，比上年增长17.5%；全镇规模以上工业企业研发机构覆盖率72%；R&D（科学研究）投入占比4.3%；规模以上高技术制造业增加值占比59%；规模以上先进制造业增加值占比55.3%；每万人发明专利拥有量10件；10家企业申报高企认定，其中9家通过评审；10家小微企业实现小微企业升规模以上企业；富华电子公司、利富高公司认定为省级工程技术研发中心。

【对外开放合作平台建设】 2018年，石龙镇中外运码头改扩建工程获交通部批复同意实施；水路货运口岸对外开放，启动外贸海运业务，成为全省首个接驳国际铁路的内河港口；中欧、中亚班列业务稳步发展。以打造融入粤港澳大湾区和“一带一路”主要节点为契机，推动东莞火车站、广东（石龙）铁路国际物流基地项目等对外开放合作平台建设。坚持东莞火车站客运口岸增补录入国家“十三五”口岸规划。统筹推进市TOD（以公共交通为导向的开发）核心区和协调区建设，TOD控制线规划调整成果获市规委会讨论批准。铁路集装箱办理站项目完成投资5.69亿元。水乡地区横向通道中线延长线工程（一期）完成投资46.52%。粮食仓储及交易平台项目基本完工。中外运码头改扩建工程完成前期工作，进入项目工程招标，产业规划编制完成，加快编制交通、市政等专项规划。中外运码头启动外贸海运业务，水路、铁路多式联运格局更加宽广。全年始发石龙的国际班列122列，出口集装箱1.15万标箱，分别比上年增长

石龙镇 （石龙镇供图）

15.1%、14.4%。中科信息港开园运营，累计引进境外科技商务合作机构19个，首期企业进驻率53%。多次组织企业参加政策宣讲会、产品博览会、产业合作交流会。富华电子公司分别在中国香港、中国台湾投资设立子公司；广安电气公司向东南亚以及中亚等“一带一路”沿线企业拓展电气检测业务。

【城市品质提升】 2018年，石龙镇实施城市品质三年提升计划，全面启动33项示范项目建设，市政、交通、环保设施等不断完善。东江北干流南岸工程持续整治推进，累计完成投资4亿元占概算总投资71%，护岸桩、防洪墙等水利设施基本完成；中山路片区提出初步改造方案，突出以文化引领推进消费升级的改造理念，完善配套设施，改进城市形象，推进业态升级；西湖村李屋园居住更新单元、客运中心商住更新单元、理想电子综合更新单元等改造单元完成上报，李屋园综合更新单元、客运中心综合更新单元确定前期服务商；王屋洲工改居村企合作改造项目获批。第四批美丽幸福村居18个项目基本完成，乡村道路、村貌等人居环境日益改善；综合活动中心设施配备齐全，服务老人、青年等特定人群的体验场所逐渐建立；以“睦邻和谐”为核心的自治项目相继推出，创新基层治理。城市精细化管理推进，突出196项考核事项，开展常态化考核，在全市暗检中排名前列；全面开展存量建筑普查行动，加大“两违”（违法用地、违法建设）整治力度，实现“两违”零增量；“智慧石龙”信息服务平台一期试运行；“二标四实”（“二标”：标准地址库、标准作业图；“四实”：实有人口、实有房屋、实有单位、实有设施）信息采集取得成效；“智网工程”入格事项20类83项，累计发现隐患7599处，处理7534处，结案率99.14%。4个季度城市水质指数（CWQI）排列全市第一位；在东莞市全面推行河长制湖长制2018年度考评中获优秀等级；东江北干流、南支流省考断面水质有较大改善；新建截污次支管网26千米，验收移交13千米；新城区污水处理厂提标改造工程完成工程总量80%；旧城区新街口、九龙涌、木材厂等入河排污口得到根本整治；保护水源地建围网4.4千米；中山公园湖涌水体基本消除黑臭；工业废水排放实现只减不增。完成VOCs（挥发性物质）排放企业治理35家、生物质锅炉企业治理2家、“散乱污”企业（不符合产业政策，不符合产业布局规划，未办理工信、发改、土地、规划、环保、工商、质监、安监、电力等相关审批手续，不能稳定达标排放的企业）整治201家；推进公交车辆、出租车辆纯电动化，建成公交车充电桩54个，纯电动公交占比59.3%；全年空气环境质量综合指数4.08，空气质量优良率有较大提高，二氧化硫、二氧化氮、可吸入颗粒物、一氧化碳等大气污染物均达到国家空气质量二级标准以上。推进固体废物处置，危险废物存储、处置均严格执行规范，无发现非法倾倒和非法转移危险废物现象；医疗废物无害处理率、生活垃圾无害处理率均达100%。

【社会和谐善治】 2018年，石龙镇开展“扫黑除恶”专项斗争，侦破涉黑恶刑事案件22件、重大命案积案2件，抓获1名连续14年在东莞市多个镇街流窜作案的犯罪嫌疑人；建立固定、流动治安岗哨150个，组建一支36骑的公安铁骑队伍，整合、新建一批视频监控设施，实现重点区域视频监控全覆盖；“两抢”（抢劫、抢夺）警情、刑事立案分别比上年下降58.5%、71%，群众安全感和满意度第三方测评居全市前列。全面组建村（社区）安全生产委员会和安全办，人员、场所、设施装备落实到位；实行安全生产监督检查“双随机一公开”（随机抽取检查对象，随机选派执法检查人员，抽查情况及查处结果及时向社会公开）机制、危险化学品监管权责清单制度，全镇无重大安全生产事故发生；成功防御和应对超强台风“山竹”，无发生人员伤亡。全年受理群众信访案件422件，办结率96%；受理市“12345”政府服务热线业务880宗，办结率100%；镇人民调解组织调解民间纠纷195

宜商之城——石龙镇 （石龙镇供图）

宗，调解率100%，涉案金额1438万元。镇级公共法律服务中心建成投入使用，10个村（社区）创建为省“民主法治村（社区）”，镇内3家企业获省“法治文化建设示范企业”称号。

【科教文卫事业发展】 2018年，石龙镇用于教育、医疗、就业、保险等民生事业支出7.29亿元，占全镇支出77.33%。中心小学西湖学校建成投入使用，新增优质学位1600个；全镇公办（集体办）幼儿园和普惠性民办幼儿园81.8%；推进慕课教育试点工作，千兆光纤入校园实现全覆盖；加强优秀教师后备队伍建设，组织骨干年青教师到华中教育先进地区跟班学习；投入360万元奖教奖学，激励良好师德学风。举办庆祝改革开放40周年、中华龙民俗文化节、敬老月、非遗文化传承、全民终身学习等系列活动，承办省篮球联赛小组赛东莞主场比赛，举办全镇篮球赛、迎春足球赛，10个村（社区）建成综合性文化服务中心。市心血管病诊治中心大楼工程开展征地并完成初步方案设计；市三院、市八院与中山大学肿瘤医院、松山湖社区卫生服务中心等多向共建，打造区域医疗联合体；通过国家卫生镇复审。做好市内扶贫，以及对口普宁市、西藏巴宜区林芝镇、云南昭通市昭阳区炎山镇等精准扶贫和结对交流工作。镇内有正常劳动能力的低保户实现脱贫；对口普宁市扶贫产业项目获评市“造血扶贫”先进典型；石龙镇获“广东省2016—2018年脱贫攻坚突出贡献集体”称号。

【政府服务效能优化】 2018年，石龙镇完善综合服务中心功能和架构体制，实现“最多跑一次”；主动接受人大代表和政协委员监督，收集人大代表意见建议57件，全部答复落实，办结率和满意率均达100%。健全依法决策机制，制定出台政府重大行政决策规程、合法性审查、风险评估、事项目录等文件，完善政府法律顾问和公职律师工作机制，推进领导干部和行政执法人员学法用法。组织开展专题调研，激励干部担当作为；全年政府125项主要目标任务，完成率95.2%；开展重大项目建设“百日攻坚”大会战。落实党风廉政建设责任，改进作风，开展“为官不为”专项整治和行政执法部门作风建设明查暗访，强化反面典型警示教育；深化运用监督执纪“四种形态”（经常开展批评和自我批评、约谈函询，让“红红脸、出出汗”成为常态；党纪轻处分、组织调整成为违纪处理的大多数；党纪重处分、重大职务调整的成为少数；严重违纪涉嫌违法立案审查的成为极少数）。

（姚小琴　聂运生）

附：2018年石龙镇党委、人大、政府主要领导名录

镇委书记：刘林宏（任至11月）
　　　　　吴世文（11月到任）
镇人大主席：周年友
镇　长：叶建华

石龙镇中科信息港　（石龙镇供图）

2017—2018年石龙镇主要经济社会指标情况表

指标	单位	年份	
		2017	2018
户籍人口	人	74788	78839
常住人口	万人	14.36	14.45
面积	平方千米	13.83	13.83
生产总值	万元	1001560	1082200
第一产业	万元	45	49
第二产业	万元	487279	516616
第三产业	万元	514236	565540
总用电量	万千瓦时	78318	78578
全社会固定资产投资总额	万元	196570	227500
社会消费品零售总额	万元	449815	503723
外贸出口总额	万元	1244851	1234726
实际利用外资	万美元	158	213
地方财政总财力	万元	91747	98171
各项税收总额	万元	190379	198462

虎门镇

【虎门镇概况】 虎门镇位于东莞市滨海湾片区，珠江口东岸，粤港澳大湾区几何中心，与南沙自贸区经虎门大桥一桥相连，是全市唯一集高速铁路、城际轨道、地铁、高速公路与粤港航线于一体的区域性综合交通枢纽。截至2018年底，辖区面积178.5平方千米，下辖30个社区，常住人口64.21万人，其中户籍人口15万人。虎门镇被评为“全国重点镇”“中国女装名镇”“中国童装名镇”“全国服装（休闲服）知名品牌创建示范区”“国家电子商务示范基地”“国家电子信息产业基地”“国家特色景观旅游名镇”。

2018年，虎门镇实现地区生产总值635.84亿元（第一产业2.06亿元，第二产业218.29亿元，第三产业415.49亿元），比上年增长6.4%；全社会固定资产投资总额70.84亿元，下降29.17%；总用电量53.5亿千瓦时，增长8.29%；社会消费品零售总额241.29亿元，增长7.28%；实际利用外资1985万美元，下降57.29%；外贸出口总额222.61亿元，增长11.32%；各项税收总额99.4亿元，增长19.3%；地方财政总财力64.74亿元，增长121.8%。是年，虎门镇获得“2018年度领导班子工作良好镇（街道）”和2018年度全市11项“单打冠军”，并被评为广东省健康促进示范单位、广东省“民主法治村（社区）”、广东省县乡人大工作和建设先进集体、省级充分就业星级社区、“青少年零犯罪零受害社区（村）”试点单位、广东省宜居社区、国家义务教育质量监测实施“县级优秀组织单位”、广东省社区教育实验区、广东省县一级公共图书馆等荣誉。

【特色产业发展】 2018年，虎门镇举办中国服装印花发展大会和服装印花工业博览会，举办第23届虎门服交会暨时装周，举办全市首个婴童产业展览会，打造全市首家服装工业旅游示范点，建成滨海时尚大街。电子信息产业方面，举办第四届华南（虎门）国际电线电缆展，信息传输线缆公共服务平台基本完工。商贸流通业方面，虎门在2018年商务部国家电子商务示范基地综合评价中，位列全国百家基地第11位。广东省电商产业园区标准化技术委员会落户虎门。全年发布服装电商行业联盟标准3项。全镇电子商务实现网上销售额450亿元、快递业务量3.4亿票。

【创新驱动发展】 2018年，虎门镇参与广深科技创新走廊建设，虎门高铁站TOD综合开发完成核心区范围内12.4公顷土地收储。51家市镇两级倍增企业实现营业收入246亿元，比上年增长28%。国家高新技术企业253家，比上年增增长48.8%，专利申请量、授权量增长超过30%。新增“新三板”挂牌企业1家、省级企业技术中心1个、

虎门镇 （王敬新 摄）

市专利优势企业4家。科技金融月系列活动促成授信近12亿元。

【重大项目建设】 2018年，虎门镇有9个市重大项目完成年度投资20.8亿元，投资总量全市第五、完成率全市第一名。以纯集团总部、外环岛路、梅沙小学等项目投产使用。中国电子东莞产业园入园企业持续释放产能，亿安仓项目拉动全镇电子信息产业进出口份额，园区年度产值66亿元，比上年增长12%。敬业印刷增资扩产、虎门外语学校扩建、丰城学校、白沙东路（滨海湾大道至站北路段）、虎门医院扩建、大宁生态智慧产业园等6个项目纳入市重大预备项目。

【集体经济发展】 2018年，虎门镇社区经济实力壮大，区组两级总收入21亿元、纯收入14.7亿元。区组两级集体总资产160.7亿元、净资产131.6亿元。高负债村组数量持续压减。全年受理集体资产交易立项1674宗，比上年增长8%，完成交易合同标的总金额20.2亿元，基本实现保值增值。完成集体经济组织清产核资工作。

【城乡品质提升】 2018年，虎门镇环莞快速二期（虎门段）、环岛路南面段、百达路、虎门大道下穿隧道等一批重要道路通车。启动滨海大道快速化升级改造。推动太平广场全面恢复使用。投入约1000万元开展武山沙海堤加固、河道清淤疏浚、德隆围水闸重建、太平涌水闸建设等水利工程项目。完成重点产业项目电力配套工程5项。拆除违法建筑69宗，整治违法建设面积85.7万平方米，整改新增违法用地面积22.6公顷。推动广深高速沿线虎门段环境品质提升，投入超过1亿元开展道路绿化、市政工程、建筑立面改造等项目11个。开展绿化景观专项整治，复绿、增绿面积3.6万平方米。完成全镇停车系统专项规划研究，改造交通拥堵节点20个，整治交通事故黑点20个，完善车道护栏、人行道等交通配套建设11处。首批智能垃圾分类试点小区上线，回收垃圾26万多千克。常态化推进文明创建，制作公益广告近1万幅，面积超26万平方米。大宁社区创建成为“新东莞文明美丽村居”，创建3家“友善企业”。

【乡村振兴战略】 2018年，虎门镇建立社区环境设施建设项目库，推动社区公园、道路升级和村居环境提升等60个入库项目建设。完成4个社区村级土地利用总体规划编制。整治“三线”（电力线、通信线、电视线）黑点580个，完成城区公厕提标改造摸底工作，改造社区公厕2座。基本完成农村土地承包经营权确权工作。

【生态环境治理】 2018年，虎门镇新建截污次支管网34.7千米，完成验收通水19千米。官涌河通过消除黑臭阶段验收，大沙河上游、龙眼新涌综合治理完成截污、清淤、治堤工作。推行湖长制，落实河长制，成立护河志愿服务队和“民间河长”队伍。启动宁洲、海岛两座污水处理厂提标改造工程。淘汰整治“散乱污”企业（不符合产业政策，不符合当地产业布局规划，未办理工信发改、土地、规划、环保、工商、质监、安监、电力等相关审批手续，不能稳定达标排放的企业）490家。开展河道整治专项行动，整治清理水面垃圾、河道违建和砂场堆场。沙角电厂群所有机组完成超低排放技术改造，关停燃煤机组2台。整治VOCs排放企业165家，淘汰改造生物质锅炉6台，整治扬尘污染点388个。推广使用新能源汽车，投放纯电动公交车120辆，建成电动汽车充电桩53座。打击非法倾倒余泥渣土车辆77辆、672.5吨。建成全市首家建筑垃圾处理厂，年处理能力100万吨。

【社会公共安全】 2018年，虎门镇推进扫黑除恶专项斗争，侦破涉恶案件96件，打掉涉恶犯罪团伙21个。“两抢”（抢劫、抢夺）立案数为近五年最低、破案率近五年最高。完善治安防控体系，建成“1中心+29社区工作站”指挥调度体系，完成“二标四实”（“二标”：标准地址库、标准作业图；“四实”：实有人口、实有房屋、实有单位、实有设施）基础信息采集，高清监控点、高清治安卡口加快建设。开展重点领域安全生产排查整治，检查各类场所7万多家次，整改隐患2.7万个，增设2个政府专职消防队执勤分站，推进火灾隐患重点地区挂牌整治并通过第三方评估，全镇安全生产形势总体平稳。推动镇三防系统标准化建设，整治4个地质灾害隐患点，抵御超强台风“山竹”，安全转移7800人，集中安置1840人，将损失降到最低。推进餐饮“明厨亮灶”、食品小作坊集中加工中心建设，实现38家农贸市场快检室全覆盖，创建7家食品安全示范市场，保障食品安全。

【教育医疗服务】 2018年，虎门镇投入8.28亿元用于教育医疗事业。建成启用梅沙小学，推进新型办学体制改革。推进博涌小学新校、虎门五中扩建前期工作。投入2600多万元用于教学设备更新、代课教师聘用、校园安全保障等项目。新增学前教育学位1590个，积分制招收1200多名随迁子女入读公办学校，提供民办学位补贴8600多名。虎门中医院整体搬迁进入建设阶段，虎门医院扩建工程前期工作有序推进。推动流动人口公共卫生计生服务均等化，目标人群服务覆盖率98.5%。通过国家卫生镇复审，“粤港澳大湾区培训推广中心”（毫火针疗法）建设水平进一步提升，创建7个省健康促进示范单位，承办市防治传染病联合应急演练。

【公共文体服务】 2018年，虎门镇完成蒋光鼐博物馆主体建设，贝丘遗址公园完成概念性设计。八大文体培训基地培训青少年2000多人次。开展文化体育活动100多场，惠及群众50多万人次。举办“歌唱祖国”2018虎门镇国庆合唱晚会、东莞市产业工人新年歌会。文艺项目获国家、省、市14个金奖。体育事业获52枚金牌，虎门运动员代表东莞在第十五届省运会获金牌18枚，占全市金牌总数26%。虎门在市第十四届老年人运动会中蝉联团体总分第一名。

【就业创业服务】 2018年，虎门镇为128家企业和9500多人次办理就业补贴1000万元。举办2场大型公益性招聘活动，提供8344个就业岗位。新增市级“技师工作站”1家、“首席技师”7名。开展“一镇一品”产业人才培训，依托8所培训学校和18家企业，对8500名产业人才实施培训。举办虎门镇电子商务技能竞赛。依托虎门电商产业园“妇女创业孵化平台”开展妇女创业技能培训。

【政务服务】 2018年，虎门镇启用综合服务中心，首批进驻26个部门、78个窗口，集中受理行政审批以及公共服务事项415项，受理业务36万宗。试点开展“互联网+房税一体化”联审批改革。整合95项事项实行一窗通办，启用22台终端机自助受理19项业务。在综合服务中心设立志愿服务岗和志愿服务队，优化服务运作。

【救助帮扶】 2018年，虎门镇发放433万元保障低收入群体基本生活，实施医疗救助45人。虎门慈善会推出慈善公益项目5个，开展大型慈善公益活动7次，完善慈善救助办法和规章制度。加强对口帮扶。与韶关仁化县开展产业共建，实现投产项目6个、动工项目11个。帮扶仁化12个相对贫困村，559户贫困户预脱贫率达100%。

【东莞市第一所“公办托管学校”建成开办】 2018年，虎门镇建成开办东莞市第一所“公办托管学校”虎门镇梅沙小学。学校由虎门镇提供教育用地，东莞万科公司出资建设并购置教育教学设备，学校产权及办学形成的资产归属虎门镇人民政府所有，由虎门镇人民政府全权委托给东莞万科梅沙教育发展基金会管理。该校位于虎门镇金洲社区捷东路，占地面积2.74万平方米，总建筑面积2.81万平方米。最大办学规模为30个班1350名学生。2018年秋季学期首次招收6个班272名学生，有教职工20余人。梅沙小学是东莞市第一家政府所

虎门镇滨海大道 （黄 生 摄）

有、委托社会机构管理的创新型义务教育学校，是东莞市推进办学体制改革的样本之一，开创出一条破解当前制约公办学校发展的机制体制障碍，加快义务教育学校建设，快速增加学位供应的新路径。

【迎春慈善万人行活动】 2018年1月12日，虎门镇在新建成通车的虎门滨海湾大道、环莞快速二期虎门段两条城市框架道路上举办2018年迎春慈善万人行活动，超过1万人参与徒步活动，认捐善款超过6400万元。全程13千米的万人行活动，展现出“大爱虎门”的城市温情和“大美虎门”的城市风采。

【第23届中国（虎门）国际服装交易会】 2018年11月22—25日，第23届中国（虎门）国际服装交易会暨2018虎门时装周在虎门镇举行。该届服交会以“创新·时尚·绿色”为主题，主会场设在虎门会展中心，展区总面积1万平方米，有展位520个，设有品牌时装专区、童装专区、中国纺织面料流行趋势发布区、设计师原创展、服装印花创意精品展、“虎门责任品牌”推介专区等专区。同时设有20多个分会场，包含镇内各大服装商场、面辅料市场、小商品市场、电商园区等。举办3场开幕活动、9场专项活动、11场时装表演等23项系列活动，呈现“五多三高”的特点。 （王嘉慧）

附：2018年虎门镇党委、人大、政府主要领导名录

镇委书记：刘　杰（11月到任）
　　　　　叶孔新（任至11月）
镇人大主席：孙景森
镇　长：邓卫洪

2017—2018年虎门镇主要经济社会指标情况表

指标	单位	年份	
		2017	2018
户籍人口	人	139980	149952
常住人口	万人	63.94	64.21
面积	平方千米	178.5	178.5
生产总值	万元	5638632	6358410
第一产业	万元	18852	20624
第二产业	万元	1914209	2182885
第三产业	万元	3705571	4154901
总用电量	万千瓦时	494063	535023
全社会固定资产投资总额	万元	1000092	708380
社会消费品零售总额	万元	2249154	2412917
外贸出口总额	万元	1999725	2226128
实际利用外资	万美元	4648	1985
地方财政总财力	万元	291822	647351
各项税收总额	万元	833208	994020

2018年11月22日，东莞（虎门）服装企业总部基地揭牌仪式举行 （虎门镇供图）

东城街道

【东城街道概况】 东城街道位于东莞市中心区。截至2018年底，辖区面积105.9平方千米，辖23个社区和2个国营林场，常住人口49.06万人，其中户籍人口13.18万人。东城街道被评为“全国文明单位”“全国敬老文明号先进集体”。

2018年，东城街道实现地区生产总值525亿元（第一产业2045万元，第二产业174.8亿元，第三产业349.98亿元），比上年增长8.1%；全社会固定资产投资总额88亿元，增长18.7%；社会消费品零售总额156.4亿元，增长4.4%；实际利用外资5170万美元，增长285.8%；外贸出口总额374.5亿元，增长10%；各项税收总额（含市属部分）130.5亿元，增长7.9%；地方财政总财力37.32亿元，下降14.81%。在全市镇街领导班子年度量化考核中，东城街道总分第一名，获评“一等奖镇街”，获广东省“民主法治村（社区）”、广东省科普示范镇、广东省社区禁毒社区康复工作示范点、省级充分就业星级社区、全国民主法治示范村（社区）、全国职工书屋示范点、全国三八红旗集体、广东省科普信息化试点县、全国综合减灾示范社区、广东省宜居社区、广东省“儿童友好示范社区”、广东省“平安家庭”示范村（社区）、广东省“民主法治村（社区）”创建单位、广东省十八届“体育节”活动优秀组织奖、创新人才工作机制改革、广东省五四红旗团委、广东省社区教育实验区等17项全市“单打冠军”。

【产业升级】 2018年，东城街道推进企业倍增计划，在市“倍增20条”基础上叠加出台街道“倍增10条”，倍增试点企业主营业务收入287.9亿元，比上年增长21.9%。全面实施创新驱动发展战略，发展动力指数排全市第三名。推出旗峰倍增券、旗峰星光创新奖、旗峰英才卡等系列激励措施，派发创新奖励资金2000多万元。引导高新技术企业集群发展，新增高企134家，高企总数414家，高企培育成效指数排名全市第二。提升企业创新能力，新增市级重点实验室1家、省级工程中心4个，新增发明专利授权量和专利授权总量分别为272件和2673件，位居全市第三、第四位。加大招商引资力度，新引进300万元以上的内资项目786个，1亿元以上项目6个，实际投资56.2亿元，比上年增长12%；引进超千万美元外资项目9个，实际利用外资3.2亿元，增长7倍。推动多尼斯公司在东城增资建设总部项目。促进都市经济发展，举办首届旅游节，整合旅游、产业、科技等资源，打造周屋田园、水晶烟花、灯光水舞秀等精品项目，吸引各地游客超100万人次。

【改革开放】 2018年，东城街道推进重点领域改革，擦亮商事制度改革品牌，建成省级商事改革综试基地，实现企业开办全流程1

东城街道 （东城街道供图）

日办结，一批电商企业通过全程电子化登记和集群注册方式落户商改综试基地。构建“一平台三工程”（“一平台”指市场监管协同创新平台；“三工程”指智慧监管、协同监管、信用监管三大工程）市场监管体系，推动商改后续监管与“智网工程”的深度融合。建成全国首个市镇村三级政务服务综合实训基地，探索开发智能化服务终端，工商、食药监等业务率先实现“刷脸办证”。营商环境持续优化，新增市场主体1.3万户，总数8.4万户，总量位居全市第三名。提升对外开放水平，推动出口货源对接和服务集成、进口监管创新和流程优化，国际邮件互换局累计出口国际小包7650万件，实现货值2.92亿美元。举办首届莞澳两地经贸合作论坛和葡语国家产品推广展会，与港澳地区开展系列文化体育经贸交流合作活动。加快集成式金融中心建设，上市后备企业增加至13家，总数全市第三名；参与设立及管理基金6只，投资项目9.5亿元；推动澳门国际银行落户东城，使东城成为粤港澳大湾区和全省首个齐集港澳台银行分支机构的镇级地区。

【环境提升】 2018年，东城街道推进城市连片改造，把城市品质提升与乡村振兴战略相结合，编制美丽幸福村居特色连片示范区行动计划，完善寒溪河堤路景观等44个示范项目的设计方案。投入1.4亿元对周屋、余屋、温塘等社区进行连片提升，引导社会投资参与“两岛一山”景观改造。加快重点项目建设，强化工程项目的服务协调，4个市重大项目建成；投入1.1亿元推进19条道路升级改造，完成东城实验小学等重点民生工程建设；引导社会投资38亿元，完成石井凯晟、牛山钟屋围等旧村改造。开展生态治理，中央和省委环保督察反馈的41件案件100%完成整改，蓝天、碧水、净土行动计划取得明显成效。新建截污次支管网19.38千米，完成老围河、黄沙河同沙段等河涌整治，樟村考核断面水质保障和饮用水源保护持续加强。关停“散乱污”企业（不符合产业政策，不符合产业布局规划，未办理工信、发改、土地、规划、环保、工商、质监、安监、电力等相关审批手续，不能稳定达标排放的企业）842家，治理VOCs企业238家，严格管控固废管理企业675家。

【社会治理】 2018年，东城街道综合施策、标本兼治，社会治理考核总分位居全市第一名，共建共治共享治理工作开创新局面。构建“平安东城”，以“扫黑除恶”专项斗争为抓手，严厉打击各类违法犯罪活动，全年接报警情中，抢劫比上年下降71.4%、抢夺下降75.3%、盗窃下降22.7%。探索创新社会治理，率先组建公安铁骑大队，推进“智网工程”和“二标四实”（“二标”：标准地址库、标准作业图；“四实”：实有人口、实有房屋、实有单位、实有设施）工作，排查整治各类安全隐患以及问题线索3万多条，处置率96%。构建“和谐东城”，推动诉前联动调解，化解社会矛盾纠纷，按时办结各类信访投诉1945件次。分类统筹社工项目25个，发挥社工在社会建设中的作用。建立健全安全监管队伍，建成街道消防主题公园，推进“四黑”（黑作坊、黑工厂、

东城街道夜景 （东城街道供图）

2018年11月21日，东莞市深化商事制度改革基地开馆 （陈 杰 摄）

黑市场、黑窝点）、直排式燃气热水器等专项排查整治行动，全年各类安全事故死亡人数和受伤人数分别比上年下降18.7%和22.6%，无发生较大以上安全事故。峡口社区获评“全国综合减灾示范社区”，成为全市单打冠军。构建“洁净东城”，加强城市精细化管理，开展社区“六乱”（乱搭乱建、乱堆乱放、乱设摊点、乱拉乱挂、乱贴乱画、乱扔乱吐）整治，打击各类违建行为，全面开展历史遗留违法建筑普查摸底，逐步消化违建存量。全年治理“两违”（违法用地、违法建设）面积77.7万平方米，超额完成市下达的60万平方米的治理任务。构建“法治东城”，首批14个民主法治社区通过省市验收，东泰社区被评为“全国民主法治示范社区”。升级打造公共法律平台，构筑“横5竖5”的法律服务网络，为近2000人次提供法律援助服务。推进人大工作示范点创建，通过做优做强特色品牌，有效提升基层人大建设水平，被评为广东省县乡人大工作创新案例。

【民生事业】 2018年，东城街道用于民生领域资金13.5亿元，占总支出的60%，社会发展考核总分位居全市第一名。加快推动乡村振兴，出台推动社区高质量发展的系列措施，三年统筹3亿元支持社区加快奔小康。统筹社区集体经济组织闲置资金2亿元，首期7000万元进行多元化投资。社区集体经济纯收入9.6亿元，比上年增长15.6%，增长速度超过10%的社区15个。完善社会保障，全年征收社会保险基金22.5亿元，落实各项社会保障待遇7亿元。完善惠民补助政策，向户籍老人和困难群体发放各类补助金3490多万元。打造乐善东城品牌，成立东城旗峰慈善会等社会组织8个，开展东城公益创投等慈善活动20多场。推进教育发展，编制《东城街道教育设施建设专项规划（2018—2022年）》，推动各片区教育资源均衡发展，教育经费总投入6.1亿元，完成一批校舍建设和改造，提供6000个民办学校补贴学位。探索公共服务共建共享创新机制，推动3个城市更新改造项目配建教育设施。打造健康东城，完成光明、柏洲边社卫站点标准化建设，促成东莞首家互联网医院落户。推进公立医疗机构薪酬制度改革。创建省级食品安全示范区，全年开展食品抽检3117批次，合格率97.5%，建成食品小作坊集中加工中心1个、示范农贸市场9个，推进38条食品安全示范街创建。开展文化惠民活动，举办各类文化体育活动近600场次，建成23个社区基层综合性文化服务中心，引导社会资金1100多万元建设2所文化艺术博物馆，加快推动东城文化振兴。

【首届东城旅游节举办】 2018年6月22日，以“激情畅享，大观东城”为主题的首届东城旅游节开幕。该旅游节从6月持续到9月底，以“旅游+”的概念，通过旅游与景观建设、国际商贸、湾区交流、艺术创意、公益慈善、组织建设、活力运动、人才创建、项目推介等九大板块的内涵结合，打造周屋田园，亚洲最大水晶烟花、大型灯光水舞秀等精品项目，举办“2018年东莞跨境优商峰会”“莞澳经贸合作论坛”“东莞市创新创业大赛”“东莞市东城街道高端人才峰会”等系列活动，吸引各地游客超100万人次。

【东莞首家互联网健客医院落户东城】 2018年8月22日，在东城街道推动下，广东健客互联网医院有限公司和台心医院签订合作协议，将打造覆盖粤港澳大湾区的互联网医院，推动两岸医疗资源共享互通，让患者足不出户就能享受优质高效的诊疗服务。开创“互联网+医疗”领域的“三个第一”（全市发出第一张互联网医院营业执照、全省第一次有民营医院实行“互联网+”模式、全国第一次由台资医院与本土企业合作探索“互联网+医疗健康”模式）。健客互联网医药供应链产业基地项目是东城2018年40个重点项目之一，该项目基地将投入2亿元，建设面积1万平方米，是健客共同探索“互联网+医疗健康”发展之路，实现“互联网+医疗保障”深度融合的总部基地。

【全国首个市镇村三级政务服务综合实训基地建成】 2018年10月24日，东莞市政务服务综合培训基地举行揭牌仪式，投入使用。东城政务服务中心联合市政务服务办，在东城同沙科技园商改综试基地建设1800平方米的“东莞市政务服务综合培训基地”，作为市镇村三级政务服务一线服务人员的实训中心。按照“三有四标”的工作要求，开展事项共梳、需求共商、系统共建、知识共享、实操共验等一系列标准化培训课程，培养和输送高素质、综合性的政务服务队伍，打造“马上办”“网上办”“就近办”“一次办”服务型政务网络，为市级市民服务中心办事大厅建设奠定基础。

【全国职工书屋示范点创建】 2018年11月，东城温塘先锋号职工服务中心获“全国工会职工书屋示范点”称号。职工服务中心设于东莞市东城街道温塘社区居委会内，配有一名专职社工，总面积约760平方米，设有服务大厅、职工学习培训室、职工书屋、调解室、工会主席工作室、文体活动、康乐室等8个功能分区，于2017年10月中下旬对外开放使用。“职工书屋”场地面积约80平方米，分为图书区、电子图书阅览区两大区域，图书存量3000余册，配备台式电脑5台、电子音像制品50册。按照“街道—社区—企业”的规划，逐级逐层推进健康文明、昂扬向上、全面参与的基层文化建设。

【澳门国际银行进驻东城街道】 2018年12月27日，澳门国际银行股份有限公司东莞支行成立，成为首家进驻东莞市的澳门银行营业性机构，填补澳资银行在东莞地区的空白，深化粤澳金融合作。澳门国际银行落户东莞东城，使东莞成为粤港澳大湾区和广东省首个实现港澳台三地外资银行齐集的地级市，使东城街道成为粤港澳大湾区和全省首个齐集港澳台银行分支机构的镇级区域。

【人才工作机制改革创新】 2018年，东城街道健全完善工作机制，创新招才引智，优化管理服务，推动人才工作提质增效，通过人才公寓建设到位、创新发展政策到位、招才引智活动到位、创新创业载体到位、组织领导到位和信息采集到位等6个“到位”，打造人才高地，广揽各方英才。全年全街道登记在东莞人才综合服务平台的人才15.9万人，其中硕士以上学历3435人、副高以上职称的有1876人、高级工以上的技工7854人；东莞市特色人才6名、东莞市名医9名、广东省校长工作室主持人1名、东莞市名园长工作室主持人2名、东莞市名教师工作室主持人3名、东莞市学科带头人21名、落地在东城的海外高层次创新创业领军人才1名；有13名技能人才被评为企业首席技师，连续三年位居全市第一名。 （莫志荣　李舒婷）

附：2018年东城街道党委、人大、办事处主要领导名录

党委书记：邓　涛（任至9月）
　　　　　刘林宏（11月到任）
人大联络委主任：詹耀东
办事处主任：邵宏武

2017—2018年东城街道主要经济社会指标情况表

指标	单位	年份	
		2017	2018
户籍人口	人	113889	131829
常住人口	万人	48.73	49.06
面积	平方千米	105.9	105.9
生产总值	万元	4712712	5250140
第一产业	万元	1870	2045
第二产业	万元	1578154	1748271
第三产业	万元	3132689	3499824
总用电量	万千瓦时		
全社会固定资产投资总额	万元	741553	879963
社会消费品零售总额	万元	1497720	1564090
外贸出口总额	万元	3404454	3745361
实际利用外资	万美元	1340	5170
地方财政总财力	万元	438102	373204
各项税收总额	万元	1209620	1304756

注：2017年起，受四个街道供电合并城区供电分局影响，不能分出四个街道用电量数据

万江街道

【万江街道概况】 万江街道位于广东省东莞市西部，地处粤港澳经济走廊，临近珠江入海口。截至2018年底，辖区面积48.6平方千米，下辖29个社区，户籍人口10.13万人，常住人口25.16万人。万江街道被评为“国家全民健身活动先进单位”。

2018年，万江街道实现地区生产总值143.19亿元（第一产业3320万元，第二产业49.07亿元，第三产业93.79亿元），比上年增长8%；全社会固定资产投资总额27.46亿元，增长15.22%；社会消费品零售总额68.37亿元，增长6.59%；实际利用外资288万美元，下降69.97%；外贸出口总额44.71亿元，增长27.99%；各项税收总额25.66亿元，增长27.39%；地方财政总财力27.73亿元，增长15.02%。是年，万江街道获评广东省健康促进示范单位、广东省民主法治村（社区）”、省级充分就业星级社区、广东省宜居社区、国家义务教育质量监测实施“县级优秀组织单位”、广东省热心消防公益事业先进集体、广东省“民主法治村（社区）”创建单位、广东省社区教育实验区等8项市“单打冠军”。

【重点项目推进】 2018年，万江街道加强重点项目督导，每半月印发《万江街道2018年市重大项目和22项重点工程情况通报》和建立重点工程文件每周督查机制，及时通报项目情况，强化沟通，及时解决问题。全年计划重点推进的22个重点项目，有21个按进度推进，有1个完成；市重大建设项目完成总投资3.17亿元，占年度投资计划104.1%；市重大预备项目2个，分别是市民文化服务中心和万江胜高研发生产中心，皆在稳步推进中。招商引资签约项目8个，涵盖智能制造、服装设计、茶叶贸易等，总投资超100亿元，达产后年税收超8亿元；项目包括上市企业总部项目、国际时尚设计小镇（谷涌西围三旧改造）、奥普特总部项目、每通测控生产中心项目、小享智能制造产业加速器、新村产业园、莞万茶仓项目、思齐橡胶生产项目。

【创新动能增强】 2018年，万江街道规模以上智能装备制造业增加值15.3亿元，比上年增长17.5%，规模以上先进制造业、高技术制造业增加值分别增长17.6%和19.8%，智能制造产业成为万江街道重要支柱产业。高新技术企业总数243家，比上年增长34.25%。尚甲都市产业园被认定为国家级科技企业孵化器培育单位，获评东莞市市级创业孵化基地。企业创新水平逐步提高，38家企业通过知识产权管理规范认证，规模以上工业企业研发机构覆盖率45.33%，新增市级工程技术研究中心6个、市级重点实验室1家、市专利优势企业1家，市十大创新企业1家。专利申请量2678件，比上年增长13%；专利授权量2019件，增长37.63%。引进高层次人才138人，其中博士6人，硕士68人，高级职称专业技术人才64人。获市“首席技师”2人。成立东莞市技能人才培训基地和电子商务协会。举办万江金融对接推广周、科技金融产品推介主题沙龙等活动，组织13家智能制造企业参加2018年越南（河内）国际工业展览会。

【承载空间拓展】 2018年，万江街道强化规划引领，推进环城路外地区控规编制，完成工业保护线专项规划编制。以新理念拓展新空间，推动轨道交通1号线人民医院、汽车总站、滨江体育馆等3个站点纳入TOD全面综合开发。城市更新力度加大，完成“三旧”（旧城镇、旧厂房、旧村庄）改造面积

万江街道金鳌洲公园　　（万江街道供图）

30.59公顷，完成率281.5%；新增改造项目用地面积28.23公顷，完成率135.3%。严屋、简沙洲、万江社区三个更新单元被纳入重点更新单元，涉及用地面积55.2公顷。龙湾滨江片连片组团改造试点初见成效，龙湾创想社1835产业园开园，柴火创客空间投入使用，龙湾湿地公园改造成为以乐跑为主题的龙湾乐跑湿地公园重新开园。拆除违法建筑59宗，面积2万平方米，完成违法建设治理面积21.2万平方米。新村产业平台完成初步设计方案，小享加速器产业园发展平台办理前期手续，高盛、东围等平台完善土地统筹手续。

【人居环境品质提升】 2018年，万江街道推动振兴路、坝新路等一批道路（路口）建设、改造升级工程和市政8座桥梁加固工程。基本完成义乌商城、添翔服饰2座人行天桥建设。开展交通拥堵专项治理，推进14个交通节点整治。银龙桥通车。完成金鳌洲主题公园亮化、莞穗大道绿化景观提升和曲海桥底景观改造。新谷涌人行天桥和金泰中安大厦的灯光夜景工程完工。广深高速（万江段）创新资源带环境提升工程（2018标段）基本完工。环境卫生质量不断改善，整治卫生死角230处，清理乱摆卖、占道经营行为近5000宗，查处城市“六乱”（乱搭乱建、乱堆乱放、乱设摊点、乱拉乱挂、乱贴乱画、乱扔乱吐）等各类违法行为131宗。成立绿化环卫专业队加强精细化管理。率先在行政事业单位等公共机构开展生活垃圾强制分类。

【环境治理】 2018年，万江街道坚持打好治水攻坚战，新建截污管网109千米，全年任务基本完成。各相关部门单位通力合作，配合完成中央环保督察“回头看”和省环保督察工作。落实“互联网+河长制”，各级河长涌长巡河2840人次，使用“广东智慧河长”App巡河1.65万次。加强内河涌和黑臭水体综合整治，列入治理任务的河涌9条，均进入动工整治阶段，高基涌和牌楼基涌的黑臭水体综合整治取得阶段性成效。坚决打赢蓝天保卫战，整治“散乱污”企业（不符合产业政策，不符合产业布局规划，未办理工信、发改、土地、规划、环保、工商、质监、安监、电力等相关审批手续，不能稳定达标排放的企业）156家，其中取缔关闭125家；完成VOCs整治企业82家；查处违法使用燃煤的生物质锅炉企业4家。加大固体废物非法转移、倾倒处置行为的打击力度，多部门联合执法出动410人次，排查企业83家。

【乡村振兴】 2018年，万江街道成立乡村振兴战略领导小组，出台《2018年万江落实乡村振兴战略推进社区人居环境改善工程行动实施方案》等工作方案，基本建立“1+1+N”政策体系（1个实施方案，1个工作计划，美丽乡村、人居环境改善工程、后备干部培养等若干个专项文件），完成镇域乡村建设规划。设立1500万元人居环境改善工程专项补助资金，推动22个人居环境改善工程建设。2018年投入资金1019.9万元，用于加强农村环卫、农村基础设施建设、美丽幸福村居连片建设等工作，27个社区获“广东省宜居社区”称号。滘联社区和谷涌社区入选市第一批美丽幸福村居特色连片示范建设名单，建设覆盖范围3.84平方千米，

2018年1月17日，万江街道举行引进重点项目集中签约仪式
（万江街道供图）

万江街道曲艺文化表演
（万江街道供图）

投资总概算1.49亿元。加强民房建设规范管理，全年受理647宗民房建设核查初审。修订《万江街道社区集体资产管理实施细则》，通过资产交易平台交易984宗，总成交额6.16亿元，交易年租金较原合同溢价33.13%。社区两级实现经营总收入6.55亿元，纯收入4.4亿元。加强社区干部队伍梯队建设，开展社区后备干部“育苗强翅”培养工程，面向社会公开选拔、储备36名社区“两委”（党工委、居委会）后备干部。

【公共服务质量提升】 2018年，万江街道教育持续扩容提质，中心小学金丰分校完成建设；中小学及幼儿园品质提升工程全面推进；提供积分制入学学位数5706个，比上年增长245.6%；完成教育现代化先进镇街暨广东省教育强镇复评。建成东莞市万江绘本馆、泰库城市阅读驿站。医疗卫生水平提高，社区卫生服务机构全年接诊43.73万人次，标准化建设加速推进，社卫中心完成改造升级；万江医院医联体、专科联盟建设进展顺利。社保支付养老、失业、工伤、医疗等各项待遇4.51亿元。发放残疾津贴509.5万元。做好“山竹”等台风防御工作，开放庇护场所32个，转移安置人数1645人。维护现役军人和优抚对象的合法权益，发放各类补助金771万元。社会福利中心规划建设进展顺利。提高政务服务水平，推行一站式办事模式，受理业务数4.25万宗，服务办事群众日均180人次；完善“12345”政府服务热线和依申请信息公开工作机制，收到政府服务热线工单2330宗，办结率100%，比上年增加6.65个百分点。

【特色文化品牌建设】 2018年，万江街道擦亮龙舟文化节、戏曲曲艺文化节、敬老月等三大惠民文化品牌，举办104场精彩活动，包含项目60个，累计参与人数约9万人次。传承并发扬万江龙舟文化，进行“起龙船”和龙舟饭非遗项目申请视频制作及宣传工作，开放龙舟文化展示厅，展示80多种精品文献530多册；发挥万江粤曲的本土优势，把曲艺文化节嫁接到万江丰厚的祠堂文化上，将开幕式设在拔蛟窝陈氏大宗祠举行，邀请三位省内外知名戏曲专家组成评委组；营造敬老爱老的社会氛围，举办万江街道2018“孝德满江城”敬老月广场舞大赛，为老人量身打造以粤剧为主题的晚会20多场，评选出5名“孝德之星”和3家“孝德企业”。

【社会治理】 2018年，万江街道推进“智网工程”工作，全年上报线索，发现隐患3.15万处；网格化服务帮扶群众1.82万人次。加强治安综合治理，推进扫黑除恶专项斗争工作，开展全民禁毒工程、“飓风2018”、“打两抢、破小案”等专项行动，开展“以案说防”户外宣传255场，各类违法犯罪警情比上年下降15.6%；组建公安铁骑队伍；推进“二标四实”（“二标”：标准地址库、标准作业图；“四实”：实有人口、实有房屋、实有单位、实有设施）基础信息采集，完成地名梳理暨门楼牌规范管理工作，梳理道路街巷4012条，采集房屋信息5.24万栋，采集实有人口信息40.28万条。解决群众信访诉求，建立街道党政领导班子定期研究信访工作制度，实行24小时值班备勤。强化安全生产执法监察，出动执法人员1209人次，检查企业403家次，查处并整改隐患615处。规范食品药品经营市场秩序，出动检查人员2038人次。加强消防安全管理，出台《万江街道安全生产和消防安全工作绩效考核奖惩办法（试行）》，建成消防大队新营房中心站，火灾起数比上年下降26.3%。 （谢 力）

附：2018年万江街道党委、人大、办事处主要领导名录

党委书记：黄贵洪

人大联络委主任：陈榴基

办事处主任：谭全河

2017—2018年万江街道主要经济社会指标情况表

指标	单位	年份	
		2017	2018
户籍人口	人	92193	101320
常住人口	万人	24.94	25.16
面积	平方千米	48.6	48.6
生产总值	万元	1280749	1431903
第一产业	万元	3034	3320
第二产业	万元	446609	490697
第三产业	万元	831106	937886
总用电量	万千瓦时		
全社会固定资产投资总额	万元	238331	274612
社会消费品零售总额	万元	641438	683686
外贸出口总额	万元	349347	447135
实际利用外资	万美元	959	288
地方财政总财力政收入	万元	241095	277324
各项税收总额	万元	201435	256611

注：2017年起，受四个街道供电合并城区供电分局影响，不能分出四个街道用电量数据

南城街道

【南城街道概况】 南城街道位于东莞市中南部，是东莞市的新城市中心，是市委、市政府所在地。截至2018年底，辖区面积56.62平方千米，下辖18个社区，常住人口32.22万人，其中户籍人口12.98万人。南城街道被评为“全国文明单位”“全国城市体育先进社区”“全国文物先进县”“全国综合减灾示范社区”。

2018年，南城街道实现地区生产总值489.17亿元（第一产业1380万元，第二产业48.49亿元，第三产业440.55亿元），比上年增长8.2%；全社会固定资产投资总额74.24亿元，增长5.45%；社会消费品零售总额246.92亿元，增长3.9%；实际利用外资2335万美元，增长302%；外贸出口总额346.71亿元，增长20.92%；各项税收总额152.39亿元，增长11.61%；地方财政总财力49.18亿元，增长101.88%。在全市2018年度总结大会上，南城街道获得11项“单打冠军”，分别是“广东省‘民主法治村（社区）’”“广东省科普信息化试点县”“全国综合示范社区”“广东省热心消防公益事业先进集体”“广东省‘民主法治村（社区）’创建单位”“广东省科普示范社区”“2018年‘科普中国’落地应用e站科普示范社区”“广东省‘互联网+’创建小镇”“广东省十八届‘体育节’活动优秀组织奖”“广东省学雷锋活动示范点”，以第二名的总成绩被评为“2018年度领导班子工作优秀镇街”。

【现代服务业发展】 2018年，南城街道服务业成为街道经济增长的重要支撑，第三产业占GDP比重超90%。金融业持续健康发展，各类金融机构从277家增至284家，其中区域银行总部22家，占全市58%。众创金融街签约进驻各类金融机构115家，汇集各类金融人才超6500人。总部经济态势良好，新引进中国石化等一批大型企业区域总部，110多万平方米的总部基地初步建成，总部经济载体进一步扩充。外贸形势进一步好转，进出口总额429亿元，比上年增长21.1%；跨境电子商务企业进出口总额85亿元，增长35%。融入“一带一路”倡议，推动一批企业“走出去”在非洲等地投资建厂。推进企业高质量倍增计划，全年50家倍增试点企业主营业务收入391亿元，其中增幅超过50%的13家；缴纳税款27.6亿元，其中增幅超过50%的有18家。规模以上工业增加值38.73亿元，比上年增长6%。优化营商环境，激发市场活力，注册市场主体7.22万户，位居全市第四名；其中企业4.87万户，位居全市第二名。推动市“高质量利用外资十条”政策落地，实际利用外资2335万美元，比上年增长302%。制定出台与社区合作开发土地和统筹租赁闲置土地、物业政策，整合招商资源。做大做强招商队伍，创新招商模式，以天安数码城为试点建设政企联合招商工作站。加快项目落地，完成宏远AI产业园、盛世商潮、碧桂园科技产业中心用地申请及投资协议签订。赴香港举办现代服务业投资交流会，签订投资项目20个，合同总金额203亿元。

【重大项目建设】 2018年，南城街道推进重大项目建设。联科国际信息产业科研中心、天安数码城

南城街道总部基地 （张顺祥 摄）

等10个市重大项目完成投资16.3亿元，完成年度计划119.7%。推动省“民营经济十条”、市“非公经济50条”等政策落地。优化营商环境，加强政务服务，贯彻减税降费等降低企业运营成本的政策措施，发挥金融中心优势积极引导商业银行支持非公企业发展，利用好中科中广、天安宏信等股权投资基金，综合施策支持非公企业融资。南城总部基地建设进一步推进，一期、二期项目分别完成计划投资88.3%和78.7%。

【综合改革】 2018年，南城街道成立全面深化改革领导小组并出台工作方案，建立推动改革措施落地的体制机制，推进粤港澳大湾区机制创新等12个重要领域和关键环节改革，在重点领域取得突破。创新招商引资体制机制，建立街道重大项目库，完善“倍增计划”（2020年实现国内生产总值和城乡居民人均收入比2010年翻一番）配套政策，推进商事改革后续监管融入“智网工程”，与电子科技大学、广东科技学院建立产学研合作关系，合作参与两个产业引导基金，与人保财险建立战略合作关系，科技金融产业加速融合，稳增长和防风险能力进一步提升。完善集体资产管理制度，推动社区集体产权改革，集体经济发展更有活力。是年，村组两级集体总资产90.4亿元，净资产83.5亿元，经营总收入8.5亿元，纯收入6.1亿元，实现持续稳定增长。推进“放管服”改革，启动全新政务服务智能化平台建设，取消245项基层证明事项，为民服务更加便捷高效。出台财政投资项目立项管理办法，启动建设工程项目招投标监督示范试点，工程建设管理更加规范有序。引入华侨城集团洽谈开发水濂—蛤地片区优质生态资源，引导社会资本参与大雁塘历史文化街区保护和活化利用项目，生态保护、文物保护与经济发展协调融合。在教育、医疗、卫生、社保等方面深入改革，让发展成果惠及广大人民。成立街道教育工委，深化“公托公”“公托民”合作办学模式，教育治理能力和教育公共服务水平不断提高。深化医药卫生改革，探索建立医疗联合体，推动南城医院做大做强肝胆专科，医疗卫生保障能力进一步加强。用好市级公共资源集聚优势，搭建市、街道资源共享平台，与市文化馆合作建设南城文化分馆，与市体校合作开展青少年篮球培训，与市游泳中心合作共建跳水队，文化体育事业繁荣发展。

【科技创新】 2018年，南城街道坚持实施创新驱动，集聚科技企业突破4000家，其中国家高新技术企业总数增加到306家，比上年增长26.4%。建成市级以上科技企业孵化器9家，其中国家级科技企业孵化器4家，占全市的四分之一。高技术制造业增加值突破10亿元。累计引入2个市级创新科研团队和10个省级工程中心，实施“树标提质”行动，企业创新活力激发。依托金融机构集聚的优势，发挥7个科技金融工作站的作用，运用各类股权投资基金，为各类创业创新项目提供“互联网+”综合金融服务。投资中科中广股权基金5年来完成投资项目38个、金额7.73亿元，投资天安宏信股权基金完成首期出资1500万元。实施创新驱动发展战略，加大政策扶持和奖励资助力度，向163家科技企业发放奖励和配套资助1400万元。优化创新环境，将年度产业发展专项资金从原来每年2000万元大幅提高

中天联科国际信息产业园　（张顺祥　摄）

至5000万元，全方位推动科技创新和企业倍增发展。与电子科技大学广东电子信息工程研究院、广东科技学院签订产学研合作协议，推动科技成果的转化和产业化。专利申请量和授权量分别为2652件和1960件，其中发明专利申请量和授权量分别为609件和158件，分别比上年增长53.4%和30.6%，创年度新高。街道获“省科普信息化示范镇”、“省互联网+”小镇和“省节能先进集体”称号，为高质量发展储备新的动能。

【城市品质】 2018年，南城街道贯彻落实市政府一号文精神，实施城市品质三年提升计划，167个规划项目中建成48个，完成投资9.2亿元。11个广深高速沿线环境品质提升项目稳步推进，第一国际、南峰广场灯光夜景项目建成启用，百花林公园、蛤地公园、印象广场、科创广场建设加速推进。建立完善乡村振兴工作机制，明确35项重点工作任务，魅力小城示范片区、美丽幸福村居建设等项目稳步推进。盘活土地存量，以城市更新提升空间承载力，全年投入资金13.5亿元，完成改造22公顷，新增实施改造43.13公顷。体育公园项目、石鼓亚创智慧新城“工改工”（将现有土地性质为普通工业用地改变为新型产业用地，将旧工业区拆除重建升级改造为新型产业园）项目、诺基亚厂房新型产业类项目稳步推进，东华连片改造示范片区的商住地块推向市场，各片区环境整治同步启动，城市更新布局全方位优化。配合市完成东莞大道蛤地路口、西平路口、鸿福路口以及莞太路—体育路口4个拥堵点改造，新建人行天桥3座，对11处拥堵路段实行“微治理”，道路通行效率提升。推进公共停车场建设三年计划，全年新增车位1000个，缓解“停车难”问题。成功防御40多年来影响最严重的台风“山竹”，快速恢复城市中心区正常生产生活秩序。提升道路利用效率，新增新基路、香园路等5条道路实施智能停车管理。推进“两违”（违法用地、违法建设）治理，整治城市“六乱”（乱搭乱建、乱堆乱放、乱设摊点、乱拉乱挂、乱贴乱画、乱扔乱吐），完成2个易涝点整治，连续四个季度在全市城市精细化管理考核中名列前茅。深化全域文明创建，天安数码城、中国联通、一帆教育入选全市首批10家“友善企业”，宏远社区、天安数码城被评为省第四批学雷锋活动示范点。“宏远篮球”“世纪城羽毛球”等文体品牌继续发展，南城代表队在全市联赛中夺得篮球冠军、羽毛球冠军、足球亚军，123名南城籍运动员代表东莞市参加省运会收获17金18银17铜。举办各类群众性文化活动718场次，原创节目获市级金奖9个，国家级奖项1个，“和谐之声”合唱基地入选市镇共建文化艺术品牌项目。实现基层综合性文化服务中心全覆盖，在全市率先采用“管理委托”模式与市文化馆共建南城分馆，档案馆、方志馆、展览馆、图书馆等公共文化设施不断完善。

【生态宜居环境】 2018年，南城街道召开14次专题会议推进生态文明建设工作，实施大气、水、土壤污染防治专项整治行动。做好中央环保督察“回头看”和省环保督察问题整改，相关转办案件全部办结并全面整改到位。按照“全、快、高”的治水工作思路，铺开水污染防治工作。加快推进截污次支管网建设，在全市率先完成2018—2020年批次建设任务，辖区截污管网总长度186千米。投资1.5亿元对辖区“四河两涌”（“四河”指鸿福河、新基河、三禾市河、石鼓河；“两涌”指棺材涌、水陂涌）实施一次性综合整治，投入2.3亿元实施“四河两涌”景观提升工程。推动河长制工作落地见效，通过截污次支管网建设和326个入河排污口整治落实控源截污措施，水陂涌完工并进入水质调试阶段。坚持环境治理和保护企业权益并重，整治“散乱污”企业（不符合产业政策，不符合产业布局规划，未办理工信、发改、土地、规划、环保、工商、质监、安监、电力等相关审批手续，不能稳定达标排放的企业）465家，其中关闭取缔393家，完成市下达任务数160.4%。提升VOCs（挥发性有机化合物）治理成效，完成重点VOCs企业整治47家。推动新能源汽车更新，建成机关单位充电桩63个，公共区域充电桩建设有序推进。对扬尘、油烟污染采取高压执法态势，落实工地“六个100%”扬尘管控措施。开展打击固体废物非法转移和倾倒行动，落实走访一次、约谈一次、签订承诺书一份“三个一”具体措施，雷霆之势深入开展固废污染防治。加强企业危险废物规范化管理，纳入市产废单位管理155家。完成危废年度申报登记175家，固废年度申报登记210家，实现100%监管覆盖。严格落实危险废物无害化处理机制，全年危废转移量4.6万吨，危废规范化管理工作获全市第一名。

【公共服务】 2018年，南城街道投入13.9亿元用于民生事业，占一般公共预算支出67.3%，其中教育支出5.3亿元，居财政支出首位。推进5所新校规划建设，建成启用阳光九小，推行“一校一策”挖潜措施，全年新增2500个公办学位。义务教育均衡发展，推动名校带动新校发展办学模式，小学质量考核居全市前列，两所公办初中中考成绩领先全市平均分16分以上，发放奖教奖学金490万元。提供随迁子女公办和补贴学位3569个，向公益普惠性幼儿园发放补贴88.5万元，发放贫困生助学金20.6万元。推进“五个校园”建设，新增国家省市各级示范校、特色校称号11个，呈现“一校多品”格局。南城医院扩建楼初步建成，国内首家智能化人类胆石博物馆投入使用，学科带头人被评为东莞唯一的“广东好医生”，社区卫生服务中心启动标准化建设，在全市率先开展糖尿病患者免费眼底筛查，优化医疗服务。基本医疗卫生保险制度实现全覆盖，统筹支付医疗费用2.3亿元，发放生育津贴1.03亿元。全年各项社保基金征缴总数16.4亿元，比上年增长22.5%。发放就业优惠补贴502万元，低保生活保障金36万元，残疾人津贴277万元，老年人及困难群体节日慰问金580万元。落实街道养老服务设施发展规划，购买社会服务协助社区开展居家养老工作，资助社会机构开展养老服务。率先在全省将购买“银龄安康”意外伤害险对象年龄降低到50岁，惠及1.7万人次。抓好脱贫攻坚工作，南雄新时期精准扶贫累计投入资金3666万元，实现脱贫530户、1363人，预脱贫率97.2%，市内扶贫和西藏林芝八一镇结对交流有效开展。

【社会治理】 2018年，南城街道完成各类警卫保卫任务363起，确保市领导机关和中心区绝对安全。深化群防群治机制，南城街道高清视频监控系统、中心广场高清视频监控系统和社区高清视频监控系统全面建成投入使用；组建一支44骑的铁骑队伍，在交通疏堵、快速处警、震慑犯罪等方面成效明显。开展扫黑除恶、“飓风2018”等专项行动，侦破黑恶犯罪案件35件，打掉“保护伞”1个；刑事立案比上年下降15.4%，行政案件下降10.9%，“两抢”（抢劫、抢夺）立案下降78.3%，治安形势持续好转，群众安全感和公安工作满意度考核位居全市第四名。部署开展建筑施工、无证校外托管机构、旅馆式出租屋等七大专项整治，配备首批58名社区专职安全员，推进安全生产检查全覆盖。全年未发生较大以上安全生产事故、火灾事故、道路交通事故和食品药品安全事故。开展“七五”普法宣传，完成“二标四实”（“二标”：标准地址库、标准作业图；“四实”：实有人口、实有房屋、实有单位、实有设施）数据采集和核查，推进“智网工程”，配备262名专职网格管理员，基层社会治理效能进一步提升。依法有效排查化解各类矛盾纠纷，全年受理各类群众信访案件439件次，比上年下降9.7%，其中群众到街道上访91批286人次，批次下降31.6%。维护群众合法权益，办理消费投诉案3551件，为消费者挽回经济损失268万元；处理劳动争议案件1286件，为劳动者追回应得劳动权益1674万元。开展金融风险监测防控，加强对涉众金融、互联网金融的监督管理，维护金融稳定。

（张秋敏）

附：2018年南城街道党委、人大、办事处主要领导名录

党委书记：陈桂明

人大工委主任：邱　刚

办事处主任：梁寿如

南城街道第一国际商业中心　（张顺祥　摄）

2017—2018年南城街道主要经济社会指标情况表

指标	单位	年份	
		2017	2018
户籍人口	人	109136	129790
常住人口	万人	31.84	32.22
面积	平方千米	56.62	56.62
生产总值	万元	4356219	4891741
第一产业	万元	1261	1380
第二产业	万元	439692	484904
第三产业	万元	3915266	4405457
总用电量	万千瓦时		
全社会固定资产投资总额	万元	703983	742358
社会消费品零售总额	万元	2206956	2469237
外贸出口总额	万元	2867292	3467094
实际利用外资	万美元	581	2335
地方财政总财力	万元	243598	491774
各项税收总额	万元	1365461	1523940

注：2017年起，受四个街道供电合并城区供电分局影响，不能分出四个街道用电量数据

中堂镇

【中堂镇概况】 中堂镇位于东莞市西北部。截至2018年底，辖区面积60平方千米，下辖20个村（社区），常住人口14.09万人，其中户籍人口8.35万人。中堂镇被评为“中国民间文化艺术之乡”“中国曲艺之乡”“中国龙舟文化之乡”“中国龙舟之乡”“国家卫生镇”。

2018年，中堂镇实现地区生产总值114.09亿元（第一产业1.13亿元，第二产业57.83亿元，第三产业55.13亿元），比上年增长7.6%；全社会固定资产投资总额22亿元，增长20.2%；总用电量33.26亿千瓦时，下降8%；社会消费品零售总额39.14亿元，增长9.78%；实际利用外资38万美元，增长40.74%；外贸出口总额25.91亿元，增长3.51%；各类税收总额24.54亿元，增长21.51%；地方财政总财力23.68亿元，增长89.49%。

【经济发展】 2018年，中堂镇推动平台建设，选定多家企业分别打造中堂金地TOD（以公共交通为导向的开发）综合小镇项目、天安·中堂智能生态小镇项目、中堂华润体育生态岛项目。打造“北海仔造纸产业基地+袁家涌产业园”平台，引进中堂燃气热电联产项目、中堂诚捷智能装备研发生产项目、东莞市互赢能源智能装备生产项目、广东粤辉科技股份有限公司生产研发项目、中堂制糖厂整体搬迁项目、中堂福创科电子科技项目、胜蓝科技电子连接器及研发中心建设项目、中堂仕兴鸿数控机床制造项目等8个产业项目，以“工改工”（将现有土地性质为普通工业用地改变为新型产业用地，将旧工业区拆除重建升级改造为新型产业园）的方式对袁家涌产业园进行升级改造。新增市重大建设项目和市重大预备项目各3个。中堂镇有4宗市重大建设项目，计划总投资50.93亿元；4个市重大预备项目，计划总投资33亿元。成功争取25.93公顷新增用地指标，为项目落地提供用地保障。推动造纸企业节能减排，全部造纸企业启动项目升级，39家重点用能单位提质扩面。推进供热和治污的集中建设，以中堂燃气热电联产项目代替所有造纸企业的自备锅炉，基本完成造纸基地排污专管建设。推进造纸企业技改升级，实现“绿色造纸”。镇级“倍增计划”试点企业增加至28家，新增市级试点企业2家，其中东莞建晖纸业有限公司为市级荣誉试点企业。以24小时在线的市“倍增计划”（2020年实现国内生产总值和城乡居民人均收入比2010年翻一番）服务平台为基础，结合“中堂倍增计划交流群”、领导挂点服务及季度走访活动等，形成市、镇、企业三方联动的工作机制。28家“倍增计划”试点企业中21家规模以上试点企业完成增加值23.7亿元，占规模以上工业增加值33.4%，对规模以上工业增加值的贡献率68.8%，对生产总值的贡献率27.5%。实施高新技术企业“树标提质”行动，31家企业完成2018年高新技术企业认定申报工作，50多家高新技术企业、培育入库企业完成科技型中小企业评价认定；62家企业有R&D（研发）项目和实质性经费投入，其中56家是研发机构企业；新增9家知识产权管理规范认证企业；26家企业50件发明专利申请资助项目得到受理；资助优质企业50家、优质项目103个。创新制定村级年度工作考评方案，出台镇村统筹发展利益分配实施意见，以“政府主导，统筹发展，利益共享”为原则，实行税收分成机制，调动村级招商引资、推动项目落地工作激情。吴家涌村引进中堂燃气热电联产项目，预计每年增加村组收入1600多万

中堂镇龙舟活动 （中堂镇供图）

元；袁家涌村推进中堂制糖厂整体搬迁、胜蓝科技电子连接器及研发中心建设、中堂福创科电子科技、中堂仕兴鸿数控机床制造等项目，预计每年增加村组收入1100多万元。

2018年6月25日，中堂镇举行智能科技生态镇项目签约仪式

（中堂镇供图）

【生态文明建设】　2018年，中堂镇加强基础设施建设、紧抓工程进度，优化城市品质，高效推进广深高速沿线环境品质提升工程，依法拆除建筑物42栋，总建筑面积2.18万平方米，全面完成沿线建筑物立面和绿化提升，加快打造滨水生态公园。出台《中堂镇城市更新专项规划（2018—2022）》，划定全镇的更新改造区域总面积666.67公顷，纳入城市更新标图建库项目34个345.67公顷。推进斗朗漂染厂、袁家涌玩具厂、银洲纸厂地块、万利金和豆豉洲地块等“三旧”（旧城镇、旧厂房、旧村庄）改造项目取得进展。逐步拓宽下马四生态岛发展空间，开展马沥旧厂、下芦旧厂改造等项目。促进集体资产增收，村组两级经营总收入9.9亿元，总量全市排第九位，比上年增长14.2%；增速全市排第六位，增速比全市快5.3个百分点。投入6374万元建设宜居村（社区）、美丽幸福村居，全镇建设完成率80%。抓好城市“六乱”（乱搭乱建、乱堆乱放、乱设摊点、乱拉乱挂、乱贴乱画、乱扔乱吐）等文明短板整治。推进潢涌村文明积分制、文明美丽村居等试点工作。申报成为全市唯一的新时代文明实践中心建设省级试点单位。全面打响蓝天保卫战七大重点行动，全年压减20%燃煤消费量，空气优良率87.6%；整治关闭“散乱污”企业694家，居全市前列；关停取缔非法砂场33个，拆除整治小散乱码头29个，拆除违法建筑41宗，面积23.82万平方米。整治“三小”场所（小档口、小作坊、小娱乐场所）1245家，箱包厂267家。申报成为水污染治理示范镇，完成59.29千米截污次支管网建设；投入5.9亿元分步实施北海仔综合整治工程；投入1.6亿元启动污水处理厂一期提标改造及二期扩建工程；投入约4600万元建设袁家涌水闸、下北沙水闸、湛翠涌水闸。落实河长制，全年巡河超1200次，解决问题676个；投入320多万元用于日常保洁和专项行动，清理水面垃圾、水浮莲等漂浮物1.27万吨；四乡村被选为全市唯一的全面推行河长制工作示范村。建立危险废物重点监管企业名单，依托广东省固体废物管理信息平台，全面实施危险废物管理计划，开展固体废物专项排查整治“2018清废行动”，推进固体废物治理和防范工作。

【社会治理】　2018年，中堂镇公安重点工作综合成绩由全市第32位提升到全市第18位，公安执法质量考核由全市倒数第一位提升到全市第六位，“飓风2018”刑事打击专项行动由全市倒数第一位提升到全市第七位，交警“遏事故、保安全”专项行动由全市倒数第一位提升到全市第三位，年内新增的禁毒工作考核全市排第八位。群众安全感和满意度综合成效由全市第31位提升到全市排第15位，其中公安满意度排第九位。社会治安实现“两降三升”良好势头，刑事立案比上年下降11%、“两抢”（抢劫、抢夺）警情下降81%，刑事破案上升29%、刑拘人数上升72%、逮捕人数上升53%。投入专项经费200万元，破获涉黑恶案件43件，打掉涉黑恶团伙6个。组建辅警人口协管员队伍，采集工作加速提效，成效从排名靠后提升到全市第五位。投入2453万元，采购公安公务用车、电瓶巡逻车、铁骑摩托车等，组建公安铁骑大队、特勤机动队和便衣伏击队，完善“武装巡逻，动中备勤”常态化建设，推进指挥勤务建设，实现全天候、高密度巡逻，见警率和管事率明显提高。投入462万元充实消防救援设备设施，组建镇村两级防灾减灾应急组，在抵御超强台风“山竹”抢险救援中，将灾害损失减到最低，获评“三防”（防旱、防涝、防风）体系建设优秀达标镇。

【民生事业】　2018年，中堂镇投入2.76亿元用于教育发展。收归潢涌幼儿园为镇公办第二幼儿园，新增公办学位560个。分期分步推进中堂中学拆旧建新、槎滘幼儿园改建、中心幼儿园扩建工程。投入317万元开展奖教奖学助学，首开中堂镇奖学先河。制定名师队伍管理办法，落实名师特殊岗位津贴，提高临聘教师待遇。举办龙舟文化节、广东省“（中国）曲艺之乡”曲艺精品展演活动。修缮潢涌荣禄黎公家庙、霍锡熊烈士纪念碑，加强文化遗产保护。完成20个村（社区）基层综合文化服务中心建设。完成镇文体艺术中心的前期规划。

成立镇体育协会，举办群众性文体活动。中堂敬老院通过完善设施、改善服务、开放更多空间等方式，让更多老人入住受惠，入住率由59%上升至70%，成为全市仅有的两家省级“三星级敬老院”之一。建成水乡片区唯一的食品小作坊集中加工中心，保障群众食品安全。开展本地户籍青壮年就业创业情况调研，解决群众就业创业难题；发放就业补贴640多万元，惠及户籍劳动力7681人次。发放民生资金4800多万元，落实低保户补助、困难群众春节价格补贴、困难残疾人补助、退役士兵补助、现役军人家属优待金及老年人慰问金等，惠及全镇约3万人次。对口帮扶揭阳惠来、扶贫协作云南昭通、对口支援西藏林芝。镇内5个次发达村（社区）村组两级经营性纯收入整体完成年度目标任务。投入600多万元解决中堂医院用药短缺问题。投入1300多万元推动社卫标准化建设。推动医联体建设，整合医疗资源。全面启动创建广东省健康促进区，开展健康宣传咨询义诊服务9764人次。

【中堂镇全部村（社区）创建成为省级、市级“民主法治村（社区）”】 2017—2018年，中堂镇推动创建广东省和东莞市“民主法治村（社区）”活动，通过制定创建方案、加强督导检查、联合验收、加强法治宣传，营造共同创建“民主法治村（社区）”的社会氛围。2017年7月，东莞市司法局经过查看台账资料、实地走访等，对中堂镇20个村（社区）的“民主法治村（社区）”创建工作进行验收，并对中堂镇创建工作的做法和取得的成效给予肯定。中堂镇20个村（社区）全部创建成为省级、市级“民主法治村（社区）”，2018年1月，中堂司法分局获2017年度“民主法治村（社区）”创建工作先进集体称号。

【潢涌村创建为“全国农村幸福社区建设示范单位”】 2018年，中堂镇潢涌村将创建“全国农村幸福社区建设示范单位”工作列入重要议事日程，纳入村经济预算和社会建设规划，明确工作思路。成立由村党工委书记、村委会主任任组长，副书记任常务副组长，分管民政干部任副组长，其他“两委”（党工委、村委会）成员为成员的领导小组，落实专项经费，制定计划与考核措施，并从民政、组织、农办等部门抽调人员负责落实日常工作。做到经济先行,夯实物质基础；落实民主，确保管理有序；多措并举，提高服务质量；协调推进，构建文明和谐，创建成为“全国农村幸福社区建设示范单位”。

【中堂镇举办智能科技生态镇项目签约仪式】 2018年6月25日，中堂镇以智能科技产业为重点招引方向，高规格举办智能科技生态镇项目签约仪式，现场签约3宗平台运营项目（中堂金地TOD综合小镇、中堂天安智造中心、中堂华润体育生态岛）、7个产业项目（中堂华讯电子科技、中堂互赢新能源智能装备生产、东莞市制糖厂有限公司整体搬迁、中堂仕兴鸿数控机床制造、中堂胜蓝科技电子连接器及研发中心建设、广东粤辉科技股份有限公司生产研发、东莞安途智能停车系统），总投资848亿元。

【中堂镇举办城市品质提升工程开工仪式】 2018年12月25日，中堂镇举办城市品质提升工程开工仪式，投资3亿元集中动工建设觉华公园、滨江公园升级改造、迎宾路升级改造、穗莞深城轨中堂站交通接驳配套工程、淡水河南岸滨水景观以及四乡涌、湛翠涌综合整治等项目。深入推进“一中心三路三道”（“一中心”指觉华公园和镇文化新中心，“三路”指新兴路、中兴路、振兴路三条道路，“三通”指107国道中堂大桥至江南大桥段、120省道北潢路口至槎滘与麻涌交界段、沿江绿道海岸线合益酒店至潢涌段等三条轴线）工程，启动“见缝插绿”建设，实施觉华公园周边道路升级改造项目。

（袁瑞康）

附：2018年中堂镇党委、人大、政府主要领导名录

镇委书记：叶沃昌
镇人大主席：郭陈明
镇　长：姚铸锐

2017—2018年中堂镇主要经济社会指标情况表

指标	单位	年份	
		2017	2018
户籍人口	人	81203	83498
常住人口	万人	14.08	14.09
面积	平方千米	60	60
生产总值	万元	1023308	1140864
第一产业	万元	10333	11304
第二产业	万元	525603	578307
第三产业	万元	487372	551252
总用电量	万千瓦时	361529	332585
全社会固定资产投资总额	万元	183000	219967
社会消费品零售总额	万元	356474	391352
外贸出口总额	万元	250303	259091
实际利用外资	万美元	27	38
地方财政总财力	万元	124975	236810
各项税收总额	万元	201964	245397

望牛墩镇

【望牛墩镇概况】 望牛墩镇位于东莞市西北部，东江下游。截至2018年底，辖区面积31.6平方千米，下辖21个村和1个社区，常住人口8.6万人，其中户籍人口5.05万人。望牛墩镇被评为“国家卫生镇”“国家第一批绿色村庄”“全国综合减灾示范社区”。

2018年，望牛墩镇实现地区生产总值83.8亿元（第一产业5997万元，第二产业40.4亿元，第三产业42.8亿元），比上年增长10%；全社会固定资产投资总额13.33亿元，下降22.6 %；总用电量10.11亿千瓦时，增长6.55%；社会消费品零售总额13.53亿元，增长11.13%；实际利用外资68万美元，下降93.36%；外贸出口总额45.95亿元，增长101.18%；各类税收总额12.89亿元，增长19.98%；地方财政总财力8.08亿元，下降10.9%。2018年，望牛墩镇获2018年度领导班子工作良好镇（街道）和广东省民主法治村（社区）、广东省森林小镇、广东省社区教育实验区等3个“单打冠军”。

【产业效能提质】 2018年，望牛墩镇成立招商引资专责小组，制定产业项目招引标准和程序，引进兆威机电等优质项目17个，协议投资总额近20亿元。中集零部件、金添动漫等4个市重大建设项目完成投资近2亿元，完成年度计划120.4%。利用产业发展扶持资金，启动芙蓉和金沙两个产业中心建设。引进社会资本，完成月亮城工业园升级改造。落实扶企政策，累计为企业争取资金补贴2200多万元。产业结构不断优化，新增12家国家高新企业，规模以上先进制造业工业增加值比上年增长53.7%，6家市级倍增企业工业增加值增速150%。优化产业园区路网建设，投入1.24亿元对临港产业园、科技产业园的路网进行升级改造。多措并举提升村级收入，全年村组两级经营性纯收入比上年增长12%，资产负债率降至23.4%，无高负债村组。

【城市品质提升】 2018年，望牛墩镇完成望牛墩站TOD规划编制和综合开发初步规划方案，启动魅力小城示范区7个项目规划和建设，推进广深高速沿线（望牛墩段）环境品质提升工程，启动沿河路、赤滘口河滨水景观、中堂水道南岸滨水景观等5个节点项目建设，美丽幸福村居实现全覆盖。顺利完成截污管网年度建设任务，新建管网15.6千米，完成验收61.1千米，移交通水33.3千米。落实“河长制”，镇村河长巡河921次，整改问题214个。完成7条内河涌消除黑臭整治任务，整治清理砂场14间。淘汰生物质锅炉等设施18台，治理VOCs企业72家，整治清理“散乱污”企业（不符合产业政策，不符合产业布局规划，未办理工信、发改、土地、规划、环保、工商、质监、安监、电力等相关审批手续，不能稳定达标排放的企业）126家，超额完成市下达任务。保持对“两违”（违法用地、违法建设）整治的高压态势，完成整改卫片监测违法用地41宗，面积10.15公顷；拆除、整改各类违法建筑物2.4万平方米，提前完成13万平方米去存量任务。完成存量建筑普查，对2.4万宗历史违建进行登记统计。城市精细化管理水平不断提高，优化环卫保洁管理模式，出台村级考核方案，每月对村进行明查暗检，数字化城管结案率近100%。

【社会事业发展】 2018年，望牛墩镇推进乡村振兴战略，围绕环卫保洁、基础设施建设等重点方面精准发力。农村土地确权颁证率92.1%，15个次发达村经营性纯收入比上年增长17%，有正常劳动能力低保户100%脱贫。加强市外帮

望牛墩镇 （望牛墩镇供图）

望牛墩镇水乡公园　　（望牛墩镇供图）

扶工作，选派教师医生到云南彝良县支援，帮助韶关贫困户12户37人实现脱贫。推进社会保障工作，为特困、低保、困难群众发放各类救助916万元，发放高龄津贴321万元，居家养老服务得到有效深化。望牛墩医院与广州华侨医院联合建设血液净化中心。促进就业创业，通过设立村民车间，安置本地劳动人数1400多人。“平安望牛墩”建设成效明显，组建铁骑大队，完成“二标四实”（“二标”：标准地址库、标准作业图；“四实”：实有人口、实有房屋、实有单位、实有设施）数据采集，获评全市“智网工程”建设优秀镇街。“两抢”（抢劫、抢夺）警情比上年下降65.5%，刑事案件破案数上升16.1%。扫黑除恶专项斗争取得阶段性成效，摸排线索37条，打掉黑恶犯罪团伙3个。安全生产监管检查实现全覆盖，安全生产形势整体持续稳定，火灾发生数比上年下降63.16%，全年无发生较大以上安全生产事故。教育事业持续发展，15个教育单位获市级以上荣誉先进单位称号，892名随迁子女通过积分制入学。文化惠民更深入，开展公益活动培训、惠民演出、公益电影等365场，受惠群众5.5万人次，村级综合性文化服务中心实现全覆盖。3名游泳健将在省运会获4枚金牌，获市突出贡献奖。

望牛墩镇龙舟竞渡活动　　（望牛墩镇供图）

【行政服务效能提升】　2018年，望牛墩镇开展宪法主题宣传活动。严格执行机编纪律，撤并28个自设机构和股室。2018年十件民生实事基本完成。改革村级考评机制，将村干部报酬和村级集体经济效益直接挂钩，提升工作积极性。加强“数字政府建设”，建

望牛墩镇七夕公园 （望牛墩镇供图）

立完善系统互通、数据共享的信息管理机制，完善基层政务服务和“12345”政府服务热线等便民服务体系，全面执行市“最多跑一次”两批次事项清单，简化证明材料200多项，让群众和企业办事更加方便快捷。开展机关“庸、懒、散、奢”问题和“不作为，慢作为”问题专项整治，解决政府审批流程慢、办事效率低等突出问题。落实中央八项规定及其实施细则，整治各种隐性变异“四风”问题。主动接受人大监督，人大建议办结率100%。

【广东省森林小镇】 2018年，望牛墩镇被认定为省第二批森林小镇。近年来，望牛墩镇以改善人居环境、整治生态环境为抓手，创建“市容环境优美村（社区）”，开展美丽幸福村居和美城美村行动，因地制宜实施义务植树、见缝造绿、见缝插绿等工程，净化、美化、绿化和亮化城镇面貌，改善人民群众生产生活环境。望牛墩镇通过开展闲置地整治、村道巷道升级改造、休闲公园提升，实现全镇美丽幸福村居全覆盖，推进魅力小城示范片区建设，实施城市品质提升，农村人居环境得到改善，实现经济、社会、生态、文化协调发展。 （陈晓燕）

附：2018年望牛墩镇党委、人大、政府主要领导名录

镇委书记：吴润玲

镇人大主席：陈艳芬

镇　长：叶惠明

2017—2018年望牛墩镇主要经济社会指标情况表

指标	单位	年份	
		2017	2018
户籍人口	人	49217	50484
常住人口	万人	8.62	8.6
面积	平方千米	31.6	31.6
生产总值	万元	717725	837967
第一产业	万元	5482	5997
第二产业	万元	337013	404067
第三产业	万元	375230	427903
总用电量	万千瓦时	94837	101052
全社会固定资产投资总额	万元	172308	133315
社会消费品零售总额	万元	121721	135267
外贸出口总额	万元	228394	459486
实际利用外资	万美元	1024	68
地方财政总财力	万元	90662	80795
各项税收总额	万元	107465	128938

麻涌镇

【麻涌镇概况】 麻涌镇位于东莞市西北部，与广州开发区一桥相通。截至2018年底，面积91平方千米，下辖13个村、2个社区。户籍人口8.27万人，常住人口12.2万人。麻涌镇是中国粮油物流加工第一镇和中国现代港口物流重镇，被评为“全国文明镇”“全国美丽宜居小镇”“全国生态文明先进乡镇”“中国最具特色魅力乡镇”“中国曲艺之乡”“中国美丽乡村建设示范镇”“国家卫生镇”。

2018年，麻涌镇实现地区生产总值260.55亿元（第一产业1.47亿元，第二产业155.06亿元，第三产业104.02亿元），比上年增长18.41%；全社会固定资产投资总额101.51亿元，增长26.45%；总用电量18.28亿千瓦时，增长16.6%；社会消费品零售总额265.62亿元，增长51.18%；实际利用外资1.43亿美元；外贸出口总额78.32亿元，增长1.96%；各项税收总额43.33亿元，增长7.03%；地方财政总财力31.85亿元，增长16.4%。

2018年，麻涌镇在镇街领导班子年度工作考评中，获得全市2018年度领导班子工作优秀镇街第3名，全市环境保护责任考核优秀镇街第2名；并获得“广东省健康促进示范单位”“广东省民主法治村（社区）”“广东省科普示范镇”“广东省社区禁毒社区康复工作示范点”“广东省科普信息化试点县”“全国优质服务示范社区卫生服务中心”“2018年‘科普中国’地应用e站科普示范社区”“广东省十八届‘体育节’活动优秀组织奖”“广东省巾帼文明岗”“广东省森林小镇”“广东省社区教育实验区”“广东省县一级公共图书馆”等12项全市“单打冠军”。

【经济建设】 2018年，麻涌镇主要领导挂点督导重大项目建设，做好项目服务保障，落实问题台账及督查专报制度，累计召开20余次服务保障会，解决珠三角汽车项目用地指标等问题20个。开展“百日攻坚”大会战，完成15个省市重大建设项目投资额46.68亿元，比上年增长13.7%。

落实“高质量倍增”战略部署，助推“倍增计划”（2020年实现国内生产总值和城乡居民人均收入比2010年翻一番）企业获得省、市、镇三级奖补资金9981万元。抓好“倍增计划”政策落实，制定“问题处理服务官制度”等专项政策方案，解决企业问题50个，推动4家“倍增计划”企业成为国家高新技术企业，2个“倍增计划”企业增资扩产项目列入市重大项目。2018年，全镇33家“倍增计划”企业实现营业收入740亿元，比上年增长30.6%。

推动城市更新，大盛片区珠三角汽车博览中心项目、华阳南洲片区的原德广隆和原海珠旧改项目、广深西侧片区广深高速创新科技走廊项目、大盛居住项目等改造项目上马，其中珠三角汽车博览中心5号馆、汽车文化产业园一期完成“招拍挂”手续，二手车交易市场投入使用。城市更新超额完成市下达任务，完成“三旧”（旧城镇、旧厂房、旧村庄）改造任务21.67公顷，完成率244%；新增实施改造21.67公顷，完成率126%。

促进商贸发展，落实扶持政策扶持贸易企业，协助镇内企业申请市、镇两级扶持资金，提高企业经营积极性，2018年申请扶持奖励资金3475万元。2018年限额以上批发零售销售额430亿元，比上年增长23%，其中京东项目、深粮项目、五矿项目、辉煌能源项目等项目完成贸易额332.4亿元。

强化对民营企业的服务意识，深化商事登记制度改革，实施“最多跑一次”改革，制定小额贷款、创业就业等优惠政策，提振民营企业发展的信心和动力。召开全镇非公有制经济工作会议，解读“非公经济50条”政

麻涌镇华阳湖　　　　（麻涌镇供图）

策，奖励9家重点企业2500万元。2018年全镇在册登记市场主体总数1.24万户，新增2677户，比上年增长27.41%。

新增国家高新技术企业16家。全镇研发投入9.5亿元，超额完成市下达任务。落实研究机构覆盖计划，规模以上工业企业覆盖率57%。实现技改投资20.2亿元，比上年增长15.1%，超额完成市下达目标任务。多渠道培育企业知识产权，全镇发明专利申请量和授权量94件、37件，比上年增长17.5%、12.1%。获评省专业镇协同创新发展评价“优秀”等次，获得省、市“科普示范镇”称号。引进创科高端运动纺织项目等6个涉及总投资额45亿元的重大科技产业项目，预计项目建成达产后，年产值51亿元、年税收3.5亿元。

【城市品质提升】 2018年，麻涌镇实施广深高速公路沿线品质提升工程，征收东江北干流南岸2.57公顷，改造绿化面积1.7万平方米，建设线下公园，实施夜景灯光升级改造，率先打造广深科技创新走廊“桥头堡”，并将滨江片区项目、新沙港区配套产业区项目2个项目列入为东莞市创新走廊节点，贝特利项目、安华项目等6个项目列入为市创新走廊项目。

加强固体废物污染防治，推动海心沙环保热电厂投入运作，清理固体废物倾倒点37个，处理一般固体废物180万吨，规范转移危险废物5.8万吨；投入1911万元完成协忠电镀工业区土壤修复示范项目工程并通过验收，修复工作取得突破性进展；全面办结中央环保督查“回头看”交办31个批次共89宗案件；入户清查企业361家，环境违法行为立案33件，淘汰整治“散乱污”企业（不符合产业政策，不符合产业布局规划，未办理工信、发改、土地、规划、环保、工商、质监、安监、电力等相关审批手续，不能稳定达标排放的企业）77家；建成截污次支管网21.6千米，完成4座分散式污水处理站项目立项批复。成功打造市首批完工的重污染河涌综合整治示范项目，5个市考核断面均达到下达的水质目标。专项整治镇内砂场15个，提升改造东江沿线景观；投入4300万元处理生活垃圾7万吨，加强村企巡查制度，排查镇内卫生死角，实现城市环境干净整洁平安有序。

提升旅游环境，投入2000万元升级改造40座旅游公厕，提升麻涌旅游服务功能；投入约1亿元建成水上森林公园、市民广场、环湖路等华阳湖周边地区配套设施，助推华阳湖创建成为AAA级景区。全镇接待游客484万人次，比上年增长61%；旅游收入超8.7亿元，增长45%。

完善城市配套，先后投入6.9亿元建设幸福村居、市政道路、截污管网等基础设施项目54个；完成新大步实验小学、水乡片区中心医院、文化艺术中心等民生项目主体工程，提升城市承载力；优化交通路网结构，建成景观南路、新沙路延长线等5.2千米道路；投入840万元，对麻涌河一河两岸、东环路等节点进行灯光亮化，建成17.5千米灯带，建成党建主题公园等一批主题小公园。

【乡村振兴】 2018年，麻涌镇实施投入1.43亿元对川槎、漳澎、鸥涌、大步、大盛、黎滘等村头施美丽乡村提升工程，完成河涌改造、村道升级、牌坊凉亭搭建、公园修建等41项美丽幸福村居项目，丰富美丽乡村内涵。

制定农村集体资产管理实施办法，基本完成全镇所属14个经济联合社及下属的53个经济合作社（分社）及3个全资子公司的集体资产清产核资。全年村组两级集体资产交易成交256宗，立项项目总金额2.29亿元，中标项目总金额3.44亿元，溢价率50.19%。

发展农村旅游项目，发放扶持补助资金200多万元扶持农业园发展观光、采摘、亲子活动等增值业务，推动丰收农场等4家农场获认定为市家庭农场，认定1个市级休闲观光农业示范点、1个市农业科技成果转化示范基地。

以城市更新为抓手盘活土地资源，推进村集体经济发展，村组两级集体总资产48.14亿元，比上年增长20.38%，村组两级经营总收入2.87亿元，增长21.62%；经营性纯收入2.14亿元，增长26.61%。将2个经营性砂场收益的50%给予东太村，另外50%平均分配给麻一等8个村，实现各村均衡发展。

【民生实事】 2018年，麻涌镇投入1亿元，设立各村（社区）发展贡献奖励金、负担村级养老保险缴费、对特殊高龄老人的津贴从350元/人/月提高到500元/人/月，减轻村集体经济负担。发挥华阳湖慈善资金的公益效用，投入善款1564万元用于镇内慈善事业和扶贫济困。稳步推进养老保险和医疗保险工作，全镇各险种的参保人数11万人次，完成社会保险扩面征缴任务，发放社会保险待遇2.8亿元。提高补助水平规范救助，发放补助金2985万元，提高民生保障水平。

投入1.2亿元对全镇教育硬件设施设备进行更新，通过东莞市推进教育现代化先进镇（街）暨广东省教育强镇复评验收。推进麻涌名校长、名师工作室主持人评选，获评市级名校长工作室主持人1人，市级名师工作室主持人1人，市教学能手4人。全镇师生获得市级以上竞赛奖励803项，其中国家级奖励131项，省级奖励151项。教学质量稳步提升，古梅第一中学中考总平均分574.29分，超市平均分3.55分，超市同级同类学校19.45分。麻涌中学高考考取重点19人，目标完成率119%；本科193人，目标完成率117%。

篮球运动再创佳绩，麻涌三人篮球队勇夺全国男子公开组总冠军，代表中国参加第十八届雅加达亚运会并夺得冠军，开创麻涌篮球运动历史。龙舟运动再夺辉煌，获得第27届艾格丽萨龙舟国家对抗赛冠军，刷新精英混合组小组赛纪录。举办全国U16皮划艇锦标赛及2018年麻涌镇粤港澳大湾区水上嘉年华。麻涌融易足球队获得全国U17足球锦标赛季军。举办十四届“香飘四季读书节”“古梅乐韵”等系列文化活动590多场。打造首部少儿粤语舞台剧《钟馗捉鬼》，先后在广东省粤剧艺术中心、东莞玉兰大剧院等进行公演。举办“东莞市庆祝改革开放40周年大型图片展览走进麻涌”活动，展示东莞市、麻涌镇改革开放取得的成就。

完成麻涌医院移交市管理工作。把川槎站、鸥涌站、大盛站、漳澎一站等四个一类社卫站点升级为二类站。推进14项基本公共卫生服务，以家庭医生签约服务为抓手，推动全民健康促进活动，全镇累计完成签约家庭医生式服务3.9万人。

实施积极就业政策，累计审核创业就业补助资金1785万元，惠及1.8万人次。支持高校毕业生、就业困难人员等重点群体创业就业，构建覆盖城镇的公共就业创业体系，举办“就业服务日”活动12期，服务5500人次，举办公共就业招聘会7期，提供8200个岗位。

【社会综合治理】 2018年，麻涌镇完善信访机制，建立矛盾化解分片包干督导责任制。受理并化解信访纠纷534宗。受理信访问题480宗，较好地化解一批矛盾纠纷，为群众解决一批民生问题。建立涉稳突出问题防范化解新机制，抓好重大不稳定因素的化解与管控，凝聚化解合力，化解不稳定因素，维护社会大局稳定。

做好汛期、台风等自然灾害的各项应急处置，建立健全24小时值班、领导带班、应急庇护场所管理制度，完善应急物资储备，提高全镇应急救灾能力，成功应对台风“山竹”等灾害。

深入开展“扫黑除恶”专项斗争，上报有效线索25条，办结24条，其中涉黑涉恶类线索18条，举办宣传活动128场。推进“二标四实”（“二标”：标准地址库、标准作业图；“四实”：实有人口、实有房屋、实有单位、实有设施）信息采集工作，采集全镇道路、门楼牌等信息3.6万条，完成率100%。实现“智网工程”常态化运作。完善交通管理机制，组建麻涌铁骑大队，推进智慧新警务建设，完善视频监控系统，实现全镇3000多路高清视频全覆盖，打造平安麻涌。深化安全隐患排查整治，建立安全生产监管检查（巡查）全覆盖工作机制，增加安全生产专职人员48人，落实经费和车辆保障。全镇无重特大生产安全事故发生。

【行政服务】 2018年，麻涌镇开展“千干扶千户”（千名党员干部帮扶千户困难户），由班子成员驻村挂点联系，收集群众提出意见和建议，回应群众的合理诉求。各驻点团队累计走访2.4万户户籍人口及企业工商户，建立市镇村级三级台账1012个。

开展“一门一网”“最多跑一次”“穗莞政务互通”“互联网+政务服务”“数字政府”“政府门户网站集约化”等一系列政务服务改革，完成办事大厅的升级改造，推动公安、交警、工商、税务、供水、供电6个部门全部进驻综合服务中心，推进政务服务“一网通办”，办事窗口升级至70个，进驻部门升级至35个。加大政府信息主动公开工作力度，受理政府信息公开申请276宗，主动公开政府信息8374条，受理市、镇政府服务热

2018年6月12日，麻涌镇公安铁骑大队授旗仪式在华阳湖拈花寺广场举行

（麻涌镇供图）

2018年10月1日，2018年麻涌镇粤港澳大湾区水上嘉年华活动在华阳湖举行

（麻涌镇供图）

线工单759宗。

开展扶贫、涉黑涉恶、重点工程等专项领域检查，对大步村、新基村、漳澎村进行审计并公布审计结果，开展审计、调查项目10个，提出意见建议40条并督促落实整改。完善基层监督机制，从“事后监督”转变为“事前介入”，加强审计、纪检等部门联动，发挥人大代表工作室和人大联络点作用，利用社会监督力量。

加大法律服务便民经费投入，深化“一村（社区）一法律顾问”［每一个村（社区）至少聘请一位律师作为法律顾问］工作，加大法律援助的社会宣传，推进公共法律服务体系建设。将宪法法律列为干部教育的必修课，提升全镇干部职工依法行政能力。严格管理行政执法队伍，执行行政执法人员持证上岗和资格管理制度，执行规范性文件审查备案制度，提高规范性文件质量。

【麻涌镇获评为“广东省森林小镇”】 2018年10月，麻涌镇获广东省林业厅认定为“广东省森林小镇”。进入新时代，麻涌镇坚持“以人为本、科学规划、保护优先、持续发展”的原则，融合良好的生态水网基底和文化元素，发挥文化、生态和资源优势，通过实施镇域内的湿地公园、休闲广场、特色村落、幸福村居、水网绿道等绿色生态景点建设，完善森林水域生态系统，保护岭南特色水乡风貌，重构绿色生态水网，建成经济发达、生活富裕、生态环境优美的宜居宜商的岭南水乡型森林小镇，截至2018年底，镇区绿化覆盖率40.6%，水岸林木绿化率98%，自然湿地保护率95%，实现“心中播绿”（把尊重自然、顺应自然、保护自然的理念植根在城乡居民心中）和“市民享绿”（提升绿化覆盖率，建设绿色生态景点，让市民共享生态建设成果）双丰收，提升市民群众对城市的认同感、幸福感和自豪感。

【麻涌镇首部原创少儿粤语舞台剧《钟馗捉鬼》首演】 2018年1月25日、28日、29日和3月6日，麻涌镇首部以青少年儿童教育为题材的作品——少儿粤语舞台剧《钟馗捉鬼》，先后在广东省粤剧艺术中心、东莞玉兰大剧院、麻涌拈花寺广场公演，现场观众达8000人次。该剧讲述钟馗从地府穿越到现实中，捉拿青少年中的“邋遢鬼”“蛊惑鬼”“大懒鬼”（麻涌镇首部原创少儿粤剧《钟馗抓鬼》的角色，分别指习惯性地不注意整洁或干净的人、具有某类不良怪异行为的人；逃避工作、责任或义务的人）的故事。由国家一级编剧梁郁南执笔，国家一级演员、戏剧梅花奖得主倪惠英负责艺术指导，广东广播电视台首席节目指导、国家一级导演王伟华担任总导演。由麻涌镇古梅教育基金捐资约200万元打造。

【华阳湖水上森林公园】 2018年4月25日晚，华阳湖水上森林公园揭牌。水上森林公园是整个华阳湖国家湿地公园向精细化设计提升的一个示范段，展现水乡生态美景，设有入口展示区、亲水体验区、娱乐互动区、赏舟过渡区。截至2018年底，水上森林公园增设“雾森”系统，夜色降临，水上森林公园2500多套灯光亮起，湖上实景与湖中倒影交相辉映，与不远处的光影水秀剧场相映衬，勾勒出一幅绚丽多彩、灿烂如花的水乡夜景图。

【麻涌三人篮球队夺得亚运会冠军】 2018年8月36日晚，第18届亚洲运动会展开3对3男篮决赛的争夺，最终麻涌三人篮球队代表中国以19：18的成绩战胜韩国队，夺得亚运会男子3对3篮球冠军。

（叶艳芬）

附：2018年麻涌镇党委、人大、政府主要领导名录

镇委书记：陈建枝（任至5月）
黄桥法（8月到任）
镇人大主席：江　琳
镇　长：黄桥法（任至8月）
谭叙棉（8月到任）

2017—2018年麻涌镇主要经济社会指标情况表

指标	单位	年份	
		2017	2018
户籍人口	人	79340	82739
常住人口	万人	12.09	12.20
面积	平方千米	91.14	91.14
生产总值	万元	2200482	2605532
第一产业	万元	13481	14748
第二产业	万元	1264665	1550552
第三产业	万元	922336	1040232
总用电量	万千瓦时	156803	182836
全社会固定资产投资总额	万元	802801	1015137
社会消费品零售总额	万元	1757002	2656183
外贸出口总额	万元	768111	783200
实际利用外资	万美元	14987	14308
地方财政总财力	万元	273644	318512
各项税收总额	万元	404825	433304

石碣镇

【石碣镇概况】 石碣镇位于东莞市北面，地处广深科技创新走廊中段，北接广州市增城区，南与东莞市区隔江相望。截至2018年底，面积36.2平方千米，下辖14个村、1个社区。户籍人口5.4万人，常住人口24.23万人。石碣镇是全国综合实力百强镇，被誉为"英雄故里、电子名镇、供港蔬菜基地"，被评为"全国文明镇""中国电子信息产业名镇""国家级生态镇""国家卫生镇""中国绿色名镇"。

2018年，石碣镇实现地区生产总值185.95亿元（第一产业3616万元，第二产业114.95亿元，第三产业70.64亿元），比上年增长10.88%；全社会固定资产投资总额34.52亿元，增长18.57%；总用电量19.99亿千瓦时，增长2.71%；社会消费品零售总额51.17亿元，增长11.45%；实际利用外资2863万美元；外贸出口总额268.79亿元，增长3.23%；各项税收总额41.41亿元，增长15.5%；地方财政总财力12.8亿元，下降0.83%。

2018年，石碣镇在镇街领导班子年度工作考评中，获得领导班子工作优秀镇街、综合排名进步前三名镇街等称号；并获得"广东省健康促进示范单位""广东省民主法治村（社区）""广东省五四红旗团委""广东省休闲农业与乡村旅游示范镇""广东省工商联系统'四好'会""广东省社区教育实验区"等6项全市"单打冠军"。

【经济发展质量提升】 2018年，石碣镇全面落实"倍增计划"（2020年实现国内生产总值和城乡居民人均收入比2010年翻一番），盈聚电源公司、五株电子公司、天龙阿克达公司、炜田新材料公司等4家企业被纳入东莞市"倍增计划"试点企业，达创科技公司、迪芬尼公司、鹏龙光电公司等31家企业被纳入市首批"协同倍增企业库"。年内，46家"倍增计划"工业企业合计实现工业总产值249.81亿元，比上年增长14.4%，快于全镇工业产值增速7.3个百分点。截至2018年底，全镇有国家高新技术企业99家、国家高新技术培育入库企业87家、省工程研发（技术）中心7家、市工程研发（技术）中心8家、市专利优势企业8家、市创新型龙头企业2家、市创新型培育企业2家、专利奖企业8家。

推进"创新驱动"战略，获得全市首批创新镇创建资格（全市5个），实现国家专利奖、院士工作站、市政府质量奖3个"零的突破"，其中，广发制药公司获"第二十届中国专利优秀奖"，东诚电子公司建立广东省院士专家（企业）工作站，五株电子公司获"市政府质量奖"。2018年6月，石碣镇举行深化创新驱动·助力企业倍增工作会议暨东莞石碣海富产业投资基金签约仪式，对优秀企业进行表彰的同时，签订东莞石碣海富产业投资基金合伙协议、合作框架协议及三方战略协议，撬动50亿产业基金，助力石碣镇高质量发展。

加快推动重大项目建设，围绕东莞市"百日攻坚"行动，加速推进计划总投资19.9亿元的8个市重大项目，占年度投资计划的203.7%，排名居全市前列。

招商引资成效显著，内资协议投资总额27.6亿元，比上年增长

东江之珠——石碣镇 （莫 林 摄）

174.5%；在莞港产业合作联合推介会上现场签约项目4个，投资金额34.1亿元；新引进6个亿元以上的项目，其中鹏龙光电项目达20亿元。

【城市品质提升】 2018年，石碣镇融入城区片建设，以城市升级引领产业转型发展，实施乡村振兴战略，推动15个村（社区）城市品质整体提升，通过挂影洲产城融合综合体、城市连片改造项目等打造“产、城、人、文”融合发展的示范片区。

推进美丽乡村建设，实施45个自选建设项目，打造“一村一公园”的整体格局，其中桔洲村获得“全国文明村”称号，沙腰村在年中被定为东莞市生态宜居美丽乡村示范试点村。申报成为省休闲农业与乡村旅游示范镇，檀香岛被授予“全国巾帼示范农家乐”和“2018东莞十佳乡村旅游特色名片”等称号。

加速城市更新改造，全新建设4个城市品质提升项目，总投资580亿元，面积380公顷。其中，以新型产业为目标的“三旧”（旧城镇、旧厂房、旧村庄）改造区域有8个连片改造片区，合计246.67公顷，并投入5000多万元推动重要节点和主干道路出入口的景观提升。

推进截污次支管网建设，其中：第一批次（2014—2015年）、第二批次（2015—2017年）验收完毕，第三批次（2016—2018年）完成率97.5%，第四批次（2018—2020年）开展前期工作。

【社会治理】 2018年，石碣镇开展扫黑除恶专项斗争，深挖彻查黑恶势力“保护伞”，打建结合、标本兼治，“两抢”（抢劫、抢夺）警情、刑事案件分别比上年下降81.6%、13.8%，侦破刑事案件759件，打掉犯罪团伙32个215人，其中打掉涉黑恶团伙13个，刑拘涉黑恶人员164人。

补齐公共服务短板，加快实施33个具体民生事项，着力办好“十件民生实事”。石碣镇中心小学增加公办学位552个，袁崇焕小学结对佳辉学校成为市首批“公办学校托管民办学校”试点之一，通过“广东省教育强镇”“东莞市推进教育现代化先进镇”复评。

加大优质医疗资源供给，石碣医院与东莞市人民医院共建医联体，创建东莞市骨科重点专科，并实现省内异地平台和跨省平台异地就医结算。

探索治理新模式，打造“智网工程”升级版，推进“二标四实”（“二标”：标准地址库、标准作业图；“四实”：实有人口、实有房屋、实有单位、实有设施）信息登记，坚决贯彻“简政放权、优化便民”，在综合服务大楼建设综合服务中心，启用24小时自助服务区，打通服务“最后一公里”。

精准推进脱贫攻坚战，强化产业扶贫、医疗扶贫、教育扶贫等精准扶贫政策，帮助贫困户解决生产生活困难112宗。对口惠来县扶贫工作取得成功，石碣·昭阳东西部扶贫协作取得新成果，签订7项帮扶协议，捐赠100万元改善结对镇基础设施，筹集社会资金294万元改善贫困村人居环境、增添医疗教学设备，并稳步推进援藏、援疆工作。

【石碣镇电子信息产业发展】 截至2018年底，石碣镇作为全国首个“中国电子信息产业名镇”，

鹤田厦公园 （夏钊昇 摄）

拥有台达公司、东聚公司、五株公司、盈聚公司等电子企业650多家，规模以上电子企业达90家，生产的电子、电脑产品达110种，电子信息产业配套率90%以上。有大型企业数十家，营业收入超亿元企业10家，东莞市出口300强企业14家，其中台达公司、东聚公司等14家企业在中国台湾地区上市。至年底，绝大部分企业从单纯的OEM（原始设备制造商）制造逐渐转变为ODM（原始设计制造商）或OBM（原始品牌制造商）混合制造，石碣镇先后被认定为“广东省火炬计划特色产业基地”“广东省产业集群升级示范区”“东莞市高端新型电子元器件产业基地”等。

【供应香港蔬菜基地建设】 截至2018年底，石碣镇作为全国重要的供应香港蔬菜基地，拥有东莞市第一家省级无公害蔬菜标准化生产示范区，建有占地13公顷的润丰国际蔬菜交易中心，该中心先后获得“全国农产品加工示范基地”“广东省菜篮子基地”“东莞市文明诚信市场”等称号。2018年，石碣镇润丰国际蔬菜交易中心每天向香港供应蔬菜900吨，年供应量接近30万吨，占香港购进蔬菜三成份额，占广东省供应香港蔬菜总量的50%。

【广东省质量监督电子信息配件检验站（东莞）成立】 2018年9月，广东省质量监督电子信息配件检验站（东莞）在石碣镇揭牌，这是由广东省质量技术监督局批准成立的全省首个专业从事电子信息产品配件的省级检测机构，也是东莞市首个落户镇街产业集聚区的省级检测机构。

广东省质量监督电子信息配件检验站（东莞）位于石碣镇华科城四楼，实验室面积约2200平方米，总投资1800万元，拥有近60台（套）高精尖环境可靠性相关检测仪器设备。致力于为企业解决电子信息产业发展中的检测技术问题，尤其是针对产业新技术发展中产品存在的多发性、共性质量和技术问题等专门展开调查研究、科技攻关，强化原材料到成品的设计、研发中试、制造、检测环节服务，为电子产业提供技术支撑，通过“建设新平台、构建全链条、打造新高地、服务项目库”，实现电子信息设备“当地生产、当地检测、当地出厂”无缝接驳，提高东莞市电子信息配件产业科技创新能力和产品质量水平，推动东莞市形成全域创新格局，并为全省电子信息配件产业加快迈向中高端水平提供样本经验和有力支撑。 （钟烨朗）

附：2018年石碣镇党委、人大、政府主要领导名录

镇委书记：罗晓勤

镇人大主席：叶仲球

镇　长：刘建俊

滨江广场　（石碣镇供图）

2017—2018年石碣镇主要经济社会指标情况表

指标	单位	年份	
		2017	2018
户籍人口	人	49359	54001
常住人口	万人	24.15	24.23
面积	平方千米	36.2	36.2
生产总值	万元	1677009	1859516
第一产业	万元	3411	3616
第二产业	万元	1049618	1149513
第三产业	万元	623980	706387
总用电量	万千瓦时	194641	199914
全社会固定资产投资总额	万元	291090	345158
社会消费品零售总额	万元	459181	511743
外贸出口总额	万元	2603752	2687902
实际利用外资	万美元	2638	2863
地方财政总财力	万元	129075	128008
各项税收总额	万元	358491	414058

高埗镇

【高埗镇概况】 高埗镇位于东莞市北部，南临市中心区，北靠广州增城。截至2018年底，面积34.6平方千米，下辖18个村、1个社区。户籍人口4.26万人，常住人口21.51万人。高埗镇被评为“国家卫生镇”“全国亿万农民健身活动先进乡镇”。

2018年，高埗镇实现地区生产总值151.37亿元（第一产业7258万元，第二产业89.09亿元，第三产业61.55亿元），比上年增长8.34%；全社会固定资产投资总额23.68亿元，增长41.52%；总用电量13.87亿千瓦时，增长4.47%；社会消费品零售总额32.46亿元，增长11.03%；实际利用外资524万美元；外贸出口总额159.61亿元，增长11.04%；各项税收总额25.5亿元，增长43.77%；地方财政总财力18.83亿元，增长109.65%。

2018年，高埗镇获得“广东省健康促进示范单位”“广东省特级档案工作目标管理单位”“广东省青年文明号”“广东省交通安全文明示范社区”“广东省全国科普日表扬组织单位”“广东省社区教育实验区”“广东省民主法治村（社区）”等7项全市“单打冠军”。

【城市建设】 2018年，高埗镇以十大亮点工程建设加快提升城市品质。其中东莞市“三江六岸”（以东江南支流、汾溪河、东莞水道三条水系为依托的主城区城市滨水空间，主要涉及万江、莞城、东城、高埗、石碣五个镇街）滨水规划打造的“一环亲水绿道”（18千米绿堤景观带）第一段建成使用，三保路横排涌提前完成整治并成为全市首个达标镇街，新楼盘高埗万科第五城动工发售，粤港澳大湾区酱香酒交易中心九八七茅台小镇项目一期完成建设，三联村美丽幸福村居建设优化村民居住环境等。10个项目实现以3.6亿元财政投资撬动超过10倍的社会资金，拉动税收和固定资产投资高速增长。

同时，加快城市更新改造。2018年，完成2.5平方千米新中心区规划，沿“三轴”（南北向的莞潢路城镇发展轴、东西向的高龙路公共服务轴和颐龙路公共服务轴）之第一轴莞潢路打造中央活力区（CAZ），成为高埗镇参与粤港澳大湾区新的合作窗口。加快“三旧”（旧城镇、旧厂房、旧村庄）改造步伐，推进昌兴地块连片改造，依托东莞市“三江六岸”（东江南支流、汾溪河、东莞水道三条水系及岸线）整体规划，打造富有人文气息的创意产业园；整合中国建筑陶瓷博物馆、中国海岛罗汉松之乡、成铭热熔胶博物馆等项目，打造“博物馆小镇”。

突出“生态美镇”建设，推进水污染治理攻坚战，新建截污次支管网40千米，完成年度任务96%，全市考核排名由年初第30位跃升至年底第5位，首次获评“绿牌”。基本完成中心涌景观绿化工程和清淤工程；完成中北联渠、茶洲水闸排渠清淤工程和林卢涌治堤工程。落实“河长制”，采用市场化模式清理水浮莲、水面垃圾800吨。开展畜禽养殖业污染专项整治，加快分散式污水处理设施建设。推进蓝天保卫战，超额完成第一批150家“散乱污”企业（不符合产业政策、不符合当地产业布局规划、未办理工信、发改、土地、规划、环保、工商、质监、安监、电力等相关审批手续、不能稳定达标排放的企业）整治任务，完成9家VOCs（挥发性有机物）源头治理，完成率100%。推进固废处理处置攻坚战，开展“清废行动2018”，加强固体废物源头管控，建立奖励机制，严厉查处各类乱倾倒垃圾违法行为。打造“干净、有序、安全”城市环境，开展

高埗大桥 （高埗镇供图）

城市“六乱”（乱搭乱建、乱堆乱放、乱设摊点、乱拉乱挂、乱贴乱画、乱扔乱吐）与市容环境整治。查处乱摆卖、违章户外广告、露天烧烤；严治“两违”（违法用地、违法建设）不放松，治理违法建设16万平方米，拆除面积14.4万平方米；建立健全民房建设审批制度，对不符合开工条件的工程实施停水停电，截至2018年底，登记在建民房538间，受理报建申请375户，审批同意开工207户。

高埗镇莞潢路　　（高埗镇供图）

【经济建设】　截至2018年底，高埗镇招商办接洽项目96个，引进签约落地项目22个，总投资额29.2亿元。新引进2个过亿元项目，其中东莞维度新材料科技有限公司进入设备调试阶段。种子公司地块，逆市中经3家强企6轮竞拍，以11.5亿元创下高埗镇历史上单笔最大收益。发挥重大项目对拉动投资、优化供给结构的关键作用，填补大广国际汽车项目，落实投资2.4亿元。兑现奖励资金370多万元，为“倍增计划”（2020年实现国内生产总值和城乡居民人均收入比2010年翻一番）企业人才子女提供公办学位75个，帮助解决问题69个。35家市级“倍增计划”企业、市协同“倍增计划”企业、镇级“倍增计划”试点企业税收比上年增长7.8%。

【改革创新】　2018年，高埗镇以提振经济为突破口，开展农村经济调研，因地制宜制定“一村一策”（因地制宜制定发展计划，确保全村在经济发展中取得实效，增加收入）工作方案。投入1亿元，统筹协调镇村发展，强化高端产业招引，优化人居环境，建设9个美丽幸福村居。完善农村集体资产管理办法，规范交易行为；强化财务监管，加大应收未收款追收力度。村组减债成效明显，负债率从37%降到33.9%。坚持“创新活镇”，紧抓广深港澳科技创新走廊建设机遇，实施高新技术企业“树标提质”行动计划，新增24家高新技术企业。大型工业企业全部设立研发机构，创建工程技术研究中心省级5家、市级4家。与裕元集团就盘活闲置的33.9万平方米厂房和44.5万平方米宿舍达成实质性共识，加快二次开发；促成裕元集团和中天集团合作，通过“工改工”（将现有土地性质为普通工业用地改变为新型产业用地，将旧工业区拆除重建升级改造为新型产业园），对稍潭厂区13.33公顷进行“三旧”改造，打造“生产、生活、生态”融合发展的新型产业综合体。统筹开发大广汽车项目地块，大幅提高集体租金收入，每年增加1.8亿元税收。

【民生工程建设】　2018年，高埗镇举办传统龙舟趁景表演、低涌中学建校60周年庆典、第五届“孝义之星”评选、“粤韵水乡”曲艺巡演、公益培训等活动；开展新生儿家庭健康促进项目、儿童口腔疾病综合干预项目；新建8个农贸市场食品快检室，完成食品小作坊集中加工中心建设；倡导文明交通，塘厦村获“广东省交通安全文明示范社区”称号。通过“东莞市推进教育现代化先进镇”“广东省教育强镇”复评和“国家卫生镇”复审。启动省健康促进区创建，高埗医院创建成为二甲医院。居家养老服务在第三方评估中，获得全市第一名。举办就业服务活动17场，实现对登记失业人员和高校毕业生就业服务率100%。推进节能降耗，创建国家节约型公共机构示范单位。推行“绿色公交”，更新置换91辆纯电动公交车。举办妇女手工产品创业集市、建设欧邓创业孵化平台，打造巾帼创业品牌。文广中心获“广东省青年文明号”称号，税务分局获“第四批广东省家庭文明建设示范点”称号。综治中心受理群众来访案件38批，比上年下降47.2%。决战“飓风2018”专项行动成效显著，“两抢”（抢劫、抢夺）警情下降88.2%。深化扫黑除恶专项斗争，打掉涉恶违法团伙11个，破获案件36件。完善应急预案体系，修订1个总体预案、24个专项预案。迅速部署，强化联动，做好台风“山竹”防范工作，其间无人员伤亡。开展燃气热水器整治专项行动，地毯式入户清查直排式热水器，打击非法生产销售行为，从源头消除安全隐患。帮助韶关市武江区7个贫困村的贫困户全部脱贫，集体收入每年增加10万元以上。

【广东省健康促进示范单位】　2018年，高埗镇100%完成健康促进村、健康医院创建；4个中小学校达标；9个机关事业单位达标；

11家大中型企业达标；90%健康家庭达标。广东省卫生健康委员会授予高埗镇“广东省健康促进示范单位”称号。

【高埗镇被评为“广东省特级档案工作目标管理单位”】 2018年11月，高埗镇通过广东省特级档案工作目标管理认定，被评为“广东省特级档案工作目标管理单位”。

高埗镇在2003年通过广东省一级档案工作目标管理认定。2011年启用新档案室，档案库房面积由原来的34平方米扩大到512平方米，内设密集架144列，配备空调机、抽湿机，档案的库藏能力和安全保管能力显著增强。2014年启动档案综合管理升级达标活动，到2018年11月，通过省特级档案工作目标管理认定。

【高埗镇获评为“广东省全国科普日表扬组织单位”】 2018年，高埗镇全国科普日活动在西联小学举办。围绕“创新引领时代，智慧点亮生活”主题分别设置启动仪式、智能机器人竞技区、玩转科学、科普展廊、创客空间、无人机体验等多个专区，开展“科普秀”、科普展览、活动体验等不同形式的主题开放日活动，激发创新热情和创造活力，促进全民科学素质的跨越提升。因活动创新、成效显著，被获评为“广东省全国科普日表扬组织单位”。

【高埗镇塘厦村获评为“广东省交通安全文明示范社区”】 2018年，高埗镇在塘厦村设立交通安全劝导站，配备专职或兼职交通安全协管员负责交通安全劝导和宣传教育。在村主要路口设立固定交通安全宣传栏，由交警部门到辖区安排组织开展交通安全宣传和交通文明礼仪教育活动。2017年，塘厦村道路无发生死亡交通事故，无涉及该村人员一次记12分的交通违法行为。2018年，被广东省交警部门评为“广东省交通安全文明示范社区”。

芦村美丽幸福村居改造 （高埗镇供图）

【《不平凡的大桥》首播】 2018年11月28日，纪录高埗镇改革开放历史性事件的纪录片《不平凡的大桥》，在CCTV-4（中国中央电视台中文国际频道）《国宝档案》栏目播出，该纪录片以详实的资料、真实的声音还原改革开放之初高埗镇人民不畏艰辛，集资建设高埗大桥，齐心协力，共同走致富路的激励人心的故事。揭示高埗大桥“集资建桥，收费还贷”建设模式对高埗镇的影响，乃至对全国路桥建设的影响。该纪录片是中央电视台庆祝改革开放40周年大型纪录片“大潮起珠江”系列节目之一。

（王丽冰）

附：2018年高埗镇党委、人大、政府主要领导名录

镇委书记：严继宗

镇人大主席：郑晓微

镇　　长：张永艳

2017—2018年高埗镇主要经济社会指标情况表

指标	单位	年份	
		2017年	2018年
户籍人口	人	41169	42643
常住人口	万人	21.53	21.51
面积	平方千米	34.6	34.6
生产总值	万元	1397178	1513703
第一产业	万元	6634	7258
第二产业	万元	843027	890942
第三产业	万元	547517	615504
总用电量	万千瓦时	132764	138699
全社会固定资产投资总额	万元	167337	236819
社会消费品零售总额	万元	292372	324627
外贸出口总额	万元	1437334	1596058
实际利用外资	万美元	1559	524
地方财政总财力	万元	89802	188271
各项税收总额	万元	177389	255036

洪梅镇

【洪梅镇概况】 洪梅镇位于东莞市西北部水乡新城核心区，地处粤港澳大湾区战略地区，是广深港澳科技创新走廊重要节点。截至2018年底，面积33.2平方千米，下辖9个村，1个社区。户籍人口2.53万人，常住人口5.88万人。洪梅镇被评为“中国花灯之乡”“国家卫生镇”。

2018年，洪梅镇实现地区生产总值76.24亿元（第一产业6746万元，第二产业49.99亿元，第三产业25.58亿元），比上年增长12.19%；全社会固定资产投资总额14.09亿元，下降20.42%；总用电量5.96亿千瓦时，增长8.32%；社会消费品零售总额19.31亿元，增长165.58%；实际利用外资7663万美元；外贸出口总额29.23亿元，增长8.06%；各项税收总额15.81亿元，增长50.4%；地方财政总财力7.11亿元，下降32.28%。

2018年，洪梅镇在镇街领导班子年度工作考评中，获得2018年度领导班子工作良好镇（街道）称号；并获得“广东省健康促进示范单位”“广东省民主法治村（社区）”“广东省森林小镇”等3项全市“单打冠军”。

【产业发展】 2018年，洪梅镇围绕东莞市建成粤港澳大湾区先进制造业中心的定位，建立推进产业发展、招商引资收益分配等机制，做好项目建设服务保障，签约达瑞电子项目等优质项目，理文绿色高档生活用纸项目、海新科技环保节能厨具项目等一批重大项目快速建设，推动大众农科项目建成竣工。持续优化营商环境，落实非公有制经济高质量发展措施，发挥资金池撬动作用，全年拨付使用产业发展专项资金1.06亿元，谋划推进海新洗碗机项目、华平三期项目等10个资金池项目。

2018年，全镇6家市“倍增计划”（2020年实现国内生产总值和城乡居民人均收入比2010年翻一番）试点企业产值221.3亿元，比上年增长6.4%；缴纳税收9.48亿元，增长35.5%；镇内企业获得倍增奖励资金301.8万元。10个市重大项目全面推进，理文绿色高档生活用纸项目、海新科技环保节能厨具项目等4个重大建设项目完成年度计划137.2%。实施高新技术企业“树标提质”行动计划，高新技术企业增至27家，高新技术企业培育入库增至8家。全镇R&D（研发）经费占生产总值比重达4%以上，5亿元以上大型企业研发机构覆盖率达100%。发放“科技洪梅”奖励资金108.33万元，惠及企业18家。新增省级知识产权优势企业1家、知识产权贯标认证企业7家。

【城乡品质提升】 2018年，洪梅镇紧扣党的十九大报告关于加快生态文明体制改革、推进绿色发展、建设美丽中国的战略部署，落实中央环保督察整改要求，打响水污染治理攻坚战，新建截污管网16.35千米，完成年度建设任务。以“河长制”为抓手，推进内河涌综合整治，完成4条内河涌整治，清理整治砂场12个。推进蓝天保卫战，实施19项大气污染防治强化措施，淘汰“散乱污”企业（不符合产业政策，不符合产业布局规划，未办理工信、发改、土地、规划、环保、工商、质监、安监、电力等相关审批手续，不能稳定达标排放的企业）28家，治理VOCs（挥发性物质）企业10家，淘汰落后锅炉18台。开展固体废物、土壤等污染防治，生活垃圾实现全部无害化处理。推进“两违”（违法用地、违法建设）综合治理，拆除违法建筑2.2万平方米，清理整治历史违法建筑12.1万平方米，实现新增违法建筑零增长、存量违法建筑负增长的目标。推进城市品质提升，查处城市“六乱”（乱搭乱建、乱堆乱放、乱设摊点、乱拉乱挂、乱贴乱写乱画、乱扔乱吐）2500多宗，清理整治砂场12个，建成美丽幸福村居5个。强化重大基础设施规划设计，完善疏港大道延长线、洪金路等基础设施配套。完成镇城市更

洪梅镇 （洪梅镇供图）

新专项规划编制，盘活存量土地、处理闲置土地30.67公顷，启动河西片区13.33公顷连片改造，城市功能和环境优化。启动水乡新城洪梅镇区域征地拆迁安置，明确平稳推进旧村庄安置与拆迁补偿、加快推进空地征收等任务，摸清东莞西站洪梅镇单元的基本情况，率先完成片区内20公顷土地的收储。

【民生福祉增进】 2018年，洪梅镇加大对民生社会事业的投入力度，办好十件民生实事，民生支出占一般公共预算支出比例保持在55%以上。教育事业均衡优质发展，推动洪屋涡幼儿园建设，洪梅中学“风雨连廊”工程即将完工。向随迁子女提供积分入学学位245个，教师教学教研竞赛、论文、优课、微课获市级及以上奖励约200人次。新增健康档案2700多份，洪梅医院医养结合项目实施。组建家庭医生团队15支，累计完成1.9万名常住人口签约服务。推进社会主义核心价值观教育，开展文化惠民演出11场、市镇各类培训139学时、公益电影放映150场次，洪梅花灯品牌效应持续发挥。2个社区综合服务中心投入运营，累计发放生活保障金860余万元，提供居家养老护工上门服务3.6万次。落实市镇两级各项就业补贴金额387.5万元，19个“村民车间”安置本地劳动力就业1181人。引进高端人才10人，培训“一镇一品”（一个地方以及这个地方可以挖掘的地方特色文化，一个或几个具有工匠精神的好企业、好品牌）产业人才889人，其中3人获评为市“首席技师”。推进揭西县金和镇、钱坑镇对口帮扶工作。强化应急处置工作，有效防御超强台风“山竹”。

【社会治理】 2018年，洪梅镇开展“扫黑除恶”专项斗争，打掉涉恶团伙7个，侦破涉恶案件16件。完成“二标四实”（“二标”：标准地址库、标准作业图；“四实”：实有人口、实有房屋、实有单位、实有设施）基础信息采集，基本摸清全镇实有人口、房屋建筑及公用设施等情况。组建铁骑队伍，在接处警、应急处突、治安巡防、交通管理、服务群众等方面成效明显。路面“两抢”（抢劫、抢夺）立案零宗，群众安全感和公安工作满意度连年全市排名前列。强化矛盾纠纷排查化解，实行舆情动态“周报告”制度、领导干部驻村包干工作责任制，从苗头上提前介入调解不稳定因素，化解各类矛盾纠纷170宗。统筹交警、辅警、安全生产监督员等力量，探索设立危险化学品运输车辆的检查关卡，实现全年无发生较大以上生产安全事故。推进火灾防范、隐患整治、灭火抢险救援等工作，无人员伤亡、无重特大火灾发生，火灾形势总体平稳可控。“智网工程”进入常态化运作、制度化管理。食品、食用农产品抽检及快筛快检1万多批次，餐饮单位“明厨亮灶”（餐饮服务提供者向顾客和公众展示后厨）覆盖面扩大。

【行政效能】 2018年，洪梅镇推进“互联网+政务服务”改革，综合服务中心办事大厅进驻窗口单位达22个，170项事项实现“即来即办、只跑一次”的目标。通过“12345”政府服务热线推动解决群众诉求231宗，比上年增长54%，工单按时办结率100%，群众满意度提升。深化商事制度改革，新设市场主体总量798户，个体户和企业年报率排名全市前列，营商环境明显优化。健全领导干部学法制度，开展规范性文件全面清理，制定政府规范性文件5件，依法办理行政复议案件。加大相关决策、重大问题、重大事项等信息公开力度，主动公开政府信息1200多条。实施行政效能提升行动，狠抓督查检查落实，部门单位的执行意识和执行能力得到提高。主动接受人大监督，人大建议和政协提案办结率和满意率均达100%。严格落实中央八项规定精神及实施细则，持之以恒纠正“四风”，政府职能和作风进一步转变。

【洪梅镇被评为“广东省森林小镇”】 2018年10月12日，洪梅镇被评为“广东省森林小镇”。进入新时代，洪梅镇坚持“以人为

东莞西站 （洪梅镇供图）

本、生态优先、质量引领、共建共享”的原则，以“精致、活力、绿色”为发展理念，以增加城市绿化量、实施生态环境治理、全面建设美丽乡村、推进水网净化绿化、建设生态休闲场所、大力保护自然生态资源、普及全民自然科普教育等为重点，建设“宜养、宜游”的珠江口岸岭南水乡型森林小镇。全镇建成“小山小湖”社区公园、洪梅菱角涌湿地、洪梅乌沙洲仔湿地公园、洪梅镇梅新路文化特色主题公园、洪屋涡水道两边试点滩涂绿化工程、美丽幸福村居等一批绿化亮点工程。截至2018年底，洪梅镇森林覆盖率18.41%，绿化覆盖率49.18%，水岸绿化率86.57%，湿地保护率90.99%。

【洪梅镇被评为“广东省健康促进示范单位”】 2018年11月7日，洪梅镇机关大院、交通运输分局、洪梅中学、中心小学、洪梅医院、南华户外用品有限公司、富之源饲料蛋白开发有限公司、梅沙村、尧均村、金鳌沙村等10个创建单位完成广东省健康促进单位的创建工作。开展省级健康促进区创建工作以来，洪梅镇在全镇范围内创建无烟单位，实现机关单位、学校、医疗卫生单位、村社区全覆盖。举行以家庭为参赛单位的健康促进杯，提升居民健康素养水平，“大健康”理念得到广泛传播。将健康理念融入企业文化和各项政策中，建立完善的健康教育促进网络，形成“以人为本”“健康第一”的浓厚氛围。截至2018年底，洪梅镇完成“六大场所”（机关单位、学校、医院、村居委会、家庭、企业）的健康促进创建工作，创成省健康促进单位5个、省健康促进学校2所、省健康促进医院1间、省健康促进村（社区）3个、省健康家庭1595户、省健康促进企业2家，全镇居民健康素养水平达到30.0%，15岁以上居民吸烟率下降至28.3%。

【洪梅镇首家产值破百亿元企业】 2018年，东莞市富之源饲料蛋白开发有限公司继续拓宽业务模式、增加散油外销业务，加快发展步伐，推动产值112.6亿元，比上年增长20.1%；实现税收1.23亿元，增长440.8%。这是洪梅镇首家产值突破百亿元企业。2018年，该公司获得“东莞市规模效益成长性排名前20名企业”“东莞市主营业务收入前20名企业”“东莞市效益贡献企业”等称号。

（李丽芬）

附：2018年洪梅镇党委、人大、政府主要领导名录

镇委书记：黄启光
镇人大主席：郭　旺
镇　长：刘学东

莫萃华故居——红色革命教育阵地　　（洪梅镇供图）

2017—2018年洪梅镇主要经济社会指标情况表

指标	单位	年份	
		2017	2018
户籍人口	人	24460	25279
常住人口	万人	5.86	5.88
面积	平方千米	33.2	33.2
生产总值	万元	679536	762401
第一产业	万元	6166	6746
第二产业	万元	474885	499896
第三产业	万元	198485	255758
总用电量	万千瓦时	54992	59569
全社会固定资产投资总额	万元	177050	140899
社会消费品零售总额	万元	72718	193121
外贸出口总额	万元	270506	292313
实际利用外资	万美元	5966	7663
地方财政总财力	万元	105020	71122
各项税收总额	万元	105142	158130

道滘镇

【道滘镇概况】　道滘镇位于东莞市西部，地处水乡特色发展经济区核心区域、广深科技创新走廊地带。截至2018年底，面积54.3平方千米，下辖13个村、1个社区。户籍人口6.24万人，常住人口14.28万人。道滘镇被评为“中国特色食品名镇”“中国游泳之乡”“中国曲艺之乡”“中国民间文化艺术之乡”“国家卫生镇”。

2018年，道滘镇实现地区生产总值113.39亿元（第一产业1.48亿元，第二产业51.69亿元，第三产业60.23亿元），比上年增长8.42%；全社会固定资产投资总额22.01亿元，增长13.15%；总用电量12.42亿千瓦时，增长1.36%；社会消费品零售总额24.22亿元，增长11.29%；实际利用外资861万美元；外贸出口总额32.19亿元，下降7.88%；各项税收总额21.64亿元，增长17.45%；地方财政总财力21.67亿元，增长80.12%。

2018年，道滘镇在镇街领导班子年度工作考评中排名跃升至第13位，获评为2018年度领导班子工作良好镇街。获得2018年“广东省民主法治村（社区）”“广东省社区教育实验区”“广东省民间文化艺术之乡”“广东省第三批妇女之家示范点”等4项全市“单打冠军”。

【产业转型升级】　2018年，道滘镇招商选资取得实效。修订完善《道滘镇招商引资奖励办法》，对接有意向落户的优质企业30多家，引进视安通项目、得利钟表项目以及总投资约300亿元的水乡道滘特色小镇项目等7个优质项目。制定并落实《道滘镇产业发展指引》，限制29家不符合产业发展导向的企业进入。

重大项目扎实推进　开展重大项目“百日攻坚”大会战，推动搜于特总部项目、国立总部项目等市属重大项目完成投资5.63亿元，盛元中天项目、黄家圣幸项目、中天联科滨海智造港项目、搜于特总部二期项目等4个项目开工，搜于特时尚产业供应链基地项目、得利钟表项目等2个项目纳入市重大预备项目。

企业扶持力度加大　推动倍增企业扩容提质，形成5家市级试点企业、26家镇级试点企业和19家市协同倍增企业的“倍增计划”（2020年实现国内生产总值和城乡居民人均收入比2010年翻一番）企业库，推动市镇两级试点企业实现主营业务收入129.53亿元，比上年增长33.8%。召开非公有制经济企业代表座谈会，深化与金融机构对接合作，研究制订扶持非公有制经济高质量发展政策，建立非公有制经济重点企业库。新增上市后备企业1家，推动58家小微企业转型升级为规模以上企业，搜于特集团入选全国供应链创新与应用试点企业。

创新驱动成效显著　承办东莞市新材料产业技术融合研讨会暨高层次人才项目路演，新增高新技术企业27家，推动规模以上工业企业自建研发机构覆盖率38.8%，主营业务收入5亿元以上工业企业实现研发机构全覆盖。建成华智科创园，华科城·创新岛累计引进科技型企业106家、入驻研发人员230多人。先进制造业、高技术制造业分别实现增加值19.49亿元和3.38亿元，分别比上年增长9.4%和5.9%。全年申请专利1413件，获授权930件，分别比上年增长28.8%和46.7%。

【城市品质提升】　2018年，道滘镇优化城市规划布局。完成“三规合一”（三规：国民经济和社会

道滘镇　　（道滘镇供图）

发展规划、城市总体规划、土地利用规划）试点任务和工业保护线专项规划编制，划定7.59平方千米工业保护线和1022.67公顷永久基本农田。分批编制村庄建设规划和村级土地利用规划，完成全镇规划管理实施办法修订、镇域乡村建设规划研究初步成果和莞惠城轨道滘站、市轨道交通R1线道滘东站TOD（以公共交通为导向的开发）规划方案编制。

加快城市更新改造　成立道滘镇城市更新投资基金，初步完成城市更新规划编制。出台集体土地统筹开发暂行办法，完成镇中心片区、蔡白片区、大罗沙片区等重点更新单元前期服务商招引和概念规划方案编制，小河片区、新稔片区、滨涌片区等“工改工”（将现有土地性质为普通工业用地改变为新型产业用地，将旧工业区拆除重建升级改造为新型产业园）项目稳步推进。加快建设大岭丫、闸口、北永等“工改居”（工业地改造为国有居住用地）项目，新壹城华府、时代香海彼岸、碧桂园兰亭等项目开盘销售。

完善城市基础设施　启动莞惠城轨道滘站站前广场建设，完善掌洲岛基础设施，建成精品公厕3座，基本完成江滨公园和厚德河“一河两岸”升级改造。着力完善骨架路网，道滘大桥右幅新桥、九曲大桥二期、蔡白北岛环岛路完工、通车，虹桥重建、4号路贯通、沿江路与水乡大道连接段贯通等工程推进。优化镇公交规划和镇中心区道路交通规划，新建停车场5个，新增停车位1000多个。

加强城市精细化管理　成立镇城管委，充实城管执法队伍力量，推动“数字城管”（数字化城市管理系统）与“智网工程”对接融合，选取蔡白村试点启动基层综合执法队伍管理改革。出台城市精细化管理工作方案，创新推行片长制和路长制，实行公厕分级管理，累计查处城市“六乱”（乱搭乱建、乱堆乱放、乱设摊点、乱拉乱挂、乱贴乱写乱画、乱扔乱吐）2.8万宗，清理积存垃圾3173吨。坚持以“零容忍”（零度容忍）态度重拳整治“两违”（违法用地、违法建设），开展沿河违章建筑、农田围蔽及农用地乱搭建物清理，拆除违法建筑22.09万平方米，超额完成市下达任务。开展存量建筑信息采集登记，完成普查2.74万宗。治理违法用地9.89公顷，盘活存量土地15.02公顷，处置闲置土地3.24公顷。

提升城市品牌形象　以49个重点工程项目全面铺开美丽道滘建设，高标准推进16个广深高速公路（道滘段）沿线环境品质提升项目建设，完成北洲砂场1.67公顷绿化景观提升和480米河堤修复，加强道厚路、粤晖路、水乡大道、疏港大道等主干道景观整治，城市“窗口”形象明显提升。举办第九届中国（道滘）美食文化节，接待游客约30万人次。培育和践行社会主义核心价值观，建成一批“友善企业”，推动文明创建常态化开展。

【污染防治攻坚】　2018年，道滘镇水污染治理取得初步成效。积极创建水污染治理示范镇，清理23个洗（堆）砂场、6个企业自用堆场和41个“小散乱”码头。以EPC模式（工程总承包）提前实施2016—2018年补充批次25.88千米截污次支管网工程，新增建成管网47.82千米，通水49.62千米，完成雨污分流改造2.88千米。全面推行河长制，消除白鹭排渠黑臭，完成4条内河涌清淤和865个入河排污口整治，推动污水处理厂日均处理量由1.65万吨升至2.71万吨，控制涉水污染源废水直排泗盛断面。强化面源污染管控，完成大彰沙生活垃圾填埋场渗滤液整治和全镇非法禽畜养殖业清理。

蓝天保卫战取得初步成效　制定蓝天保卫战工作方案，铁腕清理“散乱污”企业（不符合产业政策，不符合产业布局规划，未办理工信、发改、土地、规划、环保、工商、质监、安监、电力等相关审批手续，不能稳定达标排放的企业）410家，整治改造6家，完成市下达任务的416%。加快推进兴隆纸厂和骏业纸厂“煤改气”（将烧煤炭改为烧天然气），淘汰落后锅炉76台，压减煤炭消费量11.5万吨。开展VOCs（挥发性有机物）污染深度治理，完成42家企业低挥发性原料改造和57家企业尾气末端设施提升改造。启用全市首个公交充电站，24小时监测在建工地扬尘，整治泥头车和砂石运输车辆“扬撒滴漏”问题。

固废污染防治取得初步成效　出台打击偷倒垃圾违法行为举报奖励暂行办法，开展“利剑一号”专项行动，在各村出入口安排专人24小时设卡定岗值守，严厉打击固废非法转移、倾倒行为，立案查处固废案件43宗，查扣不符合密闭化运输以及非法转移、倾倒固废车辆35辆。推进大型垃圾压缩中转站、建筑垃圾消纳场规划建设，完成7座垃圾压缩转运站升级改造，清理非法再生资源回收站点77家。

【乡村发展】　2018年，道滘镇推进美丽乡村建设。制定推进乡村振兴战略工作方案，梳理形成涵盖规划引领、产业发展、品质提升等方面的重点项目38个，选定蔡白村、大岭丫村先行打造特色精品村，美丽幸福村居实现全覆盖。实施农村“五个一”（建造一个农田公园、整治一批河涌、划空一批停车位、升级一个垃圾收集站、拆除一批乱搭乱占乱建物）工程，在永庆、大岭丫、蔡白等3个村试点推进建制村环境综合整治，在大岭丫、小河、大鱼沙等3个村试点推行村级自聘人员实施环卫保洁，建成南城村湿地公园，农村人居环境明显改善。

投入8000万元扶持次发达镇村产业发展专项资金，制定镇村产业联动发展奖励补助办法，引导各村筹集约3.17亿元投资理财产品和入股镇属物业，每年为村集体增收约1930万元。借力扫黑除恶专项斗争，铁腕开展非法侵占农村集体资产行为专项整治行动。整治集体资产违规交易问题53个，推动集体资产上平台交易199宗。推进农村土地承包经营权确权登记颁证，合同补签率95.7%，颁证率93.4%。支持村组增资减债，促使村组两级总资产比上年增长8.5%，借款总额下降26.1%。

做好对口支援和帮扶工作。推进揭西县坪上镇精准扶贫精准脱贫工作，累计到账扶贫资金1353万元，开展扶贫增收项目10个，完成民生工程项目建设23个，帮助212户520人实现预脱贫，预脱贫率达97%。配合做好东莞—昭通扶贫协作，参与彝良县洛泽河镇“携手奔小康”行动结对工作。

【社会和谐善治】 2018年，道滘镇强化平安建设。开展扫黑除恶专项斗争，打掉涉黑涉恶团伙6个，侦破涉黑涉恶案件17件。组建公安铁骑队伍，开展“飓风2018”“全民禁毒”“护航金融”等专项行动，累计立刑事案件719件，比上年下降10.3%；破刑事案件404件，完成市下达的任务。开展“治摩禁电”“遏事故、保安全”等专项行动，查扣摩托车和电动车5355辆，道路交通伤亡事故比上年下降5.8%，“两抢”（抢劫、抢夺）案件立案数下降88.3%。

强化公共安全监管 设立400万元安全生产专项资金，建立安全生产监管检查（巡查）全覆盖工作机制，整改安全生产隐患2335处，全镇没有发生较大及以上生产安全事故。抓好八汇农批“三鸟”（鸡、鸭、鹅）批发市场羊居宰事件彻查整改，加强非洲猪瘟防控，立案查处食品违法案件26件。成功抵御超强台风“山竹”，整治“三防”（防旱、防风、防涝）隐患点18个，保障群众生命财产安全。

强化基层治理创新 完成“智慧道滘”信息化平台基础框架搭建和仿真三维地图制作，“智网工程”入格事项增至45大类150项，“智网工程”建设经验获全市推广。完成“二标四实”（“二标”：标准地址库、标准作业图；“四实”：实有人口、实有房屋、实有单位、实有设施）基础信息采集，基本摸清全镇实有人口、房屋建筑及公用设施等情况。成立驻派出所人民调解室，通过信访途径处理案件216件，按时办结率达100%。成立平安建设促进会大岭丫分会，组建大岭丫村、蔡白村“五老”（老党员、老专家、老教师、老战士、老模范）志愿服务队，在南丫村、厚德村试点建立农村管理公约，为破解基层社会治理难题探索有益经验。

强化民生事业发展 2018年累计投入6.29亿元加大民生保障力度，比上年增长6.1%。建成济川中学新宿舍楼，完成道滘中学和南城小学“改薄工程”（改善贫困地区义务教育薄弱学校基本办学条件），成立镇级名师工作室9个，新增公办小学学位225个，创建成为广东省社区教育实验区，通过广东省教育强镇、东莞市推进教育现代化先进镇复评验收。启动创建广东省健康促进区，加快道济安老院建设、道滘医院扩建和社卫中心标准化建设，残疾人康复就业服务中心启动运营，居家养老服务在各村实现全覆盖，家庭医生签约服务覆盖3.9万人，减轻群众医药负担313.8万元。举办“美丽村跑”“畅游东江”等活动，基层综合性文化服务中心实现全覆盖，获评2018—2020年度“广东省民间文化艺术之乡”和“曲艺之乡标兵单位”。

【政务服务优化】 2018年，道滘镇深化行政体制改革。推进“一

2018年6月15日，第九届中国（道滘）美食文化节暨名优食品展在道滘镇济川广场开幕 （道滘镇供图）

门式一网式”（综合服务窗口和网上统一申办受理平台）政府服务模式改革，升级改造镇综合服务中心，推动办事窗口扩增至49个，29个部门实现集中进驻，700多个服务事项实现“一站式”办理，累计受理业务2.2万宗，群众满意度99%。推进市场监管与“智网工程”深度融合，个体户年报率73.3%，排名全市第4位。全镇实有各类市场主体1.4万户，比上年增长17.5%。

推进法治政府建设　落实政府法律顾问制度，完善重大行政决策程序，规范行政执法行为，提升依法行政水平。推进政府采购、资产交易、财政预决算等重点领域信息公开，分批取消各类证明事项245项，清理692份政府文件。加强对政策措施和规范性文件的公平竞争审查，组织开展不利于民营经济发展的规范性文件和证明事项清理，营造公平竞争的市场环境。高质量办结人大代表意见建议28件，深入开展宪法主题宣传和“法律六进”（法律进机关、进乡村、进社区、进学校、进企业、进单位）活动，九曲、小河、兴隆等3个村（社区）创建成为广东省民主法治村（社区）。

【第九届中国（道滘）美食文化节】　2018年6月15—19日，第九届中国（道滘）美食文化节在道滘镇举行。该届美食节整合镇内旅游文化资源，以济川广场作为主会场，以星光美食城、龙洲湾都市农业观光园、百代卖场、可道园、粤晖园、XI艺术中心、都市森林文创百货公园、文一华南茶叶市场作为分会场，布局全镇不同角落，扩大活动覆盖范围，将农业观光旅游、艺术展示与美食文化完美结合，形成多区域联动办节格局。

该届美食节设置运动美食、绿色美食、时尚美食、传统美食、休闲美食、旅游美食等6大展区，汇聚各类特色美食。其中，运动美食区主要以运动营养食品为主；绿色美食区以本土与进口有机食品为主；时尚美食区以网红店人气潮流食品为主；传统美食区以本土及全国各地地方小吃为主；休闲食品区以休闲食品、海外进口零食为主；旅游美食区以国外餐厅品牌、饮料、咖啡、食品为主。

其间，推出龙舟竞渡、“美丽村跑”等活动。汇聚30多个省市和港澳台地区代表团、300多家食品企业，累计接待游客30万人次，国内外相关报道超过1000次，拉动消费约5亿元，其中道滘特色食品销售额达1亿元。

【新道滘大桥通车】　2018年2月8日，新道滘大桥通车。此次通车的为新桥的右半幅，另外半幅将于旧桥拆除后开始建设。新道滘大桥建成后全长1130米，主桥809米，桥宽29米。在桥面新铺设的人行道上，除新建设的路灯设施之外，护栏上还刻着有关气象、饮食等歇后语，画有“龙舟竞渡”“赛龙夺锦”等富有水乡特色的图案。

【东莞市首个公交充电站（道滘车站项目）投入使用】　2018年12月29日，东莞市“蓝天保卫战”首个公交充电站（道滘车站项目）建成投产仪式在道滘镇举行，这是东莞市“蓝天保卫战”16个公交充电站中首个落成投运的项目，标志着东莞市纯电动公交充电基础设施建设布局进入“统一规划、统一建设”阶段。

为满足“蓝天保卫战”电动公交车投放需求，加快充电站的建成，施工过程中采用带电作业的方式，仅一个月时间，该充电站的设计、施工及设备安装调试全部完成。该充电站第一期建设6个充电桩，配备120千瓦、180千瓦、300千瓦3种型号，最快可在10分钟内为一台公交车充好电。后续将根据车辆投放需要，持续在该站进行充电桩扩容建设，未来将建成30—40个充电桩设施，以满足道滘车站100辆纯电动公交车充电需求。

（卢润志）

附：2018年道滘镇党委、人大、政府主要领导名录

镇委书记：谢卫东
镇人大主席：赖锡池
镇　长：陈旭林

2017—2018年道滘镇主要经济社会指标情况表

指标	单位	年份	
		2017	2018
户籍人口	人	60100	62361
常住人口	万人	14.25	14.28
面积	平方千米	54.3	54.3
生产总值	万元	1045886	1133941
第一产业	万元	13509	14779
第二产业	万元	493068	516892
第三产业	万元	539309	602271
总用电量	万千瓦时	122509	124176
全社会固定资产投资总额	万元	194561	220145
社会消费品零售总额	万元	217618	242193
外贸出口总额	万元	349485	321934
实际利用外资	万美元	834	861
地方财政总财力	万元	120327	216739
各项税收总额	万元	184261	216423

厚街镇

【厚街镇概况】 厚街镇位于珠江三角洲东岸，地处穗港经济走廊中段，北连东莞市区，南邻虎门港，东倚大岭山，西南毗连沙田镇，西北与道滘镇、洪梅镇隔河相望。截至2018年底，面积125.7平方千米，下辖24个社区。户籍人口11.75万人，常住人口43.93万人。厚街镇是全国综合实力百强镇和全国出口创汇十强镇，被评为“中国会展名镇”“中国钻石餐饮名镇”“中国家具展览贸易之都”“中国楹联文化之乡”“国家卫生镇”。

2018年，厚街镇实现地区生产总值418.98亿元（第一产业1.40亿元，第二产业182.64亿元，第三产业234.94亿元），比上年增长5.65%；全社会固定资产投资总额41.14亿元，下降15.55%；总用电量36.97亿千瓦时，增长3.37%；社会消费品零售总额196.65亿元，增长9.27%；实际利用外资1247万美元；外贸出口总额565.69亿元，增长0.66%；各项税收总额72.22亿元，增长14.45%；地方财政总财力31.49亿元，增长23.14%。

2018年，厚街镇获得“广东省健康促进示范单位”“广东省‘民主法治村（社区）’”“广东省社区禁毒社区康复工作示范点”“全国综合减灾示范社区”“广东省宜居社区”“构建‘一平台三工程’市场监管体系”“广东省社区教育实验区”“广东省民间文化艺术之乡”等8项全市“单打冠军”。

【经济持续发展】 2018年，厚街镇新签外商投资和增资项目100个，合同利用外资金额9118万美元，比上年增长101.95%，实际利用外资1247万美元。外贸进出口总额812.77万元，增长0.66%，出口总额居全市各镇街第2位。全年引进优质内资项目167个，协议投资金额35.79亿元，实际投资36.37亿元。规模以上民营工业企业225家，占全镇规模以上工业企业的59.2%。全镇村组资产总额95.93亿元，比上年增长3.26%；村组两级纯收入8.67亿元，增长9.19%；资产负债率下降1.36个百分点。

厚街镇制定“倍增计划”（2020年实现国内生产总值和城乡居民人均收入比2010年翻一番）实施政策，构建梯度扶持队列，获得政策资助1104万元。2018年，46家市镇“倍增计划”试点企业实现主营收入225.2亿元，比上年增长18.6%，“倍增计划”成效显现。

推进项目建设，确立镇一级重大产业项目16个，其中纳入市重大项目计划11个，全年市重大项目累计完成投资12.82亿元，完成全年投资的97.3%；洽谈运动小镇项目和IP国际电影小镇项目两大文化旅游项目，提速东一电子项目等10个在建项目建设，其中黄金小镇一期项目获得市产业转型升级示范基地认定；推进君泰信鸿项目、高盛智造园项目等7个新项目敲定落地，合计盘活空地20公顷、改造厂房20万平方米，投资总额超过30亿元；促成TTI公司、承光公司、时代公司、广泽公司、乐凯安吉公司5家企业启动增资计划。

厚街镇先后举办展会56个，展出面积247万平方米，比上年增

厚街镇 （陈成基 摄）

长21.1%；新引进国家级展会11个、承接南城会展中心展会7个，承接各类会议250多场；与11个国家的19个城市建立展贸合作关系。建成东莞市规模最大的综合型公路物流货运园区——厚街镇阿宝港湾物流园。众家联平台上线一周年，累计交易额超63亿元。鑫源食品文化体验区申报成为厚街镇首个AAA级景区，宜仙居、金谷农场申报成为家庭农场、休闲农业示范基地。

【企业创新发展】 2018年，厚街镇主动融入广深港澳科技创新走廊建设，落实创新激励政策，奖励172个企业及个人镇创新驱动专项资金1114.89万元。年内，家具协同创新中心、创新大厦及华科城投入使用；全镇高新技术企业达180家。推广“厚街”商标应用，明确“明华”商标使用权，全镇有注册商标1.49万件，其中驰名商标8件、著名商标20件，均排全市前列。家具快速维权中心累计受理调解专利侵权纠纷164宗，获得国家知识产权局专利快速授权630宗。突出技改技创，全镇工业投资18.89亿元、工业技改投资17.57亿元，分别比上年增长8.0%和31.9%，规模以上工业企业备案自建研发机构148家，占比39%。

【城市品质提升】 2018年，厚街镇主动对接滨海片区，优化城市布局。完成《厚街镇近期建设规划（2017—2020年）》等3项规划编制、《厚街镇城市更新专项规划（2018—2020）》《2018年重点更新单元》2项“三旧”（旧城镇、旧厂房、旧村庄）改造编制、桥头社区与南五社区方案等编制。启动村级土地利用总体规划编制，开展《轨道2号线厚街4站点TOD（以公共交通为导向的开发）综合开发规划》编制，完成6项规划调整。

丰富城市功能，投入9970万元推进8个道路项目建设、6个民生保障项目以及4个公园项目建设，其中职校西路（一期）项目和广场南北路升级改造项目开放通车、大陂河（省道S256线以西段）改造工程完工。启动厚街中心区停车场建设。

推动城市更新，推动5个项目（15.8公顷）纳入“三旧”改造台账，2018年新增年度实施计划项目5个，涉及改造用地面积12.38公顷，完成改造项目4个（8.55公顷）。商会大厦地块拍出，楷模家居项目、贸奕鞋材项目2个“工改工”（将现有土地性质为普通工业用地改变为新型产业用地，将旧工业区拆除重建升级改造为新型产业园）方案获批并与镇政府签订监管协议。

加强土地收储，率先完成番莞高速公路项目厚街段征地拆迁任务，重启广场片区地块征拆收储，2018年征收土地42.06公顷，完成镇、社区两级供地手续地块4宗（17.59万平方米）、收储入库地块5宗（28.64万平方米），保障项目建设。盘活存量土地11.27公顷，完成台账任务的114%；处置闲置面积15.67公顷，完成台账任务的255.4%。启动第三次全国土地调查，开展存量建筑普查。

【人居环境优化】 2018年，厚街镇美丽乡村建设取得进展，启动

2018年8月11日，第四十届国际名家具（东莞）展览会在厚街镇广东现代国际展览中心举行（厚街镇供图）

横岗水库滨水绿道工程项目建设，推进广深高速公路（厚街段）沿线环境品质提升项目建设，完成首期10栋建筑外墙翻新施工。投入4107万元推进第四批美丽幸福村居创建，大迳社区等8个社区通过市美丽幸福村居项目综合验收以及文明创建检查考核。投入9000多万元推进56个村容村貌升级改造，打造陈屋社区、溪头社区2个文明村居示范点。

蓝天保卫战首战告捷，完成11批次26件中央环保督察“回头看”及省环保督察交办案件；全面完成第一批959家“散乱污”企业（不符合产业政策，不符合产业布局规划，未办理工信、发改、土地、规划、环保、工商、质监、安监、电力等相关审批手续，不能稳定达标排放的企业）清理整治，17家企业完成淘汰改造生物质锅炉、62家企业完成VOCs（挥发性物质）源头治理、798家VOCs企业完成末端治理。

水污染防治攻坚战引向深入，全面推行河长制，展开大陂河等5条内河涌整治，凤山公园内河涌被列入东莞市重污染河涌整治示范工程；建成2期规模共20万吨/天的污水处理厂、3座污水提升泵站、51千米截污主管网。

净土防御战成效突出，投入1300万元提升省道S256线厚街段绿化。先后开展镇域洗砂场和堆砂场专项整治行动、固体废物非法运输专项整治行动、垃圾偷运偷倒执法行动，以及将军岭、黑山垃圾填埋场的整治，建成渗滤液收集竖井6座及渗滤液暂存池2个。

加强城市管理，强化对“两违”（违法用地、违法建设）的整治，拆除39宗在建违法建筑及构筑物，面积1.81万平方米。升级改造25座垃圾处理中转站，实现生活垃圾无害化处理率100%。推进“厕所革命”（对发展中国家的厕所进行改造的一项举措），实行公共厕所属地管理。“小黄狗”（再生资源智能回收交易平台）垃圾智能回收机进驻19个小区。

【社会综合治理】 2018年，厚街镇推动“智网工程”建设，新增入格部门6个，并实现与消防安全管理、市场监管、“二标四实”（“二标”：标准地址库、标准作业图；“四实”：实有人口、实有房屋、实有单位、实有设施）等工作有机结合。2018年，采集人口信息10.59万条，更新人口信息1.19万条，累计采集人口信息40.3万条，排查消除隐患4.71万条。厚街“智网工程”工作得到国家应急管理部消防局、省消防总队、省工商局等有关领导的认可，被列为全省消防工作社会化现场会暨执法工作例会的现场观摩点。

突出重点整治，推进智能办案中心建设，创新视频结构化分析、人像分析等新技术新手段，提升打防管控效率，“粤剑扫毒”、整治“三非”（非法就业、非法入境、非法居留）外国人等社会治安各项重点工作和专项工作均排全市第一名。“两抢”（抢劫、抢夺）刑事案件比上年下降74.87%；命案下降60%；打掉涉黑恶团伙18个，破获涉黑恶案件83件。推进“二标四实”工作，累计采集出租屋信息3.29万间，实有人口信息73.8万人。建立铁骑队，累计处理违法犯罪警情523宗、协助处理交通事故786宗。

确保安全稳定，落实镇班子成员每周深入一线检查工作机制。投入885万元购置消防车1辆和改建消防营房，投入1000余万元规划建设沙溪执勤分站。完善消防信息化建设，1774家生产企业建立二维码电子档案，全年组织开展出租屋消防、“三小”场所（小档口、小作坊、小娱乐场所）和生产企业巡检巡查30万间（次），消除隐患12.98万处；发生各类火灾事故46宗，比上年下降20.7%，直接经济损失下降11.4%，连续第四年实现火灾事故“零亡人”。

【民生保障】 2018年，厚街镇加大社会保障力度，社会养老保险待遇实现14连涨，完成核付养老、医疗、工伤、失业、生育等保险8.47亿元。推进住房保障，解决72户家庭的住房问题。制定《居民重大疾病救助及身故补助实施办法》，发放各类救助金3412.56万元。强化养老服务，建设松山公园老年人活动场所，启动厚街镇敬老中心改造，为600名非莞籍退休人员办理养老金资格验证，为6406人次老人提供居家养老服务，全镇享受平安铃服务的老人568人。

教育事业发展扩容提质，推进寮厦商住小区学校、湖景小学建设和桥头社区幼儿园等新建教育工程前期工作，以及5个校舍改造工程建设，其中中心小学体育馆、竹溪中学体育馆、前进小学消防工程完工。全面推行聘用外籍英语教师，新认定普惠性幼儿园5所，为随迁子女提供积分入学学位8333个，比上年增长233%。竹溪中学、前进小学、中心小学、圣贤学校等4所学校被评为“中国楹联教育基地”，三屯小学、竹溪小学被评为“全国青少年校园足球特色学校”。

文体建设活力迸发，推进图书馆新馆和新体育馆建设，建成综合性文化服务中心22个。加大文化惠民力度，举办“文化惠民演出”公益培训与公益电影430多场、全镇性大型群文活动25项，厚街镇获评“中国楹联文化之乡”“广东省民间文化艺术之乡（书法类）”。“厚街发布”14次闯入全国企鹅号总榜、稳居广东省政务微信排行榜“区县级”影响力十强。初步完成厚街镇歌剧院项目选址以及东莞（厚街）写意油画创作基地与竹溪书社书法研究创作基地建设。推进管弦乐队、足球和乒乓球进校园，厚街镇运动员首夺青年射击世界杯冠军。

提升卫计事业，启动厚街医院新医疗综合大楼建设，完成厚街涌口社区卫生服务站建设，厚街医院通过广东省胸痛中心及国家级“综合卒中中心”认证，并与中山大学孙逸仙纪念医院、沙田医院及厚街镇社区卫生服务中心组建区域医疗联合体。

东引河厚街家具大道危桥改造工程 （厚街镇供图）

推进就业创业，落实各项就业创业补贴5906人次，补贴金额527.7万元。设立市级企业就业安置基地3个，“村民车间”21个，户籍高校毕业生初次就业率100%。新成立市级技师工作站1个、镇级技师工作站2个，新增市“首席技师”7人，全年受理人才入户2793宗，比上年增长197.4%。

【政府服务优化】 2018年，厚街镇健全镇政府法律顾问体系建设，推进“一社区一法律顾问”工作，社区律师累计服务7730人次。开展“互联网+法治宣传”行动，推动白濠社区等9个社区创建“民主法治社区”。深化商改后续监管、娱乐场所“互联网+”监管、专业市场网格共治模式等工作，获得全市构建“一平台三工程”（市场监管协同创新平台和智慧监管、协同监管、信用监管工程）市场监管体系工作突出贡献奖。简化公文代拟请示工作，持续推进“减证便民”（减少证明手续方便老百姓）行动，提升政府行政效能。推进镇综合服务中心新办事大厅建设，24个社区党代表工作室升级改造为驻点联系工作室。建立镇主要领导直接批转“12345”政府服务热线和效能投诉服务热线转办件或受理件制度，办理“88001122”热线效能投诉转办事项69件，办结率100%。组织基层领导干部到镇党校、大有园收教所等进行警示教育，增强党员干部党性修养。做好审计监督，完成项目审计14个、实施廉政谈话项目20个。镇财政完成政府采购项目1045项，节约金额179.7万元，节约率1.28%；审核工程、货物及服务项目666项，核减金额6591.62万元，核减率4.03%。通过交易平台完成集体资产招标297宗，溢价2636.33万元，溢价率30.17%。

（王锦霞）

附：2018年厚街镇党委、人大、政府主要领导名录

镇委书记：詹文光

镇人大主席：方活力

镇　长：叶可阳

2017—2018年厚街镇主要经济社会指标情况表

指标	单位	年份	
		2017	2018
户籍人口	人	108538	117528
常住人口	万人	43.85	43.93
面积	平方千米	125.7	125.7
生产总值	万元	3965671	4189836
第一产业	万元	12776	13977
第二产业	万元	1763138	1826440
第三产业	万元	2189758	2349419
总用电量	万千瓦时	357700	369743
全社会固定资产投资总额	万元	487166	411404
社会消费品零售总额	万元	1799686	1966491
外贸出口总额	万元	5619604	5656875
实际利用外资	万美元	2640	1247
地方财政总财力	万元	255747	314924
各项税收总额	万元	630986	722194

沙田镇

【沙田镇概况】 沙田镇位于东莞市西南部，地处粤港澳大湾区中部轴线上和广深科技创新走廊腹地。截至2018年底，面积111.5平方千米，下辖16个村、2个社区。户籍人口4.96万人，常住人口18.03万人。沙田镇是全国重点镇和中国港口物流重镇，被评为“全国龙舟之乡”“中国水上民歌（咸水歌）之乡”“国家卫生镇”。

2018年，沙田镇实现地区生产总值152.01亿元（第一产业2.45亿元，第二产业56.38亿元，第三产业93.18亿元），比上年增长13.61%；全社会固定资产投资总额71亿元，增长15.26%；总用电量16.68亿千瓦时，增长2.26%；社会消费品零售总额32.51亿元，下降2.61%；实际利用外资9137万美元；外贸出口总额356.96亿美元，增长53.03%；各项税收总额34.13亿元，增长26.84%；地方财政总财力25.13亿元，增长11.65%。

2018年，沙田镇在镇街领导班子年度工作考评中，获评为优秀镇街（连续5年获得优秀镇街）；并获得“全国优质服务示范社区卫生服务中心”“广东省健康促进示范单位”“广东省‘民主法治村（社区）’”“广东省宜居社区”“广东省‘平安家庭’示范村（社区）”“广东省五四红旗团委”“广东省社区教育试验区”等7项全市“单打冠军”。

【产业发展】 2018年，沙田镇紧抓粤港澳大湾区和广深港澳科技创新走廊建设机遇，围绕发展临港现代产业，实施精准招商和产业链招商，参加全市产业招商大会、莞港产业合作联合推介会等重大招商活动，引进唯美项目、拓斯达项目等10个优质项目，投资总额超400亿元。加快推动思贝克港湾新城产业项目招引，吸引中软国际项目等7个优质项目签约进驻。提升执行力，推进项目建设，强化项目建设督导，落实专人跟踪、一站式服务等机制，开展重大项目建设“百日攻坚”大会战，推动项目尽快落地。12个省市重大项目完成投资32.8亿元，完成年度投资计划120%，其中，丙烷脱氢项目年度投资达20亿元，完成国内最大的产品分离塔吊装。推动食品码头C、D、E仓等8个项目开工建设，推动联想冷链三区项目等7个亿元以上项目试运营。完善“科技沙田”工程专项政策，发挥2000万元专项资金带动作用，培育高新技术企业和“两自”（自有品牌、自主技术）企业，工业企业技改投资约9亿元，新增国家高新技术企业28家，企业研发机构20个，专利授权量1120个，发明专利增速排全市镇街第3名，推动南星电子研发部门获得省技术中心认定、宏川智慧物流公司在主板上市、锦星钮扣科技公司挂牌“新三板”。将“倍增计划”（2020年实现国内生产总值和城乡居民人均收入比2010年翻一番）试点企业扩至38家，加强挂点联系和走访帮扶，市镇试点企

沙田镇 （沙田镇供图）

业完成主营业务收入301亿元，比上年增长25.8%。

【城市品质提升】 2018年，沙田镇坚持产城融合发展，完成《东莞市沙田镇虎门港总体规划修改（2016—2020年）第二阶段》《东莞市沙田镇虎门港近期建设规划（2017—2020年）》等编制。完成工业保护线专项规划，划定27.6平方千米工业保护线。组织编制《沙田镇城市更新专项规划》，稔洲村造纸厂、冠杰“工改工”（将现有土地性质为普通工业用地改变为新型产业用地，将旧工业区拆除重建升级改造为新型产业园）等项目加快建设。引进600亿元思贝克港湾新城项目，建设港湾大桥连接泥洲岛，突出产业引领、产城融合，对片区进行概念性总体规划及产业规划设计。加快打造高品质城市中心，推进民田汇景AI智能小镇、西太隆信鸿湾区智谷、稔洲村大新科技及齐沙村人工智能小镇等5个项目建设，推动穗莞深城轨沙田站TOD（以公共交通为导向的开发）综合开发。建成西大坦作业区中路等5条道路，基本建成沿江高速立沙岛互通立交和立沙岛石化中路延长线，新开工东江南支流港湾大桥等3项道路工程，完成镇标环岛改造工程。建成城市形象提升工程（一期）等8项民生工程，推动泥洲岛公租房、城市形象提升工程（二期）等开工建设。做好中央环保督察“回头看”以及省环保督察反馈问题整改。完成第二次全国污染源普查入户调查和数据信息采集。建成截污次支管网39.5千米，移交通水管道43千米，福禄沙污水处理厂进水量提高至85.6%，碧海云天分散式污水处理站投入使用，污水主干管网完成竣工验收。完成泗沙河等3条内河涌年度整治任务，泗盛国考断面水质提升至四类。狠抓固废处置处理，开展专项行动和联合执法，打击固废非法倾倒转移。推进蓝天保卫战各项行动任务，完成挥发性有机物排放企业提升整治，完成一批“散乱污”企业（不符合产业政策，不符合产业布局规划，未办理工信、发改、土地、规划、环保、工商、质监、安监、电力等相关审批手续，不能稳定达标排放的企业）清理。开展环境卫生专项整治行动，整改“数字城管”反映问题。整治“两违”（违法用地、违法建设），治理违建面积超30万平方米，实现新增违法建设“零增长”（增长率为零），超额完成市下达的治理任务。完成莞番高速公路征地拆迁，开展虎门港综保区征地拆迁，加快立沙岛剩余部分拆迁步伐。

【乡村发展】 2018年，沙田镇加快农村连片更新和优质项目招引，推动集体经济多元化发展，村组两级总资产36.2亿元，比上年增长5%；经营总收入3.5亿元，增长7.8%；经营纯收入2.4亿元，增长17.4%。统筹次发达村市内扶贫资金使用，通盈仓储项目建成运营，6个次发达村全部实现精准脱贫。完成69.67公顷高标准农田建设，

2018年12月12日，国内最大产品分离塔在沙田立沙岛巨正源项目现场整体一次性吊装成功

（沙田镇供图）

全年发放渔农补贴约3400万元，改造渔船71艘。完成8个村的土地承包经营权确权登记颁证。全面推行“东莞村财”App（手机软件）运用，加强村级预算管理，完成集体资产清产核资工作。通过交易平台成交43宗，成交金额1.5亿元，总体溢价率约10%。基本完成省级新农村示范片工程建设，完成1.1平方千米美丽幸福村居样板段的基础设施建设。完成27个农村环境综合整治项目，启动创建广东省森林小镇。

【公共服务】 2018年，沙田镇落实促进就业创业政策，发放各项补贴超1000万元。扩大“村民车间”规模，帮助630名就业困难人员实现就业。实施“一镇一品”（镇街特色文化和镇街好企业、好品牌）技能人才培养计划，培训人数3000人次。发放民生补助约2000万元，落实147户困难家庭最低生活保障，为近900人次群众提供医疗救助，为近3800人次老人提供居家养老服务。通过市推进教育现代化先进镇（街）复评暨省教育强镇第二轮复评督导验收。完成中心小学和中心幼儿园异地重建工程设计。完成中小学教育系统信息化建设。第一幼儿园创建成为市一级幼儿园，小学毕业考核达到省市一级学校要求，实验中学中考合格率超市平均分2个百分点。提供积分入学公办学位370个。建设医联体16个，加快养老护理院改建，完成7个社区卫生服务机构标准化建设，获评为“国家优质示范社区卫生服务中心”。启动广东省健康促进区创建，举办健康素养活动221场，实现健康促进村（社区）全覆盖。完成14个基层综合文化服务中心建设，扩大基层文化服务覆盖面，打造一批公共文化服务项目。举办主题性专场演出、公益培训等群众性文化活动769场次。

【基层治理】 2018年，沙田镇推进文明创建，建立文明创建常态化机制，加强文明创建“巡城马”（通过媒体曝光不文明现象）工作。举办“道德讲堂”总堂活动12期，发掘和推荐一批“东莞好人”候选人，完善鲘沙花园全国宣传思想文化工作示范点建设，南兴装备公司等3家企业创建友善企业示范点，352家企业创建和谐劳动关系示范点。落实“日排查、周研判”，做好重点人员稳控，抓好上级交办集中攻坚案件办理，强化重点领域专项治理，深化镇村综治中心平台建设，压实维稳属地属事责任，推动矛盾纠纷妥善化解。成立沙田铁骑大队，创新警务统筹联动，在快速处警、震慑犯罪等方面成效明显。开展“扫黑除恶”专项斗争，开展“飓风2018”等专项行动，“两抢”（抢劫、抢夺）立案数比上年大幅下降。完成“二标四实”（“二标”：标准地址库、标准作业图；“四实”：实有人口、实有房屋、实有单位、实有设施）基础信息采集，基本摸清全镇实有人口、房屋及设施等情况。完善安全生产责任体系、监管体系和惩戒体系，安全生产监管检查（巡查）实现全覆盖，危险化学品安全、有限空间作业等专项治理推进，完成省市挂牌督办的金明油库重大事故隐患整改。严防死守立沙岛安全，启动救援指挥基地建设，推进整岛封闭式管理。加强防汛应急管理，抗击台风“山竹”，成功防御历史最高风暴潮水位。抓好食

2018年6月25日，“我们的节日”——2018年沙田镇龙舟锦标赛在沙田镇淡水湖举行 （沙田镇供图）

品安全、道路交通安全、校园安全工作。全年没有发生较大以上安全事故。

【政务服务】 2018年，沙田镇提高综合服务中心运行水平，进驻部门26个，服务事项323个，清理规范各类证明245项。精简办事流程及提交材料要求，整改群众反映强烈的20项堵点问题。制定承接省市行政审批事项、公共服务事项清单，梳理承接事项587项。推进“一门式、一网式”（综合服务窗口和网上统一申办受理平台）政务服务模式，开展网上办事大厅集约化建设工作，提升“互联网+政务服务”水平。建立规模以上企业联络员制度，对重点企业进行跟踪服务，协调解决企业人才子女入学、融资困难等问题。严格行政执法，前移行政执法监督关口，主动接受群众对行政处罚、行政许可案件监督。依法办结申请政府信息公开40宗。

【2018年沙田镇龙舟锦标赛】 2018年6月25日（农历五月十二），沙田镇在沙田淡水湖举行龙舟锦标赛。来自该镇各村（社区）的17条男子传统龙和17条女子标准龙展开800米直道竞速，逾万群众观看比赛，最后中围村包揽冠军。从1981年开始，沙田镇在每年农历五月十二举行龙舟巡游或龙舟锦标赛活动，2000年被评为全国第一个“龙舟之乡”。截至2018年底，连续举办38年。

【沙田镇社区卫生服务中心获评为“全国优质服务示范社区卫生服务中心”】 2018年1月26日，国家卫生计生委办公厅公布2017年优质服务示范社区卫生服务中心名单，沙田镇社区卫生服务中心入选。沙田镇新建社区卫生服务中心综合楼，新增基层卫生服务站，形成“1中心6站点”（1个社区卫生服务中心+6个社区卫生服务站）布局，并计划新增大泥、立沙岛社区卫生服务站，打造“15分钟健康服务圈”。中心设备配置齐全率100%，达到广东省临床检验中心的质量标准。预防接种获得东莞市首批AAAAA级接种门诊，居民电子健康档案建档率和预防接种建证建卡率均达100%。 （梁嘉伟）

2018年10月19日，在2018大湾区国际科创峰会期间，首批7家龙头企业签约入驻沙田港湾新城 （沙田镇供图）

附：2018年沙田镇党委、人大、政府主要领导名录

镇委书记：贾贵斌
镇人大主席：刘振邦
镇　长：詹志斌（任至12月）

2017—2018年沙田镇主要经济社会指标情况表

指标	单位	年份	
		2017	2018
户籍人口	人	46358	49644
常住人口	万人	17.99	18.03
面积	平方千米	111.5	111.5
生产总值	万元	1337973	1520062
第一产业	万元	22396	24501
第二产业	万元	508368	563757
第三产业	万元	807208	931803
总用电量	万千瓦时	163153	166847
全社会固定资产投资总额	万元	616033	710024
社会消费品零售总额	万元	333803.3	325088
外贸出口总额	万元	2332525	3569564
实际利用外资	万美元	8786	9137
地方财政总财力	万元	225079	251301
各项税收总额	万元	269055	341275

长安镇

【长安镇概况】 长安镇位于东莞市南端，东邻深圳市，南接滨海湾新区，西邻虎门镇，北倚莲花山，截至2018年底，面积81.5平方千米，下辖13个社区。户籍人口6.96万人，常住人口66.70万人。长安镇是中国机械五金模具名镇和中国电子信息产业重镇，被评为“全国文明镇”“国家园林城镇”“国家生态乡镇”“全国五金模具知名品牌创建示范区”。

2018年，长安镇实现地区生产总值633.24亿元（第一产业7631万元，第二产业362.09亿元，第三产业270.38亿元），比上年增长15.06%；全社会固定资产投资总额52.42亿元，下降33.08%；总用电量72.52亿千瓦时，增长3.32%；社会消费品零售总额164.62亿元，增长7.13%；实际利用外资1.22亿美元；外贸出口总额1026.13亿元，增长14.6%；各项税收总额154.55亿元，增长4.2%；地方财政总财力34.8亿元，增长6.76%。

2018年，长安镇在全市镇街领导班子年度工作考评中，排名第一；并获得“广东省健康促进示范单位”“广东省‘民主法治村（社区）’”“全国综合减灾示范社区”“广东省五四红旗团委”“广东省社区教育实验区”“全国法治创建活动先进单位”“广东省县一级公共图书馆”“广东省体育工作突出贡献单位”等8项全市“单打冠军”。

【经济发展质量提升】 2018年，长安镇特色产业提质增效，全镇拥有电子信息产业市场主体2.7万家，实现规模以上电子信息产值1616亿元，比上年增长10.2%；机械五金模具产业市场主体4.4万家，实现规模以上机械五金模具产值266亿元，增长13.4%；全镇40家市镇“倍增计划”（2020年实现国内生产总值和城乡居民人均收入比2010年翻一番）企业实现营业收入200.8亿元，增长10%，38家协同“倍增计划”企业实现营收96亿元，增长45.2%；欧珀公司、劲胜公司2家企业获评2018年东莞市大型骨干企业上台阶项目。

创新能力增强，成立东莞市高新技术产业协会长安分会，举办高新技术企业培育认定政策辅导，全镇高新技术企业547家；发挥“科技东莞”工程专项资金作用，引导和支持企业设立各类研发机构，至年底，全镇拥有省级企业工程技术研发中心19个，市级企业工程技术研发中心9个，市重点实验室2个；全镇规模以上高技术制造业产值1523亿元，比上年增长13.2%；专利申请1.99万件、授权9941件，均位居全市第一。

新兴产业发展取得突破，全镇拥有战略新兴产业1620家，比上年增长43.87%；促成61家企业“智能制造”（由智能机器和人类专家共同组成的人机一体化智能系统）项目总投资近8亿元，新增设备仪器2242台；抓好技改投资，累计完成工业技改投资25.4亿元；加快发展电子商务，电子商务交易额接近550亿元，东莞网商会会员企业发展到625家，总销售额49.9亿元。

集体经济发展质量提升，镇属集团公司经济效益提升，实现产值168.2 亿元，比上年增长6.2%；社区集体经济稳步发展，居组两级实现总收入23.2亿元，增长7.1%。

【重大项目建设推进】 2018年，长安镇10个项目纳入东莞市重大建设项目计划，计划总投资106.8亿元，其中完成投资16.96亿元；7个项目列入市重大预备项

长安广场夜色 （胡平波 摄）

目，计划总投资74.622亿元。加大招商引资力度，全年实际利用外资1.23亿美元、内资15.4亿元。

步步高研发生产项目，占地面积63.50公顷，建筑面积125万平方米，分为小天才研发中心、vivo总部、vivo制造中心、vivo制造中心B项目等4个子项目，计划总投资37.5亿元。2018年，项目完成投资7.71亿元，占年度投资计划7.7亿元的100.1%；累计完成投资25.81亿元，占计划总投资37.5亿元的68.8%。

长发光电研发生产项目，占地面积6.67公顷，建筑面积12万平方米，计划总投资6.3亿元。2018年，项目完成投资0.45亿元，占年度投资计划0.44亿元的102.3%；累计完成投资6.79亿元，占计划总投资6.3亿元的107.8%。

龙辉科技研发生产中心项目，占地面积9.67公顷，建筑面积20.56万平方米，计划总投资6亿元。2018年，项目完成投资1.35亿元，占年度投资计划1.49亿元的90.6%；累计完成投资4.37亿元，占计划总投资6亿元的72.8%。

欧珀增资扩产项目，占地面积21.46公顷，建设面积23.85万平方米，计划总投资10亿元。2018年，项目完成投资3.85亿元，占年度投资计划3.85亿元的100.0%；累计完成投资9.52亿元，占计划总投资10亿元的95.2%。

旭宇光电研发生产项目，占地面积1.93公顷，建筑面积5.92万平方米，计划总投资3亿元。2018年，项目完成投资1.36亿元，占年度投资计划0.61亿元的223.0%；项目累计完成投资1.65亿元，占计划总投资3亿元的55.0%。

宇瞳光学视频监控高清镜头研发生产项目，占地面积2.53公顷，建筑面积约8万平方米，计划总投资6.5亿元。2018年，项目完成投资约60万元，占年度投资计划0.65亿元的0.9%；累计完成投资约60万元，占计划总投资6.5亿元的0.09%。

小天才生产中心项目，占地面积10.09公顷，建筑面积22.2万平方米，计划总投资6.2亿元。2018年，项目完成投资0.08亿元，占年度投资计划1亿元的8.0%；累计完成投资0.90亿元，占计划总投资6.2亿元的14.5%。

盛航铜带及棒材板材生产建设项目，占地面积2.02公顷，建筑面积约4万平方米，计划总投资5亿元。2018年，项目完成投资2.15亿元，占年度投资计划2亿元的107.5%；累计完成投资2.25亿元，占计划总投资5亿元的45.0%。

【改革开放深化】 2018年，长安镇改善营商环境，深化商事制度改革，提升市场准入便利化水平，新登记市场主体2.8万家，总数达10.5万家；推进商改后续监管与智网工程对接，推进市场监管“一平台三工程”（创新协作平台，智慧监管、协同监管、信用监管）工作，提高市场主体办证率和清理无证照经营率；培育文明诚信市场和“守合同、重信用”企业，有99家企业获评省“守合同、重信用”企业，比上年增长39.44%。抓好依法治镇、依法行政、委托放权、政务公开等工作，逐步优化市场营商环境。

完善内外交通，主动融入粤港澳大湾区，积极参与滨海片区建设，成立镇交通委员会，破解内外交通瓶颈问题。加快交通疏导，整治重点拥堵路口，实施长盛路、锦绣路提升改造工程；推进海堤路、工业大道工程，调研推动振安路升级改造。加快推动连接深圳、滨海湾新区、松山湖等的道路规划建设，以及广深科技创新走廊沿线景观提升工程。规划完善穗莞深城轨TOD（以公共交通为导向的开发）金沙站、厦边站配套设施及周边道路建设。

扩大对外开放合作，加强与粤港澳大湾区邻近城市的合作交流，主动承接香港、深圳等地的产业、科技、人才外溢。帮助企业开拓国内外市场，组织企业参加2018中国加工贸易产品博览会、第十八届中国国际模具技术和设备展览会、香港国际珠宝展览会等专业展会；举办第18届中国（长安）国际机械五金模具展览会，实现意向交易额5.8亿元。发展跨境电商，用好“粤港跨境直通快线”、东莞网商会等平台，推动企业扩大进出口。

【城市品质内涵提升】 2018年，长安镇推动城市更新，加快实施城市品质三年提升计划，加强与香港大学、省规划设计院等高端智库的合作，提升城市规划设计品位。完成莲花湖绿道、广深高速桥下公园，以及长盛路、锦绣路等一批新建、改造项目，加快推进广深高速沿线环境品质提升项目。推进“三旧”（旧城镇、旧厂房、旧村庄）改造，盘活存量土地，纳入“三旧”改造标图建库项目184个，面积922.12公顷，完成6宗项目的改造。

狠抓污染整治，推进茅洲河污染综合整治工程，全年累计建成截污次支管网49.74千米，任务完成率102.21%；长安新区污水处理厂污水处理能力提升至每日35万吨；加快内河涌整治，完成清淤长度24.9千米，占总工程量92.66%；开展“河畅行动”，清理586间违建物，面积7.05万平方米；加大“散乱污”企业（不符合产业政策，不符合产业布局规划，未办理工信、发改、土地、规划、环保、工商、质监、安监、电力等相关审批手续，不能稳定达标排放的企业）淘汰整治力度，关停取缔企业399家；搞好红花坑、乌沙垃圾填埋场渗滤液收集等工程建设。同时，推进蓝天保卫战、净土防御战，全面改善长安城市环境。

加强城市管理，严查严控违法用地和违法建设，对新增违法建筑、“小产权房”（在农村集体

2018年8月8日，长安镇第六届运动会在长安体育馆开幕 （唐寿新 摄）

土地上建设的房屋，未缴纳土地出让金等费用，其产权证由乡政府或村政府颁发，亦称“乡产权房”）实行“零容忍”，强制拆除违法建筑58宗，面积5.8万平方米；立案查处违法用地45宗，面积12.3万平方米，实现“两违”（违法用地、违法建设）“零新增”目标。铺开历史违法建筑普查，基本完成全镇存量建筑的核查和测量工程。加强城市“六乱”（乱搭乱建、乱堆乱放、乱设摊点、乱拉乱挂、乱贴乱写乱画、乱扔乱吐）治理，加大道路、河涌保洁力度，做好垃圾收集处理等工作，通过国家卫生镇复审。推进“三线”（电力线、通信线、有线电视线）整治，完成整治点1400个。

【民生事业改善】 2018年，长安镇提升教育医疗水平，加大优质教育资源供给力度，建成并启用长安镇统一招生网上报名系统，有1.45万名随迁子女通过积分入学方式享受民办学位补贴，483名户籍生享受户籍生民办学位补贴，发放民办学位补贴1934万元；深化医药卫生体制改革，推进医联体建设，长安医院、社卫中心等分别与省市公立医院新建专科联盟，累计建立20多个医联体。强化公共卫生项目服务能力，建立“一医一护一诊室”［一名全科医生，一名社区护士（医生助理），一个家庭医生诊室］的家庭医生就诊新模式，全镇累计组建71支家庭医生式服务团队，累计签约22.9万人。

推动文化体育事业发展，实施文体事业提质增效系列方案，整合长安镇28个品牌活动，开展“选堂书院”“乐享长安”等各大板块工作。强化公共文化服务阵地建设，启用vivo文体中心“榕树下文化空间”，13个社区挂牌成立社区综合性文化服务中心。抓紧饶宗颐美术馆、长安摄影博物馆、长安镇史馆规划建设，做好长安文化中心（影剧院）保护发展计划。推动文化惠民，开展文化惠民活动4998场次，首次推出2018年长安“最美人物”评选表彰活动，举办镇第六届运动会等活动。

加大社会保障力度，推动社会保障全覆盖，累计参保单位2.87万家，各项险种参保总数195.78万人次。落实企业减负政策，继续保持较低的工伤保险、生育保险费率，发放失业稳岗补贴618万元。做好劳动就业工作，发放就业创业、人力扶持、人才培养等各项补贴1434万元，覆盖5138人。处理劳动争议案件2900宗，涉及工人6215人、金额4077万元。加大社会救助工作力度，发放社会救助资金126万元。做好市内外扶贫，其中选派赴韶关市驻村工作组，组织开展各项帮扶，实现脱贫410户1086人。

加强社会公共安全管理，深入开展扫黑除恶专项斗争，累计排查线索188条，侦破涉黑恶案件108宗，打掉各类黑恶团伙36个。推进“飓风2018”“利剑行动”等专项行动，刑事立案下降8.4%，“两抢”（抢劫、抢夺）

案件比上年下降66%，命案下降64%。开展"二标四实"（"二标"：标准地址库、标准作业图；"四实"：实有人口、实有房屋、实有单位、实有设施）基础信息采集工作，组建公安铁骑队伍，开展信访矛盾化解攻坚，维护社会和谐稳定。抓好公共安全防控体系建设，加大危险化学品、职业卫生、工贸企业等领域的执法监督管力度，监督检查企业2230家次，排查隐患1821处；开展火灾隐患排查整治，检查"三小"场所（小作坊、小档口、小娱乐场所）3.2万家、出租屋1.7万间，发现并整改隐患1.7万处，安全生产事故比上年下降37.5%，火灾事故下降19.4%；同时，加强道路交通安全综合整治，查处食品药品安全违法行为，维护社会公共安全。

【长安镇获评"全国法治县（市、区）创建活动先进单位"】 2018年6月5日，全国普法办下发《关于表彰第四批"全国法治县（市、区）创建活动先进单位"的决定》，全国422个县（市、区）获评"全国法治县（市、区）创建活动先进单位"称号。其中，长安镇是全国唯一获此殊荣的镇。

2016年起，长安镇推进法治建设，制定下发《法治长安建设第二个五年规划（2016—2020年）》等文件，成立由镇主要领导为组长的依法治镇工作领导小组；推进"民主法治社区""四级同创"［法治城市、法治县（市、区）、法治乡镇（街道）、民主法治村（社区）创建活动］，13个社区"民主法治社区"创建率100%，其中乌沙社区被选定为市级法治创建示范点；开展"校园法苑"建设，实施青少年学生法制教育课堂化，推动全镇31所公、民办中小学校增设法治文化元素；推动20多家企业开展"法治文化企业"建设，重点打造"法治文化饭堂"；推进"长安法治文化公园"建设，设置法治雕塑、法治文化、法治名人等六大主题20个法治景观点，形成视、听、感三维立体化的法治文化宣传阵地；建设全市首个普法微平台——"长安普法微平台"，通过"长安普法"微信、微博同名公众账号，与群众开展互动式普法。（王　园）

生态修复后的长安镇人民涌　　（长安镇供图）

2017—2018年长安镇主要经济社会指标情况表

指标	单位	年份	
		2017	2018
户籍人口	人	58048	69571
常住人口	万人	66.38	66.70
面积	平方千米	81.5	81.5
生产总值	万元	5503629	6332359
第一产业	万元	6975	7631
第二产业	万元	3170670	3620887
第三产业	万元	2325984	2703841
总用电量	万千瓦时	701869	725192
全社会固定资产投资总额	万元	783384	524244
社会消费品零售总额	万元	1536681	1646212
外贸出口总额	万元	8954014	10261298
实际利用外资	万美元	8503	12150
地方财政总财力	万元	325983	348017
各项税收总额	万元	1483308	1545538

附：2018年长安镇党委、人大、政府主要领导名录

镇委书记：何绍田（任至11月）
　　　　　叶孔新（11月到任）
镇人大主席：王志明
镇　长：郭荣新

寮步镇

【寮步镇概况】 寮步镇是广东省中心镇，地处东莞市地理几何中心，毗邻市主城区、松山湖（生态园）国家高新区。截至2018年底，辖区面积71.38平方千米，下辖10个社区、20个村，常住人口41.64万人，其中户籍人口10.04万人。寮步镇被评为“全国文明村镇”“中国沉香之乡”“中国电子信息产业名镇”“中国汽车销售名镇”“国家卫生镇”“国家级生态乡镇”。

2018年，寮步镇实现地区生产总值290.76亿元（第一产业9728万元、第二产业159.30亿元、第三产业130.49亿元），比上年增长7.6%；全社会固定资产投资总额74.72亿元，增长13.5%；总用电量31.09亿千瓦时，增长6.2%；社会消费品零售总额254.76亿元，下降8.2%；实际利用外资2530万美元，下降71.61%；外贸出口总额298.65亿元，增长1.8%；各项税收总额74.93亿元，增长7.8%，地方财政总财力28.36亿元，增长2.9%。被评为全市领导班子年度工作优秀镇街，获得“全国优质服务示范社区卫生服务中心”“广东省民主法治村（社区）”“广东省宜居社区”“广东省社区教育实验区”4项东莞市“单打冠军”。根据2018年中国中小城市科学发展指数研究成果，寮步镇居全国综合实力千强镇榜单第25位。

【重大项目建设】 2018年，寮步镇完善重大项目建设“一对一”领导挂点服务机制，打赢重大项目“百日攻坚”大会战，松湖智谷项目、波顿香料项目、富乔玻纤项目、特发信息光纤项目、中电新能源项目和中外运供应链项目等6个市重大项目完成投资总额19.9亿元，完成年度投资计划190%。其中波顿香料项目建成投产，松湖智谷项目一期签约进驻企业项目103个。与松湖智谷产业园、中兴通讯股份有限公司签订战略合作协议，打造东莞市智能制造示范园区。光大智慧谷产业园项目、光峰科技项目、艾米新材料项目、科广半导体项目等4个投资超5亿元的重大项目签约落地。

【产业转型升级】 2018年，寮步镇实施企业规模与效益倍增计划，完善市镇“倍增计划”（2020年实现国内生产总值和城乡居民人均收入比2010年翻一番）企业、协同“倍增计划”企业“一企一策”等政策扶持体系。63家市镇及协同“倍增计划”企业实现规模以上工业增加值31.6亿元，比上年增长11.6%，拉动全镇规模以上工业增加值增速3.2个百分点。出台《寮步镇扶持企业发展专项资金管理办法》《寮步镇企业人才公寓住房租赁补贴办法》，镇财政设立每年5000万元企业创新发展专项资金，鼓励引导企业加大技术研发投入，培育创新主体。新增国家级高新技术企业109家，总数277家；新增小微企业转型升级规模以上企业149家，规模以上工业企业总数达370家；企业自建研发机构增至181家，完成工业技改投资13.8亿元，比上年增长29%；

寮步镇之夜 （寮步镇供图）

先进制造业、高技术制造业工业增加值分别增长14.2%、9.2%；新增国内新三板挂牌企业2家、上市后备企业1家，为科技型中心小企业担保融资贷款超1.6亿元。全年利用外资项目签约27个，实际利用外资2530万美元；引进内资项目92个，实际投资金额21.1亿元，比上年增长13.6 %。加强商事登记改革协同监管，优化营商环境，新增市场主体1.38万个，各类市场主体总数6.11万个，比上年增长16.4%。现代商贸服务业持续发展，举办首届国际汽车文化节，第九届国际沉香文化艺术博览会，首个城市综合体项目万润广场开业，南华物流园规划升级为跨境物流园。

【城市环境品质提升】 2018年，寮步镇持续加大财政投入，全域推进美丽寮步建设，提升城市环境品质。加强生态环境治理，打好水污染治理攻坚战、蓝天保卫战、净土防御战等三大战役。新建截污管网84千米，验收通水63千米，更新改造供水管网65千米，累计建成截污管网172千米。落实“河长制”，成立护河志愿服务队，开展巡河护河志愿服务活动，排查整治入河排污口540个；开展寮步河、西南河、横竹河等3条黑臭水体整治和4条河道排渠清淤工作，寮步河水质逐步好转。完善道路交通基础设施建设，完成民福路、站前路等6条道路新建和升级改造工程。强力推进“两违”（违法用地、违章建筑）综合整治。整治违法用地76宗，整改违法用地13.73公顷，复耕复绿土地17.58公顷；开展存量建筑信息普查，建立存量建筑信息数据库和管理台账，登记房屋信息7.55万栋，登记完成率100%；查处违反城市规划的违法建筑51宗，拆除违法建筑面积3.1万平方米，累计完成年度违法建筑治理任务46万平方米，实现新增违建“零增长”、历史违建“负增长”。加强城市精细化管理，推进“数字城管”和网格化管理，督办处理城市管理案件1.07万件；开展城市“六乱”（乱搭乱建、乱堆乱放、乱设摊点、乱拉乱挂、乱贴乱画、乱扔乱吐）专项整治，查处城市“六乱”行为3.9万宗，拆除违法广告牌412个；开展垃圾治理专项行动，打击固体废物非法转移、倾倒处置等行为，推进上底村垃圾填埋场存量垃圾治理；实施绿化提升、灯光景观、“厕所革命”（对发展中国家的厕所进行改造的一项举措）等工程，完善公共市政设施配套，美化城市环境。加强环境监管执法，推进工业固体废物治理，淘汰整治“散乱污”企业（不符合产业政策，不符合产业布局规划，未办理工信、发改、土地、规划、环保、工商、质监、安监、电力等相关审批手续，不能稳定达标排放的企业）316家，查处环境违法案件108宗。开展重点VOCs（挥发性有机化合物）企业污染整治等专项行动，完成重点VOCs源头治理企业整治48家，末端治理企业整治91家，竹园污水处理厂处理废水3791万吨。配合推进莞番高速公路建设寮步段征地拆迁工作，完成征地任务2.12万平方米，拆迁2.49万平方米。开展广东省全域旅游示范区创建，香市文化旅游区创建成为国家AAAA级旅游景区，牙香街文化旅游区创建成为国家AAA级旅游景区。

【美丽乡村建设】 2018年，寮步镇贯彻实施乡村振兴战略，制定《寮步镇推进乡村振兴战略工作方案》，明确乡村振兴工作路线图、任务书、时间表。出台《寮步镇农村环境提升工程专项资金奖补方案》，设立“3年3个亿”农村环境整治提升专项资金，镇财政对农村环境整治提升项目按照5：5比例进行补助。首批启动70个农村环境整治提升项目，总投资1.3亿元。编制与松山湖高新区接壤7个村（社区）环境整治提升规划，在空间、产业、环境、公共服务配套等方面全方位融入。建设美丽幸福村居25个。

【农村经济发展】 2018年，寮步镇促进推进镇村统筹发展，出台《寮步镇镇村统筹发展暂行办法》，完善税收分成和财政补助利益共享机制，鼓励村集体升级改造低效旧厂房，盘活存量土地资源，拓展产业发展空间。盘活存量土地17.11公顷、处置闲置土地10.24公顷，改造低效旧厂房新增产业空间70万平方米。引导社会资本参与城市更新改造，完成城市更新项目6宗，改造面积21.33公顷。加强农村集体资产监管，建立农村会计主管制度，持续推进增资减债工作。农村集体资产交易平台完成交易529宗，为集体经济增收4678万元，收不抵支村（社区）比上年同期减少1个。村组集体经营总收入11.7亿元、纯收入7.1亿元，分别比上年增长9.3%、11.6%。推进农村集体产权制度改革，全部村组集体经济完成清产核资，全面完成农村土地经营承包确权登记颁证。

【社会治理】 2018年，寮步镇开展扫黑除恶、“飓风2018”、“粤剑扫毒”等专项行动。组织推进“天网工程”建设，在辖区主要路口、重点部位建成高清视频监控和治安卡口663路，在建809路，擦亮打击路面犯罪“天眼”，全镇“两抢”（抢劫、抢夺）警情比上年下降72.7%；组建70人的公安铁骑队伍，强化对路面治安、交通案事件先期处置，铁骑工作成效并列全市第一位；突出抓好道路交通安全整治，加强交通安全执法和农村交通安全治理，完善安全设施建设，建立伤者抢救“绿色通道”，压减亡人事故，亡人交通事故下降41.9%。推进全民禁毒工程，加强易制毒化学品企业排查管控，推进社区戒毒社区康复工程和青少年毒品预防教育工程，社区戒毒执行率100%；深化“智网工程”建设，抓好网格入格事项巡查、报送和处置，发现、处置各类隐患4.6万个。完成“二标四实”（标准地址库、标准作业图、实有人口、实有房屋、实有单位、实有设施）基础信息采集，夯实社会治理要素基础信息资源库。落实安全生产责任制，坚持党政同责、一岗双责，开展安全生产大排查大整治，全镇安全生产形势总体稳定，未发生较大及以上生产安全事故。加强群众信访和矛盾纠纷化解工作，建立公职律师工作机制，实现镇级法律服务中心、村级法律服务站、法律顾问“三级联网”全覆盖。发挥“一村（社区）一法律顾问”作用，健全人民调解工作，加强基层法治建设。

【民生事业】 2018年，寮步镇落实就业创业补贴政策，提高就业创业专项资金使用率，做好领取补贴准入检查、档案管理等工作，发放就业创业补贴601万元，惠及群众6668人次，其中发放“4050”（女满40周岁，男满50周岁）就业困难人员补助416.6万元，补贴5929人次；大中专岗位津贴68.2万元，补贴341人次；自主参训和技能晋升培训补贴83万元，补贴398人次，登记在册失业率控制在3%以内。加强人才服务，办理人才入户7427人、积分入户2388人，户籍总人口突破10万人，比上年增长16.35%。出台教育扩容提质系列政策，启动3所公办小学规划建设前期工作，推动7所公办小学和2所公办中学扩班扩容，新增公办学位750个，为异地务工人员随迁子女提供积分入学学位6800个，比上年增长254.2%。西溪小学与松山湖中心小学实现集团化联合办学。提升医疗服务水平，寮步医院新门诊综合大楼、社区公共卫生大楼建成启用，完成14个社区卫生服务站标准化建设，创建全国健康促进区通过省级评估验收。创建广东省食品安全示范镇，建成食品加工小作坊集中加工中心投入使用，提高食品安全保障能力。完善公共文化服务体系建设，筹建香市粤剧团，启动香市体育公园、公共文化综合体、香市大舞台改造升级等公共文体项目建设，基层综合性文化服务中心实现全覆盖。举办庆祝改革开放40周年成果展等系列活动。开展全域精神文明创建活动，制定“志愿寮步”五年行动计划，推广上屯村“尚善365”文明积分进万家项目，践行社会主义核心价值观。筑牢民生兜底保障，提高困难家庭补助标准，向困难群体发放各类救助、补助金3127万元。筹建寮步慈善基金会，设立白玉兰家庭服务中心服务点，社工中心老人免费送餐服务推广到22个村（社区）。做好“三防”（防旱、防涝、防风）工作，抵御超级台风“山竹”等自然灾害。做好韶关翁源县、浈江区精准扶贫和产业结对帮扶工作，落实对口帮扶计划，以就业、医疗、文化、教育和农村基础设施等重点民生领域为突破口，累计落实帮扶资金1824.35万元，完成111户275人脱贫任务，预脱贫完成率100%。

【政风建设】 2018年，寮步镇深化“放管服”改革，完善政务服务中心建设，简化群众办事程序、优化项目审批流程，开展“减证便民”行动，取消各类证明、佐证材料261项，受理行政审批和便民服务事项9.3万宗，办结率96%。落实中央、省委巡视和市委巡察反馈意见整改，加强政风建设，坚持正风肃纪，落实中央八项规定和实施细则精神，“四风”（形式主义、官僚主义、享乐主义、奢靡之风）突出问题得到有效遏制。严格规范

寮步镇香市科技产业园（松湖智谷）项目一期——产业大厦 （寮步镇供图）

财务管理制度，强化财政预算约束，规范政府采购管理，加强审计监管问责，提高财政资金使用绩效。坚持厉行节约，严控“三公”经费（因公出国、出境的经费、公务车购置及运行费、公务招待费）支出，“三公”经费比上年下降18.4%。全面完成行政机关超标办公用房整改。主动接受人大和社会监督，人大建议办结率和满意率均100%。

生态宜居——寮步镇　（寮步镇供图）

【第九届国际沉香文化艺术博览会】 2018年12月21—24日，第九届中国（东莞）国际沉香文化艺术博览会在寮步镇青洲香市文化产业园（主会场）和中国沉香文化博物馆、牙香街、香博园（分会场）同时举办。该届展会以加强文化遗产保护传承，健全现代文化产业体系和市场体系，创新生产经营机制，培育新型文化业态为目标，深化市场化办展模式，通过公开招标确定东莞市沉香协会为主办单位。展会布展总面积5万平方米，主会场规划面积3.2万平方米，集中展示国内外顶级沉香文化艺术收藏品以及莞香文化产业衍生品，同时成立沉香联盟，举办沉香高峰论坛、全国香艺师大赛、香王大赛、合香师大赛等系列主题活动，推动香文化旅游产业融合发展。累计接待游客10万人次，意向交易额超1亿元。

【2018东莞（寮步）国际汽车文化节】 2018年11月9—11日，2018东莞（寮步）国际汽车文化节在东莞篮球中心举行。该届国际汽车文化节由寮步镇人民政府主办，东莞市汽车行业协会、东莞市国际汽车贸易城有限公司协办，特邀中国汽车工程学会、中国汽车工业协会指导，旨在通过汽车文化节的举办，推动文化、旅游与汽车产业融合，加快推进寮步镇从“汽车销售名镇”向“汽车产业名镇”升级，持续擦亮寮步镇“中国汽车销售名镇”品牌。该届汽车文化节设有2个会场，其中，主会场设在东莞篮球中心，分会场设在寮步国际汽车城。该届国际汽车文化节主要活动有2018中国人保（东莞·寮步）国际汽车博览会、中国（东莞）新能源汽车推广应用大会、东莞市汽车后市场服务体验、“老爷车”及超级跑车展、汽车百年历史展、汽车改装文化展示及漂移表演、东莞市汽车模特大赛、东莞市青少年汽车模型竞赛、汽车销售大赛、汽车摄影大赛、餐车文化美食嘉年华等。吸引超100家汽车经销商，包括100多个知名汽车品牌，200多款乘用车、商务车和新能源汽车前来展示。活动吸引65家商协会、25家汽车租赁公司、150家大型汽车物流企业，10余家滴滴合作公司集体采购。累计接待游客15万人次，意向交易额达10亿元。

（刘勋良）

附：2018年寮步镇党委、人大、政府主要领导名录

镇委书记：梁荣业
镇人大主席：韩巧轩
镇　长：李　刚

2017—2018年寮步镇主要经济社会指标情况表

指标	单位	年份	
		2017	2018
户籍人口	人	86288	100397
常住人口	万人	41.36	41.64
面积	平方千米	71.38	71.38
生产总值	万元	2642527	2907588
第一产业	万元	8891	9728
第二产业	万元	1423532	1592992
第三产业	万元	1210103	1304869
总用电量	万千瓦时	292885	310891
全社会固定资产投资总额	万元	658388	747204
社会消费品零售总额	万元	2796848	2547592
外贸出口总额	万元	2933682	2986488
实际利用外资	万美元	8911	2530
地方财政总财力	万元	275726	283642
各项税收总额	万元	695321	749276

大岭山镇

【大岭山镇概况】 大岭山镇位于东莞市中南部，是全市唯一同时与东莞市区、松山湖和深圳接壤的镇，东临松山湖（生态园）国家高新区，北靠同沙生态公园，西南依大岭山森林公园。截至2018年底，辖区面积95.5平方千米，下辖21个村和2个社区，常住人口28.2万人，其中户籍人口5.6万人。大岭山镇被评为“全国文明镇”“中国家具出口第一镇”“国家卫生镇”“中国绿色名镇”“国家级生态乡镇”“全国环境优美镇。

2018年，大岭山镇实现地区生产总值231.1亿元（第一产业3530万元，第二产业111.5亿元，第三产业119.3亿元），比上年增长2.2%；全社会固定资产投资总额58.7亿元，增长28.7%；总用电量26.7亿千瓦时，增长5.8%；社会消费品零售总额77.3亿元，增长8.1%；实际利用外资6889万美元，增长77.7%；外贸出口总额164.42亿元，下降22.76%；各项税收总额51.7亿元，增长19.6%；地方财政总财力37.19亿元，增长28.15%。大岭山镇综合竞争力、综合实力分别排名全国乡镇第12名和第40名；蝉联“国家卫生镇”“省教育强镇”“市推进教育现代化先进镇”称号；获广东省健康促进示范单位、广东省民主法治村（社区）、广东省宜居社区、全国优质服务示范社区卫生服务中心、广东省社区教育实验区等5项全市“单打冠军”。

【实体经济】 2018年，大岭山镇把做强实体经济作为加快发展的着力点，推动经济高质量发展。培育创新主体，新增高企70家，总量增至128家；新增规模以上工业企业自建研发机构45个，规模以上企业研发机构建有率38.3%。全镇规模以上工业企业R&D经费支出4.76亿元，比上年增长51.6%。新增专利申请2959件、专利授权2354件，分别比上年增长12.2%和45.6%。25家企业实施智能制造技术改造或大型技术创新改造，投资总额3.5亿元。新增省名牌产品5件。在2017年度镇街（园区）创新驱动发展工作考核中，位列全市第六名。引进超亿元内资项目12个，协议投资额105.4亿元，比上年增长1324.5%；新签外资项目18个，实际利用外资总额6889万美元，增长77.7%。推进大族激光等大型项目落户。“天安人工智能小镇”项目作为重点更新单元在全市产业招商大会和全省“三旧”（旧城镇、旧厂房、旧村庄）改造项目推介会上进行签约。“客天下生态文旅特色小镇”项目通过广东省发改委审批立项。5个市重大项目超额完成投资8.7亿元，其中德普特电子、裕同环保包装等2个项目竣工投产；良友项目和增补的德普特智能穿戴项目实际投资均完成130%。新增信濠智能制造等6个市重大预备项目，计划投资总额54亿元。出台大岭山镇“倍增计划”（2020年实现国内生产总值和城乡居民人均收入比2010年翻一番）试点企业产业政策倍增扶持、骨干人才资助、骨干人才子女入学资助等实施细则，给予试点企业义务教育入学指标113个。开展2017年度倍增试点企业考核，调整确定37家市镇试点企业，选定25家协同倍增企业。市镇两级试点企业全年实现产值232.8亿元，主营业务收入228.9亿元，纳税总额5.5亿元，5家试点企业实现提前倍增。

大岭山镇夜景 （李玉龙 摄）

【综合服务改革深化】 2018年，大岭山镇深化“一门式一网式”改革，镇综合服务中心进驻部门增至19个，有232个事项实现“一门式”办理、5个部门55个事项实现“一窗通办”。深化商事制度改革，全面推行“多证合一”“全程电子化+审批中心”工商登记模式，新登记各类市场主体比上年增长64.9%。深化“放管服”改革，依法承接人才入户、建筑和工程规划许可等审批事权，建成“出入境24小时自助办证厅”，户政、出入境窗口周六实现全天开放。深化不动产改革，实现一手办证、二手交易、抵押登记等业务缩短到5个工作日办结。培育服务外包、技术进出口等外贸新业态新模式，技术进出口合同总额523.2万美元，比上年增长70.6%；服务外包执行金额3353.2万美元，增长66.9%。利用海博会、加博会、智博会、广交会等展会平台，推动企业拓展中国香港及“一带一路”沿线国家（地区）新市场，企业境外投资额200万美元。105家中小微企业享受出口信用保险全额资助。加快道路互联互通，完成研发西四路征地拆迁以及华为终端松山湖总部园区出入口工程土地青苗征收工作。完成临松山湖9个村（社区）

景观融合带规划设计并通过片区联席会议审议，各项美丽乡村整治工作有序推进。参与片区协同治水，马蹄岗村和大塘朗村生活污水分别接入松山湖和寮步镇截污管网。聚焦产业扶持、环境品质提升等重点，研究出台推进乡村振兴战略9大板块共43项政策措施。统筹镇财政1.6亿元和松山湖9000万元扶持资金，加快210个农村环境品质提升项目建设。村组两级投资银行理财和信托产品11亿元，收益比上年增长43.8%。深化“两个平台”建设，成交集体资产113宗，总成交额10.6亿元。全年村组两级总资产和总收入分别比上年增长21.2%和13.9%，收不抵支村组和高负债村组分别减少3个和6个。

2018年11月28日，大岭山镇举行第三届红色文化节开幕式暨“不忘初心”大型交响合唱音乐会 （大岭山镇供图）

【城市环境品质】 2018年，大岭山镇完成总体规划修编、城市更新专项规划初稿编制等工作。推进光辉家具“工改工”（将现有土地性质为普通工业用地改变为新型产业用地，将旧工业区拆除重建升级改造为新型产业园）项目，力祥鞋材厂等4个“工改居”（工业地改造为国有居住用地）项目建成并推出市场销售。实施城市品质三年提升计划，体育馆、镇标公园升级、图书馆土建等19个项目基本完成，市民花园建设进度加快。推进“三环六射二联”路网规划和大岭山北站TOD综合开发规划，实施大岭山大道、镇中心区道路升级改造，完成石大路、莞长路、厚大路景观提升，加快连马路升级改造、莞番高速征拆工作。开展城市精细化管理考核，整治城市“六乱”5300宗次，清理卫生死角719处，实现“三无二净”街道整治目标，通过国家卫生镇复评。高压整治“两违”（违法用地、违法建设），新增违建实现“零增长”，治理各类违法建筑36万平方米，超额完成市下达任务。完成存量建筑信息普查5.3万户和违法用地图斑整改130宗。建成镇级“十有”、村级“八有”三防体系，成功抵御强台风“山竹”。抓细省园林城镇创建工作，新增绿化面积约10万平方米，整治绿化裸露地面积1.8万平方米。推行河长制，投入313万元对全镇河道开展日常保洁服务。新建截污次支管网41.2千米，验收、移交及通水39.1千米。开展内河涌综合治理，“连平河下游+梅林支流”通过消除黑臭阶段验收，水质明显提升。杨屋村分散式污水处理设施建成并达标运营。打好“蓝天”保卫战，取缔整顿“散乱污”企业306家，注销报废锅炉30台，淘汰整治VOCs企业425家。加强对固废危废全链条执法监督，备案建筑淤泥倾倒点35个，查处违规运输、倾倒、涉漏等车辆202辆。落实中央、省环保督察整改，6件案件全部办结。

【社会治理】 2018年，大岭山镇扫黑除恶专项斗争成效突出，打掉涉恶犯罪团伙16个，其中1件案件破案经验得到市高度肯定。“飓风2018”专项行动排名全市第九，社会治安呈现“三降三升”良好态势，全年九类涉恶案件破案率93.9%。组建36人公安铁骑大队，推行“2+4+24”巡防模式，社会治安防控“铸盾”行动排名全市第三。推进“智网工程”建设，完成“二标四实”（“二标”：标准地址库、标准作业图；“四实”：实有人口、实有房屋、实有单位、实有设施）基础信息采集工作。开展智慧新警务，累计投入约2300万元完成高清视频监控平台、监控指挥大厅及监控机房等全息感知网配套建设。完善人民调解“以案定补”制度，全镇综治两级平台受理的矛盾纠纷案件调结率99.5%。落实矛盾纠纷领导包案、接访下访等制度，出台《大岭山镇欠薪应急周转金管理办法》，有效处置化解金铭和金卓公司欠薪等矛盾纠纷。完成大岭山镇公共法律服务中心“4+X”建设。杨屋村获“无邪教示范村”称号。推进“七五”普法规划实施，开展“3·15”消费者权益日等专题普法活动，受教育人数1.5万人。完成第二批9个“民主法治村（社区）”的省、市申报和镇级验收。成立村级安委会及安委办，投入1790.9万元重新组建村级安全生产监督检查员队伍。开展安全生产大排查大整治，加强对有限空间、建筑施工等重点行业领域监督治理，聘请专家对1300余家企业有限空间作业进行全面排查摸底辨析。开展春夏消防检查、“打通生命通道”等专项整治工作，全年火灾起数比上年下降19.4%，无亡人火灾事故发生。各村（社区）完成东莞市消防安全社区创建。

【民生实事】 2018年，大岭山镇把增进民生福祉作为一切工作的根本目的，推动人民生活水平不断改善。大岭村、大环村2个次发达村纯收入分别比上年增长21.6%和23.5%，完成脱贫任务。累计统筹2221.9万元扶贫帮扶揭阳惠来县溪西镇和隆江镇10个贫困村，开展帮扶项目5956个，累计预脱贫518户2293人，脱贫率95%。落实好帮扶昭通威信县工作，支持双河乡苗寨改造、100户爱心房等项目，承接威信县劳动力转移就业3328人。中考全镇平均分连续第七年超过市平均水平。大岭山中学高考上线率99%，举办建校五十周年庆典。出台《大岭山镇幼儿园和中小学建设专项规划（2018—2022年）》，推进4所公办中小学、幼儿园改扩建工程，高标准规划新建1所公办小学和1所公办幼儿园。向进城务工随迁子女提供公办学位和民办学位补贴5142个，补贴户籍人口适龄儿童入读民办（集体办）幼儿园1689人。推进医联体建设，大岭山医院加盟多个省市医疗专科联盟。推进社区卫生服务机构标准化建设，筹建新社卫中心大楼。推进医保支付、分级诊疗等医疗改革，家庭医生服务签约超2.5万人。创建广东省健康促进区，完成健康促进村、健康促进医院和健康家庭创建，德普特电子有限公司被评为国家第一批流动人口健康促进示范企业。完善覆盖全民、镇村统筹的多层次社保体系，投入5418.2万元支持农村购买医疗保险和养老保险。全年投入2790.9万元用于发放重大疾病、残疾人、就业等各类补助以及加强居家养老服务。提前超额完成全年参保人数目标任务，社保基金征缴比上年增长5.6%。开展百千万文化惠民工程，举办文化惠民演出18场、放映电影276场。加强大岭山抗日根据地旧址文物保护和环境整治工作，举办第三届红色文化节和“不忘初心·重走东纵路”红色旅游活动。实现村级综合性文化服务中心全覆盖。全域推进文明创建，完成文明城区考评，连平村创建为市家庭文明建设试点。

广东东江纵队纪念馆　　（大岭山镇供图）

【大岭山镇第三届红色文化节】2018年11月28日至12月6日，大岭山镇举办以“神州飘红·莞邑放歌”为主题的第三届红色文化节。该届红色文化节历时9天，发挥地方红色文化资源优势，邀请国家、广东省著名艺术家参与，开展大型交响合唱音乐会、“我的红色记忆”征文比赛、红色骑行挑战赛、重走东纵路万人徒步、红色情怀主题系列艺术展、红色之旅摄影大赛、红色电影放映等15项大型文体活动，形式丰富多彩，群众参与度高，是新时期弘扬红色文化、擦亮红色文化品牌的重要举措。

（叶加伟）

附：2018年大岭山镇党委、人大、政府主要领导名录

镇委书记：陈福坤

镇人大主席：吴美娇

镇　长：黄德洪（8月到任）

2017—2018年大岭山镇主要经济社会指标情况表

指标	单位	年份	
		2017	2018
户籍人口	人	52561	56869
常住人口	万人	27.95	28.23
面积	平方千米	95.53	95.53
生产总值	万元	2207052	2311230
第一产业	万元	3227	3530
第二产业	万元	1120847	1115116
第三产业	万元	1082978	1192584
总用电量	万千瓦时	252695	267258
全社会固定资产投资总额	万元	455926	586988
社会消费品零售总额	万元	714440	772506
外贸出口总额	万元	2128900	1644209
实际利用外资	万美元	3876	6889
地方财政总财力	万元	290192	371867
各项税收总额	万元	432290	517028

大朗镇

【大朗镇概况】 大朗镇位于东莞市中南部，地处粤港澳大湾区、广深港澳科技创新走廊的重要节点，毗邻松山湖（生态园）国家高新区，与广州、深圳和香港同处一小时生活圈。截至2018年底，辖区土地面积97.5平方千米，下辖28个社区（村），常住人口31.7万人，其中户籍人口8.9万人。大朗镇被评为“全国文明镇”“中国羊毛衫名镇”“中国电子信息产业名镇”“首批全国纺织模范产业集群”“中国电脑针织横机集散基地”“中国针织区域品牌”“中国编织艺术传承基地”“中国毛织产品采购基地”“中国毛织纱线集散基地”“中国毛织服装电商品牌孵化基地”“中国毛织文化艺术之乡”“国家外贸转型升级示范基地”“中国荔枝之乡”“国家生态乡镇”“国家卫生镇”“全国创先争优先进基层党组织”。

2018年，大朗镇实现地区生产总值303.48亿元（第一产业3213万元，第二产业156.6亿元，第三产业146.6亿元），比上年增长8.5%；全社会固定资产投资总额63.43亿元，增长0.48%；总用电量40.66亿千瓦时，增长7.84%；社会消费品零售总额103.75亿元，增长7.37%；实际利用外资2031万美元，下降55.31%；外贸出口总额161.76亿元，增长21.39%；各项税收总额54.17亿元，增长21.41%；地方财政总财力37.66亿元，下降14.92%。获国家外贸转型升级基地（服装）、纺织行业创新示范集群等国家级名片，创建为全省首个乡镇人大工作示范点，获得“广东省乡镇人大工作示范点”、“广东省县乡人大工作和建设先进集体”、“全国民主法治示范村（社区）”、广东省“民主法治村（社区）”、“国家外贸转型升级基地（服装）”、“全国优质服务示范社区卫生服务中心”、“党的十九大安保维稳重大专项活动先进集体”、“广东省社区教育试验区”、国家义务教育质量监测实施“县级优秀组织单位”、“广东省宜居社区”等10个市级“单打冠军”，在2018年全国综合实力千强镇中名列第35位。

【产业转型升级】 2018年，大朗镇的毛织、装备制造、电子信息三大支柱产业蓬勃发展。规模以上毛织业工业总产值58.82亿元，毛织电商销售额82.05亿元，比上年增长8.1%，建成广东毛织产品质量安全示范区，在全市率先成立市纺织纱线行业协会；规模以上装备制造业总产值336.05亿元，增长24.23%；规模以上电子信息产业总产值274.85亿元，增长30.29%。以“倍增计划”（2020年实现国内生产总值和城乡居民人均收入比2010年翻一番）为抓手，坚持镇领导班子挂点服务企业，支持非公经济发展，构建亲清政商关系，解决人才入户、子女入学等问题1300多个。全镇45家市镇“倍增计划”试点企业工业总产值160.15亿元，比上年增长25.3%，其中产值增速超20%的企业有9家，税收增速超20%的企业有20家。推进项目建设，投资超5亿元完成5个市重大项目，完成率排名全市第五。与黑河市爱辉区签订友好合作协议，深化与凤阳县小岗村、图木舒克市51团结队交流，开展大朗乐昌对口帮扶和产业共建工作，在莞韶“十组团”2018年度招商引资考核中排名第一。

【综合服务创新】 2018年，大朗镇配合中子科学城规划建设，完成科普单元、南方光源、材料实验室等项目建设的前期工作。发挥毗邻松山湖、华为的优势，引进超亿元项目7个，增资总额51.7亿元；新引进外资项目23个，比上年增长43.8%。实施乡村振兴战略，村组两级纯收入6.8亿元，比上年增长12.2%，发展协调性平衡性不断提高。推进“树标提质”行动计划，引导企业自建研发机构，全镇国家高新技术企业193家，规模以上工业企业自建研发机构148个，其中5亿元以上规模以上工业企业实现全覆盖。推进镇领导干部联系服务高层次人才活动，打造创新型人才孵育的后备库，全镇高层次人才3000名。推进行政服务改革，推

大朗镇 （叶绍求　摄）

进全程电子化登记，巩固商事制度改革和后续监管成果，审批登记服务提速到“3113”，注册最快一天完成，全镇市场主体总量超5.6万户，排名全市第八。成立2亿元毛织产业金融服务平台，缓解毛织企业融资难、融资贵问题。

2018年7月5日，2018年大朗毛织推介会暨第十七届“织交会”新闻发布会在北京人民大会堂举行（黄伟英　摄）

【城市环境品质更新】 2018年，大朗镇实施城市品质提升计划，完成散裂中子源周边环境整治与美丽幸福村居第一、二批工程。将长盛南路、松佛路等道路打造成灯光街、国旗街，把银朗路、迎宾路等道路打造成彩色路。以中央环保督察为契机，打好蓝天保卫战、碧水攻坚战和净土防御战，整治“散乱污”企业（不符合产业政策，不符合产业布局规划，未办理工信、发改、土地、规划、环保、工商、质监、安监、电力等相关审批手续，不能稳定达标排放的企业）717家。加快固体废物整治，镇中心区填埋场实现规范处理。落实河长制工作，完成一河一策方案编制，投入5800万元整治3条内河涌，消除水体黑臭现象。新建截污次支管网64.27千米，任务完成率103.6%，排名全市第五。整治“两违”（违法用地、违法建设）建筑，在全市实施首宗高层违法建筑爆破拆除，提前2个月超额完成61万平方米违建治理任务，拆除违建面积近11万平方米。推动黄洋片区地块等“三旧”（旧城镇、旧厂房、旧村庄）改造，超额完成省下达新增任务和改造任务。全年统筹土地面积33.33公顷，提高城市承载力。

【社会治理】 2018年，大朗镇抓好社会治安、安全生产、消防安全、食药品安全工作，成立全市首个应急指挥中心，全年未发生较大及以上安全事故。“二标四实”（“二标”：标准地址库、标准作业图；“四实”：实有人口、实有房屋、实有单位、实有设施）工作排名全市第二，摘掉社会治安重点督导整治镇、火灾隐患重点整治地区帽子。传承发扬“枫桥经验”，推动全镇社区（村）调解委员会全覆盖，松柏朗创建为全市“全国民主法治示范村”，大朗镇平安法治文化主题公园被评为2018年省级“法治文化主题公园”。畅通群众信访渠道，集中开展信访矛盾化解攻坚，全年信访涉案人次比上年下降28%。推进扫黑除恶专项斗争，破获各类涉黑恶案件66件，捣毁全市扫黑除恶以来的第一宗涉赌黑社会性质团伙，获“扫黑除恶先进镇街”称号。推进“飓风2018”行动，在全市率先组建铁骑队，社会治安实现“三降三升”，防范“两抢”（抢劫、抢夺）犯罪和黄赌专项工作均排名全市第一。

【社会民生】 2018年，大朗镇落实社保扩面工作，推动户籍人口社保全覆盖，户籍人口就业率99%。推进大朗医院改扩建、社卫中心迁建工程，大朗医院晋升二甲医院，社卫中心获“全国百强社区卫生服务中心”称号。整治美景路、莞樟路（大朗段）等交通堵塞问题，解决看病难、停车难、出行难等民生难题。加强教学质量和教学环境建设，通过省教育强镇、市推进教育现代化先进镇复评，全镇中高考成绩连续多年排全市前列，每万户籍人口升大学人数126人，排名全市第五。大朗中学新校区建设、黄草朗小学迁建等项目加快推进，中心、新民、三星等8所公办小学加速扩建，公益普惠性幼儿园占比81.3%，提前完成市定目标。“朗”字系列阅读品牌活动和《大朗年鉴》分别获得国家级荣誉。阳光文化之旅、织城书香节等文化惠民活动有序开展，受惠群众100万人次。参与体育赛事，大朗男子代表队获得2018年三对三U18亚洲杯亚军、首届全国美丽乡村篮球大赛冠军和麒麟锦标赛一等奖，大朗女子代表获市女子篮球联赛冠军和2018年广东省女子传统龙狮。

【中国散裂中子源运行】 2018年3月，中国散裂中子源按时按质完成全部工程建设任务。3月25日通过中国科学院组织的工艺鉴定和验收；4月，第一篇用户实验科学成果文章在《NanoEnergy》杂志发表；8月，通过国家验收投入运行，对国内外各领域的用户开放。中国散裂中子源通过自主创新和集成创新，在加速器、靶站、谱仪方面取得一系列重大技术成果，装置整体设计先进，研制设备质量精良，靶站最高中子效率和三台谱仪综合性能达到国际先进水平。

【首个“广东省乡镇人大工作示范点”创建】 2018年6月21日，广东省乡镇人大工作示范点揭牌仪式在大朗举行，该示范点投入100多万元对人大进行硬件配套，修订完善镇人代会工作、人大主席团工作等16项制度，促进大朗人大工作规范化、常态化、制度化发展。创新“互联网+人大”等措施，密切联系群众，促成建设2亿元毛织产业融资平台，推动大朗毛衣走向世界，创建成为全省首个“广东省乡镇人大工作示范点”。同年，大朗镇被市人大授予“东莞市镇（街道）人大工作示范点”称号，半年时间吸引全国近40个兄弟市县人大前来参观考察。

【第十七届中国（大朗）国际毛织产品交易会举办】 2018年11月3—5日，第十七届中国（大朗）国际毛织产品交易会（简称“织交会”）在大朗毛织贸易中心举行。该届“织交会”以“魅力·新织城”为主题，集中展示设计、智造、创新、时尚等产业潮流新趋势，被评为“2018年度中国十佳优秀特色展会”。该届“织交会”设中国·大朗毛织贸易中心为主会场，设环球贸易广场、机械专业展馆为分会场，展览面积超过20万平方米，展位数超2000个。3天展期累计吸引约5万人次进场参观，得到各级领导的肯定，中央电视台、中国新闻社、《南方日报》等近百家主流新闻媒体高度关注并跟踪报道，向全球展现东莞智造的全新魅力与无限商机。11月6—8日为观众开放日，3天吸引超10万人次进场参观选购，现场购销两旺。

【中共大朗镇委党校建设】 2018年，大朗镇投资400万元建成中共大朗镇委党校，与省委党校合作建设全省第二个、全市首个教学实践基地，打造党建阵地标杆，为全镇5000多名党员提供党性锻炼的平台。11月1日，大朗镇举行中共大朗镇委党校揭牌仪式。11月13日，大朗镇举行中共广东省委党校干部教育学院大朗镇教学实践基地揭牌仪式。

2018年11月13日，中共广东省委党校干部教育学院大朗镇教学实践基地揭牌 （叶振豪　摄）

【大朗党建文化主题公园投入使用】 2018年，大朗镇投资200万元建设党建文化主题公园，该公园位于荔香湿地公园内，于6月28日揭牌投入使用，为全市首个镇级党建文化主题公园。公园设有党员宣誓广场、党建工作图片展区、红星亭党建风采展区等“七大区”，是大朗镇打造的首个红色教育基地。该公园旨在让市民在绿树丛中、湖地之间接受党建教育熏陶，扩大党建文化宣传覆盖面，着力打造成一个集思想教育、休闲健身、陶冶情操于一体的党群教育平台，为大朗广大人民群众提供生态优美、配套完善、富有特色的休闲场所。

（刘苑文　陈学斌　刘宪莹）

附：2018年大朗镇党委、人大、政府主要领导名录

镇委书记：谢锦波

镇人大主席：陈慧娟

镇　长：张拔海

2017—2018年大朗镇主要经济社会指标情况表

指标	单位	年份	
		2017	2018
户籍人口	人	81190	88755
常住人口	万人	31.58	31.7
面积	平方千米	97.5	97.5
生产总值	万元	2738993	3034753
第一产业	万元	2937	3213
第二产业	万元	1404135	1565720
第三产业	万元	1331921	1465820
总用电量	万千瓦时	377049	406590
全社会固定资产投资总额	万元	631256	634272
社会消费品零售总额	万元	966227	1037456
外贸出口总额	万元	1332618	1617631
实际利用外资	万美元	4545	2031
地方财政总财力	万元	442718	376625
各项税收总额	万元	446184	541720

黄江镇

【黄江镇概况】 黄江镇位于东莞市东南部经济带的腹地。截至2018年底，辖区面积98平方千米，下辖7个社区，常住人口23.23万人，其中户籍人口3.69万人。黄江镇被评为“全国百强乡镇”“国家电子信息产业基地”“国家卫生镇”。

2018年，黄江镇实现地区生产总值192.92亿元（第一产业1573万元，第二产业101.77亿元，第三产业91亿元），比上年增长8.1%；全社会固定资产投资总额78.5亿元，增长28.34%；总用电量22.69亿千瓦时，增长7.04%；社会消费品零售总额52.37亿元，增长13.56%；实际利用外资3162万美元，下降53.48%；外贸出口总额207.4亿元，下降48.06%；各项税收总额40.24亿元，增长12.42%；地方财政总财力25.65亿元，增长88.01%。入选2018年度全国综合实力千强镇70名。

【经济发展】 2018年，黄江镇发展实体经济，精准施策稳增长，经济发展质量显著提高。市、镇两级倍增计划试点企业实现主营业务收入193.2亿元，比上年增长10.6%；裕元工业园实现主营业务收入144.5亿元，增长20.3%，纳税总额6.8亿元，增长39.8%。规模以上倍增企业实现增加值44.1亿元，比上年增长8.9%，占规模以上工业增加值的46.8%。倍增工作成效受到市委、市政府高度肯定，2018年全市深入推进企业高质量倍增发展现场会在黄江召开。全镇7个市重大建设项目完成投资8.8亿元。灵狮小镇开园，中城·光明港智造创新园挂牌成立。天集·集汇谷破土动工，成为全市第一个取得新型产业用地（M0）试点指标的项目。引进外资项目27个，合同利用外资超过4200万美元；引进300万元以上内资项目249个，协议投资超30亿元。村组两级总资产26.6亿元，比上年增长8.3%；总收入3.2亿元，增长10.3%；纯收入2.4亿元，增长15.5%。商事制度改革持续深入，市场准入环境不断优化。减税政策和深化税务领域“放管服”改革顺利推进，一大批便民利民政策措施落地见效，全年减免税收8776万元。重点企业绿色通道效果明显，“多证合一”改革工作稳步推进。黄江获省“科普示范镇”称号。加工贸易企业加速向自主品牌、自主营销、高端制造方向创新发展，金科伟业等9家企业通过知识产权贯标认证。灵狮小镇项目完成投资超3.5亿元，签约优质企业60家。外资经济依赖程度持续降低，全镇内外资比例进一步拉近。新增国家高新技术企业70家，比上年增长58%。科技孵化器建设推进，规模以上企业独立研发机构覆盖率73%。工业投资和技改投资完成总量保持高位增长，全镇专利申请与授权量分别比上年增长25.6%和41.1%。

【城市规划管理】 2018年，黄江镇与深圳高水平规划编制单位合作，抓住大湾区建设背景下黄江发展窗口期，围绕轨道交通、工业保护前瞻性实施、高标准落实2016—2030年总体规划，推动轨道交通TOD及TID规划工作。完成南部产城融合与海绵城市建设

黄江镇 （黄江镇供图）

2018年7月25日，黄江镇法治文化小公园揭牌 （黄江镇供图）

策略研究，综合推进城市内涝整治、黑臭水体治理、雨水资源化利用。投资超30亿元的30个城市更新改造项目启动，更新改造面积超过1046.67公顷，改造完成项目达50%。黄实公司全面参与旧改工作，资源整合优势和经济社会效益逐步凸显。9个经联社10个“连片改造”项目加快实施。星河互联网小镇、袁屋围旧村改造项目入选全市招商大会推介项目。黄江镇纳入全市专项规划试点镇。投资3.8亿元新建截污管网94.7千米，累计建成超过137千米；完成污水处理厂二期提标改造；南山坑、大石坑排洪渠基本消除黑臭。与深圳光明开展两地污染共治，协力推进茅洲河污染治理。打响蓝天保卫战，全镇优良天数308天，成为全市达到$PM_{2.5}$国家二级标准的两个镇街之一。成功抵御超强台风“山竹”，最大程度降低灾害损失。强力整治违法用地12.2公顷，依法拆除违法建筑14万平方米。铁腕肃清非法畜禽养殖行为。整治城市“六乱”（乱搭乱建、乱堆乱放、乱设摊点、乱拉乱挂、乱贴乱画、乱扔乱吐）行为5076宗。推行镇区绿化养护市场化管理，建成区绿化覆盖率接近50%，创建为“广东省森林小镇”。将黄江大道、江南路打造为城市精细化管理示范街。强化环保执法，配合完成中央环保督察“回头看”和省环保督察工作。投入16亿元的37宗城市品质提升工程陆续建成，黄牛埔森林公园、黄江人民公园改造启动。示范区示范路灯光、夜景工程成为黄江新亮点，“一河两岸”工程推进。田星路、黄朗路贯通；“四主干九节点”改造系统推进。市民体育休闲公园、公常路莞樟路立面改造加快实施。赣深高铁征收拆迁工作全面启动。实施乡村振兴战略“1+5”行动方案，以田美社区为试点，稳步推进党建公园、党史展馆建设。田美社区“农民上楼”工程成为全市旧改样板。

【社会管理】 2018年，黄江镇落实稳控化解措施，累计解决各类不稳定因素47宗。组建铁骑大队，加强警备力量建设。开展扫黑除恶专项斗争，侦破涉恶案件42件，打掉涉恶团伙15个。开展“飓风2018”等专项行动，全镇警情持续下降，群众安全感进一步提升。规范食品安全监管，率先建成食品小作坊集中加工中心。开展各类安全专项整治工作，查处事故隐患1599处。推行消防安全网格化管理常态化运行，开展火灾隐患重点地区整治，督促整改火灾隐患826处，确保全镇消防安全形势持续向好。有效化解一批劳资纠纷和欠薪问题，追发农民工工资1213万元。完善社会矛盾调处机制，社会矛盾案件调解成功率92.5%。推进智网平台数据库建设，推动“二标四实”（“二标”：标准地址库、标准作业图；“四实”：实有人口、实有房屋、实有单位、实有设施）信息采集工作。完善入网部门联动协调机制，信息共享和问题处置效率显著提高。建成黄江法治文化小公园，法治氛围更加浓厚。宝山和长龙社区完成省、市“民主法治社区”创建工作，达标率100%。落实“七五”普法要求，普法活动受教育群众突破7万人次。

【民生实事】 2018年，黄江镇坚持以人民为中心，不遗余力惠民生，民生保障事业，按时足额发放各险种资金2.7亿元，比上年增长35.7%；失业保险金提高至每月1548元，增长28.1%；开展社会救助帮扶，发放各类救助金约1600万元。落实就业创业补贴政策，发放各类就业及培训补贴298.6万元。黄江医院与广州医科大学附属第二医院等三甲医院建立医联体关系。推进改善医疗服务行动计划，病人救治成功率持续提高。社区卫生服务机构标准化建设稳步推进。推进家庭医生签约服务，累计签约家庭5437户。硬件配套建设有序推进，投入2.2亿元改善办学条件。黄江中学校园改造工程全面启动，伊顿外国语学校开学招生。2520人通过积分入学获得公办入学资格和民办学位补贴，异地务工人员随迁子女就学问题得到缓解。黄江中学被评为市慕课试点先进单位。星光等市内欠发达村脱贫步伐加快。对口帮扶韶关曲江工作精准推进，10个贫困村集体收入比上年增长2.7倍。投入460万元与云南彝良开展东西部协作，产业帮扶、人才协作效果明显。公园、绿道文化提升工程系统推进。社区综合文化服务中心建设实现全覆盖。深化与《南方日报》《东莞日报》等媒体合作，专版宣传黄江30余次。扫黑除恶少儿群口快板获全

黄江镇绿道　　（黄江镇供图）

国电视录播大赛（东莞赛区）金奖。黄江镇自行车队代表东莞市参加第十五届省运动会比赛，获两金一银的好成绩。

【行政服务】　2018年，黄江镇执行规范性文件审查，将法律顾问前置审查引入决策过程，落实公正文明执法要求。率先完成省司法行政机构规范化建设。改造公共法律服务平台，创新法治宣传督导机制。全年受理信访案件1050件，办结率100%，有效维护群众合理诉求。落实中央、省委巡视整改意见，开展作风问题专项整治，实施"廉洁无小事""清风行"巡察试点工作。制定"小微权力清单"，长效化开展驻点联系群众工作，完善村级组织运行机制。处理行政效能投诉，群众满意率100%。申请成为全市7个政务服务改革试点镇街之一，开展"一中心、多站点"试点工作，细化社区一级事项清单，打造镇、社区联动体系。开展"减证便民"行动、推行"政务专递"特色服务。　（黄合成）

附：2018年黄江镇党委、人大、政府主要领导名录

镇委书记：叶锦锐

镇人大主席：陈泽深

镇　长：李志东（任至4月）

2017—2018年黄江镇主要经济社会指标情况表

指标	单位	年份	
		2017	2018
户籍人口	人	31957	36880
常住人口	万人	22.99	23.23
面积	平方千米	98	98
生产总值	万元	1734170	1929188
第一产业	万元	1438	1573
第二产业	万元	929237	1017663
第三产业	万元	803495	909953
总用电量	万千瓦时	212000	226940
全社会固定资产投资总额	万元	611661	785026
社会消费品零售总额	万元	461110	523656
外贸出口总额	万元	3993000	2074008
实际利用外资	万美元	6797	3162
地方财政总财力	万元	136434	256518
各税收总额	万元	357975	402443

樟木头镇

【樟木头镇概况】 樟木头镇是广东省中心镇，位于东莞市东南部。截至2018年底，辖区面积118平方千米，下辖10个社区（含1个新型社区），常住人口13.54万人，其中户籍人口3.99万人。樟木头镇被评为“中国百强镇”“国家级生态宜居示范乡镇”“国家卫生镇”“全国拥军优属先进单位”。

2018年，樟木头镇实现地区生产总值118亿元（第一产业418万元，第二产业55.23亿元，第三产业62.94亿元），比上年增长7.5%；全社会固定资产投资总额32.2亿元，增长13.3%；总用电量11.01亿千瓦时，增长2.8%；社会消费品零售总额76.1亿元，增长6.6%；实际利用外资1441万美元，下降23.3%；外贸出口总额65亿元，下降1.1%；各类税收总额24.98亿元，增长12.3%；地方财政总财力20.88亿元，增长58.62%。获评广东省生态森林小镇。

【经济发展】 2018年，樟木头镇三次产业优化调整为0.04∶46.28∶53.68，其中第二产业占比提高0.21个百分点。通过抓实市倍增和镇百名亿企培育计划，实现市倍增企业从2家增至4家，32家市、镇倍增企业主营业务收入比上年增长26.6%，百名亿企主营业务收入增长10.2%，规模以上企业增加32家、总数达149家，规模以上工业增加值增速高于市增速2个百分点，工业占比稳居42%以上。突出做优做强塑胶产业，启动塑胶生产、会展品牌“十大阵地”培育，成立发展委员会，高分子材料制造业产值比上年增长12%，塑胶行业税收增长18.5%。创建省全域旅游示范区，实施“旅游+”战略，举办省麒麟舞邀请赛，打造木祥阁工业旅游示范点，挖掘周陶、粤亮等文旅项目2个，全年游客人数超200万人次，比上年增长53.8%；旅游收入8.6亿元，增长44%。通过实施“月推进会”、三重督查等机制，推进33个镇“三重”项目进展，其中13个产业项目完成进度93%，10个重大基础设施完成进度87%。8个市重大项目累计投资24.2亿元，完成年度投资计划102.2%，其中博世激光、国际塑胶电子交易中心一期建成投产或运营，永林电子即将竣工。全年实际引资60多亿元，举办28个重大项目集中签约暨动工竣工活动，全年接洽项目52个次、投资商630人次。坚持抓“三资”（资金、资产、资源）管理、增收减债，村组两级总资产负债率26.1%，比上年下降3%，负债率创15年来最低水平；经营纯收入1.8亿元，增长30.7%，增速高于市平均水平15.9个百分点；偿债6708万元，超额完成偿债任务，实现高负债村组“清零”。被市评为增资减债、财务公开民主管理先进镇。

【创新驱动发展】 2018年，樟木头镇打造创新驱动发展升级版，发展动能稳步增强。举办创新创业大赛，超额完成R&D任务，新增高企36家、总量101家，协助高企融资超过2亿元，专利申请1286

樟木头镇　　（樟木头镇供图）

件，比上年增长8%，授权766件，增长55%。制定人才入户、引才补贴等制度，镇领导班子走访高层次人才86次，引进高级技术人才19名、完成率全市第二，罗曼智能获评市6个技师工作站之一。

【城乡建设】 2018年，樟木头镇总体规划通过审查，城市更新、裕丰片区等专项规划完成编制，TOD综合开发规划通过评审论证，55宗地块全部建立标图建库数字台账，完成樟木头中学等5个改造项目及裕丰大坪等5个产业片区划定项目。动工城市品质提升工程22个，总投资10.5亿元。其中，镇标路口等2个交通节点完成整治，金洋路等5条道路完工，全面完成东深路景观综合整治。加大城市“六乱”（乱搭乱建、乱堆乱放、乱设摊点、乱拉乱挂、乱贴乱画、乱扔乱吐）整治力度，突出抓好主次干道、城乡结合部环境综合整治，取缔违法占道2440宗。对新增违建、小产权房“零容忍”，严格按照“五个一批”要求分类处理历史遗留违法建筑，全年拆除违建31宗、面积1.7万平方米，整治违法用地9宗、立案查处56宗。完成“数字城管”与“智网工程”之间14个事项对接，提升精细化管理水平。制定乡村振兴战略“1+N”政策，细化30项措施。设立美丽村居专项资金1800万元，改善社区环境卫生、公共设施。

【生态文明建设】 2018年，樟木头镇全面打响碧水攻坚战、净土防御战、蓝天保卫战三大战役。投入6亿元加快污水处理设施建设，全年建成截污管网48千米，次支管网移交通水75.8千米，长度均为历年之最，建成截污管网166千米；完成镇内3条内河涌、124个排污口整治，污水处理厂提标扩容工程进展顺利，河长制工作排名全市前列，成为全市实施最严格水资源管理制度考核的两个优秀镇之一；旗岭断面水质综合污染指数下降26.7%，石马河樟木头段水质有所好转。全力配合市统筹实施石马河流域综合治理，确定源头雨污分流、河涌整治等整治方案，总投资超过20亿元。严厉打击固废非法转移倾倒，排查整治企业39家，查扣违法“渣土车”250辆次。加强垃圾填埋场整治和管理，实施生活垃圾分类处理，垃圾无害化处理率100%。关停取缔“散乱污”企业（不符合产业政策，不符合产业布局规划，未办理工信、发改、土地、规划、环保、工商、质监、安监、电力等相关审批手续，不能稳定达标排放的企业）278家，治理VOCs、餐饮油烟企业113家，处罚涉气企业13家；推广清洁生产、清洁能源，建设能管中心14个，投入电动公交车95辆，建成充电站20个，空气质量全市优等。全年育苗造林113.33公顷，创建宜居社区2个，规划宝山等4座森林公园建设，银瓶山森林公园九洞景区10千米绿道工程已进入前期动工阶段，获评广东省生态森林小镇。

2018年3月28日，樟木头镇举办重大项目集中签约暨动工竣工活动

（樟木头镇供图）

【民生事业发展】 2018年，樟木头镇民生投入5.6亿元，比上年增长11%，超额完成社保各项扩面征缴任务，应届毕业生就业率100%，户籍就业率稳居98.8%。建立特困户月补助400元机制，完成标准化卫生站建设6个，药品让利767万元，社保报销后人均费用仅为市公立医院的13%。建成樟木头医院综合住院大楼、樟木头中学教学楼、新图书馆、市民休闲广场、社区综合文化服务中心等一批项目，推进滨河公园、体育馆、文化馆、实验小学扩建等项目，通过国家卫生镇复审、省教育强镇第二轮复评。举办“中国作家第一村”交流活动、运动会、读书节等活动，“一社区一公园一文化中心”实现全覆盖。投入援助资金600万元，捐赠物资656万元，韶关曲江391户贫困户全部脱贫，对口云南巧家帮扶工作有序开展，完成镇内裕丰、金河2个社区及贫困户脱贫任务。

【重大项目集中签约暨动工竣工活动】 2018年3月28日，樟木头镇举办28个重大项目集中签约暨动工竣工活动，涉及高端制造业、文旅服务业、重大战略平台、城市建设和民生事业等多个领域，总投资额超200亿元，现场与14家企业代表签订合同或战略协议。28个重大项目包括：产业项目8个，投资总额70亿元，平均每公顷投资强度1.8亿元、平均公顷产强度2.4亿元，其中樟洋电力二期项目投资25亿元；签订战略协议项目6个，投资总额约100亿元；动工项目6个，投资总额15亿元；竣工项目8个，包括4个市重大项目、2个世界

晨曦中的樟木头镇 （樟木头镇供图）

500强企业项目。樟木头镇以项目为依托，实施“工商并重、文旅并举、产城融合”发展战略，推进“十百千”全产业链倍增，开展“百亿项目招引、千亩用地统筹、百万厂房建设”行动，打造广深科技创新走廊“重要节点”和东南临深片区“高端产业发展优选地”。

【推动塑胶产业发展三年行动计划】 2018年，樟木头镇制定《推动塑胶产业发展三年行动计划》，围绕塑胶产贸全产业链布局，打造供应链、服务链、信息链产业升级体系，推动塑胶产业服务、资本服务、招商服务和基础服务整体创新。三年行动计划共设立2400万元产业扶持基金，拟建设“塑胶生产阵地、塑胶流通、塑胶电商贸易、全球塑化供应链仓储物流、会展品牌培育宣传、塑胶检测研发创新、市场信用体系评价、创业就业服务、一站式政务税务服务、塑胶产业信息化发展”等十个阵地，力争用4年时间，实现“千亿塑胶交易额”的目标。

【樟木头镇获评广东省生态森林小镇】 2018年，樟木头镇被广东省林业厅认定为生态旅游型森林小镇。樟木头镇辖区内有观音山森林公园、宝山森林公园，有观音寺、将军馆、冠和明清家具博物馆、客家古建筑群等旅游景点，有列入国家非物质文化遗产名录的客家麒麟舞和“观音绿”荔枝等旅游资源。

【2018年广东省非物质文化遗产青年麒麟舞邀请赛】 2018年8月25日，“多彩非遗 美好生活”2018广东省非物质文化遗产青年麒麟舞邀请赛在樟木头镇举行，活动包括：“非常体验”樟木头非遗墟市体验一日游、“非常生活”樟木头非遗展览、“非常活力”麒麟大巡游和全省非遗青年麒麟舞邀请赛。来自全省15支麒麟队参加麒麟舞邀请赛，其中，东莞市樟木头镇刘屋村麒麟队、樟木头镇蓓蕾幼儿园麒麟队、潮州市潮安区文里麒麟舞队、樟木头镇柏地村麒麟队、中山市三角镇三角小学代表队、东莞市清溪镇文化广播电视服务中心黄家班麒麟队等6支队伍获得金奖，广州市南沙区黄阁镇东里村中心幼儿园女子麒麟团等9支队伍获得银奖。 （黄 科）

附：2018年樟木头镇党委、人大、政府主要领导名录

镇委书记：周伟森

镇人大主席：蔡传胜

镇　长：李惠明

2017—2018年樟木头镇主要经济社会指标情况表

指标	单位	年份	
		2017	2018
户籍人口	人	33826	39916
常住人口	万人	13.38	13.54
面积	平方千米	118	118
生产总值	万元	1060614	1182100
第一产业	万元	382	418
第二产业	万元	488654	552308
第三产业	万元	571578	629374
总用电量	万千瓦时	107186	111933
全社会固定资产投资总额	万元	284219	322005
社会消费品零售总额	万元	713983	761091
外贸出口总额	万元	986869	984027
实际利用外资	万美元	1878	1441
地方财政总财力	万元	131635	208802
各项税收总额	万元	222397	249782

凤岗镇

【凤岗镇概况】 凤岗镇位于东莞市东南部。截至2018年底，辖区面积82.5平方千米，辖12个村（社区），常住人口32万人，其中户籍人口3.7万人。凤岗镇被评为“全国重点镇”“全国婚庆名镇”“全国象棋之乡”“中国客家山歌之乡”“全国无邪教示范镇”“全国为侨公共服务示范单位”“全国综合减灾示范社区”。

2018年，凤岗镇实现地区生产总值294.82亿元（第一产业2109万元，第二产业148.26亿元，第三产业146.35亿元），比上年增长5%；全社会固定资产投资总额65.94亿元，增长1.6%；总用电量34.68亿千瓦时，增长4.83%；社会消费品零售总额65.44亿元，增长11.19%；实际利用外资7807万美元，增长44.41%；外贸出口总额153.92亿元，下降5.24%；各项税收总额59.81亿元，增长9.18%；地方财政总财力47.66亿元，下降5.17%。获全国为侨公共服务体系示范单位、全国规范化家长学校实验基地、全国综合减灾示范社区、广东省社区教育实验区、广东省级农村学校艺术教育实验县、“青少年零犯罪零受害社区（村）”试点单位等称号。

【重大项目建设】 2018年，凤岗镇有中集、深证通、天安数码、金银珠宝产业中心、都市丽人智能产业、新中心小学、理光等7个市重大建设项目，其中中集、天安数码、都市丽人智能产业、深证通等4个项目被列入省重点建设项目。康佳、京东、深证通能源、耀鑫项目为市重大预备项目，其中京东项目同时列入省重点预备项目。截至2018年底，7个在建项目完成投资17.5亿元，占年度投资计划的178%，其中理光项目开工建设，天安数码项目一期部分投产，金银珠宝项目一期、深证通项目一期建成投产。

【创新驱动发展】 2018年，凤岗镇推动89家企业申报高企，55家企业通过认定，有国家高新技术企业142家。规模以上高新技术企业增加值占规模以上工业比重35.2%，比上年提高8.9个百分点；全年R&D经费投入3.7亿元，增长11%；规模以上先进制造业工业增加值37.9亿元，增长6.6%；规模以上高技术制造业增加值29.4亿元，增长7.5%。凤岗镇专利申请2949件，比上年增长27%；专利授权2181件，增长39%。举办企业创新生态圈大会。推动企业自建研发机构，诺威、彩塑、鹏冠公司等8家企业备案。楚天龙、康佳电子公司获认市核心技术攻关重点项目。振华新能源、楚天龙、都市丽人智能产业等产业项目入选市创新走廊项目库，作为落实广深港澳科技创新走廊东莞段“两核三带多节点”规划布局的重点内容。加快人才引进和培育步伐，年内引进博士生1人、硕士生7人、高级职称人才16人，超额完成市下达任务。

【城市建设】 2018年，凤岗镇城市品质三年提升计划全面实施。10大类、36子类、169个项目有序开展，全年项目整体完工率约40%。推进凤岗镇城市总体规划（2016—2035年）报审工作，“一路、一园、一厕、两化”以及天堂围“三旧”（旧城镇、旧厂房、旧村庄）改造等美丽凤岗建设示范项目动工，实现“一年扎实起步”的目标。“七路八桥”建设有4条道路、1座跨线桥工程动工，20条村道升级改造完成，9条村道正在施工。投资10.9亿元，分四批次建设总长164千米截污次支管网，建成92.4千米。供电主网不断完善，凤岗镇配网基建项目239个，投产使用154个。供水系统日趋完善，投入730万元，完成63.5千米老化供水管网升级改造。搭建智慧管理系统，加强水质检测，保障群众用水安全。加强公共体育设施建设，新增4套健身路径、4个小型足球场，实施镇体育馆改造升级工程。打造10分钟健身圈，规划建

凤岗镇中心区 （江山 摄）

凤岗镇一河两岸　　（凤岗镇供图）

设碧湖和官井头两个体育公园。统筹编报11个重点更新单元，其中6个单元前期研究已审批同意。19个获批“三旧”改造项目进展顺利，新增实施改造任务30.58公顷，完成“三旧”改造13.37公顷，超额完成市下达任务。6个“工改工”（将现有土地性质为普通工业用地改变为新型产业用地，将旧工业区拆除重建升级改造为新型产业园）项目有序推进，其中3个获批复，涉及用地面积32.1公顷。

【乡村振兴】 2018年，凤岗镇围绕“环境优、人文美、民风好、经济强、村民富”工作目标，启动美丽乡村建设“五大工程”，制订实施深化全域文明创建三年行动实施意见，以雁田村、官井头村为试点，围绕打造“一村（片）一特色一品牌”，推进新东莞美丽幸福村居建设。加快都市农业发展，打造融生态环境保护、现代农业生产、休闲观光、文化传承于一体的镇级农业园。村组经济稳步增长，凤岗镇村组两级集体总资产100.6亿元，比上年增长4.5%；总负债11.5亿元，下降5%；净资产89.1亿元，增长5.9%；村组两级总收入11.1亿元，增长12.7%，村组两级纯收入8.8亿元，增长16.2%。

【民生事业】 2018年，凤岗镇投入3.3亿元，新增优质民办学校（幼儿园）8所，油甘埔小学等10所学校创建成为市依法治校示范校；累计有41所幼儿园通过“广东省规范化幼儿园”验收，普惠性幼儿园数量达30所，占比68.3%。雁田小学等3所公办学校新建教学综合楼投入使用。投资约800万元，用于公办学校起始年级扩班9个；向随迁子女提供公办学位928个，完成积分入学补贴名额9536个。投资2亿元的新中心小学项目完成主体建设，投入6000万元的中心幼儿园分园启动规划建设。教育水平稳步提升，华侨中学中考平均分、及格率均超全市平均水平，户籍万人高考本科上线率位列全市第三。教育信息化建设蓬勃发展，7所公办学校配备微课制作室、翻转课堂设备及创客实验室。创建成为全国规范化家长学校实验区、广东省级艺术教育实验区、广东省中小学摄影特色教学与创新实验基地。落实最低生活保障制度，把符合条件的城乡贫困居民纳入保障范围。宣传推广社工服务，推动跨省异地就医直接结算政策全面贯彻落实，设立凤岗镇医疗救济基金会。开展创建“平安医院”活动，完善医疗机构治安防控体系，提高医疗服务质量，着力化解各类医患矛盾纠纷。启动13个社区卫生服务站标准化建设，增补药品40种。实施家庭医生签约服务，组建家庭医生团队48支，签约12万人。启动“光明工程”，为54名白内障患者免费进行手术。围绕庆祝改革开放四十周年重大主题，举办文艺晚会、山歌汇演、书画展等活动，讴歌改革开放成果。推进文化进基层，举办文化惠民演出19场，培训讲座476场次，完成送电影下乡220场，受惠群众6.5万人次。举办庆祝改革开放40周年客家山歌原生态歌会和图片摄影展等纪念活动。举办第六届客侨文化节暨客家山歌邀请赛，全国各省山歌好手齐聚凤岗竞技。举办第八届“杨官璘杯”全国象棋公开赛，吸引15个国家和地区共170名象棋高手参赛。竹塘麒麟队获广东省第五届麒麟舞大赛传统组金奖。客侨文化遗产保护工作卓有成效，廻龙庵工程获评合格、纂香书室修缮工程获评优秀，第六批省级非物质文化遗产代表性传承人通过审批。凤岗镇各村基层公共文化服务中心建设实现全覆盖。

【城市环境管理】 2018年，凤岗镇"智网工程"全面运作，打造"一网全面覆盖、多点协同发力"的网格治理体系。推进"二标四实"（"二标"：标准地址库、标准作业图；"四实"：实有人口、实有房屋、实有单位、实有设施）信息采集，基本摸清凤岗镇实有人口、实有房屋、实有单位等信息情况。强化重点区域集中治理，查处城市"六乱"（乱搭乱建、乱堆乱放、乱设摊点、乱拉乱挂、乱贴乱画、乱扔乱吐）2.5万宗，整治噪声污染3915宗。实行智能停车收费管理，有效缓解停车难和交通拥堵状况。整治油烟污染餐饮业20家，淘汰"散乱污"企业（不符合产业政策，不符合产业布局规划，未办理工信、发改、土地、规划、环保、工商、质监、安监、电力等相关审批手续，不能稳定达标排放的企业）378家，查处涉气违法企业272家。督促430家重点VOCs企业完成升级改造，空气质量综合指数全市排名第三，空气质量达标天数率84.5%，全市排名第七。新增截污管网47.9千米，启动4条重点内河涌整治工程，3家污水处理厂提标改造项目，重启竹塘水闸、新建天安数码排水工程。落实河长制，镇内13条支流、4个水库均有1名镇领导班子成员挂点，采取"一河一策"方式推动整治工作，每月镇、村两级均达到市下达要求。石马河竹塘断面水质明显好转，综合污染指数、氨氮浓度和总磷浓度，分别比上年下降55.2%、67.1%和43.7%。强化排污口监管排查，查处涉水企业57家。严打固废非法转移、倾倒处置等行为，固废整治全市排名第五。

【社会治理】 2018年，凤岗镇开展"扫黑除恶"专项斗争，以中央、省、市扫黑除恶专项督导为契机，推进平安凤岗建设，打掉恶势力犯罪团伙13个，破获涉恶案件45宗，刑事拘留134人。1000个覆盖凤岗镇136个网格的视频监控摄像头接入镇"智网工程"。建立"2+N+N"巡防机制，组建公安铁骑，严厉打击违法犯罪活动，打击违法犯罪分子2349人，刑事立案率比上年下降10.2%，"两抢"（抢劫、抢夺）发案率下降63.1%。2018年，凤岗镇公安工作综合成效全市排名第一。抓好信访维稳，截至2018年底，受理群众来访955宗，涉及3816人，化解办结群众来访案件942件，调解案件685件。抓好食品药品安全检查，12个农贸市场快检室完成建设，全年检查超5400次，查扣问题食品3.3吨、问题药品0.1吨。凤岗镇84.9%以上持证单位食堂和中型餐馆实施"明厨亮灶"，自觉接受群众监督。加强消防安全工作，铁腕开展火灾隐患排查整治，排查整治各类消防安全隐患1.5万处，火灾起数比上年下降19.3%。在全市率先开展安全生产社会化服务，工作经验被国家安全生产杂志刊登。全年没有发生较大及以上安全生产事故，事故宗数、死亡人数、受伤人数再次实现三下降。

【政务服务改革】 2018年，凤岗镇推进"一门、一网、一窗、一次"政务服务改革，实现进驻22个职能部门641项政务服务事项，全年办理业务23.8万宗。实现综合窗口419项事项整合，整合率65%。129项服务事项实施"政务专递"模式，实现群众"最多跑一次"。主动对外公开1815条信息，保障群众合法权益，提升政府公信力。落实领导接访工作制度，全年镇领导参与接访活动84人次，接访群众26批次46人次。各类信访渠道保持畅通，合计办理网上信访案件330件，办理"12345"政府服务热线2335件，"阳光热线"292件，按时办结率100%。

【凤岗镇被评为"全国规范化家长学校实验区"】 2018年，凤岗镇坚持政府主导、制度创新、队伍建设、教学中心、品牌打造五个重点方针，把家长学校工作纳入工作总体部署，先后制定《凤岗镇创建全国规范化家长学校实验区实施方案》《凤岗镇规范化家长学校办学制度》《凤岗镇"创建全国规范化家长学校"督导检查评分表》等规章制度，确保家长学校建设工作有章可循。成立凤岗镇家庭教育指导中心、凤岗镇家庭教育督导组、凤岗镇家长学校中心教研组、凤岗家庭教育协会、凤岗镇家庭教育讲师团、凤岗镇家长义工总部等机构，各机构分工明确、责任到人，推动创建工作规范化。组织家长学校师资队伍培训，突出课堂教学的业务知识培训。开展教研活动，每学期组织教学观摩。探索推广"案例教学、家教沙龙、自学指导"三种家长培训的模式，构建具有该镇特色的"示范+特色+线上"的家长学校课程体系。凤岗镇80%以上的学校（幼儿园）开展家长义工进课堂活动，超过60%的学校（幼儿园）成立家长义工讲师团，出版《家长学校》《凤岗镇家长学校教案集》等家庭教育丛书。2018年底，凤岗镇获评为"全国规范化家长学校基地"。

【凤岗镇申报成为人工智能特色小镇】 2018年，凤岗镇推进人工智能特色小镇申报工作。凤岗镇结合产业转型升级需要，提出创建客侨魅力小镇规划设想，与广东省珠江发展规划院签订合作协议，开展特色小镇规划建设，以"一核引领、四区联心、一轴带动、两带共源"为总体格局，打造中国人工智能产业发展新高地。其中，中心区面积3.46平方千米，依托京东都市科技金融创新中心和天安数码等重大平台，整合都市丽人智能产业联盟等资源，推进人工智能核心技术的研发与运用，形成以先进技术为支撑，"云服务、大数据、智能机器人、智慧城市"联动发展的人工智能现代产业体系。凤岗人工智能建成后，预计年产值超过700亿元，年纳税总额约50亿元。人工智能特色小镇将形成人工智能为主导、多种业态共同发展的产业生态链，能极大提高地区基础设施、社会服务容量，以及当地生态环境、基础设施和公共服务质量，从物质基础和精神享受层面提升居民生活水平。截至2018年底，凤岗镇申报成为广东省人工智能特色小镇。

【凤岗镇获评“全国为侨公共服务体系示范单位”】 2018年，凤岗镇发挥独特的侨乡优势，始终坚持“重视侨胞、服务侨胞”的宗旨，主动谋划，创新机制，全方位、多渠道做好一系列为侨服务工作。在政策法律服务方面，凤岗镇在综合服务中心设立业务办事窗口，在园龙山展览馆设立侨法宣传角等，保障侨胞基本权益；在涉侨事务服务方面，设立专门为侨服务站，开展法律志愿服务活动，加强侨胞联谊；在侨界民生服务方面，积极开展困难归侨帮扶，落实志愿者帮扶制度；在事业发展服务方面，设立侨法咨询专线，支持侨胞创业，帮助侨胞解决难题；在组织保障方面，专门配备镇级侨务干部，优先保障侨务工作。2018年5月，凤岗镇举行“全国为侨公共服务体系示范单位”揭牌仪式，以此为契机，发挥先进典型的示范引领作用，加大力度创新和丰富为侨服务工作形式和内涵，推动凤岗镇为侨公共服务体系全面发展。

【竹尾田村获得“全国综合减灾示范社区”】 2018年，凤岗镇竹尾田村成立综合减灾领导小组，设立减灾专项资金，建立社区减灾工作档案，常态化组织辖区消防志愿者、社区居民开展消防演练，提供防灾减灾教育培训。该社区设有3个应急庇护中心，总面积7400平方米，可容纳1800人。2018年，该社区获得“全国综合减灾示范社区”称号。

【凤岗镇竹塘村麒麟队获金奖】 2018年9月28日，广东省第五届麒麟文化节麒麟舞大赛在清溪镇举行，该大赛由广东省民间文艺家协会、东莞市文化馆与清溪镇人民政府等单位共同举办。该次麒麟文化节活动中，来自全省7个市21支队伍、500多名麒麟舞艺人参加该届麒麟舞大赛。其中有11支麒麟队逐鹿传统组，10支麒麟队争雄创新组。凤岗镇竹塘麒麟队在该次大赛传统组比赛中勇夺金奖。（罗文俊）

2018年6月15日，凤岗公安铁骑大队授旗仪式在凤岗镇体育广场举行
（凤岗镇供图）

附：2018年凤岗镇党委、人大、政府主要领导名录

镇委书记：张耀洪（4月到任）
镇人大主席：巫惠平
镇　长：林　岚

2017—2018年凤岗镇主要经济社会指标情况表

指标	单位	年份	
		2017	2018
户籍人口	人	31478	37328
常住人口	万人	32.01	32.15
面积	平方千米	82.43	82.43
生产总值	万元	2731375	2948224
第一产业	万元	1928	2109
第二产业	万元	1452709	1482597
第三产业	万元	1276738	1463518
总用电量	万千瓦时	330815	346805
全社会固定资产投资总额	万元	649000	659386
社会消费品零售总额	万元	588627	654470
外贸出口总额	万元	1624391	1539249
实际利用外资	万美元	5406	7807
地方财政总财力	万元	502608	476635
各项税收总额	万元	547828	598100

谢岗镇

【谢岗镇概况】 谢岗镇是东莞的东大门，东与惠州市接壤，西与樟木头、常平、桥头等镇相连，处于珠三角深莞惠东部城市群几何中心。截至2018年底，辖区面积91.03平方千米，下辖11个村和1个社区，常住人口9.82万人，其中户籍人口2.3万人。谢岗镇被评为“国家卫生镇”。

2018年，谢岗镇实现地区生产总值90.47亿元（第一产业1.5亿元，第二产业61.66亿元，第三产业27.31亿元），比上年增长5.3%；全社会固定资产投资总额21.01亿元，增长38.48%；总用电量11.14亿千瓦时，增长7.52%；社会消费品零售总额16.33亿元，增长10.45%；实际利用外资7915万美元，增长277.08%；外贸出口总额51.32亿元，下降8.17%；各类税收总额16.4亿元，增长63.96%；地方财政总财力19.67亿元，增长148.55%。2018年全国综合实力千强镇中，谢岗排名195名。成为全市7个水污染治理示范镇试点之一，全市唯一全域海绵城市试点的建制镇，入选全市第二批3个美丽幸福村居连片建设项目之一。

【银瓶创新区建设】 2018年，谢岗镇完成《银瓶创新区海绵城市专项规划》。银瓶合作创新区被纳入国家开发区目录省级开发区。政企双方按4：6的比例共同出资5亿元，注册成立“东莞市粤莞银创投资有限公司”。发挥重大项目服务保障工作专责领导小组牵引作用，促进各重大项目加快建设。华能热电联产、粤海工业智造中心、粤鲲智能制造、润星增资扩产、东环科宇科技中心、中心小学曹乐校区6个在建市重大项目进展顺利。电子电气互连产业园、碧桂园智造创新园等项目完成用地预审、立项审批，正在开展“招拍挂”前期工作。福凯半导体和金恒晟新材料项目签订投资协议。粤海大道、29号路、爱民大道已动工建设，谢岗大道、大黎路等6条道路正在加紧前期工作，莞惠公路谢岗段路面大修工程进展顺利。谢常公路升级工程正在办理有关手续。出台《谢岗镇农村公路投资建设、维护管养暂行规定》，预计投入5亿元进行全镇村级道路升级。出台《谢岗镇统筹开发工业用地实施办法》《谢岗镇新引进租赁厂房类项目认定奖励暂行办法》，鼓励村组引进优质项目。引进碧桂园智造创新园等7个总投资36.7亿元的产业项目。联合粤海置业开展厂房招商工作，粤鲲一期和智造产业中心一期等18万平方米厂房收尾，有4个项目签约，租赁面积5万平方米，余下厂房进入谈判签约阶段。12月底举办55个项目签约、动工、竣工仪式，总投资额182亿元，其中产业项目26个，总投资123亿元。

【经济发展质量提升】 2018年，谢岗镇落实市“高质量倍增十条”，推动企业倍增，市级倍增企业增至2家，镇级倍增计划40家，形成“2+40”组成模式，新增市级协同倍增企业22家，27家企业实现正增长，倍增计划企业实现产值52.3亿元，比上年增长6.7%。推动镇级倍增计划企业实现技改投资1.8亿元。专利申请总

远眺银瓶山

（谢岗镇供图）

2018年2月4日，谢岗镇召开第十七届人民代表大会第四次会议 （谢岗镇供图）

数比上年增长31%，授权专利总数增长61.9%。研发经费（R&D）投入2.62亿元，占GDP比达2.9%。28家企业通过国家高新技术企业认定，比上年增长53.8%。镇委、镇政府出资2200万元奖励企业、个人，对在科技创新、技术改造等方面取得较大成效的70家企业及27位个人奖励1000万元，比上年增长2.25%；对27家倍增企业拨付贷款贴息专项资金1195万元，增长1.96%，每家倍增企业的贴息金额由100万元上调至200万元。举办银企交流对接会，为企业拓宽融资渠道。建立政银企对接长效机制，搭建沟通合作平台，镇属资产公司、谢岗商会共同出资1000万元，成立政商银管理公司，由农商行给予管理公司1亿元授信额度，帮助符合条件的企业解决融资难题。全镇“四上”企业（规模以上工业企业、资质等级建筑业企业、限额以上批发零售住宿餐饮企业、国家重点服务业企业等四类规模以上企业）新增68家，其中规模以上工业企业新增52家。为25家倍增企业69名员工子女提供公办学位。制定乡村振兴战略实施意见和工作方案，明确41项重点工作任务，加强组织保障。完善土地和税收镇村组利益共享机制，保障村组集体收益。村组集体收入稳定增长，村组两级经营性总收入2.31亿元，比上年增长16.8%。加快专项规划修编，加快旧村改造，在8个旧村划定总面积250.13公顷的禁建和控建区域，其中4个旧村更新项目推进顺利。水塔山城市更新项目纳入全市30个城市更新重点推介项目，明确单一主体招商的改造模式，启动镇属物业清拆工作。推进冠任5.87公顷、嘉鑫13.33公顷2个“工改工”（将现有土地性质为普通工业用地改变为新型产业用地，将旧工业区拆除重建升级改造为新型产业园）项目。通过司法途径解决历史遗留土地问题，以司法途径盘活杏花邨和金满湖3块历史问题用地共34公顷，其中与市土地收储中心以起拍价3.96亿元，司法拍得金满湖地块23.73公顷。推出眼口两个共3.6公顷商住地块，解决谢岗多年无房可买的窘境。

【生态环境整治】 2018年，谢岗镇成立以镇委书记为组长的工作领导小组，出台《谢岗镇海绵城市规划技术指引》等8份政策技术文件导则，从组织、政策层面推动全镇海绵城市建设。制定全镇微管网建设方案，成立指挥部，统筹推进全镇微管网建设。建成稔子园村、东惠广场、华泰工业园区3个总长6.7千米的微管网建设试点工程。10月底主干管网全线验收通水，全年建成3个批次80.86千米的次支管网，完成验收72.59千米，移交通水70.3千米，移交率95%。第四批次由市统筹分区实施建设的3.92千米次支管网，正在施工。黎村、谢岗、赵林3条截洪渠完成消除黑臭和清淤工作。对全镇5条截洪渠、谢岗涌、赵曹排洪渠进行保洁，保洁水面面积186万平方米，保洁河堤面积127万平方米。摸排登记河涌两岸各6米范围内的违章建筑。制发《谢岗镇集中整治“散乱污”企业专项行动方案》，整治“散乱污”企业（不符合产业政策，不符合产业布局规划，未办理工信、发改、土地、规划、环保、工商、质监、安监、电力等相关审批手续，不能稳定达标排放的企业）223家，完成省、市整治任务。完成VOCs整治任务。规范转移各类危险废物8708吨。严厉打击环境违法行为，处罚金额比上年上升4.02%。启动总投资2802.2万元的3个分散式污水处理站建设。东南部卫生填埋场建设一期工程试运营，安全填埋飞灰螯合物14万吨。落实市存量垃圾综合治理要求，完成凹坑生活垃圾填埋场封场整治工程。

【民生实事】 2018年，谢岗镇加快统筹规划镇全域旅游发展。南面村被纳入全市13个村（社区）建设生态宜居美丽乡村示范点。加快建设两个市级湿地公园，银山湿地公园动工，银瓶湖湿地公园签订框架协议，正与华侨城集团深入洽谈。镇为每个村（社区）安排最高300万元的奖励，推动各村美丽幸福村居建设。黎村、大厚、大龙、南面、窑山5个村完成美丽幸福村居建设并全部通过验收，黎村美丽幸福村居项目入选成为市亮点村居。推动黎村、大厚、大龙、南面4个村6.3平方千米美丽幸福村居建设，申报为市第二批3个美丽幸福村居连片建设示范项目之一。建成全镇首个爱国主义教育基地。率先在全市实现“东莞市依法治校示范校”全覆盖。谢岗中学被评为2018年“全国生态文明特色教育学校”，振华学校被评为2018年“全国青少年校园足球特色学校”。谢岗历史文化专题片《银瓶山下有人家》受到社会各界高度关注和好评，原创歌曲《梦里中国》获评为“2017年广东省群众文艺作品评选”一等奖。举办篮球赛、足球赛等体育活动。组建9个村级醒狮、麒麟队。创建3个健康村、6所无烟学校以及4个健康促进单位，提前启动创建广东省健康促进区工作。谢岗医院二期扩建工程立项，完成规划选址、工程设计方案审查等前期工作。谢岗人民公园、公租房、谢岗中心小学曹乐校区等总投资26.2亿元的10个民生项目动工建设，推进谢岗医院二期、稔子园安置区、黎村安置区等民生项目。复办镇中心幼儿园，满足适龄儿童入园需求。投入535万元，完成银湖工业园区市政设施升级改造工程。投入403万元，推进旧中心幼儿园改造工程，建设泰园社区政务服务中心。做好劳动就业服务，全年条件准入类人才入户177人，随迁287人，比上年增长608%。落实市镇两级就业惠民政策，发放补贴资金192万元。推进社保扩面征缴。改善老人基本生活，全年投入410万元，为全镇3500名60岁以上老人发放生果金，补贴标准由每人每月50元提高到100元。打好精准扶贫攻坚战，全年投入400万元，帮扶新疆50团、云南昭通、韶关南雄做好各项基础建设，对口帮扶南雄实现131户贫困户脱贫，脱贫率96%。镇内5个欠发达村集体经济发展总体向好，实现2018年村组两级经营性纯收入比上年增长5%目标，20户低保户脱贫，脱贫率95%，超额完成市要求任务。工青妇幼、档案方志、防震减灾、残疾人、打私人防、民族宗教等工作有

2018年12月28日，谢岗镇（银瓶创新区）投资项目奠基仪式举行　　（谢岗镇供图）

效推进。

【社会治理】 2018年，谢岗镇开展“扫黑除恶”专项斗争，落实专项经费300万元，侦破涉黑恶刑事案件16件，查处涉黑恶行政案件2件，打掉涉恶团伙8个。铺开“平安细胞”建设工作。开展文化市场专项整治。组建公安铁骑队，全年“两抢”警情数比上年下降71.4%，立刑事案件下降7.1%。发挥综治中心、平安建设促进会等矛盾纠纷化解平台的积极作用，落实领导包案6件，办理信访案件210件，处理欠薪企业43家次，追回工资1825.7万元。解决杏花邨历史发证问题。推进“智网工程”建设，基层社会治理工作进一步加强。商改后续监管对接融入“智网工程”，全镇无证照经营线索处理率及行政许可办证率分别为100%、69.44%，分别排名全市第一、第二。整治城市“六乱”（乱搭乱建、乱堆乱放、乱设摊点、乱拉乱挂、乱贴乱画、乱扔乱吐），推动垃圾强制分类试点，加强城市精细化管理。严防超强台风“山竹”等灾害性天气，保障全镇社会群众安全。推进安全生产监管检查（巡查）全覆盖，建立党政领导班子安全生产督查制度。加强安全生产基础建设，投入300多万元配齐消防急用设备，充实镇村安全工作队伍。建成黎村消防安全示范街和“三小”场所（小档口、小作坊、小娱乐场所）体验点。贯彻落实市委、市政府主要领导批示精神，迅速开展直排式燃气热水器的专项整治行动，整治有安全隐患的热水器1456台，确保群众生命安全。食品安全重大活动保障“零事故”和“零投诉”，全年未发生食物中毒事故。全年开展联合执法行动34次，“两违”治理面积27万平方米，超额完成市下达任务。审核通过民房报建333栋，面积18万平方米。

【行政效率优化】 2018年，谢岗镇把各项工作落到实处，政府工作报告分解工作任务88项，完成83项，完成率94%，有效实现政府承诺。推进政务服务体系建设，协调各部门实现行政审批标准化，服务事项增至26个部门573项。12345热线全年有效受理群众诉求360宗。落实各项法律法规，推动依法行政。贯彻“七五”普法工作规划纲要精神，按照“谁执法，谁普法”的责任要求，组织开展全镇普法工作。建设高素质法制机构队伍，增加2名法律专业专职工作人员。升级改造公共法律服务中心，落实“一村（社区）一法律顾问”制度，强化法律援助和社区矫正工作，开展矛盾纠纷排查调处，做好人民调解派驻派出所工作。

【银山市级湿地公园建设】 2018年，由谢岗镇按照海绵城市建设理念打造的银山市级湿地公园动工建设。银山湿地公园位于谢岗镇西部的石马河南侧，项目总投资1.24亿元，占地面积105.47公顷，湿地率69.66%，是谢岗镇创建水污染治理示范镇的亮点工程。银山湿地公园建成后，将设有阡陌栈道、水质净化展示园、海绵城市体验馆等区域，有利于更好地保护、合理利用该区域的湿地资源，增强经济发展动力，促进谢岗镇可持续发展。

【谢岗镇举办55个项目签约、动工、竣工仪式】 2018年12月28日，谢岗镇举办55个项目签约、动工、竣工仪式。总投资额182亿元，其中产业项目26个，总投资123亿元。55个项目中包括中南高科·东莞谢岗未来创新产业园项目、华侨城文旅项目（银瓶湖湿地公园）等18个签约项目；华能热电联产设备安装及配套管网谢岗工程、碧桂园智造创新中心项目等22个动工项目；粤海工业智造产业中心项目一期、粤鲲智能制造项目等15个竣工项目。涵盖产业、基础设施、公共服务、民生福祉、生态文明等多个项目类别。 （许奕强）

附：2018年谢岗镇党委、人大、政府主要领导名录

镇委书记：胡毅峰

镇人大主席：罗树华

镇　　长：苏　东（5月到任）

2017—2018年谢岗镇主要经济社会指标情况表

指标	单位	年份	
		2017	2018
户籍人口	人	22357	23250
常住人口	万人	9.81	9.82
面积	平方千米	91.03	91.03
生产总值	万元	835231	904682
第一产业	万元	13756	15045
第二产业	万元	597415	616576
第三产业	万元	224064	273061
总用电量	万千瓦时	103584	111371
全社会固定资产投资总额	万元	151744	210128
社会消费品零售总额	万元	147881	163340
外贸出口总额	万元	558933	513243
实际利用外资	万美元	2099	7915
地方财政总财力	万元	79150	196729
各项税收总额	万元	100030	164005

塘厦镇

【塘厦镇概况】 塘厦镇位于东莞市东南部，东连清溪镇，西邻黄江镇，北接樟木头镇，南与凤岗镇和深圳市观澜街道接壤。截至2018年底，辖区面积128平方千米，下辖21个社区，常住人口49.41万人，其中户籍人口7.6万人。塘厦镇被评为“国家卫生镇”“国家园林城市”“国际绿色生态旅游名镇”“国家级生态乡镇”。

2018年，塘厦镇实现地区生产总值403.49亿元（第一产业1.72亿元，第二产业232.26亿元，第三产业169.15亿元），比上年增长4.1%；全社会固定资产投资总额72.7亿元，增长13.3%；总用电量53.32亿千瓦时，增长5.76%；社会消费品零售总额112.11亿元，增长5.3%；实际利用外资6113万美元，下降2.49%；外贸出口总额326.41亿元，增长3.4%；各项税收总额94.82亿元，增长12.8%；地方财政总财力53.3亿元，增长68.8%。获得2018年度“广东省宜居社区”、“广东省‘民主法治村（社区）’”、广东省社区教育试验区、广东省健康促进示范单位、“广东省‘儿童友好示范社区’”、广东省县一级公共图书馆等5项全市“单打冠军”。在《人民日报》2018年中国中小城市科学发展指数研究成果发布的全国综合实力千强镇中，塘厦镇继续入围全国百强镇，在全国排名第18名。

【经济质量提升】 2018年，塘厦镇电子信息产业产值362.53亿元，比上年增长5.5%。塘厦镇拥有规模以上民营企业252家，占规模以上企业总量的50.2%。全年引进300万元以上内资项目数量比上年增长324.7%，合同利用内资总额增长116.1%，实际利用内资增长31.3%，以上综合全市镇街排名第一。推动“倍增计划”（2020年实现国内生产总值和城乡居民人均收入比2010年翻一番）实施，全镇有市级倍增试点企业10家，市协同倍增企业68家，镇倍增试点企业50家，其中市级倍增试点企业和市协同倍增企业数量居全市第一。全镇市倍增试点企业完成规模以上工业增加值26.24亿元，比上年增长20.94%；协同倍增企业完成规模以上工业增加值30.97亿元，增长13.26%；镇倍增试点企业完成规模以上工业增加值33.6亿元，增长13.24%。新引进硅谷动力智能制造中心项目、硅谷动力科技研发总部项目、新秀新材料增资扩产项目、艾瑞科热能设备增资扩产项目、力王新能源电池增资扩产项目、创智汇科技产业城6个产业项目，总用地面积63公顷，合计固定资产总投资140.98亿元，预计年产值178.44亿元。推动正阳电子、蓝思旺、铭基电子、联鹏装备、汉科电子5个项目完成土地招拍挂，将汉科电子、新太阳2个项目增补为市重大建设项目，东益汽车、硅谷动力科技研发、硅谷动力智造中心、艾瑞科、新秀新材料、三友联众6个项目增补为市重大预备项目。有18个项目纳入市重大项目，项目总量创历年之最。全面打响重大项目建设“百日攻坚”大会战，加速重大项目建设进度，8个重大建设项目全年合共完成投资8.24亿元，完成年度投资计划的111.2%。通过镇村统筹、城市更新等举措，为产业腾挪发展空间，重点招引打造7个重大科技产业平台项目，7个项目计划固定资产总

凤凰岗古村落 （塘厦镇供图）

投资1036.28亿元，预计引进高新科技企业及研发总部企业约2300家。组建塘厦实业投资控股集团公司，加快实施镇属企业的转型重组和政企分离，推动资产经营有限公司与科苑城政企分离改革，整合镇属企业资源，集约统筹发展，推动镇属经济发展壮大。推动集体经济动能转换，加快集体经济从分散发展向镇村统筹联动发展转变，通过集体厂房“工改工”（将现有土地性质为普通工业用地改变为新型产业用地，将旧工业区拆除重建升级改造为新型产业园），集约统筹土地资源使其效益最大化，向天空要空间、要增量。2018年，塘厦村组两级资产总额81.7亿元，比上年增长8.4%；村组两级收入总额10.4亿元，增长11.2%。

【创新驱动发展】 2018年，塘厦镇编制《塘厦科技创新发展规划（2018—2020年）》，加速融入广深港澳科技创新走廊，创新发展活力进一步释放。培育创新主体。推动169家企业认定为科技型中小企业，总量占全市6.41%。2018年广东省科技厅发布全省专业镇创新指数蓝皮书，塘厦镇在全省专业镇工业类排名第五名，稳居在全省383个专业镇的第一梯队，是全省45个获优秀等级专业镇之一，创新势头更加迅猛。新增省级工程中心11家、市级工程中心2家，推动志成冠军组建院士工作站，成为东莞市第17个院士工作站，是塘厦历史上第一个院士工作站，该公司“电能绿色变换与控制创新团队”成功入选广东省“珠江人才计划”创新科研团队，成为全省唯一获得顶级资助的创新团队。推动符合条件的优质科技型企业建设省市众创空间和孵化载体，加快创新资源高度集聚，全面提升全镇科技创新能力。规模以上工业企业R&D经费经市审核后14.93亿元，完成市定目标（12.6亿元）的118%，经国家最终审定，全镇规模以上企业研发机构建率48.9%，超额完成年度36%建有率目标，主营业务收入5亿元以上企业全部建有研发机构。申请专利6270件，比上年增长25.17%，居全市第三，其中，发明申请557件、增长10.3%，完成年度任务的123.7%；授权专利4975件、增长60.07%，居全市第二。完成广东省知识产权优势企业调研，推动2家企业获2018年市专利优势企业认定，1家企业获省知识产权优势企业认定，1家企业获国家知识产权示范企业认定，实现国家知识产权示范企业零的突破。落实领导干部联系走访高层次人才制度，制定实施《塘厦镇企业自评人才入户工作方案》。截至2018年底，塘厦镇引进东莞市特色人才4名，培养东莞市首席技师20名。全镇创建博士后科研工作站2个、博士后创新实践基地3个、技师工作站1个。此外，全镇博士、硕士、高级职称专业技术人员的引进工作已提前超额完成市定指标。

【城市环境品质提高】 2018年，塘厦镇坚持以规划引领，落实执行全镇工业保护区规划。启动路网改造规划，构建“七纵五横三环”的道路主骨架。抢抓赣深高铁设站塘厦这一重大机遇，完成赣深客专（塘厦段）第一轮征地拆迁工作，启动安置房规划建设工作。出台《土地统筹开发收益分配暂行办法》，统筹地块52宗，合计893.2公顷，其中解除协议出让土地合同、解决历史遗留问题的土地面积123.73公顷，社区拟交镇政府统筹地块面积394.4公顷，城市更新盘活的土地面积404.33公顷。坚持以城市更新为主要路径，打造石潭埔产业新城等一批“旧改”典型示范项目，全程监管完成土地功能转变的11个55公顷城市“三旧”（旧城镇、旧厂房、旧村庄）改造更新项目。拆除违法建筑面积7.88万平方米，完成历史违法建设治理面积58.08万平方米，超额完成市委、市政府下达塘厦镇的任务，基本实现新增违建“零增长”、历史违建“负增长”的目标。整治泥头车违法运输和偷倒整治等突出问题，全年检查泥头车、农用车2036辆，查扣违规车辆354辆。推进交通拥堵治理，推动塘龙路道路升级改造工程建设，完成5个拥堵节点的整治。巩固城市“六乱”（乱搭乱建、乱堆乱放、乱设摊点、乱拉乱挂、乱贴乱画、乱扔乱吐）整治成果。查处占道经营1174宗、乱摆卖1236宗、乱拉挂403宗、乱张贴293宗、乱堆放916宗、露天焚烧131宗、生活噪音497宗。强化道路、桥梁等市政设施管养，修复市政道路面积2272平方米，人行道1216平方米，修补零星沥青路面1018平方米，对31座桥梁进行巡查保养。强化“三防”（防旱、防涝、防风）体系建设，全镇上下众志成城，各级领导干部靠前指挥，成功抵御40多年来影响最严重的台风“山竹”，最大程度降低灾害损失，保障群众生命安全。成立镇委实施乡村振兴战略领导小组，制定《塘厦镇关于推进乡村振兴战略实施意见》，明确42项重点工作任务。推动美丽幸福村居建设，完成龙背岭、石鼓市级名村建设。石潭布、振兴围、石马、大坪、蛟乙塘、田心、桥陇、三局、塘厦社区等9个社区荣获“广东省宜居社区”，林村社区被评为“广东改革开放示范村”。

【生态文明建设】 2018年，塘厦镇推动试点分散式污水处理设施建设、微细管网建设和雨污分流整治、农村环境整治示范工程等六大亮点治污项目工程建设，全年完成45.265千米截污管网建设，年度建设任务完成率105.78%，分2期推进合计22千米自建追加截污管网的建设。完成鸡爪河、契爷石水2条内河涌综合整治。完成鸡爪河花园北街片区雨污分流改造。推动河长制工作落地见效。实施六方面24项措施，从调整优化产业结构布局、调整优化能源结构、强化机动车污染治理、开展VOC污染深度治理、加强扬尘污染治理等方面入手，统筹推进全镇大气污染防治工作。全年排查企业1589家，确定属于“散乱污”企业（不符合产业政策，不符合产业布局规划，未办理工信、发改、土地、规划、环保、工商、质监、安监、电力等相关审批手续，不能稳定达标排放的企业）387家，全镇完成关停取缔企业292家，完成整治改造企业95家，其中关停取缔任务数完成率119.18%，任务总数完成率110.57%；淘汰燃生物质锅炉19台。制定《塘厦镇固体废物长效监管实施方案》，采取约谈、现场检查、开展“三个一”专项行动等措施，强化对危险废物产生单位进行监管。推进存量垃圾治理，实施全镇生活垃圾收集外运无害化处理。推动58家企业开展能管中心建设，51家通过验收。编制《塘厦镇2019—2021年电动汽车充电基础设施建设规划》方案，建成公共机构48台充电桩，覆盖60个充电车位。

【社会和谐善治】 2018年，塘厦镇处理摸排和移交群众举报涉黑恶违法犯罪线索144条，其中有效线索99条，线索数量位居全市各镇街前列。组建公安铁骑队伍，开展“飓风2018”、打击“两抢”（抢夺、抢劫）、破小案等系列行动，对突出治安问题进行坚决整治，全年刑事立案比上年下降12.6%，“两抢”警情下降68.8%，命案立案数从2017年的11件压减至5件。推进安全生产监管检查（巡查）全覆盖。建成食品小作坊集中加工中心，新增6家农贸市场建设快检室，建成一条省级食品安全示范街和一个省级化妆品市场安全治理示范区，食品药品安全监管水平进一步提升。全年没有发生重大、恶性事故，没有发生重大群体性事件，没有发生重大影响的恶性刑事案件，社会治安大局保持平稳。深入推进“智网工程”和“二标四实”（“二标”：标准地址库、标准作业图；“四实”：实有人口、实有房屋、实有单位、实有设施）工作，其中“智网工程”全年完成巡检工单147.68万条，登记上报各类隐患线索5.2万条，处置5.19万条，处置率99.7%。化解管控各类矛盾风险，坚持发展新时代“枫桥经验”，全年接收人民调解案件782件，调解成功763件，成功率97.6%。

【民生事业保障】 2018年，塘厦镇坚持以教育为本，实施教育扩容提质计划，投入1600多万元实施公办中小学扩班工程，新增公办学位1100个，投入5000多万元购买公办学位实施积分制学位补贴政策，全年向随迁子女、企业人才子女等提供公办和补贴学位9500个。协调新建公办小学规划调整，推进幼教三年提升工程，全镇公民办幼儿园100%被评为省规范化幼儿园，公办学校100%建成等级学校和现代教育技术实验学校，民办学校100%被评为省标准化学校，实现三个百分百目标，通过广东省教育强镇复评。通过国家卫生镇复审，以塘厦新医院打造区域中心医院为契机，完善分级诊疗制度，加强社区卫生服务中心建设，发展中医中药特色治疗和家庭医生签约服务，完成5个社区卫生服务站点的标准化建设改造工程。对接东莞市创建国家公共文化服务体系示范区，推动塘厦公共文化服务提质增效，实施公共文化惠民工程，启动城市展示馆升级改造、塘厦体育公园建设工程，完成19个社区综合性文化服务中心建设，推行基本公共文化服务标准化，争创广东省公共文化服务体系示范区。编制塘厦镇全域旅游发展总体规划，举办第十届高尔夫博览会。制定深化文明创建工作实施方案，重点打造19类100个文明创建亮点示范工程项目，推进新塘厦文明美丽乡村“十个一”美化行动。全年举办镇级道德讲堂12场，推荐报送3人参评“东莞好人”，打造城市展示馆、图书馆、消防主题公园等5个未成年人校外教育实践活动阵地，使价值观融入全面深化。以产业共建为主攻方向，扎实开展招商引资，全年推动始兴引进并签约项目10个，其中亿元项目7个，计划投资总额35.18亿元。推动完成项目动工入库13个，其中亿元项目6个，总投资额超28.38亿元。深化帮扶十大行动，重点推动教育、医疗、旅游文化、人才交流、人力资源、创新资源等方面的对接，加强全面帮扶对接力度。加强精准扶贫力度，镇对口帮扶始兴县12个贫困村，贫困户361户949人，截至2018年底，全部实现脱贫目标，达到“八有”

2018年1月30日，中国共产党塘厦镇第十四届代表大会第三次会议召开

（塘厦镇党政办供图）

塘厦镇行政新区

（张玉平　摄）

标准，脱贫率100%。

【重点领域和关键环节改革】2018年，塘厦镇推进电子营业执照、个体户简易注销，实现市场主体从准入到退出的全程便利化，开办企业制度性成本进一步减少，市场准入门槛降低，整体营商环境优化。全年新增市场主体12214户，比上年增长23.7%，塘厦镇有市场主体60234户，位列全市第七。对全镇镇一级764个“最多跑一次”事项进行全面摸底、梳理，出台《塘厦镇群众和企业到政府办事“最多跑一次”事项清单（第一批）》，梳理出在镇综合服务中心可办理的第一批镇级“最多跑一次”事项175项。推进“一门式、一网式”政务服务模式改革，优化“塘厦镇一门一网综合服务受理平台”建设，中心业务审批实现“零超时”，群众办事等待时间缩减30%以上，行政效能显著提高。推进电子政务标准化建设，办事模式不断革新。成立农村集体产权制度改革工作领导小组，制定《塘厦镇农村集体产权制度改革工作方案》，起草《塘厦镇社区集体经济组织股权管理实施细则》，规范塘厦镇农村集体资产的管理。开展农村土地承包经营权确权登记颁证工作，塘厦镇的颁证率90.5%，超额完成市下达目标任务。（黄梓能）

附：2018年塘厦镇党委、人大、政府主要领导名录

镇委书记：方灿芬
镇人大主席：叶浩昌
镇　　长：黎雪琴

2017—2018年塘厦镇主要经济社会指标情况表

指标	单位	年份	
		2017	2018
户籍人口	人	61489	76036
常住人口	万人	49.31	49.41
面积	平方千米	128	128
生产总值	万元	3776302	4034939
第一产业	万元	15737	17216
第二产业	万元	2195492	2326203
第三产业	万元	1565073	1691520
总用电量	万千瓦时	504189	533239
全社会固定资产投资总额	万元	641700	726996
社会消费品零售总额	万元	1065155	1121148
外贸出口总额	万元	3156585	3264076
实际利用外资	万美元	6269	6113
地方财政总财力	万元	315872	533035
各项税收总额	万元	841336	948247

清溪镇

【清溪镇概况】 清溪镇位于东莞市东南部、深莞惠三市几何中心，是东莞唯一同时与深圳、惠州接壤的镇，处于深莞惠半小时经济圈。截至2018年底，辖区面积140平方千米，下辖21个村（社区），常住人口31.1万人，其中户籍人口4.61万人。清溪镇被评为“全国文明村镇”“国家电子信息产业基地”“中国产学研合作创新示范基地”“全国首批产业集群区域品牌建设示范区”“全国乡镇企业出口创汇十强乡镇”“中国最美小镇”“中国最佳休闲小镇”“中国最宜居城镇”“全国休闲农业与乡村旅游示范点”“全国特色景观旅游名镇”“全国十佳生态旅游示范景区”“中国最美乡镇”“全国小城镇建设试点镇”“全国造林绿化百佳乡（镇）”“全国重点镇”“中国民间文化艺术之乡”“国家卫生镇”。

2018年，清溪镇实现地区生产总值289.8亿元（第一产业1.08亿元，第二产业164.15亿元，第三产业124.57亿元），比上年增长8.4%；全社会固定资产投资总额54.53亿元，下降16.06%；总用电量32.57亿千瓦时，增长2.26%；社会消费品零售总额53.98亿元，增长10.8%；实际利用外资8757万美元，增长64.7%；外贸出口总额349.14亿元，增长6.48%；各项税收总额52.94亿元，增长12.65%；地方财政总财力39.76亿元，增长92%。在2018年领导班子考评中清溪镇获得一等奖，名列第五；获“广东省科普示范镇”“广东省民间文化艺术之乡”“广东省民主法治村（社区）”“广东省儿童友好示范社区”“广东省健康促进示范单位”“广东省社区教育试验区”等6项市“单打冠军”；在2018年度中国中小城市综合实力千强镇中，清溪镇排名第42位。实现全国文明镇“四连冠”，“国家卫生镇”通过复评。

【产业升级】 2018年，清溪镇完善重大项目招引、落地、管理“三位一体”的工作平台，落实代办服务联动机制，实现重大项目“一对一”精准对接。11个市重大建设项目完成实际投资26.91亿元，总量全市排名第三，比上年增长87.66%。统筹整合招商资源，对接深投控等优质集团资源，引进10个超亿元项目（含5个教育项目），协议投资总额60.83亿元；全年协议投资总额93.12亿元，比上年增长36.65%，全市排名第七；引进实际投资总额54.46亿元，增长30.4%，全市排名第三，其中超亿元项目实际投资总额25.19亿元，增长21.24%。入选市级倍增计划试点的企业增加至11家，新增市协同倍增企业47家，镇级试点企业增加至55家；从2017年起连续5年每年安排6000万元支持“倍增计划”（2020年实现国内生产总值和城乡居民人均收入比2010年翻一番）实施，62家规模以上工业试点企业全年实现总产值373亿元，比上年增长19.5%，

清溪镇 （清溪镇供图）

实现增加值72.6亿元，占全镇规模以上工业增加值比重48.6%，增长13.5%，高于全镇规模以上工业增加值增速4.5个百分点。出台《清溪镇关于推动非公有制经济高质量发展的实施意见》，使政策覆盖范围涵盖至一、二、三产业各类项目，形成支持清溪企业高质量发展的政策体系。

【产业空间拓展】 2018年，清溪镇推动产业平台建设，打造助推清溪经济高质量发展的四大发展新引擎，对接粤港澳大湾区，以重大平台开发打造高品质新空间，点燃高质量发展新动能。与深投控公司合作共建“大湾区·深投控清溪科技生态城”，重点对青湖、银山两个旧工业区总面积313.33公顷进行统筹开发、连片改造。该项目获市委2018年一号文列入重点支持的重大建设项目，入围广深港澳科技创新走廊项目，有清华紫光、中关村科技、国风投资等37家国内知名企业意向入驻。启动区项目“青湖湾科创中心项目”申报为市重特大建设项目；启动区中的科创展示中心大楼投入使用。米德兰“工改M0”（利用旧城镇、旧村庄、旧厂房资源建设新型产业用地项目）项目，申报市重点更新单元，正同步开展相关规划建设工作。与清华大学共建的“力合双清创新基地”和与北京大学汇丰商学院共建的“北大智汇谷产学研基地”即将建成运营。

【城市品质提升】 2018年，清溪镇实施石马河支流清溪水流域水环境综合治理工程，将清溪水两岸涉及5个村（社区）的10个地块纳入统筹开发，促进水环境治理与城市发展相得益彰。在全市率先建立“1+3”生态环境保护长效机制，制定《清溪镇蓝天保卫战行动方案》《清溪镇关于开展整治违法倾倒垃圾专项行动方案》《清溪镇举报非法转移、倾倒固体废物奖励办法》，环保在线监控平台完成终端调试建设并运行。铺开“一轴一带五区”建设，完成“一轴”清风路道路升级改造，“一带”清溪水综合治理项目开工建设，“五区”中契爷石片区项目开工建设，与凤凰古城等3家企业签约，合作开发建设“古韵铁场村”“欢乐清溪湖”“运动大王山”项目，石壁山片区项目有序推进。推动“三旧”（旧城镇、旧厂房、旧村庄）改造，正推进聚富路延长线、“成桂豪庭”等城市更新区域单元项目的建设。实施三星村百家畲地块城市品质提升工程，通过村组清理环境、政府改造提升、企业运营管理的三方利益共享模式，实现区域城市品质提升。制定两批美丽幸福村居特色连片示范建设行动计划，推动长山头、罗马村等村率先打造特色连片美丽幸福村居；清溪镇获东莞市2017年度城市更新考核三等奖。成立城市精细化管理办公室，创新引入第三方管理机制加强城乡环境卫生管理，启动城市精细化管理示范区创建工作。启动“16+2”城市精细化管理示范区创建工作，对G228、北环路、清风路等16条道路进行全面升级；将青湖湾科创中心周边和三星村百家畲地块规划打造为清溪镇创新驱动和乡村振兴示范区。研究制定《清溪镇综合交通体系规划（2017—2035）》《清溪镇交通堵点乱点整治工作行动方案》，融入东南组团，构建绿色低碳、高效便捷的综

2018年1月22日，清溪镇举行打造全域旅游示范区重点旅游项目签约仪式　（清溪镇供图）

合交通体系，增设道路中间护栏和安排铁骑全天候交通引导，交通秩序得到有效优化。通过聘请城市管理特勤队、实施环境卫生两级监督考核，改善城市面貌。

【民生实事】 2018年，清溪镇加快华中师大附属东莞高级中学、燕英实验学校（由北大附中创建、运营及管理）、东莞海德米德尔顿双语学校等优质教育项目的建设，促进优质教育资源共享，努力打造教育强镇。推进“医养结合”项目建设，激活医疗机构与养老服务融合发展。创新探索“政府搭台，企业参与，机构运作”的社会化慈善工作新模式，制定《清溪慈善基金会扩大资金规模实施方案》，设立“善行清溪”专项基金，推动清溪慈善基金会的资金规模从原先的230万元扩大到3300万元，帮扶农村困难家庭就学、医疗救济、改善住房条件，以及扶残助老等扶贫济困的公益慈善。加大对乐昌市坪石镇的新一轮精准扶贫力度，投入帮扶资金800多万元，脱贫贫困户255户、725人，实现脱贫率95.14%；深化与云南镇雄县的东西部扶贫协作，统筹投入资金160多万元，动员16家企业参加“万企帮万村”行动。把解决涉及群众切身利益的突出问题作为为民办实事、谋幸福的工作重点，妥善解决杨梅坑新村高层违章建筑、配套设施工程建设、建设资金缺口等一系列问题。抽调业务骨干组成工作专班，有序推动解决罗马罗裙埔安置区、马滩村安置区问题，确保维护村民合法权益，确保顺利实施赣深客专、石马河整治、深圳LNG应急调峰站项目外输管道东莞段项目等国家、省市重点工程。

【乡村振兴】 2018年，清溪镇把实施乡村振兴战略摆在优先位置，明确路线图和时间表，由镇财政5年投入10亿元，选定土桥、铁场、长山头、罗马等村作为试点，研究制定《中共清溪镇委清溪镇人民政府关于推进乡村振兴战略的实施意见》及3个试点工作方案，推动重点亮点项目建设，示范带动全镇各村（社区）因地制宜打造振兴亮点。其中土桥村着力打造东莞市生态宜居美丽乡村示范点（第一批），铁场村打造美丽乡村暨乡村旅游区精品建设工程，长山头村和罗马村打造美丽幸福村居特色连片示范区。

【“两违”治理】 2018年，清溪镇严格按照“高质量、高效率、高要求”的原则，严厉开展违法建设治理工作，坚持“发现一起、查处一起，不开后门、不留死角”，做到“早发现、早查处、早制止”，完成市下达清溪镇的29万平方米年度违建治理目标；2017年度卫片监测违法用地图斑34宗、7.29公顷，全部完成整改，查处率、拆除率、复耕复绿率均达100%，获东莞市2017年度土地执法监察考核二等奖。

【清溪镇农资管理工作获“全市村组增资减债工作先进镇街”等5个奖项】 2018年，清溪镇通过建立健全制度、开展专项检查、优化租赁价格、促进竞价交易等多项措施，推动集体经济提质增效，实现全镇村组总资产48亿元，比上年增长8.8%；总收入7.4亿元，增长7.2%；纯收入5.11亿元，增长13.6%；总费用2.29亿元，下降

2018年9月27日，广东省第五届麒麟文化节在清溪镇举行 （清溪镇供图）

4.9%；资产负债率23.9%，下降1.4%。2018年，清溪镇农资管理工作在全市考核中排名第二，作为唯一镇街在全市农资总结会上向全市介绍经验；分别获得全市村组增资减债工作先进镇街、清产核资工作先进镇街、农村审计工作先进镇街、民主理财管理工作先进镇街、信息宣传工作先进镇街等五个集体及一个个人奖项。

2017—2018年清溪镇主要经济社会指标情况表

指标	单位	年份	
		2017	2018
户籍人口	人	40862	46128
常住人口	万人	31.07	31.10
面积	平方千米	140.1	140.1
生产总值	万元	2608679	2897959
第一产业	万元	9835	10759
第二产业	万元	1486902	1641478
第三产业	万元	1111942	1245722
总用电量	万千瓦时	318515	325715
全社会固定资产投资总额	万元	649630	545281
社会消费品零售总额	万元	487189	539803
外贸出口总额	万元	3279086	3491419
实际利用外资	万美元	5317	8757
地方财政总财力	万元	207096	397611
各项税收总额	万元	469980	529431

【清溪镇获评为“广东省科普示范镇”】 2018年，清溪镇以《全民科学素质行动计划纲要》为行动指引，履行有关职责，带领广大科技工作者开展一系列富有成效的科技创新工作及科学普及工作，被广东省全民科学素质纲要实施工作办评为“广东省科普示范镇”。全镇拥有土桥、荔横、居民3个市级科普示范社区，清溪镇金峰生态农业园和开胜电子有限公司创建成为广东省科普教育基地，被授予“广东省科普教育基地”称号。

【清溪镇入选“广东省民间文化艺术之乡”】 2018年，清溪镇获广东省文化厅评为2018—2020年度“广东省民间文化艺术之乡”。麒麟舞在清溪相传有800多年的历史，作为“全国麒麟文化传承基地”及华南地区具有一定影响力的麒麟文化推广中心，清溪镇推广麒麟文化。清溪镇建有两个麒麟馆，一个是集展示、制作、表演于一体的全国性、专业性、综合性的麒麟文化展示馆；另一个是全国首个麒麟文化数字馆，运用现代高科技，集线上线下体验功能，着重在互联网上全方位推广麒麟文化。除麒麟文化外，清溪镇还着重加大对名人故居、客家碉楼、红色革命遗址等清溪特色文化村落的保护力度，扶持客家山歌、客家酿酒等“非遗”保护项目的发展。

【清溪镇12个村（社区）获广东省“民主法治村（社区）”】 2018年，清溪镇制定“民主法治村（社区）”创建实施方案及创建工作台账，结合“一村居一律师”工作营造法制建设外围环境，发动全镇21个村（社区）开展“民主法治村（社区）”创建活动。清溪镇土桥村、罗马村、荔横村、铁松村、大利村、三中村、谢坑村、青皇村、铁场村、长山头村、清厦村、居民社区等12个村（社区）于2018年4月通过审核，达到“民主法治村（社区）”创建标准。

【清溪镇创建“广东省全域旅游示范区”】 2018年，清溪镇坚持把旅游产业作为富民强镇的战略性新兴产业来培育，实施“一轴一带五区”绿色旅游发展规划，创建“广东省全域旅游示范区”。分别与凤凰古城、广东衡泰、东莞联佳等国内优秀文旅集团达成合作开发意向，对“五区”中的铁场片区、清溪湖片区、大王山片区进行开发建设，打造“古韵铁场村”“欢乐清溪湖”“运动大王山”三大项目。其中，铁场片区项目位于清溪镇东北部，规划面积7.3平方千米，以美丽乡村、营地建设、特色小镇、旅游演艺、国际会议中心为建设重点，预计用3年时间分两期进行建设，争取建成交付后2年内创建国家AAAAA级景区。清溪湖片区项目位于清溪镇北部，占地面积约420公顷，定位为以鹿为主题，打造文化旅游项目和文化产业基地，预计总建设周期3年，分两期开发。大王山片区项目位于清溪镇南部，占地面积约80公顷，致力打造成以森林运动为主，集旅游、养生、度假等产业一体的运动休闲特色公园，预计总建设周期为3年。（赖英琪）

附：2018年清溪镇党委、人大、政府主要领导名录

镇委书记：范燕彬
镇人大主席：姚伟民
镇　长：王耀明

常平镇

【常平镇概况】 常平镇位于东莞东部。截至2018年底，辖区土地面积103平方千米。下辖33个村（社区），常住人口39.2万人，其中户籍人口9.84万人。常平镇被评为"全国文明镇""全国重点镇""中国电子信息产业名镇""中国最佳物流名镇""中国粮油物流重镇""中国塑料新材料之都""中华餐饮名镇""国家卫生镇""中国楹联文化之乡"。

2018年，常平镇实现地区生产总值354.71亿元（第一产业1.28亿元，第二产业146.64亿元，第三产业206.8亿元），比上年增长4.6%；全社会固定资产投资总额45.29亿元，下降2.12%；总用电量33.93亿千瓦时，增长5.11%；社会消费品零售总额142.24亿元，增长1.62%；实际利用外资8868万美元，增长6.57%；外贸出口总额276.39亿元，增长0.33%；各项税收总额51.66亿元，增长15.99%；地方财政总财力37.88亿元，增长37.97%。获全国综合减灾示范社区、"青少年零犯罪零受害社区（村）"试点单位、推进粤港澳大湾区科技创新合作、广东省"民主法治村（社区）"、广东省宜居社区、广东省社区教育试验区、广东省县一级公共图书馆等7项市"单打冠军"。

【产业转型升级】 2018年，常平镇聚焦实体经济发展，产业转型升级成效显现。出台6份政策性文件，为倍增企业新增用地指标33公顷。55家倍增企业实现营业收入131.7亿元，6家企业营收增速超50%；纳税5.6亿元，14家企业税收增速超100%。由镇领导班子成员挂点服务69家重点企业，推动中小微企业做大做强，新增"四上"企业（规模以上工业企业、资质等级建筑业企业、限额以上批发零售住宿餐饮企业、国家重点服务业企业等四类规模以上企业）228家、"小升规"（小微工业企业主营业务收入首次达到2000万元及以上，符合工业企业规模标准，并纳入统计局联网直报调查单位库）企业129家，增量分别排名全市第八和第六。完成规模以上工业增加值118.2亿元，比上年增长5.1%；高技术制造业工业增加值26.6亿元，增长9.9%。助推资本市场发展，新增"新三板"企业1家，上市后备企业1家。引进亿元以上内资项目7个，协议金额66.5亿元；引进千万美元以上外资项目5个，协议金额1.4亿美元。强力推进项目建设，维他奶、固达机械、华立复合材料等相继开工建设。与北京新华多媒体数据有限公司合作搭建创新产业服务平台，常平定制电子商务平台进入调试阶段，近20家企业、过百款优质产品上线。出台《常平镇发展全域旅游 打造文旅小镇实施方案》，设立每年300万元发展专项资金。隐贤山庄、铁路公园等休闲旅游景区接待游客超200万人次。东莞首个自梳女陈列馆建成开馆。举办第十届广东国际啤酒节、茶酒文化博览会、汽车嘉年华等活动。

【创新驱动发展】 2018年，常平镇实施创新驱动发展战略，科技创新水平不断提升。常平时代智创产业园获批市第一批新型产业用地项目，拉动社会投资达50亿元。常平国际创新港引进科技创新型企业191家，累计拥有专利122件，2家孵化载体获评省众创空间试点单位，有效集聚广深港澳的创新资源。高新技术企业累计261家，全市排名第七。规模以上企业新增研发机构备案38家，覆盖率达40%。R&D投入6.9亿元，比上年增长4.8%；技改投入5.4亿元，增长25%；专利申请量和授权量分别增长14.70%和60.78%。全镇累计

常平镇　　（常平镇供图）

2018年10月30日，“维他奶”东莞生产中心奠基仪式举行

（常平镇供图）

2018年，常平大道全线通车　　（常平镇供图）

认定市级以上科技企业孵化器及众创空间14家次。举办2018年常平“科技之春”音乐会、2018年赢在东莞科技创新创业大赛（港澳赛区）决赛等系列活动，引进一批获奖项目落户常平。与东莞理工学院签订校地战略合作框架协议，在人才培养、产业建设及社会建设等方面开展战略合作。

【商事改革深化】 2018年，常平镇坚持深化改革开放，发展活力进一步加强。新增注册商标1765件，比上年增长30%，累计7738件，商标发展指数比上年上升15位。市场主体4.9万户，比上年增长41.4%。推进“一平台、三工程”（“一平台”指市场监管协同创新平台；“三工程”指智慧监管、协同监管、信用监管三大工程）市场监管体系建设，强化事中事后监管，98家企业被评为省“守合同重信用”企业，获评企业数创历年之最。开拓国内外市场，组织21家次企业参展海丝博览会、加博会、进口博览会。参展香港电脑通讯节，设立香港电脑商会东莞联络处和东莞华平智谷创科中心等合作平台。安排500万元专项资金扶持电商行业发展。举办先进制造链创新发展大会暨东莞跨境电商采购峰会，30家跨境电商大卖家发布数十亿元采购需求。推动东莞跨境电商产业园建设，引进亚马逊、阿里巴巴国际站等知名电商平台，企业进驻率80%。

【城市规划建设】 2018年，常平镇加快城市建设步伐，城市功能品质稳步提升。与香港瑞安集团合作，在常平火车站TOD片区打造“香港城”项目；引进碧桂园、招商蛇口、华润置地等集团，共同规划建设东莞东站TOD片区、新城片区和常平北环路站（岗梓车辆段）TOD片区，对朗贝村、袁山贝村实施整村改造。投资1.2亿元优化交通路网。群众最关注、最期盼的常平大道实现全线通车。打通环常路至东深公路连接线、十一横路等一批“断头路”。启动东平大道延长线工程，新城区路网道路工程、幸福路道路改造工程等14个项目取得重大进展。常新公园、河西公园建成并对外开放。建成美丽幸福村居项目126个。完成桥沥、土塘等19个村“三线”（电力线、通信线、电视线）整治。完善农村公共配套设施建设，新建公厕7座，改造16座。落实一批农村道路、小公园、休闲绿地、房前屋后绿化景观建设。对新增违建实行“零容忍”，治理违法建设40.3万平方米，超额完成市下达的违建治理任务，有效遏制“两违”（违法用地、违法建设）蔓延势头。盘活土地面积27.53公顷，处置闲置土地面积16.87公顷。获市城市更新考核一等奖。

【环境治理攻坚】 2018年，常平镇狠抓环境治理攻坚，生态环境更加优化。总长36.95千米的截污主干管网主体工程实现竣工通水，新建截污次支管网35.4千米，年度计划完成率排名全市第二。完成5条内河涌整治，提前启动2019年4条内河涌整治前期工作。推进苏坑、松柏塘及新城片区等3个分散式污水处理站建设。开展截污管网沿线的居民点、小区、学校等排水户雨污分流工作，率先启动塘角村雨污分流改造试点工程。推行河长制，落实河长会议、河长巡查、工作督查等制度，维护河湖生态安全。淘汰整治“散乱污”企业（不符合产业政策，不符合产业布局规划，未办理工信、发改、土地、规划、环保、工商、质监、安监、电力等相关审批手续，不能稳定达标排放的企业）878家，淘汰、改造燃煤和生物质锅炉58台，提升改造VOCs尾气末端设施的企业38家。更换纯电动公交车50辆。全镇空气质量优良天数比例83.8%。开展“利剑一号”行动，严厉打击固体废物非法转移倾倒处置等环境违法行为。加强城市垃圾整治，元江元、袁山贝村两座大型垃圾转运站建成并投入使用，笑金坑生活垃圾填埋场处置垃圾约90万立方米、渗滤液9.2万立方米。

【民生事业】 2018年，常平镇推进民生事业，民生福祉持续增进。启动6所公办中小学新建、扩建工程，新建霞坑幼儿园。为随迁子女提供公办学位和补贴学位8113个，比上年增加4059个。两所公办初中中考成绩位居全市前列。青少年宫招生1.5万人次，创新课程和活动取得良好的社会反响。青少年科技教育获国家级奖项20项，省市以上嘉奖437项，教育综合实力保持全市前列。常平医院与暨南大学达成合作，纳入市属管理成为全市5所区域中心医院之一。常平医院和常安医院接入国家异地就医结算平台，解决参保异地就医报销痛点。15万名市民签约拥有自己的家庭医生。规范诊疗行为，113间门诊停止静脉输液。在常平成立飞行应急救援队金汇分队，为区域开展救援行动提供更有力保障。展扫黑除恶专项斗争，破获一批涉黑恶刑事案件，打掉一批涉黑恶犯罪团伙。社会治安形势良好，刑事案件立案数比上年下降13%，“两抢”（抢夺、抢劫）警情数、刑事案件立案数下降均超过80%。高标准开展“二标四实”（二标”：标准地址库、标准作业图；“四实”：实有人口、实有房屋、实有单位、实有设施）基础信息采集，推进“智网工程”，发现、处置各类隐患10.3万处，处置率98.9%。开展安全专项治理行动，生产安全事故宗数比上年下降23%，未发生较大及以上安全事故。成功抵御和应对超强台风“山竹”。完善社会保障体系建设，发放各类社会保障款2500多万元，各项就业补贴862万元。着力补齐就业短板，修订常平促进高校毕业生就业创业扶持政策，促进一批就业困难人员、高校毕业生就业创业。小戏小品《赴宴》获得省第九届群众戏剧曲艺花会金奖。代表市参加省运会排球项目获第三名，代表省参加全国小篮球联赛获华南赛区冠军。承办2018年国际篮联三人篮球亚洲杯资格赛，首创举办粤港澳大湾区三人篮球赛等体育赛事。“四经普”单位清查工作，清查有效经济单位总数全市第八。加大对镇内次发达村的帮扶力度，农村集体经济实力进一步增强，村组两级总资产比上年增长6%，总收入增长7%，全镇收不抵支村减少12个。做好省内对口帮扶，援疆、曲江对口帮扶、南雄精准扶贫精准脱贫工作推进。

【东莞首个自梳女陈列馆建成开馆】 2018年11月8日，东莞市首个自梳女博物馆揭牌仪式在常平镇义和堂“十姊妹”屋举行。自梳女博物馆前身为常平墟自梳女集居地侨房——义和堂“十姊妹”屋，1959年海内外一批常平籍自梳女自发筹资兴建，过去一直为常平墟自梳女归国回乡后居住生活的地方，俗称“姑婆屋”。2016年“姑婆屋”所有权属人去世，根据其生前遗愿侨房收归常平镇政府管理。在东莞市侨联、致公党东莞市委员会等单位配合下，常平镇政府把“姑婆屋”改建为自梳女历史文化主题陈列馆，免费对外开放。展馆分两层共五个展区，面积约150平方米，内设30张图文展版与数百件展品，展示东莞历史上自梳女外出南洋打工谋生的起源、经历、归国后的晚年生活，以及党委、政府、社会热心团体和人士对归国自梳女、归侨等的关怀照顾，成为展示东莞侨文化的重要载体。

（袁铭辉）

附：2018年常平镇党委、人大、政府主要领导名录

镇委书记：刘裕昌

镇人大主席：周少华（任至2月）

镇　长：朱默河

2017—2018年常平镇主要经济社会指标情况表

指标	单位	年份	
		2017	2018
户籍人口	人	86644	98416
常住人口	万人	38.95	39.20
面积	平方千米	103.3	103.3
生产总值	万元	3305945	3547143
第一产业	万元	11664	12760
第二产业	万元	1376601	1466426
第三产业	万元	1917681	2067957
总用电量	万千瓦时	322793	339301
全社会固定资产投资总额	万元	462775	452948
社会消费品零售总额	万元	1399728	1422406
外贸出口总额	万元	2754704	2763860
实际利用外资	万美元	8321	8868
地方财政总财力	万元	274534	378792
各项税收总额	万元	445331	516561

桥头镇

【桥头镇概况】 桥头镇位于东莞东部，与惠州市接壤。截至2018年底，辖区面积56平方千米，下辖11个村和6个社区，常住人口16.62万人，其中户籍人口4.23万。桥头镇被评为“全国文明镇”“中国环保包装名镇”“中国包装优秀产业基地”“中国荷花名镇”“国家卫生镇”。

2018年，桥头镇实现地区生产总值159.25亿元（第一产业4711万元，第二产业93.63亿元，第三产业65.15亿元），比上年增长11.19%；全社会固定资产投资总额36.47亿元，增长11.78%；总用电量22.33亿千瓦时，增长9.45%；社会消费品零售总额35.01亿元，增长8.95%；实际利用外资2794万美元，下降71.18%；外贸出口总额264.84亿元，下降12.55%；各项税收总额27.28亿元，增长16.72%；地方财政总财力12.35亿元，增长19.04%。

【经济发展】 2018年，桥头镇引进投资3亿元以上的蓝盾门业、隆凯精密机械，2.35亿元的兴博精密模具以及3000万美元的长津金安等优质项目，全镇内资协议投资23.07亿元，实际投资20.37亿元，比上年增长14.6%。推动锐准、美盈森二期、技研新阳、宏辉、蓝盾门业等5个项目纳入2018年市重大项目，其中锐准、技研新阳按时投产。推进“倍增计划”（2020年实现国内生产总值和城乡居民人均收入比2010年翻一番），做好倍增试点企业增量扩容，全镇44家“倍增计划”企业营业收入217.32亿元，税收总额4.06亿元；引导培育小微企业发展，建立小微企业培育库，落实小微企业帮扶政策，协助111家企业通过规模以上企业入库申报；铺开第四次全国经济普查工作，清查单位6578家、个体经营户10279户，核查率100%。强化集体物业管理，抓好增资减债工作，全镇村组两级集体经济总收入4.29亿元，比上年增长9.7%；经营性纯收入2.99亿元，增长23%；借款总额1126万元，下降31.8%；全镇11个村实现“零借款”；农村资产负债率下降至10.9%，没有负债超过50%和收不抵支的村（社区）。

【创新驱动发展】 2018年，桥头镇实施高企“树标提质”战略，新增高新技术企业32家，高新技术企业累计102家；加强企业自主创新能力，推动企业加快建设研发机构，全镇自建研发机构企业83家、省企业技术中心3个、省工程中心10个、市工程中心3个、国家CNAS认证检测中心2个，规模以上工业企业研发机构覆盖率41.5%，其中5亿元以上规模以上工业企业实现研发机构全覆盖；实施知识产权促进战略，全镇专利申请量和授权量分别比上年增长23.5%和43.6%；加快科技创新载体建设，建成嘉颐公司孵化中心；强化金融对实体经济的支撑，通过银企对接、上市辅导等措施鼓励企业上市融资，全年新增上市后备企业2家；推介建设银行“云税贷”项目，为全镇270多家中小微企业实现融资近1.6亿元；推动工业技术升级，引导企业加大技改投入，全镇工业投资22.74亿元，增长23.5%，其中工业技改投资18.87亿元、增长34.9%，年度目标完成率125.8%。

【特色产业】 2018年，桥头镇推动环保包装产业发展，完善湖南工业大学东莞包装学院产学研合作基地建设，加强与南华大学的产学研合作，成立南华大学东莞协同创新研究院，提升产学研合作的广度和深度；完善环保包装产业配套，推进环保包装协同创新中心建设，下属10个子中心投入运作；加强包装产业人才培育，依托环保包装应用人才培训中心，实施环保包装产业人才培训计划，为企业提供人才培育支持；完善力嘉文化创意产业园印刷包装博物馆建设，力嘉环保包装印刷产业园被评为市工业旅游示范点和文化产业园区，汇林、美盈森分别获中包联科学技术奖。

【城市建设】 2018年，桥头镇以城市品质三年提升计划为抓手，启动39个城市提质项目，其中莲湖路供水主管升级改造工程、截污次支管网工程二期、石水口排渠综合整治工程、青少年活动中心、美丽幸福村居建设等5个项目完成；协助推进莞番高速（桥头段）、29号路等重要道路建设，推动“三旧”（旧城镇、旧厂房、旧村庄）

桥头镇 （桥头镇供图）

桥头镇东深供水工程太园抽水站（桥头镇供图）

改造工程，建成春日地块项目“上悦汇商场”和松景地块项目“满都花园”，宏辉地块、蓝盾地块、体育中心地块等“三旧”改造项目持续提速；推进房地产项目建设，凯达峰景台、石竹望景台、三正逸品居等项目通过验收，宏远帝庭山、山水江南等项目基本完成建设，保利香槟花园项目进入动工建设；推进光纤有线宽带网络普及提速工程建设，城乡信息基础设施逐步完善。成功抵御40多年来影响最严重的台风“山竹”，做好应急抢险各项工作，保障人民群众的生命财产安全；强化镇村环卫统筹，稳步推进城乡环境“六整治”，持续治理环境卫生、违章广告、占道经营、乱摆乱卖、交通拥堵等问题，落实重点区域16小时保洁，清拆高空残破、违章广告30个，清理“牛皮癣”3000处，完成市政道路修复625处、近9000平方米，升级改造一批公厕；严厉打击各类违建行为，对违法建设、“小产权房”（在农村集体土地上建设的房屋，未缴纳土地出让金等费用，其产权证由乡政府或村政府颁发，亦称“乡产权房”）从源头进行清拆，开展历史遗留违法建筑普查摸底，逐步消化违建存量。治理“两违”（违法用地、违法建设）面积23.7万平方米，完成市下达的22万平方米治理任务。抓好中央环保督察反馈问题整改；加快污水治理步伐，新建截污次支管网37千米，超额完成市下达的30.4千米年度建设任务，累计建成70.6千米、验收通水49千米；推进东太湖片区雨污分流工作，加快污水处理厂提标扩建工程，建成石水口、正丰豪苑、东江旧围、长和圩分散式污水处理站，污水处理水平进一步提升；落实河长制，常态化开展巡河工作，设立自然村级河长、民间河长和组建河长制志愿服务队伍，促进全民参与河道保护和监管，开展巡河2133次，解决河道问题280个；加强大气污染整治，关停取缔“散乱污”企业（不符合产业政策，不符合产业布局规划，未办理工信、发改、土地、规划、环保、工商、质监、安监、电力等相关审批手续，不能稳定达标排放的企业）143家，治理VOCs企业163家，推进生物质锅炉、国Ⅲ及以下柴油车辆淘汰，规范泥头车、砂场运输车辆作业，做好建筑工地、违建拆除工程的扬尘管控，大气防治工作不断加强；做好土壤和固废污染防治，规范再生资源回收行业管理，开展“利剑一号”清废行动，落实固废企业“三个一”［（由分管领导全面走访一次固体废物处理处置企业；由分管领导与固体废物处理处置企业的法定代表人谈一次话；由固体废物相关企业向属地环境监督管理部门签一份承诺书）专项行动。］工作，实行24小时定点执法机制，严厉打击固废非法运输行为；坚持绿色发展理念，落实节能减排措施，充电桩、光伏发电等清洁能源技术应用项目建设全面铺开，年度单位GDP能耗持续下降，生态环境实现优化。

【社会治理】 2018年，桥头镇坚持“有黑扫黑、无黑除恶、无恶治乱”的原则，开展扫黑除恶专项斗争，排查掌握涉黑涉恶有效线索48条，侦破涉恶案件27件，打掉涉恶团伙9个；推进“飓风2018”专项行动，严厉打击两抢、涉“黄赌毒”、金融犯罪、邪教犯罪等违法犯罪活动；推进2018年社会治安防控“铸盾”行动，完成全镇“二标四实”（“二标”：标准地址库、标准作业图；“四实”：实有人口、实有房屋、实有单位、实有设施）基础信息收集，推进全镇公安大数据、云计算、移动警务、人工智能等智慧新警务建设，完成桥头公安铁骑队组建，提高疏导交通、应急救援、抢险救灾等方面的处置水平；强化社会面巡逻防控，开展“以案说防”活动，推进“全民创安·一呼百应”，全年“两抢”（抢夺、抢劫）警情和立案率下降近九成，社会治安持续好转。抓好基层平台建设，完善“智网工程”指挥调度中心和全镇19个指挥调度站建设，铺开“中心+网格化+信息化”工作，处理隐患以及问题线索8944条；推进平安细胞建设，发挥平安促进会、法学会等社会共治平台作用，社会共治水平进一步提升；推进矛盾纠纷化解，重点抓好敏感时期和重大节点的纠纷摸排，落实领导接访活动和领导包案制度，受理的信访案件1074件，办结1067件，办结率99.3%。落实安全生产“一岗双责”，建立镇总值班室，做好日常执法监察工作，开展建筑安全、消防交通、食品药品、黑危化品、特种设备、“黑油”整治、“三线”（电力线、通信线、电视线）整治、职业健康等专项安全排查和化解，设立19个村级安全办，配备91名专职安全生产监督检查员，推进安全生产监管检查（巡查）全覆盖，生产安全事故和死亡人数比上年下降27%和67%，呈现“双降”良好势头，全镇未发生较大以上生产安全事故。

2018年6月23日，第十五届东莞桥头荷花节开幕举行

（桥头镇供图）

【民生事业】 2018年，桥头镇加快教育扩容提质，制定中小学幼儿园五年建设专项规划，新增公办中小学教学班10个、学位460个；加大教育扶持力度，落实积分制入学政策，推动学前教育、义务教育、民办教育、职业教育、成人教育、社区教育及特殊教育全面发展，新招随迁子女公办学位和补贴学位学生4015人，精准助学困难学生400人，为民办学校发放教师从教津贴、集体办幼儿园和普惠性幼儿补助等375.7万元；提升桥头中学中考成绩，平均分584.95分，超过市平均分14.21分；推进学校标准化、信息化建设和集团化办学，开展品牌学校建设、名师培育工程，完成“东莞市推进教育现代化先进镇”暨“广东省教育强镇”复评。发挥“一湖两花”品牌影响力，举办第十五届荷花节和新春赏花行；开展文化惠民工程，启动桥头镇青少年活动中心，建成16个村（社区）基层综合性文化服务中心，加快新图书馆及新文化馆规划建设；推进桥头小小说创作基地、诗歌散文创作基地建设，文艺作品获国家、省、市多个奖项；弘扬特色文化，莫家拳在粤港澳大湾区武术公开赛获团体项目金奖，“群音会”入选广东省公共文化建设现场优秀案例。推进社保扩面征缴工作，实现跨省异地就医直接结算；加强构建医疗联合体，强化院校、医联体合作，提高医疗技术水平；加强公共卫生安全体系建设，强化卫生监督执法，开展医疗市场专项整治行动，规范医疗环境；推进计生工作转型发展，落实“全面两孩”政策，促进全镇人口均衡发展。促进群众就业创业，举办招聘会23场，引进博士、硕士、高级职称等高层次人才27人，落实人才入户648人，发放各类就业补贴365万元。开展各类扶贫济困活动，加大对五保户、低保户、贫困户等救助力度，做好揭西、云南对口帮扶工作，落实镇欠发达村三年帮扶计划。（陈镇光）

附：2018年桥头镇党委、人大、政府主要领导名录

镇委书记：莫厚良

镇人大主席：曾婉玲

镇　长：叶冠强

2017—2018年桥头镇主要经济社会指标情况表

指标	单位	年份	
		2017	2018
户籍人口	人	39445	42289
常住人口	万人	16.58	16.62
面积	平方千米	56	56
生产总值	万元	1432269	1592502
第一产业	万元	4306	4711
第二产业	万元	847739	936339
第三产业	万元	580224	651452
总用电量	万千瓦时	204023	223295
全社会固定资产投资总额	万元	326299	364723
社会消费品零售总额	万元	321383	350157
外贸出口总额	万元	3028628	2648451
实际利用外资	万美元	9693	2794
地方财政总财力	万元	103737	123485
各项税收总额	万元	233701	272779

横沥镇

【横沥镇概况】　横沥镇位于东莞市东部，毗邻松山湖。截至2018年底，辖区面积44.67平方千米，下辖16个村和1个社区，常住人口20.6万人，其中户籍人口4.56万人。横沥镇被评为“国家卫生镇”“国家级生态乡镇”

2018年，横沥镇实现地区生产总值141.87亿元（第一产业5641万元，第二产业79.78亿元，第三产业61.53亿元），比上年增长11.4%；全社会固定资产投资总额27.93亿元，增长20.83%；总用电量19.59亿千瓦时，增长6.68%；社会消费品零售总34.75亿元，增长12.16%；实际利用外资3549万美元，下降63.66%；外贸出口总额151.8亿元，增长39.89%；各项税收总额29.65亿元，增长17.93%；地方财政总财力28.24亿元，增长81.49%在2018全国综合实力千强镇排名中，位居第80名，连续3年跻身全国综合实力百强镇。

【产业发展】　2018年，横沥镇发挥模具产业优势，扶持模具产业发展，推进模具强镇建设。举办第十二届模具展和亚洲模具协会联合会工作会议，建成“汽车冲压模具智慧制造产业示范基地”，完成横沥模具产业云专区（二期）开发工作，累计吸引注册企业约1600家。全镇模具企业2400多家，实现产值150.82亿元，比上年增长10.8%。

【创新驱动发展】　2018年，横沥镇实施创新驱动战略，引导和鼓励镇内企业自主创新。全镇国家高新技术企业总数229家；新增知识产权贯标企业13家，总数21家；新增规模以上企业研发机构备案登记35家，总数117家；新申报省、市工程技术研究中心12个；新增中泰模具院士工作站，总数2个。

【城市品质】　2018年，横沥镇实施城市品质三年提升计划，基本完成育才路改造、体育公园等项目17个，推进运河整治二期、模具文化中心、实验学校等45个项目建设。推动“三旧”（旧城镇、旧厂房、旧村庄）改造，加快横沥第二工业区、村头第一工业区、隔坑旧工业区地块项目等前期工作。全面铺开乡村振兴，重点推动36项工作任务。推动长巷无花果场、半仙山鲜峰农场申报市级家庭农场，桦峰园艺公司被评为“2018年东莞市农业科技成果转化示范基地”，发展现代化农业初显成效。扶持“一村一品牌”建设，推动半仙山朱子文化、恒泉社区营造、隔坑刘纪文纪念公园、村尾荷塘叶色创意文化街等特色品牌初步形成。

【生态环境】　2018年，横沥镇牢固树立“绿水青山就是金山银山”的发展理念，坚决打好水污染防治攻坚战、蓝天保卫战、净土防御战。建成截污次支管网36.7千米，完成管网验收、移交及通水40.33千米。完成石涌新排渠主体工程和景观提升工程，石涌旧排渠、横东排渠、新城排渠等5条内河涌整治和田坑、张坑2个分散式

横沥镇　　（横沥镇供图）

2018年11月1日，第十二届广东东莞模具制造·机械展览会暨东莞横沥2018百年牛墟风情节开幕

（横沥镇供图）

污水处理站建设工作有序推进。开展“散乱污”企业（不符合产业政策，不符合产业布局规划，未办理工信、发改、土地、规划、环保、工商、质监、安监、电力等相关审批手续，不能稳定达标排放的企业）清理整治关停工作，关闭“散乱污”企业152家，完成整治企业173家，关闭VOCs企业43家，完成整治46家。打击固体废物非法转移、倾倒处置行为，落实中央第五环境保护督察组交办15件案件工作。提前完成2018—2019年度40千米天然气管道铺设任务。

2018年12月7日，横沥镇食品小作坊集中加工中心通过验收并投入使用，是全市第一家综合类食品小作坊加工中心　（横沥镇供图）

【社会治理】　2018年，横沥镇开展扫黑除恶专项斗争、“飓风2018”、“粤剑扫毒”等行动，立刑事案件1383件，比上年下降8.3%。扫黑除恶专项斗争成效明显。落实安全生产责任制，狠抓“黑油”、危险化学品等专项整治。实施社会治理协同创新工程，推动社区营造等一批社会治理项目，助力平安横沥建设。铺开存量建筑信息普查，制定查处违法建筑责任追究实施细则，加大“两违”（违法用地、违法建设）治理力度完成违法建设治理任务25.68万平方米，实现“新增违建零增长、历史违建负增长”。出台城市精细化

管理考核暂行办法，提高生活垃圾清运质量和收集速度。开展文明创建工作，强化补短板促提升，创建省、市家庭文明建设示范点。深化群团部门改革，志愿项目“童步成长路”关爱流动儿童行动计划获国赛金奖。

【民生事业】 2018年，横沥镇推进精准帮扶攻坚工作，投入2839万元，帮扶镇内8个欠发达村发展创收项目和基础设施建设。提升兜底保障水平，发放各类社会救助金、低保金、慈善金、高龄津贴、残疾人津贴等1156万元。推动教育资源均衡发展，建成新横沥中学学生宿舍、第二小学体育中心；筹建横沥镇实验学校和第二公办幼儿园；出台扶持奖励办法，促进民办学校发展。横沥医院与中山大学附属第六医院建成医联体，促进医疗水平不断提高。建成全市首个综合类食品小作坊集中加工中心。政务服务大厅完成升级改造投入使用。16个村（社区）综合文化服务中心建成挂牌。通过国家卫生镇复审。

【横沥欧比迪五金模具增资扩产项目二期】 该项目用地26923.96平方米，总建筑面积约5万平方米，项目总投资6亿元，2018年完成投资4.19亿元，其中工程8400万元，设备购置3.15亿元，其他费用2000万元，完成年度投资额的104.75%。公司主要生产销售模具、五金配件产品，达产后，年产量约690万套。于10月投产，预计年产值8.3亿元，年税收4885万元。

【横沥银宝山新模具及精密结构件生产项目】 该项目位于横沥镇村尾村、村头村，用地15.87公顷，建筑面积47.6万平方米，其中厂房建筑面积33.32万平方米，办公楼建筑面积和宿舍面积合计14.28万平方米。项目总投资20亿元，2018年完成投资1.01亿元，其中工程7300万元，其他费用2800万元，完成年度投资额的101%。主要生产模具、塑胶、五金制品。投产后，预计年产值28亿元，年税收1.2亿元。（黄雅碧）

附：2018年横沥镇党委、人大、政府主要领导名录

镇委书记：何植尧

镇人大主席：陈细钿

镇　　长：覃　春

2018年9月19日，银宝山新横沥制造基地项目举行奠基仪式

（横沥镇供图）

2017—2018年横沥镇主要经济社会指标情况表

指标	单位	年份	
		2017	2018
户籍人口	人	42015	45579
常住人口	万人	20.52	20.60
面积	平方千米	44.67	44.67
生产总值	万元	1273546	1418728
第一产业	万元	5156	5641
第二产业	万元	714676	797761
第三产业	万元	553714	615326
总用电量	万千瓦时	183638	195900
全社会固定资产投资总额	万元	231145	279301
社会消费品零售总额	万元	309787	347472
外贸出口总额	万元	1085179	1518004
实际利用外资	万美元	9765	3549
地方财政总财力	万元	155622	282445
各项税收总额	万元	251442	296535

东坑镇

【东坑镇概况】 东坑镇位于东莞市中部。截至2018年底，辖区面积23.8平方千米，辖14个村和2个社区，常住人口13.53万人，其中户籍人口3.39万人。被评为“全国文明镇”“国家卫生镇”“全国示范社区卫生服务中心”“全国休闲农业与乡村旅游示范点”“全国敬老爱老先进单位”。

2018年，东坑镇实现地区生产总值143亿元（第一产业1816万元，第二产业100.6亿元，第三产业42.25亿元），比上年增长10.2%；全社会固定资产投资总额34.49亿元，增长24.13%；总用电量12.29亿千瓦时，增长4.64%；社会消费品零售总额23.3亿元，增长10.3%；外贸出口总额167.2亿元，增长5.7%；各项税收总额25.6亿元，增长26.9%；地方财政总财力14.7亿元，增长26.86%。在全市镇街年终综合考评中排名第十一位，获领导班子工作优秀镇街称号，以及广东省健康促进示范单位、广东省民主法治村（社区）、全国综合减灾示范社区、广东省宜居社区、广东省社区教育实验区等5项全市单打冠军。

【经济发展】 2018年，东坑镇把经济发展的着力点放在实体经济上，优化产业结构，补齐产业链条。工业投资占全镇投资49.8%，比全市平均水平高16.1个百分点，投资结构在全市32个镇街中排名第五。经济效益实现每平方千米可建设用地GDP产出9.1亿元，比上年提升0.98亿元，比全市平均水平高1.98亿元；万元GDP建设用地、水耗、电耗分别下降9.4%、7.5%、5.1%。实施精准招商，推动华荣通信、华研新材料、楷亿电子等45个优质项目落户，协议投资总额约110亿元。

【“倍增计划”实施】 2018年，东坑镇推进“倍增计划”（2020年实现国内生产总值和城乡居民人均收入比2010年翻一番），细化土地、人才、融资、领导挂点服务等扶持措施，落实解决企业个性难题，问题解决率90%以上。加大土地、人才等资源保障力度，用好市镇扶持政策资金，推动企业加快实现全域倍增。市、镇两级倍增企业动态扩容至35家，实现工业总产值284亿元，增加值73.5亿元，比上年增长15.8%，拉动规模以上工业增加值增长11.1%，倍增效应加速释放。

【重大项目建设】 2018年，东坑镇开展重大项目建设“百日攻坚”大会战，加大领导挂钩督导力度，强化“一对一”服务，推进市重大项目早日完工、早日投产。全镇有10个项目纳入市重大项目，其中佳虹电子、维智电子为投产项目，爱玛电动车为续建项目，华荣科技等7个项目为预备项目，总用地面积43.47公顷，总投资43.3亿

东坑镇世纪广场夜景 （东坑镇供图）

东坑农业园滩美湖湖心岛航拍图 （东坑镇供图）

元。是年，3个在建的市重大项目完成投资4.9亿元，完成年度投资计划131%，其中佳虹电子、维智电子项目竣工投产。

【创新驱动发展】 2018年，东坑镇发挥镇创新驱动专项扶持资金激励效应，奖励第一批科技创新企业64家共113万元。推动“科技产业园”“智创城统筹区”两个节点纳入广深港澳科技创新走廊（东莞段）建设。全镇新增国家高新企业30家，专利申请117件，比上年增长114%，迅扬科技公司认定为市专利优势企业，创新生态不断优化。实施高新企业“树标提质”行动计划，打造省创新型试点企业1家、市创新型培育企业2家、市级孵化器1家，初步构建起产业孵化链条。

【各项改革深化】 2018年，东坑镇深化供给侧结构性改革，持续深化“多证合一”“全程电子化+审批中心”工商登记改革等，通过自我加压缩减办照时限，致力营造宽松便利的营商环境，新注册各类市场主体超3000户，总数超1.2万户。推进农村综合改革，2018年底农村土地确权颁证率89.5%。推进“一门式一网式”（综合服务窗口和网上统一申办受理平台）政府服务模式改革，全面升级镇综合服务中心，实现全镇所有办事窗口和政务服务事项进驻，全年办理服务事项1.97万件。落实“放管服”（简政放权、放管结合、优化服务）改革工作，加快推进不动产登记改革，实行无纸化办公，让群众不动产登记最多跑一次成为常态。

【农村经济发展】 2018年，东坑镇农村集体资产持续攀升，资产总量25.5亿元，比上年增长3.2%；存量债务有效缩减，借款总量1.94亿元，下降6.9%；债权风险有力防控，应收账款实收率89.6%，提高1.4个百分点，处于历史最优水平；经营效益稳步增长，纯收入2.19亿元，增长14.1%；财务收支结构持续优化，集体积累6522万元，增长10.9%；高负债村组及收不抵支村均保持0个。全镇农村集体经济运行良好，各项经济指标亮点突出。

【城市品质提升】 2018年，东坑镇围绕“建设美丽东坑”，实施城市品质三年提升计划，亮化东兴中路、皇家公馆步行街等一批精品街区形象，提档城市道路、公共交通设施，开展“填坑补绿”行动，城市形象不断提升。启动生态智创城、地铁R3线中兴大道站和东坑南站TOD综合开发等重点项目规划设计。启动美丽幸福村居特色连片示范区规划建设，推动新门楼、初坑等村积极建设全国绿色村庄，以点带面打造城市建设精品。整治“六乱”（乱搭乱建、乱堆乱放、乱设摊点、乱拉乱挂、乱贴乱写乱画、乱扔乱吐），推进“厕所革命”，实现精细化管理全覆盖。铺开莞番高速（东坑段）征地拆迁工作。打击“两违”（违法用地、违法建设）行为，拆除违法建筑面积

3.8万平方米，超额完成10万平方米的历史违建整治任务。狠抓空间“扩容”，盘活存量土地2宗8.87公顷，处置闲置地完成率100%。全年完成“三旧”（旧城镇、旧厂房、旧村庄）改造项目4个。推进“工改工”（现有普通土地用地改为新型产业用地）项目5个，推动三甲工业区二期投入使用，井美东富厂项目竣工验收。“三旧”改造成绩显著，获2017年市土地管理工作量化考核“三旧改造”用地指标奖励1.67公顷。

【生态环境保护】 2018年，东坑镇坚持源头防控、标本兼治，坚决打好水污染防治攻坚战、蓝天保卫战、净土防御战等三大攻坚战，落实中央、省环保督察整改工作。加快解决突出环境问题，推进空气监测站调试运行，投入6600万元，新建截污次支管网8.66千米，率先完成年度建设任务，最新排名全市第六。初步建立三级河长体系，打造炭步渠为重污染河涌治理示范项目。深化固体废物污染防治，规范126家固废危废企业管理，整治“散乱污”企业（不符合产业政策，不符合当地产业布局规划，未办理工信、发改、土地、规划、环保、工商、质监、安监、电力等相关审批手续，不能稳定达标排放的企业）155家，VOCs源头整治企业完成率100%。

【乡村振兴推进】 2018年，东坑镇制定乡村振兴行动计划，发挥东坑特色优势和自然禀赋优势，明确“突出5项规划引领、聚焦9大关键，狠抓40项重点”的工作思路。建立镇村联动发展可持续发展机制，设立20亿元（首期10亿元）镇村联动产业发展基金，推动农村“产业振兴”。改善农村人居环境，推动丁屋、彭屋、黄屋、角社四村纳入东莞市美丽幸福村居特色连片示范区建设。加快生态宜居美丽乡村建设，以黄屋村、坑美村为试点，推动农村“特色化、差异化”发展。抓好重大项目提实效，明确城市品质三年大提升第一批27个重点项目，结合“三旧”改造、城市更新，启动黄麻岭、凤大等旧村改造，以及小塘工业园“工改工”等一批乡村振兴重大项目。

【民生持续改善】 2018年，东坑镇完善社会保障体系，落实供养救助、综合性救助政策，发放低保金93.3万元，特困补助金67.9万元，底线民生得到保障。推供水管改造等民心工程，加强防灾减灾能力建设。加大民生投入，实施新一轮教育发展战略，通过东莞市推进教育现代化先进镇暨广东省教育强镇复评验收。创建省健康促进区，初步构建起与市中医院、东华医院的医联体格局。建成“少儿中医保健”特色中医馆，社卫中心成为东部产业园片区全科医生实训中心，东坑护理院打造为全市医养结合典范。提前完成年度市内帮扶任务，揭阳市南溪镇4个贫困村实现脱贫率93.6%。

【文体事业发展】 2018年，东坑镇把党的十九大精神融入精品文化活动，开展欢庆十九大文化志愿服务等主题活动，以特色文化活动唱响十九大主旋律。举办20多项惠民基层活动，开展悦读悦成长等全民阅读活动，建成14家文化志愿服务图书服务点、亲子绘本馆，丰富群众文化生活。初步建成市文化馆东坑分馆，实现16个村（社区）综合性文化服务中心全覆盖，促进公共文化资源共建共享。体育事业取得丰硕成果，东坑中学、中心小学女子篮球队分别获得市中小学生篮球赛冠军。

【社会治理】 2018年，东坑镇推进“扫黑除恶”专项斗争，破获涉黑恶案件7件，摧毁涉黑恶团伙7个，社会治安环境优化。“飓风2018”专项行动评为“优秀”，“两抢”（抢劫、抢夺）警情数比上年下降83.5%，群众安全感排名全市第三。深化“智网工程”“二标四实”（“二标”：标准地址库、标准作业图；“四实”：实有人口、实有房屋、实有单位、实有设施）等工作，实现治安视频监控对接，完成建筑建档2.67万间、人口信息采集21.49万条，实现“汗水警务”向“智慧警务”转变。深化平安文化建设，落实维稳长效机制，构建新时代信访工作机制体系，推进社会矛盾大化解工作，有效消除一批矛盾纠纷隐患。深化重点领域隐患整治，全镇安全生产形势持续稳定好转。坑美市场创建成为食品安全示范市场。

【2018年“卖身节”】 2018年3月18日，东坑镇举行二月初二“卖身节”（省级非物质文化遗产）。该节以“泼洒快乐心情 畅游美丽东坑”为主题，通过“龙狮欢舞，踏春送福”“莞邑瑰宝，古韵东坑”“百花迎春，美丽东坑”“吉祥耍乐，活力东坑”“职场推介，智慧东坑”“农家韵味，美食东坑”“踏春休闲，绿色东坑”等八大主要活动项目，展示坑土农耕文化的独特内涵，擦亮“农耕古镇、精品特色、生态宜居”东坑品牌。

【东坑镇“广东省健康促进示范单位”工作获评全市“单打冠军”】 2018年，东坑镇开展广东省健康促进社区创建活动，通过政府主导、社会参与、多部门协作等综合措施，推动健康村、健康家庭及健康促进医院、学校、机关、企业等单位建设，铺开烟草流行监测、健康公益广告、健康巡讲、健康中国行、控烟健康教育等健康素养促进行动，推进健康东坑建设。创建成为广东省健康促进村（社区）5个，健康促进机关4个，健康促进医院2所，健康促进企业8家，健康促进学校6所，健康家庭2043户。11月，被广东省卫生计生委办公室授予“广东省健康促进示范单位”称号。

【东坑镇“广东省民主法治村（社区）”工作获评全市“单打冠军”】 2018年，东坑镇以提标扩面、强化阵地和法治惠民为着力点，推进“民主法治村（社区）”创建工作。通过宣传教育引导、开展法治体检、制定创建方案、依法深入落实、严格检查验收，推进“民主法治村（社区）”创建工作。全镇16个村（社区）组织建设健全有力、民主选举依法有序、民主决策科学规范、民主管理扎实、民主监督有效、基层社会和谐稳定，达到省、市级“民主法治村（社区）”创建标准。被评为广东省“民主法治村（社区）”。

【东坑镇“全国综合减灾示范社区”工作获评全市“单打冠军”】 2018年，东坑镇开展“全国综合减灾示范社区”创建工作，坚持“以人民为中心，弘扬生命至上，安全第一”的发展思想，加强村、社区应急避灾场所建设，指导应急制度上墙，配置应急物资、完善应急预案，健全应急避灾机制，提高社区基础设施设防水平，增强基层减灾能力。彭屋村创建成为全国减灾示范社区。

【东坑镇“广东省宜居社区”工作获评全市“单打冠军”】 2018年，东坑镇提高社区居民健康生活的意识，以社区环境整治、服务水平、文明建设及安全管理四个方面为“着力点”，推动骏达、草塘社区创建成为“广东省宜居社区”，社区生态环境更加优美，生活配套设施更加便捷，社区公共安全体系更加完善，社区文化和现代文明程度明显提升。2月，被认定为“四星级广东省宜居社区”。

【东坑镇“广东省社区教育实验区”工作获评全市“单打冠军”】 2018年，东坑镇以创建广东省社区教育实验区为重要抓手，加大财政投入，完善社区教育队伍建设，整合和保障社区教育资源，通过研究和探索社区教育多种模式，先后打造“卖身节”、“木鱼歌”、“双节敬双亲”、农家书屋和创建学习型组织等具有本土特色的社区教育项目，创新开展社区居民综合素质培训工程、新型职业农民培训等培训活动，有效构建完善的居民终身教育体系。10月，被认定为“广东省社区教育实验区”。（李换珠）

2018年11月8日，中共东坑镇委党校揭牌　　（东坑镇供图）

2017—2018年东坑镇主要经济社会指标情况表

指标	单位	年份	
		2017	2018
户籍人口	人	32121	33876
常住人口	万人	13.45	13.53
面积	平方千米	23.8	23.8
生产总值	万元	1259793	1430320
第一产业	万元	1660	1816
第二产业	万元	884494	1005965
第三产业	万元	373640	422540
总用电量	万千瓦时	117488	122940
全社会固定资产投资总额	万元	277821	344868
社会消费品零售总额	万元	210985	232783
外贸出口总额	万元	1581773	1671701
实际利用外资	万美元	2381	877
地方财政总财力	万元	115880	147011
各项税收总额	万元	201669	255861

附：2018年东坑镇党委、人大、政府主要领导名录

镇委书记：张耀洪（任至4月）
唐耀文（4月到任）
镇人大主席：苏庆中
镇　长：王业宽

企石镇

【企石镇概况】 企石镇位居东莞东北部。截至2018年底，辖区面积58.21平方千米，下辖19个村和1个社区，常住人口12.31万人，其中户籍人口4.74万人。被评为“国家生态镇”。

2018年，企石镇地区生产总值83.68亿元（第一产业3963万元，第二产业50.17亿元，第三产业33.12亿元），比上年增长10.2%；规模以上工业增加值40.62亿元，增长12.6%；全镇社会固定资产投资31亿元，增长20.2%；进出口总额71.2亿元，增长8.2%；各项税收总额14.2亿元，增长27.3%；社会消费品零售总额21.85亿元，增长12.1%；地方财政总财力7.6亿元，增长19.56%。连续四年被评为“全市综治工作（平安建设）先进镇”，获“镇街领导班子工作年度考核排名全市第14名”“领导班子工作良好镇”“综合排名进步前三名镇街的第一名”，同时获“广东省社区教育实验区”“广东省宜居社区”“广东省民主法治村（社区）”“全国综合减灾示范社区”“广东省最美志愿服务社区”“广东省健康促进示范社区、单位”6项单打冠军。

【重大项目建设】 2018年，企石镇在建的重大项目有2个，中晶项目为年内新开工项目，健达项目属于续建项目。根据《全市重大项目建设“百日攻坚”大会战行动方案》工作部署，企石镇2个重大项目需完成年度投资攻坚目标4.98亿元，比原定完成年度投资4.15亿元上浮20%。制订实施《企石镇土地统筹开发收益分配实施方案》等系列政策措施，推动园区土地统筹，完成江边村工业园、京滨PCU项目、深巷驾校考场、黄金湖工业厂房等用地签名手续。

【招商选资】 2018年，企石镇围绕建设“生态工业新城”的发展定位，提高企石镇营商环境。是年，企石镇接待来商31次，主动前往企业考察12次，招商引资项目台账新增项目42个；其中，投资总额过亿元的项目13个，投资强度达到市重大项目标准、条件比较优质的重点项目9个。5月16日，东莞市企石镇营商环境推介会在深圳市举行，深圳前海创新科技研究院、深圳市星越置业有限公司等12家企业现场与企石镇签订投资意向书，签约总投资额89亿元。5月22日，企石镇前往台北市开展企石商务推进会，4家企业与企石镇现场签约，意向投资金额6000万美元。6月21日，在东莞市产业招商大会上，中晶半导体科技有限公司与企石镇现场签约，投资总额5亿元，确定落户企石镇科技工业园，至年底完成首期3亿元的投资并实现投产。8月，为加强对村集体招商引资工作指引，提高招商引资成效，出台《企石镇产业招商指引》，推动企石镇产业结构的转型优化升级。

【创新驱动经济发展】 2018

企石镇文昌阁 （企石报社供图）

年，企石镇加大科技创新投入，促进科技成果转化。全镇规模以上工业企业登记备案建立研发机构87家，占规上工业企业总数一半。全年各类专利申请量1056个和授权量832件，分别比上年增长15.5%、39.8%。新增国家高新技术企业46家，总数101家。德芳油墨公司获批设立广东省博士工作站。截至2018年底，全镇村一级的经济稳步发展，全年村组两级经营总收入2.54亿元、纯收入1.54亿元，分别增长14.7%、29.1%，高于市的考核指标。制定落实系列政策措施扶持非公有制经济发展和试点企业“倍增”，开展“暖企”服务活动，助推企业发展壮大。全年27家试点企业实现工业总产值61.3亿元，占规上企业工业总产值的33.7%，增长7.9%；主营业务产值56.4亿元，增长3.4%。

【民生实事】 2018年，企石镇办好“十件民生实事”（科技围合系统项目、镇疾控大楼工程项目、食用农产品快检项目、建设食品加工小作坊中心项目、截污次支管网建设项目、三段内河涌污染整治项目、环卫基础设施建设、江滨路试点改造、企桥路路灯项目、公共文体设施建设项目），加快补齐公共服务短板，改善民生福祉。3月15日，企石首个公共汽车站启用营运，完善镇内公交体系，是企石镇内及对外公共交通的重要枢纽。截至年底，企石镇全年投入教育配套经费1.97亿元，占镇财政支出的28%；企石中学学生宿舍楼主体工程完成，东山小学新建教学楼封顶。全面落实积分制入学工作，全年提供学位1602个，解决“新莞人”子女“读书难”问题。中考成绩取得突破，700分以上人数和五大校正取上线人数均居全市同类学校前列。创建为“广东省社区教育实验区”“广东省教育强镇”“东莞市推进教育现代化先进镇”复评工作通过验收。建成20个基层综合性文化服务中心。镇食品生产加工小作坊集中加工中心建成投入使用。促进群众就业创业，全年发放各类就业补贴410多万元，设立村民车间15个，安置535名本地户籍人员就业，应届高校毕业生就业率100%。企石医院、社卫中心创建为广东省健康促进单位，东平、霞朗、新南村创建为广东省健康促进村。宝石社区被评为广东省宜居社区。东山村被评为2018年广东省最美志愿服务社区。镇总工会举办的“四点半学堂”被评为2018年全国工会爱心托管班。

【社会事业发展】 2018年，企石镇转变社会治理理念，创新社会治理模式，努力打造共建共享的社会治理新格局。全年投入公共安全管理经费1.16亿元，约占镇财政支出的16.6%，用于建设环镇科技围合系统、电子警察升级改造等配套设施，全镇立体化治安防控体系不断健全。开展“扫黑除恶”专项活动，收集各类涉黑恶线索56条，侦破涉恶案件27宗，打掉涉恶团伙9个（其中2个认定为恶势力犯罪团伙）。全年刑事案件立案数，比上年下降21.41%，破案率增长6.36%。完成“二标四实”（“二

2018年5月16日，2018东莞市企石镇营商环境推介会召开 （企石报社供图）

标”：标准作业图、标准地址库；“四实”：实有人口、实有房屋、实有单位、实有设施）阶段性工作，基本摸清全镇实有人口、单位、房屋建筑及公用设施等情况，“二标四实”专项工作全市排名第十。全年未发生重大社会治安案件、重大安全生产事故。全镇20个村（社区）全部完成“平安村居”验收，30所学校被认定为“平安校园”，75家企业创建成为“平安企业”，有效促进和维护社会和谐稳定。

【城市品质建设】 2018年，企石镇做好城市规划及民生工程建设等工作，全年承建33个重点项目工程并完成项目工程。坚持打好治水攻坚战，实施总长40.916千米，总投资3.17亿元的截污次支管网工程，共分为三标段实施。自2016年确定该项目以来，前期完成三个标段的勘察、设计、监理、施工招标等工作，2018年进入全面施工建设阶段。截至年底，完成管网建设长度40.04千米。开展美丽幸福村居项目工程，其中12个村建设成为美丽幸福村居。设立全市首个通过备案的镇级城市更新产业基金，探索缓解城市建设资金短缺的问题。关停取缔“散乱污”企业（不符合产业政策，不符合当地产业布局规划，未办理工信、发改、土地、规划、环保、工商、质监、安监、电力等相关审批手续，不能稳定达标排放的企业）260家，淘汰整治挥发性有机物（VOCs）企业56家，均超额完成上级下达的年度目标任务。加快固体废物处理处置设施建设，生活垃圾无害化处理率达100%。拆除（整改）违章建筑321宗、面积22.88万平方米，拆除黄大仙公园山脚下1处十多年的违章建筑。出台《企石镇城市精细化管理实施方案》，开展民房建筑施工安全暨城乡环境“六乱”（乱搭乱建、乱堆乱放、乱设摊点、乱拉乱挂、乱贴乱画、乱扔乱吐）整治行动，改善农村脏、乱、差现象。

【黄大仙公园被评为国家AAA级旅游景区】 2018年11月，东莞企石镇黄大仙公园被评为国家AAA级旅游景区。黄大仙公园坐落在东江南岸的企石金校椅山一带，与东江金海岸体育长廊相连，黄大仙庙始建于清同治十二年（1873年）。公园于2005年在黄大仙庙的基础上扩建而成，总面积13万平方米，山上文昌阁是公园的标志性景观。

（谢子韬）

附：2018年企石镇党委、人大、政府主要领导名录

镇委书记：袁丽群

镇人大主席：麦阳柱

镇　　长：熊仕权

2018年6月13日，企石镇举行铁骑授旗仪式　　（企石报社供图）

2017—2018年企石镇主要经济社会指标情况表

指标	单位	年份	
		2017	2018
户籍人口	人	45857	47416
常住人口	万人	12.22	12.31
面积	平方千米	58.21	58.21
生产总值	万元	702385	836809
第一产业	万元	3622	3963
第二产业	万元	406519	501681
第三产业	万元	292244	331165
总用电量	万千瓦时	119839	130750
全社会固定资产投资总额	万元	257973	309967
社会消费品零售总额	万元	194934	218481
外贸出口总额	万元	512507	512747
实际利用外资	万美元	1493	711
地方财政总财力	万元	63494	75915
各项税收总额	万元	111680	142000

石排镇

【石排镇概况】　石排镇位于东莞市东北部。截至2018年底，全镇面积48.7平方千米，下辖18个村和1个社区，常住人口15.8万人，其中户籍人口4.76万人。被评为"国家卫生镇""国家生态乡镇""中国最美小镇""广东省园林城镇""广东省通信部件专业镇"等称号。

2018年，石排镇实现地区生产总值116.39亿元（第一产业8582万元，第二产业70.23亿元，第三产业45.31亿元），比上年增长9.4%；全社会固定资产投资总额53.43亿元，增长35.9%；社会消费品零售总额33.27亿元，增长12.3%；实际利用外资3729万美元，下降11.84%；外贸出口总额81.56亿元，增长6.02%；各项税收总额19.6亿元，增长22.3%；地方财政总财力57.99亿元，增长136.87%。

【石排镇位居"中国乡镇综合竞争力百强"榜单第18位】　2018年12月27日，在由独立第三方机构竞争力智库和中国信息协会信用专业委员会联合发布的《中国乡镇综合竞争力报告》中，石排镇位居不以GDP论英雄的"中国乡镇综合竞争力百强"第18位，广东省第七位、东莞市第五位。

【创新驱动发展】　2018年，石排镇围绕打造松山湖北科技创新高地，全面落实镇委1号文《关于打造松山湖北科技创新高地行动计划（2017—2020年）》，落实1425万元科技创新资金配套各级科技创新项目，加快建设3大科技创新平台和3大科技创新项目，启动组建投资总额1.3亿元的通信部件协同创新中心；培育高新技术企业，新增高新技术企业53家，比上年增长68.8%，高新技术企业数量从2016年的26家增加到130家；鼓励企业自主技术研发，全镇有各级工程中心14个、技术中心4个，专业申请量、授权量分别增长11%、42%，R&D经费投入总额预计达3.22亿元，被确立为5个市创新强镇创建单位之一。

【招商引资】　2018年，石排镇集中签约12个累计投资总额221.47亿元的平台类、产业类和科技服务类项目，其中3个平台类项目累计投资总额184.5亿元，建成后预计年产值290.9亿元、年税收14.55亿元；4个产业类项目累计投资总额36.28亿元，建成后预计年产值51.54亿元、年税收2.83亿元，税收强度1200万元/公顷。

【重大项目建设】　2018年，石排镇举办全市第二批"百日攻坚"重大项目集中开工仪式，申报中电电子、金誉半导体2个省重点项目，超额完成6个市重大建设项目投资计划和"百日攻坚"目标任务，实现市重大建设项目投资7.08亿元，完成年度投资计划123.4%，完成"百日攻坚"目标任务102.9%。

【倍增计划实施】　2018年，石排镇围绕通信部件和包装制罐印刷两大主导行业实施"倍增计划"，推动企业提升综合竞争力，全镇59家市镇两级倍增企业实现工业总产值116.6亿元，比上年增长19.5%，全镇产值过亿元的企业33家，其中产值过10亿元的企业2家。

【城市品质提升】　2018年，石排镇全面实施城市品质三年提升行动计划，如期启动82个城市品质提升项目，在2017年建成10个的基础上，100个城市品质提升项目完成25个、启动67个；铺开创建国家园林城镇和国家生态文明建设示范镇，基本完成石崇大道和工业

石排镇中心区　　（张超满　摄）

大道2条主干道路绿化景观提升工程；开展环境卫生、道路设施等专项整治行动，推进城乡环境整治，网格化监管，重拳整治“两违”（违法用地、违法建设），拆除违建2.13万平方米；设立10亿元“城市更新资金”，编制《石排镇城市更新专项规划（2018—2020）》，推进4个既定“三旧”（旧城镇、旧厂房、旧村庄）改造项目，并确定各村共35个意向“三旧”改造项目。

【生态环境治理】 2018年，石排镇推进截污次支管网建设，累计建成54.65千米截污次支管网；全面实施河长制，推进海仔河全河段综合整治，完成海仔河示范段综合整治项目，全面铺开4项排渠清淤工程和石鑫排渠升级改造工程及鲤鱼洲分散式污水处理站建设，在水质考核断面综合污染指数改善情况和重污染河涌整治示范项目现场检查考核中均排名全市第一，被确认为7个市水污染治理示范镇创建单位之一；清理整治“散乱污”企业，淘汰整治“散乱污”企业（不符合产业政策，不符合当地产业布局规划，未办理工信、发改、土地、规划、环保、工商、质监、安监、电力等相关审批手续，不能稳定达标排放的企业）464家，整治VOCs（挥发性有机物）企业149家。

2018年6月26日，石排镇创建国家园林城镇动员大会召开
（石排镇供图）

2018年8月10日，石排镇康王宝诞“旅游文化节”开幕式文艺晚会举行
（石排镇供图）

【乡村振兴战略】 2018年，石排镇制定出台推进乡村振兴战略实施意见和三年行动方案，统筹安排10.4亿元市、镇财政资金配套村资金推进乡村振兴，打造乡村振兴石排样板，创建省生态宜居美丽乡镇示范镇。是年，全镇实现村社两级总资产31亿元，比上年增长2.5%；经营总收入4.2亿元，增长6.7%；经营纯收入2.6亿元，增长10.9%，3个次发达村全部脱离次发达行列。

【美丽幸福村居建设】 2018年，石排镇全面推进美丽幸福村居建设，全镇19个村（社区）基本完成美丽幸福村居一期工程建设，其中塘尾村美丽幸福村居工程完成一期、二期建设，是全镇样板，同步推进9平方千米重点区域“美丽幸福村居”连片示范和其中3平方千米核心区域“魅力小城”建设，塘尾古村落—红石山遗址公园连片示范区以第一名的成绩被评审为市第二批美丽幸福村居特色连片示范区。

【社会综合治理】 2018年，石排镇开展扫黑除恶专项斗争，建设“平安石排”，开展“飓风2018”等专项行动，打掉涉黑涉恶犯罪团伙12个，破刑事案件528件，查处治安案件436件；落实安全生产责任制，抓好安全生产、消防安全、食品安全等工作，投入800多万元建设食品小作坊集中加工中心投入运营，设立400万元安全生产专项资金，公开招聘56名村级专职安全员，镇财政补贴18个村108万元购置18辆安全生产巡查车，全镇无发生较大以上安全生产事故；探索创新社会治理，组建公安铁骑队伍。推进“智网工程”与社会治理的深度结合，促进基层安全管理能力的全面提升；成功防御和应对超强台风“山竹”；培育和践行社会主义核心价值观，推进全域文明创建，完善公共文化服务体系。

【民生事业】 2018年，石排镇办好十件民生实事，完成4个村级水厂整合，基本建成镇敬老院一期工程，规划选址新社区卫生服务综合大楼，帮扶就业困难人员3187人次，发放各类就业创业补贴344.7万元，启动4项总投资约3亿元的教育基础设施工程，新招收随迁子女入读公办学校和补贴学位2429个，发放奖教奖学273.7万元，通过省教育强镇和市推进教育现代化先进镇复评验收，发展慈善事业，做好新疆第三师图木舒克市某团结对交流、东西部扶贫协作昭通巧家老店镇及对口帮扶揭西上砂4个相对贫困村。

【塘尾美丽幸福村居项目】 2018年，石排镇总投入约4300万元，建设塘尾美丽幸福村居一期前广场项目和二期东侧生态公园项目，一期改造面积4.5万平方米，对东园大道至塘尾古村落入口广场的片区进行整体景观优化提升，有塘尾牌楼、塘尾村文化广场、文化长廊等建设项目；二期改造面积6万平方米，打通衔接塘尾古村落和云岗古寺前广场的滨水环湖空间，形成两大文物古迹的综合游览片区，有景观湖建设、环湖路建设、亲水平台等建设项目。

【红石山燕岭古采石场遗址公园】 2018年，石排镇总投入约3400万元，建设红石山燕岭古采石场遗址公园项目一期工程，该项目占地面积约20万平方米，于2018年10月底动工建设，预计2019年底对外开放，该项目建设范围内的总体布局为“一心、一环、一轴、多片区”的结构，“一心”主要为古采石场遗址核心区，“一环”为环湖景观带，“一轴”为主入口广场区连接“补天石”遗址景观区的轴线游览线路，“多片区”指遗址公园的碑刻展览区、展览馆区、盆景园、中心湖泊区、入口广场区等多个片区，配套游客中心、旅游厕所、停车场、景观栈道、电瓶车道、园林绿化等。

【石排镇“康王宝诞”】 康王宝诞”是石排镇塘尾村每逢农历七月初一至初七举办的民俗活动，有着近三百年的历史，以巡游的方式纪念北宋抗辽名将康王（名康保裔）的生日，以祈求平安好运，是广东省非物质文化遗产项目。结合该项目的文化内涵，石排镇在农历七月初一至初七举办2018年“康王宝诞”旅游文化节，组织策划开幕式文艺晚会，康王出巡。明德醒狮、粤曲、太极、书法、古琴、茶艺、书画展、摄影展等文化项目展演，美丽村跑，传统美食“趁墟”，千人宴，神灯竞投等系列活动，展现石排镇人文之美、生态之美、生活之美。

【海仔河整治】 2018年，石排镇推进海仔河全河段综合整治，该工程总投资约6600万元，通过海仔河补水活源工程（含向西泵站修复、补水管道约3千米，引水管道约1千米），水质净化（含10000立方米/天的地埋分散式污水处理站）和曝气系统，生态修复（含底泥修复和生态护坡），绿化景观的勘察、设计、施工、运营维护等系统工程逐步恢复自然水环境。截至年底，完成海仔河示范段综合整治和海仔河全河段清淤工程。

（代慧婷）

附：2018年石排镇党委、人大、政府主要领导名录

镇委书记：刘学聪

镇人大主席：姚灿光

镇　长：郑晓坚（8月到任）

2017—2018年石排镇主要经济指标情况表

指标	单位	年份	
		2017	2018
户籍人口	人	46149	47660
常住人口	万人	15.77	15.94
面积	平方千米	48.7	48.7
生产总值	万元	980919	1163903
第一产业	万元	7844	8582
第二产业	万元	581756	702263
第三产业	万元	391319	453058
总用电量	万千瓦时	179132	191867
全社会固定资产投资总额	万元	393066	534254
社会消费品零售总额	万元	296345	332662
外贸出口总额	万元	769285	815594
实际利用外资	万美元	4230	3729
地方财政总财力	万元	244813	579895
各项税收总额	万元	160239	196005

茶山镇

【茶山镇概况】 茶山镇位于东莞市中北部。截至2018年底，面积45.4平方千米，下辖16个村和2个社区。户籍人口5.02万人，常住人口16.13万人。被评为中国食品名镇、中国品牌服装制造名镇、中国电子信息产业名镇。

2018年，茶山镇实现生产总值136.9亿元（第一产业0.5亿元，第二产业70.1亿元，第三产业66.3亿元），比上年增长9%；规模以上工业增加值61.7亿元，增长6.6%；全社会固定资产投资总额56.3亿元，增长25.9%；总用电量18.0亿千瓦时，增长2.3%；社会消费品零售总额41.8亿元，增长14.1%；实际利用外资2389万美元，下降48.4%；外贸出口总额80.3亿元，增长9.9%；各项税收总额27.1亿元，增长26.5%；地方财政总财力41.7亿元，增长116.3%；年末各项人民币存款余额170.5亿元，增长19.6%。

2018年，茶山镇在全市镇街领导班子年度工作考评中，连续第四年被评为领导班子工作优秀镇街，2018年排全市第四名，创历史最好成绩。获“广东省县乡人大工作和建设先进集体”“广东省社区教育实验区”“广东省级园林城镇”“广东省健康促进示范单位”“全国综合减灾示范社区”“广东省宜居社区”“广东省三星级养老机构”“广东省民主法治村（社区）”等8个全市“单打冠军”。

【创新发展】 2018年，茶山镇推进高新技术企业“树标提质”行动计划，新增高新技术企业33家，其中新增规模以上高新技术企业14家，总数达106家。培育智能制造全生态链企业50家。企业研发投入增加，R&D（科学研究）投入4.1亿元，完成率163%。新增省、市两级工程技术研究中心8个，自建研发机构规模以上企业总数达100家，覆盖率33.1%。知识产权创造、运用及保护取得进展，新增省知识产权、市专利优势企业2家，通过知识产权管理规范认证企业12家。

【实体经济发展】 2018年，茶山镇落实东莞市经济扶持政策，设立1000万元地方金融稳定专项资金，深入企业大走访破题解困，促进实体经济平稳健康发展。37家市镇“倍增计划”企业质量与效益稳步增长，实现产值52.7亿元、主营业务收入48.6亿元、纳税2.1亿元，分别比上年增长19.2%、9.2%和10.5%。推进质量兴镇建设，实施品牌战略，新增省名牌产品4个。加大企业市场开拓力度，组织50家次企业参加全国糖酒会、加博会、海博会等大型展会，达成意向金额1.3亿元。

【重点项目建设】 2018年，茶山镇举行重点项目签约、开工、竣工、开业仪式，汇集重点项目68个，总投资140亿元。重大项目建设推进顺利，华阳国际项目、创富中心城项目、森玛仕增资扩产项目及茶兴路升级改造项目4个重大建设项目完成年度投资1.3亿元；5个重大预备项目前期工作进展顺利。招商选资取得突破，全年引进内资项目139个，协议投资59.7亿元，实际投资22.6亿元。其中引进亿元以上项目8个，总投资32亿元；新签外资项目15个、增资项目5个，合同利用外资1488万美元，实际利用外资2389万美元。

【乡村振兴】 2018年，茶山镇率先在全市制定出台乡村振兴战略实施方案，谋划推进基层党建提升、人居环境改善、乡村文化振兴、农村农民增收、和谐乡村善治五大工程。设立3亿元人居环境改善专项资金，扶持推进三年总投资5.5亿元的246个项目建设，各村均编制完成项目规划，2018年项

茶山镇　　（茶山镇供图）

目有序启动。设立各3亿元的城市更新、农村产业振兴专项资金，茶山、上元等村启动旧厂房旧地块改造。乡村振兴战略的实施，推动村集体经济可持续发展，村组两级全年实现总收入5.9亿元、纯收入3.4亿元，分别比上年增长11.6%和18.8%。

【城市品质提升】 2018年，茶山镇交通路网进一步完善，完成站前路、茶兴南路、商业街等道路升级改造，群众出行更加安全便捷。时代天荟、鲁能公馆、保利锦城等小区基本建成，碧桂园·喜悦里体验式综合购物中心投入运营，茶山公园、方中路灯光升级等工程完成，城市品位大幅提升。城市精细管理深化，持续整治“牛皮癣”，城市“六乱”（乱搭乱建、乱堆乱放、乱设摊点、乱拉乱挂、乱贴乱写乱画、乱扔乱吐）及环境卫生，补绿复绿约7500平方米，城市环境得到明显改善。“两违”（违法用地、违法建设）整治取得突破，查处违法建筑135宗，其中拆除75宗，面积约8万平方米，累计完成整治面积22万平方米，完成市下达的任务。再生资源回收行业专项整治行动开展，清理再生资源回收堆场267家，布碎分拣经营户156家，无证照废旧汽车拆解场6家。城市旅游形象提升，南社民宿隐香古苑获评省首批十大“最美民宿”，三态食品公司“莞府腊味”制作场所成为市工业旅游示范点，全年接待旅客160多万人次，旅游收入近2000万元。

【生态文明建设】 2018年，茶山镇基本完成2015—2017年、2016—2018年两个批次截污次支管网建设，铺设管道65.8千米，实现通水59.4千米，通水率90.3%；完成验收55.5千米，验收率84.2%，各项指标考评排名均位居全市前列。内河涌清淤疏浚工程基本完成，整治规模以上入河排污口41个，黑臭水体有所缓解；茶山内河驳岸修复及景观工程开工建设，南社古村落池塘、东洲渠、上元渠等水体修复基本完成，污水处理厂提标改造基础工程推进。关停取缔“散乱污”企业165家，完成市下达任务的157%；整治VOCs（挥发性物质）企业147家，淘汰生物质锅炉22台。打击固废非法转移处置行为，纳入重点危废规范化管理企业33家，查处违法倾倒垃圾案件21件。从严从快办理中央、省环保督察转办案件，办结率100%，通过中央、省环保督察“回头看”检查。

【民生福祉】 2018年，茶山中学改扩建工程启动，中心小学升级修缮及第三小学午托中心建设完成，教育教学硬件改善。茶山中学中考成绩再攀高峰，稳居全市镇街公办初中第六位，连续3年排名全市先进学校行列，五大校上线及录取人数增至109人，创历史新高，本地户籍入读人数比例升至95.8%，被评为市品牌学校。汉字听写大会连续四年夺得全市冠军，连续两年夺得全省冠军；机器人项目再摘省桂冠，市“中华诗词大会”茶山中学、中心小学包揽团体冠军。成立茶山中学教育集团，通过市推进教育现代化先进镇暨省教育强镇复评和省社区教育实验区评估验收。茶山医院与中山大学附属第三医院合作建成2个医学专科联盟，引进培养医技人才33人，住院大楼完成升级并投入使用，群众在家门口可享受优质医疗服务。茶山医院创建成为二甲医院，2018年镇街医院综合考核获第一名。社区卫生中心及8个服务站点重新规划布局，超朗、增埗等站点开工建设。家庭医生签约服务6.2万人。村（社区）综合文化服务中心实现全覆盖，新聘首批村（社区）文化管理员17名；举办茶园游会、首届农民丰收节、南社忠孝文化节等文化传承活动，绸衣灯公入选省非物质文化遗产项目名录。开展文化活动1500多场，惠及群众83万人次。设立2个智慧城市阅读驿站，

2018年12月29日，茶山镇“走进美丽乡村”2019年迎新长跑活动举行　（茶山镇供图）

实现24小时自由阅读。《公仔情画》《城市印象》等文艺精品获多项省级以上大奖。全民健身运动多元化开展，举办“美丽乡村·东莞村跑”茶山首站、国际标准舞系列比赛等活动。建成食品小作坊集中加工中心，保障群众“舌尖上的安全”。市外扶贫工作成效明显，累计实现稳定脱贫408户1478人，脱贫率71%。

【社会治理】 2018年，茶山镇创新“智网工程”运行模式，把原先18个村（社区）调度站整合为4个片区调度站，新聘网格员12人，购置电动巡逻车15辆，人员、设备配置更趋完善。完成“智网工程”二期建设，接入警务管理、出租屋服务管理、商改及后续协同监管等7个版块，新增入格事项22项，组建镇村两级问题隐患处置队伍，问题隐患处置率99%。“二标四实”（“二标”：标准地址库、标准作业图；“四实”：实有人口、实有房屋、实有单位、实有设施）和存量建筑普查完成。劳资纠纷化解成效显著，为5000多人追讨薪酬1800多万元。扫黑除恶专项斗争推进，上报、办结涉恶线索43条，侦破涉恶案件28宗，打掉涉恶犯罪团伙12个，打击处理涉恶分子122人。组建2支共24人的铁骑中队，新建成1426路高清视频监控和50套简易卡口，治安防控体系不断完善。上元派出所、京山派出所、巡特警训练基地、交警大楼、塘角消防分站等建成使用，安全维护保障有力。吸取“4·10”注水牛肉、“9·3”联桥电子刺激性气体泄露事件教训，开展安全生产大排查大整治行动，新聘镇村安监员71人，生产安全和消防安全形势总体平稳，未发生较大级别以上安全事故。

【行政服务效能提升】 2018年，茶山镇创新工作机制体制，把土地整备和城市更新中心、创新办等升级为城市更新局、招商创新局，由镇分管领导兼任局长，进一步做好土地统筹、“三旧”（旧城镇、旧厂房、旧村庄）改造、招商选资、创新驱动等工作。商事制度改革深入，市场监管体系不断完善，办证率73.2%、清理无证照经营率100%，均居全市第一位。新综合服务中心投入使用，涵盖32个单位、700多事项，“一门式一网式”（综合服务窗口和网上统一申办受理平台）服务平台持续完善，促进企业、群众办事“最多跑一次”。队伍建设加强，落实教育培训、交流挂职、奖勤罚懒、督查问责等机制，干部综合素质提升，工作作风转变，干事创业氛围浓厚。主动接受人大监督，办理人大议案、代表建议，办结率和满意度均达100%。

【茶山镇被评为“广东省级园林城镇”】 2018年1月25日，茶山镇被广东省住房和城乡建设厅评为广东省级园林城镇。2017年起，茶山镇成立创建工作领导小组，制定《茶山镇创建广东省园林城镇工作实施方案》，通过实施督导考核制度，将创建工作纳入村（社区）和单位领导的年度目标考核范围。先后投入620万元建成泽景体育公园和牛过荫古树公园，投入20万元改造升级茶花广场和骏马公园，打

2018年5月12日，“碧桂园·美丽茶山幸福游会”广东省非物质文化遗产展示系列活动暨2018“茶园游会”在茶山镇举行
（茶山镇供图）

造骏马公园、南社古村落、泽景体育公园、牛过蓢古树公园“四大精品”。投入250万元开展大田填埋场渗透液整治，在填埋场内铺设渗透液截污管、导气管、建设收集池、护坡等设施，收集场内渗透液进行集中处理，防治内河涌污染。推动环境卫生整治，投入6000万元实施全镇环卫清扫保洁及垃圾清运市场化管理，建立健全监督管理机制，有效处理生活垃圾。组织全民义务植树活动，开展城市绿地认建、认养、认管等多形式的群众性绿化活动，至2018年底，绿地率36.71%，绿化覆盖率38.5%。利用电视台、《茶园》报、《茶山快讯》等媒体，结合制作大型户外广告、悬挂宣传横幅、张贴宣传海报等形式，宣传创建工作，营造全民参与创建的氛围。

【茶山镇被确定为“广东省社区教育实验区”】 2018年，茶山镇参与广东省社区教育实验区创建工作，以率先实现教育现代化为目标，整合资源，构建终身教育体系，建设学习型社会，推进社区教育常态化、全民化、特色化、均衡化、专业化，构筑社区教育新模式，发展社区教育，让教育在现代化城镇建设中发挥重要作用。在开展社区教育实验中，茶山镇确立“发挥区域优势、整合教育资源、面向各类人群、提高全民素质”的社区教育理念，通过探索与实践，推进社区教育实验工作向更高层次发展。10月24—25日，省市评估组通过查阅资料、实地考察等方式对茶山镇申报广东省社区教育实验区进行评估；12月4日，茶山镇被广东省教育厅确定为“广东省社区教育实验区”。

【茶山镇人民代表大会主席团被评为“广东省县乡人大工作和建设先进集体”】 2017—2018年，茶山镇人民代表大会致力推进人大工作和建设。2017年6月，茶山镇被东莞市人大常委会推荐作为广东省参加全国县乡人大工作唯一代表镇，赴北京市参加全国人大“推进县乡人大工作和建设经验交流会”；2017年9月，又在全省县乡人大负责人培训班上代表东莞市作工作交流发言；2017年10月，茶山镇被市人大列入全市8个“人大工作示范点创建镇”之一。至2018年10月底，示范点创建工作通过市人大常委会检查验收，获授“东莞市镇（街道）人大工作示范点”牌匾。2018年12月27日，茶山镇人民代表大会主席团被广东省人大常委会办公厅评为“广东省县乡人大工作和建设先进集体”。

【茶山镇敬老院被评为“广东省三星级养老机构”】 2018年3月20日，茶山镇敬老院被广东省民政厅评为“三星级养老机构”。广东省于2017年开展养老机构星级评定工作，茶山镇政府组织相关部门学习《广东省养老机构质量评价技术规范》，并以此为依据，熟练掌握《养老机构质量评价考核指标及分值表》的检查内容和要求，结合茶山镇敬老院实际情况，逐项逐条查漏补缺，完善有关制度、台账、设施设备等。茶山镇敬老院于2017年7月申报广东省星级养老机构评定，2017年11月23日通过第三方机构实地评估考察，被评为“三星级”。

【茶山镇超朗村被评为“全国综合减灾示范社区”】 2018年7月8日，茶山镇超朗村开展全国综合减灾示范社区创建工作，成立综合减灾示范社区领导小组，编制完善社区灾害应急预案，建立应急物资储备仓库，完善避灾场所设施，组建防灾减灾志愿服务队、举行宣传演练活动，累计投入10.5万元。9月13日，创建工作通过市检查组实地评估考察。（蔡灼荣）

附：2018年茶山镇党委、人大、政府主要领导名录

镇委书记：黎寿康
镇人大主席：汤锡祥
镇　长：黄锦发

2017—2018年茶山镇主要经济社会指标情况表

指标	单位	年份	
		2017年	2018年
户籍人口	人	47986	50218
常住人口	万人	15.91	16.13
面积	平方千米	45.5	45.5
生产总值	万元	1212888	1369229
第一产业	万元	4749	5198
第二产业	万元	637382	700787
第三产业	万元	570756	663243
总用电量	万千瓦时	175914	179882
全社会固定资产投资总额	万元	446962	562578
社会消费品零售总额	万元	366475	418175
外贸出口总额	万元	730449	802899
实际利用外资	万美元	4630	2389
地方财政总财力	万元	192728	416888
各项税收总额	万元	214373	271255

2018年东莞市各镇街主要经济社会指标情况表（一）

镇（街）	指标					
	户籍人口（人）	常住人口（万人）	面积（平方千米）	国内生产总值（万元）	总用电量（万千瓦时）	全社会固定资产投资总额（万元）
莞城街道	194262	16.94	11.17	1851068	/	293373
石龙镇	78839	14.45	13.83	1082200	78578	227500
虎门镇	149952	64.21	178.5	6358410	535023	708380
东城街道	131829	49.06	105.9	5250140	/	879963
万江街道	101320	25.16	48.6	1431903	/	274612
南城街道	129790	32.22	56.62	4891741	/	742358
中堂镇	83498	14.09	60	1140864	332585	219967
望牛墩镇	50484	8.6	31.6	837967	101052	133315
麻涌镇	82739	12.2	91.14	2605532	182836	1015137
石碣镇	54001	24.23	36.2	1859516	199914	345158
高埗镇	42643	21.51	34.6	1513703	138699	236819
洪梅镇	25279	5.88	33.2	762401	59569	140899
道滘镇	62361	14.28	54.3	1133941	124176	220145
厚街镇	117528	43.93	125.7	4189836	369743	411404
沙田镇	49644	18.03	111.5	1520062	166847	710024
长安镇	69571	66.7	81.5	6332359	725192	524244
寮步镇	100397	41.64	71.38	2907588	310891	747204
大岭山镇	56869	28.23	95.53	2311230	267258	586988
大朗镇	88755	31.7	97.5	3034753	406590	634272
黄江镇	36880	23.23	98	1929188	226940	785026
樟木头镇	39916	13.54	118	1182100	111933	322005
凤岗镇	37328	32.15	82.43	2948224	346805	659386
谢岗镇	23250	9.82	91.03	904682	111371	210128
塘厦镇	76036	49.41	128	4034939	533239	726996
清溪镇	46128	31.1	140.1	2897959	325715	545281
常平镇	98416	39.2	103.3	3547143	339301	452948
桥头镇	42289	16.62	56	1592502	223295	364723
横沥镇	45579	20.6	44.67	1418728	195900	279301
东坑镇	33876	13.53	23.8	1430320	122940	344868
企石镇	47416	12.31	58.21	836809	130750	309967
石排镇	47660	15.94	48.7	1163903	191867	534254
茶山镇	50218	16.13	45.5	1369229	179882	562578

2018年东莞市各镇街主要经济社会指标情况表（二）

镇（街）	指标				
	社会消费品零售总额（万元）	外贸出口总额（万元）	实际利用外资（万美元）	地方财政总财力（万元）	各项税收总额（万元）
莞城街道	1244160	831391	924	220822	422676
石龙镇	503723	1234726	213	98171	198462
虎门镇	2412917	2226128	1985	647351	994020
东城街道	1564090	3745361	5170	373204	1304756
万江街道	683686	447135	288	277324	256611
南城街道	2469237	3467094	2335	491774	1523940
中堂镇	391352	259091	38	236810	245397
望牛墩镇	135267	459486	68	80795	128938
麻涌镇	2656183	783200	14308	318512	433304
石碣镇	511743	2687902	2863	128008	414058
高埗镇	324627	1596058	524	188271	255036
洪梅镇	193121	292313	7663	71122	158130
道滘镇	242193	321934	861	216739	216423
厚街镇	1966491	5656875	1247	314924	722194
沙田镇	325088	3569564	9137	251301	341275
长安镇	1646212	10261298	12150	348017	1545538
寮步镇	2547592	2986488	2530	283642	749276
大岭山镇	772506	1644209	6889	371867	517028
大朗镇	1037456	1617631	2031	376625	541720
黄江镇	523656	2074008	3162	256518	402443
樟木头镇	761091	984027	1441	208802	249782
凤岗镇	654470	1539249	7807	476635	598100
谢岗镇	163340	513243	7915	196729	164005
塘厦镇	1121148	3264076	6113	533035	948247
清溪镇	539803	3491419	8757	397611	529431
常平镇	1422406	2763860	8868	378792	516561
桥头镇	350157	2648451	2794	123485	272779
横沥镇	347472	1518004	3549	282445	296535
东坑镇	232783	1671701	877	147011	255861
企石镇	218481	512747	711	759.5	142000
石排镇	332662	815594	3729	579895	196005
茶山镇	418175	802899	2389	416888	271255

人　物

FIGURES

华阳湖湿地公园　（麻涌镇供图）

编辑：李俊玉

新任职市领导

梁维东　1962年10月出生，男，汉族，广东佛山人，1984年11月加入中国共产党，1981年7月参加工作，管理学博士。1979年9月至1981年7月，在佛山地区工业学校机械专业学习，中专毕业；1981年7月至1983年9月，在佛山地区工业学校工作；1983年9月至1992年9月，佛山市侨务外事办办事员、科员、副科长（其间：1985年9月至1987年7月脱产在暨南大学侨务专业干部专修科学习，大专毕业；1989年8月至1990年1月在国务院侨务办公室侨务干部学校参加英语强化训练班）；1992年9月至1994年3月，香港佛山发展有限公司财务部经理；1994年3月至2001年1月，香港佛山发展有限公司副总经理（其间：1997年6月至1999年3月在澳大利亚莫道克大学香港班工商管理硕士学位课程班学习，取得硕士学位）；2001年1月至12月，佛山市工业投资管理有限公司副总经理、党委副书记；2001年12月至2003年12月，佛山市工业投资管理有限公司总经理、党委副书记；2003年12月至2004年7月，佛山市公盈投资控股有限公司总经理、党委副书记；2004年7月至11月，佛山市禅城区委副书记、副区长；2004年11月至2006年11月，佛山市禅城区委副书记、副区长，佛山高新技术产业开发区党委书记、管委会主任；2006年11月至2007年1月，佛山市禅城区委常委、副区长，佛山高新技术产业开发区党委书记、管委会主任；2007年1月至2月，佛山市禅城区委副书记、副区长、区长人选；2007年2月至2008年8月，佛山市禅城区委副书记、区长；2008年8月至2009年1月，佛山市顺德区委副书记、副区长、代区长；2009年1月至2011年4月，佛山市顺德区委副书记、区长（其间：2009年7月至8月参加广东省第5期领导干部公共管理高级培训班学习）；2011年

4月至2014年11月，佛山市委常委、顺德区委书记、顺德职业技术学院党委书记；2014年11月至2016年3月，佛山市委常委、南海区委书记、佛山高新区党工委书记、广东金融高新区发展促进局党委书记；2016年3月至4月，东莞市委副书记、市人民政府市长候选人；2016年4月至5月，东莞市委副书记，市人民政府副市长、代理市长、党组书记；2016年5月至2018年2月，东莞市委副书记，市人民政府市长、党组书记（其间：2012年9月至2017年6月在中山大学行政管理专业学习，博士研究生毕业）；2018年2月至3月，东莞市委书记，市人大常委会主任候选人，市人民政府市长、党组书记；2018年3月起，任东莞市委书记，市人大常委会主任、党组书记，东莞军分区党委第一书记。

肖亚非　1966年6月出生，男，汉族，江西樟树人，1992年1月加入中国共产党，1988年7月参加工作，中山大学经济学系世界经济专业毕业，经济学硕士。1984年9月至1988年7月，中山大学经济系学习；1988年7月至1990年9月，江西省工商局个体处干部；1990年9月至1993年4月，中山大学经济系硕士研究生学习；1993年4月至12月，深圳市计划局财金处科员；1993年12月至2001年1月，深圳市人民政府办公厅财金处科员、副主任科员、主任科员、副处长（1997年9月）；2001年1月至12月，深圳市人民政府信访办公室接访处处长；2001年12月至2005年11月，深圳市人民政府办公厅经济处处长；2005年11月至2008年11月，深圳市委政策研究室副主任；2008年11月至2011年1月，深圳市委政策研究室副主任，兼市体制改革办公室副主任；2011年1月至2014年2月，深圳市政府金融发展服务办公室主任、党组书记，兼市政府办公厅副主任（2011年2月）、党组成员；2014年2月至2015年7月，深圳市发展和改革委员会主任、党组书记；2015年7月至8月，深圳市发展和改革委员会党组书记；2015年8月至2016年4月，深圳市福田区委副书记、区长；2016年4月至8月，深圳市福田区委书记、区长；2016年8月至2018年2月，深圳市福田区委书记；2018年2月至3月，东莞市委副书记、市人民政府市长候选人；2018年3月起，任东莞市委副书记，市人民政府市长、党组书记。

钟友国　1966年10月出生，男，汉族，湖南衡阳人，1990年6月加入中国共产党，1984年10月参加工作，长沙政治学院政治工作专业、华中师范大学行政管理专业毕业。1984年10月至1985年4月，昆明军区高炮某师政治部宣传科战士，1985年4月至1987年8月，成都军区高炮某旅政治部宣传科战士；1987年9月至1989年7月，在军械工程学院电站技师专业学习，中专毕业；1989年7月至1993年7月，广州军区后勤某分部某军械仓库技师（其间：1993年3月至7月，在桂林陆军学院军事指挥专业学习）；1993年7月至1995年5月，广州军区后勤某分部政治部副连职干事；1995年5月至1997年10月，广州军区后勤部政治部正连职干事（其间：1994年9月至1996年6月在衡阳师范高等专科学校中文专业学习，在职大专毕业）；1997年10月至2000年5月，广州军区后勤部政治部副营职干事（其间：1996年9月至1999年7月在长沙政治学院政治工作专业学习，在职大学毕业）；2000年5月至12月，广州军区政治部宣传部宣传处副营职干事；2000年12月至2003年7月，广州军区政治部宣传部宣传处正营职干事（其间：2003年3月至7月，在南京政治学院宣传干部培训班学习）；2003年7月至11月，广州军区政治部宣传部宣传处副处长；2003年11月至2006年9月，广州军区政治部宣传部宣传处副团职干事（其间：2001年9月至2004年12月在华中师范大学行政管理专业学习，取得硕士学位）；2006年9月至2009年8月，广州军区政治部宣传部宣传处处长；2009年8月至2013年12月，广州军区政治部宣传部副部长（其间：2010年9月至11月，在国防大学全军军师职干部高级外宣班学习； 2013年9月至10月在国防大学全军高级外宣研讨班进修）；2013年12月至2017年6月，广州军区政治部战士报社社长；2017年6月至2018年7月，东莞军分区政治委员（其间：2017年2月至2018年1月在国防大学领导管理与指挥班学习）；2018年7月起，任东莞市委常委、东莞军分区政治委员。

陈志伟　1967年10月出生，男，汉族，东莞虎门人，1992年12月加入中国共产党，1989年6月参加工作，广东省委党校研究生、高级管理人员工商管理硕士。1985年9月至1989年6月，在中山大学物理学专业学习，大学毕业；1989年6月至11月，东莞市虎门镇国土所见习干部；1989年11月至1990年6月，东莞市虎门镇党政办公室见习干部；1990年6月至1996年5月，东莞市虎门镇党政办公室办事员、科员；1996年5月至1997年9月，东莞市虎门镇党政办公室副主任；1997年9月至1999年8月，东莞市政府办公室综合科科员（其间：1996年9月至1999年7月在广东省委党校经济学专业学习，研究生毕业）；1999年8月至2001年1月，东莞市政府办公室综合科副科长；2001年1月至2002年2月，东莞市政府办公室综合科主任科员；2002年2月，东莞市委办公室会务科科长；2002年2月至12月，东莞市委政策研究室副主任；2002年12月至2003年2月，东莞市麻涌镇党委书记（副处级）；2003年2月至2008年8月，东莞市麻涌镇党委书记、人大主席（其间：2005年5月定为正处级；2005年9月至2007年7月在中山大学高级管理人员工商管理专业学习，取得硕士学位）；2008年8月至9月，东莞市文化广电新闻出版局党组书记；2008年9月至2013年2月，东莞市文化广电新闻出版局党组书记、局长；2013年

2月至2014年3月，东莞市委宣传部副部长，市文化广电新闻出版局党组书记、局长；2014年3月至4月，东莞市东城街道党委书记、人大联络委主任人选；2014年4月至2016年8月，东莞市东城街道党委书记、人大联络委主任；2016年8月至2017年6月，东莞市东城街道党委书记；2017年6月至7月，东莞市委秘书长、东城街道党委书记；2017年7月至2018年7月，东莞市委秘书长；2018年7月至9月，东莞市委常委、市委秘书长；2018年9月至11月，东莞市委常委、市委统战部部长；2018年11月起，任东莞市委常委、市委统战部部长，东莞水乡特色发展经济区管委会党组书记、主任。

黎　军　1970年7月出生，女，汉族，湖南岳阳人，2002年8月加入民革，1992年7月参加工作，北京大学宪法学与行政法学专业，法学博士。1988年9月至1992年7月，中南政法学院法律系行政法专业学习；1992年7月至2001年4月，中南政法学院教师（其间：1994年9月至1997年7月在中南政法学院法律系宪法专业硕士研究生学习；1997年9月至2000年7月在北京大学法学院宪法学与行政法学专业博士研究生学习）；2001年4月至2006年9月，深圳大学法学院教师、副教授（2002年12月）（其间：2002年9月至2005年10月在中国社会科学院法学所从事宪法与行政法在职博士后研究）；2006年9月至2008年11月，深圳大学法学院副院长、教授（2006年12月）；2008年11月至2009年8月，深圳市法制办公室副主任；2009年8月至2012年11月，深圳市政府法制办公室（市政府法律顾问室、市政府行政复议办公室）副主任；2012年11月至2013年12月，深圳大学副校长；2013年12月至2015年2月，深圳大学副校长，市妇联兼职副主席，民革广东省委会常委、深圳市委会主委（2014年11月）；2015年2月至6月，深圳大学副校长，市妇联兼职副主席，民革广东省委会常委、深圳市委会主委，挂任重庆市渝北区副区长；2015年6月至2016年2月，深圳市政协副主席，深圳大学副校长，市妇联兼职副主席，民革广东省委会常委、深圳市委会主委，挂任重庆市渝北区副区长；2016年2月至2018年9月，深圳市政协副主席，深圳大学副校长，市妇联兼职副主席，民革广东省委会常委、深圳市委会主委；2018年9月至10月，东莞市人民政府副市长人选，深圳大学副校长，深圳市妇联兼职副主席，民革广东省委会副主委、深圳市委会主委；2018年10月起，任东莞市人民政府副市长（正厅级），民革广东省委会副主委。

刘　炜　1968年11月出生，男，汉族，广东兴宁人，1998年10月加入中国共产党，1991年7月参加工作，华南理工大学工商管理学院企业管理专业，管理学博士。1987年9月至1991年7月，在华南农业大学植物遗传育种专业学习，大学毕业；1991年7月至1993年3月，在广东省农科院科研处工作；1993年3月至1996年2月，广东省农科院科研处计划科科员；1996年2月至1999年7月，广东省农科院科技处计划科副科长（其间：1996年被聘为助理研究员）；1999年7月至2001年3月，广东省农科院科技处计划科科长（其间：2001年被聘为副研究员）；2001年3月至2004年11月，广东省农科院科技处副处长（其间：2004年被聘为研究员；2000年4月至2003年5月在华南农业大学农业推广专业学习，取得硕士学位）；2004年11月至2006年12月，广东省科技厅办公室副主任（其间：2003年7月至2005年3月借调到科学技术部农村与社会发展司工作）；2006年12月至2008年7月，广东省部产学研结合协调领导小组办公室调研员（其间：2007年12月主持产学研办公室全面工作）；2008年7月至2010年11月，广东省科技厅产学研结合处处长；2010年11月至2012年7月，广东省科技厅党组成员、副厅长；2012年7月至2014年9月，广东省科技厅党组成员、副厅长，佛山市副市长（挂职）（其间：2007年9月至2013年6月在华南理工大学企业管理专业学习，博士研究生毕业）；2014年9月至2018年4月，广东省科技厅党组成员、副厅长；2018年4月至5月，东莞市人民政府副市长人选、党组成员；2018年5月起，任东莞市人民政府副市长、党组成员。

骆招群　1965年10月出生，男，汉族，广东龙川人，1993年8月加入中国共产党，1987年7月参加工作，广东省委党校研究生。1985年9月至1987年7月，广东省民政学校民政专业学习，中专毕业；1987年7月至1992年5月，广东省民政厅退伍办办事员（其间：1988年9月至1991年7月在华南师范大学中文秘书专业学习，在职大专毕业）；1992年5月至1994年3月，广东省民政厅退伍办科员；1994年3月至1997年7月，广东省民政厅退伍办副主任科员；1997年7月至2000年5月，广东省民政厅安置处主任科员；2000年5月至2001年10月，广东省民政厅优抚安置处副处长（其间：1998年9月至2001年7月在广东省委党校中共党史专业学习，研究生毕业）；2001年10月至2003年12月，广东省军供站站长、党支部书记（正处级）；2003年12月至2004年12月，广东省民政厅优抚安置处处长；2004年12月至2005年6月，广东省民政厅优抚处处长；2005年6月至2017年4月，广东省民政厅副厅长、党组成员；2017年4月至2018年7月，东莞市委常委、市委统战部部长；2018年7月至8月，东莞市政协主席候选人，市委统战部部长；2018年8月至9月，东莞市政协主席、党组书记，市委统战部部长；2018年9月起，任东莞市政协主席、党组书记。

王建周　1959年5月出生，男，汉族，东莞虎门人，1984年9月加入中国共产党，1975年10月参加工作，大专学历。1975年10月至1982年12月，在东莞县二轻莞城农业机械厂工作；1982年12月至1987年7月，东莞市（县）工商行政管理局材料员（其间：1984年9月至1987年7月在广东广播电视大学党政管理干部基础专修科学习，大专毕业）；1987年7月至1988年7月，东莞市政府办公室干部；1988年7月至1991年5月，东莞市政府办公室秘书科副科长；1991年5月至8月，东莞市政府办公室秘书科科长；1991年8月至1997年10月，东莞市附城区办事处副主任（正科级）；1997年10月至2001年3月，东莞市东城区（附城区）办事处副主任（正科级）、工会主席（其间：1998年3月至1999年12月在华南师范大学马克思主义哲学专业研究生课程进修班学习）；2001年3月至2002年2月，东莞市东城街道党委副书记（正科级）；2002年2月至2005年7月，东莞市企石镇党委书记、人大主席（其间：2004年5月定为副处级）；2005年7月至8月，东莞市洪梅镇党委书记、企石镇人大主席；2005年8月至2010年4月，东莞市洪梅镇党委书记、人大主席（其间：2008年1月定为正处级）；2010年4月至5月，东莞市委组织部副部长、洪梅镇人大主席；2010年5月至2014年4月，东莞市委组织部副部长；2014年4月至2017年3月，东莞市委组织部副部长、市委老干部局局长；2017年3月至2018年7月，东莞市委组织部常务副部长、市委老干部局局长；2018年7月至8月，东莞市政协副主席候选人，市委组织部常务副部长、市委老干部局局长；2018年8月至10月，任东莞市政协副主席、党组成员，市委组织部常务副部长、市委老干部局局长；2018年10月至12月，任东莞市政协副主席、党组成员、市委组织部常务副部长；2018年12月起，任东莞市政协副主席、党组成员。

全国五一劳动奖章获得者

黄　丹　1975年11月生，男，壮族，中共党员，大学本科学历，国家税务总局东莞市税务局望牛墩税务分局协税员。作为退役士兵，入职初期缺乏税收专业知识、计算机基础薄弱，下苦功加强学习，短时间内熟悉和掌握税收岗位业务知识和计算机操作技能，迅速独立开展工作。工作中科学统筹，缩短咨询答复和涉税业务办理时间，提高纳税服务质效，实现重大工作任务零差错，纳税人评价满意度100%。其领衔的“黄丹劳模创新工作室”，有3个项目为广东省首创，使办税流程进一步优化，减轻纳税人办税成本和工作人员工作量。2002年5月起，每个月拿出100元，先后资助9名贫困地区孩子上学。利用假期50多次到贵州、湖南、广东、广西等省区贫困山区进行助学走访，亲临贫困生家庭超600户次、学校60多所，拍摄影像资料上万张，帮助超过1000名贫困学生找到资助人。2013年获东莞市劳动模范，2014年获得广东省五一劳动奖章，2015年获第五届东莞市道德模范（助人为乐类），2018年获得全国五一劳动奖章。（参见《东莞年鉴》2015年卷第611页“广东省五一劳动奖章获得者”分目）

陈　献　1980年10月生，男，汉族，中共党员，本科学历，东莞市京滨汽车电喷装置有限公司制造部课长、工会主席，广东省总工会兼职副主席。推进员工教育体制完善，提出岗位分等级培训方式，使新进员工和在岗员工都得到培训。指导编写各工程岗位作业品质重点小册子，让基层员工快速成长。完善公司与工会交流体制，促成双方签订集体合同，实现工资集体协商并达成一致。针对员工关心的企业年金和工资体制问题，通过与公司交流5次后达成意向性统一。2014年11月，当选广东省总工会兼职副主席后，深入一线企业调研，了解企业工会运作状况，聆听职工诉求，分享工会与公司协商经验。2013年获评东莞市劳动模范，2014年获得广东省五一劳动奖章，2018年获得全国五一劳动奖章。（参见《东莞年鉴》2015年卷第610页“广东省五一劳动奖章获得者”分目）

（陈颖芝）

广东省五一劳动奖章获得者

刘世伟　1979年12月生，男，汉族，中共党员，硕士研究生学历，中国移动广东公司东莞分公司市场监控团队带头人，负责监控大数据中心建设，基于大数据开展质量分析和风险防范工作，是东莞市“首席技师”。立足手工风控传统经验，梳理全流程嵌入式风险细节，量化成为可评估的指标，并构建识别、监控、预警、追溯等全功能大数据风控体系，实现风险控制可控可视。成功实施500个企业大型项目的风险量化评估，系统化目标取数“1000+”，发现业务漏洞近百处，排除风险隐患。为破除传统投诉工作因平均发力导致无法精确甄别重大升级工单的风险，使用大数据模型攻关升级投诉预警平台，实现智能化预测、自动化干预服务流程、可视化服务过程管理监控。2018年，平台在广东省各地市落地，处理1000多万条“10086”工单，输出预测结果7万多条，总体客户满意度较年初提升3个百分点。创建技师工作站，辅导成员和传授工作经验，个人及团队获得多个集团及省、市开发大赛和劳动竞赛奖项。2018年获得广东省五一劳动奖章。

傅　轶　1977年11月生，男，汉族，群众，博士学历，广东银禧科技股份有限公司工程师。参与国家863计划1项，牵头省级科技计划项目5个。其中“基于橡塑改性沥青混合料的新材料研制与应用研究”获2012年中国公路学会科学技术奖二等奖；“高品质汽车和电器专用高分子复合材料核心技术开发及工业化应用”获2013年上海市科学技术奖二等奖；“电子、电气用高性能化聚碳酸酯工程塑料改性技术”获2014年广东省科学技术奖二等奖。主持开发的PC改性材料在电子、电气、照明等领域击败国外对手，累计销售10万吨，为企业创造近25亿元销售额和可观利润。开发的“激光印标ABS塑料”和“一种低成本、高抗冲、高阻燃且无溴环保ABS材料”“电动汽车充电线用耐高低温、阻燃弹性体材料”等11种研发产品被认定为国家重点新产品和广东省高新技术产品。注重知识产权保护，独自撰写或参与撰写发明专利72篇，其中48篇被授权，包括1篇美国专利。被评定为“东莞市第七批专业技术拔尖人才”“第三届东莞市优秀科技工作者”“东莞市特色人才（二类）”“东莞市2010年培养科技领军人才”，作为带头人的创新团队被评定为“东莞市2010年培养科技创新团队”。2018年获得广东省五一劳动奖章。

巢益民　1967年12月生，男，汉族，湖南汨罗人，中共党员，硕士研究生学历。广州市萝岗区安全专家、东莞市安全专家。东莞益海嘉里粮油食品工业有限公司党支部书记，东莞益海嘉里粮油食品工业有限公司、丰益油脂科技（东莞）有限公司、东莞赛瑞淀粉科技有限公司EHS经理。负责安全工作以来，公司无发生重大安全事故，且获得“2010年工伤预防工作先进单位”“2011年消防安全‘四个能力’建设验收达标单位”“2012年消防安全工作先进单位”“2014年政府验收安全生产标准化企业”“2016年环保能源管理先进企业”“2016—2017年度安全生产标兵示范企业”等称号。重视安全教育宣传，使安全生产理念深入人心。在生产现场安全管理中，要求严格，一丝不苟。2018年获得广东省五一劳动奖章。

孟昭光　1981年4月生，男，汉族，群众，本科学历，东莞市五株电子科技有限公司高级工程师，从事印制电路板技术研发一线工作。曾获得广东省科学技术进步奖1次，东莞市科学技术进步奖3次，在电子行业核心期刊发表论文9篇，是东莞市首届“名城名匠”“东莞市优秀科技工作者”“东莞市首席技师”。获得发明专利80余项，是2015年广东省应用型科技研发重大专项《新型高可靠性超高密度HDI印制线路板关键技术集成及工程示范》项目负责人。该项目开创智能手机任意层互联板工艺新流程，采用动态补偿、中心对位补偿等技术，解决层间任意互连热散失带来的信号损耗等问题。该技术为国内首创，达到国内领先水平。他带领智能化改造团队，实施车间影像转移自动化改造项目，通过引进高端自动化设备，配合公司自行研发的机械手，反复验证，解决关键技术关键部位的协调搭配，实现印制电路板内层、外层、绿油三大瓶颈工序离散设备的全自动连线技术，提高生产效率，使企业获得“机器换人示范企业”称号。2018年获得广东省五一劳动奖章。

黄汉昌　1973年7月生，男，汉族，广东东莞人，中共党员，大专学历，东莞冈谷电子有限公司人才资源部部长，兼工会主席、党支部书记、团支部书记、安全委员会副委员长、调解委员会副委员长。在不同岗位做事都尽职尽责。在总务岗位，及时传达政府对外资企业优惠政策，助推公司扎根东坑镇增资生产和实现转型。在负责安全生产工作期间，多次被评为“东莞市安全生产先进个人”，公司多次被评为“东莞市安全生产先进单位”。在负责党建和团建工作期间，公司被评为“东莞市青年文明社区”“东莞市企业文化建设先进单位”“全国亿万农民健康促进行动东莞市示范企业”。任工会主席期间，代表员工与企业方进行平等协商，维护广大员工合法权益，推进民主管理进程，实行厂务公开，增设员工意见箱，畅通员工表达渠道，强化员工福利保障等。公司工会获得“东莞市先进集体”、“东莞市劳动关系和谐企业”、“广东省模范职工之家”、中华全国总工会授予的“职工书屋”等称号。2018年个人获得广东省五一劳动奖章。

邱建刚　1992年10月生，男，汉族，群众，大专学历，广东紫光电气有限公司成套事业部生产组长。自2010年加入公司成为普通电气设备装配员工起，勤奋好学，逐步成为生产技术骨干。参与公司多个研发和生产项目，改良和重新设计产品，制作多套生产和检查工具，为公司降低生产成本、提升生产效率。2015年，取得“广东省职工电工劳动竞赛三等奖”；2016年被授予东莞市“首席技师”、东莞市“名城工匠”称号。耐心教导徒弟，注重产品品质，产品出现的每一个问题都会与大家交流，培养组员创新思维。2018年获得广东省五一劳动奖章。

林喜荣　1969年9月生，女，汉族，群众，本科学历，东莞启东电线电缆有限公司工会主席。1997年11月，被沙田镇总工会任命为公司工会主席。密切联系职工，维护工会会员合法权益，促进吸收当地大学生就业。每年带领员工举办运动会、演习培训、文艺演出等文体活动。在沙田镇工会举办的各种比赛和业务培训中，取得好成绩。多次被沙田镇政府评为优秀工会工作者、公司工会多次被评为先进基层工会。2007年，被评为“东莞市优秀女工”，获得“海纳百川、厚德务实”东莞城市精神百名杰出人物提名奖；2011年，当选为“政协东莞市第十二届委员会委员”；2013年，获得“东莞市劳动模范”称号。2018年获得广东省五一劳动奖章。

曾香桂　1979年7月生，女，汉族，湖南新宁人，群众，本科学历，东莞市瑞康工贸有限公司工会主席。1999年到东莞务工，从文员一路奋斗成为物业管理师、公司工会主席。坚持在物业管理行业中做精品品牌。鼓励员工进修文化知识和技能提升，帮助困难员工，开展丰富的文化活动。2015年，公司客服部获得市总工会“巾帼文明岗”称号；2017年，公司物管部获得“先进职工小家”称号。2013年2月，以农民工身份当选为第十二届全国人大代表；同年，又以农民工身份当选全国工会十六大代表。5年来，认真履职，深入工厂、小区、学校，倾听农民工声音。关注农民工社保、权益维护、家庭建设和子女教育，积极向全国人大反映农民工需求。2018年2月，当选第十三届全国人大代表。2018年获得广东省五一劳动奖章。（参见《东莞年鉴》2014年卷第479页“‘梦起莞邑’新闻人物”分目）

余雪琴　1984年11月生，女，汉族，中共党员，本科学历，东莞市鹏星社会工作服务社社工。2013年，当选为广东省第十二届人大代表。认真履职，利用工余时间走访调研，特别关注外来务工人员。一方面在各种场合为他们提出合理诉求，另一方面引导他们勇敢面对生活，对不合理诉求作出解释，化解他们对政府的误解。当代表期间，单独提交15份建议，与其他代表联名提交7份建议。2013年9月起从事社工工作，面对社会工作不被理解的困难，坚定信念，迎难而上。其间，服务咨询1580人次，建档656个，开启个案28个（其中典型案例6个），开展活动126个、小组50个280节，探访626户，志愿服务250小时。2018年，当选第十三届全国人大代表，为外来务工人员代言。2018年获得广东省五一劳动奖章。

陈　晗　1968年12月生，男，汉族，群众，大专学历，东莞宝成鞋业有限公司工会主席、东莞高埗裕元集团制八厂行政经理。2014年，协调整合资源抓工会组织规范化建设，在集团范围内建立4层级沟通协商机制，定期举办多层次员工座谈会。2017年，通过多层次沟通协商机制回应1152名员工咨询与建议。争取上级工会和集团公司支持，建立百万爱心基金救助体系、3个先锋号职工服务中心和1个火车票代售点。定期开展文体活动，活动覆盖约4万人次。率先在工厂设计推动物流电脑记账管理系统，实现原物料与生产计划的动态无缝对接。主导推动3个降低生产成本专案，为工厂节约516万元。2008年，获得“东莞市优秀外来工”称号；2017年9月28日，当选高埗镇总工会兼职副主席，10月被评为“高埗镇最美产业工人”。2018年获得广东省五一劳动奖章。

林海川　1972年6月生，男，汉族，中国民主同盟盟员，博士学历，广东宏川集团有限公司董事长。通过20多年努力，带领企业从小型贸易公司发展成为年销售额超百亿元、利润和纳税超4亿元的大型化工行业综合服务商。使企业先后获得“中国民营企业500强”“中国民营服务业企业100强”“广东省民营企业100强”“广东省企业文化建设十大示范基地”“广东省五一劳动奖状”“东莞市劳动关系和谐企业”等称号。始终将质量安全和生产安全作为首要工作来抓，确保企业无发生生产事故、环境污染事故、保安事件和职业危害事件，多年来连续被评为省、市级“安全生产先进单位”，2017年获得“中国化工物流行业金罐奖——安全管理奖”。作为一名民主人士，重视企业党、工、团的建设，企业获得“全国职工书屋”，广东省“非公有制经济组织先进党组织”“十大书香企业”，东莞市“五星党组织”“学习型党组织示范单位”“非公企业党建标准化建设示范点”“优秀职工之家”等称号。2018年获得广东省五一劳动奖章。

汤天然　1981年3月生，男，汉族，群众，硕士研究生学历、讲师，东莞职业技术学院动漫设计专业教师。专注教育工作，指导学生多次在国家、省、市级各类设计比赛中获奖。对设计艺术追求完美，先后获得学院“多媒体课件二等奖”“最佳创意奖”“青年教学竞赛三等奖”“最佳人气奖”等教学奖项。完成多项省市级科研项目，科研成果得到广泛应用，在国内各类期刊上公开发表专业论文9篇，公开发表艺术设计作品4篇。教学之余参与企业实践，曾负责广州360度设计工作室，担任深圳杰技数码科技有限公司视觉设计总监、深圳市华翰彩纸包装有限公司设计顾问，设计作品得到市场检验和实际应用。先后获“东莞市首届优秀技能人才评选三等奖”，“东莞市技术能手”“东莞市职工技术标兵”“广东省技术能手”“东莞市劳动模范”等称号。2018年获得广东省五一劳动奖章。

黄艳芬　1978年3月生，女，汉族，中共党员，本科学历，东莞市莞城中心小学教导处副主任。广东省名班主任工作室主持人、青年教师教研中心委员、骨干教师优秀学员，东莞市首届最美教师、优秀班主任、优秀教师、教育系统师德标兵、小学教研中心组成员、家庭教育讲师、新教师入职培训导师、首批名班主任工作室主持人。事迹曾被《广东教育》、《东莞日报》、东莞阳光网、《莞城文化报》、东莞电视台多次报道。从教20年来，钻研教材教法，参加国家、省、市各项培训，形成活泼、扎实的教学风格。主持、负责的13个课题在省、市获奖。34篇论文和教学设计在省、市获奖和发表。13个课例在省、市获奖，并赴全省各地举办省、市、区级专题讲座56场，参与听讲的教师4000多人次。其指导的年轻教师在广东省班主任技能大赛中获奖有3人次，在东莞市班主任技能大赛中获一等奖有7人次，被评为市名班主任工作室主持人1人、学科带头人6人次、教学能手10人次，被聘为各学科、家庭教育讲师10人，负责或主持的课题在省、市获奖20余项，德育论文、教学设计、课例获奖90余项。2018年获得广东省五一劳动奖章。

骆庆明 1974年8月生，男，汉族，中共党员，硕士研究生学历，东莞市第八人民医院（东莞市儿童医院）副院长、儿科专家，主任医师、硕士导师。从医20年，坚守儿科一线，开设专家门；指导年轻医生，救治儿科患者。主持救治多例危重症儿童，多次获得中央电视台及省、市媒体报导。主持省、市级科研项目8个，发表文章40多篇。主持东莞市重大科普项目“关爱儿童，防范意外伤害”，主编《成长的陷阱——儿童意外伤害》，多次到社区、学校宣讲；筹建东莞市地中海贫血防治协会；策划市儿童缺铁及缺铁性贫血筛查项目、孤独症儿童筛查项目。提倡合理用药，推动合理诊疗，使全院药占比处于广东省同级医院最低水平。激励员工开展科研，近3年全院获省市科研立项50余项，获各级科研资助约300万元。稳定儿科医生队伍，引进儿科人才。积极投身志愿活动中，2008年赴汶川参与抗震救灾，献血12次、近5000毫升。主编的《血浓于水》，号召人们无偿献血，获得广东省首届卫生计生优秀文艺作品一等奖。在东莞、广州国际马拉松等赛事中担任救援志愿者。2018年获得广东省五一劳动奖章。

李松锦 1969年11月生，男，汉族，中共党员，大专学历，东莞市人力资源局大岭山分局监察办公室主任。从事工作23年来，在劳动信访、劳动仲裁、劳动监察等工作中，做到零失误。严格要求自己，不断研究相关法律法规，灵活运用、创新工作模式，依法办案。加强日常劳资隐患排查和各种专项检查，减少群体性突发事件发生。对违法违规企业进行依法行政。在接访群众时热情耐心，明释法理，让劳动者和企业都明白、满意，和谐化解劳资问题。在处理群体性突发性事件时，深入一线了解并化解矛盾。以带帮教，培养信访、仲裁、监察骨干人员。2018年获得广东省五一劳动奖章。

吴绵泉 1981年12月生，男，汉族，中共党员，本科学历，东莞市公安局桥头分局科员、痕迹检验工程师，桥头镇党代表。作为刑事技术室负责人，带领技术室人员于2016年勘查现场1878宗、2017年勘查现场1753宗，总体勘查率100%，连续两年排名全市并列第一位。投身各类刑事案件现场勘查和各类痕迹物证检验鉴定工作中，细致进行分析串并，为侦查破案提供大量线索和证据。通过实时开展案件研判会，及时将技术比中信息或串并线索反馈给侦查人员，为打击犯罪提供基本、全面直接的信息支持。先后立个人三等功2次、个人嘉奖8次，2010年被市公安局评为“亚运安保先锋”，2012年被评为“清网行动”先进个人，2017年被评为东莞市优秀人民警察。2018年获得广东省五一劳动奖章。（陈颖芝）

李　冰 1981年12月生，男，汉族，中共党员，研究生学历，广东省粤电集团有限公司沙角C电厂设备管理部机械分部主任助理。曾先后任沙角C电厂三台660MW机组脱硝改造、热水再循环脱硝全工况改造项目经理。实现“两个第一”：广东省内第一台实施SCR烟气脱硝改造的660MW及以上机组，国内第一家实施热水再循环技术进行脱硝全工况改造的电厂。2016年进入超低排放工作组，实施沙角C电厂超低排放改造工作。改造完成后，电厂NOx、SO_2、烟尘排放浓度不高于50mg/Nm^3、35mg/Nm^3、10mg/Nm^3，达到超低排放标准。发表专业论文6篇，其中外文2篇。开发的风机动平衡计算软件、联轴器对中计算软件、锅炉四管缺陷管理系统等，在施工现场得到良好应用。2018年获得广东省五一劳动奖章。

2018年东莞市获国家部委以上表彰先进个人表

获奖者	工作单位	获奖称号	授予单位	授予年月
庾国清	国家税务总局东莞市税务局东城税务分局	全国税务系统“100名优秀办税服务厅主任”	国家税务总局	2018年1月
关　平	东莞市安全监管局	安全生产监管监察先进个人	国家安全监管总局	2018年1月
陈荣昌	东莞市安全监管局沙田分局	安全生产监管监察先进个人	国家安全监管总局	2018年1月
何浩江	东莞市安全监管局大岭山分局	安全生产监管监察先进个人	国家安全监管总局	2018年1月
程伟忠	东莞市安全监管局道滘分局	安全生产监管监察先进个人	国家安全监管总局	2018年1月
黄沛然	东莞市石碣供销社	全国供销合作社系统劳动模范	人力资源和社会保障部、中华全国供销合作总社	2018年1月
陈　超	东莞市中级人民法院	第四届全国审判业务专家	最高人民法院	2018年1月
陈　斯	东莞市第一人民法院	第四届全国审判业务专家	最高人民法院	2018年1月
郑铁钢	东莞市环境保护局	全国环境保护系统先进工作者	人力资源和社会保障部、环境保护部	2018年2月
黄　丹	国家税务总局东莞市税务局望牛墩税务分局	全国五一劳动奖章	中华全国总工会	2018年4月
陈　献	东莞市京滨汽车电喷装置有限公司	全国五一劳动奖章	中华全国总工会	2018年4月
莫满水	桥头镇石水口村委会	全国人民调解工作先进个人	司法部	2018年5月
祝　英	东莞市卫生和计划生育局	2017年度人口和计划生育工作荣誉者	国家卫生健康委员会	2018年5月
邝月嫦	麻涌镇社区卫生服务中心（计划生育服务所）	2017年度人口和计划生育工作荣誉者	国家卫生健康委员会	2018年5月
黄志豪	清溪镇计生办	2017年度人口和计划生育工作荣誉者	国家卫生健康委员会	2018年5月
张润成	清溪镇计生办	2017年度人口和计划生育工作荣誉者	国家卫生健康委员会	2018年5月
黄美霞	清溪镇社区卫生服务中心（计划生育服务所）	2017年度人口和计划生育工作荣誉者	国家卫生健康委员会	2018年5月
郭红梅	塘厦镇卫生和计划生育局	2017年度人口和计划生育工作荣誉者	国家卫生健康委员会	2018年5月
叶凤群	万江街道办事处卫生和计划生育局	2017年度人口和计划生育工作荣誉者	国家卫生健康委员会	2018年5月
刘燕荷	万江街道办事处卫生和计划生育局	2017年度人口和计划生育工作荣誉者	国家卫生健康委员会	2018年5月
陈福如	万江街道办事处卫生和计划生育局	2017年度人口和计划生育工作荣誉者	国家卫生健康委员会	2018年5月
陈转旺	万江街道办事处卫生和计划生育局	2017年度人口和计划生育工作荣誉者	国家卫生健康委员会	2018年5月
卢建均	万江街道办事处卫生和计划生育局	2017年度人口和计划生育工作荣誉者	国家卫生健康委员会	2018年5月
温庆继	万江街道办事处卫生和计划生育局	2017年度人口和计划生育工作荣誉者	国家卫生健康委员会	2018年5月

续表

获奖者	工作单位	获奖称号	授予单位	授予年月
洪伟良	万江街道办事处卫生和计划生育局	2017年度人口和计划生育工作荣誉者	国家卫生健康委员会	2018年5月
王迎春	万江社区卫生服务中心	2017年度人口和计划生育工作荣誉者	国家卫生健康委员会	2018年5月
庾玉明	万江社区卫生服务中心	2017年度人口和计划生育工作荣誉者	国家卫生健康委员会	2018年5月
李淦洪	桥头镇卫生和计划生育局	2017年度人口和计划生育工作荣誉者	国家卫生健康委员会	2018年5月
邓丽香	桥头镇社区卫生服务中心（计划生育服务所）	2017年度人口和计划生育工作荣誉者	国家卫生健康委员会	2018年5月
叶培兴	横沥镇卫生和计划生育局	2017年度人口和计划生育工作荣誉者	国家卫生健康委员会	2018年5月
叶燕梅	虎门镇卫生和计划生育局	2017年度人口和计划生育工作荣誉者	国家卫生健康委员会	2018年5月
何思敏	虎门镇社区卫生服务中心（计划生育服务所）	2017年度人口和计划生育工作荣誉者	国家卫生健康委员会	2018年5月
廖莉花	虎门镇社区卫生服务中心（计划生育服务所）	2017年度人口和计划生育工作荣誉者	国家卫生健康委员会	2018年5月
袁雪梅	黄江镇卫生和计划生育局	2017年度人口和计划生育工作荣誉者	国家卫生健康委员会	2018年5月
张玉莺	樟木头镇卫生和计划生育局	2017年度人口和计划生育工作荣誉者	国家卫生健康委员会	2018年5月
姚美兰	石龙镇卫生和计划生育局	2017年度人口和计划生育工作荣誉者	国家卫生健康委员会	2018年5月
何雪仪	石龙镇卫生和计划生育局	2017年度人口和计划生育工作荣誉者	国家卫生健康委员会	2018年5月
莫锡良	东莞市创一公益服务中心	第十一届全国五好家庭	中华全国妇女联合会	2018年5月
黄　丹	国家税务总局东莞市税务局望牛墩税务分局	第十一届全国五好家庭	中华全国妇女联合会	2018年5月
黄　欧	东莞市尚正堂莞香发展有限公司	全国非物质文化遗产保护工作先进个人	国家文化和旅游部	2018年6月
彭丹月	中国银行保险监督管理委员会东莞监管分局	2017年银监会系统信息报送先进个人	中国银行保险业监督管理委员会	2018年7月
田　地	中国银行保险监督管理委员会东莞监管分局	2016—2017年度系统优秀共青团员	中国银行保险业监督管理委员会	2018年8月
傅文华	东莞市第三人民法院	第十三届“中国法学家论坛征文奖”二等奖	中国法学会	2018年9月
胡坚鑫	东莞市中级人民法院	全国法院司法警察工作先进个人	最高人民法院	2018年9月
许飞鹏	东莞市卫生和计划生育局	全国流动人口动态监测调查优秀个人	国家卫生健康委员会	2018年9月
殷兰桂	大岭山镇元岭村计生办	全国流动人口动态监测调查优秀个人	国家卫生健康委员会	2018年9月
黄志豪	清溪镇卫生和计划生育局	全国流动人口动态监测调查优秀个人	国家卫生健康委员会	2018年9月
张仲衡	南城街道卫生和计划生育局	全国流动人口动态监测调查优秀个人	国家卫生健康委员会	2018年9月

续表

获奖者	工作单位	获奖称号	授予单位	授予年月
方绮琪	厚街镇河田社区卫计办	全国流动人口动态监测调查优秀个人	国家卫生健康委员会	2018年9月
张金凤	虎门镇龙眼社区	全国流动人口动态监测调查优秀个人	国家卫生健康委员会	2018年9月
莫惠英	大朗镇求富路社区	全国流动人口动态监测调查优秀个人	国家卫生健康委员会	2018年9月
李柏华	常平镇常平社区居民委员会	全国流动人口动态监测调查优秀个人	国家卫生健康委员会	2018年9月
李燕琴	长安镇霄边社区计生办	全国流动人口动态监测调查优秀个人	国家卫生健康委员会	2018年9月
张慧玲	塘厦镇龙背岭社区	全国流动人口动态监测调查优秀个人	国家卫生健康委员会	2018年9月
郭旭光	沙田镇西太隆村委会	全国流动人口动态监测调查优秀个人	国家卫生健康委员会	2018年9月
莫秀云	高埗镇高埗村卫计办	全国流动人口动态监测调查优秀个人	国家卫生健康委员会	2018年9月
黄银崧	东城街道主山居委会计生办	全国流动人口动态监测调查优秀个人	国家卫生健康委员会	2018年9月
陈应雄	凤岗镇雁田村委会计生办	全国流动人口动态监测调查优秀个人	国家卫生健康委员会	2018年9月
任妙玲	黄江镇梅塘社区	全国流动人口动态监测调查优秀个人	国家卫生健康委员会	2018年9月
陈志超	东莞市归国华侨联合会	全国侨联系统先进个人	中华全国归国华侨联合会	2018年9月
李广裕	高埗镇总工会	全国优秀工会工作者	中华全国总工会	2018年9月
何锦暖	麻涌镇总工会	全国优秀工会积极分子	中华全国总工会	2018年9月
陈婕渝	虎门镇总工会	全国优秀工会积极分子	中华全国总工会	2018年9月
罗笑齐	东莞市教育局	全国优秀工会积极分子	中华全国总工会	2018年9月
张华荣	华坚国际股份有限公司	改革开放40年百名杰出民营企业家	中央统战部、中华全国工商业联合会	2018年10月
林　蔚	东莞市邮政管理局	全国优秀市（地）邮政管理局局长	国家邮政局	2018年10月
詹嘉荣	东莞市环境保护局虎门分局	2018—2019年蓝天保卫战重点区域强化监督工作中表现突出人员	生态环境部	2018年11月
王　坚	广东乾知智库研究院有限公司	九三学社先进个人	九三学社中央	2018年12月
张志强	东莞市中级人民法院	第六届全国行政审判优秀业务成果评选裁判文书类调研成果二等奖	最高人民法院	2018年12月
黄远峰	东莞市地震局	全国市县防震减灾人员考核先进工作者	中国地震局	2018年12月
吴双春	东莞市文化广电新闻出版局	2017年度基层广播电视统计工作优秀个人	国家广播电视总局	2018年12月
温延辉	东莞市第三人民医院	“妇幼健康中国行”——微电影微视频征集活动最佳男主角	国家卫生健康委员会	2018年12月

东莞市“中国好人”

莫广兴 1935年生，女，东莞市麻涌镇麻四村村民。44年前，莫广兴7岁的女儿因一场持续不退的高烧患上脑膜炎，并恶化为脑瘫，从此丧失语言能力，生活无法自理。莫广兴数十年如一日守护在女儿身边，悉心照顾，诠释着人世间最普通而又最高贵的母爱。其坚强执着让人感动，曾被评为“广东好人”“东莞好人”“东莞市道德模范”。2018年，被评为孝老爱亲“中国好人”。（参见《东莞年鉴》2018年卷第512页“东莞市‘广东好人’”分目）

刘建江 1947年生，男，东莞市茶山镇横江村村民。从1998年第一次献血开始，10年间无偿献血149次、累计献血2.7万毫升。陪同29位志愿者进行造血干细胞移植，并签订捐献遗体协议。曾连续三届获得卫生部和国家红十字总会“无偿献血金奖”，国家红十字总会“终生志愿者”和“造血干细胞工作五星级志愿者”称号，广东省“促进无偿献血奖”、“广东好人”、“东莞好人”、“东莞市道德模范”等荣誉。2018年，被评为助人为乐“中国好人”。（参见《东莞年鉴》2018年卷第512页“东莞市‘广东好人’”分目）

宋 涛 1966年生，男，东莞市生物技术产业发展有限公司董事长、东莞市松山湖慈善会名誉会长。20世纪80年代开始从事慈善活动，在助学兴教、扶贫济困等方面不遗余力，累计捐款240多万元，帮助900余名学子圆上学梦。曾被评为“广东好人”“东莞市道德模范”“第二届东莞十大慈善人物”。2018年，获评助人为乐“中国好人”。（参见《东莞年鉴》2015年卷第612页“第二届东莞十大慈善人物”分目）

（刘健潮）

东莞市“广东好人”

宋 涛 2018年，获评“广东好人”。（参见2018年东莞市“中国好人”）

李玉梅 1966年生，女，东莞市东城街道牛山社区保洁员。作为二婚妻子，虽为“后妈”，但李玉梅与丈夫、儿女真诚相待、互敬互爱。其家庭先后评为2014年、2015年“广东省最美家庭”，2016年“全国五好文明家庭”；李玉梅曾获“东莞市道德模范”。2018年，获“广东好人”。

（刘健潮）

逝世人物

陈 林（1941年9月至2018年1月），男，汉族，东莞市南城篁村人，中共党员，广东宏远集团有限公司董事长、广东宏远篮球俱乐部创始人。

陈林敢为人先，1988年组建东莞市宏远有限公司（后变更为广东宏远集团公司），成为中国第一批“洗脚上田”的农民干部。1994年，推动东莞宏远工业区股份有限公司成为东莞市首家上市企业。2005年，广东宏远集团公司从集体所有制企业变更为广东宏远集团有限公司。截至2018年底，宏远集团公司成为业务涵盖房地产、工业制造、现代服务、新能源环保、股权投资、文教体育等产业的多元化、跨地域的产融结合型集团企业。

陈林热爱体育事业，是中国足球、篮球职业化进程的历史见证人和先行者之一。1992年与广东省体委、省足协合办中国最早的职业足球俱乐部——宏远足球俱乐部。1993年，陈林组建全国首家职业篮球俱乐部——广东宏远篮球俱乐部。宏远篮球队在2003—2019年9次夺得中国男子篮球职业联赛总冠军，成为联赛史上夺冠次数最多的球队。2017年，陈林获得中国篮球协会颁发“中国篮球职业俱乐部突出贡献奖”。

陈林热心公益，在捐资助学、扶贫赈灾等方面捐款捐物数千万元。先后获得“全国群众体育先进工作者”“建国60年广东100位贡献人物”“东莞市有突出贡献的优秀共产党员”等称号。

2018年高级专业技术资格人员名单

一、正高级（193人）

卫生技术人员系列（169人）：

赵青云 蔡有守 吴 松 周金良 张清科 李洪书
章 琳 王梦芝 阳爱芳 雷菊蕊 赵永辉 林海云
陈光彪 皮红泉 曾宇明 郭利萍 罗西明 张 平
曾会勇 黄 宏 聂 茹 温兰妹 曹剑英 刘志刚
刘 芳 黎启福 王爱桃 吴光任 黄伟浪 曾红如
冯子平 李 辉 刘厚东 邓东海 黎 强 莫国友
王瑞姣 叶卫东 叶小燕 张洪标 叶锡银 杨志霖
任正康 赵俊杰 陈圣海 彭国平 李 松 杨东茹
张振洪 刘庆仁 吴坤远 黄容旺 赖 伟 唐 莉
吴亚琼 甘海鹰 何 华 蔡树雄 蓝桂彬 孙云玲
黎加识 薛 珍 吴延涛 余前土 赵伟华 胡慧玲
曾学文 吴礼文 徐剑锋 刘冬生 苏丽艳 陈宇浩

金万亮 邹莲英 高文波 叶凤如 宋海良 刘广昌
刘军 周平 陈志凤 彭爱红 蔡伟英 张志娟
陈桂权 孙庆凯 程树红 卫展扬 陈卫民 文红
吴依芬 李力波 赵军 钟慕仪 何广宁 朱晓琴
韦凤 成丽虹 陈波 李翠芬 冉雪莲 何淑贞
卢军 李再学 李苏明 郭天畅 林召 高舜天
邹文舟 柏智 吴炳卓 苏亿年 龚家权 严林
宁晓军 蒋常英 杨铁卫 郑亚文 汪绪伦 李胜祥
张海平 江堤 陈荣辉 苏晓燕 孙凌瑜 陈广辉
陈金中 朱刚明 林少虹 张德永 张会存 赵榆华
王德胜 叶慧丽 刘秀英 姬成茂 叶朝阳 李荣需
钟运香 李明 张弘 郭秋兰 方浩威 蒲晓雯
陈早庆 杨维民 王叶子 叶学英 丁森华 高经学
刘葵娣 章晓峰 邱全煌 黄兴民 黎玉冰 周琼
蒋丰智 刘志祥 姜碧 徐友岚 周玉梅 魏梅香
刘红梅 吕洪雪 梁晶晶 李真 侯淑芳 蔡燕文
李强

高等学校教师系列（1人）：

傅小波

中学教师系列（5人）：

李烜 张光洋 孟胜奇 黄晗晖 万飞

小学教师系列（2人）：

陈晓燕 陈凤葵

工程技术人员系列（8人）：

邝成子 伍宏奎 陈德林 曾焕忱 曹维强 伍勇
谢称石 黎海波

农业科学研究专业（1人）：

江南

自然科学研究系列（1人）：

高建波

图书资料专业（1人）：

李保东

群众文化研究馆员（2人）：

秦川 齐雅男

一级美术师（1人）：

袁赤峰

主任记者（2人）：

陈雯婧 赵俊杰

二、副高级（1253人）

卫生技术人员系列（773人）：

曾思妮 钟娟芳 蔡勇英 邓洁 杜伟清 杨嘉建
陈琳 叶创新 刘明 张芳 何灵生 王志雄
邓健峰 陈英育 纪太芳 傅跃权 罗伟渊 曾纪赞
周丽叶 赵雅玲 刘琼 冯艳文 钟信刚 罗记文
罗旭坤 伍秀东 罗俊 彭华彬 赖新华 吴乐天
胡忠栋 郑丽娜 刘银花 刘小娟 王群 袁玉媚
邱宇 吴咏豪 郭旭昌 裴华 彭湘杭 陈深源
苏杰鹏 周树根 陈智慧 李振华 洪泓 郑丽明
古艳 张史飞 江帝钦 林仕彬 高彦利 彭燕
尹凤霞 李爱红 刘国华 黄佳星 何卫平 尹照成
黄眷杰 陈岚 闵红燕 张泽松 申慧慧 赖香梅
潘敏 徐颖 赖燕新 周建华 朱咏才 江世雄
潘维文 石小艳 陆映昭 杨淑青 姚丽芳 刘敏如
曾秀芳 陈辉香 钟锋 卢进军 潘润洪 俸国洲
谷宏辉 张柏昌 阮紫娟 廖晓晖 苏丹丹 邱丹花
马新平 沈礼利 李丽霞 何敏施 李秀云 王亚双
薛春花 苏志强 郭镇声 卢斐翠 黄有胜 赖晓敏
杨武 何金泉 李国强 钟丹丹 伍耀南 黄东辉
杨恒生 邓锦玲 莫丽华 罗燕云 李秋玲 邱莘
钟清东 袁正兵 朱锐昌 刘月娇 唐忠芬 詹兵煌
尹焕英 尹瑞华 钟玉娱 李远辉 方勇明 刘暖林
黄校权 胡明龙 赵红旗 尹世海 杨泽敏 钟柏权
陈燕 张小玲 蔡桂容 陈玉霖 罗晓 曾志明
吴君 盘小梅 廖光美 刘康丽 黄宝金 陈方耿
岑振考 周清 谢淑玲 刘妮娜 申囡 谢美英
张海龙 康兆恒 高杰陶 徐鑫 苏锦良 陈拔云
盘德益 彭勇珍 马可泽 吴文燊 麦今宝 李贤
孙国申 刘跃霞 孙蝶丽 吴传喜 欧渤 王永春
李宇峰 邝铭业 魏小华 张毅 理国富 叶卫军
冼云开 朱映红 郭庆祺 赖火特 丘小其 陈美元
许丽君 黄巧如 肖妮娜 胡美保 张玉兰 郑比男
李淑娴 杨佩 崔玉梅 吴洁群 魏威胜 李联辉
马艳伟 曾洁洁 唐文成 林洁文 曾金红 温丽娴
庄柳情 钟日花 蔡少娜 李粤娜 甘秋萍 宋洁如
蔡云霞 袁宝华 陈慧 陈健智 江吉勇 徐响林
余纯斌 魏志伟 陈健发 刘海新 黄容弟 梁广智
房春花 刘锦凤 吴胜青 李景东 梁坤铃 李敬河
林杜峰 郑继川 温国锋 陈晓传 谭清文 韩国庆
黄映红 李小娟 吕玉红 李柳 金红星 彭学文
谢斌 王琼儿 温丽娥 梁善玲 徐丽春 黎沛娴
陈小雅 曾金华 黄奕辉 杨继俊 丁东胜 袁泽粤
喻平 何利兴 霍瑞君 彭文玲 林子涛 胡锡其
臧凤艳 邓华军 罗柳 伍春丽 兰玉玲 龚卫玲
余玉玲 张婷 林月彦 曾尚明 李雪花 潘英丽
张娟 韦学武 郭艳 梁卫 王武 吴慧卿
雷敏宜 白一婷 罗桥芳 卢凤英 古振拓 卢丽华
廖通 余佳林 吴晓亮 杨世娟 陈红艳 李柳娇
付剑平 杨志勇 张德明 梁丽霞 周丽媚 吴丽芬
吕庆丹 何玉梅 吴兰霞 申华 杨康棣 陈泽丰
聂伟明 邓戈锋 卢洪波 胡慧丽 黄湘谚 许怡珠
黄振华 黄国强 赵云开 梁斐 祁淑彬 卢柳媚
魏海云 殷婉萍 陈文姗 姚玉玲 卢焕章 莫瑞玲
叶丽玲 黄玉娥 赵旭芸 钟映笑 黎惠英 黄青
张红梅 黄任娥 罗银弟 屈剑锋 萧汉达 徐汝洪
孔沛良 何毅珺 张峰 尹镇钊 谭庆麟 廖景升
李章坤 郑锐年 黎焕君 李壮华 叶惠成 温红英
邵汉权 黄荏钊 黎建文 洪永昌 宾莲洁 方少伟
尹志成 韩琪 陈笑红 江耿思 陈志良 卢焕全
陈新岐 杨彬源 苏锦华 陈顺金 尹颂豪 姚兆友

叶伟标 袁焕初 丁尚伟 李丽娟 谢国平 张利荣
汤瑞珠 庄　雪 陈绮云 梁婉桂 莫爱群 莫静兰
王西跃 廖国平 曾卫东 吴羽雷 练雄珍 李晓英
余长青 陈志坚 张锦飞 张少峰 林胜鑫 何仲钊
尹小萍 袁勇卫 叶群生 吴姗姗 于　沁 彭兰林
刘建国 陈佩宜 杨智强 张晓磊 彭爱佳 黎结梅
龙成英 宋惠琴 陈　花 肖利虎 丁德伟 李愈飞
秦红霞 程奎山 李定武 刘　俊 王东艳 邓卫玲
刘素敏 李素香 黄美福 李见好 刘玉兰 文　哲
袁细妹 黄妙然 杨　媚 陈锦暖 霍志荣 李俊岭
叶树培 毕玉珍 陈　健 陈亿凯 刘春贵 黄　河
秦又发 李志存 林志坚 秦曼妮 黄光联 冯瑞枝
邵洁琦 霍炽文 肖东霞 刘肖英 邝群笑 詹荷妹
赵　伟 余　佳 廖志强 方学云 詹秋璇 吴敏珊
刘转琴 李成叶 叶　芳 唐凤姣 黄爱群 吴换好
杨伟杰 刘杰锋 陈泽钦 卢志兴 刘新锋 王远彬
劳国光 陆　勇 梁善钦 黄凯良 何慰思 张恒恒
邝兆威 肖　翔 钟阳青 杨　倩 刘德强 赵竞秀
叶碧霞 罗卓培 刘　毅 洪潇挺 曾　庆 林　佳
余杜生 曹晓玲 陈晓芳 彭玉兰 陈镇涛 钟冬梅
连运兴 杨　诚 张选军 陈　健 陈机琼 鲁　俊
邱英良 陈振华 林雨北 严建佳 余冬梅 孙巧云
丁淑霞 方　军 梁国良 朱成楼 严林虎 闵英运
卢利国 黄合银 李冷媚 肖　勇 周花玲 许柏华
刘清彪 胡　婷 朱　雁 陈　丽 刘红霞 李　哲
刘美红 刘旺林 左海军 谢　岚 邓惠君 李小景
曹　敏 杨春亭 张慧嫦 李　超 肖俏霞 吴亚敏
黄小平 邹玉林 李志娟 杨　平 谭源满 刘　晓
张丽萍 钱会绒 覃达贤 李瑞平 刘礼兰 桂永清
邓炜雄 胡惠华 明怀志 冯　智 黄清波 魏青文
于春华 蒋花香 潘喜露 王海燕 严　娟 梅　蓓
陈晓燕 江天丽 姚达娜 王集华 林　明 黄春泉
陈　思 曹　众 沈胜生 詹金昌 宋志会 唐石驹
郑　宇 邱若庆 方　杨 李国邦 彭致平 刘引霞
王红华 王莎莎 吴　轩 马俊昌 李娉婷 农凤秋
王义炯 黄小霞 胡泽华 陈海平 谭歆妮 邓霭辉
刘芳梅 陈燕梅 邓燕霞 吴艳平 吴盖珍 李　晖
刘　琦 刘越存 曾志良 王光恺 朱淑军 蔡　杰
伍伟光 李卫星 吴威武 苏松森 刘文刚 叶泳均
洪晓城 胡伟康 方镇国 杨丽玲 王杰敏 李夏萌
张伟军 杨　成 李桂红 刘兰霞 崔鑫浩 胡文彩
卢远新 徐博媛 许柳琴 杨丽娟 欧阳好 王慧媛
周文娟 官少兵 许有凡 张相杰 莫海军 张新斌
郑柳燕 邱加崇 袁凯平 郭伟华 刘小鹏 许裕彬
凌红玲 余洁玲 冯战友 陈志锦 吴任涛 钟培星
陈润连 邓钜良 李　洁 杨玉珠 谷　裕 肖　迟
黄圣邓 袁智云 魏江辉 何婉婷 刘宇莹 丁发根
徐卫东 赖　雄 钟　璐 陈　亮 刘爱连 曾小慧
张艳荷 曾志强 陈有年 罗海波 黄朝存 高建雄
陈　东 廖锦鹏 张作良 袁洪立 叶温敏 黄光宇
胡克俭 单旭明 王海荣 张小玲 李燕荷 韦日春
刘国韬 李代苾 雷朝福 罗建波 杨丽芬 钟巧诗
王　刚 彭莹洁 陈晓云 谭永清 林赤红 蓝小莲
黄　晋 廖　坤 蔡艳玲 叶小连 刘梅芳 丁　斌
杨桂英 朱丽香 杨欢野 吴晓璇 隋华强 李新城
陈智昌 杨小剑 邓积银 胡海霞 张伟华 杨云波
程占锋 李晓珊 郑壮辉 王铄青 李沃林 岳金屏
袁志豪 陈小斌 黄文忠 梁燕芳 谢玉萍 苏　强
赖雪芳 李小卫 曾思良 孙国丽 李泰康 刘东明
莫衬章 谢　洋 洪　玲 翟国敏 杨文超 王远明
梁福笑 余　勋 张晓燕 娄季武 穆迎娟 钟　鸣
李晓彬 林雁捷 陈建文 王　亚 李颖清 孙娟娟
官飞凤 欧颖梅 陈满连 庄小舟 戴宇彪 段思宇
郭银桂 王柏善 李琼仲 赵红梅 史文平 王玉玲
陈少敬 梁带香 莫绮君 陈永恩 周晓琴 凌发勇
张　莉 谭少华 丁亚利 黄广文 朱碧媛 李若愚
张涌彬 邓丽娥 袁惠康 全梦华 周上军 张小文
肖嘉哲 谢尚能 盛文娟 郑锦顺 王　婷 莫海英
贝孟辉 么俊卿 吴文英 陈孟鲜 周海荣 邵锦华
程　偲 洪　江 彭志武 许　峰 谢军朋

高等学校教师系列（13人）：

胡　君 黎　荣 朱　杰 陶　铭 周坤晓 刘学良
陈桂华 姜　鸣 牛文学 王素娟 刘　琦 何　帅
刘运城

技工学校教师系列（7人）：

林炳宏 张大庆 肖玉星 肖苏珍 黄栋斐 莫翠琴
于燕萍

党校副教授（1人）：

黄　琦

实验技术人员系列（3人）：

魏小锐 罗　群 李建辉

中学教师系列（152人）：

蔡开展 蔡衍曼 曹秀春 曾　省 常宝娟 陈爱伦
陈昌林 陈惠景 陈建新 陈尼坚 陈尚行 陈少娥
陈申文 陈伟然 陈卫明 陈文龙 陈修重 陈宜林
陈　原 戴伦传 邓汉盘 邓联海 邓文娟 董勤发
杜史涵 段纯友 方青松 方耀毅 方　郁 付昭权
郭贵锋 郭景都 何建楠 呼延丽霖 胡　芳
胡　飞 胡树贤 黄彩凤 黄　玲 黄美龄 黄　昕
黄增武 纪楚湘 江　勇 揭英作 解晓文 金华杰
匡丽芳 雷远杰 黎荣辉 李洁贞 李捷生 李俊清
李　敏 李　鹏（物理） 李　鹏（英语） 李瑞娜
李若兰 李杨威 李月娟 李玥秋 连雪君 梁　珊
廖德胜 廖玉能 林瑞汉 凌志平 刘灿文 刘锻炬
刘宏波 刘厚伟 刘厚仰 刘丽琼 刘丽兴 刘小梅
刘孝瑞 刘欣阳 刘玉莲 龙正娟 陆小清 罗建珍
罗凯旋 罗　燕 罗永学 马永刚 米　昊 缪少勇
莫旺平 潘玉华 庞志明 彭晓芳 钱丽华 沈加平
盛　晔 舒妙珠 苏　丹 孙喜平 唐上昌 童伟才
王君艳 王善猛 王胜国 王铁成 王小朋 王心元

王雪连　王有栋　韦仕凡　伍敏雄　夏　玲　香瑞兴
向敏杰　向梓毅　肖文龙　谢霁华　谢嘉富　邢　星
徐凯彬　许小艳　严小丽　杨健鸿　杨琼洲　杨　响
姚家全　姚源志　尹功明　尹伟清　尹镇强　尤　佳
喻卉寅　袁沛文　张　彬　张金勇　张黎明　张　敏
张启华　张日开　张喜林　张杨艳　张志强　张宗平
赵金阳　赵　希　赵　卓　钟浩然　钟新结　周海鸥
周　琦　朱　江　朱美春　祝毅雄　陈月强

小学（幼儿园）教师系列（132人）：

蔡贤娜　曾巧燕　曾淑莉　曾水祥　曾玉彬　陈海松
陈杰芳　陈锦爱　陈进威　陈庆堂　陈如丽　陈瑞娟
陈淑华　陈添辉　陈晓冰　陈映章　陈志平　成卫平
崔继全　戴彦勋　戴燕云　邓带琼　邓景忠　邓燕玲
邓作良　董荣芳　樊亚杰　官　利　郭日莲　郭颂桢
郭文冠　郭玉芬　韩慈爱　何婉芹　洪方强　黄东嫦
黄科菊　黄丽云　黄美园　黄权兴　黄学谦　黄雪娟
蒋经权　景丽英　赖玉英　黎丽云　黎玉平　李海平
李　菊　李涟冰　李敏丽　李庆玲　李群仙　李卫东
李肖冰　梁思明　梁婉菊　梁小莲　梁玉娥　廖美青
林飞军　林良明　林细庆　刘爱琴　刘慧英　刘　亮
刘青春　刘淑琴　刘淑珍　刘育锋　刘峥嵘　卢丽英
卢琼弟　罗汉杰　罗　辉　罗锐钦　吕海艳　莫玉华
庞培东　秦　怡　任丽银　邵焕娣　盛　洁　施伟红
石瑞霞　谭艳兰　唐建平　唐　珊　王　方　王　蕾
王秀喜　王祖正　韦幼愿　吴锦娴　吴小玲　伍鉴方
夏都全　贤裕强　冼添欢　肖春蓉　萧锦兰　萧淑勤
谢海鸿　谢石月　谢雪飞　姚金柱　叶雪茹　尹群弟
雍玲智　于成兵　詹惠卿　詹伟达　张建伟　张杰志
张金成　张万权　张雪涛　张亚芳　赵诗梅　赵占武
钟冬兰　钟　莉　周小佳　朱润恒　邹惠芬　邹　清
邹援艺　梁小丽　卢玉珍　罗润娣　周少玲　邹丽琼

特殊教育高级教师（5人）：

陈旭辉　邓良利　胡淑娟　杨文燕　钟雪松

高级教练（1人）：

胡　敏

二级美术师（2人）：

慕容小红　黄雪韵

二级作家（1人）：

吴向东

档案专业人员系列（3人）：

伦瑞贞　吕圣飞　王霞玲

群众文化副研究馆员（7人）：

赖文伟　赖则昭　李晓军　许伊娜　王志明　叶美英
林蓓娜

图书资料专业系列（3人）：

郑秀敏　彭康通　陈显龙

文物博物专业系列（2人）：

张翠霞　秦文萍

园艺副研究馆员（1人）：

范　妍

工程技术人员系列（87人）：

吴小业　肖　璐　李文庆　邓俊彦　翟志锋　管　鑫
许建华　敖平平　甘钊南　胡　阳　袁顺章　梁金强
李建旭　袁汝春　敬　军　汪钊旭　苏朝晖　张作良
王玉梅　陈文雄　陈　敏　苏　忠　古福兴　陈卓明
吴志强　周久红　莫沃强　温伟峰　徐振娜　郑标坚
祝　烽　杨小进　葛纪者　任绍志　黄育和　王东明
罗　成　阮育煌　邱永刚　叶锦华　肖惠银　盛正强
尹敏超　崔　彬　翟炜焜　梁艳婷　谢　缔　邓水明
李　伟　梁耀枢　陈丽珠　汪良清　冯欣欣　毛超杰
张　芳　韩芳芳　车小力　张学文　罗　锋　王　娜
林鸿鹏　陈　学　黄滢冰　张江南　余金昌　张灿荣
陈秋发　闫友可　钟神生　刘林斌　周艳国　伍鹏应
江太君　杨其运　汪淑霞　陈盛贵　郑澍楠　张　勇
康惠英　查献刚　罗灼标　刘才进　袁贺基　杨　海
彭书萍　文金丽　江洪南

高级会计师（50人）：

尹　霖　左文辉　王素娟　罗森波　王勇强　梅立敏
袁创华　魏大兰　陈志强　何瑞忠　曾雪花　周　琳
陈学宁　黄燕芳　何凤宜　游崇玉　温洁青　范　华
陈燕冬　张荣华　刘小宝　何莉敏　李庆全　刘文锋
林道焕　杨蓉蓉　梁沃光　王友花　段歆光　傅小丹
张毅力　杨志清　何　锋　周吉伟　黄月璘　雷　蓓
朱　静　钟勇光　曹凤姣　郭美珍　陈建成　刘　蓉
胡巧崧　何淑君　黄莉莉　李怀继　韩开军　冼皓明
曾华明　曾冬香

高级农艺师（3人）：

袁志永　李艳芳　麦景郁

高级兽医师（6人）：

欧阳伟强　黎建雄　周柱辉　袁颖娴　潘　杰
李月文

主任编辑（1人）：

王　凯

附　录

APPENDIX

水濂湖公园　（南城街道供图）

编辑：苏淑娴　陈国雄

实施“六大工程”建设“湾区都市 品质东莞”以新时代新担当新作为开创东莞工作新局面

——在市委十四届八次全会上的报告
（2019年1月8日）

梁维东

同志们：

现在，我受市委常委会委托，向全会作工作报告。

一、2018年东莞各项工作开创新局面

刚刚过去的2018年，是贯彻党的十九大精神的开局之年和改革开放40周年，也是东莞升格地级市30周年。在这关键一年里，习近平总书记两次对广东工作发表重要讲话，特别是时隔六年再次视察广东，为新时代改革开放进一步指明了前进方向、提供了根本遵循，让东莞全市上下倍受鼓舞、倍感温暖、倍感振奋。一年来，在党中央和省委的坚强领导下，市委常委会坚持以习近平新时代中国特色社会主义思想为指导，全面贯彻党的十九大精神，深入学习贯彻习近平总书记对广东重要讲话精神，认真落实省委“1+1+9”等各项决策部署，团结带领全市广大干部群众，围绕争当全省实现“四个走在全国前列”排头兵的目标，积极参与粤港澳大湾区建设，全面提升执行力，鼓足干劲、真抓实干，各项工作有力有序有效推进，经济社会发展稳中有进、进中向优的良好态势更加明显，东莞改革发展呈现出新气象新局面。预

计2018年全市实现生产总值8250—8300亿元、增长7.0—7.5%，规模以上工业增加值增长6.5%左右，固定资产投资增长5%，社会消费品零售总额增长8.5—9%，进出口增长10%以上，市一般公共预算收入增长10%，城乡居民人均可支配收入增长8.0%。

一年来，我们主要抓了以下工作。

（一）坚持以习近平新时代中国特色社会主义思想统领东莞一切工作，发展思路更加清晰。市委坚定不移把学习贯彻习近平新时代中国特色社会主义思想作为头等大事和首要政治任务，与习近平总书记参加十三届全国人大一次会议广东代表团审议时重要讲话、视察广东重要讲话以及对广东工作一系列重要指示精神紧密结合起来，一体学习领会、整体贯彻落实，组织开展系列学习培训、大宣传大宣讲等活动，推动全市持续兴起学习贯彻热潮。市委领导班子以上率下，带头落实“第一议题”制度，带头抓好学习、联系督导、开展调研、讲授党课。坚持联系实际学深悟透，按照省委“大学习、深调研、真落实”的要求，扎实开展“新时代·新征程·新东莞”专题调研，召开市委十四届六次全会，提出奋力争当全省实现“四个走在全国前列”排头兵的目标。在此基础上又深入推进两大综合性课题和六大领域44个重点专题研究，进一步明确了新时代东莞改革发展的思路举措，奋力推动习近平新时代中国特色社会主义思想在东莞落地生根、结出丰硕成果。

（二）全面贯彻落实新时代党的建设总要求，全面从严治党向纵深发展。出台实施全面贯彻落实新时代党的建设总要求“1+5”系列文件，系统提出加强党的建设的整体思路，并形成“路线图”和“时间表”。坚决全面彻底肃清李嘉、万庆良恶劣影响，推动全体党员干部牢固树立“四个意识”、坚定“四个自信”、坚决做到“两个维护”。严格落实中央和省委巡视整改任务，将中央巡视反馈问题细化分解成256项整改措施，将省委巡视反馈问题具体分解成146项整改工作，立行立改、真改实改，巡视整改工作取得阶段性成效。坚决落实党委（党组）意识形态工作责任，出台检查考核实施方案等文件，3次开展全市督导检查。全面落实加强党的基层组织建设三年行动计划，制定实施党委（党组）抓党建责任清单，重点推进基层党建规范化制度建设。高质量建设党群服务中心，常态化推进驻点联系工作。采取“解剖麻雀”的方式，通过对3个镇开展近半年的深入调研，研究制定一系列基层治理政策，进一步加强基层党组织建设。严格落实中央八项规定精神，运用好监督执纪“四种形态”，提高全市党员干部守纪守法的自觉性。不断巩固发展反腐败斗争压倒性胜利，坚决惩治涉黑涉恶腐败和“保护伞”，深入开展扶贫领域、环保领域腐败和作风问题专项治理，严肃整治群众身边的腐败问题。深入推进市委巡察工作，有效推动整改落实和巡察成果运用。出台全面加强执行力建设《意见》和配套政策，围绕强化思想动力、制度动力、组织动力等，有效激励广大干部新时代新担当新作为。

（三）积极探索构建推动高质量发展的体制机制，全面深化改革扎实推进。以“市委一号文”出台关于推动东莞高质量发展的若干意见。坚持以供给侧结构性改革为主线，用改革的思维和办法破解东莞发展中的困难，紧紧围绕制约高质量发展的突出问题，扎实抓好49项国家、省级改革试点（示范、试验）任务，加快推动重点领域改革突破。深化园区统筹组团发展体制机制，探索优化市直管镇体制，率先在松山湖片区探索深化联动协调发展，片区辐射带动能力、镇街发展活力进一步激发。启动营商环境综合改革试点，行政审批效率大幅提高，建设工程项目审批制度改革成效初显。政务服务改革深入推进，市民服务中心加快建设，“一平台三工程”科学市场监管体系获得“中国法治政府奖”。探索实施代建制改革，财政投资建设项目管理机制更加完善。深化市属国有企业改革，完成市属重点国有企业的重组整合以及相关配套改革工作。持续推进信访工作制度改革，新时代信访工作机制体系框架基本形成。成立市监察委员会，监察体制改革进一步深化。《东莞市机构改革方案》获省批准，召开市委全会进行动员部署，全市机构改革平稳有序推进。

（四）加快建设以创新为引领的现代化经济体系，先进制造业加快发展。积极参与广深港澳科技创新走廊建设，获批建设国家创新型试点城市，散裂中子源顺利通过国家验收并正式投入运行，南方光源前期预研工作全面启动，松山湖材料实验室首批10个科研团队落户，粤港澳交叉科学中心揭牌成立，东莞理工学院高水平理工科大学建设取得显著成效，国家高新技术企业超过5700家，稳居全省地级市第一。大力推动产业转型升级，1—11月先进制造业、高技术制造业占比分别提高到52.5%和39.1%。制定重点新兴产业发展规划，出台“重特大项目十条”，高规格召开产业招商大会，引进一批重特大产业项目。全面打响重大项目建设“百日攻坚”大会战，一大批项目开工、竣工投产。出台“非公经济50条”，大力扶持民营、外资企业发展。突出保障制造业发展，划定工业保护红线，试行新型产业用地（M0）政策，继续深入实施智能制造示范工程，加快推动制造业向中高端迈进。深入开展“倍增计划”，创新推出“高质量倍增十条”新政，进一步优化政策供给和精准服务，1—11月市级试点企业和协同倍增企业主营业务同比增长18.4%。优化人才和金融供给，部署实施“十百千万百万”人才工程，着力提升现有人才和产业工人的技能，打造技能人才之都，设立总规模超百亿元的产业投资基金和产业并购基金，推动境内外上市企业增至45家。着力打好防范化解重大风险攻坚战，推进政府债务清理和互联网金融风险专项整治，政府债务和金融风险在可控范围。

（五）加快构建对外开放新格局，开放型经济水平进一步提升。积极参与粤港澳大湾区建设，明确“打造一中心，强化三功能”的总体定位和思路。着力打造参与大湾区建设的合作平台，松山湖高新区创新引领作用更加突出，滨海湾新区进入实质建设阶段。深化构建国家开放型经济新体制综合试点试验，形成了三批40项具有良好示范效应的改革做法。深入分析研究和应对中美经贸摩擦影响，加快培育外贸新模式新业态，虎门港综合保税区获批成立，成功获批国家跨境电子商务综合试验区，1—11月全市纳入海关统计的跨境电商进出口总量和增速均排名全国第一，全市进出口中一般贸易（含保税物流）占比突破50%，连续两年在海关总署“外贸百强城”榜单名列全国第三。深化莞港澳台合作，加快推动松山湖港澳青年创新创业基地、常平火车站TOD “香港城”等重大合作项目落地建设。在香港举办近年来规模最大、规格最高的莞港产业合作联合推介会，达成产业投资合作签约项目21个共约350亿元。深化与“一带一路”沿线国家地区在经贸、科技、人才等方面的交流合作，中欧班列实现常态化运行，1—11月对“一带一路”沿线国家地区进出口增长26.5%。积极参与“一核一带一区”区域发展新格局建设，与周边城市的合作更加紧密。

（六）着力营造共建共治共享社会治理格局，人民群众生活不断改善。坚持以人民为中心的发展思想，着力办好“十件民生实事”，实施30项重大项目和民生工程。加快补齐公共服务短板，新招收随迁子女入读公办和补贴学位15.58万个、同比增长129.1%，公立医院综合改革成效被国务院办公厅表扬，异地就医结算工作和医疗机构覆盖率在全省处于领先水平，国家食品安全示范城市启动建设，住房保障体系建设统筹推进。着力打好精准脱贫攻坚战，稳步推进援藏援疆援川、东西部扶贫协作云南昭通、与黑龙江对口合作、对口帮扶韶关以及韶关、揭阳新时期精准扶贫精准脱贫等工作。加快次发达镇村发展，预计8个次发达镇有4个率先实现GDP破百亿目标，70个次发达村（社区）经营性纯收入同比增长14.7%。坚持以扫黑除恶专项斗争为抓手，深入推进平安东莞建设，共打掉涉黑涉恶犯罪团伙444个，抓获犯罪嫌疑人4854人，“两抢”立案数大幅下降77.4%，群众安全感不断增强。积极探索创新社会治理，组建公安铁骑队伍，深入推进“智网工程”和“二标四实”工作，安全生产形势整体稳定好转，成功防御和应对超强台风“山竹”。大力培育和践行社会主义核心价值观，深入推进全域文明创建，进一步完善公共文化服务体系。持续开展涉黄问题整治，我市“飓风2018”行动涉黄专项在全省排名第一。

（七）全力推动城市品质提升，城市升级迈出坚实步伐。以“市政府一号文”出台关于推动美丽东莞建设的若干意见。大力实施城市品质三年提升计划，第一批次项目库中已有200个项目基本完成，广深高速沿线综合提升取得初步成效。采取创新手段治理交通拥堵，如期完成第一批12个交通拥堵节点整治，得到市民好评。加大城市“六乱”整治力度，加快推进中心城区夜景灯光、“厕所革命”等工程，实施生活垃圾强制分类，着力提升城市精细化管理水平。创新“两违”治理机制，以“五个一批”方式加快解决违法建筑历史遗留问题，铁腕治理历史违法建筑超千万平方米，基本实现新增违建“零增长”。全面改革城市更新政策，出台系列加快“三旧”改造特别是“工改工”的配套政策，组建城市更新基金，全年完成“三旧”改造5000多亩，45个站场TOD综合开发规划编制抓紧推进。深入实施乡村振兴战略，高标准推进63个重点项目建设。

（八）坚决打赢污染防治攻坚战，生态环境质量持续改善。成立污染防治攻坚战指挥部，大胆创新体制机制，推动解决瓶颈问题，顺利配合完成中央环保督察“回头看”和省环保督察工作，得到上级肯定。以前所未有的力度推进水污染治理，全年新建截污管网超过1500公里，长度为历年之最。全面推动河长制湖长制工作落地见效，以大兵团作战方式整体推进茅洲河、石马河流域污染整治，强化内河涌及黑臭水体治理，7个国省考断面水质总体改善。打响蓝天保卫战，出台实施32项大气污染防治强化措施，淘汰整治“散乱污”企业1.3万多家。坚决打赢净土防御战，开展土壤污染状况详查，完成3个土壤修复试点工程。加快固体废物处理处置设施建设，城镇生活垃圾无害化处理率达100%。加快绿色发展转型，强化环保管控，初步划定生态保护红线，实施建设项目差别化环保准入管理。

一年来，市委总揽全局、协调各方。坚持党的领导、人民当家作主、依法治国有机统一，加强和改进党委对人大、政协工作的领导，支持人大政协依法依章程履行职能，全面落实党政主要负责人推进法治建设工作职责，扎实推进全面依法治市。认真贯彻落实统一战线工作条例，支持各民主党派、工商联、无党派人士开展工作，加强党外代表人士队伍建设和民族、宗教、港澳台海外工作，不断巩固壮大爱国统一战线。充分发挥工会、共青团、妇联等群团组织的积极作用，党管武装、国防动员和军民融合发展等工作得到全面加强。

过去一年的成绩，是在复杂形势、艰巨挑战下取得的，难能可贵、鼓舞人心。但也必须清醒认识到，我们的工作还存在许多不足，东莞发展还面临一系列不平衡不充分的问题，特别是一些长期积累的矛盾问题在新的形势下更为凸显、更加迫切需要解决，建设成为世界一流的湾区城市仍然任重道远。比如，整体产业发展层次仍然偏低，起支撑作用的支柱产业单一，受外部环境影响，高端回流和中低端分流的双重挤压效应更加明显；城市品质与广深港等先进城市相比，差距与不足仍然比较明显；维护社会稳定压力大、促进社会融合难度大、优质公共服务缺口大等问题仍然突出；党的建设还有薄弱环节，执行力建设的成效还有待提升，全面从严治党仍需长抓不懈。我们必须高度重视这些问题，切实增强忧患意识，抓住主要矛盾，有针对性地下大力气加以解决。

二、以习近平新时代中国特色社会主义思想为指导，担当新使命，展现新作为

习近平总书记对广东重要讲话，是习近平新时代中国特色社会主义思想的重要组成部分，是为广东量身打造的宏伟蓝图和落实党的十九大精神的路线图、任务书，是广东改革开放再出发的科学指引和行动指南。我们要以习近平新时代中国特色社会主义思想为指导，全面贯彻落实习近平总书记对广东重要讲话和对广东工作一系列重要指示精神，按照省委十二届六次全会的部署要求，扎实推动东莞各项工作，努力担当新使命，展现新作为。

（一）深刻领会习近平总书记将改革开放进行到底的鲜明号召，在新时代改革开放中继续走在前列。习近平总书记在广东视察时指出，在改革开放40周年之际，再次来到广东，就是要宣誓改革再出发、将改革开放进行到底的坚定决心。在庆祝改革开放40周年大会上，总书记又郑重宣示了改革开放只有进行时没有完成时、改革开放永远在路上、坚定不移将改革进行到底的信心和决心，庄严发出新时代改革开放动员令，奏响新时代改革开放再出发的最强音。东莞是改革开放的先行地，改革开放40年的发展历程让我们深刻体会到，改革开放是东莞取得历史性成就的重要法宝和关键一招。我们对改革开放40周年最好的庆祝，就是深入学习贯彻习近平总书记重要讲话精神，激发新时代改革开放的强劲动力，奋力书写新的辉煌。全市上下要牢记习近平总书记对广东的信任、肯定与重托，进一步强化使命担当，进一步坚定信心决心，总结运用好40年改革开放经验和启示，传承和弘扬敢闯敢试、敢为人先的改革精神，始终做到“九个必须坚持”，继续全面深化改革、全面扩大开放，不断开创新时代东莞各项工作新局面，为广东实现“四个走在全国前列”、当好“两个重要窗口”作出应有贡献。

（二）深刻领会习近平总书记、党中央对粤港澳大湾区建设的战略意图，纲举目张推动全市改革发展。建设粤港澳大湾区是习近平总书记亲自谋划、亲自部署、亲自推动的重大国家战略。习近平总书记用“若网在纲，有条而不紊”寓意广东新时代改革开放的“纲”就在粤港澳大湾区建设，指出要把大湾区建设作为广东改革开放的大机遇、大文章抓紧做实。我们要坚决贯彻总书记重要指示要求，牢牢把握千载难逢的重大历史机遇，举全市之力深度参与粤港澳大湾区建设，牵引带动全局工作，发挥自身优势，从更大平台参与开放合作，从更广领域推动内涵提升，全力打造粤港澳大湾区先进制造业中心，强化科技创新成果的转化功能、扩大开放合作的示范功能、现代优质生活的服务功能，为建设国际一流湾区和世界级城市群作出东莞的积极贡献。

（三）深刻领会中央经济工作会议精神，全面用好重要战略机遇期，牢牢把握发展主动权。在中央经济工作会议上，习近平总书记发表重要讲话，明确提出今年经济工作的总体要求和政策取向，强调我国发展仍处于并将长期处于重要战略机遇期，深刻指出世界变局中危和机同生并存，让我们豁然开朗。总书记指出的重要战略机遇期之中加快经济结构优化升级、提升科技创新能力、深化改革开放、加快绿色发展、参与全球经济治理体系变革等5个方面新内涵，正是我们实现高质量发展的关键所在、方向所指、机遇所系。我们要紧扣重要战略机遇新内涵，结合东莞的情况来审视把握外部环境和发展大势，切实在国际国内发展大格局下找准东莞定位，在危机中把握发展机遇，坚持办好自己的事情，稳住产业链和配套优势，集中精力推动高质量发展，加快建设现代化经济体系，保持经济社会持续健康发展。

（四）深刻领会省委十二届六次全会精神，深入落实“1+1+9”工作部署，以新担当新作为奋力开创新时代东莞工作新局面。省委十二届六次全会准确把握我省面临的新形势新任务新要求，部署了2019年和今后一个时期重点工作，对我们以新担当新作为开创工作新局面具有重要的指导意义。特别是全会明确提出，“1+1+9”工作部署是广东贯彻落实总书记重要讲话精神、推动新时代改革发展的具体行动方案和施工图，必须进一步完善、优化、提升，全力抓好落实。李希书记强调，要全省上下一张施工图干到底，接续抓好“1+1+9”工作部署的深入落实。此外，李希书记在总结讲话中专门强调，要扑下身子抓落实。我们要深入贯彻落实省委十二届六次全会精神，紧密结合东莞实际，坚持问题导向，大胆探索创新，一项一项抓落实，推动“1+1+9”工作部署在东莞落地见效，以新担当新作为奋力开创新时代东莞工作新局面。

三、全面贯彻落实习近平总书记对广东重要讲话精神，创新实干，全力打造“湾区都市、品质东莞”

当前，东莞发展进入了重要战略机遇期和发展窗口期叠加的阶段。我们要在新时代争当全省实现“四个走在全国前列”排头兵，必须全面贯彻落实习近平总书记对广东重要讲话精神，深入落实省委十二届六次全会精神和“1+1+9”工作部署，继续用好改革开放“关键一招”，顺应湾区时代城市群发展潮流，突出以品质取胜，全力打造“湾区都市、品质东莞”。

“国际制造名城、现代生态都市”是我们必须始终坚持的城市定位。“湾区都市、品质东莞”是我们在长期坚持的城市定位引领下，结合新时代新形势新要求，明确的当前及今后一个时期的战略任务和价值追求。打造“湾区都市”，就是要认真贯彻落实习近平总书记对广东重要讲话精神和省委“1+1+9”工作

部署，牢牢把握粤港澳大湾区建设这个国家战略和重大历史机遇，积极抢抓和应对湾区城市群格局重构可能带来的机遇和挑战，按照国际一流湾区和世界级城市群的标准，高标准推进城市升级，以城市提升带动经济社会的综合转型；打造“品质东莞”，就是要遵循习近平总书记关于推动高质量发展的方向要求，在经济社会发展各个领域各个环节强化品质意识，全方位打造高品质的城市、产业和生活，全面提升东莞的长远竞争力，努力在高质量发展中尽快实现生产总值破万亿，让人民群众在高品质生活中不断增强获得感幸福感，促进人的全面发展、社会全面进步，把东莞建设成为国际一流湾区和世界级城市群中的宜居宜业的高品质现代化都市。

一是城市更有品位。城市品质内涵不断提升，城市格局进一步完善，城市功能整体提升，空间拓展取得重要突破，城市交通更加顺畅，与大湾区城市的互联互通更加紧密，生态环境质量明显改善，文化软实力显著增强，城市精细化管理水平不断提高，全面融入粤港澳大湾区优质生活圈，对全球高端要素的吸引力和承载力全面提升。

二是产业更有竞争力。深度参与广深港澳科技创新走廊建设，加快融入大湾区区域创新体系，创新动力和科技成果转化不断增强，制造业加速向数字化、网络化、智能化发展，先进制造业和高技术制造业比重不断提升，产业链和产业集群优势进一步巩固，先进制造业和现代服务业深度融合，加快形成高品质现代产业体系，产业整体发展更加均衡、更加良性，打造成为粤港澳大湾区先进制造业中心。

三是对外开放更有优势。贸易和投资自由化便利化水平不断提升，加工贸易以技术、品牌、质量为核心的综合竞争优势显著增强，外贸新产品、新业态、新模式蓬勃发展，企业国际化发展能力明显增强，在国际分工中的地位逐步提升，对外开放的广度和深度全面拓展，市场和产业更加深度融入粤港澳大湾区和全球网络，形成更高质量的开放型经济体系，参与国际经济竞争合作的新优势更加凸显。

四是体制机制更有活力。“放管服”改革持续深化，机构职能体系更加完善，营商环境、对外开放合作、投融资体制机制等重点领域改革不断取得新突破，资源配置效率和政务服务效率不断提高，成为审批事项最少、办事效率最高、投资环境最优、企业获得感最强的城市之一，经济社会发展充满活力，不同层次人才在东莞充分迸发创造力。

五是基层更有战斗力。基层党组织建设全面加强，党领导下的基层协同共治机制更加完善，各领域党支部战斗堡垒作用和党员先锋模范作用充分发挥，基层社会治理体系更加完善，社会各阶层各群体融合发展，“智网工程”成效充分体现，社会治理智能化、科学化、精准化水平不断提高，乡村全面振兴步伐加快，次发达镇村发展能力不断增强。

六是人民群众更有获得感。高品质民生服务保障体系加快构建，公共服务覆盖面和供给质量进一步提高，困难群众和弱势群体得到进一步关爱，平安东莞和法治东莞建设深入推进，物质文明和精神文明协调发展，文化更加繁荣兴盛，让在东莞工作生活的市民有更好的教育、更稳定的工作、更满意的收入、更可靠的社会保障、更高水平的医疗卫生服务、更舒适的居住条件。

四、聚焦关键领域狠抓突破，奋力开创新时代东莞工作新局面

当前及今后一个时期，是东莞全面建成小康社会、开创新时代工作新局面的关键时期，各项工作的成效如何，直接关系到能否为社会主义现代化新征程打下坚实基础，也事关改革开放40年辉煌成就的传承和发展。当前及今后一个时期，全市工作的总体要求是：高举习近平新时代中国特色社会主义思想伟大旗帜，全面贯彻党的十九大和十九届二中、三中全会以及中央经济工作会议精神，全面贯彻落实习近平总书记对广东重要讲话和对广东工作一系列重要指示精神，深入落实省委十二届六次全会精神和“1+1+9”工作部署，围绕打造“湾区都市、品质东莞”，统筹推进“五位一体”总体布局，协调推进“四个全面”战略布局，坚持稳中求进工作总基调，坚持新发展理念，坚持推动高质量发展，坚持以供给侧结构性改革为主线，坚持深化市场化改革、扩大高水平开放，扭住建设粤港澳大湾区这个“纲”，统筹做好稳增长、促改革、调结构、惠民生、防风险、保稳定各项工作，进一步稳就业、稳金融、稳外贸、稳外资、稳投资、稳预期，打好三大攻坚战，着力提高发展平衡性和协调性，坚持不懈推进全面从严治党，大力实施城市品质提升、发展空间拓展、产业体系升级、基层基础强化、民生福祉增进、重点改革突破“六大工程”，奋力开创新时代东莞工作新局面。

市委考虑，今年经济增长的预期目标为7%，实际执行时努力争取更好结果；城镇新增就业人数8万人，城镇登记失业率控制在3%以内；居民消费价格指数控制在3%以内，城乡居民人均可支配收入增长7.5%。

当前及今后一个时期，我们要重点抓好以下几方面工作：

（一）实施城市品质提升工程，加快形成与国际一流湾区相适应的城市发展格局

当前，东莞已进入城市带动经济社会综合转型的新阶段，必须以参与国际一流湾区和世界级城市群的建设为契机，以国际化视野和现代化标准，抓紧补齐短板，全面提升品质内涵，加快推动城市升级。

一要优化城市格局，全面提升城市发展内涵。城市格局决定城市的品质、潜力和内涵。要在大湾区建设的背景下谋划东莞的城市发展，按照“多中心、分片区、网络化”的发展理念，加快建设中心城区、松山湖、滨海湾新区“三位一体”的都市核心区空间格

局，强化“三心”的互联互通及对外交通联系，发挥其对全市发展的辐射带动作用，同时推动片区统筹发展取得更大成效，构建新的城市发展格局。中心城区要充分发挥“半城山色半城水、一脉三江莞邑香”的山、水、城共融的空间资源优势，以“一心两轴三片区”为重点抓手，进一步提升中心城区首位度，强化集聚发展和辐射带动能力。松山湖要坚持“科技共山水一色，新城与产业齐飞”的发展理念，以“一轴线两平台三中心”为主要抓手，全面提升科技创新发展的支撑能力和服务水平，着力打造国际化现代化科技新城。滨海湾新区要紧紧围绕粤港澳协同发展先导区定位，按照“一廊两轴三板块”总体空间布局，打造兴业宜居智慧湾区新城、东莞未来发展新引擎。要推动“市、镇、村”三级联动，全面提升城市品质，彰显城市内涵。园区、镇街要围绕魅力小城建设，结合本地产业、生态、文化等特色提升品质、彰显魅力，努力实现“产业特而强、功能聚而合、形态小而美、机制新而活”。村（社区）要从营造干净有序安全的环境做起，加强环卫保洁、绿化提升和安全保障，完善停车、文化服务、体育健身等公共设施，建设生态宜居的美丽乡村。要以“经营城市”的理念，不断拓宽城市建设资金渠道，推进城市有序开发。

二要加强交通规划、建设和管理，让交通出行更畅通。要大力构建“大交通”格局，健全交通管理体制机制，加快补齐交通基础设施建设特别是各种交通之间的接驳短板，进一步增创东莞的交通优势。要积极融入大湾区交通一体化布局，主动对接高铁和城际轨道规划建设，加快推动地铁1号线全线开工，启动2号线三期与深圳的对接。要探索推进“云巴”等新型公交系统规划建设，进一步打通断头路，完善“微循环”，构建“内畅外联”的路网系统。要强力推进治堵攻坚行动，通过智慧交通建设、优化公交资源、完善慢行系统、加强道路执法和施工管理等方式，破解城市拥堵问题。

三要加大生态环境治理力度，坚决打赢污染防治攻坚战。要坚持久久为功、持续用力，统筹做好山水林田湖草的系统治理，进一步推动污染防治攻坚战由打响到打好，由单点突破到科学系统精准治理，不断改善生态环境质量。治水攻坚战要紧盯2020年考核断面水体达标的目标，强化系统治污、科学治污、精准治污的理念，全面补齐截污治水短板，加强内河涌及黑臭水体治理，开展雨污分流工程建设，深化茅洲河、石马河等重点流域整治，并将茅洲河整治作为全市水污染治理的“一号工程”和“示范工程”，确保茅洲河水质在2020年达到Ⅴ类。蓝天保卫战要紧盯2020年空气质量优良天数比例达到90%、主要大气污染物稳定达到国家空气质量二级标准的目标，推进重点行业煤改气、VOCs深度治理、机动车污染治理、扬尘污染管控等重点工作，基本完成“散乱污”企业清理整治。净土防御战要紧盯2020年受污染耕地和地块安全利用率均不低于90%的目标，基本摸清土壤环境质量状况，推进土壤治理，有效防控土壤环境风险。要加快固废处置设施建设，推进生活垃圾无害化处理和强制分类，推动一般工业固体废物得到有效处置，确保到2020年工业固体废物资源化利用率达到75%以上、新增生活垃圾100%实现“全焚烧、零填埋”。要加强污染源监管，高质量做好第二次全国污染源普查，提升执法科技化、精准化、高效化水平。

四要加强城市精细化管理，营造干净有序安全的生产生活环境。要坚持以人为本，建立健全科学管理体系，以“绣花”功夫推进城市精细化管理。要坚持疏堵结合，扎实推进违建治理，在坚守新增违建“零增长”这一底线的同时，分类分步开展历史遗留违法建筑处理工作，对符合补办条件的给予补办不动产权证，盘活“沉睡”社会资产。要坚持全链条管理，全面优化城乡市容环境，有效解决城乡环境“脏乱差”问题。要着力建立健全精细化长效管理机制，推动数字城管融入“智网工程”，提升数字城管智慧化水平，实现城市精细化管理网络全覆盖。

（二）实施发展空间拓展工程，为经济社会持续发展提供有力支撑

当前，我市实体经济发展和城市品质提升的重要制约在于土地空间承载力不足，新增空间开发和存量空间升级都亟待提速。要坚持用好增量和盘活存量两手抓，坚持节约集约原则，推动新增用地向都市核心区和重点发展区域倾斜，突出向城市更新要空间，切实提高空间承载能力和产出效益。

一要以重大平台开发打造高品质新空间。市重大平台是关系东莞未来长远发展的重要载体，必须以“功成不必在我”、“功成必定有我”的历史眼光，进行高标准规划、高水平开发建设。要充分发挥松山湖创新资源集聚的优势，提升带动周边镇发展能力，着力打造适宜高端人才工作生活的综合环境，提升新型研发机构和孵化器的质量和内涵，进一步提升创新能力、优化产业结构，切实将松山湖高新区打造成引领东莞发展的创新高地。要大力推动中子科学城建设，以科学规划为引领、以空间整理为重点、以项目落地为抓手，全力推进松山湖材料实验室、南方光源等重点项目建设，联合深圳光明科学城、港深落马洲河套地区申请共建综合性国家科学中心，集聚一批高端科研人才，布局一批大科学装置关联前沿产业，加快形成建设规模和集聚效应，建设湾区创新高地。要以高水平规划引领滨海湾新区建设，加快推进土地整备开发和重要基础设施建设，推动一批重点项目落地，大力引进香港生产性服务业和高端服务业，努力把滨海湾新区建设成为东莞新一轮对外开放的重要窗口。要进一步理顺水乡新城片区统筹发展机制，优化中心、支点、节点的规划布局，加快东莞西站启动区和麻涌站启动区统筹开发，努力建设高质量统筹发展示范区。要创新银瓶合作创新区开发建设机制，推动重点区域开发、基础设施建设、产业招商引资等工作实现实质性突破。

二要以城市更新提升空间承载力。我市城市更新潜力巨大，今后三年将划定总面积3万亩的100个更新单元。我们必须通过简化审批程序、推进连片改造、完善收益分配等方式，尽快将改造潜力转化为看得见的改造成果。要完善配套政策，大力支持“工改工”和连片改造，鼓励广深港澳科技创新走廊东莞段节点地区开展“工改M0”，用三年时间打造一批标志性的更新片区和项目。要通过试行单一主体挂牌招商等模式，建立公平透明的城市更新公开市场。鼓励相关市属国有企业加大“工改工”参与力度，强化对产业空间的引导，打造更多“产业社区”。

三要加快推进TOD综合开发建设。要适应城市从沿公路发展向沿轨道发展的转变趋势，坚持规划引领，以提高土地集约利用、优化城市空间布局、提升城市品质为导向，因地制宜强化生产生活生态功能，努力提高TOD综合开发效益。要重点推进东莞火车站、虎门高铁站、东莞汽车总站等TOD综合开发，科学谋划和有序推进地铁1号线、2号线相关站点的TOD综合开发，加快TID项目建设，打造一批地铁上盖综合体。

四要大力推动土地统筹整备取得突破进展。要强化“经营城市”的理念，坚持市主导、市镇联合收储、市镇村共享收益的原则，以统筹整备TOD站点周边区域土地、临深片区土地等为试点，加快探索建立土地利用市镇村利益共享平衡机制和市属国有企业土地整理机制，提升土地统筹、收储和整备水平。

（三）实施产业体系升级工程，全力建设粤港澳大湾区先进制造业中心

制造业是东莞的立市之本和核心竞争力所在。面对复杂多变的国际形势，我们更要坚持发展实体经济不动摇，充分发挥科技创新的战略支撑作用，大力推动制造业高质量发展，加快先进制造业和现代服务业深度融合，全力建设粤港澳大湾区先进制造业中心。

一要大力推进国家创新型城市建设。要始终把创新作为第一动力，进一步强化东莞“科技创新成果转化”这一核心功能，不断增强创新能力。要加快构建科技企业培育体系，实施百强创新型企业培育计划，支持发展一批高成长性企业，推动高新技术企业整体实现从“数量优势”到“质量优势”的转变。要实施新型研发机构“提质增效”计划，强化与创新镇协同创新，大力培育新技术、发展新产业。要大力构建以企业为主体的成果转化快速通道，健全科研人员成果转化激励机制，培育新的经济增长点。要围绕我市产业所需、优势所能，组织实施一批关键核心技术攻关项目，力争突破一批“卡脖子”核心技术、关键零部件和重大装备。要积极推动军民融合深度发展，健全军地联合攻关和技术双向转化机制。要推进散裂中子源等重大科技基础设施建设与应用，加强基础研究国际合作，逐步提高原始创新能力。

二要加快推动制造业高质量发展。要进一步制定完善我市产业空间布局规划，合理配置产业发展资源。要深入实施高质量倍增计划，并逐步将好的经验做法推广到全市。要全力加快传统制造业转型升级，鼓励企业加快技术改造，大力实施“互联网+”和“文化+”战略，促进传统产业向高端化、绿色化转型升级，提升产品附加值，不断增强综合竞争力。要深入打造智能制造全生态链，大力发展先进装备制造业，促进新一代信息技术与制造业深度融合，大力打造工业互联网产业，大力提升制造业数字化、网络化、智能化水平。要通过市场化运作方式，发起设立一批产业并购基金，重点支持企业实施以控制核心技术、上下游关键资源、重要销售渠道、价格决定权等为目标的并购重组行为，推动企业实现跨越式发展。要培育行业龙头企业，深入推进“小升规”，打造知名区域品牌，推动现有制造业加快形成产业配套新优势。要大力发展现代物流、金融服务、信息服务、科技服务、文化创意、保税物流等生产性服务业，强化对制造业转型升级的支撑。

三要加强产业精准招商和优势产业集群培育。要瞄准五大领域十大重点产业，设立新兴产业发展专项资金，建立完善项目科学筛选机制，提高招商精准度和实效性，引进一批能支撑产业未来发展的战略性新兴企业，打造新兴产业集群。要完善重大招商项目全流程管理服务机制，强化项目用地保障，推动重大招商项目加快落地动工见效。要坚持引进和培育双管齐下，瞄准具有良好产业基础的新一代通信技术、先进制造、新材料、新能源、生物医药等领域，加大对优势企业的扶持培育力度，积极引入龙头型领军型企业，推动完善产业链条，努力培育一批能形成新支撑点的优势产业集群。要大力推动5G等新技术、新产品、新模式的市场化应用。

四要大力扶持企业发展。企业是推动经济高质量发展的主体，必须始终高度重视企业发展和企业家价值，弘扬企业家精神，按照中央“六稳”要求，扎实做好重商、安商、稳商工作，全面落实各项惠企政策，帮助企业坚定信心、稳定预期，支持广大企业做大做强做优。要坚持“两个毫不动摇”，推动“非公经济50条”尽快落地见效，加大精准扶持力度，帮助各类企业应对因外围环境变化所导致的困难。要帮助企业抢先把握好中央首次将国内市场提到战略高度、提出“促进形成强大国内市场”的重大机遇，认真筹划开展新一轮“莞货全国行”活动，加强与国内知名展会合作，创新供应链金融，帮助企业扩大内销市场。要探索完善知识产权保护机制，深入推进商标品牌战略，建立健全高标准的质量管理体系，让“东莞制造”成为高质量、高品质的代名词。要继续支持国有资本和国有企业深化改革。

五要增创人力资源红利。我市集聚了500多万产业工人队伍，也吸引了一大批高层次人才，这是东莞未

来发展的基础和优势。要大力推动人力资源与城市、产业同步升级，推动“数量型人口红利”向“质量型人口红利”转变。要围绕我市高质量发展的需求，大力实施“十百千万百万”人才工程，通过引进一批关键人才、发挥现有人才的聪明才智和提升现有产业工人的技能，把东莞打造成为创新创业人才高地、技能人才之都。要继续支持东莞理工学院建设高水平理工科大学。要对接企业中高端人才需求，建立一批海内外人才工作站，布局全球全国招才引智网络。要创新人才引进培养政策，提升人才服务社会化水平，形成在国内外具有较强竞争力的人才综合服务体系。

六要提升金融服务能力。要坚守金融为实体经济服务的根本定位，紧扣产业发展需求，扩大金融有效供给，提升服务能力，努力开创产融结合、互动发展新格局。要大力培育发展融资租赁、新型供应链金融等新兴金融业态，大力引进外资金融机构，推动跨境金融业务发展，吸引一批知名创投风投机构落户，为企业提供全链条金融服务。要加大企业上市扶持力度，探索建设“上市公司产业园”，引进和培育一批上市企业。要制定实施地方金融机构倍增发展行动计划，推动地方金融机构创新发展。要加强中小微企业金融服务，用好信贷风险补偿制度和贷款贴息专项资金，协助企业转贷，切实帮助企业解决融资难、融资贵的问题。要落实“强监管”工作要求，加强重点领域潜在风险隐患防范化解，坚决打赢防范化解重大风险攻坚战。

（四）实施基层基础强化工程，加快营造共建共治共享社会治理格局

只有基层强，东莞经济才能强，社会才能稳。我们必须加快突破瓶颈制约，促进基层共建共治共享，不断夯实基层根基、增强基层活力。

一要创新党领导下的基层协同共治机制。要大力推动社会治理重心向基层下移，进一步理清镇村权责，健全完善村级微权清单，整合和优化各类基层人员力量，推动村级组织职责、班子配备、议事决策、管理监督“四个规范”，构建以村（社区）党工委为核心、村（居）委会为主导、村（居）民为主体、多元社会力量共同参与的基层治理体系。要完善村（社区）党群服务中心功能，打造党和群众紧密联系的纽带、居民服务的一站式平台。要推动社会组织健康有序发展和积极发挥作用，大力推行“四社联动”、社区协商，引导更多社会力量参与社会治理。要大力健全矛盾纠纷多元联动预防化解体系，加强专业性、行业性调解组织建设，从源头上减少矛盾纠纷产生，实现“小事不出村居、大事不出镇街、矛盾不上交”。

二要提高社会治理智能化、科学化、精准化水平。要把“智网工程”作为加强和创新社会治理的核心工程，聚焦及时发现问题和有效解决问题两大关键，大力提升“智网工程”工作成效，加快建成“网格化管理、信息化支撑、精细化服务、法治化保障”的社会治理新模式。要以“智网工程”为统领，大力推动各类社会管理信息平台的有效融合，推动“科技护城墙”、“雪亮工程”等落地实施，推进“二标四实”长效机制建设和数据深度应用，着力提高工作智能化水平。

三要深入实施乡村振兴战略。要把乡村振兴与城市建设、产业升级和农村集体资产经营管理结合起来，抓住关键、精准发力，推动乡村振兴取得实效。要在加强集体资产监管的同时，有效促进集体经济转型升级，拓宽村组集体增收渠道，推动集体经济提质增效。要大力支持村组集体实施“工改工”，鼓励镇街以利益共享等方式统筹村组土地、物业，推进连片改造，发展优质项目。要全域推进农村人居环境整治，做好“四好农村路”规划建设，统筹推进“三清三拆”和城乡环境综合整治，推动城乡厕所“三个一批”工程，打造一批农村人居环境整治样板工程。

四要持续推动次发达镇村加快发展。要切实发挥好资金池竞争性分配机制的引导作用，进一步完善帮扶机制，落实重大项目落地支持、市内项目流转奖补政策，推动次发达镇加快发展优质产业项目。要以更大力度扶持次发达村加快发展，借鉴“万企帮万村”做法，完善结对精准帮扶，巩固提升次发达村发展能力。鼓励各镇街参照市的做法，根据一定的经济指标科学划定一批集体经济发展后进村组，加大帮扶力度，推动加快发展。同时，要统筹做好市外对口援建、对口帮扶、对口合作和精准扶贫精准脱贫等工作，助力全国全省打好打赢脱贫攻坚战。

（五）实施民生福祉增进工程，切实增强群众获得感幸福感安全感

带领人民创造美好生活，是我们党始终不渝的奋斗目标。要坚持以人民为中心的发展思想，加快解决群众最关心最直接最现实的利益问题，让全市人民获得感、幸福感、安全感更加充实、更有保障、更可持续。

一要提升公共服务水平。我市公共服务短板,比较突出的是教育和医疗两个方面。要加快新建扩建一批公办学校，实施学前教育普惠工程，推进公办教育扩容提质，构建支持民办教育创新发展的政策体系，整体提升民办教育质量。要大力推动东莞市人民医院和东莞市中医院建设广东省高水平医院，积极依托和引进国际、国内优质医疗资源，高水平建设区域中心医院和临床重点专科，推进全民健康信息化建设，增强社区卫生服务能力，提升医疗服务惠民便民水平。在补齐教育、医疗两大短板的基础上，要全面提升居家养老、困难群众基本保障、多层次住房体系建设、促进就业创业、食品药品安全监管和社会保障等工作质量，让改革发展成果更多更公平惠及全体市民。要严格落实安全生产责任，深入推进安全生产领域改革发展，着力构建安全发展示范城市。要探索打造“民生大莞家”品牌，畅通民生诉求渠道，建立有效处理、及时反馈的链条式工作机制，高效妥善解决群众身边

的民生小实事。

二要扎实推进平安东莞、法治东莞建设。要深入开展扫黑除恶专项斗争，坚决铲除黑恶势力滋生土壤，始终保持对突出违法犯罪的高压严打态势。要健全立体化社会治安防控体系，推进辅警队伍规范化建设，创新片区警务统筹联动，最大限度提升警务效能。要以依法及时就地解决群众合理诉求为工作核心，着力解决群众反映强烈、社会关注度高的信访问题。要深化法治东莞建设，不断健全地方法规规章体系，加快法治政府建设，深化司法体制综合配套改革，加快完善公共法律服务体系，进一步营造公平公正的法治环境。

三要深入推进精神文明建设。要持续培育践行社会主义核心价值观，深入推进“四个之城”建设，不断深化全域精神文明创建，努力实现全国文明城市“五连冠”。要聚焦解决基层文明创建短板，深入推进新东莞文明美丽村居建设“五大工程”，不断提高村居文明水平。要深入实施公民道德工程，推进社会公德、职业道德、家庭美德、个人品德建设，不断提升市民文明素养和社会文明程度。要持续巩固涉黄整治成果，完善长效打击监管机制，坚决防止死灰复燃。要围绕建设高品质文化引领型城市，注重抓好历史文化保护和优秀传统文化传承，大力推进文化空间拓展、文化品牌打造、乡村文化振兴、湾区文化共建、文化产业发展，不断推动文化繁荣兴盛。要大力推动文化旅游体育事业发展，突出大众化和精品化相结合，丰富各类文化体育休闲活动，让广大市民有更多更好选择。

（六）实施重点改革突破工程，积极探索构建高质量发展体制机制

要继续坚定不移深化改革、扩大开放，紧扣高质量发展要求，坚持需求导向、问题导向和结果导向相结合，利用粤港澳大湾区建设机遇积极向国家提出创新政策建议，加强改革谋划、落实和跟踪问效，加快构建高质量发展体制机制。

一要不断增创营商环境新优势。要深入推进省营商环境综合改革试点，加快投资管理体制改革，推行企业投资项目告知承诺信任审批、并联集成审批和重大项目预审批，推进工程项目实体审批大厅和网上审批服务平台建设，将项目办理事项和全流程审批时限压减50%以上。特别是要加大对建设工程项目审批制度改革的力度，全面压缩项目立项、财审、规划许可、用地审批和工程报建等环节的审批时间，切实加快工程项目建设进度。要推进数字政府建设，打破信息孤岛、共享政务数据，建立完善市镇村三级政务服务中心，推行“一窗式”改革，打造一体化政务服务平台，力争80%以上政务服务事项网上全过程流转，努力争取“让办事群众最多跑一次”。要稳步推进机构改革，进一步理顺工作职能，确保部门衔接平稳有序，并逐步迸发出新活力。

二要加快构建全面开放新格局。要深入落实“一核一带一区”区域发展战略，全面加强与周边城市的合作，积极参与珠江口东西两岸融合互动发展，共同做优做强珠三角核心区。要进一步稳定外资外贸，稳步推进跨境电商综合试验区等试点任务，鼓励和指导加工贸易企业开展一般贸易进出口业务，大力发展服务型制造、制造外包等外贸新业态，推动外资企业加快转型、扎根发展。要以“一带一路”市场为重点，充分利用香港贸发局等机构的资源，加快布局东莞商品展销中心，大力构建国际经贸合作网络，推动企业加快“走出去”开展对外投资、开拓新兴市场。要大力争取将滨海湾新区纳入国家更高发展平台，大力建设虎门港综合保税区，主动复制推广自由贸易试验区政策，加大外商投资、国际贸易便利化改革力度，努力将滨海湾新区打造成为全面对接自贸试验区改革创新经验的先行区示范区。要深化莞港澳台在会展、跨境电商、供应链、企业服务等现代服务业领域合作，吸引港澳台优质资源来莞投资创业。要深耕友城等平台资源，对接国际优秀城市优质资源，拓展对外交流合作。

三要探索优化市直管镇体制。探索在不进行行政区划调整、不增加管理层级、不降低基层发展积极性的前提下，深化园区统筹组团发展，通过市一级的充分赋权，做实做强园区管理机构统筹发展规划、区域开发、招商引资、重大项目建设和政务服务效能提升等五个方面的职能，同步推动更多力量和资源往基层倾斜，最大程度激发市直管镇体制活力。要优化市镇事权划分，推进镇街机构改革，强化镇街管理服务职能，推动市镇两级政府服务能力和行政效能明显提高。

四要深入推进投融资体制机制改革。要突出市属国有资本的基础性和引领性作用，充分发挥市属国有企业在基础设施、金融产业、市政经营性项目等领域的独特优势和在科技创新中的推动作用，进一步完善市属国有企业市场化经营机制，解决相关土地、物业资产的确权问题，不断提升企业资产价值、经营效益和现金流，增强市属国有企业盈利能力和融资能力。要鼓励民间资本与国有金融资本开展深度合作，引导和撬动更多民间资本投向实体经济和城市重大基础设施建设。要做大做优我市政府性基金预算收入，进一步释放PPP空间。要通过提升轨道交通地下空间利用率，赋予市属轨道交通企业更大经营权，探索建立土地规划、土地储备、土地出让与轨道交通项目建设支出相匹配的体制机制，探索构建TOD开发与地铁建设相捆绑的模式，形成TOD与轨道交通融资良性循环的投融资机制。要统筹盘活园区资源，引导社会资本推动园区产业发展，支持园区运用项目收益与融资自求平衡专项债券，形成“财政撬动、社会联动、形成滚动”的开发建设投融资模式。

五、全面加强党的领导和党的建设，为新时代东莞改革发展提供坚强政治保证

开创新时代东莞工作新局面，必须毫不动摇坚持和加强党的全面领导，毫不动摇把各级党组织锻造得更加坚强有力。我们要全面落实新时代党的建设总要求，坚定不移推动全面从严治党向纵深发展，实现党的建设再上新水平，为新时代东莞改革发展提供坚强政治保证。

（一）毫不动摇地把党的政治建设摆在首位。党的政治建设是党的根本性建设，必须旗帜鲜明讲政治，牢固树立“四个意识”，坚定“四个自信”，以正确的认识和行动坚决做到“两个维护”，坚决反对“两面人”“伪忠诚”等问题，始终在思想上政治上行动上同以习近平同志为核心的党中央保持高度一致。要持续深入学习宣传贯彻习近平新时代中国特色社会主义思想，扎实开展“不忘初心、牢记使命”主题教育，全面建立常态化、全覆盖、高质量的党员干部学习教育机制，全面扩大百姓宣讲的覆盖面和影响力，切实解决好学习贯彻“最后一公里”问题，推动习近平新时代中国特色社会主义思想贯彻到基层、落实到一线。要自觉遵循党章，严肃党内政治生活，严明政治纪律和政治规矩，坚决全面彻底肃清李嘉、万庆良恶劣影响，督促党员干部杜绝“七个有之”，践行“五个必须”，做到“三个决不允许”，着力涵养风清气正的政治生态。要持续抓好中央、省委巡视反馈意见的整改落实工作，确保全面彻底整改到位。

（二）坚决维护意识形态安全。要坚持党管宣传、党管意识形态、党管媒体，牢牢掌握意识形态工作领导权管理权主动权。要逐步建立完善市镇两级意识形态工作体系，进一步加大对落实意识形态工作责任制的实地检查考核和巡察力度，推动意识形态工作责任落细落实。要坚持正确舆论导向，加强对习近平新时代中国特色社会主义思想的研究宣传，做到主流思想“天天见”“天天新”“天天深”。要全方位加强阵地管理，特别是加强网络安全管理，不断提升网络舆情应急处置能力，决不给各种错误思想观点提供传播渠道。各级领导干部要站到意识形态斗争第一线，带头抓意识形态工作、带头管阵地把导向强队伍、带头批评错误观点和错误倾向，筑牢意识形态安全“护城河”“防火墙”。

（三）全方位加强各领域基层党组织建设。要以深化拓展加强党的基层组织建设三年行动计划为抓手，以规范化建设、组织力提升为重点，推动各领域基层党组织全面进步、全面过硬。要认真贯彻党支部工作条例，深入实施基层党组织达标创优活动，持续整顿软弱涣散基层党组织，全面加强各领域基层党组织的标准化、规范化建设。要扎实开展“头雁”工程，选优配强党组织书记，抓好党组织书记后备干部队伍建设，形成强大的“头雁效应”。要着眼全域推进城市基层党建工作，健全完善市镇村三级联动机制，深入推进“智网党建”，促进各领域基层党组织共驻共建，推动新兴领域党组织建设分类提升。要从制度机制上进一步确立村（社区）党工委在基层组织中的领导核心地位，常态化开展好驻点联系工作，不断提升基层党建引领基层治理水平。

（四）着力建设一支高素质专业化干部队伍。要坚持新时代党的组织路线，坚持好干部标准，结合当前机构改革，围绕选育管用全链条系统谋划、综合施策，努力打造一支忠诚干净担当的高素质干部队伍。要突出政治标准选用干部，出于公心评价干部，切实把德才兼备的好干部选出来用起来。要拓宽专业干部人才来源，创新高层次优秀人才进入党政机关体制机制，进一步壮大专业化干部队伍。要深化干部教育培训改革，强化政治历练和提升专业技能并重，统筹抓好分层分类有针对性培训，全方位提升干部能力。要优化干部交流机制，统筹推进跨部门、跨镇街、跨行业的干部交流，推动更多干部到基层一线锻炼成长。要加强培训、储备、选用年轻干部，实施好“百名优秀年轻干部培养计划”，大力夯实干部梯队基础。

（五）坚定不移正风肃纪反腐。要始终保持永远在路上的政治定力，持之以恒抓好作风建设、纪律建设，高举反腐利剑，巩固发展反腐败斗争压倒性胜利。要持之以恒落实中央八项规定精神，深挖细查“四风”隐形变异问题，坚决防止“四风”问题反弹回潮。要进一步加强纪律建设，深化运用监督执纪“四种形态”，持续深入推进巡视整改，推动纪律教育常态化，使铁的纪律成为党员干部的自觉遵循。要突出抓好基层正风反腐，深化政治巡察，严肃查处“两违”、土地出让、工程招投标、农村集体资产管理、扶贫等重点领域违纪违法问题，严惩涉黑涉恶腐败和“保护伞”，坚决整治群众身边腐败和作风问题。要深化纪检监察体制改革，优化纪律监督、监察监督、派驻监督、巡察监督“四个全覆盖”权力监督格局，从严从实加强纪检监察队伍建设，不断增强监督整体效能。

（六）全面加强执行力建设。执行力是决定我们事业成败的关键因素。去年底，市委已经出台了全面加强执行力建设的意见。为推动各项工作落实，市委决定将今年定为“执行力建设年”，把工作重点放在抓落实上，放在加大问责力度上，进一步强化目标导向、结果导向。要坚决用好追责问责利器，对不作为慢作为懒作为的干部，坚决动真碰硬，坚决追责问责，切实用问责砥砺担当，推动形成真抓实干、干事创业的浓厚氛围。要进一步建立完善考核评价、容错纠错、激励保障各项机制，提振干部干事创业精气神。对在推进重点项目建设、重要中心工作、重大突发事件中表现优秀，发挥重要作用、得到各方面高度肯定的，在急难险重任务中敢于担当、勇于攻坚破解一批重点难点问题、取得显著成效的干部，要破除论资排辈、平衡照顾观念，优先提拔使用。

同志们！站在改革开放再出发新的历史起点上，面对粤港澳大湾区建设重大历史机遇，东莞未来的发展前景让人期盼，发展目标催人奋进！让我们更加紧密地团结在以习近平同志为核心的党中央周围，坚持以习近平新时代中国特色社会主义思想为指导，深入学习贯彻习近平总书记对广东重要讲话精神，认真落实省委部署要求，接续发力、攻坚克难、奋勇前行，大力建设“湾区都市、品质东莞”，努力在新时代改革开放中走在前列，为全省实现“四个走在全国前列”、当好“两个重要窗口”作出东莞应有的贡献！

名词注解：

“1+1+9”工作部署：第一个“1”是指坚定不移加强党的领导和党的建设。第二个“1”是指以新担当新作为不断把改革开放推向深入。“9”是指扎实推进9个方面重点工作：一是举全省之力推进粤港澳大湾区建设；二是加快建设科技创新强省；三是扎实推进高质量发展；四是加快建设现代化经济体系；五是坚决打好三大攻坚战；六是实施乡村振兴战略；七是构建“一核一带一区”协调发展新格局；八是加快文化强省建设；九是营造共建共治共享社会治理格局。

监督执纪“四种形态”：党内关系要正常化，批评和自我批评要经常开展，让咬耳扯袖、红脸出汗成为常态；党纪轻处分和组织处理要成为大多数；对严重违纪的重处分、作出重大职务调整应当是少数；严重违纪涉嫌违法立案审查的只能是极少数。

一平台三工程：构建市场监管协同创新平台，推进智慧监管、协同监管、信用监管三大工程。

“十百千万百万”人才工程：从2019年起，用3年时间，引进10个国际一流水平的战略科学家团队，选拔100名博士专业人才进入党政机关和企事业单位，引进培养1000名重点领域的领军人才，引进培养10000名硕士研究生以上学历和中级以上职称的创新人才，推动100万人提升学历技能素质。

打造一中心，强化三功能：打造粤港澳大湾区先进制造业中心，强化科技创新成果转化功能，强化扩大开放合作示范功能，强化现代优质生活服务功能。

一核一带一区：推动珠三角核心区优化发展；把粤东、粤西打造成新增长极，与珠三角城市串珠成链形成沿海经济带；把粤北山区建设成为生态发展区。

二标四实：标准作业图、标准地址库；实有人口、实有房屋、实有单位、实有设施。

五个一批：补办一批、整改一批、保留一批、罚没一批、拆除一批。

九个必须坚持：必须坚持党对一切工作的领导，必须坚持以人民为中心，必须坚持马克思主义指导地位，必须坚持走中国特色社会主义道路，必须坚持完善和发展中国特色社会主义制度，必须坚持以发展为第一要务，必须坚持扩大开放，必须坚持全面从严治党，必须坚持辩证唯物主义和历史唯物主义世界观和方法论。

一心两轴三片区：中心城区城市品质提升的重点地区（一心：行政文化中心，两轴：东莞大道时代发展轴和鸿福路山水文化轴，三片区：南城国际商务区、三江六岸历史文化区、黄旗南生态科创区）。

一轴线两平台三中心：松山湖城市品质提升的重点地区（一轴线：新城大道—生态园大道26公里创新中轴线，两平台：中子科学城、东部工业园两大重点发展平台，三中心：松山湖中心区、松山湖北区、中子科学城城市复合中心三大城市综合服务中心）。

一廊两轴三板块：滨海湾新区城市品质提升的重点地区（一廊：滨海景观长廊；两轴：以滨海湾站综合交通枢纽、滨海大道等骨架路网和海湾大道为轴；三板块：交椅湾、沙角半岛、威远岛三大板块）。

五大领域十大重点产业：新一代信息技术、高端装备制造、新材料、新能源、生命科学和生物技术等五大领域，新一代人工智能、新一代信息通信、智能终端、工业机器人、高端智能制造装备、先进材料、新能源汽车、高性能电池、生物医药、高端医疗器械等十大重点产业。

四社联动：在党委政府统筹领导下，以社区为平台，以社会组织为载体，以社工为骨干，以社会力量为补充，实现资源共享、优势互补、相互促进、有机联动的基层社会治理和服务机制。

四好农村路：建好、管好、护好、运营好农村公路。

三清三拆：清理村巷道及生产工具、建筑材料乱堆乱放，清理房前屋后和村巷道杂草杂物、积存垃圾，清理沟渠池塘溪河淤泥、漂浮物和障碍物；拆除危房、废弃猪牛栏及露天厕所茅房，拆除乱搭乱建、违章建筑，拆除非法违规商业广告、招牌等。

万企帮万村：以粤东粤西粤北地区贫困村、软弱涣散村、村集体经济薄弱村为重点，在2022年底前组织动员10000家左右的企业与村庄自愿结对，增强乡村自我造血能力，促进村集体和农民持续增收，建设生态宜居美丽乡村，助力乡村振兴。

四个之城：友善之城，志愿之城，好人之城，希望之城。

新东莞文明美丽村居建设“五大工程”：人居环境改善工程，乡村文化培育工程，乡风文明润化工程，乡村和谐善治工程，农村农民致富工程。

七个有之：搞任人唯亲、排斥异己的有之；搞团团伙伙、拉帮结派的有之；搞匿名诬告、制造谣言的有之；搞收买人心、拉动选票的有之；搞封官许愿、弹冠相庆的有之；搞自行其是、阳奉阴违的有之；搞尾大不掉、妄议中央的也有之。

五个必须：必须维护党中央权威，决不允许背离党中央要求另搞一套；必须维护党的团结，决不允许在党内培植私人势力；必须遵循组织程序，决不允许擅作主张、我行我素；必须服从组织决定，决不允许搞非组织活动；必须管好亲属和身边工作人员，决不允许他们擅权干政、谋取私利。

三个决不允许：在广东大地决不允许搞政治阴谋，危害党中央权威；决不允许拉帮结派，搞团团伙伙；决不允许政商勾结，形成利益集团。

政府工作报告

——2019年1月16日在东莞市第十六届人民代表大会第五次会议上

东莞市人民政府市长　肖亚非

各位代表：

现在，我代表东莞市人民政府向大会作政府工作报告，请予审议，并请各位政协委员和其他列席人员提出意见。

2018年工作回顾

过去一年，面对复杂经济形势带来的严峻挑战，在省委、省政府和市委的正确领导下，市政府坚持以习近平新时代中国特色社会主义思想为指导，全面贯彻党的十九大精神，深入学习贯彻习近平总书记对广东重要讲话精神，认真落实省委"1+1+9"等各项决策部署，强化执行、克难奋进，统筹推进稳增长、促改革、调结构、惠民生、防风险等各项工作，经济社会发展保持稳中有进、进中向好的良好态势。全市生产总值突破8000亿元大关，预计达到8300亿元，同比增长7.5%左右，快于全国全省。进出口总额突破1.3万亿元，排名全国第五。规上工业企业突破1万家，排名全省第一。市场主体突破115万户，排名全省地级市第一。各项税收总额突破2300亿元，排名全省第三。实现市一般公共预算收入650亿元，排名全省第四。各项存款余额突破1.4万亿元，增速全省第1。虎门港综合保税区获批，东莞成为国家跨境电子商务综合试验区。28个镇全部入围全国综合实力千强镇前400强，百强镇增至15个。村组两级纯收入突破150亿元，增长14.5%。东莞被评为"全国社会治理创新示范市"，首获中国法治政府奖。在人民大学、社科院等权威机构发布的相关报告中，东莞的政商关系健康指数、"互联网+"指数、综合经济竞争力分别排名全国第一位、第八位和第十三位，民生发展指数排名全国地级市第三位。东莞发展的活力、品质和魅力不断提升。具体来说，我们抓好了以下工作：

一年来，我们坚持提高政治站位，坚决贯彻落实习近平新时代中国特色社会主义思想　在市委的统一部署下，把学习贯彻落实习近平新时代中国特色社会主义思想作为全市政府系统的首要政治任务，努力做到学懂、弄通、做实。我们认真学习贯彻总书记在全国"两会"参加广东代表团审议重要讲话精神，将其与"三个定位、两个率先"和"四个坚持、三个支撑、两个走在前列"等重要指示批示精神一体学习领会、整体贯彻落实，努力争当全省实现"四个走在全国前列"排头兵。我们认真学习贯彻总书记视察广东重要讲话精神，把参与粤港澳大湾区建设作为东莞深化改革开放的"纲"，研究制定实施方案和三年行动计划，依托滨海湾新区、中子科学城等，加快打造对接湾区的重大平台，努力在湾区合作发展中抢占先机。我们认真学习贯彻习近平新时代中国特色社会主义经济思想，主动适应高质量发展的要求，科学做好产业发展谋划，掀起产业招商新热潮，切实加大对非公经济的扶持力度，努力推动以先进制造业为核心的实体经济稳步发展。我们认真学习贯彻习近平生态文明思想，坚决打好治水攻坚战、蓝天保卫战、净土防御战和固废处理处置攻坚战，加快解决突出环境问题，认真补齐短板，改善生态环境，提升发展质量。我们认真学习贯彻总书记关于实施乡村振兴战略的重要讲话精神，按照产业兴旺、生态宜居、乡风文明、治理有效、生活富裕的总要求，明确东莞乡村振兴的时间表和路线图，努力推动农业全面升级、农村全面进步、农民全面发展。我们认真学习贯彻总书记关于做好督察工作的重要指示精神，全力做好中央和省在安全生产、扫黑除恶、海洋等方面督察巡视的迎检和整改工作，做到真查摆、真落实、真整改，得到了督察组的充分肯定。全市政府系统"四个意识"切实增强，思想自觉和行动自觉进一步强化。习近平新时代中国特色社会主义思想的光辉照耀着莞邑大地，指引着前进方向。

一年来，我们坚持发展第一要务，全力推动东莞经济高质量发展　大力抓好产业谋划招引和项目落地建设。着眼于推动产业长远健康发展，出台重点新兴产业发展规划，确定五大新兴领域和十大重点产业，规划"一核三带十区"，布局经济发展新增长点。组建市级新型招商机构，建立市镇联合、资源统筹、跟踪洽谈等新机制，出台"重特大项目招商十条"、"高质量利用外资十条"、促进总部经济发展、扶持企业上市等新政策。召开全市规模最大、规格最高的招商大会，集中签约重特大项目29个，涉及金额超过4000亿元。13名市领导挂点服务22个五亿元以上项目，推动加快落地。全市新引进亿元以上内资项目172宗，协议金额2052亿元；引进千万美元以上外资项目102宗，协议金额36.5亿美元。成立建设工程总指挥部，开展"百日攻坚"大会战，完成重大项目投资631.4亿元，增长22.9%。

大力推动企业倍增发展。出台"高质量倍增十条"，调整确定市级试点企业286家，选定协同倍增企业910家，创新推出全流程诊断、"倍增卡"等举措，解决问题700多项，新增用地指标570多亩，倍增企业主营业务收入增长16%以上。着力打造智能制造全生态链，建立资源服务池，建成示范线109条，资助改造项目311个。推动中小微企业做大做强，全市新增"四上"企业3800家、"小升规"企业2784家，增量均为全省第1。完成规上工业增加值

3900亿元，增长6.5%左右。其中，先进制造业、民营工业占比升至52.3%和49.6%。单位GDP能耗下降6%左右。

大力优化非公经济发展环境。强化对企服务意识，市镇领导班子挂点服务企业，设立首席服务官，实施政策告知推送机制，主动向企业推送政策、服务和举措。召开非公经济代表人士座谈会，认真听取企业呼声，邀请700多名企业家参加全市非公经济大会，围绕减轻企业负担、促进企业转型、拓展企业发展空间等方面，出台50条160项扶持政策。成功举办世界莞商大会，1200多名海内外莞商汇聚一堂，共谋发展。成立上市莞企发展投资基金，为上市企业协调化解各类债务风险20亿元。全年为企业减免税收248亿元以上。

一年来，我们坚持创新第一动力，加快建设国家创新型城市 加快推进区域创新。全面启动广深港澳科技创新走廊（东莞段）建设，加快实施133个沿线环境品质提升项目，出台实施空间规划，筛选出260个总投资3600多亿元的入库科技项目，努力在对接广深港澳创新资源上占得先机。散裂中子源顺利通过国家验收，填补了国内脉冲中子应用领域的空白。全面启动中子科学城建设，省政府同意将其上升为省级发展平台，并以中子科学城和深圳光明科学城、港深落马洲河套地区为核心载体创建综合性国家科学中心。与中科院高能所共同谋划建设南方光源，松山湖材料实验室和粤港澳交叉科学中心建设取得扎实进展。成功举办粤港澳大湾区院士峰会暨第四届广东院士高峰年会，为发展院士经济打下坚实基础。

加快聚集创新要素。狠抓“技能人才之都”建设，实施劳动力技能素质提升三年行动计划，着力建设知识型、技能型、创新型劳动者大军。实施高企“树标提质”行动计划，高企总量预计达5798家，居全省地级市第1。新增博士后、博士工作平台30家。入选省创新科研团队6个，获省财政资助金额达1.8亿元，创历史之最。专利申请量和授权量预计分别增长20%和40%。PCT国际专利申请量跃居全省第2。获中国专利奖银奖4项。R&D投入占比预计达2.55%。

加快推动科技、金融、产业“三融合”。强化财政和国有资本对创新的引领，设立规模100亿元以上的产业投资基金和并购基金，整合成立科技创新金融集团，贴息发放“三融合”贷款68亿元。强化金融对实体经济的支撑，制造业、小微企业贷款分别突破1000亿元、2000亿元，“倍增计划”和高企贷款均突破300亿元。专利权质押融资金额规模全省第2。强化对资本市场发展的扶持。新增境内外上市企业2家、上市后备企业33家。东莞成为全省唯一齐备港澳台资银行的地级市。

一年来，我们坚持深化改革开放，努力争创东莞改革发展新优势 着力抓好重点领域改革。把改革作为推动发展的关键一招，坚持问题导向、结果导向，谋划推进了一系列重大改革，有效破解了一大批制约发展的历史遗留问题。深化不动产登记改革，抵押和转移登记从原来的数月分别缩短到3个和5个工作日办结；深化项目审批制度改革，推行告知承诺信任审批模式，审批项目从162项压缩到60项，从8月份起审批时间减少一半以上；深化代建制改革，推动深度市场化、专业化代建，提升财政投资项目建设水平和速度；深化新型产业用地改革，出台工业大厦分割销售、5年税收奖励等工改M0特惠政策，促进新型产业发展；深化招投标改革，改进施工招标项目中标方式，提高招投标效率和择优力度；深化商事制度改革，以构建“一平台、三工程”市场监管体系为牵引，创新事中事后监管方式，实现开办企业便利度连续三年全省地级市第1；深化市属国企改革，整合组建新的交投和水务集团，更好地发挥其引领发展和服务城市的功能；创新统筹开发模式和利益平衡机制，妥善解决东部工业园（企石辖区）历史遗留问题，6520亩土地纳入松山湖统筹。

着力提升对外开放水平。出台促进外经贸稳定发展20条举措，积极应对国际贸易形势变化，全年进出口增长10%以上，较好地帮助企业在严峻形势下稳定了生产经营。东莞连续两年位列“外贸百强城市”第3位。大力培育新模式、新业态，跨境电商进出口350亿元，增长120%，总量全国第1。保税物流进出口2300亿元，增长15%。广东（石龙）铁路国际物流基地启用多式联运业务。东莞始发中欧班列货运量增长42%。大力开拓国内外市场，搭建“莞货全国行”平台，开展“乐购东莞”等促消费活动，成功举办海丝博览会、加博会、漫博会、智博会、台博会，社会消费品零售总额增长8.1%左右。

着力推动重大平台建设。松山湖实现生产总值630亿元，增长13.9%；完成固投182.2亿元，增长22.6%；协议引资150亿元，增长29.3%，对片区带动作用进一步增强。滨海湾新区建设纳入大湾区国家战略，发展总体规划、城市总体规划通过审议，“二横五纵”骨干路网加快推进，两个滩涂开发项目实质性动工，沙角电厂两台燃煤机组关停，紫光芯云产业城、OPPO智能制造中心等项目加快推进。水乡新城片区生产总值增速快于全市0.3个百分点。水乡新城控规完成公示，启动区项目加快推进。银瓶新区完成海绵城市规划编制，粤海产业园一期建成开园。

着力提升合作发展水平。加强对口帮扶。援疆援藏工作扎实推进，兵团草湖产业园纺织项目高效建设运营，支持当地设立规模8亿元的产业发展基金；打造出林芝布久乡小康示范镇等精品项目，7个镇街与巴宜区7个乡镇结对；新增16个镇街对口帮扶云南昭通6个县区，捐赠清洁能源公交车200辆；与黑龙江牡丹江市缔结友好城市，推动20.7亿元的21个产业合作协议落地；顺利完成对口帮扶韶关十大行动计划，多项工作排名全省前列；落实韶关、揭阳精准扶贫精准脱贫资金4.68亿元，推动323个贫困村集体经济收入增长51%，预脱贫14054户、40278人。加强对内合作。加快推进深莞惠经济圈（3+2）和穗莞深化合作系列事项，并就轨道互通、环保共治等与广州、深圳进行了深入协商。举办近年来规模最大的莞港产业合作推介会，签订项目39个，金额350亿元。全方位加强对外交往。汤加国王到莞访问，美国利百伦市、韩国牙山市、德国乌波塔尔市等友城代表团来莞交流，友好关系持续深化。

一年来，我们坚持建设美丽东莞，加快提升城市品质和内涵 大力推进城市基础设施建设。实施城市品质三年提升计划，全面启动总投资1689.9亿元的582个重点项目，完工200个。东莞城市总体规划（2016—2035年）报国务院审批。大力推进轨道交通建设，积极争取将广深第二高铁纳入大湾区近期建设项目，2号线三期、3号线一期工程前期工作进展顺利。协调广铁集团在虎门站新增20多趟列车停靠，市民无需辗转便可直接乘高铁至北京、上海。大力推进高快速路建设，环莞快速二期、虎门二桥主线桥全线贯通，环莞三期华为段动工。莞番高速、深圳外环高速东莞段等加快建设。更新改造供水管网433.2公里，新建天然气管道约300公里，完成电网投资30亿元。

大力推进环境污染治理。成立污染防治攻坚战指挥部，出台三年行动计划。狠抓水污染治理。新建截污管网1525公里，通水1427公里。完成102条污染河涌整治，推进6家污水厂新建扩建、35家提标改造。开展河湖管护三大专项行动，全面铺开入河、入海排污口整治。清理整治砂场182个。茅洲河、石马河流域水质好转，综合污染指数分别下降55.5%和19.7%。7个国省考断面水质总体改善。狠抓大气污染治理。淘汰整治“散乱污”企业13073家，治理VOCs企业4870家，压减煤炭消费量118.8万吨。更换纯电动公交车2920辆。$PM_{2.5}$年均浓度下降2.7个百分点。狠抓固废处理处置。开展“利剑一号”行动，严厉打击固废偷运、非法跨市转移等行为。完成10座垃圾填埋场综合整治，建成东南部卫生填埋场（一期），建筑垃圾资源化实现零突破。狠抓土壤污染防治，完成三个修复治理试点示范工程。

大力推进“两违”治理。坚持露头就打、出土就拆，对新增违建、“小产权房”实行“零容忍”、“零增量”。全市拆除（整改）新增违建98.9万平方米，治理违建1060万平方米，超额完成省下达任务。建立历史遗留违法建筑信息数据库，完善4868亩用地手续。盘活存量土地10365亩，处置闲置土地4251亩，复耕复绿土地3500多亩，有效拓展了发展空间。

大力推进城市更新改造。出台关于深化改革全力推进城市更新提升城市品质的意见，梳理出总面积1.9万亩的30个更新单元向外推介，积极打造长安科技商务区、东城牛山钟屋围、厚街楷模家居等亮点。全年投入208亿元，完成“三旧”改造6880亩，新增实施改造9837亩，力度历年最大，受省奖励用地指标3844亩。加快推进轨道交通TOD综合开发，调整优化在库储备土地规划。松山湖北站推出首期出让地块，虎门高铁站用地补偿基本完成，45个站场TOD综合开发规划编制抓紧推进。

大力提升城市精细化管理水平。全市上下众志成城，各级领导干部靠前指挥，成功抵御40多年来影响最严重的台风“山竹”，最大程度降低了灾害损失，迅速恢复了生产生活秩序。高度重视群众反映强烈的交通拥堵问题，设立综合交通运输联席会议，完成治理第一批交通拥堵节点12个，新建人行天桥13座，全市交通拥堵状况有所改善，虎门大桥疏堵保畅成效明显。开展城市精细化管理考核，查处城市“六乱”28万宗。整治易涝点15个。黄江、樟木头、麻涌、洪梅、望牛墩成功创建省森林小镇。东莞植物园一期建成开园，市民亲近自然、感受绿色更加便捷。

大力实施乡村振兴战略。出台“1+1+N”政策体系，围绕农村环卫、基础设施建设等重点，高标准推进63个亮点项目建设，全部村（社区）基本完成“三清理”“三拆除”等环境整治任务。农村集体产权制度改革试点任务顺利完成。农村土地承包经营权确权登记颁证率达94%。次发达镇生产总值平均增速快于全市1个百分点。70个次发达村（社区）经营性纯收入增长14.7%。

一年来，我们坚持以人民为中心，致力满足市民群众日益增长的美好生活需要 加快推进教育扩容提质。编制实施新一轮学校建设规划。新增中小学幼儿园53所、学位近7万个，组建教育集团7个，规划建设未来学校3所。新招收随迁子女入读公办学位和补贴学位15.6万人，增加129.1%。向民办学校发放教师从教津贴、普惠性幼儿园补助等1.8亿元。给予困难学生助学减免1.16亿元。高考本科上线率达65.4%，创历史新高。12所中职学校实行中高职贯通培养。东莞理工学院获得硕士学位授予资格，实现零突破。

切实加大优质医疗资源供给。选定5所医院建设区域中心医院，常平医院、塘厦医院、麻涌医院纳入市属管理。完成200所社区卫生服务机构标准化建设，诊疗量占比升至28%。实施家庭医生签约服务，签约258万人。深入推进“医药分开”改革，实施药品零加成政策，为群众减负6350万元。开展健康讲座2300多场，“说医不二”微视频点击量突破1000万次。东莞公立医院综合改革成效明显，获得国务院办公厅督查激励。

着力加强公共安全防控体系建设。深入开展“扫黑除恶”专项斗争，打掉涉黑社会犯罪组织6个、恶势力犯罪团伙440个。社会治安实现“三降三升”，“两抢”立案数下降近八成、“飞抢”警情下降九成。组建公安铁骑，在交通疏堵、快速处警、震慑犯罪等方面成效明显。开展整治制毒物品非法流失问题专项行动，获公安部高度肯定。完成“二标四实”基础信息采集，基本摸清了全市实有人口、房屋、单位及设施等情况，为长治久安和精细化管理打下了坚实基础。大力推动安全生产“四个全覆盖”，深入开展建筑施工安全、有限空间作业、道路交通安全等专项治理行动，生产安全事故宗数下降14.8%，未发生重大及以上安全事故。深入实施消防安全“个十百千万”工程，顺利完成消防部队改制转隶。启动国家食品安全示范城市创建。做好非洲猪瘟防控。“智网工程”进入常态化运作、制度化管理，发现、处置各类隐患120.2万个。集中开展信访矛盾化解攻坚，有效维护了社会和谐稳定。

推动文化体育社保等各项事业繁荣发展。基层综合性文化服务中心实现全覆盖。举办“时代交响”音乐会、“时代印记”图片展，组织开展“看东莞”系列活动，营造庆祝改革开放40周年良好氛围。亚运会上获5项金牌，省运会东莞金牌总数居地级市第1，首届市民运动会成功举办。出台新的社会医疗保险办法，实行工伤和失业保险浮动费率管理。71家定点医院实现跨省异地联网结算。为特困、低保、困难群众发放各类救助1.5亿元。推进住房保障体系建设，解决6998户困难群众住房需求。做好房地产调控，推动平稳健康发展。“四经普”单位清查圆满收官，多项指标名列全省前茅。十件民生实事43项任务全面完成，兑现了对市民的承诺。市妇女儿童活动中心动工建设，市老年大学投入使用。圆满完成省国防动员演习任务和征兵工作，大学生兵源占比提升至88.1%。完善军民融合制度，“双拥”创建不断加强。工青妇幼、档案方志、防震减灾、残疾人、红十字会、打私人防、民族宗教等工作有效推进。

一年来，我们坚持狠抓政府建设，加快构建高效便民、廉洁清正的行政服务体系 着力推动政府工作项目化、实体化。把每项重点工作落实到明确时间、具体项目，确定任务书、施工图，一宗一件推动各项部署落到实处，政府整体运作及效能有了新的提升。2018年政府工作报告共分解工作任务328项，已完成320项，未完成8项，完成率97.6%，比上年提高1个百分点。

着力加强市镇协调联动。推动市民服务中心的改建，整合跨部门办理事项，部门协同进一步加强。推进优化市直管镇体制改革，设立松山湖、水乡新城2个统筹政务服务的功能区。将直接面向人民群众、量大面广的事项依法下放至镇街，基层积极性得到进一步发挥。市镇村三级政务服务体系基本形成，市镇协调联动进入新阶段。

着力提升服务群众水平。谋划推进30个上档次、上规模、高水平的重大民生项目，年内开工17个。启动一体化政务服务平台建设，编辑全市统一的办事指南，公布1462个“最多跑一次”事项清单，简化证明材料200项。与广州初步实现工商、发改等11项业务跨城通办。东莞12345热线在全国334个城市服务评比中排名第9。

着力提升依法行政水平。深入开展宪法主题宣传活动。出台生态文明建设促进与保障条例、饮用水源水质保护条例。严格落实中央八项规定及其实施细则精神，大力整治各种隐性变异“四风”问题。认真办理好人大议案、代表建议和政协提案，加强行政监察和审计监督。基层公务员精气神有效提振，政府职能和作风进一步转变。

各位代表，过去一年，全市上下齐心协力、开拓进取，发展迈出了坚实步伐，成绩来之不易。这离不开上级和市委的正确领导，离不开历届党委、政府打下的坚实基础，是全市人民共同奋斗的结果。在此，我代表东莞市人民政府，向全市干部群众，向人大代表和政协委员，向各民主党派、各人民团体、社会各界人士，向各驻莞单位、驻莞部队和武警官兵，向所有参与和支持东莞建设发展的港澳台同胞、海外侨胞和国际友人，表示衷心的感谢和崇高的敬意！

与此同时，我们也清醒地看到，全市发展仍然存在不少困难和问题，需要引起高度重视：一是经济运行的一些短板还比较明显。受发展中不确定因素的影响，经济下行压力加大，生产总值、固定资产投资等指标的完成情况与年度计划目标存在差距，全市科技创新能力、抗御风险能力还不够强。二是污染治理和生态环保任重道远。水污染治理任务依然艰巨，黑臭水体整治任务繁重，大气、土壤、固废等污染防治水平仍需加快提升。三是城市空间需要大力拓展优化。城市发展分散化、碎片化较为严重，开发强度已经逼近极限，“两违”治理欠账较为严重，城市更新的浓厚氛围尚未形成，交通拥堵问题比较突出。四是服务企业水平还不够高。不少企业面临较大的生产经营压力，对企服务政策精准化、个性化水平有待提升，办事手续环节多、时间长的问题仍然存在，企业获得感不够强烈。五是责任意识、进取意识和效率意识仍需进一步强化。政府系统一些干部主动担当、敢于创新、攻坚克难的意识不够强，懒散安逸和不作为、慢作为的现象依然存在，执行效率和工作作风有待强化。对此，我们必须高度警醒，尽最大努力予以有效解决。

2019年工作安排

今年是新中国成立70周年，也是全面建成小康社会的关键之年。机遇与挑战同在、优势与风险并存。机遇体现在我们有以习近平同志为核心的党中央坚强领导，有总书记对广东的一系列重要批示指示精神，为全市工作提供了正确指引和坚强保证。近期中央又不断释放出减税、降费、降准等积极信号，未来发展的环境总体宽松稳定。机遇体现在中央和省正大力推进粤港澳大湾区、广深港澳科技创新走廊等的建设，有效破除行政界限的束缚藩篱，促进资源要素的自由流动。东莞凭借地理区位、产业配套、科技成果转化等方面的独特优势，必将有更大的担当、更大的作为，成为大湾区东西两岸融合发展的主轴。机遇体现在东莞一直是社会各界普遍看好的发展热土，人口保持净流入、市场主体不断增加，城市的活力吸引力不断增强。更有历届党委、政府打下的坚实基础、近年来转型升级的扎实成效，全市发展正当其时、未来可期。从外部经济形势来看，我们面临着短期不确定性与中长期挑战叠加的更大考验。当前经济运行稳中有变、变中有忧，外部环境复杂严峻，经济面临下行压力。既存在贸易摩擦持续、企业成本上升等因素影响，也有全市人才支撑不足、镇村组发展动力不够等内生性问题。从区域发展格局来看，我们面临着对标先进城市与建设新一线城市的更高标准。随着雄安新区、海南自贸区等建设的大力推进，区域间的竞争、城市间的竞争越来越激烈。粤港澳大湾区各个城市之间的竞争比拼也在不断加强。对标一流、对标一线，我们不进则是退，小进也是退。从自身发展阶段来看，我们面临着土地空间与财政投入的更严约束。全市可用土地资源和环境承载能力已经逼近极限，过去我们比较熟悉的土地开发、财政投入模式都发生了深刻的变化。只有在绿色发展、集约用地、拓展空间、增收节支等方面多想办法，多出实招，才能打破制约发展的“天花板”。从工作执行落实来看，我们面临着改革再出发与攻坚再加力的更新要求。东莞改革开放已经步入深水区，触及的都是深层利益和矛盾。面对污染治理、“两违”整治等硬任务，面对节能减排、安全生产等硬要求，面对项目落地、“三旧”改造等硬指标，全市各级各部门必须坚持守土有责、守土尽责，拿出舍我其谁的使命感和改革开放再出发的新担当，一个一个项目去落实，一个一个难点去突破，一件一件工作去完成，踏石留痕，久久为功，全面展现新时代新东莞的新作为。

综合研判，未来三年是东莞大有可为的机遇期、黄金期，更是我们推动高质量发展的攻坚期、窗口期。经过三年左右的努力，东莞将迈入万亿GDP俱乐部，市一般公共预算收入逼近800亿元，全市服务企业、保障民生的能力进一步加强，粤港澳大湾区先进制造业中心的名片进一步擦亮，在大湾区和全国发展大局中的地位进一步提升，东莞这座千年古邑、制造名城将焕发出新的夺目光彩。

2019年全市经济社会发展的主要预期目标为：生产总值增长7%，实际执行时努力争取更好结果；人均生产总值增长6.5%；城乡居民人均可支配收入增长7.5%以上；市一般公共预算收入增长6%；国家高企数量达6500家，R&D投入占比提高至2.65%左右；新建截污管网1000公里；空气质量达标天数310天以上；$PM_{2.5}$浓度控制在35微克/立方米以内。

上周，市委十四届八次全会胜利召开，会议对当前及今后一个时期全市各项工作进行了深入的动员部署，提出了全力打造“湾区都市、品质东莞”的战略任务和价值追求，要求大力实施城市品质提升、发展空间拓展、产业体系升级、基层基础强化、民生福祉增进、重点改革突破等“六大工程”，奋力开创新时代东莞工作新局面。根据这一总体部署，全市政府系统将坚持以习近平新时代中国特色社会主义思想为指导，全面贯彻党的十九大和十九届二中、三中全会以及中央经济工作会议精神，全面贯彻落实习近平总书记对广东重要讲话和对广东工作一系列重要指示精神，深入落实省委十二届六次全会精神和“1+1+9”工作部署，在市委的坚强领导下，以粤港澳大湾区建设为“纲”，突出强化执行、狠抓落实，坚持只争朝夕、马上就办，坚决打赢“九大攻坚战”，着力提升“九大品质”，全力打造“湾区都市、品质东莞”。

一、坚决打赢湾区建设攻坚战，着力提升开放合作品质

把参与粤港澳大湾区建设作为东莞新时代深化改革开放的“纲”，作为推动高质量发展的大机遇、大文章，更加主动地从整个湾区层面来谋划和推动自身发展，着力打造大湾区先进制造业中心、国家科技成果转移转化示范区、全面开放合作先行区、高品质低成本的现代生态都市。

加快融入大湾区一体化交通体系。立足东莞作为大湾区地理几何中心的特点，着力强化交通枢纽功能，积极打造粤港澳大湾区重要节点城市。加快深茂铁路、莲花山过江通道等跨珠江口通道建设，虎门二桥5月1日前建成通车。加快广深第二高铁及始发主站的规划和赣深客专东莞段、佛莞城际的建设，开通穗莞深城轨，抓紧完善“五纵四横六连”的高速路网，构建对接湾区主要城市“1小时交通圈”。大力推进与广州、深圳7条城市轨道的连通，尽快打通与周边城市的断头路，形成与两大中心城市交通互联、产业互动的合作发展新格局。全面开工建设地铁1号线一期，争取开工建设2号线三期、完成3号线一期工程前期工作，加快“8”字形环城路+多条放射状市域快速路网的建设，构建外引内联的一体化交通网络。

加快打造对接湾区三大战略平台。力争把滨海湾新区打造成为新时期代表东莞参与大湾区建设和对外开放的战略平台。坚持高起点规划、高水平建设，加快集聚高端制造业总部，大力发展现代服务业，加强与港澳台、前海、南沙合作，争取创建成为自贸区新片区，争创更多的金融、税收、产业、人才等政策红利，逐步建设成为国家级重大发展平台。力争把中子科学城打造成为东莞参与国际科技创新中心建设的重要支撑平台。推进散裂中子源二期建设，加快谋划南方光源等大科学装置，对标国家实验室加快建设松山湖材料实验室，打造世界级重大科技基础设施集群。加强与深圳光明科学城、港深落马洲河套地区的协同合作，推进“中子源—光明科学城”主通道规划建设，增强重大科学设施集聚协同效应，携手打造粤港澳大湾区综合性国家科学中心。力争把水乡新城片区打造成为解决发展不平衡不充分问题的新增长极。

切实提升水乡管委会在规划制定、土地整备、招商引资等方面的统筹力度，以中心启动区1～2平方公里作为近期重点发展区域，示范带动片区各镇加快发展步伐，使全市经济社会发展的版图更加均衡。

加快建设“城市会客厅”。坚持高起点谋划，按照国际一流湾区和世界级城市群的标准，着力优化城市形态、提高城市档次，加快建设“湾区都市”。坚持高水平规划，着力构建“三心六片”的城市空间格局。坚持高质量建设，着力推动一批市镇重点项目成为精品建筑和品质工程。坚持高品位管理，精心打造好路灯、井盖、路牙石、道路护栏等城市小品、城市家具。聚焦中心城区“一心两轴三片区”建设，优化行政文化中心区的服务能级和综合环境，提升鸿福路、东莞大道的功能品质，实质性启动南城国际商务区建设，加快黄旗南生态科创区、“三江六岸”历史文化区的规划建设，充分彰显“半城山色半城水、一脉三江莞邑香”的山水莞邑特色。聚焦“三大沿线”综合整治，完成广深高速沿线建筑外立面改造和关键节点景观改造，启动广深港高铁、广深铁路沿线“脏乱差”问题整治，更好地展示东莞城市形象。

二、坚决打赢产业升级攻坚战，着力提升经济发展品质

把握经济高质量发展的内在要求，大力推动以先进制造业为核心的实体经济发展，加快培育新的发展动能，推动东莞的经济规模优势尽快转化为集群优势和质量优势。

积极构建面向未来的现代化产业体系。瞄准世界科技前沿，重点布局新一代信息技术、高端装备制造、新材料、新能源、生物科技等新兴产业。顺应5G商业化应用趋势，加快“芯屏机核”等关键技术突破，提升智能手机等优势产业发展水平。力争全市培育出若干个千亿级的新兴产业集群，各镇街形成一批百亿级产业集群。大力发展“院士经济”，引进更多优质科研资源和高新技术项目。结合城市更新，进一步优化商业布局，支持大型零售龙头企业在莞设立法人公司或结算中心，加快发展批发零售业、连锁商业，做强做旺商圈消费。用好虎门港综合保税区、跨境电子商务综合试验区政策红利，大力发展保税进口、保税物流、转口贸易等新模式。“一企一策”支持地方法人金融机构加快发展。积极筹建信用保险公司。紧抓证券发行注册制试点政策机遇，打造更多的上市企业。

积极推动重特大项目招引和落地建设。进一步理顺市镇招商体制，建立一体化专职招商队伍，梳理细化招商目录，出台招商引资实施细则，瞄准跨国公司、大型央企、大型民企和战略性新兴企业等目标，着力引进一批几十亿、上百亿元的重大产业项目。市领导挂点服务5亿元以上的洽谈项目，加快推动项目落地。力争每个镇街（园区）引进2至3个大型产业项目。全年引进超亿元内资项目130宗，超千万美元外资项目100宗。开展重大项目建设“解难题、促开工”攻坚活动，每季度集中开工建设一批重大项目，实行市领导包开工和“小围合”会商机制。挑选一批财政投资项目实行代建制。强化项目履约监管，切实提高履约率、开工率、资金到位率。大力推动新能源电池、正中创新综合体、欧菲影像等90个新项目开工。完成重大项目投资700亿元，力争750亿元。

积极推进国家创新型城市建设。牢固树立“创新是第一动力”的理念，深度参与国际科技创新中心建设，打造广深港澳科技创新走廊的重要支点。推动松山湖向先进高新区看齐，强化创新人才聚集、关键技术研发、战略性新兴产业培育等方面的核心引领作用，更好地建设国家自主创新示范区。推动新型研发机构提质增效，切实提高成果转化和产业培育水平。着力开展“卡脖子”和颠覆性技术攻关，扶持一批研发项目进入国家和省布局。实施百强创新型企业培育计划，争取3年打造100家行业“隐形冠军”。大力引进具有自主知识产权、掌握关键核心技术、项目产业化前景广阔的科技人才（团队）来莞创新创业，积极汇聚全球科技创新成果在莞孵化和产业化。

积极推动制造业转型升级。加快“倍增计划”扩容提质，进一步完善政策体系，力促一批试点企业实现3年倍增。加快建设智能制造全生态链，推进智能加工装备国检中心建设，培育250个以上自动化智能化改造应用项目，认定20个市首台（套）重点技术装备产品，推广使用莞产先进装备。建立工业投资和技改投资工作台账，实行分片包干、分级督导，力争工业投资增长9%。深入推进“筑云惠企”工程，加快工业互联网应用示范，推动100家工业企业上云、10家工业企业实现核心业务数字化。深入推进珠三角大数据综试区建设。力争先进制造业、高技术制造业增加值占比分别达到53%和39.5%。

三、坚决打赢空间拓展攻坚战，着力提升集约发展品质

牢固树立城市空间集约开发理念，力争在土地整备、城市更新、“两违”治理等难点痛点问题上取得突破，全方位优化拓展城市生产、生活和生态空间。

抓紧形成自然资源管理新格局。深化管理体制改革，理顺自然资源保护、空间统一规划机制。摸清山水林田湖草等“家底”，做好第三次全国国土调查。建立健全全市建设密度分区制度，构建疏密有致、适度宜居的城市空间格局。深入推进园区统筹组团发展战略，促进产城融合、连片开发改造，打造产业新城升级版。完善地下空间使用权设定和流转政策，开展空中连廊建设研究，提高空间利用效率和开发强度。严查破坏林业、违法用海等行为。

抓紧实施土地收储整备专项行动。研究出台政策有效破解土地权属和利益问题，推动统筹式、联动式开发。发挥政府逆周期调节作用，制定规划、收储、开发联动的三年滚动计划，完善全市土地收储整备工

作机制。探索实行领导挂帅督导制度和分片包干制度，加强对镇街（园区）土地收储的督促考评。市级收储土地1000亩以上，各镇街（园区）力争收储一片500亩以上、整备两片500—1000亩的土地，其中，临深片每个镇整备1—2片1000亩左右的土地。大力推进闲置土地清查整改，盘活存量土地8000亩。大力抓好在库储备土地使用规划，科学制定土地供应出让计划。研究以信托方式整合多方权益，提升土地收储整备效率。

抓紧实施城市更新专项行动。完成市镇专项规划编制。出台新型产业用地政策实施细则，率先在广深高速沿线、临深片区启动一批工改M0项目。出台TOD范围内城市更新项目利益共享机制，推进东莞火车站、虎门高铁站等TOD、TID开发，打造一批标志性更新片区和项目。支持企业或业主提高工业用地容积率，补齐老城区、城中村、城乡结合部等设施短板，进一步完善公共配套。加强相关政策宣讲，吸引更多社会力量与资源参与，争取各类险资以股权、债权等形式支持基础设施建设。大力推进30个重点更新单元建设，力争拉动固投400亿元以上。

抓紧实施“两违”整治专项行动。紧盯治理违建2700万平方米的目标，出台违法建设治理方案，强化属地网格化巡查、交叉检查等机制，强力拆除一批顶风作案、影响恶劣的违建。全面摸清历史遗留违法建筑底数，出台违建分类处理办法，以科学处置公共配套类、生产经营性历史违建为突破口，逐步消化存量违建，确保实现“零增量”“减存量”。

四、坚决打赢对企服务攻坚战，着力提升营商环境品质

坚持把企业家作为城市最宝贵、最稀缺的资源，全面落实中央和省有关减税降费、扶持小微企业等系列部署，全力以赴为广大企业营造最优质的环境、提供最舒心的服务，切实当好莞商的“贴心娘家”、当好企业的“坚强后盾”。

切实在实施“非公经济50条”方面取得明显成效。加快出台配套细则，构建“1+N”政策体系，加大宣传和辅导力度，打通政策落实“最后一公里”，切实增强企业获得感。完善扶持非公经济工作联席会议制度，将“倍增计划”服务平台扩展为全市企业公共服务平台，覆盖企业从原来的280多家提升到超过1万家。推行重点企业首席服务官，市镇领导挂点服务企业，定期面对面协商问题，提升服务企业的精准度和实效性。组织“百会万企”评议营商环境，全面落实减税降费等惠企政策，努力把东莞打造为服务效率最高、营商环境最优的城市之一。

切实在扶持企业开拓市场方面取得明显成效。建立国际贸易动态预警与应对机制，大力推动“莞货全球行”，支持企业在海外建立品牌展销中心，加快打造华南工业展览之都。常态化开展促消费行动，整合实体商超、住宿餐饮、电商平台等资源，扩大莞货采购和推售力度。全面参与“一带一路”建设，加快建设广东（石龙）铁路国际物流基地，拓展东莞港国际航线，做强外贸邮路通道。抓好两岸冷链物流产业合作试点城市和供应链创新与应用试点城市建设。

切实在解决企业历史遗留问题方面取得明显成效。开展土地历史遗留问题专项清理行动，按照“尊重历史、实事求是、分类处理”原则，健全跨部门协调机制，一宗一件予以妥善解决。开展产权补办专项行动，修订历史遗留违法建筑补办不动产权手续实施方案，推动符合条件的建筑申办不动产登记。开展工厂周边环境专项治理行动，完善公共配套设施，加强治安管理，优化生产生活环境。

切实在营造尊崇优质企业、优秀企业家氛围方面取得明显成效。积极构建“亲”“清”新型政商关系，深入挖掘和弘扬企业家精神，开展优秀企业家表彰活动，展播优秀企业家事迹。实施面向新生代企业家的“接力工程”。建立企业首次轻微违法违规行为容错机制，保护企业和企业家合法权益。深入实施“十百千万百万”人才工程，落实企业高管和高层次人才经济贡献奖励、住房补贴等政策，优化“倍增卡”功能，让企业家和高管人才享受更多优惠待遇。

五、坚决打赢环境治理攻坚战，着力提升生态文明品质

将生态环境保护作为永续发展的根本大计，坚持问题导向、民生取向，以义无反顾、壮士断腕的决心，科学治污、系统治污，全力以赴打赢污染防治这一场硬仗。

努力推动东莞的水更清。市领导挂点督办28条重点河涌治理，918名河长和33名湖长负责全市所有河湖的水环境治理和保护。大力推进重污染河涌整治，完成20条黑臭水体整治。大力推进茅洲河、石马河治理，加大现场指挥部的统筹协调力度，全面完成茅洲河治水工程设施建设并发挥效益，石马河口断面、旗岭断面污染物指标再削减70%。大力提升截污治水能力，开展“打通最后一米”工程，新建截污管网1000公里、验收移交通水1000公里、微支管网1500公里。大力开展排污口整治，推进雨污分流工程。强化海岸线整治修复。完善饮用水源保护区区划。

努力推动东莞的天更蓝。加快推进蓝天保卫战32项强化措施。推进自备电厂煤改气，压减煤炭消费量100万吨以上。基本完成“散乱污”企业整治任务。淘汰国Ⅲ及以下柴油车，实现公交车100%纯电动化。完成燃气电厂及垃圾焚烧发电厂提标改造和生物质锅炉淘汰整治。深入推进VOCs综合整治。强化扬尘污染控制，实施在建工地和拆除工程扬尘管控措施，推动渣土运输车、垃圾收运车等运输全密闭化、规范化。单位GDP二氧化碳排放强度下降5.09%。

努力推动东莞的城更美。推广彩色林建设，打造多层次、多树种、多色彩的城市绿化景观。推进银瓶山森林公园三期、东莞植物园工程（二期）等建设，完成华阳湖国家湿地公园试点验收，争取创建省森林小镇3个，抚育森林1.5万亩。加强固体废物处理处置，编制工业固体废物污染防治规划，启动污水处理厂污泥处置设施扩建工程，建成市区有机资源再生利用一期工程、麻涌餐厨垃圾处理厂（二期），推动立沙岛危险废物综合处置项目试运营。开展重点工业园区土地污染状况调查，建立重点监管企业名录制度。落实耕地"三位一体"综合保护，提升现代农业、观光农业发展水平，保障粮食生产安全。启动国家生态园林城市创建。全力争创国家生态文明建设示范市。

六、坚决打赢城市管理攻坚战，着力提升城市内涵品质

把高品质作为孜孜不倦的追求，对标国内外一流城市，以"匠心精神"和"绣花功夫"加强城市管理，努力提升城市的品位和内涵，持续增强城市的人性化和舒适度。

进一步提升城市精细化管理水平。实施"行走东莞"计划，由市镇领导带队，以巡查抽查的方式，建立不分时段、不打招呼、直奔一线的领导督导机制，开展"地毯式"巡查督导，做到问题当场发现反馈、即时整改落实。实施"厕所革命"专项行动，新建、改造升级1000座公厕，落实"所长制"，全面提升加油站、商场、农村、餐馆等场所厕所保洁水平。实施"洁净城市"专项行动，加强对占道经营、生活噪音等的综合执法，解决背街小巷的环卫保洁常态化问题，推进生活垃圾强制分类，力争6月底前完成20个镇级填埋场整改任务。实施"点睛亮景"专项行动，抓紧推进中心广场、东莞大道、环莞快速路等区域绿化景观提升、城市灯光工程，打造东莞"十里迎宾景观带"。实施"一镇一公园、一村一景点"专项行动，完成第一批50个项目和21个街头小景。实行"大城管"精细化管理，将国省道、农贸市场和砂场管理等纳入考核，实现"数字城管"与公安视频等的全面对接。编制海绵城市规划建设管理办法，完成20个易涝点整治。

进一步提升城市拥堵治理水平。深入开展品质公交创建、学生接送绿色通道、交通秩序整治、停车管理优化、智慧交通建设、魅力慢行提升等11个专项行动。研究缓解东莞大道鸿福路口、几大学校周边、松山湖大道中医院路段、虎岗高速和龙大高速交织路段等重点路段拥堵问题。春节前完成第二批34个拥堵节点治理，梳理开展第三批拥堵节点治理。力争拥堵问题年内有较明显改善。

进一步提升公共安全水平。深化扫黑除恶专项斗争，严厉打击入室盗窃、车内财物盗窃、扒窃诈骗等违法犯罪行为，坚决扫除"黄赌毒"。完善"二标四实"数据采集更新长效机制，加快打造"科技护城墙"，实现精准打防管控，进一步提升群众安全感。加强"智网工程"队伍和机制建设，逐步完善推广至社会治理全领域。严格落实安全生产"四个全覆盖"，加强风险分级管控和隐患排查治理，抓好危化品等行业监管，积极创建安全发展示范城市。开展"打通生命通道"专项整治行动，深入排查治理"三小"场所、出租屋等消防安全隐患，确保村（社区）兼职消防队人员和装备配备100%达标。优化应急管理体制，建设应急综合平台体系，实现对全灾种的全流程、全方位管理。深入推进信访制度改革，依法及时就地解决群众合理诉求。积极创建国家食品安全示范城市。

七、坚决打赢乡村振兴攻坚战，着力提升镇村发展品质

围绕农村经济持续发展、农业高质量发展、打造生态宜居的美丽乡村、乡风文明建设、创新乡村治理、打好脱贫攻坚战等方面，突出具体项目，注重重点突破，努力形成与城市相得益彰的城乡融合发展格局。

着力推动镇村协调平衡发展。完善镇村项目引进利益共享机制，实行资金池竞争性分配，落实好用地倾斜、交通路网优化、债务化解等支持政策，力争8个次发达镇GDP增速快于全市。实施次发达村（社区）创收能力巩固提升行动，力争70个次发达村（社区）经营性纯收入增速快于全市。

着力推动镇村工业厂房改造提升。全面摸清镇村工业厂房底数，建立综合信息数据库。研究出台镇村工业厂房分类改造、土地置换、资金扶持、收益分配等政策，支持镇村集体回购厂房。设立改造专项资金，鼓励村组集体通过自行改造、单一主体挂牌招商等形式，开展旧厂房连片改造。实施工业厂房租赁市场专项整治行动，治理"二手房东"问题，严厉打击囤积厂房、哄抬租金等违规行为。力争每个镇街整合盘活厂房资源20万平方米以上，为科技型创业企业提供更多的低成本空间。

着力推动魅力小城和美丽乡村建设。强化魅力小城建设统筹指导，加快推进万江龙湾等10个示范片区建设，完成南城水濂景观路等28条示范道路提升。出台市域乡村建设规划。全方位推进农村人居环境整治，完善道路照明、停车线、绿化等配套，清理卫生死角，八成村（社区）达到干净整洁村标准。抓好美丽幸福村居建设，力争完成第一批3个特色连片示范项目。

八、坚决打赢公共服务攻坚战，着力提升民生保障品质

把广大群众视为父老乡亲兄弟姐妹，坚持把老百姓拥护不拥护、赞成不赞成、高兴不高兴作为政府工作的出发点和落脚点，做到顺应民心、尊重民意、关注民情、致力民生，让东莞这座城市更有温度、老百姓的幸福更有质感。

深切关注民生民情。对贫困人口、失独家庭、特殊儿童等弱势群体的生活状况给予更多关注和帮助。抓好救助管理站二期建设，调整最低生活保障标准，开展困难家庭重特大疾病“二次救助”，建立失能人员长期照护保险制度，健全特困供养人员护理机制，探索加强对困难群众的兜底性社工服务。实施“一降两升三配套”社保工程，完善全方位医保体系。探索建立搜集、处理、反馈民生诉求机制，市镇领导定期听取、解决群众利益诉求，对民生热点难点问题，第一时间摸底调研，第一时间拿出解决措施，打造“民生大莞家”品牌。

大力补齐“五个位”民生短板。统筹推进优质学校供给，新建扩建公办中小学（幼儿园）85所，完成13所。新提供随迁子女义务教育公办和补贴学位16万个。在农贸市场、医院、学校、公园等停车难区域规划建设一批立体车库，新增一批停车位，缓解“停车难”。加快区域中心医院建设，提升医疗服务水平。新增病床位1640张以上，市人民医院肿瘤中心和市儿童医院新住院大楼投入使用。新建改建养老院3所，新增养老床位500张以上，推广南城篁村“4050”家庭妇女组建居家养老队做法，推进居家养老“大配餐”试点，为60岁以上户籍老人购买意外伤害险。加快高技能公共实训分基地建设，开展粤菜师傅等培训，城镇新增就业岗位8万个。

大力提升教育卫生水平。加快筹建3所高标准未来学校，组建教育集团15个。探索出台政策，激发校长和一线教师积极性。制定民办教育“1+N”政策。扩充公益普惠性学前教育资源。创新职业教育人才培育模式。扩大东莞职业技术学院办学规模。推进东莞理工学院国际合作创新区建设。抓好市和片区青少年活动中心建设。实施公立医疗机构薪酬制度改革。推进医疗服务价格改革，全面取消耗材加成。加快社卫服务机构标准化建设。积极推动市人民医院和市中医院争创省高水平医院。做好国家卫生城市复审迎检。

大力提升市民对东莞的认同感、荣誉感和归属感。着力营造浓厚文化氛围，实施“基层文化百村示范工程”，完善图书馆、文化馆总分馆体系，组织庆祝新中国成立70周年系列活动，办好志交会、漫博会和文采会，加快建设文化名城。着力丰富文体活动，谋划建设一批高水平的文体项目，办好篮球世界杯（东莞赛区）、市民运动会等赛事，推动公共体育设施100%开放，更好地满足市民群众特别是年轻人的需求。着力完善商旅配套设施，建设一批高档次的酒店、民宿。着力发展全域旅游，充分利用好文物古迹和红色文化资源，抓好水乡道滘特色小镇、谢岗银瓶湖湿地公园、塘厦文旅综合项目等建设，打造一批“望得见山、看得见水、记得住乡愁”的乡村游景点。

大力推进对口支援和帮扶工作。高质量完成第八批援疆工作，推动兵团草湖产业园三期40万锭纺织项目建成投产。做好巴宜区11个援藏项目验收工作。推动昭通3个区县脱贫出列。与牡丹江市加强现代农业、旅游康养等合作。做大做强韶关“2+10”园区平台，力争三年引进投资1000亿元。抓好对韶关、揭阳精准扶贫精准脱贫工作，进一步加强驻村力量，财政到村引导资金增加50%。

大力推动其他社会事业发展。办好十件民生实事。加强退役军人管理机构建设，做好全国双拥模范城中期迎检，打造“军民融合创新示范基地”。防范化解房地产市场风险，建立健全房地产市场平稳健康发展长效机制，加大对住房困难群众的保障力度，完善公租房分配、租赁补贴政策，扩大公积金缴存覆盖面。健全扶持机制，引导社会组织有序参与基层治理。办好科普活动，提高全民科学素养。

九、坚决打赢政府建设攻坚战，着力提升行政效能品质

以打造廉洁高效人民满意的服务型政府为目标，全面优化对东莞企业、东莞企业家、东莞市民的各项服务，全力推动政府各项工作马上就办、尽快上马、办就办好，不断提升全市政府系统的执行力和公信力，推动东莞成为珠三角乃至全国行政效率最高、营商环境最优、企业和群众获得感最强的城市之一。

全面加强政府系统党的建设。坚持用习近平新时代中国特色社会主义思想武装头脑、统领政府各项工作，强化党建主责主业意识。严守政治纪律和政治规矩，牢固树立“四个意识”，坚决做到“两个维护”。狠抓执行力建设，强化目标导向、结果导向，不折不扣地将上级和市委各项决策部署落到实处。

全面推进法治政府建设。依法全面正确履行政府职能，提高政府立法质量和规范性文件管理水平。完善依法决策机制，认真倾听民意，推进行政决策科学化、民主化、法治化。推行行政执法公示，强化部门联合执法，规范行政处罚自由裁量权，建立健全权责统一、权威高效的行政执法体制。

全面提升行政服务效率。按照上级部署深化机构改革，加快完成编制划转、部门“三定”等工作。深化镇街（园区）行政管理体制改革，动态调整梳理规范下放事权。推动审批科室向政务服务大厅集中。推广应用莞家政务便民自助终端，实现政务服务事项网上全过程流转。完善市场监管协同创新平台，全面启动“数字政府”和“政务数据大脑”建设，打造“慧治名城”。

全面筑牢反腐倡廉防线。认真贯彻落实中央八项规定及其实施细则精神，严查各种隐形变异“四风”问题，坚决防止反弹回潮。强化对财政资金、国有资产、公共资源、农村集体资产等的监管，加强专项资金的审计监督。依法接受人大及其常委会监督，自觉接受政协民主监督，主动接受社会和舆论监督。严肃整治侵害群众利益的不正之风和腐败问题，推动政府系统党风廉政建设不断取得新成效。

全面提振干事创业精气神。注重运用现场督导、集中整治、专项行动等方式，完善好定期通报、末位约谈、第三方评价等机制，强力倒逼工作落实。建立镇街问题收集、反馈和解决机制。进一步提升镇村基层干部抓规划、抓产业、抓招商的能力和水平，大力整治不作为、慢作为、乱作为的问题。切实抓好年度任务分解和细化落实，确保全年发展目标圆满完成。

各位代表！风正潮平，自当扬帆破浪；任重道远，更须快马加鞭。让我们高举习近平新时代中国特色社会主义思想伟大旗帜，在中共东莞市委的坚强领导下，与全市人民一道，以闻鸡起舞、日夜兼程、风雨无阻的进取心，以逢山开路、遇水搭桥的精气神，凝心聚力，攻坚克难，真抓实干，共同谱写东莞高质量发展新篇章，以优异的成绩向新中国成立70周年献礼！

名词注解：

“1+1+9”工作部署：第一个“1”是指坚定不移加强党的领导和党的建设。第二个“1”是指以新担当新作为不断把改革开放推向深入。“9”是指扎实推进9个方面重点工作：一是举全省之力推进粤港澳大湾区建设；二是加快建设科技创新强省；三是扎实推进高质量发展；四是加快建设现代化经济体系；五是坚决打好三大攻坚战；六是实施乡村振兴战略；七是构建“一核一带一区”协调发展新格局；八是加快文化强省建设；九是营造共建共治共享社会治理格局。

五大新兴领域和十大重点产业：新一代信息技术、高端装备制造、新材料、新能源、生命科学和生物技术等五大领域，新一代人工智能、新一代信息通信、智能终端、工业机器人、高端智能制造装备、先进材料、新能源汽车、高性能电池、生物医药、高端医疗器械等十大重点产业。

一核三带十区：“一核”指松山湖高新区，“三带”指西部高端高新产业带、中部创新创造产业带、东部智能制造产业带，“十区”指新一代人工智能、新一代信息通信等十大重点产业集聚区。

“四上”企业：规模以上工业企业、资质等级建筑业企业、限额以上批零住餐企业、国家重点服务业企业等四类规模以上企业。

小升规：规模以下小微企业（即年主营业务收入2000万元以下的企业）升级为规模以上企业。

PCT：指《专利合作条约》。

工改M0：利用“三旧”资源（旧城、旧村、旧厂房）建设新型产业用地（M0）项目。

一平台、三工程：构建市场监管协同创新平台，推进智慧监管、协同监管、信用监管三大工程。

对口帮扶韶关十大行动计划：深化改革、政务政风、干部培训、优质创新资源、优质农业、优质旅游、优质人力资源对接行动，以及教育、医疗、文化精准帮扶行动。

VOCs：挥发性有机物。

“三清理”“三拆除”：清理村巷道及生产工具、建筑材料乱堆乱放，清理房前屋后和村巷道杂草杂物、积存垃圾，清理沟渠池塘溪河淤泥、漂浮物和障碍物；拆除危房、废弃猪牛栏及露天厕所茅房，拆除乱搭乱建、违章建筑，拆除非法违规商业广告、招牌等。

三降三升：命案数、两抢数、立案数下降，刑事拘留数、批准逮捕数、移送起诉数上升。

二标四实：标准作业图、标准地址库；实有人口、实有房屋、实有单位、实有设施。

安全生产“四个全覆盖”：安全生产巡查全覆盖、整改全覆盖、责任全覆盖、保障全覆盖。

消防安全“个十百千万”工程：“个”指开展省市两级政府挂牌督办的3个火灾隐患重点镇街整治；“十”指开展三小场所、出租屋、“分租式”厂房、高层建筑等10个领域的专项治理；“百”指对火灾起数排名靠前的100个村（社区）挂牌督办整治；“千”指提升全市2231家消防安全重点单位微型站建设质量；“万”指建设1万个微型消防宣传教育体验点。

五纵四横六连：东莞市规划建设的以高速路为主的公路网主框架。“五纵”指沿江高速、广深高速、增莞深高速、从莞高速、博深高速；“四横”指莞番高速、深茂铁路公铁两用通道和虎岗高速、龙林高速—从莞高速龙林支线、深圳外环高速；“六连”指龙大高速、清平高速、莲花山通道、虎门港支线、虎门大桥、新派高速。

一心两轴三片区：中心城区城市品质提升的重点地区。其中，“一心”指市区行政文化中心，“两轴”指东莞大道时代发展轴和鸿福路山水文化轴，“三片区”指南城国际商务区、三江六岸历史文化区、黄旗南生态科创区。

三江六岸：中心片区内以东江南支流、汾溪河、东莞水道三条水系为依托的滨水空间。

TOD：以公共交通为导向的开发。

TID：轨道交通站场综合体。

“十百千万百万”人才工程：从2019年起，用3年时间，引进10个国际一流水平的战略科学家团队，选拔100名博士专业人才进入党政机关和企事业单位，引进培养1000名重点领域的领军人才，引进培养10000名硕士研究生以上学历和中级以上职称的创新人才，推动100万人提升学历技能素质。

拥堵治理11个专项行动：交通拥堵整治、品质公交创建、学生接送绿色通道、停车管理优化、智慧交通建设、货运物流精细管理、机动车维修行业监管、魅力慢行系统建设、安全行车礼让行人、交通秩序整治、客运市场治理共11项行动。

一降两升三配套：“一降”指降低企业社保成本；“两升”指提升异地就医结算水平，提升“智慧社保”建设水平；“三配套”指出台医联体社保结算、互联网医院医保支付、日间手术等配套政策。

养老“大配餐”：向纯老、独居、孤寡、高龄、计划生育特扶、失能老人等特殊困难老年人提供助餐配餐服务。

2018年东莞市国民经济和社会发展统计公报

2018年，东莞坚持以习近平新时代中国特色社会主义思想为指导，全面贯彻党的十九大和十九届二中、三中全会精神，深入学习贯彻习近平总书记对广东重要讲话和对广东工作一系列重要指示精神，认真落实省委“1+1+9”等各项决策部署，在市委坚强领导下，坚持稳中求进工作总基调，坚定践行新发展理念，统筹推进稳增长、促改革、调结构、惠民生、防风险等各项工作，全市经济社会保持平稳健康发展。

一、综合

初步核算，2018年东莞实现地区生产总值8278.59亿元，比上年增长7.4%。分产业看，第一产业增加值25.04亿元，增长7.4%；第二产业增加值4027.21亿元，增长6.9%；第三产业增加值4226.34亿元，增长7.9%。三次产业比例为0.3∶48.6∶51.1。在第三产业中，交通运输、仓储和邮政业增长1.8%，批发和零售业增长4.4%，住宿和餐饮业增长3.3%，金融业增长6.9%，房地产业下降1.2%，其他服务业增长14.8%。民营经济增加值4105.49亿元，增长8.3%。

人均地区生产总值98939元，增长6.6%，按平均汇率（6.6174）折算为14951美元。

在现代产业中，规模以上先进制造业增加值2043.77亿元，比上年增长8.6%；高技术制造业增加值1520.62亿元，增长11.0%。现代服务业增加值2561.00亿元，增长9.1%。生产性服务业增加值2177.92亿元，增长10.5%。

年末，全市工商登记注册户数114.68万户，比上年末增长14.6%。其中，企业工商登记50.22万户，增长21.5%；个体户登记64.40万户，增长9.7%。私营企业登记户数增长较快，增长22.3%。从新登记注册情况看，全市工商新登记26.49万户，比上年增长18.7%；新登记企业11.76万家，增长15.9%。

全年居民消费价格总水平比上年上涨2.5%。其中食品烟酒类上涨2.8%，衣着类上涨2.0%，居住类上涨1.7%，生活用品及服务类上涨2.1%，交通和通信类上涨2.0%，教育文化和娱乐类上涨5.5%，医疗保健类上涨0.4%，其他用品和服务类上涨2.2%。此外，全年商品零售价格总指数上涨2.7%。工业生产者出厂价格指数上涨0.6%。

全年市一般公共预算收入649.91亿元，增长9.8%。市一般公共预算支出765.41亿元，增长14.6%；其中，一般公共服务支出73.63亿元，公共安全支出97.11亿元，教育支出155.43亿元，社会保障和就业支出48.21亿元。全年全市税收总额2263.69亿元，增长14.1%。

2013—2018年东莞市地区生产总值及增长速度

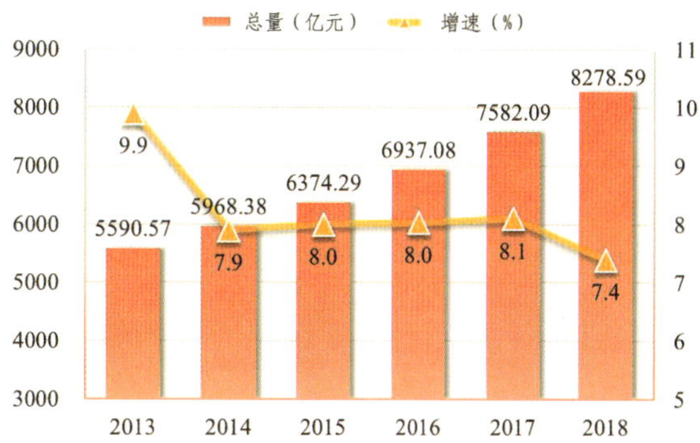

2013—2018年东莞市居民消费价格总指数（上年=100）

2018年东莞市价格变动情况表

类别	价格指数（上年=100）
居民消费价格总指数	102.5
食品烟酒	102.8
其中：粮食	101.4
畜肉类	97.6
食用油	98.3
蛋类	108.6
菜	109.3
水产品	106.7
衣　着	102.0
居　住	101.7
生活用品及服务	102.1
交通和通信	102.0
教育文化和娱乐	105.5
医疗保健	100.4
其他用品和服务	102.2
商品零售价格总指数	102.7
工业生产者出厂价格指数	100.6

年末城镇实有登记失业人数1.34万人，全年失业人员安置就业人数1.39万人，城镇登记失业率为1.4%。

二、农业

全年全市农林牧渔业总产值39.21亿元，比上年增长6.6%。其中农业产值30.08亿元，增长11.3%，占农林牧渔业总产值的76.7%；林业产值0.32亿元，下降9.5%，占0.8%；牧业产值0.62亿元，下降66.0%，占1.6%；渔业产值6.88亿元，增长10.5%，占17.5%；农林牧渔服务业总产值1.31亿元，增长0.5%，占3.3%。全年农作物总播种面积33.61万亩，其中水果种植面积19.35万亩。全年粮食产量0.58万吨，增长22.0%；蔬菜产量40.01万吨，增长2.0%；水产品总产量4.60万吨，增长1.0%；生猪出栏1.44万头，下降57.6%；家禽出栏101.92万只，下降71.0%。

全年全市共有农民专业合作社216家、农业龙头企业37家（其中省级20家，国家级3家）、有效期内的省级农业类名牌产品达53个（含林业、渔业）。

三、工业和建筑业

全年全市规模以上工业增加值3904.57亿元，比

2018年东莞市规模以上工业主要产品产量表

产品名称	计量单位	产量	增长（%）
移动通信手持机（手机）	万台	36807.80	7.5
彩色电视机	万台	283.82	-40.8
数字激光音、视盘机	万台	2671.84	-27.4
集成电路	亿块	13.22	17.3
光电子器件	亿只（亿片、亿套）	106.44	2.0
电子元件	亿只	17197.86	16.1
汽车仪器仪表	万台	130.00	13.9
光学仪器	万台（万个）	167.99	-13.7
眼镜成镜	万副	6570.09	-0.3
自来水生产量	亿立方米	16.89	0.6
大米	万吨	39.47	11.5
糖果	万吨	24.38	5.7
服装	亿件	12.50	-10.0
轻革	万平方米	80.47	-65.1
人造板	万立方米	26.32	12.4
纸制品	万吨	218.81	-3.0
家具	万件	3745.98	-4.9
机制纸及纸板（外购原纸加工除外）	万吨	1427.35	-6.4
塑料制品	万吨	173.55	-16.6
化学试剂	万吨	12.27	7.3
瓷质砖	万平方米	3004.66	11.1
金属集装箱	万立方米	591.43	-27.1
电动手提式工具	万台	3553.33	22.3
数码照相机	万台	0.37	-76.1
模具	万套	174.68	186.7
锂离子电池	万只（万自然只）	41906.65	-9.2
灯具及照明装置	万套（万台、万个）	21265.95	-3.7
电子计算机整机	万台	1038.10	11.5
打印机	万台	45.70	-9.2
电话单机	万部	2613.49	-20.3

上年增长6.4%。其中，重工业增加值2489.47亿元，增长8.6%，占规模以上工业增加值的63.8%；轻工业增加值1415.10亿元，增长2.5%，占规模以上工业增加值的36.2%。

全年全市规模以上工业五大支柱产业增加值2706.73亿元，比上年增长7.7%；工业四个特色产业增加值340.43亿元，下降1.0%。

全年高技术制造业增加值比上年增长11.0%。其中，医药制造业增长14.2%，航空、航天器及设备制造业增长19.5%，电子及通信设备制造业增长12.4%，计算机及办公设备制造业下降3.7%，医疗仪器设备及仪器仪表制造业增长12.5%。

全年先进制造业增加值比上年增长8.6%。其中，高端电子信息制造业增长12.7%，先进装备制造业增长6.7%，石油化工产业下降3.6%，先进轻纺制造业增长1.0%，新材料制造业增长3.3%，生物医药及高性能医疗器械业增长6.6%。

全年优势传统产业增加值比上年增长3.5%。其中，纺织服装业下降0.4%，食品饮料业增长13.7%，家具制造业下降8.0%，建筑材料业增长16.2%，金属制品业下降1.5%，家用电力器具制造业增长43.9%。

规模以上工业综合经济效益指数为182.0%，总资产贡献率7.6%，成本费用利润率3.3%，产品销售率98.0%，全员劳动生产率15.86万元/人，实现利润总额611.97亿元。

全年全市建筑业实现增加值122.83亿元，比上年增长11.9%。总承包和专业承包建筑企业完成总产值435.97亿元，增长46.6%；施工面积1255.12万平方米，增长32.5%；竣工面积486.85万平方米，增长19.6%。总承包和专业承包建筑企业按施工产值计算的全员劳动生产率为33.11万元/人，增长7.5%。

四、固定资产投资

全年固定资产投资1811.43亿元，比上年增长5.8%。按注册类型分，内资经济投资1511.92亿元，增长8.1%；民营经济投资1167.13亿元，增长1.8%；外资经济投资299.50亿元，下降4.7%；其中，港澳台经济投资185.54亿元，下降3.9%。

从产业投向看，投资集中在第二、三产业。第二产业投资610.28亿元，比上年下降5.7%；第三产业投资1201.14亿元，增长12.8%。基础设施投资312.61亿元，增长17.2%，占固定资产投资的比重为17.3%；工业投资610.36亿元，下降5.7%。先进制造业投资362.61亿元，下降2.8%，比重为20.0%；高技术产业制造业投资268.77亿元，下降3.5%，比重为14.8%。

全年完成房地产开发投资736.79亿元，比上年增长4.9%。商品房屋建筑施工面积4421.66万平方米，下降2.9%；竣工面积382.83万平方米，下降18.7%。新建商品房网上签约销售面积728.46万平方米，下降10.2%；其中商品住宅销售面积506.83万平方米，

2013—2018年东莞市固定资产投资增长速度

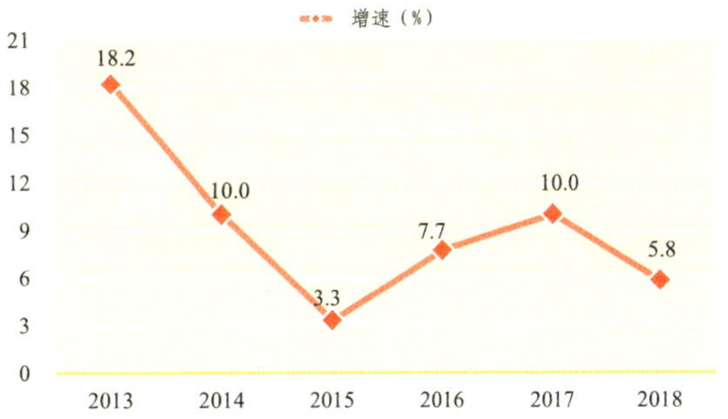

2018年东莞市分行业固定资产投资情况表

行业	投资额（万元）	增长（%）
总计	18114251	5.8
农、林、牧、渔业	380	-91.5
制造业	5450754	-1.9
电力、热力、燃气及水生产和供应业	652805	-28.7
建筑业	250	-90.5
交通运输、仓储和邮政业	1399924	10.6
信息传输、软件和信息技术服务业	304824	48.5
批发和零售业	125690	-35.4
住宿和餐饮业	98053	225.7
金融业	24673	29.9
房地产业	8113476	5.8
租赁和商务服务业	71565	71.8
科学研究和技术服务业	190796	-11.5
水利、环境和公共设施管理业	1237673	76.2
居民服务、修理和其他服务业	17902	72.7
教育	308663	77.3
卫生和社会工作	82444	8.6
文化、体育和娱乐业	23553	0.5
公共管理、社会保障和社会组织	10826	-51.5
第一产业	20	-99.6
第二产业	6102782	-5.7
第三产业	12011449	12.8

下降8.9%。新建商品房网上签约销售金额1235.38亿元，下降3.6%；其中商品住宅销售金额906.00亿元，下降1.6%。

五、国内贸易

全年全市批发和零售业实现增加值931.22亿元，

比上年增长4.4%；住宿和餐饮业实现增加值148.24亿元，增长3.3%。

全年社会消费品零售总额2905.61亿元，比上年增长8.1%。分地域看，城镇消费品零售总额2478.57亿元，增长4.9%；乡村消费品零售总额427.04亿元，增长31.6%。分消费形态看，商品零售额2721.85亿元，增长8.2%；餐费收入183.76亿元，增长7.2%。分行业看，批发零售贸易业零售额2715.44亿元，增长8.1%；住宿餐饮业零售额190.18亿元，增长7.5%。

在限额以上批发和零售业中，粮油食品类零售额比上年增长13.3%，饮料类增长36.2%，烟酒类增长14.8%，服装鞋帽、针、纺织品类下降1.4%，日用品类增长33.4%，汽车类下降3.1%，石油及制品类增长17.9%。

2013—2018年东莞市社会消费品零售总额及增长速度

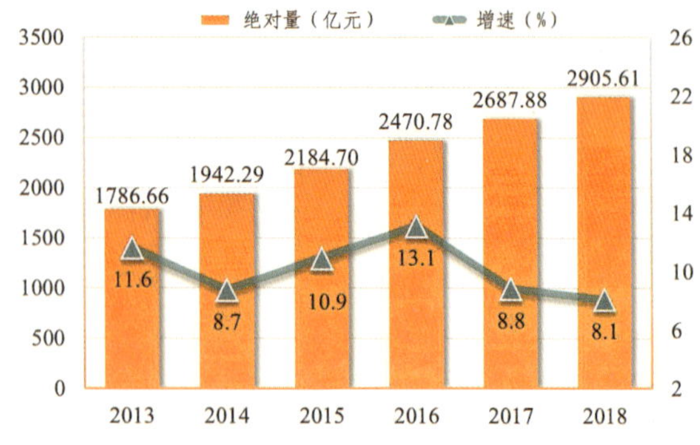

六、对外经济

全年全市进出口总额13418.70亿元，比上年增长9.5%。其中进口5463.06亿元，增长4.3%；出口7955.64亿元，增长13.3%。“一带一路”沿线国家进出口额2632.89亿元，增长25.4%。全市电子商务交易额4801亿元，增长14.3%。

按贸易方式分，一般贸易出口4094.57亿元，比上年增长34.2%；加工贸易出口3571.30亿元，下降3.8%；保税物流出口288.15亿元，增长19.1%；其他出口1.62亿元，下降91.2%。

按出口的地区分，对亚洲出口3961.20亿元，比上年增长7.4%；对北美洲出口1821.66亿元，增长11.2%；对欧洲出口1635.44亿元，增长28.0%；对拉丁美洲出口325.86亿元，增长32.7%；对大洋洲出口111.41亿元，增长21.0%。

全年机电产品出口6008.98亿元，比上年增长15.2%，占出口总额的75.5%；高新技术产品出口

2018年东莞市进出口情况表

商品名称	总量（亿元）	增长（%）
进出口总额	13418.70	9.5
#出口总额	7955.64	13.3
其中：一般贸易	4094.57	34.2
加工贸易	3571.30	-3.8
其中：机电产品	6008.98	15.2
高新技术产品	3440.34	19.1
其中：国有企业	107.84	2.0
三资企业	3990.67	-0.4
集体企业	1.08	-55.9
民营企业	3856.05	32.6
#进口总额	5463.06	4.3
其中：一般贸易	1435.68	11.1
加工贸易	1975.07	-9.3
其中：机电产品	4252.82	5.0
高新技术产品	3383.83	5.4
其中：国有企业	53.08	-5.8
三资企业	2170.82	-6.6
集体企业	0.39	-69.6
民营企业	3224.11	13.3
进出口贸易顺差（出口减进口）	2492.58	39.2

3440.34亿元，增长19.1%，占出口总额的43.2%。

全年全市新签外商直接投资项目1400宗，合同外资金额23.83亿美元，比上年下降8.6%。实际利用外资13.61亿美元，下降20.8%。其中，制造业实际利用外资9.36亿元，下降15.8%，占全市实际利用外资68.7%。

七、交通、邮电和旅游

全年全市交通运输、仓储和邮政业实现增加值265.66亿元，比上年增长1.8%。

2018年东莞市主要国家和地区货物进出口总额表

国别（地区）	进出口总额		出口总额		进口总额	
	总量（亿元）	增长（%）	总量（亿元）	增长（%）	总量（亿元）	增长（%）
亚洲	8867.87	6.5	3961.20	7.4	4906.67	5.8
北美洲	2012.28	8.0	1821.66	11.2	190.61	-15.4
欧洲	1834.21	23.9	1635.44	28.0	198.76	-1.7
一带一路	2632.89	25.4	1720.72	34.9	912.17	10.6
欧盟（28国）	1661.04	20.8	1475.20	24.4	185.84	-1.6
东盟（10国）	1554.20	17.2	773.08	28.0	781.13	8.2
中国香港地区	1749.39	0.1	1728.55	-0.02	20.85	11.4
美国	1876.46	7.6	1717.93	10.1	158.54	-13.1
日本	1008.32	-1.3	485.72	-4.9	522.60	2.4
韩国	1323.71	9.8	246.50	-8.1	1077.21	14.9

2018年东莞市主要商品出口情况表

商品名称	金额（亿元）	增长（%）
机电产品（包括本目录已具体列名的机电产品）	6008.98	15.2
高新技术产品	3440.34	19.1
电话机	1395.45	60.4
自动数据处理设备及其部件	449.07	-1.4
文化产品	445.72	4.5
服装及衣着附件	381.89	12.3
家具及其零件	307.15	1.9
静止式变流器	213.64	2.4
集成电路	198.70	163.7
玩具	194.50	2.7
通断保护电路装置及零件	187.02	10.0
自动数据处理设备的零件	177.83	7.0
塑料制品	173.23	15.6
电线和电缆	164.90	7.9
鞋类	163.39	0.8
箱包及类似容器	146.52	5.1
灯具、照明装置及零件	138.32	5.0
纺织纱线、织物及制品	131.44	5.7
电视、收音机及无线电讯设备的零附件	123.36	-6.0
眼镜及其零件	76.78	3.8
扬声器	76.42	10.8
蓄电池	71.71	39.3

2018年东莞市分行业利用外资情况表

行业名称	合同外资金额（万美元）	增长（%）	实际利用外资（万美元）	增长（%）
总计	238278	-8.6	136121	-20.8
制造业	142209	-13.8	93568	-15.8
纺织业	6286	-6.0	4151	30.3
纺织服装、鞋、帽制造业	10123	251.1	5267	-12.5
家具制造业	2926	58.2	1624	-5.6
通用设备制造业	4099	-88.6	6468	94.1
专用设备制造业	7691	25.5	7474	190.6
电气机械及器材制造业	17238	93.1	6829	-48.3
电子及通信设备制造业	29315	7.4	17355	-42.4
金属制品业	3794	-51.0	3892	27.2
塑料制品业	7390	-8.9	6228	-27.5
文教体育用品制造业	3330	-51.5	4259	124.5
造纸及纸制品业	2585	-67.1	8123	-1.6
其他制造业	47432	6.1	21898	-25.0
交通运输、仓储和邮政业	9632	6879.7	10062	43.5
批发和零售业	31592	83.3	9901	-13.5
租赁和商务服务业	9463	-75.9	4554	-85.3
其他行业	45039	15.2	18036	59.1

2018年东莞市客（货）运量、周转量表

指标	单位	数值	增长（%）
客运量	万人	3383	-22.1
#公路	万人	3360	-22.2
旅客周转量	亿人公里	45.63	-33.0
#公路	亿人公里	45.47	-33.1
货运量	万吨	17272	3.3
#公路	万吨	10975	4.3
货物周转量	亿吨公里	527.26	9.0
#公路	亿吨公里	78.31	5.4

全年全市公路通车里程5262.28公里，公路密度213.91公里/百平方公里，公路密度继续位居全省前列。年末全市机动车保有量（民用）295.35万辆，比上年末增长12.2%。其中汽车保有量294.69万辆，增长12.2%。

全年公路货物运输量10975万吨，货物周转量78.31亿吨公里；水路货物运输量6298万吨，货物周转量448.95亿吨公里。全年公路运输完成客运量3360万人，旅客周转量45.47亿人公里；水路运输完成客运量23.78万人，旅客周转量1546万人公里。全年港口旅客吞吐量21.71万人次，货物吞吐量16417.13万吨。

全年完成邮电业务（含快递）收入365.01亿元，比上年增长8.9%。邮政发送信函8856万件，邮政快递包裹4183万件，邮政汇款金额3.94亿元。年末全市固定电话用户231.27万户；移动电话用户1892.77万户，比上年末增加211.80万户。年末互联网用户187.64万户，增加13.28万户；宽带接入用户181.52万户，增加10.15万户。

年末全市有星级酒店31家，其中五星级酒店14家。全市旅行社163家，全年接待国际及港澳台游客401.91万人次，比上年下降0.4%。其中接待外国游客111.09万人次，下降1.3%；接待港澳台游客

2013—2018年东莞市移动电话用户数

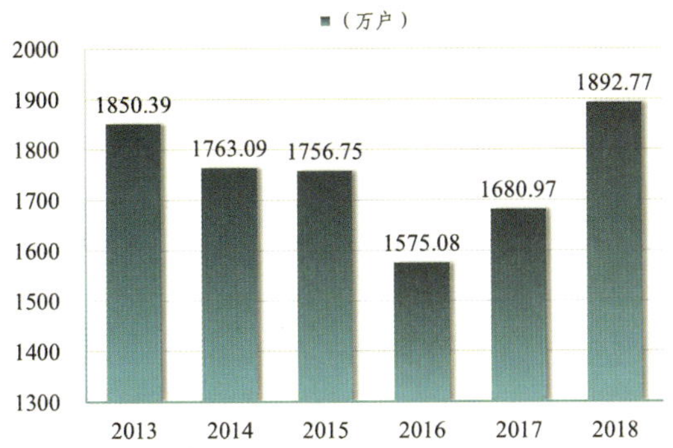

2013—2018年东莞市各项本外币存、贷款余额

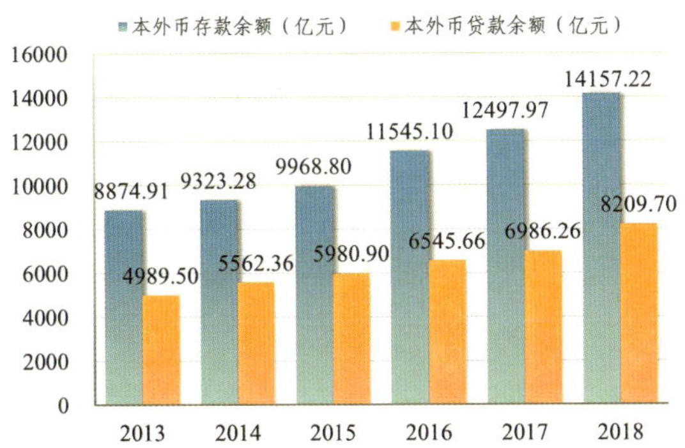

290.82万人次，下降0.1%。国际旅游外汇收入16.30亿美元，增长2.1%。全年接待国内游客4031.96万人次，增长7.9%。

旅游总收入529.37亿元，增长8.3%。全年东莞组团外出旅游163.42万人次，增长0.7%。其中，国内旅游148.76万人次，增长1.2%；出境旅游14.66万人次，下降4.8%。

八、金融

全年全市金融业实现增加值511.45亿元，比上年增长6.9%。

年末全市各类金融机构154家，其中银行类机构43家（含1家代表处，1家法人信托机构，3家独立挂牌信用卡中心），保险类机构64家，证券期货类机构47家。上市公司45家，后备上市公司215家，“新三板”挂牌企业229家。

年末金融机构各项本外币存款余额14157.22亿元，比上年增长13.3%。其中住户存款余额5656.01亿元，增长9.6%。各项本外币贷款余额8209.70亿元，增长17.5%。在个人消费贷款余额中，个人住房按揭贷款余额3046.26亿元，增长13.3%；个人汽车消费贷款余额8.23亿元，增长407.9%。

2018年东莞市金融机构存贷款情况表

指标	总量（亿元）	增长（%）
金融机构各项本外币存款余额	14157.22	13.3
#住户存款	5656.01	9.6
金融机构各项本外币贷款余额	8209.70	17.5
本外币存贷比（%）	58.0	2.1
金融机构各项人民币存款余额	13430.56	13.5
#住户存款	5601.36	9.8
金融机构各项人民币贷款余额	7999.60	16.7
人民币存贷比（%）	59.6	1.6

全年股票总成交额18403.65亿元，比上年下降13.7%。年末保证金余额105.49亿元，比上年末下降19.3%；开户数达112.69万户，增长18.5%。

全年全市各类保险保费收入489.43亿元，比上年增长4.5%。其中，财产险保费收入142.73亿元，增长14.8%；人寿险保费收入346.69亿元，增长0.8%。全年共支付各项赔款和给付122.12亿元。其中，机动车保险赔付63.77亿元；非车险赔付10.95亿元；人身险赔款支出13.89亿元；满期给付28.14亿元；死亡医疗给付5.37亿元。

九、科技和教育

2018年全市新增国家高新技术企业1740家，总数预计达5798家。全市专利申请量和授权量分别为97030件和65985件；其中，发明专利申请量为24674件，比上年增长20.9%，占专利申请总量的25.4%，数量排全省第4位；发明专利授权量为6716件，增长35.2%，数量排全省第3位；PCT国际专利申请量为2698件，增长47.5%，数量排全省第2位。全市各级重点实验室和工程技术研究中心新增98家，累计总数达600家，其中国家级2家，省级396家，市级202家；省市级新型研发机构累计总数达58家，其中省级25家，市级33家；引进省级创新科研团队立项6个，总数达36个；市级创新科研团队38个；科技企业孵化载体111家，其中国家级15家；众创空间74家。大力推进科技信贷、科技保险等工作，推动15家签约银行为我市1113家企业发放贷款1794笔，贷款金额达86.06亿元，推动163家企业购买科技保险，保额202.24亿元。

年末全市幼儿园1125所，比上年末增加48所；其中省、市一级幼儿园540所，增加20所。全市小学328所，在校学生80.35万人；本市户籍小学学龄儿童入学率达100%，小学毕业生升学率达100%。全市初中198所（不含完全中学），在校学生24.97万人；本市户籍适龄少年初中入学率100%，初中毕业生升学率98.41%。全市普通高中42所，在校生8.27万人；中职

2018年东莞市教育情况表

指标	招生（万人）	增长（%）	在校生（万人）	增长（%）	毕业生（万人）	增长（%）
普通本专科	3.31	-6.5	12.14	2.5	2.85	1.1
成人本专科	1.68	58.5	3.59	36.0	0.74	12.1
中等职业技术教育	2.93	-3.6	8.23	2.5	2.24	9.3
普通高中	2.80	0.4	8.27	2.0	2.6	-1.1
初中	9.59	9.2	24.97	9.0	6.21	4.4
小学	15.84	11.2	80.35	5.0	11.13	8.0
学前教育	13.73	3.2	35.56	2.4	13.58	12.0

学校28所（含技工学校7所），在校生8.23万人。全市普通高等院校9所，在校学生12.14万人；全年普通高等院校共招收本科、专科学生3.31万人，毕业生2.85万人。

十、文化、卫生和体育

年末全市有文化馆1个，文化站33个，公共图书馆607个，公共电子阅览室582个，公办博物馆17个，民办博物馆31个，文化广场755个，电影放映单位140个。全市公共广播节目42套，公共电视节目40套。全年共发行报纸7157.47万份，其中《东莞日报》5697.34万份。电影放映161万场次，观众2400万人次。

年末全市医疗机构2681个，其中，三级甲等医院6个，门诊部、诊所、医务室、卫生站、社区卫生服务机构等基层医疗机构2576个。全市卫生技术人员5.43万人，医疗机构实有病床3.11万张。全市门诊量7031.65万人次，比上年增长3.5%；住院量103.77万人次，增长5.0%。

全年全市运动员共获得220枚金牌、160枚银牌、158枚铜牌。其中夺得全国赛金牌84枚、银牌40枚、铜牌47枚；广东省赛金牌125枚、银牌115枚、铜牌110枚。全年举办全市全民健身活动788次，参加人数65.67万人次。全市有各类体育运动场地15375个（座），其中体育场570个，体育馆181座，灯光篮球场5705个，健身路径1464条，室外游泳池546个，室内游泳池74个，室外羽毛球场1419个。全市有体育彩票发行网点1551个，销售总额19.92亿元，体彩公益金1.44亿元。

十一、人民生活

2018年东莞居民收入稳步增长，全年居民人均可支配收入49331元，比上年增长8.5%。其中，城镇常住居民人均可支配收入50721元，增长8.5%，农村常住居民人均可支配收入32277元，增长11.0%，城乡收入差距进一步缩小。

从收入构成上看，居民人均工资性收入35883元，占人均可支配收入的72.7%，是居民收入的首要来源；其次是人均财产净收入，达8766元，占人均可支配收入的17.8%。

从生活消费支出来看，2018年居民人均生活消费支出33209元，比上年增长4.3%。其中，城镇常住居民人均生活消费支出33675元，增长3.6%；农村常住居民人均生活消费支出25355元，增长9.8%。全市居民恩格尔系数为31.9%，比上年下降0.9个百分点，其中城镇为31.6%，农村为36.5%。

居民生活消费呈现多样性，在八大类生活消费支出中，居住、衣着及教育文化娱乐支出增幅较大，分别达14.9%、8.0%和6.6%。

十二、社会保障

全市参加各类社会保险2510.87万人次，其中基本医疗保险583.30万人次，养老保险人数597.24万人次，失业保险418.67万人次，工伤保险437.48万人次。全年社会保险基金总收入656.77亿元，保险基金总支出312.17亿元；年末社会保险基金累计余额2092.56亿元，上年保险基金结余1747.95亿元。

年末全市有收养类福利事业单位44个，其中社会福利院1个，社会福利中心1个，敬老院31个，敬老院供养老人1490人。社会福利事业单位收养2497人，全年社会救济8805人。全市居民最低生活保障支出4590.4万元，慈善基金结余37754.02万元。全市纳入"五保户"对象有782人，"五保户"费用支出1324.6万元。

十三、人口、资源、环境和安全生产

年末全市户籍人口231.59万人。全年出生人口4.10万人，出生率为18.35‰；死亡人口1.03万人，死亡率为4.60‰；人口自然增长率为13.75‰。年末全市常住人口839.22万人，其中城镇常住人口763.86万人。人口城镇化率为91.02%。

全年水资源总量23.89亿立方米，比上年增长13.9%。日供水能力730万立方米/日。我市共有8个国控地表水监测断面：其中观澜河—企坪、茅洲河—共

和村、东江北干流—石龙北河、东江干流—东岸4个断面为跨市河流边界断面，东莞运河—樟村、东江南支流—沙田泗盛、东江南支流—第六水厂和石马河—旗岭4个断面为市境内河流断面。2018年国控地表水监测断面水质状况：优良水质比例（达到或者优于Ⅲ类）为37.5%、Ⅳ类水体比例为12.5%，劣Ⅴ类水体比例为50.0%。

全年城市环境空气质量达标天数301天，空气质量达到国家二级标准的比例82.5%，可吸入颗粒物年平均值0.05毫克/立方米，细颗粒物（$PM_{2.5}$）年平均值达0.036毫克/立方米，臭氧日最大八小时超标率14.0%。

全年雨日天数172天，日照时数1906.8小时，平均气温23.1摄氏度，相对湿度76%，降水量1766.1毫米。

全年共有5个镇街成功创建广东省森林小镇，总数达8个。共有市级自然保护区6个，面积达8852.2公顷；森林公园19个，面积达34139.15公顷；湿地公园达19个，面积2001公顷。

年末全市建成区土地面积1007.76平方公里，公共管理与公共服务用地面积52.07平方公里。全市建成区绿地率为47.19%，绿化覆盖率为53.59%。

全年全市共发生各类生产安全事故552起，比上年下降14.8%，未发生重大以上事故；死亡325人，与上年持平；受伤374人，下降16.5%；直接经济损失2262.14万元。全年发生道路和水上交通事故3440起，比上年下降0.9%；死亡482人，下降0.2%；受伤3225人，下降11.2%；直接经济损失934.48万元，上升42.1%。道路交通万车死亡人数为1.62人。

注：

1.本公报中2018年数据为初步统计数；统计图中2013—2017年数据为年报数；最后统计数据以《东莞统计年鉴2019》为准。

2.地区生产总值、各行业增加值、农业总产值绝对数按当年价格计算，增长速度按可比价格计算；地方一般公共预算收入增长速度按可比口径计算。

3.从2011年起，规模以上工业统计口径由年主营业务收入500万元调整为2000万元及以上的工业法人企业；固定资产投资项目统计起点由计划总投资50万元提高到500万元，增速为可比口径。

4.五大支柱产业包括电子信息制造业，电气机械及设备制造业（包括电气机械及器材制造业，仪器仪表制造业，通用设备制造业，专用设备制造业，铁路、船舶、航空航天和其他运输设备制造业以及汽车制造业），纺织服装鞋帽制造业（包括纺织业，纺织服装、服饰制造业，皮革、毛皮、羽毛及其制品和制鞋业），食品饮料加工制造业（包括食品制造业，酒、饮料和精制茶制造业，农副产品加工业），造纸及纸制品业。

四个特色产业包括玩具及文体用品制造业，家具制造业，化工制品制造业（包括化学原料及化学制品制造业，石油加工、炼焦业及核燃业），包装印刷业。

先进制造业包括高端电子信息制造业、先进装备制造业、石油化工产业、先进轻纺制造业、新材料制造业、生物医药及高性能医疗器械。

高技术制造业包括医药制造业、航空、航天器及设备制造业、电子及通信设备制造业、计算机及办公设备制造业、医疗仪器设备及仪器仪表制造业、信息化学品制造业。

5.阅读本公报时，请注意统计指标的时间、口径和计算方法等。

6.资料来源：本公报中城镇实有登记失业人数、失业人员安置就业人数、城镇登记失业率、社会保障数据来自市人力资源和社会保障局；农民专业合作社、龙头企业及省级农业类名牌产品数来自市农业农村局；进出口、利用外资数据来自市商务局；公路通车里程、交通运输、公路、水路相关数据来自市公路管理局和市交通运输局；邮电业务收入、邮政发送信函、电话用户等数据来自市邮政、电信、移动等相关运营商；星级酒店及旅游情况、文化馆、文化站、公共图书馆、公共电子阅览室、博物馆、文化广场、公共广播节目、报纸、运动员获得奖牌、健身活动、体育彩票发行情况来自市文化广电旅游体育局；年末各类金融机构数据来自市金融工作局；本外币存贷款余额来自市人民银行；股票总成交额及年末保证金余额数据来自证券期货业协会；保险、保费及赔款与给付来自市保险行业协会；国家高新技术企业家数以及科研成果奖等数据来自市科学技术局；专利申请和授权量数据来自市市场监督管理局；教育数据来自市教育局；卫生医疗机构、出生和死亡人口等相关数据来自市卫生健康局；福利单位、敬老院等数据来自市民政局；户籍人口数据来自市公安局；气象数据来自市气象局；森林小镇、森林公园、湿地公园、自然保护区等数据来自市林业局；建成区及公共管理与公共服务用地面积来自市自然资源局；建成区绿地率、绿化覆盖率数据来自市城市管理和综合执法局，生产安全事故相关数据来自市应急管理局；道路交通事故等相关数据来自市公安局、海事局。

文件选录

2018年中共东莞市委文件选录表

序号	文件名称	发布文号	发布日期
1	中共东莞市委关于深入贯彻习近平新时代中国特色社会主义思想进一步加快经济转型推动高质量发展的意见	东委发〔2018〕1号	2018.1.12
2	中共东莞市委关于成立市十六届人大三次会议临时党组织的决定	东委发〔2018〕2号	2018.1.15
3	中共东莞市委关于成立市政协十三届二次会议临时党组织的决定	东委发〔2018〕3号	2018.1.15
4	中共东莞市委、东莞市人民政府关于深化东莞市供销合作社综合改革的实施意见	东委发〔2018〕4号	2018.1.15
5	中共东莞市委、东莞市人民政府关于进一步加强和改进统计工作的意见	东委发〔2018〕6号	2018.2.2
6	中共东莞市委关于印发《中共东莞市委常委会2018年工作要点》的通知	东委发〔2018〕7号	2018.2.28
7	中共东莞市委关于认真学习宣传贯彻习近平总书记在参加十三届全国人大一次会议广东代表团审议时的重要讲话精神的通知	东委发〔2018〕8号	2018.3.10
8	中共东莞市委关于成立市十六届人大四次会议临时党组织的决定	东委发〔2018〕9号	2018.3.23
9	中共东莞市委关于贯彻落实新时代党的建设总要求不断提高党的建设质量的实施意见	东委发〔2018〕10号	2018.4.21
10	中共东莞市委、东莞市人民政府关于进一步加强和改进新时代信访工作的意见	东委发〔2018〕11号	2018.5.17
11	中共东莞市委、东莞市人民政府关于调整市委、市政府领导班子成员分工的通知	东委发〔2018〕12号	2018.6.4
12	中共东莞市委关于加快推进新时代全面深化改革的意见	东委发〔2018〕13号	2018.6.11
13	中共东莞市委印发《关于我市深化人才发展体制机制改革的实施意见》的通知	东委发〔2018〕14号	2018.6.11
14	中共东莞市委关于深入学习贯彻落实习近平总书记重要讲话精神争当全省实现“四个走在全国前列”排头兵的意见	东委发〔2018〕15号	2018.7.12
15	中共东莞市委、东莞市人民政府关于推进乡村振兴战略的实施意见	东委发〔2018〕19号	2018.8.21
16	中共东莞市委关于成立市政协十三届三次会议临时党组织的决定	东委发〔2018〕20号	2018.8.27
17	中共东莞市委、东莞市人民政府关于推进安全生产领域改革发展的实施意见	东委发〔2018〕21号	2018.9.3
18	中共东莞市委、东莞市人民政府关于调整部分领导同志分工的通知	东委发〔2018〕23号	2018.10.29
19	中共东莞市委关于建立市政府向市人大常委会报告国有资产管理情况制度的意见	东委发〔2018〕25号	2018.11.5
20	中共东莞市委 东莞市人民政府关于印发《2018年度东莞市镇（街道）领导班子工作考评方案》等四份考评方案的通知	东委发〔2018〕28号	2018.12.11
21	中共东莞市委办公室关于进一步规范重大问题请示报告工作的通知	东委办发〔2018〕1号	2018.1.8
22	中共东莞市委办公室、东莞市人民政府办公室关于全面推进新时代办公室系统建设提升“三服务”水平的实施意见	东委办发〔2018〕3号	2018.3.29
23	中共东莞市委办公室印发《关于贯彻落实新时代党的建设总要求全面加强党的政治建设的实施方案》等五份实施方案的通知	东委办发〔2018〕5号	2018.4.21
24	中共东莞市委办公室关于印发《东莞市解决群众信访诉求考核实施意见》的通知	东委办发〔2018〕6号	2018.5.17
25	中共东莞市委办公室关于印发《东莞市党委（党组）理论学习中心组学习实施意见》的通知	东委办发〔2018〕7号	2018.7.18

续表

序号	文件名称	发布文号	发布日期
26	中共东莞市委办公室关于印发《东莞市贯彻落实〈广东省加强党的基层组织建设三年行动计划（2018—2020年）〉的实施方案》的通知	东委办发〔2018〕9号	2018.8.7
27	中共东莞市委办公室关于印发《东莞市基层正风反腐三年行动实施方案（2018—2020年）》的通知	东委办发〔2018〕10号	2018.8.22
28	中共东莞市委办公室、东莞市人民政府办公室印发《关于进一步落实国家机关"谁执法谁普法"普法责任制的实施意见》的通知	东委办发〔2018〕11号	2018.8.22
29	中共东莞市委办公室关于成立中共东莞市委离退休干部工作委员会的通知	东委办〔2018〕1号	2018.1.12
30	中共东莞市委办公室关于印发《中共东莞市委巡察工作领导小组办公室机构编制方案》的通知	东委办〔2018〕3号	2018.1.22
31	中共东莞市委办公室、东莞市人民政府办公室关于印发《东莞市构建开放型经济新体制综合试点试验深化行动方案（2018年）》的通知	东委办〔2018〕4号	2018.1.22
32	中共东莞市委办公室、东莞市人民政府办公室关于成立市离退休干部工作领导小组的通知	东委办〔2018〕5号	2018.1.24
33	中共东莞市委办公室关于印发《市委常委会2018年工作要点任务安排》的通知	东委办〔2018〕7号	2018.3.23
34	中共东莞市委办公室关于印发《2017年度东莞市委市政府领导班子民主生活会整改方案》的通知	东委办〔2018〕8号	2018.3.30
35	中共东莞市委办公室、东莞市人民政府关于成立东莞市农村集体产权制度改革工作领导小组的通知	东委办〔2018〕9号	2018.4.16
36	中共东莞市委办公室、东莞市人民政府办公室关于印发《市委常委、副市长联系镇（街道）工作制度》的通知	东委办〔2018〕11号	2018.5.8
37	中共东莞市委办公室关于成立市委实施乡村振兴战略领导小组的通知	东委办〔2018〕12号	2018.5.9
38	中共东莞市委办公室关于印发《东莞市2018年全面依法治市工作要点》的通知	东委办〔2018〕13号	2018.5.21
39	关于东莞市领导干部办公用房清理整改专项检查工作情况的报告	东委办〔2018〕15号	2018.6.8
40	关于审定市委法律顾问人选有关事项的请示	东委办〔2018〕17号	2018.6.27
41	中共东莞市委办公室关于调整东莞市精神文明建设委员会成员的通知	东委办〔2018〕18号	2018.6.28
42	中共东莞市委办公室关于聘任市委法律顾问的通知	东委办〔2018〕19号	2018.7.6
43	关于认真做好2018年重点建议提案办理工作的通知	东委办〔2018〕20号	2018.7.18
44	中共东莞市委办公室关于印发《2018年全市开展纪律教育学习月活动的意见》的通知	东委办〔2018〕21号	2018.7.25
45	中共东莞市委办公室、东莞市人民政府办公室关于印发《2018年东莞市"倍增计划"试点企业挂点领导和责任部门工作方案》的通知	东委办〔2018〕22号	2018.7.26

2018年东莞市人大常委会文件选录表

序号	文件名	文号	发布时间
1	东莞市第十六届人民代表大会常务委员会公告	东常〔2018〕1号	2018.1.8
2	关于报请批准《东莞市饮用水源水质保护条例》的报告	东常〔2018〕2号	2018.1.8
3	东莞市人民代表大会常务委员会任免名单	东常〔2018〕3号	2018.1.10
4	东莞市人民代表大会常务委员会任免名单	东常〔2018〕4号	2018.1.10
5	关于补选肖亚非为广东省第十三届人民代表大会代表的报告	东常〔2018〕5号	2018.1.10
6	东莞市人民代表大会常务委员会免职名单	东常〔2018〕6号	2018.2.2
7	东莞市人民代表大会常务委员会关于接受姚康辞去市第十六届人民代表大会代表职务请求的决定	东常〔2018〕7号	2018.2.2
8	东莞市人民代表大会常务委员会关于接受梁维东辞去东莞市人民政府市长职务请求的决定	东常〔2018〕8号	2018.3.3

续表

序号	文件名	文号	发布时间
9	东莞市人民代表大会常务委员会任免名单	东常〔2018〕9号	2018.3.3
10	东莞市人民代表大会常务委员会关于肖亚非代理东莞市人民政府市长职务的决定	东常〔2018〕10号	2018.3.3
11	东莞市人民代表大会常务委员会关于补选一名市人民代表大会代表的决定	东常〔2018〕11号	2018.3.3
12	东莞市第十六届人民代表大会常务委员会公告	东常〔2018〕12号	2018.3.19
13	东莞市人民代表大会常务委员会免职名单	东常〔2018〕13号	2018.3.19
14	东莞市人民代表大会常务委员会免职名单	东常〔2018〕14号	2018.3.19
15	东莞市人民代表大会常务委员会关于召开东莞市第十六届人民代表大会第四次会议的决定	东常〔2018〕15号	2018.3.19
16	东莞市第十六届人民代表大会常务委员会公告	东常〔2018〕16号	2018.5.10
17	东莞市人民代表大会常务委员会关于接受王业宽辞去东莞市人大常委会委员职务请求的决定	东常〔2018〕17号	2018.5.10
18	东莞市人民代表大会常务委员会任免名单	东常〔2018〕18号	2018.5.10
19	关于报送《东莞市饮用水源水质保护条例》备案有关材料的报告	东常〔2018〕19号	2018.5.11
20	东莞市人民代表大会常务委员会任免名单	东常〔2018〕20号	2018.5.11
21	东莞市人民代表大会常务委员会任免名单	东常〔2018〕21号	2018.5.11
22	关于东莞市十六届人大常委会教科文卫华侨外事工作委员会咨询专家名单的公告	东常〔2018〕22号	2018.5.31
23	东莞市人民代表大会常务委员会任免名单	东常〔2018〕23号	2018.7.27
24	东莞市人民代表大会常务委员会任免名单	东常〔2018〕24号	2018.7.27
25	东莞市人民代表大会常务委员会关于接受麦炽帮辞去市第十六届人民代表大会代表职务请求的决定	东常〔2018〕25号	2018.7.27
26	东莞市第十六届人民代表大会常务委员会公告（第十号）	东常〔2018〕26号	2018.8.26
27	关于市人大常委会主任、副主任、秘书长分工的通知	东常〔2018〕27号	2018.8.7
28	关于报请批准《东莞市生态文明建设促进与保障条例》的报告	东常〔2018〕28号	2018.8.22
29	关于报请批准《东莞市出租屋治安与消防安全管理条例》的报告	东常〔2018〕29号	2018.8.22
30	东莞市第十六届人民代表大会常务委员会公告	东常〔2018〕30号	2018.8.29
31	东莞市人民代表大会常务委员会任免名单	东常〔2018〕31号	2018.8.29
32	东莞市人民代表大会常务委员会关于接受朱国和辞去市第十六届人民代表大会代表职务请求的决定	东常〔2018〕32号	2018.8.29
33	东莞市人民代表大会常务委员会任免名单	东常〔2018〕33号	2018.8.29
34	东莞市人民代表大会常务委员会关于《东莞市工业保护线专项规划》的决议	东常〔2018〕34号	2018.8.29
35	东莞市人民代表大会常务委员会关于批准东莞市2017年市级决算的决议	东常〔2018〕35号	2018.8.29
36	东莞市第十六届人大代表大会常务委员会公告	东常〔2018〕36号	2018.8.31
37	东莞市第十六届人民代表大会常务委员会公告	东常〔2018〕37号	2018.9.27
38	东莞市人民代表大会常务委员会关于许可对市人大代表李会强采取强制措施的决定	东常〔2018〕38号	2018.9.27
39	东莞市人民代表大会常务委员会关于《东莞滨海湾新区发展总体规划》的决议	东常〔2018〕39号	2018.9.28
40	东莞市人民代表大会常务委员会关于接受王建周辞去东莞市人大常委会委员职务请求的决定	东常〔2018〕40号	2018.10.22
41	东莞市人民代表大会常务委员会任免名单	东常〔2018〕41号	2018.10.22
42	东莞市人民代表大会常务委员会任免名单	东常〔2018〕42号	2018.10.22

续表

序号	文件名	文号	发布时间
43	关于报送《东莞市生态文明建设促进与保障条例》备案有关材料的报告	东常〔2018〕43号	2018.10.25
44	关于报送《东莞市出租屋治安与消防安全管理条例》备案有关材料的报告	东常〔2018〕44号	2018.10.25
45	东莞市人民代表大会常务委员会关于补选一名市人民代表大会代表的决定	东常〔2018〕45号	2018.10.29
46	东莞市人民代表大会常务委员会关于确定基层人民法院人民陪审员名额的决定	东常〔2018〕46号	2018.10.30
47	关于撤回《东莞市城市管理综合执法条例》再作修改后重新报请审查批准的请示	东常〔2018〕47号	2018.11.27
48	东莞市人民代表大会常务委员会关于许可对个别市人大代表采取强制措施的决定	东常〔2018〕48号	2018.12.10
49	东莞市人民代表大会常务委员会关于许可对个别市人大代表采取强制措施的决定	东常〔2018〕49号	2018.12.10
50	东莞市第十六届人民代表大会常务委员会公告	东常〔2018〕50号	2018.12.10
51	东莞市人民代表大会常务委员会关于接受李会强辞去市第十六届人民代表大会代表职务请求的决定	东常〔2018〕51号	2018.12.10
52	东莞市人民代表大会常务委员会关于补选三名市人民代表大会代表的决定	东常〔2018〕52号	2018.12.11
53	东莞市第十六届人民代表大会常务委员会公告	东常〔2018〕53号	2018.12.12
54	东莞市人民代表大会常务委员会关于召开东莞市第十六届人民代表大会第五次会议的决定	东常〔2018〕54号	2018.12.20
55	东莞市人民代表大会常务委员会关于批准《东莞市国民经济和社会发展第十三个五年规划纲要》部分指标调整草案的决议	东常〔2018〕55号	2018.12.24
56	东莞市人民代表大会常务委员会任免名单	东常〔2018〕56号	2018.12.27
57	东莞市人民代表大会常务委员会任免名单	东常〔2018〕57号	2018.12.27
58	东莞市人民代表大会常务委员会任免名单	东常〔2018〕58号	2018.12.27
59	东莞市第十六届人民代表大会常务委员会关于表彰优秀代表建议和先进承办单位的决定	东常〔2018〕59号	2018.12.27
60	东莞市人民代表大会常务委员会关于接受欧淦祥辞去市第十六届人民代表大会代表职务请求的决定	东常〔2018〕60号	2018.12.28
61	东莞市人民代表大会常务委员会关于批准2018年市级财政预算调整方案的决议	东常〔2018〕61号	2018.12.28
62	东莞市人民代表大会常务委员会关于批准市人民政府《关于〈加快推进水污染治理持续改善我市水生态环境的议案〉办理情况的报告》的决议	东常〔2018〕62号	2018.12.28

2018年东莞市政府、市府办文件选录表

序号	文件名称	文号	发文日期
1	东莞市人民政府关于推动美丽东莞建设　满足人民日益增长的优美环境需要的若干意见	东府〔2018〕1号	2018.1.19
2	东莞市人民政府关于印发《东莞市深化医药卫生体制综合改革实施意见》的通知	东府〔2018〕9号	2018.1.16
3	东莞市人民政府关于印发《东莞市关于加快推进政务服务改革的实施意见》的通知	东府〔2018〕15号	2018.1.25
4	东莞市人民政府关于印发《东莞市特困人员救助供养办法》的通知	东府〔2018〕16号	2018.1.23
5	东莞市人民政府关于印发《东莞市最低生活保障实施办法》的通知	东府〔2018〕17号	2018.1.23
6	东莞市人民政府关于创新体制机制加快轨道交通建设发展的若干意见	东府〔2018〕26号	2018.2.2

续表

序号	文件名称	文号	发文日期
7	东莞市人民政府关于印发《东莞市轨道交通建设投融资管理办法》的通知	东府〔2018〕27号	2018.2.2
8	东莞市人民政府关于印发《东莞市轨道交通站场地区规划管理办法》的通知	东府〔2018〕28号	2018.2.2
9	东莞市人民政府关于印发《东莞市轨道交通站点周边土地专项储备管理办法》的通知	东府〔2018〕29号	2018.2.2
10	东莞市人民政府关于印发《东莞市城市轨道交通建设管理办法》的通知	东府〔2018〕30号	2018.2.2
11	东莞市人民政府关于调整《东莞市特色人才特殊政策实施办法》及配套实施细则的通知	东府〔2018〕32号	2018.2.13
12	东莞市人民政府关于调整《东莞市成长型企业人才扶持试行办法》的通知	东府〔2018〕34号	2018.2.13
13	东莞市人民政府关于印发《东莞市农村（社区）集体资产管理实施办法》的通知	东府〔2018〕40号	2018.2.27
14	东莞市人民政府关于印发《东莞市关于深入实施商标品牌战略服务更高起点上实现更高水平发展的意见》的通知	东府〔2018〕45号	2018.3.7
15	东莞市人民政府关于印发《东莞市政务部门简化证明材料的实施办法（试行）》和《东莞市行政许可和服务事项证明材料共享目录》的通知	东府〔2018〕46号	2018.3.8
16	东莞市人民政府关于下达东莞市2018年国民经济和社会发展计划的通知	东府〔2018〕51号	2018.3.21
17	东莞市人民政府关于印发东莞市激发重点群体活力带动城乡居民增收行动计划的通知	东府〔2018〕54号	2018.3.28
18	东莞市人民政府关于印发《东莞市蓝天保卫战行动方案》的通知	东府〔2018〕56号	2018.4.17
19	东莞市人民政府关于进一步促进有效投资增长的实施意见	东府〔2018〕66号	2018.5.28
20	东莞市人民政府关于印发《东莞市增加中小学幼儿园学位和优质教育资源供给的实施意见》的通知	东府〔2018〕67号	2018.5.31
21	东莞市人民政府关于印发《东莞市高质量利用外资提升开放型经济水平的若干措施》的通知	东府〔2018〕72号	2018.6.19
22	东莞市人民政府关于印发《东莞市招商引资重特大项目奖励办法》的通知	东府〔2018〕73号	2018.6.19
23	东莞市人民政府关于印发《东莞市招商引资重特大项目认定管理办法》的通知	东府〔2018〕74号	2018.6.19
24	东莞市人民政府关于印发东莞市产业发展与科技创新人才经济贡献奖励实施办法的通知	东府〔2018〕75号	2018.6.26
25	东莞市人民政府关于促进总部经济发展的若干意见	东府〔2018〕80号	2018.7.6
26	东莞市人民政府关于印发广深科技创新走廊（东莞段）空间规划的通知	东府〔2018〕82号	2018.7.12
27	东莞市人民政府关于印发东莞市重点新兴产业发展规划（2018—2025年）的通知	东府〔2018〕83号	2018.7.17
28	东莞市人民政府关于印发东莞市创建国家生态文明建设示范市实施方案的通知	东府〔2018〕84号	2018.7.18
29	东莞市人民政府关于印发东莞市轨道交通站场周边土地综合开发及站场综合体建设实施细则的通知	东府〔2018〕86号	2018.7.19
30	东莞市人民政府关于印发东莞市推进安全生产监管检查（巡查）全覆盖工作方案的通知	东府〔2018〕87号	2018.7.20
31	东莞市人民政府关于第四批清理规范市政府部门行政审批中介服务事项的决定	东府〔2018〕97号	2018.8.7

续表

序号	文件名称	文号	发文日期
32	东莞市人民政府关于印发东莞市住房建设规划（2017—2020年）的通知	东府〔2018〕98号	2018.8.14
33	东莞市人民政府关于印发东莞市住房体系建设实施意见的通知	东府〔2018〕99号	2018.8.13
34	东莞市人民政府关于印发东莞市创建国家食品安全示范城市工作实施方案的通知	东府〔2018〕100号	2018.8.15
35	东莞市人民政府关于印发《关于深化改革全力推进城市更新提升城市品质的意见》的通知	东府〔2018〕102号	2018.8.17
36	东莞市人民政府关于实施百万劳动力素质提升工程打造“技能人才之都”的意见	东府〔2018〕104号	2018.8.22
37	东莞市人民政府关于印发《构建推动经济高质量发展体制机制的行动方案》的通知	东府〔2018〕105号	2018.8.23
38	东莞市人民政府关于印发《东莞市关于建设现代化经济体系的行动方案》的通知	东府〔2018〕107号	2018.8.24
39	东莞市人民政府关于印发东莞市新型产业用地（M0）管理暂行办法的通知	东府〔2018〕112号	2018.9.13
40	东莞市人民政府关于印发《东莞市社会医疗保险办法》的通知	东府〔2018〕120号	2018.9.28
41	东莞市人民政府关于印发《东莞市工业保护线管理办法》的通知	东府〔2018〕121号	2018.9.26
42	东莞市人民政府关于印发东莞市加强政务系统诚信建设工作方案的通知	东府〔2018〕124号	2018.10.8
43	东莞市人民政府关于印发《东莞市企业集群注册登记管理办法》的通知	东府〔2018〕127号	2018.10.25
44	东莞市人民政府关于印发《东莞市市场主体住所（经营场所）登记管理办法》的通知	东府〔2018〕128号	2018.10.25
45	东莞市人民政府关于印发进一步扶持非公有制经济高质量发展的若干政策的通知	东府〔2018〕139号	2018.11.21
46	东莞市人民政府关于印发东莞市“十百千万百万”人才工程行动方案的通知	东府〔2018〕147号	2018.11.21
47	东莞市人民政府关于印发东莞市城市黑臭水体治理攻坚战实施方案的通知	东府〔2018〕153号	2018.12.7
48	东莞市人民政府关于印发《东莞城市形象提升三年行动计划（2018—2020年）》的通知	东府〔2018〕155号	2018.12.12
49	东莞市人民政府办公室关于印发《东莞市建设区域医疗中心医院行动计划（2018—2022年）》的通知	东府办〔2018〕2号	2018.1.16
50	东莞人民政府办公室关于印发《东莞市“科技东莞”工程专项资金财务管理办法》的通知	东府办〔2018〕3号	2018.1.19
51	关于印发《东莞市促进股权投资基金业发展实施暂行办法》的通知	东府办〔2018〕9号	2018.1.25
52	东莞市人民政府办公室关于印发《东莞市建设国家自主创新示范区实施方案（2017—2020年）》的通知	东府办〔2018〕10号	2018.1.29
53	东莞市人民政府办公室关于印发《东莞市港口和船舶污染物接收、转运及处置设施建设方案》的通知	东府办〔2018〕11号	2018.1.26
54	东莞市人民政府办公室关于印发《东莞市2018年重大建设项目计划》和《东莞市2018年重大预备项目计划》的通知	东府办〔2018〕12号	2018.2.5
55	东莞市人民政府办公室关于公布东莞市取消的证明事项目录（第一批）的通知	东府办〔2018〕14号	2018.2.12
56	东莞市人民政府办公室关于印发《东莞市2018年度水污染防治工作方案》的通知	东府办〔2018〕15号	2018.2.23
57	东莞市人民政府办公室关于印发《东莞市应急抢险工程管理暂行办法》的通知	东府办〔2018〕16号	2018.2.12

续表

序号	文件名称	文号	发文日期
58	东莞市人民政府办公室关于印发《东莞市通过“三旧”改造推进科技企业孵化器建设实施办法》的通知	东府办〔2018〕19号	2018.2.26
59	东莞市人民政府办公室关于印发《东莞市饮用水水源一级保护区违法建设项目和建筑清理整改工作方案》的通知	东府办〔2018〕22号	2018.2.27
60	东莞市人民政府办公室关于印发《东莞市政务信息系统整合共享工作实施方案》的通知	东府办〔2018〕23号	2018.3.2
61	东莞市人民政府办公室关于印发《东莞市科技成果双转化行动计划（2018—2020年）》的通知	东府办〔2018〕28号	2018.3.6
62	东莞市人民政府办公室关于印发《东莞市市属国有企业重组整合总体实施方案》的通知	东府办〔2018〕33号	2018.3.25
63	东莞市人民政府办公室关于印发《2018年东莞市食品安全工作要点》的通知	东府办〔2018〕35号	2018.5.25
64	东莞市人民政府办公室关于印发2018年市领导挂钩督导重大建设项目方案的通知	东府办〔2018〕36号	2018.4.18
65	东莞市人民政府办公室关于印发《东莞市网上中介服务超市建设工作方案》的通知	东府办〔2018〕42号	2018.5.9
66	关于印发《东莞市深化“二标四实”工作总体方案》的通知	东府办〔2018〕44号	2018.5.10
67	东莞市人民政府办公室关于印发《东莞市推进中小学校集团化办学实施方案》的通知	东府办〔2018〕46号	2018.5.16
68	东莞市人民政府办公室关于印发《深入推进企业高质量倍增发展助力构建现代化经济体系工作方案》的通知	东府办〔2018〕47号	2018.5.18
69	东莞市人民政府办公室关于印发《东莞市鼓励优质企业项目落户莞韶产业园暂行办法（修订）》的通知	东府办〔2018〕49号	2018.7.5
70	东莞市人民政府办公室关于印发《东莞市政府质量奖评审管理办法》的通知	东府办〔2018〕50号	2018.5.24
71	东莞市人民政府办公室关于印发《东莞市质量发展专项资金管理办法》的通知	东府办〔2018〕51号	2018.5.24
72	东莞市人民政府办公室关于印发《东莞市困难群众基本生活保障工作协调机制成员单位职责》的通知	东府办〔2018〕52号	2018.5.30
73	东莞市人民政府办公室关于印发《东莞市园区、镇（街）公办中小学幼儿园规划建设指导意见》的通知	东府办〔2018〕53号	2018.5.31
74	东莞市人民政府办公室关于印发《深入推进“筑云惠企”工程　发展工业互联网　促进东莞产业高质量发展实施方案》的通知	东府办〔2018〕54号	2018.6.1
75	关于印发《在松山湖高新技术产业开发区开展复制推广“证照分离”改革试点的工作方案》的通知	东府办〔2018〕55号	2018.6.6
76	东莞市人民政府办公室关于印发《东莞市生猪定点屠宰场整合方案》的通知	东府办〔2018〕57号	2018.6.8
77	东莞市人民政府办公室关于印发《东莞市创建国家节水型城市实施方案》的通知	东府办〔2018〕58号	2018.6.21
78	东莞市人民政府办公室关于印发《东莞市举报涉黑除恶线索奖励办法》的通知	东府办〔2018〕59号	2018.7.2
79	东莞市人民政府办公室关于印发《2018年东莞市土壤污染防治工作方案》的通知	东府办〔2018〕60号	2018.7.4
80	关于印发《东莞市火灾隐患举报奖励暂行办法》的通知	东府办〔2018〕61号	2018.7.9
81	东莞市人民政府办公室关于印发《东莞市违法用地、违法建设治理工作方案》的通知	东府办〔2018〕62号	2018.7.10
82	东莞市人民政府办公室关于印发东莞市支持新一代人工智能产业发展的若干政策措施的通知	东府办〔2018〕63号	2018.7.16
83	东莞市人民政府办公室关于印发《东莞市科技创新走廊创新项目库管理办法》的通知	东府办〔2018〕65号	2018.7.20

续表

序号	文件名称	文号	发文日期
84	东莞市人民政府办公室关于印发《东莞市公立医院基本医疗服务补助实施方案（2018年版）》的通知	东府办〔2018〕66号	2018.7.24
85	东莞市人民政府办公室关于印发《东莞市2018年深化供给侧结构性改革工作要点》的通知	东府办〔2018〕68号	2018.7.26
86	东莞市人民政府办公室关于印发《东莞市开展产品质量提升行动实施方案》的通知	东府办〔2018〕71号	2018.7.31
87	东莞市人民政府办公室关于印发《关于推进新一轮“菜篮子”工程建设的意见（修订）》的通知	东府办〔2018〕72号	2018.8.6
88	东莞市人民政府办公室关于印发《东莞市完善集体林权制度的实施方案》的通知	东府办〔2018〕73号	2018.8.10
89	东莞市人民政府办公室关于印发《东莞市高新技术企业树标提质行动计划（2018—2020年）》的通知	东府办〔2018〕74号	2018.8.15
90	东莞市人民政府办公室关于印发《东莞市生活垃圾强制分类工作方案》的通知	东府办〔2018〕75号	2018.8.20
91	东莞市人民政府办公室关于印发《东莞市民服务中心办事大厅建设实施方案》的通知	东府办〔2018〕76号	2018.8.21
92	关于印发《东莞市防汛防旱防风应急预案》的通知	东府办〔2018〕77号	2018.8.21
93	东莞市人民政府办公室关于公布东莞市取消的证明事项目录（第二批）的通知	东府办〔2018〕79号	2018.8.24
94	东莞市人民政府办公室关于印发《东莞市“双随机一公开”抽查工作实施办法》的通知	东府办〔2018〕80号	2018.8.24
95	关于印发《东莞市企业投资建设工程项目告知承诺制审批管理办法（试行）》的通知	东府办〔2018〕81号	2018.8.24
96	东莞市人民政府办公室关于印发《东莞市信息基础设施建设三年行动提升计划（2018—2020年）实施方案》的通知	东府办〔2018〕82号	2018.8.27
97	关于印发《关于进一步推动企业上市发展的扶持办法》的通知	东府办〔2018〕83号	2018.8.31
98	东莞市人民政府办公室关于印发《全市重大项目建设“百日攻坚”大会战行动方案》的通知	东府办〔2018〕84号	2018.9.11
99	东莞市人民政府办公室关于印发东莞市应急避护场所建设规划（2016—2035）的通知	东府办〔2018〕86号	2018.9.19
100	东莞市人民政府办公室关于印发《东莞市全面推行湖长制实施方案》的通知	东府办〔2018〕87号	2018.9.20
101	东莞市人民政府办公室关于印发东莞市建立现代医院管理制度实施方案的通知	东府办〔2018〕89号	2018.9.25
102	东莞市人民政府办公室关于印发《东莞市旅游产业发展专项资金管理办法》的通知	东府办〔2018〕90号	2018.9.28
103	东莞市人民政府办公室关于印发东莞市建筑垃圾治理试点城市实施方案的通知	东府办〔2018〕94号	2018.10.12
104	东莞市人民政府办公室关于印发《东莞市推进公共交通纯电动化工作方案》的通知	东府办〔2018〕95号	2018.10.15
105	东莞市人民政府办公室关于印发《关于进一步强化农村集体资产有效监管的意见》的通知	东府办〔2018〕96号	2018.10.25
106	东莞市人民政府办公室关于印发东莞市地下综合管廊建设工作实施方案的通知	东府办〔2018〕98号	2018.11.8
107	东莞市人民政府办公室关于印发《东莞市关于形成全面开放新格局的行动方案》的通知	东府办〔2018〕99号	2018.11.13
108	东莞市人民政府办公室关于印发《东莞市降低制造业企业成本　全面推进实体经济高质量倍增发展实施方案》的通知	东府办〔2018〕100号	2018.11.14

续表

序号	文件名称	文号	发文日期
109	东莞人民政府办公室关于印发《东莞市重大项目建设工作考核办法》的通知	东府办〔2018〕101号	2018.11.29
110	东莞市人民政府办公室关于印发《东莞市重大产业项目预审批办法（试行）》的通知	东府办〔2018〕102号	2018.11.29
111	东莞市人民政府办公室关于印发《关于进一步扩大开放促进外经贸稳定发展的若干措施》的通知	东府办〔2018〕104号	2018.11.13
112	东莞市人民政府办公室关于印发《东莞市生态文明建设目标评价考核办法》的通知	东府办〔2018〕105号	2018.11.15
113	东莞市人民政府办公室关于印发东莞市新时代创新人才引进培养实施方案的通知	东府办〔2018〕106号	2018.11.21
114	东莞市人民政府办公室关于印发东莞市培养高层次人才特殊支持计划的通知	东府办〔2018〕107号	2018.11.21
115	东莞市人民政府办公室关于印发《东莞市国际经贸合作网络建设实施方案（2018—2020年）》的通知	东府办〔2018〕108号	2018.11.16
116	关于印发进一步扶持非公有制经济高质量发展的若干政策任务分解表的通知	东府办〔2018〕109号	2018.11.20
117	东莞市人民政府办公室关于印发《东莞市城市精细化管理暂行办法》的通知	东府办〔2018〕110号	2018.12.10
118	东莞市人民政府办公室关于印发东莞市强化学校体育促进学生身心健康全面发展实施方案的通知	东府办〔2018〕113号	2018.12.17
119	东莞市人民政府办公室关于印发《东莞市财政性资金基本建设投资评审管理办法》的通知	东府办〔2018〕114号	2018.12.26
120	关于印发推动扶持非公有制经济高质量发展行动计划（2018—2019年）的通知	东府办〔2018〕117号	2018.12.27
121	东莞市人民政府办公室关于印发《东莞市2018年—2019年岁末年初促进消费专项行动工作方案》的通知	东府办〔2018〕118号	2018.12.28

中央、省重点媒体涉莞重要报道选录

2018年《人民日报》涉莞重要报道选录表

序号	时间	刊载版面	报道标题
1	1月2日	04版	2018，奋斗多一点　幸福足一点
2	1月10日	（海外版）06版	经营模式升级　示范效应显著——华人推动电商出海
3	1月18日	12版	首期一带一路国际职业汉语培训示范班结业在即——六个月，我就会说中国话了
4	2月27日	15版	中国篮协工作会议举行
5	3月3日	（海外版）08版	奋斗着的幸福
6	3月6日	22版	昔日依靠三来一补　如今主攻高新技术——东莞用创新为城市换脸
7	3月8日	04版	新时代，昂首走在前列
8	3月10日	（海外版）05版	我和总书记面对面
9	3月13日	13版	改革开放再出发
10	3月14日	14版	监察法草案和国家监察体制改革——加强党的领导　形成强大合力
11	3月15日	09版	选好党支部　带动一村富
12	3月17日	10版	深化改革开放——增强幸福感　拓展朋友圈

续表

序号	时间	刊载版面	报道标题
13	3月17日	头版	立政德要落在实处
14	3月20日	21版	世界工厂发力科技创新——东莞向高质量发展迈进
15	3月26日	12版	中国建成首台散裂中子源
16	3月27日	10版	扩大开放，让发展层次更高
17	3月27日	16版	中国首台脉冲型散裂中子源建成——将微观世界看通透
18	4月3日	（海外版）04版	创新技术　借力电商　推动青创——东莞台企转型升级有诀窍
19	4月18日	09版	广东东莞市中堂镇潢涌村党工委书记黎锡康——村民都愿意和他掏心窝
20	4月20日	（海外版）10版	机器人工业不能有高原没高峰
21	4月25日	10版	东莞推动加工贸易企业升级——转型转出新天地
22	4月26日	（海外版）12版	外国人写作中国计划启动
23	4月28日	（海外版）10版	各地引进海外人才有哪些特点？
24	5月7日	（海外版）02版	助学爱心对接
25	5月7日	13版	好政策帮找好工作
26	5月9日	（海外版）05版	党和国家给了这里浴火重生的力量——习近平两次到过的映秀
27	5月11日	10版	广东发布消费环境评价报告
28	6月7日	04版	中国科普产业规模约千亿元
29	6月13日	23版	二〇一九年篮球世界杯筹办全面提速
30	6月18日	（海外版）10版	东莞生态巨变惊艳世界
31	6月25日	12版	广东40万人同上一节中华经典阅读课
32	6月29日	10版	国家知识产权战略实施工作先进集体名单
33	7月14日	01版	李克强主持召开国务院常务会议
34	7月25日	13版	东莞打击涉共享单车违法犯罪
35	7月29日	09版	今年全国荔枝产量为近十年之最，产业发展机遇与挑战并存——化解荔枝丰产的甜蜜烦恼
36	8月13日	（海外版）08版	试验区成绩斐然——新成员奋力起跑跨境电商又迎利好
37	8月17日	（海外版）10版	通车里程全球第一　路网密度突飞猛进——高速通　事事通
38	8月22日	16版	支部解难题　党员担重任——记南方电网广东电网公司创立1236党建新模式
39	8月27日	（海外版）05版	来一场垃圾分类的全民教育
40	8月24日	12版	中国散裂中子源投入正式运行
41	9月4日	08版	森林公园　让城市深呼吸
42	9月7日	（海外版）10版	中国小商品　世界大品牌
43	9月19日	新闻客户端	3米23！山竹登陆时他用绳子系着自己　人工报讯32次
44	9月23日	新闻客户端	中秋国庆新去处，这个光影水舞秀带你别样游东莞！
45	10月4日	06版	广东公安出入境管理部门历经改革开放40年的发展与变化——出入更便捷　轻松走世界
46	10月8日	21版	中国企业享誉国际太阳能展
47	10月8日	12版	2018年中国中小城市科学发展指数研究成果发布（一）
48	10月9日	10版	2018年中国中小城市科学发展指数研究成果发布（二）
49	10月31日	02版	放飞巾帼梦想　共襄复兴伟业——中国妇女十二大各代表团认真学习党中央致词
50	11月8日	10版	粤港跨境直通快线东莞开通
51	11月9日	16版	广东产业援疆助力喀什一万八千余名少数民族妇女就业——换上工装创造幸福

续表

序号	时间	刊载版面	报道标题
52	11月14日	18版	广东警方对毒品犯罪保持严打高压态势
53	11月19日	12版	第十届中国国际漫博会落幕
54	11月21日	04版	虎门二桥主线贯通
55	11月28日	（海外版）04版	粤港澳交叉科学中心成立
56	12月11日	13版	收获幸福　播撒善念
57	12月19日	08版	庆祝改革开放40周年——改革开放　创新实干　魅力东莞再写新辉煌
58	12月23日	11版	世界莞商大会日前举办——聚拢全球莞商　推动转型升级
59	12月24日	10版	东莞治理工业“二房东”
60	12月27日	15版	促进高质量发展　营造高品质生活——东莞，扎实走好转型升级之路

2018年新华社涉莞重要报道选录表

序号	时间	报道标题
1	1月5日	东莞市人力资源局：完善人力资源体系　创新人才队伍建设
2	1月9日	2018东莞市民摄影周开幕　城市主题书《鸟颜色》首发
3	1月14日	大湾区（东莞）绿色设计发展研讨会在东莞举行
4	1月15日	刷爆美国消费电子展，中国又秀了哪些“黑科技”？
5	1月17日	广深科技创新走廊建设提速　“中国硅谷”呼之欲出
6	1月17日	东莞距离“万亿城市”又近了
7	1月17日	广东省委省政府印发关于建设广深科技创新走廊的规划，为走廊建设提速——对标世界顶级创新带，“中国硅谷”呼之欲出
8	1月20日	首届中国家具产业互联网创新大会在东莞举行
9	1月23日	“世界工厂”东莞向城市化中寻找发展新动力
10	2月11日	东莞泗安岛，麻风村的人间冷暖
11	2月21日	广东春节假期红色旅游、乡村旅游受青睐
12	2月23日	新春走基层　父与子
13	2月28日	材料科学与技术广东省实验室在东莞揭牌
14	3月1日	广东东莞取消积分入户
15	3月2日	东莞：深化科技创新　推动产业升级
16	3月7日	开年万人宴：承百年民俗　叙不变乡情
17	3月10日	东莞：努力建设人才聚集高地，打造技能人才之都
18	3月14日	张华荣：“走出去”企业要解决文化、人才、金融难题
19	3月15日	两会报道·会客厅——专访全国人大代表黄建平
20	3月17日	东莞：“世界工厂”发力谋变“创新之都”
21	3月27日	中国建成首台散裂中子源
22	3月31日	第九届东莞市校企合作洽谈会：引进技能人才的最后一公里
23	4月15日	广州深圳东莞成为国家建筑垃圾治理试点城市
24	4月16日	壮士断腕的致富路——记广东东莞潢涌村“企业家书记”黎锡康
25	4月18日	加博会：促进加工贸易转型升级的盛会
26	4月18日	第十届加博会开幕在即
27	4月19日	东莞今年将淘汰50%高污染产业
28	4月22日	中国加博会达成商贸合作项目逾8000宗“吸金”超千亿

续表

序号	时间	报道标题
29	4月22日	香港特区政府官员及立法会议员前往粤港澳大湾区5个城市访问
30	4月23日	2018中国加工贸易产品博览会闭幕　“两自”产品基本实现全覆盖
31	4月26日	东莞高标准建设国家知识产权示范城市
32	4月28日	壮士断腕的致富路——记广东东莞潢涌村“企业家书记”黎锡康
33	4月28日	东莞供电局以自主检修核心能力提高供电可靠性
34	5月19日	东莞将出资8.29亿元　“扮靓”广深高速创新带
35	5月19日	东莞严打盗窃破坏电力设施行为
36	5月22日	东莞启动“倍增计划”升级版
37	5月22日	商标可以质押融资　东莞破解“强制造轻品牌”难题
38	5月24日	“世界工厂”东莞经济形势向好　电网负荷创历史新高
39	5月26日	珠江口又一过江通道主桥顺利合龙
40	5月27日	揭开“国之重器”神秘面纱——中国散裂中子源填补国内脉冲中子应用领域空白
41	5月28日	昭通东莞抓实东西部劳务协作助力脱贫攻坚
42	5月29日	东莞6家三甲医院对口支援帮扶韶关15家医院
43	6月1日	72小时，德国“最具权威的中国专家”喜欢上东莞
44	6月14日	德媒关注　东莞转型成技术生态栖息地
45	6月16日	广东东莞女工成为“拯救俄罗斯世界杯”的“幕后英雄”？
46	6月18日	央视又双叒点赞东莞！这项工作受到了重点关注！
47	6月19日	东莞这群铁骑红了，个个都争相跟他们拍照！只因他们做了这件事！
48	6月22日	2018东莞市产业招商大会签约29个项目　揽金超4000亿元
49	6月23日	东莞搞“大动作”引发海外主流媒体聚焦，新兴产业投资前景被看好
50	7月8日	首届莞澳两地经贸合作论坛在东莞举行
51	7月10日	广东东莞：不打烊的图书馆助力全民阅读
52	7月17日	经济迈向高质量发展起步良好　透视中国经济“半年报”
53	7月22日	广东年内全面取消医用耗材加成
54	7月31日	东莞出境邮件可在香港机场中转空运
55	8月9日	突围，东莞外贸经济的凤凰浴火之路
56	8月18日	创新推进产业升级　新动能带来发展“底气”珠三角经济发展亮点观察
57	8月23日	广东东莞开办企业力争三工作日办结
58	8月24日	中国散裂中子源通过国家验收
59	8月31日	国家发改委发布全国中小城市综合改革典型案例
60	9月6日	与东莞做生意交朋友，南非商人眼中的中非合作
61	9月6日	外媒广泛聚焦莞非合作，东莞实践促进构建中非命运共同体
62	9月15日	东莞公共文化供给侧改革出实招　推动文化产品精准供给
63	9月19日	一场风掠过，这些东莞人温暖一座城、全城接力|爱东莞，志愿行！
64	9月22日	东莞这个乡村游打卡地又有新搞作，今年刮起了文艺风
65	9月24日	广东进出口加快回暖，前8月全省进出口增长5.4%
66	9月24日	莞港两地签约产业合作　投资额达350亿元人民币
67	9月27日	“一带一路”沿线国家媒体关注莞港合作带来的多重效益
68	9月30日	东莞最新“倍增计划”成绩单出炉！首批倍增卡今日发出！
69	10月3日	广东：携手港澳建设“大湾区世界级城市群”
70	10月14日	“新疆好馕”内地首家示范店东莞开业

续表

序号	时间	报道标题
71	10月24日	虎门销烟：中国反对西方殖民侵略的伟大起点
72	10月31日	放飞巾帼梦想　共襄复兴伟业——中国妇女十二大各代表团认真学习党中央致词
73	11月2日	院士专家畅谈湾区时代的东莞发展之路
74	11月2日	刘炜：东莞将发挥几何中心地理优势　助力大湾区创新发展
75	11月2日	园区人才引进关键在于生态打造
76	11月2日	紧抓湾区发展机遇　莞商发挥创新优势
77	11月3日	2018年粤港澳大湾区院士峰会暨第四届广东院士高峰年会开幕
78	11月3日	香港学者建议在粤港澳大湾区内设立大学
79	11月4日	院士专家齐聚东莞　共谋粤港澳大湾区生物医药产业创新发展
80	11月4日	“芯使命　新制造”　新一代信息前沿技术与智能制造论坛在东莞举行
81	11月5日	东莞院士年会上众院士为东莞发展建言献策
82	11月8日	第三届广东国际机器人及智能装备博览会将集中推出国产高尖端智能产品
83	11月8日	通关提速降费　粤港跨境直通快线正式启动
84	11月15日	“世界工厂”东莞推出50条政策加大扶持非公经济发展
85	11月16日	漫博会为海内外动漫企业搭建资源对接新平台
86	11月17日	国际动漫大咖携IP参展　专业盛会助推产业升级
87	11月18日	东莞：从“世界工厂”向“创新创业之城”转变
88	11月18日	广东虎门二桥全线合龙贯通　计划明年5月前通车
89	11月18日	2018世界莞商大会将于12月13至14日在东莞举行
90	11月18日	北京居中国城市创新竞争力排名首位
91	11月19日	东莞台博会创23.83亿商机　助力台商转型升级
92	11月19日	东莞自由职业者或可公积金贷款购房
93	11月22日	东莞未来三年将为非公经济减负300亿元
94	11月25日	中科院牵头建粤港澳交叉科学中心　打造国际合作研究平台
95	11月25日	52所高校数千门线上课程将免费共享
96	11月28日	智能装备产业发展助力粤港澳大湾区制造业提质增效
97	11月30日	扬帆新时代　潮涌滨海湾　东莞滨海湾新区加速融入粤港澳大湾区
98	11月30日	首届粤港澳大湾区生态文明建设高峰论坛在东莞举行
99	12月5日	方锡波：一波三折　让“东莞制造”走进南非
100	12月13日	王岐山：建设好粤港澳大湾区谱写新时代改革开放新篇章
101	12月14日	关键抉择，必由之路——献给中国改革开放40周年
102	12月14日	东莞长安镇：田塘里“飞”出的智能“机”地
103	12月15日	2018世界莞商资本峰会举行　东莞倍增计划并购母基金启动
104	12月22日	东莞：建筑垃圾资源化利用　垃圾“吃”进去　建材“吐”出来
105	12月23日	从埃塞俄比亚塔普到中国广东——咖啡豆的“一带一路”之旅
106	12月29日	看外媒如何解读东莞改革开放“时代之问”
107	12月31日	东莞客侨文化展魅力
108	12月31日	粤兵两地联合生死大营救　患者平安返莞

2018年中央电视台涉莞重要报道选录表

序号	时间	频道	刊载栏目	报道标题
1	1月3日	CCTV-2	《环球财经连线》	广东东莞大朗毛衣节　消费者热闹淘毛衣
2	1月6日	CCTV-13	《朝闻天下》	“元旦走基层”系列节目之《广东东莞农民工歌手林建忠》
3	1月11日	CCTV-1	《新闻联播》	世界最宽的钢箱梁悬索桥成功合龙
4	1月21日	CCTV-1	综合频道	科技盛典——中央电视台2017年度科技创新人物颁奖典礼
5	1月31日	CCTV-1	《新闻联播》	春运首趟“支南列车”抵达广东
6	2月5日	CCTV-1	《新闻联播》	围绕核心共筑梦　一张蓝图画到底
7	2月15日	CCTV-9	《餐桌上的节日》	糖环
8	3月7日	CCTV-1	《新闻联播》	习近平参加广东代表团审议
9	3月8日	CCTV-13	《两会1+1》	未来农民
10	3月9日	CCTV-1	《新闻联播》	我们与总书记在一起：以新的更大作为开创广东工作新局面
11	3月11日	CCTV-13	《两会有啥事　我们帮你问》	就业是最大的民生
12	3月15日	CCTV-1	《新闻联播》	虎门二桥首节钢箱梁吊装成功
13	3月19日	CCTV-1	《新闻联播》	围绕核心共筑梦　一张蓝图画到底
14	3月21日	CCTV-2	《中国财经报道》	智能家居凸显个性消费升级
15	3月27日	CCTV-1	《新闻直播间》	中国首台散裂中子源装置建成
16	3月27日	CCTV-1	《新闻直播间》	散裂中子源　探秘微观世界的“超级显微镜”
17	3月27日	CCTV-1	《新闻联播》	国之重器　我国首台散裂中子源建成
18	4月1日	CCTV-1	《新闻联播》	西藏：乡村振兴　让农牧区富起来
19	4月3日	CCTV-4	《国宝档案》	东江纵队——书生扛枪
20	4月4日	CCTV-4	《国宝档案》	东江纵队——小鬼善战
21	4月5日	CCTV-4	《国宝档案》	东江纵队——省港大营救
22	4月6日	CCTV-4	《国宝档案》	东江纵队——拯救美国飞行员
23	4月7日	CCTV-4	《国宝档案》	东江纵队——隐秘战线
24	4月7日	CCTV-2	《经济信息联播》	东莞：取消积分制　满足“两个五年”即可入户
25	4月8日	CCTV-2	《经济信息联播》	留住人才　各地加码公共服务
26	4月19日	CCTV-1	《新闻联播》	黎锡康：“造纸村”的转型路
27	4月19日	CCTV-2	《经济信息联播》	广东东莞：“散裂中子源”助力医疗技术提升
28	4月20日	CCTV-2	《中国财经报道》	直通现场　第十届中国加工贸易产品博览会亮点纷呈
29	5月2日	CCTV-1	《新闻直播间》	陈和生：打造国之重器　71岁奋斗不止
30	5月14日	CCTV-13	《国内新闻》	住建部出手！楼市再迎调控密集　这类城市或加码
31	5月26日	CCTV-1	《新闻联播》	世界最大跨径钢箱梁悬索桥顺利合龙
32	6月4日	CCTV-1	《新闻联播》	广东举行“6·3”虎门销烟纪念活动
33	6月11日	CCTV-2	《中国财经报道》	“世界杯”官方授权纪念品　广东东莞制造
34	6月12日	CCTV-1	新闻频道	广东东莞警方斩断一条沿海贩毒通道
35	6月12日	CCTV-2	《中央财经报道》	揭秘世界杯上的中国制造　中国智能手机“打”入世界杯
36	6月16日	CCTV-1	《焦点访谈》	万里援疆路　浓浓粤新情
37	6月28日	CCTV-2	《第一时间》	广东东莞荔枝大丰收
38	7月10日	CCTV-10	《文明密码》	茶山古镇话传承

续表

序号	时间	频道	刊载栏目	报道标题
39	7月14日	CCTV-1	《新闻联播》	李克强主持召开国务院常务会议
40	7月25日	CCTV-4	《华人世界》	播出关于习近平主席访问南非出席金砖五国会议的预热新闻
41	7月31日	CCTV-1	《新闻联播》	“壮阔东方潮　奋进新时代——庆祝改革开放40年”系列报道：改革开放新突破　助推中国制造升级
42	8月4日	CCTV-1	《新闻1+1》	医院门诊停止输液　行吗？
43	8月5日	CCTV-13	《国内新闻》	广东：加强医疗机构门诊静脉输液管理
44	8月11日	CCTV-1	新闻频道	广东最大水利工程获批　每年引17亿立方米水入广深莞
45	8月16日	CCTV-1	《新闻联播》	广东：开创全面开放新格局
46	8月28日	CCTV-1	《新闻联播》	习近平在推进“一带一路”建设工作5周年座谈会上强调：坚持对话协商共建共享合作共赢交流互鉴　推动共建“一带一路”走深走实造福人民
47	9月2日	CCTV-13	《国内新闻》	带来更多融入感！港澳台居民居住证申领正式实施
48	9月12日	CCTV-1	《新闻联播》	税务机构改革提升服务管理水平　助力企业做强经济发展
49	9月19日	CCTV-1	《焦点访谈》	“山竹”今年最强台风　年度“风王”
50	9月22日	CCTV-13	《朝闻天下》	男孩不幸坠楼　警民联手接住
51	10月11日	CCTV-2	《交易时间》	工业机器人高端人才短缺　打造共享平台解决人才荒
52	10月28日	CCTV-2	《国际财经报道》	多国“奇珍异宝”　亮相广东海丝博览会
53	11月1日	CCTV-12	《热线12》	广东东莞：控制地下赌博牟利　29人涉黑案二审宣判
54	11月2日	CCTV-1	《新闻联播》	习近平主持召开民营企业座谈会强调：毫不动摇鼓励支持引导非公有制经济发展　支持民营企业发展并走向更加广阔舞台
55	11月6日	CCTV-2	《国际财经报道》	广东东莞：大朗毛织节展示毛织行业高科技
56	11月16日	CCTV-13	新闻频道	第十届漫博会在广东东莞开幕
57	11月18日	CCTV-2	《国际财经报道》	第十届国际漫博会：全息投影亦真亦幻
58	11月18日	CCTV-2	《国际财经报道》	第十届国际漫博会：国际“转笔”高手华山论剑
59	11月30日	CCTV-4	《国宝档案》	东莞有座不平凡的大桥
60	11月30日	CCTV-4	《国宝档案》	手袋里的历史
61	12月3日	CCTV-1	《弄潮儿向涛头立》	我们一起走过——致敬改革开放40周年
62	12月4日	CCTV-4	《华人世界》	方锡波：一波三折　让“东莞制造”走进南非
63	12月5日	CCTV-4	《华人世界》	刘景棠：一把菜刀闯天下　连续11年获新州“厨师帽”大奖
64	12月6日	CCTV-4	《华人世界》	钱桂源：创立广东同乡会　团结西澳“新移民”
65	12月7日	CCTV-4	《华人世界》	黎建钊：唐人街出租屋走出来的精英持牌会计师
66	12月8日	CCTV-4	《华人世界》	周森：老有所为　让百年侨社焕发生机
67	12月10日	CCTV13	《朝闻天下》	广东东莞　用制度创新激发市场活力
68	12月12日	CCTV-4	《华人世界》	刘荫稳：助百年侨团起死回生　打造华人交流平台
69	12月13日	CCTV-4	《华人世界》	黄东成：用建筑彰显华人实力　表达乡梓情深
70	12月14日	CCTV-4	《华人世界》	邓光荣：逆境求生　创建当地最大华人运输公司
71	12月15日	CCTV-4	《华人世界》	朱应昌：经商成功不忘推广中华文化　帮助侨胞扎根海外
72	12月18日	CCTV-4	《华人世界》	刘伟燊：从工地打桩起家　经商成功回馈故乡东莞
73	12月19日	CCTV-4	《华人世界》	陈君选：担任悉尼华裔议员　不忘传播中华文化

2018年《南方日报》涉莞重要报道选录表

序号	时间	刊载版面	报道标题
1	1月3日	A01版	东莞去年日均新增864个老板
2	1月4日	A03版	不懈奋斗取得更好成绩　全面开创改革发展新局
3	1月4日	DC01版	围填海规模总量不超168公顷
4	1月4日	DC01版	到2020年，力争单位GDP能耗降20%
5	1月5日	AII01-08版	《筑梦东莞　绘蓝图》系列报道
6	1月5日	DC02版	东莞水乡汽车产业跃升在即
7	1月7日	A03版	不断开创广东改革发展新局面
8	1月7日	AT04版	“接二联三”激活新农村经济
9	1月8日	DC01版	市政府与中冶集团签署战略合作协议　推进滨海湾新区全域综合开发
10	1月8日	DC01版	东莞构建开放型经济新体制综合试点试验获评估组肯定——团队高效实干推进扎实有效
11	1月8日	A03版	广东省加快建设全国智能制造发展示范引领区　力争2020年智能装备　产业增加值达4000亿
12	1月9日	DC01版	倍增计划试点企业名额　今年扩容——由200家增至“250+N”家试点企业，其中试点企业不多于250家，名誉试点企业N家
13	1月9日	A03版	东莞理工参研项目获国家技术发明奖二等奖
14	1月9日	A06版	教育部公示2017年学位授权审核结果——粤博士授权点新增数居全国第二
15	1月10日	A08版	升格地级市30年，GDP增长163倍，市场主体超100万家——东莞从世界工厂跃升创新高地
16	1月11日	A06版	预计东莞去年GDP突破7000亿　先进制造业增加值占比超过50%
17	1月11日	DC02版	梁维东总结分析2017年经济发展情况，提出2018年目标——GDP增长8%　力争突破8000亿
18	1月12日	A07版	各地奋力攻坚蓝天保卫战
19	1月12日	A06版	538米！东莞规划新高度
20	1月16日	DC01版	东莞市委中心组举行专题学习会，深入学习《习近平谈治国理政》第二卷——真学真懂真信真用　奋力实现六大跃升
21	1月16日	A07版	广东降本增效成效明显　去年规模以上工业利润增16%
22	1月17日	HD01版	东莞部署全面深化综合医改工作
23	1月17日	A05版	2017年松湖杯创新创业大赛完美落幕——全球化办赛成果凸显　参赛项目再创新高
24	1月18日	A10版	东莞去年十件实事全部完成
25	1月18日	DC02版	2017年十件实事全部完成　盗抢骗警情数同比下降18.96%
26	1月18日	A02版	广东省跨界河流治理交出年度成绩单，整体水质出现好转　191个黑臭水体已完成整治
27	1月18日	A09版	教育经费为何位列公共财政预算支出第一？东莞深化教育内涵式发展，力争2020年实现高水平教育现代化
28	1月18日	A06版	2017年广东省重点项目完成投资6697.9亿元，达年度计划投资124%　促投资稳增长　面向未来打基础
29	1月19日	A07版	2018广东政务新媒体创新发展论坛召开　生机勃勃南方号　构建政媒新生态
30	1月19日	A10版	珠三角九城政府工作报告折射新动向——新经济脉搏强劲　新指标提升内涵
31	1月20日	A05版	东莞滨海湾新区　定位粤港澳协同发展先导区打造东莞引领未来之城
32	1月20日	A05版	乡村振兴与新型城镇化论坛在穗召开　广东十大明星小镇出炉
33	1月22日	DC01版	市政府一号文聚焦美丽东莞——大力推进生态环境和城市品质提升三年计划，美丽东莞为城市发展积蓄后劲

续表

序号	时间	刊载版面	报道标题
34	1月22日	DC02版	中国散裂中子源工程总指挥陈和生院士获颁CCTV2017年度科技创新人物　主持建设国家级大科学装置　每年将吸引上千名科学家来莞
35	1月22日	DC04版	东莞市委宣传部捧回广东最具影响力政务新媒体奖——传递指尖上的政能量
36	1月23日	A08版	东莞：构建开放型经济新体制　着力提升对外开放水平
37	1月23日	A05版	2020年广东城市轨道　运营里程将达1100公里
38	1月24日	A08版	东莞：打造对外开放新优势构建对外开放新格局
39	1月25日	DC01版	先富帮后富，深入实施区域协调发展战略东莞次发达镇驶入发展快车道
40	1月25日	DC02版	东莞将加大力度引进中高层人才，全力打造技能人才之都　新引进博士补贴10万元——技能人才质量决定东莞制造未来
41	1月25日	A07版	东莞：引进来到走出去　开放合作迈向新台阶
42	1月26日	A05版	跨越新高度开创新格局——东莞：高质量发展七大领域25条新政亮相
43	1月26日	DC01版	高质量发展东莞方案出炉——市委一号文提出，东莞将从产、城、人、制度四个方面推动高质量发展
44	1月26日	A08版	东莞：从卖产品到卖服务　迈入产业链高端环节
45	1月26日	DC01版	东莞今年拟投逾33亿　改善交通基础设施　交通部门表示年内将出台共享单车管理新政
46	1月27日	A08版	东莞：提升精准服务能力　助推企业加速发展
47	1月28日	A08版	互联网大数据让管理更精细——东莞：智网工程推动社会基层治理现代化
48	1月29日	DC02版	东莞连续三次获评全国社会治理创新优秀城市　平安建设促进会案例入选全国社会治理创新典范
49	1月30日	A02版	首趟支南列车抵粤　奏响春运序曲
50	1月31日	A08版	广东推进分级诊疗为深化医改树样板
51	2月1日	A08版	虎门大桥遇堵　将开启红绿灯
52	2月2日	DC02版	2017年东莞经济呈现稳中有进、进中向好态势，经济增速高于全国、全省　规上工业增加值增速居珠三角前列
53	2月3日	A03版	虎门大桥日均车流量将达12.67万辆，已启动二级分流响应措施　若拥堵超15公里，车辆或被劝返
54	2月5日	封1版	东莞放宽八类重点群体落户限制　将取消积分制入户，实施两个五年入户条件
55	2月5日	头版	东莞放宽八类重点群体落户限制　将取消积分制入户，实施两个五年入户条件
56	2月6日	A05版	加博会：抱团拓市场助制造企业转型升级
57	2月6日	DC01版	东莞首个餐厨垃圾资源化利用和无害化处理项目投入运行，可日处理垃圾300吨——餐厨垃圾一站式变废为宝
58	2月7日	A03版	260米高空上的坚守　虎门二桥春节期间将持续施工，确保明年上半年通车
59	2月10日	封1版、头版、A06版	广东省提前部署设立学前教育专项经费应对二孩入园潮，高考综合改革方案8月将出台——今年入学高一新生将参加新高考
60	2月11日	A03	开大门　迎人才——多地取消积分入户　珠三角打响　人才争夺战
61	2月12日	A05版	一家齐上阵　服务千万家
62	2月13日	A08版	东莞：奋力推动水污染治理再上新台阶
63	2月20日	头版	广东省百余家重点景区游人如织，乡村游等特色项目受捧　花间嗅芬芳　莫负好时光
64	2月21日	A03版	东莞　千盏花灯衬出浓浓年味
65	2月25日	头版	马兴瑞赴东莞市调研广东省实验室建设工作　努力打造国际一流实验室
66	2月28日	A05版	从日增高企5家到打造世界科学家聚集的中子科学城　东莞剑指创新型一线城市　开启高质量发展新征程
67	3月1日	A05版	东莞：深化科技创新　推动产业升级

续表

序号	时间	刊载版面	报道标题
68	3月2日	A06版	李希对十二届省委第二轮巡视工作作出批示强调　牢牢把握政治巡视定位　不断深化全面从严治党　推动习近平新时代中国特色社会主义思想在南粤大地落地生根结出丰硕成果
69	3月5日	A09版	以创新驱动推动实体经济转型　东莞每天55个发明专利提出申请
70	3月5日	DC01版	市委常委会会议传达学习党的十九届三中全会精神　谋划机构改革　推动从严治党
71	3月5日	DC02版	东莞科技创新迎来新机遇
72	3月5日	A07版	广深双城　携手打造中国硅谷
73	3月6日	A12版	世界工厂狠抓高质量发展　东莞：提速驶向创新型一线城市
74	3月6日	DC01版	32个入库项目总投资超450亿元　28个水生态项目集中上马　东莞加速推进PPP项目落地
75	3月8日	A20版	东莞冲刺万亿制造挺起脊梁——加速打造世界级先进制造业集群
76	3月9日	A06版	发挥党建统领作用　凝聚发展强大动力
77	3月9日	A07版	推动全面开放　打造国际一流湾区
78	3月9日	A08版	创新体制机制　力推高质量发展
79	3月10日	A06版	人人尽责　奏响共建共治共享大合唱
80	3月12日	封1版、头版	广东代表团召开全体会议和分组会议　深入学习贯彻习近平总书记重要讲话精神
81	3月12日	A08版	打造美丽东莞新地标　东莞今年启动三座湿地公园建设
82	3月13日	A07版	梁维东朱伟代表谈制造业大市的高质量发展　抢抓粤港澳大湾区机遇　打造创新高地
83	3月13日	DC01版	全国人大代表、东莞市委书记梁维东接受南方日报记者专访　发力科技创新推动高质量发展
84	3月13日	A08版	东莞打造粤港澳大湾区先进制造中心
85	3月14日	A08版	美丽东莞　品质家园（上篇）　东莞品质升级塑造城市新竞争力
86	3月15日	A10版	东莞以生态之美谋高质量发展之策　滨海湾新区：宜居宜创新公园城市建设提速
87	3月16日	A05版	艰苦奋斗，书写新时代的光辉伟业　来自两会代表委员的共同心声
88	3月16日	A10版	虎门二桥首节钢箱梁成功吊装　计划明年上半年建成通车
89	3月16日	A09版	东莞长者爱心午餐启动
90	3月17日	头版	新使命：四个走在全国前列——牢记嘱托　走在前列系列述评之二
91	3月17日	A03版	新使命：四个走在全国前列——牢记嘱托　走在前列系列述评之二
92	3月18日	A08版	新作为：满怀信心再创新局——牢记嘱托　走在前列系列述评之三
93	3月19日	A06版	高水平规划，高标准建设　东莞：挺起广深科技创新走廊中部脊梁
94	3月20日	A06版	落实美丽中国与乡村振兴战略，构筑人与自然和谐发展格局　美丽东莞打造工业城市绿色发展典范
95	3月20日	A07版	科技创新引领　为高质量发展提供强大动能
96	3月22日	DC01版	东莞市委常委会（扩大）会议传达贯彻习近平总书记重要讲话精神和全国两会精神——推动各项决策部署在东莞落地生根
97	3月23日	A02版	粤49所高校新增144个本科专业　新增理工科专业占比近六成，其中两专业为全国首设
98	3月26日	封面导读、头版、A03版、DC01版	中国首台散裂中子源在东莞建成
99	3月27日	A07版，DC01版	东莞滨海湾新区：打造粤港澳协同发展先导区
100	3月31日	头版	广东（石龙）多式联运枢纽正式启用

续表

序号	时间	刊载版面	报道标题
101	4月1日	A03版	更高技术含量的人才争夺战
102	4月2日	A07版	东莞援藏桃花村走上产业振兴之路　登上央视新闻联播头条
103	4月4日	A05版	虎门大桥将装百余大声公　用于应急指挥广播，并常态化启用红绿灯模式
104	4月5日	A02版	东莞全面优化城市发展环境　美丽东莞建设投资超1420亿元
105	4月9日	A03版	全省全面深化改革工作会议上，东莞、惠州、广州开发区作交流发言　奋力开创广东全面深化改革新局面
106	4月12日	DC01版	东莞外资10条拟出台　推动形成全面开放新格局　力争成为全省首批出台利用外资新政的城市之一
107	4月12日	DC01版	海外高层次人才项目洽谈会今日举行　东莞不拘一格广纳四海贤才
108	4月13日	DC01版	持续掀起学习贯彻热潮　努力走高质量发展之路
109	4月13日	DC02版	2017年创新成绩单出炉，规模以上先进制造业增加值超1675亿元　东莞高企数量一年翻一番
110	4月19日	A05版	东莞今年将淘汰50%高污染产业
111	4月19日	A10版	第十届加博会今日开幕
112	4月20日	头版	预计将有2.5万名采购商到会
113	4月20日	A10版	第十届中国加工贸易产品博览会在莞开幕　境内外2.5万名采购商到会
114	4月22日	A07版	加博会前3天　意向成交金额破千亿
115	4月23日	A02版	深莞惠经济圈（3+2）党政主要领导联席会议举行，王伟中出席　以走在全国前列标准携手推进深莞惠经济圈（3+2）建设
116	4月23日	HC01版	惠州深化与深莞惠经济圈（3+2）兄弟市合作　争取推动深惠城轨　项目早日实施
117	4月23日	A10版	第十届加博会在东莞闭幕，意向成交额超1000亿元　展会体现中国制造的实力和水平
118	4月24日	DC03版	东莞引进第八批创新创业领军人才，新材料和智能制造成重点领域　领军人才最高可获500万元资助及奖励
119	4月26日	DC01版	市委常委会召开会议，传达学习贯彻习近平总书记重要指示精神，部署安全生产工作
120	4月26日	DC01版	松山湖材料实验室、中国科学院物理研究所珠三角分部揭牌　打造世界著名材料科学研究中心
121	4月26日	A12版	第五届粤治—治理现代化广东探索经验交流会举行　挖掘新经验为治理现代化探路
122	4月26日	A7版	省知识产权局：发扬知识产权与企业结合的粤式特色　广东要走在前列　知识产权大有可为
123	4月27日	A09版	高质量专利强区域强产业　广东省去年发明、实用新型专利申请量占比超七成
124	4月27日	DC01版	年中国城市商业魅力排行榜发布，东莞蝉联新一线城市　城市人活跃度，东莞位居第八
125	5月3日	A05版	东莞深化创新驱动推动高质量发展，努力实现从跟跑向并跑领跑转变　跨越经济转型的攻坚期关口
126	5月3日	A09版	解码共青团改革广东路径：围绕强三性　将共青团改革进行到底
127	5月4日	DC01版	东莞召开全市全面深化改革工作会议　奋力开创东莞深化改革发展新局面
128	5月4日	DC01版	以一流营商环境吸引高端经济要素
129	5月7日	DC01版	《关于我市深化人才发展体制机制改革的实施意见》审议通过，市委常委会会议强调：要以更大力度更实举措聚天下英才
130	5月7日	A04版	从生产鞋袜到锻造大国重器　珠三角先进制造业加速壮大，广东发力迈向高质量发展
131	5月8日	A03版	从代工生产到隐形冠军集群崛起　撑起现代化经济体系　珠三角激活关键力量
132	5月8日	头版	云黑板　进课堂
133	5月11日	DC01版	东莞全面动员部署实施乡村振兴战略　力争到2020年取得重要进展　让人民群众美好生活成色更足

续表

序号	时间	刊载版面	报道标题
134	5月11日	DC01版	东莞学习论坛聚焦数字经济的东莞视角　推动东莞数字经济　走在全省前列
135	5月11日	头版	广东首发消费环境评价报告　今年全省评价总得分为76.11分，佛山广州深圳位居21个地市前三名
136	5月11日	A08版	国务院学位委员会审核增列一批博士、硕士学位授予单位　南方科技大学增4个博士点　东莞理工学院增2个硕士点
137	5月11日	A07版	粤港澳创新要素汇聚激发全面开放新力量　大湾区内创新正在接力跑
138	5月12日	A02版	争当学习实践习近平新时代中国特色社会主义思想排头兵　奋力走出一条高质量发展之路
139	5月13日	A05版	《2017珠三角企业创新报告》正式发布，解码珠三角企业发展新趋势　激发高质量发展的第一动力
140	5月13日	A04版	数十非遗点亮东莞茶园游会
141	5月14日	DC01版	创新资源聚集引领东莞产业升级
142	5月15日	DC01版	东莞医改成效明显获国务院办公厅发文激励　多项指标优于全国全省平均水平
143	5月16日	A04版	把学习贯彻成果体现到谋划发展的各项工作中
144	5月17日	A01版	江西省学习考察团来粤考察交流共商合作发展
145	5月17日	A09版、DC01版	东莞今年要完成百条河涌治理
146	5月18日	DC01版	榜单上的东莞爆发正能量　多项反映经济社会发展指数居全国全省前列，多项工作获国家级表彰
147	5月18日	DC02版	市政府常务会议审议通过多个重大事项　新十条推进企业高质量倍增发展
148	5月18日	A06版	著名物理学家杨振宁支持东莞理工学院　开设国内首个杨振宁创新班
149	5月18日	DC03版	中国记协走转改活动广东行莅莞采访调研　东莞黑科技助推产业转型升级
150	5月20日	A04版	中国散裂中子源首次免费向公众开放
151	5月21日	DC01版	东莞启动倍增计划升级版，出台强力推行工改工等新10条　倍增范围扩大　倍增福利加码
152	5月21日	DC02版	东莞将深入实施商标品牌战略，助推产业转型升级　贡献突出者将获市长商标奖
153	5月22日	A10版	松山湖：高水平构建智能制造生态链——精准施策助力机器人产业迈向高质量发展　力争到2020年机器人高企数量达100家
154	5月22日	A07版	东莞将建设市级行政办事中心
155	5月22日	DC02版	东莞拟提高基本险和大病险最高支付限额　大病保险　有望最高报销37万元
156	5月23日	DC01头版	3家市级倍增企业实现原地倍增，占全市17家提前倍增企业的18%　黄江将做大做强做优倍增计划
157	5月24日	A05版	国家最严格水资源管理考核组来粤考核　努力推动我省水资源管理工作走在全国前列
158	5月24日	DC02版	《2017中国城市便利店指数》发布，东莞名列全国第四位　每1012人拥有一间便利店
159	5月25日	DC01版	把握机遇　更好地做好城市科学规划
160	5月26日	A02版	东莞实践促进自媒体成为社会治理新力量
161	5月28日	A09版	广东实体经济十条发布以来成效如何？优先发展产业地价优惠为企业省了56亿！
162	5月31日	A07版	许瑞生到深圳、东莞市调研督导　做好中央环保督察　回头看迎检
163	6月2日	A03版	解决发展不平衡不充分问题让改革发展成果更多更公平惠及人民群众
164	6月2日	A08版	第十一届东莞国际茶博会昨日开幕　全国经典新老茶品集中亮相，1500款莞藏好茶带来茶之嘉年华
165	6月3日	A03版	提高科技创新能力　让南粤大地成为创新热土和高地
166	6月4日	A04版	高质量发展：体制机制探索支撑发展新局
167	6月4日	头版	又见虎门销烟　禁毒一刻不松

续表

序号	时间	刊载版面	报道标题
168	6月4日	头版	广东启动绿色企业创建试点　将从电子、化工、建材、家具、造纸等行业开展试点创建工作
169	6月5日	A12版	东莞　构建生态宜居环境　迈向高质量发展
170	6月5日	A04版	现代化经济体系　立起协同发力的四梁八柱
171	6月6日	A03版	推动粤港澳大湾区建设　打造国际一流湾区和世界级城市群
172	6月7日	DC01版	市委常委会会议审议通过《中共东莞市委关于加快推进新时代全面深化改革的意见》等文件——全面提升执行力　推动改革落地见效
173	6月7日	A02版	中央督察组转办首批举报件82件
174	6月7日	A06版	社会治理格局　走出共建共治共享新路
175	6月8日	A02版	万里手相牵　粤疆心相连　广东援疆浇灌民族团结之花
176	6月11日	A07版	即将闪耀在世界杯赛场的东莞制造　有莞企连续“打进”七届世界杯
177	6月11日	DC01版	大力神杯纪念品、钥匙扣和官方手机等均Made in Dongguan　世界杯上的“东莞制造”
178	6月11日	A10版	落实环境保护一岗双责党政同责　东莞：千方百计打好污染防治攻坚战
179	6月12日	DC01版	市委常委会会议传达贯彻省委十二届四次全会精神　提升执行力　奋力开创工作新局面
180	6月12日	A04版	东莞铁骑炫酷亮相
181	6月13日	头版	深入学习贯彻习近平生态文明思想　坚决打赢污染防治攻坚战　李希赴深圳东莞调研督办茅洲河污染治理情况
182	6月13日	A02版	李斌率全国政协人资环委调研组来粤　专题调研人口变动　与经济社会发展
183	6月14日	DC01版	市委常委会会议传达贯彻省委书记李希来莞调研指示精神　借环保督察回头看契机推动环境质量根本性改善
184	6月14日	DC01版	市政府常务会议审定两违治理工作方案，今年要治理违法建设1000万平方米——新增违法零增长　历史违法负增长
185	6月14日	DC01版	东莞将举行产业招商大会，发布系列招商政策　新引进重特大项目　最高奖励2亿元
186	6月14日	A10版	美丽东莞建设带动城市生态品质提升　东莞：优化生态供给为高质量发展腾空间
187	6月15日	A02版	李玉妹赴东莞开展黑臭水体整治专题调研，强调要深入学习贯彻习近平生态文明思想——坚决打好打赢碧水攻坚战
188	6月15日	DC01版	莞版外资十条出炉，3年安排10亿元专项资金用于开放型经济发展　企业最高可获2.5亿元省市扶持
189	6月15日	A06版	王学成到深莞检查《广东省自主创新促进条例》实施情况强调　推动深入实施创新驱动发展战略
190	6月16日	A03版	空气清新了，环境也好了——广东各地立行立改群众身边环境问题获点赞，中央环保督察组交办案件已办结193件
191	6月19日	A01版	实干担当共治污　勠力同心齐攻坚
192	6月19日	A04版	广东各地热议贯彻落实《行动计划》　让基层有坚强的力量抓党建
193	6月21日	A10版	迈向高质量转型发展　东莞吹响新一轮大招商冲锋号
194	6月21日	DC01版	东莞市产业招商大会今日举行，千名商界精英共商发展大计　三五年内引进一批百亿元产业项目
195	6月22日	A09版	29个重特项目签约　投资金额逾4000亿
196	6月22日	DC01版	东莞产业招商大会　吸金超4000亿——市委书记、市长推介东莞新优势　商界大咖分享投资东莞生意经
197	6月22日	A15版	东莞市滨海湾新区：招商引资超2700亿　产业高地加速崛起
198	6月22日	DC02版	东莞五大优势磁吸企业投资；东莞推荐30个城市更新单元；集中签约项目高大上
199	6月26日	DC02版	东莞多措并举推进中央环保督察回头看转交的群众信访案件整改工作　突出抓好六大重点问题整改

续表

序号	时间	刊载版面	报道标题
200	6月26日	DC02版	东莞三年淘汰造纸产能逾500万吨——一减一增实现过剩产能减量置换与制造业优化升级，助力打赢蓝天保卫战
201	6月29日	DC01版	29个重大项目在产业招商大会上集中签约——东莞何以引来意向资金超4000亿？
202	6月29日	A10版	高效率、高颜值、高智慧——东莞滨海湾新区打造优质营商环境
203	6月29日	DC02版	东莞下月起开展二标四实基础信息采集大走访——第一阶段已采集实有房屋信息115万多条，将实现数据多跑腿，群众少跑腿
204	7月2日	DC01版	梁维东主持召开市委常委会会议时强调　提高思想认识　全面打好污染防治攻坚战
205	7月2日	DC02版	短板逐步补齐，优势更加突出，创新成果不断涌现　东莞加快向创新型一线城市挺进
206	7月3日	DC02版	东莞高新技术企业快速增长，数量稳居全省地级市第一　多项政策红利推进高企培育
207	7月5日	DC01版	中共东莞市委十四届六次全会召开，梁维东代表市委常委会发言　奋力争当全省实现“四个走在全国前列”排头兵
208	7月5日	DC02版	组建专业化协同创新中心，32家新型研发机构累计服务超2万家企业　创新平台提升东莞创新水平
209	7月7日	A06版	东莞探索商事登记制度新模式　1个工作日可完成企业办照
210	7月8日	A02版	傅华到东莞调研宣传思想文化工作，强调加强革命历史宣传　推动红色文化发展
211	7月8日	A08版	视界图片版刊发《世界杯　中国热》
212	7月9日	DC01版	中央环保督察组交办案件办结率近四成　东莞全面发力　推动环境根本性改善
213	7月9日	DC02版	东莞多举措推动技能人才之都建设
214	7月10日	A06—07版	激荡东莞：从农业大县到世界工厂
215	7月10日	A04版	以担当带动担当　以作为促进作为
216	7月11日	A01版	马兴瑞到东莞市调研固废危废污染防治工作
217	7月11日	A03版	施克辉在东莞调研时强调，无私无畏敢于亮剑　坚决深挖打掉黑恶势力保护伞
218	7月12日	A07版	珠江口海域科考首设共享机制企业可借船出海科考
219	7月14日	A01版	珠海东莞等22市新设跨境电商试验区
220	7月17日	A03版	经济增长含金量不断提高　上半年实现6.8%的增长，中国经济迈向高质量发展起步良好
221	7月17日	A12版	东莞电力新动能驱动智能手机产业新发展
222	7月23日	A03版	粤新旧动能转换势头明显，战略性新兴产业正成为创新生力军　创新大省加速迈向创新强省
223	7月23日	DC01版	多渠道加强与港澳地区合作，探讨莞港澳合作模式　东莞加速融入粤港澳大湾区
224	7月24日	DC01版	东莞将发力五大重点新兴产业领域　构建一核三带十区发展布局，到2025年总规模将超40000亿元
225	7月26日	DC02版	东莞再获全省节约集约用地考核一等奖
226	7月26日	DC02版	2018年蓝火计划博士生工作团东莞分团正式组成　34名博士联袂送来锦囊妙计
227	7月27日	DC01版	东莞上半年GDP　同比增长7.8%　增速在全省地级以上市中排名第四，全市经济稳中向好
228	7月28日	A03版	构建一核一带一区区域发展格局　让每个功能区各尽所能各展所长
229	7月28日	A02版	世界杯·东莞造，讲好中国故事的一次积极探索
230	7月30日	DC04版	东莞扫黑除恶同频共振
231	7月31日	A03版	奋力开创全省党的建设和组织工作新局
232	7月31日	DC03版	莞榕计划企业　首批产品在莞发布
233	8月2日	DC01版	中国外贸百强城市2017年榜单蝉联第三位　东莞外贸优进优出实力增强
234	8月3日	DC01版	上半年东莞规上工业利润总额增长18.8%，珠三角九市排名第二

续表

序号	时间	刊载版面	报道标题
235	8月3日	DC02版	推进优质制造工程　塑造东莞品牌形象
236	8月4日	A03版	广东上半年消费市场活跃　跨境电商同比增长82%
237	8月9日	DC01版－DC02版	东莞推动制造业转型升级
238	8月11日	A05版	东莞首批10家友善企业出炉
239	8月14日	DC01版	莞港合作：迈向联合创新
240	8月16日	A05版	东莞　抢抓历史机遇　建设国家创新型城市
241	8月16日	DC01版	市政府常务会议审议通过《关于进一步推动企业上市发展的扶持办法》等事项——莞十条加码扶持企业上市
242	8月21日	DC02版	东莞被评为制造业发展　优秀地级市　或获得省用地指标奖励
243	8月22日	A04版	东莞奋力挺起广深科创走廊的中部脊梁
244	8月22日	A07版	东莞工商、税务、公安部门联手推进　开办企业时间力争压缩至3个工作日
245	8月23日	A05版	40项开放型经济新体制试点成果在全国形成示范效应　拥抱世界：东莞打造全面开放新格局
246	8月23日	DC01版	商事改革创出东莞速度　力争3个工作日完成开办企业流程，并深入推进市场监管体系建设
247	8月24日	DC01版	大国重器通过国家验收投入运行　位于东莞的中国散裂中子源将正式对国内外各领域用户开放
248	8月24日	A05版	传统产业提质增效、新兴产业率先布局、国家大科学装置创新集群涌现　动能升级：发力科创重塑东莞竞争力
249	8月25日	A03版	市场活力全面迸发、城市品质显著提升、城市承载力加速增强　势能汇聚：高质量发展涌现东莞新气象
250	8月28日	DC02版	东莞总结部署城市品质提升工作　抢抓大湾区机遇　谋求高质量发展
251	8月28日	A12版	用超级显微镜　解决卡脖子问题
252	8月29日	A05版	东莞激活共建共治共享细胞　专家称高质量发展离不开高质量的社会治理
253	8月31日	AII01版	市委常委会会议传达学习习近平总书记在全国宣传思想工作会议上的重要讲话精神——立足提升城市品质　推动文化繁荣兴盛
254	9月3日	A07版	穗深莞共建广深科创走廊知识产权保护高地
255	9月4日	DC01版	东莞实施百万劳动力素质提升工程，建立学分银行引导终身学习　打造技能人才之都推动高质量发展
256	9月11日	DC01版	莞商加速全球布局助力城市升级
257	9月11日	DC02版	选取13个村建设美丽乡村示范点
258	9月13日	DC01版	市委常委会会议传达学习贯彻习近平总书记重要讲话精神　全面推进依法治市强化主体责任落实
259	9月14日	DC02版	莞十条加码扶持企业上市
260	9月19日	A10版	东莞召开全市乡村振兴工作推进会，明确2020年底前　逾六成村（社区）达美丽宜居村标准
261	9月20日	A04版	超级显微镜为湾区科技创新赋能
262	9月21日	A08版	补短板提升文化获得感　着力为南粤百姓烹小鲜
263	9月21日	A08版	东莞塘厦：为外来务工者　打造星光大道
264	9月22日	A02版	2018年莞港产业合作联合推介会在香港举行　21个产业项目签约投资额约350亿元
265	9月22日	A10版	2018年莞港产业合作联合推介会在港举行　莞港携手共迎粤港澳大湾区新机遇
266	9月25日	A08版	粤港澳大湾区首届职业技能大赛圆满举行　湾区工匠荟萃　焊出交流火花
267	9月27日	A08版	东莞改革攻坚再出发　为高质量发展积蓄新动能
268	9月28日	DC01版	战略性新兴产业落户　龙头企业增资扩产——东莞首批28个重大项目集中开工，两批项目年底前力争完成总投资250亿元

续表

序号	时间	刊载版面	报道标题
269	9月28日	A05版	凝聚推动科技创新的磅礴力量　省科协为创新驱动发展添砖加瓦
270	9月29日	A02版	倍增企业强劲增长，带动东莞规上工业利润增速居珠三角第二　东莞启动倍增计划升级版
271	10月9日	DC02版	去年东莞拥有37.63万户私营企业和58.69万户个体工商户　民营经济纳税占比近七成
272	10月12日	A07版	高标准规划　高品质建设　高效能管理　东莞市滨海湾新区加速融入粤港澳大湾区
273	10月12日	A08版	东莞入户新政10月15日起实施　满两个5年可申请最快下月初领户口簿
274	10月12日	A09版	全省掀起森林城市建设高潮，18个市加入建设森林城市行列　珠三角国家森林城市群　建设示范效应全面释放
275	10月13日	A04版	2018海丝博览会25日开幕，展览面积达7万平方米　57国家及地区1732企业参展
276	10月16日	DC01版	市委常委会会议传达贯彻省委十二届五次全会精神　不折不扣完成东莞深化机构改革各项任务
277	10月18日	头版	四川省党政代表团来粤考察　共商加强扶贫协作和深化合作事宜
278	10月18日	特刊	东莞弄潮——改革开放四十周年的东莞密码
279	10月18日	A10版	平安蓝守护城市更美丽更和谐——东莞公安强化勤务反应机制，警力深入一线24小时无缝对接，营造平安祥和氛围
280	10月22日	A07版	从效率变革方程式看粤企转型升级　广东企业全球突围战
281	10月23日	DC02版	入选全国供应链创新与应用试点城市　东莞力争2020年形成智慧供应链体系
282	10月23日	A10版	东莞投50亿元建造材料实验室
283	10月25日	A15版	2018海丝博览会今开幕——海丝博览会已成广东参与“一带一路”建设重要平台
284	10月25日	A15版	东莞部署38项营商环境综合改革，为企业提供全生命周期服务链　试点开办企业时间3个工作日完成
285	10月26日	A15版	2018海丝博览会在东莞开幕　57国家地区1732家企业参展
286	10月26日	DC01版	高端电子信息产品惊艳亮相
287	10月26日	DC04版	东莞中考在2021年实施若干项改革，政策解读新闻发布会昨日举行　今秋入学初一新生成改革后首批考生
288	10月26日	A21版	在八方面部署38项改革　探索建立高质量发展体制机制　东莞加速打造营商环境高地
289	10月30日	DC01版	市委常委会召开扩大会议　传达学习贯彻习近平总书记视察广东重要讲话精神
290	10月30日	DC01版	前三季度东莞GDP同比增7.5%达6073.34亿元　增速高于同期全国全省平均水平
291	10月30日	DC02版	《东莞市关于形成全面开放新格局的行动方案》获市政府常务会议审议通过　实施六大率先战略　推进开放型经济新体制改革
292	10月30日	A12版	东莞智造与粤港澳大湾区同频共振　深度参与国际科技创新中心建设，打造美丽东莞融入大湾区优质生活圈
293	10月30日	DC02版	半小时交通圈逐渐形成，高端要素流入加速　东莞剑指粤港澳大湾区先进制造中心
294	10月31日	A04版	切实把总书记重要讲话精神落到实处
295	11月1日	DC01版	市委常委会审议通过《中共东莞市委关于认真学习宣传贯彻习近平总书记视察广东重要讲话精神的通知》——迅速掀起学习宣传贯彻热潮扎实深入开展专题调研
296	11月1日	DC03版	第十二届广东东莞模具制造·机械展览会今日开幕　推动产业创新发展　打响横沥模具品牌
297	11月2日	DC01版	第四届智博会本月底在东莞广东现代国际展览中心举行　逾千家机器人企业参展
298	11月3日	A02版	2018年粤港澳大湾区院士峰会暨第四届广东院士高峰年会开幕　马兴瑞周济出席活动
299	11月3日	A02版	邹铭到东莞调研基层组织建设强调　推动学习贯彻工作在基层落地见效
300	11月3日	A06版	第十七届中国（大朗）国际毛织产品交易会开幕　织城大朗引领毛织产业新潮流
301	11月4日	A04版	粤省部级以上创新平台超过300个　产学研为广东创新注入强大动力

续表

序号	时间	刊载版面	报道标题
302	11月5日	A08版	东莞企业家热议习近平总书记民营企业座谈会重要讲话　锻造核心竞争力积极融入大湾区建设
303	11月6日	DC02版	东莞各地迅速学习宣传贯彻习近平总书记视察广东重要讲话精神　紧抓历史机遇构建新格局
304	11月6日	DC03版	第十届漫博会聚焦专业活动、鼓励原创　助力莞企开拓动漫商业版图
305	11月7日	A01版	虎门港综合保税区获国务院批复　为东莞第二个国家级开发区
306	11月9日	A06版	东莞市委书记、市人大常委会主任梁维东：坚持不懈深化改革开放，举全市之力参与粤港澳大湾区建设——努力在改革开放再出发中走在前列
307	11月9日	DC01-02版	东莞：打造粤港澳大湾区先进制造业中心
308	11月9日	DC03版	第十一届东莞新闻奖评选结果揭晓
309	11月12日	A10版	以改革营造最优营商环境，重塑面向全球化的更高层次开放格局　为打造国际一流湾区贡献东莞力量
310	11月13日	A18版	从制造迈向创造　动漫助力莞企转型升级　第十届漫博会15—18日在东莞举行
311	11月15日	DC01版	东莞吹响新一轮大发展冲锋号　扶持非公有制经济高质量发展措施50条出台
312	11月15日	DC02版	第十届漫博会今日开幕　聚焦动漫版权交易　搭建产业对接平台
313	11月15日	DC02版	东莞山、水、城规划成果通过专家评审　打造生态宜居的城市中心区
314	11月16日	A10版	漫博会在东莞开幕　国内外知名动漫IP齐亮相
315	11月16日	DC02版	吹响非公经济发展新号角　解读东莞促进非公经济高质量发展配套政策系列报道1
316	11月16日	DC01版	市政府常务会议审议通过一批重大事项　养犬管理条例纳入立法计划
317	11月16日	DC01版	东莞CBD优化方案通过专家评审　将从中央商务区向国际性中央活动区转变
318	11月17日	A06版	真抓实干圆满完成发行任务
319	11月18日	A11版	新动漫绽放新精彩　第十届漫博会在东莞完美收官
320	11月18日	A07版	2018东莞台湾名品博览会今日闭幕，总交易额达23.83亿元
321	11月20日	A08版	东莞拟三年撬动400亿元缓解民企融资难
322	11月20日	AII02版	东莞自由职业者或可申请公积金贷款买房
323	11月21日	A01版	虎门二桥主线全线贯通
324	11月22日	DC01版	全方位提升东莞城市形象和美誉度
325	11月22日	A05版、DC03版	东莞未来三年将为非公经济减负300亿
326	11月22日	DC02版	省民企百强榜单出炉　东莞5家企业上榜
327	11月23日	DC01版	东莞创新竞争力全国排名第18位
328	11月23日	DC02版	多措并举提升非公企业创新能力、搭建线上平台　引导金融活水滴灌非公企业
329	11月23日	AII03版	动漫原创力，燃动东莞转型梦
330	11月23日	DC03版	第十届塘厦高博会开幕
331	11月24日	05版	粤港澳交叉科学中心在东莞揭牌
332	11月27日	头版	智博会今开幕　将有1600多家国内外知名机器人及智能装备类企业到东莞参展
333	11月27日	DC02版	第四届智博会今日开幕，1675家国内外企业参展　参展莞企数量比上届增加近三成
334	11月27日	A08版	探索粤港澳非遗保护合作新路径　融合湾区资源　创新非遗业态
335	11月29日	DC02版	全球逾八成知名智能装备企业亮相智博会——产业机器人玩转十八般武艺
336	11月29日	DC02版	鼓励非公经济向公共事业投入——东莞重点领域民资准入迎新突破
337	11月29日	DC01版	东莞和中科院签署南方光源共建协议，又一国之重器有望落户　大科学装置双子星构建世界级创新集群
338	11月30日	DC02版	逾百家企业齐聚中国国际数控刀具节，专家探讨数控刀具转型之路　改良自身工艺布局新兴产业

续表

序号	时间	刊载版面	报道标题
339	11月30日	A07版	深化改革拓展空间　东莞未来三年力争实现城市更新3万亩
340	12月1日	A05版	陈良贤赴东莞调研　扎实促进中小企业民营经济发展
341	12月1日	A05版	世界最大水下铁路盾构穿越狮子洋
342	12月3日	A03版	率先打出招商引资组合拳，强力推进产业招商　东莞今年前10月投资金额同比增长47.1%
343	12月3日	A12版	85个项目集中动工签约，投资额超280亿元　掀产业共建新热潮　努力实现高质量发展
344	12月4日	DC02版	央视推出改革开放40周年纪录片　东莞户籍、社保改革亮相首集
345	12月6日	A02版	王伟中会见东莞市党政代表团　深入推动深莞两地务实合作
346	12月9日	头版	坚持公益助学30年，东莞坤叔宣布退出一线助学工作　谁说我做的事情没有回报!
347	12月10日	A10版	东莞：做好人才工作厚植发展新优势
348	12月10日	A18版	让城市更加干净安全有序
349	12月11日	A11版	东莞高层次人才活动周启动
350	12月12日	A08版	打造城乡等值，共存共荣，共建共享的城乡融合2.0版规划引领　擘画东莞乡村振兴新蓝图
351	12月13日	A10版	松山湖打造粤港澳大湾区科技创新合作示范区
352	12月13日	A8版	2018世界莞商大会今日启幕　世界莞商凝心聚力再创辉煌
353	12月14日	A08版	2018世界莞商大会吸引全球目光　世界莞商　开放创新立潮头　演绎传奇再起航
354	12月14日	AT01-08版	筑梦新时代　2018世界莞商大会特刊
355	12月15日	A05版	莞商大会现场签约项目投资超300亿——东莞市委书记梁维东：当好莞商创新创业的坚强后盾
356	12月16日	A01版	中国最佳旅游目的地城市榜单出炉
357	12月17日	A12版	2018世界莞商大会取得丰硕成果
358	12月18日	头版	李希马兴瑞李玉妹王荣等参观　大潮起珠江——广东改革开放40周年展览
359	12月18日	DC01版	2018年度广东各市开办企业便利度评估报告出炉，东莞连续三年居地级市首位——东莞开办企业跑动次数全省最少
360	12月18日	A06版	广东大美画卷——壮阔大潮起珠江　改革开放看吾乡
361	12月19日	A11版	习近平总书记在庆祝改革开放40周年大会上的重要讲话在广东各界引起热烈反响——坚定不移把改革开放推向深入　更好服务全国改革发展大局
362	12月20日	DC02版	推动东莞在新时代　改革开放中走在前列
363	12月20日	A12版	2018年前11月广东进出口增长7%　民企成主要增长点　贡献度达90.8%
364	12月20日	A14版	东莞市沙田镇：提升城市品质　融入大湾区建设
365	12月21日	A10版	投资近140亿重大项目落地，粤港澳大湾区产业生态圈加速迭代升级　松山湖吹响新一代智能制造产业集结号
366	12月24日	A08版	活力湾区：打造有全球竞争力营商环境
367	12月25日	A06版	广东力推科技创新，区域创新综合能力居全国首位　从引进先进技术到打造创新高地
368	12月25日	DC01版	启动“莞邑春晚”新年系列文艺活动，用艺术形式全面展示城市巨变　东莞以文化滋养城市生活
369	12月26日	A15版	东莞：推进平安文化建设　走出社会治理新路
370	12月27日	A06-07版	东莞：奋进40年扬帆再启航　迈向高质量发展新征程
371	12月27日	DC02版	改革开放初期，在全国首创过桥收费还贷模式　高埗大桥故事　被拍成纪录片
372	12月27日	DC01版	市委常委会传达学习贯彻习近平总书记在中央经济工作会议上的重要讲话精神　解决制约东莞发展的重点难点问题
373	12月27日	A05版	东莞理工学院实现产学研深度融合　无缝对接产业　输送“抢手人才”
374	12月28日	DC01版	中共东莞市委十四届七次全会召开，动员部署全市深化机构改革

续表

序号	时间	刊载版面	报道标题
375	12月28日	DC01版	人民日报再度聚焦东莞！点赞东莞转型升级之路
376	12月28日	A03版	便民开锁指尖办、案件进度随时查……粤警再推77项服务事项上线“粤省事”
377	12月29日	A05版	44元或42元？虎门二桥收费方案听证

2018年广东卫视《广东新闻联播》涉莞重要报道选录表

序号	时间	报道标题
1	1月2日	习近平主席新年贺词引发强烈反响
2	1月3日	广东：优化商事登记制度　充分激发市场活力
3	1月8日	广东：把党建工作嵌入城市发展的经络中
4	1月11日	虎门二桥大沙水道桥成功合龙
5	1月12日	2017年广东宣传思想文化工作回顾
6	1月15日	中国品牌　筑梦全球（上）
7	1月18日	中国品牌　筑梦全球（下）
8	1月22日	虎门二桥建设工地上的“特殊党课”
9	1月29日	小强观察：粤港澳大湾区建设
10	2月5日	广东团代表热烈拥护习近平当选国家主席、中央军委主席
11	2月6日	东莞将取消积分制入户　放宽八类群体落户限制
12	2月8日	春节临近客流增大　广东各地调整保障措施确保旅客顺畅回家
13	2月9日	做好安全服务保障　共筑平安暖心春运
14	2月11日	广东：推进农村集体产权股份改革　强化乡村振兴制度性供给
15	2月15日	东莞：打响历史牌　提升旅游竞争力
16	2月21日	春节黄金周景区火爆　公安交警全力保安全
17	2月21日	东莞大朗：文明建设助推经济腾飞
18	2月23日	广东：各行各业干劲十足投入开年工作
19	2月25日	虎门二桥：260米高空上的坚守
20	2月25日	马兴瑞赴东莞市调研广东省实验室建设工作　努力打造国际一流实验室
21	2月28日	东莞依托散裂中子源打造创新驱动发展新高地
22	3月7日	习近平总书记在参加广东代表团审议时的重要讲话引起热烈反响
23	3月10日	为实现中国梦贡献巾帼力量
24	3月11日	为全国全省发展大局担当使命多作贡献
25	3月11日	广东代表团举行全体会议　审议“两高”工作报告
26	3月11日	黄建平：以党建文化引领民企文化建设
27	3月12日	代表委员热议：营造共建共治共享社会治理格局
28	3月15日	习近平总书记重要讲话在南粤各界群众中引发热烈反响
29	3月23日	学习贯彻落实习近平总书记重要讲话精神——广东各地传达贯彻习近平总书记重要讲话精神及全国“两会”精神
30	3月26日	“国之重器”——中国散裂中子源按期高质通过验收
31	3月30日	李希在东莞调研时强调　切实把思想和行动统一到总书记重要讲话精神上来　为全省实现“四个走在全国前列”作出重大贡献
32	3月31日	东莞：发力科技创新　推动高质量发展
33	4月5日	东莞：打造创新高地制高点　推动经济高质量发展
34	4月13日	第十届中国加工贸易产品博览会将于19日在东莞召开

续表

序号	时间	报道标题
35	4月13日	全国数字经济体量达到26.7万亿元，广东连续三年排名第一
36	4月14日	东莞：深化商事制度改革　增创营商环境新优势
37	4月18日	学习贯彻落实习近平总书记重要讲话精神
38	4月19日	第十届中国加工贸易产品博览会在东莞开幕
39	4月25日	广东：让绿色优势转化为发展优势
40	5月1日	东莞潢涌村：“造纸村”的转型路
41	5月9日	广东：构建“互联网+”条件下教育新模式
42	5月12日	聚焦第十四届文博会：紧扣时代主线　激发文化活力
43	5月21日	中国散裂中子源首次向公众开放　上千市民探访“国之重器”
44	5月23日	庆祝改革开放40年　广东两部重点影视剧开机
45	5月24日	“学习杯”全民经典朗读活动东莞赛区今日启动
46	5月26日	虎门二桥主桥桥梁段今天全线合龙
47	6月1日	广东：坚决完成好污染防治攻坚战
48	6月2日	儿童节：快乐与关爱
49	6月10日	省委全会与会人员：激发新担当新作为的睿智干劲　激荡改革开放再出发的豪情壮志
50	6月12日	广东多地强力推进督察组交办案件办理
51	6月13日	深入学习贯彻习近平生态文明思想　坚决打赢污染防治攻坚战　李希赴深圳东莞调研督办茅洲河污染治理情况
52	6月14日	广东：以新担当新作为努力开创各项工作新局面
53	6月14日	东莞、潮州立行立改中央环保督察组交办案件
54	6月15日	广东召开新时代激励干部新担当新作为暨加强改进选调生工作座谈会
55	6月21日	广东：认真落实整改要求　打好环境保护攻坚战
56	6月21日	东莞：发布重大招商政策　项目最高扶持近2亿元
57	6月22日	广东省首个乡镇人大工作示范点在东莞市大朗镇揭牌
58	7月5日	广东：服务经济社会发展　精准培养高技能人才
59	7月8日	深化全域创建 提升精神文明建设水平
60	7月11日	马兴瑞到东莞市调研固废危废污染防治工作
61	7月14日	上半年广东空气质量优良率达88.4%　集中式饮用水源达标率为100%
62	7月16日	“学习杯”全民经典朗读活动广东省决赛在东莞举行
63	7月25日	省防总召开全省视频会议　时刻把人民群众的生命安全放在首位　全力做好下半年防汛抗洪防台风工作
64	7月29日	东莞：奋力争当全省实现“四个走在全国前列”排头兵
65	8月4日	广东：“实体经济十条”土地扶持政策为企业减负逾百亿元
66	8月10日	智慧书香溢南国
67	8月17日	广东：智能制造促企业提质增效降本　多措并举支持实体经济发展
68	8月25日	“国之重器”——中国散列中子源项目通过国家验收
69	8月26日	30支精英队伍闯进全球大数据创新创业大赛复赛
70	8月28日	广东：上半年投资运行“两稳一快一优”
71	9月1日	广东省第八届残运会在肇庆圆满闭幕
72	9月3日	扫黑除恶专项斗争中央督导在广东——全省各地各部门贯彻落实中央扫黑除恶第8督导组督导广东省工作动员会精神　确保扫黑除恶专项斗争工作落细落实
73	9月19日	广东逾八万人大代表集中开展“更好发挥代表作用”主题活动
74	9月23日	东莞：警方连根拔掉“村霸”团伙

续表

序号	时间	报道标题
75	9月27日	东莞：28个重大项目集中开工　总投资169亿元
76	10月7日	天凉好个秋　出游正当时
77	10月8日	“平安”不打烊！广东交警国庆坚守岗位确保道路畅通
78	10月12日	2018“海丝博览会”10月25日在东莞开幕
79	10月24日	广东：“全域旅游”描绘乡村振兴新蓝图
80	10月25日	广东“21世纪海上丝绸之路”国际博览会在东莞开幕
81	10月28日	全省传达学习贯彻习近平总书记视察广东重要讲话精神干部大会召开
82	11月1日	广东各地迅速掀起学习贯彻习近平总书记视察广东重要讲话精神热潮
83	11月3日	2018年粤港澳大湾区院士峰会暨第四届广东院士高峰年会在东莞开幕
84	11月3日	推动学习贯彻工作在基层落地见效
85	11月5日	海峡两岸媒体走访广东三地　看改革开放40年发展成就
86	11月8日	第三届智博会将于11月28日在东莞开幕
87	11月12日	虎门二桥开始钢桥面铺装　预计明年5月通车
88	11月16日	第十届漫博会在东莞开幕　国际化程度历届最高
89	11月16日	2018东莞台湾名品博览会今天开幕
90	11月17日	漫博会：为海内外动漫企业搭建资源对接平台
91	11月8日	漫博会：漫画“大咖”组团亮相　互动体验精彩纷呈
92	11月20日	虎门二桥主线全面贯通　2019年5月建成通车
93	11月27日	中欧班列上的丝路故事（一）：从远隔天涯到近若比邻
94	11月28日	东莞：第四届智博会开幕　全球智能装备云集
95	11月29日	古丝绸之路焕发勃勃生机
96	12月1日	世界最大水下城际铁路盾构胜利穿过狮子洋
97	12月2日	扎扎实实做好促进中小企业民营经济发展工作
98	12月3日	广东经济形势报告会引反响　经济发展信心增强
99	12月3日	“中国毛织第一村”——大朗巷头村的改革印记
100	12月4日	广东首创“外贸大包干”方案——广东诞生第一家“三来一补”企业
101	12月5日	东莞长安:从农业小镇到智能手机特色镇
102	12月10日	东莞：打造粤港澳大湾区科技人才聚集地
103	12月14日	2018世界莞商大会开幕

2018年东莞市先进工作单位名单

一、2018年度规模效益成长性排名前20名企业名单

（一）千亿级企业：

华为系工业企业〔含华为终端（东莞）有限公司等2家工业企业〕

步步高系工业企业（含东莞市欧珀精密电子有限公司等5家工业企业）

（二）百亿级企业：

东莞市富之源饲料蛋白开发有限公司

广东电网有限责任公司东莞供电局

玖龙纸业（东莞）有限公司

东莞创机电业制品有限公司

（三）十亿级企业：

东莞华科电子有限公司

广东百果园农产品初加工有限公司

东莞市慕思寝室用品有限公司

康舒电子（东莞）有限公司

东莞市泰昌纸业有限公司

实盈电子（东莞）有限公司

东莞东山精密制造有限公司

米亚精密金属科技（东莞）有限公司

东莞理文造纸厂有限公司
东莞建晖纸业有限公司
东莞顺裕纸业有限公司
东莞市以纯集团有限公司
广东众生药业股份有限公司
信义超薄玻璃（东莞）有限公司

二、2018年度实际出口总额前20名企业名单
华为终端有限公司
东莞市欧珀精密电子有限公司
广东跨境达商贸有限公司
东莞三星视界有限公司
东莞创机电业制品有限公司
维沃通信科技有限公司
东莞技研新阳电子有限公司
东莞市众佑进出口有限公司
东莞市巴币电子商务有限公司
东莞市欧悦通电子有限公司
京瓷办公设备科技（东莞）有限公司
东莞时力科技电子厂
东莞华贝电子科技有限公司
东莞富强电子有限公司
天弘（东莞）科技有限公司
东莞飞力达供应链管理有限公司
达创科技（东莞）有限公司
阿里巴巴一达通企业服务（东莞）有限公司
群光电子（东莞）有限公司
东莞桥头中星电器有限公司

三、2018年度主营业务收入前20名企业名单
步步高系
华为系
东莞华贝电子科技有限公司
玖龙纸业（东莞）有限公司
东莞京东利昇贸易有限公司
东莞三星视界有限公司
东莞创机电业制品有限公司
东莞农村商业银行股份有限公司
东莞银行股份有限公司
东莞市思贝克电子商务有限公司
东莞市富之源饲料蛋白开发有限公司
广东烟草东莞市有限公司
广东理文造纸有限公司
东莞富强电子有限公司
东莞技研新阳电子有限公司
东莞盛世东胜格力贸易有限公司
广东美宜佳便利店有限公司
东莞市宏川化工供应链有限公司
广东生益科技股份有限公司
东莞三星电机有限公司

四、2018年度东莞市效益贡献企业名单
华为系
步步高系
广东烟草东莞市有限公司
东莞农村商业银行股份有限公司
广东电网有限责任公司东莞供电局
玖龙纸业（东莞）有限公司
东莞市桃源商住建造有限公司
东莞市以纯集团有限公司
东莞冠亚环岗湖商住区建造有限公司
广东理文造纸有限公司
东莞市万胜房地产有限公司
东莞银行股份有限公司
东莞虎门鸿艺房地产开发有限公司
保利（东莞）投资有限公司
广东虎门大桥有限公司
东莞市和越投资有限公司
东莞三星视界有限公司
东莞徐记食品有限公司
东莞市麻涌镇房地产开发公司（碧海蓝湾花园）
康舒电子（东莞）有限公司
东莞市万宏房地产有限公司
东莞市石碣碧桂园房地产开发有限公司
中国工商银行股份有限公司东莞分行
东莞市金舜房地产投资有限公司
东莞市广兴五金有限公司
东莞建晖纸业有限公司
东莞市大朗碧桂园实业投资有限公司
中国平安财产保险股份有限公司东莞分公司
东莞市天林名苑房地产开发有限公司
东莞雀巢有限公司
招商银行股份有限公司东莞分行
东莞发展控股股份有限公司
东莞市金地宝岛房地产有限公司
广东生益科技股份有限公司
东莞市香堤雅境花园建造有限公司
东莞骏豪房地产开发有限公司
东莞信托有限公司
东莞市盈丰房地产开发有限公司
东莞市虎门增亿实业投资有限公司
东莞金洲纸业有限公司
东莞高豪花园建造有限公司
中国银行股份有限公司东莞分行
东莞市中信凯旋城房地产开发有限公司
东莞华科电子有限公司
东莞市合和实业投资有限公司
广东鸿特普惠信息服务有限公司
中国建设银行股份有限公司东莞市分行
东莞市卓越天城房地产开发有限公司
中国人民财产保险股份有限公司东莞市分公司

中国农业银行股份有限公司东莞分行
东莞市路桥投资建设有限公司
东莞市清溪碧桂园房地产开发有限公司
东莞理文造纸厂有限公司
中信银行股份有限公司东莞分行
东莞市盈雁房地产开发有限公司
信义超薄玻璃（东莞）有限公司
东莞市汇景凯伦湾房地产开发有限公司
东莞市三正雁田房地产开发有限公司
广东众生药业股份有限公司
东莞市唯美集团
东莞京东利昇贸易有限公司
东莞市长裕富泽园建造有限公司
东莞市慕思寝室用品有限公司
东莞证券股份有限公司
东莞搜于特股份有限公司
东莞市金地房地产投资有限公司
东莞市中海康华房地产开发有限公司
罗门哈斯电子材料（东莞）有限公司
东莞弘景置业有限公司
东莞中电第二热电有限公司
东莞市万旭房地产有限公司
广州港新沙港务有限公司
东莞京滨汽车电喷装置有限公司
平安银行股份有限公司东莞分行
东莞市御筑房地产有限公司
东莞创机电业制品有限公司
东莞银行股份有限公司东莞分行
首铸一号（东莞）房地产有限公司
东莞市天伦实业有限公司
广东润星科技有限公司
东莞市光大房地产开发有限公司
东莞市三元盈晖投资发展有限公司
东莞市兴业广场房地产有限公司
东莞新能源科技有限公司
东莞市幸福家园建造有限公司
东莞庄士房地产开发有限公司
东莞虎门万达广场投资有限公司
东莞顺裕纸业有限公司
广东美宜佳便利店有限公司
东莞市东城房地产开发公司（嘉宏锦园）
实盈电子（东莞）有限公司
东莞市紫岸花城房地产开发有限公司
中国太平洋财产保险股份有限公司东莞分公司
东莞市大岭山碧桂园房地产开发有限公司
米亚精密金属科技（东莞）有限公司
东莞市鼎峰花园建造有限公司
广东都市丽人实业有限公司
华润雪花啤酒（广东）有限公司
东莞市盈盛房地产开发有限公司
东莞市星河传说商住区有限公司
东莞市泰昌纸业有限公司
东莞市富之源饲料蛋白开发有限公司
华为投资控股有限公司
东莞新奥燃气有限公司
东莞市正易投资有限公司
东莞市世博新天地物业投资有限公司
东莞市星城绿湖风景房地产有限公司
广东坚朗五金制品股份有限公司
中国电子东莞产业园有限公司
东莞恩斯克转向器有限公司
东莞市中海嘉业房地产开发有限公司
东莞市天安数码城有限公司
易事特集团股份有限公司
东莞名流置业有限公司
东莞市潢涌银洲纸业有限公司
广东百果园农产品初加工有限公司
东莞市合和城辉房地产投资有限公司
东莞市万都房地产有限公司
东莞市鹏跃置业有限公司
东莞市东盈实业投资有限公司
东莞东山精密制造有限公司

五、2018年度园区工作优秀单位（共3个）

松山湖管委会、滨海湾新区管委会、水乡特色发展经济区管委会。

六、2018年度领导班子工作优秀镇（街道）（共11个）

东城街道、南城街道、麻涌镇、茶山镇、清溪镇、长安镇、寮步镇、石碣镇、沙田镇、常平镇、东坑镇。

七、2018年度领导班子工作良好镇（街道）（共11个）

中堂镇、道滘镇、企石镇、黄江镇、万江街道、谢岗镇、望牛墩镇、横沥镇、石排镇、虎门镇、洪梅镇。

八、2018年度综合排名进步前三名镇（街道）

企石镇、石碣镇、常平镇。

九、2018年度工作优秀市直单位（共36个）

经济建设类市直单位：市财政局、市发展和改革局、市统计局、市国土资源局、市经济和信息化局、市环境保护局、市城乡规划局、市商务局、市科学技术局、市水务局、市住房和城乡建设局。

社会建设类市直单位：市委政法委（市社会工作委员会）、市公安局（市公安消防局）、市教育局、市人民检察院（市第一、第二、第三市区检察院）、市人力资源局（市新莞人服务管理局）、市中级人民法院（市第一、第二、第三人民法院）、市工商行政管理局、市城市综合管理局、市文化广电新闻出版局、市卫生和计划生育局、市地震局。

党建综合类市直单位：市委办公室、市委组织部、市纪委机关、市人大机关、市政协机关、市政府办公室（市金融工作局）、市委宣传部、市编办、市委统战部、市委政策研究室（市委改革办）、市委党校、市审计局、市机关事务管理局、市侨联。

十、2018年度工作良好市直单位（共33个）

经济建设类市直单位：市安全生产监督管理局、市交通运输局、市城建工程管理局、市农业局、市经协办、市林业局、市公路管理局、市旅游局、市国资委、市土地储备中心。

社会建设类市直单位：市司法局、市体育局、市社会保障局、市民族宗教事务局、市民政局、市食品药品监督管理局、市外事侨务局、市质量技术监督局、市住房公积金管理中心、市打私办。

党建综合类市直单位：市妇联、东莞日报社、东莞广播电视台、市总工会、团市委、市委老干部局、市法制局、市政务服务办公室、市直属机关工作委员会、市接待办、市人民政府驻北京联络处、市档案局（馆）、市人民政府驻广州办事处。

十一、2018年度工作优秀中央和省驻莞单位（共10个）

国家税务总局东莞市税务局、东莞海关、广东电网有限责任公司东莞供电局、国家统计局东莞调查队、中国电信股份有限公司东莞分公司、市武警支队、中国建设银行股份有限公司东莞市分行、市气象局、中国移动通信集团广东有限公司东莞分公司、市国家安全局。

十二、2018年度全市“单打冠军”（共87项）

（一）园区部分（共4项）

全国安全生产监管监察先进单位：松山湖管委会。

广东省循环经济工业园：松山湖管委会。

东莞港“湾区快线”产业服务创新体系项目：滨海湾新区管委会。

滨海湾新区环境品质提升工程：滨海湾新区管委会。

（二）镇（街道）部分（共56项）

全国示范农家书屋：莞城街道。

广东省健康促进示范单位：洪梅镇、沙田镇、长安镇、企石镇、东坑镇、万江街道、清溪镇、厚街镇、麻涌镇、黄江镇、桥头镇、谢岗镇、塘厦镇、高埗镇、石碣镇、樟木头镇、大岭山镇、茶山镇、中堂镇、横沥镇、虎门镇、石龙镇、莞城街道。

广东省家庭文明建设示范点：横沥镇、莞城街道。

广东省“民主法治村（社区）”：32个镇（街道）。

广东省科普示范镇：清溪镇、黄江镇、麻涌镇、东城街道、莞城街道。

广东省社区禁毒社区康复工作示范点：横沥镇、麻涌镇、厚街镇、莞城街道、东城街道、虎门镇。

广东省县乡人大工作和建设先进集体：茶山镇、大朗镇、虎门镇。

省级充分就业星级社区：东城街道、万江街道、虎门镇。

“青少年零犯罪零受害社区（村）”试点单位：常平镇、凤岗镇、虎门镇。

全国民主法治示范村（社区）：大朗镇、东城街道。

全国职工书屋示范点：东城街道。

全国三八红旗集体：东城街道。

广东省科普信息化试点县：莞城街道、南城街道、麻涌镇、东城街道。

全国综合减灾示范社区：长安镇、茶山镇、企石镇、东城街道、常平镇、厚街镇、凤岗镇、横沥镇、东坑镇、南城街道。

广东省宜居社区：东城街道、虎门镇、中堂镇、厚街镇、沙田镇、寮步镇、大朗镇、黄江镇、大岭山镇、樟木头镇、塘厦镇、桥头镇、常平镇、横沥镇、东坑镇、茶山镇、石龙镇、万江街道、中堂镇、企石镇。

广东省“儿童友好示范社区”：塘厦镇、清溪镇、桥头镇、东城街道。

全国优质服务示范社区卫生服务中心：麻涌镇、大岭山镇、寮步镇、石龙镇、沙田镇、大朗镇。

广东省社会治安治理先进集体：石龙镇。

国家义务教育质量监测实施“县级优秀组织单位”：大朗镇、莞城街道、虎门镇、万江街道。

广东省热心消防公益事业先进集体：万江街道、南城街道。

广东省“平安家庭”示范村（社区）：沙田镇、东城街道。

广东省“民主法治村（社区）”创建单位：莞城街道、石龙镇、虎门镇、东城街道、南城街道、中堂镇、万江街道。

广东省科普示范社区：南城街道、黄江镇。

2018年“科普中国”落地应用e站科普示范社区：莞城街道、麻涌镇、南城街道。

广东省“互联网+”创建小镇：南城街道。

广东省十八届“体育节”活动优秀组织奖：麻涌镇、东城街道、南城街道。

创新人才工作机制改革：东城街道。

构建“一平台三工程”市场监管体系：厚街镇。

推进粤港澳大湾区科技创新合作：常平镇。

全国农村幸福社区建设示范单位：中堂镇。

新时代文明实践中心省级试点单位：中堂镇。

广东省“巾帼文明岗”：麻涌镇。

广东省五四红旗团委：沙田镇、东城街道、长安镇、石碣镇。

广东省休闲农业与乡村旅游示范镇：石碣镇。

广东省工商联系统“四好”商会：黄江镇、石碣镇。

广东省特级档案工作目标管理单位：高埗镇。

广东省交通安全文明示范社区：高埗镇。

广东省青年文明号：高埗镇。

广东省青年文明号创建活动“优秀组织奖”：黄江镇。

广东省全国科普日表扬组织单位：莞城街道、高埗镇。

广东省森林小镇：黄江镇、洪梅镇、樟木头镇、麻涌镇、望牛墩镇。

广东省社区教育实验区：长安镇、万江街道、沙田镇、虎门镇、厚街镇、大朗镇、大岭山镇、南城街道、樟木头镇、高埗镇、石碣镇、望牛墩镇、东城街道、中堂镇、麻涌镇、塘厦镇、石龙镇、寮步镇、桥头镇、东坑镇、常平镇、清溪镇、凤岗镇、道滘镇、企石镇、茶山镇。

广东省民间文化艺术之乡：清溪镇、厚街镇、道滘镇。

广东省第三批“妇女之家”示范点：道滘镇。

全国法治创建活动先进单位：长安镇。

广东省县一级公共图书馆：石龙镇、塘厦镇、虎门镇、长安镇、麻涌镇、常平镇、莞城街道。

广东省体育工作突出贡献单位：长安镇。

全国先进司法所：黄江镇。

广东省级农村学校艺术教育实验县：凤岗镇。

广东省最美志愿服务社区：企石镇。

广东省级园林城镇：茶山镇。

广东省三星级养老机构：茶山镇。

国家外贸转型升级基地（服装）：大朗镇。

广东省乡镇人大工作示范点：大朗镇。

党的十九大安保维稳重大专项活动先进集体：大朗镇。

广东省学雷锋活动示范点：南城街道。

（三）市直单位部分（共39项）

广东省建设工程项目审批制度专项改革试点城市：市发展和改革局。

重大项目“百日攻坚”大会战：市发展和改革局。

广东省中小企业监测工作先进单位：市经济和信息化局。

全国农村集体产权制度改革试点：市农业局。

广东省森林资源保护和发展目标责任制考核优秀：市林业局。

全国构建开放型经济新体制综合试点试验城市：市商务局。

国家跨境电子商务综合试验区：市商务局。

全国供应链创新与应用试点城市：市商务局。

全省节约集约用地优秀单位：市国土资源局。

完善土地二级市场改革：市国土资源局。

全省“扫黄打非”工作先进地区：市文化广电新闻出版局。

2018年广东省文化市场综合执法岗位练兵技能竞赛决赛团体奖：市文化广电新闻出版局。

全国中小学生研学实践教育基地：市文化广电新闻出版局。

国家技能人才培育突出贡献单位：市人力资源局。

全省保障农民工工资支付工作考核等级A级：市人力资源局。

全国清理整顿人力资源市场秩序专项行动表扬单位：市人力资源局。

公立医院综合改革成效较为明显的市：市卫生和计划生育局。

全国流动人口动态监测调查优秀单位：市卫生和计划生育局。

广东省流动人口卫生计生基本公共服务均等化工作示范区：市卫生和计划生育局。

广东省严重精神障碍管理治疗工作先进市：市卫生和计划生育局。

全国法院先进集体：市中级人民法院。

广东省五一劳动奖状：市中级人民法院。

全国模范职工小家：市中级人民法院。

广东法院省级青年文明号：市中级人民法院。

广东法院诉讼服务示范窗口：市中级人民法院。

全国法院家事审判工作先进集体：市中级人民法院。

国家“公共机构能效领跑者”：市机关事务管理局。

中国法治政府奖：市工商行政管理局。

广东省水利建设质量工作评价A级：市水务局。

全省防汛防旱防风防冻先进集体：市水务局。

广东省检察机关智慧检务创新案例：市人民检察院。

全国工人先锋号：市人民检察院。

全国法学会系统先进集体：市委政法委。

驻穗信访工作：市人民政府驻广州办事处。

全国新的社会阶层人士统战工作创新推广城市：市委统战部。

广东省第八届残疾人运动会总分第一名：市残联。

全省残疾人声乐器乐大赛组织奖：市残联。

创建全国版权示范城市：市文化广电新闻出版局。

全国检察机关派驻监管场所一级规范化检察室：市人民检察院。

索 引

INDEX

说 明

1. 索引采用主题分析法编制，主题词按汉语拼音字母顺序排列；
2. 类目未作索引，分目索引采用黑体字，条目索引、表格索引、图照索引采用宋体字；
3. 主题词后的数字表示内容所在页码，数字后的a、b、c分别表示该页码的左、中、右栏。

条目索引

A

B

C

D

E

H

J

N

O

P

Q

R

S

X

Y

Z

表格索引

B

C

D

E

图片索引

B

C

D

E

F

G

H

J

M

N

O

P

Q

R

S

T

W

X

Y

Z